YEARBOOK OF THE EUROPEAN CONVENTION
ON HUMAN RIGHTS
*
ANNUAIRE DE LA CONVENTION EUROPÉENNE
DES DROITS DE L'HOMME

YEARBOOK OF THE EUROPEAN CONVENTION
ON HUMAN RIGHTS

VOLUME 66

COUNCIL OF EUROPE

YEARBOOK OF THE EUROPEAN CONVENTION ON HUMAN RIGHTS

VOLUME I

*

CONSEIL DE L'EUROPE

ANNUAIRE DE LA CONVENTION EUROPÉENNE DES DROITS DE L'HOMME

TOME I

2023

BRILL
NIJHOFF

LEIDEN | BOSTON

Volume I:
ISBN 978-90-04-72425-9 (hardback)
ISBN 978-90-04-72455-6 (e-book)
Volume II:
ISBN 978-90-04-72646-8 (hardback)
ISBN 978-90-04-72648-2 (e-book)
Set:
ISBN 978-90-04-72653-6

Copyright 2024 Council of Europe.
Koninklijke Brill BV incorporates the imprints Brill, Brill Nijhoff, Brill Hotei, Brill Schöningh, Brill Fink, Brill mentis, Vandenhoeck & Ruprecht, Böhlau, V&R unipress and Wageningen Academic.
All rights reserved. No part of this publication may be reproduced, translated, stored in a retrieval system, or transmitted in any form or by any means, electronic, mechanical, photocopying, recording or otherwise, without prior written permission from the publisher. Requests for re-use and/or translations must be addressed to Koninklijke Brill BV via brill.com or copyright.com.

This book is printed on acid-free paper and produced in a sustainable manner.

TABLE OF CONTENTS

VOLUME I

Introduction and Note to the Reader ... ix

PART ONE
GENERAL INFORMATION

A. Signatures and Ratifications of the European Convention on Human Rights, its Protocols and other Related Instruments ... 2
B. Reservations and Declarations ... 14

PART TWO
THE CONTROL MECHANISM OF THE EUROPEAN CONVENTION ON HUMAN RIGHTS

Chapter I   European Court of Human Rights ... 34

A. Composition ... 34
B. Case-Law Overview ... 35
C. Legal Summaries of the Judgments Delivered by the Grand Chamber in 2023 ... 114
D. Statistics ... 189

Chapter II   The Committee of Ministers of the Council of Europe ... 210

A. General Information ... 210
B. 2023 Annual Report on the Supervision of the Execution of Judgments of the European Court of Human Rights (Extracts) ... 212
C. Interim resolutions adopted in 2023 ... 379

Correspondence related to this Yearbook should be addressed to:
Pour toute correspondance relative à cet Annuaire s'adresser à :

Directorate General of Human Rights and
Rule of Law
Council of Europe
F-67075 Strasbourg Cedex, France

Direction générale Droits humains
et État de droit
Conseil de l'Europe
F-67075 Strasbourg Cedex, France

TABLE DES MATIÈRES

TOME I

Introduction et avis au lecteur ... ix

PREMIÈRE PARTIE
INFORMATIONS DE CARACTÈRE GÉNÉRAL

A. Signatures et Ratifications de la Convention européenne des droits de l'homme, de ses protocoles et d'autres instruments connexes ... 2
B. Réserves et déclarations ... 14

DEUXIÈME PARTIE
LE MÉCANISME DE CONTRÔLE DE LA CONVENTION EUROPÉENNE DES DROITS DE L'HOMME

Chapitre I   Cour européenne des droits de l'homme ... 34

A. Composition ... 34
B. Aperçu de la jurisprudence ... 35
C. Résumés juridiques des arrêts rendus par la Grande Chambre en 2023 ... 114
D. Statistiques ... 189

Chapitre II   Le Comité des Ministres du Conseil de l'Europe ... 210

A. Informations générales ... 210
B. Rapport annuel 2023 sur la surveillance de l'exécution des arrêts de la Cour européenne des droits de l'homme (extraits) ... 212
C. Résolutions interimaires adoptées en 2023 ... 379

VOLUME II

PART THREE
OTHER ACTIVITIES OF THE COUNCIL OF EUROPE CONCERNING THE EUROPEAN CONVENTION ON HUMAN RIGHTS

Chapter I	Committee of Ministers	401
A.	Session of the Committee of Ministers	401
B.	Recommendations Adopted by the Committee of Ministers in 2023	401
C.	Replies of the Committee of Ministers to Parliamentary Assembly Written Questions Adopted in 2023	489
D.	Reykjavík Summit of the Council of Europe	491
Chapter II	Parliamentary Assembly	510
A.	Resolutions, Recommendations and Replies of the Committee of Ministers to Parliamentary Assembly Recommendations Adopted in 2023	510
B.	Replies of the Committee of Ministers Adopted in 2023 to Previous Years' Parliamentary Assembly Recommendations	670
C.	Opinions of the Parliamentary Assembly Adopted in 2023	683
Chapter III	Council of Europe Commissioner for Human Rights	687
A. Introduction		687
B. Main Activities in 2023		687
Chapter IV	Directorate General of Human Rights and Rule of Law	696
A.	European Social Charter	696
B.	European Committee for the Prevention of Torture and Inhuman or Degrading Treatment or Punishment (CPT)	718
C.	Steering Committee for Human Rights (CDDH)	722
D.	Legal Co-Operation	724
E.	Human Rights in the Fields of Biomedicine and Health	728
F.	Access to Official Documents	731
G.	Implementation of Human Rights, Justice and Legal Co-Operation Standards	732
H.	Cooperation in Police and Deprivation of Liberty (CPDL)	745
I.	Information Society	747
J.	Group of States against Corruption	766
K.	Action against Economic Crime	771

TOME II

TROISIÈME PARTIE
AUTRES ACTIVITÉS DU CONSEIL DE L'EUROPE CONCERNANT LA CONVENTION EUROPÉENNE DES DROITS DE L'HOMME

Chapitre I	Comité des Ministres	401
A.	Session du Comité des Ministres	401
B.	Recommandations adoptées par le Comité des Ministres en 2023	401
C.	Réponses du Comité des Ministres aux questions écrites de l'Assemblée parlementaire adoptées en 2023	489
D.	Sommet de Reykjavík du Conseil de l'Europe	491
Chapitre II	Assemblée parlementaire	510
A.	Résolutions, Recommandations et Réponses du Comité des Ministres aux Recommandations de l'Assemblée parlementaire adoptées en 2023	510
B.	Réponses du Comité des Ministres adoptées en 2023 aux Recommandations de l'Assemblée parlementaire des précédentes années	670
C.	Opinions de l'Assemblée parlementaire adoptées en 2023	683
Chapitre III	Commissaire aux droits de l'homme du Conseil de l'Europe	687
A	Introduction	687
B.	Principales activités en 2023	687
Chapitre IV	Direction générale droits humains et État de droit	696
A.	Charte sociale européenne	696
B.	Comité européen pour la prévention de la torture et des peines ou traitements inhumains ou dégradants (CPT)	718
C.	Comité directeur pour les droits humains (CDDH)	722
D.	Coopération juridique	724
E.	Les droits humains dans les domaines de la biomédecine et de la santé	728
F.	Accès aux documents publics	731
G.	Mise en œuvre des normes relatives aux droits de l'homme, à la justice et à la coopération juridique	732
H.	Coopération en matière de police et de privation de liberté (CPDL)	745
I.	Société de l'information	747
J.	Groupe d'états contre la corruption	766
K.	Action contre la criminalité	771

L.	Committee on Counter-Terrorism (CDCT)	774
M.	European Commission for Democracy through Law (Venice Commission)	777

Chapter V Directorate General of Democracy — 794

A.	Gender Equality	794
B.	Violence against Women	797
C.	Action against Trafficking in Human Beings	801
D.	Framework Convention for the Protection of National Minorities	804
E.	European Charter for Regional or Minority Languages	807
F.	European Commission against Racism and Intolerance (ECRI)	809
G.	Steering Committee on Anti-Discrimination, Diversity and Inclusion (CDADI)	812
H.	Roma and Travellers Team	815
I.	Sexual Orientation and Gender Identity (SOGI)	820
J.	Education Department	825
K.	Children's Rights	831
L.	Human Rights in and through Sport	835
M.	Culture and Heritage for Democracy	844

APPENDICES

Appendix A: Selective Bibliography of Publications concerning the European 47Convention on Human Rights	847
Appendix B: Biographical notices of Judges who took up office in the European Court of Human Rights in 2022	860

L.	Comité de lutte contre le terrorisme (CDCT)	774
M.	Commission européenne pour la démocratie par le droit (Commission de Venise)	777

Chapitre V	Direction générale de la démocratie	794
A.	Égalité de genre	794
B.	Violence contre les femmes	797
C.	Lutte contre la traite des êtres humains	801
D.	Convention-cadre pour la protection des minorités nationales	804
E.	Charte européenne des langues régionales ou minoritaires	807
F.	Commission européenne contre le racisme et l'intolérance (ECRI)	809
G.	Comité directeur sur l'anti-discrimination, la diversité et l'inclusion (CDADI)	812
H.	Équipe roms et gens du voyage	815
I.	Orientation sexuelle et identité de genre (SOGI)	820
J.	Service de l'éducation	825
K.	Droits des enfants	831
l.	Droits humains dans et par le sport	835
M.	Culture et patrimoine pour la démocratie	844

ANNEXES

Annexe A : Liste des principales publications concernant la Convention européenne des droits de l'homme ... 847

Annexe B : Notices biographiques des Juges ayant débuté leur mandat à la Cour européenne des droits de l'homme au cours de l'année 2022 ... 860

INTRODUCTION AND NOTE TO THE READER

This sixty-sixth volume of the *Yearbook of the European Convention on Human Rights* contains information on the situation, events and developments in 2023.

The European Convention on Human Rights ("the Convention"), adopted in 1950 and which entered into force in 1953, is the principal human rights treaty of the Council of Europe. States Parties to the Convention are bound to respect and protect the rights contained in the Convention and in the protocols thereto by which they are bound of all those within their jurisdictions. In addition, the Convention established the European Court of Human Rights ("the Court"), which came into operation in 1959, to ensure the states parties' fulfilment of their obligations. The Court's judgments are binding on the respondent state and their execution is supervised by the Committee of Ministers of the Council of Europe.

Part one of the volume contains information on the state of signatures and ratifications of the Convention, its protocols and other related instruments.

Part two of the volume deals with the control mechanism of the Convention. It consists of a chapter on the Court and a chapter on the supervision by the Committee of Ministers of the execution of judgments of the Court.

Part three groups together the other work of the Council of Europe in the field of human rights carried out in 2023. It includes, in particular, the activities of the Committee of Ministers, the Parliamentary Assembly, the Council of Europe Commissioner for Human Rights as well as of the Directorate General of Human Rights and Rule of Law and the Directorate General of Democracy.

Appendix A contains bibliographical information, and Appendix B the biographies of judges elected to the Court whose term of office started in 2023.

This *Yearbook* has been prepared by the Directorate General of Human Rights and Rule of Law. It does not engage the responsibility of either the Court or the Committee of Ministers. In particular, the summaries of the judgments of the Court cannot be quoted against the official text of those judgments.

INTRODUCTION ET AVIS AU LECTEUR

Ce soixante-sixième volume de l'*Annuaire de la Convention européenne des droits de l'homme* contient des informations sur la situation, les événements et les développements en 2023.

La Convention européenne des droits de l'homme (« la Convention »), adoptée en 1950 et entrée en vigueur en 1953, est le principal traité relatif aux droits humains du Conseil de l'Europe. Les États Parties à la Convention sont tenus de respecter et protéger les droits énoncés dans la Convention et dans ses protocoles par lesquels ils sont liés envers toutes les personnes relevant de leur juridiction. En outre, la Convention a institué la Cour européenne des droits de l'homme (« la Cour »), entrée en service en 1959, pour s'assurer que les États parties respectent leurs obligations. Les arrêts de la Cour sont contraignants pour l'État défendeur et leur exécution est surveillée par le Comité des Ministres du Conseil de l'Europe.

La première partie du volume contient des informations sur l'état des signatures et ratifications de la Convention, de ses protocoles et d'autres instruments connexes.

La deuxième partie du volume traite du mécanisme de contrôle de la Convention. Elle se compose d'un chapitre sur la Cour et d'un chapitre sur la surveillance par le Comité des Ministres de l'exécution des arrêts de la Cour.

La troisième partie regroupe les autres travaux du Conseil de l'Europe dans le domaine des droits humains menés en 2023. Elle comprend en particulier les activités du Comité des Ministres, de l'Assemblée parlementaire, du Commissaire aux droits de l'homme du Conseil de l'Europe ainsi que les activités de la Direction générale Droits humains et État de droit et de la Direction générale de la démocratie.

L'annexe A contient des informations bibliographiques, et l'annexe B les biographies des juges élu·es à la Cour dont le mandat a commencé en 2023.

Cet *Annuaire* a été préparé par la Direction générale Droits humains et État de droit. Il n'engage pas la responsabilité de la Cour ni celle du Comité des Ministres. Les résumés des arrêts de la Cour ne peuvent, en particulier, être cités à l'encontre du texte officiel de ces arrêts.

PART ONE

General Information

PREMIÈRE PARTIE

Informations de caractère général

General Information

A. SIGNATURES AND RATIFICATIONS OF THE EUROPEAN CONVENTION ON HUMAN RIGHTS, ITS PROTOCOLS AND OTHER RELATED INSTRUMENTS

A. SIGNATURES ET RATIFICATIONS DE LA CONVENTION EUROPÉENNE DES DROITS DE L'HOMME, DE SES PROTOCOLES ET D'AUTRES INSTRUMENTS CONNEXES

1. European Convention on Human Rights (ETS No. 005)
   Convention européenne des droits de l'homme
2. Additional Protocol to the European Convention on Human Rights (ETS No. 009)
   Protocole additionnel à la Convention européenne des droits de l'homme
3. Protocol No. 4 to the European Convention on Human Rights (ETS No. 046)
   Protocole n° 4 à la Convention européenne des droits de l'homme
4. Protocol No. 6 to the European Convention on Human Rights (ETS No. 114)
   Protocole n° 6 à la Convention européenne des droits de l'homme
5. Protocol No. 7 to the European Convention on Human Rights (ETS No. 117)
   Protocole n° 7 à la Convention européenne des droits de l'homme
6. Protocol No. 12 to the European Convention on Human Rights (ETS No. 177)
   Protocole n° 12 à la Convention européenne des droits de l'homme
7. Protocol No. 13 to the European Convention on Human Rights (ETS No. 187)
   Protocole n° 13 à la Convention européenne des droits de l'homme
8. Protocol No. 15 amending the European Convention on Human Rights (CETS No. 213)
   Protocole n° 15 portant amendement à la Convention européenne des droits de l'homme
9. Protocol No. 16 to the European Convention on Human Rights (CETS No. 214)
   Protocole n° 16 à la Convention européenne des droits de l'homme
10. Sixth Protocol to the General Agreement on Privileges and Immunities of the Council of Europe (ETS No. 162)
    Sixième Protocole à l'Accord général sur les privilèges et immunités du Conseil de l'Europe
11. European Agreement relating to Persons participating in Proceedings of the European Court of Human Rights (ETS No. 161)
    Accord européen concernant les personnes participant aux procédures devant la Cour européenne des droits de l'homme

***

In the tables that follow, signatures, ratifications, entries into force and denunciations of the treaties during 2023 are indicated in **bold type**.

Full details of signatures, ratifications and denunciations of all Council of Europe conventions can be found on the Treaty Office's Internet site: http://conventions.coe.int/.

***

*Dans les tableaux qui suivent, les signatures, ratifications, entrées en vigueur et dénonciations des traités pour l'année 2023 sont imprimées en **caractères gras**.*

Toutes les informations concernant les signatures, ratifications et dénonciations de toutes les conventions du Conseil de l'Europe figurent sur le site internet du Bureau des traités : http://conventions.coe.int/.

1. European Convention on Human Rights[1]

Convention européenne des droits de l'homme

State or International Organisation	Signature	Ratification	Entry into force	État ou Organisation internationale	Denunciation / *Dénonciation*	Denunciation – Entry into force / *Dénonciation – Entrée en vigueur*
Albania	13.7.95	2.10.96	2.10.96	Albanie		
Andorra	10.11.94	22.1.96	22.1.96	Andorre		
Armenia	25.1.01	26.4.02	26.4.02	Arménie		
Austria	13.12.57	3.9.58	3.9.58	Autriche		
Azerbaijan	25.1.01	15.4.02	15.4.02	Azerbaïdjan		
Belgium	4.11.50	14.6.55	14.6.55	Belgique		
Bosnia and Herzegovina	24.4.02	12.7.02	12.7.02	Bosnie-Herzégovine		
Bulgaria	7.5.92	7.9.92	7.9.92	Bulgarie		
Croatia	6.11.96	5.11.97	5.11.97	Croatie		
Cyprus	16.12.61	6.10.62	6.10.62	Chypre		
Czech Republic	21.2.91	18.3.92	1.1.93	République tchèque		
Denmark	4.11.50	13.4.53	3.9.53	Danemark		
Estonia	14.5.93	16.4.96	16.4.96	Estonie		
Finland	5.5.89	10.5.90	10.5.90	Finlande		
France	4.11.50	3.5.74	3.5.74	France		
Georgia	27.4.99	20.5.99	20.5.99	Géorgie		
Germany	4.11.50	5.12.52	3.9.53	Allemagne		
Greece	28.11.50	28.11.74	28.11.74	Grèce		
Hungary	6.11.90	5.11.92	5.11.92	Hongrie		
Iceland	4.11.50	29.6.53	3.9.53	Islande		
Ireland	4.11.50	25.2.53	3.9.53	Irlande		
Italy	4.11.50	26.10.55	26.10.55	Italie		
Latvia	10.2.95	27.6.97	27.6.97	Lettonie		
Liechtenstein	23.11.78	8.9.82	8.9.82	Liechtenstein		
Lithuania	14.5.93	20.6.95	20.6.95	Lituanie		
Luxembourg	4.11.50	3.9.53	3.9.53	Luxembourg		
Malta	12.12.66	23.1.67	23.1.67	Malte		
Monaco	5.10.04	30.11.05	30.11.05	Monaco		
Montenegro	3.4.03	3.3.04	6.6.06	Monténégro		
Netherlands	4.11.50	31.8.54	31.8.54	Pays-Bas		

North Macedonia	9.11.95	10.4.97	Macédoine du Nord
Norway	4.11.50	3.9.53	Norvège
Poland	26.11.91	19.1.93	Pologne
Portugal	22.9.76	9.11.78	Portugal
Republic of Moldova	13.7.95	12.9.97	République de Moldova
Romania	7.10.93	20.6.94	Roumanie
San Marino	16.11.88	22.3.89	Saint-Marin
Serbia	3.4.03	3.3.04	Serbie
Slovak Republic	21.2.91	1.1.93	République slovaque
Slovenia	14.5.93	28.6.94	Slovénie
Spain	24.11.77	4.10.79	Espagne
Sweden	28.11.50	4.2.52	Suède
Switzerland	21.12.72	28.11.74	Suisse
Türkiye	4.11.50	18.5.54	Türkiye
Ukraine	9.11.95	11.9.97	Ukraine
United Kingdom	4.11.50	8.3.51	Royaume-Uni
Non-members of the Council of Europe			
Non membres du Conseil de l'europe			
Russian Federation	28.2.96	5.5.98	16.3.22	Fédération de Russie	5.5.98	16.9.22

---

[1] In accordance with Resolution CM/Res(2022)3 adopted by the Committee of Ministers on 23 March 2022, the Russian Federation ceased to be a Party to Treaty ETS No. 5 on 16 September 2022.

Conformément à la Résolution CM/Res(2022)3 adoptée par le Comité des Ministres le 23 mars 2022, la Fédération de Russie a cessé d'être Partie au Traité STE n° 5 le 16 septembre 2022.

2. Additional Protocol to the European Convention on Human Rights[2]

Protocole additionnel à la Convention européenne des droits de l'homme

State or International Organisation	Signature	Ratification	Entry into force *Entrée en vigueur*	Etat ou Organisation internationale	Denunciation *Dénonciation*	Denunciation – Entry into force *Dénonciation – Entrée en vigueur*
Albania	2.10.96	2.10.96	2.10.96	Albanie		
Andorra	31.5.07	6.5.08	6.5.08	Andorre		
Armenia	25.1.01	26.4.02	26.4.02	Arménie		
Austria	13.12.57	3.9.58	3.9.58	Autriche		
Azerbaijan	25.1.01	15.4.02	15.4.02	Azerbaïdjan		
Belgium	20.3.52	14.6.55	14.6.55	Belgique		
Bosnia and Herzegovina	24.4.02	12.7.02	12.7.02	Bosnie-Herzégovine		
Bulgaria	7.5.92	7.9.92	7.9.92	Bulgarie		
Croatia	6.11.96	5.11.97	5.11.97	Croatie		
Cyprus	16.12.61	6.10.62	6.10.62	Chypre		
Czech Republic	21.2.91	18.3.92	1.1.93	République tchèque		
Denmark	20.3.52	13.4.53	18.5.54	Danemark		
Estonia	14.5.93	16.4.96	16.4.96	Estonie		
Finland	5.5.89	10.5.90	10.5.90	Finlande		
France	20.3.52	3.5.74	3.5.74	France		
Georgia	17.6.99	7.6.02	7.6.02	Géorgie		
Germany	20.3.52	13.2.57	13.2.57	Allemagne		
Greece	20.3.52	28.11.74	28.11.74	Grèce		
Hungary	6.11.90	5.11.92	5.11.92	Hongrie		
Iceland	20.3.52	29.6.53	18.5.54	Islande		
Ireland	20.3.52	25.2.53	18.5.54	Irlande		
Italy	20.3.52	26.10.55	26.10.55	Italie		
Latvia	21.3.97	27.6.97	27.6.97	Lettonie		
Liechtenstein	7.5.87	14.11.95	14.11.95	Liechtenstein		
Lithuania	14.5.93	24.5.96	24.5.96	Lituanie		
Luxembourg	20.3.52	3.9.53	18.5.54	Luxembourg		
Malta	12.12.66	23.1.67	23.1.67	Malte		
Monaco	5.10.04			Monaco		
Montenegro	3.4.03	3.3.04	6.6.06	Monténégro		
Netherlands	20.3.52	31.8.54	31.8.54	Pays-Bas		

Informations de caractère général 4

North Macedonia	14.6.96	10.4.97	Macédoine du Nord	
Norway	20.3.52	18.5.54	Norvège	
Poland	14.9.92	10.10.94	Pologne	
Portugal	22.9.76	9.11.78	Portugal	
Republic of Moldova	2.5.56	12.9.97	République de Moldova	
Romania	4.11.93	20.6.94	Roumanie	
San Marino	1.3.89	22.3.89	Saint-Marin	
Serbia	3.4.03	3.3.04	Serbie	
Slovak Republic	21.2.91	1.1.93	République Slovaque	
Slovenia	14.5.93	28.6.94	Slovénie	
Spain	23.2.78	27.11.90	Espagne	
Sweden	20.3.52	18.5.54	Suède	
Switzerland	19.5.76	22.6.53	Suisse	
Türkiye	20.3.52	18.5.54	Türkiye	
Ukraine	19.12.96	1.9.97	Ukraine	
United Kingdom	20.3.52	3.11.52	Royaume-Uni	
Non-members of Council of Europe				
Non membres du Conseil de l'Europe				
Russian Federation	28.2.96	5.5.98	Fédération de Russie	16.3.22	16.9.22

---

2 In accordance with Resolution CM/Res(2022)3 adopted by the Committee of Ministers on 23 March 2022, the Russian Federation ceased to be a Party to Treaty ETS No. 5 on 16 September 2022.

   Conformément à la Résolution CM/Res(2022)3 adoptée par le Comité des Ministres le 23 mars 2022, la Fédération de Russie a cessé d'être Partie au Traité STE n° 5 le 16 septembre 2022.

3. Protocol No. 4 to the European Convention on Human Rights[3]

Protocole nº 4 à la Convention européenne des droits de l'homme

State or International Organisation	Signature	Ratification	Entry into force *Entrée en vigueur*	Etat ou Organisation internationale	Denunciation *Dénonciation*	Denunciation – Entry into force *Dénonciation – Entrée en vigueur*
Albania	2.10.96	2.10.96	2.10.96	Albanie		
Andorra	31.5.07	6.5.08	6.5.08	Andorre		
Armenia	25.1.01	26.4.02	26.4.02	Arménie		
Austria	16.9.63	18.9.69	18.9.69	Autriche		
Azerbaijan	25.1.01	15.4.02	15.4.02	Azerbaïdjan		
Belgium	16.9.63	21.9.70	21.9.70	Belgique		
Bosnia and Herzegovina	24.4.02	12.7.02	12.7.02	Bosnie-Herzégovine		
Bulgaria	3.11.93	4.11.00	4.11.00	Bulgarie		
Croatia	6.11.96	5.11.97	5.11.97	Croatie		
Cyprus	6.10.88	3.10.89	3.10.89	Chypre		
Czech Republic	21.2.91	18.3.92	1.1.93	République tchèque		
Denmark	16.9.63	30.9.64	2.5.68	Danemark		
Estonia	14.5.93	16.4.96	16.4.96	Estonie		
Finland	5.5.89	10.5.90	10.5.90	Finlande		
France	22.10.73	3.5.74	3.5.74	France		
Georgia	17.6.99	13.4.00	13.4.00	Géorgie		
Germany	16.9.63	1.6.68	1.6.68	Allemagne		
Greece				Grèce		
Hungary	6.11.90	5.11.92	5.11.92	Hongrie		
Iceland	16.11.67	16.11.67	2.5.68	Islande		
Ireland	16.9.63	29.10.68	29.10.68	Irlande		
Italy	16.9.63	27.5.82	27.5.82	Italie		
Latvia	21.3.97	27.6.97	27.6.97	Lettonie		
Liechtenstein	7.12.04	8.2.05	8.2.05	Liechtenstein		
Lithuania	14.5.93	20.6.95	20.6.95	Lituanie		
Luxembourg	16.9.63	2.5.68	2.5.68	Luxembourg		
Malta	5.6.02	5.6.02	5.6.02	Malte		
Monaco	5.10.04	30.11.05	30.11.05	Monaco		
Montenegro	3.4.03	3.3.04	6.6.06	Monténégro		
Netherlands	15.11.63	23.6.82	23.6.82	Pays-Bas		

Informations de caractère général 5

North Macedonia	14.6.96	10.4.97	10.4.97	Macédoine du Nord
Norway	16.9.53	12.6.64	2.5.68	Norvège
Poland	14.9.92	10.10.94	10.10.94	Pologne
Portugal	27.4.78	9.11.78	9.11.78	Portugal
Republic of Moldova	2.5.96	12.9.97	12.9.97	République de Moldova
Romania	4.11.93	20.6.94	20.6.94	Roumanie
San Marino	1.3.89	22.3.89	22.3.89	Saint-Marin
Serbia	3.4.03	3.3.04	3.3.04	Serbie
Slovak Republic	21.2.91	18.3.92	1.1.93	République Slovaque
Slovenia	14.5.93	28.6.94	28.6.94	Slovénie
Spain	23.2.78	16.9.09	16.9.09	Espagne
Sweden	16.9.53	13.6.64	2.5.68	Suède
Switzerland				Suisse
Türkiye	19.10.92			Türkiye
Ukraine	19.12.96	11.9.97	11.9.97	Ukraine
United Kingdom	16.9.53			Royaume-Uni
Non-members of Council of Europe				
Non membres du Conseil de l'Europe				
Russian Federation	28.2.96	5.5.98	5.5.98	Fédération de Russie	16.3.22	16.9.22

---

3   In accordance with Resolution CM/Res(2022)3 adopted by the Committee of Ministers on 23 March 2022, the Russian Federation ceased to be a Party to Treaty ETS No. 5 on 16 September 2022.

Conformément à la Résolution CM/Res(2022)3 adoptée par le Comité des Ministres le 23 mars 2022, la Fédération de Russie a cessé d'être Partie au Traité STE n° 5 le 16 septembre 2022.

4. Protocol No. 6 to the European Convention on Human Rights[4]

Protocole n° 6 à la Convention européenne des droits de l'homme

State or International Organisation	Signature	Ratification	Entry into force *Entrée en vigueur*	Etat ou Organisation internationale
Albania	4.4.00	21.9.00	1.10.00	Albanie
Andorra	22.1.96	22.1.96	1.2.96	Andorre
Armenia	25.1.01	29.9.03	1.10.03	Arménie
Austria	28.4.83	5.1.84	1.3.85	Autriche
Azerbaijan	25.1.01	15.4.02	1.5.02	Azerbaïdjan
Belgium	28.4.83	10.12.98	1.1.99	Belgique
Bosnia and Herzegovina	24.4.02	12.7.02	1.8.02	Bosnie-Herzégovine
Bulgaria	7.5.99	29.9.99	1.10.99	Bulgarie
Croatia	6.11.96	5.11.97	1.12.97	Croatie
Cyprus	7.5.99	19.1.00	1.2.00	Chypre
Czech Republic	21.2.91	18.3.92	1.1.93	République tchèque
Denmark	28.4.83	1.12.83	1.3.85	Danemark
Estonia	14.5.93	17.4.98	1.5.98	Estonie
Finland	5.5.89	10.5.90	1.6.90	Finlande
France	28.4.83	17.2.86	1.3.86	France
Georgia	17.6.99	13.4.00	1.5.00	Géorgie
Germany	28.4.83	5.7.89	1.8.89	Allemagne
Greece	2.5.83	8.9.98	1.10.98	Grèce
Hungary	6.11.90	5.11.92	1.12.92	Hongrie
Iceland	24.4.85	22.5.87	1.6.87	Islande
Ireland	24.6.94	24.6.94	1.7.94	Irlande
Italy	21.10.83	29.12.88	1.1.89	Italie
Latvia	26.6.98	7.5.99	1.6.99	Lettonie
Liechtenstein	15.11.90	15.11.90	1.12.90	Liechtenstein
Lithuania	18.1.99	8.7.99	1.8.99	Lituanie
Luxembourg	28.4.83	19.2.85	1.3.85	Luxembourg
Malta	26.3.91	26.3.91	1.4.91	Malte
Monaco	5.10.04	30.11.05	1.12.05	Monaco
Montenegro	3.4.03	3.3.04	6.6.06	Monténégro
Netherlands	28.4.83	25.4.86	1.5.86	Pays-Bas

North Macedonia	14.6.96	10.4.97	1.5.97	Macédoine du Nord
Norway	28.4.83	25.10.88	1.11.88	Norvège
Poland	18.11.99	30.10.00	1.11.00	Pologne
Portugal	28.4.83	2.10.86	1.11.86	Portugal
Republic of Moldova	2.5.96	12.9.97	1.10.97	République de Moldova
Romania	15.12.93	20.6.94	1.7.94	Roumanie
San Marino	1.3.89	22.3.89	1.4.89	Saint-Marin
Serbia	3.4.03	3.3.04	1.4.04	Serbie
Slovak Republic	21.2.91	18.3.92	1.1.93	République Slovaque
Slovenia	14.5.93	28.6.94	1.7.94	Slovénie
Spain	28.4.83	14.1.85	1.3.85	Espagne
Sweden	28.4.83	9.2.84	1.3.85	Suède
Switzerland	28.4.83	13.10.87	1.11.87	Suisse
Türkiye	15.1.03	12.11.03	1.12.03	Türkiye
Ukraine	5.5.97	4.4.00	1.5.00	Ukraine
United Kingdom	27.1.99	20.5.99	1.6.99	Royaume-Uni
Non-members of Council of Europe				
Non membres du Conseil de l'Europe				
Russian Federation	16.4.97			Fédération de Russie

---

4   The Russian Federation ceased to be a Signatory to Treaty ETS No. 114 on 16 September 2022.
La Fédération de Russie a cessé d'être Signataire du Traité STE n° 114 le 16 septembre 2022.

5. Protocol No. 7 to the European Convention on Human Rights[5]

Protocole n° 7 à la Convention européenne des droits de l'homme

State or International Organisation	Signature	Ratification	Entry into force *Entrée en vigueur*	État ou Organisation internationale	Denunciation *Dénonciation*	Denunciation – Entry into force *Dénonciation – Entrée en vigueur*
Albania	2.10.96	2.10.96	1.1.97	Albanie		
Andorra	31.5.07	6.5.08	1.8.08	Andorre		
Armenia	25.1.01	26.4.02	1.7.02	Arménie		
Austria	19.3.85	14.5.86	1.11.88	Autriche		
Azerbaijan	25.1.01	15.4.02	1.7.02	Azerbaïdjan		
Belgium	11.5.05	13.4.12	1.7.12	Belgique		
Bosnia and Herzegovina	24.4.02	12.7.02	1.10.02	Bosnie-Herzégovine		
Bulgaria	3.11.93	4.11.00	1.2.01	Bulgarie		
Croatia	6.11.96	5.11.97	1.2.98	Croatie		
Cyprus	2.12.99	15.9.00	1.12.00	Chypre		
Czech Republic	21.2.91	18.3.92	1.1.93	République tchèque		
Denmark	22.11.84	18.8.88	1.11.88	Danemark		
Estonia	14.5.93	16.4.96	1.7.96	Estonie		
Finland	5.5.89	10.5.90	1.8.90	Finlande		
France	22.11.84	17.2.86	1.11.88	France		
Georgia	17.6.99	13.4.00	1.7.00	Géorgie		
Germany	19.3.85			Allemagne		
Greece	22.11.84	29.10.87	1.11.88	Grèce		
Hungary	6.11.90	5.11.92	1.2.93	Hongrie		
Iceland	19.3.85	22.5.87	1.11.88	Islande		
Ireland	11.12.84	3.8.01	1.11.01	Irlande		
Italy	22.11.84	7.11.91	1.2.92	Italie		
Latvia	21.3.97	27.6.97	1.9.97	Lettonie		
Liechtenstein	7.12.04	8.2.05	1.5.05	Liechtenstein		
Lithuania	14.5.93	20.6.95	1.9.95	Lituanie		
Luxembourg	22.11.84	19.4.89	1.7.89	Luxembourg		
Malta	15.1.03	15.1.03	1.4.03	Malte		
Monaco	5.10.04	30.11.05	1.2.06	Monaco		
Montenegro	3.4.03	3.3.04	6.6.06	Monténégro		
Netherlands	22.11.84			Pays-Bas		

North Macedonia	14.6.95	10.4.97	1.7.97	Macédoine du Nord
Norway	22.11.84	25.10.88	1.1.89	Norvège
Poland	14.9.92	4.12.02	1.3.03	Pologne
Portugal	22.11.84	20.12.04	1.3.05	Portugal
Republic of Moldova	2.5.96	12.9.97	1.12.97	République de Moldova
Romania	4.11.93	20.6.94	1.9.94	Roumanie
San Marino	1.3.89	22.3.89	1.6.89	Saint-Marin
Serbia	3.4.03	3.3.04	1.6.04	Serbie
Slovak Republic	21.2.91	18.3.92	1.1.93	République Slovaque
Slovenia	14.5.93	28.6.94	1.9.94	Slovénie
Spain	22.11.84	16.9.09	1.12.09	Espagne
Sweden	22.11.84	8.11.85	1.11.88	Suède
Switzerland	28.2.86	24.2.88	1.11.88	Suisse
Türkiye	14.3.85	2.5.16	1.8.16	Türkiye
Ukraine	19.12.96	11.9.97	1.12.97	Ukraine
United Kingdom				Royaume-Uni
Non-members of Council of Europe *Non membres du Conseil de l'Europe*				
Russian Federation	28.2.56	5.5.98	1.8.98	Fédération de Russie	16.3.22	16.9.22

---

5 In accordance with Resolution CM/Res(2022)3 adopted by the Committee of Ministers on 23 March 2022, the Russian Federation ceased to be a Party to Treaty ETS No. 5 on 16 September 2022.

Conformément à la Résolution CM/Res(2022)3 adoptée par le Comité des Ministres le 23 mars 2022, la Fédération de Russie a cessé d'être Partie au Traité STE n° 5 le 16 septembre 2022.

6. Protocol No. 12 to the European Convention on Human Rights[6]

Protocole nº 12 à la Convention européenne des droits de l'homme

State or International Organisation	Signature	Ratification	Entry into force *Entrée en vigueur*	État ou Organisation internationale
Albania	26.5.03	26.11.04	1.4.05	Albanie
Andorra	31.5.07	6.5.08	1.9.08	Andorre
Armenia	18.6.04	17.12.04	1.4.05	Arménie
Austria	4.11.00			Autriche
Azerbaijan	12.11.03			Azerbaïdjan
Belgium	4.11.00			Belgique
Bosnia and Herzegovina	24.4.02	29.7.03	1.4.05	Bosnie-Herzégovine
Bulgaria				Bulgarie
Croatia	6.3.02	3.2.03	1.4.05	Croatie
Cyprus	4.11.00	30.4.02	1.4.05	Chypre
Czech Republic	4.11.00			République tchèque
Denmark				Danemark
Estonia	4.11.00			Estonie
Finland	4.11.00	17.12.04	1.4.05	Finlande
France				France
Georgia	4.11.00	15.6.01	1.4.05	Géorgie
Germany	4.11.00			Allemagne
Greece	4.11.00			Grèce
Hungary	4.11.00			Hongrie
Iceland	4.11.00			Islande
Ireland	4.11.00			Irlande
Italy	4.11.00			Italie
Latvia	4.11.00			Lettonie
Liechtenstein	4.11.00			Liechtenstein
Lithuania	4.11.00			Lituanie
Luxembourg	4.11.00	21.3.06	1.7.06	Luxembourg
Malta	8.12.15	8.12.15	1.4.16	Malte
Monaco				Monaco
Montenegro	3.4.03	3.3.04	6.6.06	Monténégro
Netherlands	4.11.00	28.7.04	1.4.05	Pays-Bas

North Macedonia	4.11.00	13.7.04	1.4.05	Macédoine du Nord
Norway	15.1.03			Norvège
Poland	4.11.00			Pologne
Portugal	4.11.00	16.1.17	1.5.17	Portugal
Republic of Moldova	4.11.00			République de Moldova
Romania	4.11.00	17.7.06	1.11.06	Roumanie
San Marino	4.11.00	25.4.03	1.4.05	Saint-Marin
Serbia	3.4.03	3.3.04	1.4.05	Serbie
Slovak Republic	4.11.00			République Slovaque
Slovenia	7.3.01	7.7.10	1.11.10	Slovénie
Spain	4.10.05	13.2.08	1.6.08	Espagne
Sweden				Suède
Switzerland				Suisse
Türkiye	18.4.01			Türkiye
Ukraine	4.11.00	27.3.06	1.7.06	Ukraine
United Kingdom				Royaume-Uni
Non-members of Council of Europe				
Non membres du Conseil de l'Europe				
Russian Federation	4.11.00			Fédération de Russie

---

6   The Russian Federation ceased to be a Signatory to Treaty ETS No. 177 on 16 September 2022.
    La Fédération de Russie a cessé d'être Signataire du Traité STE nº 177 le 16 septembre 2022.

7. Protocol No. 13 to the European Convention on Human Rights

Protocole n° 13 à la Convention européenne des droits de l'homme

State or International Organisation	Signature	Ratification	Entry into force *Entrée en vigueur*	État ou Organisation internationale
Albania	26.5.03	6.2.07	1.6.07	Albanie
Andorra	3.5.02	26.3.03	1.7.03	Andorre
Armenia	19.5.06	**19.10.23**		Arménie
Austria	3.5.02	12.1.04	1.5.04	Autriche
Azerbaijan	**8.3.23**			Azerbaïdjan
Belgium	3.5.02	23.6.03	1.10.03	Belgique
Bosnia and Herzegovina	3.5.02	29.7.03	1.11.03	Bosnie-Herzégovine
Bulgaria	21.11.02	13.2.03	1.7.03	Bulgarie
Croatia	3.7.02	3.2.03	1.7.03	Croatie
Cyprus	3.5.02	12.3.03	1.7.03	Chypre
Czech Republic	3.5.02	2.7.04	1.11.04	République tchèque
Denmark	3.5.02	28.11.02	1.7.03	Danemark
Estonia	3.5.02	25.2.04	1.6.04	Estonie
Finland	3.5.02	29.11.04	1.3.05	Finlande
France	3.5.02	10.10.07	1.2.08	France
Georgia	3.5.02	22.5.03	1.9.03	Géorgie
Germany	3.5.02	11.10.04	1.2.05	Allemagne
Greece	3.5.02	1.2.05	1.6.05	Grèce
Hungary	3.5.02	16.7.03	1.11.03	Hongrie
Iceland	3.5.02	10.11.04	1.3.05	Islande
Ireland	3.5.02	3.5.02	1.7.03	Irlande
Italy	3.5.02	3.3.09	1.7.09	Italie
Latvia	3.5.02	26.1.12	1.5.12	Lettonie
Liechtenstein	3.5.02	5.12.02	1.7.03	Liechtenstein
Lithuania	3.5.02	29.1.04	1.5.04	Lituanie

Luxembourg	3.5.02	21.3.06	1.7.06	Luxembourg
Malta	3.5.02	3.5.02	1.7.03	Malte
Monaco	5.10.04	30.11.05	1.3.06	Monaco
Montenegro	3.4.03	3.3.04	6.6.06	Monténégro
Netherlands	3.5.02	10.2.06	1.6.06	Pays-Bas
North Macedonia	3.5.02	13.7.04	1.11.04	Macédoine du Nord
Norway	3.5.02	16.8.05	1.12.05	Norvège
Poland	3.5.02	23.5.14	1.9.14	Pologne
Portugal	3.5.02	3.10.03	1.2.04	Portugal
Republic of Moldova	3.5.02	18.10.06	1.2.07	République de Moldova
Romania	3.5.02	7.4.03	1.8.03	Roumanie
San Marino	3.5.02	25.4.03	1.8.03	Saint-Marin
Serbia	3.4.03	3.3.04	1.7.04	Serbie
Slovak Republic	24.7.02	18.8.05	1.12.05	République Slovaque
Slovenia	3.5.02	4.12.03	1.4.04	Slovénie
Spain	3.5.02	16.12.09	1.4.10	Espagne
Sweden	3.5.02	22.4.03	1.8.03	Suède
Switzerland	3.5.02	3.5.02	1.7.03	Suisse
Türkiye	9.1.04	20.2.06	1.6.06	Türkiye
Ukraine	3.5.02	11.3.03	1.7.03	Ukraine
United Kingdom	3.5.02	10.10.03	1.2.04	Royaume-Uni

8. Protocol No. 15 amending the Convention for the Protection of Human Rights and Fundamental Freedoms[7]

Protocole n° 15 portant amendement à la Convention de sauvegarde des droits de l'homme et des libertés fondamentales

State or International Organisation	Signature	Ratification	Entry into force *Entrée en vigueur*	Etat ou Organisation internationale	Denunciation *Dénonciation*	Denunciation – Entry into force *Dénonciation – Entrée en vigueur*
Albania	11.2.14	17.12.15	1.8.21	Albanie		
Andorra	24.6.13	27.5.15	1.8.21	Andorre		
Armenia	24.6.13	30.8.16	1.8.21	Arménie		
Austria	25.6.13	19.10.17	1.8.21	Autriche		
Azerbaijan	18.12.13	3.7.14	1.8.21	Azerbaïdjan		
Belgium	7.10.13	4.4.18	1.8.21	Belgique		
Bosnia and Herzegovina	11.5.18	18.9.20	1.8.21	Bosnie-Herzégovine		
Bulgaria	5.11.13	11.1.16	1.8.21	Bulgarie		
Croatia	12.7.16	9.1.18	1.8.21	Croatie		
Cyprus	24.6.13	16.6.15	1.8.21	Chypre		
Czech Republic	5.11.13	18.3.15	1.8.21	République tchèque		
Denmark	24.6.13	22.7.16	1.8.21	Danemark		
Estonia	22.10.13	30.4.14	1.8.21	Estonie		
Finland	24.6.13	17.4.15	1.8.21	Finlande		
France	24.6.13	3.2.16	1.8.21	France		
Georgia	19.6.14	6.7.15	1.8.21	Géorgie		
Germany	24.6.13	15.4.15	1.8.21	Allemagne		
Greece	2.3.17	5.10.18	1.8.21	Grèce		
Hungary	9.7.15	30.11.15	1.8.21	Hongrie		
Iceland	9.7.13	3.7.17	1.8.21	Islande		
Ireland	24.6.13	24.6.13	1.8.21	Irlande		
Italy	24.6.13	21.4.21	1.8.21	Italie		
Latvia	9.5.17	4.12.17	1.8.21	Lettonie		
Liechtenstein	24.6.13	26.11.13	1.8.21	Liechtenstein		
Lithuania	10.6.14	2.9.15	1.8.21	Lituanie		

Luxembourg	24.6.13	21.12.17	Luxembourg
Malta	16.1.18	16.1.18	Malte
Monaco	13.11.13	13.11.13	Monaco
Montenegro	8.11.13	8.11.13	Monténégro
Netherlands	22.10.13	1.10.15	Pays-Bas
North Macedonia	21.11.13	16.6.16	Macédoine du Nord
Norway	24.6.13	17.6.14	Norvège
Poland	9.4.14	10.9.15	Pologne
Portugal	24.6.13	16.1.17	Portugal
Republic of Moldova	18.11.13	14.8.14	République de Moldova
Romania	24.6.13	28.5.15	Roumanie
San Marino	24.6.13	6.11.13	Saint-Marin
Serbia	13.12.13	29.5.15	Serbie
Slovak Republic	24.6.13	7.2.14	République Slovaque
Slovenia	24.6.13	4.7.17	Slovénie
Spain	24.6.13	20.9.18	Espagne
Sweden	25.6.13	29.3.16	Suède
Switzerland	20.3.15	15.7.16	Suisse
Türkiye	13.9.13	2.5.16	Türkiye
Ukraine	20.6.14	22.3.18	Ukraine
United Kingdom	24.6.13	10.4.15	Royaume-Uni
Non-members of Council of Europe			**Non membres du Conseil de l'Europe**
Russian Federation	19.9.16	25.9.17	1.8.21	16.3.22	16.9.22	Fédération de Russie

7 In accordance with Resolution CM/Res(2022)3 adopted by the Committee of Ministers on 23 March 2022, the Russian Federation ceased to be a Party to Treaty ETS No. 5 on 16 September 2022.

Conformément à la Résolution CM/Res(2022)3 adoptée par le Comité des Ministres le 23 mars 2022, la Fédération de Russie a cessé d'être Partie au Traité STE n° 5 le 16 septembre 2022.

9. Protocol No. 16 to the Convention on the Protection of Human Rights and Fundamental Freedoms

Protocole n° 16 à la Convention de sauvegarde des droits de l'homme et des libertés fondamentales

State or International Organisation	Signature	Ratification	Entry into force *Entrée en vigueur*	État ou Organisation internationale
Albania	24.11.14	22.7.15	1.8.18	Albanie
Andorra	12.4.18	16.5.19	1.9.19	Andorre
Armenia	2.10.13	31.1.17	1.8.18	Arménie
Austria				Autriche
Azerbaijan	18.11.21	**6.7.23**	**1.11.23**	Azerbaïdjan
Belgium	8.11.18	22.11.22	1.7.21	Belgique
Bosnia and Herzegovina	11.5.18	9.3.21		Bosnie-Herzégovine
Bulgaria				Bulgarie
Croatia				Croatie
Cyprus				Chypre
Czech Republic				République tchèque
Denmark				Danemark
Estonia	17.2.14	31.8.17	1.8.18	Estonie
Finland	2.10.13	7.12.15	1.8.18	Finlande
France	2.10.13	12.4.18	1.8.18	France
Georgia	19.6.14	6.7.15	1.8.18	Géorgie
Germany				Allemagne
Greece	2.3.17	5.4.19	1.8.19	Grèce
Hungary				Hongrie
Iceland				Islande
Ireland				Irlande
Italy	2.10.13			Italie
Latvia				Lettonie
Liechtenstein				Liechtenstein
Lithuania	10.6.14	2.9.15	1.8.18	Lituanie
Luxembourg	6.9.18	14.5.20	1.9.20	Luxembourg
Malta				Malte
Monaco				Monaco
Montenegro	13.12.21	**14.2.23**	**1.6.23**	Monténégro
Netherlands	7.11.13	12.2.19	1.6.19	Pays-Bas

North Macedonia	9.9.21			Macédoine du Nord
Norway	27.6.14			Norvège
Poland		25.9.23		Pologne
Portugal				Portugal
Republic of Moldova	3.3.17	22.6.23	1.10.23	République de Moldova
Romania	14.10.14	15.9.22		Roumanie
San Marino	2.10.13	16.2.15	1.8.18	Saint-Marin
Serbia				Serbie
Slovak Republic	2.10.13	17.12.19	1.4.20	République Slovaque
Slovenia	2.10.13	26.3.15	1.8.18	Slovénie
Spain				Espagne
Sweden				Suède
Switzerland	20.12.13			Suisse
Türkiye	20.6.14	22.3.18	1.8.18	Türkiye
Ukraine				Ukraine
United Kingdom				Royaume-Uni

10. Sixth Protocol to the General Agreement on Privileges and Immunities of the Council of Europe[8]

Sixième Protocole à l'Accord général sur les privilèges et immunités du Conseil de l'Europe

State or International Organisation	Signature	Ratification	Entry into force *Entrée en vigueur*	Etat ou Organisation internationale	Denunciation *Dénonciation*	Denunciation – Entry into force *Dénonciation – Entrée en vigueur*
Albania	4.6.98	4.6.98	1.11.98	Albanie		
Andorra	24.11.98	24.11.98	25.12.98	Andorre		
Armenia	25.6.01	18.6.02	19.7.02	Arménie		
Austria	25.2.98	15.7.98	1.11.98	Autriche		
Azerbaijan	22.10.03	10.3.15	11.4.15	Azerbaïdjan		
Belgium	1.4.98	29.6.00	30.7.00	Belgique		
Bosnia and Herzegovina	3.10.03	30.6.08	31.7.08	Bosnie-Herzégovine		
Bulgaria	3.7.00	31.5.01	1.7.01	Bulgarie		
Croatia	11.10.97	11.10.97	1.11.98	Croatie		
Cyprus	12.1.99	9.2.00	10.3.00	Chypre		
Czech Republic	10.10.97	24.6.98	1.11.98	République tchèque		
Denmark	5.3.96	28.8.98	1.11.98	Danemark		
Estonia	29.5.98	16.12.98	17.1.99	Estonie		
Finland	19.6.98	19.6.98	1.11.98	Finlande		
France	31.3.98	17.11.98	18.12.98	France		
Georgia	25.5.00	20.6.00	21.7.00	Géorgie		
Germany	30.9.96	2.10.01	3.11.01	Allemagne		
Greece	21.5.96	19.3.01	20.4.01	Grèce		
Hungary	6.5.97	1.4.98	1.11.98	Hongrie		
Iceland	27.6.96	4.11.98	5.12.98	Islande		
Ireland	3.6.98	28.10.98	1.11.98	Irlande		
Italy	5.3.96	3.11.97	1.11.98	Italie		
Latvia	15.1.98	15.1.98	1.11.98	Lettonie		
Liechtenstein	21.1.99	20.12.99	21.1.00	Liechtenstein		
Lithuania	19.10.98	22.6.99	23.7.99	Lituanie		

Informations de caractère général 12

Luxembourg	5.3.96	5.8.98	1.11.98	Luxembourg
Malta	3.11.98	3.7.02	4.8.02	Malte
Monaco	30.11.05	30.11.05	31.12.05	Monaco
Montenegro	17.9.08	17.9.08	18.10.08	Monténégro
Netherlands	2.5.96	21.1.97	1.11.98	Pays-Bas
North Macedonia	3.4.01	29.11.02	30.12.02	Macédoine du Nord
Norway	30.10.93	30.10.98	1.11.98	Norvège
Poland	7.5.99	24.1.03	25.2.03	Pologne
Portugal	29.4.97	13.4.15	14.5.15	Portugal
Republic of Moldova	4.5.98	27.6.01	28.7.01	République de Moldova
Romania	28.5.98	9.2.99	10.5.99	Roumanie
San Marino	7.9.98	19.9.14	20.10.14	Saint-Marin
Serbia	26.4.05	26.4.05	27.5.05	Serbie
Slovak Republic	9.6.95	24.11.99	25.12.99	République Slovaque
Slovenia	7.5.95	29.11.01	30.12.01	Slovénie
Spain	5.12.97	21.1.99	22.2.99	Espagne
Sweden	30.4.96	2.7.98	1.11.98	Suède
Switzerland	27.8.93	27.8.98	1.11.98	Suisse
Türkiye	15.2.99	17.9.03	18.10.03	Türkiye
Ukraine	3.11.98	17.9.03	18.10.03	Ukraine
United Kingdom	27.10.59	9.11.01	10.12.01	Royaume-Uni
Non-members of Council of Europe				**Non membres du Conseil de l'Europe**
Russian Federation	7.5.99	10.5.01	11.6.01	Fédération de Russie	16.3.22

---

8   In accordance with Resolution CM/Res(2022)2 adopted by the Committee of Ministers on 16 March 2022, the Russian Federation ceased to be a Party to this treaty on 16 March 2022.
Conformément à la Résolution CM/Res(2022)2 adoptée par le Comité des Ministres le 16 mars 2022, la Fédération de Russie a cessé d'être Partie à ce traité le 16 mars 2022.

11. European Agreement Relating to Persons Participating in Proceedings of the European Court of Human Rights

Accord européen concernant les personnes participant aux procédures devant la Cour européenne des droits de l'homme

State or International Organisation	Signature	Ratification	Entry into force *Entrée en vigueur*	Etat ou Organisation internationale
Albania	21.9.00	26.2.03	1.4.03	Albanie
Andorra	24.11.98	24.11.98	1.1.99	Andorre
Armenia				Arménie
Austria	7.5.99	10.1.01	1.3.01	Autriche
Azerbaijan				Azerbaïdjan
Belgium	19.6.97	29.6.00	1.8.00	Belgique
Bosnia and Herzegovina				Bosnie-Herzégovine
Bulgaria	3.7.00	31.5.01	1.7.01	Bulgarie
Croatia	26.1.98	2.12.99	1.2.00	Croatie
Cyprus	12.1.99	9.2.00	1.4.00	Chypre
Czech Republic	10.10.97	24.6.98	1.1.99	République tchèque
Denmark	5.3.96	28.8.98	1.1.99	Danemark
Estonia	19.5.00	9.1.12	1.3.12	Estonie
Finland	19.6.98	23.12.98	1.2.99	Finlande
France	31.3.98	17.11.98	1.1.99	France
Georgia	10.5.01	10.5.01	1.7.01	Géorgie
Germany	23.10.96	11.9.01	1.11.01	Allemagne
Greece	26.6.96	7.2.05	1.4.05	Grèce
Hungary	6.5.97	1.4.98	1.1.99	Hongrie
Iceland	27.6.96	4.11.98	1.1.99	Islande
Ireland	3.6.98	7.5.99	1.7.99	Irlande
Italy	5.3.96	6.3.98	1.1.99	Italie
Latvia	31.1.06	27.7.06	1.9.06	Lettonie
Liechtenstein	21.1.99	21.1.99	1.3.99	Liechtenstein
Lithuania	11.2.00	18.2.03	1.4.03	Lituanie

Luxembourg	5.3.96	12.3.99	1.5.99	Luxembourg
Malta	3.11.98	5.2.15	1.4.15	Malte
Monaco	19.3.07	19.3.07	1.5.07	Monaco
Montenegro				Monténégro
Netherlands	2.5.96	21.1.97	1.1.99	Pays-Bas
North Macedonia	16.11.98			Macédoine du Nord
Norway	12.12.01	12.12.01	1.2.02	Norvège
Poland	2.4.08	6.12.12	1.2.13	Pologne
Portugal	29.4.97	11.4.18	1.6.18	Portugal
Republic of Moldova	4.5.98	8.11.01	1.1.02	République de Moldova
Romania	28.5.98	9.4.99	1.6.99	Roumanie
San Marino	7.9.98	28.8.15	1.10.15	Saint-Marin
Serbia				Serbie
Slovak Republic	4.9.02	21.5.03	1.7.03	République Slovaque
Slovenia	7.5.99	29.11.01	1.1.02	Slovénie
Spain	24.1.00	19.1.01	1.3.01	Espagne
Sweden	30.4.96	30.9.98	1.1.99	Suède
Switzerland	27.8.98	27.8.98	1.1.99	Suisse
Türkiye	3.7.02	6.10.04	1.12.04	Türkiye
Ukraine	22.5.03	4.11.04	1.1.05	Ukraine
United Kingdom	27.10.99	9.11.01	1.1.02	Royaume-Uni

B. RESERVATIONS AND DECLARATIONS[1]

The Convention for the Protection of Human Rights and Fundamental Freedoms

Republic of Moldova

Communication contained in the Note Verbale No. FRA-CoE/352.2/410 from the Permanent Representation of the Republic of Moldova, dated 29 November 2023, registered by the Secretariat General on 29 November 2023 - Or. Engl.

Articles concerned: 15

The Permanent Representation of the Republic of Moldova to the Council of Europe, pursuant to Article 15 of the European Convention for the Protection of Human Rights and Fundamental Freedoms, wishes to notify that on 24 November 2023 the Parliament of the Republic of Moldova adopted the prolongation of the state of emergency for a period of 30 days, from 1 December 2023 to 31 December 2023, on the entire territory of the Republic of Moldova, taking into account the situation related to the regional security and the menace to the national security.

The Decision of the Parliament is attached to this Note. The Parliament decision of 24 November succeeds the previous Decision on prolongation of the state of emergency No. 274 of 21 September 2023 notified by Note Verbale No. FRA-CoE/352.2/328, and contains the same provisions including the article 6, providing that the current state of emergency doesn't affect the organisation and conduct of the elections on the territory of the Republic of Moldova.

The existing measures already in force or envisaged to be implemented during the mentioned period of state of emergency entail or may entail restrictions such as ordering, if necessary, establishing a special regime for entry in and exit out of the country; establishing special regime for the use of the airspace; establishing a special regime of movement on the territory of the country, including of the movement and control of merchandise; expelling from the territory of the country people whose presence may affect the ensuring of the public order and security; temporary evacuation of the citizens from the areas that pose menace to life and the obligatory provision of permanent or provisional accommodation for them; allocating financial means for the enforcement of the directives of the Commission for Exceptional Situations of the Republic of Moldova, if it is necessary; establishing a special working regime for the economic agents and public institutions, solving other issues related to their activities, necessary for carrying out rescue and extrication operations and other urgent opera-

---

[1] The English or French translations, regulatory texts and the Note verbal referred to in the declarations below are available on the Treaty Office's website: https://www.coe.int/en/web/conventions/concerning-a-given-treaty?module=declarations-by-treaty&territoires=&codeNature=0&codePays=&numSte=005&enVigueur=false&ddateDebut=01-01-2023&ddateStatus=12-31-2023.

B. RÉSERVES ET DÉCLARATIONS[1]

La Convention de sauvegarde des Droits de l'Homme et des Libertés fondamentales

République de Moldova

Communication consignée dans la Note verbale n° FRA-CoE/352.2/410 de la Représentation Permanente de la République de Moldova, datée du 29 novembre 2023, enregistrée au Secrétariat Général le 29 novembre 2023 - Or. angl.

Articles concernés : 15

La Représentation Permanente de la République de Moldova auprès du Conseil de l'Europe, conformément à l'article 15 de la Convention de sauvegarde des Droits de l'Homme et des Libertés fondamentales, souhaite notifier que le 24 novembre 2023 le Parlement de la République de Moldova a adopté la prolongation de l'état d'urgence pour une période de 30 jours, du 1er décembre 2023 au 31 décembre 2023, sur l'ensemble du territoire de la République de Moldova, compte tenu de la situation liée à la sécurité régionale et de la menace pour la sécurité nationale. La décision du Parlement est jointe à la présente note.

La décision du Parlement du 24 novembre succède à la précédente décision de prolongation de l'état d'urgence n° 274 du 21 septembre 2023 notifiée par note verbale n° FRA-CoE/352.2/328, et contient les mêmes dispositions y compris l'article 6, prévoyant que l'état d'urgence actuel n'affecte pas l'organisation et le déroulement des élections sur le territoire de la République de Moldova.

Les mesures existantes, déjà en vigueur ou dont l'application est envisagée pendant la période d'état d'urgence mentionnée, entraînent ou peuvent entraîner des restrictions telles que : ordonner, si nécessaire, l'établissement d'un régime spécial pour l'entrée et la sortie du pays ; établir un régime spécial pour l'utilisation de l'espace aérien ; l'établissement d'un régime spécial de circulation sur le territoire du pays, y compris la circulation et le contrôle des marchandises ; l'expulsion du territoire du pays des personnes dont la présence peut nuire au maintien de l'ordre et de la sécurité publics ; l'évacuation temporaire des citoyens des zones qui constituent une menace pour la vie et l'obligation de leur fournir un logement permanent ou provisoire ; allouer des moyens financiers pour l'application des directives de la Commission pour les situations exceptionnelles de la République de Moldova, si cela est nécessaire ; établir un régime de travail spécial pour les agents économiques et les institutions publiques, résoudre d'autres questions liées à leurs activités, nécessaires

---

[1] Les traductions anglaises ou françaises et les textes législatifs auxquels est fait référence dans les déclarations ci-dessous sont disponibles sur le site internet du Bureau des Traités : https://www.coe.int/fr/web/conventions/concerning-a-given-treaty?module=declarations-by-treaty&territoires=&codeNature=7&codePays=&numSte=005&enVigueur=false&ddateDebut=01-01-2023&ddateStatus=12-31-2023.

tions; prohibition on holding rallies, public demonstrations and other mass actions; prohibition on the creation and activity of paramilitary formation of persons on the territory of the state; ordering, as needed, the temporary disruption of gas, energy and drinking water supply; adoption of the necessary decisions to undertake swift actions to supply natural gas, electricity and other energy sources, including by derogation from the normative provisions; coordination of the activity of mass media regarding the introduction of special rules for the use of telecommunications, the fight against misinformation, fake news and hate speech; prohibition of the dismissal of employees, except for the cases provided by the normative acts, for this period; modification of the procedure for the appointment and dismissal of the heads of economic agents and public institutions; involvement of citizens in the provisions of services in the public interest in accordance with the law; carrying out, in the manner provided by law, the requisition of goods in order to prevent and liquidate the consequences of the situations that imposed the declaration of the state of emergency; carrying out necessary actions in order to prevent, mitigate and liquidate the consequences of the situations that imposed the declaration of the state of emergency; taking the necessary measures for the management of the migration flows; accessing and managing the international assistance for the duration of the state of emergency.

The application of these measures has triggered the necessity for the Republic of Moldova to derogate pursuant to article 15 of the European Convention for the Protection of Human Rights and Fundamental Freedoms from the application of certain provisions of the Convention and its Protocols.

In the context of major national security threats in the immediate vicinity of the land border between the Republic of Moldova and Ukraine, including those of humanitarian, economic, energy and military nature, as a result of the continuing war on the territory of Ukraine, the afore-mentioned measures are essential and critical in protecting the national security of the country.

According to the report presented by the Ministry of Internal Affairs of the Republic of Moldova during the plenary session of the Parliament on 24 November 2023, during the previous emergency period, the actions of the Government and the Commission for Exceptional Situations did not exceed the limits of the mandate assigned by the Parliament, there were no interferences in respect of the exercise of the fundamental rights of citizens, and the competent authorities acted in a transparent manner, the derogations from the legal framework being proportionate and necessary for the management and overcoming of all emergency situations.

Pursuant to article 15 (3) of the European Convention for the Protection of Human Rights and Fundamental Freedoms, the Permanent Representation will inform the Secretary General of the Council of Europe about the future developments regarding the state of emergency as well as when the above-mentioned measures and derogations have ceased to apply, and the provisions of the Convention are being fully implemented again on the territory of the Republic of Moldova.

Period covered: 29/11/2023

pour mener à bien les opérations de sauvetage et de désincarcération et d'autres opérations urgentes ; interdire la tenue de rassemblements, de manifestations publiques et d'autres actions de masse ; interdire la création et l'activité de formations paramilitaires de personnes sur le territoire de l'État ; ordonner, si nécessaire, l'interruption temporaire de l'approvisionnement en gaz, en énergie et en eau potable ; adopter les décisions nécessaires pour entreprendre des actions rapides d'approvisionnement en gaz naturel, en électricité et en autres sources d'énergie, y compris par dérogation aux dispositions normatives ; coordonner l'activité des médias en ce qui concerne l'introduction de règles spéciales pour l'utilisation des télécommunications, la lutte contre la désinformation, les fausses nouvelles et les discours de haine ; interdire le licenciement des employés, sauf dans les cas prévus par les actes normatifs, pour cette période ; modifier la procédure de nomination et de licenciement des responsables des agents économiques et des institutions publiques ; la participation des citoyens à la prestation de services d'intérêt public conformément à la loi ; l'exécution, selon les modalités prévues par la loi, de la réquisition de biens afin de prévenir et de liquider les conséquences des situations qui ont exigé la déclaration de l'état d'urgence ; l'exécution des actions nécessaires afin de prévenir, d'atténuer et de liquider les conséquences des situations qui ont imposé la déclaration de l'état d'urgence ; la prise des mesures nécessaires pour la gestion des flux migratoires ; l'accès et la gestion de l'assistance internationale pendant la durée de l'état d'urgence.

L'application de ces mesures a entraîné la nécessité pour la République de Moldova de déroger, conformément à l'article 15 de la Convention de sauvegarde des Droits de l'Homme et des Libertés fondamentales, à l'application de certaines dispositions de la Convention et de ses Protocoles.

Dans le contexte des menaces majeures pour la sécurité nationale à proximité immédiate de la frontière terrestre entre la République de Moldavie et l'Ukraine, y compris celles de nature humanitaire, économique, énergétique et militaire, résultant de la guerre se poursuivant sur le territoire de l'Ukraine, les mesures susmentionnées sont essentielles et cruciales pour la protection de la sécurité nationale du pays.

Selon le rapport présenté par le Ministère de l'Intérieur de la République de Moldova lors de la séance plénière du Parlement du 24 novembre 2023, pendant la précédente période d'urgence, les actions du Gouvernement et de la Commission pour les situations exceptionnelles n'ont pas dépassé les limites du mandat confié par le Parlement, il n'y a eu aucune ingérence dans l'exercice des droits fondamentaux des citoyens et les autorités compétentes ont agi de manière transparente, les dérogations au cadre juridique étant proportionnées et nécessaires à la gestion et au dépassement des toutes les situations d'urgence.

Conformément à l'article 15, paragraphe 3, de la Convention de sauvegarde des Droits de l'Homme et des Libertés fondamentales, la Représentation Permanente de la République de Moldova auprès du Conseil de l'Europe informera la Secrétaire Générale du Conseil de l'Europe de l'évolution de la situation en ce qui concerne l'état d'urgence, ainsi que du moment où les mesures et dérogations susmentionnées auront cessé de s'appliquer et où les dispositions de la Convention seront à nouveau pleinement mises en œuvre sur le territoire de la République de Moldova.

Période couverte : 29/11/2023

16   *General Information*

Communication contained in the Note Verbale No. FRA-CoE/352.2/328 from the Permanent Representation of the Republic of Moldova, dated 26 September 2023, registered by the Secretariat General on 26 September 2023 - Or. Engl.

Articles concerned: 15

The Permanent Representation of the Republic of Moldova to the Council of Europe, pursuant to Article 15 of the European Convention for the Protection of Human Rights and Fundamental Freedoms, wishes to notify that on 21 September 2023 the Parliament of the Republic of Moldova adopted the prolongation of the state of emergency for a period of 60 days, from 2 October 2023 to 30 November 2023, on the entire territory of the Republic of Moldova , taking into account the situation related to the regional security and the menace to the national security. The Decision of the Parliament is attached to this Note.

The Parliament decision of 21 September succeeds the previous Decision on prolongation of the state of emergency No. 244 of 31 July 2023 notified by Note Verbale No. FRA-CoE/352.2/287, and contains the same provisions including the article 6, providing that the current state of emergency doesn't affect the organisation and conduct of the elections on the territory of the Republic of Moldova.

The existing measures already in force or envisaged to be implemented during the mentioned period of state of emergency entail or may entail restrictions such as ordering, if necessary, establishing a special regime for entry in and exit out of the country; establishing special regime for the use of the airspace; establishing a special regime of movement on the territory of the country, including of the movement and control of merchandise; expelling from the territory of the country people whose presence may affect the ensuring of the public order and security; temporary evacuation of the citizens from the areas that pose menace to life and the obligatory provision of permanent or provisional accommodation for them; allocating financial means for the enforcement of the directives of the Commission for Exceptional Situations of the Republic of Moldova, if it is necessary; establishing a special working regime for the economic agents and public institutions, solving other issues related to their activities, necessary for carrying out rescue and extrication operations and other urgent operations; prohibition on holding rallies, public demonstrations and other mass actions; prohibition on the creation and activity of paramilitary formation of persons on the territory of the state; ordering, as needed, the temporary disruption of gas, energy and drinking water supply; adoption of the necessary decisions to undertake swift actions to supply natural gas, electricity and other energy sources, including by derogation from the normative provisions; coordination of the activity of mass media regarding the introduction of special rules for the use of telecommunications, the fight against misinformation, fake news and hate speech; prohibition of the dismissal of employees, except for the cases provided by the normative acts, for this period; modification of the procedure for the appointment and dismissal of the heads of economic agents and public institutions; involvement of citizens in the provisions of services in the

Communication consignée dans la Note verbale n° FRA-CoE/352.2/328 de la Représentation Permanente de la République de Moldova, datée du 26 septembre 2023, enregistrée au Secrétariat Général le 26 septembre 2023 - Or. angl.

Articles concernés : 15

La Représentation Permanente de la République de Moldova auprès du Conseil de l'Europe, conformément à l'article 15 de la Convention de sauvegarde des Droits de l'Homme et des Libertés fondamentales, souhaite notifier que le 21 septembre 2023 le Parlement de la République de Moldova a adopté la prolongation de l'état d'urgence pour une période de 60 jours, du 2 octobre 2023 au 30 novembre 2023, sur l'ensemble du territoire de la République de Moldova, compte tenu de la situation liée à la sécurité régionale et de la menace pour la sécurité nationale. La décision du Parlement est jointe à la présente note.

La décision du Parlement du 21 septembre succède à la précédente décision de prolongation de l'état d'urgence n° 244 du 31 juillet 2023 notifiée par note verbale n° FRA-CoE/352.2/287, et contient les mêmes dispositions y compris l'article 6, prévoyant que l'état d'urgence actuel n'affecte pas l'organisation et le déroulement des élections sur le territoire de la République de Moldova.

Les mesures existantes, déjà en vigueur ou dont l'application est envisagée pendant la période d'état d'urgence mentionnée, entraînent ou peuvent entraîner des restrictions telles que : ordonner, si nécessaire, l'établissement d'un régime spécial pour l'entrée et la sortie du pays ; établir un régime spécial pour l'utilisation de l'espace aérien ; l'établissement d'un régime spécial de circulation sur le territoire du pays, y compris la circulation et le contrôle des marchandises ; l'expulsion du territoire du pays des personnes dont la présence peut nuire au maintien de l'ordre et de la sécurité publics ; l'évacuation temporaire des citoyens des zones qui constituent une menace pour la vie et l'obligation de leur fournir un logement permanent ou provisoire ; allouer des moyens financiers pour l'application des directives de la Commission pour les situations exceptionnelles de la République de Moldova, si cela est nécessaire ; établir un régime de travail spécial pour les agents économiques et les institutions publiques, résoudre d'autres questions liées à leurs activités, nécessaires pour mener à bien les opérations de sauvetage et de désincarcération et d'autres opérations urgentes ; interdire la tenue de rassemblements, de manifestations publiques et d'autres actions de masse ; interdire la création et l'activité de formations paramilitaires de personnes sur le territoire de l'État ; ordonner, si nécessaire, l'interruption temporaire de l'approvisionnement en gaz, en énergie et en eau potable ; adopter les décisions nécessaires pour entreprendre des actions rapides d'approvisionnement en gaz naturel, en électricité et en autres sources d'énergie, y compris par dérogation aux dispositions normatives ; coordonner l'activité des médias en ce qui concerne l'introduction de règles spéciales pour l'utilisation des télécommunications, la lutte contre la désinformation, les fausses nouvelles et les discours de haine ; interdire le licenciement des employés, sauf dans les cas prévus par les actes normatifs, pour cette

public interest in accordance with the law; carrying out, in the manner provided by law, the requisition of goods in order to prevent and liquidate the consequences of the situations that imposed the declaration of the state of emergency; carrying out necessary actions in order to prevent, mitigate and liquidate the consequences of the situations that imposed the declaration of the state of emergency; taking the necessary measures for the management of the migration flows; accessing and managing the international assistance for the duration of the state of emergency.

The application of these measures has triggered the necessity for the Republic of Moldova to derogate pursuant to article 15 of the European Convention for the Protection of Human Rights and Fundamental Freedoms from the application of certain provisions of the Convention and its Protocols.

In the context of major national security threats in the immediate vicinity of the land border between the Republic of Moldova and Ukraine, including those of humanitarian, economic, energy and military nature, as a result of the continuing war on the territory of Ukraine, the afore-mentioned measures are essential and critical in protecting the national security of the country.

Pursuant to article 15 (3) of the European Convention for the Protection of Human Rights and Fundamental Freedoms, the Permanent Representation will inform the Secretary General of the Council of Europe about the future developments regarding the state of emergency as well as when the above-mentioned measures and derogations have ceased to apply, and the provisions of the Convention are being fully implemented again on the territory of the Republic of Moldova.

Period covered: 26/09/2023 - 30/11/2023

Communication contained in the Note Verbale No. FRA-CoE/352.2/287 from the Permanent Representation of the Republic of Moldova, dated 1 August 2023, registered by the Secretariat General on 1 August 2023 - Or. Engl.

Articles concerned:15

The Permanent Representation of the Republic of Moldova to the Council of Europe, pursuant to Article 15 of the European Convention for the Protection of Human Rights and Fundamental Freedoms, wishes to notify that on 31 July 2023 the Parliament of the Republic of Moldova adopted the prolongation of the state of emergency for a period of 60 days, from 3 August 2023 to 1 October 2023, on the entire territory of the Republic of Moldova , taking into account the situation related to the regional security and the menace to the national security. The Decision of the Parliament is attached to this Note.

The Parliament decision of 31 July succeeds the previous Decision on prolongation of the state of emergency No. 133 of 26 May 2023 notified by Note Verbale No.

période ; modifier la procédure de nomination et de licenciement des responsables des agents économiques et des institutions publiques ; la participation des citoyens à la prestation de services d'intérêt public conformément à la loi ; l'exécution, selon les modalités prévues par la loi, de la réquisition de biens afin de prévenir et de liquider les conséquences des situations qui ont exigé la déclaration de l'état d'urgence ; l'exécution des actions nécessaires afin de prévenir, d'atténuer et de liquider les conséquences des situations qui ont imposé la déclaration de l'état d'urgence ; la prise des mesures nécessaires pour la gestion des flux migratoires ; l'accès et la gestion de l'assistance internationale pendant la durée de l'état d'urgence.

L'application de ces mesures a entraîné la nécessité pour la République de Moldova de déroger, conformément à l'article 15 de la Convention de sauvegarde des Droits de l'Homme et des Libertés fondamentales, à l'application de certaines dispositions de la Convention et de ses Protocoles.

Dans le contexte des menaces majeures pour la sécurité nationale à proximité immédiate de la frontière terrestre entre la République de Moldavie et l'Ukraine, y compris celles de nature humanitaire, économique, énergétique et militaire, résultant de la guerre se poursuivant sur le territoire de l'Ukraine, les mesures susmentionnées sont essentielles et cruciales pour la protection de la sécurité nationale du pays.

Conformément à l'article 15, paragraphe 3, de la Convention de sauvegarde des Droits de l'Homme et des Libertés fondamentales, la Représentation Permanente de la République de Moldova auprès du Conseil de l'Europe informera la Secrétaire Générale du Conseil de l'Europe de l'évolution de la situation en ce qui concerne l'état d'urgence, ainsi que du moment où les mesures et dérogations susmentionnées auront cessé de s'appliquer et où les dispositions de la Convention seront à nouveau pleinement mises en œuvre sur le territoire de la République de Moldova.

Période couverte : 26/09/2023 - 30/11/2023

Communication consignée dans la Note verbale n° FRA-CoE/352.2/287 de la Représentation Permanente de la République de Moldova, datée du 1ᵉʳ août 2023, enregistrée au Secrétariat Général le 1ᵉʳ août 2023 - Or. angl.

Articles concernés : 15

La Représentation Permanente de la République de Moldova auprès du Conseil de l'Europe, conformément à l'article 15 de la Convention de sauvegarde des Droits de l'Homme et des Libertés fondamentales, souhaite notifier que le 31 juillet 2023 le Parlement de la République de Moldova a adopté la prolongation de l'état d'urgence pour une période de 60 jours, du 3 août 2023 au 1ᵉʳ octobre 2023, sur l'ensemble du territoire de la République de Moldova, compte tenu de la situation liée à la sécurité régionale et de la menace pour la sécurité nationale. La décision du Parlement est jointe à la présente note.

La décision du Parlement du 31 juillet succède à la précédente décision de prolongation de l'état d'urgence n° 133 du 26 mai 2023 notifiée par note verbale n° FRA-

FRA-CoE/352.2/201, and contains the same provisions including the article 6, providing that the current state of emergency doesn't affect the organisation and conduct of the elections on the territory of the Republic of Moldova.

The existing measures already in force or envisaged to be implemented during the mentioned period of state of emergency entail or may entail restrictions such as ordering, if necessary, establishing a special regime for entry in and exit out of the country; establishing special regime for the use of the airspace; establishing a special regime of movement on the territory of the country, including of the movement and control of merchandise; expelling from the territory of the country people whose presence may affect the ensuring of the public order and security; temporary evacuation of the citizens from the areas that pose menace to life and the obligatory provision of permanent or provisional accommodation for them; allocating financial means for the enforcement of the directives of the Commission for Exceptional Situations of the Republic of Moldova, if it is necessary; establishing a special working regime for the economic agents and public institutions, solving other issues related to their activities, necessary for carrying out rescue and extrication operations and other urgent operations; prohibition on holding rallies, public demonstrations and other mass actions; prohibition on the creation and activity of paramilitary formation of persons on the territory of the state; ordering, as needed, the temporary disruption of gas, energy and drinking water supply; adoption of the necessary decisions to undertake swift actions to supply natural gas, electricity and other energy sources, including by derogation from the normative provisions; coordination of the activity of mass media regarding the introduction of special rules for the use of telecommunications, the fight against misinformation, fake news and hate speech; prohibition of the dismissal of employees, except for the cases provided by the normative acts, for this period; modification of the procedure for the appointment and dismissal of the heads of economic agents and public institutions; involvement of citizens in the provisions of services in the public interest in accordance with the law; carrying out, in the manner provided by law, the requisition of goods in order to prevent, mitigate and liquidate the consequences of the situations that imposed the declaration of the state of emergency; carrying out necessary actions in order to prevent and liquidate the consequences of the situations that imposed the declaration of the state of emergency; taking the necessary measures for the management of the migration flows; accessing and managing the international assistance for the duration of the state of emergency.

The application of these measures has triggered the necessity for the Republic of Moldova to derogate pursuant to article 15 of the European Convention for the Protection of Human Rights and Fundamental Freedoms from the application of certain provisions of the Convention and its Protocols.

In the context of major national security threats in the immediate vicinity of the land border between the Republic of Moldova and Ukraine, including those of humanitarian, economic, energy and military nature, as a result of the continuing war on the territory of Ukraine, the afore-mentioned measures are essential and critical in protecting the national security of the country.

CoE/352.2/201, et contient les mêmes dispositions y compris l'article 6, prévoyant que l'état d'urgence actuel n'affecte pas l'organisation et le déroulement des élections sur le territoire de la République de Moldova.

Les mesures existantes, déjà en vigueur ou dont l'application est envisagée pendant la période d'état d'urgence mentionnée, entraînent ou peuvent entraîner des restrictions telles que : ordonner, si nécessaire, l'établissement d'un régime spécial pour l'entrée et la sortie du pays ; établir un régime spécial pour l'utilisation de l'espace aérien ; l'établissement d'un régime spécial de circulation sur le territoire du pays, y compris la circulation et le contrôle des marchandises ; l'expulsion du territoire du pays des personnes dont la présence peut nuire au maintien de l'ordre et de la sécurité publics ; l'évacuation temporaire des citoyens des zones qui constituent une menace pour la vie et l'obligation de leur fournir un logement permanent ou provisoire ; allouer des moyens financiers pour l'application des directives de la Commission pour les situations exceptionnelles de la République de Moldova, si cela est nécessaire ; établir un régime de travail spécial pour les agents économiques et les institutions publiques, résoudre d'autres questions liées à leurs activités, nécessaires pour mener à bien les opérations de sauvetage et de désincarcération et d'autres opérations urgentes ; interdire la tenue de rassemblements, de manifestations publiques et d'autres actions de masse ; interdire la création et l'activité de formations paramilitaires de personnes sur le territoire de l'État ; ordonner, si nécessaire, l'interruption temporaire de l'approvisionnement en gaz, en énergie et en eau potable ; adopter les décisions nécessaires pour entreprendre des actions rapides d'approvisionnement en gaz naturel, en électricité et en autres sources d'énergie, y compris par dérogation aux dispositions normatives ; coordonner l'activité des médias en ce qui concerne l'introduction de règles spéciales pour l'utilisation des télécommunications, la lutte contre la désinformation, les fausses nouvelles et les discours de haine ; interdire le licenciement des employés, sauf dans les cas prévus par les actes normatifs, pour cette période ; modifier la procédure de nomination et de licenciement des responsables des agents économiques et des institutions publiques ; la participation des citoyens à la prestation de services d'intérêt public conformément à la loi ; l'exécution, selon les modalités prévues par la loi, de la réquisition de biens afin de prévenir, d'atténuer et de liquider les conséquences des situations qui ont exigé la déclaration de l'état d'urgence ; l'exécution des actions nécessaires afin de prévenir, atténuer et liquider les conséquences des situations qui ont imposé la déclaration de l'état d'urgence ; la prise des mesures nécessaires pour la gestion des flux migratoires ; l'accès et la gestion de l'assistance internationale pendant la durée de l'état d'urgence.

L'application de ces mesures a entraîné la nécessité pour la République de Moldova de déroger, conformément à l'article 15 de la Convention de sauvegarde des Droits de l'Homme et des Libertés fondamentales, à l'application de certaines dispositions de la Convention et de ses Protocoles.

Dans le contexte des menaces majeures pour la sécurité nationale à proximité immédiate de la frontière terrestre entre la République de Moldavie et l'Ukraine, y compris celles de nature humanitaire, économique, énergétique et militaire, résultant de la guerre se poursuivant sur le territoire de l'Ukraine, les mesures susmentionnées

19   *General Information*

Pursuant to article 15 (3) of the European Convention for the Protection of Human Rights and Fundamental Freedoms, the Permanent Representation will inform the Secretary General of the Council of Europe about the future developments regarding the state of emergency as well as when the above-mentioned measures and derogations have ceased to apply, and the provisions of the Convention are being fully implemented again on the territory of the Republic of Moldova.

Period covered: 01/08/2023 - 01/10/2023

Communication contained in the Note Verbale No. FRA-CoE/352.2/201 from the Permanent Representation of the Republic of Moldova, dated 30 May 2023, registered by the Secretariat General on 30 May 2023 - Or. Engl.

Articles concerned: 15

The Permanent Representation of the Republic of Moldova to the Council of Europe, pursuant to Article 15 of the European Convention for the Protection of Human Rights and Fundamental Freedoms, wishes to notify that on 26 May 2023 the Parliament of the Republic of Moldova adopted the prolongation of the state of emergency for a period of 60 days, from 4 June 2023 to 2 August 2023, on the entire territory of the Republic of Moldova, taking into account the situation related to the regional security and the menace to the national security. The Decision of the Parliament is attached to this Note.

The Parliament decision of 26 May contains the same provisions as the previous Decision on prolongation of the state of emergency No. 67 of 30 March 2023 notified by Note Verbale No. FRA-CoE/352.2/140, including the article 6 providing that the current state of emergency doesn't affect the organisation and conduct of the elections on the territory of the Republic of Moldova.

The existing measures already in force or envisaged to be implemented during the mentioned period of state of emergency entail or may entail restrictions such as ordering, if necessary, establishing a special regime for entry in and exit out of the country; establishing special regime for the use of the airspace; establishing a special regime of movement on the territory of the country, including of the movement and control of merchandise; expelling from the territory of the country people whose presence may affect the ensuring of the public order and security; temporary evacuation of the citizens from the areas that pose menace to life and the obligatory provision of permanent or provisional accommodation for them; allocating financial means for the enforcement of the directives of the Commission for Exceptional Situations of the Republic of Moldova, if it is necessary; establishing a special working regime for the economic agents and public institutions, solving other issues related to their activities, necessary for carrying out rescue and extrication operations and other urgent operations; prohibition on holding rallies, public demonstrations and other mass actions;

sont essentielles et cruciales pour la protection de la sécurité nationale du pays.

Conformément à l'article 15, paragraphe 3, de la Convention de sauvegarde des Droits de l'Homme et des Libertés fondamentales, la Représentation Permanente de la République de Moldova auprès du Conseil de l'Europe informera la Secrétaire Générale du Conseil de l'Europe de l'évolution de la situation en ce qui concerne l'état d'urgence, ainsi que du moment où les mesures et dérogations susmentionnées auront cessé de s'appliquer et où les dispositions de la Convention seront à nouveau pleinement mises en œuvre sur le territoire de la République de Moldova.

Période couverte : 01/08/2023 - 01/10/2023

Communication consignée dans la Note verbale n° FRA-CoE/352.2/201 de la Représentation Permanente de la République de Moldova, datée du 30 mai 2023, enregistrée au Secrétariat Général le 30 mai 2023 - Or. angl.

Articles concernés : 15

La Représentation Permanente de la République de Moldova auprès du Conseil de l'Europe, conformément à l'article 15 de la Convention de sauvegarde des Droits de l'Homme et des Libertés fondamentales, souhaite notifier que le 26 mai 2023 le Parlement de la République de Moldova a adopté la prolongation de l'état d'urgence pour une période de 60 jours, du 4 juin 2023 au 2 août 2023, sur l'ensemble du territoire de la République de Moldova, compte tenu de la situation liée à la sécurité régionale et de la menace pour la sécurité nationale. La décision du Parlement est jointe à la présente note.

La décision du Parlement du 26 mai contient les mêmes dispositions que la précédente décision de prolongation de l'état d'urgence n° 67 du 30 mars 2023 notifiée par note verbale n° FRA-CoE/352.2/140, y compris l'article 6 prévoyant que l'état d'urgence actuel n'affecte pas l'organisation et le déroulement des élections sur le territoire de la République de Moldova.

Les mesures existantes, déjà en vigueur ou dont l'application est envisagée pendant la période d'état d'urgence mentionnée, entraînent ou peuvent entraîner des restrictions telles que : ordonner, si nécessaire, l'établissement d'un régime spécial pour l'entrée et la sortie du pays ; établir un régime spécial pour l'utilisation de l'espace aérien ; l'établissement d'un régime spécial de circulation sur le territoire du pays, y compris la circulation et le contrôle des marchandises ; l'expulsion du territoire du pays des personnes dont la présence peut nuire au maintien de l'ordre et de la sécurité publics ; l'évacuation temporaire des citoyens des zones qui constituent une menace pour la vie et l'obligation de leur fournir un logement permanent ou provisoire ; allouer des moyens financiers pour l'application des directives de la Commission pour les situations exceptionnelles de la République de Moldova, si cela est nécessaire ; établir un régime de travail spécial pour les agents économiques et les institutions publiques, résoudre d'autres questions liées à leurs activités, nécessaires pour mener à bien les opérations de sauvetage et de désincarcération et d'autres opé-

prohibition on the creation and activity of paramilitary formation of persons on the territory of the state; ordering, as needed, the temporary disruption of gas, energy and drinking water supply; adoption of the necessary decisions to undertake swift actions to supply natural gas, electricity and other energy sources, including by derogation from the normative provisions; coordination of the activity of mass media regarding the introduction of special rules for the use of telecommunications, the fight against misinformation, fake news and hate speech; prohibition of the dismissal of employees, except for the cases provided by the normative acts, for this period; modification of the procedure for the appointment and dismissal of the heads of economic agents and public institutions; involvement of citizens in the provisions of services in the public interest in accordance with the law; carrying out, in the manner provided by law, the requisition of goods in order to prevent and liquidate the consequences of the situations that imposed the declaration of the state of emergency; carrying out necessary actions in order to prevent and liquidate the consequences of the situations that imposed the declaration of the state of emergency; taking the necessary measures for the management of the migration flows; accessing and managing the international assistance for the duration of the state of emergency.

The application of these measures has triggered the necessity for the Republic of Moldova to derogate pursuant to article 15 of the European Convention for the Protection of Human Rights and Fundamental Freedoms from the application of certain provisions of the Convention and its Protocols.

In the context of major national security threats in the immediate vicinity of the land border between the Republic of Moldova and Ukraine, including those of humanitarian, economic, energy and military nature, as a result of the continuing war on the territory of Ukraine, the afore-mentioned measures are essential and critical in protecting the national security of the country.

Pursuant to article 15 (3) of the European Convention for the Protection of Human Rights and Fundamental Freedoms, the Permanent Representation will inform the Secretary General of the Council of Europe about the future developments regarding the state of emergency as well as when the above-mentioned measures and derogations have ceased to apply, and the provisions of the Convention are being fully implemented again on the territory of the Republic of Moldova.

Period covered: 30/05/2023 - 02/08/2023

rations urgentes ; interdire la tenue de rassemblements, de manifestations publiques et d'autres actions de masse ; interdire la création et l'activité de formations paramilitaires de personnes sur le territoire de l'État ; ordonner, si nécessaire, l'interruption temporaire de l'approvisionnement en gaz, en énergie et en eau potable ; adopter les décisions nécessaires pour entreprendre des actions rapides d'approvisionnement en gaz naturel, en électricité et en autres sources d'énergie, y compris par dérogation aux dispositions normatives ; coordonner l'activité des médias en ce qui concerne l'introduction de règles spéciales pour l'utilisation des télécommunications, la lutte contre la désinformation, les fausses nouvelles et les discours de haine ; interdire le licenciement des employés, sauf dans les cas prévus par les actes normatifs, pour cette période ; modifier la procédure de nomination et de licenciement des responsables des agents économiques et des institutions publiques ; la participation des citoyens à la prestation de services d'intérêt public conformément à la loi ; l'exécution, selon les modalités prévues par la loi, de la réquisition de biens afin de prévenir et de liquider les conséquences des situations qui ont exigé la déclaration de l'état d'urgence ; l'exécution des actions nécessaires afin de prévenir, atténuer et liquider les conséquences des situations qui ont imposé la déclaration de l'état d'urgence ; la prise des mesures nécessaires pour la gestion des flux migratoires ; l'accès et la gestion de l'assistance internationale pendant la durée de l'état d'urgence.

L'application de ces mesures a entraîné la nécessité pour la République de Moldova de déroger, conformément à l'article 15 de la Convention de sauvegarde des Droits de l'Homme et des Libertés fondamentales, à l'application de certaines dispositions de la Convention et de ses Protocoles.

Dans le contexte des menaces majeures pour la sécurité nationale à proximité immédiate de la frontière terrestre entre la République de Moldavie et l'Ukraine, y compris celles de nature humanitaire, économique, énergétique et militaire, résultant de la guerre se poursuivant sur le territoire de l'Ukraine, les mesures susmentionnées sont essentielles et cruciales pour la protection de la sécurité nationale du pays.

Conformément à l'article 15, paragraphe 3, de la Convention de sauvegarde des Droits de l'Homme et des Libertés fondamentales, la Représentation Permanente de la République de Moldova auprès du Conseil de l'Europe informera la Secrétaire Générale du Conseil de l'Europe de l'évolution de la situation en ce qui concerne l'état d'urgence, ainsi que du moment où les mesures et dérogations susmentionnées auront cessé de s'appliquer et où les dispositions de la Convention seront à nouveau pleinement mises en œuvre sur le territoire de la République de Moldova.

Période couverte : 30/05/2023 - 02/08/2023

21　General Information

Communication contained in the Note Verbale No. FRA-CoE/352.2/140 from the Permanent Representation of the Republic of Moldova, dated 7 April 2023, registered by the Secretariat General on 7 April 2023 - Or. Engl.

Articles concerned: 15

The Permanent Representation of the Republic of Moldova to the Council of Europe, pursuant to Article 15 of the European Convention for the Protection of Human Rights and Fundamental Freedoms, wishes to notify that on the 30 March 2023 the Parliament of the Republic of Moldova adopted the prolongation of the state of emergency, from 5 April 2023 to 3 June 2023, on the entire territory of the Republic of Moldova, taking into account the situation related to the regional security and the menace to the national security. The Decision of the Parliament is attached to this Note.

The Parliament decision of 30 March contains the same provisions as the previous Decision on prolongation of the state of emergency No. 12 of 2 February 2023 notified by Note Verbale No. FRA-CoE/352.2/45, except for the article 6 providing that the current state of emergency doesn't affect the organisation and conduct of the elections on the territory of the Republic of Moldova.

The existing measures already in force or envisaged to be implemented during the mentioned period of state of emergency entail or may entail restrictions such as ordering, if necessary, establishing a special regime for entry in and exit out of the country; establishing special regime for the use of the airspace; establishing a special regime of movement on the territory of the country, including of the movement and control of merchandise; expelling from the territory of the country people whose presence may affect the ensuring of the public order and security; temporary evacuation of the citizens from the areas that pose menace to life and the obligatory provision of permanent or provisional accommodation for them; allocating financial means for the enforcement of the directives of the Commission for Exceptional Situations of the Republic of Moldova, if it is necessary; establishing a special working regime for the economic agents and public institutions, solving other issues related to their activities, necessary for carrying out rescue and extrication operations and other urgent operations; prohibition on holding rallies, public demonstrations and other mass actions; prohibition on the creation and activity of paramilitary formation of persons on the territory of the state; ordering, as needed, the temporary disruption of gas, energy and drinking water supply; adoption of the necessary decisions to undertake swift actions to supply natural gas, electricity and other energy sources, including by derogation from the normative provisions; coordination of the activity of mass media regarding the introduction of special rules for the use of telecommunications, the fight against misinformation, fake news and hate speech; prohibition of the dismissal of employees, except for the cases provided by the normative acts, for this period; modification of the procedure for the appointment and dismissal of the heads of economic agents and public institutions; involvement of citizens in the provisions of services in the

Communication consignée dans la Note verbale n° FRA-CoE/352.2/140 de la Représentation Permanente de la République de Moldova, datée du 7 avril 2023, enregistrée au Secrétariat Général le 7 avril 2023 - Or. angl.

Articles concernés : 15

La Représentation Permanente de la République de Moldova auprès du Conseil de l'Europe, conformément à l'article 15 de la Convention de sauvegarde des Droits de l'Homme et des Libertés fondamentales, souhaite notifier que le 30 mars 2023 le Parlement de la République de Moldova a adopté la prolongation de l'état d'urgence, du 5 avril 2023 au 3 juin 2023, sur l'ensemble du territoire de la République de Moldova, compte tenu de la situation liée à la sécurité régionale et de la menace pour la sécurité nationale. La décision du Parlement est jointe à la présente note.

La décision du Parlement du 30 mars contient les mêmes dispositions que la précédente décision de prolongation de l'état d'urgence n° 12 du 2 février 2023 notifiée par note verbale n° FRA-CoE/352.2/45, à l'exception de l'article 6 prévoyant que l'état d'urgence actuel n'affecte pas l'organisation et le déroulement des élections sur le territoire de la République de Moldova.

Les mesures existantes, déjà en vigueur ou dont l'application est envisagée pendant la période d'état d'urgence mentionnée, entraînent ou peuvent entraîner des restrictions telles que : ordonner, si nécessaire, l'établissement d'un régime spécial pour l'entrée et la sortie du pays ; établir un régime spécial pour l'utilisation de l'espace aérien ; l'établissement d'un régime spécial de circulation sur le territoire du pays, y compris la circulation et le contrôle des marchandises ; l'expulsion du territoire du pays des personnes dont la présence peut nuire au maintien de l'ordre et de la sécurité publics ; l'évacuation temporaire des citoyens des zones qui constituent une menace pour la vie et l'obligation de leur fournir un logement permanent ou provisoire ; allouer des moyens financiers pour l'application des directives de la Commission pour les situations exceptionnelles de la République de Moldova, si cela est nécessaire ; établir un régime de travail spécial pour les agents économiques et les institutions publiques, résoudre d'autres questions liées à leurs activités, nécessaires pour mener à bien les opérations de sauvetage et de désincarcération et d'autres opérations urgentes ; interdire la tenue de rassemblements, de manifestations publiques et d'autres actions de masse ; interdire la création et l'activité de formations paramilitaires de personnes sur le territoire de l'État ; ordonner, si nécessaire, l'interruption temporaire de l'approvisionnement en gaz, en énergie et en eau potable ; adopter les décisions nécessaires pour entreprendre des actions rapides d'approvisionnement en gaz naturel, en électricité et en autres sources d'énergie, y compris par dérogation aux dispositions normatives ; coordonner l'activité des médias en ce qui concerne l'introduction de règles spéciales pour l'utilisation des télécommunications, la lutte contre la désinformation, les fausses nouvelles et les discours de haine ; interdire le licenciement des employés, sauf dans les cas prévus par les actes normatifs, pour cette période ; modifier la procédure de nomination et de licenciement des responsables des agents économiques et des institutions publiques ; la participation des citoyens à la

public interest in accordance with the law; carrying out necessary actions in order to prevent and liquidate the consequences of the situations that imposed the declaration of the state of emergency; taking the necessary measures for the management of the migration flows; accessing and managing the international assistance for the duration of the state of emergency.

The application of these measures has triggered the necessity for the Republic of Moldova to derogate pursuant to article 15 of the European Convention for the Protection of Human Rights and Fundamental Freedoms from the application of certain provisions of the Convention and its Protocols.

In the context of major national security threats in the immediate vicinity of the land border between the Republic of Moldova and Ukraine, including those of humanitarian, economic, energy and military nature, as a result of the continuing war on the territory of Ukraine, the afore-mentioned measures are essential and critical in protecting the national security of the country.

Pursuant to article 15 (3) of the European Convention for the Protection of Human Rights and Fundamental Freedoms, the Permanent Representation will inform the Secretary General of the Council of Europe about the future developments regarding the state of emergency as well as when the above-mentioned measures and derogations have ceased to apply, and the provisions of the Convention are being fully implemented again on the territory of the Republic of Moldova.

Period covered: 07/04/2023 - 03/06/2023

Communication contained in the Note Verbale No. FRA-CoE/352.2/45 from the Permanent Representation of the Republic of Moldova, dated 8 February 2023, registered by the Secretariat General on 8 February 2023 - Or. Engl.

Articles concerned: 15

The Permanent Representation of the Republic of Moldova to the Council of Europe, pursuant to Article 15 of the European Convention for the Protection of Human Rights and Fundamental Freedoms, wishes to notify that on the 2nd of February 2023 the Parliament of the Republic of Moldova adopted the prolongation of the state of emergency, from 4 February 2023 to 4 April 2023, on the entire territory of the Republic of Moldova, taking into account the situation related to the regional security and the menace to the national security. The Decision of the Parliament is attached to this Note.

The existing measures already in force or envisaged to be implemented during the mentioned period of state of emergency entail or may entail restrictions such as ordering, if necessary, establishing a special regime for entry in and exit out of the country; establishing special regime for the use of the airspace; establishing a special regime of movement on the territory of the country, including of the movement and control of merchandise; expelling from the territory of the country people whose pres-

prestation de services d'intérêt public conformément à la loi ; l'exécution des actions nécessaires afin de prévenir, atténuer et liquider les conséquences des situations qui ont imposé la déclaration de l'état d'urgence ; la prise des mesures nécessaires pour la gestion des flux migratoires ; l'accès et la gestion de l'assistance internationale pendant la durée de l'état d'urgence.

L'application de ces mesures a entraîné la nécessité pour la République de Moldova de déroger, conformément à l'article 15 de la Convention de sauvegarde des Droits de l'Homme et des Libertés fondamentales, à l'application de certaines dispositions de la Convention et de ses Protocoles.

Dans le contexte des menaces majeures pour la sécurité nationale à proximité immédiate de la frontière terrestre entre la République de Moldavie et l'Ukraine, y compris celles de nature humanitaire, économique, énergétique et militaire, résultant de la guerre se poursuivant sur le territoire de l'Ukraine, les mesures susmentionnées sont essentielles et cruciales pour la protection de la sécurité nationale du pays.

Conformément à l'article 15, paragraphe 3, de la Convention de sauvegarde des Droits de l'Homme et des Libertés fondamentales, la Représentation Permanente de la République de Moldova auprès du Conseil de l'Europe informera la Secrétaire Générale du Conseil de l'Europe de l'évolution de la situation en ce qui concerne l'état d'urgence, ainsi que du moment où les mesures et dérogations susmentionnées auront cessé de s'appliquer et où les dispositions de la Convention seront à nouveau pleinement mises en œuvre sur le territoire de la République de Moldova.

Période couverte : 07/04/2023 - 03/06/2023

Communication consignée dans la Note verbale n° FRA-CoE/352.2/45 de la Représentation Permanente de la République de Moldova, datée du 8 février 2023, enregistrée au Secrétariat Général le 8 février 2023 - Or. angl.

Articles concernés : 15

La Représentation Permanente de la République de Moldova auprès du Conseil de l'Europe, conformément à l'article 15 de la Convention de sauvegarde des Droits de l'Homme et des Libertés fondamentales, souhaite notifier que le 2 février 2023 le Parlement de la République de Moldova a adopté la prolongation de l'état d'urgence, du 4 février 2023 au 4 avril 2023, sur l'ensemble du territoire de la République de Moldova, compte tenu de la situation liée à la sécurité régionale et de la menace pour la sécurité nationale. La décision du Parlement est jointe à la présente note.

Les mesures existantes, déjà en vigueur ou dont l'application est envisagée pendant la période d'état d'urgence mentionnée, entraînent ou peuvent entraîner des restrictions telles que : ordonner, si nécessaire, l'établissement d'un régime spécial pour l'entrée et la sortie du pays ; établir un régime spécial pour l'utilisation de l'espace aérien ; l'établissement d'un régime spécial de circulation sur le territoire du pays, y compris la circulation et le contrôle des marchandises ; l'expulsion du territoire du pays des personnes dont la présence peut nuire au maintien de l'ordre

ence may affect the ensuring of the public order and security; temporary evacuation of the citizens from the areas that pose menace to life and the obligatory provision of permanent or provisional accommodation for them; allocating financial means for the enforcement of the directives of the Commission for Exceptional Situations of the Republic of Moldova, if it is necessary; establishing a special working regime for the economic agents and public institutions, solving other issues related to their activities, necessary for carrying out rescue and extrication operations and other urgent operations; prohibition on holding rallies, public demonstrations and other mass actions; prohibition on the creation and activity of paramilitary formation of persons on the territory of the state; ordering, as needed, the temporary disruption of gas, energy and drinking water supply; adoption of the necessary decisions to undertake swift actions to supply natural gas, electricity and other energy sources, including by derogation from the normative provisions; coordination of the activity of mass media regarding the introduction of special rules for the use of telecommunications, the fight against misinformation, fake news and hate speech; prohibition of the dismissal of employees, except for the cases provided by the normative acts, for this period; modification of the procedure for the appointment and dismissal of the heads of economic agents and public institutions; involvement of citizens in the provisions of services in the public interest in accordance with the law; carrying out, in the manner provided by law, the requisition of goods in order to prevent and liquidate the consequences of the situations that imposed the declaration of the state of emergency; carrying out necessary actions in order to prevent, mitigate and liquidate the consequences of the situations that imposed the declaration of the state of emergency; taking the necessary measures for the management of the migration flows; accessing and managing the international assistance for the duration of the state of emergency.

The application of these measures has triggered the necessity for the Republic of Moldova to derogate pursuant to article 15 of the European Convention for the Protection of Human Rights and Fundamental Freedoms from the application of certain provisions of the Convention and its Protocols.

In the context of major national security threats in the immediate vicinity of the land border between the Republic of Moldova and Ukraine, including those of humanitarian, economic, energy and military nature, as a result of the continuing war on the territory of Ukraine, the afore-mentioned measures are essential and critical in protecting the national security of the country.

Pursuant to article 15 (3) of the European Convention for the Protection of Human Rights and Fundamental Freedoms, the Permanent Representation will inform the Secretary General of the Council of Europe about the future developments regarding the state of emergency as well as when the above-mentioned measures and derogations have ceased to apply, and the provisions of the Convention are being fully implemented again on the territory of the Republic of Moldova.

Period covered: 08/02/2023 - 04/04/2023

et de la sécurité publics ; l'évacuation temporaire des citoyens des zones qui constituent une menace pour la vie et l'obligation de leur fournir un logement permanent ou provisoire ; allouer des moyens financiers pour l'application des directives de la Commission pour les situations exceptionnelles de la République de Moldova, si cela est nécessaire ; établir un régime de travail spécial pour les agents économiques et les institutions publiques, résoudre d'autres questions liées à leurs activités, nécessaires pour mener à bien les opérations de sauvetage et de désincarcération et d'autres opérations urgentes ; interdire la tenue de rassemblements, de manifestations publiques et d'autres actions de masse ; interdire la création et l'activité de formations paramilitaires de personnes sur le territoire de l'État ; ordonner, si nécessaire, l'interruption temporaire de l'approvisionnement en gaz, en énergie et en eau potable ; adopter les décisions nécessaires pour entreprendre des actions rapides d'approvisionnement en gaz naturel, en électricité et en autres sources d'énergie, y compris par dérogation aux dispositions normatives ; coordonner l'activité des médias en ce qui concerne l'introduction de règles spéciales pour l'utilisation des télécommunications, la lutte contre la désinformation, les fausses nouvelles et les discours de haine ; interdire le licenciement des employés, sauf dans les cas prévus par les actes normatifs, pour cette période ; modifier la procédure de nomination et de licenciement des responsables des agents économiques et des institutions publiques ; la participation des citoyens à la prestation de services d'intérêt public conformément à la loi ; l'exécution, selon les modalités prévues par la loi, de la réquisition de biens afin de prévenir et de liquider les conséquences des situations qui ont exigé la déclaration de l'état d'urgence ; l'exécution des actions nécessaires afin de prévenir, atténuer et liquider les conséquences des situations qui ont imposé la déclaration de l'état d'urgence ; la prise des mesures nécessaires pour la gestion des flux migratoires ; l'accès et la gestion de l'assistance internationale pendant la durée de l'état d'urgence.

L'application de ces mesures a entraîné la nécessité pour la République de Moldova de déroger, conformément à l'article 15 de la Convention de sauvegarde des Droits de l'Homme et des Libertés fondamentales, à l'application de certaines dispositions de la Convention et de ses Protocoles.

Dans le contexte des menaces majeures pour la sécurité nationale à proximité immédiate de la frontière terrestre entre la République de Moldavie et l'Ukraine, y compris celles de nature humanitaire, économique, énergétique et militaire, résultant de la guerre se poursuivant sur le territoire de l'Ukraine, les mesures susmentionnées sont essentielles et cruciales pour la protection de la sécurité nationale du pays.

Conformément à l'article 15, paragraphe 3, de la Convention de sauvegarde des Droits de l'Homme et des Libertés fondamentales, la Représentation Permanente de la République de Moldova auprès du Conseil de l'Europe informera la Secrétaire Générale du Conseil de l'Europe de l'évolution de la situation en ce qui concerne l'état d'urgence, ainsi que du moment où les mesures et dérogations susmentionnées auront cessé de s'appliquer et où les dispositions de la Convention seront à nouveau pleinement mises en œuvre sur le territoire de la République de Moldova.

Période couverte : 08/02/2023 - 04/04/2023

Communication contained in the Note Verbale No. FRA-CoE/352.2/449 from the Permanent Representation of the Republic of Moldova, dated 7 December 2022, registered by the Secretariat General on 7 December 2022 - Or. Engl.

Articles concerned: 15

The Permanent Representation of the Republic of Moldova to the Council of Europe, pursuant to Article 15 of the European Convention for the Protection of Human Rights and Fundamental Freedoms, wishes to notify that on the 1st of December 2022 the Parliament of the Republic of Moldova adopted the prolongation of the state of emergency, from 6 December 2022 to 3 February 2023, on the entire territory of the Republic of Moldova, taking into account the situation related to the regional security and the menace to the national security. The Decision of the Parliament is attached to this Note.

The existing measures already in force or envisaged to be implemented during the mentioned period of state of emergency entail or may entail restrictions such as ordering, if necessary, establishing a special regime for entry in and exit out of the country; establishing special regime for the use of the airspace; establishing a special regime of movement on the territory of the country, including of the movement and control of merchandise; expelling from the territory of the country people whose presence may affect the ensuring of the public order and security; temporary evacuation of the citizens from the areas that pose menace to life and the obligatory provision of permanent or provisional accommodation for them; allocating financial means for the enforcement of the directives of the Commission for Exceptional Situations of the Republic of Moldova, if it is necessary; establishing a special working regime for the economic agents and public institutions, solving other issues related to their activities, necessary for carrying out rescue and extrication operations and other urgent operations; prohibition on holding rallies, public demonstrations and other mass actions; prohibition on the creation and activity of paramilitary formation of persons on the territory of the state; ordering, as needed, the temporary disruption of gas, energy and drinking water supply; adoption of the necessary decisions to undertake swift actions to supply natural gas, electricity and other energy sources, including by derogation from the normative provisions; coordination of the activity of mass media regarding the introduction of special rules for the use of telecommunications, the fight against misinformation, fake news and hate speech; prohibition of the dismissal of employees, except for the cases provided by the normative acts, for this period; modification of the procedure for the appointment and dismissal of the heads of economic agents and public institutions; involvement of citizens in the provisions of services in the public interest in accordance with the law; carrying out, in the manner provided by law, the requisition of goods in order to prevent and liquidate the consequences of the situations that imposed the declaration of the state of emergency; carrying out necessary actions in order to prevent, mitigate and liquidate the consequences of the situations that imposed the declaration of the state of emergency; taking the necessary

Communication consignée dans la Note verbale n° FRA-CoE/352.2/449 de la Représentation Permanente de la République de Moldova, datée du 7 décembre 2022, enregistrée au Secrétariat Général le 7 décembre 2022 - Or. angl.

Articles concernés : 15

La Représentation Permanente de la République de Moldova auprès du Conseil de l'Europe, conformément à l'article 15 de la Convention de sauvegarde des Droits de l'Homme et des Libertés fondamentales, souhaite notifier que le 1er octobre 2022 le Parlement de la République de Moldova a adopté la prolongation de l'état d'urgence, du 6 décembre 2022 au 3 février 2023, sur l'ensemble du territoire de la République de Moldova, compte tenu de la situation liée à la sécurité régionale et de la menace pour la sécurité nationale. La décision du Parlement est jointe à la présente note.

Les mesures existantes, déjà en vigueur ou dont l'application est envisagée pendant la période d'état d'urgence mentionnée, entraînent ou peuvent entraîner des restrictions telles que : ordonner, si nécessaire, l'établissement d'un régime spécial pour l'entrée et la sortie du pays ; établir un régime spécial pour l'utilisation de l'espace aérien ; l'établissement d'un régime spécial de circulation sur le territoire du pays, y compris la circulation et le contrôle des marchandises ; l'expulsion du territoire du pays des personnes dont la présence peut nuire au maintien de l'ordre et de la sécurité publics ; l'évacuation temporaire des citoyens des zones qui constituent une menace pour la vie et l'obligation de leur fournir un logement permanent ou provisoire ; allouer des moyens financiers pour l'application des directives de la Commission pour les situations exceptionnelles de la République de Moldova, si cela est nécessaire ; établir un régime de travail spécial pour les agents économiques et les institutions publiques, résoudre d'autres questions liées à leurs activités, nécessaires pour mener à bien les opérations de sauvetage et de désincarcération et d'autres opérations urgentes ; interdire la tenue de rassemblements, de manifestations publiques et d'autres actions de masse ; interdire la création et l'activité de formations paramilitaires de personnes sur le territoire de l'État ; ordonner, si nécessaire, l'interruption temporaire de l'approvisionnement en gaz, en énergie et en eau potable ; adopter les décisions nécessaires pour entreprendre des actions rapides d'approvisionnement en gaz naturel, en électricité et en autres sources d'énergie, y compris par dérogation aux dispositions normatives ; coordonner l'activité des médias en ce qui concerne l'introduction de règles spéciales pour l'utilisation des télécommunications, la lutte contre la désinformation, les fausses nouvelles et les discours de haine ; interdire le licenciement des employés, sauf dans les cas prévus par les actes normatifs, pour cette période ; modifier la procédure de nomination et de licenciement des responsables des agents économiques et des institutions publiques ; la participation des citoyens à la prestation de services d'intérêt public conformément à la loi ; l'exécution, selon les modalités prévues par la loi, de la réquisition de biens afin de prévenir et de liquider les conséquences des situations qui ont exigé la déclaration de l'état d'urgence ; l'exécution des actions nécessaires afin de prévenir, atténuer et liquider les conséquences des situations qui ont imposé la déclaration de l'état d'urgence ; la prise des mesures

measures for the management of the migration flows; accessing and managing the international assistance for the duration of the state of emergency.

The application of these measures has triggered the necessity for the Republic of Moldova to derogate pursuant to article 15 of the European Convention for the Protection of Human Rights and Fundamental Freedoms from the application of certain provisions of the Convention and its Protocols.

In the context of major national security threats in the immediate vicinity of the land border between the Republic of Moldova and Ukraine, including those of humanitarian, economic, energy and military nature, as a result of the continuing war on the territory of Ukraine, the afore-mentioned measures are essential and critical in protecting the national security of the country.

Pursuant to article 15 (3) of the European Convention for the Protection of Human Rights and Fundamental Freedoms, the Permanent Representation will inform the Secretary General of the Council of Europe about the future developments regarding the state of emergency as well as when the above-mentioned measures and derogations have ceased to apply, and the provisions of the Convention are being fully implemented again on the territory of the Republic of Moldova.

Period covered: 07/12/2022 - 08/02/2023

Türkiye

Withdrawal of Derogation contained in the letter No. 2023/36079151 from Ms Esra Doğan Grajover, Deputy Permanent Representative of the Republic of Türkiye to the Council of Europe, dated 12 May 2023, registered at the Secretariat General on 12 May 2023 - Or. Engl.

Articles concerned: 15

I would like to refer to our letters dated 10 February 2023 and 15 February 2023, by which we had communicated the notices of derogation by the Government of the Republic of Türkiye under Article 15 of the Convention for the Protection of Human Rights and Fundamental Freedoms ("Convention"), following the declaration of the State of Emergency on 8 February 2023 (Presidential Decision No.6785).

I am now informing you, as per Article 15/3 of the Convention, that on 9 May 2023, the State of Emergency ended as set by the Presidential Decision No. 6785 and the measures that were the subject of the notices of derogation ceased to operate.

Period covered: 12/05/2023

nécessaires pour la gestion des flux migratoires ; l'accès et la gestion de l'assistance internationale pendant la durée de l'état d'urgence.

L'application de ces mesures a entraîné la nécessité pour la République de Moldova de déroger, conformément à l'article 15 de la Convention de sauvegarde des Droits de l'Homme et des Libertés fondamentales, à l'application de certaines dispositions de la Convention et de ses Protocoles.

Dans le contexte des menaces majeures pour la sécurité nationale à proximité immédiate de la frontière terrestre entre la République de Moldavie et l'Ukraine, y compris celles de nature humanitaire, économique, énergétique et militaire, résultant de la guerre se poursuivant sur le territoire de l'Ukraine, les mesures susmentionnées sont essentielles et cruciales pour la protection de la sécurité nationale du pays.

Conformément à l'article 15, paragraphe 3, de la Convention de sauvegarde des Droits de l'Homme et des Libertés fondamentales, la Représentation Permanente de la République de Moldova auprès du Conseil de l'Europe informera la Secrétaire Générale du Conseil de l'Europe de l'évolution de la situation en ce qui concerne l'état d'urgence, ainsi que du moment où les mesures et dérogations susmentionnées auront cessé de s'appliquer et où les dispositions de la Convention seront à nouveau pleinement mises en œuvre sur le territoire de la République de Moldova.

Période couverte : 07/12/2022 - 08/02/2023

Türkiye

Retrait de Dérogation consigné dans la lettre n° 2023/36079151 de Mme Esra Doğan Grajover, Représentante Permanente adjointe de la République de Türkiye auprès du Conseil de l'Europe, datée du 12 mai 2023, enregistrée au Secrétariat Général le 12 mai 2023   Or. angl.

Articles concernés : 15

Je souhaite faire référence à nos lettres datées du 10 février 2023 et du 15 février 2023, par lesquelles nous avons communiqué les avis de dérogation du Gouvernement de la République de Türkiye en vertu de l'article 15 de la Convention européenne des droits de l'homme (« Convention »), par suite de la déclaration d'Etat d'urgence du 8 février 2023 (Décision présidentielle n° 6785).

Je vous informe à présent, conformément à l'article 15/3 de la Convention, que le 9 mai 2023, l'Etat d'urgence a pris fin conformément à la décision présidentielle n° 6785 et les mesures faisant l'objet des avis de dérogation ont cessé de s'appliquer.

Période couverte : 12/05/2023

Communication contained in the letter No. 2023/36059902 from the Permanent Representative of Türkiye, dated 9 May 2023, registered by the Secretariat General on 9 May 2023 - Or. Engl.

Articles concerned: 4 5 6 8 10 11 15

In reference to my first letter dated 10 February 2023 and my consecutive letters, the last one being dated 14 April 2023, submitted under Article 15 of the European Convention on Human Rights ("Convention"), I am transmitting herewith a descriptive summary and English translations of Presidential Decrees Nos. 142, 143 and 145, entered into force after being published in the Official Gazette, in the context of the State of Emergency declared on 8 February 2023.

Period covered: 09/05/2023 - 12/05/2023

Communication contained in the letter No. 2023/35939345 from the Permanent Representative of Türkiye, dated 14 April 2023, registered by the Secretariat General on 14 April 2023 - Or. Engl.

Articles concerned: 4 5 6 8 10 11 15

In reference to my first letter dated 10 February 2023 and my consecutive letters, the last one being dated 15 March 2023, submitted under Article 15 of the European Convention on Human Rights ("Convention"), I am transmitting herewith a descriptive summary and English translations of Presidential Decrees Nos. 137, 138, 139, 140 and 141, entered into force after being published in the Official Gazette, in the context of the State of Emergency declared on 8 February 2023.

Period covered: 14/04/2023 - 12/05/2023

Communication contained in the letter No. 2023/35800450 from the Permanent Representative of Türkiye, dated 15 March 2023, registered by the Secretariat General on 15 March 2023 - Or. Engl.

Articles concerned: 4 5 6 8 10 11 15

In reference to my first letter dated 10 February 2023 and my consecutive letters, the last one being dated 7 March 2023, submitted under Article 15 of the European Convention on Human Rights ("Convention"), I am transmitting herewith a descriptive summary and English translations of Presidential Decrees Nos. 132 and 133, published in the Official Gazette no. 32128 of 10 March 2023, and Presidential Decrees Nos. 134, 135 and 136, published in the Official Gazette no. 32130 of 12 March 2023, in the context of the State of Emergency declared on 8 February 2023.

Period covered: 15/03/2023 - 12/05/2023

Communication consignée dans la lettre n° 2023/36059902 du Représentant Permanent de la Türkiye, datée du 9 mai 2023, enregistrée au Secrétariat Général le 9 mai 2023 - Or. angl.

Articles concernés : 4 5 6 8 10 11 15

En référence à ma première lettre datée du 10 février 2023 et à mes lettres consécutives, la dernière étant datée du 14 avril 2023, soumises en vertu de l'article 15 de la Convention européenne des droits de l'homme (« Convention »), je transmets ci-joint un résumé descriptif et une traduction en anglais des Décrets présidentiels nos 142, 143 et 145, entrés en vigueur après avoir été publiés au Journal officiel dans le cadre de l'état d'urgence déclaré le 8 février 2023.

Période couverte : 09/05/2023 - 12/05/2023

Communication consignée dans la lettre n° 2023/35939345 du Représentant Permanent de la Türkiye, datée du 14 avril 2023, enregistrée au Secrétariat Général le 14 avril 2023 - Or. angl.

Articles concernés : 4 5 6 8 10 11 15

En référence à ma première lettre datée du 10 février 2023 et à mes lettres consécutives, la dernière étant datée du 15 mars 2023, soumises en vertu de l'article 15 de la Convention européenne des droits de l'homme (« Convention »), je transmets ci-joint un résumé descriptif et une traduction en anglais des Décrets présidentiels nos 137, 138, 139, 140 et 141, entrés en vigueur après avoir été publiés au Journal officiel dans le cadre de l'état d'urgence déclaré le 8 février 2023.

Période couverte : 14/04/2023 - 12/05/2023

Communication consignée dans la lettre n° 2023/35800450 du Représentant Permanent de la Türkiye, datée du 15 mars 2023, enregistrée au Secrétariat Général le 15 mars 2023 - Or. angl.

Articles concernés : 4 5 6 8 10 11 15

En référence à ma première lettre datée du 10 février 2023 et à mes lettres consécutives, la dernière étant datée du 7 mars 2023, soumises en vertu de l'article 15 de la Convention européenne des droits de l'homme (« Convention »), je transmets ci-joint un résumé descriptif et une traduction en anglais des Décrets présidentiels nos 132 et 133, publiés au Journal officiel n° 32128 du 10 mars 2023, et des Décrets présidentiels nos 134, 135 et 136, publiés au Journal officiel n° 32130 du 12 mars 2023 dans le cadre de l'état d'urgence déclaré le 8 février 2023.

Période couverte : 15/03/2023 - 12/05/2023

Communication contained in the letter No. 2023/35759819 from the Permanent Representative of Türkiye, dated 7 March 2023, registered by the Secretariat General on 7 March 2023 - Or. Engl.

Articles concerned: 4 5 6 8 10 11 15

In reference to my letters dated 10 February 2023, 15 February 2023, 20 February 2023, 28 February 2023 and 1 March 2023 submitted under Article 15 of the European Convention on Human Rights ("Convention"), I am transmitting herewith a descriptive summary and English translations of the Presidential Decrees Nos. 127, 128, 129, 130 and 131, published in the Official Gazette no. 32121 and dated 3 March 2023, in the context of the State of Emergency declared on 8 February 2023.

Period covered: 07/03/2023 - 12/05/2023

Communication contained in the letter No. 2023/35730545 from the Permanent Representative of Türkiye, dated 1 March 2023, registered by the Secretariat General on 1 March 2023 - Or. Engl.

Articles concerned: 4 5 6 8 10 11 15

In reference to my letters dated 10 February 2023, 15 February 2023, 20 February 2023 and 28 February 2023 submitted under Article 15 of the European Convention on Human Rights ("Convention"), I am transmitting herewith a descriptive summary and English translation of the Presidential Decree no. 126 on Measures taken with regard to Settlement and Construction, published in the Official Gazette no. 32114 and dated 24 February 2023, in the context of the State of Emergency declared on 8 February 2023.

Period covered: 01/03/2023 - 12/05/2023

Communication contained in the letter No. 2023/35724447 from the Permanent Representative of Türkiye, dated 28 February 2023, registered by the Secretariat General on 28 February 2023 - Or. Engl.

Articles concerned: 4 5 6 8 10 11 15

In reference to my letters dated 10 February 2023, 15 February 2023 and 20 February 2023 submitted under Article 15 of the European Convention on Human Rights ("Convention"), I am transmitting herewith a descriptive summary and English translation of the Presidential Decree no. 125 on Measures Taken in the Field of Labour and Social Security, published in the Official Gazette no. 32112 and dated 22 February 2023, in the context of the State of Emergency declared on 8 February 2023.

Period covered: 28/02/2023 - 12/05/2023

*Communication consignée dans la lettre nº 2023/35759819 du
Représentant Permanent de la Türkiye, datée du 7 mars 2023,
enregistrée au Secrétariat Général le 7 mars 2023 - Or. angl.*

Articles concernés : 4 5 6 8 10 11 15

En référence à mes lettres datées du 10 février 2023, 15 février 2023, 20 février 2023, 28 février 2023 et 1er mars 2023 soumises en vertu de l'article 15 de la Convention européenne des droits de l'homme (« Convention »), je transmets ci-joint un résumé descriptif et une traduction en anglais des Décrets présidentiels nos 127, 128, 129, 130 et 131, publiés au Journal officiel nº 32121 et datés du 3 mars 2023, dans le cadre de l'état d'urgence déclaré le 8 février 2023.

Période couverte : 07/03/2023 - 12/05/2023

*Communication consignée dans la lettre nº 2023/35730545 du
Représentant Permanent de la Türkiye, datée du 1er mars 2023,
enregistrée au Secrétariat Général le 1er mars 2023 - Or. angl.*

Articles concernés : 4 5 6 8 10 11 15

En référence à mes lettres datées du 10 février 2023, 15 février 2023, 20 février 2023 et 28 février 2023 soumises en vertu de l'article 15 de la Convention européenne des droits de l'homme (« Convention »), je transmets ci-joint un résumé descriptif et une traduction en anglais du Décret présidentiel nº 126 sur les mesures prises en matière d'implantation et de construction, publié au Journal officiel nº 32114 et daté du 24 février 2023, dans le cadre de l'état d'urgence déclaré le 8 février 2023.

Période couverte : 01/03/2023 - 12/05/2023

*Communication consignée dans la lettre nº 2023/35724447 du
Représentant Permanent de la Türkiye, datée du 28 février 2023,
enregistrée au Secrétariat Général le 28 février 2023 - Or. angl.*

Articles concernés : 4 5 6 8 10 11 15

En référence à mes lettres datées du 10 février 2023, 15 février 2023 et 20 février 2023 soumises en vertu de l'article 15 de la Convention européenne des droits de l'homme (« Convention »), je transmets ci-joint un résumé descriptif et une traduction en anglais du Décret présidentiel nº 125 sur les mesures prises dans le domaine du travail et de la sécurité sociale, publié au Journal officiel nº 32112 et daté du 22 février 2023, dans le cadre de l'état d'urgence déclaré le 8 février 2023.

Période couverte : 28/02/2023 - 12/05/2023

Communication contained in the letter No. 2023/35676809 from the Permanent Representative of Türkiye, dated 20 February 2023, registered by the Secretariat General on 20 February 2023 - Or. Engl.

Articles concerned: 4 5 6 8 10 11 15

In my letters dated 10 February 2023 and 15 February 2023, I communicated the notices of derogation by the Government of the Republic of Türkiye under Article 15 of the European Convention on Human Rights ("Convention"), indicating that the measures to be taken in the context of the State of Emergency declared on 8 February 2023 may involve derogation from the obligations under Articles 4§2, 5, 6§1, 8, 10, 11 of the Convention and Articles 1, 2 of Protocol No. 1 to the Convention, to the extent required by the exigencies of the situation.

I am now transmitting herewith a descriptive summary of two Presidential Decrees issued in the context of the State of Emergency, namely Presidential Decree No. 122 on measures taken concerning public officials, published in the Official Gazette No.32105 of 15 February 2023, and Presidential Decree No. 124 on donations and aids to be granted by the banks and institutions subject to consolidated monitoring, published in the Official Gazette No. 32107 of 17 February 2023.

The measures taken concerning public officials, as stipulated in Presidential Decree No. 122, may involve derogation from Articles 4§2 and 8 of the Convention previously referred to in my letter of 10 February 2023. English translation of the said Presidential Decree is enclosed with this letter.

The measures to be taken in the field of donation and aid, as stipulated in Presidential Decree No. 124, do not require any derogation.

Period covered: 20/02/2023 - 12/05/2023

Declaration contained in the letter No. 2023/35655220 from the Permanent Representative of Türkiye, dated 15 February 2023, registered by the Secretariat General on 15 February 2023 - Or. Engl.

Articles concerned: 5 6 15

In reference to my letter dated 10 February 2023, communicating the notice of derogation by the Government of the Republic of Türkiye under Article 15 of the European Convention on Human Rights ("Convention"), I am now transmitting herewith a descriptive summary of two Presidential Decrees issued in the context of the State of Emergency declared on 8 February 2023, namely Presidential Decree No. 120 on measures taken in the field of judiciary, published in the Official Gazette No.32101-6A of 11 February 2023, and Presidential Decree No. 121 on measures taken in the field of health, published in the Official Gazette No.32103 of 13 February 2023.

In addition to the articles of the Convention referred to in my above-mentioned letter, the measures to be taken in the field of judiciary, as stipulated in Presidential

Communication consignée dans la lettre n° 2023/35676809 du Représentant Permanent de la Türkiye, datée du 20 février 2023, enregistrée au Secrétariat Général le 20 février 2023 - Or. angl.

Articles concernés : 4 5 6 8 10 11 15

Dans mes lettres du 10 février 2023 et du 15 février 2023, j'ai communiqué les avis de dérogation du Gouvernement de la République de Türkiye en vertu de l'article 15 de la Convention européenne des droits de l'homme (« Convention »), indiquant que les mesures à prendre dans le cadre de l'état d'urgence déclaré le 8 février 2023 peuvent impliquer une dérogation aux obligations découlant des articles 4§2, 5, 6§1, 8, 10, 11 de la Convention et des articles 1, 2 du Protocole n° 1 à la Convention, dans la mesure requise par les exigences de la situation.

Je vous transmets ci-joint un résumé descriptif de deux décrets présidentiels pris dans le cadre de l'état d'urgence, à savoir le décret présidentiel n° 122 sur les mesures prises à l'égard des fonctionnaires publics, publié au Journal officiel n° 32105 du 15 février 2023, et le décret présidentiel n° 124 sur les dons et aides à accorder par les banques et institutions soumises à un contrôle consolidé, publié au Journal officiel n° 32107 du 17 février 2023.

Les mesures prises à l'égard des agents publics, telles que stipulées dans le décret présidentiel n° 122, peuvent impliquer une dérogation aux articles 4§2 et 8 de la Convention précédemment évoquée dans ma lettre du 10 février 2023. La traduction anglaise dudit décret présidentiel est jointe à la présente lettre.

Les mesures à prendre dans le domaine des dons et des aides, telles que stipulées dans le décret présidentiel n° 124, ne nécessitent aucune dérogation.

Période couverte : 20/02/2023 - 12/05/2023

Déclaration consignée dans la lettre n° 2023/35655220 du Représentant Permanent de la Türkiye, datée du 15 février 2023, enregistrée au Secrétariat Général le 15 février 2023 - Or. angl.

Articles concernés : 5 6 15

En référence à ma lettre du 10 février 2023, communiquant l'avis de dérogation du Gouvernement de la République de Türkiye au titre de l'article 15 de la Convention européenne des droits de l'homme (« Convention »), je vous transmets ci-joint un résumé descriptif de deux décrets présidentiels pris dans le cadre de l'état d'urgence déclaré le 8 février 2023, à savoir le décret présidentiel n° 120 sur les mesures prises dans le domaine judiciaire, publié au Journal officiel n° 32101-6 A du 11 février 2023, et le décret présidentiel n° 121 sur les mesures prises dans le domaine de la santé, publié au Journal officiel n° 32103 du 13 février 2023.

Outre les articles de la Convention mentionnés dans ma lettre susmentionnée, les mesures à prendre dans le domaine judiciaire, telles que stipulées dans le décret présidentiel n° 120, peuvent impliquer une dérogation aux articles 5 et 6§1 de la

Decree No. 120, may involve derogation from Articles 5 and 6§1 of the Convention. English translation of the said Presidential Decree is enclosed with this letter.

The measures to be taken in the field of health, as stipulated in Presidential Decree No. 121, do not require any derogation.

Period covered: 15/02/2023 - 12/05/2023

Derogation contained in a letter from the Permanent Representative of Türkiye to the Council of Europe, dated 10 February 2023, registered at the Secretariat General on 10 February 2023 - Or. Engl.

Articles concerned: 4 8 10 11 15

The Government of the Republic of Türkiye would like to give the following notice to the Secretary General of the Council of Europe under Article 15 of the European Convention on Human Rights ("the Convention").

On 6 February 2023 two earthquakes struck our country: first, a 7.7 magnitude tremor at 4.17 a.m. with its epicentre in Pazarcık district of Kahramanmaraş province, and secondly, a 7.6 magnitude tremor at 1.24 p.m. with its epicentre in Elbistan district of Kahramanmaraş province. These natural disasters affected an area of approximately 110,000 square kilometers and caused destruction in ten provinces of Türkiye and directly affected around 13.5 million people.

The Republic of Türkiye is taking the required measures as prescribed by law, in line with the national legislation and its international obligations. In this context, on 8 February 2023 a State of Emergency was declared for a duration of three months in Adana, Adıyaman, Diyarbakır, Gaziantep, Hatay, Kahramanmaraş, Kilis, Malatya, Osmaniye and Şanlıurfa provinces in accordance with Article 119 of the Constitution and Article 3§1(a) of Law on State of Emergency (Law No. 2935). The Presidential Decision no. 6785 on the state of emergency was published on the Official Gazette on 8 February 2023. This decision was approved by the Grand National Assembly of Türkiye on 9 February 2023 and was published on the Official Gazette on 10 February 2023.

In view of the disaster threatening the life of the nation, it may be necessary for the Government to take measures for the purposes of rescuing those struck by the disaster, repairing the resulting damage and loss, ensuring more effective delivery of public services, and protecting public order, safety and health, among others. The obligations that may be imposed and the measures that may be taken in an emergency situation caused by a natural disaster are prescribed in detail by Articles 5 to 9, 25(a) and 32 of the Law on State of Emergency (Law no. 2935). The measures to be taken in this context may involve derogation from the obligations under Articles 4§2, 8, 10, 11 of the Convention and Articles 1 and 2 of Protocol No. 1, to the extent required by the exigencies of the situation.

It is also possible, by virtue of Article 119 of the Constitution, to take additional measures via a Presidential Decree on issues required by the state of emergency. In

Convention. La traduction anglaise dudit décret présidentiel est jointe à la présente lettre.

Les mesures à prendre dans le domaine de la santé, telles que stipulées dans le décret présidentiel n° 121, ne nécessitent aucune dérogation.

Période couverte : 15/02/2023 - 12/05/2023

Dérogation consignée dans une lettre de la Représentante Permanente de la Türkiye auprès du Conseil de l'Europe, datée du 10 février 2023, enregistrée au Secrétariat Général le 10 février 2023 - Or. angl.

Articles concernés : 4 8 10 11 15

Le Gouvernement de la République de Türkiye souhaite donner l'avis suivant à la Secrétaire Générale du Conseil de l'Europe en vertu de l'article 15 de la Convention européenne des droits de l'homme (« la Convention »).

Le 6 février 2023, deux tremblements de terre ont frappé notre pays : d'une part, une secousse de magnitude 7,7 à 4 h 17 du matin, dont l'épicentre se situe dans le district de Pazarcık de la province de Kahramanmaraş, et d'autre part, une secousse de magnitude 7,6 à 13 h 24, dont l'épicentre se situe dans le district d'Elbistan de la province de Kahramanmaraş. Ces catastrophes naturelles ont touché une zone d'environ 110 000 kilomètres carrés et ont causé des destructions dans dix provinces de Türkiye et ont directement affecté environ 13,5 millions de personnes.

La République de Türkiye prend les mesures requises prévues par la loi, conformément à la législation nationale et à ses obligations internationales. Dans ce contexte, le 8 février 2023, l'état d'urgence a été déclaré pour une durée de trois mois dans les provinces d'Adana, Adıyaman, Diyarbakır, Gaziantep, Hatay, Kahramanmaraş, Kilis, Malatya, Osmaniye et Şanlıurfa, conformément à l'article 119 de la Constitution et à l'article 3§1(a) de la loi sur l'état d'urgence (loi n° 2935). La décision présidentielle n° 6785 sur l'état d'urgence a été publiée au Journal officiel le 8 février 2023. Cette décision a été approuvée par la Grande Assemblée nationale de Türkiye le 9 février 2023 et a été publiée au Journal officiel le 10 février 2023.

Compte tenu de la catastrophe qui menace la vie de la nation, il peut être nécessaire que le gouvernement prenne des mesures aux fins de secourir les personnes frappées par la catastrophe, de réparer les dommages et les pertes qui en résultent, d'assurer une prestation plus efficace des services publics et de protéger l'ordre, la sécurité et la santé publics, entre autres. Les obligations qui peuvent être imposées et les mesures qui peuvent être prises dans une situation d'urgence causée par une catastrophe naturelle sont prescrites en détail par les articles 5 à 9, 25(a) et 32 de la loi sur l'état d'urgence (loi n° 2935). Les mesures à prendre dans ce contexte peuvent impliquer une dérogation aux obligations découlant des articles 4§2, 8, 10, 11 de la Convention et des articles 1 et 2 du Protocole n° 1, dans la mesure requise par les exigences de la situation.

Il est également possible, en vertu de l'article 119 de la Constitution, de prendre des mesures supplémentaires par décret présidentiel sur les questions requises par

30 *General Information*

the event the additional measures are taken in this context, further information will be provided.

The Government will inform you, per Article 15 of the Convention, when such measures have ceased to operate.

English translations of the relevant provision of the Constitution and Law on State of Emergency (Law no. 2935), Presidential Decision no. 6785, and Decision of Approval of the Grand National Assembly of Türkiye no. 1354 are enclosed with this letter.

Period covered: 10/02/2023 - 12/05/2023

Ukraine

Communication contained in Note verbale No. 31011/32-119-140039 from the Permanent Representation of Ukraine, dated 20 November 2023, registered at the Secretariat General on 21 November 2023 - Or. Engl.

Articles concerned: 15

The Permanent Representation of Ukraine to the Council of Europe presents its compliments to the Secretary General of the Council of Europe and has the honour to submit to the Secretary General on behalf of the Government of Ukraine the information about the derogation measures from its obligations under the Convention for the Protection of Human Rights and Fundamental Freedoms according to the Decree of the President of Ukraine dated November 6, 2023 No 734/2023 "On the extension of Martial Law in Ukraine", by which Martial Law was extended in Ukraine from 05 hours 30 minutes on November 16, 2023 for the period of 90 days, approved by the Law of Ukraine dated November 8 2023 No. 3429-IX "On Approval of the Decree of the President of Ukraine "On the Extension of Martial Law in Ukraine".

Period covered: 21/11/2023 - 14/02/2024

Communication contained in Note verbale No. 31011/32-119-101379 from the Permanent Representation of Ukraine, dated 25 August 2023, registered at the Secretariat General on 28 August 2023 - Or. Engl.

Articles concerned: 15

The Permanent Representation of Ukraine to the Council of Europe presents its compliments to the Secretary General of the Council of Europe and has the honour to submit to the Secretary General on behalf of the Government of Ukraine the informa-

l'état d'urgence. Si des mesures supplémentaires sont prises dans ce contexte, des informations complémentaires seront fournies.

Le Gouvernement vous informera, conformément à l'article 15 de la Convention, lorsque ces mesures auront cessé d'être appliquées.

Les traductions en anglais des dispositions pertinentes de la Constitution et de la loi sur l'état d'urgence (loi n° 2935), de la décision présidentielle n° 6785 et de la décision d'approbation n° 1354 de la Grande Assemblée nationale de Türkiye sont jointes à la présente lettre.

Période couverte : 10/02/2023 - 12/05/2023

Ukraine

Communication consignée dans une Note verbale n° 31011/32-119-140039 de la Représentation Permanente de l'Ukraine, datée du 20 novembre 2023, enregistrée au Secrétariat Général le 21 novembre 2023 - Or. angl.

Articles concernés : 15

La Représentation Permanente de l'Ukraine auprès du Conseil de l'Europe présente ses compliments à la Secrétaire Générale du Conseil de l'Europe et a l'honneur d'informer la Secrétaire Générale au nom du Gouvernement de l'Ukraine, des mesures de dérogation à ses obligations au titre de la Convention de sauvegarde des Droits de l'Homme et des Libertés fondamentales conformément au Décret du Président de l'Ukraine du 6 novembre 2023 n° 734/2023 « Sur l'extension de la loi martiale en Ukraine », par lequel la loi martiale a été prolongée en Ukraine, à compter du 16 novembre 2023, 5 heures 30 minutes, pour une période de 90 jours, approuvé par la loi de l'Ukraine du 8 novembre 2023 n° 3429-IX « Sur l'approbation du Décret du Président de l'Ukraine "Sur l'extension de la loi martiale en Ukraine" ».

Période couverte : 21/11/2023 - 14/02/2024

Communication consignée dans la Note verbale n° 31011/32-119-101379 de la Représentation Permanente de l'Ukraine, datée du 25 août 2023, enregistrée au Secrétariat Général le 28 août 2023 - Or. ang.

Articles concernés : 15

La Représentation Permanente de l'Ukraine auprès du Conseil de l'Europe présente ses compliments à la Secrétaire Générale du Conseil de l'Europe et a l'honneur d'informer la Secrétaire Générale au nom du Gouvernement de l'Ukraine, des mesures de dérogation à ses obligations au titre de la Convention de sauvegarde des

31 *General Information*

tion about the derogation measures from its obligations under the Convention for the Protection of Human Rights and Fundamental Freedoms according to the Decree of the President of Ukraine dated July 26, 2023 No 451/2023 "On the extension of Martial Law in Ukraine", by which Martial Law was extended in Ukraine from 05 hours 30 minutes on August 18, 2023 for the period of 90 days, approved by the Law of Ukraine dated July 26 2023 No. 3275-IX "On Approval of the Decree of the President of Ukraine "On the Extension of Martial Law in Ukraine".

Period covered: 28/08/2023 - 16/11/2023

Communication contained in Note verbale No. 31011/32-119-59672 from the Permanent Representation of Ukraine, dated 24 May 2023, registered at the Secretariat General on 25 May 2023 - Or. Engl.

Articles concerned: 15

The Permanent Representation of Ukraine to the Council of Europe presents its compliments to the Secretary General of the Council of Europe and has the honour to inform the Secretary General on behalf of the Government of Ukraine about the derogation measures from its obligations under the Convention for the Protection of Human Rights and Fundamental Freedoms according to the Decree of the President of Ukraine date 01.05.2023 No. 254/2023 "On the extension of Martial Law in Ukraine", by which Martial Law was extended in Ukraine from 05 hours 30 minutes on May 20, 2023 for the period of 90 days, approved by the Law of Ukraine dated 02.05.2023 No. 3057-IX "On Approval of the Decree of the President of Ukraine 'On extension of Martial Law in Ukraine'".

Period covered: 25/05/2023

Communication contained in the Note verbale No. 31011/32-119-17028 of the Permanent Representation of Ukraine, dated 15 February 2023, registered at the Secretariat General of 16 February 2023 - Or. Engl.

Articles concerned: 15

The Permanent Representation of Ukraine to the Council of Europe presents its compliments to the Secretary General of the Council of Europe and has the honour to inform the Secretary General on behalf of the Government of Ukraine about the derogation measures from its obligations under the Convention for the Protection of Human Rights and Fundamental Freedoms according to the Decree of the President of Ukraine date 06.02.2023 No. 58/2023 "On the extension of Martial Law in Ukraine", by which Martial Law was extended in Ukraine from 05 hours 30 minutes on February 19, 2023 for the period of 90 days, approved by the Law of Ukraine dated 07.02.2023

Droits de l'Homme et des Libertés fondamentales conformément au Décret du Président de l'Ukraine du 26 juillet 2023 n° 451/2023 « Sur l'extension de la loi martiale en Ukraine », par lequel la loi martiale a été prolongée en Ukraine, à compter du 18 août 2023, 5 heures 30 minutes, pour une période de 90 jours, approuvé par la loi de l'Ukraine du 26 juillet 2023 n° 3275-IX « Sur l'approbation du Décret du Président de l'Ukraine "Sur l'extension de la loi martiale en Ukraine"».

Période couverte : 28/08/2023 - 16/11/2023

Communication consignée dans la Note verbale n° 31011/32-119-59672 de la Représentation Permanente de l'Ukraine, datée du 24 mai 2023, enregistrée au Secrétariat Général le 25 mai 2023 - Or. angl.

Articles concernés : 15

La Représentation Permanente de l'Ukraine auprès du Conseil de l'Europe présente ses compliments à la Secrétaire Générale du Conseil de l'Europe et a l'honneur d'informer la Secrétaire Générale au nom du Gouvernement de l'Ukraine, des mesures de dérogation à ses obligations au titre de la Convention de sauvegarde des Droits de l'Homme et des Libertés fondamentales conformément au Décret du Président de l'Ukraine du 01.05.2023 n° 254/2023 « Sur l'extension de la loi martiale en Ukraine », par lequel la loi martiale a été prolongée en Ukraine, à compter du 20 mai 2023, 5 heures 30 minutes, pour une période de 90 jours, approuvé par la loi de l'Ukraine du 02.05.2023 n° 3057-IX « Sur l'approbation du Décret du Président de l'Ukraine "Sur l'extension de la loi martiale en Ukraine" ».

Période couverte : 25/05/2023

Communication consignée dans la Note verbale n° 31011/32-119-17028 de la Représentation Permanente de l'Ukraine, datée du 15 février 2023, enregistrée au Secrétariat Général le 16 février 2023 - Or. angl.

Articles concernés : 15

La Représentation Permanente de l'Ukraine auprès du Conseil de l'Europe présente ses compliments à la Secrétaire Générale du Conseil de l'Europe et a l'honneur d'informer la Secrétaire Générale au nom du Gouvernement de l'Ukraine, des mesures de dérogation à ses obligations au titre de la Convention de sauvegarde des Droits de l'Homme et des Libertés fondamentales conformément au Décret du Président de l'Ukraine du 06.02.2023 n° 58/2023 « Sur l'extension de la loi martiale en Ukraine », par lequel la loi martiale a été prolongée en Ukraine, à compter du 19 février 2023, 5 heures 30 minutes, pour une période de 90 jours, approuvé par la loi

No. 2915-IX "On Approval of the Decree of the President of Ukraine 'On extension of Martial Law in Ukraine'".

Period covered: 16/02/2023

de l'Ukraine du 07.02.2023 n° 2915-IX « Sur l'approbation du Décret du Président de l'Ukraine "Sur l'extension de la loi martiale en Ukraine" ».

Période couverte : 16/02/2023

PART TWO

The control mechanism of the European Convention on Human Rights

DEUXIÈME PARTIE

Le mécanisme de contrôle de la Convention européenne des droits de l'homme

CHAPTER I

EUROPEAN COURT OF HUMAN RIGHTS

A. COMPOSITION

At 31 December 2023 the Court was composed as follows (in order of precedence):

Order of precedence	*Elected in respect of*
Síofra O'Leary, President	Ireland
Georges Ravarani, Vice President	Luxembourg
Marko Bošnjak, Vice President	Slovenia
Gabriele Kucsko-Stadlmayer, Section President	Austria
Pere Pastor Vilanova, Section President	Andorra
Arnfinn Bårdsen, Section President	Norway
Krzysztof Wojtyczek	Poland
Faris Vehabović	Bosnia and Herzegovina
Egidijus Kūris	Lithuania
Branko Lubarda	Serbia
Yonko Grozev	Bulgaria
Carlo Ranzoni	Liechtenstein
Mārtiņš Mits	Latvia
Armen Harutyunyan	Armenia
Stéphanie Mourou-Vikström	Monaco
Alena Poláčková	Slovak Republic
Pauliine Koskelo	Finland
Georgios Serghides	Cyprus
Tim Eicke	United Kingdom
Lətif Hüseynov	Azerbaijan
Jovan Ilievski	North Macedonia
Jolien Schukking	Netherlands
Péter Paczolay	Hungary
Lado Chanturia	Georgia
María Elósegui	Spain
Ivana Jelić	Montenegro
Gilberto Felici	San Marino
Darian Pavli	Albania
Erik Wennerström	Sweden
Raffaele Sabato	Italy
Saadet Yüksel	Türkiye
Lorraine Schembri Orland	Malta
Anja Seibert-Fohr	Germany
Peeter Roosma	Estonia

CHAPITRE I

COUR EUROPÉENNE DES DROITS DE L'HOMME

A. COMPOSITION

Au 31 décembre 2023, la Cour était composée comme suit (par ordre de préséance) :

Ordre de préséance	*Élu·e au titre de*
Síofra O'Leary, présidente	Irlande
Georges Ravarani, vice-président	Luxembourg
Marko Bošnjak, vice-président	Slovénie
Gabriele Kucsko-Stadlmayer, présidente de section	Autriche
Pere Pastor Vilanova, président de section	Andorre
Arnfinn Bårdsen, président de section	Norvège
Krzysztof Wojtyczek	Pologne
Faris Vehabović	Bosnie-Herzégovine
Egidijus Kūris	Lituanie
Branko Lubarda	Serbie
Yonko Grozev	Bulgarie
Carlo Ranzoni	Liechtenstein
Mārtiņš Mits	Lettonie
Armen Harutyunyan	Arménie
Stéphanie Mourou-Vikström	Monaco
Alena Poláčková	République slovaque
Pauliine Koskelo	Finlande
Georgios Serghides	Chypre
Tim Eicke	Royaume-Uni
Lətif Hüseynov	Azerbaïdjan
Jovan Ilievski	Macédoine du Nord
Jolien Schukking	Pays-Bas
Péter Paczolay	Hongrie
Lado Chanturia	Géorgie
María Elósegui	Espagne
Ivana Jelić	Monténégro
Gilberto Felici	Saint-Marin
Darian Pavli	Albanie
Erik Wennerström	Suède
Raffaele Sabato	Italie
Saadet Yüksel	Türkiye
Lorraine Schembri Orland	Malte
Anja Seibert-Fohr	Allemagne
Peeter Roosma	Estonie

Ana Maria Guerra Martins	Portugal
Mattias Guyomar	France
Ioannis Ktistakis	Greece
Andreas Zünd	Switzerland
Frédéric Krenc	Belgium
Diana Sârcu	Republic of Moldova
Kateřina Šimáčková	Czech Republic
Davor Derenčinović	Croatia
Mykola Gnatovskyy	Ukraine
Oddný Mjöll Arnardóttir	Iceland
Anne Louise Bormann	Denmark
Sebastian Rădulețu	Romania

Marialena Tsirli, Registrar
Abel Campos, Deputy Registrar

B. CASE-LAW OVERVIEW

JURISDICTION AND ADMISSIBILITY[1]

Jurisdiction of States (Article 1)

The decision in *Ukraine and the Netherlands v. Russia*[2] concerned the exclusion from jurisdiction of military operations carried out during an active phase of hostilities.

In its two inter-State applications, the Ukrainian Government alleged an administrative practice by Russia resulting in numerous Convention violations in the areas of eastern Ukraine under separatist control. The inter-State application lodged by the Netherlands Government concerned the downing of flight MH17. In its decision, the Grand Chamber held that Russia had had effective control over all areas in the hands of separatists from 11 May 2014 and that the impugned facts fell within the spatial jurisdiction (*ratione loci*) of Russia within the meaning of Article 1, with the exception of the Ukrainian Government's complaint about the bombing and shelling of areas outside separatist control. The question of whether the latter complaint came under Russia's personal jurisdiction (State agent authority and control) was joined to the merits. The Grand Chamber confirmed its *ratione materiae* jurisdiction to examine complaints concerning armed conflict. It dismissed the respondent Government's

---

[1] This overview of selected cases from 2023 was drafted within the Directorate of the Jurisconsult and does not bind the Court.

[2] *Ukraine and the Netherlands v. Russia* (dec.) [GC], nos. 8019/16 and 2 others, adopted on 30 November 2022 and delivered on 25 January 2023. See also under Article 35 § 1 (Exhaustion of domestic remedies), Article 35 § 1 (Four-month period) and Article 33 (Inter-State cases) below.

Ana Maria Guerra Martins — Portugal
Mattias Guyomar — France
Ioannis Ktistakis — Grèce
Andreas Zünd — Suisse
Frédéric Krenc — Belgique
Diana Sârcu — République de Moldova
Kateřina Šimáčková — République tchèque
Davor Derenčinović — Croatia
Mykola Gnatovskyy — Ukraine
Oddný Mjöll Arnardóttir — Islande
Anne Louise Bormann — Danemark
Sebastian Răduleţu — Roumanie
Marialena Tsirli, greffière
Abel Campos, greffier adjoint

B. APERÇU DE LA JURISPRUDENCE

COMPÉTENCE ET RECEVABILITÉ[1]

Juridiction des États (article 1)

L'arrêt *Ukraine et Pays-Bas c. Russie*[2] porte sur l'exclusion de la juridiction dans le cadre de la phase active des hostilités.

Dans ses deux requêtes interétatiques, le gouvernement ukrainien reproche à la Russie l'existence d'une pratique administrative qui serait à l'origine de nombreuses violations de la Convention dans les zones de l'Ukraine orientale se trouvant sous le contrôle des séparatistes. La requête interétatique introduite par le gouvernement néerlandais concerne la destruction de l'avion qui assurait le vol MH17. Dans sa décision, la Grande Chambre dit que la Russie a exercé un contrôle effectif sur toutes les zones qui se trouvaient aux mains des séparatistes à compter du 11 mai 2014 et que les faits litigieux relèvent de la juridiction territoriale (*ratione loci*) de la Russie au sens de l'article 1, exception faite du grief formulé par le gouvernement ukrainien relativement aux bombardements et aux pilonnages qui auraient visé des zones ne se trouvant pas sous le contrôle des séparatistes. La question de savoir si ce dernier grief relevait de la juridiction personnelle de la Russie (autorité et contrôle d'un agent de l'État) a été jointe au fond. La Grande Chambre confirme qu'elle dispose de la compétence *ratione materiae* pour connaître des griefs relatifs au conflit armé. Elle rejette les autres exceptions préliminaires soulevées par le gouvernement défendeur

---

1   Le présent aperçu des affaires sélectionnées dans la jurisprudence 2023 a été préparé par la Direction du jurisconsulte, il ne lie pas la Cour.
2   *Ukraine et Pays-Bas c. Russie (déc.)* [GC], nos 8019/16 et 2 autres, adoptée le 30 novembre 2022 et prononcée le 25 janvier 2023. Voir également sous l'article 35 § 1 (Épuisement des voies de recours internes), sous l'article 35 § 1 (Délai de quatre mois) et sous l'article 33 (Affaires interétatiques) ci-dessous.

further preliminary objections (the alleged lack of the "requirements of a genuine application" (Article 33), non-exhaustion of domestic remedies and non-compliance with the six-month time-limit) and declared admissible: the Netherlands Government's complaints under the substantive and procedural aspects of Articles 2, 3 and 13 in respect of the downing of flight MH17, and the Ukrainian Government's complaints about an alleged administrative practice contrary to Articles 2 and 3, Article 4 § 2 and Articles 5, 8, 9 and 10 of the Convention and Articles 1 and 2 of Protocol No. 1, Article 2 of Protocol No. 4, and Article 14 of the Convention in conjunction with Articles 2 and 3, Article 4 § 2 and Articles 5, 9 and 10 of the Convention and Articles 1 and 2 of Protocol No. 1.[3]

The Grand Chamber decision is noteworthy in that the Court shed some light on how to interpret the exclusion from jurisdiction of "military operations carried out during an active phase of hostilities", in accordance with the principle set out in *Georgia v. Russia (II)*.[4]

The Grand Chamber referred to its judgment in the case of *Georgia v. Russia (II)* (cited above), according to which the first question to be addressed in cases concerning armed conflict was whether the complaints concerned "military operations carried out during an active phase of hostilities". In that case, the question had been answered in the affirmative and, as a result, the substantive complaints about events concerning the "active phase of hostilities" had fallen outside the "jurisdiction" of the respondent State for the purposes of Article 1, while the duty to investigate deaths which had occurred remained. At the same time, in that case, there had been a distinct, single, continuous five-day phase of intense fighting. The Court had therefore been able to separate out complaints which it had identified as concerning "military operations carried out during the active phase of hostilities", in the sense of "armed confrontation and fighting between enemy military forces seeking to establish control over an area in a context of chaos". The alleged attacks falling under this exception covered "bombing, shelling and artillery fire". In the present decision, the Grand Chamber clarified that the *Georgia v. Russia (II)* judgment could not be seen as authority for excluding entirely from a State's Article 1 jurisdiction a specific temporal phase of an international armed conflict: indeed, in that case the Court had found jurisdiction to exist in respect of the detention and treatment of civilians and prisoners of war even during the "five-day war". A State could therefore have extraterritorial jurisdiction in respect of complaints concerning events which had occurred while active hostilities were taking place. Unlike the above case, the vast majority of the complaints advanced

---

[3] The Grand Chamber declared inadmissible the following complaints by the Ukrainian Government: the individual complaints concerning the alleged abduction of three groups of children and accompanying adults (failure to exhaust domestic remedies); and the complaints of administrative practices in breach of Article 11 (lack of sufficient prima facie evidence of the repetition of acts) and of Article 3 of Protocol No. 1 (presidential elections being outside the scope of this provision).

[4] *Georgia v. Russia (II)* [GC], no. 38263/08, 21 January 2021.

(un défaut allégué « des éléments constitutifs d'une véritable allégation » (article 33), un non-épuisement des voies de recours internes et un non-respect de la règle des six mois) et elle déclare recevables : les griefs formulés par le gouvernement néerlandais sous l'angle des volets matériel et procédural de l'article 2, de l'article 3 et de l'article 13 concernant la destruction de l'appareil qui assurait le vol MH17 ; ainsi que les griefs formulés par le gouvernement ukrainien concernant l'existence alléguée d'une pratique administrative contraire aux articles 2, 3, 4 § 2, 5, 8, 9, 10 de la Convention et aux articles 1 et 2 du Protocole n°1, à l'article 2 du Protocole n°4, ainsi qu'à l'article 14 de la Convention, combiné avec les articles 2, 3, 4 § 2, 5, 9, 10 de la Convention et avec les articles 1 et 2 du Protocole n° 1[3].

La décision de la Grande Chambre est intéressante dans la mesure où la Cour donne des indications sur la manière d'interpréter l'exclusion de la juridiction des « opérations militaires menées au cours d'une phase active des hostilités » conformément au principe énoncé dans l'arrêt *Géorgie c. Russie (II)*[4].

La Grande Chambre fait référence à son arrêt dans l'affaire *Géorgie c. Russie (II)* précité, selon lequel la première question à poser dans les affaires portant sur un conflit armé est celle de savoir si les griefs concernent des « opérations militaires menées au cours d'une phase active des hostilités ». Dans cette affaire, elle a répondu par l'affirmative à cette question et elle a par conséquent conclu que les griefs matériels portant sur des faits concernant la « phase active des hostilités » ne relevaient pas de la « juridiction » de l'État défendeur aux fins de l'article 1, mais qu'il demeurait une obligation d'enquêter sur les décès intervenus. Dans le même temps, dans l'affaire susmentionnée, il y avait eu une seule phase claire et continue, qui avait duré cinq jours, de combats intenses. La Cour a par conséquent été en mesure d'isoler les griefs dont elle pouvait déterminer qu'ils concernaient des « opérations militaires menées au cours de la phase active des hostilités » au sens de « confrontations et de combats armés entre forces militaires ennemies qui cherchent à acquérir le contrôle d'un territoire dans un contexte de chaos ». Les attaques alléguées relevant de cette exception englobaient les « bombardements, pilonnages [et] tirs d'artillerie ». Dans la présente décision, la Grande Chambre précise que l'arrêt *Géorgie c. Russie (II)* ne saurait passer pour un précédent excluant complètement de la juridiction d'un État, au sens de l'article 1, une phase temporelle spécifique d'un conflit armé international : de fait, dans l'affaire susmentionnée, la Cour a conclu à l'existence d'une juridiction qui couvrait la détention des civils et des prisonniers de guerre ainsi que le traitement qui leur avait été réservé même pendant la « guerre des cinq jours ». La juridiction extraterritoriale d'un État peut donc se trouver en jeu relativement à des griefs portant sur des faits qui se sont produits pendant les hostilités actives. Contrairement à ce qui

---

3   La Grande Chambre déclare irrecevables les griefs suivants formulés par le gouvernement ukrainien: les griefs individuels concernant l'enlèvement allégué de trois groupes d'enfants et des adultes qui les accompagnaient (non-épuisement des voies de recours internes) ; les griefs de pratiques administratives contraires à l'article 11 (absence d'un commencement de preuve suffisant d'une répétition des actes) et à l'article 3 du Protocole n°1 (élection présidentielle hors du champ de cette disposition).
4   *Géorgie c. Russie (II)* [GC], n° 38263/08, 21 janvier 2021.

in the present case (except for those relating to the downing of flight MH17 and artillery attacks) concerned events unconnected with military operations occurring within the area under separatist control and therefore they could not be excluded from the spatial jurisdiction of Russia on the basis of this exception.

As regards the downing of flight MH17, which had taken place in the context of active fighting between the two opposing forces, the Court stated that it would be wholly inaccurate to invoke any "context of chaos" in this regard. It noted the exceptional and painstaking work of the international Joint Investigation Team (JIT), which had been able to pierce "the fog of war" and elucidate the specific circumstances of this incident. The Court further specified that the chaos that might exist on the ground as large numbers of advancing forces sought to take control of territory under cover of a barrage of artillery fire did not inevitably exist in the context of the use of surface- to-air missiles, which were used to attack specific targets in the air. There was moreover no evidence of fighting to establish control in the areas directly relevant to the missile launch site or the impact site, both being under separatist control and thus within the spatial jurisdiction of Russia. The jurisdiction of Russia in respect of this incident could not therefore be excluded on the basis of "the active phase of hostilities" exception.

As regards the Ukrainian Government's complaint about the bombing and shelling, the victims had been outside the areas controlled by separatists and those complaints were excluded from Russia's spatial jurisdiction. The Grand Chamber joined to the merits the question of whether that complaint was also excluded from Russia's personal jurisdiction (on account of State agent authority or control) by virtue of the above exception identified in *Georgia v. Russia (II)*.

Admissibility (Articles 34 and 35)

Petition (Article 34)

The judgment in *Grosam v. the Czech Republic*[5] concerned the distinction between complaints and secondary arguments and the consequent delimiting of the Court's ability to recharacterise a complaint.

The disciplinary chamber of the Supreme Administrative Court had found the applicant guilty of misconduct and fined him.

In his application to the Court, he complained under Article 6 § 1 of the lack of fairness of the disciplinary proceedings. He also complained, under Article 2 of Protocol No. 7, that domestic law excluded appeals against the disciplinary chamber of the Supreme Administrative Court.

---

5   *Grosam v. the Czech Republic* [GC], no. 19750/13, 1 June 2023. See also under Article 32 (Jurisdiction of the Court) below.

avait été constaté dans l'affaire susmentionnée, en l'espèce, la grande majorité des griefs soulevés (à l'exception de ceux qui se rapportent à la destruction de l'avion du vol MH17 et aux attaques à l'artillerie) concernent des faits sans lien avec les opérations militaires qui se sont déroulées dans la zone se trouvant sous le contrôle des séparatistes et ne peuvent donc être exclus de la juridiction territoriale de la Russie sur le fondement de cette exception.

En ce qui concerne la destruction de l'appareil du vol MH17, qui s'est inscrite dans le contexte de combats actifs entre les deux forces antagonistes, la Cour indique qu'il serait totalement inexact d'invoquer un « contexte de chaos ». Elle relève le travail exceptionnel et minutieux accompli par l'équipe d'enquête internationale (EEI), laquelle a été capable de percer « le brouillard de la guerre » et de faire la lumière sur les circonstances particulières du crash. La Cour précise par ailleurs que le chaos qui peut régner au sol lorsque des forces avancent massivement dans le but de prendre le contrôle d'un territoire et sont couvertes par un barrage d'artillerie n'existera pas forcément dans le contexte de l'utilisation de missiles sol-air, lesquels servent à attaquer des cibles spécifiques dans les airs. Il n'existe en outre aucun élément qui prouverait que des combats destinés à prendre le contrôle se soient déroulés dans les zones qui sont directement pertinentes pour le site de lancement du missile ou le site de l'impact, lesquels se trouvaient tous deux sous le contrôle des séparatistes et relevaient donc de la juridiction territoriale de la Russie. La juridiction de la Russie concernant ce crash ne saurait donc être exclue sur le fondement de l'exception liée à « la phase active des hostilités ». En ce qui concerne le grief soulevé par le gouvernement ukrainien au sujet des bombardements et des pilonnages, il y a lieu de noter que les victimes se trouvaient en dehors des zones contrôlées par les séparatistes, de sorte que ces griefs sont exclus de la juridiction territoriale de la Russie. La Grande Chambre joint au fond la question de savoir si ce grief est aussi exclu de la juridiction personnelle de la Russie (laquelle serait fondée sur l'autorité ou le contrôle d'un agent de l'État) sous l'effet de l'exception susmentionnée qui a été identifiée dans l'arrêt *Géorgie c. Russie (II)*.

Recevabilité

Recours (article 34)

L'arrêt *Grosam c. République tchèque*[5] porte sur la distinction entre le grief et l'argument secondaire ainsi que sur la délimitation conséquente du pouvoir qu'a la Cour de requalifier un grief.

La chambre disciplinaire de la Cour administrative suprême reconnut le requérant coupable de fautes disciplinaires et lui infligea une amende.

Dans la requête dont il saisit la Cour, le requérant se plaignait, sur le terrain de l'article 6 § 1 de la Convention, d'un manque d'équité de la procédure disciplinaire. Il soutenait également, sur le terrain de l'article 2 du Protocole n° 7, que le droit interne excluait les recours contre la chambre disciplinaire de la Cour administra-

---

5   *Grosam c. République tchèque* [GC], n° 19750/13, 1er juin 2023. Voir également sous l'article 32 (Compétence de la Cour) ci-dessous.

After notice of the case had been given to the respondent Government, a Chamber of the Court, of its own motion, invited the parties to submit further observations under Article 6 § 1 on whether, given its composition, the disciplinary chamber met the requirements of a "tribunal established by law" within the meaning of that provision. In his observations of 5 November 2015, the applicant contended that it did not. In its judgment, the Chamber recharacterised the complaint under Article 2 of Protocol No. 7 as one to be examined under Article 6 § 1 and found a violation of that provision: the disciplinary chamber did not meet the requirements of an independent and impartial tribunal and, furthermore, there was no need to examine the admissibility or merits of the remaining complaints under Article 6 § 1 (fairness of the disciplinary proceedings).

The Grand Chamber disagreed, finding that the applicant's arguments under Article 2 of Protocol No. 7 could not be interpreted as raising a complaint that the disciplinary chamber had not been an independent and impartial tribunal within the meaning of Article 6 § 1. The applicant had not raised such a complaint in his application form but only subsequently in his observations to the Chamber, after it had given notice of the application to the respondent Government. The Grand Chamber therefore found this new complaint to be inadmissible, given that it had been submitted more than six months after the disciplinary proceedings against the applicant had ended (in 2012). Going on to examine the remaining complaints within the scope of the referred case, the Grand Chamber dismissed the complaints under Article 6 § 1 (fairness of the disciplinary proceedings) as manifestly ill-founded and, having agreed with the Chamber that Article 6 § 1 was applicable under its civil but not its criminal head, the Grand Chamber rejected as incompatible *ratione materiae* with the provisions of the Convention the complaint under Article 2 of Protocol No. 7 (the concept of "criminal offence" used in that provision corresponding to that of "criminal charge" in Article 6 § 1).

The Grand Chamber judgment is noteworthy because the Court, being master of the characterisation to be given in law to the facts of a case, confirmed and clarified the limits of its power to recharacterise an applicant's complaints and, in so doing, it ensured that the scope of the case did not extend beyond the complaints contained in the application.

The Court reiterated that it could base its decision only on the facts "complained of", which ought to be seen in the light of the legal arguments underpinning them and vice versa, these two elements of a complaint being intertwined (*Radomilja and Others v. Croatia*[6]). Drawing upon its approach in the context of the exhaustion of domestic remedies, the Court emphasised that it was not sufficient that a violation of the Convention was "evident" from the facts of the case or the applicant's submissions. Instead, applicants had to complain that a certain act or omission had entailed a violation of the rights set forth in the Convention or the Protocols thereto, in a manner which should not leave the Court to second-guess whether a certain complaint had been raised or not (*Farzaliyev v. Azerbaijan*[7]). Referring to a similar position of the

---

6   *Radomilja and Others v. Croatia* [GC], nos. 37685/10 and 22768/12, 20 March 2018.
7   *Farzaliyev v. Azerbaijan*, no. 29620/07, 28 May 2020.

tive suprême. À la suite de la communication initiale de l'affaire, une chambre de la Cour invita d'office les parties à présenter des observations complémentaires sous l'angle de l'article 6 § 1 sur la question de savoir si, compte tenu de sa composition, la chambre disciplinaire satisfaisait aux exigences d'un « tribunal établi par la loi » au sens de cette disposition. Dans ses observations du 5 novembre 2015, le requérant estimait que non. Dans son arrêt, la chambre de la Cour a requalifié le grief fondé sur l'article 2 du Protocole n° 7 comme un grief à examiner sous l'angle de l'article 6 § 1 de la Convention et elle a conclu à la violation de cette dernière disposition au motif que la chambre disciplinaire n'avait pas satisfait aux exigences d'un tribunal indépendant et impartial. Elle a jugé en outre qu'il n'y avait pas lieu d'examiner la recevabilité et le fond des autres griefs sous l'angle de l'article 6 § 1 (équité de la procédure disciplinaire).

Repoussant ces conclusions, la Grande Chambre estime que les arguments avancés par le requérant sur le terrain de l'article 2 du Protocole n° 7 ne peuvent pas s'analyser en un grief tiré de ce que la chambre disciplinaire n'aurait pas été un tribunal indépendant et impartial au sens de l'article 6 § 1. Le requérant a soulevé un tel grief non pas dans son formulaire de requête mais seulement ultérieurement, dans ses observations devant la chambre, après que celle-ci avait communiqué la requête au gouvernement défendeur. La Grande Chambre juge donc ce nouveau grief irrecevable puisqu'introduit plus de six mois après la fin de la procédure disciplinaire dirigée contre le requérant (en 2012). Passant à l'examen des griefs restants exposés dans l'affaire renvoyée, elle rejette ceux fondés sur l'article 6 § 1 (équité de la procédure disciplinaire) pour défaut manifeste de fondement ; et, concluant, avec la chambre, à l'applicabilité de l'article 6 § 1 sous son volet civil mais pas sous son volet pénal, elle rejette pour incompatibilité *ratione materiae* le grief fondé sur l'article 2 du Protocole n° 7 (la notion d'« infraction pénale » employée dans cette dernière disposition correspondant à celle d'« accusation en matière pénale » employée à l'article 6 § 1).

L'intérêt de l'arrêt de la Grande Chambre tient à ce que la Cour, maîtresse de la qualification juridique à donner aux faits d'une affaire, confirme et précise les limites de son pouvoir de requalifier les griefs d'un requérant et à ce qu'elle s'assure ainsi que l'objet de l'affaire ne s'étende pas au-delà des griefs formulés dans la requête.

La Cour rappelle qu'elle ne peut statuer que sur les faits dont le requérant se plaint, lesquels doivent être appréciés à l'aune des arguments juridiques qui les sous-tendent, et inversement, ces deux éléments d'un grief étant imbriqués *(Radomilja et autres c. Croatie*[6]*)*. S'appuyant sur l'approche suivie sur le terrain de l'épuisement des voies de recours internes, elle souligne qu'il ne suffit pas que l'existence d'une violation de la Convention soit « évidente » au vu des faits de l'espèce ou des observations soumises par le requérant. Il incombe au contraire au requérant de dénoncer une action ou omission comme contraire aux droits reconnus dans la Convention ou ses Protocoles, de telle manière que la Cour n'ait pas à spéculer sur la question de savoir si tel ou tel grief a été ou non soulevé *(Farzaliyev c. Azerbaïdjan*[7]*)*. Se référant à une

---

6 *Radomilja et autres c. Croatie* [GC], n°s 37685/10 et 22768/12, 20 mars 2018.
7 *Farzaliyev c. Azerbaïdjan*, n° 29620/07, 28 mai 2020.

International Court of Justice (ICJ – compare the judgments in the cases of Nuclear Tests (*Australia v. France*[8]) and Dispute over the Status and Use of the Waters of the Silala (*Chile v. Bolivia*[9]), the Court emphasised that it had no power to substitute itself for the applicant and formulate new complaints simply on the basis of the arguments and facts advanced. Drawing inspiration again from the Nuclear Tests judgment of the ICJ, the Court clarified that it was necessary to distinguish between complaints (that is, the arguments pointing to the cause or the fact constitutive of the alleged violations of the Convention) and secondary arguments.

On that basis, the Court considered whether the applicant's complaint under Article 2 of Protocol No. 7, as formulated in his application, could be examined under Article 6 § 1 (as a complaint about an independent and impartial tribunal) as the Chamber had done after recharacterising it to fall within that provision. In his application, the applicant did not claim that the inclusion, in the composition of the disciplinary chamber, of members who were not professional judges entailed a violation of Article 2 of Protocol No. 7. Rather, he argued that that body could not be regarded as the "highest tribunal" within the meaning of paragraph 2 of that provision, as its lay members were not subject to the same requirements of expertise and independence as judges. That argument was therefore aimed only at excluding the application of the exception provided for in Article 2 § 2 of Protocol No. 7, according to which the right of appeal did not apply where an accused had been tried in the first instance by the highest tribunal. Moreover, the applicant emphasised that the composition of the disciplinary chamber was atypical among the higher judicial institutions in the Czech Republic, which normally did not involve lay assessors (their participation being common in some first-instance courts). In short, he did not argue that the disciplinary chamber was not a "tribunal" but merely that it was not the "highest tribunal".

In the Court's view, that was a secondary argument which could not be equated with a complaint: indeed, the applicant had not claimed the composition of the disciplinary chamber to be the cause or fact constitutive of a violation of Article 2 of Protocol No. 7. His argument could not therefore be interpreted as raising a complaint that the disciplinary chamber was not an independent and impartial tribunal within the meaning of Article 6 § 1. If the applicant had wished, at that stage, to complain of a breach of those guarantees set forth in Article 6 § 1, he should have stated so in his application form in a clear manner, especially as the scope of Article 6 was very broad and the complaints under that provision had to contain all the parameters necessary for the Court to define the issue it would be called upon to examine (*Ramos Nunes de Carvalho e Sá v. Portugal*[10]). Although the applicant had formulated such a complaint in

---

8   *Nuclear Tests (Australia v. France)*, judgment of 20 December 1974, ICJ Reports 1974, p. 253.
9   *Dispute over the Status and Use of the Waters of the Silala (Chile v. Bolivia)*, ICJ judgment of 1 December 2022.
10 *Ramos Nunes de Carvalho e Sá v. Portugal* [GC], nos. 55391/13 and 2 others, § 104, 6 November 2018.

position similaire adoptée par la Cour internationale de justice (CIJ) (voir, en comparaison, les arrêts rendus par celle-ci dans les affaires des Essais nucléaires (*Australie c. France*[8]) et du Différend concernant le statut et l'utilisation des eaux du Silala (*Chili c. Bolivie*[9]), elle souligne qu'elle n'a pas le pouvoir de se substituer au requérant et de retenir des griefs nouveaux sur la seule base des arguments et faits exposés. S'inspirant à nouveau de l'arrêt de la CIJ dans l'affaire des Essais nucléaires, précitée, elle précise qu'il faut distinguer les griefs (c'est-à-dire les arguments indiquant la cause ou le fait constitutif des violations alléguées de la Convention) des arguments secondaires.

Sur cette base, la Cour recherche si le grief du requérant fondé sur l'article 2 du Protocole n° 7, tel que formulé dans la requête, peut être examiné sous l'angle de l'article 6 § 1 de la Convention (en tant que grief de défaut de tribunal indépendant et impartial) comme l'avait fait la chambre après l'avoir requalifié pour le faire relever de cette disposition. Dans sa requête, le requérant n'alléguait pas que la présence, dans la composition de la chambre disciplinaire, de membres qui n'étaient pas des juges professionnels emportait violation de l'article 2 du Protocole n° 7. Il soutenait plutôt que cette instance ne pouvait être considérée comme la « plus haute juridiction » au sens du paragraphe 2 de cette disposition, ses membres non judiciaires n'étant pas astreints aux mêmes exigences de compétence et d'indépendance que les juges professionnels. Cette thèse avait donc pour seule finalité d'écarter l'application de l'exception prévue à l'article 2 § 2 du Protocole n° 7, qui exclut le droit à un double degré de juridiction dans les cas où l'accusé a été jugé en première instance par la plus haute juridiction. En outre, le requérant a souligné que la composition de la chambre disciplinaire de la Cour administrative suprême était inhabituelle par rapport à celle des institutions judiciaires supérieures de la République tchèque, qui normalement n'ont pas en leur sein des assesseurs non judiciaires, dont la participation est courante chez certains tribunaux de première instance. Bref, il soutenait non pas que la chambre disciplinaire n'était même pas un « tribunal », mais seulement qu'elle n'était pas la « plus haute juridiction ».

Aux yeux de la Cour, il s'agit là d'un argument secondaire qui n'est pas assimilable à un grief. En effet, le requérant n'a pas allégué que la composition de la chambre disciplinaire était la cause ou fait constitutif d'une violation de l'article 2 du Protocole n° 7. Cet argument ne peut donc être interprété comme un grief tiré de ce que cette juridiction n'aurait pas été un tribunal indépendant et impartial, au sens de l'article 6 § 1 de la Convention. Si le requérant souhaitait à ce stade alléguer une violation des garanties énoncées à l'article 6 § 1, il aurait dû le faire clairement dans son formulaire de requête, d'autant plus que le champ d'application de l'article 6 est très large et que les griefs tirés de cette disposition doivent contenir tous les paramètres nécessaires pour permettre à la Cour de délimiter la question qu'elle sera appelée à examiner (*Ramos Nunes de Carvalho e Sá c. Portugal*[10]). Si le requérant a certes

---

8   Affaire des essais nucléaires (*Australie c. France*), arrêt du 20 décembre 1974, CIJ Recueil 1974, p. 253.
9   Différend concernant le statut et l'utilisation des eaux du Silala (*Chili c. Bolivie*), arrêt de la CIJ du 1er décembre 2022.
10 *Ramos Nunes de Carvalho e Sá c. Portugal* [GC], n°s 55391/13 et 2 autres, § 104, 6 novembre 2018.

his observations to the Chamber, that was a new complaint: since it related to distinct requirements arising from Article 6 § 1, it could therefore not be viewed as concerning a particular aspect of his initial complaint under Article 2 of Protocol No. 7.

Accordingly, by raising a question concerning compliance with the requirement of a "tribunal established by law" under Article 6 § 1, the Chamber had extended, of its own motion, the scope of the case beyond the one initially referred to it by the applicant in his application. It had thereby exceeded the powers conferred on the Court by Articles 32 and 34 of the Convention.

Exhaustion of domestic remedies (Article 35 § 1)

The decision in *Ukraine and the Netherlands v. Russia*[11] concerned, *inter alia*, the effectiveness of domestic remedies in the context of the downing of flight MH17.

In its decision, the Grand Chamber, inter alia, dismissed the respondent Government's preliminary objection concerning non-exhaustion of domestic remedies and declared admissible the Netherlands Government's complaints under the substantive and procedural aspects of Articles 2, 3 and 13 in respect of the downing of flight MH17.

The Grand Chamber decision is noteworthy in that the Court examined the effectiveness of domestic remedies taking into account the important political dimension of the case.

The Court reiterated that the exhaustion requirement applied to inter-State applications denouncing violations allegedly suffered by individuals (*Ukraine v. Russia (re Crimea)*[12]). When assessing the effectiveness of domestic remedies in this context, the Court had regard to the existence of a dispute as to the underlying facts. For example, as regards the abduction and transfer to Russia of the three groups of children alleged by the Ukrainian Government, the Russian investigative authorities had not contested the underlying facts (namely, the border crossing) but only the forcible nature of the transfer. The Court therefore concluded that the Russian authorities ought to have been afforded the opportunity by the Ukrainian Government to investigate their allegations and the evidence collected by them, notably in the context of a judicial appeal. By contrast, as regards the downing of flight MH17, this complaint had been consistently met by the respondent Government with a blanket denial of any involvement whatsoever. In the latter context, the Court also emphasised the political dimension of the case, being unconvinced as to the effectiveness of domestic remedies in a case where State agents were implicated in the commission of a crime, especially

---

11   *Ukraine and the Netherlands v. Russia* (dec.) [GC], nos. 8019/16 and 2 others, adopted on 30 November 2022 and delivered on 25 January 2023. See also under Article 1 (Jurisdiction of States) above, and Article 35 § 1 (Four-month period) and Article 33 (Inter-State cases) below.

12   *Ukraine v. Russia (re Crimea)* (dec.) [GC], nos. 20958/14 and 38334/18, 16 December 2020.

formulé un tel grief dans ses observations devant la chambre, il s'agissait d'un grief nouveau : puisqu'il concernait des exigences distinctes découlant de l'article 6 § 1 de la Convention, il ne peut donc être considéré comme rattaché à un volet particulier du grief initial fondé sur l'article 2 du Protocole n° 7.

Dès lors, en posant une question sur le respect de l'exigence d'un « tribunal établi par la loi » au sens de l'article 6 § 1 de la Convention, la chambre a étendu d'office l'objet de l'affaire au-delà de celui que le requérant avait initialement défini dans sa requête. La chambre a ainsi excédé les pouvoirs que les articles 32 et 34 de la Convention confèrent à la Cour.

Épuisement des voies de recours internes (article 35 § 1)

La décision *Ukraine et Pays-Bas c. Russie*[11] concerne notamment le caractère effectif ou non des recours internes dans le contexte de la destruction de l'avion du vol MH17.

Dans sa décision, la Grande chambre rejette notamment l'exception du gouvernement défendeur concernant le non-épuisement des voies de recours internes et déclare recevables : les griefs formulés par le gouvernement néerlandais sous l'angle des volets matériel et procédural de l'article 2, de l'article 3 et de l'article 13.

La décision de la Grande Chambre est intéressante en ce que la Cour examine le caractère effectif ou non des recours internes en tenant compte de la dimension politique importante que revêt l'affaire.

La Cour rappelle que l'obligation d'épuisement des voies de recours internes s'applique aux requêtes interétatiques qui dénoncent des violations qu'auraient subies des particuliers (*Ukraine c. Russie (Crimée)*[12]). Lorsqu'elle apprécie l'effectivité des recours internes dans ce contexte, la Cour s'intéresse à l'existence d'un litige sur les faits sous-jacents. Par exemple, concernant l'enlèvement et le transfert en Russie des trois groupes d'enfants qu'alléguait le gouvernement ukrainien, les autorités d'enquête russes n'ont pas contesté les faits sous-jacents (à savoir le franchissement de la frontière) mais uniquement le caractère forcé de ce transfert. La Cour en conclut par conséquent que le gouvernement requérant ukrainien aurait dû donner aux autorités russes l'occasion d'enquêter sur ses allégations et sur les éléments de preuve qu'il avait recueillis, notamment dans le cadre d'un recours judiciaire. À l'inverse, pour ce qui est de la destruction de l'appareil du vol MH17, le gouvernement défendeur a toujours nié en bloc toute implication que ce fût. Dans ce contexte, la Cour souligne également la dimension politique de l'affaire, et n'est pas convaincue de l'effectivité des recours internes dans une affaire dans laquelle des agents de l'État sont impliqués dans la commission d'un crime, surtout lorsque ce crime a été condamné par le

---

11   *Ukraine et Pays-Bas c. Russie* (déc.) [GC], n°s 8019/16 et 2 autres, adoptée le 30 novembre 2022 et prononcée le 25 janvier 2023. Voir également sous l'article 1 (Juridiction des États), sous l'article 35 § 1 (Délai de quatre mois) ci-dessus et sous l'article 33 (Affaires interétatiques) ci-dessous.

12   *Ukraine c. Russie* (Crimée) (déc.) [GC], n°s 20958/14 et 38334/18, 16 décembre 2020.

one condemned by the United Nations Security Council. In this regard, the Court referred to its finding of a violation of the procedural aspect of Article 2 in *Carter v. Russia*,[13] which concerned the high-profile poisoning of a Russian dissident abroad by State agents. In the instant case, the Court pinpointed the Russian authorities' formalistic failure to initiate an investigation into the allegation that Russian nationals had been involved in the downing of flight MH17. Indeed, the Russian authorities had been contacted on multiple occasions by victims' relatives and had had ample legal possibilities to launch such an investigation, even in the absence of a specific request.

The judgment in *FU QUAN, s.r.o. v. the Czech Republic*[14] concerned the domestic courts' failure to apply the principle of jura novit curia.

The applicant company's property (mostly merchandise) had been seized during criminal proceedings against the managing director and the other member of the company. Following their acquittal, the company brought a civil action for the damage caused by the State. The action was dismissed for lack of locus standi, the company not being a party to the criminal proceedings in issue. The company complained to the Court under Article 6 § 1 and Article 1 of ProtocolNo. 1. A Chamber considered that it had been up to the courts, applying the principle of *jura novit curia*, to subsume the facts of the case under the relevant domestic-law provisions in order to deal with the merits of the action: it was clear that the company had claimed compensation for the depreciation of its merchandise. The Chamber therefore dismissed the Government's preliminary objection (exhaustion of domestic remedies) and found a breach of Article 1 of Protocol No. 1 given the unjustified protracted retention of the property. The Chamber also decided that there was no need to rule separately on the complaint under Article 6 § 1 concerning the alleged denial of access to a court resulting from a formalistic and restrictive interpretation of national law by the domestic courts.

The Grand Chamber, however, considered that the complaint under Article 6 § 1 was the applicant company's main complaint and rejected it as manifestly ill-founded. Furthermore, having ascertained the scope of the complaints under Article 1 of Protocol No. 1, the Grand Chamber observed that the Chamber had examined only one of the complaints raised, even though there were three altogether. Given its findings concerning the complaint in respect of access to a court, the Grand Chamber rejected two of these complaints for non-exhaustion of domestic remedies: the applicant company had not properly availed itself of the possibility of obtaining

---

13 *Carter v. Russia*, no. 20914/07, 21 September 2021.
14 *FU QUAN, s.r.o. v. the Czech Republic* [GC], no. 24827/14, 1 June 2023. See also under Article 6 § 1 (Right to a fair hearing in civil proceedings – Access to a court) and under "Rules of Court" below.

Conseil de sécurité des Nations unies. À cet égard, la Cour fait référence à son constat de violation du volet procédural de l'article 2 dans l'affaire *Carter c. Russie*[13], qui concernait l'empoisonnement très médiatisé d'un dissident russe à l'étranger par des agents de l'État. Dans la présente espèce, la Cour relève le caractère formaliste du refus par les autorités russes d'ouvrir une enquête sur l'implication alléguée de ressortissants russes dans la destruction de l'avion du vol MH17. De fait, les autorités russes ont été contactées à de multiples reprises par des proches de victimes et elles disposaient juridiquement de nombreuses possibilités de lancer pareille enquête, même en l'absence d'une demande spécifique à cet égard.

L'arrêt *FU QUAN, s.r.o. c. République tchèque*[14] concerne la non-application du principe *jura novit curia* par les juridictions internes.

Les biens de la société requérante (des marchandises pour la plupart) furent saisis dans le cadre d'une procédure pénale dirigée contre son directeur général et son autre associé. Après l'acquittement de ces derniers, la société requérante engagea une action civile en réparation d'un dommage causé par l'État, dont elle fut déboutée pour défaut de qualité pour agir au motif qu'elle n'avait pas été partie à la procédure pénale litigieuse. Elle s'en plaignit devant la Cour sur le terrain de l'article 6 § 1 de la Convention et de l'article 1 du Protocole no 1. La chambre de la Cour ayant connu de cette affaire jugea que les juridictions internes auraient dû faire application du principe *jura novit curia* pour en déduire que les faits exposés par l'intéressée devaient être analysés sous l'angle des dispositions pertinentes de la loi applicable, de manière à statuer sur le fond de ses demandes. Pour se prononcer ainsi, elle estima que l'action de la société requérante faisait clairement apparaître que celle-ci demandait réparation du préjudice résultant de la dépréciation de ses biens. En conséquence, la chambre rejeta l'exception préliminaire du gouvernement défendeur (tirée du non-épuisement des voies de recours internes) et conclut à la violation de l'article 1 du Protocole no 1 au motif que rien ne justifiait la rétention prolongée des biens saisis. Elle conclut également qu'il n'y avait pas lieu de statuer séparément sur l'allégation de la société requérante formulée sur le terrain de l'article 6 § 1 selon laquelle celle-ci avait été privée d'accès à un tribunal en raison d'une interprétation excessivement formaliste et restrictive du droit interne par les juridictions nationales.

Toutefois, la Grande Chambre a estimé que la violation alléguée de l'article 6 § 1 était le principal grief formulé par la société requérante et l'a rejeté comme étant manifestement mal fondé. En outre, après avoir déterminé l'objet des griefs de la société requérante tirés de l'article 1 du Protocole no 1 et constaté que l'intéressée en avait soulevé trois sur le fondement de cette disposition, la Grande Chambre a observé que la chambre n'en avait examiné qu'un seul. Au vu des conclusions auxquelles elle était parvenue sur le grief tiré du déni d'accès à un tribunal, la Grande Chambre a rejeté deux des griefs en question pour non-épuisement des voies de recours internes, relevant que la société requérante n'avait pas dûment tiré parti de la possibilité qui lui

---

13 *Carter c. Russie*, no 20914/07, 21 septembre 2021.
14 *FU QUAN, s.r.o. c. République tchèque* [GC], no 24827/14, 1er juin 2023. Voir également sous l'article 6 § 1 (Droit à un procès équitable en matière civile – Accès à un tribunal) et sous « Règlement de la Cour » ci-dessous.

compensation for undue delay in lifting the order for the seizure of its property and for the authorities' alleged failure to take care of it. As regards the third complaint (damage to the property following the unwarranted prosecution and detention of the company's managing director and other member), such a compensation claim did not have a sufficient basis in domestic law. The guarantees of Article 1 of Protocol No. 1 being therefore inapplicable, the Grand Chamber rejected this complaint as incompatible *ratione materiae* with the provisions of the Convention.

The Grand Chamber judgment is noteworthy in that the Court confirmed that the courts' ability to apply the principle of *jura novit curia* had no bearing on the obligation on the applicants to exhaust domestic remedies under Article 35 § 1.

As to the complaints under Article 1 of Protocol No. 1, the Grand Chamber reiterated the following principles established in its case-law in the context of exhaustion of domestic remedies. Even in those jurisdictions where the domestic courts in civil proceedings were able, or even obliged, to examine the case of their own motion (that is, to apply the principle of *jura novit curia*), applicants were not dispensed from raising before them a complaint which they might intend to subsequently make to the Court (*Kandarakis v. Greece*[15]), it being understood that for the purposes of exhaustion of domestic remedies the Court had to take into account not only the facts but also the legal arguments presented domestically (*Radomilja and Others v. Croatia*[16]). Likewise, it was not sufficient that a violation of the Convention was "evident" from the facts of the case or the applicant's submissions: rather, he or she must actually complain (expressly or in substance) of such a violation in a manner which left no doubt that the same complaint subsequently submitted to the Court had indeed been raised at domestic level (*Farzaliyev v. Azerbaijan*[17]). The Grand Chamber considered that this, clearly, could not be said to have been the situation in the instant case.

The judgment in the case of *Communauté genevoise d'action syndicale (CGAS) v. Switzerland*[18] concerned the unjustified abandon by the applicant association of an application for holding a public event in view of a COVID-19 related ban; victim status and compliance with the exhaustion requirement.

The applicant is an association whose declared aim is to defend the interests of workers and of its member organisations. In May 2020, it refrained from organising a public event after a competent authority informed it, by telephone, that the requested authorisation would be refused given the enacted federal Ordinance COVID-19 no. 2 (COVID-19 pandemic).

Relying on Article 11 of the Convention, the applicant association alleged that

---

15   *Kandarakis v. Greece*, nos. 48345/12 and 2 others, § 77, 11 June 2020.
16   *Radomilja and Others v. Croatia* [GC], nos. 37685/10 and 22768/12, § 117, 20 March 2018.
17   *Farzaliyev v. Azerbaijan*, no. 29620/07, § 55, 28 May 2020.
18   *Communauté genevoise d'action syndicale (CGAS) v. Switzerland* [GC], no. 21881/20, 27 November 2023.

était offerte de demander réparation du dommage causé par le retard injustifié apporté à la levée de la saisie de ses biens et par le manquement allégué des autorités à veiller à leur bonne conservation. S'agissant du troisième grief soulevé par la société requérante (tiré du dommage causé à ses biens à la suite des poursuites et de la détention injustifiées dont son directeur général et son autre associé avaient fait l'objet), la Grande Chambre a jugé que la demande indemnitaire introduite par l'intéressée n'avait pas de base suffisante en droit interne. Elle en a conclu que les garanties offertes par l'article 1 du Protocole no 1 ne s'appliquaient pas à ce grief, et que celui-ci devait donc être rejeté comme étant incompatible *ratione materiae*.

L'arrêt de la Grande Chambre est intéressant en ce que la compétence des tribunaux pour appliquer le principe *jura novit curia* n'avait aucune incidence sur l'obligation des requérants d'épuiser les voies de recours internes au titre de l'article 35 § 1 de la Convention.

S'agissant des griefs fondés sur l'article 1 du Protocole n° 1, la Grande Chambre a rappelé certains principes de sa jurisprudence relative à l'épuisement des voies de recours internes. Même dans les États dont les juridictions civiles peuvent, voire doivent examiner d'office les litiges dont elles sont saisies (c'est-à-dire faire application du principe *jura novit curia*), les requérants ne sont pas dispensés de leur obligation de soulever devant elles les griefs dont ils pourraient entendre saisir la Cour par la suite (*Kandarakis c. Grèce*[15]), étant entendu que pour porter une appréciation sur le respect de la règle de l'épuisement des voies de recours internes, la Cour doit tenir compte non seulement des faits mais aussi des arguments juridiques invoqués devant les autorités internes (*Radomilja et autres c. Croatie*[16]). De même, il ne suffit pas que l'existence d'une violation de la Convention soit « évidente » au vu des faits de l'espèce ou des observations soumises par le requérant. Celui-ci doit au contraire s'en être plaint effectivement (explicitement ou en substance) de façon à ce qu'il ne subsiste aucun doute sur le point de savoir s'il a bien soulevé au niveau interne le grief qu'il a présenté par la suite à la Cour (*Farzaliyev c. Azerbaïdjan*[17]). La Grande Chambre a estimé que tel n'était manifestement pas le cas en l'espèce.

L'arrêt *Communauté genevoise d'action syndicale (CGAS)*[18] porte sur l'abandon injustifiable par l'association requérante d'une demande d'autorisation d'un événement public dans le contexte d'une interdiction liée à la pandémie de Covid-19 ainsi que sur la qualité de victime et le respect de la condition d'épuisement.

La requérante est une association ayant pour but statutaire de défendre les intérêts des travailleurs et de ses organisations membres. En mai 2020, elle décida de ne pas organiser un événement public après qu'une autorité compétente l'avait informée par la voie téléphonique du refus d'autorisation de cet événement sur la base de l'ordonnance fédérale Covid-19 n° 2 (pandémie de Covid-19).

Invoquant l'article 11 de la Convention, elle allègue que, par l'effet de cette

---

15   *Kandarakis c. Grèce*, nos 48345/12 et 2 autres, § 77, 11 juin 2020.
16   *Radomilja et autres c. Croatie* [GC], nos 37685/10 et 22768/12, § 117, 20 mars 2018.
17   *Farzaliyev c. Azerbaïdjan*, n° 29620/07, § 55, 28 mai 2020.
18   *Communauté genevoise d'action syndicale (CGAS) c. Suisse* [GC], n° 21881/20, 27 novembre 2023.

that Ordinance had deprived it of the right to organise or to take part in any public gatherings in the period from March to May 2020.

In 2022 a Chamber of the Court declared the application admissible (the applicant association could claim to be a victim in so far as it had been obliged to refrain from organising public meetings to avoid the criminal penalties provided for in the Ordinance and there was no effective remedy available) and found a violation of Article 11 of the Convention. The Grand Chamber disagreed and declared the application inadmissible for having failed to exhaust domestic remedies: an application for a preliminary ruling on constitutionality, lodged in the context of an ordinary appeal against a decision implementing federal ordinances, was a remedy which was directly accessible to litigants and made it possible, where appropriate, to have the provision at issue declared unconstitutional.

While this was the first time the Grand Chamber had addressed the exceptional context of the COVID-19 pandemic, it did so from the standpoint of the requirement to exhaust domestic remedies under Article 35 § 1 of the Convention. In that connection, the Court clarified two issues related to the fact that the complaint had stemmed from the content of a domestic-law provision (rather than a specific measure restricting freedom of assembly): in the first place, the applicant association's unjustified decision not to continue with the authorisation procedure for the intended event had deprived it, not only of its status as a "direct" victim, but also of an opportunity to bring the matter before the domestic courts; and secondly, the requirement of judicial review in advance of the date of the planned event was not decisive for the determination of the effectiveness of a remedy allowing for review of a law's compatibility with the Convention.

(i) As to the applicant association's victim status, while the Court had previously held that applicants were permitted to complain about a law in the absence of any individual implementing measure (for example, *Marckx v. Belgium;*[19] *Burden v. the United Kingdom;*[20] *Sejdić and Finci v. Bosnia and Herzegovina;*[21] and *Tănase v. Moldova*[22]), those cases had concerned texts applicable to predefined situations regardless of the individual facts and, in consequence, had been likely to infringe the applicants' rights by their mere entry into force. However, the present case was different: the ban on public events at issue did not amount to a "general measure" since the Ordinance authorised exemptions. However, the applicant association had deliberately chosen not to continue with the authorisation procedure for the planned event, even before receiving a formal decision from the competent administrative authority that could have been challenged before the courts, and it had refrained from submitting any other authorisation requests. In the Court's view, such conduct, without adequate justification, had a bearing on the applicant association's victim status. Indeed, as a

---

19 *Marckx v. Belgium*, 13 June 1979, Series A no. 31.
20 *Burden v. the United Kingdom* [GC], no. 13378/05, ECHR 2008.
21 *Sejdić and Finci v. Bosnia and Herzegovina* [GC], nos. 27996/06 and 34836/06, ECHR 2009.
22 *Tănase v. Moldova* [GC], no. 7/08, ECHR 2010.

ordonnance, elle a été privée du droit d'organiser tout rassemblement public de mars à mai 2020 ou d'y participer.

En 2022, une chambre de la Cour avait déclaré la requête recevable (au motif que l'association requérante pouvait prétendre à la qualité de victime dans la mesure où elle avait été contrainte de s'abstenir d'organiser des rassemblements publics afin de ne pas se voir infliger les sanctions pénales prévues par l'ordonnance susmentionnée et qu'aucun recours effectif n'était disponible), et elle a conclu à une violation de l'article 11 de la Convention. Infirmant l'arrêt de chambre, la Grande Chambre a jugé la requête irrecevable pour non-épuisement des voies de recours internes : une demande de contrôle de constitutionnalité à titre préjudiciel, déposée dans le cadre d'un recours ordinaire contre une décision d'exécution d'ordonnance fédérale, était un recours directement accessible au justiciable et aurait permis, le cas échéant, de faire déclarer inconstitutionnelle la disposition litigieuse.

Si c'est la première fois que la Grande Chambre était saisie du contexte exceptionnel de la pandémie de Covid-19, elle a statué sous l'angle de la condition d'épuisement des voies de recours internes posée par l'article 35 § 1 de la Convention. À cet égard, la Cour a apporté des éclaircissements sur les deux points suivants tenant au fait que le présent grief était tiré du contenu d'une disposition de droit interne (plutôt que d'une mesure spécifique restreignant la liberté de réunion) : en premier lieu, la décision injustifiée de l'association requérante de ne pas poursuivre la procédure d'autorisation du rassemblement prévu l'a privée non seulement de sa qualité de victime « directe », mais également de la possibilité de saisir les juridictions internes ; et, en second lieu, l'exigence d'un contrôle juridictionnel avant la date de l'événement prévu n'était pas déterminante pour juger de l'effectivité d'un recours permettant de contrôler la conformité d'une loi à la Convention.

i) Sur la qualité de victime de l'association requérante, si la Cour a déjà dit que des requérants pouvaient se plaindre d'une loi en l'absence de toute mesure individuelle d'application (par exemple, *Marckx c. Belgique*[19], *Burden c. Royaume-Uni*[20], *Sejdić et Finci c. Bosnie-Herzégovine*[21], et *Tănase c. Moldova*[22]), ces affaires concernaient des textes qui étaient applicables à des situations prédéfinies indépendamment des circonstances individuelles et qui, par conséquent, étaient à même de nuire aux droits des requérants par leur seule entrée en vigueur. Cependant, la présente affaire est différente : l'interdiction litigieuse des rassemblements publics ne constituait pas une « mesure générale » puisque l'ordonnance autorisait des dérogations. Or, avant même d'avoir reçu une décision formelle de l'autorité administrative compétente qui aurait pu être contestée devant les tribunaux, l'association requérante a délibérément choisi de ne pas poursuivre la procédure d'autorisation pour l'événement projeté et elle n'a présenté aucune autre demande d'autorisation. De l'avis de la Cour, un tel comportement, qui n'était pas justifiable, a une incidence sur la qualité de victime de l'association requérante. En effet, en tant qu'association de droit privé à but non

---

19   *Marckx c. Belgique*, 13 juin 1979, série A n° 31.
20   *Burden c. Royaume-Uni* [GC], n° 13378/05, CEDH 2008.
21   *Sejdić et Finci c. Bosnie-Herzégovine* [GC], n°s 27996/06 et 34836/06, CEDH 2009.
22   *Tănase c. Moldova* [GC], n° 7/08, CEDH 2010.

non-profit-making private association the applicant was not subject to criminal sanctions and could therefore not rely on any fear of same. In any event, there was nothing to suggest that the mere fact of taking administrative steps to organise public events would have amounted to conduct that was likely to be sanctioned. The applicant had therefore failed to show that it had been "directly affected" by the Ordinance in issue.
(ii) By abandoning the authorisation procedure, the applicant association had also renounced the opportunity to complain about the ban on public events before the domestic courts. While the applicant had argued, inter alia, that it was unlikely that the ordinary court would have complied with the requirement to rule in advance of the date of the intended public event (*Bączkowski and Others v. Poland*[23]), it was clarified that this criterion had been developed in the Court's case-law on judicial review of a specific measure restricting freedom of assembly whereas the present situation concerned the very content of the law (Ordinance) itself: accordingly, that criterion was not, of itself, decisive for determining the effectiveness of a remedy to review whether legislation was compatible with the Convention.

Finally, in the unprecedented and highly sensitive context of the COVID-19 pandemic, it was all the more important that the national authorities be first given the opportunity to strike a balance between the relevant competing private and public interests or between different rights protected by the Convention, taking into consideration local needs and conditions and the public-health situation as it stood at the relevant time (see the decision in *Zambrano v. France*[24]). Drawing attention to its fundamentally subsidiary role, the Court further reiterated that, in healthcare policy matters, the margin of appreciation afforded to States was a wide one. Accordingly, the Court concluded that the applicant association had failed to take appropriate steps to enable the national courts to fulfil their fundamental role in the Convention protection system, namely, to prevent or put right eventual Convention violations through their own legal system.

Four-month period (Article 35 § 1)

The decision in *Ukraine and the Netherlands v. Russia*[25] concerned, *inter alia*, the relevance of non-domestic remedies in an inter-State case for the purposes of the six-month rule.

The inter-State application lodged by the Netherlands Government concerns the downing of flight MH17. In its decision, the Grand Chamber, inter alia, dismissed the respondent Government's preliminary objection concerning non-compliance with the six-month time-limit and declared admissible the Dutch Government's complaints

---

23 *Bączkowski and Others v. Poland*, no. 1543/06, § 81, 3 May 2007.
24 *Zambrano v. France* (dec.), no. 41994/21, § 26, 21 September 2021.
25 *Ukraine and the Netherlands v. Russia* (dec.) [GC], nos. 8019/16 and 2 others, adopted on 30 November 2022 and delivered on 25 January 2023. See also under Article 1 (Jurisdiction of States) and Article 35 § 1 (Exhaustion of domestic remedies) above, and Article 33 (Inter-State cases) below.

lucratif, la requérante n'était pas sanctionnable pénalement et ne pouvait donc pas prétendre qu'elle craignait d'être exposée à de telles sanctions. En tout état de cause, rien ne permet de penser que le simple fait d'entreprendre des démarches administratives pour organiser des événements publics eût constitué un comportement sanctionnable. La requérante n'a donc pas démontré qu'elle avait été « directement touchée » par l'ordonnance attaquée.

ii) En abandonnant la procédure d'autorisation, l'association requérante a également renoncé à la possibilité de se plaindre devant les juridictions internes de l'interdiction des rassemblements publics. Si elle fait certes valoir, entre autres, qu'il était peu probable que le tribunal ordinaire eût respecté l'exigence de statuer avant la date du rassemblement public prévu (*Bączkowski et autres c. Pologne*[23]), il est précisé que cette exigence est tirée d'une jurisprudence de la Cour qui concerne le contrôle juridictionnel de mesures spécifiques restreignant la liberté de réunion alors que la présente situation litigieuse porte sur le contenu même de la loi en question (l'ordonnance) : dès lors, cette exigence n'est pas, à elle seule, déterminante pour juger de l'effectivité d'un recours tendant à vérifier si la législation est compatible avec la Convention.

Enfin, dans le contexte sans précédent et extrêmement sensible de la pandémie de Covid-19, il était d'autant plus important que les autorités nationales aient d'abord la possibilité de trouver un équilibre entre les intérêts privés et publics concurrents ou entre les différents droits protégés par la Convention, en tenant compte des besoins et des conditions locaux ainsi que de la situation sanitaire publique qui existait à l'époque des faits (*Zambrano c. France*[24]). Soulignant son rôle fondamentalement subsidiaire, la Cour rappelle en outre qu'en matière de politique de santé, la marge d'appréciation accordée aux États est étendue. Elle en conclut que l'association requérante n'a pas pris les mesures appropriées qui auraient permis aux tribunaux nationaux de jouer leur rôle fondamental dans le cadre du système de protection de la Convention, à savoir prévenir ou réparer d'éventuelles violations de la Convention par le biais de leur propre système de droit.

Délai de quatre mois (article 35 § 1)

La décision *Ukraine et Pays-Bas c. Russie*[25] concerne notamment la pertinence des recours externes dans une affaire interétatique aux fins de la règle des six mois.

La requête interétatique introduite par le gouvernement néerlandais concerne la destruction de l'avion qui assurait le vol MH17. Dans sa décision, la Grande Chambre rejette notamment l'exception de non-respect de la règle des six mois, soulevée par le gouvernement défendeur, et déclare recevables les griefs formulés par le gouvernement néerlandais sous l'angle des volets matériel et procédural de l'article 2, de

---

23 *Bączkowski et autres c. Pologne*, n° 1543/06, § 81, 3 mai 2007.
24 *Zambrano c. France* (déc.), n° 41994/21, § 26, 21 septembre 2021.
25 *Ukraine et Pays-Bas c. Russie* (déc.) [GC], n°s 8019/16 et 2 autres, adoptée le 30 novembre 2022 et prononcée le 25 janvier 2023. Voir également sous l'article 1 (Juridiction des États) ci-dessus et sous l'article 35 § 1 (Épuisement des voies de recours internes), et sous l'article 33 (Affaires interétatiques) ci-dessous.

under the substantive and procedural aspects of Articles 2, 3 and 13 in respect of the downing of flight MH17.

The Grand Chamber decision is noteworthy in that the Court clarified, in the novel and exceptional context of this complaint, how the interplay between the six-month rule and the exhaustion of "domestic" remedies, enshrined in Article 35 § 1, is to be transposed to potential remedies outside the respondent State or to avenues which States themselves may wish to pursue at the international level prior to lodging an inter-State case with this Court, especially where there is no clarity from the outset as to the circumstances of the alleged violation of the Convention and the identity of the State allegedly responsible for it.

As there had been no effective remedy in Russia available to the relatives of the victims of flight MH17, the normal starting-point for the running of the six-month time-limit would be the date of the incident itself (17 July 2014). The Court, however, emphasised the novel factual nature of the present case: first, the identity of the State allegedly responsible for a violation of the Convention had not been apparent from the date of the act in issue itself (given the lack of clarity as to the identities of the perpetrators, the weapon used and the extent of any State's control over the area concerned, as well as Russia's denial of any involvement whatsoever); secondly, the criminal investigation carried out by the Netherlands authorities with the assistance of the JIT could not been seen as a "domestic" remedy in respect of complaints lodged against Russia. The Court therefore considered the relevance of the latter investigation, as well as the international-law remedies pursued, for the purposes of compliance with the six-month time-limit in the inter-State context and in the exceptional circumstances of the present case. The Court had particular regard to the interests of justice and the purposes of Article 35 § 1. On the one hand, this provision could not be interpreted in a manner which would require an applicant State to seize the Court of its complaint before having reasonably satisfied itself that there had been an alleged breach of the Convention by another State and before that State had been identified with sufficient certainty. On the other hand, it would indeed be unjust and contrary to the purpose of Article 35 § 1 if the effect of reasonably awaiting relevant findings of an independent, prompt and effective criminal investigation, in order to assist the Court in its own assessment of the complaints, were to render those complaints out of time. With this in mind, the Court concluded that it would be artificial to ignore the investigative steps taken in the Netherlands and in the context of the JIT, which had precisely enabled the pertinent facts to be elucidated, all the more so as no investigation had been undertaken in the respondent State. Furthermore, as those steps had been carried out promptly, regularly and diligently, it could not be said that there had been a delay in the referral of the complaints to this Court such that it would be difficult to ascertain the pertinent facts, rendering a fair examination of the allegations almost impossible. In other words, the aim of the time-limit in Article 35 § 1 had not been undermined by the lodging of the application some six years after the aircraft had been downed.

The Court further acknowledged the relevance of remedies under international law in an inter-State dispute, particularly where the allegation is that the State itself, at the highest level of government, bears responsibility. While such remedies are

l'article 3 et de l'article 13 concernant la destruction de l'appareil qui assurait le vol MH17. La décision de la Grande Chambre est intéressante en ce que la Cour explicite comment il convient de transposer l'interaction entre la règle des six mois et l'obligation d'épuisement des voies de recours « internes », consacrées à l'article 35 § 1, aux voies de recours pouvant exister en dehors de l'État défendeur ou aux voies de droit dont les États eux-mêmes pourraient souhaiter se prévaloir au niveau international avant de saisir la Cour d'une requête interétatique, en particulier lorsque la clarté n'a été faite au départ ni sur les circonstances dans lesquelles s'inscrit la violation alléguée de la Convention ni sur l'identité de l'État censé en être responsable.

Les proches des victimes du vol MH17 n'ayant pas disposé d'un recours effectif en Russie, le point de départ pour le délai de six mois devrait donc normalement être la date du crash lui-même (le 17 juillet 2014). La Cour met toutefois en exergue le caractère inédit de la conjonction des circonstances factuelles dans la présente espèce : premièrement, l'identité de l'État censément responsable d'une violation de la Convention n'était pas apparente dès la date de l'acte litigieux lui-même (étant donné l'opacité qui régnait au sujet de l'identité des auteurs, de l'arme utilisée et de l'étendue du contrôle que pouvait exercer un État sur la zone concernée, ainsi que les dénégations en bloc de la Russie concernant toute implication) ; deuxièmement, l'enquête pénale menée par les autorités néerlandaises avec le concours de l'EEI ne saurait être considérée comme un recours « interne » relativement à des griefs visant la Fédération de Russie. La Cour analyse par conséquent la pertinence de cette enquête, ainsi que des recours de droit international mis en œuvre, aux fins du respect de la règle des six mois dans le contexte interétatique et dans les circonstances exceptionnelles de la présente affaire. Elle s'attache en particulier à l'intérêt de la justice et aux finalités de l'article 35 § 1. D'une part, cette disposition ne saurait être interprétée d'une manière qui exigerait d'un État requérant qu'il saisisse la Cour de son grief avant de s'être assuré lui-même de manière raisonnable qu'une violation alléguée de dispositions de la Convention a été commise par un autre État et avant que cet État ait été identifié avec une certitude suffisante. D'autre part, il serait effectivement injuste et contraire à la finalité de l'article 35 § 1 que le fait d'attendre raisonnablement les conclusions pertinentes d'une enquête pénale indépendante, prompte et effective, aux fins d'aider la Cour dans sa propre appréciation des griefs, ait pour effet de conduire à une sanction pour introduction tardive de ces griefs. Tenant compte de ces considérations, la Cour conclut qu'il serait artificiel d'ignorer les mesures d'enquête prises aux Pays-Bas et dans le cadre de l'EEI, qui ont précisément permis de faire la lumière sur les faits pertinents, d'autant plus qu'aucune enquête n'avait été menée dans l'État défendeur. De plus, ces mesures ayant été conduites avec promptitude, régularité et diligence, on ne saurait donc dire que la soumission des griefs à la Cour a connu un retard tel qu'il serait difficile d'établir les faits pertinents et par conséquent pratiquement impossible de se livrer à un examen équitable des allégations. En d'autres termes, le but poursuivi par le délai fixé à l'article 35 § 1 n'a pas pâti du fait que la requête a été introduite environ six ans après la destruction de l'aéronef.

La Cour reconnaît par ailleurs la pertinence, dans une affaire interétatique, des voies de droit existant en droit international, surtout lorsqu'il est allégué que l'État lui-même, au plus haut niveau de gouvernement, porte une responsabilité. Si pareilles

not mentioned in Article 35 § 1 and, as a result, the running of the time-limit in that Article is not linked to their exercise, the Court had already accepted that, in some circumstances, it might be appropriate to have regard to such remedies when assessing whether the obligation of diligence incumbent on applicants had been met (*Varnava and Others v. Turkey*[26]). It was therefore legitimate for the Netherlands Government to have explored the opportunity of negotiations with Russia, which had ended in 2020. In sum, in the exceptional circumstances of the case, the complaints had been lodged in time.

The Court also confirmed that, unlike the exhaustion requirement, the six-month time-limit was applicable to allegations of administrative practices.

The decision in *Orhan v. Türkiye*[27] concerned the determination of the applicable time- limit (six or four months), in accordance with Article 8 § 3 of Protocol No. 15.

The time-limit for lodging applications provided for in Article 35 § 1 of the Convention, which used to be six months, was reduced to four months by Article 4 of Protocol No. 15. Under Article 8 § 3 of that Protocol, the new time-limit came into force on 1 February 2022.[28] According to that provision, the new time-limit does not apply to applications in respect of which the final decision within the meaning of Article 35 § 1 "was taken" prior to the date of its entry into force.

On 18 July 2022 the applicant, who had been sentenced to life imprisonment, lodged an application with the Court raising several complaints under Articles 5, 6, 13 and 14 of the Convention. The final domestic decision in the process of exhaustion of remedies was adopted by the Constitutional Court on 19 January 2022, that is, prior to the date on which the new time-limit established by Protocol No. 15 came into force. However, it was notified to the applicant after that date, on 25 February 2022.

The Court began by determining which time- limit for applying – the former six-month time-limit or the new four-month time-limit – was applicable in the present case. It considered that the six-month time-limit was applicable, since it had been in force on 19 January 2022, the date on which the final domestic decision had been given. The relevant period had started to run on the day after notification of the decision, that is, on 26 February 2022 (*dies a quo*) and had ended on 25 August 2022 (*dies ad quem*). As the application had been lodged on 18 July 2022, the Court concluded that the time-limit for applying under Article 35 § 1 had been complied with. The Court nevertheless declared the application inadmissible on other grounds.

The decision is noteworthy in that the Court addressed a situation in which the final domestic decision had been handed down before the date of entry into force of the new time-limit established by Protocol No. 15 (1 February 2022), but had been notified after that date. The Court clarified in that regard that the applicable time-limit for submitting an application – the former six-month time-limit or the new four-month time-limit – should be determined by reference to the date on which the final

---

26 *Varnava and Others v. Turkey* [GC], nos. 16064/90 and 8 others, § 170, ECHR 2009.

27 *Orhan v. Türkiye* (dec.), no. 38358/22, adopted on 6 December 2022 and delivered on 19 January 2023.

28 Specifically, on expiry of a transitional period of six months after the date of entry into force of Protocol No. 15. Protocol No. 15 came into force on 1 August 2021.

voies de recours ne sont pas mentionnées à l'article 35 § 1, et par conséquent leur exercice n'est pas concerné par l'écoulement du délai prévu par cette disposition, la Cour a déjà admis que dans certaines circonstances il peut être approprié de tenir compte de ces recours lorsqu'il s'agit d'apprécier si l'obligation de diligence qui incombe aux requérants a été respectée (*Varnava et autres c. Turquie*[26]). Il était donc légitime pour le gouvernement néerlandais d'explorer la possibilité de négociations avec la Russie, laquelle a pris fin en 2020. En résumé, compte tenu des circonstances exceptionnelles de l'espèce, les griefs ont été introduits dans les délais.

La Cour confirme que, contrairement à la règle de l'épuisement des voies de recours, le délai de six mois trouve à s'appliquer aux allégations relatives à l'existence de pratiques administratives.

La décision *Orhan c. Türkiye*[27] concerne la détermination du délai applicable (six ou quatre mois), conformément à l'article 8 § 3 du Protocole no 15.

Le délai d'introduction des requêtes prévu à l'article 35 § 1 de la Convention, qui était auparavant de six mois, a été ramené à quatre mois par l'article 4 du Protocole n° 15. En vertu de l'article 8 § 3 dudit Protocole, le nouveau délai est entré en vigueur le 1er février 2022[28]. Aux termes de cette disposition, le nouveau délai ne s'applique pas aux requêtes au regard desquelles la décision définitive au sens de l'article 35 § 1 « a été prise » avant la date de son entrée en vigueur.

Le 18 juillet 2022, le requérant, condamné à une peine de réclusion criminelle, a saisi la Cour d'une requête soulevant plusieurs griefs fondés sur les articles 5, 6, 13 et 14 de la Convention. La décision interne définitive, par laquelle le requérant a épuisé les voies de recours, a été adoptée par la Cour constitutionnelle le 19 janvier 2022, c'est-à-dire avant la date d'entrée en vigueur du nouveau délai introduit par le Protocole n° 15. Toutefois, elle a été notifiée au requérant après celle-ci, soit le 25 février 2022.

La Cour a tout d'abord déterminé quel délai d'introduction – ancien délai de six mois ou nouveau délai de quatre mois – était applicable en l'espèce. Elle a estimé que le délai applicable était celui de six mois, puisque ce délai était en vigueur le 19 janvier 2022 lorsque la décision interne définitive a été rendue. Ce délai a toutefois commencé à courir le lendemain de la notification de cette décision, à savoir le 26 février 2022 (*dies a quo*), pour prendre fin le 25 août 2022 (*dies ad quem*). La requête ayant été introduite le 18 juillet 2022, la Cour a conclu que le délai de saisine de l'article 35 § 1 avait été respecté. Elle a cependant déclaré la requête irrecevable pour d'autres motifs.

La décision est intéressante car la Cour y traite d'une situation où la décision interne définitive a été rendue avant la date d'entrée en vigueur du nouveau délai introduit par le Protocole n° 15, mais notifiée après cette date (1er février 2022). La Cour clarifie à cet égard que le délai d'introduction des requêtes applicable – ancien délai de six mois ou nouveau délai de quatre mois – doit être déterminé en fonction

---

26 *Varnava et autres c. Turquie* [GC], n°s 16064/90 et 8 autres, § 170, CEDH 2009.
27 *Orhan c. Türkiye* (déc.), n° 38358/22, adoptée le 6 décembre 2022 et prononcée le 19 janvier 2023.
28 Notamment, à l'expiration d'une période transitoire de six mois après la date d'entrée en vigueur du Protocole n° 15. Le Protocole n° 15 est entré en vigueur le 1er août 2021.

domestic decision was adopted, and not the date on which it was notified to the person concerned. In other words, the fact that the latter date was after the entry into force of the new time-limit did not affect the determination of the applicable time-limit.

The Court stated, as a general observation, that the six-month time-limit should apply to applications in respect of which the final domestic decision within the meaning of Article 35 § 1 had been handed down prior to 1 February 2022, irrespective of when it had been notified to the person concerned, that is to say, even where the date of notification was after 31 January 2022. The new four-month time-limit should be applied to applications in respect of which the final domestic decision had been taken after 31 January 2022.

The issue regarding the determination of the applicable time-limit had arisen in the present case because, according to the Court's settled case-law, the period for submitting an application began running not on the date on which the decision exhausting domestic remedies was adopted, but on the date on which it was notified to the person concerned (where this was provided for in domestic law) or finalised (*Papachelas v. Greece*[29]). This was so even though the English version of Article 35 § 1 – like Article 8 § 3 of Protocol No. 15 – indicated the date on which the decision "was taken" as the starting-point of the relevant period. The Court explained in that regard that the practice followed with regard to the starting-point of the period for submitting an application was not relevant to the issue raised in the present case, and considered that the ordinary meaning of the words should take precedence in determining which time-limit was applicable, for the following reasons.

First, the identification of the applicable time- limit – four or six months – was clearly a separate issue from the determination of the date on which the relevant period started to run.

Secondly, Article 35 § 1 and Article 8 § 3 of Protocol No. 15 pursued different purposes: the former contained general procedural and jurisdictional rules, while the latter laid down a transitional period following the entry into force of Protocol No. 15.

Thirdly, in determining the starting-point of the period for submitting an application, the Court was guided by the need to preserve the effectiveness of the right of individual petition, in a manner compatible with the object and purpose of the Convention. The time-limit for submitting applications was designed not only to ensure legal certainty, but also to afford the prospective applicant time to consider whether to lodge an application and, if so, to decide on the specific complaints and arguments to be raised (*Worm v. Austria*[30]). Furthermore, a period for appealing could only start to run from the date on which the appellant was able to act effectively. Otherwise, the authorities could substantially reduce the time available for lodging an application or even deprive the applicant of the opportunity of lodging a valid application with the Court by delaying notification of their decisions. Those considerations weighed in favour of taking as the reference point the date of notification, or the date on which the applicant had had the opportunity to actually find out the content of the final decision

---

29   *Papachelas v. Greece* [GC], no. 31423/96, ECHR 1999-II.
30   *Worm v. Austria*, 29 August 1997, Reports of Judgments and Decisions 1997-V.

de la date d'adoption de la décision interne définitive, et non de la date de sa notification à l'intéressé. En d'autres termes, le fait que cette dernière date soit postérieure à l'entrée en vigueur du nouveau délai n'a aucune incidence sur la détermination du délai applicable.

La Cour indique, de façon générale, que c'est le délai de six mois qui doit s'appliquer au regard des requêtes dans lesquelles la décision interne définitive au sens de l'article 35 § 1 a été rendue avant le 1er février 2022, et ce quelle que soit la date de sa notification à l'intéressé, c'est-à-dire même lorsque cette date est postérieure au 31 janvier 2022. Le nouveau délai de quatre mois doit s'appliquer aux requêtes au regard desquelles la décision interne définitive a été prise après le 31 janvier 2022.

La question de la détermination du délai applicable en l'espèce a été suscitée par le fait que la jurisprudence constante de la Cour consiste à faire courir le délai d'introduction des requêtes non pas à la date d'adoption de la décision épuisant les voies de recours internes mais à la date de sa notification (lorsque celle-ci est prévue en droit interne) ou de sa mise au net (*Papachelas c. Grèce*[29]) ; et ce alors même que la version anglaise de l'article 35 § 1 de la Convention – tout comme les termes de l'article 8 § 3 du Protocole n° 15 – indique comme point de départ du délai la date à laquelle la décision « a été prise » (*was taken*). La Cour explique à cet égard que la pratique suivie quant au point de départ du délai d'introduction des requêtes n'est pas pertinente pour la question posée dans la présente affaire et considère que c'est le sens ordinaire des mots qui doit prévaloir pour déterminer le délai applicable et ce, pour les raisons suivantes.

Premièrement, la question de l'identification de la durée du délai applicable – quatre mois ou six mois – est une question clairement distincte de celle de la détermination du premier jour auquel le délai commence à courir.

Deuxièmement, l'article 35 § 1 de la Convention et l'article 8 § 3 du Protocole n° 15 n'ont pas le même objet : la première disposition contient des règles procédurales et juridictionnelles générales, alors que la seconde vise à prévoir une période transitoire après l'entrée en vigueur du Protocole n° 15.

Troisièmement, concernant la détermination de la date de départ du délai de saisine, la Cour a été guidée par le souci de préserver l'effectivité du droit de recours individuel, en conformité avec l'objet et le but de la Convention. En effet, le délai de saisine n'a pas été seulement conçu pour assurer la sécurité juridique, mais pour donner au requérant potentiel le temps de décider s'il la saisira d'une requête et, dans l'affirmative, de définir les griefs et arguments qu'il présentera (*Worm c. Autriche*[30]). De plus, un délai de recours ne peut courir qu'à compter du jour où celui qui l'invoque est en mesure d'agir valablement. S'il devait en aller autrement, les autorités pourraient, en retardant la notification de la décision définitive ou la possibilité d'en prendre connaissance, écourter substantiellement le délai de saisine, voire priver le requérant de la possibilité de saisir valablement la Cour. Ces considérations militaient en faveur de la prise en compte de la date de signification ou de celle où le requérant avait la possibilité de prendre connaissance du contenu de la décision définitive (date

---

29 *Papachelas c. Grèce* [GC], n° 31423/96, CEDH 1999-II.
30 *Worm c. Autriche*, 29 août 1997, Recueil des arrêts et décisions 1997-V.

(finalisation date). Moreover, this approach was consistent with the Court's case-law regarding access to a court for the purposes of Article 6 of the Convention (*Miragall Escolano and Others v. Spain*[31]). However, no considerations of this kind requiring the Court to depart from the ordinary meaning of the words arose when it came to determining the applicable time-limit under Article 8 § 3 of Protocol No. 15.

Fourthly, applying the time-limit in force at the time the final domestic decision was notified rather than that in force at the time the decision was taken would run counter to the very objectives referred to above and would have adverse consequences for the applicant in the present case, who had been entitled to expect, if need be after seeking appropriate advice, that he had six months from the date of notification of the Constitutional Court's decision in which to submit an application.

Fifthly, applying the time-limit in force on the date of adoption of the final domestic decision was consistent with the aim of Article 8 § 3 of Protocol No. 15, which was to prevent the new four-month time-limit from being applied retrospectively, that is, to applications in respect of which the final domestic decision had been adopted on a date when that time-limit was not yet in force.

Lastly, the Court made clear that there was no inconsistency between, on the one hand, taking into account the time-limit in force on the date of adoption of the final domestic decision, as expressly provided for by Protocol No. 15, and, on the other hand, setting as the start date of the applicable time-limit – whether the old or the new one – the date of notification or finalisation of the decision, having regard to the object and purpose of the Convention in accordance with the Court's well-established case-law.

Competence *ratione temporis* (Article 35 § 3 (a))

The decision in *Pivkina and Others v. Russia*[32] concerned the Court's temporal jurisdiction mainly with respect to acts or omissions spanning the date on which a respondent State ceased to be a Party to the Convention.

On 16 March 2022 the Russian Federation ceased to be a member of the Council of Europe. Shortly thereafter, the Court, sitting in Plenary formation, adopted a Resolution stating that the Russian Federation would cease to be a High Contracting Party to the Convention on 16 September 2022 ("the termination date"). The applications in this case concerned different factual scenarios, alleging violations of various Convention provisions. Some of the facts occurred up until, some occurred after, and some spanned across the termination date. The Court reconfirmed its jurisdiction to deal with cases where all acts and judicial decisions leading to the

---

[31] *Miragall Escolano and Others v. Spain*, nos. 38366/97 and 9 others, ECHR 2000-I.
[32] *Pivkina and Others v. Russia* (dec.), no. 2134/23 and 6 others, 6 June 2023. See also under Article 35 § 3 (a) (Competence *ratione personae*) and Article 32 (Jurisdiction of the Court) below.

de mise au net). Cette approche correspond d'ailleurs à la jurisprudence de la Cour en matière d'accès à un tribunal au sens de l'article 6 de la Convention (*Miragall Escolano et autres c. Espagne*[31]). Toutefois, aucune considération de ce type nécessitant de s'écarter du sens ordinaire des mots n'entre en jeu pour ce qui est de la détermination du délai applicable en vertu de l'article 8 § 3 du Protocole n° 15.

Quatrièmement, l'approche consistant à appliquer le délai qui était en vigueur au moment de la notification plutôt que celui en vigueur à la date à laquelle la décision interne définitive a été prise irait précisément à l'encontre des objectifs ci-dessus et aurait des conséquences fâcheuses pour le requérant en l'espèce. Celui-ci a légitimement pu croire, fût-ce en s'entourant au besoin de conseils éclairés, qu'il disposait d'un délai de six mois à partir de la notification de la décision de la Cour constitutionnelle.

Cinquièmement, l'approche consistant à appliquer le délai en vigueur à la date d'adoption de la décision interne définitive est conforme au but de l'article 8 § 3, qui est d'éviter que le nouveau délai de quatre mois ne puisse s'appliquer rétroactivement, c'est-à-dire, à des requêtes dans lesquelles la décision interne définitive a été adoptée à une date où ce délai n'était pas encore en vigueur.

La Cour précise, enfin, qu'il n'existe aucune incohérence dans le fait d'une part de prendre en compte le délai qui était en vigueur à la date de l'adoption de la décision interne définitive, ainsi que le prévoit explicitement le Protocole n° 15, et d'autre part de faire débuter le délai applicable, qu'il s'agisse de l'ancien ou du nouveau, à partir de la date de notification ou de mise au net de la décision, en tenant compte de l'objet et du but de la Convention conformément à sa jurisprudence bien établie.

Compétence *ratione temporis* (article 35 § 3 a))

La décision *Pivkina et autres c. Russie*[32] concerne la compétence temporelle de la Cour principalement pour les actes ou omissions se prolongeant au-delà de la date à laquelle l'État défendeur a cessé d'être une partie à la Convention.

La Fédération de Russie a cessé d'être membre du Conseil de l'Europe à compter du 16 mars 2022. Peu après, la Cour réunie en séance plénière adopta une résolution déclarant que la Fédération de Russie cesserait d'être une Haute Partie contractante à la Convention le 16 septembre 2022 (« la date de la cessation de la qualité de partie à la Convention »). Les présentes requêtes portent sur différents scénarios factuels dans lesquels sont alléguées des violations de diverses dispositions de la Convention. Certains de ces faits se sont produits avant et jusqu'à la date de la cessation de la qualité de partie à la Convention, d'autres après cette date et d'autres encore ont commencé avant cette date et ont pris fin après. La Cour réaffirme qu'elle est compétente pour connaître des affaires dans lesquelles tous les actes et toutes les décisions judiciaires ayant abouti aux violations alléguées de la Convention se sont produits jusqu'à la

---

31   *Miragall Escolano et autres c. Espagne*, n°s 38366/97 et 9 autres, CEDH 2000-I.
32   *Pivkina et autres c. Russie* (déc.), n°s 2134/23 et 6 autres, 6 juin 2023. Voir également sous l'article 35 § 3 a) (Compétence *ratione personae*) et sous l'article 32 (Compétence de la Cour) ci-dessous.

alleged Convention violations had occurred up until the termination date.[33] The Court further rejected complaints as incompatible *ratione personae* with the provisions of the Convention where both the triggering act and the applicant's judicial challenge to it had occurred after the termination date. As regards the case where the facts spanned across the termination date, the Court found that some of the complaints fell within its temporal jurisdiction and gave notice thereof to the respondent Government. It rejected the remaining complaints as incompatible *ratione temporis* with Article 35 § 3 of the Convention.

The decision is noteworthy in that the Court developed a test for determining its temporal jurisdiction with regard to alleged Convention violations spanning across the date on which a respondent State ceased to be a party to the Convention.

(i) While the situation where a respondent State ceased to be a party to the Convention was novel, the Court observed that it was similar to situations where the acts or omissions occurred or began before the ratification date (prior to the entry into force of the Convention for the respective State) but their effects or a chain of appeals extended beyond that date. The Court therefore developed a test for determining its temporal jurisdiction with regard to acts or omissions spanning across the termination date, drawing upon its case-law (*Blečić v. Croatia*[34]) and the approach followed by the Inter-American Court of Human Rights.[35] The Court's jurisdiction is determined in relation to the facts constitutive of the interference. In cases where the interference occurs before the termination date but the failure to remedy it occurs after the termination date, it is the date of the interference that must be retained. It is therefore essential to identify, in each specific case, the exact moment of the alleged interference, considering both the facts of which the applicant complains and the scope of the Convention right alleged to have been violated. This approach ensures that complaints are not treated differently based solely on the length of the process of exhaustion of remedies, and it prevents the State from evading responsibility by protracting remedial proceedings.

(ii) The Court went on to apply this test to the alleged violations of different Convention provisions:

Article 3 (substantive aspect): An act of ill-treatment which occurred before the termination date falls within the Court's temporal jurisdiction.

Article 3 (procedural aspect): The Court applied the test developed for situations

---

33 *Fedotova and Others v. Russia* [GC], nos. 40792/10 and 2 others, 17 January 2023.
34 *Blečić v. Croatia* [GC], no. 59532/00, ECHR 2006-III.
35 Judgment of the Inter-American Court of Human Rights in *Ivcher-Bronstein v. Peru* (competence), 24 September 1999, Series C No. 54; Advisory opinion OC-26/20 of the Inter-American Court of Human Rights of 9 November 2020 requested by the Republic of Colombia, Series A No. 26.

date de la cessation de la qualité de partie à la Convention[33]. La Cour rejette en outre les griefs pour incompatibilité *ratione personae* lorsque tant l'acte à l'origine de la procédure que la contestation judiciaire de cet acte par le requérant sont intervenus postérieurement à cette date. Dans l'affaire dans laquelle les faits se sont étendus sur une période s'étant prolongée au-delà de cette date, la Cour estime que certains des griefs relèvent de sa compétence temporelle et les communique au gouvernement défendeur. Elle rejette les autres griefs pour incompatibilité *ratione temporis* avec l'article 35 § 3 de la Convention.

Cette décision est intéressante en ce que la Cour développe un critère permettant de déterminer sa compétence temporelle à l'égard de violations alléguées de la Convention qui se sont prolongées au-delà de la date à laquelle un État défendeur a cessé d'être partie à la Convention.

i) Si la situation dans laquelle un État défendeur cesse d'être partie à la Convention est nouvelle, la Cour observe qu'elle est similaire aux situations dans lesquelles les actes ou omissions litigieux ont eu lieu ou ont commencé avant la date de la ratification (avant l'entrée en vigueur de la Convention à l'égard de l'État concerné), mais où leurs effets ou une succession de recours se sont prolongés au-delà de cette date. La Cour a donc élaboré un critère lui permettant de déterminer sa compétence temporelle à l'égard d'actes ou d'omissions se prolongeant après la date de la cessation de la qualité de partie à la Convention, en s'appuyant sur sa jurisprudence (*Blečić c. Croatie*[34]) ainsi que sur l'approche suivie par la Cour interaméricaine des droits de l'homme[35]. La compétence temporelle de la Cour doit se déterminer par rapport aux faits constitutifs de l'ingérence alléguée. Dans les affaires où l'ingérence s'est produite avant la date de la cessation de la qualité de partie à la Convention mais où le défaut de réparation intervient après cette date, c'est la date de l'ingérence qui doit être retenue. Il est donc essentiel d'identifier dans chaque affaire donnée la localisation exacte dans le temps de l'ingérence alléguée, en tenant compte à cet égard tant des faits dont se plaint le requérant que de la portée du droit garanti par la Convention dont la violation est alléguée. Cette approche permet de faire en sorte que les griefs ne soient pas traités différemment sur la seule base de la durée du processus d'épuisement, et elle empêche l'État de faire durer les procédures de réparation aux fins de se soustraire à sa responsabilité.

ii) La Cour applique ensuite ce critère aux violations alléguées de différentes dispositions de la Convention :

Article 3 (volet matériel) : Un acte de mauvais traitement qui s'est produit avant la date de la cessation de la qualité de partie à la Convention relève de la compétence temporelle de la Cour.

Article 3 (volet procédural) : La Cour applique le critère qui a été élaboré pour

---

33   *Fedotova et autres c. Russie* [GC], n°s 40792/10 et 2 autres, 17 janvier 2023.
34   *Blečić c. Croatie* [GC], n° 59532/00, CEDH 2006-III.
35   Arrêt de la Cour interaméricaine des droits de l'homme dans *Ivcher-Bronstein c. Pérou* (compétence), 24 septembre 1999, série C n° 54 ; Avis consultatif OC-26/20 de la Cour interaméricaine des droits de l'homme demandé par la République de Colombie, série A n° 26, 9 novembre 2020.

spanning the ratification date – what is important for determining the Court's temporal jurisdiction is that a significant proportion of the required procedural steps were or ought to have been carried out during the period when the Convention was in force in respect of the respondent State.

Article 3 and Article 5 § 3 (a "continuous situation"): Such a situation (for example, allegedly inhuman detention conditions) falls within the Court's jurisdiction only in respect of the part occurring before the termination date, following which the respondent State is no longer bound to ensure Convention-compliant conditions or to conduct judicial proceedings within a reasonable time. However, a period of detention approved before the termination date but extending beyond it will fall within the Court's jurisdiction in its entirety (up to the date until which the latest extension was approved) on account of the "overflowing" effect of the extension order.

Article 6 (fairness of a trial): Only complaints concerning proceedings where a judgment at last instance was given before the termination date, fall within the Court's jurisdiction. This also applies to complaints under Articles 7 or 18 which arise from the same proceedings.

Article 8: An instantaneous act (such as a search) which occurred before the termination date falls within the Court's temporal jurisdiction, even if the final appeal decision was issued after that date.

Article 10: Acts constitutive of an interference encompass any restrictive measures taken against an applicant in connection with his or her expressive conduct (such as an arrest and detention on remand, the institution of administrative- offence proceedings, the search and/or seizure of a journalist's electronic devices). The Court's jurisdiction is based on whether such acts occurred before or after the termination date.

Article 11: An interference can take various forms, such as measures taken by authorities before or during an assembly, as well as punitive measures thereafter. Any such measures which occurred before the termination date will fall within the Court's jurisdiction.

Article 5 and Article 2 of Protocol No. 7: The acts constitutive of an interference (such as excessively lengthy and unrecorded detention at a police station and immediate enforcement of a custodial sentence) which occurred before the termination date fall within the Court's jurisdiction. Any domestic court decisions in relation to an applicant's complaints in this respect, which were given after the termination date, should be regarded as the exercise of an available domestic remedy rather than a new or independent instance of interference.

les situations se prolongeant au-delà de la date de la ratification : ce qui importe pour déterminer la compétence temporelle de la Cour, c'est qu'une part significative des actes de procédure requis aient été ou auraient dû être accomplis pendant la période où la Convention était en vigueur à l'égard de l'État défendeur.

Articles 3 et 5 § 3 (« situation continue ») : Pareille situation (par exemple, des conditions de détention prétendument inhumaines) ne relève de la compétence de la Cour que pour la période antérieure à la date de la cessation de la qualité de partie à la Convention, date après laquelle l'État défendeur n'est plus tenu d'assurer des conditions conformes à la Convention ni de conduire une procédure judiciaire dans un délai raisonnable. Toutefois, une période de détention qui a été approuvée avant la date de la cessation de la qualité de partie à la Convention mais qui s'étend au-delà de celle-ci relèvera de la compétence de la Cour dans son intégralité (jusqu'à la date marquant la fin de la dernière prolongation de la détention qui a été approuvée) à raison de l'effet « de débordement » de l'ordonnance de maintien en détention.

Article 6 (équité du procès) : Seuls les griefs relatifs à la procédure dans laquelle la décision de dernière instance a été rendue avant la date de la cessation de la qualité de partie à la Convention relèvent de la compétence de la Cour. Cela vaut également pour les griefs fondés sur les articles 7 ou 18 qui découlent de la même procédure.

Article 8 : Un acte instantané (tel qu'une perquisition) qui s'est produit avant la date de la cessation de la qualité de partie à la Convention relève de la compétence temporelle de la Cour, même si la décision définitive en appel a été rendue après cette date.

Article 10 : Les actes constitutifs d'une ingérence englobent toutes les mesures restrictives prises contre un requérant en rapport avec sa conduite expressive (comme l'arrestation et la détention provisoire, l'ouverture d'une procédure pour infraction administrative, la recherche/saisie des appareils électroniques d'un journaliste). La compétence de la Cour se fonde sur le point de savoir si ces actes sont intervenus avant ou après la date de la cessation de la qualité de partie à la Convention.

Article 11 : Une ingérence peut revêtir diverses formes, par exemple celle de mesures prises par les autorités avant ou pendant un rassemblement, ou de mesures punitives adoptées par la suite. Toute mesure de ce type ayant été adoptée avant la date de la cessation de la qualité de partie à la Convention relèvera de la compétence de la Cour.

Article 5 et article 2 du Protocole n° 7 : Les actes constitutifs d'une ingérence (tels qu'une détention au poste de police excessive et non consignée et l'exécution immédiate d'une peine privative de liberté) qui se sont produits avant la date de la cessation de la qualité de partie à la Convention entrent dans le champ de la compétence de la Cour. Les décisions des juridictions internes statuant sur les griefs d'un requérant à cet égard qui ont été rendues après cette date devraient être considérées comme l'exercice d'un recours interne disponible plutôt que comme un acte d'ingérence nouveau ou distinct.

Competence *ratione personae* (Article 35 § 3 (a))

The decision in *Pivkina and Others v. Russia*[36] concerned the Court's temporal jurisdiction mainly with respect to acts or omissions spanning the date on which a respondent State ceased to be a Party to the Convention.

On 16 March 2022 the Russian Federation ceased to be a member of the Council of Europe. Shortly thereafter the Court, sitting in Plenary formation, adopted a Resolution stating that the Russian Federation would cease to be a High Contracting Party to the Convention on 16 September 2022 ("the termination date"). The applications in this case concerned different factual scenarios, alleging violations of various Convention provisions. Some of the facts occurred up until, some occurred after, and some spanned across the termination date. The Court reconfirmed its jurisdiction to deal with cases where all acts and judicial decisions leading to the alleged Convention violations had occurred up until the termination date.[37] The Court further rejected complaints as incompatible *ratione personae* with the provisions of the Convention where both the triggering act and the applicant's judicial challenge to it had occurred after the termination date. As regards the case where the facts spanned across the termination date, the Court found that some of the complaints fell within its temporal jurisdiction and gave notice thereof to the respondent Government. It rejected the remaining complaints as incompatible *ratione temporis* with Article 35 § 3 of the Convention.

"Core" rights

Prohibition of torture and inhuman or degrading treatment and punishment (Article 3)

Inhuman or degrading treatment

The judgment in *Schmidt and Šmigol v. Estonia*[38] concerned the consecutive enforcement of disciplinary punishments and imposition of security measures in prison, resulting in prolonged periods of solitary confinement.

The applicants were convicted prisoners, each of whom had received a series of disciplinary sanctions in the form of solitary confinement in a punishment cell. The consecutive enforcement of those measures resulted in particularly lengthy periods continuously spent by the applicants in solitary confinement. The first applicant spent,

---

36 *Pivkina and Others v. Russia* (dec.), no. 2134/23 and 6 others, 6 June 2023. See also under Article 35 § 3 (a) (Competence *ratione temporis*) above and Article 32 (Jurisdiction of the Court) below.
37 *Fedotova and Others v. Russia* [GC], nos. 40792/10 and 2 others, 17 January 2023.
38 *Schmidt and Šmigol v. Estonia*, nos. 3501/20 and 2 others, 28 November 2023.

Compétence *ratione personae* (article 35 § 3 a))

La décision *Pivkina et autres c. Russie*[36] concerne la compétence temporelle de la Cour principalement pour les actes ou omissions se prolongeant au-delà de la date à laquelle l'État défendeur a cessé d'être une partie à la Convention.

La Fédération de Russie a cessé d'être membre du Conseil de l'Europe à compter du 16 mars 2022. Peu après, la Cour réunie en séance plénière adopta une résolution déclarant que la Fédération de Russie cesserait d'être une Haute Partie contractante à la Convention le 16 septembre 2022 (« la date de la cessation de la qualité de partie à la Convention »). Les présentes requêtes portent sur différents scénarios factuels dans lesquels sont alléguées des violations de diverses dispositions de la Convention. Certains de ces faits se sont produits avant et jusqu'à la date de la cessation de la qualité de partie à la Convention, d'autres après cette date et d'autres encore ont commencé avant cette date et ont pris fin après. La Cour réaffirme qu'elle est compétente pour connaître des affaires dans lesquelles tous les actes et toutes les décisions judiciaires ayant abouti aux violations alléguées de la Convention se sont produits jusqu'à la date de la cessation de la qualité de partie à la Convention[37]. La Cour rejette en outre les griefs pour incompatibilité *ratione personae* lorsque tant l'acte à l'origine de la procédure que la contestation judiciaire de cet acte par le requérant sont intervenus postérieurement à cette date. Dans l'affaire dans laquelle les faits se sont étendus sur une période s'étant prolongée au-delà de cette date, la Cour estime que certains des griefs relèvent de sa compétence temporelle et les communique au gouvernement défendeur. Elle rejette les autres griefs pour incompatibilité *ratione temporis* avec l'article 35 § 3 de la Convention.

Droits « Cardinaux »

Interdiction de la torture et des peines ou traitements inhumains ou dégradants (article 3)

Traitement inhumain ou dégradant

L'arrêt *Schmidt et Šmigol c. Estonie*[38] concerne de longues périodes d'isolement résultant de l'exécution consécutive de peines disciplinaires et de l'imposition de mesures de sécurité en prison.

Détenus condamnés, les requérants se virent l'un comme l'autre imposer une série de sanctions disciplinaires consistant en leur placement à l'isolement dans une cellule disciplinaire. En conséquence d'une exécution consécutive de ces mesures, les intéressés demeurèrent à l'isolement de manière continue pendant des périodes

---

36 *Pivkina et autres c. Russie* (déc.), n°s 2134/23 et 6 autres, 6 juin 2023. Voir également sous l'article 35 § 3 a) (Compétence *ratione temporis*) et sous l'article 32 (Compétence de la Cour) ci-dessous.
37 *Fedotova et autres c. Russie* [GC], n°s 40792/10 et 2 autres, 17 janvier 2023.
38 *Schmidt et Šmigol c. Estonie*, n°s 3501/20 et 2 autres, 28 novembre 2023.

in a punishment cell, periods of 69 days, 30 days, 65 days, 60 days, and 747 days: he was also once held in a locked isolation cell for 33 consecutive days as an additional security measure (not considered a punishment), owing to his dangerous behaviour. The breaks between those periods, when he could return to the normal detention regime, lasted between 6 and 36 days. The second applicant was subjected to the punishment cell regime three times during a period of one year and four months, the respective periods lasting 392, 55 and 34 days with two two-day breaks in between.

The Court found a violation of Article 3 on account of the extended periods spent by the applicants in solitary confinement, considering that neither the breaks between those periods nor the various measures of social, psychological, and medical support offered by the prison authorities had been sufficient to alleviate the negative and damaging effects arising from such confinement.

The compatibility with Article 3 of the Convention of solitary confinement of detainees is not a novel issue in the Court's case-law, even if applied as a disciplinary punishment (for example, *Ramishvili and Kokhreidze v. Georgia*;[39] *Razvyazkin v. Russia*;[40] and *Khodorkovskiy and Lebedev v. Russia*[41]) or as a security/safety measure (for example, *Onoufriou v. Cyprus*;[42] *Borodin v. Russia*;[43] and *A.T. v. Estonia* (no. 2)[44]).

This judgment is the first to deal with consecutive disciplinary sanctions and security measures: while domestic law set an upper limit on the duration of each disciplinary sanction, the absence of such a limit on the overall duration of consecutive periods of uninterrupted sanctions had resulted, in the applicants' case, in their seclusion for excessive periods of time.

The judgment is therefore noteworthy in that the Court:
(a) acknowledged the difference between solitary confinement as a disciplinary punishment and as a security measure, and acknowledged that it might not be possible to suspend/postpone a security measure owing to a variety of security concerns that prison authorities had to tackle in the interests of their personnel or prisoners;
(b) referring to the United Nations Standard Minimum Rules for the Treatment of Prisoners ("the Nelson Mandela Rules"), the European Prison Rules and the conclusions of the CPT, emphasised that solitary confinement as a punishment should only be used exceptionally and as a measure of last resort;
(c) indicated that solitary confinement should be alternated with periods of return

---

39 *Ramishvili and Kokhreidze v. Georgia*, no. 1704/06, §§ 79-88, 27 January 2009.
40 *Razvyazkin v. Russia*, 13579/09, §§ 102-08, 3 July 2012.
41 *Khodorkovskiy and Lebedev v. Russia*, nos. 11082/06 and 13772/05, §§ 468-74, 25 July 2013.
42 *Onoufriou v. Cyprus*, no. 24407/04, §§ 71-81, 7 January 2010.
43 *Borodin v. Russia*, no. 41867/04, §§ 129-35, 6 November 2012.
44 *A.T. v. Estonia (no. 2)*, no. 70465/14, §§ 74-86, 13 November 2018.

particulièrement longues. Le premier requérant fut placé dans une cellule disciplinaire à cinq reprises, pour des périodes de 69 jours, 30 jours, 65 jours, 60 jours et 747 jours respectivement ; il fut également, en une occasion, placé dans une cellule d'isolement verrouillée, pendant 33 jours consécutifs, à titre de mesure de sécurité additionnelle (non considérée comme une sanction) au motif qu'il avait eu un comportement dangereux. Les interruptions entre ces périodes, durant lesquelles il put revenir au régime de détention ordinaire, durèrent entre 6 jours et 36 jours. Le deuxième requérant fut placé dans une cellule disciplinaire à trois reprises sur une période d'un an et quatre mois, respectivement pendant 392 jours, pendant 55 jours et pendant 34 jours, avec à chaque fois deux jours d'interruption entre ces périodes d'isolement.

La Cour a conclu à une violation de l'article 3 à raison des longues périodes d'isolement des requérants, considérant que ni les interruptions entre ces périodes ni les différentes mesures d'assistance sociale, psychologique et médicale mises en place par les autorités pénitentiaires n'étaient suffisantes pour atténuer les effets négatifs et dommageables d'un tel isolement.

Ce n'est pas la première fois que la Cour se penche sur la question de la compatibilité avec l'article 3 de la Convention du placement de détenus à l'isolement, même appliqué à titre de sanction disciplinaire (voir, par exemple, *Ramishvili et Kokhreidze c. Géorgie*[39], *Razvyazkin c. Russie*[40], et *Khodorkovskiy et Lebedev c. Russie*[41]) ou en tant que mesure de sécurité ou de sûreté (voir, par exemple, *Onoufriou c. Chypre*[42], *Borodin c. Russie*[43], et *A.T. c. Estonie (n° 2)*[44]).

Cet arrêt est le premier qui traite de sanctions disciplinaires et mesures de sécurité exécutées consécutivement : si le droit interne prévoyait une durée maximale pour chaque sanction disciplinaire, il n'établissait pas une durée globale maximale pour l'exécution de sanctions de manière consécutive sans interruption, et, en conséquence, les requérants ont été placés à l'isolement pendant des durées excessives.

Cet arrêt est donc intéressant en ce que :
a) la Cour reconnaît la différence entre le placement à l'isolement à titre de sanction disciplinaire et le placement à l'isolement à titre de mesure de sécurité, admettant qu'il peut ne pas être possible de suspendre ou de reporter l'exécution d'une mesure de sécurité, en raison de différentes préoccupations liées à la sécurité que les autorités pénitentiaires doivent traiter dans l'intérêt du personnel ou des détenus ;
b) en s'appuyant sur l'Ensemble de règles minima des Nations unies pour le traitement des détenus (les « Règles Nelson Mandela »), sur les Règles pénitentiaires européennes et sur les conclusions du CPT, la Cour souligne que le placement à l'isolement à titre de sanction ne peut être utilisé qu'exceptionnellement et en dernier recours ;
c) la Cour indique que l'isolement doit être entrecoupé de périodes de retour au

---

39 *Ramishvili et Kokhreidze c. Géorgie*, n° 1704/06, §§ 79-88, 27 janvier 2009.
40 *Razvyazkin c. Russie*, n° 13579/09, §§ 102-108, 3 juillet 2012.
41 *Khodorkovskiy et Lebedev c. Russie*, nos 11082/06 et 13772/05, §§ 468-474, 25 juillet 2013.
42 *Onoufriou c. Chypre*, n° 24407/04, §§ 71-81, 7 janvier 2010.
43 *Borodin c. Russie*, n° 41867/04, §§ 129-135, 6 novembre 2012.
44 *A.T. c. Estonie (no 2)*, n° 70465/14, §§ 74-86, 13 novembre 2018.

to the normal prison regime. The longer the solitary confinement, the longer those intervening periods should be; and

(d) declared that prolonged solitary confinement, in itself, entailed an inherent risk of harm to any person's mental health, irrespective of the material conditions surrounding it, and even in the absence of any noticeable deterioration of the applicants' physical health.

Positive obligations

The judgment in *S.P. and Others v. Russia*[45] concerned segregation, humiliation and abuse of prisoners by fellow inmates on account of their inferior status in an informal prisoner hierarchy tolerated by the authorities.

The applicants, serving prisoners, complained of being constantly subjected to humiliating treatment and physical abuse by fellow inmates on account of being assigned to the lowest "outcast" group in an informal prisoner hierarchy, enforced by threats or violence and tolerated by the prison authorities. The applicants described being constantly segregated, both socially and physically. They were allocated either separate or the least comfortable places in the dormitory and canteen, and were prohibited from using any other areas under threat of punishment. They were provided with separate cutlery (with holes) and lower quality or leftover food. Their access to prison resources, including showers and medical care, was limited or blocked. They were forbidden from coming into close proximity with, let alone from touching, other prisoners under threat that that person would become "contaminated". All the applicants were forced to perform what was considered "dirty work", such as cleaning latrines or shower cubicles. Their complaints were summarily rejected by the authorities. The Court found a violation of Article 3 of the Convention (substantive aspect). In its view, the applicants' stigmatisation and segregation, coupled with their assignment to menial labour and denial of basic needs, enforced by threats of violence as well as by occasional physical and sexual violence, meant that they had endured for a number of years mental anxiety and physical suffering amounting to inhuman and degrading treatment. Furthermore, while being aware of the applicants' vulnerable situation, the authorities had taken no individual or general measures to ensure their safety and well-being and to address this systemic and widespread problem. The Court also found a violation of Article 13 in conjunction with Article 3 of the Convention (in respect of the applicants who raised that complaint).

The judgment is noteworthy in that the Court considered, for the first time, as a specific phenomenon, the degrading effects of an informal prisoner hierarchy,

---

[45] *S.P. and Others v. Russia*, nos. 36463/11 and 10 others, 2 May 2023.

régime de détention ordinaire et que plus l'isolement est long, plus ces périodes intermédiaires doivent être longues ;
d) la Cour déclare qu'un isolement prolongé entraîne en lui-même par nature un risque d'atteinte à la santé mentale de la personne concernée, quelle qu'elle soit, indépendamment des conditions matérielles dans lesquelles il a lieu et même en l'absence de détérioration perceptible de l'état de santé physique de cette personne.

Obligations positives

L'arrêt *S.P. et autres c. Russie*[45] concerne la ségrégation, l'humiliation et les mauvais traitements infligés aux détenus par leurs codétenus en raison de leur rang inférieur au sein d'une hiérarchie informelle tolérée par les autorités en milieu carcéral.

Les requérants se plaignaient d'avoir été, alors qu'ils purgeaient une peine d'emprisonnement, constamment soumis à des traitements humiliants et à des sévices physiques entre les mains de codétenus parce qu'ils avaient été placés dans le groupe des « parias », classé le plus bas dans une hiérarchie informelle de détenus dont le respect était assuré au moyen de menaces et violences et que les autorités pénitentiaires toléraient. Les requérants disaient avoir été constamment isolés, tant socialement que physiquement. On leur aurait attribué des places séparées ou moins confortables dans le dortoir ou la cantine et on leur aurait interdit d'utiliser tout autre lieu sous peine de châtiment. On leur aurait distribué des couverts séparés (percés) ainsi que des aliments de qualité inférieure ou des restes. On leur aurait restreint ou interdit l'accès aux ressources de la prison, y compris les douches et les soins médicaux. On leur aurait interdit de s'approcher, et encore moins de toucher, d'autres détenus de peur que ceux-ci soient eux aussi « contaminés ». Les requérants auraient tous été contraints de faire ce qui était considéré comme du « sale boulot », par exemple le nettoyage des latrines ou des cabines de douche. Leurs plaintes furent sommairement rejetées par les autorités. La Cour a conclu à la violation de l'article 3 (volet matériel). Selon elle, la stigmatisation et la ségrégation des requérants – s'ajoutant à leur affectation à des travaux subalternes et au déni de leurs besoins élémentaires –, dont le non-respect était réprimé au moyen de violences et parfois de violences physiques et sexuelles, ont fait qu'ils ont enduré, pendant des années des souffrances physiques et psychologiques assimilables à un traitement inhumain et dégradant. De plus, alors qu'elles étaient conscientes de la situation vulnérable des requérants, les autorités n'ont pris aucune mesure individuelle ou générale en vue d'assurer leur sécurité et leur bien-être et de résoudre ce problème systémique et généralisé. La Cour a également conclu à la violation de l'article 13 combiné avec l'article 3 (à l'égard des requérants qui ont soulevé ce grief).

L'arrêt mérite d'être noté car c'est la première fois que la Cour prend en considération, comme un phénomène spécifique, les effets dégradants d'une hiérarchie informelle des détenus, qui est un problème systémique et généralisé dans les établis-

---

45 *S.P. et autres c. Russie*, n°s 36463/11 et 10 autres, 2 mai 2023.

a systemic and widespread problem in penal facilities in Russia.[46] The judgment is interesting in three respects: firstly, for the manner in which the Court proceeded to establish the facts; secondly, for the Court's analysis of the ritualistic and symbolic features of the treatment complained of; and, thirdly, for the application, in this particular novel context, of the established positive obligation to take necessary measures to protect the physical or psychological integrity and well-being of prisoners (*Premininy v. Russia*[47]).

In view of the difficulties due to the unofficial, de facto nature of the hierarchy complained of, the Court proceeded to establish the facts in the following manner.

(i) In the first place, the Court analysed the quality and consistency of the applicants' submissions. The applicants – held in far-off and distant places at different times – had submitted similar accounts of the abuse they had faced, including detailed accounts of the events that had led to their classification as "outcast" prisoners. They had also provided evidence to support their claims. Secondly, the Court took account of all the information from different sources provided by the applicants, including official reports (by public monitoring entities and by the European Committee for the Prevention of Torture and Inhuman or Degrading Treatment or Punishment) and academic research. Those sources lent credence to the applicants' submissions. Thirdly, the Court took note of the Government's position: they had neither engaged with the applicants' detailed submissions nor provided an alternative account of events.[48] On this basis, the Court found it established that the informal prisoner hierarchy existed, that the applicants had been assigned to the lowest group in that hierarchy and had been subjected to the treatment of which they complained, and that the domestic authorities had been, or ought to have been, aware of both the hierarchy complained of and the applicants' inferior status within it and hence their particular vulnerability.

(ii) When examining the merits of the applicants' complaints under Article 3, the Court had particular regard to the following specific effects and features of the prisoner hierarchy. The applicants' separation from other inmates, through arbitrary restrictions and deprivations, had physical and symbolic dimensions: in the Court's view, the denial of human contact was a dehumanising practice that reinforced the idea that certain people were inferior and not worthy of equal treatment and respect, and the resulting social isolation and marginalisation of the "outcast" applicants must have had serious psychological consequences. In addition, the status-based allocation of menial types of work had further debased the applicants and perpetuated their separation and feelings of inferiority. The Court also noted the enduring nature of the stigma attached

---

46   See also the concluding observations of the United Nations Committee against Torture (CAT) on the fourth periodic report of Armenia (2017) (CAT/C/ARM/CO/4) and on the third periodic report of Kazakhstan (2014) (CAT/C/KAZ/CO/3); see also the reports of the European Committee for the Prevention of Torture and Inhuman or Degrading Treatment or Punishment (CPT) on its visit to Armenia (CPT/Inf (2021) 10), to Georgia (CPT/Inf (2022) 11), to Lithuania (CPT/Inf (2023) 01) and to the Republic of Moldova (CPT/Inf (2020) 27).

47   *Premininy v. Russia*, no. 44973/04, § 83, 10 February 2011, and the cases cited therein.

48   The Government's observations were submitted before the Russian Federation ceased to be a party to the Convention.

sements pénitentiaires en Russie[46]. Il est intéressant à trois titres : premièrement, pour la manière dont la Cour a procédé à l'établissement des faits ; deuxièmement, pour l'analyse que la Cour a faite des caractéristiques rituelles et symboliques des traitement litigieux ; et, troisièmement, pour l'application faite, dans ce nouveau contexte précis, de l'obligation positive établie de prendre les mesures nécessaires pour protéger l'intégrité physique et psychologique ainsi que le bien-être des détenus (*Premininy c. Russie*[47], § 83, et la jurisprudence qui y est citée).

i) Compte tenu des difficultés tenant au caractère officieux et de facto de la hiérarchie litigieuse, la Cour a procédé à l'établissement des faits de la manière suivante. En premier lieu, elle a analysé la qualité et la cohérence des observations des requérants. Ces derniers – pourtant détenus à des moments différents dans des lieux éloignés et variés – avaient livré des récits similaires des abus qu'ils avaient subis, en donnant notamment des détails sur les événements à l'origine de leur classement en détenus « parias ». Ils avaient également étayé leurs allégations à l'aide de preuves. Deuxièmement, la Cour a tenu compte de toutes les informations émanant des différentes sources fournies par les requérants, y compris des rapports officiels (d'organes publics de contrôle et du CPT) et des travaux de doctrine. Ces sources confirmaient les allégations des requérants. Troisièmement, la Cour a pris note de la position du Gouvernement : celui-ci n'avait ni pris en compte les observations détaillées des requérants ni livré un autre récit des événements 48. Sur cette base, elle a jugé établi que la hiérarchie informelle des détenus existait ; que les requérants avaient été placés dans le groupe le plus bas de cette hiérarchie et soumis au traitement dont ils se plaignaient ; et que les autorités internes avaient ou auraient dû avoir connaissance à la fois de la hiérarchie litigieuse et du rang inférieur qu'occupaient les requérants en son sein, et donc de leur vulnérabilité particulière.

ii) Lorsqu'elle a examiné au fond les griefs des requérants tirés de l'article 3, la Cour a particulièrement tenu compte des effets et caractéristiques spécifiques suivants de la hiérarchie litigieuse des détenus. La séparation des requérants des autres détenus, au moyen de restrictions et de privations arbitraires, avait une dimension physique et symbolique : selon la Cour, le refus de tout contact humain est une pratique déshumanisante qui renforce l'idée que certaines personnes sont inférieures et ne méritent pas le même traitement ni le même respect, et l'isolement social et la marginalisation des candidats « parias » qui en avaient résulté étaient forcément sources de graves séquelles psychologiques. En outre, l'attribution des travaux subalternes en fonction du rang avait avili encore davantage les candidats et fait perdurer leur isolation et leur sentiment d'infériorité. La Cour a également noté le caractère persistant de la stigmatisation atta-

---

46 Voir les Observations finales concernant le quatrième rapport périodique de l'Arménie du Comité des Nations unies contre la torture (CAT) (2017) (CAT/C/ARM/CO/4) et concernant le troisième rapport périodique du Kazakhstan (2014) (CAT/C/KAZ/CO/3) ; voir aussi les rapports du Comité européen pour la prévention de la torture et des peines et traitements inhumains ou dégradants (CPT) lors de sa visite en Arménie (CPT/Inf (2021) 10), en Géorgie (CPT/Inf (2022) 11), en Lituanie (CPT/Inf (2023) 01) et en République de Moldova (CPT/Inf (2020) 27).

47 *Premininy c. Russie*, n° 44973/04, 10 février 2011.

to their low status, which excluded any prospect of improvement, even after a lengthy period of detention or upon transfer to another institution.

(iii) The Court went on to examine whether the respondent State had complied with its positive obligation to protect individuals from inter-prisoner violence, as set out in Premininy (cited above, §§ 82-88). In the first place, the Court noted that the authorities had, or ought to have had, knowledge of the heightened risk of such violence faced by the applicants on account of belonging to a particularly vulnerable category of "outcast" prisoners (on the importance of vulnerability in the Court's assessment, see *Stasi v. France*;[49] *J.L. v. Latvia*;[50] *M.C. v. Poland*;[51] *Sizarev v. Ukraine*;[52] and *Totolici v. Romania*[53]). Secondly, the Court emphasised the structural nature of the problem, individual measures being incapable of changing the power structures underlying the informal prisoner hierarchy or the applicants' subordinate place in it. While a systemic and comprehensive response was therefore called for on the part of the authorities, the Court observed a lack of action at all levels. As regards policy-making, the informal prisoner hierarchy had not even been identified as a problem to be addressed in the relevant policy documents: no specific remedies had been set up to provide redress, while the existing general ones had proved to be ineffective. As regards the prison administration, the Court noted the following specific omissions: a lack of prompt security or surveillance measures and an absence of any standardised policy of punishments to prevent the informal code of conduct from being enforced; and the lack of a proper policy regarding classification, which would have included screening for any risk of victimisation or abuse. Concluding as to a breach of Article 3, the Court emphasised, in view of the extent of the problem, that the authorities' failure to take action could be seen as a form of complicity in the abuse inflicted upon the prisoners under their protection.

Prohibition of slavery and forced labour (Article 4)

Positive obligations

The judgment in the case of *Krachunova v. Bulgaria*[54] concerned the positive obligation to enable a victim of trafficking to claim compensation from her trafficker in respect of lost earnings from coerced prostitution.

---

49 *Stasi v. France*, no. 25001/07, § 91, 20 October 2011.
50 *J.L. v. Latvia*, no. 23893/06, § 68, 17 April 2012.
51 *M.C. v. Poland*, no. 23692/09, § 90, 3 March 2015.
52 *Sizarev v. Ukraine*, no. 17116/04, §§ 114-15, 17 January 2013.
53 *Totolici v. Romania*, no. 26576/10, §§ 48-49, 14 January 2014.
54 *Krachunova v. Bulgaria*, no. 18269/18, 28 November 2023.

chée à leur rang inférieur, qui excluait toute perspective d'amélioration, même après une longue période de détention ou un transfert dans un autre établissement.

iii) La Cour a recherché ensuite si l'État défendeur s'était conformé à son obligation positive de protéger l'individu contre la violence entre détenus, telle qu'énoncée dans l'arrêt *Preminiy*[48] (précité, §§ 82-88). En premier lieu, elle a relevé que les autorités avaient ou auraient dû avoir connaissance du risque accru de telles violences que les requérants encouraient parce qu'ils appartenaient à une catégorie particulièrement vulnérable de détenus « parias » (sur l'importance de la vulnérabilité au sens que la Cour donne à cette notion, voir *Stasi c. France*[49], *J.L. c. Lettonie*[50], *M.C. c. Pologne*[51], *Sizarev c. Ukraine*[52], et *Totolici c. Roumanie*[53]). Deuxièmement, elle a mis en avant le caractère structurel du problème, les mesures individuelles étant inaptes à changer quoi que ce soit aux structures de pouvoir à l'origine de la hiérarchie informelle des détenus ou du rang subordonné des requérants au sein de celle-ci. Alors qu'une réponse systémique et globale s'imposait donc de la part des autorités, la Cour a constaté une inertie à tous les niveaux. En ce qui concerne la mise en place de politiques, la hiérarchie informelle des détenus n'avait même pas été désignée dans les documents pertinents en la matière comme un problème à résoudre : aucun recours spécifique n'avait été instauré pour accorder réparation, tandis que les recours de droit commun existants s'étaient révélés ineffectifs. Quant à l'administration pénitentiaire, la Cour a relevé les carences spécifiques suivantes : l'inexistence de mesures permettant d'assurer promptement la sécurité ou une surveillance, l'absence de toute politique standardisée de sanctions pour empêcher l'application du code de conduite informel, et l'absence d'une politique de classification appropriée qui aurait notamment permis de dépister le risque de victimisation et d'abus. Concluant par une violation de l'article 3, elle a souligné, au vu de l'ampleur du problème, que l'inaction des autorités pouvait s'analyser, en l'espèce, en une sorte de complicité dans les sévices infligés aux détenus qui se trouvaient sous leur protection.

Interdiction de l'esclavage et du travail forcé (article 4)

Obligations positives

L'arrêt *Krachunova c. Bulgarie*[54] porte sur l'obligation positive de prévoir la possibilité à une victime de traite d'êtres humains de demander une indemnisation, par la personne qui l'a exploitée, pour les revenus issus de sa prostitution forcée lui ayant été soustraits.

---

48 Les observations du Gouvernement ont été produites avant que la Russie ne cesse d'être partie à la Convention.
49 *Stasi c. France*, n° 25001/07, § 91, 20 octobre 2011.
50 *J.L. c. Lettonie*, n° 23893/06, § 68, 17 avril 2012.
51 *M.C. c. Pologne*, n° 23692/09, § 90, 3 mars 2015.
52 *Sizarev c. Ukraine*, n° 17116/04, §§ 114-115, 17 janvier 2013.
53 *Totolici c. Roumanie*, n° 26576/10, §§ 48-49, 14 janvier 2014.
54 *Krachunova c. Bulgarie*, n° 18269/18, 28 novembre 2023.

During 2012 and 2013 the applicant had been a sex worker until she was intercepted by and spoke to police officers. Her pimp (X) was later convicted of human trafficking. While the domestic courts allowed the applicant's claim against X for compensation for non-pecuniary damage, her claim for compensation for pecuniary damage, based on the estimated earnings from prostitution that X had allegedly taken away from her, was dismissed essentially on the basis that it concerned money earned in an immoral manner. The applicant complained under Article 4 of the Convention. The Court held that this provision was applicable and found a violation thereof.

The judgment is noteworthy in that the Court dealt, for the first time, with the inability of a trafficking victim to seek compensation in respect of lost earnings from coerced prostitution. In the first place, and as to the applicability of Article 4, the Court confirmed that the presence of the "means" element of the international definition of trafficking in human beings could be established on the basis of subtler methods, in the absence of violence or threats thereof. Secondly, the Court laid down a novel positive obligation to enable victims of trafficking to claim compensation from their traffickers in respect of lost earnings. Thirdly, and as to earnings obtained through prostitution, the Court clarified that non-compliance with the above obligation could not be automatically justified on the grounds of morality and had to be assessed in the light of the compelling public policy against human trafficking and in favour of protecting its victims.

(i) The Court found Article 4 to be applicable, in that all three elements of the international definition of trafficking in human beings – "action", "means" and "purpose" – were present. The Court elaborated on the "means" element: there was no evidence that X had resorted to violence or threats of violence. Referring to the explanatory report to the Council of Europe Convention on Action against Trafficking in Human Beings,[55] the Court noted that international law reflected clearly the understanding that modern-day trafficking was sometimes carried out by subtler means, such as deception, psychological pressure and the abuse of vulnerability, tactics which should not be seen in isolation. The applicant, a poor and emotionally unstable young woman hailing from a small village, had felt dependent on X who had had her living in his house, had retained her identity card and had taken away a substantial portion of her earnings. He had also threatened to disclose to her co-villagers the fact that she was engaged in sex work. In such circumstances, the Court clarified that the fact that the applicant might have, at least initially, consented to engage in sex work was not decisive. In any event, under the Convention on Action against Trafficking in Human Beings definitions, such consent was irrelevant if any of the "means" of trafficking

---

55 Council of Europe Convention on Action against Trafficking in Human Beings, CET No. 197.

La requérante pratiqua le travail du sexe en 2012 et 2013, jusqu'à être interpellée et auditionnée par les services de police. Son proxénète (X) fut ensuite condamné pour traite d'êtres humains. Les juridictions internes firent droit à la demande indemnitaire pour dommage moral présentée par la requérante contre son proxénète. En revanche, elles rejetèrent sa demande pour dommage matériel, qui était fondée sur une estimation des revenus issus de sa prostitution lui ayant selon elle été soustraits par X, principalement au motif que cette demande portait sur des sommes d'argent gagnées de manière immorale.

La requérante invoquait l'article 4 de la Convention. La Cour déclare cette disposition applicable et conclut à sa violation.

L'importance de cet arrêt tient à ce que, pour la première fois, la Cour examine la question de l'impossibilité pour une personne victime de traite d'êtres humains de demander à être indemnisée pour les revenus issus de sa prostitution forcée lui ayant été soustraits. En ce qui concerne tout d'abord l'applicabilité de l'article 4, la Cour confirme que l'élément du « moyen » au sens de la définition internationale de la traite des êtres humains peut, en l'absence de violences ou de menaces de violences, être caractérisé du fait du recours à des méthodes plus discrètes. Elle fixe ensuite une nouvelle obligation positive, qui impose aux États de permettre aux victimes de traite d'êtres humains de demander une indemnisation, par les personnes les ayant exploitées, pour les revenus qui leur ont été soustraits. S'agissant enfin des revenus tirés de la prostitution, elle précise que le non-respect de cette obligation ne saurait être automatiquement justifié par des considérations morales, et qu'il doit être apprécié en tenant compte de la nécessité de mener une politique publique de lutte contre la traite des êtres humains et de protection de ses victimes.

i) La Cour estime que l'article 4 est applicable puisque les trois éléments de la définition internationale de la traite des êtres humains (« action », « moyen » et « but ») sont réunis. En ce qui concerne le « moyen », la Cour relève que rien n'indique que X ait eu recours à la violence ou à des menaces de violence. Se référant au rapport explicatif de la Convention sur la lutte contre la traite des êtres humains[55] du Conseil de l'Europe, la Cour note que ressort clairement du droit international l'idée selon laquelle, de nos jours, la traite d'êtres humains est parfois exercée par des moyens subtils, par exemple en usant de tromperie, en exerçant des pressions psychologiques ou en abusant de la vulnérabilité de la victime – tactiques qu'il convient d'examiner non pas isolément mais dans leur ensemble. La requérante, une jeune femme pauvre et instable sur le plan affectif, originaire d'un petit village, s'est sentie dépendante de X qui l'hébergeait chez lui, lui avait pris sa carte d'identité et lui soustrayait une part substantielle de ses revenus. X l'a en outre menacée de révéler sa prostitution aux habitants de son village. Dans ces conditions, la Cour précise que la circonstance que la requérante ait pu, du moins dans un premier temps, consentir à se livrer au travail du sexe, n'est pas déterminante. En toute hypothèse, un tel consentement est indifférent, selon les définitions établies par la Convention sur la lutte contre la traite des êtres humains, lorsque l'un quelconque des « moyens » de traite a été utilisé. N'est

---

[55] Convention du Conseil de l'Europe sur la lutte contre la traite des êtres humains, STCE n° 197.

had been used. Nor was it decisive that the applicant could have perhaps broken free earlier.

(ii) The Court analysed her complaint in the light of the object and purpose of Article 4 and in a way that rendered its safeguards practical and effective. It observed that its case-law to date relating to after-the-fact responses to trafficking had focused on investigation and punishment, rather than on redressing the material harm suffered by the victims. However, in some recent cases the Court had highlighted the need to protect trafficking victims after the fact from the perspective of their recovery and reintegration into society (*V.C.L. and A.N. v. the United Kingdom*,[56] and *J. and Others v. Austria*[57]). From that very perspective, the possibility for victims to seek compensation from their traffickers in respect of lost earnings would constitute a means of ensuring *restitutio in integrum* and would also go a considerable way (by providing them with the financial means to rebuild their lives) towards upholding their dignity, assisting their recovery, and reducing the risks of their falling victim to traffickers again. Moreover, such a possibility would help to ensure that traffickers were not able to enjoy the fruits of their offences, thus reducing the economic incentives to commit them. Moreover, it could give victims an additional incentive to expose trafficking, thereby increasing the odds of holding human traffickers accountable and of the prevention of future instances. The Court therefore considered that such a possibility had to be an essential part of the integrated State response to trafficking required under Article 4. It observed that that approach had found support in the available comparative-law material, in the relevant international instruments (the Palermo Protocol[58] and the Council of Europe Convention on Action against Trafficking in Human Beings), as well as in the recommendations and reports of UN bodies, the Council of Europe Group of Experts on Action against Trafficking in Human Beings (GRETA) and the Parliamentary Assembly of the Council of Europe. On that basis, the Court read into Article 4 a novel positive obligation on Contracting States to enable victims of trafficking to claim compensation from their traffickers in respect of lost earnings.

(iii) As to the domestic authorities' compliance with that positive obligation, the Court had particular regard to the sensitive prostitution context of the case, a phenomenon which was approached differently in different legal systems. In the first place, the Court circumscribed the scope of its analysis: it did not concern whether contracts for sex work had to be recognised as legally valid in themselves or whether

---

56   *V.C.L. and A.N. v. the United Kingdom*, nos. 77587/12 and 74603/12, 16 February 2021.
57   *J. and Others v. Austria*, no. 58216/12, 17 January 2017.
58   Protocol to Prevent, Suppress and Punish Trafficking in Persons Especially Women and Children, supplementing the United Nations Convention against Transnational Organized Crime, adopted and opened for signature, ratification and accession by General Assembly resolution 55/25 of 15 November 2000.

pas non plus déterminante la circonstance que la requérante aurait éventuellement pu quitter X plus tôt.

ii)   La Cour analyse le grief de la requérante à la lumière de l'objet et du but de l'article 4, interprété de manière à rendre concrètes et effectives les garanties qu'il consacre. Elle observe qu'à ce jour, la jurisprudence de la Cour relative aux réponses apportées après-coup aux situations de traite s'est concentrée sur les enquêtes et les sanctions, plutôt que sur la réparation du préjudice matériel subi par les victimes. Dans des affaires récentes, la Cour a toutefois insisté sur la nécessité d'assurer la protection des victimes de traite après les faits dans l'objectif de permettre la reconstruction et la réinsertion sociale de celles-ci (*V.C.L. et A.N. c. Royaume-Uni*[56] et *J. et autres c. Autriche*[57]). De ce point de vue, la possibilité pour les victimes de demander à être indemnisées par les trafiquants pour les revenus qui leur ont été soustraits représenterait un moyen d'assurer pour elles la *restitutio in integrum*. En apportant aux victimes des moyens financiers pour reconstruire leur vie, une telle possibilité contribuerait par ailleurs de manière déterminante à préserver leur dignité, à aider à leur rétablissement et à réduire le risque qu'elles soient de nouveau victimes de traite. En outre, cette possibilité garantirait que les trafiquants ne puissent tirer profit de leurs infractions, réduisant ainsi les incitations économiques à pratiquer la traite d'êtres humains. Enfin, elle pourrait fournir aux victimes une incitation supplémentaire à dénoncer la traite, ce qui augmenterait les chances de contraindre les trafiquants d'êtres humains à répondre de leurs actes et, par conséquent, réduirait les risques de réitération de tels actes. La Cour considère donc qu'une telle possibilité doit faire partie intégrante de la réponse globale que l'article 4 impose à l'État d'adopter dans la lutte contre la traite des êtres humains. Elle observe que cette analyse est confortée par les éléments de droit comparé disponibles, par les instruments de droit international pertinents (le Protocole de Palerme[58] et la Convention sur la lutte contre la traite des êtres humain), ainsi que par les recommandations et rapports publiés par les organes des Nations unies, le Groupe d'experts du Conseil de l'Europe sur la lutte contre la traite des êtres humains (GRETA) et l'Assemblée parlementaire du Conseil de l'Europe. Au vu de ces éléments, la Cour dégage de l'article 4 une nouvelle obligation positive qui impose aux États contractants de permettre aux victimes de traite de demander à être indemnisées, par les personnes qui les ont exploitées, pour les revenus qui leur ont été soustraits.

iii)   En ce qui concerne le respect de cette obligation positive par les autorités internes, la Cour tient ici particulièrement compte du caractère sensible de la prostitution, que chaque système juridique envisage de manière singulière. En premier lieu, la Cour limite l'étendue de son analyse : il ne s'agit pas de savoir si des contrats conclus pour services sexuels doivent être reconnus comme étant en eux-mêmes juridiquement valides, ni de déterminer si la Convention fait obstacle à l'interdiction de

---

56   *V.C.L. et A.N. c. Royaume-Uni*, n°s 77587/12 et 74603/12, 16 février 2021.
57   *J. et autres c. Autriche*, n° 58216/12, 17 janvier 2017.
58   Protocole additionnel à la Convention des Nations unies contre la criminalité transnationale organisée visant à prévenir, réprimer et punir la traite des personnes, en particulier des femmes et des enfants, adopté et ouvert à la signature, à la ratification et à l'adhésion par la résolution 55/25 de l'Assemblée générale du 15 novembre 2000.

the Convention precluded prostitution or some of its aspects from being outlawed.[59] The Court's analysis was limited to whether the positive obligation could be avoided on public-policy grounds, notably on the basis that the earnings at issue had been obtained immorally. Secondly, while concerns based on moral considerations had to be taken into account in such a sensitive domain, the manner in which domestic law approached different aspects of the problem had to be coherent and permit the various legitimate interests at play to be adequately taken into account. Moreover, human rights should be the main criterion in designing and implementing policies on prostitution and trafficking. The Court did not exclude that there might exist sound public-policy reasons to dismiss a tort claim relating to earnings obtained through prostitution. Nevertheless, it attached considerable importance to the countervailing and compelling public policy against trafficking in human beings and in favour of protecting its victims. Indeed, the present applicant had been seeking the proceeds with which her trafficker had unjustly enriched himself and which had been derived from her unlawful exploitation for coerced prostitution. The Court further observed the consonant position of the Bulgarian authorities, and notably the Constitutional Court, which regarded prostitution not as reprehensible conduct on the part of those engaging in it, but as a form of exploitation by others and as a breach of their human rights. In the light of the above, and notwithstanding the respondent State's margin of appreciation, the Court concluded that reliance on the "immoral" character of the applicant's earnings was not a sufficient justification for the authorities' failure to comply with the above-noted positive obligation.

Procedural rights

Right to a fair hearing in civil proceedings (Article 6 § 1)

Access to a court

The judgment in *FU QUAN, s.r.o. v. the Czech Republic*[60] concerned the domestic courts' failure to apply the principle of *jura novit curia*.

The applicant company's property (mostly merchandise) had been seized during criminal proceedings against the managing director and the other member of the company. Following their acquittal, the company brought a civil action for the damage caused to its property by the State. The action was dismissed for lack of locus standi, the company not being a party to the criminal proceedings in issue. The

---

59 *M.A. and Others v. France* (dec.), nos. 63664/19 and 4 others, 27 June 2023, a case pending on the merits.
60 *FU QUAN s.r.o. v. the Czech Republic* [GC], no. 24827/14, 1 June 2023. See also under Article 35 § 1 (Exhaustion of domestic remedies) above and under "Rules of Court" below.

la prostitution ou de certains de ses aspects[59]. La Cour limite son analyse au point de savoir si un État peut se soustraire à son obligation positive pour des motifs de politique publique, et notamment en invoquant l'argument selon lequel les revenus en cause auraient été tirés d'une activité immorale. En second lieu, si les préoccupations tenant à des considérations d'ordre moral doivent être prises en compte dans un domaine aussi sensible que celui de la prostitution, chaque législation interne doit envisager les différents aspects du problème de manière cohérente et permettre qu'il soit adéquatement tenu compte des divers intérêts légitimes en jeu. En outre, les droits de l'homme doivent constituer le critère principal pour la conception et la mise en œuvre des politiques en matière de prostitution et de traite des êtres humains. La Cour n'exclut pas qu'il puisse exister des motifs de politique publique valables pour rejeter une action en responsabilité relative à des revenus tirés de la prostitution. Elle accorde néanmoins une importance considérable à la nécessité contraire de mener une politique publique de lutte contre la traite des êtres humains et de protection de ses victimes. En l'espèce, la requérante cherchait à obtenir le montant des recettes dont son proxénète s'était injustement enrichi et qui avaient été produites illégalement par son exploitation, sous la forme de prostitution forcée. La Cour observe en outre que les autorités bulgares ont eu une position similaire, et relève en particulier que la Cour constitutionnelle a considéré que la prostitution ne constituait pas une conduite répréhensible des personnes prostituées mais une exploitation subie par celles-ci, et qu'elle s'analysait en une violation de leurs droits fondamentaux. À la lumière de ce qui précède, la Cour conclut que, même en tenant compte de la marge d'appréciation de l'État défendeur, le caractère « immoral » des revenus de la requérante ne pouvait être considéré comme une justification suffisante du non-respect par les autorités de l'obligation positive ci-dessus exposée.

Droits relatifs aux procédures

Droit à un procès équitable en matière civile (article 6 § 1)

Accès à un tribunal

L'arrêt *FU QUAN, s.r.o. c. République tchèque*[60] concerne la non-application du principe *jura novit curia* par les juridictions internes.

Les biens de la société requérante (des marchandises pour la plupart) furent saisis dans le cadre d'une procédure pénale dirigée contre son directeur général et son autre associé. Après l'acquittement de ces derniers, la société requérante engagea une action civile en réparation d'un dommage causé par l'État, dont elle fut déboutée pour défaut de qualité pour agir au motif qu'elle n'avait pas été partie à la procédure

---

59 *M.A. et autres c. France* (déc.), n°s 63664/19 et 4 autres, 27 juin 2023, affaire toujours pendante au fond.

60 *FU QUAN, s.r.o. c. République tchèque* [GC], n° 24827/14, 1er juin 2023. Voir également sous l'article 35 § 1 (Épuisement des voies de recours internes) ci-dessus et sous « Règlement de la Cour » ci-dessous.

company complained to the Court under Article 6 § 1 and Article 1 of Protocol No. 1. A Chamber considered that it had been up to the courts, applying the principle of *jura novit curia*, to subsume the facts of the case under the relevant domestic-law provisions in order to deal with the merits of the action: it was clear that the company had claimed compensation for the depreciation of its merchandise. The Chamber therefore dismissed the Government's preliminary objection (exhaustion of domestic remedies) and found a breach of Article 1 of Protocol No. 1, given the unjustified protracted retention of the property. The Chamber also decided that there was no need to rule separately on the complaint under Article 6 § 1 concerning the alleged denial of access to a court resulting from a formalistic and restrictive interpretation of national law by the domestic courts.

The Grand Chamber, however, considered that the complaint under Article 6 § 1 was the applicant company's main complaint and rejected it as manifestly ill-founded. Furthermore, having ascertained the scope of the complaints under Article 1 of Protocol No. 1, the Grand Chamber observed that the Chamber had examined only one of the complaints raised, even though there were three altogether. Given its findings concerning the complaint in respect of access to a court, the Grand Chamber rejected two of these complaints for non-exhaustion of domestic remedies: the applicant company had not properly availed itself of the possibility of obtaining compensation for the undue delay in lifting the order for the seizure of its property and for the authorities' alleged failure to take care of the property. As regards the third complaint (damage to the property following the unwarranted prosecution and detention of the company's managing director and other member), such a compensation claim did not have a sufficient basis in domestic law. The guarantees of Article 1 of Protocol No. 1 being therefore inapplicable, the Grand Chamber rejected this complaint as incompatible *ratione materiae* with the provisions of the Convention.

The Grand Chamber judgment is noteworthy in that the Court analysed whether the domestic courts' failure to apply the principle of *jura novit curia* amounted to excessive formalism, in breach of the right of access to a court guaranteed by Article 6 § 1.

Unlike the Chamber, the Grand Chamber focused on the manner in which the applicant company had presented the facts in its action. First, it had not expressly specified which of the two statutory causes of action – an unlawful decision or irregular official conduct – it had intended to pursue. Secondly, when the domestic courts had treated its action as one against an unlawful decision and had dismissed it for lack of

pénale litigieuse. Elle s'en plaignit devant la Cour sur le terrain de l'article 6 § 1 de la Convention et de l'article 1 du Protocole n° 1. La chambre de la Cour ayant connu de cette affaire jugea que les juridictions internes auraient dû faire application du principe *jura novit curia* pour en déduire que les faits exposés par l'intéressée devaient être analysés sous l'angle des dispositions pertinentes de la loi applicable, de manière à statuer sur le fond de ses demandes. Pour se prononcer ainsi, elle estima que l'action de la société requérante faisait clairement apparaître que celle-ci demandait réparation du préjudice résultant de la dépréciation de ses biens. En conséquence, la chambre rejeta l'exception préliminaire du gouvernement défendeur (tirée du non-épuisement des voies de recours internes) et conclut à la violation de l'article 1 du Protocole n° 1 au motif que rien ne justifiait la rétention prolongée des biens saisis. Elle conclut également qu'il n'y avait pas lieu de statuer séparément sur l'allégation de la société requérante formulée sur le terrain de l'article 6 § 1 selon laquelle celle-ci avait été privée d'accès à un tribunal en raison d'une interprétation excessivement formaliste et restrictive du droit interne par les juridictions nationales.

Toutefois, la Grande Chambre a estimé que la violation alléguée de l'article 6 § 1 était le principal grief formulé par la société requérante et l'a rejeté comme étant manifestement mal fondé. En outre, après avoir déterminé l'objet des griefs de la société requérante fondés sur l'article 1 du Protocole n° 1 et constaté que l'intéressée en avait soulevé trois sur le fondement de cette disposition, la Grande Chambre a observé que la chambre n'en avait examiné qu'un seul. Au vu des conclusions auxquelles elle était parvenue sur le grief tiré du déni d'accès à un tribunal, la Grande Chambre a rejeté deux des griefs en question pour non-épuisement des voies de recours internes, relevant que la société requérante n'avait pas dûment tiré parti de la possibilité qui lui était offerte de demander réparation du dommage causé par le retard injustifié apporté à la levée de la saisie de ses biens et par le manquement allégué des autorités à veiller à leur bonne conservation. S'agissant du troisième grief soulevé par la société requérante (tiré du dommage causé à ses biens à la suite des poursuites et de la détention injustifiées dont son directeur général et son autre associé avaient fait l'objet), la Grande Chambre a jugé que la demande indemnitaire introduite par l'intéressée n'avait pas de base suffisante en droit interne. Elle en a conclu que les garanties offertes par l'article 1 du Protocole n° 1 ne s'appliquaient pas à ce grief, et que celui-ci devait donc être rejeté comme étant incompatible *ratione materiae*.

L'arrêt de la Grande Chambre est intéressant en ce que la Cour a recherché si la non-application du principe *jura novit curia* par les juridictions internes s'analysait en un excès de formalisme ayant abouti à un déni d'accès à un tribunal contraire à l'article 6 § 1.

Contrairement à la chambre, la Grande Chambre s'est attachée à analyser la manière dont la société requérante avait exposé les faits dénoncés dans son action. En premier lieu, elle a relevé que l'intéressée n'avait pas précisé lequel des deux motifs de mise en cause de la responsabilité de l'État prévus par la loi pertinente – à savoir une décision illégale ou un comportement irrégulier des autorités publiques – servait de fondement à son action. En second lieu, elle a observé qu'après que les juridictions internes eurent considéré que l'action de la société requérante était dirigée contre une décision illégale et l'eurent rejetée pour défaut de qualité pour agir,

locus standi, the applicant company had not argued, in pursuing subsequent remedies, that the lower court(s) had misconstrued it and that they should have treated it as an action based on irregular official conduct. Its arguments rather suggested that the courts' refusal to grant locus standi in disregard of the applicable statutory provision had been excessively formalistic. By contrast, in its subsequent submissions before the Chamber of this Court, the applicant company had adopted a totally different attitude by arguing that the excessive formalism consisted of the domestic courts' failure to treat its civil action as one based on irregular official conduct, rather than an unlawful decision. The Grand Chamber emphasised that parties could not validly put forward before the Court arguments which they had never made before the domestic courts: the applicant company had neither based its action on irregular official conduct, nor argued before the domestic courts that they should have treated it as such. In those circumstances, the domestic courts could not be blamed for not treating the applicant company's action as one based on irregular official conduct. Lastly, it had been open to the applicant company, for a further four months after the dismissal of its action, to bring a new one specifying irregular official conduct as the cause of the damage. The Grand Chamber therefore dismissed the complaint in respect of access to court.

Fairness of the proceedings

The judgment in *Yüksel Yalçınkaya v. Türkiye*[61] concerned a conviction for membership of a terrorist organisation based on the use of an encrypted messaging application.

The applicant was convicted of membership of an armed terrorist organisation ("FETÖ/PDY"),[62] considered by the domestic authorities to have been behind the attempted coup of 2016. The conviction was based decisively on his use of an encrypted messaging application, ByLock, which the domestic courts had found to have been designed for the exclusive use of the members of FETÖ/PDY.

The applicant complained mainly under Articles 6, 7 and 11. The Grand Chamber (relinquishment) found a violation of Article 7 on account of the domestic courts' unforeseeable interpretation of the domestic law, which attached objective liability

---

61 *Yüksel Yalçınkaya v. Türkiye* [GC], no. 15669/20, 26 September 2023. See also under Article 7 (No punishment without law) and under Article 15 (Derogation in time of emergency) below.

62 "Fetullahist Terror Organisation/Parallel State Structure".

l'intéressée n'avait pas allégué dans ses recours ultérieurs que celles-ci l'avaient mal interprétée et qu'elles auraient dû statuer sur le terrain de l'action en réparation d'un comportement illégal des autorités publiques. La Grande Chambre a constaté que les arguments articulés par l'intéressée donnaient plutôt à penser que celle-ci considérait que le refus des juridictions internes de lui reconnaître qualité pour agir au mépris, selon elle, de la disposition légale applicable témoignait d'un formalisme excessif. La Grande Chambre a en revanche observé que dans ses observations ultérieures devant la chambre, la société requérante avait adopté une position toute différente, soutenant que l'excès de formalisme reproché aux juridictions internes tenait au fait que celles-ci n'avaient pas statué sur son action civile sous l'angle de l'action en réparation d'un comportement irrégulier des autorités publiques mais sur le terrain de l'action en réparation d'une décision illégale. La Grande Chambre a souligné que les parties ne pouvaient invoquer devant la Cour des arguments qu'elles n'avaient jamais formulés devant le juge national. Elle a constaté que dans son action devant les juridictions internes, la société requérante n'avait pas invoqué un comportement irrégulier des autorités publiques ni allégué que ces juridictions devaient la trancher sur ce fondement. Dans ces conditions, elle a considéré que l'on ne pouvait reprocher aux juridictions internes de ne pas avoir tranché l'action de la société requérante sur le terrain de l'action en réparation d'un comportement irrégulier des autorités publiques. Enfin, elle a relevé que la société requérante avait disposé d'un délai de quatre mois après le rejet de son action pour en introduire une nouvelle précisant que le fait générateur du dommage dont elle se plaignait résidait dans un comportement irrégulier des autorités publiques. En conséquence, elle a rejeté le grief tiré du déni d'accès à un tribunal.

Équité de la procédure

L'arrêt *Yüksel Yalçınkaya c. Türkiye*[61] concerne la condamnation du requérant pour appartenance à une organisation terroriste reposant sur l'utilisation d'une application de messagerie cryptée.

Le requérant fut condamné pour appartenance à une organisation terroriste armée (« FETÖ/PDY »)[62] à laquelle les autorités turques imputent la responsabilité de la tentative de coup d'État de 2016. Sa condamnation reposait dans une mesure déterminante sur la conclusion selon laquelle il avait utilisé une application de messagerie cryptée appelée

« ByLock », les juridictions internes estimant que cette application avait été conçue pour l'usage exclusif des membres de la FETÖ/PDY.

Devant la Cour, le requérant invoquait principalement les articles 6, 7 et 11. La Grande Chambre (à la suite d'un dessaisissement) conclut à la violation de l'article 7 à raison de l'interprétation imprévisible du droit interne par les juridictions internes, qui ont attaché une responsabilité objective au simple fait d'utiliser l'application ByLock.

---

61   *Yüksel Yalçınkaya c. Türkiye* [GC], n° 15669/20, 26 septembre 2023. Voir également sous l'article 7 (Pas de peine sans loi) et sous l'article 15 (Dérogation en cas d'état d'urgence) ci-dessous.

62   « Organisation terroriste Fetullahiste / structure parallèle d'État ».

to the mere use of ByLock. It also found a breach of Article 6 § 1 on account of the domestic courts' failure to put in place appropriate safeguards to enable the applicant to challenge effectively the key evidence (electronic data), to address the salient issues lying at the core of the case and to provide sufficient reasons. In the Grand Chamber's view, there had also been a breach of Article 11, as the domestic courts had deprived the applicant of the minimum protection against arbitrariness and had extended the scope of the relevant offence when relying, to corroborate his conviction, on his membership of a trade union and an association (purportedly affiliated with FETÖ/PDY) that had both been operating lawfully at the material time.

The Grand Chamber judgment is noteworthy in that the Court confirmed and clarified the application of the safeguards enshrined in Article 6 § 1 with regard to two specific features of the instant case: in the first place, the unique challenges faced by the domestic authorities in their fight against terrorism in its covert, atypical forms and in the aftermath of the attempted military coup; and, secondly, the use of a high volume of encrypted electronic data stored on the server of an internet- based communication application.

In addressing the specific nature and scope of the evidence from the standpoint of the relevant guarantees under Article 6 § 1, the Court noted that electronic evidence differed in many respects from traditional forms of evidence and raised distinct reliability issues. Furthermore, the handling of electronic evidence, particularly where it concerned data that were encrypted and/or vast in volume or scope, might present the law enforcement and judicial authorities with serious practical and procedural challenges. In this connection, the Court clarified that those factors did not call for the safeguards under Article 6 § 1 to be applied differently, be it more strictly or more leniently. The Court would therefore adhere to its usual approach and assess whether the overall fairness of the proceedings had been ensured through the lens of the procedural and institutional safeguards and the fundamental principles of a fair trial.

In the instant case, the Court did not have sufficient elements to impugn the accuracy of the ByLock data – at least to the extent that they established the applicant's use of that application. However, as the raw data obtained from the ByLock server had not been disclosed to the applicant, he had been unable to verify first-hand the integrity and reliability of that evidence and to challenge the relevance and significance attributed to it. In the Court's view, that situation placed a greater onus on the domestic courts to subject those issues to the most searching scrutiny. The Court concluded that the prejudice to the defence on that account had not been counterbalanced by adequate procedural safeguards, having examined this issue on the basis of its well-established case-law (*Rook v. Germany*,[63] *Matanović v. Croatia*,[64] *Mirilashvili v. Russia*[65]). In particular, the domestic courts had neither provided reasons

---

63   *Rook v. Germany*, no. 1586/15, 25 July 2019.
64   *Matanović v. Croatia*, no. 2742/12, 4 April 2017.
65   *Mirilashvili v. Russia*, no. 6293/04, 11 December 2008.

Elle conclut également que le fait que les juridictions internes n'aient pas mis en place des garanties appropriées visant à mettre le requérant en mesure de contester effectivement le principal élément de preuve en cause (des données électroniques), examiné les questions essentielles qui se trouvaient au cœur de l'affaire, ni fourni de motifs justifiant leurs décisions, a emporté violation de l'article 6 § 1. Enfin, la Grande Chambre dit qu'il y a eu violation de l'article 11 en raison du fait que les juridictions internes ont privé le requérant de la protection minimale requise contre l'arbitraire et du fait qu'en s'appuyant, pour corroborer la condamnation du requérant, sur son appartenance à un syndicat et à une association (prétendument affiliés à la FETÖ/PDY) qui exerçaient leurs activités de manière légale à l'époque des faits reprochés, elles ont étendu la portée de l'infraction en cause.

L'intérêt de cet arrêt de Grande Chambre réside dans le fait que la Cour y confirme et y clarifie l'application des garanties consacrées par l'article 6 § 1 à deux caractéristiques particulières de la présente affaire, à savoir, premièrement, les difficultés exceptionnelles auxquelles les autorités internes ont été confrontées dans leur lutte contre le terrorisme sous ses formes atypiques et clandestines, au lendemain de la tentative de coup d'État militaire et, deuxièmement, l'utilisation d'un important volume de données électroniques cryptées stockées sur le serveur d'une application de communication en ligne.

Examinant la nature et la portée spécifiques des éléments de preuve sous l'angle des garanties pertinentes découlant de l'article 6 § 1, la Cour note que les éléments de preuve électroniques diffèrent à bien des égards des preuves classiques et soulèvent des problématiques de fiabilité distinctes. Elle relève également que le maniement de preuves électroniques, en particulier lorsque les données sont cryptées, volumineuses ou d'une grande envergure, confrontent les autorités répressives et les organes judiciaires à d'importantes difficultés pratiques et procédurales. À cet égard, la Cour précise que ces facteurs n'imposent pas que les garanties qui découlent de l'article 6 § 1 fassent l'objet d'une application différente, qu'elle soit plus stricte ou plus souple. Aussi s'en tient-elle à son approche habituelle consistant à vérifier si, au regard des garanties procédurales et institutionnelles et des principes fondamentaux du procès équitable, la procédure dans son ensemble a été équitable.

En l'espèce, la Cour ne dispose pas d'éléments suffisants pour mettre en doute l'exactitude des données de ByLock – tout au moins dans la mesure où elles établissent que le requérant a utilisé cette application. Toutefois, dès lors que les données obtenues sur le serveur de ByLock n'ont pas été communiquées au requérant, ce dernier n'a pas été en mesure d'en vérifier par lui-même l'intégrité et la fiabilité ni de contester la pertinence et l'importance qui leur ont été accordées. Selon la Cour, cette situation imposait aux juridictions internes de soumettre ces questions à l'examen le plus rigoureux. La Cour conclut, après examen à l'aune de sa jurisprudence constante en la matière (*Rook c. Allemagne*[63], *Matanović c. Croatie*[64], *Mirilachvili c. Russie*[65]), que le préjudice subi par la défense en raison de cette non-divulgation n'a pas été

---

63   *Rook c. Allemagne*, n° 1586/15, 25 juillet 2019.
64   *Matanović c. Croatie*, n° 2742/12, 4 avril 2017.
65   *Mirilachvili c. Russie*, n° 6293/04, 11 décembre 2008.

for the impugned non-disclosure, nor responded to the applicant's request for an independent examination of the data or to his concerns as to their reliability; and the applicant had not been given the opportunity to acquaint himself with the decrypted ByLock material (including, in particular, the nature and content of his activity on that application), which would have constituted an important step in preserving his defence rights, especially given the preponderant weight of that evidence in securing his conviction. Importantly, the courts had not sufficiently explained how it was ascertained that ByLock was not, and could not have been, used by anyone who was not a "member" of FETÖ/PDY. While acknowledging that electronic evidence of such a kind might, in principle, be very important in the fight against terrorism or other organised crime, the Court emphasised that it could not be used by the domestic courts in a manner that undermined the basic tenets of a fair trial.

As to whether the impugned failure to observe the requirements of a fair trial could be justified by the Turkish derogation under Article 15 (in connection with the attempted coup), the Court emphasised that such a derogation, even if justified, neither had the effect of dispensing the States from the obligation to respect the rule of law (*Pişkin v. Turkey*[66]), nor did it give them carte blanche to engage in conduct that could lead to arbitrary consequences for individuals. Accordingly, when determining whether a derogating measure was strictly required by the exigencies of the situation, the Court would also examine whether adequate safeguards had been provided against abuse and whether the measure undermined the rule of law. In the present case, no sufficient connection had been established between the above fair trial issues and the special measures taken during the state of emergency. The Court therefore found a breach of Article 6 § 1 of the Convention.

Other rights in criminal proceedings

No punishment without law (Article 7)

The judgment in *Yüksel Yalçınkaya v. Türkiye*[67] concerned a conviction for membership of a terrorist organisation based on the use of an encrypted messaging application.

The applicant was convicted of membership of an armed terrorist organisation ("FETÖ/PDY"),[68] considered by the domestic authorities to have been behind

---

66 *Pişkin v. Turkey*, no. 33399/18, § 153, 15 December 2020.
67 *Yüksel Yalçınkaya v. Türkiye* [GC], no. 15669/20, 26 September 2023. See also under Article 6 § 1 (Fairness of the Proceedings) above and under Article 15 (Derogation in time of emergency) below.
68 "Fetullahist Terror Organisation/Parallel State Structure".

contrebalancé par des garanties procédurales adéquates. En particulier, les juridictions internes n'ont pas fourni de motifs pour justifier leur refus de communiquer ces données et n'ont pas répondu à la demande du requérant tendant à ce qu'elles soient soumises à l'examen d'un expert indépendant, ni à ses préoccupations quant à leur fiabilité. Le requérant n'a pas davantage eu la possibilité de prendre connaissance des données décryptées de ByLock (et notamment pas de la nature et de la teneur de l'activité qu'il lui était reproché d'avoir eue sur cette application), ce qui aurait constitué une mesure importante pour la préservation de ses droits de la défense, compte tenu en particulier du poids prépondérant accordé à cet élément de preuve pour retenir sa culpabilité. Qui plus est, les juridictions n'ont pas fourni suffisamment d'explications quant à la façon dont il avait été déterminé que ByLock n'était ni ne pouvait avoir été utilisée par d'autres personnes que les « membres » de la FETÖ/PDY. Tout en reconnaissant que les éléments de preuve électroniques de cette nature peuvent, en principe, être très importants dans la lutte contre le terrorisme et la criminalité organisée, la Cour souligne qu'ils ne peuvent être utilisés par les juridictions internes d'une manière qui porterait atteinte aux principes fondamentaux du procès équitable.

Quant à la question de savoir si ces manquements aux exigences du procès équitable pouvaient être justifiés par la dérogation introduite par la Türkiye au titre de l'article 15 (à la suite de la tentative de coup d'État), la Cour observe qu'une telle dérogation, même justifiée, n'a pas pour effet de dispenser les États de l'obligation de respecter le principe de la prééminence du droit (*Pişkin c. Turquie*[66]), ni de leur donner un blanc-seing les autorisant à adopter une conduite susceptible d'emporter des conséquences arbitraires pour les individus. Par conséquent, pour déterminer si une mesure dérogatoire était rendue strictement nécessaire par les exigences de la situation, la Cour doit également rechercher s'il existait des garanties adéquates contre les abus et si la mesure en cause respectait le principe de la prééminence du droit. En l'espèce, il n'a pas été établi qu'il existât un lien suffisant entre les problèmes d'équité du procès susmentionnés et les mesures spéciales adoptées pendant l'état d'urgence. La Cour conclut donc à la violation de l'article 6 § 1 de la Convention.

Autres droits relatifs au procès pénal

Pas de peine sans loi (article 7)

L'arrêt *Yüksel Yalçınkaya c. Türkiye*[67] concerne la condamnation du requérant pour appartenance à une organisation terroriste reposant sur l'utilisation d'une application de messagerie cryptée.

Le requérant fut condamné pour appartenance à une organisation terroriste armée (« FETÖ/PDY »)[68] à laquelle les autorités turques imputent la responsabilité de

---

66 *Pişkin c. Turquie*, n° 33399/18, § 153, 15 décembre 2020.
67 *Yüksel Yalçınkaya c. Türkiye* [GC], n° 15669/20, 26 septembre 2023. Voir également sous l'article 6 § 1 (Équité de la procédure) ci-dessus et sous l'article 15 (Dérogation en cas d'état d'urgence) ci-dessous.
68 « Organisation terroriste Fetullahiste / structure parallèle d'État ».

the attempted coup of 2016. The conviction was based decisively on his use of an encrypted messaging application, ByLock, which the domestic courts had found to have been designed for the exclusive use of the members of FETÖ/PDY.

Before the Court, the applicant complained mainly under Articles 6, 7 and 11. The Grand Chamber (relinquishment) found a violation of Article 7 on account of the domestic courts' unforeseeable interpretation of domestic law, which attached objective liability to the mere use of ByLock. It also found a breach of Article 6 § 1 on account of the domestic courts' failure to put in place appropriate safeguards to enable the applicant to challenge effectively the key evidence (electronic data), to address the salient issues lying at the core of the case and to provide sufficient reasons. In the Grand Chamber's view, there had also been a breach of Article 11, as the domestic courts had deprived the applicant of the minimum protection against arbitrariness and had extended the scope of the relevant offence when relying, to corroborate his conviction, on his membership of a trade union and an association (purportedly affiliated with FETÖ/PDY) that had both been operating lawfully at the material time.

The Grand Chamber judgment is noteworthy in that the Court confirmed and clarified the application of the safeguards enshrined in Article 7 with regard to two specific features of the instant case: in the first place, the unique challenges faced by the domestic authorities in their fight against terrorism in its covert, atypical forms and in the aftermath of the attempted military coup; and, secondly, the use of a high volume of encrypted electronic data stored on the server of an internet-based communication application.

The Court reiterated that Article 7 enshrines a non-derogable right that is at the core of the rule of law principle. It emphasised that the fundamental safeguards guaranteed by that provision could not be applied less stringently when it came to the prosecution and punishment of terrorist offences, even when allegedly committed in circumstances threatening the life of the nation. The Convention required the observance of the Article 7 guarantees, including in the most difficult of circumstances. The Court clarified in the course of its judgment that it was not sufficient for national law to clearly set out an offence: courts had also to comply with the law and not circumvent it through its interpretation and application to the specific facts of a case.

In the instant case, while the use of ByLock was neither criminalised as such nor part of the actus reus of the relevant offence, the domestic courts' interpretation had had the effect of equating such use with knowingly and willingly being a member of an armed terrorist organisation. For the Court, the issue was not the assessment of the relevance/ weight to be attached to a particular item of evidence, an issue not

la tentative de coup d'État de 2016. Sa condamnation reposait dans une mesure déterminante sur la conclusion selon laquelle il avait utilisé une application de messagerie cryptée appelée

« ByLock », les juridictions internes estimant que cette application avait été conçue pour l'usage exclusif des membres de la FETÖ/PDY.

Devant la Cour, le requérant invoquait principalement les articles 6, 7 et 11. La Grande Chambre (à la suite d'un dessaisissement) conclut à la violation de l'article 7 à raison de l'interprétation imprévisible du droit interne par les juridictions internes, qui ont attaché une responsabilité objective au simple fait d'utiliser l'application ByLock. Elle conclut également que le fait que les juridictions internes n'aient pas mis en place des garanties appropriées visant à mettre le requérant en mesure de contester effectivement le principal élément de preuve en cause (des données électroniques), examiné les questions essentielles qui se trouvaient au cœur de l'affaire, ni fourni de motifs justifiant leurs décisions, a emporté violation de l'article 6 § 1. Enfin, la Grande Chambre dit qu'il y a eu violation de l'article 11 en raison du fait que les juridictions internes ont privé le requérant de la protection minimale requise contre l'arbitraire et du fait que, en s'appuyant, pour corroborer la condamnation du requérant, sur son appartenance à un syndicat et à une association (prétendument affiliés à la FETÖ/PDY) qui exerçaient leurs activités de manière légale à l'époque des faits reprochés, elles ont étendu la portée de l'infraction en cause.

L'intérêt de cet arrêt de Grande Chambre réside dans le fait que la Cour y confirme et y clarifie l'application des garanties consacrées par l'article 7 à deux caractéristiques particulières de la présente affaire, à savoir, premièrement, les difficultés exceptionnelles auxquelles les autorités internes ont été confrontées dans leur lutte contre le terrorisme sous ses formes atypiques et clandestines, au lendemain de la tentative de coup d'État militaire et, deuxièmement, l'utilisation d'un important volume de données électroniques cryptées stockées sur le serveur d'une application de communication en ligne.

La Cour rappelle que l'article 7 consacre un droit non susceptible de dérogation qui est au cœur du principe de la prééminence du droit. La Cour souligne que les garanties fondamentales découlant de cette disposition ne sauraient faire l'objet d'une application moins rigoureuse dans le cas de poursuites et de condamnations pour infractions terroristes, même à supposer que ces infractions aient été commises dans des circonstances menaçant la vie de la nation. La Convention impose aux autorités de respecter les garanties fondamentales découlant de l'article 7, y compris dans les circonstances les plus difficiles. Dans son arrêt, la Cour précise qu'il ne suffit pas que l'infraction soit définie clairement par le droit interne : les juridictions internes sont en outre tenues de se conformer à ce droit et de ne pas le dénaturer lorsqu'elles l'interprètent et l'appliquent aux faits particuliers d'une affaire.

En l'espèce, alors que l'utilisation de ByLock n'était pas en elle-même répréhensible ni considérée comme constitutive de *l'actus reus* de l'infraction en cause, l'interprétation adoptée par les juridictions internes a eu pour effet d'assimiler l'utilisation de cette application au fait d'être sciemment et volontairement membre d'une organisation terroriste armée. Pour la Cour, la question n'est pas celle de l'appréciation de l'importance et du poids devant être accordés à un élément de preuve particulier, qui en principe

in principle within its remit under Article 7. Rather, the issue in the present case was that the applicant's conviction had been secured without duly establishing the presence of all the constituent elements of the offence (including its specific intent) in an individualised manner. It also confirmed the right of an individual, under Article 7, not to be punished without the existence of a mental link through which an element of personal liability could be established (*G.I.E.M. S.r.l. and Others v. Italy*[69]). While the Court acknowledged the significant challenges involved in accessing the content of secure communications used by organisations operating in secrecy, it was against the principles of legality and foreseeability, and thus in disregard of the guarantees laid down in Article 7, to attach criminal liability in a virtually automatic manner to all ByLock users.

Other rights and freedoms

Right to respect for one's private and family life, home and correspondence (Article 8)

Private life

The judgment in *L.B. v. Hungary*[70] concerned the statutory requirement to publish taxpayers' personal data, including their home address, in response to non-compliance with tax obligations.

As required by the legislation, the National Tax and Customs Authority published in the list of major tax debtors on its website the applicant's personal data, including his name and home address. Introduced as a tool to tackle non- compliance with tax regulations, the systematic and mandatory publication of such data applied to all taxpayers who, at the end of the quarter, owed a large amount in tax for a period longer than 180 consecutive days.

The applicant complained under Article 8. A Chamber of the Court found no violation of this provision: the impugned publication had not placed a substantially greater burden on the applicant's private life than had been necessary to further the State's legitimate interest. Upon referral, the Grand Chamber disagreed and found a breach of Article 8 of the Convention. The reasons relied upon by the Hungarian legislature in enacting the impugned mandatory publication scheme, although relevant, had not been sufficient and a fair balance had not been struck between the competing interests at stake: on the one hand, the public interest in ensuring tax discipline and the economic well-being of the country and the interest of potential business partners in obtaining access to certain State-held information concerning private individuals and, on the other, the interest of private individuals in protecting certain forms of data retained by the State for tax collection purposes.

---

69   *G.I.E.M. S.r.l. and Others v. Italy* [GC], nos. 1828/06 and 2 others, §§ 242 and 244, 28 June 2018.
70   *L.B. v. Hungary* [GC], no. 36345/16, 9 March 2023.

ne relève pas de sa compétence au titre de l'article 7. Le problème tient ici à ce que le requérant ait été reconnu coupable sans que l'existence de tous les éléments constitutifs de cette infraction (y compris celle de l'élément d'intention spécifique) ait été dûment caractérisée de manière individualisée. La Cour confirme également que l'article 7 garantit un droit individuel de ne pas être sanctionné en l'absence d'un lien de nature intellectuel permettant de déceler un élément de responsabilité personnelle (*G.I.E.M. S.r.l. et autres c. Italie*[69]). Si la Cour reconnaît les importantes difficultés que présente l'accès au contenu des communications sécurisées utilisées par des organisations menant leurs activités de manière secrète, elle juge contraire aux principes de légalité et de prévisibilité et, partant, aux garanties consacrées par l'article 7, d'attacher une responsabilité pénale de manière quasi automatique à tous les utilisateurs de ByLock.

Autres droits et libertés

Droit au respect de sa vie privée et familiale, de son domicile et de sa correspondance (article 8)

Vie privée

L'arrêt *L.B. c. Hongrie*[70] concerne l'obligation légale de publier les données à caractère personnel de contribuables, notamment l'adresse de leur domicile, en cas de non-respect des obligations fiscales.

Comme l'exigeait la législation, l'Autorité nationale des impôts et des douanes publia dans la liste des principaux contribuables débiteurs, consultable sur son site Internet, des informations personnelles concernant le requérant (notamment son nom et l'adresse de son domicile). Introduite comme outil de lutte contre l'inobservation de la réglementation fiscale, la publication systématique et obligatoire de ces données s'appliquait à tous les contribuables qui, à la fin du trimestre, étaient redevables d'un montant d'impôts important pendant une période de plus de 180 jours consécutifs.

Devant la Cour, le requérant invoquait l'article 8 de la Convention. Une chambre de la Cour a conclu à la non-violation de cette disposition, estimant que la publication litigieuse n'avait pas fait peser sur la vie privée du requérant une charge bien plus lourde que ce qui était nécessaire pour servir l'intérêt légitime de l'État. Saisie après renvoi, la Grande Chambre ne souscrit pas à cette position et conclut à la violation de l'article 8 de la Convention. Les motifs invoqués par le législateur hongrois lors de l'adoption du régime de publication obligatoire, bien que pertinents, ne suffisent pas et un juste équilibre n'a pas été ménagé entre les intérêts concurrents en jeu, à savoir, d'une part, l'intérêt public qu'il y a à assurer la discipline fiscale, le bien-être économique du pays et l'intérêt de partenaires commerciaux potentiels à obtenir l'accès à certaines informations détenues par l'État concernant des particuliers et, d'autre part, l'intérêt des particuliers à protéger certaines formes de données conservées par l'État aux fins de la perception de l'impôt.

---

69   *G.I.E.M. S.r.l. et autres c. Italie* [GC], n°s 1828/06 et 2 autres, §§ 242 et 244, 28 juin 2018.
70   *L.B. c. Hongrie* [GC], n° 36345/16, 9 mars 2023.

The Grand Chamber judgment is noteworthy in that the Court examined, for the first time, whether, and to what extent, the imposition of a statutory obligation to publish taxpayers' personal data, including their home address, was compatible with Article 8 of the Convention. The Court defined the scope of the margin of appreciation available to the State when regulating questions of that nature and it specified the relevant criteria by which to carry out the balancing exercise between the competing interests at stake in this area.

(i) The Court had regard to the degree of consensus at national and European level. According to the comparative-law survey, in twenty-one of the thirty-four Contracting States surveyed the public authorities could, and in some cases had to, disclose publicly the personal data of taxpayers who failed to comply with their payment obligations, subject to certain conditions. While a majority of the States concerned provided unrestricted access to taxpayer information, only a few of those disclosed the home address of taxpayers.

The Court also drew on three sets of principles: general principles in its caselaw on the disclosure of personal data (inter alia, *Z v. Finland*;[71] *S. and Marper v. the United Kingdom*;[72] and *Satakunnan Markkinapörssi Oy and Satamedia Oy v. Finland*[73]); specific principles concerning data protection (notably, the Council of Europe Convention for the Protection of Individuals with regard to *Automatic Processing of Personal Data*[74]) and applied by the Court; and, lastly, principles on the adoption and implementation of general measures (*Animal Defenders International v. the United Kingdom*[75]).

Taking all the above factors into account, the Court found that the Contracting States enjoyed a wide margin of appreciation when assessing the need to establish a scheme for the dissemination of personal data of taxpayers who failed to comply with their tax payment obligations, as a means, inter alia, of ensuring the proper functioning of tax collection as a whole.

In so far as the present impugned publication was part of the application of a general measure (and not a matter of an individual decision), the Court clarified that the choice of such a general scheme by the legislature was not in itself problematic; nor was the publication of taxpayer data as such. However, the discretion enjoyed by States in this area was not unlimited: the Court had repeatedly held that the choices made by the legislature were not beyond its scrutiny and had assessed the quality of

---

71 *L.B. v. Hungary* [GC], no. 36345/16, 9 March 2023.
72 *Z v. Finland*, 25 February 1997, Reports of Judgments and Decisions 1997-I.
73 *Satakunnan Markkinapörssi Oy and Satamedia Oy v. Finland* [GC], no. 931/13, 27 June 2017.
74 Council of Europe Convention for the Protection of Individuals with regard to Automatic Processing of Personal Data, CET 108.
75 *Animal Defenders International v. the United Kingdom* [GC], no. 48876/08, ECHR 2013 (extracts).

Cet arrêt de la Grande Chambre est intéressant en ce que la Cour y examine pour la première fois si, et dans quelle mesure, l'imposition d'une obligation légale de publier des informations concernant des contribuables, notamment l'adresse de leur domicile, est compatible avec l'article 8 de la Convention. La Cour définit l'étendue de la marge d'appréciation dont dispose l'État pour réglementer des questions de cette nature et elle précise les critères pertinents permettant de mettre en balance les intérêts concurrents en jeu dans ce domaine.

i) La Cour tient compte du degré de consensus aux niveaux national et européen. Selon l'étude de droit comparé menée aux fins de la présente affaire, dans vingt et un des trente-quatre États contractants étudiés les autorités publiques peuvent, et dans certains cas doivent, rendre publiques, à certaines conditions, les données à caractère personnel des contribuables qui ne se sont pas acquittés de leurs obligations de paiement. Si la majorité des États concernés prévoit un accès illimité aux informations relatives au contribuable, seuls quelques-uns divulguent l'adresse du domicile de la personne concernée.

La Cour s'appuie également sur trois séries de principes : des principes généraux énoncés dans sa jurisprudence sur la divulgation des données à caractère personnel (voir, entre autres, *Z c. Finlande*[71], *S. et Marper c. Royaume-Uni*[72], et *Satakunnan Markkinapörssi Oy et Satamedia Oy c. Finlande*[73]) ; des principes spécifiques concernant la protection des données (notamment la Convention du Conseil de l'Europe pour la protection des personnes à l'égard du traitement automatisé des données à caractère personnel[74]) appliqués par la Cour ; enfin, des principes sur l'adoption et la mise en œuvre de mesures générales (*Animal Defenders International c. Royaume-Uni*[75]).

À la lumière de l'ensemble des éléments exposés ci-dessus, la Cour considère que les États contractants jouissent d'une ample marge d'appréciation pour déterminer, aux fins notamment d'assurer le bon fonctionnement de la perception de l'impôt dans son ensemble, la nécessité d'établir un régime de divulgation de données à caractère personnel concernant les contribuables qui ne s'acquittent pas de leurs obligations de paiement.

Étant donné que la publication litigieuse en l'espèce découlait de l'application d'une mesure générale (et non d'une décision individuelle), la Cour précise que le choix d'un tel régime général par le législateur n'est pas en soi problématique, pas plus que ne l'est en tant que telle la publication de données de contribuables. La latitude dont jouissent les États dans ce domaine n'est toutefois pas illimitée. La Cour a dit à maintes reprises que les choix opérés par le législateur n'échappent pas à son contrôle et a évalué la qualité de l'examen parlementaire et judiciaire de la nécessité

---

71 *Z c. Finlande*, 25 février 1997, Recueil des arrêts et décisions 1997-I.
72 *S. et Marper c. Royaume-Uni* [GC], n°s 30562/04 et 30566/04, CEDH 2008.
73 *Satakunnan Markkinapörssi Oy et Satamedia Oy c. Finlande* [GC], n° 931/13, 27 juin 2017.
74 Convention du Conseil de l'Europe pour la protection des personnes à l'égard du traitement automatisé des données à caractère personnel, STE n° 108.
75 *Animal Defenders International c. Royaume-Uni* [GC], n° 48876/08, CEDH 2013 (extraits).

the parliamentary and judicial review of the necessity of a particular measure (*M.A. v. Denmark*[76]).

In this particular context, the Court would therefore scrutinise whether the competent domestic authorities, be it at the legislative, executive or judicial level, had performed a proper balancing exercise between the competing interests and, in so doing, they had to have regard not only to (a) the public interest in the dissemination of the information in question, but also to (b) the nature of the disclosed information; (c) the repercussions on and risk of harm to the enjoyment of private life of the persons concerned;
(d) the potential reach of the medium used for the dissemination of the information, in particular, that of the Internet; and (e) the basic data protection principles, including those on purpose limitation, storage limitation, data minimisation and data accuracy. The existence of procedural safeguards could also play an important role.
(ii) In assessing whether the Hungarian legislature had acted within the margin of appreciation afforded to it, the Court singled out two features of the impugned publication scheme: the inclusion of a home address among a taxpayer's personal data subject to the mandatory publication; and the lack of any discretion on the part of the Tax Authority to conduct an individualised proportionality assessment. With this in mind, the Court analysed the quality of the parliamentary review and identified the following shortcomings:

– no assessment had been made of the necessity and the complementary value of the impugned general measure (most notably in so far as it required the publication of the tax debtor's home address) against the background of the existing tools with the same deterrent purpose;
– no consideration had been given to the impact on the right to privacy and, in particular, the risk of misuse of the tax debtor's home address by other members of the public;
– no consideration had been given to the potential reach of the medium used for the dissemination of the information in question (the Internet), implying an unrestricted access to rather sensitive information (name and home address), with the risk of republication as a natural, probable and foreseeable consequence of the original publication; and
– no consideration had been given to data protection requirements in accordance with domestic and EU law and to the possibility of devising appropriately tailored responses in the light of the principle of data minimisation.

Accordingly, the Court concluded that, notwithstanding the respondent State's wide margin of appreciation, the interference complained of had not been "necessary in a democratic society".

In response to the request submitted by the Finnish Supreme Court, the Court delivered its advisory opinion[77] on 13 April 2023, which concerned the procedural

---

76   *M.A. v. Denmark* [GC], no. 6697/18, 9 July 2021.
77   *Advisory opinion on the procedural status and rights of a biological parent in proceedings for the adoption of an adult* [GC], request no. P16-2022-001, Supreme Court of Finland, 13 April 2023. See also under Article 1 of Protocol No. 16 (Advisory opinions) below.

d'une mesure donnée (*M.A. c. Danemark*[76]).

Dans ce contexte particulier, la Cour examine si les autorités nationales compétentes, au niveau législatif, exécutif ou judiciaire, ont correctement mis en balance les intérêts concurrents et si, pour ce faire, elles ont dûment tenu compte non seulement i) de l'intérêt public à la divulgation des informations en question, mais aussi ii) de la nature des informations divulguées, iii) des répercussions sur l'exercice par les personnes concernées du droit au respect de leur vie privée et du risque d'atteinte à celui-ci, iv) de la portée potentielle du support utilisé pour la diffusion de l'information, en particulier celle d'internet, ainsi que v) des principes fondamentaux de la protection des données, notamment ceux relatifs à la limitation des finalités, à la limitation de la conservation, à la minimisation des données et à leur exactitude. L'existence de garanties procédurales peut également jouer un rôle important.

ii) Pour déterminer si le législateur hongrois a agi dans le cadre de sa marge d'appréciation, la Cour met l'accent sur deux caractéristiques du régime de publication litigieux : le fait que l'adresse du domicile des contribuables concernés figurait parmi les données à caractère personnel soumises à publication obligatoire et l'absence de toute latitude de l'Autorité fiscale pour procéder à une appréciation individualisée de la proportionnalité. Dans cette optique, la Cour analyse la qualité de l'examen parlementaire et identifie les lacunes suivantes :

– aucune appréciation n'a été faite de la nécessité et de la complémentarité potentielle de la mesure générale litigieuse (tout particulièrement en ce qu'elle imposait la publication de l'adresse personnelle du contribuable débiteur) au regard des outils existants qui poursuivaient le même objectif dissuasif ;
– les conséquences du régime de publication sur le droit au respect de la vie privée, notamment le risque d'usage impropre de l'adresse du domicile du contribuable débiteur par d'autres membres du public, n'ont pas été prises en considération ;
– la portée potentielle du support utilisé pour la diffusion des informations en question (Internet), qui offrait un accès illimité à des informations relativement sensibles (nom et adresse personnelle), avec le risque que la republication soit une conséquence naturelle, probable et prévisible de la publication initiale, n'a pas été prise en considération ; et
– les exigences en matière de protection des données au regard du droit interne et européen pertinent n'ont pas été prises en considération, pas plus que la possibilité de concevoir des réponses adaptées à la lumière du principe de la minimisation des données.

Partant, la Cour conclut que, nonobstant l'ample marge d'appréciation dont disposait l'État défendeur, l'ingérence litigieuse n'était pas « nécessaire dans une société démocratique ».

En réponse à la demande soumise par la Cour suprême finlandaise, la Cour a rendu son avis consultatif[77] le 13 avril 2023. Celui-ci concerne le statut et les droits

---

76   *M.A. c. Danemark* [GC], n° 6697/18, 9 juillet 2021.
77   Avis consultatif sur le statut et les droits procéduraux d'un parent biologique dans la procédure d'adoption d'un adulte [GC], demande n° P16-2022-001, Cour suprême de Finlande, 13 avril 2023. Voir également sous l'article 1 du Protocole n° 16 (Avis consultatifs) ci-dessous.

status and rights of a biological parent in proceedings for the adoption of an adult.

The request for an advisory opinion arose out of proceedings before the Finnish courts concerning the adoption of an adult, C, by his aunt, B, with whom he had lived from the age of three until adulthood. During that period, B had supplementary custody over C, granted at the request of his biological mother, A. His mother had, however, remained involved in his upbringing and they still had contact. She objected to the adoption and was heard as a witness by the District Court, on its own initiative. That court granted the adoption, finding that the statutory conditions had been met, namely that C had been brought up by B and that, while the adoptee had still been a minor, they had had a relationship comparable to that of a child and parent. A's appeal was dismissed by the Court of Appeal without consideration of the merits: under the Adoption Act, a parent of an adult was not a party to a matter concerning adoption and had no right of appeal. The biological mother applied to the Supreme Court, who in turn requested an advisory opinion based on the following questions:

(1) Should the Convention on Human Rights be interpreted in such a way that legal proceedings concerning the granting of an adoption of an adult child in general, and especially in the circumstances of the case at hand, are covered by the protection of a biological parent referred to in Article 8 of the Convention on Human Rights?

(2) If the answer to the question asked above is affirmative, should Articles 6 and 8 of the Convention on Human Rights be interpreted in such a way that a biological parent of an adult child should in all cases, or especially in the circumstances of this case, be heard in legal proceedings concerning the granting of adoption?

(3) If the answer to the questions asked above is affirmative, should Articles 6 and 8 of the Convention on Human Rights be interpreted in such a way that a biological parent should be given the status of a party in the matter, and that the biological parent should have the right to have the decision concerning the granting of adoption reviewed by a higher tribunal by means of appeal?

In this, its sixth advisory opinion under Protocol No. 16, the Court clarified whether Article 8 was applicable to legal proceedings concerning the grant of adoption of an adult child, under its family or private life aspects, and what procedural requirements were to be complied with in that context.

(i) As regards the "family life" aspect, the Court noted that the relationship between the biological mother (A) and the adopted adult (C) was not characterised by any factors of dependence (*Emonet and Others v. Switzerland;*[78] *Bierski v. Poland;*[79] and *Savran v. Denmark*[80]) or by a pecuniary or patrimonial aspect (*Marckx v. Belgium*[81]). It

---

78   *Emonet and Others v. Switzerland*, no. 39051/03, 13 December 2007.
79   *Bierski v. Poland*, no. 46342/19, 20 October 2022.
80   *Savran v. Denmark* [GC], no. 57467/15, § 174, 7 December 2021.
81   *Marckx v. Belgium*, 13 June 1979, § 52, Series A no. 31.

procéduraux d'un parent dans la procédure d'adoption d'un adulte.

La demande d'avis consultatif s'inscrivait dans le contexte d'une procédure engagée devant les juridictions finlandaises concernant l'adoption d'un adulte, C, par sa tante, B, avec laquelle il avait vécu de l'âge de trois ans jusqu'à sa majorité. Pendant cette période, B était devenue la tutrice supplétive de C, à la demande de la mère biologique de celui-ci, A, qui avait toutefois continué à participer à l'éducation de son fils et était restée en contact avec lui. Lorsque B demanda l'autorisation d'adopter C, A s'y opposa. Le tribunal de district décida, de sa propre initiative, d'entendre la mère biologique en qualité de témoin, puis autorisa l'adoption, estimant que les conditions fixées par la loi étaient réunies, compte tenu notamment du fait que C avait été élevé par B et que, lorsqu'il était encore mineur, leur relation était comparable à celle d'un parent et de son enfant. La cour d'appel jugea irrecevable l'appel interjeté par A et le rejeta sans l'examiner au fond au motif que le parent d'un adulte n'était pas partie à la procédure d'adoption prévue par la loi relative à l'adoption et qu'il n'avait ainsi aucun droit de recours contre une décision en la matière. Saisie par la mère biologique, la Cour suprême a sollicité de la Cour un avis consultatif sur les questions suivantes :

(1) La Convention doit-elle être interprétée en ce sens que les procédures judiciaires relatives à l'adoption d'un enfant majeur en général, et dans les circonstances de l'espèce en particulier, relèvent de la protection du parent biologique découlant de l'article 8 de la Convention ?

(2) En cas de réponse affirmative à la question ci-dessus, les articles 6 et 8 de la Convention doivent-ils être interprétés en ce sens que le parent biologique d'un enfant majeur doit dans tous les cas, ou dans les circonstances de l'espèce en particulier, être entendu dans la procédure judiciaire relative à l'autorisation de l'adoption ?

(3) En cas de réponse affirmative aux questions ci-dessus, les articles 6 et 8 de la Convention doivent-ils être interprétés en ce sens que le parent biologique d'un enfant majeur doit se voir accorder la qualité de partie à la procédure et qu'il doit avoir le droit, en formant un appel, de faire réexaminer par une juridiction supérieure la décision autorisant l'adoption ?

Dans le sixième avis consultatif qu'elle rend au titre du Protocole n° 16, la Cour répond à la question de savoir si l'article 8 est applicable, en ses volets vie familiale ou vie privée, aux procédures judiciaires relatives à l'adoption d'un enfant majeur, et précise quelles exigences procédurales doivent être satisfaites dans ce contexte.

i) En ce qui concerne le volet « vie familiale », la Cour observe que la relation entre la mère biologique, A, et l'adulte adopté, C, n'est caractérisée par aucun élément de dépendance (*Emonet et autres c. Suisse*[78], *Bierski c. Pologne*[79], *Savran c. Danemark*[80]) ni ne présente aucun aspect patrimonial ou financier (*Marckx c. Belgique*[81]).

---

78   *Emonet et autres c. Suisse*, n° 39051/03, 13 décembre 2007.
79   *Bierski c. Pologne*, n° 46342/19, 20 octobre 2022.
80   *Savran c. Danemark* [GC], n° 57467/15, § 174, 7 décembre 2021.
81   *Marckx c. Belgique*, 13 juin 1979, § 52, série A n° 31.

concluded that it was therefore inappropriate to analyse the case pending before the requesting court from the standpoint of "family life".

As regards the "private life" aspect of Article 8, the Court observed the importance of biological parentage as a component of identity (*Mennesson v. France*,[82] and *Advisory opinion concerning the recognition in domestic law of a legal parent-child relationship*[83]), the right to self-determination (*Paradiso and Campanelli v. Italy*[84]) and the principle of personal autonomy (*Fedotova and Others v. Russia*[85]). In the light of the above principles, and in so far as the biological parent's identity was at stake given the effect of the discontinuation of the legal parental relationship with the adult child, the Court concluded that legal proceedings concerning the grant of adoption of an adult child could be regarded as affecting a biological parent's private life under Article 8 of the Convention.

(ii) The Court went on to clarify the procedural requirements under Article 8 applicable to the proceedings in question and, notably, whether the biological parent of the adult adoptee had to be afforded a right to be heard, a right to be granted the status of "a party" and a right to appeal against the granting of adoption. The Court pointed out that, while the biological parent was entitled to due respect for his or her personal autonomy, that had to be understood as being delimited by the personal autonomy and private life of the adopter and adult adoptee which were also, and if anything to a greater degree, concerned by such proceedings. As the domestic proceedings concerned the sphere of relations of individuals between themselves, the choice of the means calculated to ensure compliance with Article 8 came within the State's margin of appreciation. This was, in particular, true of the Finnish-law approach to adult adoption, which, unlike the adoption of a minor, was essentially a personal matter, and the interests of other parties – notably those of the biological parents – were therefore not treated as relevant considerations, the requisite assessment being focused on an essentially factual issue (the character of the relationship between adopter and adoptee while the latter was a minor). Moreover, according to the comparative survey completed (thirty-eight Contracting States), there was no common practice among those States permitting adult adoption: it was only in very few legal systems that the interests of biological parents were expressly taken into account although it was more common than not for the biological parents to have some formal standing and/or procedural rights in such proceedings. While the Court noted that the right to be heard by the domestic court was not provided for in the relevant Finnish law, the Court reiterated that its task was not to assess, in a general way, the rationale and structure of the applicable domestic law but rather to give guidance to the requesting court, so that it could ensure that the proceedings before it were conducted in accordance with

---

82   *Mennesson v. France*, no. 65192/11, ECHR 2014 (extracts).
83   *Advisory opinion concerning the recognition in domestic law of a legal parent-child relationship between a child born through a gestational surrogacy arrangement abroad and the intended mother* [GC], request no. P16-2018-001, French Court of Cassation, 10 April 2019.
84   *Paradiso and Campanelli v. Italy* [GC], no. 25358/12, 24 January 2017.
85   *Fedotova and Others v. Russia* [GC], nos. 40792/10 and 2 others, 17 January 2023.

Elle conclut qu'il n'est donc pas approprié d'examiner l'affaire pendante devant la juridiction dont émane la demande sous l'angle de la « vie familiale ».

En ce qui concerne le volet « vie privée » de l'article 8, la Cour rappelle l'importance de la filiation biologique en tant qu'élément de l'identité de chacun (*Mennesson c. France*[82], et Avis consultatif relatif à la reconnaissance en droit interne d'un lien de filiation[83]), du droit à l'autodétermination (*Paradiso et Campanelli c. Italie*[84]) et du principe de l'autonomie personnelle (*Fedotova et autres c. Russie*[85]). Au vu des principes rappelés ci-dessus, et pour autant que l'identité du parent biologique est en jeu compte tenu de l'effet de rupture du lien de filiation avec l'enfant majeur, la Cour conclut que les procédures judiciaires relatives à l'adoption d'un adulte peuvent être considérées comme affectant la vie privée du parent biologique au sens de l'article 8 de la Convention.

ii) La Cour précise ensuite les exigences procédurales découlant de l'article 8 applicables aux procédures en question et se prononce notamment sur le point de savoir si le parent biologique d'un adopté adulte doit se voir accorder un droit à être entendu, la qualité de « partie » et un droit de recours contre la décision d'adoption. Elle souligne que si le parent biologique a droit à ce que soit dûment respectée son autonomie personnelle, celle-ci doit être comprise comme délimitée par l'autonomie personnelle et la vie privée de l'adoptant et de l'adopté, également concernées, vraisemblablement plus encore, par pareille procédure. Étant donné que la procédure interne concerne la sphère des relations interpersonnelles, le choix des mesures propres à garantir l'observation de l'article 8 dans ce domaine relève en principe de la marge d'appréciation de l'État. Cela est d'autant plus vrai que pour le droit finlandais cette forme d'adoption, contrairement à l'adoption d'un mineur, est essentiellement une question personnelle et les intérêts d'autres parties – notamment ceux des parents biologiques – n'entrent pas en ligne de compte, l'appréciation requise portant essentiellement sur des éléments factuels (la nature de la relation entre l'adoptant et l'adopté lorsque ce dernier était mineur). En outre, il ne ressort pas de l'étude comparative qui a été menée auprès de trente-huit États contractants qu'il existe une pratique commune parmi les États qui autorisent l'adoption d'un adulte : les intérêts des parents biologiques ne sont expressément pris en compte que dans quelques systèmes juridiques, même s'il est plus fréquent que les parents biologiques aient une certaine qualité pour agir ou certains droits procéduraux dans une telle procédure. Notant que le droit finlandais pertinent ne conférait pas aux parents biologiques le droit à être entendus par les juridictions internes, la Cour a rappelé qu'elle a pour tâche non pas d'apprécier, de manière générale, la logique et la structure du droit interne applicable, mais plutôt de donner des orientations à la juridiction dont émane la demande afin que celle-ci puisse s'assurer que la procédure menée devant elle se déroule conformément à la Convention. La

---

82 *Mennesson c. France*, n° 65192/11, CEDH 2014 (extraits).

83 Avis consultatif relatif à la reconnaissance en droit interne d'un lien de filiation entre un enfant né d'une gestation pour autrui pratiquée à l'étranger et la mère d'intention [GC], demande n° P16-2018-001, Cour de cassation française, 10 avril 2019.

84 *Paradiso et Campanelli c. Italie* [GC], n° 25358/12, 24 janvier 2017.

85 *Fedotova et autres c. Russie* [GC], n°s 40792/10 et 2 autres, 17 janvier 2023.

the Convention. The Court emphasised the importance of the notion of personal autonomy in this respect.

At the same time, where an individual's interests protected by Article 8 were at stake, such as those of a biological parent of the adult adoptee, an elementary procedural safeguard was that he or she be given the opportunity to be heard and that the arguments made were taken into account by the decider to the extent relevant. In this connection, the Court observed that this was what appeared to have happened before the District Court: the latter had, on its own initiative, heard the biological mother in person, as well as several other witnesses proposed by her; she had been able to put into evidence the nature and quality of her relationship with her now adult child throughout his childhood; and the District Court had expressly referred to her evidence. Lastly, the Court did not consider that any additional specific safeguards were called for: having regard to the wide margin of appreciation to which the State was entitled in the regulation of the procedure for adult adoption, respect for Article 8 did not require that a biological parent be granted the status of a party or the right to appeal the granting of the adoption.

(iii) In so far as Article 6 was referred to, the Court emphasised that, in order to provide useful guidance, all of the elements raised by the requesting court might need to be addressed. Therefore, while the Court, in its own practice, had often chosen to focus on Article 8 only where the complaints concerned both Articles 6 and 8, such a practice might not be appropriate in the context of Protocol No. 16. The Court observed that the right claimed by the biological mother did not appear to exist, even on arguable grounds, in domestic law. If the requesting court were to so confirm, it would follow that, from her perspective, Article 6 was not applicable to the proceedings for the adoption of an adult.

Family life

The judgment in *B.F. and Others v. Switzerland*[86] concerned the requirement of financial independence for family reunification of certain 1951 Convention refugees.

The applicants, who resided in Switzerland, were all recognised as refugees within the meaning of the Convention relating to the Status of Refugees[87] ("the 1951 Convention"). In line with domestic law, they had been granted provisional admission rather than asylum, since the grounds for their refugee status had arisen following their departure from their countries of origin and as a result of their own actions (so-called "subjective post-flight grounds"), namely their illegal exit from those countries. This meant that they were not entitled to family reunification (in contrast to refugees who had been granted asylum) but it was discretionary and subject to certain cumulative conditions being met. Their applications for family reunification (with minor children

---

86 *B.F. and Others v. Switzerland*, nos. 13258/18 and 3 others, 4 July 2023.
87 Convention relating to the Status of Refugees, adopted on 28 July 1951.

Cour souligne l'importance de la notion d'autonomie personnelle à cet égard. Par ailleurs, lorsque les intérêts d'un individu protégés par l'article 8 sont en jeu, comme ceux du parent biologique d'un adulte adopté, une garantie procédurale élémentaire consiste à lui offrir la possibilité d'être entendu et à s'assurer que les arguments qu'il avance seront pris en compte aux fins de la décision dans la mesure où ils seront pertinents. À cet égard, la Cour observe qu'il apparaît que c'est ce qui s'est produit devant le tribunal de district. Celui-ci a, de sa propre initiative, entendu la mère biologique en personne, ainsi que plusieurs autres témoins cités par elle. L'intéressée a pu mettre en évidence la nature et la qualité de sa relation avec son fils majeur pendant l'enfance de celui-ci et le tribunal s'est expressément référé à ces témoignages. Enfin, la Cour considère qu'aucune garantie supplémentaire et spécifique n'est requise : eu égard à l'ample marge d'appréciation dont l'État dispose dans l'encadrement de la procédure d'adoption d'un adulte, le respect de l'article 8 n'exige pas que le parent biologique se voit accorder la qualité de partie ni le droit de former un recours contre la décision ayant autorisé l'adoption.

iii) En ce qui concerne l'article 6, la Cour souligne que pour fournir des orientations utiles elle peut devoir répondre à tous les éléments soulevés par la juridiction dont émane la demande. Par conséquent, si la Cour a souvent choisi dans sa pratique jurisprudentielle, lorsque des requérants invoquaient à la fois l'article 8 et l'article 6, de se concentrer uniquement sur l'article 8 de la Convention, une telle pratique ne paraît pas appropriée dans le contexte du Protocole no 16. Il apparaît, selon la Cour, que l'on ne saurait prétendre, même de manière défendable, que le droit revendiqué par la mère biologique est reconnu en droit interne. Si la juridiction dont émane la demande le confirme, il s'ensuivra que l'article 6 de la Convention n'est pas applicable à l'égard de la mère biologique dans le contexte de la procédure d'adoption d'un adulte.

Vie familiale

L'arrêt *B.F. et autres c. Suisse*[86] porte sur la subordination d'une autorisation de regroupement familial au respect d'une condition d'indépendance financière imposée à certains réfugiés au sens de la Convention de 1951.

Les requérants, qui résidaient en Suisse, s'étaient tous vu reconnaître la qualité de réfugié au sens de la Convention relative au statut des réfugiés[87] (« la Convention de 1951 »). Conformément à ce que prévoyait le droit interne, ils se virent accorder une admission provisoire plutôt que l'asile, les motifs pour lesquels ils avaient obtenu le statut de réfugié étant apparus après leur départ de leur pays d'origine et du fait de leurs propres actes (les « motifs subjectifs survenus après la fuite »), à savoir leur sortie illégale de ces pays. Ils ne pouvaient donc pas prétendre de droit à un regroupement familial (à l'inverse des réfugiés qui avaient obtenu l'asile), lequel pouvait toutefois être accordé de manière discrétionnaire et sous réserve de la réalisation de certaines conditions cumulatives. Leurs demandes de regroupement familial (avec des enfants

---

86 *B.F. et autres c. Suisse*, nos 13258/18 et 3 autres, 4 juillet 2023.
87 Convention relative au statut des réfugiés, adoptée le 28 juillet 1951.

and/or spouses) were rejected because one of those cumulative criteria, non-reliance on social assistance, had not been satisfied and because the refusals were deemed not to breach Article 8. The Court found a violation of Article 8 in three applications, and no violation of that provision in the fourth.

The judgment is interesting as the Court examined, for the first time, the requirement of financial independence for family reunification of (certain) 1951 Convention refugees.

(i) The Court observed that common ground could be discerned at international and European levels in favour of not distinguishing between different 1951 Convention refugees as regards requirements for family reunification. This reduced the margin of appreciation afforded to the respondent State, as did the consensus at international and European level that refugees needed to have the benefit of a more favourable family reunification procedure than other aliens. The Court was not convinced that there was a difference, in terms of nature and duration, between the stay of refugees granted asylum and those provisionally admitted. The Court's case-law did not require that the circumstances in which the departure from the country of origin and the separation from the family members had occurred be taken into account, but it was not per se manifestly unreasonable to do so. The Court thus concluded that member States enjoyed a certain margin of appreciation in relation to requiring non- reliance on social assistance before granting family reunification in the case of refugees who had left their countries of origin without being forced to flee persecution and whose grounds for refugee status had arisen following their departure and as a result of their own actions. However, that margin was considerably more narrow than the margin afforded to member States in relation to the introduction of waiting periods for family reunification when that reunification was requested by persons who had not been granted refugee status, but rather subsidiary or temporary protection status (compare *M.A. v. Denmark*[88]).

(ii)(a) The Court considered that the particularly vulnerable situation in which refugees sur place find themselves, needed to be adequately taken into account in the application of a condition (such as the requirement of non-reliance on social assistance) to their family reunification requests, with insurmountable obstacles to enjoying family life in the country of origin progressively assuming greater importance in the fair-balance assessment as time passed. The requirement of non-reliance on social assistance needed to be applied with sufficient flexibility, as one element of the comprehensive and individualised fair-balance assessment. Having regard to the waiting period applicable to the family reunification of provisionally admitted refugees under Swiss law, this consideration was applicable by the time provisionally admitted

---

[88] *M.A. v. Denmark* [GC], no. 6697/18, § 161, 9 July 2021.

mineurs et/ou un conjoint) furent rejetées, l'un de ces critères, celui de l'absence de dépendance à l'égard de l'aide sociale, n'étant pas rempli dans leur cas et ces refus étant considérés comme compatibles avec l'article 8 de la Convention. La Cour a conclu à une violation de l'article 8 dans trois requêtes et à une non-violation de cette disposition dans la quatrième.

Cet arrêt est intéressant en ce que, pour la première fois, la Cour examine une affaire portant sur la subordination d'une autorisation de regroupement familial au respect d'une condition d'indépendance financière imposée à certains réfugiés au sens de la Convention de 1951.

i) La Cour observe un dénominateur commun aux niveaux international et européen consistant en une absence de distinction opérée entre les différents réfugiés au sens de la Convention de 1951 en ce qui concerne les conditions imposées en matière de regroupement familial. Ce facteur réduit la marge d'appréciation qui est laissée à l'état défendeur, tout comme le fait le consensus observé au niveau international et européen voulant que les réfugiés bénéficient d'une procédure de regroupement familial plus favorable que celle qui est appliquée aux autres étrangers. La Cour n'est pas convaincue qu'il y ait une différence, en termes de nature et de durée, entre le séjour des réfugiés auxquels l'asile a été accordé et celui des réfugiés admis à titre provisoire. La jurisprudence de la Cour n'exige pas que les circonstances dans lesquelles le départ du pays d'origine et la séparation d'avec la famille ont eu lieu soient prises en compte, mais il n'est en soi pas manifestement déraisonnable de le faire. La Cour considère ainsi que les États membres jouissent d'une certaine marge d'appréciation pour décider s'ils doivent imposer aux réfugiés de respecter un critère de non-dépendance à l'aide sociale avant de leur accorder le regroupement familial qu'ils sollicitent dans les cas où ces réfugiés ont quitté leur pays d'origine sans être contraints de fuir des persécutions et ont reçu le statut de réfugié sur la base de motifs qui sont apparus après leur départ et en conséquence de leurs propres actions. Cette marge est toutefois considérablement plus étroite que celle accordée aux États membres pour l'introduction de délais d'attente en vue d'un regroupement familial lorsque celui-ci est demandé par des personnes qui n'ont pas obtenu le statut de réfugié, mais plutôt une protection subsidiaire ou temporaire (comparer avec *M.A. c. Danemark*[88]).

ii) a) La Cour estime que la situation de particulière vulnérabilité dans laquelle les réfugiés se trouvent sur place doit être dûment prise en compte lorsque l'on subordonne leurs demandes de regroupement familial à la réalisation d'une condition (par exemple la condition d'une absence de dépendance à l'aide sociale), les obstacles insurmontables à la possibilité de mener une vie familiale dans le pays d'origine prenant progressivement une importance croissante dans l'appréciation du juste équilibre à mesure que le temps passe. La condition d'une absence de dépendance à l'égard de l'aide sociale doit être appliquée avec suffisamment de souplesse, comme un élément de l'appréciation globale et individualisée du juste équilibre. Étant donné le délai d'attente que le droit suisse applique au regroupement familial dans le cas des réfugiés admis à titre provisoire, cette considération entre en ligne de compte au moment où les réfugiés admis à titre provisoire deviennent éligibles au regroupement familial.

---

[88] *M.A. c. Danemark* [GC], n° 6697/18, § 161, 9 juillet 2021.

refugees became eligible for family reunification. More generally, the Court observed that refugees, including those whose fear of persecution in their country of origin had arisen only following their departure from the country of origin and as a result of their own actions (as in the present case), should not be required to "do the impossible" in order to be granted family reunification. In particular, where the refugee present in the territory of the host State was and remained unable to meet the income requirements, despite doing all that he or she reasonably could do to become financially independent, applying the requirement of non-reliance on social assistance without any flexibility as time passed could potentially lead to the permanent separation of families.

(b) The Court noted that it was not called upon to determine in the present case whether and/ or to what extent those considerations applied in scenarios in which refugees had to fulfil such a requirement if they submitted their applications for family reunification outside of a certain time- limit, without particular circumstances rendering the late submission objectively excusable, it being noted that such a question might arise in cases where European Union member States made use of the possibility afforded to them under the third subparagraph of Article 12 § 1 of Council Directive 2003/86/EC of 22 September 2003 on the right to family reunification.

(c) The Court observed that Swiss law and practice provided for a certain flexibility in the application of the requirement at issue but that there were also conditions circumscribing that flexibility. Only a small number of family reunification requests by provisionally admitted persons had been granted (thirty to fifty persons thus admitted per year, while there were nearly 40,000 provisionally admitted persons, of whom nearly 10,000 were provisionally admitted refugees).

(iii) In two of the applications, the Court found that the gainfully employed applicants had done all that could reasonably be expected of them to earn a living and to cover their and their family members' expenses. In the third application, the Court was not satisfied that the Federal Administrative Court had sufficiently examined whether the applicant's health would enable her to work, at least to a certain extent, and consequently whether the requirement at issue needed to be applied with flexibility in view of her health. By contrast, the Court found no violation as regards the fourth case, considering that the Federal Administrative Court had not overstepped its margin of appreciation when it had taken the applicant's lack of initiative in improving her financial situation into account when balancing the competing interests.

Positive obligations

The judgment in *Fedotova and Others v. Russia*[89] concerned the positive obligation to provide a legal framework allowing adequate recognition and protection

---

89   *Fedotova and Others v. Russia* [GC], nos. 40792/10 and 2 others, 17 January 2023. See also under Article 58 (Cessation of membership of the Council of Europe) below.

Plus généralement, la Cour observe que les réfugiés, notamment ceux dont la crainte d'être persécutés dans leur pays d'origine n'est apparue qu'à la suite de leur départ de ce pays et en conséquence de leurs propres actions (comme en l'espèce), ne devraient pas être tenus de « faire l'impossible » pour se voir accorder un regroupement familial. En particulier, lorsque le réfugié présent sur le territoire de l'État d'accueil était et demeure dans l'incapacité de satisfaire aux conditions de revenus alors qu'il fait tout ce qu'il peut raisonnablement pour devenir financièrement autonome, appliquer la condition d'une absence de dépendance à l'aide sociale sans la moindre souplesse peut potentiellement, avec le passage du temps, conduire à la séparation définitive des familles.

b) La Cour relève qu'elle n'est pas appelée à déterminer en l'espèce si et/ou dans quelle mesure ces considérations s'appliquent dans des hypothèses où des réfugiés ont dû satisfaire à une telle condition s'ils ont présenté leurs demandes de regroupement familial au-delà d'un certain délai sans que des circonstances particulières rendent objectivement excusable ce dépôt tardif, étant précisé qu'une telle question peut se poser dans des cas où des États membres de l'Union européenne font usage de la possibilité qui leur est offerte par l'article 12, paragraphe 1, troisième alinéa de la Directive du Conseil 2003/86/CE du 22 septembre 2003 relative au droit au regroupement familial.

c) La Cour observe que le droit et la pratique suisses prévoient une certaine souplesse dans l'application de la condition litigieuse mais que cette souplesse est également encadrée par des conditions. Seul un faible nombre de demandes de regroupement familial émanant de personnes admises à titre provisoire ont été accueillies (trente à cinquante personnes sont admises par an dans ce cadre, alors que l'on dénombre près de 40 000 personnes admises à titre provisoire, dont près de 10 000 sont des réfugiés admis à titre provisoire).

iii) Dans deux des présentes requêtes, la Cour constate que les requérants qui avaient un emploi rémunéré ont fait tout ce que l'on pouvait raisonnablement attendre d'eux pour gagner leur vie et faire face à leurs dépenses et à celles des membres de leur famille. Dans une troisième requête, la Cour n'est pas convaincue que le Tribunal administratif fédéral ait cherché de manière suffisamment poussée à déterminer si l'état de santé de la requérante lui permettait de travailler, au moins dans une certaine mesure, et, par conséquent, si la condition litigieuse devait lui être appliquée avec souplesse eu égard à son état de santé. À l'inverse, la Cour ne constate aucune violation dans la quatrième requête, considérant que le Tribunal administratif fédéral n'a pas outrepassé sa marge d'appréciation lorsqu'il a pris en compte, dans la mise en balance des intérêts concurrents en jeu, le fait que la requérante n'avait pas pris d'initiative pour améliorer sa situation financière.

Obligations positives

L'arrêt *Fedotova et autres c. Russie*[89] concerne l'obligation positive de fournir un cadre juridique permettant une reconnaissance et une protection adéquates des

---

89 *Fedotova et autres c. Russie* [GC], n°s 40792/10 et 2 autres, 17 janvier 2023. Voir également sous l'article 58 (Cessation de la qualité de membre du Conseil de l'Europe) ci-dessous.

for same-sex couples, as well as the scope of the margin of appreciation afforded to States in this respect.

The applicants – three same-sex couples – gave notice of marriage to their local departments of the Register Office. Their notices were rejected on the grounds that the relevant domestic legislation defined marriage as a "voluntary marital union between a man and a woman", thus excluding same-sex couples. The applicants challenged those decisions without success.

Before the Court, the applicants complained that it was impossible for them to have their respective relationships formally registered and that, because of the legal vacuum in which they found themselves as couples, they were deprived of any legal protection and faced substantial difficulties in their daily lives. A Chamber of the Court found a violation of Article 8 in this respect, and the Grand Chamber endorsed this finding.

The Grand Chamber judgment is noteworthy in that the Court confirmed that Article 8 gave rise to a positive obligation for States Parties to provide a legal framework allowing same-sex couples to enjoy adequate recognition and protection of their relationship. The Court also clarified the scope of the margin of appreciation afforded to States in this respect.

(i) Article 8 had already been interpreted as requiring a State Party to ensure legal recognition and protection for same-sex couples by putting in place a "specific legal framework" (*Oliari and Others v. Italy*[90] and *Orlandi and Others v. Italy*[91]). In the instant case, the Grand Chamber confirmed, in general terms and outside of a specific national context, the existence of such a positive obligation under Article 8. In doing so, the Court relied, in the first place, on the degree of consensus found at the national and international level. The Court observed that its own approach in the above-noted case-law was consolidated by a clear ongoing trend in the States Parties towards legal recognition of same-sex couples (through the institution of marriage or other forms of partnership), since a majority (thirty) State Parties had legislated to that effect. This trend was further consolidated by the converging positions of a number of international bodies, including several Council of Europe bodies. Secondly, the Court was guided by the ideals and values of a democratic society. In its view, allowing same-sex couples to be granted legal recognition and protection undeniably served pluralism, tolerance and broadmindedness. Indeed, recognition and protection of that kind conferred legitimacy on such couples and promoted their inclusion in society. Many authorities and bodies viewed this as a tool to combat stigmatisation, prejudice and discrimination against homosexual persons.

(ii) The Court went on to clarify the scope of the national authorities' margin of appreciation in this regard. In its view, the margin of appreciation of the States Parties was significantly reduced when it came to affording same-sex couples the possibility of legal recognition and protection. The Court relied in this respect on the fact that particularly important facets of the personal and social identity of persons of the same

---

90 *Oliari and Others v. Italy*, nos. 18766/11 and 36030/11, 21 July 2015.
91 *Orlandi and Others v. Italy*, nos. 26431/12 and 3 others, 14 December 2017.

couples de même sexe, ainsi que l'étendue de la marge d'appréciation reconnue aux États à cet égard.

Les requérants – trois couples de même sexe – introduisirent des demandes de mariage auprès de bureaux locaux de l'état civil. Leurs demandes furent rejetées au motif que la législation nationale pertinente définissait le mariage comme une « union conjugale librement consentie entre un homme et une femme », excluant ainsi les couples de même sexe. Les requérants contestèrent ces décisions mais n'obtinrent pas gain de cause.

Devant la Cour, les intéressés se plaignaient de l'impossibilité de faire enregistrer officiellement leurs couples respectifs et alléguaient que le vide juridique auquel ceux-ci étaient confrontés les privait de toute protection légale et les exposait à des difficultés considérables dans leur vie quotidienne. Une chambre de la Cour a conclu à cet égard à la violation de l'article 8 ; la Grande Chambre fait sienne cette conclusion.

L'arrêt de la Grande Chambre mérite d'être signalé en ce que la Cour confirme que l'article 8 fait peser sur les États parties une obligation positive d'offrir un cadre juridique permettant aux personnes de même sexe de bénéficier d'une reconnaissance et d'une protection adéquates de leurs relations de couple.

i) L'article 8 a déjà été interprété comme imposant à un État partie la reconnaissance et la protection juridiques des couples de même sexe par la mise en place d'un « cadre juridique spécifique » (*Oliari et autres c. Italie*[90] et *Orlandi et autres c. Italie*[91]). En l'espèce, la Grande Chambre confirme, de manière générale et en dehors d'un contexte national spécifique, l'existence de cette obligation positive au regard de l'article 8. La Cour s'appuie tout d'abord sur le degré de consensus observable au niveau national et international. Elle remarque que sa propre approche dans la jurisprudence précitée se trouve consolidée par une tendance nette et continue au sein des États parties en faveur de la reconnaissance légale de l'union de personnes de même sexe (par l'institution du mariage ou d'une forme de partenariat), une majorité (trente) d'États parties ayant légiféré en ce sens. Elle ajoute que cette tendance a encore été renforcée par les positions convergentes de divers organes internationaux, dont plusieurs organes du Conseil de l'Europe. Deuxièmement, la Cour s'inspire des idéaux et valeurs d'une société démocratique. Selon elle, permettre aux couples de même sexe de bénéficier d'une reconnaissance et d'une protection juridiques sert incontestablement le pluralisme, la tolérance et l'esprit d'ouverture. En effet, pareilles reconnaissance et protection confèrent une légitimité à ces couples et favorisent leur inclusion dans la société. De nombreux organes et instances y voient un outil de lutte contre la stigmatisation, les préjugés et la discrimination vis-à-vis des personnes homosexuelles.

ii) La Cour précise ensuite l'étendue de la marge d'appréciation des autorités nationales en la matière. Selon elle, la marge d'appréciation des États parties est sensiblement réduite s'agissant de l'octroi d'une possibilité de reconnaissance et de protection juridiques aux couples de même sexe. La Cour s'appuie à cet égard sur le fait que des aspects particulièrement importants de l'identité personnelle et sociale des personnes de même sexe se trouvent en jeu, ainsi que sur une tendance nette et conti-

---

90 *Oliari et autres c. Italie*, nos 18766/11 et 36030/11, 21 juillet 2015.
91 *Orlandi et autres c. Italie*, n° 26431/12 et 3 autres, 14 décembre 2017.

sex were at stake, as well as the clear ongoing trend in the Council of Europe member States. At the same time, no similar consensus could be found as to the form of such recognition and the content of such protection. It followed that the States Parties had to be afforded a more extensive margin of appreciation in determining the exact nature of the legal regime to be made available to same-sex couples. Indeed, States had the "choice of the means" to be used in discharging their positive obligations inherent in Article 8. The discretion afforded to them in that respect related both to the form of recognition and to the content of the protection.

In particular, regarding the form of recognition, the Court underlined that it did not necessarily have to be that of marriage. The Court reiterated that Article 8 could not be understood as imposing a positive obligation on the States Parties to make marriage available to same-sex couples (*Hämäläinen v. Finland*[92]). This interpretation of Article 8 coincided with the Court's interpretation of Article 12, which could not be construed as imposing such an obligation either (*Schalk and Kopf v. Austria;*[93] *Hämäläinen; Oliari and Others;* and *Orlandi and Others,* all cited above). Furthermore, it is consonant with the Court's conclusion under Article 14, in conjunction with Article 8, that States remain free to restrict access to marriage to different-sex couples only (*Schalk and Kopf,* cited above; *Gas and Dubois v. France;*[94] and *Chapin and Charpentier v. France*[95]).

As regards the content of the protection to be afforded, the Court was guided by the concern to ensure effective protection of the private and family life of homosexual persons. It was therefore important that the protection afforded should be adequate. In that connection, the Court referred to various aspects, in particular material aspects (maintenance, taxation or inheritance) and moral aspects (rights and duties in terms of mutual assistance), that were integral to life as a couple and would benefit from being regulated within a legal framework available to same-sex couples (*Vallianatos and Others v. Greece,*[96] and *Oliari and Others,* cited above, § 169).

On the facts, the Court found that the respondent State had overstepped its margin of appreciation and had failed to comply with its positive obligation to secure adequate recognition and protection for the applicants. None of the public-interest grounds put forward by the Government (protection of the traditional family, protection of minors from the promotion of homosexuality and disapproval of the latter by the majority of the Russian population) prevailed over the applicants' interests. Official recognition had an intrinsic value for them in so far as it conferred an existence and a legitimacy vis-à-vis the outside world. However, under the Russian legal framework, same-sex partners were unable to regulate fundamental aspects of life as a couple such as those concerning property, maintenance and inheritance except as private

---

[92] *Hämäläinen v. Finland* [GC], no. 37359/09, ECHR 2014.
[93] *Schalk and Kopf v. Austria,* no. 30141/04, ECHR 2010.
[94] *Gas and Dubois v. France,* no. 25951/07, ECHR 2012.
[95] *Chapin and Charpentier v. France,* no. 40183/07, 9 June 2016.
[96] *Vallianatos and Others v. Greece* [GC], nos. 29381/09 and 32684/09, § 81, ECHR 2013 (extracts).

nue au sein des États membres du Conseil de l'Europe. Cependant, il ne se dégage pas de consensus semblable quant à la forme de cette reconnaissance et au contenu de cette protection. Il s'ensuit que les États parties doivent bénéficier d'une marge d'appréciation plus étendue pour décider de la nature exacte du régime juridique à accorder aux couples de même sexe. En effet, les États ont « le choix des moyens » pour s'acquitter de leurs obligations positives inhérentes à l'article 8. Cette latitude qui leur est reconnue porte tant sur la forme de la reconnaissance à conférer que sur le contenu de la protection.

Concernant en particulier la forme de reconnaissance, la Cour souligne qu'elle ne doit pas nécessairement être celle du mariage. Elle rappelle que l'article 8 ne peut pas être compris comme imposant aux États parties une obligation positive d'ouvrir le mariage aux couples de même sexe (*Hämäläinen c. Finlande*[92]). Cette interprétation de l'article 8 rejoint celle donnée par la Cour à l'article 12, qui ne saurait pas davantage être compris comme imposant pareille obligation (*Schalk et Kopf c. Autriche*[93], *Hämäläinen*, *Oliari et autres*, et *Orlandi et autres*, tous précités). En outre, elle s'accorde avec la conclusion à laquelle la Cour est parvenue sous l'angle de l'article 14, combiné avec l'article 8, selon laquelle les États contractants demeurent libres de n'ouvrir le mariage qu'aux couples hétérosexuels (*Schalk et Kopf*, précité, *Gas et Dubois c. France*[94], et *Chapin et Charpentier c. France*[95]).

Quant au contenu de la protection à accorder, la Cour est guidée par le souci d'assurer une protection effective de la vie privée et familiale des personnes homosexuelles. Il importe donc que la protection accordée soit adéquate. À cet égard, la Cour fait référence à diverses questions, notamment matérielles (alimentaires, fiscales ou successorales) et morales (droits et devoirs d'assistance mutuelle), propres à une vie de couple qui gagneraient à être réglementées dans le cadre d'un dispositif juridique ouvert aux couples de même sexe (*Vallianatos et autres c. Grèce*[96], et *Oliari et autres*, précité, § 169).

Au vu des faits, la Cour constate que l'État défendeur a outrepassé sa marge d'appréciation et a manqué à son obligation positive de garantir aux requérants une reconnaissance et une protection adéquates. Aucun des motifs invoqués par le Gouvernement au titre de l'intérêt général (protection de la famille traditionnelle, protection des mineurs contre la promotion de l'homosexualité et désapprobation de celle-ci par la majorité de la population russe) ne prévaut sur l'intérêt des requérants. La reconnaissance officielle a pour eux une valeur intrinsèque dans la mesure où elle confère à leurs couples une existence ainsi qu'une légitimité vis-à-vis du monde extérieur. Toutefois, dans le cadre juridique russe, les partenaires de même sexe ne peuvent régler les questions patrimoniales, alimentaires ou successorales inhérentes à leur vie de couple qu'en qualité de particuliers concluant entre eux des contrats de droit commun, et non en tant que couple. Ils ne peuvent pas davantage faire valoir l'existence

---

92   *Hämäläinen c. Finlande* [GC], n° 37359/09, CEDH 2014.
93   *Schalk et Kopf c. Autriche*, n° 30141/04, CEDH 2010.
94   *Gas et Dubois c. France*, n° 25951/07, CEDH 2012.
95   *Chapin et Charpentier c. France*, n° 40183/07, 9 juin 2016.
96   *Vallianatos et autres c. Grèce* [GC], n°ˢ 29381/09 et 32684/09, § 81, CEDH 2013 (extraits).

individuals entering into contracts under the ordinary law, rather than as a couple. Nor were they able to rely on the existence of their relationship in dealings with the judicial or administrative authorities. Indeed, the fact that same-sex partners were required to apply to the domestic courts for protection of their basic needs as a couple constituted, in itself, a hindrance to respect for their private and family life. The Court therefore found a breach of Article 8 of the Convention.

The judgments in *O.H. and G.H. v. Germany*[97] and *A.H. and Others v. Germany*[98] concerned the legal impossibility for a transgender parent's current gender, which did not reflect the biological reality, to be indicated on the birth certificate of a child conceived after gender reclassification.

The two cases concerned transgender parents who conceived their children after obtaining recognition of their gender change in the courts. In *O.H. and G.H. v. Germany*, a single transgender man, born female, gave birth to a child who had been conceived through sperm donation and was thus recorded as the mother on the birth certificate. In *A.H. and Others v. Germany*, a transgender woman who was born male could only be recorded in the birth register as the father, because the child had been conceived with her sperm. Her female partner, who had given birth to the child, was recorded as the mother. Relying on Articles 8 and 14, the applicants complained about the legal impossibility for the transgender parent's current gender, which did not reflect the biological reality, to be indicated on the birth certificate of a child conceived after the parent's gender reclassification. Finding Article 8 to be applicable under its "private life" head, the Court found that there had been no violation: the German courts had struck a fair balance between the rights of transgender parents and any partner concerned, the interests of their children, considerations as to their children's welfare and public interests. The Court dismissed the complaints under Article 14, taken together with Article 8, as manifestly ill-founded.

The interest of the judgments lies in the fact that the Court addressed for the first time the question whether an entry recording a transgender parent under his or her former gender and former forename on a child's birth certificate was compatible with Article 8. Examining this issue from the perspective of the State's positive obligations and in the light of the principles summed up in *Hämäläinen v. Finland*,[99] the Court defined the margin of appreciation and clarified the criteria to be considered in weighing up the private and public interests at stake.

(i) The Court explained that the authorities had a broad margin of appreciation based on the following considerations. At the outset it noted the lack of a consensus in Europe, reflecting the fact that gender change combined with parenthood raised sensitive ethical questions. It then looked at the complexity of the balancing exercise in the present case. First, as to the rights of the transgender parents, their complaints concerned an indication in the birth register in respect of another person (their

---

97   *O.H. and G.H. v. Germany*, nos. 53568/18 and 54741/18, 4 April 2023.
98   *A.H. and Others v. Germany*, no. 7246/20, 4 April 2023.
99   *Hämäläinen v. Finland* [GC], no. 37359/09, ECHR 2014.

de leur couple devant les instances judiciaires ou administratives. Or, le fait pour les personnes homosexuelles de devoir saisir les juridictions internes pour obtenir la protection des besoins ordinaires de leur couple constitue, en soi, un obstacle au respect de leur vie privée et familiale. Partant, la Cour conclut à la violation de l'article 8 de la Convention.

Les arrêts *O.H. et G.H. c. Allemagne*[97] et *A.H. et autres c. Allemagne*[98] concernent l'impossibilité légale pour un parent transgenre d'indiquer son genre actuel, sans lien avec sa fonction procréatrice, sur l'acte de naissance de son enfant.

Les deux affaires concernent les personnes transgenres qui ont conçu leurs enfants après avoir obtenu la reconnaissance judiciaire de leur changement de genre. Dans l'affaire *O.H. et G.H. c. Allemagne*, un homme transgenre célibataire né de sexe féminin accoucha de son enfant, conçu à l'aide d'un donneur de sperme, et, de ce fait, fut enregistré comme mère par les autorités de l'état civil. Dans l'affaire *A.H. et autres c. Allemagne*, une femme transgenre née de sexe masculin pouvait être inscrite dans le registre des naissances uniquement comme père de son enfant puisque ce dernier avait été conçu avec ses gamètes mâles. Sa compagne, qui a accouché de l'enfant, fut enregistrée comme mère.

Invoquant les articles 8 et 14, les requérants se plaignent de l'impossibilité légale pour un parent transgenre d'indiquer son genre actuel, sans lien avec sa fonction procréatrice, sur l'acte de naissance de son enfant. Estimant que l'article 8 est applicable sous son volet « vie privée », la Cour a conclu à sa non-violation : les juridictions allemandes ont ménagé un juste équilibre entre les droits des parents transgenres et d'un conjoint concerné, les intérêts de leurs enfants, les considérations relatives au bien-être de leurs enfants et les intérêts publics. La Cour a rejeté les griefs fondés sur l'article 14 combiné avec l'article 8 pour défaut manifeste de fondement.

L'intérêt des arrêts tient à ce que la Cour s'est penchée, pour la première fois, sur la question de savoir si l'indication d'un parent transgenre sous ses anciens genre et prénom, dans les registres de l'état civil concernant son enfant, est compatible avec l'article 8. Examinant cette problématique sous l'angle des obligations positives de l'État et à l'aune des principes résumés dans l'arrêt *Hämäläinen c. Finlande*[99], la Cour a défini l'étendue de la marge d'appréciation et précisé les critères pertinents pour la pesée des intérêts privés et publics en jeu.

i) La Cour a estimé que les autorités disposaient d'une ample marge d'appréciation et ce, pour des considérations suivantes. Tout d'abord, la Cour a relevé l'absence de consensus au niveau européen, qui reflète le fait que le changement de genre combiné avec la qualité de parent suscite de délicates interrogations d'ordre éthique. Ensuite, la Cour a noté la complexité de la mise en balance à opérer en l'espèce. Premièrement, pour ce qui est des droits des parents transgenres, leurs griefs concernent les informations figurant dans le registre des naissances d'une autre personne (leurs enfants), et non pas dans leurs propres documents officiels. Deuxièmement, pour ce qui est de leurs enfants, il s'agit de la possible divulgation d'un fait concernant l'identité

---

97 *O.H. et G.H. c. Allemagne*, n°s 53568/18 et 54741/18, 4 avril 2023.
98 *A.H. et autres c. Allemagne*, n° 7246/20, 4 avril 2023.
99 *Hämäläinen c. Finlande* [GC], n° 37359/09, CEDH 2014.

respective children), and not their own official documents. Second, as far as the children were concerned, the issue was the possible disclosure of information relating to the transgender identity of their parents, and not their own gender identity. In addition, the right of children to be informed of the details of their biological descent was capable of limiting the rights relied upon by the transgender parents. The authorities had also taken account of the children's interest in having a stable legal connection with their parents. It followed that the margin of appreciation was not narrowed by the rights relied upon by the applicants, even though they did relate to a basic aspect of private life. Lastly, consideration had to be given to the public interest in the coherence of the legal system and in the accuracy and completeness of civil registration records, which were of particular evidential value. The Court had previously recognised a degree of importance of that general interest in the balancing exercise in such matters (*Christine Goodwin v. the United Kingdom,*[100] and *A.P., Garçon and Nicot v. France*[101]).

(ii)   Proceeding on the premise of a broad margin of appreciation, the Court clarified the criteria that it saw as relevant to its analysis, focusing on the divergence between the interests of the children and those of their transgender parents. First, based on the essential principle that the child's best interests must be paramount (*Mennesson v. France*[102]), the Court clarified that the child's interests had to be examined exhaustively, taking account of any conflicts of interest between the child and his or her parents. The Court emphasised that this examination should not be limited by the manner in which the child's interests were presented by his or her parents. In addition, it was necessary to take account of the child's possible future interests and the interests of children in a comparable situation to whom the legislative provisions in question also applied. The Court emphasised that the welfare of the children in the present case could not have been examined on an individualised basis, on account of their infancy at the time the issue arose, as to what information should be recorded in the birth register. In the view of the Federal Court of Justice, the children's interests coincided to some extent with the general interest in ensuring the reliability and consistency of the civil registration system, together with legal certainty. The Court endorsed the approach of that apex court in finding that the right to gender identity of the parents concerned could be limited by the child's right to know his or her origins, to be brought up by his or her two parents and to have a permanent legal relationship with them. The Federal Court pointed out in particular that the legal attachment of a child to his or her parents in accordance with their respective biological roles allowed the child to maintain a stable and unchanging connection with a father and a mother, even in the not merely theoretical scenario where the transgender parent subsequently sought reversal of the gender reclassification.

Secondly, the Court noted that the number of situations that could lead, on presentation of the children's birth certificates, to the disclosure of the transgender identities of the parents concerned was limited. Certain precautions were in place to

---

100   *Christine Goodwin v. the United Kingdom* [GC], no. 28957/95, §§ 86-88 and 91, ECHR 2002-VI.
101   *A.P., Garçon and Nicot v. France*, nos. 79885/12 and 2 others, § 132, 6 April 2017.
102   *Mennesson v. France*, no. 65192/11, § 81, ECHR 2014 (extracts).

transgenre d'un de leurs parents, et non pas leurs propres identités de genre. En outre, leur droit de connaître les détails de leurs filiations est de nature à limiter les droits invoqués par les parents transgenres. Les autorités ont également tenu compte de leur intérêt à un rattachement stable à leurs parents. Il s'ensuit que la marge d'appréciation ne s'en trouve pas restreinte par les droits invoqués en jeu, même s'ils touchent à un aspect fondamental de la vie privée. Enfin, il y a lieu de prendre en considération l'intérêt public résidant dans la cohérence de l'ordre juridique et dans l'exactitude et l'exhaustivité des registres de l'état civil, qui ont une force probante particulière. Par ailleurs, la Cour a déjà reconnu dans le passé une certaine importance de cet intérêt public dans la pesée globale des intérêts (*Christine Goodwin c. Royaume-Uni*[100], *A.P., Garçon et Nicot c. France*[101]).

ii)   En procédant sur la base de l'ample marge d'appréciation, la Cour a précisé les critères pertinents pour son analyse, notamment au vu de la divergence entre les intérêts des enfants et de leurs parents transgenres. Tout d'abord, en rappelant le principe essentiel selon lequel l'intérêt supérieur de l'enfant doit primer (*Mennesson c. France*[102]), la Cour a clarifié que l'intérêt de l'enfant doit être examiné de façon exhaustive, en tenant compte des conflits d'intérêts entre l'enfant et ses parents. À cet égard, la Cour a mis l'accent sur le fait qu'un tel examen ne doit pas être limité par la manière dont les intérêts de l'enfant ont été présentés par ses parents. En outre, doivent être pris en considération les possibles intérêts futurs de celui-ci ainsi que les intérêts des enfants qui se trouvent dans une situation comparable et auxquels les dispositions législatives en question s'appliquent également. En l'espèce, la Cour a souligné que le bien-être des enfants ne pouvait être examiné de manière individualisée en raison de leurs bas âges, lorsqu'il a fallu déterminer quelles informations consigner dans le registre des naissances. La Cour a noté que pour la Cour fédérale de justice, les intérêts des enfants se confondaient dans une certaine mesure avec l'intérêt général attaché à la fiabilité et à la cohérence de l'état civil, ainsi qu'à la sécurité juridique. La Cour a également entériné l'approche suivie par la haute juridiction allemande en mettant en avant, pour limiter le droit à l'identité de genre des parents concernés, les droits de l'enfant de connaître ses origines, à être élevé par ses deux parents et à être rattaché à eux de manière stable. La Cour fédérale de justice a souligné notamment que le rattachement juridique de l'enfant à ses parents suivant leurs fonctions procréatrices permettait à l'enfant d'être rattaché de manière stable et immuable à une mère et à un père qui ne changeraient pas, même dans l'hypothèse pas seulement théorique, où le parent transgenre demanderait l'annulation de la décision de changement de genre.

Deuxièmement, la Cour a relevé que le nombre de situations pouvant mener, lors de la présentation d'un acte de naissance des enfants, à la révélation de l'identité transgenre des parents concernés était limité. Notamment, des précautions étaient en place de nature à réduire les désagréments auxquels les parents transgenres pourraient être exposés. En particulier, il était possible d'obtenir un acte de naissance

---

100   *Christine Goodwin c. Royaume-Uni* [GC], n° 28957/95, §§ 86-88 et 91, CEDH 2002-VI.
101   *A.P., Garçon et Nicot c. France*, n°s 79885/12 et 2 autres, § 132, 6 avril 2017.
102   *Mennesson c. France*, n° 65192/11, § 81, CEDH 2014 (extraits).

reduce any inconvenience that the parents might face. In particular it was possible to obtain a birth certificate without any indication of the parents. Only a limited number of individuals, who would generally be aware of the transgender identity, were authorised to request a full copy of the birth certificate; anyone else had to show a legitimate interest. Moreover, besides the full birth certificate there were other documents which could be used containing no indication of gender change, for example if required by an employer, without revealing such information. The Court incidentally noted that the solutions proposed by the applicants would not have given them any greater protection against such disclosure. For example, in the event of the replacement of "mother" and "father" by "parent 1" and "parent 2", the indication "parent 1" would remain associated with the parent who gave birth to the child. Furthermore, if a single transgender parent were to be indicated as the father, without any mother being mentioned on the birth certificate, that might also raise questions as to that parent's status.

Lastly, the Court had regard to the fact that the biological relationship between the transgender parents and their children had not been called into question.

In the light of the foregoing, the Court found that the courts had struck a fair balance between the competing interests, in accordance with the requirements of Article 8 of the Convention.

The judgment in the case of *G.T.B. v. Spain*[103] concerned the positive obligation to facilitate "birth registration" of, and the obtention of identity documents by, a vulnerable minor, in the case of parental negligence The applicant, a Spanish national, was born to his Spanish mother in Mexico in 1985. His birth was not registered and shortly thereafter he and his mother were repatriated to Spain. When he was 12 years old, his mother applied to have his birth registered in Spain. Owing to her lack of diligence, but also to the onerous requests of the administration, the applicant's birth was not registered until 2006 when he was 21, allowing him to finally obtain identity documents.

Relying on Articles 3 and 8 of the Convention as well as on Article 2 of Protocol No. 1, the applicant complained about the suffering and difficulties, including in the educational and private sphere, of having been undocumented for many years in Spain. The Court considered the case from the standpoint of Article 8 and found a violation of that provision.

The judgment is noteworthy in a number of respects. In the first place, the Court stated that an individual's right to have his or her birth registered and to obtain, on that basis, access to identity documents was a protected interest under Article 8. Secondly, the Court specified the relevant considerations for striking a fair balance between public and private interests at stake in that connection. Thirdly, the Court established a positive obligation to facilitate the birth registration of, and the obtention of identity documents by, a vulnerable minor in the case of parental negligence. Finally, the Court developed a test for assessing whether the domestic authorities had complied with that positive obligation.

---

[103] *G.T.B. v. Spain*, no. 3041/19, 16 November 2023.

dépourvu de toute mention des parents. Seul un nombre restreint de personnes, ayant généralement connaissance du caractère transgenre de l'intéressé, étaient habilitées à demander une copie intégrale de l'acte de naissance, toute autre personne devant faire valoir un intérêt légitime pour en obtenir une. De plus, d'autres documents que l'acte de naissance complet ne contenant pas d'indications du changement de genre peuvent être utilisés, par exemple pour un employeur, afin de prévenir tout risque de divulgation de cette information. La Cour a également noté que les solutions proposées par les requérants ne les protégeraient pas davantage contre une divulgation. Par exemple, en cas du remplacement éventuel des termes « mère » et « père » par « parent 1 » et « parent 2 », le « parent 1 » resterait associé à la personne qui a donné naissance à l'enfant. La mention du parent transgenre célibataire comme père, en l'absence de mention d'une mère dans l'acte de naissance, est également de nature à soulever des questions sur son statut.

Enfin, la Cour a eu égard au fait que le lien de filiation entre les parents transgenres et leurs enfants n'a pas été mis en cause en soi.

Au vu de tous ces éléments, la Cour a conclu que les juridictions ont ménagé un juste équilibre entre tous les droits et les intérêts en jeu, conformément aux exigences de l'article 8 de la Convention.

L'arrêt *G.T.B. c. Espagne*[103] concerne l'obligation positive de faciliter l'« enregistrement d'une naissance » et l'obtention de pièces d'identité pour un mineur vulnérable en cas de négligence parentale.

Le requérant, un ressortissant espagnol, est né au Mexique en 1985 d'une mère espagnole. Sa naissance ne fut pas enregistrée et, peu de temps après, lui et sa mère furent rapatriés en Espagne. Lorsque l'intéressé avait douze ans, sa mère demanda à ce que sa naissance soit enregistrée en Espagne. Parce qu'elle avait manqué de diligence, mais aussi parce que les frais qu'auraient occasionnés les demandes de l'administration étaient élevés, la naissance du requérant ne fut enregistrée qu'en 2006, alors qu'il avait vingt et un ans, ce qui lui permit finalement d'obtenir des pièces d'identité.

Invoquant les articles 3 et 8 de la Convention ainsi que l'article 2 du Protocole n° 1, le requérant se plaignait de souffrances et des difficultés, notamment dans la sphère éducative et privée, qu'il aurait éprouvées tout au long de sa vie sans papiers pendant de nombreuses années en Espagne. La Cour a examiné l'affaire sous l'angle de l'article 8 de la Convention et a conclu à une violation de cette disposition.

L'arrêt est intéressant à de nombreux égards. Premièrement, la Cour dit que le droit pour un individu de faire enregistrer sa naissance et d'obtenir, sur cette base, l'accès à des pièces d'identité s'analyse en un intérêt protégé sur le terrain de l'article 8. Deuxièmement, elle précise les éléments à retenir pour ménager un juste équilibre entre les intérêts publics et privés qui sont en jeu. Troisièmement, elle pose une obligation positive de faciliter l'enregistrement de la naissance et l'obtention de pièces d'identité pour les mineurs vulnérables en cas de négligence parentale. Enfin, elle cerne un critère permettant de déterminer si les autorités nationales ont respecté cette obligation positive.

i) La Cour rappelle sa jurisprudence selon laquelle les obstacles à l'obtention de

---

[103] *G.T.B. c. Espagne*, n° 3041/19, 16 novembre 2023.

(i) The Court reiterated its case-law to the effect that obstacles in obtaining birth registration, and the resulting lack of access to identity documents, could have a serious impact on a person's sense of identity as an individual human being (*Mennesson v. France*[104]) and on personal autonomy (*Christine Goodwin v. the United Kingdom*[105]), which could cause significant problems in a person's daily life, in particular at the administrative (*M. v. Switzerland*[106]) and educational levels. The importance of obtaining a registration of birth and, consequently, other valid identity documents had been underlined by other international bodies, notably the UN Committee on the Rights of the Child.[107] On this basis, the Court concluded that the right to respect for private life under Article 8 should be seen as including, in principle, an individual right to have one's birth registered and consequently, where relevant, to have access to other identity documents.

(ii) The Court went on to outline the important public interests at stake in the process of birth registration, such as safeguarding the consistency and reliability of civil registries and, more broadly, legal certainty, which interests justified strict procedures to register a birth, in particular when it had taken place outside the relevant State's territory, as in the instant case. States therefore enjoyed a wide margin of appreciation in that respect, which covered substantive and procedural requirements imposed on the individual seeking to obtain a birth certificate. At the same time, some adaptability of the standard procedures might be required when it was imperative in the circumstances to safeguard important interests protected under Article 8, such as the right to a recognised identity.

(iii) The Court underlined the following specific features of the instant case: in the first place, the applicant's only available parent had failed to act diligently and, secondly, the applicant was particularly vulnerable given various health and social factors (a minor with a record of psychological disorders and psychiatric conditions). The Court observed that the applicant's lack of identity documents had had, at least to some extent, an impact on his ability to pursue academic studies and training. It had also made it impossible for him to secure stable employment contracts, which had affected his ability to organise his private and family life and had contributed to increasing his anxiety and distress. Drawing on its constant case- law on the paramount importance to act in the best interests of the child, the Court concluded that the authorities had been under a positive obligation under Article 8 to act with due diligence to assist the applicant, a vulnerable minor, who had been unable to obtain his birth certificate and identity documents, resulting from his parent's negligence.

---

104 *Mennesson v. France*, no. 65192/11, § 96, ECHR 2014 (extracts).
105 *Christine Goodwin v. the United Kingdom* [GC], no. 28957/95, § 91, ECHR 2002-VI.
106 *M. v. Switzerland*, no. 41199/06, § 57, 26 April 2011.
107 See General comment No. 13 (2011) on The right of the child to freedom from all forms of violence and General comment No. 7 (2005) on Implementing child rights in early childhood. See also, Thematic Report of the Office of the UN High Commissioner for Human Rights "Birth registration and the right of everyone to recognition everywhere as a person before the law"; and UNICEF's report "Every child's birth right".

l'enregistrement des naissances, et le défaut d'accès aux pièces d'identité qui en résulte, peuvent avoir de graves conséquences sur le sentiment d'identité d'une personne en tant qu'être humain (*Mennesson c. France*[104]), et s'analyser en une ingérence dans son autonomie (*Christine Goodwin c. Royaume-Uni*[105]) qui peut être source de problèmes importants dans sa vie quotidienne, notamment au niveau de l'administration (*M. c. Suisse*[106]) et de l'enseignement. D'autres organismes internationaux, comme le Comité des droits de l'enfant des Nations unies[107], ont souligné qu'il était important d'obtenir l'enregistrement de la naissance et, par voie de conséquence, des pièces d'identité valables. Sur cette base, la Cour a conclu que le droit au respect de la vie privée garanti par l'article 8 est réputé inclure, en principe, le droit individuel de faire enregistrer sa naissance et, par conséquent, le cas échéant, d'avoir accès à des pièces d'identité.

ii)   La Cour expose ensuite les intérêts publics importants en jeu dans le processus d'enregistrement des naissances, tels que la préservation de la cohérence et de la fiabilité des registres d'état civil et, plus largement, de la sécurité juridique, intérêts qui justifient des procédures strictes d'enregistrement des naissances, notamment lorsqu'elle a eu lieu en dehors du territoire de l'État concerné, comme en l'espèce. Les États bénéficient donc à cet égard d'une marge d'appréciation étendue, qui englobe les conditions de fond et de forme que respecter toute personne cherchant à obtenir un acte de naissance. En revanche, une certaine souplesse dans les procédures habituelles peut s'imposer lorsqu'il est impératif, au vu des circonstances, de sauvegarder d'importants intérêts protégés par l'article 8, tels que le droit à une identité reconnue.

iii)   La Cour met en avant les particularités suivantes de la présente affaire : d'une part, le seul parent disponible du requérant n'a pas agi avec diligence et, d'autre part, ce dernier était particulièrement vulnérable compte tenu de divers facteurs médicaux et sociaux (c'était un mineur avec des antécédents de troubles psychologiques et d'affections psychiatriques). Elle observe que l'absence de pièces d'identité a eu, au moins dans une certaine mesure, une incidence sur la capacité du requérant à poursuivre des études et une formation universitaires. Le requérant était également incapable de ce fait d'obtenir des contrats de travail stables, ce qui a nui à sa capacité à organiser sa vie privée et familiale et a contribué à aggraver son anxiété et sa détresse. S'appuyant sur sa jurisprudence constante sur l'importance primordiale d'agir dans l'intérêt supérieur de l'enfant, la Cour conclut que les autorités avaient l'obligation positive, au titre de l'article 8, d'agir avec la diligence voulue pour assister le requérant, un mineur vulnérable, qui ne pouvait pas obtenir son acte de naissance et des pièces d'identité à cause de la négligence de ses parents.

iv)   Enfin, la Cour détermine si les autorités internes ont respecté cette obligation

---

104   *Mennesson c. France*, n° 65192/11, § 96, CEDH 2014 (extraits).
105   *Christine Goodwin c. Royaume-Uni* [GC], n° 28957/95, § 91, CEDH 2002-VI.
106   *M. c. Suisse*, n° 41199/06, § 57, 26 avril 2011.
107   Voir Observation générale n° 13 (2011) sur le droit de l'enfant d'être protégé contre toutes les formes de violence et Observation générale n° 7 (2005) sur la mise en œuvre des droits de l'enfant dans la petite enfance. Voir aussi le rapport thématique du Haut Commissariat des Nations unies aux droits de l'homme « Enregistrement des naissances et droit de chacun à la reconnaissance en tout lieu de sa personnalité juridique » ; rapport de l'UNICEF « Every child's birth right ».

(iv) Finally, the Court responded to two questions to determine whether the domestic authorities had complied with that positive obligation.

In the first place, the point in time at which it could have been said that the authorities had been sufficiently aware of the particular situation and could have reasonably been expected to have taken active measures. In the instant case, the authorities had been apprised of the applicant's vulnerable situation for most of his life and had become aware of his difficulties in registering his birth in mid-1999, when the procedure had had to be suspended because of the impossibility of summoning his mother. The Court found, however, that the positive obligation to assist the applicant had arisen in 2002, when it had become clear that, despite the authorities' repeated requests, the applicant's mother would not be able to produce documents other than those she had already submitted.

Secondly, whether the public authorities had taken sufficiently adequate and timely action to discharge their positive obligation. Disregarding the particular vulnerability of the applicant, the authorities had merely insisted on his mother's responsibility to comply with all the legally established criteria, notwithstanding their awareness that she had not acted with full diligence in the past and that no further documents concerning the applicant's birth in Mexico would be found. As a result, four years had elapsed between the moment when it became apparent that the applicant's mother could not provide any further documents to register her son's birth, and its actual registration. There was no justification for this delay. The Court concluded that the domestic authorities had failed to discharge their positive obligation to assist the applicant in having his birth registered and, as a consequence, to obtain identity documents.

Freedom of thought, conscience and religion (Article 9)

Manifest one's religion or belief

In response to a request submitted by the Belgian Conseil d'État, the Court delivered its advisory opinion[108] on 14 December 2023, which concerned the question whether an individual may be denied authorisation to work as a security guard or officer on account of being close to, or belonging to, a religious movement considered by the national authorities to be dangerous.

The request for an Advisory Opinion arose in the context of proceedings pending in the Belgian Conseil d'État concerning a decision of the Minister of the Interior to withdraw, from a Belgian national, S.B., an identification card entitling him to work as a security guard on the Belgian railway network and to refuse to issue him with a second card for a similar function. That decision was based on the

---

108 *Advisory opinion as to whether an individual may be denied authorisation to work as a security guard or officer on account of being close to, or belonging to, a religious movement* [GC], request no. P16-2023-001, Belgian Conseil d'État, 14 December 2023. See also under Article 1 of Protocol No. 16 (Advisory Opinions) below.

positive en répondant à deux questions.

En premier lieu, à quel moment peut-on dire que les autorités étaient suffisamment au fait de la situation en question et étaient-elles raisonnablement censées prendre des mesures positives ? En l'espèce, les autorités ont eu connaissance de la situation vulnérable du requérant pendant la majeure partie de sa vie et elles savaient qu'il avait des difficultés à faire déclarer sa naissance à la mi-1999, date à laquelle la procédure a dû être suspendue parce qu'il était impossible de convoquer sa mère. La Cour estime cependant que l'obligation positive d'assister le requérant est née en 2002, lorsqu'il était devenu clair que, malgré les demandes répétées des autorités, la mère du requérant ne serait pas en mesure de produire d'autres documents que ceux qu'elle avait déjà remis.

En second lieu, les pouvoirs publics ont-ils pris des mesures suffisamment adéquates et en temps voulu pour s'acquitter de leur obligation positive ? Sans tenir compte de la vulnérabilité particulière du requérant, les autorités se sont contentées d'insister sur la responsabilité de sa mère, censée selon elles respecter tous les critères établis par la loi, alors même qu'elles savaient qu'elle n'avait pas agi avec toute la diligence nécessaire dans le passé et qu'aucun autre document concernant la naissance du requérant au Mexique ne serait retrouvé. Quatre années se sont donc écoulées entre le moment où il est apparu que la mère du requérant ne pouvait pas fournir d'autres documents pour faire enregistrer la naissance de son fils et l'enregistrement effectif de celle-ci. Rien ne justifiait ce retard. La Cour conclut que les autorités internes ont manqué à leur obligation positive d'aider le requérant à faire enregistrer sa naissance et, par conséquent, à obtenir des pièces d'identité.

Liberté de pensée, de conscience et de religion (article 9)

Manifester sa religion ou sa conviction

En réponse à la demande formulée par le Conseil d'État belge en vertu du Protocole n° 16, la Cour a rendu son avis consultatif[108] le 14 décembre 2023. Celui-ci concerne la question de savoir si une personne peut se voir interdire d'exercer la profession d'agent de gardiennage en raison de sa proximité ou de son appartenance à un mouvement religieux considéré par les autorités nationales comme dangereux.

Cette demande d'avis consultatif s'inscrivait dans le contexte d'une procédure juridictionnelle pendante devant le Conseil d'État belge. Elle avait pour objet une décision du ministère de l'Intérieur de retirer à un ressortissant belge, S.B., une carte d'identification, qui lui permettait d'exercer des fonctions d'agent de sécurité sur les chemins de fer belges, et de lui refuser une seconde carte d'identification en tant qu'agent de gardiennage. Cette décision était motivée par le fait que, d'après les informations détenues par les services de renseignement, S.B. était un partisan de l'idéo-

---

[108] *Avis consultatif sur le refus d'autoriser une personne à exercer la profession d'agent de sécurité ou de gardiennage en raison de sa proximité avec un mouvement religieux ou de son appartenance à celui-ci* [GC], demande n° P16-2023-001, Conseil d'État de Belgique, 14 décembre 2023. Voir aussi sous l'article 1 du Protocole n° 16 (Avis consultatifs) ci-dessous.

fact that, according to the information held by the intelligence services, S.B. was a follower of the "scientific" Salafist movement, he frequented other followers thereof and he engaged in proselytising, by electronic means, among friends and family. Since scientific Salafism was, according to the authorities, incompatible with the Belgian model of society (community segregation, questioning the legitimacy of secular law, undermining the fundamental rights of fellow citizens and a backward view of women's role, and so on), was harmful to the basic democratic values of a State governed by the rule of law and represented a threat to the country in the medium to long term, S.B. did not fulfil the statutory conditions to work as a security guard, particularly in terms of respect for fundamental rights and democratic values, integrity, loyalty and ensuring there was no risk for the security of the State or public order. On an application by S.B., the Conseil d'État noted that the file was lacking in concrete and precise facts imputable to him, such as to show that he might put religious imperatives before strict respect for legality or that he might discriminate against certain categories of people for religious reasons. It was on that basis that the Conseil d'État put the following question to the Court for an advisory opinion:

> Does the mere fact of being close to or belonging to a religious movement that, in view of its characteristics, is considered by the competent administrative authority to represent a threat to the country in the medium to long term, constitute a sufficient ground, in the light of Article 9 § 2 (right to freedom of thought, conscience and religion) of the Convention, for taking an unfavourable measure against an individual, such as a ban on employment as a security guard?

In this its seventh advisory opinion under Protocol No. 16, the Court responded to the question whether Article 9 of the Convention would allow the authorities to rely on the mere fact that an individual was close to or belonged to a religious movement, considered to be extremist and dangerous, even though he or she had not committed any offence or professional misconduct, in order to justify an unfavourable measure like the one at issue in the domestic proceedings.

(i) The Court reasserted the distinction between the two aspects of Article 9, one concerning the right to hold a belief (the *forum internum* of each person, an absolute and unqualified right) and the right to manifest one's belief (the *forum externum* with its potential restrictions under the second paragraph of Article 9 (see *Ivanova v. Bulgaria*,[109] and *Mockutė v. Lithuania*[110]). As to the fact of "being close to" or "belonging to" a movement or an ideological orientation, the Court stressed the need to ensure, in the particular circumstances of each case, whether the accusation against the individual related to the *forum internum* or the *forum externum* and thus, in other words, whether it was mere adherence in thought or a more concrete manifestation of such adherence through acts. The Court found the notion of "being close" too

---

109 *Ivanova v. Bulgaria*, no. 52435/99, § 79, 12 April 2007.
110 *Mockutė v. Lithuania*, no. 66490/09, § 119, 27 February 2018.

logie du « salafisme scientifique », qu'il entretenait des contacts avec des individus de la même mouvance et qu'il se livrait à des actes de prosélytisme parmi ses proches par des moyens de communication électroniques. Or, dès lors que le salafisme scientifique était incompatible avec le modèle de la société belge (le communautarisme, la légitimité du droit séculier, les droits fondamentaux des concitoyens, le rôle des femmes, etc.), qu'il portait atteinte aux valeurs démocratiques essentielles de l'État de droit et qu'il constituait une menace à moyen et long terme pour le pays, S.B. ne remplissait plus les conditions fixées par la loi pour exercer une profession d'agent de sécurité ou de gardiennage, notamment le respect des droits fondamentaux et des valeurs démocratiques, l'intégrité, la loyauté et l'absence de risques pour la sécurité de l'État ou l'ordre public. Saisi par S.B., le Conseil d'État releva l'absence dans le dossier de faits concrets, précis et imputables à l'intéressé montrant que celui-ci ferait prévaloir des impératifs religieux sur le strict respect de la légalité ou qu'il traiterait de manière discriminatoire certaines catégories de personnes pour des motifs d'ordre religieux. C'est sur la base de ce constat que le Conseil d'État sollicita de la Cour un avis consultatif sur la question suivante :

> La seule proximité ou appartenance à un mouvement religieux, considéré par l'autorité administrative compétente, compte tenu de ses caractéristiques, comme présentant à moyen ou à long terme une menace pour le pays, constitue-t-elle au regard de l'article 9 § 2 (droit à la liberté de pensée, de conscience et de religion) de la Convention un motif suffisant pour prendre une mesure défavorable à l'encontre de quelqu'un, telle que l'interdiction d'exercer la profession d'agent de gardiennage ?

Dans le septième avis consultatif qu'elle rend au titre du Protocole n° 16, la Cour répond à la question de savoir si l'article 9 de la Convention permettait aux autorités d'invoquer la seule proximité ou appartenance d'une personne à un mouvement religieux considéré comme extrémiste et dangereux, sans que l'intéressé ait commis une infraction ou un manquement professionnel quelconques, pour justifier une mesure défavorable comme celle en l'espèce.

i)   La Cour réaffirme la distinction entre les deux volets de l'article 9 relatifs, respectivement, au droit d'avoir une conviction (concernant le for interne de chaque personne, absolu et inconditionnel) et au droit de la manifester (relevant du for externe et susceptible de subir des ingérences conformément au second paragraphe de l'article 9 ; voir *Ivanova c. Bulgarie*[109], et *Mockutė c. Lituanie*[110]). Quant à « la proximité » ou « l'appartenance » à un mouvement ou un courant d'idées, la Cour insiste sur la nécessité de s'assurer, dans les circonstances particulières de chaque espèce, si ce qui est reproché à l'intéressé relève du for interne ou du for externe ou, en d'autres termes, s'il s'agit d'un simple ralliement par la pensée ou plutôt d'une manifestation concrète de ce ralliement à travers des actes. À cet égard, la Cour juge la notion de « proximité » trop incertaine et préfère se concentrer sur celle d'« appartenance » qui, elle, n'a trait qu'au for externe.

---

109   *Ivanova c. Bulgarie*, n° 52435/99, § 79, 12 avril 2007.
110   *Mockutė c. Lituanie*, n° 66490/09, § 119, 27 février 2018.

uncertain and preferred to focus on "belonging", which related only to the *forum externum*.

(ii) The Court declared, for the first time, that activities on the internet and on social media might in principle constitute a "manifestation" of a religion or a belief – in the form of "worship", "teaching" (encompassing the right to try to convince one's neighbour), "practice" and "observance" – and were thus protected by Article 9 of the Convention.

(iii) The Court recognised that the established fact that an individual belonged to a religious movement that, in view of its characteristics, was considered by the competent administrative authority to represent a threat, in the medium to long-term, to a democratic society and its values, might in principle justify a preventive measure against that person. However, it lay down a series of conditions that such a measure had to satisfy in order to be compatible with Article 9, namely:

(a) The measure had to have an accessible and foreseeable legal basis.

(b) The measure had to be adopted in the light of the conduct or acts of the individual concerned.

(c) The measure had to have been taken for the purpose of averting a real and serious risk for democratic society, and had to pursue one or more of the legitimate aims under Article 9 § 2 of the Convention. The assessment as to whether the risk was real and likely to materialise, and also as to its scale, was a matter for the competent national authorities. It had to be carried out in the light of the nature of the person's duties on the one hand, and of the substance of the beliefs or ideology in question, on the other, also having regard to the character of the person concerned and his or her background, actions, role and degree of adherence to the relevant religious movement. The Court explained that although the absence of any professional misconduct on the part of the individual, or of any criminal complaints recorded against him or her, or of any measures taken against the movement (dissolution or ban), should be taken into account, those factors would not necessarily be decisive.

(d) The measure had to be proportionate to the risk that it sought to avert and to the legitimate aim or aims that it pursued, which meant ensuring that the aim could not be attained by means of less intrusive or radical measures.

(e) It had to be possible for the measure to be referred to a judicial authority for a review that was independent, effective and surrounded by appropriate procedural safeguards, such as to ensure compliance with the requirements listed above.

(iv) The Court emphasised that, in any event, the authorities had to avoid any form of discrimination prohibited under Article 14 of the Convention in access to employment, particularly that based on religion, under the guise of protecting the values of a democratic society.

ii) La Cour déclare, pour la première fois, que des activités sur l'Internet et des réseaux sociaux peuvent en principe constituer une « manifestation » d'une religion ou d'une conviction – sous la forme du « culte », de « l'enseignement » (comprenant le droit d'essayer de convaincre son prochain), des « pratiques » et de « l'accomplissement des rites » – et, dès lors, être protégées par l'article 9 de la Convention.

iii) La Cour reconnaît que l'appartenance avérée d'une personne exerçant des fonctions sensibles à un mouvement religieux considéré par les autorités nationales compétentes, compte tenu de ses caractéristiques, comme présentant un risque à moyen ou à plus long terme pour une société démocratique et ses valeurs, peut, en principe, justifier une mesure prise à titre préventif à l'encontre de l'intéressé. Elle définit cependant une série de conditions auxquelles une telle mesure préventive doit répondre pour être compatible avec l'article 9, à savoir :

a) La mesure préventive doit reposer sur une base légale accessible et prévisible, au sens de la jurisprudence de la Cour.

b) Elle doit être adoptée eu égard au comportement ou aux actes de la personne concernée.

c) Elle doit être prise en vue de prévenir la réalisation d'un risque réel et sérieux pour la société démocratique et servir un ou plusieurs buts légitimes au sens de l'article 9 § 2 de la Convention. L'appréciation de la réalité et de l'ampleur du risque et de la probabilité de sa survenance revient aux autorités nationales compétentes ; elle doit se faire, d'un côté, en tenant compte de la nature des tâches professionnelles de la personne visée, et, de l'autre côté, à la lumière du contenu des croyances ou de l'idéologie en question, ainsi que de la personnalité de l'intéressé, de ses antécédents, de ses actions, de son rôle et de son degré d'appartenance au mouvement religieux en question. À cet égard, la Cour précise que l'absence de manquements professionnels ou de plaintes à charge de l'intéressé, ainsi que l'absence de mesures répressives (dissolution ou interdiction) à l'encontre du mouvement, sont des éléments à prendre en compte mais pas nécessairement décisifs.

d) Elle doit être proportionnée au risque qu'elle entend prévenir ainsi qu'au(x) but(s) légitime(s) qu'elle est destinée à poursuivre, ce qui suppose de s'assurer qu'ils ne puissent pas être atteints à l'aide de mesures moins intrusives ou radicales.

e) Elle doit pouvoir être soumise à un contrôle juridictionnel indépendant, effectif et entouré de garanties procédurales adéquates quant au respect des conditions énumérées ci-dessus.

iv) La Cour souligne qu'en tout état de cause les autorités doivent éviter toute forme de discrimination prohibée par l'article 14 de la Convention dans l'accès à l'emploi, notamment celle qui serait fondée sur la religion, sous couvert de protéger les valeurs d'une société démocratique.

Freedom of expression (Article 10)

Freedom of expression

The judgment in *Halet v. Luxembourg*[111] concerned the protection of whistle-blowers.

A former employee (A.D.) of Pricewaterhouse-Coopers (PwC), a private company, disclosed several hundred confidential tax documents to the media. They were published by various media outlets to draw attention to highly advantageous tax agreements concluded between PwC (acting on behalf of multinational companies) and the Luxembourg tax authorities (the so-called "Luxleaks" affair). Following those revelations, the applicant, who was also a PwC employee, handed over to a journalist several tax returns of multinational companies, which were used in a television programme. The applicant was dismissed by PwC. He was also sentenced to a criminal fine of 1,000 euros, the whistle-blower defence having been refused to him even though he had been acquitted on that basis.

A Chamber of the Court found no violation of Article 10: the applicant's disclosure had been of insufficient public interest to counterbalance the harm caused to the company, and the sanction was a proportionate one. The Grand Chamber disagreed and found a breach of this provision.

The Grand Chamber judgment is noteworthy in that the Court confirmed and consolidated the principles concerning the protection of whistle-blowers. In doing so, it refined and clarified the criteria identified in *Guja v. Moldova*,[112] having regard to the current European and international context as well as to the specific features of the instant case (a breach of the statutory obligation to observe professional secrecy, as well as prior revelations by a third party concerning the same activities of the same employer).

(i) In view of the lack of an unequivocal legal definition at international and European level, the Court refrained from providing an abstract and general definition of the concept of "whistle- blower". However, it confirmed the three pertinent elements for the application of the relevant regime of protection: first, whether the employee or civil servant concerned was the only person, or part of a small category of persons, aware of what was happening at work (*Guja*, cited above, § 72, and *Heinisch v. Germany*[113]); secondly, the duty of loyalty, reserve and discretion inherent in a work-based relationship and, where appropriate, the obligation to comply with a statutory duty of secrecy; and, thirdly, the position of economic vulnerability vis- à-vis the person, public institution or enterprise on which they depended for employment and the risk

---

111 *Halet v. Luxembourg* [GC], no. 21884/18, 14 February 2023.
112 *Guja v. Moldova* [GC], no. 14277/04, ECHR 2008.
113 *Heinisch v. Germany*, no. 28274/08, § 63, ECHR 2011 (extracts).

Liberté d'expression (article 10)

Liberté d'expression

L'arrêt *Halet c. Luxembourg*[111] concerne la protection des lanceurs d'alerte.

Un ancien employé (A.D.) de la société privée PricewaterhouseCoopers (PwC) transmit à un journaliste (E.P.) plusieurs centaines de documents fiscaux confidentiels en vue de divulguer l'information qui y était contenue. Ces documents furent publiés par différents médias afin d'attirer l'attention sur des accords fiscaux très avantageux conclus entre PwC (agissant pour le compte de sociétés multinationales) et les autorités fiscales luxembourgeoises (ce qui déclencha l'affaire dite « Luxleaks »). À la suite des révélations qui en résultèrent, le requérant, également employé de PwC, remit à E.P. plusieurs déclarations fiscales de sociétés multinationales, lesquelles furent ensuite utilisées dans le cadre d'une émission télévisée. Le requérant fut licencié par PwC. Il fut également condamné à une amende pénale de 1 000 euros, après s'être vu refuser le bénéfice de la protection accordée aux lanceurs d'alerte, même si A.D. fut acquitté sur le fondement de cette protection.

Une chambre de la Cour a conclu à la non-violation de l'article 10 au motif que les informations divulguées ne présentaient pas un intérêt public suffisant pour contrebalancer le préjudice causé à la société et que la sanction prononcée était proportionnée. En désaccord avec la chambre, la Grande Chambre a conclu à la violation de cette disposition.

L'intérêt de cet arrêt de Grande Chambre réside dans le fait que la Cour y confirme et consolide les principes relatifs à la protection des lanceurs d'alerte. Ce faisant, elle affine et clarifie les critères définis dans l'arrêt *Guja c. Moldova*[112] à la lumière du contexte européen et international actuel ainsi que des caractéristiques particulières du cas d'espèce (un manquement à une obligation légale de respecter le secret professionnel, ayant fait suite à de précédentes révélations par un tiers concernant les mêmes activités du même employeur).

i) En l'absence d'une définition juridique univoque en droit international et européen, la Cour s'abstient de consacrer une définition abstraite et générale de la notion de « lanceur d'alerte ». Toutefois, elle confirme que trois éléments sont pris en compte pour l'application du régime de protection correspondant : premièrement, la question de savoir si le salarié ou le fonctionnaire concerné est seul à savoir – ou fait partie d'un petit groupe dont les membres sont seuls à savoir – ce qui se passe sur son lieu de travail (*Guja*, § 72, précité, et *Heinisch c. Allemagne*[113]) ; deuxièmement, l'existence d'un devoir de loyauté, de réserve et de discrétion inhérent à la relation de travail et, le cas échéant, d'une obligation légale de respecter un secret ; et, troisièmement, la position de vulnérabilité économique vis-à-vis de la personne, de l'institution publique ou de l'entreprise dont ils dépendent pour leur travail, ainsi que le risque de subir des représailles de la part de celle-ci. S'appuyant sur la Recommandation du Comité

---

111   *Halet c. Luxembourg* [GC], n° 21884/18, 14 février 2023.
112   *Guja c. Moldova* [GC], n° 14277/04, CEDH 2008.
113   *Heinisch c. Allemagne*, n° 28274/08, § 63, CEDH 2011 (extraits).

of suffering retaliation from them. Relying on the Recommendation of the Committee of Ministers of the Council of Europe on the protection of whistleblowers, the Court clarified that it was the de facto working relationship of the whistle-blower, rather than his or her specific legal status, which was decisive. Finally, the assessment of whether a person was to be protected as a whistle-blower would follow the usual case-by-case approach taking account of the circumstances and specific context of each case.

(ii) Turning to the *Guja* criteria, the Court reconfirmed its approach of verifying compliance with each criterion taken separately, without establishing a hierarchy between them or an order of examination, and it also refined certain of these criteria as follows:

(a) Channels used to make the disclosure – While priority should be given to the internal hierarchical channel, certain circumstances might justify the direct use of "external reporting", such as the media. This was particularly the case where the internal disclosure channel was unreliable or ineffective; where the whistle-blower was likely to be exposed to retaliation; or where the relevant information pertained to the very essence of the activity of the employer concerned (particularly where the activity in issue was not in itself illegal, as had been the case with the present tax-optimisation practices).

Neither (b) the authenticity of the disclosed information nor (c) the applicant's good faith were in issue in the present case, and the Court confirmed the established case-law principles in those respects (for example, *Gawlik v. Liechtenstein*[114]).

(d) Public interest in the disclosed information – This concept was to be assessed in the light of both the content of the disclosed information and the principle of its disclosure. The assessment of the public interest in disclosure necessarily had to have regard to the interests that the duty of secrecy was intended to protect (especially where the disclosure also concerned third parties). Having regard to the range of information of public interest that could fall within the scope of whistle-blowing, the Court indicated that the weight of the public interest in the disclosed information would decrease depending on whether the information related to unlawful acts or practices; to reprehensible acts, practices or conduct; or to a matter that sparked a debate giving rise to controversy as to whether or not there was harm to the public interest. Information capable of being considered of public interest might also, in certain cases, concern the conduct of private parties, such as companies. The public interest also had to be assessed at the supranational (European or international) level or with regard to other States and their citizens. In sum, the assessment of that criterion had to take account of the circumstances of each case and the context in which it had occurred.

In the specific context of the instant case involving prior revelations, the Court clarified that the sole fact that a public debate had already been under way when the disclosure had taken place could not, of itself, rule out the possibility that the

---

114   *Gawlik v. Liechtenstein*, no. 23922/19, 16 February 2021.

des Ministres du Conseil de l'Europe sur la protection des lanceurs d'alerte, la Cour précise clairement que c'est la relation de travail de facto dans laquelle s'inscrit le lancement d'alerte, plutôt que le statut juridique spécifique du lanceur d'alerte, qui est déterminante. Enfin, elle indique que l'appréciation du point de savoir si une personne doit bénéficier d'une protection en qualité de lanceur d'alerte résulte de l'approche au cas par cas habituelle, tenant compte des circonstances et du contexte propres à chaque espèce.

ii) Concernant les critères établis dans l'arrêt *Guja*, la Cour confirme son approche consistant à examiner leur respect de manière autonome, sans établir de hiérarchie entre eux ni se prononcer sur leur ordre d'examen. Elle affine également certains de ces critères comme suit :

a) *Moyens utilisés pour procéder à la divulgation* – Si les canaux hiérarchiques internes de signalement doivent en principe être privilégiés, certaines circonstances peuvent justifier le recours direct à une « voie externe de dénonciation » telle que les médias. Il en est notamment ainsi lorsque la voie de divulgation interne manque de fiabilité ou d'effectivité, que le lanceur d'alerte risque de s'exposer à des représailles ou lorsque l'information qu'il entend divulguer porte sur l'essence même de l'activité de l'employeur concerné (en particulier lorsque l'activité dénoncée n'est pas en elle-même illégale, comme c'était le cas des pratiques d'optimisation fiscale en l'espèce).

Ni b) *l'authenticité de l'information divulguée* ni c) *la bonne foi du requérant* n'étaient en cause en l'espèce, et la Cour confirme les principes bien établis de sa jurisprudence sur ces points (par exemple, *Gawlik c. Liechtenstein*[114]).

d) *L'intérêt public que présente l'information divulguée* – La Cour rappelle que cette notion s'apprécie autant au regard du contenu de l'information divulguée que du principe de sa divulgation. L'appréciation de l'intérêt public de la divulgation d'informations protégées par un secret doit nécessairement s'effectuer compte tenu des intérêts que ce dernier vise à protéger (en particulier lorsque la divulgation porte sur des informations concernant également des tiers). Eu égard au périmètre des informations d'intérêt public susceptibles de relever du champ du lancement d'alerte, la Cour indique que le poids de l'intérêt public de l'information divulguée va décroissant selon que l'information divulguée porte sur des actes ou pratiques illicites, des actes, des pratiques ou des comportements répréhensibles, ou sur une question nourrissant un débat suscitant des controverses sur l'existence ou non d'une atteinte à l'intérêt public. Les informations susceptibles d'être reconnues d'intérêt public peuvent aussi, dans certains cas, porter sur le comportement d'acteurs privés, telles les entreprises. En outre, certaines informations peuvent présenter un intérêt public à une échelle supranationale (européenne ou internationale) ou pour des États tiers et leurs citoyens. En somme, l'appréciation de ce critère doit tenir compte des circonstances de chaque affaire et du contexte dans lequel elle s'inscrit.

Dans le contexte propre à cette affaire, où la divulgation litigieuse avait fait suite à de précédentes révélations, la Cour précise que la seule circonstance qu'un débat public était déjà en cours au moment où la divulgation a eu lieu ne saurait en soi exclure que ces informations puissent, elles aussi, présenter un intérêt public :

---

114   *Gawlik c. Liechtenstein*, n° 23922/19, 16 février 2021.

disclosed information might also have been of public interest: the purpose of whistle-blowing was not only to uncover and draw attention to information of public interest, but also to bring about change, which sometimes required that the alarm be raised several times on the same subject. By helping the general public to form an informed opinion on a subject of great complexity, the tax returns disclosed by the applicant had contributed to the transparency of the tax practices of multinational companies seeking to shift profits to low-tax countries, as well as the political choices made in Luxembourg in this regard. The disclosure had therefore been in the public interest, not only in Luxembourg, but also in Europe and in the other States whose tax revenues could be affected by the said practices. As to the weight of that public interest, the Court noted the important economic and social issues involved in view of the place now occupied by global multinational companies.

(e) Detriment caused – The Court fine-tuned the terms of the balancing exercise to be conducted, clarifying that, over and above the sole detriment to the employer, account should be taken of the detrimental effects taken as a whole, in so far as these could affect private interests (including those of third parties) and public ones (for example, the wider economic good or citizens' confidence in the fairness and justice of the fiscal policies of States). The domestic court having focused solely on the harm sustained by PwC, the Court therefore had regard also to the harm caused to the private interests of PwC's customers and to the public interests involved (for example, the public interest in preventing/punishing the theft of data and in preserving professional secrecy).

Having conducted the balancing exercise, the Court concluded that the public interest in the disclosure in issue outweighed all of the detrimental effects taking into account, in particular, the above findings as to the importance (at national and European level) of the public debate on the tax practices of multinational companies to which the information disclosed had made an essential contribution.

(f) Severity of the sanction – While the use of criminal proceedings had been found to be incompatible with the exercise of the whistle- blower's freedom of expression, the Court observed, however, that in many instances, depending on the content of the disclosure and the nature of the duty of confidentiality or secrecy breached by it, the conduct of the person concerned could legitimately amount to a criminal offence. Moreover, neither the letter of Article 10 nor the Court's case-law ruled out the possibility that one and the same act could give rise to a combination of sanctions or lead to multiple repercussions, whether professional, disciplinary, civil or criminal. In the present case, having regard to the nature of the penalties imposed and the seriousness of their cumulative effect and, in particular, the chilling effect, the Court considered that the applicant's criminal conviction had been disproportionate.

As a result of a global analysis of all the *Guja* criteria, the Court found that the interference with the applicant's right to freedom of expression, in particular his freedom to impart information, had not been "necessary in a democratic society" and was in breach of Article 10 of the Convention.

le lancement d'alerte vise non seulement à mettre à jour et attirer l'attention sur des informations présentant un intérêt public, mais cherche également à faire évoluer la situation, ce qui demande parfois plusieurs alertes sur le même sujet. En aidant le public à se former une opinion éclairée sur un sujet d'une grande complexité, les déclarations fiscales divulguées par le requérant ont ainsi contribué à la transparence des pratiques fiscales de multinationales cherchant à bénéficier d'implantations là où la fiscalité est la plus avantageuse ainsi qu'à l'information du public sur les choix opérés au Luxembourg en la matière. La divulgation en cause a donc présenté un intérêt public, non seulement au Luxembourg, mais également en Europe et dans les autres États dont les recettes fiscales pouvaient se trouver affectées par les pratiques révélées. En ce qui concerne le poids de l'intérêt public s'attachant à cette divulgation, la Cour relève l'importance des enjeux économiques et sociaux en cause et le rôle que jouent désormais les multinationales de dimension mondiale dans ces domaines.

e) *Préjudice causé* – La Cour affine les termes de l'opération de mise en balance à effectuer entre les intérêts concurrents en jeu et précise que, au-delà du seul préjudice causé à l'employeur, il convient de prendre en compte l'ensemble des effets dommageables, qui peuvent affecter des intérêts privés (notamment ceux de tiers) et publics (tels que notamment le bien économique en général ou la confiance des citoyens dans l'équité et la justice des politiques fiscales des États). Relevant qu'en l'espèce, la juridiction interne s'est seulement attachée au préjudice subi par PwC, la Cour prend également en compte les atteintes portées aux intérêts privés des clients de PwC ainsi qu'aux intérêts publics en jeu (notamment l'intérêt public qui s'attache à la prévention et à la sanction du vol de données et au respect du secret professionnel).

Procédant elle-même à la mise en balance des intérêts en présence, la Cour conclut que l'intérêt public attaché à la divulgation litigieuse l'emporte sur l'ensemble des effets dommageables compte tenu, notamment, du constat opéré par elle relativement à l'importance, à l'échelle tant nationale qu'européenne, du débat public sur les pratiques fiscales des sociétés multinationales auquel les informations divulguées ont apporté une contribution essentielle.

f) *Sévérité de la sanction* – Si elle a déjà eu l'occasion de juger que l'utilisation de la voie pénale était incompatible avec l'exercice de la liberté d'expression des lanceurs d'alerte, la Cour observe cependant que, dans de nombreux cas, selon le contenu de la divulgation et la nature du devoir de confidentialité ou de secret qu'elle méconnaît, le comportement de la personne qui sollicite la protection peut légitimement constituer une infraction pénale. Par ailleurs, ni la lettre de l'article 10 de la Convention ni la jurisprudence de la Cour n'excluent qu'un même acte puisse donner lieu à un cumul de sanctions ou engendrer de multiples répercussions, sur le plan professionnel, disciplinaire, civil ou pénal. En l'espèce, eu égard à la nature des sanctions infligées et à la gravité des effets de leur cumul, et en particulier de leur effet dissuasif, la Cour estime que la condamnation pénale du requérant ne peut être considérée comme proportionnée.

Après s'être livrée à une analyse globale de l'ensemble des critères définis dans l'arrêt *Guja*, la Cour conclut que l'ingérence dans le droit à la liberté d'expression du requérant, en particulier de son droit de communiquer des informations, n'était pas « nécessaire dans une société démocratique » et que, partant, il y a eu violation de l'article 10 de la Convention.

The judgment in *Macatė v. Lithuania*[115] concerned the question of whether restrictions on a children's book presenting same-sex relationships as essentially equivalent to different-sex ones pursued a legitimate aim.

The applicant is a children's author and is homosexual. She wrote a book of fairy tales aimed at nine to ten-year-old children, seeking to encourage tolerance and acceptance of various marginalised social groups. Some associations and members of the Seimas expressed concerns about two of the fairy tales, which depicted marriage between persons of the same sex. The distribution of the book was suspended for a year. When it resumed, the book was marked with a warning label stating that its contents could be harmful to children under the age of 14: this was done pursuant to an indication by a public authority that the fairy tales in question encouraged a different concept of marriage and of the creation of a family from the one enshrined in the Lithuanian Constitution and law (namely, a union only between a man and a woman). The authority relied on section 4(2)(16) of the Law on the protection of minors from the negative effects of public information ("the Minors Protection Act"). The applicant unsuccessfully brought civil proceedings against the publisher.

Before the Court, the applicant complained under Article 10 of the Convention. The Grand Chamber (on relinquishment) was unable to subscribe to the Government's argument that the aim of the measures taken against the applicant's book had been to protect children from sexually explicit content or content which "promoted" same-sex relationships as superior to different-sex ones by "insulting", "degrading" or "belittling" the latter (there was no support in the text of the book for such a conclusion). In the Grand Chamber's view, the impugned measures had actually sought to limit children's access to information presenting same-sex relationships as essentially equivalent to different-sex ones. However, such an aim could not be accepted as legitimate under Article 10 § 2, which led the Court to find a violation of this provision.

The Grand Chamber judgment is noteworthy in that the Court assessed, for the first time, restrictions imposed specifically on children's literature (that is, literature aimed directly at, and written in a style and language easily accessible to, children) depicting same-sex relationships. The judgment is interesting in two respects: first, for the manner in which the Court determined the aim pursued by the impugned measures, and, secondly, for the assessment of the legitimacy of that aim.

(i) Having ruled out the aims relied on by the Government, the Court turned to the legislative history of section 4(2)(16) of the Minors Protection Act. Indeed, the explicit reference to homosexual or bisexual relations had been removed from the final text of

---

115 *Macatė v. Lithuania* [GC], no. 61435/19, 23 January 2023.

L'arrêt *Macatė c. Lituanie*[115] concerne la question de la légitimité du but visé par des restrictions apportées à un livre pour enfants présentant les relations homosexuelles comme essentiellement équivalentes aux relations hétérosexuelles.

La requérante, homosexuelle, était autrice de livres pour enfants. Elle écrivit un livre de contes destiné aux enfants de neuf à dix ans, qui visait à les encourager à faire preuve de tolérance et d'acceptation envers différents groupes sociaux marginalisés. Des associations et des membres du Seimas exprimèrent des préoccupations à propos de deux de ces contes, qui mettaient en scène le mariage entre personnes de même sexe. La distribution de l'ouvrage fut suspendue pendant un an. Lorsqu'elle reprit, le livre portait un étiquetage d'avertissement indiquant que son contenu pouvait être nuisible pour les enfants de moins de quatorze ans : cette mesure avait été prise pour donner suite à l'avis d'une autorité publique, qui avait considéré que les contes litigieux encourageaient une conception du mariage et de la fondation d'une famille différente de celle consacrée par la Constitution et le droit lituaniens (qui définissent le mariage exclusivement comme l'union d'un homme et d'une femme). L'autorité en question avait elle-même fondé son avis sur l'article 4 § 2 point 16) de la loi sur la protection des mineurs contre les effets nuisibles des contenus publics (« la loi sur la protection des mineurs »). La requérante engagea sans succès une action civile contre l'éditeur.

Devant la Cour, la requérante invoquait l'article 10 de la Convention. La Grande Chambre (dessaisissement) n'a pu souscrire à la thèse du Gouvernement selon laquelle les mesures appliquées au livre de la requérante avaient pour but de protéger les enfants de contenus à caractère sexuellement explicite ou de contenus qui « promouvaient » les relations homosexuelles en les présentant comme supérieures aux relations hétérosexuelles et en « insultant », en « dégradant » et en « dévalorisant » ces dernières (rien dans le texte du livre ne permettant d'étayer pareille allégation). La Grande Chambre a estimé que les mesures litigieuses visaient en réalité à restreindre l'accès des enfants à des contenus présentant les relations homosexuelles comme essentiellement équivalentes aux relations hétérosexuelles. Or un tel but ne saurait être considéré comme légitime au regard de l'article 10 § 2 ; la Cour a donc conclu à la violation de cette disposition.

L'intérêt de cet arrêt de Grande Chambre réside dans le fait que la Cour y examine pour la première fois des restrictions imposées spécifiquement à une œuvre littéraire pour enfants (c'est-à-dire à une œuvre destinée directement aux enfants et écrite dans un style et un langage aisément accessibles pour eux) évoquant des relations homosexuelles. L'arrêt est notable à deux égards : d'une part pour la manière dont la Cour y détermine le but visé par les mesures litigieuses et d'autre part pour l'appréciation qu'elle fait de la légitimité de ce but.

i) Ayant rejeté les allégations du Gouvernement quant aux buts des mesures, la Cour se tourne vers l'historique législatif de l'article 4 § 2 point 16) de la loi sur la protection des mineurs. Elle constate que c'est uniquement pour éviter des critiques au niveau international que la référence explicite aux relations homosexuelles ou bisexuelles qui figurait dans le texte proposé pour cette disposition a été retirée de sa version finale. De plus, chacun des cas dans lesquels cette disposition a été appliquée

---

115 Macatė c. Lituanie [GC], n° 61435/19, 23 janvier 2023.

this provision only to avoid international criticism. Moreover, every single instance in which that provision had been applied or relied upon concerned information about LGBTI-related issues. The Court therefore had no doubt that its intended aim was to restrict children's access to content which presented same-sex relationships as being essentially equivalent to different-sex relationships. Having regard to the relevant domestic court decisions, the Court concluded that the aim of the impugned measures against the applicant's book had been the same, namely, to bar children from such information.

(ii) As to whether the above-mentioned aim could be considered legitimate, the Court's analysis was based on the following factors.

In the first place, the Court assessed the issue from the standpoint of the best interests of children, seen in the light of their impressionable and easily influenced nature. In this regard, the Court relied upon its own findings (*Alekseyev v. Russia*,[116] and *Bayev and Others v. Russia*[117]) and those of various international bodies (including the European Parliament, the Parliamentary Assembly of the Council of Europe, the Venice Commission and the European Commission against Racism and Intolerance). On the one hand, there was no scientific evidence that information about different sexual orientations, when presented in an objective and age-appropriate way, could cause any harm to children. On the other hand, the lack of such information and the continuing stigmatisation of LGBTI persons in society was harmful to children, especially those who identified as LGBTI or came from same-sex families. Furthermore, the laws of a significant number of Council of Europe member States either explicitly included teaching about same-sex relationships in the school curriculum or contained provisions on ensuring respect for diversity and for the prohibition of discrimination on grounds of sexual orientation in teaching. The Court also took note of the infringement proceedings brought by the European Commission against Hungary given its recent legislation explicitly restricting minors' access to information about homosexuality or same-sex relationships (such a law being exceptional among the Council of Europe member States).

Secondly, and prompted by the Government's argument as to the need to avoid promoting same-sex families, the Court had regard to the manner in which the information in issue had been presented. The Court emphasised that equal and mutual respect for persons of different sexual orientations was inherent in the whole fabric of the Convention. It followed that insulting, degrading or belittling persons on account of their sexual orientation, or promoting one type of family at the expense of another, was never acceptable under the Convention. However, such an aim or effect could not be discerned in the facts of the present case. On the contrary, to depict, as the applicant had done in her writings, committed relationships between persons of the same sex as being essentially equivalent to those between persons of a different sex rather advocated respect for and acceptance of all members of a given society in this fundamental aspect of their lives.

---

116 *Alekseyev v. Russia*, nos. 4916/07 and 2 others, 21 October 2010.
117 *Bayev and Others v. Russia*, nos. 67667/09 and 2 others, 20 June 2017.

ou invoquée concernait des contenus relatifs aux thèmes LGBTI. La Cour n'a donc aucun doute quant au fait que cette disposition a été adoptée dans le but de restreindre l'accès des enfants aux contenus présentant les relations homosexuelles comme essentiellement équivalentes aux relations hétérosexuelles. Eu égard aux décisions pertinentes des juridictions internes, elle conclut que les mesures litigieuses appliquées au livre de la requérante visaient le même but, à savoir empêcher les enfants d'accéder à pareils contenus.

ii) En ce qui concerne la question de savoir si ce but peut être considéré comme légitime, la Cour fonde son analyse sur les éléments suivants :

Premièrement, elle examine la question sous l'angle de l'intérêt supérieur des enfants, à la lumière de leur nature impressionnable et facilement influençable. À cet égard, elle s'appuie sur ses propres conclusions (*Alekseyev c. Russie*[116], et *Bayev et autres c. Russie*[117]) ainsi que sur celles de divers organes internationaux (notamment le Parlement européen, l'Assemblée parlementaire du Conseil de l'Europe, la Commission de Venise et la Commission européenne contre le racisme et l'intolérance). Elle observe, d'une part, qu'il n'existe aucune preuve scientifique que, présentés de manière objective et adaptée à l'âge des enfants, les contenus relatifs aux orientations sexuelles différentes puissent être nuisibles pour eux et, d'autre part, que ce sont l'absence de tels contenus et la stigmatisation persistante des personnes LGBTI au sein de la société qui sont nuisibles pour les enfants, en particulier pour ceux qui se définissent comme LGBTI ou qui sont issus de familles homoparentales. En outre, dans bon nombre d'États membres du Conseil de l'Europe, soit la loi intègre expressément dans les programmes scolaires un enseignement relatif aux relations homosexuelles, soit elle impose le respect de la diversité et l'interdiction de toute discrimination fondée sur l'orientation homosexuelle dans l'enseignement. La Cour constate également que la Commission européenne a ouvert une procédure d'infraction contre la Hongrie en raison de la loi que cet État a récemment adoptée pour limiter expressément l'accès des mineurs aux contenus relatifs à l'homosexualité ou aux relations homosexuelles (l'existence d'une telle loi dans un État membre du Conseil de l'Europe est exceptionnelle).

Deuxièmement, en ce qui concerne l'argument du Gouvernement consistant à dire qu'il était nécessaire d'éviter la promotion des familles homoparentales, la Cour examine la manière dont le contenu litigieux est présenté. Elle souligne que l'égalité et le respect mutuel entre tous indépendamment de l'orientation sexuelle sont inhérents à toute la structure de la Convention. Il s'ensuit qu'il n'est jamais admissible au regard de la Convention d'insulter, de dégrader ou de dévaloriser des personnes au motif de leur orientation sexuelle, ni de promouvoir un type de famille aux dépens d'un autre. Cela étant, la Cour ne discerne pas pareil but ou effet dans les faits de l'espèce. Elle estime au contraire que présenter des relations solides entre personnes de même sexe comme essentiellement équivalentes aux mêmes relations entre personnes de sexe différent, ainsi que l'a fait la requérante dans ses récits, revient plutôt à promouvoir le respect et l'acceptation de tous les membres d'une société donnée à l'égard de cet aspect fondamental de leur vie.

---

116   *Alekseyev c. Russie*, nos 4916/07 et 2 autres, 21 octobre 2010.
117   *Bayev et autres c. Russie*, nos 67667/09 et 2 autres, 20 juin 2017.

Thirdly, the Court outlined another key element for its assessment of the restrictions on children's access to information about same-sex relationships. In particular, the Court would scrutinise whether any such measures were based solely on considerations of sexual orientation, or whether there was some other basis to consider the information in issue to be inappropriate or harmful to children's growth and development.

The Court underlined that any such measures taken solely on the basis of sexual orientation had wider social implications. Such measures, whether they were directly enshrined in the law or adopted in case-by-case decisions, demonstrated that the authorities had a preference for some types of relationships and families over others and that they saw different-sex relationships as more socially acceptable and valuable than same- sex relationships, thereby contributing to the continuing stigmatisation of the latter. Therefore, such restrictions, however limited in their scope and effects, were incompatible with the notions of equality, pluralism and tolerance inherent in a democratic society. The Court thereby fully endorsed, and drew upon, its previous conclusions in the case of *Bayev and Others* concerning the Russian legislative ban on the "promotion of homosexuality or non-traditional sexual relations" among minors: it had held, in particular, that by adopting such laws the authorities reinforced stigma and prejudice and encouraged homophobia. In sum, where there was no other basis in any other respect to consider information about same-sex relationships to be inappropriate or harmful to children's growth and development, restrictions on access to such information did not pursue any aims that could be accepted as legitimate, for the purposes of Article 10 § 2, and were therefore incompatible with Article 10 of the Convention.

The judgment in *Sanchez v. France*[118] concerned the liability of politicians who use social networks for political and electoral purposes in instances where hate speech is posted by other users on such politicians' accounts.

The applicant, who at the time was a locally elected councillor and a candidate in the legislative elections, was found guilty of inciting hatred and violence against Muslims. He was sentenced to a fine for not having deleted from his Facebook "wall" – which was accessible to the public and used during the election campaign – Islamophobic comments, the authors of which were also convicted (as accomplices). The conviction was the ultimate result of a complaint filed by the partner of one of the applicant's political opponents. Feeling personally targeted, she confronted one of the authors, who deleted his message immediately and told the applicant, who subsequently posted on his Facebook "wall" a message asking Internet users to be careful with the content of their comments, but without moderating those already posted. In 2021 a Chamber of the Court found no violation of Article 10, considering

---

[118] *Sanchez v. France* [GC], no. 45581/15, 15 May 2023.

Troisièmement, la Cour dégage un autre élément fondamental pour évaluer les restrictions apportées à l'accès des enfants à des contenus concernant les relations homosexuelles. Il s'agit de savoir si ces mesures sont fondées uniquement sur des considérations liées à l'orientation sexuelle ou s'il existe un autre motif de considérer que les contenus litigieux sont inappropriés ou nuisibles à la croissance et le développement des enfants.

La Cour souligne que les mesures de cette nature qui ont pour seul motif l'orientation sexuelle ont des répercussions sociales de plus grande ampleur. De telles mesures, qu'elles soient directement inscrites dans la loi ou adoptées par des décisions rendues au cas par cas, démontrent que les autorités ont une préférence pour certains types de relations et de familles par rapport à d'autres et qu'elles estiment les relations hétérosexuelles plus acceptables et plus précieuses pour la société que les relations homosexuelles, ce qui contribue à la persistance de la stigmatisation qui frappe ces dernières. En conséquence, même lorsque leur portée et leurs effets sont limités, pareilles restrictions sont incompatibles avec les notions d'égalité, de pluralisme et de tolérance qui sont indissociables d'une société démocratique. La Cour reprend donc pleinement, en les développant, les conclusions auxquelles elle était parvenue dans l'affaire *Bayev et autres* au sujet de la loi russe interdisant la « promotion de l'homosexualité ou des relations sexuelles non traditionnelles » auprès des mineurs : elle avait dit, en particulier, qu'en adoptant cette loi les autorités avaient accentué la stigmatisation et les préjugés et encouragé l'homophobie.

En bref, lorsqu'il n'existe aucun autre motif, à quelque autre égard que ce soit, de considérer que des contenus portant sur des relations homosexuelles sont inappropriés ou nuisibles pour la croissance et le développement des enfants, les restrictions apportées à l'accès à ces contenus ne visent aucun des buts qui peuvent être considérés comme légitimes aux fins de l'article 10 § 2, et elles sont donc incompatibles avec l'article 10 de la Convention.

L'arrêt *Sanchez c. France*[118] porte sur la question de la responsabilité des personnalités politiques, qui utilisent les réseaux sociaux à des fins politiques et électorales, dans les cas où des propos haineux sont publiés par des tiers sur les comptes des intéressées.

Le requérant, à l'époque élu local et candidat aux élections législatives, fut déclaré coupable des faits de provocation à la haine ou à la violence à l'égard des personnes de confession musulmane. Il fut condamné à une amende pénale, faute d'avoir supprimé les propos islamophobes, dont les auteurs furent également condamnés (en tant que complices), qui avaient été publiés sur le mur de son compte Facebook accessible au public et utilisé lors de sa campagne électorale. La condamnation fut prononcée à la suite de la plainte déposée par la compagne de l'un des adversaires politiques du requérant. S'estimant personnellement visée, celle-ci eut une altercation avec l'un des auteurs des commentaires litigieux qui supprima aussitôt le sien et alerta le requérant. Ce dernier mit sur son mur Facebook un message invitant les internautes à surveiller le contenu de leurs commentaires, sans, toutefois, intervenir sur ceux déjà publiés. En 2021, une chambre de la Cour a conclu à la non-violation de l'article 10,

---

118   *Sanchez c. France* [GC], n° 45581/15, 15 mai 2023.

that the conviction was based on relevant and sufficient reasons and was "necessary in a democratic society". On referral, the Grand Chamber reached the same conclusion.

This Grand Chamber judgment is noteworthy in that the Court examined for the first time the question of the liability of users of social networks or other types of non-commercial internet fora in relation to comments posted by third parties on such users' accounts. The Court thus consolidated and supplemented its *Delfi AS v. Estonia*[119] case-law, which concerned the liability on a similar basis of a large internet news portal. In view of the specific features of the present case, the Court approached the question from the angle of the "duties and responsibilities", within the meaning of Article 10 § 2, which must be assumed by politicians when they decide to use social networks for political purposes, in particular for an election campaign, by opening fora that are accessible to the public on the internet in order to receive their reactions and comments.

(i) In the Court's view, there was no difficulty in principle for the liability of a social network account holder to be engaged on account of third- party comments, provided safeguards existed in the attribution of such liability and that there was a shared liability between all actors involved. If appropriate, the level of liability and the manner of its attribution could be graduated according to the objective situation of each actor, whether it was a host (a professional creating a social network and making it available to users) or an account holder who used the platform to publish his or her own content while allowing other users to post comments. The Court emphasised the fact that an account holder could not claim any right to impunity in his or her use of the digital tools made available on the internet. If the account holder were to be released from liability, that might facilitate or encourage abuse and misuse, not only hate speech and calls to violence, but also manipulations, lies or disinformation. For the Court there was no doubt that a minimum degree of moderation or prior filtering to identify any clearly unlawful posts as soon as possible and to ensure they were deleted within a reasonable time – even where no notice was given by an injured party – was desirable, whether by the host (in this case Facebook), or the account holder. The latter had to act within the limits that could be expected of him or her.

(ii) In order to determine which steps an account holder was required to take, or could reasonably be expected to take, in relation to unlawful comments by third parties, the Court set out the factors that were relevant to its analysis:

(a) the nature and context of the impugned comments (in the present case they amounted to hate speech, the impact of which became greater and more harmful in the run-up to an election);

---

119   *Delfi AS v. Estonia* [GC], no. 64569/09, ECHR 2015.

estimant que la condamnation litigieuse reposait sur des motifs pertinents et suffisants et était « nécessaire dans une société démocratique ». Saisie après renvoi, la Grande Chambre fait sienne cette conclusion.

Cet arrêt de la Grande Chambre est intéressant en ce que la Cour examine, pour la première fois, la question de la responsabilité des utilisateurs de réseaux sociaux ou d'autres types de forums sur Internet ne poursuivant aucune finalité commerciale, dans les cas où des propos illicites sont publiés par des tiers sur les comptes des utilisateurs concernés. Ce faisant, la Cour complète et s'appuie sur sa jurisprudence *Delfi AS c. Estonie*[119] concernant la responsabilité à ce titre d'un grand portail d'actualités sur Internet. Au vu des spécificités de la présente affaire, la Cour aborde cette question au regard des « devoirs et responsabilités », au sens de l'article 10 § 2, qui incombent aux personnalités politiques lorsqu'elles décident d'utiliser les réseaux sociaux à des fins politiques, notamment électorales, en ouvrant des forums accessibles au public sur Internet afin de recueillir leurs réactions et leurs commentaires.

i) La Cour considère que l'engagement de la responsabilité du titulaire d'un compte de réseau social lorsque des commentaires ont été publiés par des tiers ne soulève pas de difficulté dans son principe, dès lors que des garanties existent dans la mise en œuvre de sa responsabilité et qu'elle intervient dans un cadre de responsabilité partagée de tous les acteurs impliqués. Le cas échéant, le niveau de responsabilité et les modalités de son engagement pourraient être gradués en fonction de la situation objective de chacun, que ce soit un hébergeur (un professionnel qui crée et met un réseau social au service des utilisateurs) ou un titulaire du compte qui utilise cette plateforme pour publier ses propres articles ou commentaires tout en permettant aux autres utilisateurs d'y ajouter les leurs. La Cour souligne le fait que le titulaire d'un compte ne saurait revendiquer un quelconque droit à l'impunité dans l'utilisation qu'il fait des outils numériques mis à sa disposition sur Internet. En effet, le fait de décharger celui-ci de toute responsabilité risquerait de faciliter ou d'encourager les abus et des dérives qu'il s'agisse des discours de haine et des appels à la violence, mais également des manipulations, des mensonges ou encore de la désinformation. Pour la Cour, il ne fait guère de doute qu'un minimum de contrôle a posteriori ou de filtrage préalable destiné à identifier au plus vite des propos clairement illicites et à les supprimer dans un délai raisonnable, et ce même en l'absence d'une notification de la partie lésée, est souhaitable, que ce soit au niveau de l'hébergeur (en l'espèce Facebook), ou du titulaire du compte. Il appartient à ce dernier d'agir dans les limites de ce que l'on peut raisonnablement attendre de lui.

ii) Afin de déterminer quelles mesures le titulaire d'un compte devait ou pouvait raisonnablement prendre face à des propos illicites publiés par des tiers, la Cour précise les facteurs pertinents pour établir son analyse :

a) La nature et le contexte des propos litigieux (en l'espèce, ils relevaient d'un discours de haine, dont l'impact dans le contexte électoral devient plus grand et plus dommageable).

---

119 *Delfi AS c. Estonie* [GC], n° 64569/09, CEDH 2015.

(b)   the introduction of automatic filtering of comments and the practical possibility of prior moderation (in the present case, those means were not available on Facebook);
(c)   the traffic on an account: when this was excessive the resources or availability required to ensure effective monitoring would be significant, if not considerable (this issue did not arise in the present case because only about fifteen comments had been posted in response to the applicant's initial and lawful content);
(d)   the deliberate choice to make access to the account forum (Facebook "wall") totally public: such a decision could not be criticised in the present case and any individual so choosing – and thus especially a politician experienced in public communication – had to be aware of the greater risk of excessive and immoderate remarks that might appear and necessarily become visible to a wider audience;
(e)   knowledge of the unlawful comments of third parties (in the present case, in spite of being rapidly alerted by the authors, the applicant had not moderated the comments in question);
(f)   the promptness of the reaction (in the present case, having noted that one of the authors had deleted his comment less than twenty-four hours after posting it, the Court found that to require an account holder to have acted even more promptly would be excessive and impracticable; however, the applicant had left all the other comments visible more than a month after they had been posted);
(g)   the status of the account holder (in the present case not only did it concern a politician in an election campaign, but also a professional in the field of online communication strategy with some digital expertise), and in particular the person's notoriety and representativeness on which depended the level of responsibility. The Court found it relevant to apply a proportionality assessment based on that level:

> … a private individual of limited notoriety and representativeness will have fewer duties than a local politician and a candidate standing for election to local office, who in turn will have a lesser burden than a national figure for whom the requirements will necessarily be even heavier, on account of the weight and scope accorded to his or her words and the resources to which he or she will enjoy greater access in order to intervene efficiently on social media platforms.

The Court emphasised, however, that while specific duties might be required of a politician, such requirement was indissociable from the principles relating to the rights which came with such status, and the domestic courts could usefully have referred to those principles in line with established case-law.
(iii)   While the question of online anonymity was not in issue in this case (unlike in *Delfi AS*, cited above), the fact that the authors of the unlawful comments had been convicted did not rule out the possibility of separately establishing the liability of the account holder on other charges and under a different regime. In addition, in spite of

b) La mise en place d'un filtrage préalable des messages et la possibilité pratique d'opérer une modération a priori (en l'espèce – ces possibilités sont absentes sur Facebook).
c) La fréquentation d'un compte : lorsque celle-ci est très importante, elle impose une disponibilité ou le recours à des moyens significatifs, voire considérables, afin d'en assurer la surveillance effective (en l'espèce, cette problématique ne se pose pas, vu que seule une quinzaine de commentaires avaient été publiés en réponse au billet initial et licite du requérant).
d) Le choix délibéré de rendre entièrement public l'accès au forum de discussion d'un compte (le mur Facebook) : si une telle décision ne pouvait en soi être reprochée au requérant en l'espèce, toute personne faisant ce choix, et donc *a fortiori* un homme politique rompu à la communication publique, doit être consciente du risque accru que des propos excessifs et immodérés puissent être commis et diffusés auprès d'une plus large audience.
e) La connaissance des commentaires illicites publiés par des tiers (en l'espèce, bien qu'il ait été rapidement alerté par un des auteurs, le requérant n'a effectué aucun contrôle du contenu des commentaires).
f) La rapidité de la réaction (en l'espèce, ayant noté qu'un des auteurs avait retiré son commentaire moins de vingt-quatre heures après sa publication, la Cour estime qu'exiger, de la part du titulaire d'un compte, une intervention plus rapide serait excessif et irréaliste ; toutefois, le requérant avait laissé tous les autres propos litigieux visibles pendant plus d'un mois après leur parution).
g) Le statut du titulaire d'un compte (en l'espèce il s'agissait non seulement d'un homme politique en campagne, mais également d'un professionnel de la stratégie de communication sur Internet disposant d'une certaine expertise dans le domaine numérique), et notamment la notoriété et la représentativité dont dépend le niveau de responsabilité. La Cour estime pertinent d'opérer un contrôle de proportionnalité en fonction de ce niveau :

> (...) un simple particulier dont la notoriété et la représentativité sont limitées aura moins d'obligations qu'une personne ayant un mandat d'élu local et candidate à de telles fonctions, laquelle aura à son tour moins d'impératifs qu'une personnalité politique d'envergure nationale, pour qui les exigences seront nécessairement plus importantes, en raison tant du poids et de la portée de ses paroles que de sa capacité à accéder aux ressources adaptées, permettant d'intervenir efficacement sur les plateformes de médias sociaux.

La Cour souligne néanmoins que s'il est possible de faire peser des obligations particulières sur un homme politique, cela doit aller de pair avec les principes relatifs aux droits liés à son statut que les juges internes doivent prendre en compte, conformément à la jurisprudence constante.

iii) Pour la Cour, si l'anonymat sur Internet n'est pas en cause en l'espèce (à la différence de l'arrêt *Delfi AS*, précité), le fait de condamner les auteurs de commentaires illicites n'exclut pas la possibilité d'engager séparément la responsabilité du titulaire d'un compte de réseau social pour des faits distincts et régis par un tout autre régime.

the chilling effects for users of social networks or online fora, the Court confirmed that criminal-law measures were not to be ruled out in cases of hate speech or calls to violence. Moreover, the fine of EUR 3,000 had had no negative consequences for the applicant's political career or any chilling effect on the exercise of his freedom of expression.

The judgment in *Hurbain v. Belgium*[120] concerned measures taken with regard to lawful content in online press archives, on the grounds of the "right to be forgotten", and the criteria and principles for weighing up the rights at stake.

The applicant, the publisher of a daily newspaper, was ordered in a civil judgment to anonymise, on the grounds of the "right to be forgotten", the electronic archived version of an article originally published in 1994 in the newspaper's print edition and published online in 2008. The article mentioned the full name of G., a driver responsible for a fatal road-traffic accident.

In 2021 a Chamber of the Court held that there had been no violation of Article 10. The Grand Chamber agreed with that conclusion.

The Grand Chamber judgment is noteworthy in that the Court circumscribed the scope of claims arising out of the "right to be forgotten" and established the principles and criteria to be applied in order to resolve a conflict between rights under Articles 8 and 10 of the Convention, specifically in cases where the measures requested related to information that had been published in a lawful and non-defamatory manner and where the request did not concern the initial publication of the information but rather its continued dissemination online, in the press archives and for journalistic purposes.

(i) The Court acknowledged the adverse effects of the continued availability of certain information on the internet, and in particular the considerable impact on the way in which the person concerned was perceived by public opinion, as well as the risks linked to the creation of a profile of the person concerned and to a fragmented and distorted presentation of the reality. Nevertheless, the Court clarified that a claim of entitlement to be forgotten did not amount to a self-standing right protected by the Convention. In previous cases (*Węgrzynowski and Smolczewski v. Poland,*[121] *Fuchsmann v. Germany,*[122] *M.L. and W.W. v. Germany,*[123] *Biancardi v. Italy*[124]), the "right to be forgotten online" had been linked to the right to respect for reputation, irrespective of what measures had been deployed to give effect to that right. To the extent that it was covered by Article 8, the right in question could concern only certain situations and items of information. Prior to this judgment, the Court had not upheld any measure removing or altering information that had been published lawfully for journalistic purposes and archived on the website of a news outlet.

(ii) The Court emphasised that in examining any interference with freedom of expression based on a claim of entitlement to be forgotten, it attached importance to the distinction between the activities and obligations of search engine operators and those

---

120 *Hurbain v. Belgium* [GC], no. 57292/16, 4 July 2023.
121 *Węgrzynowski and Smolczewski v. Poland*, no. 33846/07, 16 July 2013.
122 *Fuchsmann v. Germany*, no. 71233/13, 19 October 2017.
123 *M.L. and W.W. v. Germany*, nos. 60798/10 and 65599/10, 28 June 2018.
124 *Biancardi v. Italy*, no. 77419/16, 25 November 2021.

En outre, malgré les effets dissuasifs pour les utilisateurs de réseaux sociaux ou de forums de discussion sur Internet, la Cour confirme que le recours au droit pénal n'est pas exclu s'agissant d'un discours de haine ou d'appels à la violence. Au demeurant, l'amende de 3 000 euros n'a pas eu de conséquences négatives pour le parcours politique du requérant ou un quelconque effet dissuasif sur l'usage de son droit à la liberté d'expression.

L'arrêt *Hurbain c. Belgique*[120] concerne les mesures à l'égard du contenu licite, dans les archives de presse sur Internet, au nom du « droit à l'oubli », ainsi que les critères et principes de la pondération des droits en jeu.

Le requérant, éditeur d'un quotidien, fut condamné au civil à anonymiser, au nom du « droit à l'oubli », la version électronique archivée d'un ancien article publié en 1994 dans l'édition imprimée du journal et mis en ligne en 2008. L'article mentionnait le nom complet de G., le conducteur responsable d'un accident mortel de la route.

En 2021, une chambre de la Cour conclut à la non-violation de l'article 10. La Grande Chambre fit sienne cette conclusion.

Cet arrêt de la Grande Chambre est intéressant en ce que la Cour y circonscrit la portée des prétentions tirées du « droit à l'oubli » et établit les principes et les critères pour arbitrer un conflit entre des droits tirés des articles 10 et 8 de la Convention dans le contexte spécifique où les mesures à ce titre sont sollicitées à l'égard d'une information parue d'une manière légale et non diffamatoire, et concernent non la publication initiale de celle-ci, mais sa diffusion permanente sur Internet, dans les archives de presse et à des fins de journalisme.

i) La Cour reconnaît les effets négatifs du maintien à disposition de certaines informations publiées sur Internet, et notamment un impact considérable sur la manière dont la personne concernée était perçue dans l'opinion publique, ainsi que les risques liés à la création d'un profil de cette personne et à une présentation fragmentée et déformée de la réalité. La Cour clarifie, tout de même, qu'une demande relative au droit à l'oubli ne constitue pas un droit autonome protégé par la Convention. Dans sa jurisprudence (*Węgrzynowski et Smolczewski c. Pologne*[121], *Fuchsmann c. Allemagne*[122], *M.L. et W.W. c. Allemagne*[123], *Biancardi c. Italie*[124]), le « droit à l'oubli numérique » a été rattaché au droit au respect de la réputation, quelle que soit la modalité de sa mise en œuvre. En effet, pour autant qu'il est couvert par l'article 8, ce droit ne peut concerner que certaines situations et informations. Avant cet arrêt, la Cour n'a validé aucune suppression ou modification d'informations publiées licitement à des fins de journalisme et archivées sur un site Internet d'un organe de presse.

ii) La Cour souligne que, dans son examen de toute ingérence dans la liberté d'expression fondée sur une demande relative au droit à l'oubli, elle accorde de l'importance à la distinction entre les activités et les obligations des exploitants de moteurs de recherche et celles des éditeurs de presse (*M.L. et W.W. c. Allemagne*, précité, § 97).

---

120 *Hurbain c. Belgique* [GC], n° 57292/16, 4 juillet 2023.
121 *Węgrzynowski et Smolczewski c. Pologne*, n° 33846/07, 16 juillet 2013.
122 *Fuchsmann c. Allemagne*, n° 71233/13, 19 octobre 2017.
123 *M.L. et W.W. c. Allemagne*, n°s 60798/10 et 65599/10, 28 juin 2018.
124 *Biancardi c. Italie*, n° 77419/16, 25 novembre 2021.

of news publishers (*M.L. and W.W v. Germany*, cited above, § 97). Furthermore, the examination of an action against the publisher could not be made contingent on submission of a prior request for delisting to the search engine operators, and vice versa.

(iii) The Court noted the emergence of a consensus within Europe regarding the importance of archives, which should, as a general rule, remain authentic, reliable and complete so that the press could carry out its mission. Accordingly, the integrity of press archives should be the guiding principle in examining any request for the removal or alteration of all or part of an archived article, especially if its lawfulness had never been called into question. Such requests called for particular vigilance and thorough examination by the national authorities.

(iv) In the light of the specific context of the case (online press archives), the Court further developed and clarified the criteria for balancing the various rights at stake, drawing on the general principles and in particular the need to preserve the integrity of those archives, and also, to some extent, on the practice of the courts in the Council of Europe member States.

(a) The nature of the archived information – It had to be ascertained whether the information related to the private, professional or public life of the person concerned and whether it had a social impact, or whether, on the contrary, it fell within the intimate sphere of private life. With regard to data concerning criminal proceedings – characterised as sensitive data – the nature and seriousness of the offence were relevant. The inclusion of individualised information (full name) was an important aspect with regard to press reports and did not in itself raise an issue under the Convention, either at the time of the initial publication of reports on criminal proceedings or at the time of the entry in the online archives.

(b) The time elapsing since the events and since initial and online publication.

(c) The contemporary interest of the information – It was necessary to examine, from the perspective of the time when the request concerning the "right to be forgotten" had been made, whether the article continued to contribute to a debate of public interest (for instance, owing to the emergence of new information). In the absence of a contribution to such a debate, it had to be ascertained whether the information was of interest for any other purpose (historical, scientific or statistical) or for placing recent events in context.

(d) Whether the person claiming entitlement to be forgotten was well known, and his or her conduct since the events – This criterion was to be examined from the perspective of the time when the request concerning the "right to be forgotten" was made. The fact of staying out of the media spotlight could weigh in favour of protecting a person's reputation.

(e) The negative repercussions of the continued availability of the information online – The person concerned had to be able to make a duly substantiated claim of serious harm to his or her private life. With regard to judicial information, the fact that the person's conviction had been removed from the criminal records and he or she had been rehabilitated were factors to be taken into consideration, although rehabilitation could not by itself justify recognising a "right to be forgotten".

(f) The degree of accessibility of the information in the digital archives – It was important to establish whether the information was available without restrictions and free of charge, or whether access was confined to subscribers or otherwise restricted.

En outre, l'examen d'une action contre l'éditeur ne saurait être conditionné par une demande de déréférencement préalable auprès des moteurs de recherche, et vice versa.

iii) La Cour relève l'émergence d'un consensus européen quant à l'importance des archives, qui doivent, en règle générale, rester authentiques, fiables et intègres pour que la presse puisse remplir sa mission. Cela fait de l'intégrité des archives de presse le fil conducteur de tout examen d'une demande tendant à la suppression ou à la modification de tout ou partie d'un article archivé, et cela d'autant plus si sa licéité n'a jamais été mise en cause. De telles demandes exigent une vigilance particulière et un examen approfondi de la part des autorités nationales.

iv) Au vu de la spécificité de l'affaire (les archives de presse en ligne), la Cour développe et clarifie les critères pour la mise en balance des différents droits en jeu, en s'appuyant sur les principes généraux, et en particulier la nécessité de préserver l'intégrité de ces archives, ainsi que, dans une certaine mesure, sur la pratique des tribunaux des États membres du Conseil de l'Europe.

a) La nature de l'information archivée – Il convient de rechercher si elle concerne la vie privée, professionnelle ou publique de la personne concernée et si elle a un impact social ou si, au contraire, elle relève de la sphère intime de la vie privée. Pour les données pénales – qualifiées comme étant des données sensibles –, la nature et la gravité de l'infraction sont pertinentes. L'inclusion d'éléments individualisés (le nom complet) constitue un élément important pour les articles de presse et ne saurait, à elle seule, poser problème sur le terrain de la Convention, et ce tant au moment de la publication initiale sur des procédures pénales que lors de l'archivage en ligne.

b) Le temps écoulé depuis les faits, la première publication, et depuis la mise en ligne.

c) L'intérêt contemporain de l'information – Il convient de vérifier, en se plaçant au moment où une demande relative au « droit à l'oubli » est formulée, si l'article concerné contribue toujours à un débat d'intérêt général (par exemple, en raison d'éléments nouveaux). En l'absence d'une telle contribution, il convient de vérifier si l'information présente un autre type d'intérêt (historique, scientifique ou d'ordre statistique) ou une utilité pour la contextualisation d'événements récents.

d) La notoriété de la personne revendiquant l'oubli et son comportement depuis les faits – Ce critère doit être examiné en se plaçant au moment où la demande relative au « droit à l'oubli » est formulée. Le fait pour une personne de se tenir à l'écart des médias est un élément pouvant plaider en faveur de la protection de sa réputation.

e) Les répercussions négatives dues au maintien permanent de l'information sur Internet – La personne concernée doit pouvoir invoquer un préjudice grave pour sa vie privée et dûment l'étayer. S'agissant d'informations judiciaires, l'effacement du casier judiciaire et la réhabilitation de la personne visée par l'article en question sont des éléments à prendre en considération, sans que la réhabilitation puisse justifier à elle seule la reconnaissance d'un « droit à l'oubli ».

f) Le degré d'accessibilité de l'information dans des archives numériques – Il est important de vérifier si l'accès est libre et gratuit ou restreint aux abonnés ou restreint d'une autre manière.

(g) The impact of the measure on freedom of expression and more specifically on freedom of the press – When it came to deciding which of the different measures sought by the person making the request to apply, preference should be given to the measure that was both best suited to the aim pursued – assuming it to be justified – and least restrictive of the press freedom which could be relied on by the publisher concerned. Only measures which met this twofold objective could be ordered, even if that might involve dismissing the action invoking the "right to be forgotten". In the Court's view, the obligation to anonymise a lawful article might in principle fall within the "duties and responsibilities" of the press and the limits which might be imposed on it.

In the context of a balancing exercise between the various rights at stake, the criteria to be applied did not all carry the same weight. Particular attention was to be paid to properly balancing, on the one hand, the interests of the individuals requesting the measures and, on the other hand, the impact of such requests on the publishers. The principle of preservation of the integrity of press archives required the alteration and, a fortiori, the removal of content to be limited to what was strictly necessary, so as to prevent any chilling effect on the performance by the press of its task of imparting information and maintaining archives.

(v) In the present case the national courts had taken into account the fact that the article, which concerned a short news item, had no topical, historical or scientific interest, and the fact that G. was not well known and had suffered serious harm as a result of the continued online availability of the article with unrestricted access, which had been apt to create a "virtual criminal record" in view of the length of time that had elapsed since the original publication. After reviewing the measures that might be considered, the courts had held that anonymisation did not impose an excessive and impracticable burden on the applicant, while constituting the most effective means of protecting G.'s privacy. In the Court's view, that balancing exercise between the rights at stake had satisfied the requirements of the Convention.

Freedom of assembly and association (Article 11)

Freedom of association

The judgment in *Humpert and Others v. Germany*[125] concerned a complete prohibition on strikes by civil servants.

The applicants were State school teachers (with civil servant status, employed by different German Länder) and members of a trade union. They were reprimanded or fined in disciplinary proceedings for having breached their duties by participating in strikes organised by that union during their working hours. The Federal Constitutional Court dismissed their constitutional complaints, holding that the prohibition on strikes by all civil servants was a well-established traditional principle of career civil service

---

125 *Humpert and Others v. Germany* [GC], nos. 59433/18 and 3 others, 14 December 2023.

g) L'impact de la mesure sur la liberté d'expression, plus précisément la liberté de la presse – Parmi les diverses mesures dont l'application est sollicitée par la partie demanderesse, doit être privilégiée celle qui est tout à la fois la plus adaptée au but poursuivi, à le supposer justifié, et la moins attentatoire à la liberté de la presse dont l'éditeur concerné peut se prévaloir. Ne sont susceptibles d'être ordonnées que des mesures répondant à ce double objectif, même si cela pourrait impliquer le rejet de l'action invoquant « le droit à l'oubli ». Pour la Cour, l'obligation d'anonymiser un article licite peut en principe relever des « devoirs et des responsabilités » incombant à la presse ainsi que des limites que les organes de presse peuvent se voir imposer.

Dans le cadre d'une mise en balance des différents droits en jeu, les critères n'ont pas tous le même poids. Il convient d'accorder une attention particulière à une pondération adéquate entre, d'une part, les intérêts des particuliers qui demandent des mesures et, d'autre part, l'impact de pareilles demandes sur les éditeurs. Le principe de la préservation de l'intégrité des archives de presse exige que les modifications et a fortiori les suppressions soient limitées au strict nécessaire, de façon à prévenir tout effet dissuasif sur l'exercice par la presse de sa mission d'information et d'archivage.

v) En l'espèce, les juridictions nationales ont pris en compte l'absence d'actualité ou d'intérêt historique ou scientifique de l'article litigieux portant sur un fait divers ainsi que l'absence de notoriété de G. ayant souffert un préjudice grave du fait du maintien en ligne, en libre accès, de l'article de nature à créer un « casier judiciaire virtuel », eu égard au laps de temps important qui s'était écoulé depuis la publication d'origine. Après un examen des mesures envisageables, elles ont conclu que l'anonymisation ne constituait pas, pour le requérant, une charge exorbitante et excessive, tout en représentant, pour G., la mesure la plus efficace pour la protection de sa vie privée. Pour la Cour, cette mise en balance des droits était conforme aux exigences de la Convention.

Liberté de réunion et d'association (article 11)

Liberté d'association

L'arrêt *Humpert et autres c. Allemagne*[125] concerne l'interdiction totale de faire grève imposée aux fonctionnaires.

Les requérants étaient des enseignants du secteur public (qui relevaient du statut de fonctionnaire et étaient employés par différents Länder allemands) et membres d'un syndicat. Ils firent l'objet de procédures disciplinaires à l'issue desquelles ils se virent infliger un blâme ou une amende au motif que, en participant aux grèves organisées par ce syndicat pendant leurs heures de travail, ils avaient manqué aux devoirs qui leur incombaient. La Cour constitutionnelle fédérale rejeta les recours constitutionnels dont ils l'avaient saisie, jugeant que l'interdiction de grève pour tous les fonctionnaires était un principe traditionnel bien établi de la fonction publique au

---

125 *Humpert et autres c. Allemagne* [GC], n°s 59433/18 et 3 autres, 14 décembre 2023.

within the German constitutional order, systemically connected with, and indissociable from, the civil servants' duty of loyalty and the "principle of alimentation", namely, their individual right to claim appropriate remuneration from the State. The Constitutional Court noted that the prohibition in question did not render the civil servants' freedom of association entirely ineffective as the legislature had taken sufficient compensating measures, such as the participation of umbrella organisations of civil servants' trade unions in the drafting of respective statutory provisions, which enabled trade unions to make their voices heard, as well as the possibility for civil servants to have the constitutionality of their level of remuneration reviewed by the courts. The Grand Chamber (on relinquishment) found no violation of Article 11, considering that, in the specific circumstances of the case, the measure at issue did not render trade-union freedom of civil servants devoid of substance, and reflected a proper balancing and weighing-up of different, potentially competing, constitutional interests: the margin of appreciation afforded to the respondent State had therefore not been exceeded.

The Grand Chamber judgment is noteworthy because the Court adopted a more nuanced approach than in *Enerji Yapı-Yol Sen v. Turkey*,[126] in which it had stated that a prohibition on strikes could not extend to civil servants in general but only to some clearly and narrowly defined categories of persons. The Court introduced a case-by-case approach, declaring that the question whether such a measure affected an essential element of trade-union freedom by rendering it devoid of substance was context-specific and could not be answered in the abstract. An assessment of all the circumstances of the case was required, considering, inter alia, the totality of the measures taken by the respondent State to secure trade- union freedom, to make their voice heard and to protect their members' occupational interests. The Court distinguished the present case from *Enerji Yapı-Yol Sen*, where no proper balancing exercise had been carried out at the domestic level.

(a) The Court reiterated that, while strike action was an important part of trade-union activity, it was not the only means for trade unions and their members to protect the relevant occupational interests. In principle, Contracting States remained free to decide what measures they wished to take to safeguard trade union freedom guaranteed by Article 11, so long as that freedom did not become devoid of substance. In the case of a general ban, as in the instant case, the Court needed to examine, taking into account all the relevant circumstances, whether other guarantees sufficiently compensated for that restriction, enabling the persons concerned to protect their occupational interests effectively.

The Court specified that the structure of labour relations in the system concerned, such as whether the working conditions in that system were determined through collective bargaining (the latter being closely linked to the right to strike) and

---

126 *Enerji Yapı-Yol Sen v. Turkey*, no. 68959/01, § 32, 21 April 2009.

sein de l'ordre constitutionnel allemand, principe qui était lié de manière systématique au devoir de loyauté des fonctionnaires et au « principe d'alimentation » – à savoir le droit individuel de tout fonctionnaire de demander à l'État une rémunération adéquate – et ne pouvait être dissocié de ceux-ci. Elle estima que l'interdiction contestée ne vidait pas la liberté d'association des fonctionnaires de son utilité en ce que le législateur l'avait suffisamment compensée, notamment en offrant, d'une part, aux organisations faîtières regroupant les syndicats de fonctionnaires le droit de participer à la rédaction des nouvelles dispositions législatives régissant le statut des fonctionnaires, ce qui permettait aux syndicats de faire entendre leur voix, et, d'autre part, aux fonctionnaires la possibilité de demander en justice un examen de la constitutionnalité du montant de leur rémunération. La Grande Chambre (après dessaisissement de la chambre) conclut à la non-violation de l'article 11 au motif que, dans les circonstances particulières de l'espèce, l'interdiction litigieuse n'a pas vidé la liberté syndicale des fonctionnaires de sa substance et a résulté de la mise en balance de différents intérêts constitutionnels potentiellement concurrents. L'État défendeur n'a ainsi pas outrepassé la marge d'appréciation dont il jouissait.

Cet arrêt de la Grande Chambre est intéressant en ce que la Cour y nuance la conclusion à laquelle elle était parvenue dans l'affaire *Enerji Yapı-Yol Sen c. Turquie*[126], selon laquelle l'interdiction du droit de grève ne peut s'étendre aux fonctionnaires en général mais doit définir aussi clairement et étroitement que possible les catégories de fonctionnaires concernées. La Cour introduit une approche au cas par cas en estimant que pour répondre à la question de savoir si une interdiction de faire grève touche à un élément essentiel de la liberté syndicale en vidant cette liberté de sa substance, elle doit prendre le contexte de la cause en considération et ne peut donc pas y répondre in abstracto. Elle doit au contraire se livrer à un examen de toutes les circonstances de la cause, en considérant, entre autres, la totalité des mesures que l'État défendeur a prises pour garantir la liberté syndicale, afin que les syndicats puissent faire entendre leur voix et protéger les intérêts professionnels de leurs adhérents. Elle distingue la présente affaire de l'affaire *Enerji Yapı-Yol Sen*, précitée, dans laquelle elle avait constaté qu'aucune mise en balance appropriée n'avait été effectuée au niveau interne.

a)   La Cour rappelle que, si elle représente une part importante de l'activité syndicale, la grève n'est pas le seul moyen pour les syndicats et leurs membres de protéger les intérêts professionnels en jeu. Les États contractants sont libres en principe de décider quelles mesures ils entendent prendre afin d'assurer le respect de la liberté syndicale telle que garantie par l'article 11, tant qu'ils veillent à ce que cette liberté ne se trouve pas vidée de sa substance. Dans le cas d'une interdiction générale, comme en l'espèce, la Cour doit examiner, en tenant compte de l'ensemble des circonstances pertinentes, si d'autres garanties compensent suffisamment cette restriction, de manière à permettre aux intéressés de protéger efficacement leurs intérêts professionnels. Elle précise qu'elle doit également prendre en compte, aux fins de son examen, d'autres aspects tels que la structure des relations de travail au sein du système concerné, et notamment rechercher si les conditions de travail y sont fixées par la négociation collective (compte tenu du lien étroit qui existe entre ce procédé

---

126   *Enerji Yapı-Yol Sen c. Turquie*, n° 68959/01, § 32, 21 avril 2009.

non-union-related representation, as well as the nature of the functions performed by the workers, were among other aspects to be taken into account in this assessment. In the present case, the Court had regard to the following aspects of the case: (i) the nature and extent of the restriction on the right to strike; (ii) the measures taken to enable civil servants' trade unions and civil servants themselves to protect occupational interests; (iii) the objectives pursued by the prohibition in question; (iv) further rights encompassed by civil servant status; (v) the possibility of working as a State school teacher as a contractual State employee with a right to strike; and (vi) the severity of the disciplinary measures applied to the applicants.

(b) The Court accepted the respondent Government's argument, based on a conclusion of the Federal Constitutional Court, that the prohibition generally pursued the overall aim of providing good administration and guaranteed the effective performance of functions delegated to the civil service, thereby ensuring the protection of the population, the provision of services of general interest and the protection of the rights enshrined in the Convention – in this case, the right of others to education protected both by the German Basic Law and by Article 2 of Protocol No. 1 to the Convention – through effective public administration in multiple situations.

(c) The Court restated and clarified the breadth of the margin of appreciation afforded to the State, specifying that it would be reduced if the restriction in question struck at the core of trade-union activity and if it affected an essential element of trade-union freedom. Thus, for example, in cases of severe restrictions on "primary" or direct industrial action by public-sector employees who were neither exercising public authority in the name of the State nor providing essential services to the population, the margin of appreciation would be narrow, and the assessment of the proportionality of the restriction should take into account all the circumstances of the case. Conversely, the margin of appreciation would be wide if a substantial restriction on the right to strike concerned civil servants exercising public authority in the name of the State or secondary action, as in that latter scenario it was not the core but a secondary or accessory aspect of trade-union activity which was affected (*National Union of Rail, Maritime and Transport Workers v. the United Kingdom*,[127] and *Junta Rectora Del Ertzainen Nazional Elkartasuna (ER.N.E.) v. Spain*[128]).

(d) The Court further clarified the extent of the importance of external sources (such as, in this case, international labour law and the practice of the competent monitoring bodies set up under specialised international instruments), as well as of the consensus or the prevailing trends among the Contracting States, as auxiliary sources of law helping to determine the proportionality of the interference in issue. The Court noted that the approach taken by the respondent State, namely, to prohibit strikes by all civil servants, was clearly not in line with the trend emerging from specialised

---

[127] *National Union of Rail, Maritime and Transport Workers v. the United Kingdom*, no. 31045/10, §§ 87-88, ECHR 2014.
[128] *Junta Rectora Del Ertzainen Nazional Elkartasuna (ER.N.E.) v. Spain*, no. 45892/09, §§ 37-41, 21 April 2015.

et le droit de grève) et par une représentation non syndicale, mais aussi la nature des fonctions exercées par les travailleurs concernés. En l'espèce, la Cour a tenu compte des éléments suivants de l'affaire : i) la nature et la portée de la restriction au droit de grève, ii) les mesures prises pour permettre aux syndicats de fonctionnaires et aux fonctionnaires eux-mêmes de protéger les intérêts professionnels en jeu, iii) les objectifs poursuivis par l'interdiction en cause, iv) les autres droits associés au statut de fonctionnaire, v) la possibilité d'enseigner dans un établissement scolaire public en tant que contractuel du secteur public jouissant du droit de grève, et vi) la sévérité des mesures disciplinaires imposées aux requérants.

b)   La Cour admet la thèse du gouvernement défendeur, fondée sur une conclusion de la Cour constitutionnelle fédérale, selon laquelle l'interdiction a généralement pour objectif global d'assurer une bonne administration, en garantissant l'exécution effective de la mission confiée à la fonction publique, et d'assurer ainsi la protection de la population, la fourniture de services d'intérêt général et la protection des droits consacrés par la Convention – en l'espèce le droit d'autrui à l'instruction, protégé par la Loi fondamentale allemande et l'article 2 du Protocole n° 1 à la Convention – en préservant l'efficacité de l'administration publique dans une multiplicité de situations.

c)   Concernant l'ampleur de la marge d'appréciation accordée à l'État, la Cour rappelle et précise que celle-ci est réduite lorsque les restrictions imposées frappent au cœur même de l'activité syndicale et touchent à un élément essentiel de la liberté syndicale. Ainsi, par exemple, lorsque des restrictions sévères concernent des actions revendicatives « primaires » ou directes menées par des employés du secteur public qui n'exercent pas des fonctions d'autorité au nom de l'État et qui ne fournissent pas des services essentiels à la population, la marge d'appréciation de l'État est réduite et l'appréciation de la proportionnalité des mesures en question commande un examen tenant compte de toutes les circonstances de la cause. À l'inverse, l'État bénéficiera d'une ample marge d'appréciation s'il est question d'une restriction substantielle au droit de grève qui concerne soit des fonctionnaires exerçant des fonctions d'autorité au nom de l'État, soit des actions secondaires, étant donné que dans ce dernier cas c'est non plus un aspect fondamental mais un aspect secondaire ou accessoire de l'activité syndicale qui se trouve touché (*National Union of Rail, Maritime and Transport Workers c. Royaume-Uni*[127], et *Junta Rectora Del Ertzainen Nazional Elkartasuna (ER.N.E.) c. Espagne*[128]).

d)   La Cour précise enfin l'importance des sources extérieures (telles que, en l'espèce, le droit international du travail et la pratique des organes de contrôle compétents créés en vertu d'instruments internationaux spécialisés), ainsi que du consensus ou des tendances qui prévalent dans les États contractants, en tant que sources auxiliaires de droit contribuant à déterminer la proportionnalité de l'ingérence litigieuse. La Cour relève que l'approche adoptée par l'État défendeur, qui consiste à imposer une interdiction de faire grève à tous les fonctionnaires, s'écarte de la tendance qui ressort des

---

127   *National Union of Rail, Maritime and Transport Workers c. Royaume-Uni*, n° 31045/10, §§ 87-88, CEDH 2014.

128   *Junta Rectora Del Ertzainen Nazional Elkartasuna (ER.N.E.) c. Espagne*, n° 45892/09, §§ 37-41, 21 avril 2015.

international instruments, as interpreted by the competent monitoring bodies, or from the practice of Contracting States. Moreover, those monitoring bodies had repeatedly criticised the status-based prohibition of strikes by civil servants in Germany, in particular with respect to teachers. The Court emphasised that its assessment had to be limited to compliance with the Convention and based on the specific facts of the case. Therefore, while all these elements were undoubtedly relevant, they were not in and of themselves decisive for the Court's conclusion as to whether the impugned prohibition on strikes, and the disciplinary measures imposed on the applicants, remained within the margin of appreciation afforded to the respondent State under the Convention.

Just satisfaction (Article 41)

Non-pecuniary damage

The judgment in Georgia v. Russia (II)[129] concerned just satisfaction in an inter-State case where the respondent State had ceased to be a member of the Council of Europe.

In its principal judgment[130] of 21 January 2021, the Court found that there had been a series of administrative practices on the part of the Russian Federation, in the context of the armed conflict between Georgia and Russia in August 2008, in violation of Articles 2, 3, 5 and 8 of the Convention, of Article 1 of Protocol No. 1 and of Article 2 of Protocol No. 4. The Court also held that Russia had failed to comply with its obligations under Article 38 of the Convention. The examination of Article 41 was reserved. The applicant Government then submitted their claims for just satisfaction, and the respondent Government did not react to the Court's invitation to submit their comments in reply. In the meantime, on 16 March 2022 the Russian Federation ceased to be a member of the Council of Europe and on 22 March 2022 the plenary Court adopted the "Resolution of the European Court of Human Rights on the consequences of the cessation of membership of the Russian Federation to the Council of Europe in light of Article 58 of the European Convention on Human Rights", stating that the Russian Federation would cease to be a Party to The Court held that it had jurisdiction to deal with the applicant Government's just satisfaction claims notwithstanding the above-mentioned cessation of the Russian Federation's membership of the Council of Europe and that the respondent Government's failure to cooperate did not present an obstacle to its examination. It awarded the applicant Government lump sums in respect of non-pecuniary damage for every violation found in the principal judgment, except with respect to the 1,408 alleged victims of the administrative practice of torching and looting of houses in the "buffer zone".

---

[129] *Georgia v. Russia (II) (just satisfaction)* [GC], no. 38263/08, 28 April 2023. See also under Article 46 (Binding force and execution of judgments – Execution of judgments) and Article 38 (Obligation to furnish all necessary facilities) below.

[130] *Georgia v. Russia (II)* [GC], no. 38263/08, 21 January 2021.

instruments internationaux spécialisés, tels qu'interprétés par les organes de contrôle compétents, ou de la pratique des États contractants. En outre, ces organes de contrôle ont à maintes reprises critiqué l'interdiction de faire grève imposée aux fonctionnaires d'Allemagne à raison de leur statut, en particulier en ce qui concerne les enseignants. La Cour souligne que son appréciation doit se limiter au respect de la Convention et se fonder sur les faits de la cause. Par conséquent, même si tous ces éléments sont indubitablement pertinents, ils ne sont pas en eux-mêmes et par eux-mêmes déterminants aux fins de l'examen par la Cour de la question de savoir si l'interdiction litigieuse de faire grève et les mesures disciplinaires prises contre les requérants sont restées dans les limites de la marge d'appréciation accordée à l'État défendeur en vertu de la Convention.

Satisfaction équitable (article 41)

Préjudice moral

L'arrêt *Géorgie c. Russie (II)*[129] concerne la satisfaction équitable dans une affaire interétatique où l'État défendeur a cessé d'être membre du Conseil de l'Europe.

Dans son arrêt au principal[130] du 21 janvier 2021, la Cour avait conclu que, dans le cadre du conflit armé qui l'opposait à la Géorgie en août 2008, la Fédération de Russie s'était livrée à une série de pratiques administratives contraires aux articles 2, 3, 5 et 8 de la Convention, à l'article 1 du Protocole n° 1 et à l'article 2 du Protocole n° 4. Elle avait également jugé que la Russie avait manqué à ses obligations au titre de l'article 38 de la Convention. Elle avait réservé la question de l'examen de l'article 41. Par la suite, le gouvernement requérant a présenté ses demandes au titre de la satisfaction équitable et le gouvernement défendeur n'a pas répondu à l'invitation de la Cour tendant à ce qu'il présente ses observations en réponse. Parallèlement, le 16 mars 2022, la Fédération de Russie a cessé d'être membre du Conseil de l'Europe et le 22 mars 2022, la Cour plénière a adopté la « Résolution de la Cour européenne des droits de l'homme sur les conséquences de la cessation de la qualité de membre du Conseil de l'Europe de la Fédération de Russie à la lumière de l'article 58 de la Convention européenne des droits de l'homme », dans laquelle elle a dit que la Fédération de Russie cesserait d'être partie à la Convention à compter du 16 septembre 2022.

Dans son arrêt, la Cour a dit qu'elle avait compétence pour connaître des demandes de satisfaction équitable du gouvernement requérant nonobstant la cessation susmentionnée de la qualité de membre de la Russie et que le refus de coopération du gouvernement défendeur ne faisait pas obstacle à son examen. Elle a alloué au gouvernement requérant des sommes forfaitaires au titre du dommage moral pour chaque violation constatée dans l'arrêt au principal, sauf en ce qui concerne les 1 408 victimes alléguées de la pratique administrative d'incendies et de pillages de maisons dans la « zone tampon ».

---

129 *Géorgie c. Russie (II)* (satisfaction équitable) [GC], n° 38263/08, 28 avril 2023. Voir également sous l'article 46 (Force obligatoire et exécution des arrêts – Exécution des arrêts), et sous l'article 38 (Obligations de fournir toutes facilités nécessaires) ci-dessous.
130 *Géorgie c. Russie (II)* [GC], n° 38263/08, 21 janvier 2021.

The Grand Chamber judgment is noteworthy in that the Court, first, affirmed its jurisdiction to deal with non-substantive issues (such as just satisfaction, the binding force of a judgment and the Government's duty to cooperate) after the relevant State was no longer a High Contracting Party to the Convention and, secondly, it further clarified the application of Article 41 in inter-State cases (following *Cyprus v. Turkey*,[131] and *Georgia v. Russia (I)*[132]).

(i) The Court made it clear that the cessation of a Contracting Party's membership of the Council of Europe did not release it from its duty to cooperate with the Convention bodies, and that this duty continued for as long as the Court remained competent to deal with applications against that State. Since the facts giving rise to the present inter-State application had occurred prior to 16 September 2022, the Court confirmed that it had jurisdiction to examine the just satisfaction claims in this case. It clarified that Article 38 (the respondent Government's duty to cooperate), Article 41 (just satisfaction) and Article 46 (binding force and execution of judgments) of the Convention, as well as the corresponding provisions of the Rules of Court, continued to be applicable after the respondent State had ceased to be a High Contracting Party to the Convention.

(ii) Likewise, the Russian Federation was required by Article 46 § 1 of the Convention to implement the Court's judgments despite the cessation of its membership of the Council of Europe. Article 46 § 2, requiring that the Committee of Ministers set forth an effective mechanism for the implementation of the Court's judgments, was also applicable in cases against a State which had ceased to be a High Contracting Party.

(iii) The Court restated the principles and methodology of counting and identifying alleged individual victims of a violation for the purposes of the application of Article 41 in an inter-State case, as defined in *Georgia v. Russia (I)* (just satisfaction) (§§ 68-71, cited above). In this connection, it specified that the duty of the High Contracting Parties to cooperate (Article 38 of the Convention and Rule 44A of the Rules of Court) applied to both parties to the proceedings: not only to the respondent Government, in respect of whom the existence of an administrative practice in breach of the Convention had been found in the principal judgment, but also to the applicant Government, who, in accordance with Rule 60 of the Rules of Court, had to substantiate their claims.

In particular, regarding just satisfaction for the administrative practice of plundering or destroying private property, the Court imposed on the applicant Government a strict requirement to produce additional evidence of the alleged direct victims' title to property or of residence. The applicant Government had submitted a list of 1,408 alleged victims of the administrative practice of torching and looting of houses in the "buffer zone". Referring to its case-law in individual applications, the Court pointed out that it had developed a flexible approach regarding the evidence

---

131 *Cyprus v. Turkey* (just satisfaction) [GC], no. 25781/94, ECHR 2014.
132 *Georgia v. Russia (I)* (just satisfaction) [GC], no. 13255/07, 31 January 2019.

L'intérêt de l'arrêt de la Grande Chambre tient à ce que, premièrement, la Cour a confirmé qu'elle avait compétence pour connaître de questions ne portant pas sur le fond (par exemple la satisfaction équitable, la force obligatoire d'un arrêt et le devoir de coopération du gouvernement) consécutivement à la perte pour l'État concerné de sa qualité de Haute Partie contractante à la Convention et, deuxièmement, à ce qu'elle a apporté des précisions sur l'application de l'article 41 dans les affaires interétatiques (en suivant les arrêts *Chypre c. Turquie*[131] et *Géorgie c. Russie (I)*[132]).

i) La Cour a précisé que la cessation de la qualité de membre du Conseil de l'Europe d'une Partie contractante ne déliait pas celle-ci de son obligation de coopérer avec les organes de la Convention, et que cette obligation subsistait aussi longtemps que la Cour restait compétente pour connaître des requêtes dirigées contre cet État. Les faits à l'origine de la présente requête interétatique étant antérieurs au 16 septembre 2022, elle a confirmé avoir compétence pour connaître des demandes de satisfaction équitable formées dans cette affaire. Elle a précisé que les articles 38 (obligation de coopération du gouvernement défendeur), 41 (satisfaction équitable) et 46 (force obligatoire et exécution des arrêts) de la Convention, ainsi que les dispositions correspondantes du règlement de la Cour, continuaient à être applicables après que l'État défendeur avait cessé d'être une Haute Partie contractante à la Convention.

ii) De même, la Fédération de Russie était tenue, en vertu de l'article 46 § 1 de la Convention, de mettre en œuvre les arrêts rendus contre elle, même si elle avait cessé d'être membre du Conseil de l'Europe. L'article 46 § 2, qui impose au Comité des Ministres de mettre en place un mécanisme effectif d'exécution des arrêts de la Cour, s'appliquait lui aussi aux affaires dirigées contre un État qui avait cessé d'être une Haute Partie contractante.

iii) La Cour a réaffirmé les principes et la méthodologie de recensement et d'identification des victimes individuelles alléguées d'une violation aux fins de l'application de l'article 41 dans une affaire interétatique, telles que définis dans l'affaire *Géorgie c. Russie (I)* (satisfaction équitable), arrêt précité, §§ 68-71. À cet égard, elle a précisé que l'obligation de coopération des Hautes Parties contractantes (articles 38 de la Convention et 44A du règlement de la Cour) s'appliquait aux deux parties à la procédure : non seulement au gouvernement défendeur, à l'égard duquel l'existence d'une pratique administrative de violation de la Convention a été constatée dans l'arrêt au principal, mais aussi au gouvernement requérant qui doit, conformément à l'article 60 du règlement, étayer ses prétentions.

En ce qui concerne particulièrement la satisfaction équitable pour la pratique administrative de pillages ou de destruction de biens privés, la Cour a imposé au gouvernement requérant une obligation stricte de produire des éléments supplémentaires établissant que les victimes directes alléguées étaient propriétaires des lieux en question ou y résidaient. Le gouvernement requérant a produit une liste de 1 408 victimes présumées de la pratique administrative d'incendie et de pillage des maisons dans la « zone tampon ». Se référant à sa jurisprudence dans les requêtes individuelles, la Cour a dit qu'elle avait développé une approche souple quant aux preuves à produire

---

131   *Chypre c. Turquie* (satisfaction équitable) [GC], n° 25781/94, CEDH 2014.
132   *Géorgie c. Russie (I)* (satisfaction équitable) [GC], n° 13255/07, 31 janvier 2019.

to be provided by applicants who claimed to have lost their property and home in situations of international or internal armed conflict. However, if an applicant did not produce any evidence of title to property or of residence, his or her complaints were bound to fail. Likewise, in the present inter- State case, the evidence submitted by the applicant Government did not allow the Court to establish that the houses, allegedly torched or looted, had indeed belonged to the persons on the list or had constituted their home or dwelling within the meaning of Article 8. Accordingly, the Court held that it was not in a position to make an award under Article 41 in that respect.

Pecuniary damage

The judgment in the case of *G.I.E.M. S.r.l. and Others v. Italy*[133] concerned the elements to be taken into account when assessing the extent of pecuniary damage caused by confiscation of property in violation of Article 1 of Protocol No. 1.

The applicants – four companies and one individual – had complained about the automatic and complete confiscation of unlawfully developed land. In 2018 the Grand Chamber found that the measure had breached Article 1 of Protocol No. 1 in respect of all the applicants; it also found a violation of Article 7 of the Convention in respect of the companies, but not the individual; and lastly a violation of Article 6 § 2 in respect of the individual. The property has been returned to all the applicants. In the present judgment, taking the violation of Article 1 of Protocol No. 1 as the sole basis for compensation, the Grand Chamber made awards in respect of pecuniary damage particularly on account of the applicants' inability to use their land. However, it refused compensation for the deterioration of the buildings, given that they had been erected in breach of administrative permits. It also refused to take account of the loss of value of the land resulting from circumstances which had no causal link with the confiscation, or the violations found. Lastly, the Grand Chamber awarded sums to the applicants for non-pecuniary damage and for costs and expenses.

This Grand Chamber judgment is noteworthy as the Court explained the relevant factors to be taken into consideration when establishing the extent of pecuniary damage resulting from the confiscation of property in violation of Article 1 of Protocol No. 1. The Court began by confirming its well-established approach, whereby it was in principle for the applicant to adduce evidence of the existence and quantum of any pecuniary damage and to prove that there was a causal link between the claim being made and the violation(s) found.

As to the elements to be taken into account in order to assess pecuniary damage in that context, they included the value of the land and/or constructions prior to the confiscation, whether or not the land could be built upon at that time, the designated use of the property under the relevant legislation and land-use plans, the duration of

---

133   *G.I.E.M. S.r.l. and Others v. Italy* (just satisfaction) [GC], nos. 1828/06 and 2 others, 12 July 2023.

par les requérants qui se plaignent d'avoir perdu leurs biens et leur domicile dans le cadre d'un conflit armé interne ou international mais que, si un requérant ne produisait aucun élément attestant de son droit de propriété ou de son lieu de résidence, ses griefs étaient voués à l'échec. À ce titre, dans la présente affaire interétatique, les éléments présentés par le gouvernement requérant ne permettent pas à la Cour d'établir que les maisons qui auraient été incendiées ou pillées avaient bel et bien appartenu aux personnes inscrites sur la liste ou qu'il s'agissait de leur domicile ou de leur résidence au sens de l'article 8. En conséquence, la Cour a estimé qu'elle n'était pas en mesure d'octroyer une somme au titre de l'article 41 à cet égard.

Dommage matériel

L'arrêt *G.I.E.M. S.r.l. et autres c. Italie*[133] porte sur l'évaluation de l'ampleur du dommage matériel causé par des mesures de confiscation de biens immobiliers prises en violation de l'article 1 du Protocole n° 1.

Les requérantes, quatre sociétés et une personne physique, se plaignaient de la confiscation automatique et intégrale des terrains illicitement lotis. En 2018, la Grande Chambre a conclu que cette mesure était contraire à l'article 1 du Protocole n° 1 à l'égard de toutes les requérantes ; qu'elle était contraire à l'article 7 de la Convention à l'égard des sociétés et non contraire à cette disposition à l'égard de la personne physique ; et, enfin, qu'elle était contraire à l'article 6 § 2 à l'égard de cette dernière. Par la suite, les biens ont été restitués à toutes les requérantes. Considérant que le seul fondement à retenir pour l'octroi d'une indemnité découle du constat de violation de l'article 1 du Protocole n° 1, la Grande Chambre a alloué aux requérantes des montants pour le dommage matériel, notamment au titre de l'indisponibilité des terrains. En revanche, elle a refusé d'octroyer une indemnité pour la détérioration des immeubles, étant donné que ceux-ci ont été bâtis en contrevenant aux autorisations administratives. Elle a refusé également d'accorder une indemnité pour la perte de la valeur des terrains résultant des circonstances sans lien de causalité avec la confiscation litigieuse et les violations constatées. Enfin, elle a octroyé aux requérantes des sommes pour le préjudice moral, ainsi qu'au titre des frais et dépens.

Cet arrêt de la Grande Chambre est intéressant en ce que la Cour précise les éléments pertinents à prendre en considération pour établir l'ampleur du dommage matériel résultant de mesures de confiscation de biens immobiliers prises en violation de l'article 1 du Protocole n° 1.

Tout d'abord, la Cour confirme son approche bien entérinée, selon laquelle la preuve du dommage matériel, de son montant ainsi que du lien de causalité rattachant le dommage aux violations constatées incombe en principe au requérant. S'agissant des éléments à prendre en compte pour évaluer le dommage matériel dans ce contexte, ceux-ci comprennent la valeur des terrains et/ou des constructions avant leur confiscation, la nature constructible ou non des terrains à ce moment, la destination donnée aux biens en question par la législation pertinente et les plans d'urbanisme, la durée de

---

133   *G.I.E.M. S.r.l. et autres c. Italie* (satisfaction équitable) [GC], n°s 1828/06 et 2 autres, 12 juillet 2023.

the inability to use the land and the loss of value caused by the confiscation, while if necessary deducting the cost of demolishing illegal constructions.

The Court relied on its judgment in *Sud Fondi S.r.l. and Others v. Italy* (just satisfaction),[134] while emphasising that the present case had to be distinguished from it in a number of respects. In particular, the nature of the violations in question differed significantly: whereas in *Sud Fondi S.r.l. and Others v. Italy*,[135] the violations of Article 7 of the Convention and Article 1 of Protocol No.1 had been found on account of the lack of legal basis of the confiscations in question, thus rendering them arbitrary, in the present case the violations had been mainly procedural, being caused solely by the fact that the applicant companies had not been parties to the proceedings in question.

In the case of *Sud Fondi S.r.l. and Others* (just satisfaction), cited above, the Court had decided that the compensation due for the inability to use the land should be based on the probable value of the land at the beginning of the situation complained of. The damage caused by that inability for the period in question could be compensated for by a sum corresponding to the statutory interest accruing throughout that period, as applied to the value of the land. The Court applied that approach in the present case.

In assessing the duration for which the property, since returned, had been unusable, the Court took as the starting point the actual confiscations and not any previous measures of seizure, given that only the confiscations had been found to constitute the violations in the judgment on the merits.

The Court thus ascertained, in each case, whether the land could be built on, noting that that status had a significant impact on the value of land. Where it was possible to build on the land to a very limited extent, it was necessary for the Court to consider, whether it could have been sold in spite of any construction thereon which did not comply with the specifications stipulated in the planning permission.

Binding force and execution of judgments (Article 46)

Execution of judgments

The judgment in *Georgia v. Russia (II)*[136] concerned just satisfaction in an inter-State case where the respondent State had ceased to be a member of the Council of Europe.

In its principal judgment[137] of 21 January 2021, the Court found that there had been a series of administrative practices on the part of Russia, in the context of the armed conflict between Georgia and Russia in August 2008, in violation of

---

134   *Sud Fondi S.r.l. and Others v. Italy* (just satisfaction), no. 75909/01, 10 May 2012.
135   *Sud Fondi S.r.l. and Others v. Italy*, no. 75909/01, 20 January 2009.
136   *Georgia v. Russia (II)* (just satisfaction) [GC], no. 38263/08, 28 April 2023. See also under Article 41 (Just satisfaction – Non-pecuniary damage) above, and Article 38 (Obligation to furnish all necessary facilities) below.
137   *Georgia v. Russia (II)* [GC], no. 38263/08, 21 January 2021.

leur indisponibilité et la perte de valeur résultant de la confiscation, sous déduction, le cas échéant, du coût de la destruction des constructions illégales.

Dans son approche, la Cour s'appuie sur son arrêt dans l'affaire *Sud Fondi S.r.l. et autres c. Italie* (satisfaction équitable)[134], tout en soulignant que la présente affaire doit en être distinguée à plusieurs égards. Notamment, la nature des violations en question diffère sensiblement : alors que dans l'arrêt *Sud Fondi S.r.l. et autres c. Italie*[135], les violations de l'article 7 de la Convention et de l'article 1 du Protocole n° 1 ont été constatées en raison de l'absence de base légale des confiscations en cause, ce qui les rendait arbitraires, en l'espèce les violations sont principalement procédurales, étant due au seul fait que les sociétés requérantes n'étaient pas parties aux procédures litigieuses.

Dans l'affaire *Sud Fondi S.r.l. et autres* (satisfaction équitable), précitée, l'indemnité due en raison de l'indisponibilité des terrains devait se fonder sur la valeur probable des terrains au début de la situation litigieuse. Le préjudice découlant de cette indisponibilité pendant la période litigieuse pouvait être compensé par le versement d'une somme correspondant à l'intérêt légal, pendant toute cette période, appliqué à la valeur des terrains. La Cour a appliqué cette approche dans la présente affaire.

Pour évaluer la durée pendant laquelle les biens, depuis restitués, étaient indisponibles, la Cour a pris comme point de départ la confiscation de ces biens et non pas les saisies préalables dont ils ont pu faire l'objet, étant donné que ces dernières n'ont pas donné lieu aux violations constatées dans l'arrêt au fond.

En l'espèce, la Cour a recherché, au cas par cas, si les terrains étaient constructibles, en notant que cette qualité a un impact considérable sur la valeur d'un terrain. Lorsqu'un terrain est constructible dans une mesure très limitée, la Cour, dans l'évaluation du préjudice, tient compte de la question de savoir si une revente dudit terrain aurait pu être effectuée en dépit de la réalisation de constructions dont la nature s'écartait de celle qui leur avait été attribuée dans les permis de construire.

Force obligatoire et exécution des arrêts (article 46)

Exécution des arrêts

L'arrêt *Géorgie c. Russie (II)*[136] porte sur la satisfaction équitable dans une affaire interétatique où l'État défendeur a cessé d'être membre du Conseil de l'Europe.

Dans son arrêt au principal[137] du 21 janvier 2021, la Cour avait conclu que, dans le cadre du conflit armé qui l'opposait à la Géorgie en août 2008, la Fédération de Russie

---

134   *Sud Fondi S.r.l. et autres c. Italie* (satisfaction équitable), n° 75909/01, 10 mai 2012.
135   *Sud Fondi S.r.l. et autres c. Italie*, n° 75909/01, 20 janvier 2009.
136   *Géorgie c. Russie (II)* (satisfaction équitable) [GC], n° 38263/08, 28 avril 2023. Voir également sous l'article 41 (Satisfaction équitable – Préjudice moral) ci-dessus et sous l'article 38 (Obligations de fournir toutes facilités nécessaires) ci-dessous.
137   *Géorgie c. Russie (II)* [GC], n° 38263/08, 21 janvier 2021.

Articles 2, 3, 5 and 8 of the Convention, of Article 1 of Protocol No. 1 and of Article 2 of Protocol No. 4. The Court also held that Russia had failed to comply with its obligations under Article 38 of the Convention. The examination of Article 41 was reserved. The applicant Government then submitted their claims for just satisfaction, and the respondent Government did not react to the Court's invitation to submit their comments in reply. In the meantime, on 16 March 2022 the Russian Federation ceased to be a member of the Council of Europe and on 22 March 2022 the plenary Court adopted the "Resolution of the European Court of Human Rights on the consequences of the cessation of membership of the Russian Federation to the Council of Europe in light of Article 58 of the European Convention on Human Rights", stating that the Russian Federation would cease to be a Party to the Convention on 16 September 2022.

The Court held that it had jurisdiction to deal with the applicant Government's just satisfaction claims notwithstanding the above-mentioned cessation of the Russian Federation's membership of the Council of Europe and that the respondent Government's failure to cooperate did not present an obstacle to its examination. It awarded the applicant Government lump sums in respect of non-pecuniary damage for every violation found in the principal judgment, except with respect to the 1,408 alleged victims of the administrative practice of torching and looting of houses in the "buffer zone".

The Grand Chamber judgment is noteworthy in that the Court affirmed its jurisdiction to deal with non-substantive issues (such as just satisfaction, the binding force of a judgment and the Government's duty to cooperate) after the relevant State was no longer a High Contracting Party to the Convention.

(i) The Court made it clear that the cessation of a Contracting Party's membership of the Council of Europe did not release it from its duty to cooperate with the Convention bodies, and that this duty continued for as long as the Court remained competent to deal with applications against that State. Since the facts giving rise to the present inter-State application had occurred prior to 16 September 2022, the Court confirmed that it had jurisdiction to examine the just satisfaction claims in this case. It clarified that Article 38 (the respondent Government's duty to cooperate), Article 41 (just satisfaction) and Article 46 (binding force and execution of judgments) of the Convention, as well as the corresponding provisions of the Rules of Court, continued to be applicable after the respondent State had ceased to be a High Contracting Party to the Convention.

(ii) Likewise, the Russian Federation was required by Article 46 § 1 of the Convention, to implement the Court's judgments despite the cessation of its membership of the Council of Europe. Article 46 § 2, which requires that the Committee of Ministers set forth an effective mechanism for the implementation of the Court's judgments, was also applicable in cases against a State which had ceased to be a High Contracting Party.

s'était livrée à une série de pratiques administratives contraires aux articles 2, 3, 5 et 8 de la Convention, à l'article 1 du Protocole n° 1 et à l'article 2 du Protocole n° 4. Elle avait également jugé que la Russie avait manqué à ses obligations au titre de l'article 38 de la Convention. Elle avait réservé la question de l'examen de l'article 41. Par la suite, le gouvernement requérant a présenté ses demandes au titre de la satisfaction équitable et le gouvernement défendeur n'a pas répondu à l'invitation de la Cour tendant à ce qu'il présente ses observations en réponse. Parallèlement, le 16 mars 2022, la Fédération de Russie a cessé d'être membre du Conseil de l'Europe et le 22 mars 2022, la Cour plénière a adopté la « Résolution de la Cour européenne des droits de l'homme sur les conséquences de la cessation de la qualité de membre du Conseil de l'Europe de la Fédération de Russie à la lumière de l'article 58 de la Convention européenne des droits de l'homme », dans laquelle elle a dit que la Fédération de Russie cesserait d'être partie à la Convention à compter du 16 septembre 2022.

Dans son arrêt, la Cour a dit qu'elle avait compétence pour connaître des demandes de satisfaction équitable du gouvernement requérant nonobstant la cessation susmentionnée de la qualité de membre de la Russie et que le refus de coopération du gouvernement défendeur ne faisait pas obstacle à son examen. Elle a alloué au gouvernement requérant des sommes forfaitaires au titre du dommage moral pour chaque violation constatée dans l'arrêt au principal, sauf en ce qui concerne les 1 408 victimes alléguées de la pratique administrative d'incendies et de pillages de maisons dans la « zone tampon ».

L'intérêt de l'arrêt de la Grande Chambre tient à ce que la Cour a confirmé qu'elle avait compétence pour connaître de questions ne portant pas sur le fond (par exemple la satisfaction équitable, la force obligatoire d'un arrêt et le devoir de coopération du gouvernement) consécutivement à la perte pour l'État concerné de sa qualité de Haute Partie contractante à la Convention.

i) La Cour a précisé que la cessation de la qualité de membre du Conseil de l'Europe d'une Partie contractante ne déliait pas celle-ci de son obligation de coopérer avec les organes de la Convention, et que cette obligation subsistait aussi longtemps que la Cour restait compétente pour connaître des requêtes dirigées contre cet État. Les faits à l'origine de la présente requête interétatique étant antérieurs au 16 septembre 2022, elle a confirmé avoir compétence pour connaître des demandes de satisfaction équitable formées dans cette affaire. Elle a précisé que les articles 38 (obligation de coopération du gouvernement défendeur), 41 (satisfaction équitable) et 46 (force obligatoire et exécution des arrêts) de la Convention, ainsi que les dispositions correspondantes du règlement de la Cour, continuaient à être applicables après que l'État défendeur avait cessé d'être une Haute Partie contractante à la Convention.

ii) De même, la Fédération de Russie était tenue, en vertu de l'article 46 § 1 de la Convention, de mettre en œuvre les arrêts rendus contre elle, même si elle avait cessé d'être membre du Conseil de l'Europe. L'article 46 § 2, qui impose au Comité des Ministres de mettre en place un mécanisme effectif d'exécution des arrêts de la Cour, s'appliquait lui aussi aux affaires dirigées contre un État qui avait cessé d'être une Haute Partie contractante.

Other convention provisions

Derogation in time of emergency (Article 15)

The judgment in *Yüksel Yalçınkaya v. Türkiye*[138] concerned a conviction for membership of a terrorist organisation based on the use of an encrypted messaging application.

The applicant was convicted of membership of an armed terrorist organisation ("FETÖ/PDY"),[139] considered by the domestic authorities to have been behind the attempted coup of 2016. The conviction was based decisively on his use of an encrypted messaging application, ByLock, which the domestic courts had found to have been designed for the exclusive use of the members of FETÖ/PDY.

Before the Court, the applicant complained mainly under Articles 6, 7 and 11. The Grand Chamber (relinquishment) found a violation of Article 7 on account of the domestic courts' unforeseeable interpretation of domestic law, which attached objective liability to the mere use of ByLock. It also found a breach of Article 6 § 1 on account of the domestic courts' failure to put in place appropriate safeguards to enable the applicant to challenge effectively the key evidence (electronic data), to address the salient issues lying at the core of the case and to provide sufficient reasons. In the Grand Chamber's view, there had also been a breach of Article 11, as the domestic courts had deprived the applicant of the minimum protection against arbitrariness and had extended the scope of the relevant offence when relying, to corroborate his conviction, on his membership of a trade union and an association (purportedly affiliated with the FETÖ/PDY) that had both been operating lawfully at the material time.

The Grand Chamber judgment is noteworthy in that the Court confirmed and clarified the application of the safeguards enshrined in Article 7 and Article 6 § 1 with regard to two specific features of the instant case: in the first place, the unique challenges faced by the domestic authorities in their fight against terrorism in its covert, atypical forms and in the aftermath of the attempted military coup; and, secondly, the use of a high volume of encrypted electronic data stored on the server of an internet-based communication application.

The Court examined the question whether the impugned failure to observe the requirements of a fair trial could be justified by the Turkish derogation under Article 15 (in connection with the attempted coup). In this respect, the Court emphasised that such a derogation, even if justified, neither had the effect of dispensing the States from

---

138   *Yüksel Yalçınkaya v. Türkiye* [GC], no. 15669/20, 26 September 2023. See also under Article 7 (No punishment without law) and Article 6 § 1 (Fairness of the Proceedings) above.
139   "Fetullahist Terror Organisation/Parallel State Structure".

Autres dispositions de la convention

Dérogation en cas d'état d'urgence (article 15)

L'arrêt *Yüksel Yalçınkaya c. Türkiye*[138] concerne la condamnation du requérant pour appartenance à une organisation terroriste reposant sur l'utilisation d'une application de messagerie cryptée.

Le requérant fut condamné pour appartenance à une organisation terroriste armée (« FETÖ/ PDY »)[139] à laquelle les autorités turques imputent la responsabilité de la tentative de coup d'État de 2016. Sa condamnation reposait dans une mesure déterminante sur la conclusion selon laquelle il avait utilisé une application de messagerie cryptée appelée « ByLock », les juridictions internes estimant que cette application avait été conçue pour l'usage exclusif des membres de la FETÖ/PDY.

Le requérant invoquait principalement les articles 6, 7 et 11. La Grande Chambre (à la suite d'un dessaisissement) conclut à la violation de l'article 7 à raison de l'interprétation imprévisible du droit interne par les juridictions internes, qui ont attaché une responsabilité objective au simple fait d'utiliser l'application ByLock. Elle conclut également que le fait que les juridictions internes n'aient pas mis en place des garanties appropriées visant à mettre le requérant en mesure de contester effectivement le principal élément de preuve en cause (des données électroniques), examiné les questions essentielles qui se trouvaient au cœur de l'affaire, ni fourni de motifs justifiant leurs décisions, a emporté violation de l'article 6 § 1. Enfin, la Grande Chambre dit qu'il y a eu violation de l'article 11 en raison du fait que les juridictions internes ont privé le requérant de la protection minimale requise contre l'arbitraire et du fait que, en s'appuyant, pour corroborer la condamnation du requérant, sur son appartenance à un syndicat et à une association (prétendument affiliés à la FETÖ/PDY) qui exerçaient leurs activités de manière légale à l'époque des faits reprochés, elles ont étendu la portée de l'infraction en cause.

L'intérêt de cet arrêt de Grande Chambre réside dans le fait que la Cour y confirme et y clarifie l'application des garanties consacrées par l'article 7 et l'article 6 § 1 à deux caractéristiques particulières de la présente affaire, à savoir, premièrement, les difficultés exceptionnelles auxquelles les autorités internes ont été confrontées dans leur lutte contre le terrorisme sous ses formes atypiques et clandestines, au lendemain de la tentative de coup d'État militaire et, deuxièmement, l'utilisation d'un important volume de données électroniques cryptées stockées sur le serveur d'une application de communication en ligne.

La Cour a examiné la question de savoir si ces manquements aux exigences du procès équitable pouvaient être justifiés par la dérogation introduite par la Türkiye au titre de l'article 15 (à la suite de la tentative de coup d'État), la Cour observe qu'une telle dérogation, même justifiée, n'a pas pour effet de dispenser les États de l'obliga-

---

138 *Yüksel Yalçınkaya c. Türkiye* [GC], n° 15669/20, 26 septembre 2023. Voir également sous l'article 7 (Pas de peine sans loi) et sous l'article 6 § 1 (Équité de la procédure) ci-dessus.

139 « Organisation terroriste Fetullahiste / structure parallèle d'État ».

the obligation to respect the rule of law (*Pişkin v. Turkey*[140]), nor did it give them carte blanche to engage in conduct that could lead to arbitrary consequences for individuals. Accordingly, when determining whether a derogating measure was strictly required by the exigencies of the situation, the Court would also examine whether adequate safeguards had been provided against abuse and whether the measure undermined the rule of law. In the present case, no sufficient connection had been established between the above fair trial issues and the special measures taken during the state of emergency. The Court therefore found a breach of Article 6 § 1 of the Convention.

Obligation to furnish all necessary facilities (Article 38)

The judgment in *Georgia v. Russia* (II)[141] concerned just satisfaction in an inter-State case where the respondent State had ceased to be a member of the Council of Europe.

In its principal judgment[142] of 21 January 2021, the Court found that there had been a series of administrative practices on the part of the Russian Federation, in the context of the armed conflict between Georgia and Russia in August 2008, in violation of Articles 2, 3, 5 and 8 of the Convention, of Article 1 of Protocol No. 1 and of Article 2 of Protocol No. 4. The Court also held that Russia had failed to comply with its obligations under Article 38 of the Convention. The examination of Article 41 was reserved. The applicant Government then submitted their claims for just satisfaction, and the respondent Government did not react to the Court's invitation to submit their comments in reply. In the meantime, on 16 March 2022 the Russian Federation had ceased to be a member of the Council of Europe and on 22 March 2022 the plenary Court adopted the "Resolution of the European Court of Human Rights on the consequences of the cessation of membership of the Russian Federation to the Council of Europe in light of Article 58 of the European Convention on Human Rights", stating that the Russian Federation would cease to be a Party to the Convention on 16 September 2022.

The Court held that it had jurisdiction to deal with the applicant Government's just satisfaction claims notwithstanding the above-mentioned cessation of the Russian Federation's membership of the Council of Europe and that the respondent Government's failure to cooperate did not present an obstacle to its examination. It awarded the applicant Government lump sums in respect of non-pecuniary damage for every violation found in the principal judgment, except with respect to the 1,408 alleged victims of the administrative practice of torching and looting of houses in the "buffer zone".

The Grand Chamber judgment is noteworthy in that the Court affirmed its

---

140 *Pişkin v. Turkey*, no. 33399/18, § 153, 15 December 2020.
141 *Georgia v. Russia (II)* (just satisfaction) [GC], no. 38263/08, 28 April 2023. See also under Article 41 (Just satisfaction – Non-pecuniary damage) and Article 46 (Binding force and execution of judgments) above.
142 *Georgia v. Russia (II)* [GC], no. 38263/08, 21 January 2021.

tion de respecter le principe de la prééminence du droit (*Pişkin c. Turquie*[140]), ni de leur donner un blanc-seing les autorisant à adopter une conduite susceptible d'emporter des conséquences arbitraires pour les individus. Par conséquent, pour déterminer si une mesure dérogatoire était rendue strictement nécessaire par les exigences de la situation, la Cour doit également rechercher s'il existait des garanties adéquates contre les abus et si la mesure en cause respectait le principe de la prééminence du droit. En l'espèce, il n'a pas été établi qu'il existât un lien suffisant entre les problèmes d'équité du procès susmentionnés et les mesures spéciales adoptées pendant l'état d'urgence. La Cour conclut donc à la violation de l'article 6 § 1 de la Convention.

Obligations de fournir toutes facilités nécessaires (article 38)

L'arrêt *Géorgie c. Russie (II)*[141] porte sur la satisfaction équitable dans une affaire interétatique où l'État défendeur a cessé d'être membre du Conseil de l'Europe.

Dans son arrêt au principal[142] du 21 janvier 2021, la Cour avait conclu que, dans le cadre du conflit armé qui l'opposait à la Géorgie en août 2008, la Fédération de Russie s'était livrée à une série de pratiques administratives contraires aux articles 2, 3, 5 et 8 de la Convention, à l'article 1 du Protocole n° 1 et à l'article 2 du Protocole n° 4. Elle avait également jugé que la Russie avait manqué à ses obligations au titre de l'article 38 de la Convention. Elle avait réservé la question de l'examen de l'article 41. Par la suite, le gouvernement requérant a présenté ses demandes au titre de la satisfaction équitable et le gouvernement défendeur n'a pas répondu à l'invitation de la Cour tendant à ce qu'il présente ses observations en réponse. Parallèlement, le 16 mars 2022, la Fédération de Russie a cessé d'être membre du Conseil de l'Europe et le 22 mars 2022, la Cour plénière a adopté la « Résolution de la Cour européenne des droits de l'homme sur les conséquences de la cessation de la qualité de membre du Conseil de l'Europe de la Fédération de Russie à la lumière de l'article 58 de la Convention européenne des droits de l'homme », dans laquelle elle a dit que la Fédération de Russie cesserait d'être partie à la Convention à compter du 16 septembre 2022.

Dans son arrêt, la Cour a dit qu'elle avait compétence pour connaître des demandes de satisfaction équitable du gouvernement requérant nonobstant la cessation susmentionnée de la qualité de membre de la Russie et que le refus de coopération du gouvernement défendeur ne faisait pas obstacle à son examen. Elle a alloué au gouvernement requérant des sommes forfaitaires au titre du dommage moral pour chaque violation constatée dans l'arrêt au principal, sauf en ce qui concerne les 1 408 victimes alléguées de la pratique administrative d'incendies et de pillages de maisons dans la « zone tampon ».

L'intérêt de l'arrêt de la Grande Chambre tient à ce que la Cour a confirmé

---

140 *Pişkin c. Turquie*, n° 33399/18, § 153, 15 décembre 2020.
141 *Géorgie c. Russie (II)* (satisfaction équitable) [GC], n° 38263/08, 28 avril 2023. Voir également sous l'article 41 (Satisfaction équitable – Préjudice moral) et sous l'article 46 (Force obligatoire et exécution des arrêts) ci-dessus.
142 *Géorgie c. Russie (II)* [GC], n° 38263/08, 21 janvier 2021.

jurisdiction to deal with non-substantive issues (such as just satisfaction, the binding force of a judgment and the Government's duty to cooperate) after the relevant State was no longer a High Contracting Party to the Convention. The Court made it clear that the cessation of a Contracting Party's membership of the Council of Europe did not release it from its duty to cooperate with the Convention bodies, and that this duty continued for as long as the Court remained competent to deal with applications against that State. Since the facts giving rise to the present inter-State application had occurred prior to 16 September 2022, the Court confirmed that it had jurisdiction to examine the just satisfaction claims in this case. It clarified that Article 38 (the respondent Government's duty to cooperate), Article 41 (just satisfaction) and Article 46 (binding force and execution of judgments) of the Convention, as well as the corresponding provisions of the Rules of Court, continued to be applicable after the respondent State had ceased to be a High Contracting Party to the Convention.

Jurisdiction of the Court (Article 32)

The judgment in *Grosam v. the Czech Republic*[143] concerned the distinction between complaints and secondary arguments and the consequent delimiting of the Court's ability to recharacterise a complaint.

The disciplinary chamber of the Supreme Administrative Court had found the applicant guilty of misconduct and fined him.

In his application to the Court, he complained under Article 6 § 1 of the lack of fairness of the disciplinary proceedings. He also complained, under Article 2 of Protocol No. 7, that domestic law excluded appeals against the disciplinary chamber of the Supreme Administrative Court. After notice of the case had been given to the respondent Government, a Chamber of the Court, of its own motion, invited the parties to submit further observations under Article 6 § 1 on whether, given its composition, the disciplinary chamber met the requirements of a "tribunal established by law" within the meaning of that provision. In his observations of 5 November 2015, the applicant contended that it did not. In its judgment, the Chamber of the Court recharacterised the complaint under Article 2 of Protocol No. 7 as one to be examined under Article 6 § 1 and found a violation of that provision: the disciplinary chamber did not meet the requirements of an independent and impartial tribunal and, furthermore, there was no need to examine the admissibility/merits of the remaining complaints under Article 6 § 1 (fairness of the disciplinary proceedings).

The Grand Chamber disagreed, finding that the applicant's arguments under Article 2 of Protocol No. 7 could not be interpreted as raising a complaint that the disciplinary chamber had not been an independent and impartial tribunal within

---

143   *Grosam v. the Czech Republic* [GC], no. 19750/13, 1 June 2023. See also under Article 34 (Petition) above.

qu'elle avait compétence pour connaître de questions ne portant pas sur le fond (par exemple la satisfaction équitable, la force obligatoire d'un arrêt et le devoir de coopération du gouvernement) consécutivement à la perte pour l'État concerné de sa qualité de Haute Partie contractante à la Convention.

La Cour a précisé que la cessation de la qualité de membre du Conseil de l'Europe d'une Partie contractante ne déliait pas celle-ci de son obligation de coopérer avec les organes de la Convention, et que cette obligation subsistait aussi longtemps que la Cour restait compétente pour connaître des requêtes dirigées contre cet État. Les faits à l'origine de la présente requête interétatique étant antérieurs au 16 septembre 2022, elle a confirmé avoir compétence pour connaître des demandes de satisfaction équitable formées dans cette affaire. Elle a précisé que les articles 38 (obligation de coopération du gouvernement défendeur), 41 (satisfaction équitable) et 46 (force obligatoire et exécution des arrêts) de la Convention, ainsi que les dispositions correspondantes du règlement de la Cour, continuaient à être applicables après que l'État défendeur avait cessé d'être une Haute Partie contractante à la Convention.

Compétence de la Cour (article 32)

L'arrêt *Grosam c. République tchèque*[143] porte sur la distinction entre le grief et l'argument secondaire ainsi que sur la délimitation conséquente du pouvoir qu'a la Cour de requalifier un grief.

La chambre disciplinaire de la Cour administrative suprême reconnut le requérant coupable de fautes disciplinaires et lui infligea une amende.

Dans la requête dont il saisit la Cour, le requérant se plaignait, sur le terrain de l'article 6 § 1 de la Convention, d'un manque d'équité de la procédure disciplinaire. Il soutenait également, sur le terrain de l'article 2 du Protocole n° 7, que le droit interne excluait les recours contre la chambre disciplinaire de la Cour administrative suprême. À la suite de la communication initiale de l'affaire, une chambre de la Cour invita d'office les parties à présenter des observations complémentaires sous l'angle de l'article 6 § 1 sur la question de savoir si, compte tenu de sa composition, la chambre disciplinaire satisfaisait aux exigences d'un « tribunal établi par la loi » au sens de cette disposition. Dans ses observations du 5 novembre 2015, le requérant estimait que non. Dans son arrêt, la chambre de la Cour a requalifié le grief fondé sur l'article 2 du Protocole n° 7 comme un grief à examiner sous l'angle de l'article 6 § 1 de la Convention et elle a conclu à la violation de cette dernière disposition au motif que la chambre disciplinaire n'avait pas satisfait aux exigences d'un tribunal indépendant et impartial. Elle a jugé en outre qu'il n'y avait pas lieu d'examiner la recevabilité et le fond des autres griefs sous l'angle de l'article 6 § 1 (équité de la procédure disciplinaire).

Repoussant ces conclusions, la Grande Chambre estime que les arguments avancés par le requérant sur le terrain de l'article 2 du Protocole n° 7 ne peuvent pas s'analyser en un grief tiré de ce que la chambre disciplinaire n'aurait pas été un tri-

---

143   *Grosam c. République tchèque* [GC], n° 19750/13, 1er juin 2023. Voir également sous l'article 34 (Recours) ci-dessus.

the meaning of Article 6 § 1. The applicant had not raised such a complaint in his application form but only subsequently in his observations to the Chamber, after it had given notice of the application to the respondent Government. The Grand Chamber therefore found this new complaint to be inadmissible, given that it had been submitted more than six months after the disciplinary proceedings against the applicant had ended (in 2012). Going on to examine the remaining complaints within the scope of the referred case, the Grand Chamber dismissed the complaints under Article 6 § 1 (fairness of the disciplinary proceedings) as manifestly ill-founded and, having agreed with the Chamber that Article 6 § 1 was applicable under its civil but not its criminal head, the Grand Chamber rejected as incompatible *ratione materiae* with the provisions of the Convention the complaint under Article 2 of Protocol No. 7 (the concept of "criminal offence" used in that provision corresponding to that of "criminal charge" in Article 6 § 1).

The Grand Chamber judgment is noteworthy because the Court, being master of the characterisation to be given in law to the facts of a case, confirmed and clarified the limits of its power to recharacterise an applicant's complaints and, in so doing, it ensured that the scope of the case did not extend beyond the complaints contained in the application.

The Court reiterated that it could base its decision only on the facts "complained of", which ought to be seen in the light of the legal arguments underpinning them and vice versa, these two elements of a complaint being intertwined (*Radomilja and Others v. Croatia*[144]). Drawing upon its approach in the context of exhaustion of domestic remedies, the Court emphasised that it was not sufficient that a violation of the Convention was "evident" from the facts of the case or the applicant's submissions. Instead, the applicants had to complain that a certain act or omission had entailed a violation of the rights set forth in the Convention or the Protocols thereto, in a manner which should not leave the Court to second-guess whether a certain complaint had been raised or not (*Farzaliyev v. Azerbaijan*[145]). Referring to a similar position of the International Court of Justice (ICJ – compare the judgments in the cases of Nuclear Tests (*Australia v. France*[146]) and Dispute over the Status and Use of the Waters of the Silala (*Chile v. Bolivia*[147]), the Court emphasised that it had no power to substitute itself for the applicant and formulate new complaints simply on the basis of the arguments and facts advanced. Drawing inspiration again from the Nuclear Tests judgment of the ICJ, the Court clarified that it was necessary to distinguish between complaints (that is, the arguments pointing to the cause or the fact constitutive of the alleged violations of the Convention) and secondary arguments.

On that basis, the Court considered whether the applicant's complaint under Article 2 of Protocol No. 7, as formulated in his application, could be examined under Article 6 § 1 (as a complaint about an independent and impartial tribunal) as

---

144 *Radomilja and Others v. Croatia* [GC], nos. 37685/10 and 22768/12, 20 March 2018.
145 *Farzaliyev v. Azerbaijan*, no. 29620/07, 28 May 2020.
146 *Nuclear Tests (Australia v. France)*, judgment of 20 December 1974, ICJ Reports 1974, p. 253.
147 *Dispute over the Status and Use of the Waters of the Silala (Chile v. Bolivia)*, ICJ judgment of 1 December 2022.

bunal indépendant et impartial au sens de l'article 6 § 1. Le requérant a soulevé un tel grief non pas dans son formulaire de requête mais seulement ultérieurement, dans ses observations devant la chambre, après que celle-ci avait communiqué la requête au gouvernement défendeur. La Grande Chambre juge donc ce nouveau grief irrecevable puisqu'introduit plus de six mois après la fin de la procédure disciplinaire dirigée contre le requérant (en 2012). Passant à l'examen des griefs restants exposés dans l'affaire renvoyée, elle rejette ceux fondés sur l'article 6 § 1 (équité de la procédure disciplinaire) pour défaut manifeste de fondement ; et, concluant, avec la chambre, à l'applicabilité de l'article 6 § 1 sous son volet civil mais pas sous son volet pénal, elle rejette pour incompatibilité *ratione materiae* le grief fondé sur l'article 2 du Protocole n° 7 (la notion d'« infraction pénale » employée dans cette dernière disposition correspondant à celle d'« accusation en matière pénale » employée à l'article 6 § 1).

L'intérêt de l'arrêt de la Grande Chambre tient à ce que la Cour, maîtresse de la qualification juridique à donner aux faits d'une affaire, confirme et précise les limites de son pouvoir de requalifier les griefs d'un requérant et à ce qu'elle s'assure ainsi que l'objet de l'affaire ne s'étende pas au-delà des griefs formulés dans la requête.

La Cour rappelle qu'elle ne peut statuer que sur les faits dont le requérant se plaint, lesquels doivent être appréciés à l'aune des arguments juridiques qui les sous-tendent, et inversement, ces deux éléments d'un grief étant imbriqués (*Radomilja et autres c. Croatie*[144]). S'appuyant sur l'approche suivie sur le terrain de l'épuisement des voies de recours internes, elle souligne qu'il ne suffit pas que l'existence d'une violation de la Convention soit « évidente » au vu des faits de l'espèce ou des observations soumises par le requérant. Il incombe au contraire au requérant de dénoncer une action ou omission comme contraire aux droits reconnus dans la Convention ou ses Protocoles, de telle manière que la Cour n'ait pas à spéculer sur la question de savoir si tel ou tel grief a été ou non soulevé (*Farzaliyev c. Azerbaïdjan*[145]). Se référant à une position similaire adoptée par la Cour internationale de justice (CIJ) (voir, en comparaison, les arrêts rendus par celle-ci dans les affaires des Essais nucléaires (*Australie c. France*[146]) et du Différend concernant le statut et l'utilisation des eaux du Silala (*Chili c. Bolivie*[147]), elle souligne qu'elle n'a pas le pouvoir de se substituer au requérant et de retenir des griefs nouveaux sur la seule base des arguments et faits exposés. S'inspirant à nouveau de l'arrêt de la CIJ dans l'affaire des Essais nucléaires, précitée, elle précise qu'il faut distinguer les griefs (c'est-à-dire les arguments indiquant la cause ou le fait constitutif des violations alléguées de la Convention) des arguments secondaires.

Sur cette base, la Cour recherche si le grief du requérant fondé sur l'article 2 du Protocole n° 7, tel que formulé dans la requête, peut être examiné sous l'angle de l'article 6 § 1 de la Convention (en tant que grief de défaut de tribunal indépendant et

---

144 *Radomilja et autres c. Croatie* [GC], n°s 37685/10 et 22768/12, 20 mars 2018.
145 *Farzaliyev c. Azerbaïdjan*, n° 29620/07, 28 mai 2020.
146 *Affaire des essais nucléaires (Australie c. France)*, arrêt du 20 décembre 1974, CIJ Recueil 1974, p. 253.
147 *Différend concernant le statut et l'utilisation des eaux du Silala (Chili c. Bolivie)*, arrêt de la CIJ du 1er décembre 2022.

the Chamber had done after recharacterising it to fall within that provision. In his application, the applicant did not claim that the inclusion, in the composition of the disciplinary chamber, of members who were not professional judges entailed a violation of Article 2 of Protocol No. 7. Rather, he argued that that body could not be regarded as the "highest tribunal" within the meaning of paragraph 2 of that provision, as its lay members were not subject to the same requirements of expertise and independence as judges. That argument was therefore aimed only at excluding the application of the exception provided for in Article 2 § 2 of Protocol No. 7, according to which the right of appeal did not apply where an accused had been tried in the first instance by the highest tribunal. Moreover, the applicant emphasised that the composition of the disciplinary chamber was atypical among the higher judicial institutions in the Czech Republic, which normally did not involve lay assessors (their participation being common in some first-instance courts). In short, he did not argue that the disciplinary chamber was not a "tribunal" but merely that it was not the "highest tribunal".

In the Court's view, that was a secondary argument which could not be equated with a complaint: indeed, the applicant had not claimed the composition of the disciplinary chamber to be the cause or fact constitutive of a violation of Article 2 of Protocol No. 7. His argument could not therefore be interpreted as raising a complaint that the disciplinary chamber was not an independent and impartial tribunal within the meaning of Article 6 § 1. If the applicant had wished, at that stage, to complain of a breach of those guarantees set forth in Article 6 § 1, he should have so stated in his application form in a clear manner, especially as the scope of Article 6 was very broad and the complaints under that provision had to contain all the parameters necessary for the Court to define the issue it would be called upon to examine (*Ramos Nunes de Carvalho e Sá v. Portugal*[148]). Although the applicant had formulated such a complaint in his observations to the Chamber, that was a new complaint: since it related to distinct requirements arising from Article 6 § 1, it could therefore not be viewed as concerning a particular aspect of his initial complaint under Article 2 of Protocol No. 7.

Accordingly, by raising a question concerning compliance with the requirement of a "tribunal established by law" under Article 6 § 1, the Chamber had extended, of its own motion, the scope of the case beyond the one initially referred to it by the applicant in his application. It had thereby exceeded the powers conferred on the Court by Articles 32 and 34 of Convention.

The decision in *Pivkina and Others v. Russia*[149] concerned the Court's temporal jurisdiction mainly with respect to acts or omissions spanning the date on which a

---

148 *Ramos Nunes de Carvalho e Sá v. Portugal* [GC], nos. 55391/13 and 2 others, § 104, 6 November 2018.
149 *Pivkina and Others v. Russia* (dec.), nos. 2134/23 and 6 others, 6 June 2023. See also under Article 35 § 3 (a) (Competence *ratione temporis*, and Competence *ratione personae*) above.

impartial) comme l'avait fait la chambre après l'avoir requalifié pour le faire relever de cette disposition. Dans sa requête, le requérant n'alléguait pas que la présence, dans la composition de la chambre disciplinaire, de membres qui n'étaient pas des juges professionnels emportait violation de l'article 2 du Protocole n° 7. Il soutenait plutôt que cette instance ne pouvait être considérée comme la « plus haute juridiction » au sens du paragraphe 2 de cette disposition, ses membres non judiciaires n'étant pas astreints aux mêmes exigences de compétence et d'indépendance que les juges professionnels. Cette thèse avait donc pour seule finalité d'écarter l'application de l'exception prévue à l'article 2 § 2 du Protocole n° 7, qui exclut le droit à un double degré de juridiction dans les cas où l'accusé a été jugé en première instance par la plus haute juridiction. En outre, le requérant a souligné que la composition de la chambre disciplinaire de la Cour administrative suprême était inhabituelle par rapport à celle des institutions judiciaires supérieures de la République tchèque, qui normalement n'ont pas en leur sein des assesseurs non judiciaires, dont la participation est courante chez certains tribunaux de première instance. Bref, il soutenait non pas que la chambre disciplinaire n'était même pas un « tribunal », mais seulement qu'elle n'était pas la « plus haute juridiction ».

Aux yeux de la Cour, il s'agit là d'un argument secondaire qui n'est pas assimilable à un grief. En effet, le requérant n'a pas allégué que la composition de la chambre disciplinaire était la cause ou fait constitutif d'une violation de l'article 2 du Protocole n° 7. Cet argument ne peut donc être interprété comme un grief tiré de ce que cette juridiction n'aurait pas été un tribunal indépendant et impartial, au sens de l'article 6 § 1 de la Convention. Si le requérant souhaitait à ce stade alléguer une violation des garanties énoncées à l'article 6 § 1, il aurait dû le faire clairement dans son formulaire de requête, d'autant plus que le champ d'application de l'article 6 est très large et que les griefs tirés de cette disposition doivent contenir tous les paramètres nécessaires pour permettre à la Cour de délimiter la question qu'elle sera appelée à examiner (*Ramos Nunes de Carvalho e Sá c. Portugal*[148]). Si le requérant a certes formulé un tel grief dans ses observations devant la chambre, il s'agissait d'un grief nouveau : puisqu'il concernait des exigences distinctes découlant de l'article 6 § 1 de la Convention, il ne peut donc être considéré comme rattaché à un volet particulier du grief initial fondé sur l'article 2 du Protocole n° 7.

Dès lors, en posant une question sur le respect de l'exigence d'un « tribunal établi par la loi » au sens de l'article 6 § 1 de la Convention, la chambre a étendu d'office l'objet de l'affaire au-delà de celui que le requérant avait initialement défini dans sa requête. La chambre a ainsi excédé les pouvoirs que les articles 32 et 34 de la Convention confèrent à la Cour.

La décision *Pivkina et autres c. Russie*[149] concerne la compétence temporelle de la Cour principalement pour les actes ou omissions se prolongeant au-delà de la

---

148   *Ramos Nunes de Carvalho e Sá c. Portugal* [GC], n°s 55391/13 et 2 autres, § 104, 6 novembre 2018.

149   *Pivkina et autres c. Russie* (déc.), n°s 2134/23 et 6 autres, 6 juin 2023. Voir également sous l'article 35 § 3 a) (Compétence *ratione temporis* et Compétence *ratione personae*) ci-dessous.

respondent State ceased to be a Party to the Convention.

On 16 March 2022 the Russian Federation ceased to be a member of the Council of Europe. Shortly thereafter the Court, sitting in Plenary formation, adopted a Resolution stating that the Russian Federation would cease to be a High Contracting Party to the Convention on 16 September 2022 ("the termination date"). The applications concerned different factual scenarios, alleging violations of various Convention provisions. Some of the facts occurred up until, some occurred after and some spanned across the termination date. The Court reconfirmed its jurisdiction to deal with cases where all acts and judicial decisions leading to the alleged Convention violations had occurred up until the termination date.[150] The Court further rejected complaints as incompatible *ratione personae* with the provisions of the Convention where both the triggering act and the applicant's judicial challenge to it had occurred after the termination date. As regards the case where the facts spanned across the termination date, the Court found that some of the complaints fell within its temporal jurisdiction and gave notice thereof to the respondent Government. It rejected the remaining complaints as incompatible *ratione temporis* with Article 35 § 3 of the Convention.

Russia's Federal Law no. 43-FZ of 28 February 2023 provided that the Convention was to be considered as having ceased to be applicable to the Russian Federation as of 16 March 2022 (not the termination date). The Court, however, emphasised that its ability to determine its own jurisdiction was essential to the Convention's protection system. By acceding to the Convention, the High Contracting Parties had undertaken to comply not just with its substantive provisions but also with its procedural provisions, including Article 32, which gave the Court exclusive authority over disputes regarding its jurisdiction. The Court's jurisdiction could not therefore be contingent upon events extraneous to its own operation, such as domestic legislation that sought to affect or limit its jurisdiction in pending cases, such as the above-mentioned Russian law.

Cessation of membership of the Council of Europe (Article 58)

The judgment in *Fedotova and Others v. Russia*[151] is noteworthy in that the Court ruled, for the first time, on its jurisdiction to examine a case against Russia after it had ceased to be a Party to the Convention.

---

150   *Fedotova and Others v. Russia* [GC], nos. 40792/10 and 2 others, 17 January 2023.
151   *Fedotova and Others v. Russia* [GC], nos. 40792/10 and 2 others, 17 January 2023. See also under Article 8 (Positive obligations) above.

date à laquelle l'État défendeur a cessé d'être une partie à la Convention.

La Fédération de Russie a cessé d'être membre du Conseil de l'Europe à compter du 16 mars 2022. Peu après, la Cour réunie en séance plénière adopta une résolution déclarant que la Fédération de Russie cesserait d'être une Haute Partie contractante à la Convention le 16 septembre 2022 (« la date de la cessation de la qualité de partie à la Convention »). Les présentes requêtes portent sur différents scénarios factuels dans lesquels sont alléguées des violations de diverses dispositions de la Convention. Certains de ces faits se sont produits avant et jusqu'à la date de la cessation de la qualité de partie à la Convention, d'autres après cette date et d'autres encore ont commencé avant cette date et ont pris fin après. La Cour réaffirme qu'elle est compétente pour connaître des affaires dans lesquelles tous les actes et toutes les décisions judiciaires ayant abouti aux violations alléguées de la Convention se sont produits jusqu'à la date de la cessation de la qualité de partie à la Convention[150]. La Cour rejette en outre les griefs pour incompatibilité *ratione personae* lorsque tant l'acte à l'origine de la procédure que la contestation judiciaire de cet acte par le requérant sont intervenus postérieurement à cette date. Dans l'affaire dans laquelle les faits se sont étendus sur une période s'étant prolongée au-delà de cette date, la Cour estime que certains des griefs relèvent de sa compétence temporelle et les communique au gouvernement défendeur. Elle rejette les autres griefs pour incompatibilité *ratione temporis* avec l'article 35 § 3 de la Convention.

Cette décision est intéressante en ce que la Cour souligne qu'un État qui a cessé d'être partie à la Convention ne peut, par le biais de sa législation interne, modifier ou réduire la portée de la compétence de la Cour.

La loi fédérale russe n° 43-FZ du 28 février 2023 dispose que la Convention doit être considérée comme ayant cessé de s'appliquer à la Fédération de Russie à compter du 16 mars 2022 (et non à la date de la cessation de la qualité de partie à la Convention). La Cour souligne toutefois que sa capacité à déterminer sa propre compétence est essentielle au système de protection offert par la Convention. En adhérant à la Convention, les Hautes Parties contractantes se sont engagées à se conformer non seulement à ses dispositions matérielles, mais aussi à ses dispositions procédurales, dont l'article 32, qui confère à la Cour l'autorité exclusive sur les litiges concernant sa propre compétence. La compétence de la Cour ne saurait donc dépendre d'événements étrangers à son propre fonctionnement, tels qu'une législation interne visant à altérer ou à limiter sa compétence relativement à des affaires pendantes, comme la loi russe susmentionnée.

Cessation de la qualité de membre du Conseil de l'Europe (article 58)

L'arrêt *Fedotova et autres c. Russie*[151] mérite d'être signalé en ce que la Cour se prononce pour la première fois sur sa compétence pour connaître d'une affaire dirigée contre la Russie après que cet État a cessé d'être partie à la Convention.

---

150   *Fedotova et autres c. Russie* [GC], n⁰ˢ 40792/10 et 2 autres, 17 janvier 2023.
151   *Fedotova et autres c. Russie* [GC], n⁰ˢ 40792/10 et 2 autres, 17 janvier 2023. Voir également sous l'article 8 (Obligations positives) ci-dessus.

Referring to the wording of Article 58 (§§ 2 and 3), the Court confirmed that a State which ceased to be a Party to the Convention, by virtue of the fact that it had ceased to be a member of the Council of Europe, was not released from its obligations under the Convention in respect of any act performed by that State before the date on which it ceased to be a Party to the Convention. The Court thus reiterated its reading of this provision set out in its Resolution concerning Russia[152] delivered after sitting in plenary session. In the present case, the facts giving rise to the alleged violations of the Convention had taken place before 16 September 2022, when Russia ceased to be a Party to the Convention. Since the applications had been lodged with it in 2010 and 2014, the Court had jurisdiction to deal with them. The Court eventually found a violation of Article 8 on the ground that the respondent State had failed to comply with its positive obligation to secure adequate recognition and protection for the applicants, who were same-sex couples.

Inter-state cases (Article 33)

The decision in *Ukraine and the Netherlands v. Russia*[153] concerned exclusion from jurisdiction in the context of the active phase of hostilities, as well as the relevance of non-domestic remedies in an inter-State case for the purposes of the six-month rule.

In its two inter-State applications, the Ukrainian Government alleged an administrative practice by Russia resulting in numerous Convention violations in the areas of eastern Ukraine under separatist control. The inter-State application lodged by the Netherlands Government concerned the downing of flight MH17. In its decision, the Grand Chamber held that Russia had had effective control over all areas in the hands of separatists from 11 May 2014 and that the impugned facts fell within the spatial jurisdiction (*ratione loci*) of Russia within the meaning of Article 1, with the exception of the Ukrainian Government's complaint about the bombing and shelling of areas outside separatist control. The question of whether the latter complaint came under Russia's personal jurisdiction (State agent authority and control) was joined to the merits. The Grand Chamber confirmed its *ratione materiae* jurisdiction to examine complaints concerning armed conflict. It dismissed the respondent Government's further preliminary objections (the alleged lack of the "requirements of a genuine application" (Article 33), non-exhaustion of domestic remedies and non-compliance with the six-month time-limit) and declared admissible: the Netherlands Government's

---

152 Resolution of the European Court of Human Rights on the consequences of the cessation of membership of the Russian Federation to the Council of Europe in light of Article 58 of the European Convention on Human Rights, adopted on 22 March 2022.

153 *Ukraine and the Netherlands v. Russia* (dec.) [GC], nos. 8019/16 and 2 others, adopted on 30 November 2022 and delivered on 25 January 2023. See also under Article 1 (Jurisdiction of States), Article 35 § 1 (Exhaustion of domestic remedies) and Article 35 § 1 (Four-month period) above.

Se référant aux termes de l'article 58 (§§ 2 et 3), la Cour confirme que l'État qui cesse d'être partie à la Convention, dès lors qu'il a cessé d'être membre du Conseil de l'Europe, n'est pas délié des obligations contenues dans la Convention en ce qui concerne tout fait accompli par cet État antérieurement à la date à laquelle il n'est plus partie à la Convention. La Cour réitère donc la lecture qu'elle avait faite de cette disposition dans sa Résolution concernant la Russie adoptée en séance plénière[152]. En l'espèce, les faits à l'origine des allégations de violation de la Convention sont survenus avant le 16 septembre 2022, date à laquelle la Russie a cessé d'être partie à la Convention. Les requêtes ayant été introduites en 2010 et 2014 devant la Cour, celle-ci était compétente pour en connaître. La Cour a finalement conclu à la violation de l'article 8 au motif que l'État défendeur n'avait pas respecté son obligation positive d'assurer une reconnaissance et une protection adéquates aux requérants, des couples de même sexe.

Affaires interétatiques (article 33)

La décision *Ukraine et Pays-Bas c. Russie*[153] concerne l'exclusion de la juridiction dans le cadre de la phase active des hostilités ainsi que la pertinence des recours externes dans une affaire interétatique aux fins de la règle des six mois.

Dans ses deux requêtes interétatiques, le gouvernement ukrainien reproche à la Russie l'existence d'une pratique administrative qui serait à l'origine de nombreuses violations de la Convention dans les zones de l'Ukraine orientale se trouvant sous le contrôle des séparatistes. La requête interétatique introduite par le gouvernement néerlandais concerne la destruction de l'avion qui assurait le vol MH17. Dans sa décision, la Grande Chambre dit que la Russie a exercé un contrôle effectif sur toutes les zones qui se trouvaient aux mains des séparatistes à compter du 11 mai 2014 et que les faits litigieux relèvent de la juridiction territoriale (*ratione loci*) de la Russie au sens de l'article 1, exception faite du grief formulé par le gouvernement ukrainien relativement aux bombardements et aux pilonnages qui auraient visé des zones ne se trouvant pas sous le contrôle des séparatistes. La question de savoir si ce dernier grief relevait de la juridiction personnelle de la Russie (autorité et contrôle d'un agent de l'État) a été jointe au fond. La Grande Chambre confirme qu'elle dispose de la compétence *ratione materiae* pour connaître des griefs relatifs au conflit armé. Elle rejette les autres exceptions préliminaires soulevées par le gouvernement défendeur (un défaut allégué « des éléments constitutifs d'une véritable allégation » (article 33), un non-épuisement des voies de recours internes et un non-respect de la règle des six mois) et elle déclare recevables : les griefs formulés par le gouvernement néerlandais sous l'angle des vo-

---

152 Résolution de la Cour européenne des droits de l'homme sur les conséquences de la cessation de la qualité de membre de la Fédération de Russie du Conseil de l'Europe à la lumière de l'article 58 de la Convention européenne des droits de l'homme, adoptée le 22 mars 2022.

153 *Ukraine et Pays-Bas c. Russie* (déc.) [GC], n°s 8019/16 et 2 autres, adoptée le 30 novembre 2022 et prononcée le 25 janvier 2023. Voir également sous l'article 1 (Juridiction des États), et sous l'article 35 § 1 (Épuisement des voies de recours internes) et sous l'article 35 § 1 (Délai de quatre mois) ci-dessus.

complaints under the substantive and procedural aspects of Articles 2, 3 and 13 in respect of the downing of flight MH17; and the Ukrainian Government's complaints about an alleged administrative practice contrary to Articles 2 and 3, Article 4 § 2, and Articles 5, 8, 9 and 10 of the Convention and Articles 1 and 2 of Protocol No. 1, Article 2 of Protocol No. 4, and Article 14 of the Convention in conjunction with Articles 2 and 3, Article 4 § 2, and Articles 5, 9 and 10 of the Convention and Articles 1 and 2 of Protocol No. 11.[154]

The Grand Chamber decision is noteworthy in several respects. In the first place, the Court shed some light on how to interpret the exclusion from jurisdiction of "military operations carried out during an active phase of hostilities", in accordance with the principle set out in *Georgia v. Russia (II)*.[155] Secondly, and with regard to the downing of flight MH17, the Court examined the effectiveness of domestic remedies, taking into account the important political dimension of the case. Thirdly, and in the novel and exceptional context of that same complaint, the Court clarified how the interplay between the six-month rule and the exhaustion of "domestic" remedies, enshrined in Article 35 § 1, was to be transposed to potential remedies outside the respondent State or to avenues which States themselves might wish to pursue at the international level prior to lodging an inter-State case with this Court, especially where there was no clarity from the outset as to the circumstances of the alleged violation of the Convention and the identity of the State allegedly responsible for it.

(i) The Grand Chamber referred to its judgment in the case of *Georgia v. Russia (II)* (cited above), according to which the first question to be addressed in cases concerning armed conflict was whether the complaints concerned "military operations carried out during an active phase of hostilities". In that case, the question had been answered in the affirmative and, as a result, the substantive complaints about events concerning the "active phase of hostilities" had fallen outside the "jurisdiction" of the respondent State for the purposes of Article 1, while the duty to investigate deaths which had occurred remained. At the same time, in that case, there had been a distinct, single, continuous five-day phase of intense fighting. The Court had therefore been able to separate out complaints which it had identified as concerning "military operations carried out during the active phase of hostilities", in the sense of "armed confrontation and fighting between enemy military forces seeking to establish control over an area in a context of chaos". The alleged attacks falling under this exception covered "bombing, shelling and artillery fire". In the present decision, the Grand Chamber clarified

---

154 The Grand Chamber declared inadmissible the following complaints by the Ukrainian Government: the individual complaints concerning the alleged abduction of three groups of children and accompanying adults (failure to exhaust domestic remedies); the complaints of administrative practices in breach of Article 11 (lack of sufficient prima facie evidence of the repetition of acts) and of Article 3 of Protocol No. 1 (presidential elections being outside the scope of this provision).

155 *Georgia v. Russia (II)* [GC], no. 38263/08, 21 January 2021.

lets matériel et procédural des article 2, 3 et 13 concernant la destruction de l'appareil qui assurait le vol MH17 ; ainsi que les griefs formulés par le gouvernement ukrainien concernant l'existence alléguée d'une pratique administrative contraire aux articles 2, 3, 4 § 2, 5, 8, 9, 10 de la Convention et aux articles 1 et 2 du Protocole n° 1, à l'article 2 du Protocole n° 4, ainsi qu'à l'article 14 de la Convention, combiné avec les articles 2, 3, 4 § 2, 5, 9, 10 de la Convention et avec les articles 1 et 2 du Protocole n°11[154].

La décision de la Grande Chambre est intéressante à plusieurs titres. En premier lieu, la Cour donne des indications sur la manière d'interpréter l'exclusion de la juridiction des « opérations militaires menées au cours d'une phase active des hostilités » conformément au principe énoncé dans l'arrêt *Géorgie c. Russie (II)*[155]. En deuxième lieu, s'agissant de la destruction de l'avion du vol MH17, la Cour examine le caractère effectif ou non des recours internes en tenant compte de la dimension politique importante que revêt l'affaire. En troisième lieu, et dans le contexte inédit et exceptionnel de ce même grief, la Cour explicite comment il convient de transposer l'interaction entre la règle des six mois et l'obligation d'épuisement des voies de recours « internes », consacrées à l'article 35 § 1, aux voies de recours pouvant exister en dehors de l'État défendeur ou aux voies de droit dont les États eux-mêmes pourraient souhaiter se prévaloir au niveau international avant de saisir la Cour d'une requête interétatique, en particulier lorsque la clarté n'a été faite au départ ni sur les circonstances dans lesquelles s'inscrit la violation alléguée de la Convention ni sur l'identité de l'État censé en être responsable.

i) La Grande Chambre fait référence à son arrêt, dans l'affaire *Géorgie c. Russie (II)*, précitée, selon lequel la première question à poser dans les affaires portant sur un conflit armé est celle de savoir si les griefs concernent des « opérations militaires menées au cours d'une phase active des hostilités ». Dans cette affaire, elle a répondu par l'affirmative à cette question et elle a par conséquent conclu que les griefs matériels portant sur des faits concernant la « phase active des hostilités » ne relevaient pas de la « juridiction » de l'État défendeur aux fins de l'article 1, mais qu'il demeurait une obligation d'enquêter sur les décès intervenus. Dans le même temps, dans l'affaire susmentionnée, il y avait eu une seule phase claire et continue, qui avait duré cinq jours, de combats intenses. La Cour a par conséquent été en mesure d'isoler les griefs dont elle pouvait déterminer qu'ils concernaient des « opérations militaires menées au cours de la phase active des hostilités » au sens de « confrontations et de combats armés entre forces militaires ennemies qui cherchent à acquérir le contrôle d'un territoire dans un contexte de chaos ». Les attaques alléguées relevant de cette exception englobaient les « bombardements, pilonnages [et] tirs d'artillerie ». Dans la présente décision, la Grande Chambre précise que l'arrêt *Géorgie c. Russie (II)* ne

---

154   La Grande Chambre déclare irrecevables les griefs suivants formulés par le gouvernement ukrainien: les griefs individuels concernant l'enlèvement allégué de trois groupes d'enfants et des adultes qui les accompagnaient (non-épuisement des voies de recours internes) ; les griefs de pratiques administratives contraires à l'article 11 (absence d'un commencement de preuve suffisant d'une répétition des actes) et à l'article 3 du Protocole n° 1 (élection présidentielle hors du champ de cette disposition).

155   *Géorgie c. Russie* (II) [GC], n° 38263/08, 21 janvier 2021.

that the *Georgia v. Russia (II)* judgment could not be seen as authority for excluding entirely from a State's Article 1 jurisdiction a specific temporal phase of an international armed conflict: indeed, in that case, the Court had found in jurisdiction to exist in respect of the detention and treatment of civilians and prisoners of war even during the "five-day war". A State could therefore have extraterritorial jurisdiction in respect of complaints concerning events which had occurred while active hostilities were taking place. Unlike the above case, the vast majority of the complaints advanced in the present case (except for those relating to the downing of flight MH17 and artillery attacks) concerned events unconnected with military operations occurring within the area under separatist control and therefore they could not be excluded from the spatial jurisdiction of Russia on the basis of this exception.

As regards the downing of flight MH17, which had taken place in the context of active fighting between the two opposing forces, the Court stated that it would be wholly inaccurate to invoke any "context of chaos" in this regard. It noted the exceptional and painstaking work of the international Joint Investigation Team (JIT), which had been able to pierce "the fog of war" and elucidate the specific circumstances of this incident. The Court further specified that the chaos that might exist on the ground as large numbers of advancing forces sought to take control of territory under cover of a barrage of artillery fire did not inevitably exist in the context of the use of surface- to-air missiles, which were used to attack specific targets in the air. There was moreover no evidence of fighting to establish control in the areas directly relevant to the missile launch site or the impact site, both being under separatist control and thus within the spatial jurisdiction of Russia. The jurisdiction of Russia in respect of this incident could not therefore be excluded on the basis of "the active phase of hostilities" exception.

As regards the Ukrainian Government's com- plaint about the bombing and shelling, the victims had been outside the areas controlled by separatists and those complaints were excluded from Russia's spatial jurisdiction. The Grand Chamber joined to the merits the question of whether that complaint was also excluded from Russia's personal jurisdiction (on account of State agent authority or control) by virtue of the above exception identified in *Georgia v. Russia (II)* (cited above).

(ii) The Court reiterated that the exhaustion requirement applied to inter-State applications denouncing violations allegedly suffered by individuals (*Ukraine v. Russia (re Crimea)*[156]). When assessing the effectiveness of domestic remedies in this context, the Court had regard to the existence of a dispute as to the underlying facts. For example, as regards the abduction and transfer to Russia of the three groups of children alleged by the Ukrainian Government, the Russian investigative authorities had not

---

156 *Ukraine v. Russia (re Crimea)* (dec.) [GC], nos. 20958/14 and 38334/18, 16 December 2020.

saurait passer pour un précédent excluant complètement de la juridiction d'un État, au sens de l'article 1, une phase temporelle spécifique d'un conflit armé international : de fait, dans l'affaire susmentionnée, la Cour a conclu à l'existence d'une juridiction qui couvrait la détention des civils et des prisonniers de guerre ainsi que le traitement qui leur avait été réservé même pendant la « guerre des cinq jours ». La juridiction extraterritoriale d'un État peut donc se trouver en jeu relativement à des griefs portant sur des faits qui se sont produits pendant les hostilités actives. Contrairement à ce qui avait été constaté dans l'affaire susmentionnée, en l'espèce, la grande majorité des griefs soulevés (à l'exception de ceux qui se rapportent à la destruction de l'avion du vol MH17 et aux attaques à l'artillerie) concernent des faits sans lien avec les opérations militaires qui se sont déroulées dans la zone se trouvant sous le contrôle des séparatistes et ne peuvent donc être exclus de la juridiction territoriale de la Russie sur le fondement de cette exception.

En ce qui concerne la destruction de l'appareil du vol MH17, qui s'est inscrite dans le contexte de combats actifs entre les deux forces antagonistes, la Cour indique qu'il serait totalement inexact d'invoquer un « contexte de chaos ». Elle relève le travail exceptionnel et minutieux accompli par l'équipe d'enquête internationale (EEI), laquelle a été capable de percer « le brouillard de la guerre » et de faire la lumière sur les circonstances particulières du crash. La Cour précise par ailleurs que le chaos qui peut régner au sol lorsque des forces avancent massivement dans le but de prendre le contrôle d'un territoire et sont couvertes par un barrage d'artillerie n'existera pas forcément dans le contexte de l'utilisation de missiles sol-air, lesquels servent à attaquer des cibles spécifiques dans les airs. Il n'existe en outre aucun élément qui prouverait que des combats destinés à prendre le contrôle se soient déroulés dans les zones qui sont directement pertinentes pour le site de lancement du missile ou le site de l'impact, lesquels se trouvaient tous deux sous le contrôle des séparatistes et relevaient donc de la juridiction territoriale de la Russie. La juridiction de la Russie concernant ce crash ne saurait donc être exclue sur le fondement de l'exception liée à « la phase active des hostilités ». En ce qui concerne le grief soulevé par le gouvernement ukrainien au sujet des bombardements et des pilonnages, il y a lieu de noter que les victimes se trouvaient en dehors des zones contrôlées par les séparatistes, de sorte que ces griefs sont exclus de la juridiction territoriale de la Russie. La Grande Chambre joint au fond la question de savoir si ce grief est aussi exclu de la juridiction personnelle de la Russie (laquelle serait fondée sur l'autorité ou le contrôle d'un agent de l'État) sous l'effet de l'exception susmentionnée qui a été identifiée dans l'arrêt *Géorgie c. Russie (II)*, précité.

ii) La Cour rappelle que l'obligation d'épuisement des voies de recours internes s'applique aux requêtes interétatiques qui dénoncent des violations qu'auraient subies des particuliers (*Ukraine c. Russie (Crimée)*[156]). Lorsqu'elle apprécie l'effectivité des recours internes dans ce contexte, la Cour s'intéresse à l'existence d'un litige sur les faits sous-jacents. Par exemple, concernant l'enlèvement et le transfert en Russie des trois groupes d'enfants qu'alléguait le gouvernement ukrainien, les autorités d'enquête russes n'ont pas contesté les faits sous-jacents (à savoir le franchissement de la

---

156   *Ukraine c. Russie (Crimée)* (déc.) [GC], n⁰ˢ 20958/14 et 38334/18, 16 décembre 2020.

contested the underlying facts (namely, the border crossing) but only the forcible nature of the transfer. The Court therefore concluded that the Russian authorities ought to have been afforded the opportunity by the Ukrainian Government to investigate their allegations and the evidence collected by them, notably in the context of a judicial appeal. By contrast, as regards the downing of flight MH17, this complaint had been consistently met by the respondent Government with a blanket denial of any involvement whatsoever. In the latter context, the Court also emphasised the political dimension of the case, being unconvinced as to the effectiveness of domestic remedies in a case where State agents were implicated in the commission of a crime, especially one condemned by the United Nations Security Council. In this regard, the Court referred to its finding of a violation of the procedural aspect of Article 2 in *Carter v. Russia*,[157] which concerned the high-profile poisoning of a Russian dissident abroad by State agents. In the instant case, the Court pinpointed the Russian authorities' formalistic failure to initiate an investigation into the allegation that Russian nationals had been involved in the downing of flight MH17. Indeed, the Russian authorities had been contacted on multiple occasions by victims' relatives and had had ample legal possibilities to launch such an investigation, even in the absence of a specific request.

(iii) As there had been no effective remedy in Russia available to the relatives of the victims of flight MH17, the normal starting-point for the running of the six-month time-limit would be the date of the incident itself (17 July 2014). The Court, however, underlined the novel factual nature of the present case: first, the identity of the State allegedly responsible for a violation of the Convention had not been apparent from the date of the act in issue itself (given the lack of clarity as to the identities of the perpetrators, the weapon used and the extent of any State's control over the area concerned, as well as Russia's denial of any involvement whatsoever); secondly, the criminal investigation carried out by the Netherlands authorities with the assistance of the JIT could not been seen as a "domestic" remedy in respect of complaints lodged against Russia. The Court therefore considered the relevance of the latter investigation, as well as the international-law remedies pursued, for the purposes of compliance with the six-month time-limit in the inter-State context and in the exceptional circumstances of the present case. The Court had particular regard to the interests of justice and the purposes of Article 35 § 1. On the one hand, this provision could not be interpreted in a manner which would require an applicant State to seise the Court of its complaint before having reasonably satisfied itself that there had been an alleged breach of the Convention by another State and before that State had been identified with sufficient certainty. On the other hand, it would indeed be unjust and contrary to the purpose of Article 35 § 1 if the effect of reasonably awaiting relevant findings of an independent, prompt and effective criminal investigation, in order to assist the Court in its own assessment of the complaints, were to render those complaints out of time. With this in mind, the Court concluded that it would be artificial to ignore the

---

157   *Carter v. Russia*, no. 20914/07, 21 September 2021.

frontière) mais uniquement le caractère forcé de ce transfert. La Cour en conclut par conséquent que le gouvernement requérant ukrainien aurait dû donner aux autorités russes l'occasion d'enquêter sur ses allégations et sur les éléments de preuve qu'il avait recueillis, notamment dans le cadre d'un recours judiciaire. À l'inverse, pour ce qui est de la destruction de l'appareil du vol MH17, le gouvernement défendeur a toujours nié en bloc toute implication que ce fût. Dans ce contexte, la Cour souligne également la dimension politique de l'affaire, et n'est pas convaincue de l'effectivité des recours internes dans une affaire dans laquelle des agents de l'État sont impliqués dans la commission d'un crime, surtout lorsque ce crime a été condamné par le Conseil de sécurité des Nations unies. À cet égard, la Cour fait référence à son constat de violation du volet procédural de l'article 2 dans l'affaire *Carter c. Russie*[157], qui concernait l'empoisonnement très médiatisé d'un dissident russe à l'étranger par des agents de l'État. Dans la présente espèce, la Cour relève le caractère formaliste du refus par les autorités russes d'ouvrir une enquête sur l'implication alléguée de ressortissants russes dans la destruction de l'avion du vol MH17. De fait, les autorités russes ont été contactées à de multiples reprises par des proches de victimes et elles disposaient juridiquement de nombreuses possibilités de lancer pareille enquête, même en l'absence d'une demande spécifique à cet égard.

iii) Les proches des victimes du vol MH17 n'ayant pas disposé d'un recours effectif en Russie, le point de départ pour le délai de six mois devrait donc normalement être la date du crash lui-même (le 17 juillet 2014). La Cour met toutefois en exergue le caractère inédit de la conjonction des circonstances factuelles dans la présente espèce : premièrement, l'identité de l'État censément responsable d'une violation de la Convention n'était pas apparente dès la date de l'acte litigieux lui-même (étant donné l'opacité qui régnait au sujet de l'identité des auteurs, de l'arme utilisée et de l'étendue du contrôle que pouvait exercer un État sur la zone concernée, ainsi que les dénégations en bloc de la Russie concernant toute implication) ; deuxièmement, l'enquête pénale menée par les autorités néerlandaises avec le concours de l'EEI ne saurait être considérée comme un recours « interne » relativement à des griefs visant la Fédération de Russie. La Cour analyse par conséquent la pertinence de cette enquête, ainsi que des recours de droit international mis en œuvre, aux fins du respect de la règle des six mois dans le contexte interétatique et dans les circonstances exceptionnelles de la présente affaire. Elle s'attache en particulier à l'intérêt de la justice et aux finalités de l'article 35 § 1. D'une part, cette disposition ne saurait être interprétée d'une manière qui exigerait d'un État requérant qu'il saisisse la Cour de son grief avant de s'être assuré lui-même de manière raisonnable qu'une violation alléguée de dispositions de la Convention a été commise par un autre État et avant que cet État ait été identifié avec une certitude suffisante. D'autre part, il serait effectivement injuste et contraire à la finalité de l'article 35 § 1 que le fait d'attendre raisonnablement les conclusions pertinentes d'une enquête pénale indépendante, prompte et effective, aux fins d'aider la Cour dans sa propre appréciation des griefs, ait pour effet de conduire à une sanction pour introduction tardive de ces griefs. Tenant compte de ces considérations, la Cour conclut qu'il serait artificiel d'ignorer les mesures d'enquête prises aux Pays-Bas et

---

157   *Carter c. Russie*, n° 20914/07, 21 septembre 2021.

investigative steps taken in the Netherlands and in the context of the JIT, which had precisely enabled the pertinent facts to be elucidated, all the more so as no investigation had been undertaken in the respondent State. Furthermore, as those steps had been carried out promptly, regularly and diligently, it could not be said that there had been a delay in the referral of the complaints to this Court such that it would be difficult to ascertain the pertinent facts, rendering a fair examination of the allegations almost impossible. In other words, the aim of the time-limit in Article 35 § 1 had not been undermined by the lodging of the application some six years after the aircraft had been downed.

The Court further acknowledged the relevance of remedies under international law in an inter State dispute, particularly where the allegation is that the State itself, at the highest level of government, bears responsibility. While such remedies are not mentioned in Article 35 § 1 and, as a result, the running of the time-limit in that Article is not linked to their exercise, the Court had already accepted that, in some circumstances, it might be appropriate to have regard to such remedies when assessing whether the obligation of diligence incumbent on applicants had been met (*Varnava and Others v. Turkey*[158]). It was therefore legitimate for the Netherlands Government to have explored the opportunity of negotiations with Russia, which had ended in 2020. In sum, in the exceptional circumstances of the case, the complaints had been lodged in time.

The Court confirmed that, unlike the exhaustion requirement, the six-month time-limit was applicable to allegations of administrative practices.

Advisory opinions (Article 1 of Protocol no. 16)

In response to a request submitted by the Finnish Supreme Court, the Court delivered its advisory opinion[159] on 13 April 2023. It concerned the procedural status and rights of a biological parent in proceedings for the adoption of an adult.

See also under Article 8 (Private life) above.

In response to a request submitted by the Belgian Conseil d'État, the Court delivered its advisory opinion[160] on 14 December 2023, which concerned the question whether an individual could be denied authorisation to work as a security guard or officer on account of being close to, or belonging to, a religious movement considered by the authorities to be dangerous. See also under Article 9 (Manifest one's religion or belief) above.

---

158   *Varnava and Others v. Turkey* [GC], nos. 16064/90 and 8 others, § 170, ECHR 2009.
159   *Advisory opinion on the procedural status and rights of a biological parent in proceedings for the adoption of an adult* [GC], request no. P16-2022-001, Supreme Court of Finland, 13 April 2023.
160   *Advisory opinion as to whether an individual may be denied authorisation to work as a security guard or officer on account of being close to, or belonging to, a religious movement* [GC], request no. P16-2023-001, Belgian Conseil d'État, 14 December 2023.

dans le cadre de l'EEI, qui ont précisément permis de faire la lumière sur les faits pertinents, d'autant plus qu'aucune enquête n'avait été menée dans l'État défendeur. De plus, ces mesures ayant été conduites avec promptitude, régularité et diligence, on ne saurait donc dire que la soumission des griefs à la Cour a connu un retard tel qu'il serait difficile d'établir les faits pertinents et par conséquent pratiquement impossible de se livrer à un examen équitable des allégations. En d'autres termes, le but poursuivi par le délai fixé à l'article 35 § 1 n'a pas pâti du fait que la requête a été introduite environ six ans après la destruction de l'aéronef.

La Cour reconnaît par ailleurs la pertinence, dans une affaire interétatique, des voies de droit existant en droit international, surtout lorsqu'il est allégué que l'État lui-même, au plus haut niveau de gouvernement, porte une responsabilité. Si pareilles voies de recours ne sont pas mentionnées à l'article 35 § 1, et par conséquent leur exercice n'est pas concerné par l'écoulement du délai prévu par cette disposition, la Cour a déjà admis que dans certaines circonstances il peut être approprié de tenir compte de ces recours lorsqu'il s'agit d'apprécier si l'obligation de diligence qui incombe aux requérants a été respectée (*Varnava et autres c. Turquie*[158]). Il était donc légitime pour le gouvernement néerlandais d'explorer la possibilité de négociations avec la Russie, laquelle a pris fin en 2020. En résumé, compte tenu des circonstances exceptionnelles de l'espèce, les griefs ont été introduits dans les délais.

La Cour confirme que, contrairement à la règle de l'épuisement des voies de recours, le délai de six mois trouve à s'appliquer aux allégations relatives à l'existence de pratiques administratives.

Avis consultatifs (article 1 du Protocole n°16)

En réponse à la demande soumise par la Cour suprême finlandaise, la Cour a rendu son avis consultatif[159] le 13 avril 2023. Celui-ci concerne le statut et les droits procéduraux d'un parent dans la procédure d'adoption d'un adulte.

Voir également sous l'article 8 (Vie privée) ci-dessus.

En réponse à la demande formulée par le Conseil d'État belge en vertu du Protocole n° 16, la Cour a rendu son avis consultatif[160] le 14 décembre 2023. Celui-ci concerne la question de savoir si une personne peut se voir interdire d'exercer la profession d'agent de gardiennage en raison de sa proximité ou de son appartenance à un mouvement religieux considéré par les autorités nationales comme dangereux. Voir aussi sous l'article 9 (Manifester sa religion ou sa conviction) ci-dessus.

---

158 *Varnava et autres c. Turquie* [GC], n°s 16064/90 et 8 autres, § 170, CEDH 2009.
159 *Avis consultatif sur le statut et les droits procéduraux d'un parent biologique dans la procédure d'adoption d'un adulte* [GC], demande n° P16-2022-001, Cour suprême de Finlande, 13 avril 2023.
160 *Avis consultatif sur le refus d'autoriser une personne à exercer la profession d'agent de sécurité ou de gardiennage en raison de sa proximité avec un mouvement religieux ou de son appartenance à celui-ci* [GC], demande n° P16-2023-001, Conseil d'État de Belgique, 14 décembre 2023.

Rules of court

The judgment in *Svetova and Others v. Russia*[161] dealt with the consequences of a State's failure to participate in the proceedings after it ceased to be a Party to the Convention.

The applicant journalists complained about an unjustified search of their home and the indiscriminate seizure of personal belongings including electronic data storage devices. In 2021 the Court notified the respondent Government of the applicants' complaints under Articles 8, 10 and 13.

In the context of a procedure launched under Article 8 of the Statute of the Council of Europe (COE), the Committee of Ministers of the COE adopted a Resolution,[162] in accordance with which the Russian Federation ceased to be a member of the Council of Europe as from 16 March 2022. Shortly thereafter the Court, sitting in plenary formation, adopted a Resolution[163] stating that the Russian Federation would cease to be a High Contracting Party to the Convention on 16 September 2022.

Referring to the wording of Article 58 (§§ 2 and 3) of the Convention and the above-cited Resolution of 22 March 2022, the Court established its jurisdiction to deal with the present case[164] since the facts giving rise to the alleged violations of the Convention had taken place before 16 September 2022. The Court further noted that, by failing to submit their written observations when requested to do so, the respondent Government had manifested their intention to abstain from further participating in the examination of the present case. Nevertheless, and relying on Rules 44A and 44C of the Rules of Court, the Court considered it could examine the case on the merits and found violations of Articles 8 and 10 of the Convention and of Article 13 in conjunction with Article 8.

The judgment is noteworthy in that a Chamber formation of the Court dealt with procedural matters arising from the cessation of membership of the Russian Federation to the Council of Europe.

(i) In the first place, the Court addressed the appointment of an *ad hoc* judge in Russian cases after 16 September 2022. On 5 September 2022 the Court, sitting in plenary formation, took formal notice of the fact that the office of the judge with respect to the Russian Federation would cease to exist after 16 September 2022. This consequently entailed that there was no longer a valid list of *ad hoc* judges who would be eligible to take part in the consideration of the cases against Russia. Having informed the parties, the President of the Chamber decided to appoint an *ad hoc* judge from among the members of the composition, applying by analogy Rule 29 § 2 (b) of the Rules of Court.

---

161 *Svetova and Others v. Russia*, no. 54714/17, 24 January 2023.
162 Resolution CM/Res(2022)2 on the cessation of the membership of the Russian Federation to the Council of Europe, adopted on 16 March 2022.
163 Resolution of the European Court of Human Rights on the consequences of the cessation of membership of the Russian Federation to the Council of Europe in light of Article 58 of the European Convention on Human Rights, adopted on 22 March 2022.
164 The Court ruled, for the first time, on this matter in *Fedotova and Others v. Russia* [GC], nos. 40792/10 and 2 others, 17 January 2023. See also *Kutayev v. Russia*, no. 17912/15, 24 January 2023.

Règlement de la Cour

L'arrêt *Svetova et autres c. Russie*[161] porte sur les conséquences du défaut de participation à la procédure d'un État qui a cessé d'être partie à la Convention.

Les journalistes requérants se plaignaient d'une perquisition injustifiée de leur domicile et de la saisie injustifiée d'effets personnels, notamment du matériel de stockage de données électroniques. En 2021, la Cour a communiqué au gouvernement défendeur les griefs des intéressés sur le terrain des articles 8, 10 et 13 de la Convention.

Dans le cadre d'une procédure ouverte en vertu de l'article 8 du Statut du Conseil de l'Europe, le Comité des Ministres du Conseil de l'Europe a adopté une résolution[162], par l'effet de laquelle la Fédération de Russie a cessé d'être membre du Conseil de l'Europe à compter du 16 mars 2022. Peu de temps après, la Cour siégeant en formation plénière a pris une résolution[163] indiquant que la Fédération de Russie cesserait d'être une Haute Partie contractante à la Convention à compter du 16 septembre 2022.

Se référant au texte de l'article 58 §§ 2 et 3 de la Convention et de la résolution du 22 mars 2022 précitée, la Cour s'est déclarée compétente pour connaître de la présente affaire[164] au motif que les faits à l'origine des violations alléguées de la Convention étaient antérieurs au 16 septembre 2022. Elle a noté en outre que, faute pour lui d'avoir présenté des observations écrites après qu'il avait été prié de le faire, le gouvernement défendeur avait manifesté son intention de s'abstenir de participer à l'examen de la présente affaire. Néanmoins, et s'appuyant sur les articles 44A et 44C de son règlement, la Cour s'est estimée en mesure d'examiner l'affaire au fond et elle a constaté des violations des articles 8 et 10 ainsi que de l'article 13 combiné avec l'article 8 de la Convention.

L'intérêt de l'arrêt tient à ce qu'une formation de chambre de la Cour a traité de questions de procédure nées de la cessation de la qualité de membre de la Fédération de Russie du Conseil de l'Europe.

i) En premier lieu, la Cour s'est prononcée sur la question de la désignation d'un juge *ad hoc* dans les affaires russes postérieurement au 16 septembre 2022. Le 5 septembre 2022, la Cour siégeant en formation plénière avait pris acte de ce que la fonction de juge élu au titre de la Fédération de Russie cesserait d'exister à compter du 16 septembre 2022. Dès lors, il n'y avait plus de liste valide de juges ad hoc susceptibles de prendre part à l'examen des affaires contre la Russie. Après avoir informé les parties, le président de la chambre a décidé de désigner un juge ad hoc parmi les membres de la composition, faisant application par analogie de l'article 29 § 2 b) du règlement de la Cour.

---

161 *Svetova et autres c. Russie*, n° 54714/17, 24 janvier 2023.

162 Résolution CM/Res(2022)2 sur la cessation de la qualité de membre de la Fédération de Russie du Conseil de l'Europe, adoptée le 16 mars 2022.

163 Résolution de la Cour européenne des droits de l'homme sur les conséquences de la cessation de la qualité de membre de la Fédération de Russie du Conseil de l'Europe à la lumière de l'article 58 de la Convention européenne des droits de l'homme, adoptée le 22 mars 2022.

164 La Cour a statué, pour la première fois, sur cette question dans l'arrêt *Fedotova et autres c. Russie* [GC], n°s 40792/10 et 2 autres, 17 janvier 2023. Voir aussi *Kutayev c. Russie*, n°17912/15, 24 janvier 2023.

(ii) Secondly, the Court addressed the consequences of the Government's failure to participate in the proceedings, finding that this omission could not be an obstacle for its examination.

The Court drew on case-law principles developed in the context of Articles 34 and 38 of the Convention as to the obligations on States to furnish all necessary facilities to make possible a proper and effective examination of applications (*Georgia v. Russia (I)*,[165] and *Carter v. Russia*[166]). The Court also relied on Rule 44A of the Rules of Court on the parties' duty to cooperate with the Court, emphasising that the cessation of a Contracting Party's membership of the Council of Europe did not release it from this duty. It was a duty which continued for as long as the Court remained competent to deal with applications arising out of acts or omissions capable of constituting a violation of the Convention, provided that the said act/omission had taken place prior to the date on which the respondent State had ceased to be a Contracting Party to the Convention.

The Court also referred to Rule 44C § 2 which stipulated that "a respondent Contracting Party's failure or refusal to participate effectively in the proceedings shall not, in itself, be a reason for the Chamber to discontinue the examination of an application". In the Court's view, this provision acted as an enabling clause for the Court, making it impossible for a party unilaterally to delay or obstruct the conduct of proceedings. The Court had already dealt with a situation where a State had not participated in at least some stages of the proceedings (for example, the respondent Government had failed to submit their memorials or participate in a hearing in the absence of sufficient cause, see *Cyprus v. Turkey*,[167] and *Denmark, Norway and Sweden v. Greece*[168]): the Court considered that failure to be a waiver of the right to participate, which could not prevent the Court from conducting its examination of the case. Such a course of action by the Court was consistent with the proper administration of justice.

While the Court was not therefore prevented from examining the present case, it had to assess the consequences of such a waiver for the distribution of the burden of proof. In accordance with its usual standard of proof "beyond reasonable doubt", based on a free evaluation of all the evidence, the distribution of the burden of proof remained intrinsically linked to the specificity of the facts, the nature of the allegations made and the Convention right at stake, as well as the conduct of the parties (*Georgia v. Russia (I)*, cited above, §§ 93-95 and 138, and *Abu Zubaydah v. Lithuania*[169]). As regards the latter aspect, the Court referred to Rule 44C (§ 1 in fine) which empowered it to draw such inferences as it deemed appropriate from a party's failure or refusal to participate effectively in the proceedings. At the same time, such a failure by the

---

[165] *Georgia v. Russia (I)* [GC], no. 13255/07, § 99, ECHR 2014 (extracts).
[166] *Carter v. Russia*, no. 20914/07, §§ 92-94, 21 September 2021.
[167] *Cyprus v. Turkey* [GC], no. 25781/94, §§ 10-12, ECHR 2001-IV.
[168] *Denmark, Norway and Sweden v. Greece*, no. 4448/70, Commission decision of 16 July 1970, unreported.
[169] *Abu Zubaydah v. Lithuania*, no. 46454/11, §§ 480-83, 31 May 2018.

ii) Deuxièmement, la Cour s'est penchée sur les conséquences de la non-participation du Gouvernement à la procédure, estimant que cette absence ne pouvait faire obstacle à son examen.

La Cour s'est inspirée des principes jurisprudentiels développés sur le terrain des articles 34 et 38 de la Convention quant aux obligations imposant aux États de fournir toutes facilités nécessaires pour permettre un examen adéquat et effectif des requêtes (*Géorgie c. Russie (I)*[165], et *Carter c. Russie*[166]). Elle s'est également appuyée sur l'article 44A de son règlement, qui concerne l'obligation pour les parties de coopérer avec la Cour, soulignant que la cessation de la qualité de membre d'un membre du Conseil de l'Europe ne les dispensait pas de cette obligation. Il s'agit d'une obligation qui perdure tant que la Cour reste compétente pour connaître des requêtes nées de faits ou d'omissions susceptibles de constituer une violation de la Convention, à condition que lesdits faits ou omissions soient antérieurs à la date à laquelle le défendeur État a cessé d'être Partie contractante à la Convention.

La Cour s'est également référée à l'article 44C § 2 du règlement qui dispose que « [l]'abstention ou le refus par une Partie contractante défenderesse de participer effectivement à la procédure ne constitue pas en soi pour la chambre une raison d'interrompre l'examen de la requête ». Elle a jugé que cette disposition tenait lieu de clause d'habilitation pour elle, qui permet d'empêcher une partie de retarder ou d'entraver unilatéralement le déroulement de la procédure. Elle avait déjà eu à connaître de situations dans lesquelles un État n'avait pas participé à au moins certains stades de la procédure (par exemple, la non-présentation d'observations par le gouvernement défendeur ou sa non-participation à une audience en l'absence de motif suffisant, *Chypre c. Turquie*[167], et *Danemark, Norvège et Suède c. Grèce*[168]) : elle y avait vu une renonciation au droit de participer, qui ne pouvait l'empêcher de procéder à l'examen de l'affaire. Cette jurisprudence de la Cour va dans le sens d'une bonne administration de la justice.

Si la Cour n'était donc pas empêchée d'examiner la présente affaire, elle se devait néanmoins d'apprécier les conséquences d'une telle renonciation sur la répartition de la charge de la preuve. Conformément à son critère de preuve habituel « au-delà de tout doute raisonnable », fondé sur une libre appréciation de tous les éléments de preuve, la répartition de la charge de la preuve reste intrinsèquement liée à la spécificité des faits, à la nature de l'allégation formulée et au droit conventionnel en jeu, ainsi qu'au comportement des parties (*Géorgie c. Russie (I)*, précité, §§ 93-95 et 138, et *Abu Zubaydah c. Lituanie*[169]). Sur ce dernier point, la Cour s'est référée à l'article 44C (§ 1 in fine) de son règlement, qui lui permet de tirer les conséquences qu'elle juge appropriées lorsqu'une Partie contractante s'abstient ou refuse de participer effectivement à la procédure. Cela dit, un tel manquement de la part de l'État défendeur

---

165 *Géorgie c. Russie (I)* [GC], n° 13255/07, § 99, CEDH 2014 (extraits).
166 *Carter c. Russie*, n° 20914/07, §§ 92-94, 21 septembre 2021.
167 *Chypre c. Turquie* [GC], n° 25781/94, §§ 10-12, CEDH 2001-IV.
168 *Danemark, Norvège et Suède c. Grèce*, n° 4448/70, décision de la Commission du 16 juillet 1970, non publiée.
169 *Abu Zubaydah c. Lituanie*, n° 46454/11, §§ 480-483, 31 mai 2018.

respondent State should not automatically lead to the acceptance of the applicants' claims, and the Court had to be satisfied by the available evidence that the claim was well founded in fact and law (compare the approach taken in *Cyprus v. Turkey*, cited above, § 58, and *Mangîr and Others v. the Republic of Moldova and Russia*,[170] where only one of the respondent Governments had submitted observations on the issue of jurisdiction).

In the instant case, faced with the respondent State's choice not to participate in the proceedings or to submit any documents or arguments in its defence, the Court examined the application on the basis of the applicants' submissions which were presumed to be accurate where supported by evidence and in so far as other evidence available in the case file did not lead to a different conclusion.

The judgment in *FU QUAN, s.r.o. v. the Czech Republic*[171] concerned the domestic courts' failure to apply the principle of *jura novit curia*.

The applicant company's property (mostly merchandise) had been seized during criminal proceedings against the managing director and the other member of the company. Following their acquittal, the company brought a civil action for the damage caused to its property by the State. The action was dismissed for lack of locus standi, the company not being a party to the criminal proceedings in issue. It complained to the Court under Article 6 § 1 and Article 1 of Protocol No. 1. A Chamber considered that it had been up to the courts, applying the principle of *jura novit curia*, to subsume the facts of the case under the relevant domestic-law provisions in order to deal with the merits of the action: it was clear that the company had claimed compensation for the depreciation of its merchandise. The Chamber therefore dismissed the Government's preliminary objection (exhaustion of domestic remedies) and found a breach of Article 1 of Protocol No. 1 given the unjustified protracted retention of the property. The Chamber also decided that there was no need to rule separately on the complaint under Article 6 § 1 concerning the alleged denial of access to a court resulting from a formalistic and restrictive interpretation of national law by the domestic courts.

The Grand Chamber, however, considered that the complaint under Article 6 § 1 was the applicant company's main complaint and rejected it as manifestly ill-founded. Furthermore, having ascertained the scope of the complaints under Article 1 of Protocol No. 1, the Grand Chamber observed that the Chamber had examined only one of the complaints raised, even though there were three altogether. Given its findings concerning the complaint in respect of access to a court, the Grand Chamber

---

170   *Mangîr and Others v. the Republic of Moldova and Russia*, no. 50157/06, §§ 47-60, 17 July 2018.

171   *FU QUAN, s.r.o. v. the Czech Republic* [GC], no. 24827/14, 1 June 2023. See also under Article 35 § 1 (Exhaustion of domestic remedies) and Article 6 § 1 (Right to a fair hearing in civil proceedings – Access to a court) above.

ne devrait pas automatiquement valoir acceptation des prétentions des requérants, et la Cour doit être convaincue, au vu des éléments disponibles, du bien-fondé des prétentions en fait et en droit (voir, en comparaison, l'approche adoptée dans les arrêts *Chypre c. Turquie*, précité, § 58 , et *Mangîr et autres c. République de Moldova et Russie*[170], où un seul des gouvernements défendeurs avait présenté des observations sur la question de la juridiction).

En l'espèce, l'État défendeur ayant choisi de ne pas participer à la procédure et de ne présenter aucun document ou argument en défense, la Cour a examiné la requête sur la base des observations des requérants, dont l'exactitude est présumée si elles sont étayées par des preuves et tant que d'autres pièces versées au dossier n'auront pas conduit à une conclusion différente.

L'arrêt *FU QUAN, s.r.o. c. République tchèque*[171] concerne la non-application du principe *jura novit curia* par les juridictions internes.

Les biens de la société requérante (des marchandises pour la plupart) furent saisis dans le cadre d'une procédure pénale dirigée contre son directeur général et son autre associé. Après l'acquittement de ces derniers, la société requérante engagea une action civile en réparation d'un dommage causé par l'État, dont elle fut déboutée pour défaut de qualité pour agir au motif qu'elle n'avait pas été partie à la procédure pénale litigieuse. Elle s'en plaignit devant la Cour sur le terrain de l'article 6 § 1 de la Convention et de l'article 1 du Protocole n° 1. La chambre de la Cour ayant connu de cette affaire jugea que les juridictions internes auraient dû faire application du principe *jura novit curia* pour en déduire que les faits exposés par l'intéressée devaient être analysés sous l'angle des dispositions pertinentes de la loi applicable, de manière à statuer sur le fond de ses demandes. Pour se prononcer ainsi, elle estima que l'action de la société requérante faisait clairement apparaître que celle-ci demandait réparation du préjudice résultant de la dépréciation de ses biens. En conséquence, la chambre rejeta l'exception préliminaire du gouvernement défendeur (tirée du non-épuisement des voies de recours internes) et conclut à la violation de l'article 1 du Protocole n° 1 au motif que rien ne justifiait la rétention prolongée des biens saisis. Elle conclut également qu'il n'y avait pas lieu de statuer séparément sur l'allégation de la société requérante formulée sur le terrain de l'article 6 § 1 selon laquelle celle-ci avait été privée d'accès à un tribunal en raison d'une interprétation excessivement formaliste et restrictive du droit interne par les juridictions nationales.

Toutefois, la Grande Chambre a estimé que la violation alléguée de l'article 6 § 1 était le principal grief formulé par la société requérante et l'a rejeté comme étant manifestement mal fondé. En outre, après avoir déterminé l'objet des griefs de la société requérante fondés sur l'article 1 du Protocole n° 1 et constaté que l'intéressée en avait soulevé trois sur le fondement de cette disposition, la Grande Chambre a observé que la chambre n'en avait examiné qu'un seul. Au vu des conclusions auxquelles elle était parvenue sur le grief tiré du déni d'accès à un tribunal, la Grande Chambre a

---

[170] *Mangîr et autres c. République de Moldova et Russie*, n° 50157/06, §§ 47-60, 17 juillet 2018.
[171] *FU QUAN, s.r.o. c. République tchèque* [GC], n° 24827/14, 1er juin 2023. Voir également sous l'article 35 § 1 (Épuisement des voies de recours internes) et sous l'article 6 § 1 (Droit à un procès équitable en matière civile – Accès à un tribunal) ci-dessus.

rejected two of these complaints for non-exhaustion of domestic remedies: the applicant company had not properly availed itself of the possibility of obtaining compensation for undue delay in lifting the order for the seizure of its property and for the authorities' alleged failure to take care of the property. As regards the third complaint (damage to the property following the unwarranted prosecution and detention of the company's managing director and other member), such a compensation claim did not have a sufficient basis in domestic law. The guarantees of Article 1 of Protocol No. 1 being therefore inapplicable, the Grand Chamber rejected this complaint as incompatible *ratione materiae* with the provisions of the Convention.

The Grand Chamber judgment is noteworthy in that the Court emphasised the importance of submitting complaints to it in its application form in a clear manner.

The Court reiterated that the applicant had to complain that a certain act or omission had entailed a violation of the rights set forth in the Convention or the Protocols thereto, in a manner which should not leave the Court to second-guess whether a certain complaint had been raised or not (*Farzaliyev v. Azerbaijan*[172]). Ambiguous phrases or isolated words did not suffice for it to accept that a particular complaint had been raised (*Ilias and Ahmed v. Hungary*[173]), as also followed from Rule 47 § 1 (e) and (f) and Rule 47 § 2 (a) of the Rules of Court concerning the content of an individual application.

While the applicant company had mentioned in the application form that the property had been seized for five years, it had done so only to highlight the extent to which the functioning of the company had been paralysed by the allegedly unlawful decision remanding both of its members in custody. In the Grand Chamber's view, this reference to the storage of the property for five years was too ambiguous to be interpreted as raising a complaint about its prolonged seizure. Had it been the wish of the applicant company at that stage to complain of the prolonged seizure of its property, it should have stated so in its application form in a clear manner, as it had subsequently done in its observations before the Chamber. Therefore, this complaint had been submitted more than six months after the compensation proceedings had ended (and, in any event, was inadmissible for non-exhaustion of domestic remedies).

---

172   *Farzaliyev v. Azerbaijan*, no. 29620/07, § 55, 28 May 2020.
173   *Ilias and Ahmed v. Hungary* [GC], no. 47287/15, § 85, 21 November 2019.

rejeté deux des griefs en question pour non-épuisement des voies de recours internes, relevant que la société requérante n'avait pas dûment tiré parti de la possibilité qui lui était offerte de demander réparation du dommage causé par le retard injustifié apporté à la levée de la saisie de ses biens et par le manquement allégué des autorités à veiller à leur bonne conservation. S'agissant du troisième grief soulevé par la société requérante (tiré du dommage causé à ses biens à la suite des poursuites et de la détention injustifiées dont son directeur général et son autre associé avaient fait l'objet), la Grande Chambre a jugé que la demande indemnitaire introduite par l'intéressée n'avait pas de base suffisante en droit interne. Elle en a conclu que les garanties offertes par l'article 1 du Protocole n° 1 ne s'appliquaient pas à ce grief, et que celui-ci devait donc être rejeté comme étant incompatible *ratione materiae*.

L'arrêt de la Grande Chambre est intéressant en ce que la Cour a souligné qu'il était important pour les requérants d'exposer clairement dans leur formulaire de requête les griefs qu'ils entendaient lui soumettre.

La Cour a également rappelé qu'il incombe au requérant de dénoncer une action ou omission comme contraire aux droits reconnus dans la Convention ou ses Protocoles de telle manière que la Cour n'ait pas à spéculer sur la question de savoir si tel ou tel grief a été ou non soulevé (*Farzaliyev c. Azerbaïdjan*[172]). La Cour ne peut considérer sur le simple fondement d'expressions ambiguës ou de mots isolés qu'un grief a été soulevé (*Ilias et Ahmed c. Hongrie*[173]). Cette exigence découle aussi de l'article 47 § 1 e) et f) et § 2 a) du règlement de la Cour, relatif au contenu d'une requête individuelle. En l'espèce, la Grande Chambre a constaté que la société requérante avait indiqué, dans son formulaire de requête, que ses marchandises étaient restées sous saisie durant cinq ans, mais elle a estimé que celle-ci ne l'avait fait que pour signaler à quel point son fonctionnement avait été paralysé par la décision – à ses yeux illégale – de placement en détention de ses deux associés. La Grande Chambre a considéré que la mention, par la société requérante, du stockage de ses marchandises durant cinq ans était trop équivoque pour que l'on pût y voir un grief tiré de la saisie prolongée de ses marchandises. Elle a ajouté que si l'intéressée avait voulu se plaindre à ce stade de la saisie prolongée de ses biens, elle aurait dû l'indiquer clairement dans son formulaire de requête, comme elle l'avait fait plus tard dans ses observations devant la chambre. En conséquence, elle a conclu que ce grief avait été formulé plus de six mois après le moment où la procédure indemnitaire avait pris fin, et qu'il était en tout état de cause irrecevable pour non-épuisement des voies de recours internes.

---

172   *Farzaliyev c. Azerbaïdjan*, n° 29620/07, § 55, 28 mai 2020.
173   *Ilias et Ahmed c. Hongrie* [GC], n° 47287/15, § 85, 21 novembre 2019.

C. LEGAL SUMMARIES OF THE JUDGMENTS DELIVERED BY THE GRAND CHAMBER IN 2023

HUMPERT AND OTHERS V. GERMANY

Judgment of 14 December 2023

Article 11

Article 11-1 – Freedom of association

- Disciplinary sanctions on teachers with civil-servant status for participating during their working hours in strikes organised by their trade union, in breach of the constitutional ban on civil servants striking: no violation.

Facts

At the relevant time, the four applicants were State school teachers with civil-servant status employed by different German Länder. They were all members of the Trade Union for Education and Science. In 2009 and 2010 the applicants participated in strikes, which included a demonstration, organised by that union during their working hours to protest against worsening working conditions for teachers. In particular, they did not turn up to work for periods between one hour and three days. They were subsequently reprimanded or fined in disciplinary proceedings for having breached their duties as civil servants by participating in strikes during their working hours. The first applicant was reprimanded for failing to teach two classes, the second and third applicants were given an administrative fine of 100 euros (EUR) each for missing five lessons and the fourth applicant received a disciplinary decision against her - which was not enforced because she had since left the civil service on her request - and a fine of EUR 300 (on appeal) for missing twelve lessons. They unsuccessfully challenged those decisions before different administrative courts and the Federal Constitutional Court.

On 6 September 2022 a Chamber of the Court relinquished jurisdiction in favour of the Grand Chamber.

C. RÉSUMÉS JURIDIQUES DES ARRÊTS RENDUS PAR LA GRANDE CHAMBRE EN 2023

HUMPERT ET AUTRES C. ALLEMAGNE

Arrêt du 14 décembre 2023

Article 11

Article 11-1 – Liberté d'association

– Sanctions disciplinaires infligées à des enseignants ayant le statut de fonctionnaire qui avaient participé pendant leurs horaires de travail à des grèves organisées par leur syndicat, en violation de l'interdiction constitutionnelle pour les fonctionnaires de faire grève : non-violation

En fait

Au moment des faits, les quatre requérants étaient enseignants dans des établissements publics. Employés par différents Länder allemands, ils relevaient du statut de fonctionnaire. Ils étaient tous membres du Syndicat des enseignants et chercheurs. En 2009 et 2010, ils participèrent pendant leurs heures de travail à un mouvement de grève, y compris une manifestation, que le syndicat avait organisé pour protester contre une dégradation des conditions de travail des enseignants. Ainsi, ils manquèrent, selon les cas, entre une heure et trois jours de travail. En conséquence, ils firent l'objet de différentes mesures disciplinaires allant du blâme à l'imposition d'une amende administrative, pour avoir manqué à leurs obligations de fonctionnaires en participant à un mouvement de grève pendant leurs horaires de travail. La première requérante se vit infliger un blâme pour n'avoir pas dispensé deux cours, la deuxième requérante et le troisième requérant se virent chacun infliger une amende administrative de 100 euros (EUR) pour n'avoir pas dispensé cinq cours, et la quatrième requérante fit l'objet d'une décision disciplinaire – qui ne fut toutefois pas appliquée, l'intéressée ayant entretemps quitté la fonction publique de sa propre initiative – et d'une amende ramenée à 300 EUR en appel, pour avoir manqué douze cours. Tous contestèrent sans succès les décisions prises à leur égard devant différentes juridictions administratives et devant la Cour constitutionnelle fédérale.

Le 6 septembre 2022, une chambre de la Cour s'est dessaisie au profit de la Grande Chambre.

Law

Article 11

(1) Admissibility

Although the complaint in the present case was very similar to that examined and declared inadmissible (manifestly-ill founded) by the former European Commission of Human Rights in S. v. Federal Republic of Germany and the relevant domestic legal framework remained the same, the Court held, having regard to the developments in its case-law on Article 11 since that decision, that the applicants' complaint was admissible.

(2) Merits

(a) General principles

The Court reiterated that trade-union freedom was not an independent right but a specific aspect of freedom of association as recognised by Article 11. Through its case-law the Court had built up a non-exhaustive list of the essential elements of trade-union freedom without which that freedom would become devoid of substance, including the right to form and join a trade union, the prohibition of closed-shop agreements, the right for a trade union to seek to persuade the employer to hear what it had to say on behalf of its members, and the right to collective bargaining. It had to date left open the question whether a prohibition on strikes affected an essential element of trade-union freedom under Article 11 of the Convention.

That question was context-specific and could not therefore be answered in the abstract or by looking at the prohibition on strikes in isolation. Rather, an assessment of all the circumstances of the case was required, considering the totality of the measures taken by the respondent State to secure trade-union freedom, any alternative means – or rights – granted to trade unions to make their voice heard and to protect their members' occupational interests, and the rights granted to union members to defend their interests. Other aspects specific to the structure of labour relations in the system concerned also needed to be taken into account in this assessment, such as whether the working conditions in that system were determined through collective bargaining, as collective bargaining and the right to strike were closely linked. The sector concerned and/or the functions performed by the workers concerned might also be of relevance for that assessment. Even where a prohibition on strikes might not affect an essential element of trade-union freedom in a given context, it would, nonetheless, affect a core trade-union activity if it concerned "primary" or direct industrial action. In each case, the margin of appreciation allowed to the State was reduced.

En droit

Article 11

1) Recevabilité

Bien que le grief formulé en l'espèce soit très proche de celui examiné et déclaré irrecevable (pour défaut manifeste de fondement) par l'ancienne Commission européenne des droits de l'homme dans l'affaire S. c. République fédérale d'Allemagne et que le cadre juridique interne n'ait pas changé depuis lors sur ce point, la Cour le juge recevable, eu égard à l'évolution de sa jurisprudence sur l'article 11 depuis cette décision.

2) Fond

a) Principes généraux

La Cour rappelle que la liberté syndicale n'est pas un droit indépendant, mais un aspect particulier de la liberté d'association reconnue par l'article 11, et qu'elle a dégagé au fil de sa jurisprudence une liste non exhaustive d'éléments essentiels de la liberté syndicale sans lesquels le contenu de cette liberté serait vidé de sa substance. Ces éléments comprennent le droit de fonder un syndicat ou de s'y affilier, l'interdiction des accords de monopole syndical, le droit pour un syndicat de chercher à persuader l'employeur d'écouter ce qu'il a à dire au nom de ses membres, ainsi que le droit de négociation collective. Jusqu'à présent, la Cour n'avait pas encore tranché la question de savoir si une interdiction de faire grève touche à un élément essentiel de la liberté syndicale au regard de l'article 11 de la Convention.

La réponse à cette question dépend du contexte et ne peut donc pas être donnée in abstracto ou en considérant isolément l'interdiction de faire grève. La Cour doit au contraire examiner toutes les circonstances de la cause, en tenant compte de la totalité des mesures que l'État défendeur a prises pour garantir la liberté syndicale, des autres moyens – ou droits – qu'il a accordés aux syndicats pour que ceux-ci puissent faire entendre leur voix et protéger les intérêts professionnels de leurs adhérents, ainsi que des droits qu'il a conférés aux travailleurs syndiqués pour leur permettre de défendre leurs intérêts. Elle doit également tenir compte aux fins de son examen des autres particularités de la structure des relations de travail au sein du système concerné, et notamment rechercher si les conditions de travail y sont fixées par la négociation collective, compte tenu du lien étroit qui existe entre ce procédé et le droit de grève. Le secteur en cause et/ou les fonctions exercées par les travailleurs concernés peuvent aussi être des éléments pertinents aux fins de cet examen. Quand bien même elle pourrait ne pas toucher à un élément essentiel de la liberté syndicale dans un contexte donné, une interdiction de faire grève toucherait tout de même à une activité syndicale fondamentale si elle concernait une action revendicative « primaire » ou directe. La marge d'appréciation de l'État est réduite lorsque les mesures concernées touchent à un élément essentiel de la liberté syndicale.

(b) Application of those principles to the present case

(i) Existence of an interference, its lawfulness and legitimate aim

The disciplinary measures had been imposed on the applicants due to their participation in strikes during working hours. As such, they had interfered with their freedom of association. The measures had been based on Article 33 § 5 of the Basic Law and the relevant parts of the different Länder's Civil Servants' Status Acts and Civil Servants Acts. The Federal Constitutional Court had consistently interpreted the Basic Law as enshrining such a prohibition on strikes for all civil servants. The impugned interference was therefore prescribed by law. The prohibition on civil servants going on strike was to ensure the maintenance of a stable administration, the fulfilment of State functions and the proper functioning of the State and its institutions was held to be a legitimate purpose by the Court. In that connection, the Court held that the disciplinary measure had also served to ensure a functioning school system and therefore to safeguard the right of others to education protected by Article 7 § 1 of the Basic Law and by Article 2 of Protocol No. 1 to the Convention.

(ii) Necessity in a democratic society

Turning to the proportionality assessment, the Court considered that all circumstances of the case had to be taken into account. That included (i) the nature and extent of the restriction on the right to strike; (ii) the measures taken to enable civil servants' trade unions and civil servants themselves to protect occupational interests; (iii) the objective(s) pursued by the prohibition on strikes by civil servants; (iv) further rights encompassed by civil servant status; (v) the possibility of working as a State school teacher under contractual State employee status with a right to strike; and (vi) the severity of the impugned disciplinary measures. It therefore examined all these aspects of the case.

The prohibition on strikes by civil servants, including teachers with that status, was based on their status and was absolute. The restriction on the right to strike by German civil servants, including the applicants, could thus be characterised as severe. A general ban on strikes for all civil servants raised specific issues under the Convention. Regarding the applicants' reliance on international labour law, the Court noted that Germany's approach to prohibit strikes by all civil servants, including teachers with that status, such as the applicants, was not in line with the trend emerging from specialised international instruments, as interpreted by the competent monitoring bodies, or from the practice of Contracting States. The competent monitoring bodies set up under the specialised international instruments (notably, the Committee of Experts on the Application of Conventions and Recommendations, the European Commit-

b) Application de ces principes

i) Sur l'existence d'une ingérence, la base légale de la mesure et la légitimité du but visé

Les requérants se sont vu infliger les mesures disciplinaires litigieuses parce qu'ils avaient participé à un mouvement de grève pendant leurs horaires de travail. Ces mesures s'analysent donc en une ingérence dans l'exercice par les intéressés de leur droit à la liberté d'association. Elles étaient fondées sur l'article 33 § 5 de la Loi fondamentale et sur différentes dispositions de la loi sur le statut des fonctionnaires et de la loi sur les fonctionnaires du Land employeur concerné. Dans une jurisprudence constante, la Cour constitutionnelle fédérale interprète la Loi fondamentale comme consacrant l'interdiction de faire grève pour tous les fonctionnaires. L'ingérence litigieuse était donc prévue par la loi. L'interdiction pour les fonctionnaires de faire grève a pour but d'assurer la stabilité de l'administration, l'accomplissement des fonctions publiques et le bon fonctionnement de l'État et de ses institutions. La Cour juge ce but légitime. Dans ces conditions, elle conclut que la mesure disciplinaire visait aussi à assurer le fonctionnement du système éducatif et ainsi à protéger les droits d'autrui, en l'espèce le droit à l'instruction garanti par l'article 7 § 1 de la Loi fondamentale et par l'article 2 du Protocole n° 1 à la Convention.

*ii) **Sur la nécessité dans une société démocratique***

En ce qui concerne la proportionnalité de la mesure, la Cour considère qu'elle doit tenir compte de toutes les circonstances de la cause, à savoir : i) la nature et la portée de la restriction apportée au droit de grève, ii) les mesures prises pour permettre aux syndicats de fonctionnaires et aux fonctionnaires eux-mêmes de protéger leurs intérêts professionnels, iii) le ou les objectifs poursuivis par l'interdiction de faire grève imposée aux fonctionnaires, iv) les autres droits associés au statut de fonctionnaire, v) la possibilité d'enseigner dans un établissement scolaire public en tant qu'employé contractuel du secteur public jouissant du droit de grève, et vi) la sévérité des mesures disciplinaires litigieuses. Elle examine donc ces différents éléments.

L'interdiction de faire grève imposée aux fonctionnaires, y compris les enseignants fonctionnaires, procède de ce statut et est absolue. La restriction du droit de grève des fonctionnaires allemands, y compris les requérants, peut donc être qualifiée de sévère. L'imposition à tous les fonctionnaires d'une interdiction générale de faire grève soulève des questions spécifiques au regard de la Convention. Les requérants invoquant également le droit international du travail, la Cour observe que l'approche adoptée par l'Allemagne, qui consiste à imposer une interdiction de faire grève à tous les fonctionnaires, y compris les enseignants relevant de ce statut, comme les requérants, s'écarte de la tendance qui ressort tant des instruments internationaux spécialisés, tels qu'interprétés par les organes de contrôle compétents, que de la pratique des États contractants. Les organes de contrôle compétents créés en vertu des instruments internationaux spécialisés (notamment, la Commission d'experts pour l'application des conventions et recommandations, le Comité européen des droits sociaux, ou en-

tee of Social Rights, the United Nations (UN) Committee on Economic, Social and Cultural Rights and the UN Human Rights Committee) had repeatedly criticised the status-based prohibition of strikes by civil servants in Germany, including as regards teachers with that status. Without calling into question the analysis that had been carried out by those bodies in their assessment of the respondent State's compliance with the international instruments which they had been set up to monitor, the Court reiterated that its task was to determine whether the relevant domestic law in its application to the applicants had been proportionate as required by Article 11 § 2, its jurisdiction being limited to the Convention.

Moreover, while any trend emerging from the practice of the Contracting States and the negative assessments made by the aforementioned monitoring bodies of the respondent State's compliance with international instruments constituted relevant elements, they were not in and of themselves decisive for the Court's assessment as to whether the impugned prohibition on strikes and the disciplinary measures imposed on the applicants had remained within the margin of appreciation afforded to the respondent State under the Convention.

While strike action was an important part of trade-union activity, it was not the only means for trade unions and their members to protect the relevant occupational interests. German civil servants' unions and civil servants themselves had been granted different rights to protect the relevant occupational interests, in particular, civil servants could form and join trade unions, and many civil servants, including the applicants, had availed themselves of that right. The civil-service trade unions had a statutory right to participate when legal provisions for the civil service were drawn up. The Court observed, based on the comparative material available to it, that none of the other Contracting Parties surveyed provided for comparable rights of trade-union participation in the process of fixing working conditions as a means of compensating for a prohibition on strikes by the workers concerned.

Furthermore, civil servants had an individual constitutional right to be provided with "adequate maintenance", commensurate with, inter alia, the civil servant's grade and responsibilities and in keeping with the development of the prevailing economic and financial circumstances and the general standard of living (the "principle of alimentation"), which they could enforce in court. That right was for life, including after retirement from active service and in the event of illness. Domestic law also granted them the right to lifetime employment. The Court observed that in Germany, civil servant status was more advantageous than contractual State employee status in several ways, both legally and in terms of resulting material conditions and that the employment conditions of State-school teachers, in terms of salary and teaching hours, compared favourably to those in most other Contracting Parties.

The Court underlined that the right to education, which was indispensable to the furtherance of human rights, played a fundamental role in a democratic society. Primary and secondary education was of fundamental importance for each child's personal development and future success. While the Convention did not dictate how education was to be provided and still less did it prescribe any specific status for teachers,

core le Comité des droits économiques, sociaux et culturels et le Comité des droits de l'homme des Nations unies) ont critiqué à maintes reprises l'interdiction de faire grève imposée aux fonctionnaires en Allemagne à raison de leur statut, en particulier en ce qui concerne les enseignants fonctionnaires. Sans remettre en question l'analyse que ces organes ont menée lorsqu'ils se sont penchés sur le respect par l'État défendeur des instruments internationaux qu'ils ont pour mission de contrôler, la Cour rappelle que, sa compétence se limitant à la Convention, elle a pour tâche de rechercher si, telle qu'elle a été appliquée aux requérants, la législation nationale pertinente était proportionnée au but visé, conformément à l'article 11 § 2.

De plus, si elle voit comme des éléments pertinents une tendance apparue dans la pratique des États contractants et les constats négatifs formulés par les organes de contrôle susmentionnés quant au respect par l'État défendeur des instruments internationaux, la Cour ne les considère pas en eux-mêmes comme déterminants aux fins de son examen de la question de savoir si l'interdiction litigieuse de faire grève et les mesures disciplinaires prises à l'égard des requérants sont restées dans les limites de la marge d'appréciation accordée à l'État défendeur en vertu de la Convention.

Si elle représente une part importante de l'activité syndicale, la grève n'est pas le seul moyen pour les syndicats et leurs membres de protéger leurs intérêts professionnels. En Allemagne, les syndicats de fonctionnaires et les fonctionnaires eux-mêmes jouissent de différents droits qui leur permettent de protéger de manière effective leurs intérêts professionnels. En particulier, les fonctionnaires peuvent fonder un syndicat et s'y affilier, et bon nombre de fonctionnaires, dont les requérants, se sont prévalus de ce droit. Les organisations faîtières regroupant les syndicats de fonctionnaires jouissent en vertu de la loi d'un droit de participation lorsque sont rédigées les dispositions législatives régissant la fonction publique. La Cour observe, au vu des éléments de droit comparé dont elle dispose, qu'aucune des autres Parties contractantes étudiées n'offre aux syndicats des droits comparables de participation à la fixation des conditions de travail pour compenser l'interdiction de faire grève imposée aux travailleurs concernés.

De plus, les fonctionnaires jouissent d'un droit constitutionnel individuel et opposable à la perception d'une « rémunération adéquate » reflétant, notamment, leur grade et leurs responsabilités, ainsi que l'évolution de la situation économique et financière globale et le niveau de vie général (« principe d'alimentation »). Ce droit est valable à vie, notamment après leur retrait du service actif et en cas de maladie. Le droit interne leur octroie également le droit à un emploi à vie. En Allemagne, le statut de fonctionnaire est plus avantageux que celui d'employé contractuel du secteur public à plusieurs égards, à la fois sur le plan juridique et en ce qui concerne les conditions matérielles qui en découlent, et les conditions d'emploi des enseignants du secteur public sont plus favorables que celles de la plupart des autres Parties contractantes, que ce soit en termes de rémunération ou d'heures d'enseignement.

La Cour souligne que le droit à l'instruction, indispensable à la réalisation des droits de l'homme, occupe une place fondamentale dans une société démocratique. L'enseignement primaire et secondaire revêt une importance fondamentale pour l'épanouissement personnel et la réussite future de chaque enfant. Certes, la Convention ne dicte pas de quelle manière l'enseignement doit être dispensé, et encore moins

the Court emphasised the huge importance, from a public-policy perspective, of an efficient educational system capable of providing teaching and educating children, in a credible manner, about freedom, democracy, human rights and the rule of law.

The Court considered that the variety of different institutional safeguards, in their totality, enabled civil servants' trade unions and civil servants themselves to effectively defend the relevant occupational interests. The high unionisation rate among German civil servants illustrated the effectiveness in practice of trade-union rights as they were secured to civil servants. Moreover, the impugned prohibition on strikes by civil servants was a general measure reflecting the balancing and weighing-up of different, potentially competing, constitutional interests.

The prohibition on strikes did not render civil servants' trade-union freedom devoid of substance.

Furthermore, the disciplinary measures against the applicants had not been severe; they pursued, in particular, the important aim of ensuring the protection of rights enshrined in the Convention through effective public administration (in the specific case, the right of others to education), and the domestic courts had adduced relevant and sufficient reasons to justify those measures, weighing up the competing interests in a thorough balancing exercise that had sought to apply the Court's case-law throughout the domestic proceedings. The material employment conditions of teachers with civil servant status in Germany further militated in favour of the proportionality of the impugned measures in the present case, as did the possibility of working as State school teachers under contractual State employee status with a right to strike.

The Court thus concluded that the measures taken against the applicants did not exceed the margin of appreciation afforded to the respondent State and had been shown to be proportionate to the important legitimate aims pursued.

Conclusion: no violation (sixteen votes to one).

See also

- *S. v. Federal Republic of Germany*, 10365/83, Commission decision of 5 July 1984;
- *Federation of Offshore Workers' Trade Unions and Others v. Norway (dec.)*, 38190/97, 27 June 2002, Legal Summary;
- *Demir and Baykara v. Turkey* [GC], 34503/97, 12 January 2008, Legal Summary;
- *Enerji Yapı-Yol Sen v. Turkey*, 68959/01, 21 April 2009, Legal Summary;
- *Animal Defenders International v. the United Kingdom* [GC], 48876/08, 22 April 2013, Legal Summary;
- *National Union of Rail, Maritime and Transport Workers v. the United Kingdom*, 31045/10, 8 April 2014, Legal Summary.

de quel statut les enseignants doivent relever. Toutefois, la Cour souligne l'importance majeure qui s'attache, du point de vue des politiques publiques, à ce que le système éducatif soit efficient et permette aux enfants de bénéficier d'un enseignement et d'une éducation dignes de confiance sur les notions de liberté, de démocratie, de droits de l'homme et de l'état de droit.

La Cour considère que prises dans leur globalité, les différentes garanties institutionnelles permettent aux syndicats de fonctionnaires et aux fonctionnaires eux-mêmes de défendre de manière effective leurs intérêts professionnels. Le taux élevé de syndicalisation constaté parmi les fonctionnaires allemands illustre le caractère effectif en pratique des droits syndicaux garantis aux fonctionnaires. De plus, l'interdiction litigieuse de faire grève imposée aux fonctionnaires est une mesure générale qui résulte de la mise en balance de différents intérêts constitutionnels, potentiellement concurrents.

Ainsi, l'interdiction de faire grève ne vide pas de sa substance la liberté syndicale des fonctionnaires.

De plus, les mesures disciplinaires prises contre les requérants n'étaient pas sévères ; elles poursuivaient, en particulier, le but important que constitue la protection des droits consacrés par la Convention grâce à une administration publique efficace (en l'espèce, le droit d'autrui à l'instruction) ; et les juridictions internes les ont justifiées par des motifs pertinents et suffisants et ont procédé à une mise en balance approfondie des intérêts concurrents en jeu en s'efforçant d'appliquer la jurisprudence de la Cour tout au long de la procédure interne. Les conditions matérielles d'emploi des enseignants relevant du statut de fonctionnaire en Allemagne militent en outre en faveur d'un constat de proportionnalité des mesures litigieuses en l'espèce, tout comme la possibilité d'enseigner dans un établissement scolaire public en relevant du statut d'employé contractuel titulaire du droit de grève.

La Cour parvient donc à la conclusion que les mesures disciplinaires prises contre les requérants n'ont pas excédé la marge d'appréciation reconnue à l'État défendeur dans les circonstances de l'espèce et qu'il a été démontré qu'elles étaient proportionnées aux importants buts légitimes poursuivis.

Conclusion : non-violation (seize voix contre une).

Voir aussi

- *S. c. République Fédérale d'Allemagne*, 10365/83, décision de la Commission du 5 juillet 1984 ;
- *Fédération des syndicats des travailleurs offshore et autres c. Norvège* (déc.), 38190/97, 27 juin 2002, Résumé juridique ;
- *Demir et Baykara c. Turquie* [GC], 34503/97, 12 janvier 2008, Résumé juridique ;
- *Enerji Yapı-Yol Sen c. Turquie*, 68959/01, 21 avril 2009, Résumé juridique ;
- *Animal Defenders International c. Royaume-Uni* [GC], 48876/08, 22 avril 2013, Résumé juridique ;
- *National Union of Rail, Maritime et Transport Workers c. Royaume-Uni*, 31045/10, 8 avril 2014, Résumé juridique.

COMMUNAUTÉ GENEVOISE D'ACTION SYNDICALE (CGAS)
V. SWITZERLAND

Judgment of 27 November 2023

Article 34

Victim

– Applicant association's unjustified abandonment of authorisation request to hold a public event during Covid-19 related ban and to bring any other such request: effect on applicant association's victim status.

Article 35

Article 35-1 – Exhaustion of domestic remedies

– Available remedy of a preliminary ruling on constitutionality in an ordinary appeal against a refusal to hold a public event based on a federal ordinance banning such events at the start of the Covid-19 pandemic: inadmissible.

Facts

The applicant is an association whose statutory aim is to defend the interests of working and non-working persons and of its member organisations, particularly in the sphere of trade-union and democratic freedoms. Relying on Article 11 of the Convention, it complained about being deprived of the right to organise and participate in public gatherings as a result of measures adopted by the Government to tackle COVID-19, during the period of application of a federal ordinance ("O.2 COVID-19 no. 2"), in the early months of the pandemic, that is from 17 March to 30 May 2020. The applicant had submitted an authorisation request to hold a public event scheduled for 1 May 2020 but after being informed by telephone by a competent authority that the authorisation would be refused for the purposes of O.2 COVID-19 no. 2, it refrained from organising it.

The case was referred to the Grand Chamber at the Government's request.

COMMUNAUTÉ GENEVOISE D'ACTION SYNDICALE (CGAS)
C. SUISSE

Arrêt du 27 novembre 2023

Article 34

Victime

- Abandon injustifié par l'association requérante d'une demande d'autorisation d'organisation d'un événement public pendant l'interdiction due à la pandémie de Covid-19 et absence d'autre demande à cette fin : conséquences sur la qualité de victime de l'association requérante

Article 35

Article 35-1 – Épuisement des voies de recours internes

- Recours disponible constitué par le contrôle préjudiciel de constitutionnalité dans le cadre d'un recours ordinaire contre le refus d'autorisation d'organisation d'un événement public fondé sur une ordonnance fédérale interdisant ce type d'activité au début de la pandémie de Covid-19 : irrecevable

En fait

La requérante est une association ayant pour but statutaire de défendre les intérêts des travailleurs actifs et de ses organisations membres, notamment dans le domaine des libertés syndicales et démocratiques. Invoquant l'article 11 de la Convention, elle dit avoir été privée du droit d'organiser des réunions publiques et de prendre part à de telles réunions par l'effet des mesures adoptées par le Gouvernement dans le cadre de la lutte contre le Covid-19 pendant la durée d'application d'une ordonnance fédérale (« l'ordonnance Covid-19 n° 2 ») lors des premiers mois de la pandémie, c'est-à-dire du 17 mars au 30 mai 2020. La requérante avait déposé une demande d'autorisation pour tenir un événement public prévu le 1er mai 2020 mais, après avoir été informée au téléphone par une autorité compétente que l'autorisation serait refusée sur la base de l'ordonnance Covid-19 n° 2, elle s'est abstenue de l'organiser.

L'affaire a été renvoyée devant la Grande Chambre à la demande du Gouvernement.

Law

Article 11

(1) Scope of the case

The Grand Chamber's examination of the case was limited to the applicant association's complaint of a violation of its right to peaceful assembly, as brought before the Chamber and examined by it. The complaint that the prohibitions introduced by O.2 COVID-19 no. 2 had constituted a violation of its rights under Article 11 also from the perspective of the right to trade-union freedom had been raised for the first time before the Grand Chamber and thus had constituted a new complaint relating to the distinct requirements of that provision. Accordingly, it fell outside the scope of the case as referred to the Grand Chamber. In any event, that complaint was inadmissible for failure to comply with the six-month rule under Article 35 § 1 of the Convention as in force at the relevant time since it had not been raised within six months of 30 May 2020, the date on which O.2 COVID-19 no. 2 had ceased to apply.

Conclusion: new complaint from the angle of trade-union freedom outside the scope of the case and, in any event, inadmissible (six months) (unanimously).

(2) The Government's preliminary objection

(a)   Victim status

The question which arose was whether, in the absence of an individual measure taken against the applicant on the basis of the impugned legislation, it could nonetheless claim to be a "victim" within the meaning of Article 34 of the Convention.

According to the Court's case-law, an applicant could claim that a law breached his or her Convention rights even in the absence of an individual measure of implementation – leaving aside the specific context of secret surveillance measures – where the individuals concerned had been required either to modify their conduct or risk being prosecuted or punished, or where they had adequately demonstrated that they belonged to a class of people who risked being directly affected by the legislation in question. The Chamber had concluded that the applicant association had belonged to the first group, in that it had been obliged to refrain from organising public meetings to avoid the criminal penalties provided for in O.2 COVID-19 no. 2.

However, only individual members of the association, or its representatives, would have been liable, for non-compliance with the ban on gatherings, to the imposition of sanctions based on the impugned legislation. Under the Criminal Code, the criminal liability of a non-profit-making private association – such as the applicant association – could not be engaged. Consequently, the present case could not be compared to those in which the applicants had been required to choose between complying with the impugned legislation or the risk of being directly and personally exposed to sanctions.

En droit

Article 11

1) Sur l'objet du litige

L'examen de l'affaire par la Grande Chambre se limite au grief de violation du droit de l'association requérante à la liberté de réunion pacifique, tel que porté devant la chambre et examiné par celle-ci. Le grief tiré de ce que les interdictions introduites par l'ordonnance Covid-19 n° 2 auraient emporté violation des droits de l'association requérante au titre de l'article 11 également sous l'angle du droit à la liberté syndicale a été soulevé pour la première fois devant la Grande Chambre et constitue donc un grief nouveau relatif à des exigences distinctes tirées de la disposition invoquée. Ces éléments échappent dès lors à l'objet du litige tel qu'il est soumis à la Grande Chambre. En tout état de cause, ce grief est irrecevable pour non-respect de la règle des six mois énoncée à l'article 35 § 1 de la Convention telle qu'en vigueur à l'époque des faits puisqu'il n'a pas été soulevé dans un délai de six mois à compter du 30 mai 2020, date à laquelle l'ordonnance Covid-19 n° 2 avait cessé de s'appliquer.

Conclusion : grief nouveau sous l'angle de la liberté syndicale hors de l'objet du litige et, en tout état de cause, irrecevable (six mois) (unanimité).

2) Sur l'exception préliminaire formulée par le Gouvernement

a)   Qualité de victime

La question qui se pose est de savoir si, en l'absence d'acte individuel pris contre la requérante sur le fondement de la législation litigieuse, celle-ci peut néanmoins prétendre à la qualité de « victime » au sens de l'article 34 de la Convention.

Selon la jurisprudence de la Cour, un requérant peut prétendre qu'une loi méconnaît ses droits garantis par la Convention même en l'absence d'actes individuels d'exécution – sauf dans le contexte particulier des mesures de surveillance secrète – lorsqu'il est obligé de changer de comportement sous peine de poursuites ou de sanction ou s'il a démontré de façon adéquate qu'il fait partie d'une catégorie de personnes risquant de subir directement les effets de la législation en question. La chambre a considéré dans son arrêt que la requérante relevait du premier cas de figure dans la mesure où elle avait été obligée de renoncer à organiser des manifestations publiques afin d'éviter les sanctions pénales prévues par l'ordonnance Covid-19 n° 2.

Toutefois, seuls les membres individuels de l'association, ou ses représentants, auraient pu, en cas de non-respect de l'interdiction de rassemblement, être sanctionnés sur le fondement de l'ordonnance litigieuse. En effet, en vertu du code pénal, la responsabilité pénale d'une association de droit privé sans but lucratif – telle que la requérante – ne pouvait pas être engagée. Par conséquent, la présente affaire n'est pas comparable à celles dans lesquelles les requérants avaient dû choisir entre se conformer à la législation litigieuse ou s'exposer directement et personnellement à des sanctions.

It thus had to be determined whether the applicant association had nonetheless been directly affected by O.2 COVID-19 no. 2.

The Grand Chamber recalled that previous cases in which the Court had held that the applicants had been permitted to complain about a law in the absence of individual implementing measures, concerned texts which had been applicable to predefined situations regardless of the individual facts of each case and, in consequence, likely to infringe those persons' rights under the Convention by their mere entry into force. That had not been so in the instant case. Although in the version of O.2 COVID-19 no. 2 in force from 17 March 2020 the possibility of requesting exemptions for "the exercise of political rights" had been removed, the granting of exemptions had still remained possible "if justified by an overriding public interest", and if the organiser submitted a protection plan that was considered adequate. Indeed, the Government had indicated that several exemptions had been requested during the period of application of O.2 COVID-19 no. 2 and that, in certain cases, they had been granted by the administrative authorities, with the result that several gatherings had been held in public places. The Grand Chamber could not therefore subscribe to the Chamber's conclusion that the impugned ban had amounted to a "general measure", in the sense of a legislative measure which applied to predefined situations regardless of the individual facts of each individual case. In that connection, the Grand Chamber noted that it could it speculate in the abstract whether the events that the applicant association wished to organise might have entailed an "overriding public interest," thus justifying the granting of an exemption.

Lastly, the applicant association had deliberately chosen not to continue the authorisation procedure begun by it for the purpose of holding an event on 1 May 2020, even before receiving a formal decision from the competent administrative authority that could have been challenged before the courts. In addition, it had also refrained from submitting any other authorisation request. Such conduct, without adequate justification, had a bearing on its victim status. In its capacity as a non-profit-making private association the applicant association had not been subject to criminal sanctions. Hence, its decision not to continue the authorisation procedure could not be justified by the fear of their imposition. In any event, there was nothing to suggest that the mere fact of taking administrative steps to organise public events would have amounted to conduct that had been likely to be sanctioned.

The applicant association's conduct had therefore had the effect of not only depriving it of its status as a "direct" victim, within the meaning of Article 34, but also of an opportunity to apply to the courts and to complain, at national level, of a violation of the Convention.

As the issue of compliance with the rule of exhaustion of domestic remedies was closely linked to that of victim status, particularly with regard to a measure of general application such as a law, the Grand Chamber considered it necessary to examine that question too.

Il faut donc déterminer si l'association requérante a néanmoins été directement touchée par l'ordonnance Covid-19 n° 2.

La Grande Chambre rappelle que les précédentes affaires dans lesquelles la Cour a jugé que les requérants pouvaient se plaindre d'une loi en l'absence d'une mesure individuelle d'application concernaient des textes applicables à des situations prédéfinies indépendamment des circonstances propres à chaque cas individuel et, par conséquent, susceptibles de porter atteinte aux droits des intéressés garantis par la Convention par leur seule entrée en vigueur. Tel n'était pas le cas en l'espèce. Bien que dans le texte de l'ordonnance Covid-19 n° 2 en vigueur depuis le 17 mars 2020, la possibilité de demander des dérogations pour « l'exercice des droits politiques » eût été supprimée, l'octroi de dérogations restait toujours possible « si un intérêt public prépondérant » le justifiait et si l'organisateur présentait un plan de protection jugé adéquat. Le Gouvernement a d'ailleurs indiqué que plusieurs dérogations avaient été demandées pendant la durée d'application de l'ordonnance Covid-19 n° 2 et que, dans certains cas, celles-ci avaient été accordées par les autorités administratives, si bien que plusieurs rassemblements avaient eu lieu dans l'espace public. La Grande Chambre ne peut donc souscrire à la conclusion de la chambre selon laquelle l'interdiction litigieuse s'analyse en une « mesure générale », au sens d'une mesure législative applicable à des situations prédéfinies indépendamment des circonstances propres à chaque cas individuel. À cet égard, elle estime qu'il ne lui appartient pas de spéculer, dans l'abstrait, sur la question de savoir si les manifestations que l'association requérante souhaitait organiser auraient pu présenter un « intérêt public prépondérant » justifiant l'octroi d'une dérogation.

Enfin, l'association requérante a délibérément décidé de renoncer à poursuivre la procédure d'autorisation qu'elle avait entamée en vue de manifester le 1er mai 2020, et ce avant d'obtenir une décision formelle de la part de l'autorité administrative compétente pouvant être attaquée en justice. En outre, elle s'est abstenue de présenter toute autre demande d'autorisation. Un tel comportement, à défaut de justification adéquate, n'est pas sans incidence sur sa qualité de victime. En sa qualité d'association de droit privé sans but lucratif, la requérante n'était pas passible de sanctions pénales. Par conséquent, sa décision de ne pas poursuivre la procédure d'autorisation ne peut être justifiée par la crainte de l'imposition de telles sanctions. En tout état de cause, rien ne permet de considérer que le simple fait d'entreprendre des démarches administratives visant à l'organisation de manifestations publiques aurait constitué un comportement susceptible d'être sanctionné.

Le comportement de l'association requérante a eu pour effet non seulement de lui ôter la qualité de victime « directe » au sens de l'article 34 de la Convention, mais également de la priver de la chance de saisir les autorités judiciaires et de se plaindre au niveau national de la violation de la Convention.

La question du respect de la règle de l'épuisement des voies de recours internes étant intimement liée à celle de la qualité de victime, notamment s'agissant d'une mesure d'application générale telle qu'une loi, la Grande Chambre estime nécessaire de l'examiner aussi.

(b) Exhaustion of domestic remedies

The applicant association had not complained of a breach of its right to freedom of assembly arising from a refusal to organise a specific public event, but from the general prohibition prohibiting such events introduced by O.2 COVID-19 no. 2. The Court therefore had to determine whether, in the light of the parties' submissions and all the circumstances of the case, the applicant association had had available to it at the material time a domestic remedy that would have enabled it to obtain a review of whether O.2 COVID-19 no. 2 had been compatible with the Convention.

Under domestic law it was possible to obtain review of the compatibility of normative acts of the Federal Assembly and the Federal Council with provisions of superior legal force, through a preliminary ruling, as part of the ordinary examination of a specific case by the judicial bodies at all levels. That was clear from the Federal Supreme Court's consistent case-law, several examples of which had been produced by the Government, including in the specific sphere of combating the COVID-19 pandemic. Indeed, all the elements of relevant domestic law that had been produced indicated that an application for a preliminary ruling on constitutionality, lodged in the context of an ordinary appeal against a decision implementing federal ordinances, was a remedy which was directly accessible to litigants and made it possible, where appropriate, to have the impugned provision declared unconstitutional. That was not disputed by the applicant association; it rather argued that such a remedy would have not offered reasonable prospects of success in the circumstances in the present case.

In so far as it argued that given the circumstances prevailing at the relevant time, it had been unlikely that the ordinary court required to examine its case would have ruled in advance of the date of the planned event, the Grand Chamber noted that the requirement that judicial review took place prior to the date set for the intended public event had been developed in the Court's case-law regarding remedies to secure judicial review of an individual measure restricting freedom of assembly under Article 11. However, that criterion was not absolute, as the consequences of failure to comply with it would depend on the circumstances of each case. It transpired from the Court's case-law that that criterion entered into play if the organisers complied with the time-limits laid down in the domestic law. Equally, the planned date of the event must be of crucial importance for the organiser.

The situation complained of by the applicant association did not result from a specific measure restricting freedom of assembly, but from the very content of O.2 COVID-19 no. 2. The Grand Chamber considered that that criterion was not in itself decisive for determining whether the given remedy made it possible, in the circumstances of the case, to obtain a review of whether the legislation in question had been compatible with the Convention.

The applicant association also argued that once the case had been brought before the Federal Supreme Court, the latter would have would have probably refused to give a ruling on an appeal as being devoid of current interest as it had done in another case, the so-called "Strike for the Climate" case. The Grand Chamber, however, did

b) Épuisement des voies de recours internes

L'association requérante dénonce non pas une violation de son droit à la liberté de réunion résultant d'un refus d'organiser un événement public particulier, mais l'interdiction générale de tels événements introduite par l'ordonnance Covid-19 n° 2. La Cour doit donc déterminer si, à la lumière des arguments des parties et de l'ensemble des circonstances de la cause, l'association requérante avait à sa disposition au moment des faits une voie de recours qui lui aurait permis d'obtenir un contrôle de conventionnalité de l'ordonnance Covid-19 n° 2.

En droit interne, il était possible d'obtenir un examen de la conformité d'actes normatifs de l'Assemblée fédérale et du Conseil fédéral avec le droit de rang supérieur, à titre préjudiciel, dans le cadre d'un recours ordinaire introduit contre une mesure d'application desdits actes devant les instances judiciaires de tous les niveaux. C'est ce qui ressort d'une jurisprudence constante du Tribunal fédéral, dont le Gouvernement a produit plusieurs exemples, y compris dans le domaine spécifique de la lutte contre la pandémie de Covid-19. En effet, l'ensemble des éléments de droit interne pertinents produits en l'espèce montre qu'une contestation préjudicielle de constitutionnalité introduite dans le cadre d'un recours ordinaire dirigé contre un acte d'application des ordonnances fédérales représente une voie de recours directement accessible aux justiciables et permettant d'obtenir, le cas échéant, une déclaration d'inconstitutionnalité. L'association requérante ne le conteste d'ailleurs pas ; elle cherche plutôt à contester qu'un tel recours aurait présenté des perspectives raisonnables de succès dans le contexte particulier de l'espèce.

L'association requérante soutenant qu'au vu des circonstances qui existaient au moment des faits, il aurait été peu probable que la juridiction ordinaire saisie se prononce avant la date de la manifestation prévue, la Grande Chambre rappelle que l'exigence qu'une décision judiciaire intervienne avant la date fixée pour la manifestation prévue est un critère qui ressort de la jurisprudence développée par la Cour dans le domaine des recours tendant au contrôle juridictionnel d'une mesure individuelle restrictive de la liberté de réunion protégée par l'article 11. Ce critère n'est toutefois pas absolu, les conséquences de son non-respect dépendant des circonstances particulières de chaque cas d'espèce. Il ressort en effet de la jurisprudence de la Cour que cette exigence entre en jeu dès lors que les organisateurs respectent les délais prescrits par le droit national. En outre, la date prévue pour l'évènement doit avoir une importance cruciale pour l'organisateur.

Dans la mesure où la situation dont se plaint l'association requérante résulte non pas d'une mesure individuelle restrictive de la liberté de réunion, mais du contenu même de l'ordonnance Covid-19 n° 2, la Grande Chambre considère que ce critère n'est pas en lui-même décisif pour déterminer si la voie de recours indiquée par le Gouvernement permettait, dans les circonstances de l'espèce, d'obtenir un contrôle de conventionnalité de la législation en cause.

L'association requérante soutient également qu'une fois l'affaire portée devant le Tribunal fédéral, celui-ci aurait probablement refusé de statuer pour défaut d'intérêt actuel pour agir, comme il l'aurait fait dans une autre affaire, appelée « Grève pour le climat ». La Grande Chambre ne retient cependant pas cet argument. Le Gouver-

not accept that argument. The Government had submitted several examples, including in the field of measures taken against COVID-19, showing that that court habitually waived the requirement of a current interest in order to have standing where the dispute was likely to recur in identical or similar circumstances, where the nature of the issue meant that it could not be determined before it was no longer topical, or if there were sufficiently important public-interest grounds for resolving the question in dispute. The Federal Supreme Court had justified its decision in the "Strike for the Climate" case in the light of the specific circumstances of that case and the judgment had been delivered after the lodging of the instant application with the Court. The outcome in that case could not itself be regarded as a particular circumstance which would have released the applicant association, at the relevant time, from the obligation to exhaust the domestic remedies.

Drawing attention to its fundamentally subsidiary role, the Court reiterated that in health care policy matters the margin of appreciation afforded to States was a wide one and that the national courts should initially have the opportunity to determine questions regarding the compatibility of domestic law with the Convention.

In addition, the Grand Chamber could not ignore the exceptional nature of the context which had existed at the relevant time. The emergence of the COVID-19 pandemic had presented the States with the challenge of protecting public health while guaranteeing respect for every person's fundamental rights. All the member States of the Council of Europe had decided to restrict certain fundamental rights, including freedom of assembly in public places. During the first phase of the pandemic, a large number of international organisations and bodies had underlined the need to take urgent measures with a view to mitigating the impact of the pandemic and compensating for the lack of a vaccine and medication. Those same bodies had called on States to ensure that the rule of law, democracy and fundamental rights were maintained. In that unprecedented and highly sensitive context, it had been all the more important that the national authorities had been first given the opportunity to strike a balance between competing private and public interests or between different rights protected by the Convention, taking into consideration local needs and conditions and the public-health situation as it had stood at the relevant time.

The applicant association, however, had failed to take appropriate steps to enable the national courts to fulfil their fundamental role in the Convention protection system, namely, to prevent or put right eventual Convention violations through their own legal system. Accordingly, even supposing that the applicant association could claim to have victim status, the application was inadmissible for failure to exhaust domestic remedies.

Conclusion: preliminary objection allowed (non-exhaustion of domestic remedies); inadmissible (twelve votes to five).

See also

- *Communauté genevoise d'action syndicale (CGAS) v. Switzerland*, 21881/20, 15 March 2022, Legal Summary.

nement a produit plusieurs exemples, y compris dans le domaine des mesures prises contre la Covid-19, montrant que la haute juridiction a pour habitude de renoncer à exiger un intérêt actuel pour agir lorsque la contestation peut se reproduire dans des circonstances identiques ou analogues, que sa nature ne permet pas de la trancher avant qu'elle ne perde son actualité ou s'il existe un intérêt public suffisamment important au règlement de la question litigieuse. Le Tribunal fédéral a justifié sa décision dans l'affaire « Grève pour le climat » à la lumière des circonstances spécifiques de l'affaire portée devant lui et l'arrêt a été prononcé postérieurement à l'introduction de la présente requête devant la Cour. L'issue de cette affaire ne saurait à elle seule s'analyser en une circonstance particulière qui aurait dispensé l'association requérante, au moment des faits, de l'obligation d'épuiser les recours internes.

Soulignant son rôle fondamentalement subsidiaire, la Cour rappelle qu'en matière de politique de santé, la marge d'appréciation accordée aux États est étendue et que les tribunaux nationaux doivent avoir initialement la possibilité de trancher les questions de compatibilité du droit interne avec la Convention.

En outre, la Grande Chambre ne saurait ignorer le caractère exceptionnel du contexte qui existait à l'époque des faits de l'espèce. L'apparition de la pandémie de Covid-19 a confronté les États au défi de protéger la santé publique tout en garantissant le respect des droits fondamentaux de chacun. La totalité des États membres du Conseil de l'Europe ont décidé de restreindre certains droits fondamentaux, y compris la liberté de réunion dans l'espace public. Pendant la première phase de la pandémie, bon nombre d'organisations et d'instances internationales ont souligné la nécessité de prendre des mesures urgentes dans le but d'atténuer les conséquences de la pandémie et de pallier l'absence de vaccin et de traitement médicamenteux. Ces mêmes instances ont appelé les États à veiller à ce que l'État de droit, la démocratie et les droits fondamentaux soient préservés. Dans ce contexte inédit et hautement sensible, il était d'autant plus important que les autorités nationales fussent à même de ménager au préalable l'équilibre entre des intérêts privés et publics concurrents ou entre différents droits protégés par la Convention, en tenant compte des besoins et des contextes locaux et de l'état de la situation sanitaire qui existait au moment des faits.

Or l'association requérante n'a pas fait le nécessaire pour permettre aux juridictions internes de jouer leur rôle fondamental dans le mécanisme de sauvegarde instauré par la Convention, à savoir prévenir ou redresser dans leur ordre juridique interne les éventuelles violations de la Convention. Dès lors, à supposer même qu'elle puisse prétendre à la qualité de victime, la requête est irrecevable pour non-épuisement des voies de recours internes.

Conclusion : exception préliminaire retenue (non-épuisement des voies de recours internes) ; irrecevable (douze voix contre cinq).

Voir aussi

— *Communauté genevoise d'action syndicale (CGAS) c. Suisse*, 21881/20, 15 mars 2022, Résumé juridique.

YÜKSEL YALÇINKAYA V. TÜRKIYE

Judgment of 26 September 2023

Article 7

Article 7-1 – Nulla poena sine lege

Nullum crimen sine lege

– Conviction for membership of an armed terrorist organisation based decisively on use of encrypted messaging application ByLock, without establishing offence's constituent material and mental elements in an individualised manner: violation

Article 6 – Criminal proceedings

Article 6-1 – Fair hearing

– Prejudice to the defence on account of non-disclosure of raw data obtained from ByLock server not counterbalanced by adequate procedural safeguards: violation

Article 46

Article 46-2 – Execution of judgment

General measures

– Respondent state required to take general measures to address systemic problem regarding domestic courts' approach to use of ByLock

Facts

The applicant, a teacher at a public school at the material time, was convicted of the offence of membership of an armed terrorist organisation, namely the "Fetullahist Terror Organisation/Parallel State Structure" (FETÖ/PDY) which was considered by the domestic authorities to be behind the attempted coup of 15 July 2016. His conviction was based decisively on his use of an encrypted messaging application, "ByLock", which had been accessed by the National Intelligence Agency of Turkey (MİT) as part of its intelligence activities to gather information on FETÖ/PDY and which the domestic courts held had been designed for the exclusive use of its mem-

YÜKSEL YALÇINKAYA C. TÜRKIYE

Arrêt du 26 septembre 2023

Article 7

Article 7-1 – Nulla poena sine lege

Nullum crimen sine lege

– Condamnation pour appartenance à une organisation terroriste armée reposant dans une mesure déterminante sur l'utilisation de l'application de messagerie cryptée ByLock, sans établissement individualisé des éléments matériels et de l'élément moral constitutifs de l'infraction : violation

Article 6 – Procédure pénale

Article 6-1 – Procès équitable

– Préjudice subi par la défense en raison de l'absence de contrebalancement, par des garanties procédurales adéquates, de la non-divulgation des données brutes obtenues sur le serveur de ByLock : violation

Article 46

Article 46-2 – Exécution de l'arrêt

Mesures générales

– État défendeur tenu de prendre des mesures générales pour répondre au problème systémique résultant de l'approche adoptée par les juridictions internes concernant l'utilisation de ByLock

En fait

Le requérant, qui à l'époque des faits était enseignant dans une époque publique, fut condamné pour appartenance à une organisation terroriste armée, l'« organisation terroriste Fetullahist / structure d'État parallèle » (FETÖ/PDY), à laquelle les autorités turques imputent la responsabilité de la tentative de coup d'État du 15 juillet 2016. Sa condamnation reposait dans une mesure déterminante sur la conclusion selon laquelle il avait utilisé « ByLock », une application de messagerie cryptée au serveur de laquelle l'Agence nationale du renseignement turc (le MİT) avait accédé dans le cadre de ses activités de collecte de renseignements sur la FETÖ/PDY, et dont les juridictions internes ont considéré que, sous les dehors d'une application grand public, elle avait été conçue pour l'usage exclusif des membres de la FETÖ/PDY. Le

bers under the guise of a global application. The applicant was sentenced to six years and three months' imprisonment. He unsuccessfully appealed.

On 3 May 2022 a Chamber of the Court relinquished jurisdiction in favour of the Grand Chamber.

Law

Article 15 (general aspect – the derogation by Türkiye)

The Court saw no reason to depart from its finding in previous cases against Türkiye that the attempted military coup had amounted to a "public emergency threatening the life of the nation" within the meaning of the Convention and that the formalities required by Article 15 § 3 had been respected. Whether the specific actions taken against the applicant had been strictly required by the exigencies of the situation and consistent with the respondent State's other obligations under international law, would be considered with the merits of the complaints.

Article 7

The Court reiterated that the requirement of accessibility and foreseeability entailed that, in principle, a measure could only be regarded as a penalty within the meaning of Article 7 where an element of personal liability on the part of the offender had been established. Accordingly, Article 7 required, for the purposes of punishment, the existence of a mental link through which an element of liability might be detected in the conduct of the person who physically committed the offence.

The applicant's conviction for membership of an armed terrorist organisation had been based on Article 314 § 2 of the Criminal Code, read in conjunction with the Prevention of Terrorism Act and the relevant case-law of the Court of Cassation. That legal framework was, in principle, formulated with sufficient precision to enable an individual to know, if need be with appropriate legal advice, what acts and omissions would make him criminally liable. The main question was whether his conviction had been sufficiently foreseeable given the requirements of the domestic law, in particular as regards the cumulative constituent material and mental elements of the offence such as they appeared in the relevant legal framework.

The Court emphasised that it was not sufficient for the purposes of Article 7 that an offence was set out clearly in domestic law. A failure on the part of the domestic courts to comply with the relevant law, or an unreasonable interpretation and application thereof in a particular case, could in itself entail a violation of Article 7. The requirement that criminal offences be strictly defined by law would be thwarted if the domestic courts were to circumvent the law in its interpretation and application to the specific facts of a case.

The definition of the crime of being a member of an armed terrorist organisation under the domestic legal framework required specific knowledge and intent. In

requérant fut condamné à une peine d'emprisonnement de six années et trois mois. Les recours qu'il forma contre cette condamnation furent rejetés.

Le 3 mai 2022, une chambre de la Cour s'est dessaisie au profit de la Grande Chambre.

En droit

Article 15 (aspect général – dérogation de la Türkiye)

La Cour ne voit pas de raison de s'écarter de son constat, formulé dans de précédentes affaires dirigées contre la Türkiye, selon lequel la tentative de coup d'État militaire était constitutive d'un « danger public menaçant la vie de la nation » au sens de la Convention et les formalités requises en vertu de l'article 15 § 3 ont été respectées. Le point de savoir si les mesures prises contre le requérant restaient dans les limites de ce que la situation rendait strictement nécessaire et étaient conformes aux autres obligations incombant à l'État défendeur en vertu du droit international est étudié dans le cadre de l'examen au fond des griefs.

Article 7

La Cour rappelle qu'il découle de l'exigence d'accessibilité et de prévisibilité qu'une peine au sens de l'article 7 ne se conçoit en principe qu'à la condition qu'un élément de responsabilité personnelle dans le chef de l'auteur de l'infraction ait été établi. En effet, l'article 7 exige, pour punir, un lien de nature intellectuelle permettant de déceler un élément de responsabilité dans la conduite de l'auteur matériel de l'infraction.

La condamnation du requérant pour appartenance à une organisation terroriste armée était fondée sur l'article 314 § 2 du code pénal, lu à la lumière de la loi relative à la prévention du terrorisme et de la jurisprudence pertinente de la Cour de cassation. Ce cadre juridique était, en principe, formulé avec une précision suffisante pour permettre à un individu de savoir, au besoin en s'entourant de conseils éclairés, quelles actions et omissions le rendraient passible d'une sanction pénale. La principale question de l'affaire est de savoir si la condamnation de l'intéressé était suffisamment prévisible au regard des exigences du droit interne, en particulier en ce qui concerne les éléments matériels et l'élément moral cumulativement constitutifs de cette infraction tels qu'ils ressortent du cadre juridique applicable.

La Cour souligne qu'il ne suffit pas aux fins de l'article 7 que l'infraction soit prévue clairement en droit interne. Il peut aussi y avoir violation de cet article si les juridictions internes méconnaissent le droit pertinent ou en font dans une affaire donnée une interprétation et une application déraisonnables. Admettre que les juridictions internes puissent dénaturer la loi au moment de l'interpréter et de l'appliquer aux faits d'une cause dont elles sont saisies irait à l'encontre de l'exigence selon laquelle les infractions pénales doivent être strictement définies par la loi.

La définition de l'infraction d'appartenance à une organisation terroriste armée telle que fixée par ce cadre juridique interne suppose une connaissance et une inten-

particular, it had to be proven that the accused had an organic link with the organisation based on the continuity, diversity and intensity of his or her activities and that he or she knew that the organisation was one that committed or aimed to commit, crimes and had to possess a specific intent for the realisation of that purpose. Conviction for the offence would only follow where it was demonstrated that the accused had acted knowingly and willingly within the organisation's hierarchical structure and embraced its objectives.

The Court acknowledged that ByLock was not just any ordinary commercial messaging application and that its use could prima facie suggest some kind of connection with the Gülen movement. However, the act penalised under Article 314 § 2 was not mere connection with an allegedly criminal network, but membership of an armed terrorist organisation, to the extent that such membership was established on the basis of the constituent – objective and subjective – elements set out in the law.

The applicant's conviction had stemmed from his alleged use of the ByLock application; all of the constituent elements of the relevant offence had been considered to be manifested through that alleged use, which had been taken as sufficient in itself to establish his membership of an armed terrorist organisation and notably of the requisite mental link allowing his personal criminal liability to be established. Admittedly, the assessment of the relevance or the weight attached to a particular piece of evidence was not, in principle, within the remit of the Court under Article 7. However, over and above its evidentiary value, the finding regarding the use of ByLock had effectively replaced an individualised finding as to the presence of the constituent material and mental elements of the offence, thereby bypassing the requirements of Article 314 § 2 – as interpreted by the Turkish Court of Cassation itself – in contravention of the principle of legality and bringing the matter within the realm of Article 7. The remaining acts that had been attributed to the applicant – namely his use of an account at Bank Asya and membership of a trade union and an association – had served only as a source of corroboration and had very limited bearing on the outcome of the proceedings.

Although the use of ByLock was neither criminalised nor technically not part of the actus reus of the impugned offence, the domestic courts' interpretation had had in practice the effect of equating the mere use of ByLock with knowingly and willingly being a member of an armed terrorist organisation. The fact that the applicant's conviction had been secured without duly establishing the presence of all constituent elements of the offence (including the necessary intent) in an individualised manner, was not only incompatible with the essence of the offence in question but was also irreconcilable with the right of an individual, under Article 7, not to be punished without the existence of a mental link through which an element of personal liability might be established.

The expansive and unforeseeable interpretation of the law by the domestic

tion spécifiques. Il doit en particulier être prouvé que l'accusé avait un lien organique avec l'organisation en cause sur la base de la continuité, de la diversité et de l'intensité de ses activités, qu'il savait que cette organisation commettait des infractions ou avait pour but de commettre des infractions et qu'il avait l'intention spécifique de contribuer à la réalisation de ce but. Par ailleurs, une personne ne peut être reconnue coupable de l'infraction d'appartenance à une organisation terroriste armée que s'il est démontré qu'elle a agi sciemment et volontairement dans le cadre de la structure hiérarchique de l'organisation et a embrassé ses objectifs.

La Cour reconnaît que ByLock n'était pas n'importe quelle application de messagerie commerciale et que le fait qu'une personne l'utilise pouvait être considéré comme un commencement de preuve indiquant l'existence d'un lien avec le mouvement Gülen. Toutefois, l'article 314 § 2 du code pénal ne réprime pas le simple fait d'avoir un lien avec un réseau supposément criminel, mais l'appartenance à une organisation terroriste armée, pour autant que cette appartenance soit établie au regard de la présence des éléments – objectifs et subjectifs – constitutifs de cette infraction énoncés dans la loi.

La condamnation du requérant résultait de l'utilisation qu'il était censé avoir faite de l'application ByLock : les juridictions internes ont considéré que la présence de tous les éléments constitutifs de l'infraction en cause était établie par cette utilisation et que celle-ci était en elle-même suffisante pour établir son appartenance à une organisation terroriste armée, et notamment la présence du lien moral requis pour l'établissement de la responsabilité pénale personnelle de l'intéressé. Certes, des questions telles que la pertinence de tel ou tel élément de preuve ou le poids qu'y ont attaché les tribunaux nationaux échappent en principe au contrôle de la Cour dans le contexte de l'article 7 de la Convention. Cela étant, au-delà de sa valeur probante, la conclusion relative à l'utilisation de ByLock a concrètement remplacé une appréciation individualisée de la présence des éléments matériels et de l'élément moral constitutifs de l'infraction, de sorte que les exigences de l'article 314 § 2 – tel qu'interprété par la Cour de cassation turque elle-même – n'ont pas été respectées, ce qui allait à l'encontre du principe de légalité et a fait relever l'affaire de l'article 7. Les autres actes imputés au requérant – à savoir son utilisation d'un compte à la Bank Asya et son appartenance à un syndicat et à une association – n'ont servi qu'à corroborer l'accusation et n'ont eu qu'une incidence très limitée sur l'issue de la procédure.

Alors que l'utilisation de ByLock n'était pas en elle-même répréhensible, ni théoriquement constitutive de l'actus reus de l'infraction en cause, l'interprétation adoptée par les juridictions internes a, en pratique, eu pour effet d'assimiler l'utilisation de cette application au fait d'être sciemment et volontairement membre d'une organisation terroriste armée. Le fait que le requérant ait été reconnu coupable sans que l'existence de tous les éléments constitutifs de l'infraction (dont l'élément d'intention nécessaire) ait été dûment caractérisée de manière individualisée était non seulement incompatible avec la nature de l'infraction en cause, mais également inconciliable avec le droit individuel, consacré par l'article 7, de ne pas être sanctionné en l'absence d'un lien de nature intellectuelle permettant de déceler un élément de responsabilité personnelle.

L'interprétation extensive et imprévisible de la loi qu'ont faite les juridictions

courts had had the effect of imputing objective liability to the users of ByLock, departing from the requirements clearly laid down in domestic law and contravening the object and purpose of Article 7 to provide effective safeguards against arbitrary prosecution, conviction and punishment.

Although, the Court acknowledged the significant challenges involved in accessing the content of secure communications used by organisations operating in secrecy, attaching criminal liability, in a virtually automatic manner, to those who had previously used that tool, had been against the principles of legality and foreseeability that were at the core of the protection under Article 7.

The Court was also acutely aware of the difficulties associated with the fight against terrorism and those that States encountered in the light of the changing methods and tactics used in the commission of terrorist offences. It had already acknowledged the unique challenges faced by the Turkish authorities and courts in the context of their efforts against the FETÖ/PDY, having regard to the atypical nature of that organisation, which, according to the domestic authorities and courts, pursued its aims covertly rather than through traditional terrorist methods. In that connection, it recognised the urgency and severity of the situation that the authorities and courts had had to grapple with in the aftermath of the coup attempt.

None of those considerations, however, meant that the fundamental safeguards enshrined in Article 7, which was a non-derogable right that was at the core of the rule of law principle, might be applied less stringently when it came to the prosecution and punishment of terrorist offences, even when allegedly committed in circumstances threatening the life of the nation. The Convention required the observance of the Article 7 guarantees, including in the most difficult of circumstances. It was up to the States to adapt their terrorism laws to be able to combat effectively the evolving threats of terrorism and non-traditional terrorist organisations, within the bounds of the nullum crimen, nulla poena sine lege principle.

Conclusion: violation (eleven votes to six).

Article 6 § 1 (the evidence regarding the applicant's alleged use of Bylock)

The Court acknowledged that electronic evidence had become ubiquitous in criminal trials in view of the increased digitalisation of all aspects of life. Recourse to electronic evidence attesting that an individual was using an encrypted messaging system which had been specially designed for and used exclusively by a criminal organisation in the internal communications of that organisation, could be very important in the fight against organised crime. It also noted that electronic evidence differed in many respects from traditional forms of evidence and raised distinct reliability issues as it was inherently more prone to destruction, damage, alteration or

internes a eu pour effet d'attacher une responsabilité objective aux utilisateurs de ByLock, contrairement aux exigences clairement posées en droit interne ainsi qu'à l'objet et au but de l'article 7, qui est d'assurer une protection effective contre les poursuites, les condamnations et les sanctions arbitraires.

Si la Cour reconnaît les importantes difficultés que présente l'accès au contenu des communications sécurisées utilisées par des organisations menant leurs activités de manière secrète, elle juge contraire aux principes de légalité et de prévisibilité, qui sont au cœur de la protection découlant de l'article 7, le fait d'attacher de manière quasi-automatique une responsabilité pénale aux personnes ayant antérieurement utilisé cet outil.

La Cour est tout à fait consciente des difficultés liées à la lutte contre le terrorisme et des défis auxquels les États sont confrontés du fait du caractère changeant des méthodes et des tactiques employées pour la commission d'infractions terroristes. Elle a déjà reconnu les difficultés exceptionnelles auxquelles les autorités et les juridictions turques ont fait face dans leur lutte contre la FETÖ/PDY, eu égard à la nature atypique de cette organisation qui, selon les autorités et les juridictions internes, s'employait à réaliser ses objectifs secrètement plutôt que par des méthodes terroristes classiques. À cet égard, la Cour reconnaît l'urgence et la gravité de la situation à laquelle les autorités et les tribunaux se sont trouvés confrontés au lendemain de la tentative de coup d'État.

Toutefois, aucune de ces considérations ne signifie que l'on pourrait appliquer moins strictement les garanties fondamentales consacrées à l'article 7 de la Convention, qui protège un droit non susceptible de dérogation résidant au cœur du principe de la prééminence du droit, lorsqu'il s'agit de poursuivre et de sanctionner les auteurs d'infractions terroristes, même si ces infractions sont supposées avoir été commises dans des circonstances menaçant la vie de la nation. La Convention impose le respect des garanties posées à l'article 7 même dans les circonstances les plus difficiles. Il incombe aux États d'adapter leurs lois relatives au terrorisme afin de pouvoir lutter efficacement contre les menaces mouvantes du terrorisme et des organisations terroristes atypiques, dans les limites du principe nullum crimen, nulla poena sine lege.

Conclusion : violation (onze voix contre six).

Article 6 § 1 (concernant l'élément de preuve relatif à l'utilisation que le requérant est censé avoir faite de ByLock)

La Cour reconnaît que les preuves électroniques sont désormais omniprésentes dans les procès pénaux en raison de l'importance croissante du numérique dans tous les aspects de la vie. Le recours aux éléments de preuve électroniques attestant qu'un individu fait usage d'un système de messagerie cryptée spécialement conçu pour une organisation criminelle et exclusivement utilisé par elle aux fins de sa communication interne peut s'avérer très important dans la lutte contre la criminalité organisée. La Cour note également que les éléments de preuve électroniques diffèrent à bien des égards des preuves classiques et que ce type de preuve soulève des problématiques de fiabilité distinctes car il est intrinsèquement plus susceptible de destruction, de dégra-

manipulation. The Court further reiterated that the use of untested electronic evidence in criminal proceedings might involve difficulties for the judiciary as the nature of the procedure and technology applied to the collection of such evidence was complex and might therefore diminish the ability of national judges to establish its authenticity, accuracy and integrity. Moreover, the handling of electronic evidence, particularly where it concerned data that was encrypted and/or vast in volume or scope, might present the law enforcement and judicial authorities with serious practical and procedural challenges at both the investigation and trial stages. That said, those factors did not call for the safeguards under Article 6 § 1 to be applied differently, be it more strictly or more leniently. The Court had to assess whether the overall fairness of the proceedings had been ensured through the lens of the procedural and institutional safeguards and the fundamental principles of a fair trial.

(a) Quality of the evidence

Although the Court recognised that the circumstances in which the Bylock data had been retrieved by the MİT prima facie raised doubts as to its "quality" in the absence of specific procedural safeguards geared to ensuring its integrity until the handover to the judicial authorities, it did not have sufficient elements to impugn the accuracy of the ByLock data – at least to the extent that it had established the applicant's use of that application.

(b) The applicant's ability to challenge the evidence in proceedings that complied with the guarantees of Article 6 § 1

The fact that the applicant had had access to all the ByLock reports included in the case file did not necessarily mean that he had had no right or interest to seek access to the data from which those reports had been generated. The ByLock data in question had been critical in his case, as it was that which triggered the criminal proceedings against him. Essentially, it had served not only to gather the individualised information on the applicant's alleged use of ByLock but had also constituted the basis for it to be characterised as an exclusively organisational communication tool and had thus led directly to the applicant's conviction. Moreover, it might not be excluded that the ByLock material had potentially contained elements which could have enabled the applicant to exonerate himself, or to challenge the admissibility, reliability, completeness or the evidentiary value of that material.

As the raw data obtained from the ByLock server had not been disclosed to the applicant, he had been unable to test first-hand the integrity and reliability of that evidence and to challenge the relevance and significance attributed to it. In principle, that situation placed a greater onus on the domestic courts to subject those issues to the most searching scrutiny. Having examined the issue on the basis of its well-estab-

dation, d'altération ou de manipulation. La Cour rappelle également que l'utilisation d'éléments de preuve électroniques non vérifiés dans une procédure pénale peut aussi poser des difficultés particulières pour les juges car la procédure et les technologies appliquées à la collecte de ces preuves sont complexes et peuvent dès lors diminuer la capacité des juges nationaux à établir leur authenticité, leur exactitude et leur intégrité. En outre, le maniement de preuves électroniques, en particulier lorsque les données sont cryptées, volumineuses ou d'une grande envergure, peut confronter les autorités répressives et les organes judiciaires à d'importantes difficultés pratiques et procédurales, tant au stade de l'enquête qu'à celui du procès. Cela étant, ces facteurs n'imposent pas que les garanties qui découlent de l'article 6 § 1 fassent l'objet d'une application différente, qu'elle soit plus stricte ou plus souple. La Cour doit vérifier si, au regard des garanties procédurales et institutionnelles et des principes fondamentaux du procès équitable, la procédure dans son ensemble a été équitable.

a) Sur la qualité des preuves

Tout en reconnaissant que les circonstances dans lesquelles le MİT a obtenu les données de ByLock étaient de nature à faire naître un doute prima facie quant à leur « qualité » en l'absence de garanties procédurales spécifiques conçues pour assurer leur intégrité jusqu'à leur communication aux autorités judiciaires, la Cour ne dispose pas d'éléments suffisants pour mettre en doute leur exactitude – tout au moins dans la mesure où elles établissent que le requérant avait utilisé l'application ByLock.

b) Sur la possibilité pour le requérant de contester les éléments de preuve dans le cadre d'une procédure respectant les garanties de l'article 6 § 1

Le fait que le requérant ait eu accès à tous les rapports relatifs à ByLock ayant été versés au dossier ne signifie pas nécessairement qu'il n'était pas fondé, ou n'avait pas d'intérêt, à solliciter l'accès aux données à partir desquelles ces rapports avaient été générés. Ces données de ByLock étaient cruciales pour l'affaire du requérant, car c'étaient elles qui avaient déclenché des poursuites pénales contre lui. Elles étaient essentielles en ce que, au-delà de fournir des informations individualisées sur l'utilisation que le requérant est censé avoir faite de ByLock, elles constituaient aussi la base ayant permis de qualifier cette application d'outil de communication à l'usage exclusif de l'organisation, ce qui a conduit directement à la condamnation du requérant. De plus, on ne peut exclure que les données de ByLock aient renfermé des éléments qui auraient permis au requérant de se disculper ou de contester la recevabilité, la fiabilité, la complétude ou la valeur probante de ces données.

Les données brutes obtenues sur le serveur de ByLock n'ayant pas été divulguées au requérant, celui-ci n'a pas eu la possibilité de vérifier par lui-même l'intégrité et la fiabilité de ces éléments de preuve ni de contester la pertinence et l'importance qui leur ont été accordées. En principe, cette situation imposait aux juridictions internes de soumettre ces questions à l'examen le plus rigoureux. La Cour conclut, après examen à l'aune de sa jurisprudence constante en la matière, que le préjudice

lished case-law, the Court concluded that the prejudice to the defence on that account had not been counterbalanced by adequate procedural safeguards ensuring that the applicant had had a genuine opportunity to challenge the evidence against him and conduct his defence in an effective manner and on an equal footing with the prosecution.

In particular, the domestic courts had neither provided reasons for impugned non-disclosure, nor responded to the applicant's request for an independent examination of the data for verification of its contents and integrity or to his concerns as to its reliability. Further, the applicant had not been given the opportunity to acquaint himself with the decrypted ByLock material, including, in particular, the nature and content of his activity over that application, which would have constituted an important step in preserving his defence rights, especially given the preponderant weight of that evidence in securing his conviction. The prejudice that had been sustained by the defence on the basis of those shortcomings, had been compounded by the deficiencies in the domestic courts' reasoning vis-à-vis the ByLock evidence. Importantly, the courts had not sufficiently explained how it was ascertained that ByLock was not, and could not have been, used by anyone who was not a "member" of the FETÖ/PDY within the meaning of Article 314 § 2.

The domestic courts' failure to respond to the applicant's specific and pertinent requests and objections raised a legitimate doubt that they had been impervious to the defence arguments and that the applicant had not been truly "heard". In view of the importance of duly reasoned decisions for the proper administration of justice, the domestic courts' silence on vital matters at the heart of the case also raised well-founded concerns on the applicant's part regarding their findings and the conduct of the criminal proceedings "as a matter of form" only.

While acknowledging that electronic evidence of such kind might, in principle, be very important in the fight against terrorism or other organised crime, the Court emphasised that, as any other evidence, it might not be used by the domestic courts in a manner that undermines the basic tenets of a fair trial.

The failings in the instant case had the effects of undermining the confidence that courts in a democratic society must inspire in the public and of breaching the fairness of the proceedings. Therefore, the criminal proceedings against the applicant had fallen short of the requirements of a fair trial.

As to whether the impugned failure to observe the requirements of a fair trial could be justified by the respondent State's derogation under Article 15, the Court emphasised that such a derogation, even if justified, neither had the effect of dispensing the States from the obligation to respect the rule of law and its attendant guarantees, nor did it give them carte blanche to engage in conduct that might lead to arbitrary consequences for individuals. Accordingly, when determining whether a derogating

subi par la défense en raison de cette non-divulgation n'a pas été contrebalancé par des garanties procédurales adéquates pour assurer au requérant une possibilité réelle de contester les preuves à charge et de se défendre de manière effective et sur un pied d'égalité avec l'accusation.

En particulier, les juridictions internes n'ont pas fourni de motifs pour justifier leur refus de communiquer ces données et n'ont pas répondu à la demande du requérant tendant à ce qu'elles soient soumises à l'examen d'un expert indépendant, ni à ses préoccupations quant à la fiabilité de ces données. Le requérant n'a pas davantage eu la possibilité de prendre connaissance des données décryptées de ByLock (et notamment pas de la nature et de la teneur de l'activité qu'il lui était reproché d'avoir eue sur cette application), ce qui aurait constitué une mesure importante pour la préservation de ses droits de la défense, compte tenu en particulier du poids prépondérant accordé à cet élément de preuve pour retenir sa culpabilité. Le préjudice subi par la défense en raison de ces lacunes a été aggravé par les défaillances de la motivation fournie par les juridictions internes concernant les éléments provenant de ByLock. En particulier, les juridictions n'ont pas fourni suffisamment d'explications quant à la façon dont il avait été déterminé que ByLock n'était ni ne pouvait avoir été utilisée par d'autres personnes que les « membres » de la FETÖ/PDY au sens de l'article 314 § 2 du code pénal.

L'absence de réponse des juridictions internes aux demandes et objections précises et pertinentes présentées par le requérant ont fait naître un doute légitime que ces juridictions n'aient été sourdes aux arguments de la défense et que le requérant n'ait pas été véritablement « entendu ». Eu égard à l'importance pour la bonne administration de la justice que les décisions soient dûment motivées, la Cour juge que le silence gardé par les juridictions internes sur des questions cruciales touchant au cœur de l'affaire a également suscité, dans le chef du requérant, des craintes justifiées quant à leurs conclusions et quant au fait que la procédure pénale puisse avoir été conduite « uniquement pour la forme ».

Tout en reconnaissant que les éléments de preuve électroniques de cette nature peuvent, en principe, être très importants dans la lutte contre le terrorisme et la criminalité organisée, la Cour souligne qu'ils ne peuvent être utilisés par les juridictions internes d'une manière qui porterait atteinte aux principes fondamentaux du procès équitable.

Les défaillances ainsi constatées dans la présente affaire ont eu pour effet, d'une part, de fragiliser la confiance que les tribunaux d'une société démocratique se doivent d'inspirer aux justiciables et, d'autre part, de porter atteinte à l'équité de la procédure. Par conséquent, la procédure pénale dirigée contre le requérant n'a pas satisfait aux exigences du procès équitable.

Quant à la question de savoir si ces manquements aux exigences du procès équitable pouvaient être justifiés par la dérogation introduite par la Türkiye au titre de l'article 15, la Cour observe qu'une telle dérogation, même justifiée, n'a pas pour effet de dispenser les États de l'obligation de respecter le principe de la prééminence du droit et les garanties qui l'accompagnent, ni de leur donner un blanc-seing les autorisant à adopter une conduite susceptible d'emporter des conséquences arbitraires pour les individus. Par conséquent, pour déterminer si une mesure dérogatoire por-

measure that encroached upon the right to a fair trial had been strictly required by the exigencies of the situation, the Court had to also examine whether adequate safeguards had been provided against abuse and whether the measure had undermined the rule of law. That being said, Article 6 should not be applied in such a manner as to put disproportionate difficulties in the way of authorities in taking effective measures to counter terrorism or other serious crimes in discharge of their duty to protect the right to life and the right to bodily security of members of the public. In that regard, the Court referred to its considerations under Article 7 concerning the difficulties faced by the States in their struggle against terrorism in view of the dynamic nature of that threat and, more specifically, the serious predicament that had been faced by Türkiye as a result of the attempted coup and the allegedly unorthodox nature of and methods employed by the FETÖ/PDY as well as the heavy burden faced by the Turkish judicial authorities in the aftermath of the coup attempt.

In the present case, none of the domestic courts, including the ones involved in the applicant's case, had examined the fair trial issues relating to the Bylock evidence from the standpoint of Article 15 of the Convention or Article 15 of the Turkish Constitution, which similarly regulated derogations in time of emergency or mentioned, even as a contextual factor framing their approach to those issues, the threats or difficulties giving rise to the state of emergency. Nor had the Government adduced any detailed reasons as to whether those fair trial issues had originated in the special measures that had been taken during the state of emergency and, if so, why they had been necessary or whether they had been a genuine and proportionate response to the emergency situation. Accordingly, the limitations on the applicant's fair trial rights at issue could not be treated as having been strictly required by the exigencies of the situation. A finding to the contrary in such circumstances would negate the safeguards provided by Article 6 § 1, which always had to be construed in the light of the rule of law.

Conclusion: violation (sixteen votes to one).

The Court also held, unanimously, that there had been a violation of Article 11 as the domestic courts had deprived the applicant of the minimum protection against arbitrariness and had overly extended, in an unforeseeable manner, the scope of Article 314 § 2 when relying, to corroborate his conviction, on his membership of a trade union and association- considered as affiliated with the FETÖ/PDY - that had both been operating lawfully at the material time. Moreover, the Government had failed to demonstrate that the interference with the applicant's rights under that provision had been strictly required by the exigencies of the situation under Article 15.

tant atteinte au droit à un procès équitable était rendue strictement nécessaire par les exigences de la situation, la Cour doit également rechercher s'il existait des garanties adéquates contre les abus et si la mesure en cause respectait le principe de la prééminence du droit. Cela étant, il ne faut pas appliquer l'article 6 d'une manière qui causerait aux autorités des difficultés excessives à combattre par des mesures effectives le terrorisme et d'autres crimes graves, comme elles doivent le faire pour honorer leur obligation de protéger le droit à la vie et le droit à l'intégrité physique de chacun. À cet égard, la Cour renvoie aux considérations qu'elle a formulées sous l'angle de l'article 7 relativement aux difficultés que les États rencontrent dans la lutte qu'ils mènent contre le terrorisme, eu égard à la nature dynamique de cette menace, et, plus spécifiquement, aux difficultés liées à la situation très grave à laquelle la Türkiye s'est trouvée confrontée du fait de la tentative de coup d'État ainsi que de la nature supposément inhabituelle de la FETÖ/PDY et des méthodes employées par celle-ci. Elle tient également compte de la lourde charge qui a pesé sur les autorités judiciaires turques après cette tentative.

En l'espèce, aucune des juridictions internes, pas même celles qui ont été saisies de l'affaire du requérant, n'a examiné les questions d'équité du procès relatives aux éléments issus de ByLock sous l'angle de l'article 15 de la Convention ou de l'article 15 de la Constitution turque, lequel régit lui aussi les dérogations en cas d'état d'urgence, ni mentionné, fût-ce en tant qu'éléments de contexte pris en compte dans la définition de son approche de ces questions, les menaces ou difficultés qui ont conduit à la déclaration de l'état d'urgence. En outre, le Gouvernement n'a avancé aucun élément précis indiquant que ces problèmes d'équité du procès auraient trouvé leur origine dans les mesures spéciales adoptées pendant l'état d'urgence ni, à supposer que ce fût le cas, en quoi ces mesures auraient été nécessaires ou auraient constitué une réponse véritable et proportionnée à l'état d'urgence. Par conséquent, les restrictions apportées aux droits du requérant à un procès équitable qui sont ici en cause ne peuvent donc pas être considérées comme n'ayant pas outrepassé les limites de ce que cette situation rendait strictement nécessaire. Conclure le contraire dans les circonstances de l'espèce reviendrait à nier les garanties consacrées par les dispositions de l'article 6 § 1 de la Convention, qui doivent toujours s'interpréter à la lumière du principe de la prééminence du droit.

Conclusion : violation (seize voix contre une).

La Cour dit également, à l'unanimité, qu'il y a eu violation de l'article 11 en raison du fait que les juridictions internes ont privé le requérant de la protection minimale requise contre l'arbitraire et du fait que, en s'appuyant, pour corroborer la condamnation du requérant, sur son appartenance à un syndicat et à une association (considérés comme affiliés à la FETÖ/PDY) qui exerçaient leurs activités de manière légale à l'époque des faits reprochés, ces juridictions ont excessivement étendu la portée de l'article 314 § 2 du code pénal. En outre, le Gouvernement n'a pas démontré que l'ingérence faite dans l'exercice par le requérant des droits protégés par l'article 11 de la Convention puisse être considérée comme strictement nécessaire au regard des exigences de la situation au sens de l'article 15.

Article 46

In so far as individual measures were concerned, the Court considered that the reopening of the criminal proceedings which was allowed by domestic law, would be the most appropriate way of putting an end to the violations found and of affording redress to the applicant. Furthermore, the Respondent State had to take general measures as appropriate to address the systemic problem which had led to the findings of violation in the judgment, notably the domestic courts' approach to the use of Bylock. More specifically, the courts were required to take due account of the relevant Convention standards as interpreted and applied in the present judgment. The problem at issue had affected – and remained capable of affecting – a great number of persons. There were currently some 8,000 applications on the Court's docket involving similar complaints raised under Articles 7 and/or 6 relating to convictions that had been based on the use of ByLock as in the present case and, given that the authorities had identified around 100,000 Bylock users, many more might potentially be lodged. Therefore, the defects identified in the present judgment needed, to the extent relevant and possible, to be addressed by the Turkish authorities on a larger scale – that is, beyond the specific case of the present applicant.

Article 41

The finding of a violation constituted sufficient just satisfaction for any non-pecuniary damage sustained; claim for pecuniary damage dismissed.

See also

- *Mirilashvili v. Russia*, 6293/04, 11 December 2008, Legal Summary;
- *Matanović v. Croatia*, 2742/12, 4 April 2017, Legal Summary;
- *Mehmet Hasan Altan v. Turkey*, 13237/17, 20 March 2018, Legal Summary;
- *G.I.E.M. S.r.l. and Others v. Italy* [GC], 1828/06 et al, 28 June 2018, Legal Summary;
- *Rook v. Germany*, 1586/15, 25 July 2019, Legal Summary;
- *Parmak and Bakır v. Turkey*, 22429/07 and 25195/07, 3 December 2019, Legal summary;
- *Pişkin v. Turkey*, 33399/18, 15 December 2020, Legal Summary;
- *Akgün v. Turkey*, 19699/18, 20 July 2021, Legal Summary.

Article 46

En ce qui concerne les mesures individuelles, la Cour considère que la réouverture de la procédure pénale, qui est permise par le droit interne, constituerait le moyen le plus approprié de mettre un terme aux violations constatées et d'en effacer les conséquences pour le requérant. En outre, il appartient à l'État défendeur de prendre les mesures générales appropriées pour permettre de régler le problème systémique qui est à l'origine des constats de violation formulés dans cet arrêt, tout particulièrement en ce qui concerne l'approche adoptée par les juridictions turques quant à l'utilisation de ByLock. Plus précisément, ces juridictions sont tenues de prendre dûment en compte les normes pertinentes de la Convention telles qu'interprétées et appliquées dans cet arrêt. Le problème en question a touché – et peut encore toucher – un grand nombre de personnes. Plus de 8 000 requêtes actuellement inscrites au rôle de la Cour soulèvent des griefs similaires sous l'angle des articles 7 et/ou 6 de la Convention relativement à des condamnations fondées, comme en l'espèce, sur l'utilisation de ByLock, et de très nombreuses autres pourraient encore être introduites, compte tenu du fait que les autorités ont identifié environ 100 000 utilisateurs de ByLock. Par conséquent, il faut que les autorités turques, pour autant que cela est possible et pertinent, remédient aux défaillances identifiées dans cet arrêt à une échelle plus large, c'est-à-dire en ne se limitant pas au cas particulier du requérant de cette espèce.

Article 41

Le constat d'une violation fournit en lui-même une satisfaction équitable suffisante pour tout dommage moral pouvant avoir été subi par le requérant ; rejet de la demande pour dommage matériel.

Voir aussi

– *Mirilachvili c. Russie*, 6293/04, 11 décembre 2008, Résumé juridique ;
– *Matanović c. Croatie*, 2742/12, 4 avril 2017, Résumé juridique ;
– *Mehmet Hasan Altan c. Turquie*, 13237/17, 20 mars 2018, Résumé juridique ;
– *G.I.E.M. S.r.l. et autres c. Italie* [GC], 1828/06 et al, 28 juin 2018, Résumé juridique ;
– *Rook c. Allemagne*, 1586/15, 25 juillet 2019, Résumé juridique ;
– *Pişkin c. Turquie*, 33399/18, 15 décembre 2020, Résumé juridique ;
– *Parmak et Bakır c. Turquie*, 22429/07 et 25195/07, 3 décembre 2019, Résumé juridique ;
– *Akgün c. Turquie*, 19699/18, 20 juillet 2021, Résumé juridique.

G.I.E.M. S.R.L. AND OTHERS V. ITALY (JUST SATISFACTION

Judgment of 12 July 2023

Article 41 – Just satisfaction

– Calculation of awards for pecuniary damage caused by automatic and complete confiscation of unlawfully developed land, regardless of any criminal liability

Facts

The applicants are four companies and one individual, who is a director of one of those companies (Mr Gironda). They had complained about the automatic and complete confiscation of unlawfully developed land, regardless of any criminal liability.

In its judgment on the merits delivered on 28 June 2018 (see legal summary), the Grand Chamber found: a violation of Article 1 of Protocol No. 1 to the Convention in respect of each of the applicants; a violation of Article 7 of the Convention in respect of the applicant companies, but no violation of Article 7 in respect of Mr Gironda; and a violation of Article 6 § 2 in respect of Mr Gironda. It reserved the question of the application of Article 41. The property has been returned to all the applicants.

Law

Article 41

(1) Pecuniary damage

(a) Approach followed by Court

It was in principle for the applicants to adduce evidence of the existence and quantum of any pecuniary damage and to show a causal link with the violation found.

As to pecuniary damage arising, as in the present case, from the confiscation of real property in violation of Article 1 of Protocol No. 1, the relevant factors to be taken into consideration in order to establish the extent of the damage included, in particular: the value of the land and/or buildings prior to their confiscation, whether the land could be built upon at that time, the use reserved for the land in question by the relevant legislation and the land-use plans, the period in which it had not been possible to use the property and the loss of value caused by the confiscation, while deducting, if appropriate, the cost of demolishing illegal buildings.

In assessing the duration of the inability to use the property, the Court took as the starting point the actual confiscation and not any previous measures of seizure, since in the judgment on the merits only the confiscation measures had given rise to the findings of violations.

G.I.E.M. S.R.L. ET AUTRES C. ITALIE (SATISFACTION ÉQUITABLE)

Arrêt du 12 juillet 2023

Article 41 – Satisfaction équitable

- Évaluation des sommes allouées pour le dommage matériel causé par la confiscation automatique et intégrale de terrains illicitement lotis

En fait

Les requérants sont quatre sociétés, ainsi que le dirigeant de l'une d'entre elles (M. Gironda). Ils ont subi la confiscation automatique et intégrale des terrains illicitement lotis.

Par un arrêt au principal rendu le 28 juin 2018 (voir le résumé juridique), la Grande Chambre de la Cour a conclu que cette mesure était contraire à l'article 1 du Protocole n° 1 à l'égard de tous les requérants ; contraire à l'article 7 de la Convention à l'égard des sociétés requérantes et non contraire à cette disposition à l'égard de M. Gironda ; et, enfin, contraire à l'article 6 § 2 de la Convention à l'égard de ce dernier. Elle a réservé la question de l'application de l'article 41. Les biens ont été restitués à tous les requérants.

En droit

Article 41

1) Dommage matériel

a) **Approche suivie par la Cour**

La preuve du dommage matériel, de son montant ainsi que du lien de causalité rattachant le dommage aux violations constatées incombe en principe au requérant.

S'agissant d'un dommage matériel allégué résultant, comme en l'espèce, de mesures de confiscation de biens immobiliers prises en violation de l'article 1 du Protocole n° 1, les éléments pertinents à prendre en considération pour établir l'ampleur du dommage comprennent notamment la valeur des terrains et/ou des constructions avant leur confiscation, la nature constructible ou non des terrains à ce moment, la destination donnée aux biens en question par la législation pertinente et les plans d'urbanisme, la durée de leur indisponibilité et la perte de valeur résultant de la confiscation, sous déduction, le cas échéant, du coût de la destruction des constructions illégales.

Dans l'évaluation de la durée de l'indisponibilité des biens en question, la Cour prend comme point de départ la confiscation de ces derniers et non pas les saisies préalables dont ils ont pu faire l'objet. Cela résulte du fait que dans l'arrêt au fond, seules lesdites confiscations ont donné lieu aux violations constatées.

The Court did not need to rule on the question whether a violation of Article 6 § 2 of the Convention could give rise to pecuniary damage requiring compensation, as in any event none of Mr Gironda's claims of pecuniary damage had a causal link with the violation of the right to be presumed innocent. As to the violations of Article 7, even assuming that they could give rise to compensation for pecuniary damage, it would not entail any increase in the amount awarded in respect of the violations of Article 1 of Protocol No. 1. Accordingly, the Court proceeded to focus on the latter.

Lastly, there were some similarities between the present case and that of *Sud Fondi S.r.l. and Others v. Italy*. That being said, the nature of the violations in question was significantly different: whereas in *Sud Fondi S.r.l.*, the violations of Article 7 of the Convention and Article 1 of Protocol No. 1 had been found on account of a lack of legal basis of the confiscations in question, thus rendering them arbitrary, in the present case the violations were mainly procedural, arising solely from the fact that the applicant companies had not been parties to the relevant proceedings. Accordingly, the present case had to be distinguished from that of *Sud Fondi S.r.l. and Others* in a number of respects.

(b)   Heads of pecuniary damage requiring compensation

In view of the fact that the land and buildings in question had already been returned to the applicants, the Court decided to take into consideration the claims for compensation solely in respect of the following points:

(i)   Inability to use the land since confiscation

In the case of *Sud Fondi S.r.l. and Others* (just satisfaction) the compensation due for the inability to use the land had been based on the likely value of the land at the beginning of the situation complained of and it had been considered that the damage resulting from that inability could be compensated for by the payment of a sum corresponding to the statutory interest accruing throughout that period, applied to the value of the land.

As to the starting point of the period in question, it was appropriate in the present case to calculate the damage from the time of the confiscation of the property.

In addition it was necessary to examine, on a case-by-case basis, whether or not the land in question could be built upon, a status which had a significant impact on the value of land.

– G.I.E.M. S.r.l. – As the possibility of building on the land in question had not been proven, the Court awarded the applicant company EUR 35,000.
– Falgest S.r.l. and Mr Gironda – Building was permitted on the land in question to a very limited extent on the basis of the regulatory provisions in force at the time of the relevant construction. However, the applicants had not shown that they would have been able to sell their land in spite of the constructions thereon, whose nature did not correspond to that specified on the relevant building permits. This fact had to be taken into account in an assessment of any damage. The Court thus awarded the applicants jointly EUR 700,000.

En l'espèce, il n'y a pas lieu pour la Cour de se prononcer sur le point de savoir si une violation de l'article 6 § 2 de la Convention peut donner lieu à un dommage matériel à réparer, car en tout état de cause, aucun des dommages matériels invoqués par M. Gironda ne présente un lien de causalité avec la violation de la présomption d'innocence. S'agissant des violations de l'article 7, à supposer même qu'elles puissent donner lieu à réparation d'un dommage matériel, celle-ci ne saurait accroître le montant à accorder au titre des violations constatées de l'article 1 du Protocole n° 1. Dès lors, la Cour peut se concentrer sur ces dernières.

Enfin, il existe certaines similarités entre la présente affaire et l'affaire Sud Fondi S.r.l. et autres c. Italie. Cela étant, la nature des violations en question diffère sensiblement : alors que dans l'arrêt Sud Fondi S.r.l., les violations des articles 7 de la Convention et 1 du Protocole n° 1 ont été constatées en raison de l'absence de base légale des confiscations en cause, ce qui les rendait arbitraires, en l'espèce les violations sont principalement procédurales, étant due au seul fait que les sociétés requérantes n'étaient pas parties aux procédures litigieuses. Dès lors, la présente affaire doit être distinguée de l'arrêt Sud Fondi S.r.l. à plusieurs égards.

b) **Les chefs de dommage matériel à réparer**

Les terrains et immeubles litigieux ayant déjà été restitués aux parties requérantes, la Cour prendra en considération les demandes de dédommagement uniquement en ce qui concerne les trois points suivants.

i) *L'indisponibilité des terrains depuis la date de leur confiscation*

Dans l'affaire *Sud Fondi S.r.l. et autres c. Italie* (satisfaction équitable), l'indemnité due pour l'indisponibilité des terrains devait se baser sur la valeur probable des terrains au début de la situation litigieuse. Le préjudice découlant de cette indisponibilité pendant la période litigieuse pouvait être compensé par le versement d'une somme correspondant à l'intérêt légal pendant toute cette période appliqué sur la contre-valeur des terrains.

S'agissant du point de départ de la période litigieuse, il convient en l'espèce de calculer le préjudice à partir du moment de la confiscation des biens en question.

Il restera donc à rechercher, au cas par cas, si les terrains étaient constructibles, étant donné que cette qualité impacte fortement sur la valeur d'un terrain.
- G.I.E.M. S.r.l. – La preuve du caractère constructible du terrain litigieux n'ayant pas été apportée, la Cour alloue à la société requérante une indemnité s'élevant à 35 000 EUR.
- Falgest S.r.l. et M. Gironda – Les terrains litigieux étaient constructibles dans une mesure très limitée sur la base des dispositions légales en vigueur à l'époque de la construction. Toutefois, les requérants n'ont pas démontré que, en dépit de la réalisation sur leurs terrains de constructions dont la nature s'écartait de celle qui leur avait été attribuée dans les permis de construire, une revente desdits terrains aurait pu être réalisée. Il convient d'en tenir compte dans l'évaluation du préjudice. Dès lors, la Cour alloue aux requérants, conjointement, une indemnité s'élevant à 700 000 EUR.

—   R.I.T.A. Sarda S.r.l. – The domestic courts had established that the applicant company's land did not permit building. Buildings had been erected on the basis of permits granted by the municipal and regional authorities, which, as found by the criminal courts, had acted in breach of statutory prohibitions. The Court awarded the applicant company EUR 35,000.

(ii) Deterioration of buildings (Falgest S.r.l. and Mr Gironda)

The applicants had erected the buildings in question in breach of the administrative authorisations. Consequently, no compensation was due under this head.

(iii) Loss of value of the property stemming from the change in the land-use plan prior to restitution and from the criminal courts' decisions finding administrative acts unlawful (G.I.E.M. S.r.l.)

The change in designated land use and the loss of status as building land had not been raised in the context of the judgment on the merits. Therefore those were matters which bore no relation to the violations found. In the absence of any causal link with the confiscation measure, the loss of value of the land resulting from the change in its designated use and the loss of its status as building land could not be taken into account in the calculation of the compensation due.

The same was true for the loss of value of the property caused by the criminal courts' decisions finding the administrative acts unlawful. In any event, proceedings were still pending in the domestic courts.

(2) Non-pecuniary damage

The Court did not rule out the possibility that compensation might be awarded for non-pecuniary damage alleged by a legal entity. Whether an award should be made would depend on the circumstances of each case. In the present case, the situation at issue must have caused, in respect of the relevant applicant companies, their directors and shareholders, considerable inconvenience, if only in the conduct of those companies' everyday affairs. The Court awarded to the companies G.I.E.M. S.r.l. and Falgest S.r.l. and to Mr Gironda the sum of EUR 10,000 each (the company R.I.T.A. Sarda S.r.l. not having claimed anything for non-pecuniary damage).

The Court made awards in respect of costs and expenses to the companies G.I.E.M., R.I.T.A. Sarda and Falgest S.r.l. and to Mr. Gironda.

The Court struck out of its list one of the applications in so far as it had been lodged by the company Hotel Promotion Bureau S.r.l., which had ceased to exist.

See also

—   *Sud Fondi S.r.l. and Others v. Italy*, 75909/01, 20 January 2009, Legal summary;
—   *Sud Fondi S.r.l. and Others v. Italy* (just satisfaction), 75909/01, 24 May 2012.

– R.I.T.A. Sarda S.r.l. – Les tribunaux internes ont jugé non constructibles les terrains en question. Enfin, les immeubles ont été construits sur la base d'autorisations accordées par la mairie et la région qui, selon les juridictions pénales, avaient méconnu les interdictions prévues par la loi. La Cour alloue à la requérante 35 000 EUR.

ii) *La détérioration des immeubles (Falgest S.r.l. et M. Gironda)*

Les parties requérantes ont bâti les immeubles en contrevenant aux autorisations administratives. Aucune indemnisation ne doit donc être accordée de ce chef.

iii) *La perte de valeur des biens à raison du changement du plan d'urbanisme avant la restitution et de l'effet des décisions des juridictions pénales établissant le caractère illégal des actes administratifs (G.I.E.M. S.r.l.)*

Le changement de destination et la perte de la nature constructible des terrains n'ont pas fait l'objet de l'arrêt au fond et n'ont pas de lien avec les violations constatées. En l'absence de lien de causalité avec la confiscation, la perte de la valeur du terrain résultant du changement de sa destination et de la perte de sa nature constructible ne saurait entrer en ligne de compte dans le calcul de la réparation due.

Il en va de même de la perte de valeur du bien par l'effet des décisions des juridictions pénales établissant le caractère illégal des actes administratifs. En tout état de cause, une procédure est pendante devant les juridictions nationales.

2) *Préjudice moral*

L'on ne doit pas écarter de manière générale la possibilité d'octroyer une réparation pour le préjudice moral allégué par les personnes morales. Cela dépend des circonstances de chaque cas d'espèce. Dans la présente affaire, la situation litigieuse a dû causer, dans le chef des deux sociétés requérantes, de leurs administrateurs et associés, des désagréments considérables, ne serait-ce que dans la conduite des affaires courantes. La Cour alloue aux sociétés G.I.E.M. S.r.l. et Falgest S.r.l. et à M. Gironda 10 000 EUR chacun (la société R.I.T.A. Sarda S.r.l. n'ayant pas réclamé réparation pour préjudice moral).

La Cour alloue des sommes, au titre des frais et dépens, aux sociétés G.I.E.M., R.I.T.A. Sarda et Falgest S.r.l. et à M. Gironda.

La Cour raya du rôle la requête introduite par l'une des sociétés requérantes (Hotel Promotion Bureau S.r.l.) qui a cessé d'exister.

Voir aussi

– *Sud Fondi S.r.l. et autres c. Italie*, 75909/01, 20 janvier 2009, Résumé juridique ;
– *Sud Fondi S.r.l. et autres c. Italie* (satisfaction équitable), 75909/01, 24 mai 2012.

HURBAIN V. BELGIUM

Judgment of 4 July 2023

Article 10

Article 10-1 – Freedom of expression

Freedom to impart information

– Newspaper publisher ordered to anonymise the online archived version of a lawful article published twenty years earlier, on grounds of the "right to be forgotten" of the individual responsible for a fatal accident: no violation

Facts

In 2013 the applicant, the publisher of a Belgian daily newspaper, was ordered in a civil judgment to anonymise, on grounds of the "right to be forgotten", the electronic archived version of an article originally published in 1994 in the newspaper's print edition and placed online in 2008. The article mentioned the full name of G., the driver responsible for a fatal road-traffic accident. The applicant appealed, without success.

In a judgment of 22 June 2021 (see Legal summary) a Chamber of the Court held, by six votes to one, that there had been no violation of Article 10. On 11 October 2021 the case was referred to the Grand Chamber at the applicant's request.

Law

Article 10

(1) Existence of interference "prescribed by law" and pursuing a "legitimate aim"

The order for the applicant to anonymise the archived version of the impugned article on the newspaper's website amounted to interference with the exercise of his right to freedom of expression and press freedom. The interference had been "prescribed by law" and had pursued the legitimate aim of protecting the reputation or rights of others, in this case G.'s right to respect for his private life.

(2) Whether the interference was "necessary in a democratic society"

(a) Preliminary considerations regarding the scope of the case and the terminology used

The present case, unlike the great majority of previous cases concerning a con-

HURBAIN C. BELGIQUE

Arrêt du 4 juillet 2023

Article 10

Article 10-1 – Liberté d'expression

Liberté de communiquer des informations

– Éditeur d'un journal contraint à anonymiser l'archive sur Internet d'un article licite paru vingt ans auparavant, au nom du « droit à l'oubli » de l'auteur d'un accident mortel : non-violation

En fait

Le requérant, éditeur responsable d'un quotidien belge, a été condamné au civil en 2013, à anonymiser, au nom du droit à l'oubli, l'archive électronique mise en ligne en 2008 d'un ancien article publié en 1994 dans la version papier du journal, mentionnant le nom complet de G., le conducteur responsable d'un accident de la route meurtrier. Les recours du requérant n'aboutirent pas.

Dans un arrêt du 22 juin 2021 (voir Résumé juridique), une chambre de la Cour a conclu, par six voix contre une, à l'absence de violation de l'article 10. Le 11 octobre 2021, l'affaire a été renvoyée devant la Grande Chambre à la demande du requérant.

En droit

Article 10

1) Sur l'existence d'une ingérence « prévue par la loi » et visant un « but légitime »

La condamnation du requérant à anonymiser la version archivée de l'article litigieux sur le site internet du journal a constitué une ingérence dans l'exercice par celui-ci du droit à la liberté d'expression et de la presse. L'ingérence était « prévue par la loi » et elle poursuivait le but légitime de la protection de la réputation et des droits d'autrui, en l'espèce le droit au respect de la vie privée de G.

2) Sur la « nécessité dans une société démocratique » de l'ingérence

a) **Considérations liminaires relatives à la portée de l'affaire et à la terminologie utilisée**

En l'espèce, seule est concernée la permanence de l'information sur Internet,

flict between the right to freedom of expression and the right to respect for private life, concerned solely the continued availability of the information on the Internet rather than its original publication per se. Furthermore, the original article had been published in a lawful and non-defamatory manner. Lastly, the case concerned a news report that had been published and subsequently archived on the website of a news outlet for the purposes of journalism, a matter going to the heart of freedom of expression.

With regard to the means deployed to give effect to the "right to be forgotten", the Court would use the term "delisting" to refer to measures taken by search engine operators, and the term "de-indexing" to denote measures put in place by the news publisher responsible for the website on which the article in question was archived.

(b) General principles

(i) Article 10 and the protection of digital press archives

Internet archives made a substantial contribution to preserving and making available news and information. Furthermore, digital archives constituted an important source for education and historical research. This function of the press, like the corresponding legitimate interest of the public in accessing the archives, was undoubtedly protected by Article 10.

In *Times Newspapers Ltd v. the United Kingdom* (nos. 1 and 2), the Court had found that "the margin of appreciation afforded to States in striking the balance between the competing rights is likely to be greater where news archives of past events, rather than news reporting of current affairs, are concerned. In particular, the duty of the press to act in accordance with the principles of responsible journalism by ensuring the accuracy of historical, rather than perishable, information published is likely to be more stringent in the absence of any urgency in publishing the material." However, those findings had to be interpreted with due regard to the particular context of that case, which had concerned the storage in a digital newspaper archive of articles that had been criticised as being defamatory and whose very accuracy had been called into question.

Over the past decade a consensus had emerged in Europe regarding the importance of press archives and of exceptions to the right to the erasure of personal data in that sphere. For the press to be able properly to perform its task of creating archives, it had to be able to establish and maintain comprehensive records. Since the role of archives was to ensure the continued availability of information that had been published lawfully at a certain point in time, they should, as a general rule, remain authentic, reliable and complete. Accordingly, the integrity of digital press archives should be the guiding principle underlying the examination of any request for the removal or alteration of all or part of an archived article which contributed to the preservation of memory, especially if, as in the present case, the lawfulness of the article had never been called into question. Such requests called for particular vigilance on the part of the national authorities and for thorough examination.

et non la publication initiale d'une information en tant que telle, à la différence de la grande majorité des affaires précédentes relatives à un conflit entre le droit à la liberté d'expression et le droit au respect de la vie privée. En outre, l'article a été publié à l'époque d'une manière légale et non diffamatoire. Enfin, il s'agit d'une information publiée et puis archivée sur le site internet d'un organe de presse à des fins de journalisme, qui se trouve au cœur de la liberté d'expression.

Pour ce qui est de la mise en œuvre du « droit à l'oubli », la Cour emploiera le terme de « déréférencement » pour désigner les mesures prises par les exploitants de moteurs de recherche et le terme « désindexation » pour indiquer les mesures mises en place par l'éditeur de presse en charge du site internet sur lequel est archivé l'article litigieux.

b) Principes généraux

i. *L'article 10 et la protection des archives de presse numériques*

La mise à disposition d'archives sur Internet contribue grandement à la préservation et à l'accessibilité de l'actualité et des informations. Les archives numériques constituent une source précieuse pour l'enseignement et les recherches historiques. Cette fonction de la presse, tout comme l'intérêt légitime correspondant du public à y accéder, est certainement protégée par l'article 10.

Dans l'affaire *Times Newspapers Ltd c. Royaume-Uni* (n°s 1 et 2), la Cour a estimé que « les États bénéficient probablement d'une latitude plus large pour établir un équilibre entre les intérêts concurrents lorsque les informations sont archivées et portent sur des événements passés que lorsqu'elles ont pour objet des événements actuels. À cet égard, le devoir de la presse de se conformer aux principes d'un journalisme responsable en vérifiant l'exactitude des informations publiées est vraisemblablement plus rigoureux en ce qui concerne celles qui ont trait au passé – et dont la diffusion ne revêt aucun caractère d'urgence – qu'en ce qui concerne l'actualité, par nature périssable ». Toutefois, ces considérations doivent être interprétées en tenant compte du contexte particulier de l'affaire qui concernait le maintien dans une archive de presse numérique d'articles critiqués comme étant diffamatoires, leur exactitude même étant mise en cause.

Au cours de la dernière décennie, un consensus européen a émergé quant à l'importance des archives de presse et d'exceptions au droit à l'effacement des données à caractère personnel dans ce domaine. Pour que la presse puisse remplir adéquatement sa fonction dérivée de la constitution des archives, elle doit pouvoir établir et maintenir des archives complètes. Le rôle d'une archive étant de pérenniser l'information publiée licitement à un moment donné, elle doit, en règle générale, rester authentique, fiable et intègre. Ceci fait de l'intégrité des archives de presse numériques le fil conducteur de tout examen d'une demande tendant à la suppression ou à la modification de tout ou partie d'un article archivé qui contribue à la préservation de la mémoire, et cela d'autant plus s'il s'agit d'un article dont la licéité n'a jamais été mise en cause, comme en l'espèce. De telles demandes exigent une vigilance particulière de la part des autorités nationales et un examen approfondi.

(ii) Article 8 and protection of the "right to be forgotten"

The reasoning of the national courts in the present case had focused on the "right to be forgotten" claimed by G. The "right to be forgotten" was based on the interest of an individual who was the subject of an online article in obtaining the erasure or alteration of, or the limitation of access to, past information that might have a far-reaching negative impact on how he or she was currently perceived by public opinion. There was also a risk of other harmful effects: firstly, the aggregation of information, which could lead to the creation of a profile of the person concerned; and secondly, if the information was not placed in context, this could mean that an individual consulting an online article about another individual received a fragmented and distorted picture of the reality. Moreover, irrespective of the actual frequency of searches linked to a particular name, there was the constant threat and the resulting fear for that person of being unexpectedly confronted with his or her past actions or public statements at any time and in a variety of contexts such as, for instance, job-seeking and business relations. The question to be addressed by the Court was whether Article 8 afforded protection against those negative effects and, if so, to what extent.

The "right to be forgotten" had first emerged in the context of republication by the press of previously disclosed information of a judicial nature, and subsequently in the context of the digitisation of news articles, resulting in their widespread dissemination on the websites of the newspapers concerned. The effect of this dissemination was simultaneously magnified by the listing of websites by search engines. In such cases the issue was not the resurfacing of the information but rather its continued availability online. In this context, in addition to the right to respect for private life, the national courts and authorities in some European countries found support in the right to the protection of personal data.

In the context of the Court, the "right to be forgotten online" had been linked to Article 8, and more specifically to the right to respect for reputation, irrespective of what measures were sought for that purpose (the removal or alteration of a newspaper article in the online archives or the limitation of access to the article through de-indexing by a news outlet). A claim of entitlement to be forgotten did not amount to a self-standing right protected by the Convention and, to the extent that it was covered by Article 8, could concern only certain situations and items of information. The Court had not hitherto upheld any measure removing or altering information published lawfully for journalistic purposes and archived on the website of a news outlet.

(iii) The criteria to be applied by the Court

In order to resolve a conflict between the respective rights under Articles 10 and 8 of the Convention, the established criteria summarised in *Axel Springer AG v. Germany* (§§ 89-95) had been employed by the Court in cases concerning requests for the alteration of content stored in a digital press archive (*Fuchsmann v. Germany*, *M.L and W.W. v. Germany*). By contrast, in the recent case of Biancardi v. Italy, which concerned a request for the owner of an online newspaper to de-index an article, the Court

ii. *L'article 8 et la protection du « droit à l'oubli »*

Les tribunaux nationaux ont en l'espèce construit leur raisonnement autour du « droit à l'oubli » réclamé par G. Le « droit à l'oubli » repose sur l'intérêt d'une personne ayant fait l'objet d'une publication disponible sur Internet à faire effacer, modifier ou limiter l'accès à des informations passées qui peuvent avoir un impact négatif considérable sur la perception actuelle de cette personne dans l'opinion publique. À cela s'ajoutent d'autres risques aux effets nuisibles : d'une part, l'agrégation des informations qui peut conduire à l'établissement d'un profil d'une personne et, d'autre part, l'absence de contextualisation des informations qui peut entraîner qu'une personne qui consulte un article mis en ligne sur une autre personne peut obtenir une présentation fragmentaire et déformée de la réalité. De surcroît, et indépendamment de la fréquence réelle des recherches liées à un nom particulier, la menace permanente et la peur en découle pour cette personne de pouvoir être à tout moment de nouveau confrontée à son passé (ses actes ou déclarations publiques antérieures) dans des contextes variables (l'embauche ou les relations d'affaires) et sans y être préparée. La question qui se pose à la Cour est de savoir si l'article 8 offre une protection contre ces effets négatifs et, dans l'affirmative, dans quelle mesure.

Le « droit à l'oubli » s'est développé d'abord dans le cadre de la reprise par la presse d'informations à caractère judiciaire déjà divulguées par le passé, et, par la suite, dans le contexte de la numérisation des articles de presse qui a engendré leur diffusion extensive sur les sites internet des journaux, simultanément renforcée par le référencement réalisé par les moteurs de recherche. N'est plus en cause la réapparition d'une information, mais la permanence d'une information sur Internet. Dans ce contexte, en plus du droit au respect à la vie privée, les juridictions et autorités de certains pays européens prennent comme appui le droit à la protection des données à caractère personnel.

En ce qui concerne la Cour, le « droit à l'oubli numérique » a été rattaché à l'article 8 et plus précisément au droit au respect de la réputation, quelle que soit la modalité exigée pour assurer l'oubli recherché : la suppression ou la modification d'un article de presse archivé sur Internet ou la limitation de son accessibilité par la désindexation incombant à un organe de presse. En effet, la prétention à l'oubli ne constitue pas un droit autonome protégé par la Convention et, pour autant qu'elle est couverte par l'article 8, ne peut concerner que certaines situations et informations. À ce jour la Cour n'a validé aucune suppression ou modification d'informations publiées licitement à des fins de journalisme et archivées sur un site internet d'un organe de presse.

iii. *Sur les critères à appliquer par la Cour*

Pour arbitrer un conflit entre des droits tirés respectivement des articles 10 et 8 de la Convention, les critères classiques résumés dans l'arrêt *Axel Springer AG c. Allemagne* (§§ 89-95) avaient été utilisés par la Cour dans des affaires ayant trait à des demandes d'altération du contenu d'une archive de presse numérique (*Fuchsmann c. Allemagne, M.L et W.W. c. Allemagne*). En revanche, dans l'affaire Biancardi c. Italie, qui concernait une demande de désindexation par le propriétaire d'un journal

had found that a new set of criteria needed to be taken into consideration, namely the length of time for which the article had been kept online, the sensitiveness of the data and the gravity of the sanction imposed.

The Grand Chamber considered that its assessment should take account of the specific nature of the present case, which lay in the fact that it concerned the electronic archived version of an article rather than the original version. Regard being had to the need to preserve the integrity of press archives, and also, to some extent, to the practice of the courts in the Council of Europe member State, the balancing of these various rights of equal value to be carried out in the context of a request to alter journalistic content that was archived online should take into account the following criteria: (i) the nature of the archived information; (ii) the time that had elapsed since the events and since the initial and online publication; (iii) the contemporary interest of the information; (iv) whether the person claiming entitlement to be forgotten was well known and his or her conduct since the events; (v) the negative repercussions of the continued availability of the information online; (vi) the degree of accessibility of the information in the digital archives; and (vii) the impact of the measure on freedom of expression and more specifically on freedom of the press.

In most instances several criteria would need to be taken into account simultaneously in order to determine the protection to be afforded to private life when set against the other interests at stake and against the means employed to give effect to that protection in a particular case. Thus, the protection of private life in the context of an assertion of entitlement to be forgotten could not be considered in isolation from the means by which it was implemented in practice. Seen from this perspective, it was a matter of carrying out a balancing exercise with a view to establishing whether or not, regard being had to the respective weight of the competing interests and the extent of the means employed in the specific case, the weight attributed either to the "right to be forgotten", through the right to respect for private life, or to freedom of expression had been excessive.

In that context, in the case of *M.L. and W.W. v. Germany*, the Court – like the CJEU – had previously acknowledged that "the balancing of the interests at stake may result in different outcomes depending on whether a request for deletion concerns the original publisher of the information, whose activity is generally at the heart of what freedom of expression is intended to protect, or a search engine whose main interest is not in publishing the initial information about the person concerned, but in particular in facilitating identification of any available information on that person and establishing a profile of him or her ..."

Furthermore, just as data subjects were not obliged to contact the original website, either beforehand or simultaneously, in order to exercise their rights vis-à-vis search engines, the examination of an action against the publisher of a news website could not be made contingent on a prior request for delisting. In the Court's view, this distinction between the activities of search engine operators and those of news publishers retained its significance when the Court was examining any interference with freedom of expression, including the public's right to receive information, based on a claim of entitlement to be forgotten.

Lastly, the chilling effect on freedom of the press stemming from the obligation

en ligne, la Cour a récemment considéré que des nouveaux critères devaient être pris en compte, à savoir : la durée du maintien en ligne de l'article en cause, le caractère sensible des données ainsi que la gravité de la sanction imposée.

La Grande Chambre estime que son appréciation doit tenir compte du caractère spécifique de la présente affaire, lequel réside dans le fait qu'elle concerne les archives électroniques d'une publication plutôt que sa version initiale. Eu égard à la nécessité de préserver l'intégrité des archives de presse, ainsi que, dans une certaine mesure, à la pratique des tribunaux des États membres du Conseil de l'Europe, la mise en balance de ces différents droits de valeur égale à effectuer lors de l'examen d'une demande d'altération d'un contenu journalistique archivé en ligne doit prendre en considération les critères suivants : i) la nature de l'information archivée ; ii) le temps écoulé depuis les faits, depuis la première publication et depuis la mise en ligne de la publication ; iii) l'intérêt contemporain de l'information ; iv) la notoriété de la personne revendiquant l'oubli et son comportement depuis les faits ; v) les répercussions négatives dues à la permanence de l'information sur Internet ; vi) le degré d'accessibilité de l'information dans des archives numériques, et vii) l'impact de la mesure sur la liberté d'expression, plus précisément la liberté de la presse.

Le plus souvent, il faudra tenir compte de plusieurs critères à la fois afin de décider de la protection à accorder à la vie privée face aux autres intérêts en présence et aux moyens qui ont été mis en œuvre pour donner effet à cette protection dans un cas donné. La protection de la vie privée dans le contexte d'une revendication à l'oubli ne saurait donc être considérée en faisant abstraction des moyens avec lesquels elle a été mise en œuvre concrètement. Sous cet angle, il s'agira de procéder à une mise en balance en vue de conclure si, eu égard au poids des intérêts concurrents et à l'intensité des moyens mis en œuvre dans le cas concret, le poids donné au « droit à l'oubli », à travers le droit au respect de la vie privée, ou à la liberté d'expression a été excessif ou non.

Dans ce contexte, la Cour a déjà reconnu dans l'affaire *M.L. et W.W. c. Allemagne*, – à l'instar de la CJUE –, que : « la mise en balance des intérêts en jeu peut aboutir à des résultats différents selon que se trouve en cause une demande d'effacement dirigée contre l'éditeur initial de l'information dont l'activité se trouve en règle générale au cœur de ce que la liberté d'expression entend protéger, ou contre un moteur de recherche dont l'intérêt principal n'est pas de publier l'information initiale sur la personne concernée, mais notamment de permettre, d'une part, de repérer toute information disponible sur cette personne et, d'autre part, d'établir ainsi un profil de celle-ci. »

En outre, comme les personnes concernées ne sont pas tenues de s'adresser, préalablement ou simultanément, au site internet d'origine pour exercer leurs droits vis-à-vis des moteurs de recherche, l'on ne saurait pas non plus conditionner l'examen d'une action contre l'éditeur d'un site internet de presse à une demande de déréférencement préalable. Pour la Cour, cette distinction entre les activités des exploitants de moteurs de recherche et celles des éditeurs de presse garde son importance dans l'examen qu'elle fera de toute ingérence dans la liberté d'expression, y compris le droit du public à recevoir des informations, fondée sur une prétention à l'oubli.

Enfin, l'on ne saurait ignorer l'effet dissuasif sur la liberté de la presse qui se

for a publisher to anonymise an article that had been published initially in a lawful manner could not be ignored. Nevertheless, content providers were required to assess and weigh up the interests in terms of freedom of expression and respect for private life only where the person concerned made an express request to that effect. In that regard, in order for Article 8 to come into play, an attack on a person's reputation stemming from the continued online availability of an archived article had to attain a certain level of seriousness, which had to be duly substantiated by the person making such a request.

Accordingly, although in the context of a balancing exercise between the right to freedom of expression and the right to respect for private life those two rights were to be regarded as being of equal value, it did not follow that the criteria to be applied in conducting that exercise all carried the same weight. The principle of preservation of the integrity of press archives had to be upheld, which implied ensuring that the alteration and, a fortiori, the removal of archived content was limited to what was strictly necessary, so as to prevent any chilling effect such measures might have on the performance by the press of its task of imparting information and maintaining archives. Hence, in applying the above-mentioned criteria, particular attention was to be paid to properly balancing, on the one hand, the interests of the individuals requesting the alteration or removal of an article concerning them in the press archives and, on the other hand, the impact of such requests on the news publishers concerned and also, as the case might be, on the functioning of the press as described above.

(c) Application to the present case

The Court examined whether the assessment carried out by the domestic courts was consistent with the new criteria set out above.

(i) *The nature of the archived information*

It was necessary to ascertain whether the information related to the private, professional or public life of the person concerned and whether it had a social impact, or whether it fell within the intimate sphere of private life and was therefore particularly sensitive. In its recent case-law the Court had characterised data relating to criminal proceedings as sensitive.

In the case of press articles about criminal proceedings, the inclusion of individualised information such as the full name of the person concerned was an important aspect and did not in itself raise an issue under the Convention, either at the time of initial publication or at the time of entry in the online archives.

As the facts reported on in the present case were of a judicial nature, the relevant criterion was the nature and seriousness of the offence that was the subject of the original article. Those facts, although tragic, did not fall into the category of offences whose significance, owing to their seriousness, was unaltered by the passage of time. Furthermore, the case had not attracted widespread publicity.

dégage de l'obligation pour un éditeur d'anonymiser un article initialement publié de manière licite. Cela étant, les fournisseurs de contenu ne sont tenus de vérifier et de mettre en balance les intérêts tirés de la liberté d'expression et du respect de la vie privée que lorsqu'une demande expresse est formulée à cet effet par la personne concernée. À cet égard, pour que l'article 8 entre en ligne de compte, l'atteinte à la réputation résultant du maintien en ligne d'une archive de presse doit atteindre un certain niveau de gravité qui doit être dûment étayé par la personne qui formule une telle demande.

Il en résulte que même si, dans le cadre d'une mise en balance entre le droit à la liberté d'expression et le droit au respect de la vie privée, ces deux droits sont à considérer comme étant de même valeur, il n'en découle pas pour autant que les critères à appliquer dans le cadre de cet exercice ont tous le même poids. Il importe de faire droit au principe de la préservation de l'intégrité des archives de presse, ce qui implique de veiller à ce que les modifications et a fortiori suppressions d'archives soient limitées au strict nécessaire, de façon à prévenir tout effet dissuasif de telles mesures sur l'exercice par la presse de sa mission d'information et d'archivage. Aussi convient-il d'accorder, dans l'application des critères susmentionnés, une attention particulière à une pondération adéquate entre, d'une part, les intérêts des particuliers qui demandent la modification ou la suppression d'un article les concernant dans les archives de presse et, d'autre part, l'impact de pareilles demandes sur les éditeurs de presse concernés mais aussi, le cas échéant, sur le fonctionnement de la presse tel que décrit ci-dessus.

c) **L'application au cas d'espèce**

La Cour a vérifié si l'examen de l'affaire par les tribunaux internes cadre avec les nouveaux critères énoncés ci-dessus.

i. *La nature de l'information archivée*

Il convient de rechercher si l'information litigieuse concerne la vie privée, professionnelle ou publique de la personne concernée et si elle a un impact social ou si elle relève de la sphère intime de la vie privée, ce qui la rendrait particulièrement sensible. La Cour a qualifié, dans sa jurisprudence récente, les données pénales comme étant des données sensibles.

Dans le cas d'articles de presse sur des procédures pénales, l'inclusion d'éléments individualisés, tel le nom complet de la personne visée, constitue un élément important et ne saurait, à elle seule, poser problème sur le terrain de la Convention, et ce tant au moment de la publication initiale que lors de l'archivage en ligne.

Comme les faits relatés en l'espèce étaient d'ordre judiciaire, le critère pertinent est celui de la nature et de la gravité de l'infraction qui a fait l'objet de la publication initiale. Quoique tragiques, ces faits ne sauraient rentrer dans la catégorie des infractions dont l'importance, en raison de leur gravité, n'est pas affectée par le passage du temps. En outre, l'affaire n'a eu aucun retentissement dans les médias.

(ii) The time elapsing since the events and since initial and online publication

In the present case a significant length of time (sixteen years) had elapsed between the initial publication of the article and the first request for anonymisation. In those circumstances, G., who had been rehabilitated, had had a legitimate interest after all that time in seeking to be allowed to reintegrate into society without being permanently reminded of his past.

(iii) The contemporary interest of the information

It had to be ascertained whether the article in question continued to contribute to a debate of public interest, whether it had acquired any historical, research-related or statistical interest and whether it remained relevant for the purposes of placing recent events in context in order to understand them better. That assessment was to be conducted from the perspective of the time when the person concerned submitted his or her request concerning the "right to be forgotten". An article's contribution to a debate of public interest might persist over time, either because of the information itself or because of new factors arising since publication. However, owing to the specific nature of digital press archives, which concerned information that was rarely of topical relevance, their current contribution to a debate of public interest was not decisive in most cases. In the absence of a contribution to such a debate, it also had to be ascertained whether the archived information was of interest for any other (historical or scientific) purpose.

The Court did not question the duly reasoned assessment of the national court; it found that, twenty years after events that were clearly not of historical significance, the identity of a person who was not a public figure did not add to the public interest of the article, which merely made a statistical contribution to a public debate on road safety.

(iv) Whether the person claiming entitlement to be forgotten was well known, and his or her conduct since the events

The question whether the person concerned was well known should be examined in the light of the circumstances of the case and from the perspective of the time when the "right to be forgotten" request was made. The person's public profile might predate the facts reported on in the impugned article or be contemporaneous with them. Furthermore, while a person's public profile might diminish over time, he or she might also return to the limelight at a later stage for a variety of reasons. The person's conduct since the events that were the subject of the original article might also justify refusing a "right to be forgotten" request in some situations. Conversely, the fact of staying out of the media spotlight might weigh in favour of protecting a person's reputation.

The case of G., an individual who was unknown to the public and had not sought the limelight, had not attracted widespread publicity either at the time of the events reported on or when the archived version of the article had been placed online.

ii. *Le temps écoulé depuis les faits, depuis la première publication et depuis la mise en ligne de la publication*

En l'espèce, un laps de temps important (seize ans) s'était écoulé entre la première publication de l'article et la première demande d'anonymisation. Dans ces conditions, G., qui a bénéficié d'une réhabilitation, avait un intérêt légitime à revendiquer la possibilité de se resocialiser à l'abri du rappel permanent de son passé, après tout ce temps.

iii. *L'intérêt contemporain de l'information*

Il convient de vérifier si l'article concerné contribue toujours à un débat d'intérêt général, s'il a acquis un intérêt lié à l'histoire, à la recherche ou d'ordre statistique ou s'il reste utile pour la contextualisation d'évènements récents en vue d'une meilleure compréhension de ceux-ci. La vérification de ces éléments est à opérer en se plaçant au moment où la personne concernée formule sa demande relative au « droit à l'oubli ». La contribution d'un article au débat d'intérêt général peut perdurer dans le temps, en raison soit de l'information elle-même ou d'éléments nouveaux intervenus depuis la publication. Cependant, la spécificité des archives de presse numériques, qui concernent des informations qui sont rarement d'actualité, fait que leur contribution actuelle à un débat d'intérêt général n'est pas déterminante dans la plupart des cas. En l'absence d'une telle contribution, il convient de vérifier de surcroît si l'information ainsi archivée présente un autre type d'intérêt (historique ou scientifique).

La Cour n'a pas remis en cause les appréciations dûment motivées de la juridiction nationale : vingt ans après les faits, qui ne faisaient assurément pas partie de l'histoire, l'identité d'une personne qui n'était pas une personne publique n'apportait aucune valeur ajoutée d'intérêt général à l'article litigieux, lequel ne contribuait que de façon statistique à un débat public sur la sécurité routière.

iv. *La notoriété de la personne revendiquant l'oubli et son comportement depuis les faits*

La notoriété de la personne concernée doit être examinée à la lumière des circonstances de l'espèce et en se plaçant au moment où la demande relative au « droit à l'oubli » est formulée. Elle peut être antérieure ou concomitante aux faits visés par l'information litigieuse. En outre, si la notoriété d'une personne peut décliner dans le temps, celle-ci peut aussi connaître un regain de notoriété à une date ultérieure pour différents motifs. De plus, le comportement de la personne concernée depuis les faits objets de la première publication peut, parfois, justifier un refus d'appliquer un « droit à l'oubli ». En revanche, le fait pour une personne de se tenir à l'écart des médias est un élément pouvant plaider en faveur de la protection de sa réputation.

L'affaire de G., personne inconnue du grand public et qui se tient à distance de toute publicité, n'a eu aucun retentissement dans les médias, que ce soit à l'époque des faits relatés ou au moment de la mise en ligne de la version archivée de l'article.

(v)   The negative repercussions of the continued availability of the information online

In order to justify the alteration of an article stored in a digital press archive, the person concerned had to be able to make a duly substantiated claim of serious harm to his or her private life. With regard to judicial information, it was important in assessing the damage to the person concerned to take into account the consequences of the continued availability of the information for that person's reintegration into society. It should be ascertained, in close conjunction with the length of time that had elapsed since the information was published, whether the person's conviction had been removed from the criminal records and he or she had been rehabilitated, bearing in mind that what was at stake was not just the interest of the convicted person but also that of society itself, and that individuals who had been convicted could legitimately aspire to being fully reintegrated into society once their sentence had been served. Nevertheless, the fact that a person had been rehabilitated could not by itself justify recognising a "right to be forgotten".

The Court did not call into question the duly reasoned decision of the Court of Appeal, which found that the presence of the article in the online archives had been liable to stigmatise G., who was a doctor, and to seriously damage his reputation in the eyes of his patients and colleagues in particular and prevent him from reintegrating into society normally.

(vi)   The degree of accessibility of the information in the digital archives

It had to be borne in mind that in the absence of an active search (using keywords), an article contained in the digital archives was not, as such, likely to attract the attention of Internet users who were not looking for precise information concerning a particular person. It was also important to ascertain the degree of accessibility of the archived article, that is, whether it was available without restrictions and free of charge or whether access was confined to subscribers or otherwise restricted. In the present case, the continued presence of the article in question in the archives, which had been accessible without restrictions and free of charge since being placed online, had undoubtedly caused harm to G.

(vii)   The impact of the measure on freedom of expression and more specifically on freedom of the press

In view of the importance of the integrity of digital press archives the national courts, in determining disputes of this kind and deciding which of the different measures sought by the person making the request to apply, should give preference to the measure that was both best suited to the aim pursued by that person – assuming it to be justified – and least restrictive of the press freedom which could be relied on by the publisher concerned. Only measures which met that twofold objective could be ordered, even if this involved dismissing the action of the person making the request. That assessment could usefully be carried out in the light of the range of measures

v. Les répercussions négatives dues à la permanence de l'information sur Internet

En vue de justifier l'altération d'un article contenu dans une archive de presse numérique, la personne concernée doit pouvoir invoquer un préjudice grave pour sa vie privée et dûment l'étayer. S'agissant d'informations judiciaires, pour l'appréciation du préjudice subi par la personne concernée, il est important de prendre en compte les conséquences de la permanence de ces informations sur sa réintégration dans la société. Il convient, en lien direct avec le temps écoulé depuis les informations publiées, de vérifier si le casier judiciaire a été effacé et si la personne a été réhabilitée, sachant qu'il en va ici non seulement de l'intérêt de la personne condamnée, mais aussi de celui de la société elle-même et qu'un individu condamné peut légitimement aspirer à retrouver toute sa place dans la société après avoir purgé sa peine. Toutefois, la réhabilitation d'une personne ne peut justifier à elle seule la reconnaissance d'un « droit à l'oubli ».

La Cour n'a pas remis en cause la décision, dûment motivée, de la cour d'appel, qui a jugé que l'archivage électronique de l'article litigieux était de nature à stigmatiser G., médecin, et à nuire gravement à sa réputation, notamment auprès de ses patients et collègues, et à le priver de la possibilité de se resocialiser normalement.

vi. Le degré d'accessibilité de l'information dans des archives numériques

Il convient de tenir compte du fait qu'en l'absence de recherche active (par l'introduction de mots-clés), une publication contenue dans des archives numériques n'est pas, comme telle, susceptible d'attirer l'attention des internautes qui ne sont pas à la recherche d'informations précises à l'égard d'une certaine personne. Il est important également de vérifier quel est le degré d'accessibilité de cette archive, c'est-à-dire si celle-ci est disponible en libre accès et gratuite ou si l'accès est restreint aux abonnés ou d'une autre manière. En l'espèce, le maintien de l'article en cause dans les archives, disponibles librement à titre gratuit depuis leur mise en ligne, a certainement porté préjudice à G.

vii. L'impact de la mesure sur la liberté d'expression, plus précisément la liberté de la presse

Eu égard à l'importance de l'intégrité des archives numériques de presse, l'examen par les juridictions nationales saisies de ce type de litige doit privilégier, parmi les diverses mesures dont l'application est sollicitée par la partie demanderesse, celle qui est tout à la fois la plus adaptée au but poursuivi par celle-ci, à le supposer justifié, et la moins attentatoire à la liberté de la presse dont l'éditeur concerné peut se prévaloir. Ne sont susceptibles d'être ordonnées que des mesures répondant à ce double objectif, même si cela pourrait impliquer le rejet de l'action de la partie demanderesse. Cette appréciation pourra utilement se faire à la lumière de l'éventail des mesures

available. For instance, the following measures, among others, could be implemented by the operator of a search engine other than that of the content provider: (a) reorganisation of the search results so that the link to the website in question appeared in a less prominent position in the list of results, or (b) complete or partial delisting (relating only to searches based on the name of the person concerned) through the removal of the link from the search engine's index. Meanwhile, the publisher of a website could, for instance: (a) remove all or part of a text stored in the digital archive; (b) anonymise the details of the person referred to in the text; (c) add a notice to the text, that is, update the text by means of digital rectification (where the information was inaccurate) or via an electronic communication (where the information was incomplete); (d) remove the article from the index of the website's internal search engine; or (e) have the article de-indexed, either fully or partially (in relation only to searches based on the name of the person concerned), by external search engines, on the basis of access codes or directives issued to the search engine operators preventing their search programmes from crawling certain locations.

After reviewing the measures that might be considered in order to balance the rights at stake – a review whose scope was consistent with the procedural standards applicable in Belgium – the national courts had held that the most effective means of protecting G.'s privacy without interfering to a disproportionate extent with the applicant's freedom of expression was to anonymise the article on the newspaper's website. They had taken into consideration the importance to be attached to the integrity of the archives. The original, non-anonymised, version of the article was still available in print form and could be consulted by any person who was interested, thus fulfilling its inherent role as an archive record.

For its part, the Court had previously held that anonymisation was less detrimental to freedom of expression than the removal of an entire article. It concerned only the first name and surname of the person concerned and did not otherwise affect the content of the information conveyed. The obligation for a publisher to anonymise an article that had been published initially in a lawful manner might in principle fall within the "duties and responsibilities" of the press and the limits which could be imposed on it. In the present case, it did not appear from the file that the anonymisation order had had a real impact on the performance by the newspaper of its journalistic tasks.

(d) Conclusion

Regard being had to the States' margin of appreciation, the national courts had carefully balanced the rights at stake in accordance with the requirements of the Convention, such that the interference with the right guaranteed by Article 10 had been limited to what was strictly necessary and could thus, in the circumstances of the case, be regarded as necessary in a democratic society and proportionate.

disponibles. Par exemple, l'exploitant d'un moteur de recherche externe au fournisseur de contenu peut procéder notamment : a) à l'aménagement des résultats d'une recherche, avec pour effet de faire apparaître le lien vers le site internet en cause de manière moins proéminente sur la liste de résultats des liens ou b) au déréférencement complet ou partiel (uniquement lorsqu'une recherche est effectuée à partir du nom de la personne concernée) du lien dans les index du moteur de recherche. Pour sa part, l'éditeur d'un site internet peut notamment effectuer : a) la suppression de tout ou partie d'un texte contenu dans l'archive numérique ; b) l'anonymisation du nom de la personne concernée dans le texte ; c) l'ajout d'une notice au texte, donc l'actualisation du texte par une rectification électronique (si les informations étaient inexactes) ou par une communication électronique (si les informations étaient incomplètes) ; d) la désindexation du texte du moteur de recherche interne du site ; e) la désindexation complète ou partielle (uniquement lorsqu'une recherche est effectuée à partir du nom de la personne concernée) à l'égard des moteurs de recherche externes, sur la base de codes d'accès ou en donnant des instructions aux exploitants de ces moteurs des zones qui ne sont pas explorées par leurs programmes de recherche.

Après un examen des mesures envisageables pour la mise en balance des droits en présence, examen dont l'étendue correspond aux normes procédurales en vigueur en Belgique, les juridictions nationales ont estimé que la manière la plus efficace de préserver la vie privée de G. sans porter atteinte de manière disproportionnée à la liberté d'expression du requérant est d'anonymiser l'article litigieux figurant sur le site internet du journal. Elles ont pris en considération l'importance qu'il convient d'accorder à l'intégrité des archives. La version originale, non anonymisée, de l'article litigieux reste disponible en version papier et elle peut être consultée par toute personne intéressée, remplissant ainsi son rôle intrinsèque d'archive.

Pour sa part, la Cour a déjà considéré qu'une mesure d'anonymisation constitue une mesure moins attentatoire à la liberté d'expression qu'une suppression pure et simple d'un article. Elle n'affecte pas le contenu de l'information livrée, à part les nom et prénom de la personne concernée. L'obligation pour un éditeur d'anonymiser un article initialement publié de manière licite peut en principe relever des « devoirs et des responsabilités » incombant à la presse ainsi que des limites que les organes de presse peuvent se voir imposer. En l'espèce, il ne ressort pas du dossier que l'exercice par le journal de ses tâches journalistiques se soit trouvé concrètement affecté du fait de cette mesure.

d) Conclusion

Compte tenu de la marge d'appréciation dont disposent les États, les juridictions nationales ont soigneusement réalisé une mise en balance des droits en présence conforme aux exigences de la Convention, de sorte que l'ingérence dans le droit garanti par l'article 10 a été réduite au strict nécessaire et peut dès lors, dans les circonstances de la cause, passer pour nécessaire dans une société démocratique et proportionnée.

Conclusion: no violation (twelve votes to five).

See also

- *Times Newspapers Ltd v. the United Kingdom (nos. 1 and 2)*, 3002/03 and 23676/03, 10 March 2009, Legal summary;
- *Axel Springer AG v. Germany* [GC], 39954/08, 7 February 2012, Legal summary;
- *Węgrzynowski and Smolczewski v. Poland*, 33846/07, 16 July 2013, Legal summary;
- *Fuchsmann v. Germany*, 71233/13, 19 October 2017 ;
- *M.L. and W.W. v. Germany*, 60798/10 and 65599/10, 28 June 2018, Legal summary;
- *Biancardi v. Italy, 77419/16, 25 November 2021*, Legal summary;
- Directive 95/46/EC of the European Parliament and of the Council of 24 October 1995 on the protection of individuals with regard to the processing of personal data and on the free movement of such data;
- Recommendation No. R (2000) 13 of the Committee of Ministers to member States on a European policy on access to archives, adopted on 13 July 2000;
- Recommendation CM/Rec(2012)3 of the Committee of Ministers to member States on the protection of human rights with regard to search engines, adopted on 4 April 2012;
- *Google Spain SL and Google Inc. against Agencia Española de Protección de Datos (AEPD) and Mario Costeja González*, judgment of 13 May 2014, C-131/12; Guidelines on the implementation of the court of justice of the European Union judgment on *"Google Spain SL and Google Inc. v. Agencia Española de Protección de Datos (AEPD) and Mario Costeja González"* C-131/12, adopted on 26 November 2014 by the "Article 29" Data Protection Working Group; Regulation (EU) 2016/679 of the European Parliament and of the Council of 27 April 2016 on the protection of natural persons with regard to the processing of personal data and on the free movement of such data;
- Convention 108 +, Convention for the protection of individuals with regard to the processing of personal data of 18 May 2018.

Conclusion : non-violation (douze voix contre cinq).

Voir aussi

- *Times Newspapers Ltd c. Royaume-Uni (n*[os] 1 et 2*)*, 3002/03 et 23676/03, 10 mars 2009, Résumé juridique ;
- *Axel Springer AG c. Allemagne* [GC], 39954/08, 7 février 2012, Résumé juridique ;
- *Węgrzynowski et Smolczewski c. Pologne*, 33846/07, 16 juillet 2013, Résumé juridique ;
- *Fuchsmann c. Allemagne*, 71233/13, 19 octobre 2017 ;
- *M.L. et W.W. c. Allemagne*, 60798/10 et 65599/10, 28 juin 2018, Résumé juridique ;
- *Biancardi c. Italie, 77419/16*, 25 novembre 2021, Résumé juridique ;
- Directive 95/46/CE du Parlement européen et du Conseil, du 24 octobre 1995, relative à la protection des personnes physiques à l'égard du traitement des données à caractère personnel et à la libre circulation de ces données ;
- Recommandation n° R (2000)13 du Comité des Ministres aux États membres sur une politique européenne en matière de communication des archives adoptée le 13 juillet 2000 ;
- Recommandation CM/Rec(2012)3 du Comité des Ministres aux États membres sur la protection des droits de l'homme dans le contexte des moteurs de recherche adoptée le 4 avril 2012 ;
- *Google Spain SL et Google Inc. contre Agencia Española de Protección de Datos (AEPD) et Mario Costeja González*, arrêt du 13 mai 2014, C-131/12 ;
- Lignes directrices relatives à l'exécution de l'arrêt de la Cour de justice de l'Union européenne dans l'affaire « Google Spain SL et Google Inc. / Agencia Española de Protección de Datos (AEPD) et Mario Costeja González, C-131/12, adoptées le 26 novembre 2014, par le Groupe de travail « Article 29 » sur la protection des données ;
- Règlement 2016/679 du Parlement européen et du Conseil du 27 avril 2016 relatif à la protection des personnes physiques à l'égard du traitement des données à caractère personnel et à la libre circulation de ces données ;
- Convention 108 +, Convention pour la protection des personnes à l'égard du traitement des données à caractère personnel du 18 mai 2018.

FU QUAN, S.R.O. V. THE CZECH REPUBLIC

Judgment of 1 June 2023

Article 6 – Civil proceedings

Article 6-1 – Access to court

– Domestic courts' failure to examine the merits of a claim, subsuming case facts under relevant law provision under the principle *jura novit curia*, absent arguments to this effect from the claimant: inadmissible

Article 1 of Protocol No. 1

Article 1 para. 2 of Protocol No. 1 – Control of the use of property

– Company's failure to duly raise before domestic courts complaints of authorities' failure to take good care of its seized property and undue delay in lifting the seizure: inadmissible

Facts

The applicant company's merchandise was seized in the context of criminal proceedings against its managing director and associate. In a judgment of 17 March 2022, a Chamber of the Court considered that the main object of the application was the impossibility of recovering compensation for damage to merchandise that had lost its value owing to its seizure for five years and the passing of time. It dismissed the Government's preliminary objection on exhaustion of domestic remedies and, by five votes to two, found a breach of Article 1 of Protocol No. 1, holding that there had been no justifiable reasons to retain the applicant company's merchandise for almost a year and a half after the acquittal of its managing director and associate.

On 5 September 2022 the case was referred to the Grand Chamber at the Government's request.

Law

Article 6 § 1:

(1) Introductory remarks

The applicant company had complained, under Article 6 § 1 and Article 13 of the Convention, that it had been denied access to a court on account of a formalistic and restrictive interpretation of national law by the domestic courts. Even though the

FU QUAN, S.R.O. C. RÉPUBLIQUE TCHÈQUE

Arrêt du 1ᵉʳ juin 2023

Article 6 – Procédure civile

Article 6-1 – Accès à un tribunal

– Non-application du principe *jura novit curia* par les juridictions internes, qui n'ont pas examiné le fond de la demande de la requérante en analysant les faits de la cause sous l'angle de la disposition juridique jugée pertinente par l'intéressée, faute pour celle-ci de l'avoir demandé : irrecevable

Article 1 du Protocole n° 1

Article 1 al. 2 du Protocole n° 1 – Réglementer l'usage des biens

– Société restée en défaut d'avoir dûment soulevé devant les juridictions internes ses griefs tirés du manquement des autorités à veiller à la bonne conservation de ses marchandises saisies et du retard injustifié à lever la saisie : irrecevable

En fait

Les marchandises de la société requérante furent saisies dans le cadre de poursuites pénales dirigées contre son directeur général et son autre associé. Dans un arrêt du 17 mars 2022, une chambre de la Cour avait jugé que la requête avait pour objet principal l'impossibilité, pour la société requérante, d'obtenir réparation du dommage résultant de la dépréciation de ses marchandises par l'écoulement des cinq années qu'avait duré leur saisie. Elle avait rejeté l'exception préliminaire du gouvernement défendeur tirée du non-épuisement des voies de recours internes et conclu, par cinq voix contre deux, à la violation de l'article 1 du Protocole n° 1 au motif que rien ne justifiait la rétention des marchandises de la société requérante durant près d'un an et demi après l'acquittement de son directeur général et de son autre associé.

Le 5 septembre 2022, l'affaire a été renvoyée devant la Grande Chambre à la demande du gouvernement défendeur.

En droit

Article 6 § 1

1) Observations liminaires

La société requérante se plaignait, sur le terrain des articles 6 § 1 et 13 de la Convention, d'avoir été privée d'accès à un tribunal en raison d'une interprétation à ses yeux formaliste et restrictive donnée au droit interne par les juridictions natio-

Chamber had found a violation of Article 1 of Protocol No. 1 and held that there had been no need to give a separate ruling on the complaints under Articles 6 § 1 and 13, the Grand Chamber found it appropriate to deal first with those complaints, which had been the applicant company's main complaints in its application to the Court.

The applicant company's complaint under Article 13 should be considered to be absorbed by its complaint under Article 6 § 1, especially as the State Liability Act (the Act) provided for a possibility of obtaining compensation for damage caused by a failure by the authorities to take due care of seized property or undue delay in lifting the seizure.

(2) The Court's assessment

The applicant company, which had been represented by a lawyer, had brought its civil action for compensation for damage caused by the State without expressly specifying whether the damage had been caused by an unlawful decision or by irregular official conduct, the two possible causes of action under the Act. In its submissions before the domestic authorities, focusing on the unlawful character of the prosecution and detention of its managing director and other member, the applicant company had not even once mentioned irregular official conduct. At the same time, it had repeatedly referred to the provision of the Act, which set a time-limit for submitting claims for compensation for damage caused by an unlawful decision. In those circumstances, the first-instance court had treated the applicant company's action as an action against an unlawful decision and had dismissed it for lack of locus standi because only parties to the proceedings from which the unlawful decisions originated could claim compensation from the State. In its subsequent remedies, the applicant company had not argued that the lower court(s) had misconstrued its civil action. In sum, it had neither based its civil action on irregular official conduct, nor argued that the courts should have treated it as an action based on irregular official conduct.

Further, when raising the excessive formalism complaint at the domestic level, the applicant company had stated that "in the situation at issue, the company had been also, figuratively speaking, in custody because its entire human capital had been remanded in custody". That argument suggested that the alleged excessive formalism had consisted of the refusal of the domestic courts to disregard the applicable statutory provision and grant the applicant company locus standi for its action for compensation for damage caused by the decision on custody.

By contrast, in its subsequent submissions before the Chamber of the Court, the applicant company had adopted a totally different attitude by arguing that the excessive formalism consisted of the domestic courts' failure to treat its civil action as one based on irregular official conduct, rather than an unlawful decision. However, parties could not validly put forward before the Court arguments which they had never made

nales. Bien que la chambre ait conclu à la violation de l'article 1 du Protocole nº 1 et jugé qu'il n'y avait pas lieu de statuer séparément sur les griefs tirés des articles 6 § 1 et 13, la Grande Chambre estime approprié d'examiner d'abord ces griefs, qui étaient les principaux griefs formulés par la société requérante dans sa requête devant la Cour.

La Grande Chambre constate que le grief de la société requérante tiré de l'article 13 se trouve absorbé par son grief tiré de l'article 6 § 1, d'autant que la loi sur la responsabilité de l'État (« la loi ») offrait aux justiciables la possibilité de demander réparation d'un dommage causé par le manquement des autorités à veiller à la bonne conservation de biens saisis ou par un retard injustifié apporté à la levée d'une saisie.

2) Appréciation de la Cour

La société requérante, qui était représentée par un avocat, avait introduit une action civile en réparation d'un dommage causé par l'État sans avoir précisé si ce dommage avait pour origine une décision illégale ou un comportement irrégulier des autorités publiques, les deux cas de mise en cause de la responsabilité de l'État prévus par la loi. Dans ses observations soumises aux autorités internes, elle avait insisté sur le caractère à ses yeux illégal de la procédure pénale et de la détention dont son directeur général et son autre associé avaient fait l'objet, sans faire une seule fois état d'un comportement irrégulier des autorités publiques, et elle avait renvoyé à la disposition de la loi qui fixait le délai de prescription de l'action en réparation du dommage causé par une décision illégale. Ces circonstances ont conduit la juridiction de première instance à statuer sur l'action de la société requérante sous l'angle de l'action en réparation d'un dommage causé par une décision illégale et à la rejeter après avoir constaté que l'intéressée n'avait pas qualité pour agir, au motif que seules les parties à une procédure ayant donné lieu à une décision illégale pouvaient demander réparation à l'État du préjudice qui en avait résulté. Dans ses recours ultérieurs, la société requérante n'avait pas allégué que les juridictions inférieures avaient mal interprété son action civile. En somme, elle n'avait pas fondé son action civile sur un comportement irrégulier des autorités publiques ni allégué que les juridictions internes auraient dû statuer sur ce fondement.

En outre, lorsqu'elle avait soulevé devant les juridictions internes son grief tiré d'un excès de formalisme, la société requérante avait déclaré qu'elle aussi « avait été en quelque sorte incarcérée, car toutes ses ressources humaines avaient été placées en détention ». Cet argument donne à penser que l'excès de formalisme dénoncé par elle tenait au refus des juridictions internes d'écarter la disposition légale applicable en l'espèce et de lui reconnaître qualité pour agir en réparation du préjudice qu'elle disait avoir subi du fait de la décision de placement en détention litigieuse.

En revanche, dans ses observations soumises à la chambre de la Cour ayant connu de son affaire, la société requérante a adopté une position toute différente, soutenant que l'excès de formalisme dont elle se plaignait tenait au fait que les juridictions internes avaient statué sur son action civile sous l'angle de l'action en réparation du préjudice causé par une décision illégale plutôt que sur le terrain de l'action en réparation d'un dommage causé par un comportement irrégulier des autorités publiques. Toutefois, les parties ne sauraient invoquer devant la Cour des arguments qu'elles

before the domestic courts.

The Chamber had held, albeit in the context of exhaustion of domestic remedies regarding the complaints under Article 1 of Protocol No. 1, that it had been up to the domestic courts, applying the principle jura novit curia, to subsume the facts of the case as described by the applicant company under the relevant provisions of the Act in order to deal with the merits of its claims. However, the Chamber had reached that conclusion without taking into account the fact that the facts as presented by the applicant company in its civil action might have prevented the domestic courts from treating its action as being based on irregular official conduct. In the circumstances of the case, the domestic courts could not be blamed for not treating the applicant company's action as an action based on irregular official conduct.

Lastly, even after the dismissal of the applicant company's civil action, it could have brought a new action specifying irregular official conduct as the cause of the damage. That option had been available to the applicant company for a further four months after the decision in the compensation proceedings had become final.

Conclusion: inadmissible (manifestly ill-founded).

Article 1 of Protocol No. 1

(1) The scope of the applicant company's complaints under this Article

Having ascertained what facts had constituted the violation the applicant company complained of and what legal arguments underpinned them, the Grand Chamber concluded that the applicant company had raised altogether three complaints under Article 1 of Protocol No. 1. However, the Chamber had addressed only the complaint of undue delay in lifting the seizure. The Grand Chamber, therefore, considered all the three.

(2) Admissibility

(a) Complaint of undue delay in lifting the seizure after the acquittal of the applicant company's managing director and other member

The Court recalled that the applicant must complain that a certain act or omission had entailed a violation of the rights set forth in the Convention or the Protocols thereto, in a manner which should not leave the Court to second-guess whether a certain complaint had been raised or not. Ambiguous phrases or isolated words did not suffice for it to accept that a particular complaint had been raised, as also followed from Rule 47 § 1 (e)-(f) and § 2 (a) of the Rules of Court concerning the contents of an individual application.

n'ont jamais formulés devant le juge national.

La chambre a jugé, au sujet toutefois de l'épuisement des voies de recours internes s'agissant des griefs tirés de l'article 1 du Protocole n° 1, qu'il appartenait aux juridictions internes d'appliquer le principe *jura novit curia* pour en déduire que les faits exposés par la société requérante devaient être analysés sous l'angle des autres dispositions pertinentes de la loi, de manière à statuer sur le fond de ses demandes. Cependant, la chambre s'est prononcée ainsi sans rechercher si l'exposé des faits établi par la société requérante dans son action civile avait pu empêcher les juridictions internes de la trancher sur le terrain de l'action en réparation d'un préjudice causé par un comportement irrégulier des autorités publiques. Dans ces conditions, on ne saurait reprocher aux juridictions internes de ne pas avoir statué sur l'action de la société requérante sur le terrain de l'action en réparation d'un préjudice causé par un comportement irrégulier des autorités publiques.

Enfin, même après le rejet de son action civile, la société requérante aurait pu en introduire une nouvelle en précisant que le dommage dont elle se plaignait résultait d'un comportement irrégulier des autorités publiques. Elle disposait pour ce faire d'un délai de quatre mois à compter du jour où la décision qui l'avait déboutée de son action en réparation était devenue définitive.

Conclusion : irrecevable (défaut manifeste de fondement).

Article 1 du Protocole n° 1

1) Sur l'objet des griefs formulés par la société requérante sous l'angle de cet article

Après examen des faits constitutifs de la violation alléguée de l'article 1 du Protocole n° 1 et des arguments juridiques que la société requérante en a tirés, la Grande Chambre constate que celle-ci soulevait devant la Cour trois griefs au total sur le terrain de cette disposition. Or la chambre n'en a examiné qu'un seul, celui tiré du retard injustifié apporté à la levée de la saisie. Pour sa part, la Grande Chambre examinera les trois griefs soulevés par la société requérante.

2) Sur la recevabilité

a) **Sur le grief tiré du retard injustifié à lever la saisie après l'acquittement du directeur général de la société requérante et de son autre associé**

La Cour rappelle qu'il incombe au requérant de dénoncer une action ou omission comme contraire aux droits reconnus dans la Convention ou ses Protocoles de telle manière que la Cour n'ait pas à spéculer sur la question de savoir si tel ou tel grief a été ou non soulevé. La Cour ne peut considérer sur le simple fondement d'expressions ambiguës ou de mots isolés qu'un grief a été soulevé. Cette exigence découle aussi de l'article 47 § 1 e) et f) et § 2 a) du règlement de la Cour, relatif au contenu d'une requête individuelle.

In the application form, the applicant company had mentioned that the merchandise had been seized for five years. However, it had done so only to highlight the extent to which the functioning of the company had been paralysed by the allegedly unlawful decision remanding both of its members in custody. In the Grand Chamber's view, this mention of the five-year storage of the merchandise was too ambiguous to be interpreted as raising the complaint about the prolonged seizure of that merchandise. Had it been the wish of the applicant company at that stage to complain of the prolonged seizure of its property, it should have stated so in its application form in a clear manner. Therefore, this complaint had not been raised in the applicant company's application to the Court. It had been formulated for the first time in the applicant company's observations before the Chamber submitted in June 2016. It followed that this complaint had been submitted more than six months after the compensation proceedings ended (in 2013).

In any event, even if this complaint had been lodged within the six-month time-limit, it followed from the Court's findings concerning the access-to-court complaint that it was inadmissible for non-exhaustion of domestic remedies. The applicant company had not properly availed itself of the possibility of obtaining compensation for the damage resulting from any undue delay in lifting the seizure of its property after the acquittal of its managing director and other member.

By way of observation and in response to the argument that it had been up to the domestic courts, applying the principle *jura novit curia*, to subsume the facts of the case under the relevant provisions of the Act, the Grand Chamber also referred to the following two principles established in its case-law in the context of exhaustion of domestic remedies.

Even in those jurisdictions where the domestic courts in civil proceedings were able, or even obliged, to examine the case of their own motion (that is, to apply the principle of *jura novit curia*), applicants were not dispensed from raising before them a complaint which they might intend to subsequently make to the Court, it being understood that for the purposes of exhaustion of domestic remedies the Court must take into account not only the facts but also the legal arguments presented domestically.

Likewise, it was not sufficient that a violation of the Convention was "evident" from the facts of the case or the applicant's submissions. Rather, he or she must actually complain (expressly or in substance) of such a violation in a manner which leaved no doubt that the same complaint that had been subsequently submitted to the Court had indeed been raised at the domestic level. That, clearly, could not be said to have been the situation in the case under consideration.

Conclusion: inadmissible (non-exhaustion of domestic remedies).

(b) **Complaint relating to the damage to the applicant company's property following the unwarranted prosecution and detention of its managing director and other member**

This complaint had been raised in the application form, but not examined by the Chamber.

La Grande Chambre constate que la société requérante a indiqué, dans son formulaire de requête, que ses marchandises étaient restées sous saisie durant cinq ans, mais elle estime que celle-ci ne l'a fait que pour signaler à quel point son fonctionnement avait été paralysé par la décision – à ses yeux illégale – de placement en détention de ses deux associés. La Grande Chambre estime que si la requérante avait voulu se plaindre à ce stade de la saisie prolongée de ses biens, elle aurait dû l'indiquer clairement dans son formulaire de requête. Force est donc de constater que ce grief ne figure pas dans la requête introduite par la société requérante devant la Cour, et que l'intéressée a formulé ce grief pour la première fois dans ses observations soumises à la chambre en juin 2016. Il s'ensuit que ce grief a été formulé plus de six mois après le moment où la procédure indemnitaire a pris fin (en 2013).

En tout état de cause, même à admettre que le grief en question ait été introduit dans le délai de six mois, la Cour estime qu'il résulte de ses conclusions relatives au grief tiré du déni d'accès à un tribunal qu'il est irrecevable pour non-épuisement des voies de recours internes. La société requérante n'a pas dûment tiré parti de la possibilité qui lui était offerte de demander réparation du dommage causé par un retard injustifié apporté à la levée de la saisie de ses marchandises après l'acquittement de son directeur et de son autre associé.

À titre d'observation, et pour répondre à l'argument selon lequel il incombait aux juridictions internes de faire application du principe *jura novit curia* et d'analyser les faits de la cause sous l'angle des dispositions pertinentes de la loi, la Grande Chambre souhaite également mentionner deux principes constants de sa jurisprudence relative à l'épuisement des voies de recours internes.

Même dans les États dont les juridictions civiles peuvent, voire doivent examiner d'office les litiges dont elles sont saisies (c'est-à-dire faire application du principe *jura novit curia*), les requérants ne sont pas dispensés de leur obligation de soulever devant elles les griefs dont ils pourraient entendre saisir la Cour par la suite, étant entendu que pour porter une appréciation sur le respect de la règle de l'épuisement des voies de recours internes, la Cour doit tenir compte non seulement des faits mais aussi des arguments juridiques invoqués devant les autorités internes.

De même, il ne suffit pas que l'existence d'une violation de la Convention soit « évidente » au vu des faits de l'espèce ou des observations soumises par le requérant. Celui-ci doit au contraire s'en être plaint effectivement (explicitement ou en substance) de façon à qu'il ne subsiste aucun doute sur le point de savoir s'il a bien soulevé au niveau interne le grief qu'il a présenté par la suite à la Cour. Tel n'est manifestement pas le cas en l'espèce.

Conclusion : irrecevable (non-épuisement des voies de recours internes).

b) **Sur le grief relatif aux dommages causés aux biens de la société requérante à la suite des poursuites et de la détention injustifiées dont le directeur général et l'autre associé de celle-ci ont fait l'objet**

Ce grief figure dans le formulaire de requête de la société requérante, mais n'a pas examiné par la chambre.

The applicant company had considered the criminal proceedings against its managing director and other member and their detention to have been "unlawful" because the persons concerned had eventually been acquitted. Indeed, for the purposes of obtaining compensation from the State, the relevant domestic-law provisions characterised as "unlawful" any judicial decision which had been ultimately quashed or overturned, and any detention of the accused where the criminal proceedings had not ended in his or her conviction. In the applicant company's view, the decision to seize its property in the context of those criminal proceedings had also been "unlawful", as a consequence of the acquittal. That argument presupposed that the State should, under Article 1 of Protocol No. 1, be liable for any damage to property resulting from criminal proceedings in which the accused had been eventually acquitted.

However, under the Court's well-established case-law it did not follow from Article 1 of Protocol No. 1 that an applicant's acquittal of the criminal charges or the discontinuance of the criminal proceedings must automatically give rise to compensation. This applied a fortiori in the present case, where the applicant company had not been a party to the criminal proceedings against its managing director and other member and thus could not have been convicted or acquitted.

Any such entitlement to compensation did not derive from Article 1 of Protocol No. 1 but from national law. Under the relevant provision of the Act, only the parties to the proceedings in which an unlawful decision had been adopted were entitled to compensation for the damage caused by that decision. Therefore, the applicant company's compensation claim had not had a sufficient basis in national law. The guarantees of Article 1 of Protocol No. 1 did not apply to that claim.

Conclusion: inadmissible (incompatible *ratione materiae*).

(c) Complaint of failure by the domestic authorities to take due care of the applicant company's seized property

This complaint had been raised in the application form, but not examined by the Chamber. As followed from the Court's findings concerning the applicant company's access-to-court complaint, the applicant company had not properly availed itself of the possibility of obtaining compensation for the damage resulting from the State authorities' alleged failure to keep its seized property in relatively good condition.

Conclusion: inadmissible (non-exhaustion of domestic remedies).

See also

- *Radomilja and Others v. Croatia* [GC], 37685/10 and 22768/12, 20 March 2018, Legal summary;
- *FU QUAN, s.r.o. v. the Czech Republic*, 24827/14, 17 March 2022.

La société requérante estimait que la procédure pénale et la détention dont son directeur général et son autre associé avaient fait l'objet était « illégale » au motif que ceux-ci avaient finalement été acquittés. De fait, les dispositions pertinentes de la loi pertinentes qualifiaient d'illégales – aux fins de la réparation des préjudices causés par l'État – les décisions de justice ayant été annulées ou infirmées et la détention d'inculpés n'ayant pas été condamnés à l'issue des poursuites pénales dirigées contre eux. Aux yeux de la société requérante, la saisie de ses marchandises dans le cadre de la procédure pénale ici en cause était elle aussi « illégale » en raison de cet acquittement. Cette thèse postule qu'au regard de l'article 1 du Protocole n° 1, l'État devrait être tenu pour responsable de l'ensemble des atteintes aux biens causées par des procédures pénales ayant abouti à l'acquittement des inculpés.

Toutefois, selon la jurisprudence constante de la Cour, l'article 1 du Protocole n° 1 n'implique pas que l'acquittement d'un requérant ou l'abandon des poursuites pénales dirigées contre lui doive automatiquement donner lieu à réparation. Cela vaut a fortiori dans la présente affaire, où la société requérante n'a pas été partie à la procédure pénale dirigée contre son directeur général et son autre associé et ne pouvait donc se voir condamner ou acquitter.

Un tel droit à indemnisation ne découle pas de l'article 1 du Protocole n° 1 mais, le cas échéant, du droit interne. La disposition pertinente de la loi applicable disposait que seules les parties à une procédure ayant donné lieu à une décision illégale pouvaient prétendre à la réparation des dommages causés par celle-ci. En conséquence, la demande indemnitaire introduite par la société requérante n'avait pas de base suffisante en droit interne. Les garanties offertes par l'article 1 du Protocole n° 1 ne s'appliquent donc pas à ce grief.

Conclusion : irrecevable (incompatible *ratione materiae*).

c) Sur le grief tiré du manquement des autorités internes à veiller à la bonne conservation des marchandises saisies appartenant à la société requérante

Ce grief figure dans le formulaire de requête de la société requérante, mais n'a pas été examiné par la chambre. Il ressort des conclusions auxquelles la Grande Chambre est parvenue quant au grief de la société requérante tiré du déni d'accès à un tribunal que celle-ci n'a pas dûment tiré parti de la possibilité qui lui était offerte de demander réparation du dommage causé par le manquement allégué des autorités publiques à conserver les marchandises saisies dans un état correct.

Conclusion : irrecevable (non-épuisement des voies de recours internes).

Voir aussi

- *Radomilja et autres c. Croatie* [GC], 37685/10 et 22768/12, 20 mars 2018, Résumé juridique ;
- *FU QUAN, s.r.o. c. République tchèque*, 24827/14, 17 mars 2022.

GROSAM V. THE CZECH REPUBLIC

Judgment of 1 June 2023

Article 34 – Petition

– Recharacterisation of applicant's complaint by Chamber extending scope of case beyond that initially referred to it in the application form

Article 35

Article 35-1 – Four-month period (former six-month)

– Later addition by applicant of new complaint, after initial communication of the case to the respondent Government, not within the six-month time-limit: inadmissible

Facts

The applicant was an enforcement officer who, as a member of a liberal profession, was, on the State's behalf, in charge of performing enforced execution of enforceable titles. The disciplinary chamber of the Supreme Administrative Court found him guilty of misconduct and fined him. The applicant lodged an unsuccessful constitutional appeal.

In his application to the Court, the applicant raised complaints under Article 6 § 1 and Article 2 of Protocol No. 7. Under the latter provision, he complained of the fact that the domestic law excluded appeals against decisions of the Supreme Administrative Court's disciplinary chamber. Following the initial communication of the case, a Chamber of the Court of its own motion invited the parties to submit further written observations under Article 6 § 1, notably related to whether, given its composition, the disciplinary chamber met the requirements of a "tribunal established by law" within the meaning of that provision. In his observations of 5 November 2015 to the Chamber the applicant contended that it had not.

In a judgment of 23 June 2022, a Chamber of the Court, after recharacterising the complaint under Article 2 of Protocol No. 7 to fall under Article 6 § 1, held, by four votes to three, that there had been a violation of Article 6 § 1 in that the disciplinary court had not met the requirements of an independent and impartial tribunal. It also held, by a majority, that there was no need to examine the admissibility and merits of the remaining complaints under Article 6 § 1 concerning the fairness of the disciplinary proceedings.

The case was referred to the Grand Chamber at the Government's request.

GROSAM C. RÉPUBLIQUE TCHÈQUE

Arrêt du 1ᵉʳ juin 2023

Article 34 – Recours

- Requalification par la chambre du grief du requérant ayant pour effet d'étendre l'objet de l'affaire au-delà du grief initialement exposé dans la requête

Article 35

Article 35-1 – Délai de quatre mois (précédemment six mois)

- Ajout ultérieur par le requérant d'un nouveau grief, postérieurement à la communication de l'affaire au gouvernement défendeur, hors du délai de six mois : irrecevable

En fait

Le requérant est un huissier de justice, chargé en cette qualité d'assurer pour le compte de l'État, comme membre d'une profession libérale, l'exécution forcée des titres. La chambre disciplinaire de la Cour administrative suprême le reconnut coupable d'une faute et lui infligea une amende. Le requérant forma un recours constitutionnel, en vain.

Dans sa requête devant la Cour, le requérant soulevait des griefs sous l'angle de l'article 6 § 1 de la Convention et de l'article 2 du Protocole n° 7. Sur le terrain de cette dernière disposition, il se plaignait de ce que le droit interne excluait les recours contre les décisions de la chambre disciplinaire de la Cour administrative suprême. À la suite de la communication initiale de l'affaire, une chambre de la Cour a invité d'office les parties à présenter des observations écrites complémentaires sous l'angle de l'article 6 § 1, notamment sur la question de savoir si, compte tenu de sa composition, la chambre disciplinaire avait satisfaisait aux exigences d'un « tribunal établi par la loi », au sens de cette disposition. Dans ses observations du 5 novembre 2015 produites devant la chambre, le requérant soutenait que cette chambre n'avait pas satisfaisait à ces exigences.

Par un arrêt du 23 juin 2022, une chambre de la Cour, après avoir requalifié le grief tiré de l'article 2 du Protocole n° 7 en l'examinant sur le terrain de l'article 6 § 1, a conclu, par quatre voix contre trois, à la violation de cette dernière disposition au motif que la juridiction disciplinaire n'avait pas satisfait aux exigences d'un tribunal indépendant et impartial. Elle a également jugé, à la majorité, qu'il n'y avait pas lieu d'examiner la recevabilité et le fond des autres griefs tirés de l'article 6 § 1 relatifs à l'équité de la procédure disciplinaire.

L'affaire a été renvoyée devant la Grande Chambre à la demande du Gouvernement.

Law

Article 6 § 1 (complaint about an independent and impartial tribunal)

(a) Scope of the case

The Court reiterated that the complaints an applicant proposes to make under Article 6 of the Convention must contain all the parameters necessary for the Court to define the issue it will be called upon to examine. The scope of application of Article 6 was very broad and that the Court's examination was necessarily delimited by the specific complaints submitted to it. Further, the Court could base its decision only on the facts "complained of". It was not sufficient that a violation of the Convention was "evident" from the facts of the case or the applicant's submissions. Rather, the applicant had to complain that a certain act or omission entailed a violation of the rights set forth in the Convention or the Protocols thereto, in a manner which should not leave the Court to second-guess whether a certain complaint was raised or not. That meant that the Court had no power to substitute itself for the applicant and formulate new complaints simply on the basis of the arguments and facts advanced (compare the judgments of the International Court of Justice in the cases of Nuclear Tests (*Australia v. France*) and Dispute over the Status and Use of the Waters of the Silala).

The only issue in dispute regarding the scope of the case was whether the applicant's complaint under Article 2 of Protocol No. 7, as formulated in his application, could be examined under Article 6 § 1 as a complaint about an independent and impartial tribunal, as the Chamber had done after recharacterising it to fall under that provision.

In the present case, the applicant had not claimed that the inclusion in the disciplinary chamber's composition of members who were not professional judges had entailed a violation of Article 2 of Protocol No. 7. Although he had argued that it could not be regarded as the "highest tribunal" as its lay members were not subject to the same requirements of expertise and independence as judges, that argument had been aimed only at excluding the application of the exception provided for in Article 2 § 2 of the above provision, according to which the right of appeal did not apply in cases where the accused had been tried in the first instance by the highest tribunal.

Moreover, the applicant had emphasised that the disciplinary chamber's composition was atypical among the higher judicial institutions in the Czech Republic, which normally did not involve lay assessors, whose participation was common rather in some first-instance courts. In short, he had not argued that it was not a "tribunal" but merely that it was not the "highest tribunal". Such a secondary argument could not be equated with a complaint since, as argued by the applicant, the disciplinary chamber's composition had not been the cause or the fact constitutive of the alleged violation of Article 2 of Protocol No. 7 (compare the judgment of the International Court of Justice

En droit

Article 6 § 1 (grief de défaut de tribunal indépendant et impartial)

a) Objet de l'affaire

La Cour rappelle que les griefs que le requérant entend tirer de l'article 6 de la Convention doivent contenir tous les paramètres nécessaires pour permettre à la Cour de délimiter la question qu'elle sera appelée à examiner. Le champ d'application de l'article 6 de la Convention est très large et l'examen de la Cour est nécessairement délimité par les griefs précis présentés devant elle. En outre, la Cour ne peut statuer que sur les faits dont le requérant se plaint. Il ne suffit pas que l'existence d'une violation de la Convention soit « évidente » au vu des faits de l'espèce ou des observations soumises par le requérant. Il incombe au contraire au requérant de dénoncer une action ou omission comme contraire aux droits reconnus dans la Convention ou ses Protocoles, de telle manière que la Cour n'ait pas à spéculer sur la question de savoir si tel ou tel grief a été ou non soulevé. Cela signifie que la Cour n'a pas le pouvoir de se substituer au requérant et de retenir des griefs nouveaux sur la seule base des arguments et des faits exposés (voir, en comparaison, les arrêts rendus par la Cour internationale de Justice dans les affaires des *Essais nucléaires (Australie c. France)* et du Différend concernant le statut et l'utilisation des eaux du Silala (*Chili c. Bolivie*).

La seule question litigieuse quant à l'objet de l'affaire est celle de savoir si le grief soulevé par le requérant sous l'angle de l'article 2 du Protocole n° 7, tel qu'il est formulé dans sa requête devant la Cour, peut être examiné sur le terrain de l'article 6 § 1 de la Convention comme un grief de défaut de tribunal indépendant et impartial, comme la chambre l'a fait après l'avoir requalifié pour dire qu'il relevait de cette dernière disposition.

En l'espèce, le requérant ne soutient pas que la présence, au sein de la composition de la chambre disciplinaire, de membres qui n'étaient pas des magistrats professionnels s'analysait en une violation de l'article 2 du Protocole n° 7. S'il estime certes que cette instance ne pouvait être considérée comme la « plus haute juridiction » parce que ses membres non judiciaires n'étaient pas astreints aux mêmes exigences de compétence et d'indépendance que les juges professionnels, cette thèse a pour seule finalité d'écarter l'application de l'exception prévue à l'article 2 § 2 du Protocole n° 7, qui exclut le droit à un double degré de juridiction dans les cas où l'accusé a été jugé en première instance par la plus haute juridiction.

Qui plus est, le requérant souligne que la composition de la chambre disciplinaire était inhabituelle par rapport à celle des institutions judiciaires supérieures de la République tchèque, qui normalement n'ont pas en leur sein des assesseurs non judiciaires, dont la participation est courante chez certains tribunaux de première instance. Bref, il soutient non pas que la chambre disciplinaire n'était même pas un « tribunal », mais seulement qu'elle n'était pas la « plus haute juridiction ». Un argument aussi secondaire n'est pas assimilable à un grief puisque, comme l'allègue le requérant, la composition de la chambre disciplinaire n'était pas la cause de la violation alléguée de l'article 2 du Protocole n° 7, ni son fait constitutif (voir, en comparaison, l'arrêt rendu

in the Nuclear Tests (*Australia v. France*) case). It could not therefore be interpreted as raising a complaint that that court had not been an independent and impartial tribunal within the meaning of Article 6 § 1. The applicant had not raised such a complaint in his application form but only subsequently in his observations of 5 November 2015 to the Chamber, after the latter had given notice of the application to the respondent Government. That new complaint could not be considered as concerning a particular aspect of his initial complaint under Article 2 of Protocol No. 7, as it related to distinct requirements arising from Article 6 § 1.

It further followed that, by posing a question, concerning compliance with the requirement of a "tribunal established by law" under Article 6 § 1, the Chamber of its own motion had extended the scope of the case beyond the one initially referred to it by the applicant in his application. The Chamber thereby had exceeded the powers conferred on the Court by Articles 32 and 34 of Convention.

(b) Admissibility

In view of the above findings, the applicant's complaint to the effect that the disciplinary court had not been an independent and impartial tribunal which he had raised in 2015, had been submitted more than six months after the disciplinary proceedings against him had ended (in 2012).

Conclusion: preliminary objection upheld; inadmissible (unanimously).

Furthermore, to the extent the applicant complained under Article 6 § 1 of the fairness of the disciplinary proceedings, the Court fully agreed with the Chamber's conclusion that Article 6 § 1 was applicable under its civil but not under its criminal head and dismissed, unanimously, the complaints as manifestly ill-founded. Lastly, having regard to its finding of inapplicability of that provision under its criminal head, the Court, unanimously, rejected as incompatible *ratione materiae* the complaint under Article 2 of Protocol No. 7.

See also

- *Radomilja and Others v. Croatia* [GC], 37685/10 and 22768/12, 20 March 2018, Legal Summary;
- *Grosam v. the Czech Republic*, 19750/13, 23 June 2022, Legal Summary.

par la Cour internationale de Justice en l'affaire des Essais nucléaires). Il ne peut donc être interprété comme un grief tiré de ce que cette juridiction n'aurait pas été un tribunal indépendant et impartial, au sens de l'article 6 § 1. Le requérant a soulevé un tel grief non pas dans son formulaire de requête, mais seulement par la suite, dans ses observations du 5 novembre 2015 produites devant la chambre, postérieurement à la communication par celle-ci de la requête au gouvernement défendeur. Ce nouveau grief ne peut être considéré comme rattaché à un volet particulier du grief initial fondé sur l'article 2 du Protocole n° 7 car il concerne des exigences distinctes découlant de l'article 6 § 1 de la Convention.

Il s'ensuit en outre qu'en posant une question sur le respect de l'exigence d'un « tribunal établi par la loi » au sens de l'article 6 § 1 de la Convention, la chambre a étendu d'office l'objet de l'affaire au-delà celui que le requérant avait initialement défini dans sa requête. La chambre a ainsi excédé les pouvoirs que les articles 32 et 34 de la Convention confèrent à la Cour

b) Sur la recevabilité

Au vu de ces constats, le grief tiré par le requérant de ce que la chambre disciplinaire n'aurait pas été un tribunal indépendant et impartial, qui a été soulevé en 2015, a été introduit plus de six mois après la clôture de la procédure disciplinaire dirigée contre lui (en 2012).

Conclusion : exception préliminaire accueillie ; irrecevable (unanimité).

En outre, pour autant que le requérant se plaint, sur le terrain de l'article 6 § 1, d'un manque d'équité de la procédure disciplinaire, la Cour souscrit pleinement à la conclusion de la chambre selon laquelle l'article 6 § 1 était applicable sous son volet civil mais pas sous son volet pénal et elle rejette, à l'unanimité, ce grief pour défaut manifeste de fondement. Enfin, eu égard à son constat d'inapplicabilité de cette disposition sous son volet pénal, elle rejette à l'unanimité, pour incompatibilité *ratione materiae*, le grief de violation de l'article 2 du Protocole n° 7.

Voir aussi

- *Radomilja et autres c. Croatie* [GC], 37685/10 et 22768/12, 20 mars 2018, Résumé juridique ;
- *Fu Quan c. République tchèque*, 24827/14, 1er juin 2022, Résumé juridique.

SANCHEZ V. FRANCE

Judgment of 15 May 2023

Article 10

Article 10-1 – Freedom of expression

– Elected politician fined in criminal proceedings for failing to delete, from his publicly accessible Facebook "wall" used for his election campaign, Islamophobic comments by third parties also convicted: no violation

Facts

The applicant was, at the time, a local councillor and candidate for election to Parliament. He was convicted of inciting hatred or violence against persons of the Muslim faith and fined, for failing to promptly delete comments on his publicly accessible Facebook "wall" used during his election campaign. The two authors of the comments in question were convicted as accomplices. The criminal proceedings stemmed from a complaint filed by the partner of one of the applicant's political opponents. She felt insulted and subsequently had an altercation with one of the authors, who immediately deleted his message and informed the applicant. The applicant posted on his Facebook "wall" a message inviting commentators to "be careful with the content" of their comments but without moderating the comments already posted.

In a judgment of 2 September 2021 (see Legal summary), a Chamber of the Court found, by six votes to one, that there had been no violation of Article 10.

Law

Article 10

(1) Whether there was a lawful interference

The applicant's conviction constituted an interference with his freedom of expression. He had disputed the foreseeability of his conviction as "producer", under section 93-3 of Law no. 82-652 on audiovisual communication, but the Court noted that the definition of producer was laid down in clear and unequivocal terms in the case-law of the Court of Cassation and Constitutional Council: i.e., a person who had taken the initiative of creating an electronic communication service for the exchange of opinions on pre-defined topics. In addition, prior to the applicant's conviction, the Court of Cassation had already permitted liability to be attributed to the producer alone in cases of press offences where the author had nevertheless been clearly identi-

SANCHEZ C. FRANCE

Arrêt du 15 mai 2023

Article 10

Article 10-1 – Liberté d'expression

– Amende pénale faute pour un élu d'avoir supprimé, de son mur Facebook accessible au public et utilisé lors de sa campagne électorale, les propos islamophobes de tiers condamnés à ce titre : non-violation

En fait

Le requérant, à l'époque élu local et candidat aux élections législatives, fut déclaré coupable des faits de provocation à la haine ou à la violence à l'égard des personnes de confession musulmane. Il fut condamné à une amende pénale, faute pour lui d'avoir promptement supprimé les commentaires publiés par des tiers sur le mur de son compte Facebook librement accessible au public et utilisé lors de sa campagne électorale. Les deux auteurs de commentaires litigieux furent condamnés en tant que complices. La condamnation des trois fut prononcée à la suite de la plainte déposée par la compagne de l'un des adversaires politiques du requérant, qui s'est sentie insultée. Elle eut une altercation avec l'un des auteurs qui supprima son commentaire aussitôt et alerta le requérant. Ce dernier mit sur le mur de son compte Facebook un message invitant les intervenants à « surveiller le contenu de [leurs] commentaires », sans, toutefois, intervenir sur ceux déjà publiés.

Dans un arrêt du 2 septembre 2021 (voir Résumé juridique), une chambre de la Cour a conclu, par six voix contre une, à l'absence de violation de l'article 10.

En droit

Article 10

1) Sur l'existence d'une ingérence et sa légalité

La condamnation pénale du requérant a constitué une ingérence dans l'exercice de son droit à la liberté d'expression. Dans la mesure où le requérant conteste le caractère prévisible de sa condamnation en tant que producteur, sur la base de l'article 93-3 de la loi n° 82-652 sur la communication audiovisuelle, la Cour note que la définition du producteur fait l'objet d'une jurisprudence bien établie des deux juridictions suprêmes en des termes clairs et sans ambiguïté, à savoir une personne ayant pris l'initiative de créer un service de communication par voie électronique en vue d'échanger des opinions sur des thèmes définis à l'avance. En outre, préalablement à la condamnation du requérant, la jurisprudence de la Cour de cassation permettait déjà que la responsabilité du seul producteur puisse être recherchée lors d'infractions à la

fied. It was true that section 93-3 did not address the question of the time at which the producer was supposed to have had knowledge of the unlawful remarks, leaving the relevant domestic courts to decide on a case-by-case basis. In addition, at the material time, the domestic law did not require any prior notification by the victim to the producer, while Internet hosts such as Facebook had to be notified. That being said, it was possible for the Contracting States to find Internet news portals liable without violating Article 10 if those portals failed to delete clearly unlawful comments of third parties immediately after they were posted, even in the absence of notification by the victim or by third parties (see Delfi AS v. Estonia [GC]). The Court saw no reason to depart from that finding in the applicant's situation.

The question of the liability of an individual Facebook account holder, as in the present case, had not specifically been addressed by the domestic courts at the material time. However, that fact in itself was not at odds with the requirements of accessibility and foreseeability of the law. Lastly, the interpretation given by the domestic courts was among the possible and reasonably foreseeable interpretations.

(2) Legitimate aims

The interference pursued the legitimate aims of the protection of the reputation or the rights of others, and the prevention of disorder and crime.

(3) Whether the measure was necessary in a democratic society

(a) The context of the comments

(i) Nature of impugned comments

The comments in question unequivocally referred to Muslims, portraying them as a group in objectively insulting terms and as criminals. After lamenting the alleged transformation of "Nîmes into Algiers", they referred for example to "dealers and prostitutes [who] reign[ed] supreme", "stones thrown at cars belonging to 'white people'" and "drug trafficking run by the muslims".

Some of the comments could be seen in the very specific context of the election campaign and sought to draw attention to local issues that might call for a political response, but using language from which the applicant did not distance himself. The Court did not deny the need to take account of the specific nature of communication on certain online portals, where comments were commonly expressed in conversational language or indeed in a colloquial or vulgar register. Nevertheless, in the run-up to an election the impact of racist and xenophobic discourse became greater and more harmful. Particularly where the political and social climate was troubled at the local level and there were clear tensions within the population. When interpreted and assessed in their immediate context, bearing in mind that the comments were posted on

loi sur la presse pour des propos tenus par un tiers clairement identifié. Il est vrai que l'article 93-3 n'aborde pas la question du moment auquel le producteur est censé avoir eu connaissance des propos illicites, laissant les juges du fond se prononcer au cas par cas. De plus, à l'époque des faits, le droit interne ne prévoyait aucune démarche préalable de la victime auprès du producteur, à la différence des hébergeurs tel Facebook. Ceci dit, les États contractants peuvent engager la responsabilité des portails d'actualités sur Internet responsables sans que cela n'emporte violation de l'article 10, s'ils ne retirent pas les commentaires des tiers clairement illicites sans délai après leur publication, et ce même en l'absence de notification par la victime alléguée ou par des tiers (*Delfi AS c. Estonie* [GC]). La Cour ne voit pas de raison de s'écarter de cette conclusion dans la situation du requérant.

La question de la responsabilité du titulaire d'un compte Facebook tel qu'en l'espèce ne faisait pas encore l'objet d'une jurisprudence spécifique au moment des faits litigieux. Néanmoins, cela ne saurait, en soi, constituer une atteinte aux exigences d'accessibilité et de prévisibilité de la loi. Enfin, l'interprétation retenue par les juridictions internes faisait partie des interprétations possibles et raisonnablement prévisibles.

2) Buts légitimes

L'ingérence poursuivait les buts légitimes de la protection de la réputation ou des droits d'autrui, et de la défense de l'ordre et de la prévention du crime.

3) Sur la nécessité dans une société démocratique

a) **Le contexte des commentaires**

I) La nature des commentaires litigieux

Les commentaires litigieux désignent sans équivoque les musulmans, en associant ce groupe à des termes objectivement injurieux et blessants et à la délinquance. Après l'évocation de la transformation de « Nîmes en Alger », il est fait référence, notamment, aux « dealers et prostitués [qui] règnent en maître », « des caillassages sur des voitures appartenant à des « blancs » » et « un trafic de drogue tenu par les musulmans ».

Certains commentaires s'inscrivaient dans un contexte très spécifique de la campagne électorale et tendaient à dénoncer des dysfonctionnements locaux, susceptible d'appeler une réponse politique, dans des termes dont le requérant ne s'est pas distancié. La Cour ne conteste pas le fait qu'il faille tenir compte des spécificités de la communication sur certains portails Internet, où les commentaires relèvent fréquemment d'un registre de langue courant, voire familier ou vulgaire. Cependant, dans un contexte électoral, l'impact d'un discours raciste et xénophobe devient plus grand et plus dommageable. Et d'autant plus que le contexte politique et social au niveau local était difficile et tendu au sein de la population. Interprétés et appréciés dans leur contexte immédiat, à savoir des commentaires publiés sur le mur du compte Face-

a politician's Facebook "wall" during an election campaign, they genuinely amounted to hate speech, in view of their content and general tone, together with the virulence and vulgarity of some of the language used. Their reach had extended beyond a strictly partisan readership.

(ii) *The political context and the applicant's specific liability in respect of comments posted by third parties*

The applicant's Facebook "wall" fell within the characterisation of "other fora on the Internet where third-party comments can be disseminated", fora which had fallen outside the Grand Chamber's remit in *Delfi AS v. Estonia*. The Court saw fit to address this question in the light of the "duties and responsibilities", within the meaning of Article 10 § 2, which were to be attributed to politicians when they used social media for political purposes, especially during an election campaign, by opening publicly accessible fora on the Internet to receive reactions and comments.

The attribution of liability for acts committed by third parties might vary depending on the moderation or vetting techniques applied by Internet users who were characterised as "producers" and who merely used social networks or accounts for non-commercial purposes. There was no consensus on this issue among the member States. To engage a person's liability as "producer" did not, however, raise any difficulty as a matter of principle, provided that safeguards existed in the apportionment of such liability, which was to be applied in a context of shared liability between various actors, as was the case in the example of Internet hosts. As the Internet had become one of the principal means by which individuals exercised their right to freedom of expression, interferences with the exercise of that right had to be examined particularly carefully, since they were likely to have a chilling effect, which carried a risk of self-censorship. Nevertheless, the identification of such a risk must not obscure the existence of other dangers for the exercise and enjoyment of fundamental rights and freedoms. For this reason the possibility for individuals complaining of defamatory or other types of unlawful speech to bring an action to establish liability must, in principle, be maintained, constituting an effective remedy for alleged violations.

At the relevant time, the holder of a Facebook account used for non-commercial purposes had not been fully able to control the administration of comments. In addition to the fact that there was no automatic filtering process available – although it had been possible to remove public access – the effective monitoring of all comments, especially in the case of a very popular account, would have required availability or recourse to significant, if not considerable, resources. Nevertheless, to exempt producers from all liability might facilitate or encourage abuse and misuse, including hate speech and calls to violence, but also manipulation, lies and misinformation. While professional entities which created social networks and make them available to other users necessarily had certain obligations, there should be a sharing of liability

book d'un homme politique en campagne électorale, les propos litigieux relevaient d'un discours de haine, eu égard à leur contenu, leur tonalité générale, ainsi que la virulence et la vulgarité de certains des termes employés. Leur diffusion dépassait le cadre strictement militant.

ii) *Le contexte politique et la responsabilité particulière du requérant en raison de propos publiés par des tiers*

Le compte Facebook du requérant relève « d'autres types de forums sur Internet susceptibles de publier des commentaires provenant d'internautes » qui n'avait pas fait l'objet du contrôle de la Grande Chambre dans l'arrêt *Delfi AS c. Estonie*. La Cour abordera cette question en l'espèce au regard des « devoirs et responsabilités », au sens de l'article 10 § 2, qui incombent aux personnalités politiques lorsqu'elles décident d'utiliser les réseaux sociaux à des fins politiques, notamment électorales, en ouvrant des forums accessibles au public sur Internet afin de recueillir leurs réactions et leurs commentaires.

La mise en jeu d'une responsabilité en raison d'actes commis par des tiers peut varier en fonction des modalités du contrôle ou du filtrage à effectuer par les internautes qualifiés de producteur et qui sont de simples utilisateurs de réseaux sociaux ou de comptes ne poursuivant aucune finalité commerciale. Il n'existe d'ailleurs pas de consensus sur cette question au sein des États membres. L'engagement de la responsabilité d'une personne en qualité de producteur ne soulève toutefois pas de difficulté dans son principe, dès lors que des garanties existent dans la mise en œuvre de sa responsabilité et qu'elle intervient dans un cadre de responsabilité partagée entre les différents intervenants, à l'instar par exemple des hébergeurs. Internet étant devenu l'un des principaux moyens d'exercice de la liberté d'expression, des ingérences dans l'exercice de ce droit doivent faire l'objet d'un examen particulièrement attentif, dès lors qu'elles sont susceptibles d'avoir un effet dissuasif, porteur d'un risque d'autocensure. Il reste que la dénonciation d'un tel risque ne doit pas faire oublier l'existence d'autres dangers pour l'exercice et la jouissance des droits et libertés fondamentaux. C'est pourquoi il faut en principe conserver la possibilité pour les personnes lésées par des propos diffamatoires ou par d'autres types de contenu illicite d'engager une action en responsabilité de nature à constituer un recours effectif contre les violations alléguées.

À l'époque des faits, le titulaire d'un compte Facebook utilisé à des fins non commerciales ne maîtrisait pas totalement la gestion des commentaires. Outre le fait qu'il n'y avait pas de procédé de filtrage préalable à sa disposition, sauf à rendre son compte non public, la surveillance effective de tous les commentaires, en particulier pour un compte très fréquenté, était de nature à imposer une disponibilité ou le recours à des moyens significatifs, voire considérables. Néanmoins, le fait de décharger les producteurs de toute responsabilité risquerait de faciliter ou d'encourager les abus et des dérives qu'il s'agisse des discours de haine et des appels à la violence, mais également des manipulations, des mensonges ou encore de la désinformation. Si les professionnels qui créent et mettent les réseaux sociaux au service des autres utilisateurs ont nécessairement des obligations, il devrait s'agir d'une responsabilité partagée de

between all the actors involved, allowing if necessary for the degree of liability and the manner of its attribution to be graduated according to the objective situation of each one. French law was consistent with such a view, providing in the case of the "producer" for a shared liability, subject to safeguards on implementation, while in the case of hosts liability remained limited.

Moreover, the domestic courts had referred to the applicant's status as a politician and inferred from this that a special obligation was incumbent upon him; he could be expected to be all the more vigilant. A politician was more likely to influence voters, or even to incite them, directly or indirectly, to adopt positions and conduct that might prove unlawful. This finding was not to be understood as entailing an inversion of the principles established in the Court's case-law. The specific duties required of the applicant on account of his status as politician were indissociable from the principles relating to the rights which came with such status. It was only when those principles had been properly taken into account that it would become possible for the domestic courts, where the facts submitted to them so justified and provided their decision contained the relevant reasoning, to base their decision on the ground that freedom of political expression was not absolute and that a Contracting State might render it subject to certain "restrictions" or "penalties".

The Criminal Court and Court of Appeal had been best placed to assess the facts in the light of the difficult local context and their acknowledged political dimension. The language used in the comments at issue clearly incited hatred and violence against a person on account of his or her religion and this could not be disguised or minimised by the election context or by a wish to discuss local difficulties.

(b)   Steps taken by the applicant

A minimum degree of subsequent moderation or automatic filtering would be desirable in order to identify clearly unlawful comments as quickly as possible and to ensure their deletion within a reasonable time, even where there had been no notification by an injured party, whether this was done by the host itself (in this case Facebook), acting as a professional entity which created and provided a social network for its users, or by the account holder, who used the platform to post his or her own articles or views while allowing other users to add their comments. An account holder could not claim any right to impunity in his or her use of electronic resources made available on the Internet and such a person had a duty to act within the confines of conduct that could reasonably be expected of him or her.

In the present case, no regulation had required the automatic filtering of comments and there had been no practical possibility of prior content moderation on Facebook. Accordingly, the question arose as to what steps the applicant ought to have – or could have – reasonably taken in his capacity as "producer" as defined by domestic law.

While the applicant's initial post had been lawful, the domestic courts had taken into account the fact that he had chosen to make his Facebook "wall" publicly accessible and had "authorised his friends to post comments on it". The Court, while agreeing with this observation, took the view that he could not be reproached for this

tous les acteurs impliqués, le cas échéant en prévoyant que le niveau de responsabilité et les modalités de son engagement soient gradués en fonction de la situation objective de chacun. Telle est l'optique du droit français avec la responsabilité partagée du producteur entre les différents intervenants, entourée de garanties lors de sa mise en œuvre, tandis que les hébergeurs ont une responsabilité limitée.

Par ailleurs, les juridictions internes ont opposé sa qualité d'homme politique au requérant, pour en déduire l'existence d'une obligation particulière pesant sur lui soit une vigilance d'autant plus importante. Il est plus susceptible d'influencer les électeurs, voire de les inciter, directement ou non, à adopter des positions et des comportements qui peuvent se révéler illicites. Un tel constat ne doit pas être compris comme opérant une inversion des principes jurisprudentiels de la Cour. Les obligations particulières pesant sur le requérant en tant qu'homme politique doivent aller de pair avec les principes relatifs aux droits liés à son statut. Une fois pris en compte, il devient possible, pour les juges internes, lorsque les faits qui sont soumis à leur examen le justifient et sous réserve de motiver leur décision, de fonder celle-ci sur le fait que la liberté d'expression politique n'est pas absolue et qu'un État contractant peut l'assujettir à certaines « restrictions » ou « sanctions ».

Le tribunal correctionnel et la cour d'appel étaient les mieux placés pour apprécier les faits au regard du contexte local difficile et dans leur dimension politique avérée. Le langage employé en l'espèce incitait clairement à la haine et à la violence à l'égard d'une personne à raison de son appartenance à une religion, ce qui ne peut être camouflé ou minimisé par le contexte électoral ou la volonté d'évoquer des problèmes locaux.

b) **Les mesures appliquées par le requérant**

Un minimum de contrôle a posteriori ou de filtrage préalable destiné à identifier au plus vite des propos clairement illicites et à les supprimer dans un délai raisonnable, et ce même en l'absence d'une notification de la partie lésée, est souhaitable, que ce soit au niveau de l'hébergeur, en l'espèce Facebook, en sa qualité de professionnel qui crée et met un réseau social au service des utilisateurs, ou du titulaire du compte qui utilise cette plateforme pour publier ses propres articles ou commentaires tout en permettant aux autres utilisateurs d'y ajouter les leurs. Le titulaire d'un compte ne saurait revendiquer un quelconque droit à l'impunité dans l'utilisation qu'il fait des outils numériques mis à sa disposition sur Internet et il lui appartient d'agir dans les limites de ce que l'on peut raisonnablement attendre de lui.

En l'espèce, aucune disposition n'imposait la mise en place d'un filtrage préalable des messages et il n'existait pas de possibilité pratique d'opérer une modération a priori sur Facebook. Cela étant, se pose la question de savoir quelles mesures le requérant devait ou pouvait raisonnablement prendre, en sa qualité de producteur au sens du droit national.

Si son billet initial était licite, les juridictions internes ont pris en considération sa décision d'avoir volontairement rendu public l'accès au mur de son compte Facebook, et d'avoir « donc autorisé ses amis à y publier des commentaires ». La Cour, partageant ce constat, estime que, s'agissant d'un moyen technique mis à sa

decision in itself, as it was a technical means made available to him by the platform which enabled him to communicate with voters in his capacity as a politician and as a candidate standing for election. Nevertheless, in view of the local and election-related tensions at the time, that option was clearly not without potentially serious consequences, as the applicant must have been aware in the circumstances. It was thus legitimate to make a distinction between limiting access to the Facebook "wall" to certain individuals and making it accessible to the general public. In the latter case, everyone, and therefore especially a politician experienced in communication to the public, must be aware of the greater risk of excessive and immoderate remarks that might appear and necessarily become visible to a wider audience. This was without doubt a major factual element, directly linked to the deliberate choice of the applicant, who was not only a politician but also a professional in matters of online communication strategy and thus had some expertise in the digital field.

In addition, the use of Facebook remained subject to the acceptance of certain terms and conditions in particular those in the "Statement of rights and responsibilities", of which the applicant must have been aware. The applicant had seen fit to draw the attention of his "friends" to the need to ensure that their remarks remained lawful, as he had posted a message asking them to "be careful with the content of [their] comments", thus apparently showing that he was at least aware of the issues raised by certain comments. However, he had posted this warning message without deleting the impugned comments and, above all, without having taken the trouble to check, or to have checked, the content of comments that were then publicly accessible, even though the very next day the applicant had been informed of the problems that might be caused.

One of the messages had been promptly withdrawn by its author less than twenty-four hours after being posted and so to require the applicant to have acted even more promptly would amount to requiring excessive and impracticable responsiveness. That particular comment, however, was only one of the elements to be taken into consideration in the present case. The applicant had in fact been convicted, not on account of the remarks made by the two authors taken in isolation, but for failing to proceed with the prompt deletion of all the unlawful comments in question. The comments constituted a form of ongoing dialogue representing a coherent whole and it had been reasonable for the domestic authorities to apprehend them as such. It was in consideration of that dialogue that the applicant had been ordered to pay certain sums to the civil party, in spite of the fact that the only comment to have mentioned her individually had already been deleted.

Furthermore, the domestic courts had given reasoned decisions and had proceeded with a reasonable assessment of the facts, specifically examining the question whether the applicant had been aware of the unlawful comments posted on his Facebook "wall". The applicant had told the investigators that the comments posted on his "wall" were too numerous for him to be able to read regularly, given the number of "friends" – more than 1,800 – who could post comments twenty-four hours a day. The domestic courts had not seen fit to give reasons for their decision on this key point. In fact only about fifteen comments had appeared in response to his post. Accordingly, no question arose as to the difficulties caused by potentially excessive traffic on a poli-

disposition par la plateforme, qui lui permettait de communiquer avec les électeurs en sa qualité d'homme politique et de candidat à une élection, la décision qu'il a prise à ce titre ne saurait, en soi, lui être reprochée. Néanmoins, compte tenu du contexte local et électoral tendu qui existait à l'époque des faits, une telle option était manifestement lourde de conséquences, ce que le requérant ne pouvait ignorer. Est dès lors légitime le fait de distinguer selon que l'accès au mur d'un compte Facebook est réservé à certaines personnes ou au contraire entièrement public. Dans cette dernière hypothèse, toute personne, et donc a fortiori un personnage politique rompu à la communication publique, doit avoir conscience d'un risque plus grand que des excès et des débordements soient commis et, par la force des choses, diffusés auprès d'une plus large audience. Il s'agit assurément d'un élément factuel important, directement lié au choix délibéré du requérant qui était également un professionnel de la stratégie de communication sur Internet et disposait donc d'une certaine expertise dans le domaine numérique.

En outre, l'utilisation de Facebook était soumise à l'acceptation de ses conditions, en particulier de la « déclaration des droits et responsabilité » que le requérant ne pouvait ignorer. D'ailleurs, le requérant a estimé devoir attirer l'attention de ses « amis » sur la nécessité de tenir des propos licites, ce qui semble démontrer qu'il avait conscience des problèmes posés par certaines publications. Toutefois, il a publié ce message d'avertissement sans supprimer les commentaires litigieux ni même, surtout, prendre la peine de vérifier ou de faire vérifier le contenu des commentaires alors accessibles au public, et ce alors que, dès le lendemain, il avait été informé des problèmes susceptibles d'être soulevés.

Un des auteurs a promptement supprimé ses propos dans les vingt-quatre heures après leur publication, et exiger de la part du requérant une intervention encore plus rapide reviendrait à exiger une réactivité excessive et irréaliste. Il reste que le commentaire de cet auteur ne constitue que l'un des éléments à prendre en compte en l'espèce. Le requérant a été condamné, non pas en raison des propos tenus par les deux auteurs pris isolément, mais pour ne pas avoir retiré promptement l'ensemble des commentaires illicites en question. Ceux-ci constituaient une forme de dialogue itératif formant un ensemble homogène, que les autorités internes ont pu raisonnablement appréhender comme tel. Et ce type de dialogue pouvait justifier la condamnation du requérant à payer certaines sommes à la partie civile et ce en dépit de la suppression du commentaire le seul à faire directement référence à celle-ci.

Par ailleurs, les juridictions internes ont rendu des décisions motivées et elles se sont livrées à une appréciation raisonnable des faits en examinant la question de savoir si le requérant avait connaissance des commentaires illicites publiés sur le mur de son compte Facebook. Le requérant avait déclaré que les commentaires publiés étaient trop nombreux pour les consulter régulièrement, compte tenu d'un nombre d'« amis » de plus de 1 800 personnes susceptibles d'en « poster » à tout moment. Les juges internes n'ont pas cru devoir motiver leurs décisions sur ce point essentiel. Or, une quinzaine de commentaires avaient été publiés en l'espèce. Partant, aucune question ne se pose clairement sur des difficultés posées par la fréquentation poten-

tician's account and the resources required to ensure its effective monitoring.

The Court found it appropriate to proceed with a proportionality analysis based on the degree of liability that might be attributed to the account holder: a private individual of limited notoriety and representativeness would have fewer duties than a local politician or a candidate standing for election to local office, who in turn would have a lesser burden than a national figure for whom the requirements would necessarily be even heavier, on account of the weight and scope accorded to his or her words and the resources to which he or she would enjoy greater access in order to intervene efficiently on social media platforms.

(c)   **The possibility of holding the authors liable instead of the applicant**

First, the acts of which the applicant had stood accused were both distinct from those committed by the authors of the unlawful comments and governed by a different regime of liability, one that was related to the specific and autonomous status of "producer". Second, the applicant had not been prosecuted in the place of the two authors, who themselves had also been convicted. Consequently, any questions relating to anonymity on the Internet and the identification of authors, as examined by the Court in the case of *Delfi AS v. Estonia* [GC], had not arisen in the present case.

(d)   **Consequences of the domestic proceedings for the applicant**

A criminal conviction was capable of having chilling effects for the users of Facebook, other social networks or discussion fora. However, in the Annex to Recommendation CM/Rec(2022)16, the Council of Europe Committee of Ministers had proposed to make a distinction according to the seriousness of the hate speech, without excluding recourse to the criminal law. The imposition of a prison sentence for an offence in the area of political speech might be compatible with freedom of expression but only in exceptional circumstances, notably in the case of hate speech or incitement to violence. In addition, even if a fine of a certain amount might appear harsh in relation to the circumstances, it had to be assessed in the light of the fact that a prison sentence could, in principle, have been handed down.

The maximum penalty faced by the applicant had been a one-year prison term and a fine of EUR 45,000. However, he had only been sentenced to a fine of EUR 3,000 together with the payment of EUR 1,000 to the civil party in costs. Moreover, there had been no other consequences for the applicant. It had not been alleged by the applicant that he had subsequently been forced to change his conduct, or that his conviction had had a chilling effect on the exercise of his freedom of expression or any negative impact on his subsequent political career and his relations with voters. He had been elected mayor in 2014 and had continued to exercise responsibilities for his political party.

tiellement trop importante d'un compte ouvert par un homme politique, ainsi que des moyens nécessaires pour en assurer une surveillance effective.

La Cour estime pertinent d'opérer un contrôle de proportionnalité en fonction du niveau de responsabilité susceptible de peser sur la personne visée : un simple particulier dont la notoriété et la représentativité sont limitées aura moins d'obligations qu'une personne ayant un mandat d'élu local et candidate à de telles fonctions, laquelle aura à son tour moins d'impératifs qu'une personnalité politique d'envergure nationale, pour qui les exigences seront nécessairement plus importantes, en raison tant du poids et de la portée de ses paroles que de sa capacité à accéder aux ressources adaptées, permettant d'intervenir efficacement sur les plateformes de médias sociaux.

c) La possibilité que les auteurs des commentaires soient tenus pour responsables plutôt que le requérant

En premier lieu, les faits reprochés au requérant étaient à la fois distincts de ceux commis par les auteurs des commentaires illicites et régis par un tout autre régime de responsabilité, lié au statut spécifique et autonome de producteur. En deuxième lieu, le requérant n'a pas été poursuivi en lieu et place des deux auteurs également condamnés. Dès lors, les questions liées à l'anonymat sur Internet et à l'établissement de l'identité des auteurs, examinée dans l'affaire *Delfi AS c. Estonie* [GC], ne se posent pas.

d) Les conséquences de la procédure interne pour le requérant

Une condamnation pénale est susceptible d'avoir des effets dissuasifs pour les utilisateurs de Facebook, d'autres réseaux sociaux ou de forums de discussion. Mais dans l'Annexe à la Recommandation CM/Rec (2022) 16 sur la lutte contre le discours de haine, le Comité des Ministres du Conseil de l'Europe propose de prévoir une distinction selon la gravité du discours de haine, sans pour autant exclure le recours au droit pénal. De plus, il n'est pas exclu, dans des circonstances exceptionnelles, notamment en cas de diffusion d'un discours de haine ou d'incitation à la violence, qu'une peine de prison infligée pour une infraction commise dans le domaine du discours politique puisse être compatible avec la liberté d'expression. En outre, même lorsque le montant des amendes infligées peut paraître élevé au regard des circonstances de la cause, cela doit être apprécié à l'aune du fait que les intéressés encouraient en principe des peines d'emprisonnement.

Le requérant encourait jusqu'à un an d'emprisonnement et 45 000 EUR d'amende. Or, il a été condamné au seul paiement d'une amende de 3 000 EUR ainsi qu'au versement de 1 000 EUR à la plaignante pour ses frais et dépens. En outre, cette condamnation n'a pas entraîné d'autres conséquences pour lui. Il n'allègue pas avoir dû changer de comportement par la suite ni que sa condamnation eût un quelconque effet dissuasif sur l'usage de son droit à la liberté d'expression, ou des conséquences négatives pour son parcours politique ultérieur et dans ses relations avec les électeurs. Il a pu être élu maire de la ville en 2014 et exercer des responsabilités au nom de son parti politique.

(e) Conclusion

The decisions of the domestic courts had been based on relevant and sufficient reasons, both as to the liability attributed to the applicant, in his capacity as a politician, for the unlawful comments posted in the run-up to an election on his Facebook "wall" by third parties, who themselves had been identified and prosecuted as accomplices, and as to his criminal conviction. The impugned interference could therefore be considered to have been "necessary in a democratic society".

Conclusion: no violation (thirteen votes to four).

See also

- *Féret v. Belgium*, 15615/07, 16 July 2009, Legal summary;
- *Delfi AS v. Estonia* [GC], 64569/09, 16 June 2015, Legal summary;
- *Perinçek v. Switzerland* [GC], 27510/08, 15 October 2015, Legal summary;
- *Magyar Tartalomszolgáltatók Egyesülete and Index.hu Zrt v. Hungary*, 22947/13, 2 February 2016, Legal summary;
- Recommendation 1814 (2007) of the Parliamentary Assembly of the Council of Europe, Towards decriminalisation of defamation, of 4 October 2007;
- Recommendation CM/Rec(2022)16 of the Committee of Ministers of the Council of Europe to member States on combating hate speech of 20 May 2022.

GEORGIA V. RUSSIA (II) (JUST SATISFACTION)

Judgment of 28 April 2023

Article 41 – Just satisfaction

- Award of non-pecuniary damages to applicant Government, for benefit of identified victims, based only on evidence submitted by it in view of respondent Government's failure to participate in proceedings

Facts

By principal judgment of 21 January 2021 (see Legal summary), the Court found that there had been administrative practices on the part of the Russian Federation, in the context of the armed conflict between Georgia and the Russian Federation in August 2008, in violation of Articles 2, 3, 5 and 8 of the Convention and Article 2 of Protocol No. 4. The Court also held that the Russian Federation had failed to comply with its obligations under Article 38 of the Convention. The question of the application of Article 41 was reserved.

e) Conclusion

Les décisions des juridictions internes reposaient sur des motifs pertinents et suffisants, et ce tant au regard de la responsabilité du requérant, en sa qualité d'homme politique, pour les commentaires illicites publiés en période électorale sur le mur de son compte Facebook par des tiers, eux-mêmes identifiés et poursuivis comme complices, qu'en ce qui concerne sa condamnation pénale. Dès lors, l'ingérence litigieuse peut passer pour « nécessaire dans une société démocratique ».

Conclusion : non-violation (treize voix contre quatre).

Voir aussi

- *Féret c. Belgique*, 15615/07, 16 juillet 2009, Résumé juridique ;
- *Delfi AS c. Estonie* [GC], 64569/09, 16 juin 2015, Résumé juridique ;
- *Perinçek c. Suisse* [GC], 27510/08, 15 octobre 2015, Résumé juridique ;
- *Magyar Tartalomszolgáltatók Egyesülete et Index.hu Zrt c. Hongrie*, 22947/13, 2 février 2016, Résumé juridique ;
- Recommandation 1814 (2007) de l'Assemblée parlementaire du Conseil de l'Europe, Vers une dépénalisation de la diffamation, du 4 octobre 2007 ;
- Recommandation CM/Rec(2022)16 du Comité des Ministres du Conseil de l'Europe aux États membres sur la lutte contre le discours de haine du 20 mai 2022.

GÉORGIE C. RUSSIE (II) (SATISFACTION ÉQUITABLE)

Arrêt du 28 avril 2023

Article 41 – Satisfaction équitable

- Octroi au gouvernement requérant d'une somme pour dommage moral, au profit des victimes identifiées, sur la seule base des éléments de preuve présentés par lui étant donné que le gouvernement défendeur n'a pas participé à la procédure

En fait

Par un arrêt au principal rendu le 21 janvier 2021 (voir le résumé juridique), la Cour a conclu que, dans le cadre du conflit armé qui avait opposé la Géorgie à la Fédération de Russie en août 2008, cette dernière s'était livrée à des pratiques administratives contraires aux articles 2, 3, 5 et 8 de la Convention et à l'article 2 du Protocole n° 4. Elle a également jugé que la Fédération de Russie avait manqué à ses obligations au titre de l'article 38 de la Convention. Elle a réservé la question de l'application de l'article 41.

Law

(1) Preliminary issues

(a) Whether the Court has jurisdiction to deal with the case

As the facts giving rise to the alleged violations of the Convention occurred prior to 16 September 2022, the date on which the Russian Federation ceased to be a party to the Convention, the Court had jurisdiction to examine the application. Consequently, Articles 38, 41 and 46 of the Convention, as well as the corresponding provisions of the Rules of Court, continued to be applicable after 17 September 2022.

(b) Consequences of the respondent Government's failure to participate in the proceedings

By failing to submit written observations when requested to do so, the respondent Government had demonstrated their intention to abstain from further participation in the examination of the application. However, the Convention obliged the States to furnish all necessary facilities to make possible a proper and effective examination of applications. Rule 44A of the Rules of Court provided that the parties had a duty to cooperate with the Court. The evidential standard of proof was "beyond reasonable doubt", the Court's conclusions being supported by free evaluation of all the evidence and the distribution of the burden of proof remaining intrinsically linked to the specificity of the facts, the nature of the allegations made and the Convention right at stake, as well as the conduct of the parties. Pursuant to Rule 44C § 2 of the Rules of Court, "[f]ailure or refusal by a respondent Contracting Party to participate effectively in the proceedings shall not, in itself, be a reason for the Chamber to discontinue the examination of an application". This provision acted as an enabling clause for the Court, making it impossible for a party unilaterally to delay or obstruct the conduct of proceedings. A situation where a State had not participated in at least some stages of the proceedings did not prevent the Court from conducting the examination of an application in the past. In such cases the respondent Government's failure to submit their memorials or participate in a hearing in the absence of sufficient cause could be considered a waiver of their right to participate Proceeding with examination of the case in the face of such a waiver was consistent with the proper administration of justice with inferences being drawn as appropriate from a party's failure or refusal to participate effectively in the proceedings (Rule 44C § 1). At the same time, the respondent State's failure to participate effectively in the proceedings should not automatically lead to acceptance of the applicants' claims. The Court must be satisfied on the basis of the available evidence that the claim was well founded in fact and in law.

The cessation of a Contracting Party's membership of the Council of Europe did not release it from its duty to cooperate with the Convention bodies. This duty continued for as long as the Court remained competent to deal with applications aris-

En droit

1) *Questions préliminaires*

a) Sur la compétence de la Cour pour connaître de l'affaire

Les faits à l'origine des violations alléguées de la Convention étant antérieurs au 16 septembre 2022, date à laquelle la Fédération de Russie a cessé d'être partie à la Convention, la Cour est compétente pour examiner la requête. En conséquence, les articles 38, 41 et 46 de la Convention, ainsi que les dispositions correspondantes du règlement de la Cour, sont restés applicables après le 17 septembre 2022.

b) Sur les conséquences du défaut de participation du gouvernement défendeur à la procédure

Faute pour lui d'avoir produit des observations écrites lorsqu'il avait été invité à le faire, le gouvernement défendeur a montré qu'il entendait renoncer à participer à l'examen de la présente requête. Or, la Convention fait obligation aux États de fournir toutes facilités nécessaires pour permettre un examen sérieux et effectif des requêtes. L'article 44A du règlement impose aux parties l'obligation de coopérer avec la Cour. Le critère retenu en matière probatoire est celui de la preuve « au-delà de tout doute raisonnable », les conclusions de la Cour devant être étayées par une évaluation indépendante de l'ensemble des éléments de preuve et la répartition de la charge de la preuve restant intrinsèquement liée à la spécificité des faits, à la nature des allégations formulées et au droit conventionnel en jeu, ainsi qu'au comportement des parties. Aux termes de l'article 44C § 2 du règlement de la Cour, « [l]'abstention ou le refus par une Partie contractante défenderesse de participer effectivement à la procédure ne constitue pas en soi pour la chambre une raison d'interrompre l'examen de la requête ». Cette disposition sert à la Cour de clause d'habilitation, qui empêche une partie de retarder ou d'entraver unilatéralement le déroulement de la procédure. Une situation dans laquelle un État n'avait pas participé à au moins certaines étapes de la procédure n'a pas empêché la Cour dans le passé de procéder à l'examen d'une requête. Dans de tels cas, le fait pour le gouvernement défendeur de ne pas soumettre ses observations ou de ne pas participer à une audience en l'absence de raison suffisante pouvait s'analyser en une renonciation à son droit de participer à la procédure. Poursuivre l'examen de l'affaire malgré une telle renonciation est conforme à la bonne administration de la justice, des conclusions pouvant être tirées, le cas échéant, du défaut ou refus de participation effective d'une partie à la procédure (article 44C § 1 du règlement). Toutefois, le défaut de participation effective de l'État défendeur à la procédure n'entraîne pas de plein droit l'acceptation des prétentions des requérants. La Cour doit être convaincue, sur la base des éléments du dossier, du bien-fondé du grief en fait et en droit.

La cessation de la qualité de membre du Conseil de l'Europe d'une Partie contractante ne délie pas celle-ci de son obligation de coopérer avec les organes de la Convention. Cette obligation subsiste aussi longtemps que la Cour reste compétente pour connaître des requêtes nées d'actes ou omissions susceptibles de constituer une

ing out of acts or omissions capable of constituting a violation of the Convention, provided that they had taken place prior to the date on which the respondent State had ceased to be a Contracting Party to the Convention.

(2) Article 41

According to the methodology applied by the Court in *Georgia v. Russia (I)* (just satisfaction) [GC], which was specific to just satisfaction claims in inter-State cases, the question whether granting just satisfaction to an applicant State was justified had to be assessed and decided by the Court on a case-by-case basis, taking into account, inter alia, the type of complaint made by the applicant Government, whether the victims of violations could be identified, as well as the main purpose of bringing the proceedings. The key point of that assessment was that the Court had to satisfy itself that the applicant State had submitted just-satisfaction claims in respect of violations of the Convention rights of "sufficiently precise and objectively identifiable" groups of people who had been victims of those violations.

The Court examined only the applicant Government's claims relating to the operative part of the principal judgment. Indeed, that Government had submitted a detailed list of alleged victims of the violations found in that judgment. Just satisfaction had thus not been sought with a view to compensating the State for a violation of its rights but for the benefit of individual victims. That being the case, and in so far as those alleged victims were concerned, the applicant Government were entitled to make a claim under Article 41 and granting just satisfaction in the present case would be justified.

In accordance with the principles concerning the High Contracting Parties' duty to cooperate (Article 38 of the Convention and Rule 44A of the Rules of Court) and the methodology applied in Georgia v. Russia (I) (just satisfaction), the Court examined the lists of alleged victims of the violations found in the principal judgment in order to satisfy itself that the applicant Government's factual submissions were plausible and that their claims were sufficiently substantiated. It based its findings on the documents submitted by that Government, considering their content as unchallenged in the absence of any documents or comments submitted in response by the respondent Government. The Court thus drew inferences from the latter's failure to participate in the proceedings.

It held unanimously as follows:

- List of 116 alleged victims of the administrative practice of deliberate killing of civilians in Georgian villages in South Ossetia and in the "buffer zone" in the weeks following the cessation of active hostilities on 12 August 2008: it transpired from the evidence submitted by the applicant Government that only fifty persons had been killed in such circumstances. The remaining sixty-six persons on the list had died in aerial or artillery attacks by Russian forces during the five-day armed conflict (8-12 August 2008), or from landmines after the cessation of hostilities. Therefore, for the purposes of awarding just satisfaction at least fifty Georgian nationals could be considered as victims of that adminis-

violation de la Convention, pourvu que ces actes ou omissions soient survenus avant la date à compter de laquelle l'État défendeur a cessé d'être une Partie contractante à la Convention.

2) Article 41

Selon la méthodologie appliquée par la Cour dans l'affaire *Géorgie c. Russie (I)* (satisfaction équitable) [GC], qui est propre aux demandes de satisfaction équitable dans les affaires interétatiques, la question de savoir si l'octroi d'une satisfaction équitable à un État requérant se justifie est examinée et tranchée par la Cour au cas par cas, en tenant compte notamment du type de grief formulé par le gouvernement requérant, de la possibilité d'identifier les victimes, ainsi que de l'objectif principal poursuivi par l'introduction de la procédure. Le point essentiel dans cette analyse est que la Cour doit s'assurer que le gouvernement requérant a présenté des demandes de satisfaction équitable portant sur les violations des droits conventionnels de groupes de personnes « suffisamment précis et objectivement identifiables » qui en ont été victimes.

La Cour n'examine que les prétentions du gouvernement requérant se rapportant au dispositif de l'arrêt au principal. En effet, le gouvernement requérant a soumis une liste détaillée des victimes alléguées des violations constatées dans cet arrêt. Une satisfaction équitable est donc sollicitée en vue d'indemniser non pas l'État requérant pour une violation de ses droits mais des victimes individuelles. Dans ces conditions, et pour ce qui est de ces victimes alléguées, le gouvernement requérant est en droit de présenter une demande sur la base de l'article 41 de la Convention et l'octroi d'une satisfaction équitable se justifie en l'espèce.

Conformément aux principes tenant au devoir de coopération des Hautes Parties contractantes (articles 38 de la Convention et 44A du règlement de la Cour) et à la méthodologie appliquée dans l'affaire *Géorgie c. Russie (I)* (satisfaction équitable), la Cour examine la liste des victimes alléguées des violations constatées dans l'arrêt au principal aux fins de s'assurer que les allégations factuelles du gouvernement requérant sont plausibles et que les prétentions de ce dernier sont suffisamment étayées. Elle fonde ses conclusions sur les seuls documents qui lui ont été soumis par le gouvernement requérant, dont le contenu est présumé incontesté en l'absence de toute pièce ou observation présentée en réponse par le gouvernement défendeur. La Cour tire ainsi des conséquences de la non-participation de ce dernier à la procédure.

Elle conclut ce qui suit, à l'unanimité :
- Liste des 116 victimes alléguées de la pratique administrative de meurtres de civils perpétrés dans les villages géorgiens en Ossétie du Sud et dans la « zone tampon » dans les semaines qui ont suivi la cessation des hostilités actives le 12 août 2008 : il ressort des éléments présentés par le gouvernement requérant que seules 50 personnes ont été tuées dans de telles circonstances. Les 66 personnes restantes sur la liste sont mortes au cours d'attaques aériennes ou d'artillerie conduites par les forces russes pendant les cinq jours de conflit armé (8-12 août 2008), ou par l'explosion de mines antipersonnel après la cessation des hostilités. Dès lors, aux fins de l'octroi d'une satisfaction équitable, au moins 50 ressortissants géorgiens peuvent être considérés comme des victimes

trative practice. The Court had also found that the respondent Government had failed to comply with their procedural obligation under Article 2 to carry out an adequate and effective investigation into those killings. It awarded the applicant Government a lump sum of EUR 3,250,000 in respect of non-pecuniary damage suffered by those victims.

– List of 1,408 alleged victims of the administrative practice of torching and looting of houses in the "buffer zone": the Court's case-law had developed a flexible approach regarding the evidence to be provided by applicants who claimed to have lost their property and home in situations of international or internal armed conflict; however, if an applicant did not produce any evidence of title to property or of residence, his or her complaints were bound to fail. In the present case, the evidence submitted by the applicant Government did not permit the Court to establish that the houses allegedly torched or looted had belonged to the persons on the list or had constituted their home or dwelling within the meaning of Article 8. Accordingly, the Court was not in a position to make an award in this respect.

– List of 179 alleged victims of the administrative practice of inhuman and degrading treatment and arbitrary detention of Georgian civilians held by the South Ossetian forces in the basement of the "Ministry of Internal Affairs of South Ossetia" in Tskhinvali between approximately 10 and 27 August 2008: it appeared from the evidence submitted by the applicant Government that only 166 of them had been indeed detained at those premises. The Court awarded the applicant Government a lump sum of EUR 2,697,500 in respect of non-pecuniary damage suffered by at least those 166 victims.

– Forty-four alleged victims of the administrative practice of torture of Georgian prisoners of war detained by the South Ossetian forces in Tskhinvali between 8 and 17 August 2008: it appeared from the evidence submitted by the applicant Government that only thirteen of them had been mentioned in the record of the exchange of prisoners of war and that another three persons had died in custody. The Court had not found the existence of an administrative practice contrary to Article 3 as regards the torture of Georgian prisoners of war held by the Abkhazian forces. The Court awarded the applicant Government a lump sum of EUR 640,000 in respect of non-pecuniary damage suffered by at least those sixteen victims.

– List of 31,105 alleged victims of the administrative practice of preventing the return of Georgian nationals to their respective homes in South Ossetia and Abkhazia: according to the figures submitted by the applicant Government, some which had been confirmed by the representatives of the de facto authorities of South Ossetia and accepted by other international organisations, at least 23,000 Georgian nationals had been victims of this administrative practice. The Court awarded the applicant Government a lump sum of EUR 115,000,000 in respect of non-pecuniary damage suffered by them.

– List of 723 alleged victims of the respondent State's failure to comply with its

de cette pratique administrative. En outre, la Cour a conclu que le gouvernement défendeur avait manqué à l'obligation procédurale que lui imposait l'article 2 de la Convention de mener des enquêtes adéquates et effectives sur ces meurtres. Elle juge raisonnable d'allouer au gouvernement requérant une somme forfaitaire de 3 250 000 EUR au titre du dommage moral subi par cette catégorie de victimes.
- Liste de 1 408 victimes alléguées de la pratique administrative d'incendies et de pillages des habitations perpétrés dans la « zone tampon » : la Cour a développé dans sa jurisprudence une approche souple quant aux preuves à produire par les requérants qui se plaignent d'avoir perdu leurs biens et leur domicile dans le cadre d'un conflit armé interne ou international ; cependant, si un requérant ne produit aucun élément attestant de son droit de propriété ou de son lieu de résidence, ses griefs sont voués à l'échec. En l'espèce, les pièces produites par le gouvernement requérant ne permettent pas à la Cour d'établir que les habitations qui auraient été incendiées ou pillées appartenaient aux personnes dont le nom figure sur la liste ou constituaient leur logement ou leur domicile au sens de l'article 8. Dès lors, la Cour n'est pas en mesure d'octroyer une somme à ce titre.
- Liste des 179 victimes alléguées de la pratique administrative de traitements inhumains et dégradants et de détention arbitraire infligés à des civils géorgiens par les forces sud-ossètes dans le sous-sol du « ministère des affaires intérieures d'Ossétie du Sud » à Tskhinvali approximativement entre le 10 et le 27 août 2008 : il ressort des pièces produites par le gouvernement requérant que seules 166 de ces personnes étaient effectivement incarcérées dans ces locaux. La Cour alloue au gouvernement requérant une somme forfaitaire de 2 697 500 EUR au titre du dommage moral subi par au moins ces 166 victimes.
- Liste de 44 victimes alléguées de la pratique administrative de torture infligée à des prisonniers de guerre géorgiens par les forces sud-ossètes à Tskhinvali entre le 8 et le 17 août 2008 : il ressort des éléments produits par le gouvernement requérant que seules 13 d'entre elles ont été répertoriées dans l'accord d'échange de prisonniers de guerre et que trois autres sont mortes en détention. La Cour n'a pas constaté l'existence d'une pratique administrative contraire à l'article 3 de la Convention quant à des actes de torture infligés à des prisonniers de guerre géorgiens par les forces abkhazes Elle alloue au gouvernement requérant une somme forfaitaire de 640 000 EUR au titre du dommage moral subi par au moins ces 16 victimes.
- Liste des 31 105 victimes alléguées de la pratique administrative consistant à empêcher le retour des ressortissants géorgiens dans leurs foyers respectifs en Ossétie du Sud et en Abkhazie : selon les chiffres fournis par le gouvernement requérant, dont certains ont été confirmés par les autorités de facto sud-ossètes et acceptés par d'autres organisations internationales, au moins 23 000 ressortissants géorgiens ont été victimes de cette pratique administrative. Elle alloue au gouvernement requérant une somme forfaitaire de 115 000 000 EUR au titre du dommage moral subi par ces victimes
- Liste des 723 victimes alléguées du manquement de l'État défendeur à son

procedural obligation to carry out an adequate and effective investigation into the deaths which had taken place during the active phase or after the cessation of the hostilities; the victims of this procedural obligation which had occurred after the cessation of hostilities had been dealt with under the applicant Government's first claim (see above). As to the deaths which had occurred during the active phase of the hostilities, according to the official figures presented shortly after the end of the armed conflict and had not been challenged by the respondent Government, the Georgian side had lost 412 persons in total. The Court awarded the applicant Government a lump sum of EUR 8,240,000 in respect of non-pecuniary damage suffered by at least those 412 victims.

The Court observed that the Committee of Ministers continued to supervise the execution of the Court's judgments against the Russian Federation, which was required, pursuant to Article 46 § 1 of the Convention, to implement them, despite the cessation of its membership of the Council of Europe (see Interim Resolution CM/ResDH(2022)254 of the Committee of Ministers of the Council of Europe, adopted on 22 September 2022, on the execution of the Court's judgment in *Georgia v. Russia* (I)).

As in *Cyprus v. Turkey* (just satisfaction) and *Georgia v. Russia* (I) (just satisfaction), it must be left to the applicant Government, under the supervision of the Committee of Ministers, to set up an effective mechanism to distribute the abovementioned sums to the individual victims while having regard to the indications given by the Court, within eighteen months from the date of the payment by the respondent Government (or any other time-limit considered appropriate by the Committee of Ministers).

See also

- *Georgia v. Russia (I)* [GC], 13255/07, 3 July 2014, Legal summary;
- *Cyprus v. Turkey* (just satisfaction) [GC], 25781/94, 12 May 2014, Legal summary;
- *Lisnyy and Others v. Ukraine and Russia* (dec.), 5355/15 et al., 5 July 2016, Legal summary;
- *Georgia v. Russia (I)* (just satisfaction) [GC], 13255/07, 29 January 2019, Legal summary;
- *Ukraine and the Netherlands v. Russia* (dec.) [GC], 8019/16 et al., 25 January 2023, Legal summary;

obligation procédurale de mener une enquête adéquate et effective sur les décès survenus pendant la phase active des hostilités ou après la cessation de celles-ci : la question des victimes du manquement à cette obligation postérieurement à la cessation des hostilités est traitée dans le cadre du premier grief du gouvernement requérant (voir ci-dessus). Quant aux décès survenus pendant la phase active des hostilités, selon les chiffres officiels qui ont été présentés peu après la fin du conflit armé et que le gouvernement défendeur n'a pas contestés, la partie géorgienne a perdu au total 412 personnes. La Cour alloue au gouvernement requérant une somme forfaitaire de 8 240 000 EUR au titre du dommage moral subi par au moins ces 412 victimes.

La Cour observe que le Comité des Ministres du Conseil de l'Europe continue de surveiller l'exécution des arrêts qu'elle a rendus contre la Fédération de Russie, et que celle-ci est tenue, en vertu de l'article 46 § 1 de la Convention, de les mettre en œuvre, même si elle a cessé d'être membre du Conseil de l'Europe (voir la résolution intérimaire CM/ResDH(2022)254 du Comité des Ministres, adoptée le 22 septembre 2022, sur l'exécution de l'arrêt rendu par la Cour dans l'affaire *Géorgie c. Russie (I)*).

Comme dans les affaires *Chypre c. Turquie* (satisfaction équitable) et *Géorgie c. Russie (I)* (satisfaction équitable), c'est au gouvernement requérant de mettre en place, sous la supervision du Comité des Ministres, un mécanisme effectif de distribution des sommes susmentionnées aux victimes individuelles, en tenant compte des indications données par elle, dans les dix-huit mois à compter de la date du paiement par le gouvernement défendeur ou dans tout autre délai que le Comité des Ministres jugera approprié.

Voir aussi

— *Géorgie c. Russie (I)* [GC], 13255/07, 3 juillet 2014, Résumé juridique ;
— *Chypre c. Turquie* (satisfaction équitable) [GC], 25781/94, 12 mai 2014, Résumé juridique ;
— *Lisnyy et autres c. Ukraine et Russie* (déc.), 5355/15 et autres, 5 juillet 2016, Résumé juridique ;
— *Géorgie c. Russie (I)* (satisfaction équitable) [GC], 13255/07, 29 janvier 2019, Résumé juridique ;
— *Ukraine et Pays-Bas c. Russie* (déc.) [GC], 8019/16 et autres, 25 janvier 2023, Résumé juridique.

L.B. V. HUNGARY

Judgment of 9 March 2023

Article 8

Article 8-1 – Respect for private life

– Unjustified publication of applicant's identifying data, including home address, on tax authority website portal, for failing to fulfil his tax obligations: violation

Facts

In accordance with the 2003 Tax Administration Act, the National Tax and Customs Authority published the applicant's personal data (including his name and home address) on its website: initially on a list of major tax defaulters, pursuant to section 55(3) of the Act, and subsequently on a list of major tax debtors, pursuant to section 55(5). Introduced as a tool to tackle non-compliance with tax regulations, the systematic and mandatory publication of major tax debtors' personal data applied to all taxpayers who, at the end of the quarter, owed more than 10 million Hungarian forints (approximately EUR 28,000) in tax for a period longer than 180 consecutive days.

In a judgment of 12 January 2021 (see Legal Summary) a Chamber of the Court held, by five votes to two, that there had been no violation of Article 8 finding that in the circumstances of the case, making the applicant's personal data public had not placed a substantially greater burden on his private life than had been necessary to further the State's legitimate interest.

On 31 May 2021 the case was referred to the Grand Chamber at the applicant's request.

Law

(a) Scope of the case

The Grand Chamber's examination of the case was limited to the second publication of the applicant's personal data on the list of major tax debtors as the first publication on the list of major tax defaulters had terminated more than six months before the lodging of his application before the Court. Further, as delimited by the Chamber's admissibility decision, the Grand Chamber could not entertain the applicant's complaints about his personal data becoming subsequently accessible through the search

L.B. C. HONGRIE

Arrêt du 9 mars 2023

Article 8

Article 8-1 – Respect de la vie privée

– Publication injustifiée, sur le portail internet de l'Autorité fiscale, de renseignements propres à permettre l'identification du requérant, dont l'adresse de son domicile, à raison du manquement de l'intéressé à ses obligations fiscales : violation

En fait

Conformément à la loi de 2003 relative à l'administration fiscale, l'Autorité nationale des impôts et des douanes publia sur son site internet des informations personnelles concernant le requérant (dont son nom et l'adresse de son domicile), tout d'abord sur une liste des principaux contribuables défaillants, en vertu de l'article 55 § 3 de la loi, puis sur une liste des principaux contribuables débiteurs au titre de son article 55 § 5. Introduite comme outil de lutte contre l'inobservation de la réglementation fiscale, la publication systématique et obligatoire des données à caractère personnel des principaux contribuables débiteurs s'appliquait à tous les contribuables qui, à la fin du trimestre, étaient redevables de plus de dix millions de forints hongrois (environ 28 000 EUR) d'impôts pendant une période de plus de 180 jours consécutifs.

Dans un arrêt du 12 janvier 2021 (voir le résumé juridique), une chambre de la Cour a conclu, par cinq voix contre deux, à la non-violation de l'article 8 au motif que, dans les circonstances de l'espèce, la publication des données à caractère personnel du requérant n'avait pas fait peser sur la vie privée de ce dernier une charge bien plus lourde que ce qui était nécessaire pour servir l'intérêt légitime de l'État.

Le 31 mai 2021, l'affaire a été renvoyée devant la Grande Chambre à la demande du requérant.

En droit

a) **L'objet du litige**

L'examen de la Grande Chambre se limite à la deuxième publication des données à caractère personnel du requérant sur la liste des principaux contribuables débiteurs, puisque la première publication sur la liste des principaux contribuables défaillants a pris fin plus de six mois avant la date à laquelle l'intéressé a introduit sa requête devant la Cour. De plus, compte tenu des limites que la chambre a posées à son examen dans sa décision sur la recevabilité, la Grande Chambre ne peut connaître des griefs que le requérant tire de l'accessibilité de ses données à caractère personnel à travers l'interface de recherche sur le site internet de l'Autorité fiscale et de leur

interface of the Tax authority's website and its republication by an online newspaper in the form of a "national map of tax debtors".

(b) Article 8

(i) Whether there was an interference prescribed by law

In the light of the Court's case-law on Article 8, data such as the applicant's name and home address processed and published by the Tax Authority for failing to fulfil his tax payment obligations, had clearly concerned information about his private life. Even though the data was classified as information in the public interest under Hungarian law they were not thereby excluded from the guarantees for the protection of the right to private life. Moreover, even if the effects of appearing on the list of major tax debtors had not been proved to be substantial, certain negative repercussions could not be excluded. Accordingly, the impugned publication might be considered to have entailed interference with the applicant's right to respect for his private life. That interference had been "in accordance with the law", namely section 55(5) of the 2003 Tax Administration Act.

(ii) Legitimate aim

In the first place, the public disclosure of major tax debtors' data had pursued the "interests of ... the economic well-being of the country". Indeed, the measure had been in principle aimed at bringing about improvements in tax discipline through its deterrent effect and might have been capable of achieving this aim. Secondly, by providing third parties with insight into the fiscal situation of tax debtors, the measure had served the transparency and reliability of business relations and thereby "the protection of the rights and freedoms of others".

(iii) Necessary in a democratic society

The main question in the present case was whether a correct balance had been struck between, on the one hand, the above legitimate aims and interests and, on the other hand, the interest of private individuals in protecting certain forms of data retained by the State for tax collection purposes.

Scope and operation of the margin of appreciation

The disputed publication had not been a matter of individual decision by the Tax Authority but had fallen within the scheme set up by the legislature. As the Court had not previously been called on to consider whether, and to what extent, the imposition of a statutory obligation to publish taxpayers' data, including the home address, had been compatible with Article 8, the Court examined the scope and operation of

republication par un journal en ligne sous la forme d'une « carte nationale des contribuables débiteurs ».

b) **Article 8**

i) Sur l'existence d'une ingérence prévue par la loi

Selon la jurisprudence de la Cour sur l'article 8, des données telles que le nom du requérant et son adresse personnelle, qui ont été traitées et publiées par l'Autorité fiscale en l'espèce au motif que l'intéressé n'avait pas respecté ses obligations fiscales, concernent de toute évidence des informations ayant trait à la vie privée. Quand bien même ces données étaient considérées, en vertu du droit hongrois, comme des éléments d'intérêt public, elles n'étaient pas exclues des garanties mises en place en vue de protéger la vie privée. Par ailleurs, même s'il n'a pas été prouvé que les effets engendrés par l'inscription sur la liste des principaux contribuables débiteurs pouvaient être qualifiés d'importants, on ne saurait exclure que certaines répercussions négatives puissent en découler. Partant, la publication litigieuse peut passer pour avoir entraîné une ingérence dans l'exercice par l'intéressé de son droit au respect de sa vie privée. Cette ingérence était « prévue par la loi », plus précisément par l'article 55 § 5 de la loi de 2003 relative à l'administration fiscale.

ii) Sur l'existence d'un but légitime

Premièrement, la divulgation des données à caractère personnel des principaux contribuables débiteurs avait pour but de protéger le « bien-être économique du pays ». En principe, la mesure visait en effet à améliorer la discipline fiscale par son effet dissuasif et était susceptible d'aboutir à la réalisation de cet objectif. Deuxièmement, en fournissant aux tiers des indications sur la situation fiscale des contribuables débiteurs, la mesure visait à garantir la transparence et la fiabilité des relations commerciales et, partant, « la protection des droits et libertés d'autrui ».

III) Nécessaire dans une société démocratique

La question principale en l'espèce est de savoir si un juste équilibre a été ménagé entre, d'une part, les buts et intérêts légitimes mentionnés ci-dessus et, d'autre part, l'intérêt des particuliers à protéger certaines formes de données conservées par l'État aux fins de la perception de l'impôt.

L'étendue et l'application de la marge d'appréciation

La publication litigieuse relevait non pas d'une décision individuelle de l'Autorité fiscale, mais du régime mis en place par le législateur. N'ayant jamais été appelée auparavant à rechercher si, et dans quelle mesure, l'imposition d'une obligation légale de publier des informations concernant des contribuables, notamment l'adresse de leur domicile, est compatible avec l'article 8, la Cour examine la question de l'étendue

the margin of appreciation available to the State when regulating questions of that nature. In this context, it considered the general principles deriving from its case-law on the right to privacy under Article 8, particularly those concerning data protection as well as the principles concerning general measures and the quality of parliamentary review. In that connection, the Court had repeatedly held that the choices made by the legislature were not beyond its scrutiny and had assessed the quality of the parliamentary and judicial review of the necessity of a particular measure.

The Court further had regard to the degree of consensus at national and European level was pertinent. According to the comparative-law survey, in twenty-one of the thirty-four Contracting States surveyed the public authorities might, and in some cases must, disclose publicly the personal data of taxpayers who failed to comply with their payment obligations, subject to certain conditions. At the same time, although within the former group there was great diversity under national legislations as to the scope of the data published and the preconditions for publication, including the amount of unpaid tax debt and the length for which tax debts should be outstanding prior to publication, a majority of the States in that group provided unrestricted access to taxpayer information. Furthermore, only eight of the States surveyed disclosed the home address of taxpayers, while an additional two indicated their municipality of residence.

Taking all the above factors into account, the Court found that the Contracting States enjoyed a wide margin of appreciation when assessing the need to establish a scheme for the dissemination of personal data of taxpayers who failed to comply with their tax payment obligations, as a means, among others, of ensuring the proper functioning of tax collection as a whole. However, the discretion enjoyed by States in this area was not unlimited. In this context, the Court must be satisfied that the competent domestic authorities, be it at a legislative, executive, or judicial level, performed a proper balancing exercise between the competing interests and, at least in substance, had due regard not only to (i) the public interest in dissemination of the information in question, but also to (ii) the nature of the disclosed information; (iii) the repercussions on and risk of harm to the enjoyment of private life of the persons concerned ; (iv) the potential reach of the medium used for the dissemination of the information, in particular, that of the Internet; and also to (v) the basic data protection principles (as set out in the Council of Europe Convention for the Protection of Individuals with regard to Automatic Processing of Personal Data), including those on purpose limitation, storage limitation, data minimisation and data accuracy. In this connection, the existence of procedural safeguards might also play an important role.

Whether the chosen statutory scheme remained within the State's margin of appreciation

An important feature of the mandatory publication scheme had been that the

et de l'application de la marge d'appréciation dont jouit l'État lorsqu'il réglemente des questions de cette nature. Dans ce contexte, elle tient compte des principes généraux qui se dégagent de sa jurisprudence relative au droit au respect de la vie privée tel que garanti par l'article 8, en particulier de ceux concernant la protection des données, les mesures générales et la qualité du contrôle opéré par le législateur. À cet égard, la Cour a dit à plusieurs reprises que les choix opérés par le législateur n'échappent pas à son contrôle et a évalué la qualité de l'examen parlementaire et judiciaire de la nécessité d'une mesure donnée.

La Cour tient également compte du degré de consensus aux niveaux national et européen. Selon l'étude de droit comparé menée aux fins de la présente affaire, dans vingt-et-un des trente-quatre États contractants étudiés les autorités publiques peuvent, et dans certains cas doivent, rendre publiques, à certaines conditions, les données à caractère personnel des contribuables qui ne se sont pas acquittés de leurs obligations de paiement. Au sein de ce groupe d'États, il existe toutefois une grande diversité dans les législations nationales quant à l'étendue des données publiées et aux conditions préalables à leur publication, notamment le montant des impôts impayés et la durée pendant laquelle la dette fiscale doit rester impayée avant qu'il y ait publication, même si la majorité des États de ce groupe prévoit un accès illimité aux informations relatives au contribuable. Par ailleurs, seuls huit des États étudiés divulguent l'adresse du domicile du contribuable, et deux autres indiquent sa commune de résidence.

À la lumière de l'ensemble des éléments exposés ci-dessus, la Cour considère que les États contractants jouissent d'une ample marge d'appréciation pour déterminer, aux fins notamment d'assurer le bon fonctionnement de la perception de l'impôt dans son ensemble, la nécessité d'établir un régime de divulgation de données à caractère personnel concernant les contribuables qui ne s'acquittent pas de leurs obligations de paiement. La latitude dont jouissent les États dans ce domaine n'est toutefois pas illimitée. Dans ce contexte, la Cour doit se convaincre que les autorités nationales compétentes, au niveau législatif, exécutif ou judiciaire, ont correctement mis en balance les intérêts concurrents et dûment tenu compte, au moins en substance, non seulement i) de l'intérêt public à la divulgation des informations en question, mais aussi ii) de la nature des informations divulguées, iii) des répercussions sur l'exercice par les personnes concernées du droit au respect de leur vie privée et du risque d'atteinte à celui-ci, iv) de la portée potentielle du support utilisé pour la diffusion de l'information, en particulier celle d'internet, ainsi que v) des principes fondamentaux de la protection des données (tels qu'énoncés dans la Convention du Conseil de l'Europe pour la protection des personnes à l'égard du traitement automatisé des données à caractère personnel), notamment ceux relatifs à la limitation des finalités, à la limitation de la conservation, à la minimisation des données et à leur exactitude. Dans ce cadre, l'existence de garanties procédurales peut également jouer un rôle important.

Sur le point de savoir si le régime légal choisi relève de la marge d'appréciation de l'État

Un aspect important du régime de publication obligatoire examiné est que

Hungarian Tax Authority had no discretion under domestic law to review the necessity of publishing taxpayers' personal data. Regardless of the existence or not of any subjective fault or other individual circumstances, publication was mandatory and any tax debtors meeting the objective criteria in section 55(5) were systematically identified by their name as well as their home address on the list published by the Tax Authority on its website. The information was published as long as the debt had not been settled or until it was no longer enforceable. In other words, the publication policy as set out in the 2003 Tax Administration Act did not require a weighing-up of the competing individual and public interests or an individualised proportionality assessment by the Tax Authority.

The choice of such a general scheme was not in itself problematic, nor was the publication of taxpayer data as such. The Court, however, had to assess the legislative choices which lay behind the impugned interference and whether the legislature had weighed up the competing interests at stake, given the inclusion of personal data such as a home address. In that context the quality of the parliamentary review of the necessity of the interference had been of central importance in assessing the proportionality of a general measure. In this regard, the central question was not whether less restrictive rules should have been adopted but whether the legislature had acted within the margin of appreciation afforded to it in adopting the general measure and striking the balance it did.

In the present case, there had been no assessment of the likely effects on taxpayer behaviour of the publication schemes that had already existed, notably the section 55(3) scheme (tax defaulters), or any reflection as to why those measures had been deemed insufficient to achieve the intended legislative purpose or as to the potential complementary value of the section 55(5) scheme (tax debtors), aside from the evident fact that certain negative repercussions as to the reputation of the person concerned might follow from being identified as a major tax debtor on the impugned list. In particular, it did not emerge that Parliament had assessed to what extent publication of all the elements of the section 55(5) list, most notably the tax debtor's home address, had been necessary to achieve a deterrent effect, as suggested by the Government, in addition to that of tax defaulters identified on a separate list pursuant to section 55(3). Further, there was no evidence that consideration had been given to the impact of the section 55(5) publication scheme on the right to privacy, and in particular the risk of misuse of the tax debtor's home address by other members of the public. Nor did it appear that consideration had been given to the potential reach of the medium used for the dissemination of the information in question, namely the fact that the publication of personal data on the Tax Authority's website implied that irrespective of the motives in obtaining access to the information anyone, worldwide, who had access to the Internet also had unrestricted access to information about the name as well as the

l'Autorité fiscale hongroise ne disposait en droit interne d'aucun pouvoir d'appréciation pour contrôler la nécessité de publier les données à caractère personnel des contribuables. Indépendamment de l'existence ou non d'une faute subjective ou d'autres circonstances individuelles, la publication était obligatoire et tout contribuable débiteur qui répondait aux critères objectifs de l'article 55 § 5 était systématiquement identifié par son nom et son adresse personnelle dans la liste publiée par l'Autorité fiscale sur son site internet. La publication durait tant que la dette n'avait pas été réglée et jusqu'à ce qu'elle ne fût plus exécutoire. En d'autres termes, le régime de publication mis en place par la loi de 2003 relative à l'administration fiscale n'exigeait pas de mise en balance des intérêts individuels et publics concurrents ou d'appréciation individualisée de la proportionnalité par l'Autorité fiscale.

Le choix d'un tel régime général n'est pas en soi problématique, pas plus que ne l'est en tant que telle la publication de données de contribuables. La Cour doit toutefois se pencher sur les choix législatifs à l'origine de la mesure litigieuse et déterminer si le législateur a mis en balance les intérêts concurrents en jeu, compte tenu de la mention de données à caractère personnel telles que l'adresse du domicile. Dans ce contexte, la qualité du contrôle opéré par le législateur quant à la nécessité de l'ingérence revêt une importance cruciale pour apprécier la proportionnalité d'une mesure générale. À cet égard, la question centrale n'est pas de savoir s'il aurait fallu adopter des règles moins restrictives. Il s'agit plutôt de déterminer si, lorsqu'il a adopté la mesure générale litigieuse et arbitré entre les intérêts en présence, le législateur a agi dans le cadre de sa marge d'appréciation.

En l'espèce, il n'y a eu aucune appréciation des effets que les mécanismes de publication déjà en vigueur, notamment celui prévu à l'article 55 § 3 (contribuables défaillants), pouvaient avoir eu sur le comportement des contribuables, ni aucune réflexion sur les raisons pour lesquelles ces mesures étaient considérées comme insuffisantes pour atteindre le but poursuivi par le législateur ou sur la complémentarité potentielle à cet égard du dispositif prévu à l'article 55 § 5 (contribuables débiteurs), mis à part le fait évident que l'inscription sur la liste des principaux contribuables débiteurs pouvait engendrer des répercussions négatives sur la réputation de la personne concernée. En particulier, il n'apparaît pas que le Parlement ait examiné dans quelle mesure il était nécessaire, pour obtenir l'effet dissuasif invoqué par le Gouvernement, de publier tous les éléments énoncés à l'article 55 § 5, tout particulièrement l'adresse du domicile du contribuable débiteur, en complément des données concernant les contribuables défaillants identifiés dans une liste distincte conformément à l'article 55 § 3. Par ailleurs, rien ne prouve que les conséquences du régime de publication prévu à l'article 55 § 5 sur le droit au respect de la vie privée, notamment le risque d'usage impropre de l'adresse du domicile du contribuable débiteur par d'autres membres du public, aient été prises en considération. Il n'apparaît pas non plus qu'ait été prise en considération la portée potentielle du support utilisé pour la diffusion des informations en question, à savoir le fait que la publication de données à caractère personnel sur le site internet de l'Autorité fiscale supposait qu'indépendamment des raisons justifiant l'accès à ces informations quiconque dans le monde avait accès à internet avait également un accès illimité aux informations relatives au nom ainsi qu'à l'adresse personnelle de chaque contribuable débiteur figurant sur la liste, avec le risque que la

home address of each tax debtor on the list, with the risk of republication as a natural, probable and foreseeable consequence of the original publication.

Thus, in so far as it could be said that publication of that list corresponded to a public interest, Parliament did not appear to have considered to what extent publication of all the data in question, and in particular the tax debtor's home address, had been necessary in order to achieve the original purpose of the collection of relevant personal data in the interests of the economic well-being of the country. Given the rather sensitive nature of such information, sufficient parliamentary consideration had been particularly important in the facts of the case. Data protection considerations seemed to have featured little, if at all, in the preparation of the section 55(5) publication scheme, despite the growing body of binding national and EU data protection requirements applicable in domestic law.

While the Court accepted that the legislature's intention had been to enhance tax compliance, and that adding the taxpayer's home address ensured accuracy in the information being published, it did not appear that the legislature had contemplated taking measures to devise appropriately tailored responses in the light of the principle of data minimisation.

Consequently, given the systematic publication of taxpayer data, which included taxpayers' home addresses, the Court was not satisfied, notwithstanding the margin of appreciation of the respondent State, that the reasons relied on by the Hungarian legislature in enacting the section 55(5) publication scheme, although relevant, had been sufficient to show that the interference complained of had been "necessary in a democratic society" and that the authorities of the respondent State had struck a fair balance between the competing interests at stake.

Conclusion: violation (fifteen votes to two).

Article 41

The finding of a violation constituted sufficient just satisfaction in respect of any non-pecuniary damage sustained.

See also

- *Animal Defenders International v. the United Kingdom* [GC], 48876/08, 22 April 2013, Legal Summary;
- *Satakunnan Markkinapörssi Oy and Satamedia Oy v. Finland* [GC], 931/13, 27 June 2017, Legal Summary.

republication soit une conséquence naturelle, probable et prévisible de la publication initiale.

Ainsi, pour autant qu'il puisse être considéré que la publication de cette liste répondait à un intérêt général, le Parlement ne paraît pas avoir examiné dans quelle mesure la publication de toutes les données en question, en particulier de l'adresse du domicile du contribuable débiteur, était nécessaire à la réalisation de l'objectif initialement poursuivi par la collecte des données à caractère personnel pertinentes, à savoir l'intérêt du bien-être économique du pays. Compte tenu de la nature relativement sensible de ces informations, un examen parlementaire suffisant était particulièrement important dans les circonstances de l'espèce. Les considérations relatives à la protection des données semblent n'avoir guère, voire pas du tout, été prises en compte dans la préparation du régime de publication prévu à l'article 55 § 5, alors même que le corpus de normes nationales et européennes contraignantes en matière de protection des données applicables en droit interne ne cessait de s'étoffer.

Tout en admettant que l'intention du législateur était de renforcer le respect des obligations fiscales et qu'ajouter l'adresse du domicile du contribuable permettait de garantir l'exactitude des informations publiées, il n'apparaît pas que le législateur ait envisagé de prendre des mesures pour concevoir des réponses adaptées eu égard au principe de la minimisation des données.

Par conséquent, compte tenu du caractère systématique de la publication des données relatives aux contribuables, notamment leur adresse personnelle, la Cour n'est pas convaincue, nonobstant la marge d'appréciation dont disposait l'État défendeur, que les motifs invoqués par le législateur hongrois lors de l'adoption du régime de publication prévu à l'article 55 § 5, bien que pertinents, suffisent à démontrer que l'ingérence litigieuse était « nécessaire dans une société démocratique » et que les autorités de l'État défendeur ont ménagé un juste équilibre entre les intérêts concurrents en jeu.

Conclusion : violation (quinze voix contre deux).

Article 41

Le constat d'une violation fournit en lui-même une satisfaction équitable suffisante pour tout dommage moral pouvant avoir été subi par le requérant.

Voir aussi

– *Animal Defenders International c. Royaume-Uni* [GC], 48876/08, 22 avril 2013, Résumé juridique ;
– *Satakunnan Markkinapörssi Oy et Satamedia Oy c. Finlande* [GC], 931/13, 27 juin 2017, Résumé juridique.

HALET V. LUXEMBOURG

Judgment of 14 February 2023

Article 10

Article 10-1 – Freedom of expression

Freedom to impart information

– Criminal fine of EUR 1,000 for disclosing to the media confidential documents from a private-sector employer concerning the tax practices of multinational companies ("Luxleaks"): violation

Facts

The applicant was employed by the company PricewaterhouseCoopers (PwC), which provides auditing, tax advice and business management services. In particular, PwC prepares tax returns on behalf of its clients and requests advance tax rulings (tax rescripts, or "ATAs") from the tax authorities.

Between 2012 and 2014 several hundred of these confidential documents were published by various media outlets, in order to draw attention to highly advantageous tax agreements concluded between PwC, acting on behalf of multinational companies, and the Luxembourg tax authorities between 2002 and 2012 (the so-called "Luxleaks" affair). In 2011 45,000 pages had been transmitted to the journalist E.P. by A.D., a former employee of PwC. Following the ensuing revelations, the applicant had decided to hand over to E.P., in 2012, fourteen tax returns by multinational companies and two covering letters. Some of these sixteen documents were used by E.P. in a second "Cash Investigation" television programme, shown in 2013, one year after the first programme on the same topic had been broadcast.

The applicant was dismissed by PwC. He was then convicted in criminal proceedings, as the national courts did not grant him the defence of whistle-blower status. In contrast, A.D. was acquitted, as a whistle-blower.

In a judgment of 11 May 2021 (see Legal summary), a Chamber of the Court held, by five votes to two, that there had been no violation of Article 10, given that the applicant's disclosure to the media of confidential PwC documents had been of insufficient public interest to counterbalance the harm caused to the company, and that the sanction, a criminal fine of 1,000 euros (EUR), had been proportionate. On 6 September 2021 the case was referred to the Grand Chamber at the applicant's request.

HALET C. LUXEMBOURG

Arrêt du 14 février 2023

Article 10

Article 10-1 – Liberté d'expression

Liberté de communiquer des informations

– 1000 EUR d'amende pénale pour la divulgation aux médias de documents confidentiels de son employeur privé relatifs aux pratiques fiscales des multinationales (Luxleaks) : violation

En fait

Le requérant était employé par la société PricewaterhouseCoopers (PwC), qui propose des services d'audit, de conseil fiscal et de conseil en gestion d'entreprise. PwC établit notamment des déclarations fiscales au nom et pour le compte de ses clients et demande auprès de l'administration fiscale luxembourgeoise des décisions fiscales anticipées (rescrits fiscaux ou ATA).

Entre 2012 et 2014, plusieurs centaines de ces documents confidentiels furent rendues publiques dans différents médias pour mettre en lumière des accords fiscaux très avantageux passés entre PwC pour le compte de sociétés multinationales et l'administration fiscale luxembourgeoise entre 2002 et 2012 (affaire dite « Luxleaks »). En 2011, 45 000 pages avaient été remises au journaliste E.P. par A.D. un ancien employé de PwC. Suite aux révélations qui suivirent, le requérant avait décidé de remettre à E.P., en 2012, quatorze déclarations fiscales de sociétés multinationales et deux courriers d'accompagnement. Quelques-uns de ces seize documents furent utilisés par E.P. lors d'une seconde émission télévisée « Cash investigation » diffusée en 2013, un an après la diffusion de la première consacrée à la même question.

Le requérant a été licencié par PwC. Puis il a été condamné pénalement, les juridictions ne lui ayant pas accordé la justification du lanceur d'alerte. À l'inverse, A.D. a été acquitté en tant que lanceur d'alerte.

Par un arrêt du 11 mai 2021 (voir Résumé juridique), une chambre de la Cour a conclu, par cinq voix contre deux, à la non-violation de l'article 10 étant donné que la divulgation par le requérant aux médias des documents confidentiels de PwC était sans intérêt public suffisant pour pondérer le dommage causé à l'entreprise et que la sanction de 1000 euros (EUR) d'amende pénale était proportionnée. Le 6 septembre 2021, l'affaire a été renvoyée devant la Grande Chambre à la demande du requérant.

Law

Article 10

The impugned conviction constituted an interference with the applicant's exercise of his right to freedom of expression. It had been prescribed by law and had pursued at least one of the legitimate aims, namely the protection of the reputation or rights of others (PwC).

1. General principles established in the Court's case-law

The concept of "whistle-blower" had not, to date, been given an unequivocal legal definition at international and European level, and the Court intended to maintain the approach of refraining from providing an abstract and general definition. Additionally, the question of whether an individual who claimed to be a whistle-blower benefited from the protection offered by Article 10 of the Convention called for an assessment which took account of the circumstances of each case and the context in which it occurred.

The Court had developed a body of case-law which protected "whistle-blowers", without using this specific terminology. In the *Guja v. Moldova* [GC] judgment, it had identified for the first time the review criteria for assessing whether and to what extent an individual divulging confidential information obtained in his or her workplace could rely on the protection of Article 10 of the Convention, and specified the circumstances in which the sanctions imposed were such as to interfere with the right to freedom of expression.

The protection regime for the freedom of expression of whistle-blowers was likely to be applied where the private-sector employee (*Heinisch v. Germany*), public-sector employee (*Bucur and Toma v. Romania, Gawlik v. Liechtenstein*), or civil servant (*Guja*) concerned was the only person, or part of a small category of persons, aware of what was happening in the workplace and was thus best placed to act in the public interest by alerting the employer or the public at large. It was the de facto working relationship of the whistle-blower, rather than his or her specific legal status, which was decisive. The protection enjoyed by whistle-blowers was based on the need to take account of characteristics specific to the existence of a work-based relationship: on the one hand, the duty of loyalty, reserve and discretion inherent in the subordinate relationship entailed by it, and, where appropriate, the obligation to comply with a statutory duty of secrecy (where such a duty did not exist, the Court did not enquire into the kind of issue which had been central in the case-law on whistle-blowing); on the other, the position of economic vulnerability vis-à-vis the person, public institution or enterprise on which they depended for employment and the risk of suffering retaliation from them. Employees' duty of loyalty, reserve and discretion meant that, in the search for a fair balance, regard had to be had to the limits on the right to freedom of expression and the reciprocal rights and obligations specific to employment contracts and the professional environment.

The Court attached importance to the stability and foreseeability of its case-law

En droit

Article 10

La condamnation litigieuse constitue une ingérence dans l'exercice par le requérant du droit à la liberté d'expression. Elle était prévue par la loi et poursuivait au moins l'un des buts légitimes à savoir la protection de la réputation ou des droits d'autrui (PwC).

1. Principes généraux qui se dégagent de la jurisprudence de la Cour

La notion de « lanceur d'alerte » ne fait pas l'objet, à ce jour, d'une définition juridique univoque au niveau international et européen et la Cour entend maintenir son abstention d'en consacrer une abstraite et générale. En outre, la question de savoir si une personne qui prétend être un lanceur d'alerte bénéficie de la protection offerte par l'article 10 appelle un examen qui s'effectue non de manière abstraite mais en fonction des circonstances de chaque affaire et du contexte dans lequel elle s'inscrit.

La Cour a construit une jurisprudence protectrice des « lanceurs d'alerte », sans employer expressément cette terminologie. Dans l'arrêt *Guja c. Moldova* [GC], elle a défini pour la première fois la grille de contrôle permettant de déterminer si et dans quelle mesure l'auteur d'une divulgation portant sur des informations confidentielles obtenues sur son lieu de travail, pouvait invoquer la protection de l'article 10 ; et dans quelles conditions les sanctions infligées étaient de nature à porter atteinte au droit à la liberté d'expression.

Le régime protecteur de la liberté d'expression des lanceurs d'alerte est susceptible de s'appliquer lorsque l'employé du secteur privé (*Heinisch c. Allemagne*) ou public (*Bucur et Toma c. Roumanie, Gawlik c. Liechtenstein*), ou le fonctionnaire (*Guja c. Moldova* [GC]) concerné est seul à savoir – ou fait partie d'un petit groupe dont les membres sont seuls à savoir – ce qui se passe sur son lieu de travail et se trouve ainsi le mieux placé pour agir dans l'intérêt général en avertissant son employeur ou l'opinion publique. C'est la relation de travail de facto dans laquelle s'inscrit le lancement d'alerte plutôt que le statut juridique spécifique du lanceur d'alerte qui est déterminante. La protection de celui-ci repose sur la prise en compte de caractéristiques propres à l'existence d'une relation de travail : d'une part, le devoir de loyauté, de réserve et de discrétion inhérent au lien de subordination qui en découle ainsi que, le cas échéant, l'obligation de respecter un secret prévu par la loi (en effet, dans les cas où ce devoir n'existe pas, la Cour ne se penche pas sur le type de problématique qui joue un rôle central dans la jurisprudence relative aux donneurs d'alerte); d'autre part, la position de vulnérabilité notamment économique vis-à-vis de la personne, de l'institution publique ou de l'entreprise dont ils dépendent pour leur travail, ainsi que le risque de subir des représailles de la part de celle-ci. Le devoir de loyauté, de réserve et de discrétion des employés conduit à devoir tenir compte, dans la recherche d'un juste équilibre, des limites du droit à la liberté d'expression et des droits et obligations réciproques propres aux contrats de travail et au milieu professionnel.

Attachée à la stabilité de sa jurisprudence et à l'importance que revêt, en termes

in terms of legal certainty and, since the *Guja* judgment, had consistently applied the criteria identified in it. Nonetheless, the context had changed, whether in terms of the place now occupied by whistle-blowers in democratic societies and the leading role they were liable to play by bringing to light information that was in the public interest, or in terms of the development of the European and international legal framework for their protection. In consequence, the Court considered it appropriate to confirm and consolidate the principles established in its case-law with regard to the protection of whistle-blowers, by refining the six criteria for their implementation (below):

(1) The channels used to make the disclosure

Public disclosure was to be envisaged only as a last resort, where it was manifestly impossible to do otherwise. The internal hierarchical channel was, in principle, the best means for reconciling employees' duty of loyalty with the public interest served by disclosure. However, this order of priority was not absolute. Certain circumstances could justify the direct use of "external reporting", where the internal reporting channel was unreliable or ineffective, where the whistle-blower was likely to be exposed to retaliation or where the information that he or she wished to disclose pertained to the very essence of the activity of the employer concerned. Referring to Recommendation CM/Rec(2014)7 of the Committee of Ministers of the Council of Europe on the protection of whistleblowers, the Court pointed out that the criterion relating to the reporting channel had to be assessed in the light of the circumstances of each case, particularly in order to determine the most appropriate channel.

(2) The authenticity of the disclosed information

Whistle-blowers could not be required, at the time of reporting, to establish the authenticity of the disclosed information. They could not be refused the protection granted by Article 10 of the Convention on the sole ground that the information had subsequently been shown to be inaccurate. Nonetheless, they were required to behave responsibly by seeking to verify, in so far as possible, that the information they sought to disclose was authentic before making it public.

(3) Good faith

In assessing this criterion, the Court verified whether the applicant had been motivated by a desire for personal advantage, held any personal grievance against his or her employer, or whether there was any other ulterior motive for the relevant actions. It could have regard to the content of the disclosure and find that there had been "no appearance of any gratuitous personal attack" (*Matúz v. Hungary*). The addressees of the disclosure were also an element in assessing good faith. Thus, the Court had taken account of the fact that the individual concerned "did not have immediate recourse to the media or the dissemination of flyers in order to attain maximum public attention", or that he or she had first attempted to remedy the situation complained of within the company itself.

de sécurité juridique, la prévisibilité de celle-ci, la Cour a, depuis l'arrêt Guja, appliqué avec constance ses critères. Pour autant, le contexte actuel a évolué, qu'il s'agisse de la place qu'occupent les lanceurs d'alerte dans les sociétés démocratiques et du rôle de premier plan qu'ils sont susceptibles de jouer en mettant au jour des informations d'intérêt public ou du développement du cadre juridique européen et international les protégeant. La Cour estime dès lors opportun de confirmer et consolider les principes qui se dégagent de sa jurisprudence en matière de protection des lanceurs d'alerte, en en affinant les six critères de mise en œuvre (ci-après) :

1) Les moyens utilisés pour procéder à la divulgation

La divulgation au public ne doit être envisagée qu'en dernier ressort, en cas d'impossibilité manifeste d'agir autrement. La voie hiérarchique interne permet en principe de concilier au mieux le devoir de loyauté des employés avec l'intérêt public que présente l'information divulguée. Mais cet ordre de priorité ne revêt pas un caractère absolu. Certaines circonstances peuvent justifier le recours direct à une « voie externe de dénonciation » lorsque la voie de divulgation interne manque de fiabilité ou d'effectivité, que le lanceur d'alerte risque de s'exposer à des représailles ou lorsque l'information qu'il entend divulguer porte sur l'essence même de l'activité de l'employeur concerné. En renvoyant à la Recommandation CM/Rec(2014)7 du Comité des Ministres du Conseil de l'Europe sur la protection des lanceurs d'alerte, la Cour souligne que le critère relatif au canal de signalement doit être apprécié en fonction des circonstances de chaque affaire, notamment afin de déterminer le canal le plus approprié.

2) L'authenticité de l'information divulguée

Il ne saurait être exigé d'un lanceur d'alerte qu'il établisse, au moment de procéder au signalement, l'authenticité des informations divulguées. Celui-ci ne saurait être exclu de la protection que lui confère l'article 10 au seul motif qu'il s'est par la suite avéré qu'elle était inexacte. Néanmoins il lui incombe d'agir de façon responsable en s'efforçant de vérifier, autant que faire se peut, l'authenticité de l'information qu'il souhaite divulguer, avant de la rendre publique.

3) La bonne foi

Pour l'apprécier, la Cour vérifie si le requérant était ou non motivé par le désir de tirer un avantage personnel de son acte, notamment un gain pécuniaire, s'il avait un grief personnel à l'égard de son employeur ou s'il était mû par une autre intention cachée. Elle peut tenir compte du contenu de la divulgation et relever « l'absence d'attaque personnelle gratuite » (*Matúz c. Hongrie*). Les destinataires de la divulgation constituent également un élément de son appréciation. La Cour a ainsi tenu compte du fait que l'intéressé n'avait pas « immédiatement fait intervenir les médias ni distribuer de tracts pour susciter le maximum d'intérêt dans l'opinion publique » ou encore qu'il avait tenté de remédier à la situation qu'il dénonçait d'abord au sein de l'entreprise.

The criterion of good faith was not unrelated to that of the authenticity of the disclosed information. In this connection, the Court had stated that it "[did] not have reasons to doubt that the applicant, in making the disclosure, acted in the belief that the information was true and that it was in the public interest to disclose it" (*Gawlik v. Liechtenstein*). In contrast, an applicant whose allegations were based on a mere rumour and who had no evidence to support them had not been considered to have acted in "good faith" (*Soares v. Portugal*).

(4) The public interest in the disclosed information

In the general context of cases concerning Article 10, the interest which the public could have in particular information could be so strong as to override even a legally imposed duty of confidentiality. Thus, the fact of permitting public access to official documents, including taxation data, had been found to be designed to secure the availability of information for the purpose of enabling a debate on matters of public interest.

In cases concerning the protection of whistle blowers, the Court focused on establishing whether the disclosed information was in the "public interest". This was to be assessed in the light of both the content of the disclosed information and the principle of its disclosure.

The range of information of public interest that could fall within the scope of whistle-blowing had been defined broadly in the Court's case-law: on the one hand, it concerned acts involving "abuse of office", "improper conduct" and "illegal conduct or wrongdoing", and, on the other, "shortcomings" or information reporting on "questionable" and "debatable" conduct or practices. It included the reporting by an employee of (1) unlawful acts, practices or conduct in the workplace, or (2) of acts, practices or conduct which, although legal, were reprehensible. It could also apply (3) to certain information that concerned the functioning of public authorities in a democratic society and sparked a public debate, giving rise to controversy likely to create a legitimate interest on the public's part in having knowledge of the information in order to reach an informed opinion as to whether or not it revealed harm to the public interest. The weight of the public interest in the disclosed information would decrease depending on whether the content of the information related to the category (1), (2) or (3).

Although this information concerned, in principle, public authorities or public bodies, it could not be ruled out that it could also, in certain cases, concern the conduct of private parties, such as companies, who also inevitably and knowingly laid themselves open to close scrutiny of their acts, particularly with regard to commercial practices, the accountability of the directors of companies, non-compliance with tax obligations, or the wider economic good.

The public interest could not be assessed independently of the grounds for restriction explicitly listed in Article 10 § 2 and the interests that it sought to protect, particularly where the disclosure involved information concerning not only the employer's activities but also those of third parties.

Furthermore, in addition to the national level, the public interest had also to be

Le critère de la bonne foi n'est pas sans lien avec celui de l'authenticité de l'information divulguée. À cet égard, la Cour « n'avait pas de raisons de douter que le requérant, en effectuant la divulgation litigieuse, avait agi avec la conviction que l'information était vraie et qu'il était dans l'intérêt public de la divulguer » (*Gawlik c. Liechtenstein*). En revanche, ne pouvait être considéré comme ayant agi de « bonne foi » un requérant dont les allégations étaient fondées sur une simple rumeur et qui ne disposait d'aucun élément de preuve à l'appui de celles-ci (*Soares c. Portugal*).

4) L'intérêt public que présente l'information divulguée

Dans le contexte général des affaires relatives à l'article 10, l'intérêt de l'opinion publique pour certaines informations peut parfois être si grand qu'il peut l'emporter sur une obligation de confidentialité imposée par la loi. Ainsi, le fait d'autoriser l'accès du public à des documents officiels, y compris à des données fiscales, a été regardé comme visant à garantir la disponibilité d'informations aux fins de permettre la tenue d'un débat sur des questions d'intérêt général.

Dans les affaires concernant la protection des lanceurs d'alerte, la Cour s'attache à rechercher si l'information divulguée présente un « intérêt public ». Celui-ci s'apprécie tant au regard du contenu de l'information divulguée que du principe de sa divulgation.

Le périmètre des informations d'intérêt public susceptibles de relever du champ du lancement d'alerte est largement défini dans la jurisprudence de la Cour : il porte d'une part sur des actes relevant de l'« abus de fonction », des « agissements irréguliers » ainsi que « des conduites ou actes illicites » et d'autre part sur des « dysfonctionnements » ou faisant état de comportements ou de pratiques « contestables », « discutables ». Il recouvre 1) le signalement par un employé des actes, des pratiques ou des comportements illicites, sur le lieu de travail, ou 2) de ceux qui sont répréhensibles, tout en étant légaux. Et pourraient aussi en relever 3) des informations touchant au fonctionnement des autorités publiques dans une société démocratique et provoquant, dans le public, un débat suscitant des controverses de nature à faire naître un intérêt légitime de celui-ci à en connaître, afin de se forger une opinion éclairée sur la question de savoir si elles révèlent ou non une atteinte à l'intérêt public. Le poids de l'intérêt public va décroissant selon que le contenu des informations concerne le point 1), 2) ou 3).

Si ces informations concernent en principe les autorités ou instances publiques, elles pourraient, dans certains cas, porter sur le comportement d'acteurs privés, telles les entreprises, qui s'exposent aussi inévitablement et sciemment à un contrôle attentif de leurs actes, notamment s'agissant des pratiques commerciales, de la responsabilisation de leurs dirigeants, du non-respect des obligations fiscales, ou du bien économique au sens large.

L'intérêt public ne saurait s'apprécier indépendamment des motifs de restriction expressément prévus par l'article 10 § 2 et des intérêts qu'il vise à protéger notamment lorsque la divulgation porte sur des informations sur les activités de l'employeur mais aussi des tiers.

Par ailleurs, en sus de l'échelle nationale, il doit être apprécié sur celle supra-

at assessed at the supranational – European or international – level, or with regard to other States and their citizens.

In conclusion, the mere fact that the public could be interested in a wide range of subjects was not sufficient to justify confidential information about these subjects being made public. The question of whether or not a disclosure made in breach of a duty of confidentiality served a public interest, such as to attract the special protection to which whistle-blowers might be entitled under Article 10 of the Convention, called for an assessment which took account of the circumstances of each case and the context in which it occurred.

(5) The detriment caused

The detriment to the employer represented the interest which had to be weighed up against the public interest in the disclosed information. Initially developed with regard to public authorities or State-owned companies, this criterion, like the interest in the disclosure of information, was public in nature. However, private interests could also be affected, for example by challenging a private company or employer on account of its activities and causing it, and in certain cases third parties, financial and/or reputational damage. Nonetheless, such disclosures could also give rise to other detrimental consequences, by affecting, at one and the same time, public interests, such as, in particular, the wider economic good, the protection of property, the preservation of a protected secret such as confidentiality in tax matters or professional secrecy, or citizens' confidence in the fairness and justice of States' fiscal policies

In those circumstances, the Court considered it necessary to fine-tune the terms of the balancing exercise to be conducted between the competing interests at stake: over and above the sole detriment to the employer, it was the detrimental effects, taken as a whole, that the disclosure in issue was likely to entail which had to to be taken into account in assessing the proportionality of the interference with the right to freedom of expression of whistle-blowers protected by Article 10.

(6) The severity of the sanction

Sanctions against whistle-blowers could take different forms, whether professional, disciplinary or criminal. In this regard, an applicant's removal or dismissal without notice constituted the heaviest sanction possible under labour law, given the negative repercussions on the applicant's career but also the risk of discouraging the reporting of any improper conduct, which worked to the detriment of society as a whole. The use of criminal proceedings could be incompatible with the exercise of the whistle-blower's freedom of expression, having regard to the repercussions on the individual making the disclosure and the chilling effect on other persons. However, in many instances, depending on the content of the disclosure and the nature of the duty of confidentiality or secrecy breached by it, the conduct of the person concerned could legitimately amount to a criminal offence.

Moreover, one and the same act could give rise to a combination of sanctions

nationale – européenne ou internationale – ou pour des États tiers et leurs citoyens.

En conclusion, la seule circonstance que le public puisse être intéressé par un vaste éventail de sujets ne saurait suffire en soi à justifier que des informations confidentielles sur ces sujets soient rendues publiques. La question de savoir si une divulgation en méconnaissance d'un devoir de confidentialité sert ou non un intérêt public, de telle sorte qu'elle mérite la protection spéciale des lanceurs d'alerte, appelle un examen qui s'effectue non de manière abstraite mais en fonction des circonstances de chaque affaire et du contexte dans lequel elle s'inscrit.

5) Le préjudice causé

Le préjudice causé à l'employeur constitue l'intérêt qu'il convient de mettre en balance avec l'intérêt public que présente l'information divulguée. Initialement forgé s'agissant d'administrations ou d'entreprises publiques, ce critère revêtait, à l'instar de l'intérêt que présentait la divulgation des informations, un caractère public. Mais des intérêts privés peuvent aussi être affectés en mettant en cause notamment une entreprise ou un employeur privé, en raison de ses activités et lui causer, ainsi qu'à des tiers, le cas échéant, un préjudice financier et/ou réputationnel. Pour autant, une telle divulgation peut également provoquer d'autres effets dommageables, en affectant, d'un même mouvement, des intérêts publics, tels que notamment le bien économique en général, la protection de la propriété, la préservation d'un secret protégé tels le secret fiscal ou le secret professionnel, ou la confiance des citoyens dans l'équité et la justice des politiques fiscales des États.

Dans ces conditions, la Cour estime nécessaire d'affiner les termes de l'opération de mise en balance à effectuer entre les intérêts concurrents en jeu : au-delà du seul préjudice causé à l'employeur, c'est l'ensemble des effets dommageables que la divulgation litigieuse est susceptible d'entraîner qu'il convient de prendre en compte pour statuer sur le caractère proportionné de l'ingérence dans le droit à la liberté d'expression des lanceurs d'alerte protégés par l'article 10.

6) La sévérité de la sanction

Les sanctions contre les lanceurs d'alerte peuvent prendre différentes formes aussi bien professionnelles, disciplinaires, que pénales. À cet égard, la révocation ou le licenciement sans préavis d'un requérant constituait la sanction la plus lourde possible en droit du travail au regard des répercussions très négatives sur la carrière du requérant, mais également du risque de décourager le signalement d'agissements irréguliers allant aussi à l'encontre de l'ensemble de la société. L'utilisation de la voie pénale a pu être incompatible avec l'exercice de la liberté d'expression du lanceur d'alerte, eu égard aux répercussions sur son auteur et à l'effet dissuasif vis-à-vis d'autres personnes (*Martchenko c. Ukraine*). Cependant, dans de nombreux cas, selon le contenu de la divulgation et la nature du devoir de confidentialité ou de secret qu'elle méconnaît, le comportement de la personne peut légitimement constituer une infraction pénale.

Par ailleurs, un même acte pourrait donner lieu à un cumul de sanctions ou

or lead to multiple repercussions, whether professional, disciplinary, civil or criminal. Thus, in certain circumstances, the cumulative effect of a criminal conviction or the aggregate amount of financial penalties could not be considered as having had a chilling effect on the exercise of freedom of expression. Nonetheless, the nature and severity of the penalties imposed were factors to be taken into account when assessing the proportionality of an interference with the right to freedom of expression. The same applied to the cumulative effect of the various sanctions imposed on an applicant.

The Court verified compliance with the various *Guja* criteria taken separately, without establishing a hierarchy between them or indicating the order in which they were to be examined, which, while it had varied from one case to another, had never an impact on the outcome of the case. However, in view of their interdependence, it was after undertaking a global analysis of all these criteria that it ruled on the proportionality of an interference.

2. Application of these principles to the present case

The present case was characterised by the following features: on the one hand, the fact that the applicant's employer was a private entity, and, on the other, the fact that a statutory obligation to observe professional secrecy existed over and above the duty of loyalty which usually governed employee-employer working relationships; and, lastly, the fact that a third party had already made revelations concerning the activities of the same employer prior to the impugned disclosures. Despite its specific context, it raised similar issues to those already examined by the Court. In this case, the Court of Appeal had diligently applied, one by one, the *Guja* criteria to the factual circumstances in order to determine whether or not the applicant's criminal conviction could have amounted to a disproportionate interference with his right to respect for freedom of expression.

(i) **Whether other channels existed to make the disclosure**

The Court of Appeal had accepted, in line with the Court's case-law, that the tax-optimisation practices for the benefit of large multinational companies and the tax returns prepared by PwC had been legal. There had therefore been nothing wrongful about them, within the meaning of the law, which would have justified an attempt by the applicant to alert his hierarchy. Accordingly, effective respect for the right to impart information of public interest implied that direct use of an external reporting channel, including the media, was to be considered acceptable.

(ii) **The authenticity of the disclosed information and**

(iii) **The applicant's good faith**

The Court did not depart from the Court of Appeal's findings as to the "accuracy and authenticity" of the documents handed over to the journalist and the applicant's good faith.

engendrer de multiples répercussions, sur le plan professionnel, disciplinaire, civil ou pénal. Ainsi, dans certaines circonstances, l'effet cumulé d'une condamnation pénale ou du montant global des sanctions financières ne saurait être considéré comme ayant eu un effet dissuasif sur l'exercice de la liberté d'expression. Néanmoins, la nature et la lourdeur des peines infligées constituent des éléments à prendre en compte lorsqu'il s'agit de mesurer la proportionnalité d'une atteinte au droit à la liberté d'expression. Il en va de même de l'effet cumulé des différentes sanctions imposées à un requérant.

La Cour examine le respect des différents critères Guja, de manière autonome, sans établir de hiérarchie entre eux ni d'ordre d'examen qui ayant déjà pu varier n'a jamais eu d'incidence sur l'issue de l'affaire. Toutefois, compte tenu de leur interdépendance, c'est au terme d'un examen global de l'ensemble de ces critères qu'elle se prononce sur la proportionnalité d'une ingérence.

2. Application de ces principes au cas d'espèce

La présente affaire est caractérisée : d'une part, par le fait que l'employeur du requérant était une personne privée, d'autre part, par la circonstance qu'une obligation de respecter le secret professionnel prévu par la loi s'ajoutait au devoir de loyauté qui préside normalement aux relations de travail entre un employé et son employeur et enfin, par l'intervention antérieure aux divulgations litigieuses de révélations concernant les activités du même employeur effectuées par un tiers. En dépit de son contexte spécifique, elle soulève des questions similaires à celles déjà examinées par la Cour. En l'espèce, la Cour d'appel a appliqué avec diligence, un à un, les critères Guja aux circonstances de fait pour déterminer si la condamnation pénale du requérant pouvait constituer ou non une ingérence disproportionnée dans son droit au respect de la liberté d'expression.

i) Quant à l'existence d'autres moyens pour procéder à la divulgation

La Cour d'appel a admis en cohérence avec la jurisprudence de la Cour que les pratiques d'optimisation fiscale au bénéfice des grandes multinationales et les déclarations fiscales préparées PwC étaient légales. Elles ne révélaient donc rien de répréhensible, au sens de la loi, qui aurait justifié que le requérant tente d'alerter sa hiérarchie. Dès lors, le respect effectif du droit de communiquer des informations présentant un intérêt public suppose d'admettre le recours direct à une voie externe de divulgation pouvant se traduire par la saisine des médias.

ii) Quant à l'authenticité de l'information divulguée et

iii) Quant à la bonne foi du requérant

La Cour ne remet pas en question les conclusions de la Cour d'appel quant à « l'exactitude et l'authenticité » des documents transmis au journaliste et quant à la bonne foi du requérant.

(iv) The balancing of the public interest in the disclosed information and the detrimental effects of the disclosure

The dispute in the present case could not be considered in terms of a conflict of rights, but called for an assessment, under Article 10 alone, of the fair balance that had to be struck between competing interests.

– *The context of the impugned disclosure* – The background to a disclosure could play a crucial role in assessing the weight of the public interest attached to the disclosure of information when set against the damaging effects entailed by it. The applicant had handed over the documents in question to E.P. a few months after the first Cash Investigation programme, challenging the practice of ATAs and the Luxembourg tax authorities, had been broadcast. The Court of Appeal had found that these documents had not provided any previously unknown information, so that the harm caused to the employer had "outweighed the general interest" entailed by the disclosure. However, a public debate could be of an ongoing nature. Accordingly, the sole fact that a public debate on tax practices in Luxembourg had already been underway when the applicant disclosed the impugned information could not in itself rule out the possibility that this information might also have been of public interest.

– *The public interest of the disclosed information* – The purpose of whistle-blowing was not only to uncover and draw attention to information of public interest, but also to bring about change in the situation to which that information related, where appropriate, by securing remedial action by the competent public authorities or the private persons concerned, such as companies. It was sometimes necessary for the alarm to be raised several times on the same subject before complaints were effectively dealt with. Accordingly, the fact that a debate on the practices of tax avoidance and tax optimisation practices in Luxembourg had already been in progress when the impugned documents were disclosed could not suffice to reduce their relevance.

The impugned information was not only apt be regarded as "alarming or scandalous", as the Court of Appeal had held, but also provided fresh insight and undeniably contributed to an important debate on "tax avoidance, tax exemption and tax evasion", by making available information about the amount of profits declared by the multinational companies in question, the political choices made in Luxembourg with regard to corporate taxation, and their implications in terms of tax fairness and justice, at European level and, in particular, in France.

The applicant had not selected the tax returns for disclosure in order to supplement the ATAs already in the journalist's possession, but solely because the multinational companies concerned were well known. This had not been devoid of relevance and importance in the context of the debate already underway. The scope of tax returns providing information on a company's financial situation and assets was much easier to grasp than the complex legal and financial structures on which tax optimisation practices, involving important economic and social issues, were based. In addi-

iv) **Quant à la mise en balance entre l'intérêt public que présente l'information divulguée et les effets dommageables de la divulgation**

La question en litige ne saurait être appréhendée sous l'angle d'un conflit de droits, mais appelle un examen, au regard du seul Article 10, du juste équilibre à ménager entre intérêts divergents.

– *Quant au contexte de la divulgation litigieuse* – Le contexte entourant une divulgation peut jouer un rôle crucial dans l'appréciation du poids de l'intérêt public que revêt la révélation de l'information par rapport aux effets dommageables qu'elle a entraînés. Le requérant a remis les documents litigieux à E.P. quelques mois après la diffusion de la première émission Cash investigation mettant en cause la pratique des ATAs et l'administration fiscale luxembourgeoise. Pour la Cour d'appel, ils n'ont pas apporté une information nouvelle et inconnue jusqu'alors, de sorte que le préjudice causé à l'employeur était « supérieur à l'intérêt général » que présentait la divulgation. Cependant, un débat public peut s'inscrire dans la continuité. Dès lors, la seule circonstance qu'un débat public sur les pratiques fiscales au Luxembourg était déjà en cours au moment où le requérant divulgua les informations litigieuses ne saurait en soi exclure que ces informations puissent, elles-aussi, présenter un intérêt public.

– *Quant à l'intérêt public de l'information divulguée* – Le lancement d'alerte vise non seulement à mettre au jour et attirer l'attention sur des informations présentant un intérêt public, mais cherche également à faire évoluer la situation sur laquelle portent ces informations, le cas échéant, en obtenant qu'il soit remédié aux agissements dénoncés au moyen d'actions correctives de la part des autorités publiques compétentes ou des personnes privées concernées, telles des entreprises. Or, plusieurs alertes sur un même sujet sont parfois nécessaires pour que les faits dénoncés soient effectivement pris en compte. Dès lors, la circonstance qu'un débat sur les pratiques d'évitement fiscal et d'optimisation fiscale au Luxembourg était déjà en cours au moment où les documents litigieux ont été divulgués ne saurait suffire à affaiblir leur pertinence.

Les informations litigieuses étaient de nature à « interpeller ou scandaliser », comme l'a constaté la Cour d'appel, mais elles apportaient aussi un éclairage nouveau et permettaient indéniablement de nourrir l'important débat en cours sur « l'évitement fiscal, la défiscalisation et l'évasion fiscale », en fournissant des renseignements à la fois sur le montant des bénéfices déclarés par les multinationales concernées, sur les choix politiques opérés au Luxembourg en matière de fiscalité des entreprises, ainsi que sur leurs incidences en termes d'équité et de justice fiscale, à l'échelle européenne et, en particulier en France.

Le requérant avait choisi les déclarations fiscales divulguées non pour compléter les ATAs déjà en possession du journaliste, mais uniquement pour la notoriété des multinationales concernées. Or, ceci n'était pas dénué de pertinence et d'intérêt dans le contexte du débat préalablement engagé. La portée des déclarations fiscales informant sur la situation financière et patrimoniale d'une entreprise est beaucoup plus facile à saisir pour le grand public que les constructions juridiques et financières complexes sur lesquelles reposent les pratiques d'optimisation fiscale portant sur d'impor-

tion, the weight of the public interest attached to the impugned disclosure could not be assessed independently of the place now occupied by global multinational companies, in both economic and social terms.

The Court of Appeal had thus given an overly restrictive interpretation of the interest of the disclosed information for public opinion – both in Luxembourg, whose tax policy was directly at issue, and in Europe and in the other States whose tax revenues could be affected by the practices disclosed.

- *The detrimental effects* – The Court of Appeal had not placed on the other side of the scales all of the detrimental effects arising from the impugned disclosure but had focused solely on the harm sustained by PwC. It had found that this damage alone, the extent of which it did not assess in terms of that company's business or reputation, outweighed the public interest in the information disclosed, without having regard to the harm also caused to the private interests of PwC's customers (multinational companies) and to the public interest in preventing and punishing theft (in view of the fraudulent removal of the data carrier) and in respect for professional secrecy (a principle of public policy, intended to guarantee the credibility of certain professions). Thus, the Court of Appeal had failed to take sufficient account, as it ought to have done, of the specific features of the present case.
- *The outcome of the balancing* exercise – The balancing exercise undertaken by the domestic courts had not satisfied the requirements identified by the Court in the present case. In these circumstances, it was for the Court itself to undertake the balancing exercise. In this connection, it had acknowledged that the information disclosed by the applicant was undeniably of public interest. At the same time, it could not overlook the fact that the impugned disclosure had been carried out through the theft of data and a breach of the professional secrecy by which the applicant was bound. That being so, it noted the relative weight of the disclosed information, having regard to its nature and the extent of the risk attached to its disclosure. In the light of its findings as to the importance, at both national and European level, of the public debate on the tax practices of multinational companies, to which the information disclosed by the applicant had made an essential contribution, the public interest in the disclosure of that information outweighed all of the detrimental effects.

(v) The severity of the sanction

After having been dismissed by his employer, admittedly with notice, the applicant had also been prosecuted and sentenced, at the end of criminal proceedings which attracted considerable media attention, to a fine of EUR 1,000. Having regard to the nature of the penalties imposed and the seriousness of the effects of their cumulative effect, in particular the chilling effect on the freedom of expression of the applicant or any other whistle-blower, an aspect which had apparently not been taken

tants enjeux économiques et sociaux. En outre, le poids de l'intérêt public attaché à la divulgation litigieuse ne peut être évalué indépendamment de la place qu'occupent désormais les multinationales de dimension mondiale tant sur le plan économique que social.

La Cour d'appel s'est donc livrée à une interprétation trop restrictive de l'intérêt public que revêtaient les informations divulguées pour l'opinion – aussi bien au Luxembourg, dont la politique fiscale était directement en cause, qu'en Europe et dans les autres États dont les recettes fiscales pouvaient se trouver affectées par les pratiques révélées.

– *Quant aux effets dommageables* – La Cour d'appel n'a pas intégré, dans le second plateau de la balance, l'ensemble des effets dommageables de la divulgation en cause, mais s'est seulement attachée au préjudice subi par PwC. Elle a jugé que ce seul préjudice, dont elle n'a pas mesuré l'ampleur au regard de son activité ou de sa réputation, prévalait sur l'intérêt public que présentaient les informations divulguées, sans prendre en compte les atteintes également portées aux intérêts privés des clients de PwC (sociétés multinationales), ainsi qu'à l'intérêt public attaché à la prévention et à la sanction du vol (au regard de la soustraction frauduleuse du support des informations litigieuses) et au respect du secret professionnel (un principe d'ordre public qui vise à assurer la crédibilité de certaines professions). Ainsi, la Cour d'appel n'a pas suffisamment tenu compte, comme elle aurait dû le faire, des spécificités de la présente affaire.

– *Quant au résultat de l'opération de la mise en balance* – L'opération de mise en balance effectuée par les juridictions internes ne répond donc pas aux exigences que la Cour a définies à l'occasion de la présente affaire. Dans ces conditions, il lui revient d'y procéder elle-même. À cet égard, elle a reconnu que les informations révélées par le requérant présentaient indéniablement un intérêt public. Dans le même temps, elle ne saurait ignorer que la divulgation litigieuse s'est faite au prix d'un vol de données et de la violation du secret professionnel qui liait le requérant. Ceci étant, elle relève l'importance relative des informations divulguées, eu égard à leur nature et à la portée du risque s'attachant à leur révélation. Au vu des constats quant à l'importance, à l'échelle tant nationale qu'européenne, du débat public sur les pratiques fiscales des multinationales auquel les informations divulguées par le requérant ont apporté une contribution essentielle, l'intérêt public attaché à la divulgation de ces informations, l'emporte sur l'ensemble des effets dommageables.

v) La sévérité de la sanction

Après avoir été licencié par son employeur, certes avec préavis, le requérant a été condamné au terme d'une procédure pénale au fort retentissement médiatique, à une peine d'amende de 1000 EUR. Eu égard à la nature des sanctions infligées et à la gravité des effets de leur cumul, en particulier de leur effet dissuasif au regard de la liberté d'expression du requérant ou de tout autre lanceur d'alerte, lequel n'apparaît

into account in any way by the Court of Appeal, and especially bearing in mind the conclusion reached by the Court after weighing up the interests involved, the applicant's criminal conviction could not be regarded as proportionate in the light of the legitimate aim pursued.

3. Conclusion

The interference with the applicant's right to freedom of expression, in particular his freedom to impart information, had not been "necessary in a democratic society".

Conclusion: violation (twelve votes to five).

Article 41

EUR 15,000 in respect of non-pecuniary damage.

See also

- *Guja v. Moldova* [GC], 14277/04, 12 February 2008, Legal summary;
- *Martchenko v. Ukraine*, 4063/04, 19 February 2009, Legal summary;
- *Uj v. Hungary*, 23954/10, 19 July 2011, Legal summary;
- *Heinisch v. Germany*, 28274/08, 21 July 2011, Legal summary;
- *Bucur and Toma v. Romania*, 40238/02, 8 January 2013, Legal summary;
- *Matúz v. Hungary*, 73571/10, 21 October 2014, Legal summary;
- *Görmüş and Other v. Turkey*, 49085/07, 19 January 2016, Legal summary;
- *Soares v. Portugal*, 79972/12, 21 June 2016; Medžlis Islamske Zajednice Brčko and Others v. Bosnia and Herzegovina [GC], 17224/11, 27 June 2017, Legal summary;
- *Gawlik v. Liechtenstein*, 23922/19, 16 February 2021, Legal summary;
- *Wojczuk v. Poland*, 52969/13, 9 December 2021; Resolution 1729 (2010) of the Parliamentary Assembly of the Council of Europe on the protection of "whistle-blowers" of 29 Avril 2010; Recommendation CM/Rec(2014)7 of the Committee of Ministers of the Council of Europe to member States on the protection of whistleblowers of 30 April 2014.

aucunement avoir été pris en compte par la Cour d'appel et, compte tenu surtout du résultat auquel elle est parvenue au terme de la mise en balance des intérêts en présence, la condamnation pénale du requérant ne peut être considérée comme proportionnée au regard du but légitime poursuivi.

3. Conclusion

L'ingérence dans le droit à la liberté d'expression du requérant, en particulier de son droit de communiquer des informations, n'était pas « nécessaire dans une société démocratique ».

Conclusion : violation (douze voix contre cinq).

Article 41

15 000 EUR pour préjudice moral.

Voir aussi

- *Guja c. Moldova* [GC], 14277/04, 12 février 2008, Résumé juridique ;
- *Martchenko c. Ukraine*, 4063/04, 19 février 2009, Résumé juridique ;
- *Uj c. Hongrie*, 23954/10, 19 juillet 2011, Résumé juridique ;
- *Heinisch c. Allemagne*, 28274/08, 21 juillet 2011, Résumé juridique ;
- *Bucur et Toma c. Roumanie*, 40238/02, 8 janvier 2013, Résumé juridique ;
- *Matúz c. Hongrie*, 73571/10, 21 octobre 2014, Résumé juridique ;
- *Görmüş et autres c. Turquie*, 49085/07, 19 janvier 2016, Résumé juridique ;
- *Soares c. Portugal*, 79972/12, 21 juin 2016 ;
- *Medžlis Islamske Zajednice Brčko et autres c. Bosnie-Herzégovine* [GC], 17224/11, 27 juin 2017, Résumé juridique ;
- *Gawlik c. Liechtenstein*, 23922/19, 16 février 2021, Résumé juridique ;
- *Wojczuk c. Pologne*, 52969/13, 9 décembre 2021 ;
- Résolution 1729 (2010) de l'Assemblée parlementaire du Conseil de l'Europe sur la protection des lanceurs d'alerte du 29 avril 2010 ;
- Recommandation CM/Rec(2014)7 du Comité des Ministres du Conseil de l'Europe aux Etats membres sur la protection des lanceurs d'alerte du 30 avril 2014.

MACATĖ V. LITHUANIA

Judgment of 23 January 2023

Article 10

Article 10-1 – Freedom of expression

Freedom to impart information

– No legitimate aim for temporary suspension of children's fairy tale book depicting same-sex relationships and its subsequent labelling as harmful to children under the age of 14: violation

Facts

The applicant, a children's author and openly homosexual, wrote a book of six fairy tales, two of which depicted marriage between persons of the same sex. The book was aimed at nine to ten-year-old children and at social inclusion of various marginalised social groups, such as Roma, persons from different racial backgrounds, persons with disabilities, divorced families and stories around issues such as emigration and bullying. Soon after its publication by the Lithuanian University of Educational Sciences ("the University"), concerns were expressed by members of the Seimas, referring to complaints from associations representing families, that stories of same-sex relationships were presented to children. The distribution of the book was then temporarily suspended. It was later resumed but the book was marked with a warning label stating that its contents could be harmful to children under the age of 14. This was done pursuant to the indication by the Inspectorate of Journalistic Ethics which found that in so far as they encouraged a different concept of marriage and creation of family from the one enshrined in the Lithuanian Constitution and law, the two tales contained information which was harmful to minors, within the meaning of section 4 § 2 (16) of the Act on the Protection of Minors from Negative Effects of Public Information ("the Minors Protection Act"). The applicant unsuccessfully brought civil proceedings against the publisher.

On 31 August 2021 a Chamber of the Court relinquished jurisdiction in favour of the Grand Chamber.

MACATÈ C. LITUANIE

Arrêt du 23 janvier 2023

Article 10

Article 10-1 – Liberté d'expression

Liberté de communiquer des informations

– Absence de but légitime propre à justifier la suspension temporaire de la distribution d'un recueil de contes pour enfants qui mettait en scène des couples homosexuels et l'apposition ultérieure sur ce livre d'un étiquetage le présentant comme nuisible pour les enfants de moins de quatorze ans : violation

En fait

La requérante, ouvertement homosexuelle, était autrice de livres pour enfants. Elle écrivit un livre constitué de six contes, dont deux mettaient en scène le mariage de personnes de même sexe. Ce livre était destiné aux enfants de neuf à dix ans. Il avait pour but d'inciter à l'inclusion sociale de différents groupes marginalisés, notamment les Roms, les personnes d'ethnie différente, les personnes handicapées et les familles touchées par un divorce ; et il abordait des thèmes tels que l'émigration et les brimades. Peu de temps après sa publication par l'Université lituanienne des sciences de l'éducation (« l'Université »), des membres du Seimas, évoquant des plaintes qu'avaient formulées des associations représentant des familles, s'inquiétèrent de ce que des récits qui traitaient de relations homosexuelles soient présentés aux enfants. La distribution de l'ouvrage fut alors suspendue à titre temporaire. Elle reprit par la suite, mais après l'apposition sur le livre d'un étiquetage avertissant que son contenu pouvait être nuisible pour les enfants de moins de quatorze ans. Cette mesure avait été prise pour donner suite aux indications de l'Inspection de la déontologie des journalistes : celle-ci avait en effet conclu que les deux contes en cause encourageaient une conception du mariage et de la fondation d'une famille différente de celle consacrée par la Constitution et le droit lituaniens et que, pour cette raison, ils renfermaient du contenu nuisible pour les mineurs au sens de l'article 4 § 2 point 16) de la loi sur la protection des mineurs contre les effets nuisibles des contenus publics (« la loi sur la protection des mineurs »). La requérante engagea sans succès une action civile contre l'éditeur.

Le 31 août 2021, la chambre de la Cour à laquelle l'affaire avait été attribuée s'est dessaisie en faveur de la Grande Chambre.

Law

Article 10

Preliminary issue

The applicant died after lodging the application. Her mother, who was her legal heir, had standing to continue the proceedings in her stead.

Merits

(a) Whether the impugned measures can be attributed to the respondent State

The Court found that they could: the measures had been taken by a public-law entity, the University; they had resulted directly from the domestic law which provided for administrative liability for anyone who published or distributed information considered harmful to children, without complying with the labelling requirement, as well as from interventions by several other public authorities. They had also been examined and endorsed by the domestic courts.

(b) Existence of an interference and its lawfulness

The impugned measures had amounted to an interference with the applicant's freedom of expression, for the following reasons.

Firstly, although the book, during the year-long suspension of its distribution, had remained available in public libraries and, for some time, online, it had been recalled from bookshops. That had certainly reduced its availability to readers.

Secondly, the marking of the book as being harmful to the age group for which it had been intended had affected the applicant's ability to freely impart her ideas. The book had been written in a language and style which would appeal to children, and it was reasonable to assume that, by the age of 14, teenagers were in general far less interested in reading fairy tales. Having in mind that similar labels were used to mark, among other things, information which was violent, sexually explicit or promoted drug use or self-harm, the warning labels had been likely to dissuade a significant number of parents and guardians, who could be expected to trust the assessment of the book's contents by the relevant public authority, from allowing children under the age of 14 to read the book. That was especially so in the light of the persistence of stereotypical attitudes, prejudice, hostility and discrimination against the LGBTI

En droit

Article 10

Question préliminaire

La requérante est décédée après l'introduction de sa requête. La Cour juge que la mère de l'intéressée, qui est son héritière, a qualité pour poursuivre la procédure en son nom.

Sur le fond

a) **Sur l'imputabilité à l'État défendeur des mesures litigieuses**

La Cour juge que les mesures litigieuses sont imputables à l'État défendeur, pour les raisons suivantes : elles ont été adoptées par une entité de droit public, l'Université ; elles découlaient directement du droit interne, qui prévoyait que quiconque publiait ou distribuait des contenus considérés comme nuisibles pour les mineurs sans respecter les exigences en matière d'étiquetage pouvait être poursuivi pour infraction administrative, ainsi que des interventions de plusieurs autorités publiques distinctes de l'Université ; enfin, elles ont aussi été examinées et approuvées par les juridictions internes.

b) **Sur l'existence d'une ingérence et la question de savoir si elle était prévue par la loi**

Les mesures litigieuses s'analysent en une ingérence dans l'exercice par la requérante de sa liberté d'expression, pour les raisons suivantes.

Tout d'abord, même si, pendant l'année où sa distribution a été suspendue, le livre est resté disponible dans les bibliothèques publiques et, pendant quelque temps, en ligne, son rappel des librairies où il était précédemment en vente a assurément réduit l'accès qu'y avaient les lecteurs.

Ensuite, l'étiquetage présentant le livre comme nuisible pour la classe d'âge à l'intention de laquelle il avait été écrit a entravé la capacité de la requérante à communiquer librement ses idées. L'ouvrage est rédigé dans une langue et un style susceptibles de plaire aux enfants, et il est raisonnable de supposer qu'à quatorze ans, les adolescents s'intéressent en général bien moins aux contes de fées. Étant donné qu'un étiquetage analogue est employé pour signaler notamment les contenus violents, sexuellement explicites ou faisant l'apologie de la consommation de drogue ou des comportements auto-agressifs, l'étiquetage d'avertissement en cause était de nature à dissuader bon nombre de parents et de personnes ayant la responsabilité d'enfants de moins de quatorze ans de laisser ceux-ci lire l'ouvrage, car il était probable qu'ils se fieraient à l'appréciation du contenu du livre faite par l'autorité publique compétente. Cet effet dissuasif risquait d'autant plus de se manifester que persistent en Lituanie des stéréotypes, des préjugés, de l'hostilité et de la discrimination envers

community in Lithuania.

Thirdly, the restrictions imposed on a children's book depicting various minorities, in particular its labelling as harmful to minors under the age of 14, had affected the applicant's reputation as an established children's author and had been liable to discourage her and other authors from publishing similar literature, thereby creating a chilling effect.

The interference had a basis in domestic law, namely section 4 § 2 (16) of the Minors Protection Act.

(c)   Legitimate aim

(i)   The aim of the interference

The Court examined the two aims advanced by the Government.

Firstly, the Court could not subscribe to the argument that the aim of the impugned measures had been to protect children from the allegedly sexually explicit nature of one of the two fairy tales. Indeed, the Court was unable to see how the specific passage relied on could have been regarded as sexually explicit. Further, the provisions of the Minors Protection Act that referred to information of an erotic nature or which encouraged sexual relations (sections 4 §§ 2 (4) and (15)) had not been invoked by any of the parties or participants at any stage of the domestic proceedings or relied on by the domestic courts.

Secondly, the Government had argued, relying on the Regional Court's conclusion, that the aim had been to protect children from content which "promoted" same-sex relationships, by presenting those relationships as superior to different-sex relationships and by "insulting", "degrading" or "belittling" the latter. However, there was no support in the text of the book that the applicant had sought to do this. Neither the Regional Court nor the Government had provided adequate reasons to justify why they considered the fairy tales as "encouraging" or "promoting" some types of relationships at the expense of others, rather than as seeking to foster acceptance of different types of families. Indeed, as accepted – at least implicitly – by the University and the Ministry of Culture at the time of its publication, the book had sought to encourage tolerance and acceptance of various marginalised social groups.

Furthermore, the legislative history of section 4 § 2 (16) showed that the explicit reference to homosexual or bisexual relations had been removed from its final text to avoid international criticism. However, the underlying legislative intent had indeed been to restrict information about same-sex relationships, since both the Constitution and the Civil Code provided for marriage only between a man and a woman and Lithuanian legislation did not provide any possibility of legal recognition of same-sex unions. Moreover, every single instance in which that section had been applied or relied on concerned information about LGBTI-related issues.

les personnes LGBTI.

Enfin, les restrictions appliquées à ce livre pour enfants mettant en scène différentes minorités, en particulier l'étiquetage d'avertissement le présentant comme nuisible pour les mineurs de moins de quatorze ans, ont porté atteinte à la réputation professionnelle de la requérante, autrice pour enfants reconnue, et étaient susceptibles de décourager l'intéressée ainsi que d'autres auteurs de publier des œuvres semblables, ce en quoi elles ont eu un effet dissuasif.

L'ingérence avait une base en droit interne, à savoir l'article 4 § 2 point 16) de la loi sur la protection des mineurs.

c) Sur la question de savoir si l'ingérence visait un but légitime

i. *Quant au but de l'ingérence*

La Cour examine les deux buts invoqués par le Gouvernement.

Elle ne peut souscrire à la thèse consistant à dire que le premier de ces buts était de protéger les enfants du caractère sexuellement explicite qu'aurait eu l'un des deux contes. En effet, elle ne voit pas en quoi le passage du conte cité à l'appui de cette allégation pourrait être considéré comme sexuellement explicite. En outre, aucune des parties ni aucun des participants à l'affaire n'a invoqué, à quelque étape que ce soit de la procédure interne, les dispositions de la loi sur la protection des mineurs visant les contenus qui sont de nature érotique ou qui encouragent les relations sexuelles (points 4) et 15) de l'article 4 § 2), et les juridictions internes ne se sont pas non plus appuyées sur ces dispositions.

Le deuxième but visé par les mesures litigieuses selon le Gouvernement, qui s'appuie à cet égard sur les conclusions de la cour régionale, était de protéger les enfants de contenus qui « promouvaient » les relations homosexuelles en présentant ces relations comme supérieures aux relations hétérosexuelles et en « insultant », « dégradant » ou « dévalorisant » ces dernières. Or rien dans le texte du livre n'étaye l'allégation selon laquelle c'était là l'objectif de la requérante. Ni la cour régionale ni le Gouvernement n'ont avancé de raisons suffisantes pour justifier leur conclusion selon laquelle ces contes « encourageaient » ou « promouvaient » certains types de relations aux dépens des autres, plutôt que de viser à favoriser l'acceptation de différents types de familles. De fait, comme l'avaient admis, du moins implicitement, l'Université et le ministère de la Culture au moment de sa publication, l'ouvrage vise à encourager la tolérance et l'acceptation à l'égard de différents groupes sociaux marginalisés.

Par ailleurs, l'historique législatif de l'article 4 § 2 point 16) montre que la raison pour laquelle la référence explicite aux relations homosexuelles et bisexuelles a été retirée de son texte définitif était le désir d'éviter des critiques au niveau international. L'intention sous-jacente du législateur était cependant de restreindre la diffusion de contenus relatifs aux relations homosexuelles, étant donné que la Constitution et le code civil ne reconnaissent le mariage qu'entre un homme et une femme et que la législation lituanienne ne prévoit aucune possibilité de reconnaissance juridique des unions homosexuelles. De plus, chacun des cas dans lesquels l'article 4 § 2 point 16) a été appliqué ou invoqué concernait des contenus relatifs aux thèmes LGBTI.

In view of the foregoing the Court had no doubt that the intended aim of section 4 § 2 (16) had been to restrict children's access to content which had presented same-sex relationships as being essentially equivalent to different-sex relationships. The aim of the impugned measures against the applicant's book had therefore been to bar children from such information.

(ii) Whether the aforementioned aim was legitimate

The Court had already held that a legislative ban on "promotion of homosexuality or non-traditional sexual relations" among minors did not serve to advance the legitimate aims of protection of morals, health or the rights of others, and that by adopting such laws the authorities reinforced stigma and prejudice and encouraged homophobia, which was incompatible with the notions of equality, pluralism and tolerance inherent in a democratic society. The Grand Chamber fully endorsed that conclusion. That being said, the present case was the first one in which the Court had been invited to assess restrictions imposed on literature about same-sex relationships which was aimed directly at children and written in a style and language easily accessible to them. In those circumstances, the legitimacy of the aim pursued by such restrictions warranted a more extensive analysis.

(α) Relevant general principles

There was a broad consensus – including in international law – in support of the idea that in all decisions concerning children, directly or indirectly, their best interests were a primary consideration. The Court had also acknowledged, in a variety of contexts, that children, in view of their age, were impressionable and more easily influenced than persons of an older age. The Court had examined information aimed at children within the context of the right to education under Article 2 of Protocol No. 1 and emphasised that the State had to ensure that it was conveyed in an objective, critical and pluralistic manner. The Court had also accepted that domestic authorities were justified in limiting children's access to publications which had been found to contain "an encouragement to indulge in precocious activities harmful for them or even to commit certain criminal offences" or serious and prejudicial allegations against sexual minorities, amounting to hate speech. At the same time, the Court had consistently declined to endorse policies and decisions which embodied a predisposed bias on the part of a heterosexual majority against a homosexual minority.

(β) The Court's approach in the present case

With respect to the best interests of the child, the Court had already held, on several occasions, that there was no scientific evidence or sociological data at its dis-

Eu égard à ce qui précède, la Cour n'a aucun doute quant au fait que l'article 4 § 2 point 16) a été adopté dans le but de restreindre l'accès des enfants aux contenus présentant les relations homosexuelles comme essentiellement équivalentes aux relations hétérosexuelles. Elle conclut donc que les mesures qui ont été appliquées au livre de la requérante avaient pour but d'empêcher les enfants d'accéder à ces contenus.

ii. Quant à la légitimité du but susmentionné

La Cour a déjà dit que les lois interdisant la « promotion de l'homosexualité ou des relations sexuelles non traditionnelles » auprès de mineurs ne permettent pas d'avancer en direction de la concrétisation des buts légitimes que constituent la protection de la morale, la protection de la santé et la protection des droits d'autrui, et qu'en adoptant de telles lois les autorités accentuent la stigmatisation et les préjugés et encouragent l'homophobie, ce qui est incompatible avec les notions d'égalité, de pluralisme et de tolérance qui sont indissociables d'une société démocratique. La Grande Chambre tient à réaffirmer cette conclusion. Cela étant, la présente affaire est la première dans laquelle la Cour est appelée à se prononcer sur des restrictions appliquées à une œuvre littéraire évoquant des relations homosexuelles qui est directement destinée aux enfants et qui est écrite dans un style et un langage qui leur sont aisément accessibles. Dans ces conditions, la question de la légitimité du but visé par ces restrictions appelle une analyse plus détaillée.

α) Les principes généraux pertinents

Il existe un large consensus – y compris en droit international – autour de l'idée que dans toutes les décisions concernant les enfants, directement ou indirectement, leur intérêt supérieur doit primer. À cet égard, la Cour a reconnu, dans des contextes variés, que les enfants, du fait de leur âge, sont impressionnables et plus facilement influençables que des personnes plus âgées. Elle a examiné plusieurs affaires concernant des contenus destinés aux enfants dans le contexte du droit à l'éducation garanti par l'article 2 du Protocole n° 1 à la Convention, et elle a souligné que l'État devait veiller à ce que les contenus destinés aux enfants soient diffusés de manière objective, critique et pluraliste. Elle a par ailleurs admis que les autorités internes étaient fondées à limiter l'accès des enfants à des publications dont il avait été jugé qu'elles contenaient « un encouragement à se livrer à des expériences précoces et nuisibles pour eux, voire à commettre certaines infractions pénales » ou à des publications qui renfermaient des allégations graves et préjudiciables dirigées contre les minorités sexuelles, constitutives d'un discours de haine. Cependant, elle a toujours refusé d'avaliser des politiques ou des décisions incarnant un préjugé de la part d'une majorité hétérosexuelle envers une minorité homosexuelle.

β) L'approche adoptée par la Cour en l'espèce

En ce qui concerne l'intérêt supérieur des enfants, la Cour a déjà dit à plusieurs reprises qu'elle ne dispose d'aucune preuve scientifique ou donnée sociologique qui

posal suggesting that the mere mention of homosexuality, or open public debate about sexual minorities' social status, would adversely affect children. It had also held that, to the extent that minors who witnessed demonstrations in favour of LGBTI rights were exposed to the ideas of diversity, equality and tolerance, the adoption of these views could only be conducive to social cohesion.

In a similar vein, various international bodies had criticised laws which sought to restrict children's access to information about different sexual orientations, on the grounds that there was no scientific evidence that such information, when presented in an objective and age-appropriate way, may cause any harm to children. On the contrary, they had emphasised that it was the lack of such information and the continuing stigmatisation of LGBTI persons in society which was harmful to children. The third parties in this case had also submitted that legal rules which labelled LGBTI-related content as harmful to children contributed to the discrimination, bullying and violence experienced by children who identified as LGBTI or who came from same-sex families.

The laws of a significant number of Council of Europe member States either explicitly included teaching about same-sex relationships in the school curriculum or required ensuring respect for diversity and prohibition of discrimination on the grounds of sexual orientation in teaching. While there appeared to be no uniformity as to the age at which different member States considered it appropriate to provide children with information about intimate relationships, either same-sex or different-sex, or as to the manner in which such information should be provided to them, it was nonetheless clear that legal provisions which explicitly restricted minors' access to information about homosexuality or same-sex relationships were present in only one member State, Hungary, whose laws had prompted the European Commission to launch the contentious phase of the infringement procedure. Furthermore, the courts in Switzerland, the United States and Canada, in several different contexts concerning children's access to information about same-sex relationships, had held that the mere fact that some people might find certain types of families or relationships objectionable or immoral could not justify preventing children from learning about them.

Equal and mutual respect for persons of different sexual orientations was inherent in the whole fabric of the Convention. It followed that insulting, degrading or belittling persons on account of their sexual orientation, or promoting one type of family at the expense of another was never acceptable under the Convention. Such an aim or effect could not be discerned in the facts of the present case. On the contrary, to depict, as the applicant had done in her writings, committed relationships between persons of the same sex as being essentially equivalent to those between persons of different sex rather advocated respect for and acceptance of all members of a given society in this fundamental aspect of their lives.

Measures which restricted children's access to information about same-sex relationships solely on the basis of sexual orientation had wider social implications. Such measures, whether they were directly enshrined in the law or adopted in case-

suggérerait que la simple mention de l'homosexualité ou un débat public ouvert sur le statut social des minorités sexuelles nuiraient aux enfants. Elle a également dit que, pour autant que les mineurs qui sont témoins de manifestations en faveur des droits des personnes LGBTI sont exposés aux idées de diversité, d'égalité et de tolérance, l'adoption de ces opinions ne pourrait que favoriser la cohésion sociale.

Dans le même sens, plusieurs organes internationaux ont critiqué les lois qui visent à restreindre l'accès des enfants aux contenus relatifs aux orientations sexuelles différentes, considérant qu'il n'existe aucune preuve scientifique que, présentés de manière objective et adaptée à l'âge des enfants, de tels contenus puissent leur être nuisibles. Ils ont souligné que ce sont au contraire l'absence de tels contenus et la stigmatisation persistante des personnes LGBTI au sein de la société qui sont nuisibles pour les enfants. Les tiers intervenants en l'espèce soutiennent en outre que les règles de droit qui présentent les contenus relatifs aux personnes LGBTI comme nuisibles pour les enfants contribuent à la discrimination, au harcèlement et à la violence que subissent les enfants qui se définissent comme LGBTI ou qui sont issus de familles homoparentales.

Dans bon nombre d'États membres du Conseil de l'Europe, soit la loi intègre expressément dans les programmes scolaires un enseignement relatif aux relations homosexuelles, soit elle comprend des dispositions visant à garantir le respect de la diversité et l'interdiction de toute discrimination fondée sur l'orientation sexuelle dans l'enseignement. S'il apparaît qu'il n'y a pas d'uniformité au sein des États membres en ce qui concerne l'âge auquel il est jugé approprié de communiquer aux enfants des contenus traitant des relations intimes, homosexuelles ou hétérosexuelles, ni en ce qui concerne la manière de leur communiquer de tels contenus, il est néanmoins clair qu'il n'existe de dispositions légales restreignant expressément l'accès des mineurs aux contenus relatifs à l'homosexualité ou aux relations homosexuelles que dans un État membre, la Hongrie, dont les lois ont amené la Commission européenne à ouvrir la phase contentieuse de la procédure d'infraction. En outre, dans différents contextes relatifs à l'accès des enfants à des contenus portant sur les relations homosexuelles, des juridictions suisses, américaines et canadiennes ont jugé que le simple fait que certaines personnes estiment discutables ou immoraux certains types de familles ou de relations ne peut justifier que l'on empêche les enfants d'en être informés.

L'égalité et le respect mutuel entre tous indépendamment de l'orientation sexuelle sont inhérents à toute la structure de la Convention. Il s'ensuit qu'il n'est jamais admissible au regard de la Convention d'insulter, de dégrader ou de dévaloriser des personnes au motif de leur orientation sexuelle, ni de promouvoir un type de famille aux dépens d'un autre. Cela étant, la Cour ne discerne pas pareil but ou effet dans les faits de l'espèce. Elle estime au contraire que présenter des relations solides entre personnes de même sexe comme essentiellement équivalentes aux mêmes relations entre personnes de sexe différent, ainsi que l'a fait la requérante dans ses récits, revient plutôt à promouvoir le respect et l'acceptation de tous les membres d'une société donnée à l'égard de cet aspect fondamental de leur vie.

Les mesures qui restreignent l'accès des enfants aux contenus relatifs aux relations homosexuelles au seul motif de l'orientation sexuelle dont il est question ont des répercussions sociales de plus grande ampleur. De telles mesures, qu'elles soient

by-case decisions, demonstrated that the authorities had a preference for some types of relationships and families over others – that they saw different-sex relationships as more socially acceptable and valuable than same-sex relationships, thereby contributing to the continuing stigmatisation of the latter. Therefore, such restrictions, however limited in their scope and effects, were incompatible with the notions of equality, pluralism and tolerance inherent in a democratic society. Where there was no other basis in any other respect to consider information about same-sex relationships to be inappropriate or harmful to children's growth and development, restrictions on access to such information did not pursue any aims that could be accepted as legitimate and were therefore incompatible with Article 10.

(d) Conclusion

The measures taken against the applicant's book had sought to limit children's access to information depicting same-sex relationships as essentially equivalent to different-sex relationships, labelling such information as harmful. Accordingly, they had not pursued a legitimate aim under Article 10 § 2.

Conclusion: violation (unanimously).

Article 41

EUR 12,000 to the applicant's heir in respect of non-pecuniary damage.

See also

– *Bayev and Others v. Russia*, 67667/09 et al, 20 June 2017, Legal Summary.

FEDOTOVA AND OTHERS V. RUSSIA

Judgment of 17 January 2023

Article 8 – Positive obligations

– Absence of any form of legal recognition and protection for same-sex couples: violation

Facts

The applicants – three same-sex couples – gave notice of marriage to their local departments of the Register Office. Their notices were rejected on the grounds that the

directement inscrites dans la loi ou adoptées par des décisions rendues au cas par cas, démontrent en effet que les autorités ont une préférence pour certains types de relations et de familles par rapport à d'autres – c'est-à-dire qu'elles estiment les relations hétérosexuelles plus acceptables et plus précieuses pour la société que les relations homosexuelles –, ce qui contribue à la persistance de la stigmatisation qui frappe ces dernières. En conséquence, même lorsque leur portée et leurs effets sont limités, pareilles restrictions sont incompatibles avec les notions d'égalité, de pluralisme et de tolérance qui sont indissociables d'une société démocratique. Lorsqu'il n'existe aucun autre motif de considérer que les contenus sur lesquels elles portent sont inappropriés ou nuisibles pour la croissance et le développement des enfants, les restrictions apportées à l'accès des enfants à des contenus relatifs aux relations homosexuelles ne visent aucun des buts qui peuvent être considérés comme légitimes, et elles sont donc incompatibles avec l'article 10 de la Convention.

d)   Conclusion

Les mesures qui ont été adoptées à l'égard du livre de la requérante avaient pour but de limiter l'accès des enfants à des contenus qui représentaient les relations homosexuelles comme essentiellement équivalentes aux relations hétérosexuelles, en qualifiant ces contenus de nuisibles. Partant, elles ne visaient pas un but légitime au regard de l'article 10 § 2.

Conclusion : violation (unanimité).

Article 41

12 000 EUR à l'héritière de la requérante pour dommage moral.

Voir aussi

– *Bayev et autres c. Russie*, n°s 67667/09 et al., 20 juin 2017, résumé juridique.

FEDOTOVA ET AUTRES C. RUSSIE

Arrêt du 17 janvier 2023

Article 8 – Obligations positives

– Absence de toute forme de reconnaissance et de protection juridique des couples de même sexe : violation

En fait

Les requérants – trois couples homosexuels – firent part aux services locaux du bureau de l'état civil de leur intention de se marier. Leurs avis furent rejetés au motif

relevant domestic legislation defined marriage as a "voluntary marital union between a man and a woman", thus excluding same-sex couples. The applicants challenged those decisions, but without success. They complained before the Court that it was impossible for them to have their respective relationships formally registered and that because of the legal vacuum in which they found themselves as couples, they were deprived of any legal protection and faced substantial difficulties in their daily lives.

In a judgment of 13 July 2021 (see Legal summary), a Chamber of the Court held, unanimously, that there had been a violation of Article 8 because the respondent State had failed to justify the lack of any opportunity to have a same-sex relationship formally acknowledged.

On 22 November 2021 the case was referred to the Grand Chamber at the Government's request.

Law

Article 8

1. Whether the Court had jurisdiction to deal with the case

The respondent State had ceased to be a member of the Council of Europe on 16 March 2022 and had also ceased to be a Party to the Convention on 16 September 2022. The Court referred in that connection to Article 58 of the Convention (§§ 2 and 3 in fine) and also to its "Resolution on the consequences of the cessation of membership of the Russian Federation to the Council of Europe in light of Article 58 of the European Convention on Human Rights", adopted on 22 March 2022. In the present case, the facts giving rise to the violations of the Convention alleged by the applicants had taken place before 16 September 2022. Since the applications had been lodged with it in 2010 and 2014, the Court had jurisdiction to deal with them.

2. Victim status

The Government submitted that the applicants were no longer victims because the three couples had separated, in one case after having married abroad. However, it did not appear from the material submitted to the Court that the national authorities had acknowledged, explicitly or in substance, the violations alleged by the applicants or afforded redress in that regard. Besides that, the applicants' life choices following the decisions of the Russian authorities in their case could not have any bearing on their status as victims Indeed, it could not be ruled out that the possible changes in the applicants' circumstances were precisely the result of their inability to have their relationships recognised and protected in Russia.

que la législation nationale pertinente qualifiait le mariage d'« union conjugale volontaire entre un homme et une femme », et excluait donc les couples homosexuels. Les requérants firent appel, sans succès. Ils se plaignent devant la Cour de l'impossibilité pour eux de faire enregistrer formellement leurs unions et que le vide juridique auquel leurs couples sont confrontés les prive de toute protection légale et les expose à des difficultés conséquentes dans leur vie quotidienne.

Par un arrêt du 13 juillet 2021 (voir Résumé juridique), une chambre de la Cour a conclu, à l'unanimité, à la violation de l'article 8 étant donné que l'État défendeur n'a pas justifié l'absence de toute possibilité de faire officialiser une relation entre personnes de même sexe.

Le 22 novembre 2021, l'affaire a été renvoyée devant la Grande Chambre à la demande du Gouvernement.

En droit

Article 8

1. Sur la question de savoir si la Cour est compétente pour connaître de l'affaire

L'État défendeur n'est plus membre du Conseil de l'Europe depuis le 16 mars 2022 et il n'est, par ailleurs, plus partie à la Convention à compter du 16 septembre 2022. La Cour se réfère à cet égard à l'article 58 de la Convention (§§ 2 et 3 in fine), ainsi qu'à sa « Résolution sur les conséquences de la cessation de la qualité de membre du Conseil de l'Europe de la Fédération de Russie à la lumière de l'article 58 de la Convention européenne des droits de l'homme », adoptée le 22 mars 2022. Dans le cas d'espèce, les faits sur lesquels se fondent les violations de la Convention alléguées par les requérants se sont produits avant le 16 septembre 2022. Les requêtes ayant été introduites en 2010 et 2014 devant la Cour, celle-ci est compétente pour en connaître.

2. Qualité de victime

Le Gouvernement estime que les requérants ont perdu leur qualité de victime puisque les trois couples se seraient séparés, dont un après avoir contracté le mariage à l'étranger. Or, il ne ressort pas du dossier soumis à la Cour que les autorités nationales auraient reconnu, explicitement ou en substance, ni réparé les violations alléguées par les requérants. Pour le reste, les choix de vie des requérants consécutifs aux décisions des autorités russes à leur égard ne sauraient avoir un impact sur leur qualité de victimes. Il ne peut d'ailleurs être exclu que ces éventuels changements concernant les requérants résultent précisément de l'impossibilité pour eux de faire reconnaître et de protéger leur couple en Russie.

3. Applicability of Article 8

(a) Private life

The unavailability of a legal regime for recognition and protection of same-sex couples affected both the personal and the social identity of the applicants.

(b) Family life

At the time of their initial approaches to the Russian authorities, the applicants had formed stable and committed relationships which they were seeking to have recognised and protected.

Conclusion: Article 8 applicable under both its "private life" and "family life" aspects.

See also

– *Orlandi and Others v. Italy*;
– *Pajić v. Croatia*; *Chapin and Charpentier v. France*;
– *Taddeucci and McCall v. Italy*.

4. Merits

(a) Whether there was a positive obligation to provide legal recognition and protection to same-sex couples

The present case concerned the absence in Russian law of any possibility of legal recognition for same-sex couples, regardless of the form such recognition might take. It raised the issue of whether Article 8 gave rise to a positive obligation for States Parties to allow same-sex couples to enjoy recognition.

(i) State of the Court's case-law

Article 8 had been interpreted as requiring a State Party to ensure legal recognition and protection for same-sex couples by putting in place a "specific legal framework" (*Oliari and Others v. Italy*, and *Orlandi and Others v. Italy*), but not by making marriage available (*Hämäläinen v. Finland* [GC]). This coincided with the interpretation of Article 12 (*Schalk and Kopf v. Austria*; *Hämäläinen v. Finland* [GC]; *Oliari and Others v. Italy*; and *Orlandi and Others v. Italy*) and of Article 14 taken in conjunction with Article 8 (*Schalk and Kopf v. Austria*; *Gas and Dubois v. France*; and *Chapin and Charpentier v. France*).

3. Sur l'applicabilité de l'article 8

a) Vie privée

L'absence d'un régime juridique de reconnaissance et de protection ouvert aux couples de même sexe affecte l'identité tant personnelle que sociale des requérants.

b) Vie familiale

À l'époque où ils ont entrepris leurs démarches devant les autorités russes, les requérants formaient des couples engagés dans des relations stables et cherchant à obtenir la reconnaissance et la protection de celles-ci.

Conclusion : article 8 applicable dans son volet « vie privée » comme dans son volet « vie familiale ».

Voir aussi

— *Orlandi et autres c. Italie* ;
— *Pajić c. Croatie, Chapin et Charpentier c. France* ;
— *Taddeucci et McCall c. Italie*.

4. Fond

a) Sur l'existence d'une obligation positive de reconnaissance et de protection juridiques des couples de même sexe

La présente affaire porte sur l'absence, en droit russe, d'une quelconque possibilité de reconnaissance juridique des couples de même sexe, indépendamment de la forme que cette reconnaissance revêt. Elle soulève la question de savoir si de l'article 8 découle une obligation positive pour les États parties de permettre aux personnes de même sexe d'en bénéficier.

i) **L'état de la jurisprudence de la Cour**

L'article 8 a été interprété comme imposant à un État partie la reconnaissance et la protection juridiques des couples de même sexe par la mise en place d'un « cadre juridique spécifique » (*Oliari et autres c. Italie*, et *Orlandi et autres c. Italie*), et non pas par l'ouverture du mariage (*Hämäläinen c. Finlande* [GC]). Cette interprétation rejoint celle donnée de l'article 12 (*Schalk et Kopf c. Autriche, Hämäläinen c. Finlande* [GC], *Oliari et autres c. Italie*, et *Orlandi et autres c. Italie*) et de l'article 14 combiné avec l'article 8 (*Schalk et Kopf c. Autriche, Gas et Dubois c. France*, et *Chapin et Charpentier c. France*).

(ii) Degree of consensus to be found at national and international level

The case-law cited above concerning Article 8, from which it followed that the States Parties had a positive obligation to provide legal recognition and protection to same-sex couples, was in line with the tangible and ongoing evolution of the States Parties' domestic legislation and of international law. It was permissible to speak at present of a clear ongoing trend within the States Parties towards legal recognition of same-sex couples (through the institution of marriage or other forms of partnership), since a majority of thirty States Parties had legislated to that effect.

This trend was consolidated by the converging positions of a number of international bodies, including several Council of Europe bodies, which had stressed the need to ensure legal recognition and protection for same-sex couples within the member States. The Inter-American Court of Human Rights had held that the States Parties to the American Convention on Human Rights were required to ensure access to all the legal institutions existing in their domestic laws in order to guarantee the protection of the rights of families composed of same-sex couples, without discrimination in relation to families constituted by different-sex couples.

(iii) Conclusion

Having regard to its case-law as consolidated by a clear ongoing trend within the Council of Europe member States, the Court confirmed that in accordance with their positive obligations under Article 8, the member States were required to provide a legal framework allowing same-sex couples to be granted adequate recognition and protection of their relationship.

This interpretation of Article 8 was guided by the concern to ensure effective protection of the private and family life of homosexual people. It was also in keeping with the values of the "democratic society" promoted by the Convention, foremost among which were pluralism, tolerance and broadmindedness.

As far as the issue raised by the present case was concerned, allowing same-sex couples to be granted legal recognition and protection undeniably served those ideals and values in that recognition and protection of that kind conferred legitimacy on such couples and promoted their inclusion in society, regardless of sexual orientation. A democratic society within the meaning of the Convention rejected any stigmatisation based on sexual orientation. It was built on the equal dignity of individuals and was sustained by diversity, which it perceived not as a threat but as a source of enrichment.

Many authorities and bodies viewed the recognition and protection of same-sex couples as a tool to combat prejudice and discrimination against homosexual people.

ii) *Le degré de consensus observable au niveau national et international*

La jurisprudence précitée relative à l'article 8, dont découle une obligation positive incombant aux États parties de reconnaître et de protéger juridiquement les couples de même sexe, s'avère en phase avec l'évolution tangible et continue des droits internes des États parties comme du droit international. Il est permis de parler actuellement d'une tendance nette et continue au sein des États parties en faveur de la reconnaissance légale de l'union de personnes de même sexe (par l'institution du mariage ou d'une forme de partenariat), une majorité de trente États parties ayant légiféré en ce sens.

Cette tendance se voit consolidée par les positions convergentes de plusieurs organes internationaux dont plusieurs du Conseil de l'Europe qui ont souligné la nécessité d'assurer la reconnaissance et la protection juridiques des couples de même sexe au sein des États membres. La Cour interaméricaine des droits de l'homme a estimé que les États parties à la Convention américaine des droits de l'homme étaient tenus de garantir l'accès à tous les dispositifs existants dans leur droit interne afin d'assurer la protection des droits des familles constituées par les couples de même sexe, sans discrimination par rapport à celles qui sont formées par des couples de sexe différent.

iii) *Conclusion*

Au vu de sa jurisprudence consolidée par une tendance nette et continue au sein des États membres du Conseil de l'Europe, la Cour confirme que ceux-ci sont tenus, en vertu des obligations positives leur incombant sur le fondement de l'article 8, d'offrir un cadre juridique permettant aux personnes de même sexe de bénéficier d'une reconnaissance et d'une protection adéquates de leurs relations de couple.

Cette interprétation de l'article 8 est dictée par le souci d'assurer une protection effective de la vie privée et familiale des personnes homosexuelles. Elle s'avère également en harmonie avec les valeurs de la « société démocratique » promue par la Convention, au premier rang desquels figurent le pluralisme, la tolérance et l'esprit d'ouverture.

En l'occurrence, permettre aux couples de même sexe de bénéficier d'une reconnaissance et d'une protection juridiques sert incontestablement ces idéaux et valeurs en ce que pareilles reconnaissance et protection confèrent une légitimité à ces couples et favorisent leur inclusion dans la société, sans égard à l'orientation sexuelle des personnes qui les composent. La société démocratique au sens de la Convention rejette toute stigmatisation fondée sur l'orientation sexuelle. Elle a pour socle l'égale dignité des individus et elle se nourrit de la diversité qu'elle perçoit comme une richesse et non comme une menace.

De nombreux organes et instances considèrent que la reconnaissance et la protection des couples de même sexe constituent un outil de lutte contre les préjugés et la discrimination à l'égard des personnes homosexuelles.

(b) Scope of the national authorities' margin of appreciation

Given that particularly important facets of the personal and social identity of persons of the same sex were at stake and that, in addition, a clear ongoing trend had been observed within the Council of Europe member States, the States Parties' margin of appreciation was significantly reduced when it came to affording same-sex couples the possibility of legal recognition and protection.

Nevertheless, no similar consensus could be found as to the form of such recognition and the content of such protection. The States Parties therefore had a more extensive margin of appreciation in determining the exact nature of the legal regime to be made available to same-sex couples, which did not necessarily have to take the form of marriage. Indeed, States had the "choice of the means" to be used in discharging their positive obligations inherent in Article 8. The discretion afforded to them in that respect related both to the form of recognition and to the content of the protection.

However, it was important that the protection afforded should be adequate. In that connection, the Court referred to various aspects, in particular material (maintenance, taxation or inheritance) or moral (rights and duties in terms of mutual assistance), that were integral to life as a couple and would benefit from being regulated within a legal framework available to same-sex couples.

(c) Whether the respondent State had satisfied its positive obligation

At the time when the applicants had applied to the domestic authorities for legal recognition, Russian law had not provided for that possibility and there had been no change at all since the present applications had been lodged. Contrary to the situation in a substantial number of States Parties, the respondent State had not informed the Court of any intention to amend its domestic law to that effect.

(i) The applicants' individual interests

Gaining official recognition for their relationship had an intrinsic value for the applicants. Such recognition formed part of the development of both their personal and their social identity.

Partnerships constituting an officially recognised alternative to marriage had an intrinsic value for same-sex couples irrespective of the legal effects, however narrow or extensive, that they produced. Accordingly, official recognition of same-sex couples conferred an existence and a legitimacy on them vis-à-vis the outside world.

Beyond the essential need for official recognition, same-sex couples, like different-sex couples, had "basic needs" for protection. Indeed, the recognition and the protection of a couple were inextricably linked. Same-sex couples were in a relevantly

b) Sur l'étendue de la marge nationale d'appréciation

Dès lors que des aspects particulièrement importants de l'identité personnelle et sociale des personnes de même sexe se trouvent en jeu et qu'en outre, une tendance nette et continue est observée au sein des États membres du Conseil de l'Europe, les États parties bénéficient d'une marge d'appréciation sensiblement réduite s'agissant de l'octroi d'une possibilité de reconnaissance et de protection juridiques aux couples de même sexe.

Néanmoins, il ne se dégage pas un consensus semblable quant à la forme de cette reconnaissance et le contenu de cette protection. Les États parties bénéficient donc d'une marge d'appréciation plus étendue pour décider de la nature exacte du régime juridique à accorder aux couples de même sexe, lequel ne doit pas prendre nécessairement la forme du mariage. En effet, les États ont « le choix des moyens » pour s'acquitter de leurs obligations positives inhérentes à l'article 8. Cette latitude leur étant reconnue porte tant sur la forme de la reconnaissance que sur le contenu de la protection.

Toutefois, il importe que la protection accordée soit adéquate. À cet égard, la Cour a fait référence à des questions, notamment matérielles (alimentaires, fiscales ou successorales) ou morales (droits et devoirs d'assistance mutuelle), propres à une vie de couple qui gagneraient à être réglementées dans le cadre d'un dispositif juridique ouvert aux couples de même sexe.

c) Sur la question de savoir si l'État défendeur a satisfait à son obligation positive

Au moment où les requérants ont sollicité cette reconnaissance devant les autorités internes, le droit russe ne permettait pas cette possibilité et il n'a aucunement évolué postérieurement à l'introduction des présentes requêtes. À la différence d'un très grand nombre d'États parties, l'État défendeur n'a pas émis, devant la Cour, l'intention de modifier son droit interne dans ce sens.

i) *Les intérêts individuels des requérants*

La reconnaissance officielle de leur couple a une valeur intrinsèque pour les requérants. Elle participe du développement de leur identité personnelle et de leur identité sociale.

Une forme de vie commune officiellement reconnue autre que le mariage a en soi une valeur pour les couples homosexuels, indépendamment des effets juridiques, étendus ou restreints, que celle-ci produit. Ainsi, la reconnaissance officielle d'un couple formé par des personnes de même sexe confère à ce couple une existence ainsi qu'une légitimité vis-à-vis du monde extérieur.

Au-delà du besoin essentiel d'une reconnaissance officielle, un couple homosexuel a également, à l'instar d'un couple hétérosexuel, des « besoins ordinaires » de protection. La reconnaissance du couple ne peut être dissociée de sa protection. Les couples homosexuels se trouvent dans une situation comparable à celle des couples

similar situation to different-sex couples as regards their need for formal acknowledgment and protection of their relationship.

In the present case, in the absence of official recognition, same-sex couples were nothing more than de facto unions under Russian law. The partners were unable to regulate fundamental aspects of life as a couple such as those concerning property, maintenance and inheritance except as private individuals entering into contracts under the ordinary law, rather than as an officially recognised couple. Nor were they able to rely on the existence of their relationship in dealings with the judicial or administrative authorities. Indeed, the fact that same-sex partners were required to apply to the domestic courts for protection of their basic needs as a couple constituted in itself a hindrance to respect for their private and family life. That being so, the Russian legal framework, as applied to the applicants, could not be said to provide for the core needs of recognition and protection of same-sex couples in a stable and committed relationship.

(ii) ***Public-interest grounds put forward by the respondent State –***

– *Protection of the traditional family* – The Court had already held that protection of the family in the traditional sense was, in principle, a weighty and legitimate reason which might justify a difference in treatment on grounds of sexual orientation. However, that aim remained rather abstract, and a broad variety of concrete measures could be used to implement it. Moreover, the concept of family was necessarily evolutive, as was shown by the changes it had undergone since the Convention was adopted.

With regard to same-sex couples, the Court had held under Article 14 in conjunction with Article 8 that excluding a person in a same-sex relationship from succession to a tenancy in the event of the partner's death could not be justified by the need to protect the traditional family (*Karner v. Austria*, and *Kozak v. Poland*). The Court had reached a similar conclusion concerning the refusal to grant a same-sex partner a residence permit on family grounds (*Taddeucci and McCall v. Italy*). It had likewise found that it had not been shown that excluding second-parent adoption in a same-sex couple in Austria, while allowing that possibility in a different-sex couple, could be justified by the protection of the traditional family (*X and Others v. Austria*).

In the present case, there was no basis for considering that affording legal recognition and protection to same-sex couples in a stable and committed relationship could in itself harm families constituted in the traditional way or compromise their future or integrity (*Bayev and Others v. Russia*). Indeed, recognition of same-sex couples did not in any way prevent different-sex couples from marrying or founding a family corresponding to their conception of that term. More broadly, securing rights to same-sex couples did not in itself entail weakening the rights secured to other people or other couples. The Government had been unable to prove the contrary.

Accordingly, the protection of the traditional family could not justify the ab-

hétérosexuels pour ce qui est de leur besoin de reconnaissance officielle et de protection de leur relation.

En l'espèce, en l'absence de reconnaissance officielle, les couples formés par les personnes de même sexe sont de simples unions de facto au regard du droit russe. Ces personnes ne peuvent régler les questions patrimoniales, alimentaires ou successorales inhérentes à leur vie de couple qu'à titre de particuliers concluant entre eux des contrats de droit commun, et non en tant que couple officiellement reconnu. Elles ne peuvent pas davantage faire valoir l'existence de leur couple devant les instances judiciaires ou administratives. Or, le fait pour les personnes homosexuelles de devoir saisir les juridictions internes pour obtenir la protection des besoins ordinaires de leur couple constitue, en soi, un obstacle au respect de leur vie privée et familiale. Ainsi, il ne peut être considéré que le cadre juridique russe, tel qu'appliqué aux requérants, répond aux besoins fondamentaux de reconnaissance et de protection des couples de même sexe engagés dans une relation stable.

ii)   Les motifs invoqués par l'État défendeur au titre de l'intérêt général

– *La protection de la famille traditionnelle* – La Cour a déjà affirmé que la protection de la famille au sens traditionnel du terme constitue, en principe, une raison importante et légitime qui pourrait justifier une différence de traitement fondée sur l'orientation sexuelle. Toutefois, ce but demeure assez abstrait, et une grande variété de mesures concrètes peut être utilisées pour le réaliser. En outre, la notion de famille est nécessairement évolutive, comme en attestent les mutations qu'elle a connues depuis l'adoption de la Convention.

S'agissant des couples de même sexe, la Cour a jugé sous l'angle de l'article 14 combiné avec l'article 8 que l'exclusion des partenaires homosexuels du bénéfice de la transmission du bail en cas de décès de l'un d'eux ne pouvait se justifier par la nécessité de protéger la famille traditionnelle (*Karner c. Autriche*, et *Kozak c. Pologne*). La Cour est parvenue à une même conclusion concernant l'impossibilité pour un partenaire homosexuel de bénéficier d'un permis de séjour pour raisons familiales (*Taddeucci et McCall c. Italie*). Elle a pareillement considéré qu'il n'avait pas été démontré que l'exclusion des couples homosexuels du champ de l'adoption coparentale ouverte aux couples hétérosexuels en Autriche pouvait être justifiée par la protection de la famille traditionnelle (*X et autres c. Autriche*).

Dans le cas d'espèce, rien ne permet de considérer que le fait d'offrir une reconnaissance et une protection juridiques aux couples homosexuels engagés dans une relation stable pourrait, en soi, nuire aux familles constituées de manière traditionnelle ou en compromettre l'avenir voire l'intégrité (*Bayev et autres c. Russie*). En effet, la reconnaissance des couples homosexuels n'empêche aucunement les couples hétérosexuels de se marier ni de fonder une famille correspondant au modèle qu'ils se donnent de celle-ci. Plus largement, la reconnaissance de droits aux couples de même sexe n'implique pas, en soi, un affaiblissement des droits reconnus à d'autres personnes ni à d'autres couples. Le Gouvernement n'est pas en mesure d'établir le contraire.

Ainsi, la protection de la famille traditionnelle ne peut justifier, en l'espèce,

sence of any form of legal recognition and protection for same-sex couples in the present case.

– *Feelings of the majority of the Russian population* – The Court had already rejected the Government's argument that the majority of Russians disapproved of homosexuality, in the context of cases concerning freedom of expression, assembly or association for sexual minorities (Bayev and Others v. Russia). It would be incompatible with the underlying values of the Convention if the exercise of Convention rights by a minority group were made conditional on its being accepted by the majority. Were this so, a minority group's rights would become merely theoretical rather than practical and effective as required by the Convention.

Those considerations were entirely relevant in the present case, meaning that the allegedly negative, or even hostile, attitude on the part of the heterosexual majority in Russia could not be set against the applicants' interest in having their respective relationships adequately recognised and protected by law.

– *Protection of minors from promotion of homosexuality* – Ruling on the legislative ban on promotion of homosexuality or non-traditional sexual relations among minors in Bayev and Others v. Russia, the Court had held that "the legislative provisions in question embodied a predisposed bias on the part of the heterosexual majority against the homosexual minority". It had concluded that "by adopting such laws the authorities reinforce stigma and prejudice and encourage homophobia, which is incompatible with the notions of equality, pluralism and tolerance inherent in a democratic society". The Court could see no reason to depart from that conclusion in the present case.

(d) Conclusion

None of the public-interest grounds put forward by the Government prevailed over the applicants' interest in having their respective relationships adequately recognised and protected by law. Accordingly, the respondent State had overstepped its margin of appreciation and had failed to comply with its positive obligation to secure the applicants' right to respect for their private and family life.

Conclusion: violation (fourteen votes to three).

Article 41

Finding of a violation sufficient in respect of non-pecuniary damage.

See also

– *Karner v. Austria*, 40016/98, 24 July 2003;
– *Kozak v. Poland*, 13102/02, 2 March 2010, Legal summary;
– *Schalk and Kopf v. Austria*, 30141/04, 24 June 2010, Legal summary;

l'absence de toute forme de reconnaissance et de protection juridiques des couples de même sexe.
- *Le sentiment majoritaire de l'opinion publique russe* – La Cour a déjà écarté l'argument du Gouvernement selon lequel la majorité des Russes désapprouvent l'homosexualité, dans des affaires en matière de liberté d'expression, de réunion ou d'association des minorités sexuelles (*Bayev et autres c. Russie*). Il serait incompatible avec les valeurs sous-jacentes à la Convention qu'un groupe minoritaire ne puisse exercer les droits qu'elle garantit qu'à la condition que cela soit accepté par la majorité. En pareil cas, le droit des groupes minoritaires deviendrait purement théorique et non pratique et effectif comme le veut la Convention.

Ces considérations trouvent toute leur pertinence en l'espèce, de sorte que l'attitude prétendument négative sinon hostile de la majorité hétérosexuelle en Russie ne saurait être opposée à l'intérêt des requérants de voir leurs couples reconnus et protégés adéquatement par le droit.
- *La protection des mineurs contre la promotion de l'homosexualité* – Statuant sur l'interdiction législative de la promotion de l'homosexualité ou des relations sexuelles non traditionnelles auprès des mineurs dans l'arrêt *Bayev et autres c. Russie*, la Cour y a affirmé que « les dispositions législatives en question incarnaient un préjugé de la part de la majorité hétérosexuelle à l'égard de la minorité homosexuelle ». Elle a conclu qu'« en adoptant cette législation, les autorités accentuent la stigmatisation et les préjugés et encouragent l'homophobie, ce qui est incompatible avec les notions d'égalité, de pluralisme et de tolérance qui sont indissociables d'une société démocratique ». La Cour ne voit aucune raison de se départir de cette conclusion en l'espèce.

d) Conclusion

Aucun des motifs invoqués par le Gouvernement au titre de l'intérêt général ne prévaut sur l'intérêt des requérants à obtenir une reconnaissance et une protection juridiques adéquates de leurs couples. Ainsi, l'État défendeur a outrepassé sa marge d'appréciation et a manqué à son obligation positive de garantir le droit des requérants au respect de leur vie privée et familiale.

Conclusion : violation (quatorze voix contre trois).

Article 41

Constat de violation suffisant pour le préjudice moral.

Voir aussi

- *Karner c. Autriche*, 40016/98, 24 juillet 2003 ; *Kozak c. Pologne*, 13102/02, 2 mars 2010, Résumé juridique ;
- *Schalk et Kopf c. Autriche*, 30141/04, 24 juin 2010, Résumé juridique ;

- *Gas and Dubois v. France*, 25951/07, 15 March 2012, Legal summary;
- *X and Others v. Austria* [GC], 19010/07, 19 February 2013, Legal summary;
- *Vallianatos and Others v. Greece* [GC], 29381/09 and 32684/09, 7 November 2013, Legal summary;
- *Hämäläinen v. Finland* [GC], 37359/09, 16 July 2014, Legal summary;
- *Oliari and Others v. Italy*, 18766/11 and 36030/11, 21 July 2015, Legal summary;
- *Pajić v. Croatia*, 68453/13, 23 February 2016, Legal summary;
- *Chapin and Charpentier v. France*, 40183/07, 9 June 2016;
- *Taddeucci and McCall v. Italy*, 51362/09, 30 June 2016, Legal summary;
- *Bayev and Others v. Russia*, 67667/09 et al., 20 June 2017, Legal summary;
- *Orlandi and Others v. Italy*, 26431/12 et al., 14 December 2017, Legal summary).

D. STATISTICS

OVERVIEW OF THE COURT'S STATISTICS IN 2023

The Court's statistics for 2023 disclose a decrease in the number of incoming applications allocated to a judicial formation. This can be explained principally by a decrease in the number of allocated applications coming from Russia, Türkiye, Serbia and Greece.

A. New applications

In 2023, 34,650 applications were allocated to a judicial formation, an overall decrease of 24% compared with 2022 (45,500). 21,000 of these were identified as single-judge cases likely to be declared inadmissible (a decrease of 21% in relation to 2022). As in previous years, single-judge applications continue to be processed as soon as they are identified as qualifying for such a procedure. In addition, 13,650 applications were identified as probable Chamber or Committee cases (a decrease of 27% compared with 2022).

B. Applications disposed of judicially and pending applications

38,260 applications were disposed of judicially, a decrease of 3% in relation to 2022 (39,570). The number of applications disposed of exceeded the number of allocated by slightly more than 3,600. As a result, the stock of allocated applications pending before the Court decreased over the year, from 74,650 to 68,450.

C. Processing of applications

1. *Pre-allocation*

As at 31 December 2023, the number of applications pending at the pre-

- *Gas et Dubois c. France*, 25951/07, 15 mars 2012, Résumé juridique ;
- *X et autres c. Autriche* [GC], 19010/07, 19 février 2013, Résumé juridique ;
- *Vallianatos et autres c. Grèce* [GC], 29381/09 et 32684/09, 7 novembre 2013, Résumé juridique ;
- *Hämäläinen c. Finlande* [GC], 37359/09, 16 juillet 2014, Résumé juridique ;
- *Oliari et autres c. Italie*, 18766/11 et 36030/11, 21 juillet 2015, Résumé juridique ;
- *Pajić c. Croatie*, 68453/13, 23 février 2016, Résumé juridique ;
- *Chapin et Charpentier c. France*, 40183/07, 9 juin 2016 ;
- *Taddeucci et McCall c. Italie*, 51362/09, 30 juin 2016, Résumé juridique ;
- *Bayev et autres c. Russie*, 67667/09 et al., 20 juin 2017, Résumé juridique ;
- *Orlandi et autres c. Italie*, 26431/12 et al., 14 décembre 2017, Résumé juridique.

D. STATISTIQUES

ÉVOLUTION DES STATISTIQUES DE LA COUR EN 2023

Les statistiques de la Cour pour l'année 2023 révèlent une diminution du nombre de nouvelles requêtes attribuées à une formation judiciaire. Cela s'explique essentiellement par une baisse du nombre de requêtes attribuées en provenance de Russie, Türkiye, Serbie et Grèce.

A. Nouvelles requêtes

En 2023, 34 650 requêtes ont été attribuées à une formation judiciaire, ce qui représente une baisse globale de 24 % par rapport au chiffre de 2022 (45 500). Sur ce total, 21 000 ont été identifiées comme devant être examinées par un juge unique et étaient normalement appelées à être déclarées irrecevables (soit une diminution de 21 % par rapport à 2022). Comme les années passées, les requêtes relevant de la procédure de juge unique ont été traitées dès qu'elles ont été identifiées comme telles. En outre, 13 650 requêtes ont été identifiées comme devant probablement être traitées par une chambre ou un comité (soit une diminution de 27 % par rapport à 2022).

B. Requêtes clôturées par une décision judiciaire et requêtes pendantes

Au total, 38 260 requêtes ont été clôturées par une décision judiciaire, soit une diminution de 3 % par rapport au chiffre de 2022 (39 570). Le nombre des requêtes clôturées a dépassé celui des requêtes attribuées d'un peu plus de 3 600. Ainsi, le stock de requêtes attribuées qui étaient pendantes devant la Cour a baissé au cours de l'année, passant de 74 650 à 68 450.

C. Traitement des requêtes

1. *Stade antérieur à l'attribution à une formation judiciaire*

Au 31 décembre 2023, le nombre de requêtes pendantes au stade pré-judiciaire

judicial stage stood at 4,000, a decrease of 36% as compared with the same date of the previous year (6,250). The number of applications disposed of administratively in 2023 was 10,600, a decrease of 26%. 60% of these files were disposed of for failure to comply with the requirements of Rule 47 of the Rules of Court (contents of an individual application). The remainder of these files were disposed of administratively because applicants had not submitted an application form within the time-limit set by the Registry.

2. *Inadmissibility or striking-out decisions*

In 2023, 31,329 applications were declared inadmissible or struck out of the list of cases by a single judge, a Committee, a Chamber or a Grand Chamber, a 12% decrease compared with 2022 (35,402).

The single-judge formation decided 25,834 applications in 2023, 16% less than in 2022 (30,585). This can be explained mainly by a decrease in the number of applications allocated to a single judge in 2023.

In 2023, 2,425 applications were struck out by a Chamber or a Committee, in a decision following a friendly settlement or a unilateral declaration, an increase of 10% (2,208 in 2022). Friendly settlements (1,801) increased by 5% (1,718 in 2022) while unilateral declarations increased by 27% (624 in 2023 as against 490 in 2022). In addition, 3,070 applications were declared inadmissible by a Grand Chamber, a Chamber or a Committee or struck out by those formations on other grounds (18% more than in 2022).

3. *Communicated applications*

In 2023, 16,623 applications were communicated (an increase of 144% compared with 2022, when 6,822 applications were communicated). Of these applications, 57% were lodged against Russia.

4. *Judgments*

Judgments were delivered in respect of 6,931 applications (compared with 4,168 in 2022, an increase of 66%). A large proportion of these applications were joined, with the result that the number of judgments actually delivered was 1,014, a decrease of 13% compared to 2022. Furthermore, 682 judgments (in respect of 6,386 applications) were adopted by a three-judge Committee formation (-14% compared with 2022). However, there was an 80% increase (6,386 compared with 3,554 in 2022) in the number of applications decided in a judgment by three-judge Committees, which accounted for 92% of applications decided by means of a judgment (compared with 85% in 2022). This year the number of applications decided by means of a judgment reached yet another record figure if the 2017 *Burmych and Others* judgment is not taken into account (*Burmych and Others v. Ukraine* (striking out) [GC], nos. 46852/13 and 12,147 others, 12 October 2017).

était de 4 000, soit 36 % de moins qu'à la même date l'année précédente (6 250). Le nombre de requêtes clôturées administrativement en 2023 s'est établi à 10 600, soit une baisse de 26 %. Il est à noter que 60 % de ces dossiers ont été clôturés pour défaut de conformité aux exigences de l'article 47 du règlement de la Cour (contenu d'une requête individuelle). Les autres dossiers ont été clôturés administrativement parce que les requérants n'avaient pas introduit de formulaire de requête dans le délai fixé par le greffe.

2. *Décisions d'irrecevabilité ou de radiation du rôle*

En 2023, 31 329 requêtes ont été déclarées irrecevables ou rayées du rôle par un juge unique, un comité, une chambre ou une Grande Chambre, soit une baisse de 12 % par rapport au chiffre de 2022 (35 402).

Les formations de juge unique ont statué en 2023 sur 25 834 requêtes, soit 16 % de moins qu'en 2022 (30 585). Ceci s'explique principalement par une diminution du nombre de requêtes attribuées à un juge unique en 2023.

En 2023, 2 425 requêtes ont été rayées du rôle par une chambre ou par un comité au moyen d'une décision faisant suite à un règlement amiable ou à une déclaration unilatérale (contre 2 208 en 2022), ce qui représente une hausse de 10 %. Le nombre des règlements amiables (1 801) a augmenté de 5 % (1 718 en 2022) et celui des déclarations unilatérales a augmenté de 27 % (624 contre 490 en 2022). En outre, 3 070 requêtes ont été déclarées irrecevables par une Grande Chambre, une chambre ou par un comité ou rayées du rôle par ces formations pour d'autres motifs (18 % de plus qu'en 2022).

3. *Requêtes communiquées*

En 2023, 16 623 requêtes ont été communiquées (contre 6 822 en 2022, soit une augmentation de 144 %).

57 % de ces requêtes ont été introduites à l'encontre de la Russie.

4. *Arrêts*

Le nombre de requêtes ayant donné lieu au prononcé d'un arrêt s'est élevé à 6 931 (contre 4 168 en 2022, soit une hausse de 66 %). Une proportion importante d'entre elles ont été jointes, ce qui a porté le nombre des arrêts rendus à 1 014 (soit une baisse de 13 % par rapport à 2022). En outre, 682 arrêts (concernant 6 386 requêtes) ont été adoptés par un comité de trois juges (-14 % par rapport à 2022). Néanmoins, on peut constater une augmentation de + 80 % (6 386 contre 3 554 en 2022) du nombre des requêtes terminées par des arrêts de comité de trois juges, qui représentent 92 % des requêtes tranchées par un arrêt (contre 85 % en 2022). Cette année le nombre de requêtes terminées par un arrêt a atteint un nouveau record si on ne prend pas en considération l'arrêt *Burmych* de 2017 (*Burmych et autres c. Ukraine* (radiation) [GC], n°s 46852/13 et 12 147 autres, 12 octobre 2017).

5. Requests for interim measures (Rule 39 of the Rules of Court)

The total number of decisions on interim measures (2,634) decreased by 15% compared with 2022 (3,116).

The Court granted requests for interim measures in 1,419 cases (an increase of 30% in relation to the total of 1,094 in 2022) and dismissed them in 359 cases (a decrease of 48% compared with 685 in 2022). 91% of the requests granted (1,297 requests) concerned immigration issues in Belgium. It should be noted that 94% of the requests granted concerned issues other than expulsion or extradition. The remainder fell outside the scope of Rule 39 of the Rules of Court.

D. Priority policy[174]

The essence of this policy is to concentrate more resources on the most important cases, namely the cases falling within the top three categories ("priority applications"). On 31 December 2023, 20,334 applications were pending in these categories (a decrease of 15% from the beginning of the year). This result was achieved thanks to the high productivity in these categories in 2023. Indeed, 6,880 priority applications were disposed of judicially, an increase of 66% compared to 2022 (4,152).

The number of priority applications communicated to the respondent Governments increased by 222% compared to 2022 (3,138 in 2022 and 10,114 in 2023). The number of priority applications declared inadmissible or struck out of the list of cases by a Grand Chamber, Chamber or Committee increased by 20% (1,509 in 2022 and 1,805 in 2023). The number of priority applications struck out following a friendly settlement or a unilateral declaration increased from 666 in 2022 to 794 in 2023. The number of priority applications giving rise to a judgment increased by 92% in 2023 (2,643 in 2022 and 5,075 in 2023). Such high figures were made possible by the processing of applications against Russia. In 2023 more than 7,700 priority applications against Russia were communicated, and more than 3,700 applications ended in a decision or judgment.

E. Conclusion

The Court has implemented the strategy adopted in 2020 for more targeted and effective case-processing with the aim of streamlining the handling of both priority and "impact" cases (i.e. non-priority Chamber cases which address core issues of relevance for the State in question and/or for the Convention system generally). This strategy is aimed at enhancing the Court's immediate impact and relevance for the applicants and in the member States and its ability to address core legal issues of relevance for the Convention system as a whole. On 1 January 2021 there were almost 18,000 applications pending in category IV. By 1 January 2024 around 14,100

---

[174] An explanation of the Court's priority policy can be found on the Court's internet site: http://www.echr.coe.int/Documents/Priority_policy_ENG.pdf.

5. Demandes de mesures provisoires (article 39 du règlement)

Le nombre total de décisions relatives à des demandes de mesures provisoires (2 634) a diminué de 15 % par rapport à 2022 (3 116). La Cour a fait droit à la demande dans 1 419 cas (contre 1 094 en 2022, soit une hausse de 30 %) et l'a rejetée dans 359 cas (contre 685 en 2022, soit une baisse de 48 %). 91 % des demandes accordées (1 297 demandes) concernaient des questions d'immigration en Belgique. Il est à noter que 94 % des demandes accueillies concernaient des cas autres que des expulsions ou des extraditions. Le restant des demandes ne relevaient pas du champ d'application de l'article 39 du règlement.

D. Politique de priorisation[174]

Cette politique a pour but de concentrer davantage les ressources sur les affaires les plus importantes, à savoir celles qui relèvent des trois premières catégories (« requêtes prioritaires »). Au 31 décembre 2023, on dénombrait 20 334 requêtes pendantes dans ces catégories (soit une diminution de 15 % par rapport au début de l'année). Ce résultat a pu être obtenu grâce à une forte productivité dans ces catégories en 2023.

En effet, 6 880 requêtes prioritaires ont été clôturées par une décision judiciaire, soit une augmentation de 66 % par rapport au chiffre de 2022 (4 152).

Le nombre de requêtes prioritaires communiquées au gouvernement défendeur a augmenté de 222 % par rapport à 2022 (10 114 contre 3 138 en 2022). Le nombre de requêtes prioritaires déclarées irrecevables ou rayées du rôle par une Grande Chambre, une chambre ou par un comité est en hausse de 20 % (1 509 en 2022, 1 805 en 2023). Le nombre de requêtes prioritaires rayées du rôle à la suite d'un règlement amiable ou d'une déclaration unilatérale est passé de 666 en 2022 à 794 en 2023 et celui ayant donné lieu à un arrêt a augmenté de 92 % en 2023 (2 643 en 2022, 5 075 en 2023). Ces chiffres élevés s'expliquent par le nombre des requêtes contre la Russie qui ont été traitées. En 2023, plus de 7 700 requêtes prioritaires contre la Russie ont été communiquées et plus de 3 700 requêtes ont été clôturées par une décision ou un arrêt.

E. Conclusion

La stratégie adoptée en 2020 pour un traitement plus ciblé et efficace des affaires dans le but de rationaliser le traitement des affaires prioritaires et « à impact » (c.-à-d. des affaires de chambre non prioritaires soulevant des questions centrales pertinentes pour l'État concerné et/ou pour le système de la Convention en général) a été mise en œuvre. Cette démarche a pour but de rehausser l'impact et la pertinence immédiate de l'action de la Cour pour les requérants et les États membres, de même que sa capacité à répondre à des questions juridiques centrales présentant un intérêt pour le système de la Convention dans son ensemble. Au 1er janvier 2021, près de 18 000 requêtes étaient pendantes en catégorie IV. Au 1er janvier 2024, environ 14 100

---

[174] Les explications concernant la politique de priorisation de la Cour sont consultables sur le site internet de la Cour : http://www.echr.coe.int/Documents/Priority_policy_FRA.pdf.

applications remained pending in category IV, of which 270 were identified as having an "impact". The strategy has undoubtedly resulted in more efficient handling of important yet non-priority cases. Since January 2021, 704 "impact" applications have been processed, with 255 resulting in a judgment (68 in 2023, 111 in 2022 and 76 in 2021), 59 declared inadmissible or struck out of the list of cases (18 in 2023, 21 in 2022 and 20 in 2021) and 390 communicated (67 in 2023, 87 in 2022 and 236 in 2021).

General information

Table 1 – General statistical information

1. Applications allocated to a judicial formation

	2023	2022	+/-
Applications allocated (round figures [50])	**34 650**	45 500	-24 %

2. Interim procedural events

	2023	2022	+/-
Applications communicated to respondent government	**16 623**	6 822	144 %

3. Applications decided

	2023	2022	+/-
By decision or judgment	**38 260**	39 570	-3 %
– by judgment delivered	**6 931**	4 168	**66 %**
– by decision (inadmissible or struck out)	**31 329**	35 402	-12 %

4. Pending applications

(Round figures [50])	31/12/2023	1/1/2023	+/-
Applications pending before a judicial formation	**68 450**	74 650	-8 %
– Chamber and Grand Chamber	**18 150**	35 100	-48 %
– Committee	**46 150**	34 800	**33 %**
– Single-judge formation	**4 150**	4 750	-13 %

5. Pre-judicial applications

(Round figures [50])	31/12/2023	1/1/2023	+/-
Applications at a pre-judicial stage	**4 000**	6 250	-36 %
	2022	2021	+/-
Applications disposed of administratively	**10 600**	14 400	-26 %

requêtes restaient pendantes en catégorie IV, parmi lesquelles 270 requêtes ont été identifiées comme ayant un « impact ». Cette stratégie a sans aucun doute permis de gérer plus efficacement des affaires importantes mais non prioritaires. Depuis janvier 2021, 704 requêtes « à impact » ont été examinées : 255 requêtes ont donné lieu à un arrêt (68 en 2023, 111 en 2022 et 76 en 2021), 59 ont été déclarées irrecevables ou rayées du rôle (18 en 2023, 21 en 2022 et 20 en 2021) et 390 ont été communiquées (67 en 2023, 87 en 2022 et 236 en 2021).

Informations d'ordre général

Tableau 1 – Informations statistiques générales

1. Requêtes attribuées à une formation judiciaire

	2023	2022	+/-
Requêtes attribuées (chiffres arrondis [50])	**34 650**	45 500	-24 %

2. Stades de procédure intermédiaires

	2023	2022	+/-
Requêtes communiquées au gouvernement défendeur	**16623**	6 822	**144 %**

3. Requêtes jugées

	2023	2022	+/-
Par décision ou arrêt	**38 260**	39 570	-3 %
– un arrêt prononcé	**6 931**	4 168	**66 %**
– une décision (irrecevabilité/radiation)	**31 329**	35 402	-12 %

4. Requêtes pendantes

(Chiffres arrondis [50])	31/12/2023	1/1/2023	+/-
Requêtes pendantes devant une formation judiciaire	**68 450**	74 650	-8 %
– Chambre et Grande Chambre	**18 150**	35 100	-48 %
– Comité	**46 150**	34 800	**33 %**
– formation de Juge unique	**4 150**	4 750	-13 %

5. Requêtes pré-judiciaires

(Chiffres arrondis [50])	31/12/2023	1/1/2023	+/-
Requêtes au stade pré-judiciaire	**4 000**	6 250	-36 %
	2022	2021	+/-
Requêtes terminées administrativement	**10 600**	14 400	-26 %

6. Number of applications allocated to a judicial formation[175]

Chart 1 – Applications allocated to a judicial formation per year

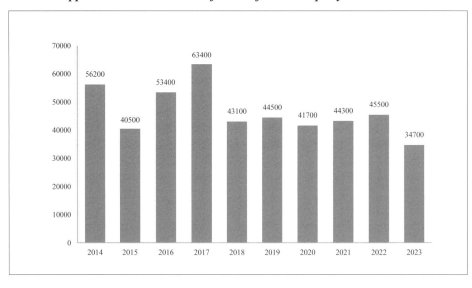

Chart 2 – Applications pending before a judicial formation per year

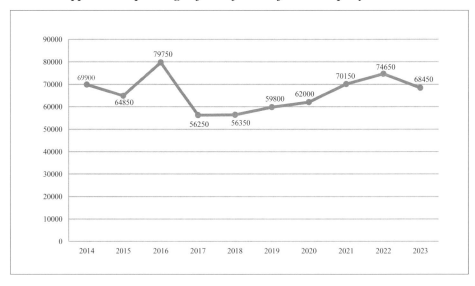

---

175 Figures represent the total number of applications, including joined applications. The document generally gives round figures.

6. Nombre de requêtes attribuées à une formation judiciaire[175]

Graphique 1 – Requêtes attribuées à une formation judiciaire par an

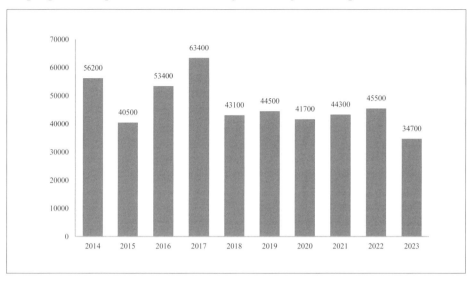

Graphique 2 – Requêtes pendantes devant une formation judiciaire par an

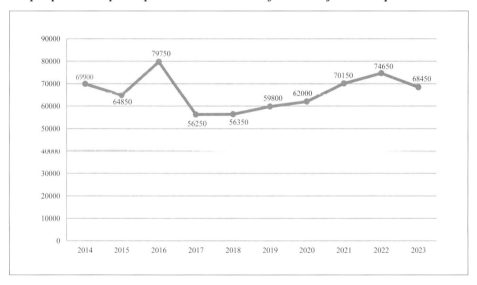

---

175   Les chiffres indiquent le nombre total de requêtes, y compris les requêtes jointes. Les chiffres sont arrondis.

Chart 3 – Breakdown of 68,450 pending applications for the high case-count States

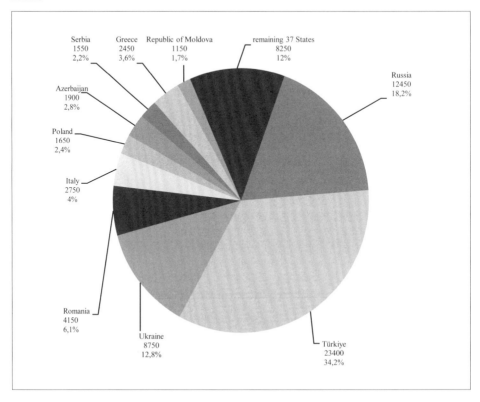

Graphique 3 – La répartition des 68 450 requêtes pendantes par États gros pourvoyeurs de requêtes

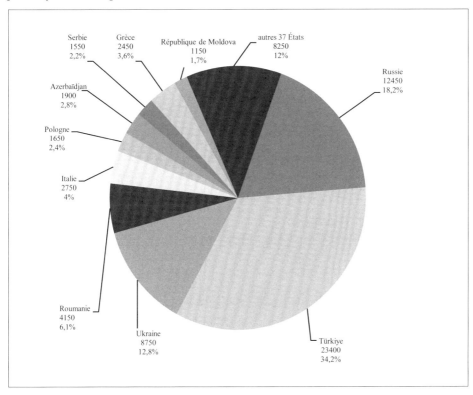

Chart 4 – Breakdown of 68,450 pending applications by stage of proceedings and judicial formation[176]

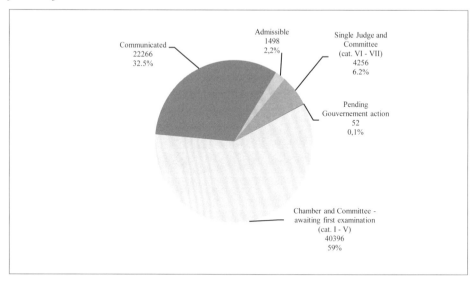

Chart 5 – Breakdown of 68,450 pending applications by category

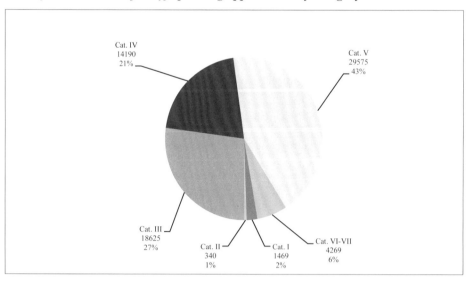

---

176 The "Pending Government action" category was created to monitor applications following a judgment applying the pilot procedure.

*Graphique 4 – **La répartition des 68 450 requêtes pendantes par stade procédural et formation judiciaire*** [176]

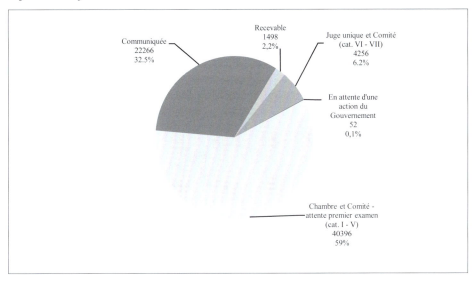

*Graphique 5 – **La répartition des 68 450 requêtes pendantes par catégories***

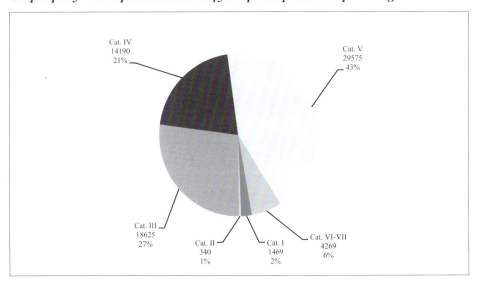

---

176 Le stade procédural « en attente d'une action du gouvernement » a été créé pour surveiller les requêtes suivant un arrêt appliquant la procédure pilote.

196 *European Court of Human Rights*

7. Processing of applications

Chart 6 – 38,260 applications disposed of judicially in 2023

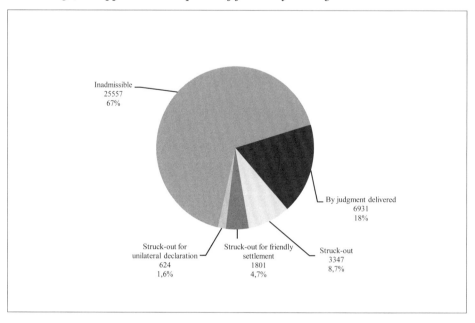

7. Traitement des requêtes

Graphique 6 – 38 260 requêtes clôturées en 2023

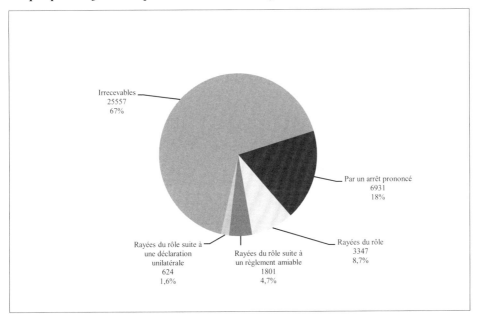

Chart 7 – Applications in categories I to VII processed over the past ten years

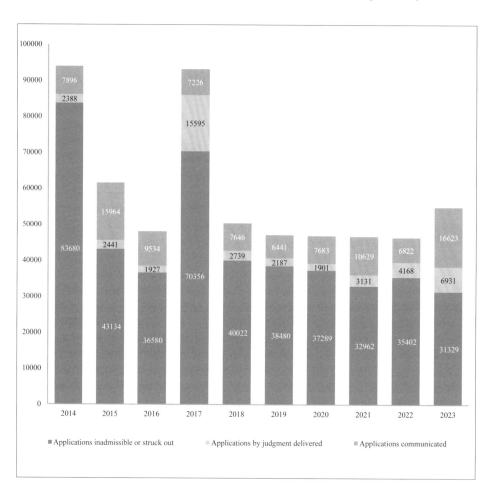

Graphique 7 – Requêtes appartenant aux catégories I à VII traitées au cours des dix dernières années

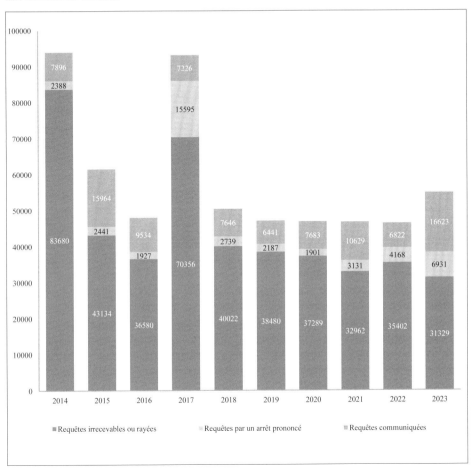

Chart 8 – Applications in categories I, II and III processed over the past ten years

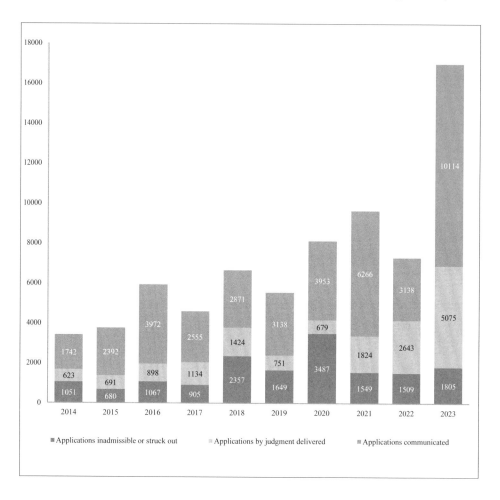

Graphique 8 – Requêtes appartenant aux catégories I, II et III traitées au cours des dix dernières années

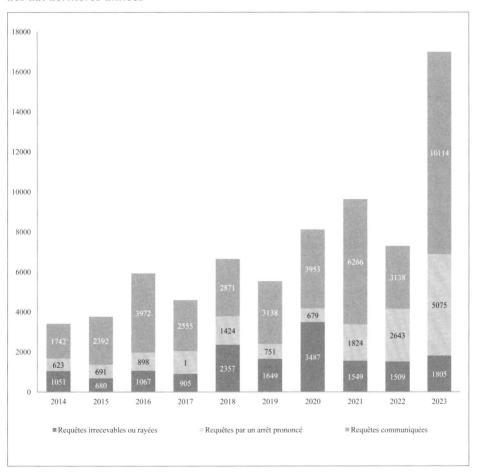

Chart 9 – Number of judgments (legal acts) over the past ten years

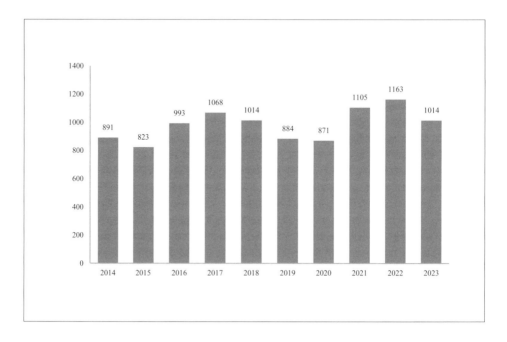

Graphique 9 – Nombre d'arrêts (actes juridiques) au cours des dix dernières années

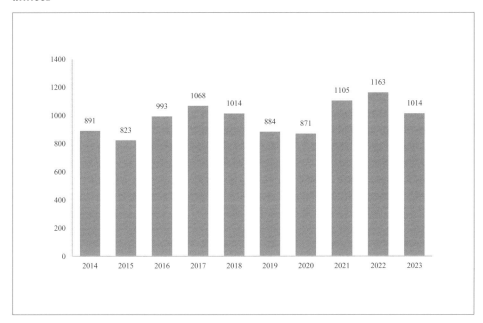

Chart 10 – Evolution of the friendly settlements and unilateral declarations over the past ten years

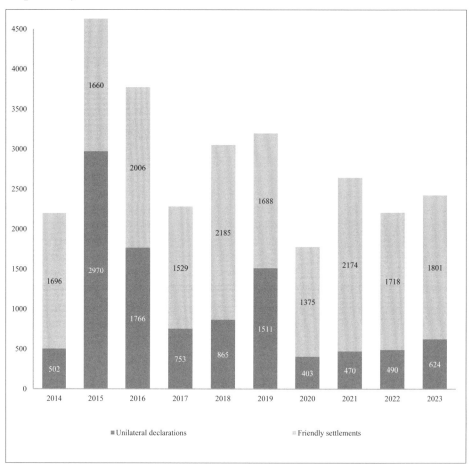

Graphique 10 – Évolution des règlements amiables et des déclarations unilatérales au cours des dix dernières années

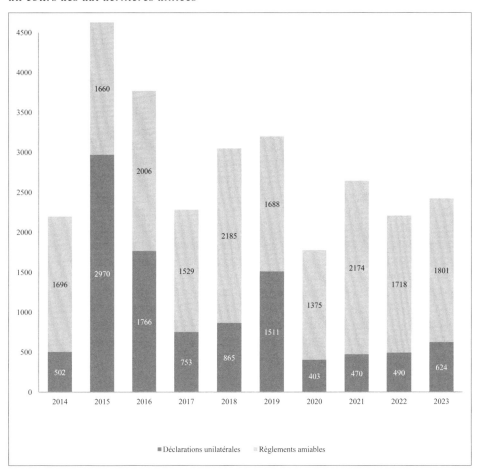

Chart II – *Applications by judgment delivered over the past 25 years*

25,852 judgments were delivered in respect of 66,175 applications. The biggest group was delivered in 2017 (see *Burmych and Others v. Ukraine* (striking out) [GC], nos. 46852/13 and 12147 others, 12 October 2017).

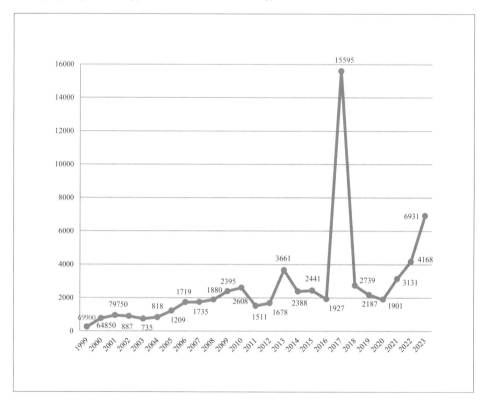

Graphique 11 – Requêtes par un arrêt prononcé au cours des 25 dernières années

25 852 arrêts ont été prononcés portant sur 66 175 requêtes. Le groupe le plus important a été prononcé en 2017 (voir *Burmych et autres c. Ukraine* (radiation) [GC], n°s 46852/13 et 12147 autres, 12 octobre 2017).

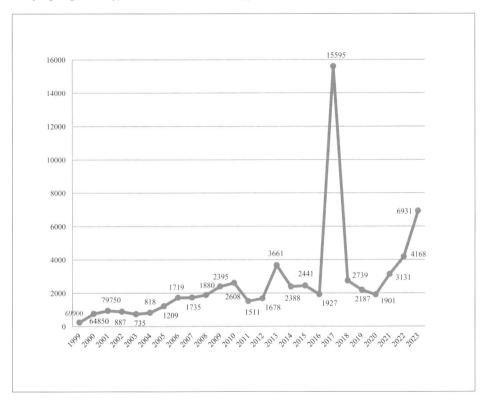

Chart 12 – *Applications inadmissible or struck out over the past 25 years*

935,612 applications were declared inadmissible or struck out. 2012-2014 are the years with the biggest numbers of decided applications, principally by Single Judge, following the entry into force of Protocol No. 14.

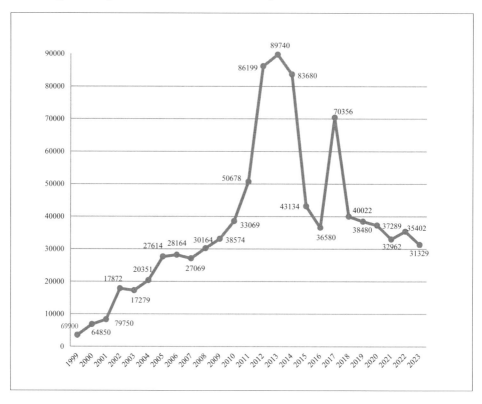

Graphique 12 – Requêtes irrecevables ou rayées au cours des 25 dernières années

935 612 requêtes ont été déclarées irrecevables ou rayées. 2012-2014 sont les années où le nombre de requêtes ayant fait l'objet d'une décision, principalement par le juge unique, a été le plus élevé, suite à l'entrée en vigueur du Protocole n° 14.

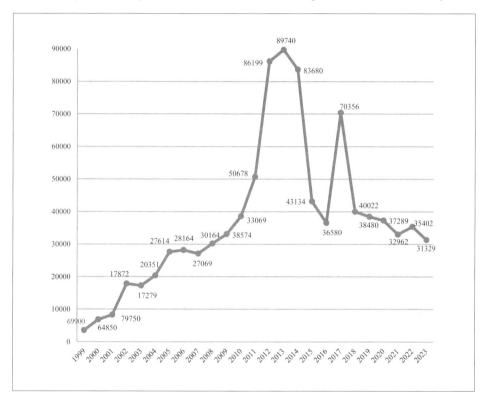

Table 2 – Unilateral declarations and friendly settlements

State	Unilateral Declaration			Friendly Settlement		
	2021	2022	2023	2021	2022	2023
Albania	2	3	9	6	2	1
Andorra	0	0	0	0	0	0
Armenia	1	0	0	1	1	5
Austria	0	0	0	6	0	1
Azerbaijan	55	4	111	67	64	154
Belgium	11	21	6	6	22	8
Bosnia and Herzegovina	1	1	0	6	48	1
Bulgaria	6	2	4	30	33	7
Croatia	17	12	6	34	20	5
Cyprus	0	1	0	1	1	0
Czech Republic	0	1	1	4	4	2
Denmark	0	0	0	1	0	1
Estonia	0	0	1	2	1	0
Finland	0	0	0	0	0	0
France	2	4	2	10	6	8
Georgia	0	0	0	0	0	0
Germany	0	0	0	1	2	0
Greece	1	4	80	40	7	367
Hungary	8	13	6	221	170	235
Iceland	5	16	0	7	2	0
Ireland	2	0	0	3	0	0
Italy	142	179	247	236	85	164
Latvia	0	0	0	0	0	0
Liechtenstein	0	0	0	0	0	0
Lithuania	0	0	0	1	9	0
Luxembourg	0	0	0	0	0	0
Malta	0	0	0	1	0	0
Republic of Moldova	7	1	3	8	3	10
Monaco	0	0	0	1	0	0
Montenegro	0	0	1	1	4	6
Netherlands	0	2	0	4	4	4
North Macedonia	9	6	30	74	19	86
Norway	0	0	0	0	0	0
Poland	56	33	54	131	77	135
Portugal	4	2	11	11	14	18
Romania	48	41	11	224	406	57
Russia	42	23	0	244	27	0
San Marino	0	0	2	2	0	1
Serbia	1	10	8	708	625	490
Slovakia	6	2	3	26	23	19
Slovenia	0	0	1	0	13	3
Spain	0	0	0	0	0	0
Sweden	0	0	0	0	0	0
Switzerland	1	0	0	1	7	2

Tableau 2 – Déclarations unilatérales et règlements amiables

État	Déclaration unilatérale			Règlement amiable		
	2021	2022	2023	2021	2022	2023
Albanie	2	3	9	6	2	1
Allemagne	0	0	0	1	2	0
Andorre	0	0	0	0	0	0
Arménie	1	0	0	1	1	5
Autriche	0	0	0	6	0	1
Azerbaïdjan	55	4	111	67	64	154
Belgique	11	21	6	6	22	8
Bosnie-Herzégovine	1	1	0	6	48	1
Bulgarie	6	2	4	30	33	7
Chypre	0	1	0	1	1	0
Croatie	17	12	6	34	20	5
Danemark	0	0	0	1	0	1
Espagne	0	0	0	0	0	0
Estonie	0	0	1	2	1	0
Finlande	0	0	0	0	0	0
France	2	4	2	10	6	8
Géorgie	0	0	0	0	0	0
Grèce	1	4	80	40	7	367
Hongrie	8	13	6	221	170	235
Irlande	2	0	0	3	0	0
Islande	5	16	0	7	2	0
Italie	142	179	247	236	85	164
Lettonie	0	0	0	0	0	0
Liechtenstein	0	0	0	0	0	0
Lituanie	0	0	0	1	9	0
Luxembourg	0	0	0	0	0	0
Macédoine du Nord	9	6	30	74	19	86
Malte	0	0	0	1	0	0
République de Moldova	7	1	3	8	3	10
Monaco	0	0	0	1	0	0
Monténégro	0	0	1	1	4	6
Norvège	0	0	0	0	0	0
Pays-Bas	0	2	0	4	4	4
Pologne	56	33	54	131	77	135
Portugal	4	2	11	11	14	18
République tchèque	0	1	1	4	4	2
Roumanie	48	41	11	224	406	57
Royaume-Uni	0	0	0	5	9	2
Russie	42	23	0	244	27	0
Saint-Marin	0	0	2	2	0	1
Serbie	1	10	8	708	625	490
Slovaquie	6	2	3	26	23	19
Slovénie	0	0	1	0	13	3
Suède	0	0	0	0	0	0

State (cont.)	Unilateral Declaration			Friendly Settlement		
	2021	2022	2023	2021	2022	2023
Türkiye	30	109	27	43	10	9
Ukraine	13	0	0	7	0	0
United Kingdom	0	0	0	5	9	2
TOTAL	470	490	624	2174	1718	1801

Table 3 – The Court's total caseload by stage of proceedings and judicial formation

State	Single Judge and Committee (cat. VI-VII)	Chamber and Committee - awaiting first examination (cat. I-V)	Communicated	Pending Government action	Admissible	TOTAL
Albania	25	257	90		11	383
Andorra	2					2
Armenia	83	272	476		5	836
Austria	89	19	17			125
Azerbaijan	11	975	859		32	1877
Belgium	21	266	119		2	408
Bosnia and Herzegovina	69	13	21		1	104
Bulgaria	49	364	82		6	501
Croatia	102	499	132		6	739
Cyprus	9	5	25		1	40
Czech Republic	46	44	39		2	131
Denmark	6	1	25		2	34
Estonia	12	5	16		4	37
Finland	40	4	9		1	54
France	56	152	222		38	468
Georgia	34	74	72		5	185
Germany	102	40	30		2	174
Greece	27	1186	1209		7	2429
Hungary	54	163	345		16	578
Iceland	10	1	27			38
Ireland	4	3	1			8
Italy	151	1684	589		319	2743
Latvia	208	98	67		7	380
Liechtenstein						0
Lithuania	45	45	56		4	150
Luxembourg	3	7	4		1	15
Malta		11	13		3	27
Republic of Moldova	17	385	270		27	1149
Monaco		12	4			16
Montenegro	32	20	29			81
Netherlands	67	24	47		11	149

État (cont.)	Déclaration unilatérale			Règlement amiable		
	2021	2022	2023	2021	2022	2023
Suisse	1	0	0	1	7	2
Türkiye	30	109	27	43	10	9
Ukraine	13	0	0	7	0	0
TOTAL	**470**	**490**	**624**	**2174**	**1718**	**1801**

Tableau 3 – Charge de travail de la Cour par stade procédural et formation judiciaire

État	Juge Unique et Comité (cat. VI-VII)	Chambre et Comité – attente premier examen (cat. I-V)	Communi-quée	En attente d'une action du Gouverne-ment	Recevable	TOTAL
Albanie	25	257	90		11	**383**
Allemagne	102	40	30		2	**174**
Andorre	2					**2**
Arménie	83	272	476		5	**836**
Autriche	89	19	17			**125**
Azerbaïdjan	11	975	859		32	**1877**
Belgique	21	266	119		2	**408**
Bosnie-Herzégovine	69	13	21		1	**104**
Bulgarie	49	364	82		6	**501**
Chypre	9	5	25		1	**40**
Croatie	102	499	132		6	**739**
Danemark	6	1	25		2	**34**
Espagne	87	10	45		2	**144**
Estonie	12	5	16		4	**37**
Finlande	40	4	9		1	**54**
France	56	152	222		38	**468**
Géorgie	34	74	72		5	**185**
Grèce	27	1186	1209		7	**2429**
Hongrie	54	163	345		16	**578**
Irlande	4	3	1			**8**
Islande	10	1	27			**38**
Italie	151	1684	589		319	**2743**
Lettonie	208	98	67		7	**380**
Liechtenstein						**0**
Lituanie	45	45	56		4	**150**
Luxembourg	3	7	4		1	**15**
Macédoine du Nord	33	221	83		11	**348**
Malte		11	13		3	**27**
République de Moldova	17	385	270		27	**1149**
Monaco		12	4			**16**
Monténégro	32	20	29			**81**
Norvège	22	26	6			**54**

State (cont.)	Single Judge and Committee (cat. VI-VII)	Chamber and Committee - awaiting first examination (cat. I-V)	Communicated	Pending Government action	Admissible	TOTAL
North Macedonia	33	221	83		11	**348**
Norway	22	26	6			**54**
Poland	133	789	651	52	23	**1648**
Portugal	9	322	124		8	**463**
Romania	225	2695	1142		109	**4171**
Russia	96	3886	7736		735	**12453**
San Marino	1	20	48		3	**72**
Serbia	764	398	373			**1535**
Slovakia	74	87	161		1	**323**
Slovenia	104	783	21		2	**910**
Spain	87	10	45		2	**144**
Sweden	20	5	10		1	**36**
Switzerland	70	64	52		3	**189**
Türkiye	956	16874	5537		30	**23397**
Ukraine	241	7111	1333		52	**8737**
United Kingdom	47	26	49		5	**127**
TOTAL	**4256**	**40396**	**22266**	**52**	**1498**	**68468**

État (cont.)	Juge Unique et Comité (cat. VI-VII)	Chambre et Comité – attente premier examen (cat. I-V)	Communi-quée	En attente d'une action du Gouverne-ment	Recevable	TOTAL
Pays-Bas	67	24	47		11	**149**
Pologne	133	789	651	52	23	**1648**
Portugal	9	322	124		8	**463**
République tchèque	46	44	39		2	**131**
Roumanie	225	2695	1142		109	**4171**
Royaume-Uni	47	26	49		5	**127**
Russie	96	3886	7736		735	**12453**
Saint-Marin	1	20	48		3	**72**
Serbie	764	398	373			**1535**
Slovaquie	74	87	161		1	**323**
Slovénie	104	783	21		2	**910**
Suède	20	5	10		1	**36**
Suisse	70	64	52		3	**189**
Türkiye	956	16874	5537		30	**23397**
Ukraine	241	7111	1333		52	**8737**
TOTAL	**4256**	**40396**	**22266**	**52**	**1498**	**68468**

Table 4 – Major procedural steps in processing of applications by State

State	Applications allocated to a judicial formation			Applications communicated to the Government			Applications declared inadmissible or struck out			Applications decided by a judgment		
	2021	2022	2023	2021	2022	2023	2021	2022	2023	2021	2022	2023
Albania	75	85	133	38	12	47	220	107	106	4	9	37
Andorra	11	10	6	2	0	0	9	8	9	0	0	0
Armenia	134	111	147	36	48	348	194	177	510	17	31	31
Austria	222	254	200	19	4	11	190	258	166	8	4	9
Azerbaijan	425	389	348	116	237	613	298	269	655	79	51	77
Belgium	155	1169	1328	65	147	38	151	166	2125	28	13	14
Bosnia and Herzegovina	784	407	248	59	27	18	529	808	326	60	15	2
Bulgaria	623	597	486	74	70	55	526	568	485	60	28	39
Croatia	698	886	1012	111	70	52	637	809	705	45	37	46
Cyprus	52	43	29	15	9	16	47	58	32	3	7	5
Czech Republic	331	309	343	14	19	21	332	311	334	6	10	14
Denmark	67	97	87	6	22	12	47	100	86	8	4	5
Estonia	113	141	103	12	11	6	105	145	97	2	6	6
Finland	91	170	91	3	2	2	109	150	72	1	0	2
France	764	831	729	165	94	89	684	852	838	23	30	57
Georgia	120	150	156	23	21	23	110	508	99	17	15	20
Germany	574	535	450	10	13	7	584	501	459	3	8	13
Greece	912	1947	541	330	921	340	521	519	875	15	22	20
Hungary	1086	1267	2469	458	323	435	894	1070	2442	89	202	72
Iceland	21	30	19	17	6	3	33	46	11	2	4	0
Ireland	35	28	21	4	2	0	48	27	20	1	1	3
Italy	1610	1931	1957	365	784	510	1352	1950	2549	54	39	117
Latvia	268	272	166	23	17	19	266	251	185	3	8	7
Liechtenstein	8	1	6	0	0	0	8	2	6	1	0	0
Lithuania	429	360	351	27	34	26	396	307	428	10	23	15
Luxembourg	30	35	28	1	3	2	30	37	25	17	15	14

Tableau 4 – Principales étapes procédurales du traitement des requêtes par pays

État	Requêtes attribuées à une formation judiciaire			Requêtes communiquées au Gouvernement			Requêtes déclarées irrecevables ou rayées du rôle			Requêtes ayant donné lieu à des arrêts		
	2021	2022	2023	2021	2022	2023	2021	2022	2023	2021	2022	2023
Albanie	75	85	133	38	12	47	220	107	106	4	9	37
Allemagne	574	535	450	10	13	7	584	501	459	3	8	13
Andorre	11	10	6	2	0	0	9	8	9	0	0	0
Arménie	134	111	147	36	48	348	194	177	510	17	31	31
Autriche	222	254	200	19	4	11	190	258	166	8	4	9
Azerbaïdjan	425	389	348	116	237	613	298	269	655	79	51	77
Belgique	155	1169	1328	65	147	38	151	166	2125	28	13	14
Bosnie-Herzégovine	784	407	248	59	27	18	529	808	326	60	15	2
Bulgarie	623	597	486	74	70	55	526	568	485	60	28	39
Chypre	52	43	29	15	9	16	47	58	32	3	7	5
Croatie	698	886	1012	111	70	52	637	809	705	45	37	46
Danemark	67	97	87	6	22	12	47	100	86	8	4	5
Espagne	64	718	421	10	17	25	587	730	370	13	13	16
Estonie	13	141	103	12	11	6	105	145	97	2	6	6
Finlande	91	170	91	3	2	2	109	150	72	1	0	2
France	764	831	729	165	94	89	684	852	838	23	30	57
Géorgie	120	150	156	23	21	23	110	508	99	17	15	20
Grèce	912	1947	541	330	921	340	521	519	875	15	22	20
Hongrie	1086	1267	2469	458	323	435	894	1070	2442	89	202	72
Irlande	35	28	21	4	2	0	48	27	20	1	1	3
Islande	21	30	19	17	6	3	33	46	11	2	4	0
Italie	1610	1931	1957	365	784	510	1352	1950	2549	54	39	117
Lettonie	268	272	166	23	17	19	266	251	185	3	8	7
Liechtenstein	8	1	6	0	0	0	8	2	6	1	0	0
Lituanie	429	360	351	27	34	26	396	307	428	10	23	15
Luxembourg	30	35	28	1	3	2	30	37	25	17	15	14

State (cont.)	Applications allocated to a judicial formation			Applications communicated to the Government			Applications declared inadmissible or struck out			Applications decided by a judgment		
	2021	2022	2023	2021	2022	2023	2021	2022	2023	2021	2022	2023
Malta	62	19	22	26	16	6	21	38	25	17	15	14
Republic of Moldova	630	642	653	76	150	53	553	601	496	80	35	40
Monaco	8	8	9	5	1	0	9	4	5	0	0	1
Montenegro	381	295	173	4	18	21	189	414	193	6	3	0
Netherlands	248	198	231	22	26	15	282	250	172	7	1	14
North Macedonia	394	367	335	41	24	133	362	302	368	6	12	25
Norway	116	131	87	6	3	1	92	120	96	10	5	9
Poland	2889	2146	1843	328	379	426	1768	1881	2574	28	34	74
Portugal	260	335	371	45	69	121	283	238	278	5	11	6
Romania	2971	3302	2821	1020	1058	841	4366	3720	3041	487	507	400
Russia	9432	6077	1695	1069	297	9418	5261	4424	833	741	1759	4466
San Marino	18	56	16	7	13	39	12	3	11	0	4	1
Serbia	1993	3289	1522	1025	738	446	1933	3093	1910	29	31	15
Slovakia	460	479	457	52	48	143	366	464	323	27	26	19
Slovenia	234	287	978	9	30	10	172	271	203	7	4	2
Spain	614	718	421	10	17	25	587	730	370	13	13	16
Sweden	157	162	143	10	2	5	158	167	138	1	3	2
Switzerland	273	257	280	21	15	12	242	227	245	7	8	15
Türkiye	9548	12551	8341	4155	652	1494	5654	6493	4232	567	752	807
Ukraine	3721	1914	2531	677	353	710	2126	1703	1999	539	372	388
United Kingdom	210	240	201	28	17	11	206	255	172	10	5	4
TOTAL	44257	45528	34674	10629	6822	16623	32962	35402	31329	3131	4168	6931

État (cont.)	Requêtes attribuées à une formation judiciaire			Requêtes communiquées au Gouvernement			Requêtes déclarées irrecevables ou rayées du rôle			Requêtes ayant donné lieu à des arrêts		
	2021	2022	2023	2021	2022	2023	2021	2022	2023	2021	2022	2023
Macédoine du Nord	394	367	335	41	24	133	362	302	368	6	12	25
Malte	62	19	22	26	16	6	21	38	25	17	15	14
République de Moldova	630	642	653	76	150	53	553	601	496	80	35	40
Monaco	8	8	9	5	1	0	9	4	5	0	0	1
Monténégro	331	295	173	4	18	21	189	414	193	6	3	0
Norvège	116	131	87	6	3	1	92	120	96	10	5	9
Pays-Bas	248	198	231	22	26	15	282	250	172	7	1	14
Pologne	2839	2146	1843	328	379	426	1768	1881	2574	28	34	74
Portugal	250	335	371	45	69	121	283	238	278	5	11	6
République tchèque	331	309	343	14	19	21	332	311	334	6	10	14
Roumanie	2971	3302	2821	1020	1058	841	4366	3720	3041	487	507	400
Royaume-Uni	210	240	201	28	17	11	206	255	172	10	5	4
Russie	9432	6077	1695	1069	297	9418	5261	4424	833	741	1759	4466
Saint-Marin	18	56	16	7	13	39	12	3	11	0	4	1
Serbie	1933	3289	1522	1025	738	446	1933	3093	1910	29	31	15
Slovaquie	450	479	457	52	48	143	366	464	323	27	26	19
Slovénie	234	287	978	9	30	10	172	271	203	7	4	2
Suède	157	162	143	10	2	5	158	167	138	1	3	2
Suisse	273	257	280	21	15	12	242	227	245	7	8	15
Türkiye	9548	12551	8341	4155	652	1494	5654	6493	4232	567	752	807
Ukraine	3721	1914	2531	677	353	710	2126	1703	1999	539	372	388
TOTAL	44257	45528	34674	10629	6822	16623	32962	35402	31329	3131	4168	6931

Table 5 – Applications allocated per Contracting State and population[177]

State	Applications allocated to a judicial formation			Population (1 000)			Allocated/population (10 000)		
	2021	2022	2023	1.1.2021	1.1.2022	1.1.2023	2021	2022	2023
Albania	75	85	133	2830	2794	2762	0,27	0,30	0,48
Andorra	11	10	6	77	80	82	1,43	1,25	0,73
Armenia	134	111	147	2963	2963	2977	0,45	0,37	0,49
Austria	222	254	200	8933	8979	9105	0,25	0,28	0,22
Azerbaijan	425	389	438	10119	10156	101127	0,42	0,38	0,43
Belgium	155	1169	1328	11555	11618	11754	0,13	1,01	1,13
Bosnia and Herzegovina	784	407	248	3287	3234	3211	2,39	1,26	0,77
Bulgaria	623	597	486	6917	6839	6448	0,90	0,87	0,75
Croatia	698	886	1012	4036	3862	3851	1,73	2,29	2,63
Cyprus	52	43	29	896	905	921	0,58	0,48	0,31
Czech Republic	331	309	343	10495	10517	10828	0,32	0,29	0,32
Denmark	67	97	87	5840	5873	5933	0,11	0,17	0,15
Estonia	113	141	103	1330	1332	1366	0,85	1,06	0,75
Finland	91	170	91	5534	5548	5564	0,16	0,31	0,16
France	764	831	729	67657	67872	68071	0,11	0,12	0,11
Georgia	120	150	156	3728	3689	3736	0,32	0,41	0,42
Germany	574	535	450	83155	83237	84359	0,07	0,06	0,05
Greece	912	1947	541	10679	10460	10394	0,85	1,86	0,52
Hungary	1086	1267	2469	9731	9689	9597	1,12	1,31	2,57
Iceland	21	30	19	369	376	388	0,57	0,80	0,49
Ireland	35	28	21	5006	5060	5194	0,07	0,06	0,04
Italy	1610	1931	1957	59236	59030	58851	0,27	0,33	0,33
Latvia	268	272	166	1893	1876	1883	1,42	1,45	0,88
Liechtenstein	8	1	6	39	39	40	2,05	0,26	1,50

[177] 46 Council of Europe member States had a combined population of approximately 696 million inhabitants on 1 January 2023. The average number of applications allocated per 10,000 inhabitants (without taking into account the figures in respect of Russia) was 0.47 in 2023. SOURCES on 01.01.2023: Internet sites of Eurostat (General and regional statistics: "Population on 1 January" database) and of the Population Division of the United Nations Department of Economic and Social Affairs.

Tableau 5 – Requêtes attribuées par État contractant et population[177]

État	Requêtes attribuées à une formation judiciaire			Population (1 000)			Requêtes attribuées/population (10 000)		
	2021	2022	2023	1.1.2021	1.1.2022	1.1.2023	2021	2022	2023
Albanie	75	85	133	2830	2794	2762	0,27	0,30	0,48
Allemagne	574	535	450	83155	83237	84359	0,07	0,06	0,05
Andorre	11	10	6	77	80	82	1,43	1,25	0,73
Arménie	134	111	147	2963	2963	2977	0,45	0,37	0,49
Autriche	222	254	200	8933	8979	9105	0,25	0,28	0,22
Azerbaïdjan	425	389	438	10119	10156	101127	0,42	0,38	0,43
Belgique	155	1169	1328	11555	11618	11754	0,13	1,01	1,13
Bosnie-Herzégovine	784	407	248	3287	3234	3211	2,39	1,26	0,77
Bulgarie	623	597	486	6917	6839	6448	0,90	0,87	0,75
Chypre	52	43	29	896	905	921	0,58	0,48	0,31
Croatie	698	886	1012	4036	3862	3851	1,73	2,29	2,63
Danemark	67	97	87	5840	5873	5933	0,11	0,17	0,15
Espagne	614	718	421	47399	47433	48060	0,13	0,15	0,09
Estonie	113	141	103	1330	1332	1366	0,85	1,06	0,75
Finlande	91	170	91	5534	5548	5564	0,16	0,31	0,16
France	764	831	729	67657	67872	68071	0,11	0,12	0,11
Géorgie	120	150	156	3728	3689	3736	0,32	0,41	0,42
Grèce	912	1947	541	10679	10460	10394	0,85	1,86	0,52
Hongrie	1086	1267	2469	9731	9689	9597	1,12	1,31	2,57
Irlande	35	28	21	5006	5060	5194	0,07	0,06	0,04
Islande	21	30	19	369	376	388	0,57	0,80	0,49
Italie	1610	1931	1957	59236	59030	58851	0,27	0,33	0,33
Lettonie	268	272	166	1893	1876	1883	1,42	1,45	0,88
Liechtenstein	8	1	6	39	39	40	2,05	0,26	1,50

[177] Les 46 pays membres du Conseil de l'Europe comptaient au 1er janvier 2023 environ 696 millions d'habitants. Le nombre moyen de requêtes attribuées à une formation judiciaire pour 10 000 habitants (sans tenir compte des chiffres relatifs à la Russie) était de 0,47 en 2023. SOURCES au 01.01.2023 : sites Internet d'Eurostat (statistiques générales et régionales : la base des données « Population au 1er janvier ») et de la Division de la population de l'ONU (Département des affaires économiques et sociales).

European Court of Human Rights

State (cont.)	Applications allocated to a judicial formation			Population (1 000)			Allocated/population (10 000)		
	2021	2022	2023	1.1.2021	1.1.2022	1.1.2023	2021	2022	2023
Lithuania	429	360	351	2796	2806	2857	1,53	1,28	1,23
Luxembourg	30	35	28	635	645	661	0,47	0,54	0,42
Malta	62	19	22	516	521	542	1,20	0,36	0,41
Republic of Moldova	630	642	653	2597	2604	2513	2,40	2,47	2,60
Monaco	8	8	9	39	36	36	2,05	2,22	2,50
Montenegro	381	295	173	621	618	617	6,14	4,77	2,80
Netherlands	248	198	231	17475	17591	17811	0,14	0,11	0,13
North Macedonia	394	367	335	2069	1837	1830	1,90	2,00	1,83
Norway	116	131	87	5391	5425	5489	0,22	0,24	0,16
Poland	2889	2146	1843	37840	37654	36754	0,76	0,57	0,50
Portugal	260	335	371	10298	10352	10467	0,25	0,32	0,35
Romania	2971	3302	2821	19202	19042	19052	1,55	1,73	1,48
Russia[178]	9432	6077	1695	143667	143667	143667	0,66	0,42	0,12
San Marino	18	56	16	35	34	34	5,14	16,47	4,71
Serbia	1993	3289	1522	6872	6797	6664	2,90	4,84	2,28
Slovakia	460	479	457	5460	5435	5429	0,84	0,88	0,84
Slovenia	234	287	978	2109	2107	2117	1,11	1,36	4,62
Spain	614	718	421	47399	47433	48060	0,13	0,15	0,09
Sweden	157	162	143	10379	10452	10522	0,15	0,15	0,14
Switzerland	273	257	280	8670	8739	8813	0,31	0,29	0,32
Türkiye	9548	12551	8341	83614	84680	85280	1,14	1,48	0,98
Ukraine	3721	1914	2531	45246	45246	45246	0,82	0,42	0,56
United Kingdom	210	240	201	68134	67509	67737	0,03	0,04	0,03
TOTAL	44257	45528	34674	837369	837258	839640	0,53	0,54	0,41

[178] 46 Council of Europe member States had a combined population of approximately 696 million inhabitants on 1 January 2023. The average number of applications allocated per 10,000 inhabitants (without taking into account the figures in respect of Russia) was 0.47 in 2023. SOURCES on 01.01.2023: Internet sites of Eurostat (General and regional statistics: "Population on 1 January" database) and of the Population Division of the United Nations Department of Economic and Social Affairs.

État (cont.)	Requêtes attribuées à une formation judiciaire			Population (1 000)			Requêtes attribuées/population (10 000)		
	2021	2022	2023	1.1.2021	1.1.2022	1.1.2023	2021	2022	2023
Lituanie	429	360	351	2796	2806	2857	1,53	1,28	1,23
Luxembourg	30	35	28	635	645	661	0,47	0,54	0,42
Macédoine du Nord	394	367	335	2069	1837	1830	1,90	2,00	1,83
Malte	62	19	22	516	521	542	1,20	0,36	0,41
République de Moldova	630	642	653	2597	2604	2513	2,40	2,47	2,60
Monaco	8	8	9	39	36	36	2,05	2,22	2,50
Monténégro	381	295	173	621	618	617	6,14	4,77	2,80
Norvège	116	131	87	5391	5425	5489	0,22	0,24	0,16
Pays-Bas	248	198	231	17475	17591	17811	0,14	0,11	0,13
Pologne	2889	2146	1843	37840	37654	36754	0,76	0,57	0,50
Portugal	260	335	371	10298	10352	10467	0,25	0,32	0,35
République tchèque	331	309	343	10495	10517	10828	0,32	0,29	0,32
Roumanie	2971	3302	2821	19202	19042	19052	1,55	1,73	1,48
Royaume-Uni	210	240	201	68134	67509	67737	0,03	0,04	0,03
Russie[178]	9432	6077	1695	143667	143667	143667	0,66	0,42	0,12
Saint-Marin	18	56	16	35	34	34	5,14	16,47	4,71
Serbie	1993	3289	1522	6872	6797	6664	2,90	4,84	2,28
Slovaquie	460	479	457	5460	5435	5429	0,84	0,88	0,84
Slovénie	234	287	978	2109	2107	2117	1,11	1,36	4,62
Suède	157	162	143	10379	10452	10522	0,15	0,15	0,14
Suisse	273	257	280	8670	8739	8813	0,31	0,29	0,32
Türkiye	9548	12551	8341	83614	84680	85280	1,14	1,48	0,98
Ukraine	3721	1914	2531	45246	45246	45246	0,82	0,42	0,56
TOTAL	**44257**	**45528**	**34674**	**837369**	**837258**	**839640**	**0,53**	**0,54**	**0,41**

178. Les 46 pays membres du Conseil de l'Europe comptaient au 1er janvier 2023 environ 696 millions d'habitants. Le nombre moyen de requêtes attribuées à une formation judiciaire pour 10 000 habitants (sans tenir compte des chiffres relatifs à la Russie) était de 0,47 en 2023. SOURCES au 01.01.2023 : sites Internet d'Eurostat (statistiques générales et régionales : la base des données « Population au 1er janvier ») et de la Division de la population de l'ONU (Département des affaires économiques et sociales).

CHAPTER II

THE COMMITTEE OF MINISTERS OF THE COUNCIL OF EUROPE

A. GENERAL INFORMATION

The High Contracting Parties have undertaken to abide by the final judgments of the European Court of Human Rights ("the Court") in any case to which they are parties (Article 46, paragraph 1). The European Convention on Human Rights ("the Convention") entrusts the Committee of Ministers (CM) with the supervision of the Court judgments (Article 46, paragraph 2), as well as the terms of the friendly settlements (see in particular Article 39, paragraph 4, as amended following the entry into force of Protocol No. 14, on 1 June 2010).

Most judgments only declare the violations established, leaving to the states, under the supervision of the Committee of Ministers, to define the required execution measures. These measures depend on the circumstances of each case. In a certain number of recent judgments, in particular those concerned by the pilot judgment procedure, the Court has, however, started to make certain general recommendations to respondent states and the Committee of Ministers with respect to execution.[1]

When exercising its supervisory function, the Committee of Ministers is assisted by the Department for the Execution of Judgments of the Court (established within the Directorate General of Human Rights and Rule of Law).

The obligation to abide by the judgments encompasses two main elements. As far as the applicant's individual situation is concerned, the main obligation is to ensure that measures are taken to achieve, as far as possible, *restitutio in integrum* for the applicant. Such measures include, *inter alia,* the effective payment of the just satisfaction allocated by the Court (including the payment of default interests in case of belated payment). When the consequences of a violation cannot be adequately erased by the just satisfaction awarded, the Committee of Ministers makes sure that the domestic authorities take the other specific individual measures in favour of the applicant which may be required. Such measures can, for example, consist in the granting of a residence permit, the reopening of a judicial procedure and/or the erasure of a conviction from the criminal records.

On a more general level, the obligation also includes the prevention of violations similar to those found by the Court. General measures, which may be necessary, include, notably, constitutional or legislative amendments, changes in the case law of the national courts, as well as practical measures, such as the recruitment of judges or refurbishing obsolete prison facilities. The efficiency of domestic remedies is an important element of general measures and states are notably recommended by the Committee of Ministers to review, following Court judgments which point

---

[1] Examples of recent judgments are presented in Section VII (New judgments with indications of relevance for execution) of the 17th Annual Report on Supervision of the execution of judgments and decisions of the European Court of Human Rights.

CHAPITRE II

LE COMITÉ DES MINISTRES DU CONSEIL DE L'EUROPE

A. INFORMATIONS GÉNÉRALES

Les Hautes Parties contractantes se sont engagées à se conformer aux arrêts définitifs de la Cour européenne des droits de l'homme (la Cour) dans les litiges auxquels elles sont parties (article 46, paragraphe 1). La Convention européenne des droits de l'homme (la Convention) a confié au Comité des Ministres (CM) la surveillance de l'exécution des arrêts de la Cour (article 46, paragraphe 2), ainsi que les termes des règlements amiables (voir en particulier l'article 39, paragraphe 4 tel qu'amendé suite à l'entrée en vigueur du Protocole n° 14 le 1er juin 2010).

La plupart des arrêts se limitent à déclarer les violations établies, laissant aux États, sous la surveillance du Comité des Ministres, de définir les mesures d'exécution requises. Ces mesures varient selon les circonstances de chaque affaire. Dans un certain nombre d'arrêts récents, surtout ceux soumis à la procédure d'arrêt pilote, la Cour a cependant commencé à faire certaines recommandations générales concernant l'exécution à l'intention des États défendeurs et du Comité des Ministres[1].

Dans l'exercice de sa fonction de surveillance, le Comité des Ministres est assisté par le Service de l'exécution des arrêts de la Cour (établi au sein de la Direction générale Droits humains et État de droit).

L'obligation de se conformer aux arrêts comporte deux éléments principaux. En ce qui concerne la situation individuelle du requérant, l'obligation principale est de prendre les mesures nécessaires afin d'assurer, autant que possible, la *restitutio in integrum* pour le requérant. De telles mesures comprennent entre autres le paiement effectif de toute satisfaction équitable octroyée par la Cour (incluant le paiement d'intérêts en cas de paiement tardif). Quand les conséquences d'une violation ne peuvent être adéquatement effacées par la satisfaction équitable octroyée, le Comité des Ministres s'assure que les autorités nationales prennent les autres mesures spécifiques en faveur du requérant qui peuvent être requises. Ces mesures peuvent, par exemple, consister en l'octroi d'un permis de séjour, la réouverture d'un procès pénal et/ou la radiation d'une condamnation des casiers judiciaires.

Sur un plan général, l'obligation inclut aussi la prévention de violations similaires à celles constatées par la Cour. Parmi les mesures de caractère général qui peuvent s'avérer nécessaires, il y a lieu de noter des amendements constitutionnels ou législatifs, des changements de la jurisprudence des tribunaux nationaux, ainsi que des mesures pratiques, telles que le recrutement de juges ou le réaménagement de centres pénitentiaires vétustes. L'efficacité des recours internes est un élément important des mesures générales et les autorités nationales sont notamment invitées par le Comité des Ministres à réexaminer, à la suite d'arrêts de la Cour qui révèlent des défaillances

---

[1] Des exemples des arrêts récents sont présentés à la Section VII (Nouveaux arrêts comportant des indications pertinentes pour l'exécution) du 17e Rapport annuel sur la surveillance de l'exécution des arrêts et décisions de la Cour européenne des droits de l'homme.

to structural or general deficiencies in national law or practice, the effectiveness of the existing remedies and, where necessary, set up effective ones, in order to avoid repetitive cases being brought before the Court.

In view of the direct effect frequently given to the Court's judgments by national courts and authorities in many countries, the mere publication and dissemination of the judgments of the Court, where necessary translated and with accompanying instructions/recommendations, is in many circumstances considered sufficient to achieve the changes in law and practice necessary to prevent new violations and ensure the effectiveness of domestic remedies.

As to the supervision procedure, it is based on "action plans" and "action reports" submitted by the respondent state to the Committee of Ministers.[2] "Action plans" and "action reports" can be consulted on the website dedicated to the execution of Court judgments (www.coe.int/execution). Since 2011, the Committee of Ministers supervises the execution process and, in particular, the adoption and implementation of action plans, through a new twin-track procedure: a standard procedure for most cases and an enhanced procedure for cases requiring urgent individual measures or revealing important structural problems (including pilot judgments). Enhanced supervision is also applied to inter-state cases. Where necessary, the Committee may intervene to support the execution process, in particular through decisions and interim resolutions with suggestions and recommendations. In addition, states can, in the context of their examination of the necessary execution measures request support from the Department for the Execution of Judgments of the Court (advice, legal expertise, round tables and other targeted co-operation activities). Important support in this latter respect is given by the Human Rights Trust Fund.

Following the entry into force of Protocol No. 14, on 1 June 2010, the Committee can refer a case to the Court, if it considers that the execution of a judgment is hindered by a problem of the interpretation of the judgment, or if it considers that the respondent state is refusing to abide by the judgment (Article 46, paragraphs 3 and 4).

Where the Committee of Ministers considers that all execution measures required have been adopted, it closes its examination of the case by adopting a final resolution (awaiting the adoption of such a resolution, cases are listed under a special appendix to the agenda).

Below are presented the main chapters from the 17th Annual Report of the Committee of Ministers, including notably statistical data.[3] This year, the Thematic Overview[4] will be published separately in an electronic version on the website of the Department for the Execution of Judgments at the end of June 2023.

The Interim Resolutions adopted during the year are reproduced in full in part C of this Yearbook.

---

2   In accordance with Rule 8.2.a of the Rules of the Committee of Ministers for the supervision of the execution of judgments and of the terms of friendly settlements.
3   The statistical data is presented in Sections IV, V and VI below.
4   Available in Appendix 5 in previous reports.

structurelles ou générales dans le droit ou la pratique de l'État, l'effectivité des recours existants et, le cas échéant, à mettre en place des recours effectifs afin d'éviter que des affaires répétitives ne soient portées devant la Cour.

Au vu de l'effet direct fréquemment reconnu aux arrêts de la Cour par les juridictions et autres autorités nationales dans de nombreux États, la simple publication et diffusion de l'arrêt de la Cour, éventuellement traduit et accompagné d'instructions/recommandations, sont dans de nombreuses circonstances considérées suffisantes pour assurer les changements de droit et de pratiques nécessaires pour prévenir de nouvelles violations et assurer l'efficacité des recours internes.

En ce qui concerne la procédure de surveillance, celle-ci est basée sur des « plans d'action » et des « bilans d'action » soumis par l'État défendeur au Comité des Ministres[2]. Ces « plans d'action » et « bilans d'action » peuvent être consultés sur le site web dédié à l'exécution des arrêts de la Cour (www.coe.int/execution). Depuis 2011, le Comité des Ministres surveille le processus d'exécution et, en particulier, l'adoption et la mise en œuvre des plans d'action, par une nouvelle procédure à deux voies : une procédure standard pour la plupart des affaires et une procédure soutenue pour les affaires nécessitant l'adoption de mesures individuelles urgentes ou révélant des problèmes systémiques importants (dont les affaires pilotes). Cette procédure soutenue s'applique également aux affaires interétatiques. Lorsque cela est nécessaire, le Comité peut intervenir afin de soutenir le processus d'exécution, en particulier par des décisions et résolutions intérimaires formulant des suggestions et des recommandations. De surcroît, les États peuvent, lorsqu'ils examinent les mesures d'exécution nécessaires, solliciter l'assistance du Service de l'exécution des arrêts de la Cour (conseils, expertises juridiques, tables rondes ou d'autres activités de coopération ciblées). Un soutien important à ces activités vient du Fonds fiduciaire pour les droits de l'homme.

À la suite de l'entrée en vigueur du Protocole n° 14, le 1er juin 2010, le Comité peut saisir la Cour s'il estime que la surveillance de l'exécution d'un arrêt est entravée par une difficulté d'interprétation de cet arrêt ou qu'un État défendeur refuse de s'y conformer (article 46, paragraphes 3 et 4).

Lorsqu'il estime que toutes les mesures d'exécution requises ont été adoptées, le Comité des Ministres clôt son examen de l'affaire par l'adoption d'une résolution finale (en attendant l'adoption d'une telle résolution, les affaires sont présentées sous une rubrique spécifique de l'ordre du jour).

Ci-dessous sont présentées les principales parties du 17e Rapport annuel du Comité des Ministres, comportant notamment des données statistiques[3]. Cette année, l'Aperçu thématique[4] fera l'objet d'une publication électronique séparée fin juin 2023 sur le site internet du Service de l'exécution des arrêts.

Les résolutions intérimaires adoptées durant l'année sont reproduites en intégralité dans la partie C de cet annuaire.

---

2   Conformément à la Règle 8.2.a des Règles du Comité des Ministres pour la surveillance de l'exécution des arrêts et des termes des règlements amiables.

3   Les données statistiques sont présentées aux Sections IV, V et VI ci-après.

4   Disponible dans l'annexe 5 des précédents rapports.

More information on the supervision of the execution of the European Court's judgments by the Committee of Ministers can be found on the website of the Department (www.coe.int/execution) and, in particular, in the annual reports available online on the same website.

Information on the inter-governmental work engaged in order to guarantee the long-term efficiency of the Convention system, including efforts to accelerate the execution process and make it more efficient, can be found on: www.coe.int/cddh.

B. 2023 ANNUAL REPORT ON THE SUPERVISION OF THE EXECUTION OF JUDGMENTS OF THE EUROPEAN COURT OF HUMAN RIGHTS (EXTRACTS)[5]

I. Preface by the Chairs of the Human Rights meetings

This annual report highlights many positive developments in the supervision of the execution of judgments during 2023, also reflecting the impact of states' recommitment to the Convention system at the Reykjavik Summit including through decisions adopted in November 2023 providing increased funding for the Department for the Execution of judgments in the 2024-2027 budget. In addition to the major advances in cases outlined elsewhere in the report, these positive developments include: the significant number of cases closed; timely and increased engagement from member States and civil society with the Committee of Ministers' supervision work; for the first time since 2018, a decrease in the overall number of cases awaiting information on payment; and the continued commitment of Ukraine to executing the European Court's judgments despite the enormous challenges caused by the Russian full-scale war of aggression against it. The stable number of cases pending despite the high number of new cases coming in from the Court, and the notable development of synergies and co-operation projects by the Department of the Execution of Judgments also attest to the resilience and effectiveness of the supervision process.

2023 also saw however a continuation of some of the challenges to the Convention system present in previous years. The need to find ways to ensure the meaningful supervision of cases pending against the Russian Federation in the total absence of co-operation from that state and the deteriorating human rights situation within it continued to require an innovative approach from the Committee. The detention of the applicant in the case of *Kavala v. Türkiye*, despite the Committee's repeated calls for his immediate release in line with the judgments of the European Court, meant that this too remained a salient challenge to the Convention system.

Building on the work it began in 2022 to supervise the judgments of the European

---

5 The 17th Annual Report of the Committee of Ministers is available in PDF format at: www.coe.int/en/web/execution/annual-reports.

De plus amples informations sur la surveillance de l'exécution des arrêts de la Cour européenne par le Comité des Ministres sont disponibles sur le site internet du Service (www.coe.int/execution) et en particulier dans les rapports annuels mis en ligne sur le même site.

Des informations sur le travail intergouvernemental engagé dans la perspective d'assurer l'efficacité à long terme du système de la Convention, y compris les efforts visant à accélérer le processus d'exécution et à en améliorer l'efficacité, sont disponibles sur le site : www.coe.int/cddh.

B. RAPPORT ANNUEL 2023 SUR LA SURVEILLANCE DE L'EXÉCUTION DES ARRÊTS DE LA COUR EUROPÉENNE DES DROITS DE L'HOMME (EXTRAITS)[5]

I. Préface par les Présidents des réunions Droits de l'Homme

Ce rapport annuel met en lumière de nombreux développements positifs dans la surveillance de l'exécution des arrêts au cours de l'année 2023, reflétant également l'impact du réengagement des États en faveur du système de la Convention lors du Sommet de Reykjavík, notamment par le biais de décisions adoptées en novembre 2023 prévoyant un financement accru du Service de l'exécution des arrêts dans le Budget 2024-2027. Outre les avancées majeures dans les affaires décrites par ailleurs dans le rapport, ces développements positifs comprennent : le nombre significatif d'affaires closes ; l'engagement en temps utile et accru des États membres et de la société civile dans le travail de surveillance du Comité des Ministres ; pour la première fois depuis 2018, une diminution du nombre global d'affaires en attente d'informations sur le paiement ; et l'engagement continu de l'Ukraine à exécuter les arrêts de la Cour européenne malgré les énormes défis causés par la guerre d'agression à grande échelle menée par la Fédération de Russie à son encontre. Le nombre stable d'affaires pendantes malgré le nombre élevé de nouvelles affaires transmises par la Cour, et le développement notable de synergies et de projets de coopération par le Service de l'exécution des arrêts témoignent également de la résilience et de l'effectivité du processus de surveillance.

L'année 2023 a toutefois été marquée par la persistance de certains des défis posés au système de la Convention ces dernières années. Le Comité a dû continuer d'adopter une approche innovante compte tenu de la nécessité de trouver des moyens de veiller à une surveillance significative des affaires pendantes contre la Fédération de Russie, en l'absence totale de coopération de cet État, et de la détérioration de la situation des droits humains en son sein. La détention du requérant dans l'affaire *Kavala c. Türkiye*, malgré les appels répétés du Comité pour sa libération immédiate conformément aux arrêts de la Cour, signifie qu'il s'agit là aussi d'un défi majeur pour le système de la Convention.

S'appuyant sur le travail entamé en 2022 pour surveiller l'exécution des arrêts

---

[5] Le 16e Rapport annuel du Comité des Ministres est disponible en format PDF à l'adresse suivante : www.coe.int/fr/web/execution/annual-reports.

Court against the Russian Federation after that state's expulsion from the Council of Europe, the Committee adopted various innovative strategies which were put into practice in 2023. Thus, the Committee was able to continue to bring to light information on the human rights problems identified in the Russian cases and hear directly from key interlocutors. It held informal exchanges with representatives of Russian NGOs in March and September 2023, and in December 2023 it held an informal exchange of views with the UN Special Rapporteur on the situation of human rights in the Russian Federation. In that month it also decided to reflect the total lack of co-operation of the Russian Federation in its procedures and transferred all the cases pending against Russia to the enhanced supervision procedure, and separated out the statistics for those cases, which are presented separately in their entirety, for the first time in this annual report. The Committee also took note of the first annual stocktaking document giving an overview of all the cases pending against Russia along with the measures that will be required to implement them. The document presents a detailed and vital insight into the human rights problems in that state.

Throughout 2023 the Committee closely examined the case of Kavala v. Türkiye deeply deploring the fact that Mr Kavala remained detained and looked to intensify dialogue in line with the commitments made at the Reykjavik Summit. The Committee has continued its examination of the case at every Human Rights and ordinary meeting on its agenda, adopting four decisions over the course of the year. In March, the co-rapporteurs of the Parliamentary Assembly of the Council of Europe were able to visit Mr Kavala in detention. The Committee welcomed the participation of the Turkish Deputy Minister of Justice at its meeting in September 2023, and in December, it urged the authorities to hold high level technical contacts with the Secretariat and engage in constructive and results-oriented dialogue with a view to identifying the means available within the domestic system to ensure the applicant's immediate release. As previous Chairs of the Committee of Ministers have done, we have raised this case with our Turkish counterpart.

Despite these efforts, Mr Kavala remains detained. The Committee will continue its work to ensure that the commitment to the Convention system and to implement the Court's judgments made by all states and at the highest levels in Reykjavik, is achieved. As the Minister for Foreign Affairs of Liechtenstein Ms Dominique Hassler, has underlined, "for the credibility of the Convention system – and the Organisation as a whole – it is imperative that all member States fulfil their obligation to implement the judgments of the Court".

A further avenue of dialogue was created through the organisation of an International conference by the Latvian Presidency on "The Role of the Judiciary in Execution of Judgments of the European Court of Human Rights" co-organised by the Constitutional Court and the Supreme Court of the Republic of Latvia on 21 September 2023. This conference provided a valuable contribution in bringing together many high-level judicial actors in the member States. In his opening address at the Conference, the President of the Latvian Constitutional Court, Mr Aldis Laviņš,

de la Cour européenne contre la Fédération de Russie après l'expulsion de cet État du Conseil de l'Europe, le Comité a adopté diverses stratégies novatrices qui ont été mises en pratique en 2023. Ainsi, le Comité a pu continuer à mettre en lumière des informations sur les problèmes en matière de droits humains identifiés dans les affaires russes et entendre directement des interlocuteurs clés. Il a tenu des échanges informels avec des représentants d'ONG russes en mars et en septembre 2023. En décembre 2023, il a tenu un échange de vues informel avec la Rapporteure spéciale des Nations Unies sur la situation des droits de l'homme en Fédération de Russie. Ce mois-là, il a également décidé de tirer les conséquences du manque total de coopération de la Fédération de Russie dans ses procédures et a transféré toutes les affaires pendantes contre la Fédération de Russie en procédure de surveillance soutenue, et a séparé les statistiques pour ces affaires qui sont pour la première fois présentées intégralement dans un chapitre séparé du présent rapport annuel. Le Comité a également pris note du premier document de bilan annuel donnant un aperçu de toutes les affaires pendantes contre la Fédération de Russie, ainsi que des mesures qui seront nécessaires pour les exécuter. Ce document présente un aperçu détaillé et essentiel des problèmes de droits humains dans cet État.

Tout au long de l'année 2023, le Comité a examiné de près l'affaire *Kavala c. Türkiye*, déplorant profondément le maintien en détention de M. Kavala et cherchant à intensifier le dialogue conformément aux engagements pris lors du Sommet de Reykjavík. Le Comité a poursuivi l'examen de l'affaire inscrite à l'ordre du jour de chaque réunion DH et ordinaire, adoptant quatre décisions au cours de l'année. En mars, les co-rapporteurs de l'Assemblée parlementaire du Conseil de l'Europe ont pu rendre visite à M. Kavala en détention. Le Comité s'est félicité de la participation du vice-ministre turc de la Justice à sa réunion de septembre 2023 et, en décembre, il a invité instamment les autorités à tenir des contacts techniques à haut niveau avec le Secrétariat et à engager un dialogue constructif et axé sur les résultats en vue d'identifier les moyens disponibles au sein du système national pour assurer la libération immédiate du requérant. Comme l'ont fait les précédents Présidents du Comité des Ministres, nous avons évoqué cette affaire avec notre homologue turc.

Malgré ces efforts, M. Kavala est toujours détenu. Le Comité poursuivra son travail pour veiller au respect de l'engagement envers le système de la Convention et la mise en œuvre des arrêts de la Cour, pris par tous les États et au plus haut niveau à Reykjavík. Comme l'a souligné la ministre des Affaires étrangères du Liechtenstein, Mme Dominique Hassler, « pour la crédibilité du système de la Convention – et de l'Organisation dans son ensemble – il est impératif que tous les États membres s'acquittent de leur obligation de mettre en œuvre les arrêts de la Cour ».

Une autre voie de dialogue a été créée par l'organisation d'une conférence internationale par la Présidence lettone sur « Le rôle du pouvoir judiciaire dans l'exécution des arrêts de la Cour européenne des droits de l'homme » le 21 septembre 2023, co-organisée par la Cour constitutionnelle et la Cour suprême de la République de Lettonie. Cette conférence a apporté une contribution précieuse en réunissant de nombreux acteurs judiciaires à haut niveau dans les États membres. Dans son discours d'ouverture de la Conférence, le Président de la Cour constitutionnelle de Lettonie, M. Aldis Laviņš, a souligné avec justesse que l'exécution effective des arrêts est un élé-

aptly underscored that effective execution of judgments is an inalienable part of the right to a fair trial: "Our responsibility is to ensure execution of court rulings because, in the absence of it, the right to a fair trial might become merely apparent and lose its meaning. Failure to enforce rulings may jeopardize the democratic order and lead to authoritarian, totalitarian and, successively, also to internationally aggressive regimes…". Other speakers also highlighted the need and benefits of dialogue and exchanges between the highest courts on the continent to support the Convention system.

The year has thus reaffirmed the robustness of the system of the Supervision of the execution of judgments in many aspects, whilst also revealing some significant challenges to that system in exceptional cases. As the Minister of Foreign Affairs of Latvia, Mr Krišjānis Kariņš, said when addressing the Autumn Session of the Parliamentary Assembly in October 2023 as Chair of the Committee of Ministers: "We created the Court. We are subject to the Court's final decision. The Court makes a final decision, we have to abide by that. If we do not abide by the Court's decisions, the entire fabric of our peaceful and democratic co-existence starts to unwind".

Latvia
Mr Jānis KĀRKLIŅŠ

Liechtenstein
Mr Domenik WANGER

II. Overview of major developments by the Director General of the Directorate General of Human Rights and Rule of Law

Introduction

2023 continued to be marked by the tragedy of war on the European continent with the continuation of the full-fledged aggression of the Russian Federation against Ukraine, in flagrant violation of the Council of Europe Statute. This continued to have a major impact on the Convention system as a whole, including the execution of the European Court's judgments.

Indeed, the war of aggression has not only caused extraordinary suffering but has also had very severe consequences on Ukraine's national capacity to promptly execute the Court's judgments both in terms of individual measures (the ability to locate applicants and pay just satisfaction) and the adoption of general measures required to resolve longstanding structural problems. Nevertheless, as in 2022, Ukraine continued to demonstrate its commitment to the Convention system by actively engaging in the execution process through the regular submission of action plans/reports, as well as participation in multiple co-operation activities, roundtables and meetings targeted at structural problems. Further to its determination and close co-operation and dialogue with the Department for the Execution of Judgments of the European Court of Human Rights (DEJ), 75 Ukrainian cases were closed in 2023 (including ten leading cases) (see the *State by state overview* in Chapter IV-A).

The lack of participation of and information from the Russian Federation in

ment inaliénable du droit à un procès équitable : « Notre responsabilité est de veiller à l'exécution des décisions de justice car, en l'absence d'une telle exécution, le droit à un procès équitable pourrait n'être qu'apparent et perdre sa signification. Le non-respect des décisions de justice peut mettre en péril l'ordre démocratique et conduire à des régimes autoritaires, totalitaires et, successivement, à des régimes agressifs sur le plan international... » D'autres intervenants ont également souligné la nécessité et les avantages du dialogue et des échanges entre les plus hautes juridictions du continent pour soutenir le système de la Convention.

L'année a donc réaffirmé la solidité du système de surveillance de l'exécution des arrêts à bien des égards, tout en révélant certains défis importants pour ce système dans des affaires exceptionnelles. Comme l'a déclaré le ministre des Affaires étrangères de Lettonie, M. Krišjānis Kariņš, en s'adressant à la session d'automne de l'Assemblée parlementaire en octobre 2023, en tant que Président du Comité des Ministres : Nous avons créé la Cour. Nous sommes soumis aux décisions définitives de la Cour. La Cour rend des décisions définitives, nous devons nous y conformer. Si nous ne respectons pas les décisions de la Cour, c'est tout le tissu de notre coexistence pacifique et démocratique qui commence à se défaire.

Lettonie
M. Jānis KĀRKLIŅŠ

Liechtenstein
M. Domenik WANGER

II. Aperçu des principaux développements par le Directeur général de la Direction générale Droits humains et État de droit

Introduction

L'année 2023 a continué d'être marquée par la tragédie de la guerre sur le continent européen, avec la poursuite de l'agression totale de la Fédération de Russie contre l'Ukraine, en violation flagrante du Statut du Conseil de l'Europe. Cette situation a continué d'avoir un impact majeur sur le système de la Convention dans son ensemble, y compris sur l'exécution des arrêts de la Cour européenne.

En effet, la guerre d'agression a non seulement causé des souffrances extraordinaires mais a également eu des conséquences très graves sur la capacité nationale de l'Ukraine à exécuter rapidement les arrêts de la Cour, tant en termes de mesures individuelles (capacité à localiser les requérants et à verser une satisfaction équitable) que d'adoption de mesures générales nécessaires pour résoudre d'anciens problèmes structurels. Néanmoins, comme en 2022, l'Ukraine a continué de démontrer son engagement envers le système de la Convention en s'investissant activement dans le processus d'exécution par la soumission régulière de plans/bilans d'action, ainsi que par la participation à de multiples activités de coopération, tables rondes et réunions axées sur les problèmes structurels. Grâce à sa détermination et à une coopération et un dialogue étroits avec le Service de l'exécution des arrêts de la Cour européenne des droits de l'homme (DEJ), 75 affaires ukrainiennes ont été clôturées en 2023 (dont dix affaires de référence) (voir l'Aperçu État par État au chapitre IV.A).

Le manque de participation et d'information de la part de la Fédération de

the supervision process also meant that no progress has been reported in any cases pending against the Russian Federation (which amount to 40% of the Committee of Ministers' pending caseload). This annual report includes therefore, for the first time, a separate overview of the cases pending against the Russian Federation (see Chapter V). This details both some of the reforms adopted in the Russian Federation whilst it was part of the Convention system as well as the strategy adopted by the Committee to continue the supervision of cases following the cessation of its membership to the Council of Europe, one aspect of which is the Committee's enhanced co-operation with civil society and the United Nations.

For the first time, the statistics in the 2023 annual report are separated into those related to member States (see Chapter IV) and those related to the Russian Federation (see Chapter V-B). This distinction aims to give a clearer vision of the developments in the execution of cases pending against member States who continue to participate actively in the execution process and where progress is continually reported. As in the 2022 annual report, much of the statistical information related to the current situation as regards execution in each member state can also be found in the *State by state overview* (see Chapter IV-A).

In the Reykjavík Declaration, adopted at the fourth historic Summit of the Heads of State and Government, leaders across the Council of Europe reaffirmed their deep and abiding commitment to the Convention and the European Court of Human Rights as the ultimate guarantors of human rights across the continent. Their recommitment to resolving the systemic and structural human rights problems identified by the Court is significant. They underlined the fundamental importance of the full, effective and prompt execution of the Court's judgments and the effective supervision of that process to ensure the long-term sustainability, integrity and credibility of the Convention system. The Declaration provides a guiding framework for the years ahead and emphasises the need for a co-operative and inclusive approach, based on dialogue, in the supervision process to assist States and overcome the challenges and obstacles encountered.

As regards the Committee of Ministers' supervisory role more generally, with the support and advice provided by the DEJ, at the Committee's four Human Rights meetings, it examined 160 cases or groups of cases concerning 30 States (including cases against the Russian Federation); 53 were examined by the Committee more than once (see Chapter VI-B). This is an increase compared to 2022, when 145 cases or groups of cases were examined. High-level interlocutors represented different respondent states during the examination of cases at those meetings, including for example, *Statileo v. Croatia* (the Deputy Prime Minister and Minister of Physical Planning, Construction and State Assets), *Corallo v. the Netherlands* (the Minister of Justice of Sint Maarten), *S.Z. group / Kolevi v. Bulgaria* (the Deputy Minister of Justice), *Kavala v. Türkiye* (the Deputy Minister of Justice) and *Burmych group v. Ukraine* (the Deputy Minister of Justice). Several Secretaries of State also attended the Human Rights meetings on behalf of the respondent states.

The Committee of Ministers closed the supervision of execution of 982 cases (including 180 leading cases requiring specific and often wide-ranging measures

Russie dans le processus de surveillance signifie également qu'aucun progrès n'a été signalé dans les affaires pendantes contre ce pays (qui représentent 40 % des affaires pendantes devant le Comité). Le présent rapport annuel comprend donc, pour la première fois, un aperçu distinct des affaires pendantes contre la Fédération de Russie (chapitre V). Ce chapitre détaille à la fois certaines des réformes adoptées par la Fédération de Russie lorsqu'elle faisait partie du système de la Convention et la stratégie adoptée par le Comité pour continuer à surveiller les affaires après la cessation de son adhésion au Conseil de l'Europe, dont l'un des aspects est le renforcement de la coopération du Comité avec la société civile et les Nations Unies.

Pour la première fois, les statistiques du rapport annuel 2023 sont séparées entre celles relatives aux États membres (chapitre IV) et celles relatives à la Fédération de Russie (voir chapitre V-B). Cette distinction vise à donner une vision plus claire de l'évolution de l'exécution des affaires pendantes contre les États membres qui continuent de participer activement au processus d'exécution et dont les progrès sont continuellement signalés. Comme dans le rapport annuel 2022, la plupart des informations statistiques relatives à la situation actuelle en matière d'exécution dans chaque État membre figurent également dans l'*Aperçu État par État* (chapitre IV-A).

Dans la Déclaration de Reykjavík, adoptée lors du quatrième Sommet historique des chefs d'État et de gouvernement, les dirigeants du Conseil de l'Europe ont réaffirmé leur attachement profond et constant à la Convention et à la Cour européenne des droits de l'homme en tant que garants ultimes des droits humains sur le continent. Leur réengagement à résoudre les problèmes systémiques et structurels en matière de droits humains identifiés par la Cour est significatif. Ils ont souligné l'importance fondamentale de l'exécution pleine, effective et rapide des arrêts de la Cour et d'une surveillance effective de cette procédure pour s'assurer de la pérennité à long terme, l'intégrité et la crédibilité du système de la Convention. La déclaration fournit un cadre d'orientation pour les années à venir et souligne la nécessité d'une approche coopérative et inclusive, fondée sur le dialogue, dans le processus de surveillance afin d'aider les États et de surmonter les défis et les obstacles rencontrés.

En ce qui concerne plus généralement le rôle de surveillance du Comité des Ministres, avec le soutien et les conseils fournis par le DEJ, lors de ses quatre réunions Droits de l'Homme, le Comité a examiné 160 affaires ou groupes d'affaires concernant 30 États (y compris des affaires contre la Fédération de Russie) ; 53 ont été examinées par le Comité plus d'une fois (voir chapitre VI-B). Il s'agit d'une augmentation par rapport à 2022, où 145 affaires ou groupes d'affaires avaient été examinés. Au cours de ces réunions, des interlocuteurs de haut niveau ont représenté différents États défendeurs lors de l'examen de certaines affaires y compris, par exemple, *Statileo c. Croatie* (le vice-Premier Ministre et le ministre de l'Aménagement du territoire, de la construction et des biens de l'État), *Corallo c. Pays-Bas* (le ministre de la Justice de Saint-Martin), le groupe d'affaires *S.Z. / Kolevi c. Bulgarie* (le vice-ministre de la Justice), *Kavala c. Türkiye* (le vice-ministre de la Justice) et le groupe d'affaires *Burmych c. Ukraine* (le vice-ministre de la Justice). Plusieurs secrétaires d'État ont également participé aux réunions Droits de l'Homme au nom des États défendeurs.

Le Comité des Ministres a clôturé la surveillance de l'exécution de 982 affaires (dont 180 affaires de référence nécessitant des mesures spécifiques et souvent de

by States to guarantee non-repetition of the violations), following the adoption by respondent states of individual and/or general measures including, in some cases, constitutional and legislative reforms. This represents an overall increase compared to 2022 (where the figures for member States were 877 cases and 199 leading cases closed) although a small decrease in closure of leading cases (see Chapter IV-D). The significant reforms which made possible some of these closures include: changes to the Criminal Code in Bulgaria related to both defamation and investigations into torture (*Bozhkov* and *Velikova*); changes in the law on disability and related benefits in Hungary (*Béláné Nagy*); changes to the Code of Criminal Procedure in Italy (*Brazzi*); legislative amendments governing jurisdiction of courts applying disciplinary measures in Poland (*Mariusz Lewandowski*); legislative changes to introduce judicial review of decisions to remove senior officeholders in the State Prosecutor Service from office in Romania (*Kövesi*); changes to the Fundamental Law on Freedom of Expression in Sweden (*Arlewin*); and the removal of the unconditional ban on the right to strike for employees in the transport sector in Ukraine (*Veniamin Tymoshenko*) (see section A below for more details).

Over and above cases that were closed, 2023 was a year where many important advances took place in pending cases which should not be overlooked. Indeed, it is worth underlining that the fact that a case remains under the supervision of the Committee does not mean that the judgment is being ignored by a respondent state or that the process of execution is not under way or even, in some cases, very advanced. Some examples of cases still pending where significant steps forward were reported in 2023 include: legislative changes to the composition of the Judicial Legal Council in Azerbaijan (*Mammadli group*); important legislative reforms in Bulgaria strengthening rule of law and fight against impunity (*S.Z and Kolevi group*); the adoption of safeguards related to treatment of psychiatric patients in Finland (*X.*); legislative changes to expropriation laws in Greece (*Kanellopoulos*); changes to the Prison Administration Act related to whole life sentences in Italy (*Marcello Viola (No. 2)*); amendments to the Criminal Codes of both Montenegro and North Macedonia to abolish the statute of limitations for torture (*Siništaj and Others* and *Kitanovski* respectively); adoption of rules to enable the issuing of travel documents to refugees in Serbia (*S.E.*); the annulment of the provision under Turkish law obliging women to bear their husband's surname (*Ünal Tekeli*); and developments in the Supreme Court's caselaw on the Government Cleansing Act in Ukraine (*Polyakh and Others*) (see section A below for more details).

Despite the challenges and the continuing high number of new cases against member States being transmitted by the Court (1,043 in 2023 compared to 1,046 in 2022: after a 40% increase in 2021, see Chapter IV.B), the number of cases pending against member States has only slightly increased. At the end of 2023, there were 3,819 cases (1,088 leading) pending against member States compared to 3,760 (1,071 leading) at the end of the 2022 (see Chapter IV-C).

grande envergure de la part des États pour garantir la non-répétition des violations), suite à l'adoption par les États défendeurs de mesures individuelles et/ou générales comprenant, dans certaines affaires, des réformes constitutionnelles et législatives. Cela représente une augmentation globale par rapport à 2022 (où les chiffres pour les États membres étaient de 877 affaires et 199 affaires de référence clôturées) bien qu'il y ait une légère diminution dans la clôture d'affaires de référence (voir chapitre IV-D). Les réformes importantes qui ont rendu possible certaines de ces clôtures incluent par exemple des modifications du Code pénal en Bulgarie concernant la diffamation et les enquêtes sur des actes de torture (*Bozhkov et Velikova*) ; des modifications de la Loi sur l'invalidité et les pensions connexes en Hongrie (*Béláné Nagy*) ; des modifications du Code de procédure pénale en Italie (*Brazzi*) ; des amendements législatifs régissant la compétence des tribunaux appliquant des mesures disciplinaires en Pologne (*Mariusz Lewandowski*) ; des modifications législatives visant à introduire un contrôle judiciaire des décisions de révocation de hauts fonctionnaires du Service des procureurs d'État en Roumanie (*Kövesi*) ; des modifications de la loi fondamentale sur la liberté d'expression en Suède (*Arlewin*) ; et la suppression de l'interdiction inconditionnelle du droit de grève pour les employés du secteur des transports en Ukraine (*Veniamin Tymoshenko*) (voir la section A. ci-après pour plus de détails).

Au-delà des affaires clôturées, l'année 2023 a été marquée par de nombreuses avancées importantes dans les affaires pendantes à ne pas négliger. En effet, il convient de souligner que le fait qu'une affaire reste sous la surveillance du Comité ne signifie pas que l'arrêt est ignoré par un État défendeur ou que le processus d'exécution n'est pas en cours, voire dans certaines affaires, très avancé. Voici quelques exemples d'affaires encore pendantes pour lesquelles des avancées significatives ont été signalées en 2023 : modifications législatives de la composition du Conseil supérieur de la magistrature en Azerbaïdjan (groupe *Mammadli*) ; réformes législatives importantes en Bulgarie renforçant l'État de droit et la lutte contre l'impunité (groupe *S.Z et Kolevi*) ; adoption de garanties relatives au traitement des patients psychiatriques en Finlande (*X.*) ; modifications des lois sur l'expropriation en Grèce (*Kanellopoulos*) ; modifications de la Loi sur l'administration pénitentiaire en matière de condamnations à perpétuité en Italie (*Marcello Viola (No. 2)*) ; modifications des codes pénaux du Monténégro et de la Macédoine du Nord afin d'abolir le délai de prescription en matière de torture (*Siništaj et autres* et *Kitanovski* respectivement) ; adoption de règles permettant la délivrance de documents de voyage aux réfugiés en Serbie (*S.E.*) ; annulation de la disposition du droit turc obligeant les femmes à porter le nom de famille de leur mari (*Ünal Tekeli*) ; et évolution de la jurisprudence de la Cour suprême concernant la loi relative à l'épuration dans la fonction publique en Ukraine (*Polyakh et autres*) (voir la section A. ci-dessous pour plus de détails).

Malgré les défis et le nombre toujours élevé de nouvelles affaires contre des États membres transmises par la Cour (1 043 en 2023 contre 1 046 en 2022 : après une augmentation de 40 % en 2021, voir chapitre IV-B), le nombre d'affaires pendantes contre des États membres n'a que légèrement augmenté, avec une diminution du nombre d'affaires de référence. Fin 2023, 3 819 affaires (1 071 affaires de référence) étaient pendantes contre des États membres, contre 3 760 (1 088 affaires de référence) fin 2022 (voir chapitre IV-C).

This is positive, given the context of Ukraine's decreased capacity to execute judgments (cases against Ukraine making up 20% of the pending case load for member States) as well as the Court's increased efficiency in its working methods, particularly as regards repetitive cases, where one judgment can frequently relate to multiple joined applications (judgments delivered in 2023 related to 6,931 applications, compared to 4,168 in 2022:[6] see also Chapter IV-F.2). This leads to an increased workload for the Committee of Ministers and DEJ and may prolong the execution process of individual cases, since the Committee, in its supervisory role, is required to ensure that the required individual measures (payment of just satisfaction, release from detention, reopening of domestic proceedings etc) have been taken for every applicant in a single judgment. Even if the individual measures have been taken for nine out of ten applicants, the supervision of the case must continue and the case cannot be closed by the adoption of a Final Resolution until redress has been provided to every applicant concerned. This can give a false impression of overall delays in execution with some judgments still pending due to a particular issue encountered for only one out of many applicants. It is also noteworthy that the number of new judgments revealing new important structural and/or complex problems being transmitted by the Court, and thus classified in the enhanced procedure in 2023, has increased (from 17 in 2022 to 25 in 2023; see Chapter IV-B.3).

In the spirit of the Reykjavík Declaration, the DEJ has continued its extensive work to support States through co-operation, assistance and dialogue with a record number of 140 missions and bilateral meetings with national authorities both online and in person in either Strasbourg or capitals (see Chapter III for full details). High level representatives from respondent states often participated in these bilateral meetings, engaging in discussions and demonstrating commitment to the full implementation of the Court's judgments. These activities require a lot of work and preparation by the DEJ but are productive and often produce tangible results. The meetings are a valuable opportunity to discuss the measures required as well as help to identify any obstacles and potential ways forward. They raise awareness of the execution process and help to strengthen domestic capacity to execute the Court's judgments and thus for respondent states to provide long awaited information to the Committee of Ministers.

These activities appear to be starting to bear fruit as the statistics demonstrate that member States improved their engagement with the supervision process in 2023. A record high number of action plans and reports were submitted in 2023 (835 compared to 763 in 2022; see Chapter VI.A). In addition, more action plans and reports were submitted within the applicable time limits, meaning that fewer "reminder letters" needed to be sent (80 compared to 92 in 2022; see also Chapter VI.A). There was also an increase in submission of information on payment of just satisfaction (both within the deadlines and with some delay) which led, for the first time since 2018, to a

---

6   See p. 108 of the 2023 annual report of the European Court of Human Rights.

Cette évolution est positive, compte tenu de la diminution de la capacité de l'Ukraine à exécuter les arrêts (les affaires contre l'Ukraine représentent 20 % du nombre d'affaires pendantes contre les États membres) et de l'efficacité accrue des méthodes de travail de la Cour, notamment en ce qui concerne les affaires répétitives, où un arrêt peut fréquemment concerner plusieurs requêtes jointes (les arrêts rendus en 2023 concernaient 6 931 requêtes, contre 4 168 en 2022[6] : voir également le chapitre IV-F.2). Cela entraîne une charge de travail accrue pour le Comité des Ministres et le DEJ et peut prolonger le processus d'exécution des affaires individuelles, puisque le Comité, dans son rôle de surveillance, doit s'assurer que les mesures individuelles requises (paiement de la satisfaction équitable, libération de la détention, réouverture de la procédure interne, etc.) ont été prises pour chaque requérant dans un seul arrêt. Même si les mesures individuelles ont été prises pour neuf requérants sur dix, la surveillance de l'affaire se poursuivra et l'affaire ne pourra être clôturée par l'adoption d'une résolution finale tant que tous les requérants concernés n'auront pas obtenu réparation. Cela peut donner une fausse impression de retard global dans l'exécution, certains arrêts restant en suspens en raison d'un problème particulier rencontré pour un seul des nombreux requérants. Il convient également de noter que le nombre de nouveaux arrêts révélant de nouveaux problèmes structurels et/ou complexes importants transmis par la Cour, et donc classés dans la procédure de surveillance soutenue en 2023, a augmenté (de 17 en 2022 à 25 en 2023 ; voir chapitre IV-B.3).

Dans l'esprit de la Déclaration de Reykjavík, le DEJ a poursuivi son vaste travail de soutien aux États par la coopération, l'assistance et le dialogue, avec un nombre record de 140 missions et réunions bilatérales avec les autorités nationales, à la fois virtuelle et en personne, à Strasbourg ou dans les capitales (voir le chapitre III pour de plus amples détails). Des représentants de haut niveau des États défendeurs ont souvent participé à ces réunions bilatérales, engageant des discussions et démontrant leur engagement en faveur de la pleine mise en œuvre des arrêts de la Cour. Ces activités exigent beaucoup de travail et de préparation de la part du DEJ, mais elles sont productives et apportent souvent des résultats tangibles. Les réunions sont une occasion précieuse de discuter des mesures requises et d'aider à identifier les obstacles et les moyens potentiels pour les surmonter. Elles sensibilisent au processus d'exécution et contribuent à renforcer la capacité nationale à exécuter les arrêts de la Cour et, par conséquent, à permettre aux États défendeurs de fournir au Comité des Ministres des informations attendues depuis longtemps.

Ces activités semblent commencer à porter leurs fruits puisque les statistiques montrent que les États membres ont amélioré leur engagement dans le processus de surveillance en 2023. Un nombre record de plans/bilans d'action a été soumis en 2023 (835 contre 763 en 2022 ; voir chapitre VI-A). En outre, davantage de plans/bilans d'action ont été soumis dans les délais impartis, ce qui signifie que moins de « lettres de relance » ont dû être envoyées (80 contre 92 en 2022 ; voir également le chapitre VI-A). Il y a également eu une augmentation des informations transmises sur le paiement de la satisfaction équitable (à la fois dans les délais et avec un certain retard), ce qui a conduit, pour la première fois depuis 2018, à une diminution du nombre global

---

6   Voir la page 108 du Rapport annuel 2023 de la Cour européenne des droits de l'home

decrease in the overall number of cases awaiting information on payment (from 1,137 to 1,128 cases; see Chapter IV. E.2).

Nevertheless, in light of the number of cases still pending and the increasing complexity of some of those cases, there is still a clear need to further reinforce domestic capacity, as also underlined in the Reykjavík Declaration. The launch in 2023 of a new 18-month multilateral transversal co-operation project to that end should assist by identifying effective models and practices to enhance execution mechanisms across the Council of Europe states. It will also facilitate the establishment of a "Network of national co-ordinators", which will serve as a platform for sharing experiences and knowledge among member States. The network aims to enable mutual support in the execution process and its first meeting will take place in 2024.

Furthermore, in line with the importance given in the Reykjavík Declaration to increasing synergies between the DEJ and Council of Europe co-operation programmes, monitoring and advisory bodies and other departments, the DEJ intensified its work in 2023 with multiple relevant events and roundtables supported by Council of Europe co-operation programmes as well as participation in relevant activities organised by other departments (see Chapter III for details).

In March 2023, a seminar was organized, by the DEJ and the European Court, within the framework of the Icelandic Presidency of the Committee of Ministers on the theme *"Binding Force: Institutional dialogue between the European Court of Human Rights and the Committee of Ministers under Article 46 of the European Convention on Human Rights"*. The DEJ and the Court's Registry also strengthened their co-operation in 2023 on transversal themes related to the execution of judgments (see Section E below for details).

Given the intensity of the work required to maintain these synergies effectively, it is welcome that states confirmed their commitment to ensure that the DEJ has the necessary resources to continue its work assisting member States and the Committee of Ministers.

Finally, it is noteworthy that the recent trend of increasing communications from civil society organisations (CSOs) and national human rights institutions (NHRIs) continued in 2023. A total of 239 communications were received concerning 33 states (compared to 214 in 2022) (see Chapter VI.D). This is an all-time high and is the concrete result of the ongoing work to increase the transparency of the execution process and reinforce as far as possible its participatory character. During missions to states, the DEJ frequently meets with NHRIs and also, time permitting, representatives of CSOs, to raise awareness of the potential of their involvement in the implementation system. Nevertheless, the number of communications from NHRIs remains, as in previous years, low (14). It is always to be hoped that this will increase over time, given the key role of NHRIs, recognised also in the Reykjavík Declaration, in monitoring compliance with the Court's judgments. The DEJ invested time in 2023 to further increase synergies with the European Network of National Human Rights

d'affaires en attente d'informations sur le paiement (de 1 137 à 1 128 affaires ; voir le chapitre IV-E.2).

Néanmoins, compte tenu du nombre d'affaires toujours pendantes et de la complexité croissante de certaines d'entre elles, il reste manifestement nécessaire de renforcer davantage les capacités nationales, comme le souligne également la Déclaration de Reykjavík. Le lancement en 2023 d'un nouveau projet multilatéral de coopération transversale d'une durée de 18 mois à cette fin devrait contribuer à identifier des modèles et des pratiques efficaces pour renforcer les mécanismes d'exécution dans l'ensemble des États du Conseil de l'Europe. Il facilitera également la mise en place d'un « Réseau de coordinateurs nationaux » qui servira de plateforme pour le partage d'expériences et de connaissances entre les États membres. Le réseau vise à permettre un soutien mutuel dans le processus d'exécution et sa première réunion aura lieu en 2024.

En outre, conformément à l'importance accordée dans la Déclaration de Reykjavík au renforcement des synergies entre le DEJ et les programmes de coopération du Conseil de l'Europe, les organes de suivi et de conseil et d'autres services, le DEJ a intensifié ses travaux en 2023 avec de multiples événements et tables rondes pertinents soutenus par les programmes de coopération du Conseil de l'Europe, ainsi qu'avec la participation à des activités pertinentes organisées par d'autres services (voir le chapitre III pour plus de détails).

En mars 2023, un séminaire a été organisé par le DEJ et la Cour européenne dans le cadre de la Présidence islandaise du Comité des Ministres sur le thème « Force contraignante : le dialogue institutionnel entre la Cour européenne des droits de l'homme et le Comité des Ministres au titre de l'article 46 de la Convention européenne des droits de l'homme ». Le DEJ et le Greffe de la Cour ont également renforcé leur coopération en 2023 sur des thèmes transversaux liés à l'exécution des arrêts (voir la section E ci-dessous pour plus de détails).

Compte tenu de l'intensité du travail nécessaire pour maintenir efficacement ces synergies, il est bienvenu que les États aient confirmé leur engagement à veiller à ce que le DEJ dispose des ressources nécessaires pour poursuivre son travail d'assistance aux États membres et au Comité des Ministres.

Enfin, il convient de noter que la tendance récente à l'augmentation des communications émanant des organisations de la société civile (OSC) et des institutions nationales des droits de l'homme (INDH) s'est poursuivie en 2023. Au total, 239 communications ont été reçues concernant 33 États (contre 214 en 2022) (voir chapitre VI-D). Il s'agit d'un record historique qui est le résultat concret du travail en cours pour accroître la transparence du processus d'exécution et renforcer autant que possible son caractère participatif. Lors de ses missions dans les États, le DEJ rencontre fréquemment les INDH et, si le temps le permet, les représentants d'OSC, afin de les sensibiliser au potentiel de leur participation au système de mise en œuvre. Néanmoins, le nombre de communications d'INDH reste, comme les années précédentes, faible (14). Il faut toujours espérer que ce nombre augmentera avec le temps, étant donné le rôle clé des INDH dans le contrôle du respect des arrêts de la Cour, reconnu également dans la Déclaration de Reykjavík. Le DEJ a investi du temps en 2023 pour renforcer les synergies avec le Réseau européen des institutions nationales des droits

Institutions (ENNHRI), notably through participation at ENNHRI's 10th anniversary conference *Advancing human rights, democracy and rule of law at a critical time in Europe* and the organisation of a capacity building seminar in co-operation with ENNHRI and the European Implementation Network attended by the NHRIs of 18 member States. It is expected that the Committee of Ministers' decision in November 2023[7] to publish the indicative annual planning for Human Rights meetings, for the first time in December 2023, will further increase the efficiency and transparency of the supervision process and enable CSOs and NHRIs to plan ahead the timing of their possible communications during the year.

A. Major advances[8] in cases examined by the Committee of Ministers

2023 was another year with important advances in cases pending under the supervision of the Committee of Ministers, in particular as regards some important legislative reforms. Some of these developments led to the closure of the relevant cases, others marked significant steps forward in their implementation.

Significant steps forward

For example, in the *Mammadli v. Azerbaijan* group, concerning a pattern of arbitrary arrest and detention of government critics, civil society activists and human-rights defenders through retaliatory prosecutions and misuse of criminal law in defiance of the rule of law, the Committee welcomed the legislative changes to the composition of the Judicial Legal Council (JLC), which appear to respond to its calls and the GRECO recommendations regarding the composition of the JLC. In the *Mahmudov and Agazade group v. Azerbaijan*, mainly concerning violations of the applicant journalists' right to freedom of expression, but also breaches by the Public Prosecutor's service and the executive authorities of the right to presumption of innocence (examined under the *Fatullayev v. Azerbaijan* case), the Committee noted with satisfaction the legislative amendments to the Code of Administrative Offences as well as the other measures taken to ensure that statements made by the prosecution service and public officials respect the right to presumption of innocence, and decided to close the supervision of this aspect.

Important legislative reforms were also adopted in Bulgaria, strengthening the rule of law and the fight against impunity. The Committee welcomed the adoption of important and long-awaited reforms in the *S.Z. and Kolevi* group introducing, inter alia,

---

7   CM/Del/Dec(2023)1482/4.5.
8   Summarised case developments herein are indicative and in no way bind the Committee of Ministers. More information on cases is available at: https://hudoc.exec.coe.int.

de l'homme (ENNHRI), notamment en participant à la conférence organisée à l'occasion du 10ᵉ anniversaire de l'ENNHRI, intitulée *Advancing human rights, democracy and rule of law at a critical time in Europe*, et en organisant un séminaire de renforcement des capacités en coopération avec l'ENNHRI et le Réseau européen de mise en œuvre, auquel ont participé les INDH de 18 États membres. La décision prise par le Comité des Ministres en novembre 2023[7] de publier le programme de travail indicatif des réunions Droits de l'Homme, pour la première fois en décembre 2023, devrait encore accroître l'efficacité et la transparence du processus de surveillance et permettre aux OSC et INDH de planifier à l'avance le calendrier de leurs éventuelles communications au cours de l'année.

A. Principales avancées[8] dans les affaires examinées par le Comité des Ministres

L'année 2023 a été de nouveau marquée par des avancées importantes dans les affaires pendantes sous la surveillance du Comité des Ministres, notamment en ce qui concerne certaines réformes législatives importantes. Certains de ces développements ont conduit à la clôture des affaires concernées, d'autres ont marqué des avancées significatives dans leur mise en œuvre.

Des avancées significatives

Par exemple, dans l'affaire *Mammadli c. Azerbaïdjan*, concernant l'arrestation et la détention arbitraires de critiques du gouvernement, de militants de la société civile et de défenseurs des droits humains par le biais de poursuites punitives et d'une utilisation abusive du droit pénal au mépris de l'État de droit, le Comité s'est félicité des changements législatifs apportés à la composition du Conseil supérieur de la magistrature (CSM), qui semblent répondre à ses appels et aux recommandations du GRECO concernant la composition du CSM. Dans l'affaire *Mahmudov et Agazade c. Azerbaïdjan*, concernant principalement des violations du droit à la liberté d'expression des journalistes requérants, mais aussi des violations par le ministère public et les autorités exécutives du droit à la présomption d'innocence (examiné dans le cadre de l'affaire *Fatullayev c. Azerbaïdjan*), le Comité a noté avec satisfaction les amendements législatifs au Code des infractions administratives ainsi que les autres mesures prises pour assurer que les déclarations faites par le ministère public et les fonctionnaires respectent le droit à la présomption d'innocence, et a décidé de clore sa surveillance de cet aspect.

D'importantes réformes législatives ont également été adoptées en Bulgarie, renforçant l'État de droit et la lutte contre l'impunité. Le Comité s'est félicité de l'adoption de réformes importantes et attendues depuis longtemps dans le groupe *S.Z.*

---

7   CM/Del/Dec(2023)1482/4.5.
8   Les avancées dans les affaires résumées ici sont fournies à titre indicatif et ne lient pas le Comité des Ministres. De plus amples informations sur les affaires sont disponibles via le moteur de recherche HUDOC-EXEC : https://hudoc.exec.coe.int.

a mechanism for the independent investigation into alleged criminal acts committed by the Chief Prosecutor, and judicial review of refusals to open an investigation (into serious criminal offences, and some other criminal offences concerning violations of the Convention and corruption), available to both victims and persons who reported a crime. It also welcomed legislative amendments concerning victim protection, aimed also at enhancing the effectiveness of investigations of rape and sexual assault.

In response to *X. v. Finland*, concerning the lack of legal safeguards surrounding forced medication of a patient held in a psychiatric hospital, the Finnish Parliament adopted legislative amendments to the Mental Health Act and the Administrative Court Act, which enable patients in similar situations to lodge an appeal against forced medication directly with the administrative court.

In the *Beka-Koulocheri v. Greece* group, concerning non-compliance by the authorities (notably local and regional) with final domestic judgments ordering the lifting of land expropriation orders, the Committee welcomed the adoption of a law providing for the automatic lifting of the expropriation in specific conditions, the abolishment of the legislation placing the burden on landowners to provide technical documents concerning urban planning, as well as a new remedy by which the interested party can ensure the enforcement of the national judgments ordering the lifting of expropriations. These developments, addressing the underlying longstanding problem of the excessive burden on landowners to provide technical documents, enabled the Committee to close this aspect and to pursue the examination of the outstanding measures required under the *Kanellopoulos* case.

In light of the Court's inadmissibility decision of March 2023 in *Szaxon v. Hungary* holding that the new compensatory remedy which entered into force on 1 January 2022 constitutes an effective remedy for protracted contentious civil proceedings, the Committee decided to partly end its supervision of the *Gazsó v. Hungary group* (concerning the excessive length of judicial proceedings in civil, criminal and administrative matters, and the lack of effective domestic remedies in this respect), considering that no further general measures were required as regards a compensatory remedy for contentious civil proceedings.

In *Marcello Viola v. Italy* (No. 2), concerning the irreducibility of whole life sentences, the Committee noted with satisfaction the legislative reform of the Prison Administration Act which introduced the possibility for prisoners who fail to cooperate with the justice system to be eligible for release on parole. It nevertheless underlined the need for continued supervision in view of the importance of ensuring that the established system is practical and effective.

In response to the Court's judgments in the *Siništaj and Others v. Montenegro* group of cases, concerning ill-treatment by law-enforcement officers and the lack of effective investigations, the Parliament of Montenegro adopted amendments to the Criminal Code, abolishing the statute of limitations for the crime of torture and introducing more serious sanctions for ill-treatment and torture when committed by

et Kolevi, introduisant notamment un mécanisme d'enquête indépendante sur les actes criminels présumés commis par le Procureur général, et un contrôle judiciaire des refus d'ouvrir une enquête (sur les infractions pénales graves et certaines autres infractions pénales concernant les violations de la Convention et la corruption), accessible à la fois aux victimes et aux personnes ayant signalé un crime. Il s'est également félicité des modifications législatives concernant la protection des victimes, qui visent également à améliorer l'efficacité des enquêtes sur les viols et les agressions sexuelles.

En réponse à l'affaire *X. c. Finlande*, concernant l'absence de garanties juridiques entourant la l'administration forcée de médicaments à un patient détenu dans un hôpital psychiatrique, le Parlement finlandais a adopté des amendements législatifs à la Loi sur la santé mentale et à la Loi sur les tribunaux administratifs, qui permettent aux patients dans des situations similaires d'introduire un recours contre l'administration forcée de médicaments directement auprès du tribunal administratif.

Dans le groupe *Beka-Koulocheri c. Grèce*, qui porte sur le non-respect par les autorités (notamment locales et régionales) des décisions de justice définitives ordonnant la levée d'ordonnances d'expropriation foncière, le Comité s'est félicité de l'adoption d'une loi prévoyant la levée automatique de l'expropriation dans des conditions spécifiques, de l'abolition de la législation imposant aux propriétaires fonciers de fournir des documents techniques concernant la planification urbaine, ainsi que d'un nouveau recours permettant à la partie intéressée d'obtenir l'exécution des jugements nationaux ordonnant la levée des expropriations. Ces développements, s'attaquant au problème sous-jacent de longue date de la charge excessive imposée aux propriétaires fonciers de fournir des documents techniques, ont permis au Comité de clore cet aspect et de poursuivre l'examen des mesures en suspens requises dans le cadre de l'affaire *Kanellopoulos*.

À la lumière de la décision d'irrecevabilité de la Cour de mars 2023 dans l'affaire *Szaxon c. Hongrie*, selon laquelle le nouveau recours compensatoire entré en vigueur le 1er janvier 2022 constitue un recours effectif pour les procédures civiles contentieuses prolongées, le Comité a décidé de mettre partiellement fin à sa surveillance du groupe *Gazsó c. Hongrie* (concernant la durée excessive des procédures judiciaires en matière civile, pénale et administrative, et l'absence de recours internes effectifs à cet égard), considérant qu'aucune autre mesure générale n'était requise en ce qui concerne un recours compensatoire pour les procédures civiles contentieuses.

Dans l'affaire *Marcello Viola c. Italie (no 2)*, concernant l'irréductibilité des peines de prison à perpétuité, le Comité a pris note avec satisfaction de la réforme législative de la loi sur l'administration pénitentiaire qui a introduit la possibilité pour les détenus qui ne coopèrent pas avec la justice d'être éligibles à la libération conditionnelle. Il a néanmoins souligné la nécessité d'une surveillance continue, compte tenu de l'importance de veiller à ce que le système mis en place soit pratique et effectif.

En réponse aux arrêts de la Cour dans le groupe d'affaires *Siništaj et autres c. Monténégro*, concernant les mauvais traitements infligés par les forces de l'ordre et l'absence d'enquêtes effectives, le Parlement du Monténégro a adopté des amendements au Code pénal, abolissant le délai de prescription pour le crime de torture et introduisant des sanctions plus sévères pour les mauvais traitements et la torture

state agents in performance of their duties, including an automatic ban from exercising public functions or duties.

The Parliament of North Macedonia also adopted amendments to the Criminal Code, abolishing the statute of limitation for the crime of torture, which was welcomed by the Committee in the context of the *Kitanovski* group as an important step towards prevention of impunity for serious human rights violations perpetrated by law-enforcement agents.

In response to the Court's indication under Article 46 in the case of *S.E. v. Serbia*, concerning a violation of the right to freedom of movement due to the prolonged refusal of the authorities to issue a travel document to a refugee, the Ministry of Internal Affairs adopted the *Rules on the form and content of travel documents for refugees*, which entered into force on 2 December 2023 and was applicable from 1 February 2024, to effectively ensure the right to leave the country.

In Switzerland, the newly introduced legal provision of the Federal Tribunal Act, providing for the possibility of reopening a case after a friendly settlement effected under Article 39 of the Convention was applied for the first time in two cases before the Federal Tribunal. Furthermore, a Swiss National Human Rights Institution (NHRI) was created and inaugurated.

The Committee examined the *Batı and Others v. Turkey* group, concerning the ineffectiveness of investigations, criminal prosecutions and disciplinary proceedings in relation to killing, torture and ill-treatment and the excessive use of force by the police and security forces. It welcomed the recent decision of the Constitutional Court, which annulled the paragraphs of Article 231 of the Code of Criminal Procedure that regulate the suspension of the pronouncement of judgments and will take effect as of 1 August 2024. This is key because in its *Hasan Köse* judgment, the Court had indicated under Article 46 that the suspension of the pronouncement of judgments may create an atmosphere of impunity and that in cases of state agents who perpetrated serious offences, this practice is incompatible with the requirement of Articles 2 and 3 of the Convention to ensure accountability. Another important development is a decision taken in response to the *Ünal Tekeli v. Turkey* group, in which the Constitutional Court declared unconstitutional and annulled the provision under Turkish law which obliged women to bear their husband's surname after marriage.

In the *Kaverzin v. Ukraine* group, on torture and/or ill-treatment by the police and the lack of effective investigations as well as effective remedies in this respect, the Committee welcomed the legislative amendments to Article 127 of the Criminal Code, aimed at bringing the definition of torture in line with international standards. In the *Polyakh and Others v. Ukraine* group, concerning violations of the right to respect for private and family life on account of lustration proceedings, the Committee welcomed the developments in the Supreme Court's case-law on the Government Cleansing Act, which allowed it to transfer the group from the enhanced to the standard supervision procedure.

lorsqu'ils sont commis par des agents de l'État dans l'exercice de leurs fonctions, y compris une interdiction automatique d'exercer des fonctions ou des responsabilités publiques.

Le Parlement de Macédoine du Nord a également adopté des amendements au Code pénal, abolissant le délai de prescription pour le crime de torture, ce qui a été salué par le Comité dans le contexte du groupe d'affaires *Kitanovski* comme un pas important vers la prévention de l'impunité pour les violations graves des droits humains perpétrées par les agents des forces de l'ordre.

En réponse à l'indication de la Cour au titre de l'article 46 dans l'affaire *S.E. c. Serbie*, concernant une violation du droit à la liberté de circulation en raison du refus prolongé des autorités de délivrer un document de voyage à un réfugié, le ministère de l'Intérieur a adopté les Règles sur la forme et le contenu des documents de voyage pour les réfugiés, qui sont entrées en vigueur le 2 décembre 2023 et sont applicables depuis le 1er février 2024, afin de garantir effectivement le droit de quitter le pays.

En Suisse, la nouvelle disposition de la Loi sur le Tribunal fédéral, qui prévoit la possibilité de rouvrir une affaire après un règlement amiable en vertu de l'article 39 de la Convention, a été appliquée pour la première fois dans deux affaires devant le Tribunal fédéral. En outre, une institution nationale suisse des droits de l'homme (INDH) a été créée et inaugurée.

Le Comité a examiné le groupe *Batı et autres c. Turquie*, concernant l'ineffectivité des enquêtes, des poursuites pénales et des procédures disciplinaires relatives aux meurtres, à la torture et aux mauvais traitements et à l'usage excessif de la force par la police et les forces de sécurité. Il s'est félicité de la récente décision de la Cour constitutionnelle, qui a annulé l'article 231 du Code de procédure pénale régissant la suspension du prononcé des jugements et qui prendra effet à compter du 1er août 2024. Il s'agit d'un point essentiel car, dans son arrêt *Hasan Köse*, la Cour avait indiqué, en vertu de l'article 46, que la suspension du prononcé des jugements pouvait créer un climat d'impunité et que, dans le cas d'agents de l'État ayant perpétré des infractions graves, cette pratique était incompatible avec l'exigence des articles 2 et 3 de la Convention de garantir l'obligation de rendre des comptes. Un autre développement important est une décision prise en réponse au groupe *Ünal Tekeli c. Turquie*, dans laquelle la Cour constitutionnelle a déclaré inconstitutionnelle et annulé la disposition de la loi turque qui obligeait les femmes à porter le nom de famille de leur mari après le mariage.

Dans le groupe *Kaverzin c. Ukraine*, concernant la torture et/ou les mauvais traitements infligés par la police et l'absence d'enquêtes et de recours effectifs à cet égard, le Comité s'est félicité des modifications législatives apportées à l'article 127 du Code pénal, qui visent à aligner la définition de la torture sur les normes internationales. Dans le groupe *Polyakh et autres c. Ukraine*, concernant des violations du droit au respect de la vie privée et familiale en raison de procédures de lustration, le Comité s'est félicité de l'évolution de la jurisprudence de la Cour suprême concernant la loi sur l'intégrité du gouvernement, qui lui a permis de transférer le groupe de la surveillance soutenue à la surveillance standard.

Developments that led to the closure of cases

The Committee of Ministers ended its supervision of the execution of the *Aygün v. Belgium* case concerning violations of the applicants' right to respect for private life and freedom of religion on account of the impossibility to request an examination of the refusal to transport their sons' bodies for a funeral abroad before the termination of criminal investigations which ended more than two and a half years after their initial request. Following the Court's judgment, the Code of Criminal Investigation was amended to put in place a clear and well-defined procedure for contesting and re-examining such decisions. The Committee also ended its supervision in the *Romeo Castaño* case, in which Belgium had failed to comply with its obligations to cooperate internationally arising under the procedural limb of Article 2 (right to life) because of the domestic courts' refusal to execute the European arrest warrants issued by the Spanish authorities against a person suspected of murder and membership in the terrorist organisation ETA. In response to the Court's finding that the Belgian courts' examination of the risk of inhuman and degrading treatment on account of the conditions of detention in Spain had not been thorough enough to provide a sufficient factual basis for their refusal, the courts re-examined the situation in a fresh arrest warrant, which resulted in an agreement to execute the warrant, and the person was handed over to the Spanish authorities.

Following the adoption of amendments to the Criminal Code attenuating the legal consequences in cases of defamation or insult directed against public officials, the Committee ended its supervision of the execution of the *Bozhkov v. Bulgaria* group, which concerned disproportionate interferences with the freedom of expression of the applicant journalists as a result of their convictions to administrative fines in criminal proceedings for defamation of public officials. Furthermore, Bulgaria introduced a provision criminalising torture, which, together with the introduction of the right to appeal before a court against the refusal to open criminal investigation, as well as previous measures, led the Committee to close the examination of the *Velikova v. Bulgaria* case and to continue the examination of all outstanding questions in this group (concerning deaths, torture and ill-treatment by law enforcement officers and the lack of effective investigations) under the *Dimitrov and Others* case.

In response to the judgment in *Dragan Kovačević v. Croatia*, where the Court had found a violation of the Convention on account of the failure to reimburse the applicant, a person of low-income suffering from a mental disability, the costs of his constitutional complaint proceedings, the Croatian Constitutional Court aligned its practice regarding reimbursement of such costs. The Constitutional Court asks complainants to substantiate their claims and provides meaningful reasons for its decisions while being mindful of the specific circumstances of each case, notably its significance for the complainants, their financial situation and their vulnerability.

The Committee also ended its supervision of the execution in *M.A. v. Denmark*, which concerned the statutory three-year waiting period for family reunification, considered by the European Court to be unjustified in the case of the applicant who had fled Syria and been granted temporary protection. The Court found that, given the lack of an individualised assessment of the applicant's case and the long waiting

Développements ayant conduit à la clôture d'affaires

Le Comité des Ministres a mis fin à sa surveillance de l'exécution de l'affaire *Aygün c. Belgique* concernant des violations du droit des requérants au respect de la vie privée et à la liberté de religion en raison de l'impossibilité de demander un réexamen du refus de transporter les corps de leurs fils pour des funérailles à l'étranger avant la fin de l'instruction pénale qui s'est achevée plus de deux ans et demi après leur demande initiale. À la suite de l'arrêt de la Cour, le Code d'instruction criminelle a été modifié afin de mettre en place une procédure claire et bien définie pour contester et réexaminer de telles décisions. Le Comité a également mis fin à sa surveillance dans l'affaire *Romeo Castaño*, dans laquelle la Belgique avait manqué à ses obligations de coopération internationale découlant du volet procédural de l'article 2 (droit à la vie) en raison du refus des tribunaux nationaux d'exécuter les mandats d'arrêt européens émis par les autorités espagnoles à l'encontre d'une personne soupçonnée d'assassinat et d'appartenance à l'organisation terroriste ETA. La Cour ayant constaté que l'examen par les juridictions belges du risque de traitements inhumains et dégradants en raison des conditions de détention en Espagne n'avait pas été suffisamment approfondi pour fournir une base factuelle suffisante à leur refus, les juridictions ont réexaminé la situation dans le cadre d'un nouveau mandat d'arrêt, ce qui a abouti à un accord sur l'exécution du mandat, et l'intéressé a été remis aux autorités espagnoles.

Suite à l'adoption d'amendements au Code pénal atténuant les conséquences juridiques en cas de diffamation ou d'insulte à l'encontre d'agents publics, le Comité a mis fin à sa surveillance de l'exécution du groupe *Bozhkov c. Bulgarie*, qui concernait des interférences disproportionnées avec la liberté d'expression des journalistes requérants suite à leur condamnation à des amendes administratives dans le cadre d'une procédure pénale pour diffamation d'agents publics. En outre, la Bulgarie a introduit une disposition criminalisant la torture, ce qui, avec l'introduction du droit de faire appel devant un tribunal contre le refus d'ouvrir une enquête pénale, ainsi que des mesures antérieures, a conduit le Comité à clore l'examen de l'affaire *Velikova c. Bulgarie* et à poursuivre l'examen de toutes les questions en suspens dans ce groupe (concernant les décès, la torture et les mauvais traitements par des agents des forces de l'ordre et l'absence d'enquêtes effectives) dans le cadre de l'affaire *Dimitrov et autres*.

En réponse à l'arrêt *Dragan Kovačević c. Croatie*, dans lequel la Cour avait conclu à une violation de la Convention en raison du non-remboursement au requérant, une personne à faible revenu souffrant d'un handicap mental, des frais de sa procédure de plainte constitutionnelle, la Cour constitutionnelle croate a aligné sa pratique concernant le remboursement de tels frais. La Cour constitutionnelle demande aux plaignants d'étayer leurs demandes et motive utilement ses décisions en tenant compte des circonstances spécifiques de chaque affaire, notamment de son importance pour les plaignants, de leur situation financière et de leur vulnérabilité.

Le Comité a également mis fin à sa surveillance de l'exécution de l'affaire *M.A. c. Danemark*, qui concernait la période d'attente légale de trois ans pour le regroupement familial, considérée par la Cour européenne comme injustifiée dans le cas du requérant qui avait fui la Syrie et s'était vu accorder une protection temporaire. La Cour a estimé que, compte tenu de l'absence d'appréciation individualisée du cas du

period, the authorities had failed to strike a fair balance between the different interests involved. Following the judgment, amendments to the Alien Act were adopted by Parliament in June 2022 and entered into force on 1 July 2022 reducing the previous three-year waiting period to two years. A person granted temporary protection generally has access to family reunification after two years, except in certain exceptional circumstances.

In response to the Court's judgment in *Baldassi and Others v. France*, concerning the disproportionate interference with the applicants' freedom of expression, due to their criminal convictions for incitement to economic discrimination (because they had called for a boycott on products imported from Israel), the criminal proceedings were reopened, the applicants' convictions quashed, and the cases referred to the Court of Appeal of Paris. The Ministry of Justice issued a circular to all public prosecutors in October 2020, clarifying that only calls for boycotts representing a real call to hatred or discrimination shall be prosecuted. Moreover, awareness raising measures were taken among judges and public prosecutors. The judiciary has already applied the Court's *Baldassi* principles to other cases on several occasions.

In the case of *Wenner v. Germany*, the Court had criticised the respondent state's failure to ensure that the health of the applicant, a long-term heroin addict who had received substitution treatment for many years, was adequately secured during his detention in a Bavarian prison at a level comparable to that which the state authorities had committed themselves to provide to persons at liberty. The Committee ended its supervision of the execution of this case as the authorities changed their practice and statistical data showed a significant increase in the number of prisoners receiving medically prescribed and supervised drug substitution therapy. In cases where a medically indicated substitution therapy is not available in a particular prison, prisoners are transferred to another prison. The German Länder also established a joint working group coordinating their efforts to effectively collect and analyse data on drug consumption and addiction as well as on the therapeutic measures to be taken in prisons.

The Committee further closed its supervision of the *Rahimi v. Greece* group of cases, which concerned the degrading treatment of unaccompanied minors on account of their poor living or detention conditions. In response to this judgment, in 2020, a law was adopted to abolish the practice of so-called "protective custody" of unaccompanied minors, and a Special Secretariat was established to ensure the application of a new comprehensive system for their protection. In 2021, this Secretariat launched the National Emergency Response Mechanism for unaccompanied minors which includes an emergency telephone line, with the aim of tracing and providing immediate support/accommodation to unaccompanied minors in precarious living conditions. Data confirm that unaccompanied minors were detained as a matter of last resort and only for very short periods before their swift transfer to suitable accommodation. The Committee also ended its supervision of the execution of the case *Molla Sali*, where the Court had found a violation due to the discriminatory

requérant et de la longue période d'attente, les autorités n'avaient pas ménagé un juste équilibre entre les différents intérêts en jeu. Suite à cet arrêt, des amendements à la Loi sur les étrangers ont été adoptés par le Parlement en juin 2022 et sont entrés en vigueur le 1er juillet 2022, réduisant la période d'attente de trois à deux ans. Une personne bénéficiant d'une protection temporaire a généralement accès au regroupement familial après deux ans, sauf dans certaines circonstances exceptionnelles.

En réponse à l'arrêt de la Cour dans l'affaire *Baldassi et autres c. France*, concernant l'atteinte disproportionnée à la liberté d'expression des requérants, en raison de leurs condamnations pénales pour incitation à la discrimination économique (parce qu'ils avaient appelé au boycott des produits importés d'Israël), la procédure pénale a été rouverte, les condamnations des requérants ont été annulées et les affaires ont été renvoyées devant la Cour d'appel de Paris. Le ministère de la Justice a publié une circulaire à l'intention de tous les procureurs généraux en octobre 2020, précisant que seuls les appels au boycott représentant un véritable appel à la haine ou à la discrimination peuvent faire l'objet de poursuites. En outre, des mesures de sensibilisation ont été prises auprès des juges et des procureurs. Le pouvoir judiciaire a déjà appliqué à plusieurs reprises les principes tirés de l'arrêt *Baldassi* à d'autres affaires.

Dans l'affaire *Wenner c. Allemagne*, la Cour avait critiqué le fait que l'État défendeur n'avait pas veillé à ce que la santé du requérant, héroïnomane de longue date et bénéficiant d'un traitement de substitution depuis de nombreuses années, soit correctement assurée pendant sa détention dans une prison bavaroise, à un niveau comparable à celui que les autorités de l'État s'étaient engagées à fournir aux personnes en liberté. Le Comité a mis fin à sa surveillance de l'exécution de cette affaire lorsque les autorités ont modifié leur pratique et que les données statistiques ont montré une augmentation significative du nombre de détenus bénéficiant d'une thérapie de substitution médicamenteuse prescrite et supervisée par un médecin. Dans les cas où une thérapie de substitution médicalement indiquée n'est pas disponible dans une prison particulière, les prisonniers sont transférés dans une autre prison. Les Länder allemands ont également mis en place un groupe de travail commun qui coordonne leurs efforts pour collecter et analyser efficacement les données sur la consommation de drogues et la toxicomanie, ainsi que sur les mesures thérapeutiques à prendre dans les prisons.

Le Comité a également mis fin à sa surveillance du groupe d'affaires *Rahimi c. Grèce*, qui concernait le traitement dégradant de mineurs non accompagnés en raison de leurs mauvaises conditions de vie ou de détention. En réponse à cet arrêt, une loi a été adoptée en 2020 pour abolir la pratique dite de la « garde protectrice » des mineurs non accompagnés, et un Secrétariat spécial a été mis en place pour assurer l'application d'un nouveau système global de protection de ces mineurs. En 2021, ce secrétariat a lancé le mécanisme national d'intervention d'urgence pour les mineurs non accompagnés, qui comprend une ligne téléphonique d'urgence, dans le but de retrouver et de fournir un soutien/un hébergement immédiat aux mineurs non accompagnés qui se trouvent dans des conditions de vie précaires. Les données confirment que les mineurs non accompagnés n'ont été placés en détention qu'en dernier recours et seulement pour de très courtes périodes avant leur transfert rapide vers un logement approprié. Le Comité a également mis fin à son contrôle de l'exécution de l'affaire *Molla Sali*,

deprivation of inheritance rights on account of the application by the domestic courts of Islamic religious law to an inheritance dispute between nationals belonging to the Muslim minority, contrary to the will of the testator of Muslim faith. Legislative amendments had abolished the compulsory application of Islamic law on family and inheritance matters and provided that Greek nationals of Muslim faith may choose between civil law or Islamic religious law in their inheritance matters.

The Committee of Ministers ended its supervision of the execution of the *Béláné Nagy v. Hungary* group of cases, which concerned violations of the applicants' right to protection of property on account of the complete or partial loss of their disability benefits due to new eligibility criteria, introduced in 2012 in the law on disability and related benefits, even though there was no improvement in their health situation. Following the Court's judgment, legislative changes in 2021 led to the rectification of the applicants' individual situation and to the compensation of persons whose disability benefits had been lowered as a result of the new eligibility criteria introduced in 2012.

The Committee also ended its supervision of *Brazzi v. Italy*, a case concerning a violation of the applicant's right to respect for his home due to the lack of prior judicial oversight or effective *ex post facto* review of a house search ordered by the criminal investigation authorities in the Italian legal system, unless the search had led to the seizure of property. Following the Court's judgment, amendments to the Code of Criminal Procedure were adopted in October 2022, introducing the possibility for the suspect or the person concerned by a search to apply, within 10 days from the date on which the search was carried out and even when no property was seized, for judicial review of the lawfulness of the public prosecutor's warrant authorising the search (Article 252 *bis*). The legislative reform secured the additional safeguards against abuse or arbitrariness required to remedy the shortcomings highlighted in the Court's judgment.

The *Mariusz Lewandowski v. Poland* judgment concerned a violation of the right to a hearing by an impartial tribunal because the same judge who had been criticised by the applicant sat as the judge deciding whether that criticism constituted contempt of court and imposed the most severe sanction possible on him. In response to that judgment, legislative amendments were adopted governing the jurisdiction of domestic courts when applying disciplinary measures. In particular, in similar situations, the decision on the application of disciplinary measures shall now be taken by a different judge and in a separate set of proceedings. The enforcement will only be possible once the decision becomes final and the punished person will be entitled to lodge an interlocutory appeal with suspensive effect. Against this background, the Committee decided to end its supervision of the execution of this case.

The Committee of Ministers further ended its supervision of the execution of the Court's judgment in *Kövesi v. Romania*, concerning the lack of judicial review of the premature termination of the applicant's mandate as Chief Prosecutor of the

dans laquelle la Cour avait constaté une violation due à la privation discriminatoire des droits de succession en raison de l'application par les tribunaux nationaux de la loi religieuse islamique à un litige successoral entre des ressortissants appartenant à la minorité musulmane, contrairement à la volonté du testateur de confession musulmane. Des amendements législatifs ont aboli l'application obligatoire de la loi islamique en matière de famille et de succession et prévoient que les ressortissants grecs de confession musulmane peuvent choisir entre le droit civil et la loi religieuse islamique en matière de succession.

Le Comité des Ministres a mis fin à sa surveillance de l'exécution du groupe d'affaires *Béláné Nagy c. Hongrie*, qui concernait des violations du droit à la protection de la propriété des requérants en raison de la perte totale ou partielle de leurs prestations d'invalidité due à de nouveaux critères d'éligibilité introduits en 2012 dans la Loi sur l'invalidité et les pensions connexes, même s'il n'y a pas eu d'amélioration de leur état de santé. Suite à l'arrêt de la Cour, des modifications législatives intervenues en 2021 ont permis de rectifier la situation individuelle des requérants et d'indemniser les personnes dont les pensions d'invalidité avaient été réduites en raison des nouveaux critères d'éligibilité introduits en 2012.

Le Comité a également mis fin à sa surveillance de l'affaire *Brazzi c. Italie*, une affaire concernant une violation du droit du requérant au respect de son domicile en raison de l'absence de contrôle judiciaire préalable ou de contrôle effectif a posteriori d'une perquisition ordonnée par les autorités d'enquête pénale dans le système juridique italien, à moins que la perquisition n'ait conduit à la saisie d'un bien. À la suite de l'arrêt de la Cour, des modifications du Code de procédure pénale ont été adoptées en octobre 2022, introduisant la possibilité pour le suspect ou la personne concernée par une perquisition de demander, dans un délai de dix jours à compter de la date à laquelle la perquisition a été effectuée et même si aucun bien n'a été saisi, un contrôle judiciaire de la légalité du mandat du Procureur général autorisant la perquisition (article 252 bis). La réforme législative a apporté les garanties supplémentaires contre les abus et l'arbitraire nécessaires pour remédier aux lacunes mises en évidence dans l'arrêt de la Cour.

L'arrêt *Mariusz Lewandowski c. Pologne* concernait une violation du droit d'être entendu par un tribunal impartial parce que le même juge qui avait été critiqué par le requérant siégeait en tant que juge décidant si cette critique constituait un outrage au tribunal et lui imposait la sanction la plus sévère possible. À la suite de cet arrêt, des modifications législatives ont été adoptées pour régir la compétence des juridictions nationales en matière d'application de mesures disciplinaires. En particulier, dans des situations similaires, la décision sur l'application de mesures disciplinaires sera désormais prise par un juge différent et dans le cadre d'une procédure distincte. L'exécution ne sera possible qu'une fois que la décision sera devenue définitive et la personne sanctionnée aura le droit d'introduire un recours incident avec effet suspensif. Dans ce contexte, le Comité a décidé de mettre fin à sa surveillance de l'exécution de cette affaire.

Le Comité des Ministres a également clôturé sa surveillance de l'exécution de l'arrêt de la Cour dans l'affaire *Kövesi c. Roumanie*, concernant l'absence de contrôle juridictionnel de la cessation prématurée du mandat de la requérante en tant que pro-

National Anticorruption Directorate, after her expression of views on legislative reforms and the fight against corruption. The applicant now serves as Chief Prosecutor of the European Public Prosecutor's Office. The authorities took action to implement the judgment in the framework of a broader judicial reform, which took effect in December 2022. The new legislation gives full jurisdiction to the High Court of Cassation and Justice to review, under an emergency procedure, the legality and merits of decisions to remove senior officeholders in the State Prosecution Service from office. Furthermore, the Romanian Parliament abolished legislative provisions which had unduly restricted the freedom of expression of judges and prosecutors. Also worth mentioning is the closure of the case *Camelia Bogdan*, concerning the denial of access to a court due to the impossibility for the applicant, a former career judge, to challenge her automatic suspension from office while her appeal against her exclusion from the judiciary in 2017, as a disciplinary sanction, was being considered by the High Court of Cassation and Justice. The legislative measures to implement the judgment were enacted in the framework of the same judicial reform. First, the automatic character of the suspension from duty of a magistrate during appeal proceedings against a disciplinary sanction of exclusion from the judiciary was lifted. Second, clear provisions on how to challenge such a suspension were introduced. The jurisdiction to rule on such appeals is vested in a panel of five judges of the High Court of Cassation and Justice, which must examine it as a matter of urgency and with priority over other cases.

The *Rodriguez Ravelo v. Spain* group of cases concerned violations of freedom of expression established due to the applicants' disproportionate criminal convictions and fines imposed on them, with default imprisonment in case of non-payment, for slander and insults on account of statements and comments made in different contexts (Articles 205 and 208 of the Criminal Code). The Committee of Ministers closed this group of cases noting that that the applicants who requested the reopening of the proceedings had obtained the quashing of the criminal convictions against them, with final effect; and that none of the applicants presently has a criminal record. As regards general measures, the Committee noted with satisfaction the information, assessments and statistical data provided by the authorities on the awareness-raising measures adopted and their impact as regards the incorporation in the domestic case-law of Convention requirements when it comes to applying the above-mentioned provisions of the Criminal Code.

In response to the European Court's judgment in the case of *Arlewin v. Sweden*, concerning the lack of effective access to a court to obtain protection against alleged defamation through a foreign TV broadcast, the Swedish Parliament amended the Fundamental Law on Freedom of Expression (one of the four laws making up the Swedish Constitution). The scope of application of the Fundamental Law on Freedom of Expression was extended to include the possibility to bring before domestic courts defamation cases concerning satellite transmissions having a particularly strong connection to Sweden (perceived to be Swedish, retransmitted in Sweden, and addressed to a Swedish audience). The amendments entered into force on 1 January 2023.

cureure principale de la Direction nationale anticorruption, après qu'elle a exprimé des points de vue sur les réformes législatives et la lutte contre la corruption. La requérante occupe désormais le poste de procureure générale du Parquet européen. Les autorités ont pris des mesures pour mettre en œuvre l'arrêt dans le cadre d'une réforme judiciaire plus large, qui a pris effet en décembre 2022. La nouvelle législation donne pleine compétence à la Haute Cour de cassation et de justice pour contrôler, dans le cadre d'une procédure d'urgence, la légalité et le bien-fondé des décisions de révocation des titulaires de postes de haut niveau au sein du ministère public. En outre, le Parlement roumain a aboli les dispositions législatives qui avaient indûment restreint la liberté d'expression des juges et des procureurs. Il convient également de mentionner la clôture de l'affaire *Camelia Bogdan*, concernant le refus d'accès à un tribunal en raison de l'impossibilité pour la requérante, ancienne juge de carrière, de contester la suspension automatique de ses fonctions alors que son recours contre son exclusion de la magistrature en 2017, à titre de sanction disciplinaire, était examiné par la Haute Cour de cassation et de justice. Les mesures législatives visant à mettre en œuvre l'arrêt ont été adoptées dans le cadre de la même réforme judiciaire. Premièrement, le caractère automatique de la suspension des fonctions d'un magistrat pendant la procédure d'appel contre une sanction disciplinaire d'exclusion de la magistrature a été supprimé. Deuxièmement, des dispositions claires sur la manière de contester une telle suspension ont été introduites. La compétence pour statuer sur ces recours est confiée à une formation de cinq juges de la Haute Cour de cassation et de justice, qui doit les examiner en urgence et en priorité sur les autres affaires.

Le groupe d'affaires *Rodriguez Ravelo c. Espagne* concerne des violations de la liberté d'expression établies en raison des condamnations pénales disproportionnées des requérants et des amendes qui leur ont été infligées, avec emprisonnement par défaut en cas de non-paiement, pour diffamation et injures en raison de déclarations et de commentaires faits dans des contextes différents (articles 205 et 208 du Code pénal). Le Comité des Ministres a clôturé ce groupe d'affaires en notant que les requérants qui ont demandé la réouverture de la procédure ont obtenu l'annulation des condamnations pénales prononcées à leur encontre, avec effet définitif ; et qu'aucun des requérants n'a actuellement de casier judiciaire. En ce qui concerne les mesures générales, le Comité a pris note avec satisfaction des informations, évaluations et données statistiques fournies par les autorités sur les mesures de sensibilisation adoptées et leur impact en ce qui concerne l'incorporation dans la jurisprudence interne des exigences de la Convention lors de l'application des dispositions susmentionnées du Code pénal.

En réponse à l'arrêt de la Cour européenne dans l'affaire *Arlewin c. Suède*, concernant l'absence d'accès effectif à un tribunal pour obtenir une protection contre une diffamation présumée par le biais une émission télévisée diffusée depuis l'étranger, le Parlement suédois a modifié la loi fondamentale sur la liberté d'expression (l'une des quatre lois composant la Constitution suédoise). Le champ d'application de la loi fondamentale sur la liberté d'expression a été étendu pour inclure la possibilité de porter devant les tribunaux nationaux des affaires de diffamation concernant des transmissions par satellite ayant un lien particulièrement fort avec la Suède (perçues comme étant suédoises, retransmises en Suède et adressées à un public suédois). Les amendements sont entrés en vigueur le 1er janvier 2023.

The Committee also ended its supervision of the execution of the case *Hakan Arı v. Turkey*, concerning the violation of the applicant's right to peaceful enjoyment of his property as he was denied a building permit because his land had been earmarked for a public school in the town planning scheme, without any formal expropriation decision or compensation ("virtual expropriation"). Following the Court's judgment, the domestic courts changed their practice and legislative amendments were adopted. In particular, the Plenary of the Court of Cassation in Civil Matters held that virtual expropriation should be considered as *de facto* expropriation and compensation must be paid. Similar decisions were adopted by the Supreme Administrative Court. The Constitutional Court also delivered several decisions in cases concerning virtual expropriations, closely following the case-law of the European Court. Moreover, Law no. 2942 on Expropriation was amended, making it possible for landowners to request compensation for virtual expropriation from administrative authorities. Further, the Committee closed the case *Cumhuriyetçi Eğitim ve Kültür Merkezi Vakfı v. Turkey*, in which the Court had found a violation on account of discriminatory treatment on religious grounds due to the authorities' refusal to extend the exemption from the costs of electric lighting that is granted under domestic law to places of worship to Alevi premises (*cemevis*). In response to this judgment legislative measures were taken to ensure that lighting costs of the Alevi premises are now also reimbursed by the state. Also worth mentioning is the closure of the case *Çam* concerning a violation of the right not to be discriminated against and the right to education due to the refusal by the National Music Academy to enrol a blind child despite her having passed the competitive entrance examination solely on account of her visual disability. The Ministry of National Education amended the applicable secondary legislation introducing new safeguards for disabled students. The Istanbul Technical University (to which the Music Academy is attached) amended its teaching methods to ensure that disabled students receive proper education and adapted the enrolment and evaluation process, where necessary.

Lastly, the Committee of Ministers closed the case *Veniamin Tymoshenko and Others v. Ukraine*, concerning a violation of the right to freedom of assembly and association due to the ban on a strike by employees and members of a trade union of an airline company on the basis of a provision of the Transport Act 1994. In October 2022, the Ukrainian Parliament adopted Draft Law No. 4048 which removed the unconditional ban on the right to strike for employees working in the transport sector and harmonised the regulations with the legislation on collective labour disputes in other sectors.

B. Developments in inter-state and other cases related to post-conflict situations or unresolved conflicts

The supervision by the Committee of Ministers of the execution of inter-state and other conflict-related cases continues to be particularly challenging due to their political dimensions and complexities. Such cases, some of which have been on the

Le Comité a également mis fin à sa surveillance de l'exécution de l'affaire *Hakan Arı c. Turquie*, concernant la violation du droit du requérant à la jouissance paisible de sa propriété, le requérant s'étant vu refuser un permis de construire parce que son terrain avait été affecté à une école publique dans le plan d'urbanisme, sans décision formelle d'expropriation ni indemnisation (« expropriation virtuelle »). Suite à l'arrêt de la Cour, les juridictions nationales ont modifié leur pratique et des amendements législatifs ont été adoptés. En particulier, l'Assemblée plénière de la Cour de cassation en matière civile a jugé que l'expropriation virtuelle devait être considérée comme une expropriation de facto et qu'une indemnisation devait être versée. Des décisions similaires ont été adoptées par la Cour administrative suprême. La Cour constitutionnelle a également rendu plusieurs décisions dans des affaires concernant des expropriations virtuelles, en suivant de près la jurisprudence de la Cour européenne. En outre, la loi n° 2942 sur l'expropriation a été modifiée, ce qui permet aux propriétaires fonciers de demander aux autorités administratives une indemnisation pour expropriation virtuelle. Par ailleurs, le Comité a clos l'affaire *Cumhuriyetçi Eğitim ve Kültür Merkezi Vakfı c. Turquie*, dans laquelle la Cour avait conclu à une violation pour traitement discriminatoire fondé sur des motifs religieux en raison du refus des autorités d'étendre aux locaux alévis (*cemevis*) l'exonération des frais d'éclairage électrique accordée par la législation nationale aux lieux de culte. En réponse à cet arrêt, des mesures législatives ont été prises pour garantir que les frais d'éclairage des locaux alévis soient également remboursés par l'État. Il convient également de mentionner la clôture de l'affaire Çam concernant une violation du droit de ne pas être discriminé et du droit à l'instruction en raison du refus du Conservatoire national de musique d'inscrire une enfant aveugle bien qu'elle ait réussi le concours d'entrée uniquement en raison de son handicap visuel. Le ministère de l'Éducation nationale a modifié la législation secondaire applicable en introduisant de nouvelles garanties pour les étudiants handicapés. L'Université technique d'Istanbul (à laquelle le Conservatoire national de musique est rattaché) a modifié ses méthodes d'enseignement afin de garantir que les étudiants handicapés reçoivent une éducation appropriée et a adapté le processus d'inscription et d'évaluation, le cas échéant.

Enfin, le Comité des Ministres a clos l'affaire *Veniamin Tymoshenko et autres c. Ukraine*, concernant une violation du droit à la liberté de réunion et d'association en raison de l'interdiction d'une grève des employés et des membres d'un syndicat d'une compagnie aérienne sur la base d'une disposition de la Loi sur les transports de 1994. En octobre 2022, le Parlement ukrainien a adopté le projet de loi n° 4048 qui supprime l'interdiction inconditionnelle du droit de grève pour les employés travaillant dans le secteur des transports et harmonise les règlements avec la législation sur les conflits collectifs du travail dans d'autres secteurs.

B. Avancées dans les affaires interétatiques et autres affaires liées à des situations post-conflit ou à des conflits non résolus

La surveillance par le Comité des Ministres de l'exécution des affaires interétatiques et d'autres affaires liées à des conflits continue d'être particulièrement difficile en raison de leurs dimensions politiques et de leur complexité. Ces affaires, dont

Committee's agenda for a long time, continued to be examined throughout 2023.

The cases of *Chiragov and Others v. Armenia* and *Sargsyan v. Azerbaijan* concern violations of the rights of persons forced to flee from their homes during the active military phase of the Nagorno-Karabakh conflict (1992-94). In decisions adopted in both cases in September 2023 the Committee noted that consultations with the Secretariat had continued and strongly encouraged again the authorities to continue this dialogue on the ways and means to execute the Court's judgments on the just satisfaction and merits. As regards the *Sargsyan* case, it welcomed again the readiness of the authorities of Azerbaijan to sign a Memorandum of Understanding (MoU) prepared by the Secretariat to enable payment of the just satisfaction awarded by the Court and default interest accrued to take place through a Council of Europe bank account. It noted, however, their position which followed from the draft MoU, that the signature and payment were dependent on receipt of a reciprocal clear indication from the Armenian authorities of their readiness to make the payment of the just satisfaction in the *Chiragov and Others* case. The Committee strongly urged the authorities of Azerbaijan to proceed to the payment of the just satisfaction without further delay. In the *Chiragov and Others* case, the Committee noted the indication by the Armenian authorities that they would soon finalise their consideration of the text of the MoU, with a view to signing it, to enable payment of the just satisfaction awarded by the Court and default interest accrued to take place through a Council of Europe bank account. It strongly urged the Armenian authorities to proceed to the payment of the just satisfaction without further delay.

As concerns *Georgia v. Russia (I)*, concerning the arrest, detention and expulsion from the Russian Federation of large numbers of Georgian nationals from the end of September 2006 until the end of January 2007, the Committee strongly reiterated its profoundest concern that the payment of the just satisfaction and default interest accrued had not been made despite the passage of over four years since the deadline for payment expired on 30 April 2019, stressing that delay in fulfilling this obligation deprived the individual victims of the violations from receiving compensation for the damages they suffered. The Committee noted the newly created public register of just satisfaction owing in all inter-state cases against the Russian Federation which would be regularly updated by the Secretariat as regards the default interest accrued. The Committee also reiterated its invitation to the authorities of all member States to explore all possible means to ensure execution of the present case. It invited the Chair of the Committee to consider making a public statement conveying the Committee's profound concerns about the present situation. In line with the Committee's invitation, on 8 June 2023, the Minister of Foreign Affairs of Latvia and Chair of the Committee made a public statement underlining that the Russian authorities must heed the Committee's call and comply with their unconditional obligations under international law and the Convention to pay these sums and fully abide by the judgments of the European Court.

With regard to the *Georgia v. Russia (II)* case, concerning various violations

certaines figurent depuis longtemps à l'ordre du jour du Comité, ont continué d'être examinées tout au long de l'année 2023.

Les affaires *Chiragov et autres c. Arménie* et *Sargsyan c. Azerbaïdjan* concernent des violations des droits des personnes contraintes de fuir leur domicile pendant la phase militaire active du conflit du Nagorno-Karabakh (1992-94). Dans les décisions adoptées dans les deux affaires en septembre 2023, le Comité a noté que les consultations avec le Secrétariat s'étaient poursuivies et a de nouveau vivement encouragé les autorités à poursuivre ce dialogue sur les moyens d'exécuter les arrêts de la Cour sur la satisfaction équitable et le fond. En ce qui concerne l'affaire *Sargsyan*, il s'est à nouveau félicitée de la volonté des autorités azerbaïdjanaises de signer un protocole d'accord préparé par le Secrétariat pour permettre le paiement de la satisfaction équitable accordée par la Cour et des intérêts moratoires courus par l'intermédiaire d'un compte bancaire du Conseil de l'Europe. Il a toutefois pris note de leur position, qui découle du projet de protocole d'accord, selon laquelle la signature et le paiement dépendent de la réception d'une indication claire et réciproque de la part des autorités arméniennes de leur volonté d'effectuer le paiement de la satisfaction équitable dans l'affaire *Chiragov et autres*. Le Comité a vivement encouragé les autorités azerbaïdjanaises à procéder au paiement de la satisfaction équitable sans plus tarder. Dans l'affaire *Chiragov et autres*, le Comité a pris note de l'indication des autorités arméniennes selon laquelle elles finaliseraient bientôt leur examen du texte du protocole d'accord, en vue de le signer, pour permettre le paiement de la satisfaction équitable accordée par la Cour et des intérêts moratoires courus sur un compte bancaire du Conseil de l'Europe. Il a vivement encouragé les autorités arméniennes à procéder au paiement de la satisfaction équitable sans plus tarder.

En ce qui concerne l'affaire *Géorgie c. Russie (I)*, concernant l'arrestation, la détention et l'expulsion de la Fédération de Russie d'un grand nombre de ressortissants géorgiens entre fin septembre 2006 et fin janvier 2007, le Comité a réitéré sa profonde préoccupation quant au fait que le paiement de la satisfaction équitable et des intérêts moratoires accumulés n'a pas été effectué malgré l'écoulement de plus de quatre années depuis l'expiration du délai de paiement le 30 avril 2019, soulignant que le retard dans l'exécution de cette obligation prive les victimes individuelles des violations de recevoir une indemnisation pour les dommages qu'elles ont subis. Le Comité a pris note du registre public nouvellement créé sur la satisfaction équitable due dans toutes les affaires interétatiques contre la Fédération de Russie, qui sera régulièrement mis à jour par le Secrétariat en ce qui concerne les intérêts moratoires accumulés. Le Comité a également réitéré son invitation aux autorités de tous les États membres à explorer tous les moyens possibles pour assurer l'exécution de la présente affaire. Il a invité le Président du Comité à envisager de faire une déclaration publique exprimant les profondes préoccupations du Comité au sujet de la situation actuelle. Conformément à l'invitation du Comité, le 8 juin 2023, le ministre des Affaires étrangères de Lettonie et Président du Comité a fait une déclaration publique soulignant que les autorités russes doivent tenir compte de l'appel du Comité et se conformer à leurs obligations inconditionnelles en vertu du droit international et de la Convention de payer ces sommes et de se conformer pleinement aux arrêts de la Cour européenne.

En ce qui concerne l'affaire *Géorgie c. Russie (II)*, relative à diverses viola-

of the Convention in the context of the armed conflict between Georgia and Russia in August 2008, the Committee adopted an interim resolution in December 2023 noting that the deadline for the payment of just satisfaction expired on 28 July 2023. It urged the Russian authorities to pay the just satisfaction, together with the default interest accrued, without any further delay. Furthermore, the Committee exhorted again the authorities to thoroughly, independently, effectively and promptly investigate the serious crimes committed during the active phase of hostilities as well as during the period of occupation, so as to identify all those responsible for the purposes of bringing the perpetrators to justice. The Committee also firmly reiterated its profound concern about the inability of Georgian nationals to return to their homes in South Ossetia and Abkhazia. It again insisted that the Russian Federation, which has effective control over these regions, ensures without delay measures to prevent kidnapping, killing, torture or any other incident which impedes the free and safe movement of Georgian nationals and ensures the safe return of persons wishing to return to their homes.

The Committee also continued to examine the group of *Catan and Others v. Russia* concerning violations of the rights of children, parents and staff members of Latin-script schools located in the Transnistrian region of the Republic of Moldova during the periods 2002-2004 and 2013-2014, for which the Court had found the Russian Federation responsible due to its continued effective control and decisive influence. The Committee recalled that the measures for the execution of these judgments include the revocation of the "regulatory framework" at the origin of the violations, the return of the Latin-script schools to their former premises or to alternative suitable premises, and measures to eliminate the harassment and intimidation of the pupils, parents and staff members. The Committee strongly exhorted again the Russian authorities to pay the just satisfaction and the default interest accrued and to provide an action plan setting out their concrete proposals as regards the execution of these judgments without any further delay.

With regard to the *Mozer v. Russia* group of cases concerning various violations of the Convention, which took place in the Transnistrian region of the Republic of Moldova in the period between 1997 and 2016, and for which the Russian Federation was also found by the Court to incur responsibility due to its continued effective control and decisive influence, the Committee exhorted the Russian authorities to proceed with the payment of the amounts of just satisfaction awarded by the Court, along with the interest accrued, and to submit an action plan without further delay. In the absence of an action plan, the Committee instructed the Secretariat to prepare an analysis of the measures required for the execution of these judgments, in the light of the Court's findings and publicly available information concerning the current relevant factual circumstances.

In the context of *Cyprus v. Turkey,* the Committee, in its latest decision, acknowledged the progress that has been made as regards the measures taken to determine the fate of Greek Cypriot missing persons since the delivery of the judgment *Cyprus v. Turkey* on the merits on 10 May 2001, in particular the assistance provided by the Turkish authorities to the Committee on Missing Persons (CMP) and the work carried out by the Missing Persons Unit (MPU). Recalling the important

tions de la Convention dans le cadre du conflit armé entre la Géorgie et la Russie en août 2008, le Comité a adopté une résolution intérimaire en décembre 2023 notant que le délai pour le paiement de la satisfaction équitable a expiré le 28 juillet 2023. Il a exhorté les autorités russes à payer la satisfaction équitable, ainsi que les intérêts moratoires accumulés, sans plus tarder. En outre, le Comité a de nouveau exhorté les autorités à mener des enquêtes approfondies, indépendantes, effectives et rapides sur les graves crimes commis pendant la phase active des hostilités ainsi que pendant la période d'occupation, afin d'identifier tous les responsables et de les traduire en justice. Le Comité a également réitéré avec fermeté sa profonde préoccupation quant à l'impossibilité pour les ressortissants géorgiens de rentrer chez eux en Ossétie du Sud et en Abkhazie. Il a de nouveau insisté pour que la Fédération de Russie, qui exerce un contrôle effectif sur ces régions, prenne sans délai des mesures pour prévenir les enlèvements, les homicides, les actes de torture out tout autre incident qui entrave la circulation des ressortissants géorgiens en toute liberté et sécurité, et permette un retour en toute sécurité de toutes les personnes souhaitant retourner dans leur foyer.

Le Comité a également poursuivi l'examen du groupe Catan et autres c. Russie concernant les violations des droits des enfants, des parents et des membres du personnel des écoles à alphabet latin situées dans la région transnistrienne de la République de Moldova pendant les périodes 2002-2004 et 2013-2014, pour lesquelles la Cour a jugé la Fédération de Russie responsable en raison de son contrôle effectif continu et de son influence décisive. Le Comité a rappelé que les mesures d'exécution de ces arrêts comprennent la révocation du « cadre réglementaire » à l'origine des violations, la restitution aux écoles utilisant l'alphabet latin de leurs anciens locaux ou d'autres locaux adéquats aux fins du processus éducatif, et des mesures pour éliminer le harcèlement et l'intimidation à l'encontre des élèves, des parents et du personnel. Le Comité a de nouveau vivement exhorté les autorités russes à payer la satisfaction équitable et les intérêts moratoires courus et à fournir un plan d'action exposant leurs propositions concrètes en ce qui concerne l'exécution de ces arrêts sans plus tarder.

En ce qui concerne le groupe d'affaires *Mozer c. Russie* concernant diverses violations de la Convention qui ont eu lieu dans la région transnistrienne de la République de Moldova entre 1997 et 2016, et pour lesquelles la Cour a également estimé que la Fédération de Russie était responsable en raison du maintien de son contrôle effectif et de son influence décisive, le Comité a exhorté les autorités russes à procéder au paiement des montants de satisfaction équitable accordés par la Cour, ainsi que des intérêts moratoires courus, et à soumettre un plan d'action sans plus tarder. En l'absence de plan d'action, le Comité a chargé le Secrétariat de préparer une analyse des mesures requises pour l'exécution de ces arrêts, à la lumière des constats de la Cour et des informations publiquement disponibles concernant les circonstances factuelles actuelles pertinentes.

Dans le cadre de l'affaire *Chypre c. Turquie*, le Comité, dans sa dernière décision, a reconnu les progrès accomplis en ce qui concerne les mesures prises pour déterminer le sort des Chypriotes grecs disparus depuis le prononcé de l'arrêt *Chypre c. Turquie* sur le fond le 10 mai 2001, en particulier l'assistance fournie par les autorités turques au Comité des personnes disparues (CMP) et le travail effectué par l'Unité des personnes disparues (MPU). Rappelant les importantes questions humanitaires

humanitarian issues which arise in respect of the missing persons in Cyprus, the Committee reiterated its call on the Turkish authorities to continue to ensure that the CMP has unhindered access to all areas which could contain the remains of missing persons and to all relevant information on any places where remains might be found. The Committee also invited the Turkish authorities to ensure the continuation of the investigations conducted by the MPU and to submit to the Committee updated information as regards their assistance to the CMP and the work of the MPU. Lastly, the Committee deplored the absence of response to the Committee's interim resolution of 2021, by which it had strongly urged the Turkish authorities to abide by their unconditional obligation to pay the just satisfaction awarded by the European Court and strongly urged Türkiye to effect the payment of this sum, together with the default interest accrued, without further delay.

With regard to *Varnava and Others v. Turkey*, the Committee deplored again the absence of response to its interim resolution of 2022 concerning the absence of payment of the just satisfaction awarded by the European Court, and strongly urged Türkiye to effect the payment of this sum, together with the default interest accrued, without further delay.

As regards the examination of the *Xenides-Arestis v. Turkey* group of cases concerning the continuous denial of access to property in the northern part of Cyprus and the consequent loss of control thereof, the Committee adopted an interim resolution firmly reiterating its insistence on Türkiye's unconditional obligation to pay the just satisfaction awarded by the Court. It expressed profound concern that prolonged delays in fulfilling this obligation not only deprived the individual victims of compensation for the damages suffered by them but was also in flagrant disrespect of Türkiye's international obligations, both as a High Contracting Party to the Convention and as a member state of the Council of Europe. The Committee therefore exhorted the Turkish authorities to abide by their obligations and pay the just satisfaction, together with the default interest accrued, without further delay.

The *Kakoulli v. Turkey* and *Isaak v. Turkey* groups concern the excessive use of force or firearms by Turkish or Turkish-Cypriot military security forces in or along the UN buffer zone in Cyprus in 1996 and the lack of an effective and impartial investigation into these events. As regards general measures, the Committee, *inter alia,* noted with interest the information that no similar incidents involving the use of firearms by the military and the police have occurred since 1996, which was an indication of the positive impact of training and the amendment of secondary legislation concerning the use of firearms by the military, as well as an indication that the primary legislation concerning the police and the military has been applied in a manner which has not resulted in loss of life contrary to Article 2 of the Convention. The Committee moreover welcomed the Turkish authorities' willingness to continue their close co-operation with the Secretariat to clarify the outstanding questions regarding the individual measures, as well as those concerning the applicable legal frameworks on use of firearms by the military and the police and to examine whether further safeguards are required.

qui se posent en ce qui concerne les personnes disparues à Chypre, le Comité a réitéré son appel aux autorités turques pour qu'elles continuent à garantir au CMP un accès sans entrave à toutes les zones qui pourraient contenir les dépouilles de personnes disparues et à toute information pertinente sur les lieux où des dépouilles pourraient se trouver. Le Comité a également invité les autorités turques à assurer la poursuite des enquêtes menées par la MPU et à soumettre au Comité des informations actualisées concernant leur assistance au CMP et le travail de la MPU. Enfin, le Comité a déploré l'absence de réponse à sa résolution intérimaire de 2021, par laquelle il avait vivement encouragé les autorités turques à respecter leur obligation inconditionnelle de payer la satisfaction équitable accordée par la Cour européenne, et a vivement encouragé la Türkiye à effectuer le paiement de cette somme, ainsi que des intérêts moratoires courus, sans plus tarder.

En ce qui concerne l'affaire *Varnava et autres c. Turquie*, le Comité déplore à nouveau l'absence de réponse à sa résolution intérimaire de 2022 concernant l'absence de paiement de la satisfaction équitable accordée par la Cour européenne, et demande instamment à la Türkiye d'effectuer le paiement de cette somme, ainsi que des intérêts moratoires accumulés, sans plus tarder.

En ce qui concerne l'examen du groupe d'affaires *Xenides-Arestis c. Turquie* concernant le refus continu d'accès à la propriété dans la partie nord de Chypre et la perte d'usage qui en a résulté, le Comité a adopté une résolution intérimaire réitérant fermement son insistance sur l'obligation inconditionnelle de la Türkiye de payer la satisfaction équitable octroyée par la Cour. Il s'est déclaré profondément préoccupé par le fait que les retards prolongés dans l'exécution de cette obligation non seulement privaient les victimes individuelles d'une indemnisation pour les dommages qu'elles avaient subis, mais constituaient également un manque de respect flagrant des obligations internationales de la Türkiye, à la fois en tant que Haute Partie contractante à la Convention et en tant qu'État membre du Conseil de l'Europe. Le Comité a donc exhorté les autorités turques à se conformer à leurs obligations et à verser sans plus tarder la satisfaction équitable, ainsi que les intérêts moratoires courus.

Les groupes *Kakoulli c. Turquie* et *Isaak c. Turquie* concernent l'usage excessif de la force ou d'armes à feu par les forces de sécurité militaires turques ou chypriotes turques dans ou le long de la zone tampon des Nations Unies à Chypre en 1996 et l'absence d'enquête effective et impartiale sur ces événements. En ce qui concerne les mesures générales, le Comité a, inter alia, noté avec intérêt l'information selon laquelle aucun incident similaire impliquant l'utilisation d'armes à feu par les militaires et la police ne s'est produit depuis 1996, ce qui est une indication de l'impact positif des mesures de formation et de l'amendement des textes d'application concernant l'utilisation des armes à feu par l'armée, ainsi qu'une indication que la législation concernant la police et l'armée a été appliquée d'une manière qui n'a pas entraîné de pertes en vies humaines en méconnaissance de l'article 2 de la Convention. Le Comité s'est en outre félicité de la volonté des autorités turques de poursuivre leur étroite coopération avec le Secrétariat afin de clarifier les questions en suspens concernant les mesures individuelles, ainsi que celles concernant les cadres juridiques applicables à l'utilisation d'armes à feu par l'armée et la police, et d'examiner si des garanties supplémentaires sont nécessaires.

C. "Article 18" cases concerning abusive limitations of rights and freedoms

The role of Article 18 is to protect individuals from limitations of their rights through state actions, such as politically motivated prosecutions, which run against the spirit of the Convention. This type of violation is rarely found by the Court: only 25 violations of Article 18 have been found in the history of the Convention system. At the end of 2023, there were 17 such cases pending before the Committee of Ministers, concerning seven states:[9] Azerbaijan, Bulgaria, Georgia, Poland, the Russian Federation, Türkiye and Ukraine.[10] In accordance with the Committee of Ministers' usual practice, supported by the Court's reasoning in its two Article 46 § 4 judgments, the principle of *restitutio in integrum* requires in such cases that all the negative consequences of the abusive criminal/disciplinary proceedings be erased for the applicant.[11] Other required measures focus on the need to prevent a repetition of the abuse of power, either for the applicant or for others. Where the violation reveals a misuse of the criminal justice system, reforms to reinforce the independence of the judiciary and to shield the prosecuting authorities from political influence are necessary.

With regard to *Mammadli v. Azerbaijan* group, which was examined at each of the four Human Rights meetings in 2023, the Committee recalled its long-standing position that, having regard to the wrongful and abusive criminal proceedings instituted against the applicants, which were found to breach Article 18 of the Convention, the best possible way to ensure *restitutio in integrum* is to fully eliminate the negative consequences of the criminal proceedings against them, which were *a priori* devoid of any substance. The Committee therefore called on the authorities to urgently quash the remaining seven applicants' convictions, ensure their erasure from the criminal records and eliminate all other consequences of the criminal charges brought against them, including by fully restoring their civil and political rights. Since the European Court identified the root cause of the Article 18 violation as the lack of independence of the prosecuting authorities and the judiciary, general measures were required to reinforce the capacity of the judiciary to withstand external pressures and to operate independently and within the law. At its last decision adopted at the December 2023

---

9   At the end of 2022 there were 13 cases concerning six states pending before the Committee of Ministers.
10 *Mammadli* group of five cases *v. Azerbaijan*, *Democracy and Human Rights Resource Centre and Mustafayev v. Azerbaijan*, *Miroslava Todorova v. Bulgaria*, *Merabishvili v. Georgia*, *Juszczyszyn v. Poland*, *Navalnyy v. Russia*, *Navalnyy (No. 2) v. Russia*, *Kogan v. Russia*, *Kutayev v. Russia*, *Kavala v. Türkiye*, *Selahattin Demirtaş v. Turkey (No. 2)*, *Yüksekdağ Şenoğlu v. Türkiye*, and *Lutsenko v. Ukraine*.
11 This practice was confirmed in 2019 in the Court's Grand Chamber judgment in *Ilgar Mammadov v. Azerbaijan* (Article 46 § 4), Appl. No. 15172/13, judgment of 29 May 2019.

C. Affaires « article 18 » concernant des restrictions abusives des droits et libertés

Le rôle de l'article 18 est de protéger les individus contre les restrictions de leurs droits par des actions de l'État, telles que des poursuites à motivation politique, qui vont à l'encontre de l'esprit de la Convention. Ce type de violation est rarement constaté par la Cour : seules 25 violations de l'article 18 ont été constatées dans l'histoire du système de la Convention. À la fin de l'année 2023, 17 affaires de ce type étaient pendantes devant le Comité des Ministres, concernant sept États[9] : Azerbaïdjan, Bulgarie, Géorgie, Pologne, Fédération de Russie, Türkiye et Ukraine[10]. Conformément à la pratique habituelle du Comité des Ministres, soutenue par le raisonnement de la Cour dans ses deux arrêts relatifs à l'article 46 § 4, le principe de *restitutio in integrum* exige dans de telles affaires que toutes les conséquences négatives de la procédure pénale/disciplinaire abusive soient effacées pour le requérant[11]. Les autres mesures requises sont axées sur la nécessité de prévenir la répétition de l'abus de pouvoir, que ce soit pour le requérant ou pour d'autres personnes. Lorsque la violation révèle une utilisation abusive du système de justice pénale, des réformes sont nécessaires pour renforcer l'indépendance du pouvoir judiciaire et mettre les autorités chargées des poursuites à l'abri de toute influence politique.

S'agissant du groupe *Mammadli c. Azerbaïdjan*, qui a été examiné lors de chacune des quatre réunions Droits de l'Homme de 2023, le Comité a rappelé sa position de longue date selon laquelle, eu égard à la procédure pénale erronée et abusive engagée contre les requérants, qui a été jugée contraire à l'article 18 de la Convention, le meilleur moyen possible d'assurer la *restitutio in integrum* est d'éliminer pleinement les conséquences négatives de la procédure pénale engagée contre eux, qui était a priori dépourvue de toute substance. Le Comité a donc appelé les autorités à annuler d'urgence les condamnations des sept requérants restants, à veiller à ce qu'elles soient effacées de leur casier judiciaire et à éliminer toutes les autres conséquences des accusations pénales portées contre eux, y compris en les rétablissant pleinement dans leurs droits civils et politiques. La Cour européenne ayant identifié la cause première de la violation de l'article 18 comme étant le manque d'indépendance des autorités de poursuite et du pouvoir judiciaire, des mesures générales étaient nécessaires pour renforcer la capacité du pouvoir judiciaire à résister aux pressions extérieures et à fonctionner de manière indépendante et dans le respect de la loi. Dans sa dernière décision adoptée lors de sa réunion Droits de l'Homme de décembre 2023, le Comité a

---

9   À la fin de l'année 2022, 13 affaires concernant six États étaient pendantes devant le Comité des Ministres.

10 Groupe de cinq affaires *Mammadli c. Azerbaïdjan, Centre de ressources sur la démocratie et les droits de l'homme et Mustafayev c. Azerbaïdjan, Miroslava Todorova c. Bulgarie, Merabishvili c. Géorgie, Juszczyszyn c. Pologne, Navalnyy c. Russie, Navalnyy (n°2) c. Russie, Kogan c. Russie, Kutayev c. Russie, Kavala c. Türkiye, Selahattin Demirtaş c. Turquie (n°2), Yüksekdağ Şenoğlu c. Türkiye*, et *Lutsenko c. Ukraine*.

11 Cette pratique a été confirmée en 2019 dans l'arrêt de Grande Chambre de la Cour dans l'affaire *Ilgar Mammadov c. Azerbaïdjan* (article 46 § 4), requête n° 15172/13, arrêt du 29 mai 2019.

Human Rights meeting, the Committee recalled the positive measures[12] taken concerning the composition of the Judicial Legal Council. It encouraged the authorities to continue their efforts to ensure that the requirements of the Convention are respected by the prosecution authorities and that restrictions of the right to liberty are not imposed for purposes other than bringing an accused before a competent legal authority on reasonable suspicion of having committed an offence, as prescribed by Article 5 § 1 (c) of the Convention.

The Committee examined the *Miroslava Todorova v. Bulgaria* case for the first time at its June 2023 Human Rights meeting. It underlined that the nature of the Court's findings under Article 18 that disciplinary proceedings against a judge had been misused in abuse of power for ulterior purposes indicated the need for reinforced guarantees against undue influence on the Judicial Chamber of the Supreme Judicial Council (SJC). The Committee therefore invited the authorities to consider such measures, while taking into consideration the more general concerns expressed by other Council of Europe bodies over the composition of the Judicial Chamber of the SJC and division of powers between the SJC and the Inspectorate to the SJC. While noting as positive a development in the practice of the Supreme Administrative Court (SAC), the Committee invited the authorities to provide further examples of judicial practice allowing a thorough assessment of the modalities of examination of arguments concerning disciplinary sanctions of judges allegedly imposed in retaliation for the legitimate exercise of freedom of expression, and to clarify if the SAC can suspend the immediate implementation of a sanction also for reasons related to avoiding violations of Article 18 combined with Article 10.

The Committee also continued the examination of *Merabishvili v. Georgia*. During its last examination of the case in March 2023, it recalled the gravity of the findings of the Court under Article 18 and the ensuing indications as to the need to reinforce the independence of the prosecution authorities. It noted with interest the adoption of the draft constitutional amendments concerning the rules governing the appointment of the Prosecutor General in first reading at Parliament and called upon the authorities to accomplish the reform in a timely manner and in line with the Venice Commission's recommendations.

In December 2023, the Committee also examined the *Juszczyszyn v. Poland* case concerning a judge's suspension predominantly aiming to sanction and dissuade him from verifying the lawfulness of appointment of judges on recommendation of the reformed National Council of the Judiciary. The Committee underlined that the Court's findings under Article 18, in conjunction with Article 8, that the disciplinary proceedings against the applicant were misused for ulterior purposes, indicated the need for reinforced guarantees against undue influence on such proceedings. It called on the authorities to reflect on the necessity for a broader reform of the system of disciplinary liability of judges in Poland, limiting the influence of the executive on disciplinary proceedings against judges to prevent such misuse, while taking into account the more

---

12   See for more details, Part A.

rappelé les mesures positives prises[12] concernant la composition du Conseil supérieur de la magistrature. Il a encouragé les autorités à poursuivre leurs efforts pour s'assurer que les exigences de la Convention sont respectées par les autorités de poursuite et que des restrictions au droit à la liberté ne soient pas imposées à des fins autres que celle de traduire un accusé devant une autorité judiciaire compétente, sur la base de soupçons raisonnables qu'il a commis une infraction, comme le prescrit l'article 5 § 1 (c) de la Convention.

Le Comité a examiné l'affaire *Miroslava Todorova c. Bulgarie* pour la première fois lors de sa réunion Droits de l'Homme de juin 2023. Il a souligné que la nature des conclusions de la Cour au titre de l'article 18, selon lesquelles les procédures disciplinaires à l'encontre d'une juge ont été détournées dans le cadre d'un abus de pouvoir à des fins inavouées, indiquait la nécessité de renforcer les garanties contre toute influence indue sur la Chambre des Juges du Conseil supérieur de la magistrature (CSM). Le Comité a donc invité les autorités à envisager de telles mesures, tout en tenant compte des préoccupations plus générales exprimées par d'autres organes du Conseil de l'Europe concernant la composition de la Chambre des Juges du CSM et la répartition des pouvoirs entre le CSM et l'Inspectorat du CSM. Tout en notant comme positive une évolution dans la pratique de la Cour administrative suprême (CAS), le Comité a invité les autorités à fournir d'autres exemples de la pratique judiciaire nationale permettant une évaluation approfondie des modalités d'examen par la CAS des arguments concernant les sanctions disciplinaires des juges, prétendument imposées en représailles à l'exercice légitime de la liberté d'expression, et à préciser si la CAS peut suspendre l'application immédiate d'une sanction également pour des raisons liées à la prévention des violations de l'article 18 combiné à l'article 10.

Le Comité a également poursuivi l'examen de l'affaire *Merabishvili c. Géorgie*. Lors de son dernier examen de l'affaire en mars 2023, il a rappelé la gravité des conclusions de la Cour au titre de l'article 18 et les indications qui en découlent quant à la nécessité de renforcer l'indépendance des autorités de poursuites. Il a noté avec intérêt l'adoption en première lecture au Parlement du projet d'amendements constitutionnels concernant les règles régissant la nomination du Procureur général et a appelé les autorités à mener à bien la réforme en temps utile et conformément aux recommandations de la Commission de Venise.

En décembre 2023, le Comité a également examiné l'affaire *Juszczyszyn c. Pologne* concernant la suspension d'un juge visant principalement à le sanctionner et à le dissuader de vérifier la légalité de la nomination des juges sur recommandation du Conseil national de la magistrature réformé. Le Comité a souligné que les conclusions de la Cour au titre de l'article 18, en liaison avec l'article 8, selon lesquelles les procédures disciplinaires à l'encontre du requérant ont été détournées à des fins inavouées, indiquent la nécessité de renforcer les garanties contre toute influence indue sur ces procédures. Il a invité les autorités à réfléchir à la nécessité d'une réforme plus large du système de responsabilité disciplinaire des juges en Pologne, en limitant l'influence de l'exécutif sur les procédures disciplinaires à l'encontre des juges afin de prévenir de tels détournements, tout en tenant compte des préoccupations plus géné-

---

12   Pour plus de détails, voir la partie A.

general concerns expressed by other Council of Europe bodies.

The Committee examined the *Navalnyy v. Russia* and *Navanyy (no.2) v. Russia* cases at its June and December 2023 Human Rights meetings and recalled that the violations in this group reveal a profoundly alarming pattern of arbitrary and unjustified misuse of the criminal and administrative law to convict, detain and silence Mr Aleksey Navalnyy, with the ulterior purpose of suppressing political pluralism. It strongly condemned that Mr Aleksey Navalnyy was still in prison and exhorted the Russian authorities to ensure his immediate release, urging them also to ensure his free access to independent doctors and unimpeded visits from his lawyers. It further exhorted the Russian authorities to quash the relevant criminal convictions against the applicants and to erase their negative consequences. It also urged the Russian authorities to carry out an effective investigation into credible allegations of attempted murder, aggravated by the suspected use of substances prohibited by the Chemical Weapons Convention in the attack against Mr Aleksey Navalnyy. Finally, it further urged the Russian authorities to abide by their international law obligation and to take comprehensive measures to ensure judicial independence in the Russian Federation.

The *Kavala v. Turkey* case concerns the detention of the applicant without reasonable suspicion and for the ulterior purpose of silencing him and dissuading other human rights defenders. In July 2022, the Court issued a second judgment, finding under Article 46 § 4 that, in failing to release Mr Kavala, Türkiye had failed to fulfil its obligation to abide by the first judgment. This is the only case supervised by the Committee where the Court has found a violation of Article 46 § 4 and the required individual measures – principally, the applicant's release – have still not been taken. In 2023, the Committee continued examining the *Kavala* case at each of its regular (weekly) meetings and all four Human Rights meetings, and continued to strongly urge the Turkish authorities, including the judiciary, to ensure Mr Kavala's immediate release. The Committee also called on the Turkish authorities to engage in constructive and results-oriented dialogue, and repeatedly called on all member States, the Secretary General as well as other relevant Council of Europe bodies and Observer States to further intensify their high-level contacts with Türkiye. Steps were taken to strengthen such dialogue, including high-level technical meetings with the authorities, the appointment of a Liaison Group of Ambassadors to assist the Chair in engaging with the Turkish authorities, contacts with the authorities at the highest levels by consecutive Chairs of the Committee of Ministers, the participation of the Turkish Deputy Minister of Justice at the Committee of Ministers Human Rights meeting in September 2023, and the visit of the Secretary General to Türkiye on 13 November 2023. Nonetheless, on 28 September 2023, the Court of Cassation upheld the applicant's conviction for attempting to overthrow the government by force and sentence of aggravated life imprisonment, and the applicant remains in prison. The Committee has also been calling for general measures to improve the independence of the Turkish judiciary and has strongly urged the authorities to take all necessary

rales exprimées par d'autres organes du Conseil de l'Europe.

Le Comité a examiné les affaires *Navalnyy c. Russie* et *Navanyy (n°2) c. Russie* lors de ses réunions Droits de l'Homme de juin et décembre 2023 et a rappelé que les violations dans ce groupe révèlent un schéma profondément alarmant de détournement arbitraire et injustifié du droit pénal et administratif pour condamner, détenir et réduire au silence M. Aleksey Navalnyy, dans le but inavoué de supprimer le pluralisme politique. Il a condamné fermement le fait que M. Alexeï Navalnyy soit toujours en prison et exhorté les autorités russes à assurer sa libération immédiate, en les priant instamment de veiller à ce qu'il puisse consulter librement des médecins indépendants et recevoir sans entrave la visite de ses avocats. Il a également exhorté les autorités russes à annuler les condamnations pénales prononcées à l'encontre des requérants et à en effacer les conséquences négatives. Elle a également exhorté les autorités russes à mener une enquête effective sur les allégations crédibles de tentative de meurtre, aggravées par l'utilisation présumée de substances interdites par la Convention sur les armes chimiques lors de l'attaque contre M. Aleksey Navalnyy. Enfin, elle a exhorté les autorités russes à respecter leurs obligations en matière de droit international et à prendre des mesures globales pour garantir l'indépendance de la justice dans la Fédération de Russie.

L'affaire *Kavala c. Turquie* concerne la détention du requérant sans soupçon raisonnable et dans le but inavoué de le réduire au silence et de dissuader d'autres défenseurs des droits de l'homme. En juillet 2022, la Cour a rendu un deuxième arrêt, estimant, en vertu de l'article 46 § 4, qu'en ne libérant pas M. Kavala, la Türkiye avait manqué à son obligation de se conformer au premier arrêt. Il s'agit de la seule affaire surveillée par le Comité dans laquelle la Cour a conclu à une violation de l'article 46 § 4 et où les mesures individuelles requises – principalement la libération du requérant – n'ont toujours pas été prises. En 2023, le Comité a poursuivi l'examen de l'affaire *Kavala* lors de chacune de ses réunions ordinaires (hebdomadaires) et des quatre réunions Droits de l'Homme, et a continué d'exhorter vivement les autorités turques, y compris le pouvoir judiciaire, à assurer la libération immédiate de M. Kavala. Le Comité a également invité les autorités turques à s'engager dans un dialogue constructif et axé sur les résultats, et a demandé à plusieurs reprises à tous les États membres, à la Secrétaire Générale ainsi qu'aux autres organes compétents du Conseil de l'Europe et aux États observateurs d'intensifier encore leurs contacts à haut niveau avec la Türkiye. Des mesures ont été prises pour renforcer ce dialogue, notamment des réunions techniques de haut niveau avec les autorités, la nomination d'un groupe de liaison composé d'ambassadeurs chargés d'aider la Présidence à dialoguer avec les autorités turques, des contacts avec les autorités au plus haut niveau par les présidents consécutifs du Comité des Ministres, la participation du vice-ministre turc de la Justice à la réunion Droits de l'Homme du Comité des Ministres en septembre 2023, et la visite de la Secrétaire Générale en Türkiye le 13 novembre 2023. Néanmoins, le 28 septembre 2023, la Cour de cassation a confirmé la condamnation du requérant pour tentative de renversement du gouvernement par la force et la peine de réclusion à perpétuité aggravée, et le requérant demeure en prison. Le Comité a également demandé que des mesures générales soient prises pour améliorer l'indépendance du système judiciaire turc et a vivement encouragé les autorités à prendre toutes les mesures nécessaires,

measures, in particular by securing the structural independence of the Council of Judges and Prosecutors from the executive.

The Committee also examined the *Selahattin Demirtaş v. Turkey* (No. 2) case at its four Human Rights meetings in 2023. The *Yüksekdağ Şenoğlu and Others* case, which concerns the lifting of the applicants' parliamentary inviolability by the Constitutional amendment of 20 May 2016, and in which the Court found the same violations of the Convention as in the *Selahattin Demirtaş (No. 2)* judgment,[13] was also examined under this group by the Committee at its June, September and December 2023 Human Rights meetings. At its last examination of the group in December 2023, the Committee focused on the urgent individual measures in respect of the two applicants still in detention, namely Mr Demirtaş and Ms Yüksekdağ Şenoğlu and expressed its profound regret that they remain in detention despite the Court's findings and the Committee's previous decisions. It deplored, in this context, the length of time it is taking the Constitutional Court to reach a decision on Mr Demirtaş's application, and exhorted the authorities to take all possible steps to ensure that the Constitutional Court makes its determination concerning both applicants' ongoing detention in the shortest possible timeframe and with full regard to the Court's findings. The Committee also strongly urged the Turkish authorities, once again, to ensure the applicants' immediate release, in the case of Mr Demirtaş, for example by exploring alternative measures to detention, pending the completion of the proceedings they initiated before the Constitutional Court. As to general measures, at its September 2023 Human Rights meeting, the Committee reiterated their appeal to the authorities to take legislative or other measures to ensure that procedural safeguards in place for political speech of parliamentarians are effective in practice and afford the protection of immunity to those who defend a political viewpoint. In line with the spirit of the Reykjavík Principles of Democracy, the Committee invited the authorities to consider working in co-operation with the Council of Europe, and in particular the Venice Commission, to address the issues identified by the Court.

The Committee continued its examination of the *Lutsenko and Tymoshenko v. Ukraine* cases at its March 2023 Human Rights meeting. Considering that no further individual measures were required in either case given that both applicants had been released and fully rehabilitated and that all the negative consequences of the violations had been erased, it decided, without prejudice to the Committee's evaluation of the general measures, to close the examination of the *Tymoshenko* case. As to the general measures, the Committee, underlining the importance of effective safeguards shielding the prosecution service and individual prosecutors from undue political pressure, including in the arrangements for disciplinary proceedings, career management and prosecutorial self-governance, welcomed the re-introduction and resumption of the full operation of the prosecutorial self-governance and disciplinary bodies and the re-entry into force of the respective legal framework. The Committee further encouraged

---

13   Articles 10, 5 §§ 1 and 3, Article 3 of Protocol No. 1, and Article 18 in conjunction with Article 5.

notamment en garantissant l'indépendance structurelle du Conseil des juges et des procureurs par rapport à l'exécutif.

Le Comité a également examiné l'affaire *Selahattin Demirtaş c. Turquie (n° 2)* lors de ses quatre réunions Droits de l'Homme de 2023. L'affaire *Yüksekdağ Şenoğlu et autres*, qui concerne la levée de l'inviolabilité parlementaire des requérants par l'amendement constitutionnel du 20 mai 2016, et dans laquelle la Cour a conclu aux mêmes violations de la Convention que dans l'arrêt *Selahattin Demirtaş (n° 2)*[13], a également été examinée dans le cadre de ce groupe par le Comité lors de ses réunions Droits de l'Homme de juin, septembre et décembre 2023. Lors de son dernier examen du groupe en décembre 2023, le Comité s'est concentré sur les mesures individuelles urgentes concernant les deux requérants encore en détention, à savoir M. Demirtaş et Mme Yüksekdağ Şenoğlu, et a exprimé son profond regret qu'ils restent en détention malgré les conclusions de la Cour et les décisions antérieures du Comité. Il a déploré, dans ce contexte, le temps pris par la Cour constitutionnelle pour prendre une décision sur la requête de M. Demirtaş, et a exhorté les autorités à prendre toutes les mesures possibles pour s'assurer que la Cour constitutionnelle rende sa décision concernant le maintien en détention des deux requérants dans les plus brefs délais et en tenant pleinement compte des conclusions de la Cour. Le Comité a également demandé instamment aux autorités turques, une fois de plus, d'assurer la mise en liberté immédiate des requérants, dans le cas de M. Demirtaş, par exemple en explorant d'autres mesures que la détention dans l'attente de l'achèvement de leurs procédures devant la Cour constitutionnelle. En ce qui concerne les mesures générales, lors de sa réunion Droits de l'Homme de septembre 2023, le Comité a réitéré son appel aux autorités pour qu'elles prennent des mesures législatives ou autres afin de veiller à ce que les garanties procédurales en place pour le discours politique des parlementaires soient effectives en pratique et offrent la protection de l'immunité à ceux qui défendent un point de vue politique. Conformément à l'esprit des principes démocratiques de Reykjavík, le Comité a invité les autorités à envisager de travailler en coopération avec le Conseil de l'Europe, et en particulier avec la Commission de Venise, pour traiter les questions identifiées par la Cour.

Le Comité a poursuivi l'examen des affaires *Lutsenko et Tymoshenko c. Ukraine* lors de sa réunion Droits de l'Homme de mars 2023. Considérant qu'aucune autre mesure individuelle n'était nécessaire dans l'une ou l'autre affaire étant donné que les deux requérants avaient été libérés et pleinement réhabilités et que toutes les conséquences négatives des violations avaient été effacées, il a décidé, sans préjudice de l'évaluation par le Comité des mesures générales, de clore l'examen de l'affaire *Tymochenko*. En ce qui concerne les mesures générales, le Comité, soulignant l'importance de garanties effectives protégeant le ministère public dans son ensemble et les procureurs individuels contre toute pression politique indue, y compris dans les dispositions relatives aux procédures disciplinaires, à la gestion des carrières et à l'autonomie des procureurs, s'est félicité de la réintroduction et de la reprise du plein fonctionnement de l'autonomie des procureurs et des organes disciplinaires, ainsi que de la remise en vigueur du cadre juridique correspondant. Le Comité a également

---

13   Articles 10, 5 §§ 1 et 3, article 3 du Protocole n° 1, et article 18 combiné à l'article 5.

the authorities to continue their efforts to align the composition and practices of these bodies with Council of Europe standards and to ensure that all safeguards set forth by the legislation are fully applicable in practice.

D. Systemic, structural or complex problems and advances

D.1. Functioning of the judicial and criminal justice systems

Excessive length of judicial proceedings (and lack of effective domestic remedies)

In 2023, the Committee examined the *Gazsó v. Hungary* group and noted with satisfaction the consolidation of the general positive trend in the length of proceedings before domestic courts. It further noted with satisfaction the entry into force on 1 January 2022 of Act No. XCIV introducing a compensatory remedy for contentious civil proceedings and decided to end its supervision of this aspect of this group. Nevertheless, the Committee expressed serious concern about the lack of information on the outstanding administrative and criminal remedies and urged the authorities to provide a concrete timetable for the legislative process without further delay. Given that the new compensatory remedy is not applicable to non-contentious civil proceedings, it also asked the authorities to ensure that all kinds of civil proceedings falling under the scope of Article 6 of the Convention are covered by a remedy for excessively lengthy proceedings as required by the Convention and the Court's case-law.

In its examination of the *McFarlane v. Ireland* case, the Committee recalled that over the years, the Irish authorities have taken several important measures to tackle the substantive problem of excessively lengthy proceedings and noted with satisfaction their recent approval of a 14% increase in the number of judges. Nevertheless, the Committee reiterated its profound concern that almost 20 years since the Court first established a violation of Article 13 of the Convention the authorities have still not established an effective remedy. It therefore welcomed the significant progress made in that regard, noting that the Court Proceedings (Delays) Bill 2023 was steadily progressing through Parliament and strongly encouraged the authorities to continue to give the necessary priority to the legislative process so that an effective remedy is established and accessible without any further delay.

When examining the Polish group of cases[14] relating to the excessive length of criminal and civil proceedings as well as certain problems in the functioning of the domestic remedy, the Committee noted with interest recent and ongoing legislative amendments and called for the completion of work and adoption of draft amendments

---

14   This group includes the following precedent judgments: Bąk (No. 7870/04), Majewski (No. 52690/99), Rutkowski and Others (No. 72287/10).

encouragé les autorités à poursuivre leurs efforts pour aligner la composition et les pratiques de ces organes sur les normes du Conseil de l'Europe et à veiller à ce que toutes les garanties prévues par la législation soient pleinement applicables dans la pratique.

D. Problèmes et progrès systémiques, structurels ou complexes

D.1. Fonctionnement du système judiciaire et de la justice pénale

Durée excessive des procédures judiciaires (et absence de recours internes effectifs)

En 2023, le Comité a examiné le groupe *Gazsó c. Hongrie* et a noté avec satisfaction la consolidation de la tendance générale positive concernant la durée des procédures devant les tribunaux internes. Il a également noté avec satisfaction l'entrée en vigueur le 1er janvier 2022 de la loi n° XCIV introduisant un recours compensatoire pour les procédures civiles contentieuses et a décidé de mettre fin à sa surveillance de cet aspect de ce groupe. Néanmoins, le Comité a exprimé sa grave préoccupation quant au manque d'informations sur les recours administratifs et pénaux en suspens et a invité instamment les autorités à fournir sans plus tarder un calendrier concret pour le processus législatif. Étant donné que le nouveau recours compensatoire n'est pas applicable aux procédures civiles non contentieuses, il a également demandé aux autorités de veiller à ce que tous les types de procédures civiles relevant du champ d'application de l'article 6 de la Convention soient couverts par un recours au titre de durée excessive, comme l'exigent la Convention et la jurisprudence de la Cour.

Lors de l'examen de l'affaire *McFarlane c. Irlande*, le Comité a rappelé qu'un certain nombre de mesures importantes ont été prises au fil des ans par les autorités irlandaises pour s'attaquer au problème de fond de la durée excessive des procédures et a noté avec satisfaction qu'elles ont récemment approuvé une augmentation de 14 % du nombre de juges. Néanmoins, le Comité a réitéré sa profonde préoccupation quant au fait que les autorités n'ont pas encore mis en place un recours effectif, bien que presque 20 années se soient écoulées depuis que la Cour a établi pour la première fois une violation de l'article 13 de la Convention. Il s'est donc félicité des progrès significatifs réalisés à cet égard, notant que le projet de loi 2023 sur les procédures judiciaires (retards) (*Court Proceedings (Delays) Bill*) progressait régulièrement devant le Parlement, et a vivement encouragé les autorités à continuer d'accorder la priorité nécessaire au processus législatif afin de garantir la mise en place, sans plus de retard, d'un recours effectif et accessible.

Lors de l'examen du groupe d'affaires polonaises[14] concernant la durée excessive des procédures pénales et civiles ainsi que certains problèmes dans le fonctionnement du recours interne, le Comité a noté avec intérêt les modifications législatives récentes et en cours et a appelé à achever les travaux et à adopter le projet d'amen-

---

14 Ce groupe comprend les arrêts de référence suivants : *Bąk* (n° 7870/04), *Majewski* (n° 52690/99), *Rutkowski et autres* (n° 72287/10).

to the Law on the Common Courts to reform the system of courts' experts. It noted with concern the absence of a global strategy to improve the efficiency of the justice system in Poland and urged the authorities to provide a comprehensive assessment on the impact of measures that had already been implemented, together with conclusions as to the need for further reforms. The Committee also asked for information on the number of judges effectively adjudicating, including on the current number of vacant positions and of judges seconded to perform administrative tasks (as well as auxiliary staff) to allow an assessment of the available resources of the judiciary. The Committee also requested information on the functioning of the domestic remedy and its monitoring at the domestic level, as well as measures to address the problem of the lack of an effective remedy aimed at contesting the length of judicial proceedings which are stayed, pending examination of a legal question by the Constitutional Court.

In the *Jevremović group v. Serbia,* the Committee noted with satisfaction the adoption of several measures (the 2022 Action Plan for the implementation of the National Judicial Reform Strategy 2021-2025, the Strategy of Human Resources in the Judiciary for the period 2022-2026, with the accompanying Action Plan, and the full implementation of Case Weighting Formula in all the courts). It also noted with interest statistics indicating clear improvements in some areas, such as a significant decrease of disposition time before the basic courts, a continued increase in the number of completed backlog cases and a general decrease in the total number of backlog cases. The Committee was however concerned by the increase of disposition times in cases before the higher courts, and a general increase in new backlog cases. It therefore invited the authorities to make use of the Backlog Reduction Tool adopted by European Commission for the Efficiency of Justice in June 2023. It further urged the authorities to adopt the new Civil Procedure Act, and to provide further details as to the measures to increase the use of alternative dispute resolution mechanisms. Finally, the Committee called on the authorities to provide a plan for resolving the problem of inadequate compensation awarded by the national courts as a matter of priority.

The structural problems revealed in the *Merit v. Ukraine* group have been pending before the Committee of Ministers since 2004. While acknowledging the difficulties faced by the Ukrainian authorities in the context of the continued aggression of the Russian Federation, the Committee encouraged them to demonstrate firm political will and continue to give the necessary priority to ensuring efficient administration of justice. It noted the ongoing judicial reforms, the legislative, institutional, and practical measures underway to reduce the length of civil and criminal proceedings, the continued work of the Supreme Court in the manual collection of statistical data and the positive trends on length of proceedings. The Committee nevertheless regretted the absence of electronic tools for systematic data collection on length of civil and criminal proceedings which would enable both the authorities and the Committee to assess the impact of the substantive measures taken so far. The Committee was deeply concerned about the levels of staffing and financing of the judiciary and called on the Ukrainian authorities to show strong and firm commitment to ensure that the new

dements à la loi sur les tribunaux ordinaires visant à réformer le système des experts judiciaires. Il a noté avec préoccupation l'absence de stratégie globale visant à améliorer l'efficacité du système judiciaire en Pologne et a invité les autorités à fournir une évaluation complète de l'impact des mesures déjà mises en œuvre, ainsi que leurs conclusions quant à la nécessité de nouvelles réformes. Le Comité a également demandé des informations sur le nombre de juges qui statuent effectivement, y compris sur le nombre actuel de postes vacants et de juges détachés pour effectuer des tâches administratives (ainsi que sur le nombre d'agents auxiliaires) afin de permettre une évaluation des ressources disponibles du système judiciaire. Le Comité a également demandé des informations sur le fonctionnement du recours interne et son suivi au niveau national, ainsi que sur les mesures visant à résoudre le problème de l'absence de recours effectif permettant de contester la durée des procédures judiciaires suspendues dans l'attente de l'examen d'une question juridique par la Cour constitutionnelle.

Dans le groupe *Jevremović c. Serbie*, le Comité a noté avec satisfaction l'adoption de plusieurs mesures (le plan d'action de 2022 sur la mise en œuvre de la stratégie nationale de réforme judiciaire pour 2021-2025, la stratégie des ressources humaines dans le système judiciaire pour la période 2022-2026, accompagnée d'un plan d'action, et la mise en œuvre complète de la formule de pondération des affaires dans toutes les juridictions). Il a également pris note avec intérêt des statistiques indiquant de nettes améliorations dans certains domaines, telles qu'une réduction significative des délais de jugement devant les juridictions de première instance, une augmentation continue du nombre d'affaires en arriéré clôturées et une diminution générale du nombre total d'affaires en arriéré. Le Comité s'est toutefois dit préoccupé par l'allongement des délais de jugement devant les juridictions supérieures et de l'augmentation générale du nombre de nouvelles affaires en arriéré. Il a donc invité les autorités à utiliser l'outil de réduction de l'arriéré adopté par la Commission européenne pour l'efficacité de la justice en juin 2023. Il a en outre invité les autorités à adopter la nouvelle loi sur la procédure civile et à fournir des précisions sur les mesures visant à accroître le recours aux mécanismes alternatifs de résolution des litiges. Enfin, le Comité a invité les autorités à fournir en priorité un plan pour résoudre le problème de l'insuffisance des indemnités accordées par les tribunaux nationaux.

Les problèmes structurels révélés dans l'affaire *Merit c. Ukraine* sont pendants devant le Comité des Ministres depuis 2004. Tout en reconnaissant les difficultés rencontrées par les autorités ukrainiennes dans le contexte de l'agression continue de la Fédération de Russie, le Comité les a encouragées à faire preuve d'une volonté politique ferme et à continuer d'accorder la priorité nécessaire à l'efficacité de l'administration de la justice. Il a noté les réformes judiciaires en cours, les mesures législatives, institutionnelles et pratiques visant à réduire la durée des procédures civiles et pénales, le travail continu de la Cour suprême dans la collecte manuelle de données statistiques et de l'évolution positive de la durée des procédures. Le Comité a néanmoins regretté l'absence d'outils électroniques pour la collecte systématique de données sur la durée des procédures civiles et pénales, qui permettraient aux autorités et au Comité d'évaluer l'impact des mesures de fond prises jusqu'à présent. Le Comité s'est dit profondément préoccupé par les niveaux d'effectifs et de financement du pouvoir judiciaire et invite les autorités ukrainiennes à faire preuve d'un engagement fort

judicial appointments are in line with the core principles of institutional and structural independence of the judiciary. Finally, the Committee exhorted the Ukrainian authorities to give the necessary priority to the strategy for establishment of a remedy (or a combination of remedies) covering all types of judicial proceedings in line with Convention principles.

Non-enforcement or delayed enforcement of domestic judgments

The Committee examined the case *Sharxhi and Others v. Albania* twice in 2023, concerning in particular the demolition of flats and business premises in an Albanian coastal town in disregard of an interim court order restraining the authorities from taking any action that could breach property rights. In December 2023, it adopted an interim resolution in respect of the individual measures, in which it expressed deep concern at the prolonged failure of the authorities for over five years to secure payment of the just satisfaction awarded by the Court and exhorted them to take, as a matter of urgency, all necessary action to ensure full payment. As to the general measures, it noted that targeted awareness raising and training measures appeared crucial to prevent future similar violations and strongly encouraged the authorities to further their plans for organising training, also envisaged within the framework of the European Union/Council of Europe project "Improving the protection of the right to property and facilitating execution of European Court of Human Rights judgments in Albania (D-REX III)". Recalling that the individual constitutional complaint was considered in 2022 by the European Court to be effective in principle in respect of all complaints alleging any breach of rights protected by the Convention, the Committee asked for clarifications on the concrete redress that that complaint and the remedy against lengthy enforcement proceedings could provide in situations of disregard of an interim court order.

When examining the *Lyubomir Popov v. Bulgaria* group, the Committee recalled that most cases concern unjustified delays in complying with decisions recognising the applicants' rights to restitution or compensation in respect of agricultural land or forests collectivised during the communist era, and urged the authorities to take decisive steps to complete the restitution procedures that are still pending. The Committee noted that the present judgments and other sources reveal lengthy periods of inactivity on the part of the competent authorities and strongly encouraged the consideration of additional measures, such as enhanced training of officials or increase of staff. It encouraged the adoption of recently elaborated legislative amendments to finalise the restitution in preserved or traceable old boundaries *ex officio*. The Committee welcomed the fact that in 15 out of 28 regions there are no pending procedures and urged the authorities to make a thorough inventory of the still pending procedures in at least 11 regions. The Committee also requested more detailed information on the functioning of the preventive remedies regarding specifically requests to ensure

et ferme pour veiller à ce que les nouvelles nominations de juges soient conformes aux principes fondamentaux de l'indépendance institutionnelle et structurelle du pouvoir judiciaire. Enfin, le Comité a exhorté les autorités ukrainiennes à accorder la priorité nécessaire à la stratégie de mise en place d'un recours (ou d'une combinaison de recours) couvrant tous les types de procédures judiciaires, conformément aux principes de la Convention.

Non-exécution ou exécution tardive des décisions de justice nationales

Le Comité a examiné l'affaire *Sharxhi et autres c. Albanie* à deux reprises en 2023, concernant notamment la démolition d'appartements et de locaux commerciaux dans une ville côtière albanaise, au mépris d'une mesure provisoire de la Cour interdisant aux autorités de prendre toute mesure susceptible de porter atteinte aux droits de propriété. En décembre 2023, le Comité a adopté une résolution intérimaire concernant les mesures individuelles, dans laquelle il s'est déclaré profondément préoccupé par l'incapacité prolongée des autorités, depuis plus de cinq ans, à assurer le paiement de la satisfaction équitable octroyée par la Cour et les a exhortées à prendre d'urgence toutes les mesures nécessaires en vue d'assurer le paiement intégral. En ce qui concerne les mesures générales, il a noté que des mesures ciblées de sensibilisation et de formation semblent cruciales pour prévenir de futures violations similaires et a vivement encouragé les autorités à poursuivre leurs projets d'organisation de formations, également envisagés dans le cadre du projet Union européenne/Conseil de l'Europe « Améliorer la protection du droit de propriété et faciliter l'exécution des arrêts de la Cour européenne des droits de l'homme en Albanie (D-REX III) ». Rappelant que la plainte constitutionnelle individuelle a été considéré en 2022 par la Cour européenne comme effective en principe pour les griefs alléguant une violation des droits protégés par la Convention, il a demandé des éclaircissements sur la réparation concrète que la plainte constitutionnelle et le recours contre la durée des procédures d'exécution pourraient apporter dans les situations de non-respect d'une ordonnance provisoire d'un tribunal.

Lors de l'examen du groupe *Lyubomir Popov c. Bulgarie*, le Comité a rappelé que la plupart de ces affaires concernent des retards injustifiés dans l'exécution de décisions reconnaissant les droits des requérants à la restitution ou à l'indemnisation des terres agricoles ou des forêts collectivisées à l'époque communiste, et a invité instamment les autorités à prendre des mesures décisives pour mener à bien les procédures de restitution encore en cours. Le Comité a noté que ces arrêts et d'autres sources révèlent de longues périodes d'inactivité de la part des autorités compétentes et les a vivement encouragées à envisager d'autres mesures, telles qu'une meilleure formation des fonctionnaires ou une augmentation du personnel. Il a salué les amendements législatifs récemment élaborés pour finaliser la restitution dans les anciennes limites conservées ou traçables d'office. Le Comité a salué le fait que dans 15 régions sur 28, il n'y a pas de procédures en cours et a invité les autorités à dresser un inventaire complet des procédures encore en cours dans au moins 11 régions. Le Comité a également demandé des informations plus détaillées sur le fonctionnement des recours préventifs concernant spécifiquement les demandes visant à garantir l'achèvement

timely completion of restitution procedures and the compensatory remedy for delayed restitution.

The Committee also examined the *Beka Koulocheri v. Greece* group, which concerns non-compliance by the local and regional authorities with final domestic judgments ordering the lifting of land expropriation orders. The Committee welcomed the adoption of a law providing for the automatic lifting of expropriation from certain properties, as well as the abolishment of the legislation placing the burden on landowners to provide technical documents on urban planning.[15]

The *S.C. Polyinvest S.R.L. and Others v. Romania* cases[16] concern the state's responsibility for the non-implementation of domestic court decisions or arbitral awards ordering state-controlled companies to pay various amounts to the applicants. When examining these cases, the Committee deplored that the domestic court decisions and arbitral awards at issue remain unenforced and reiterated the heightened concerns about the prolonged failure by the authorities to secure *restitutio in integrum* to the applicants, by paying from state funds, all the sums due, granted in the domestic court decisions or arbitral awards, with default interest up to the date of the payment. The Committee also deeply regretted that, despite its numerous and urgent calls and the steps more recently taken at the highest level of government to this end, the applicants' situation has still not been settled. The Committee invited the Secretary General to raise the issue of the payments due in these cases in her contacts with the Romanian authorities, calling on them to urgently take the measures necessary in order to provide *restitutio in integrum* to these applicants without any further delay.

In the same *Săcăleanu* group *v. Romania*, the Committee noted most recently with interest, as regards *S.C. Polyinvest S.A.* and eight similar applications, that following the Committee's invitation at its September 2023 examination, the Secretary General had raised the question of execution in her contacts with the Romanian authorities. The Committee noted with satisfaction that the regulatory amendments deemed necessary by the authorities to enable payments to be made were enacted, and called on the authorities to proceed to the payments, without any further delay. As to general measures, the Committee restated its strong support to the process initiated by the authorities in 2016 to introduce safeguards and mechanisms to guarantee voluntary and timely implementation of pecuniary and non-pecuniary awards by the state. It further restated its calls for intensified efforts to complete this process and to address the issues linked to the state's responsibility for the non-implementation of pecuniary awards against state-controlled companies. The Committee took note of the establishment of an office tasked with ensuring the execution of these judgments and reiterated its request for details on its mandate. Regretting the lack of a full and

---

15 Further details can be found under Part A above.
16 These cases are part of a wider group of cases, i.e. the *Săcăleanu v. Romania* group (No. 73970/01).

en temps voulu des procédures de restitution et le recours compensatoire en cas de restitution tardive.

Le Comité a également examiné le groupe *Beka Kouloсheri c. Grèce*, qui concerne le non-respect par les autorités locales et régionales de jugements nationaux définitifs ordonnant la levée d'ordonnances d'expropriation foncière. Le Comité s'est félicité de l'adoption d'une loi prévoyant la levée automatique de l'expropriation de certaines propriétés, ainsi que de l'abolition de la législation imposant aux propriétaires fonciers de fournir des documents techniques sur l'urbanisme[15].

Les affaires *S.C. Polyinvest S.R.L. et autres c. Roumanie*[16] concernent la responsabilité de l'État dans la non-exécution de décisions de justice nationales ou de sentences arbitrales ordonnant à des sociétés contrôlées par l'État de verser diverses sommes aux requérants. Lors de l'examen de ces affaires, le Comité a déploré que les décisions des tribunaux nationaux et les sentences arbitrales en question n'aient pas été exécutées et a réitéré ses vives inquiétudes quant à l'incapacité prolongée des autorités à garantir la *restitutio in integrum* aux requérants, en payant sur les fonds publics toutes les sommes dues accordées par les décisions de justice ou les sentences arbitrales, avec des intérêts de retard jusqu'à la date du paiement. Le Comité a regretté également vivement que, malgré ses nombreux appels urgents et les mesures prises plus récemment au plus haut niveau de l'État à cette fin, la situation des requérants n'ait toujours pas été réglée. Le Comité a invité la Secrétaire Générale à soulever la question des paiements dus dans ces affaires lors de ses contacts avec les autorités roumaines, en leur demandant de prendre d'urgence les mesures nécessaires pour assurer la *restitutio in integrum* à ces requérants sans plus tarder.

Dans le cadre du même groupe *Săcăleanu c. Roumanie*, le Comité a noté tout récemment avec intérêt, en ce qui concerne *S.C. Polyinvest S.A.* et huit affaires similaires, qu'à la suite de l'invitation du Comité lors de son examen de septembre 2023, la Secrétaire générale a soulevé la question de l'exécution lors de ses contacts avec les autorités roumaines. Le Comité a noté avec satisfaction que les modifications réglementaires jugées nécessaires par les autorités pour permettre les paiements ont été adoptées et les a invitées à procéder aux paiements sans plus de retard. En ce qui concerne les mesures générales, le Comité a réitéré son ferme soutien au processus initié par les autorités en 2016 pour introduire des garanties et des mécanismes pour veiller à l'exécution volontaire et en temps utile des décisions de justice portant condamnation pécuniaires et/ou non pécuniaire par l'État. Il a par ailleurs réitéré son appel à intensifier les efforts pour mener à bien ce processus et pour résoudre les questions concernant la responsabilité de l'État dans la non-exécution des décisions de justice portant condamnations pécuniaires contre des sociétés contrôlées par l'État. Le Comité a pris note de la création d'un bureau chargé d'assurer l'exécution de ces arrêts et a réitéré sa demande de fournir des précisions sur son mandat. Regrettant l'absence de réponse complète et décisive à ses appels, il a invité les autorités à enga-

---

15   De plus amples informations sont disponibles dans la partie *A. Principales avancées* ci-dessus.

16   Ces affaires font partie d'un groupe plus large d'affaires, à savoir le groupe *Săcăleanu c. Roumanie* (n° 73970/01).

decisive response to the Committee's calls, it called upon the authorities to engage, as announced, in consultations with the Secretariat on the precise measures still required in order to comply fully with the European Court's judgments in these cases.

In the *R. Kačapor and Others* group *v. Serbia,* concerning non-enforcement or delayed enforcement of judicial decisions given against socially/state-owned companies, the Committee welcomed the consultations which took place in May 2023 between the Secretariat and the Serbian authorities and the authorities' decision to pursue the adoption of a comprehensive solution for execution of this group, in particular the establishment of a working group for the preparation of a repayment scheme for judicial decisions against socially-owned/state companies in respect of salary arrears. It noted with interest the adoption by the Parliament, on 26 October 2023, of the amendments to the 2015 Law on Protection of Right to a Trial within a Reasonable Time and encouraged the authorities to consider taking additional measures to strengthen the capacities of the Constitutional Court in dealing with these cases, and to adopt the necessary by-laws.

The Committee welcomed the presence of the Deputy Minister of Justice of Ukraine at the examination of *Yuriy Nikolayevich Ivanov*, *Zhovner* group and *Burmych and Others v. Ukraine* during the September 2023 Human Rights meeting. Acknowledging the extreme difficulties faced by the Ukrainian authorities in the context of the continued aggression of the Russian Federation and their negative impact on the execution of the European Court and domestic judgments, the Committee welcomed the authorities' efforts to ensure the operation of the justice system, notably by ensuring implementation of final and binding judicial decisions without undue delays. It nevertheless expressed grave concern that the current enforcement rate for all types of domestic judgments appeared to be near zero and reiterated its call on the authorities to adopt a complete package of legislative and institutional measures to address all the root causes of this problem. To that end, it strongly encouraged co-operation with the Council of Europe and other international partners, notably the European Union. The Committee encouraged the government and the Verkhovna Rada to complete the review of social legislation and ensure that all legislative proposals to create new budgetary allocations have adequate funding provision. It also underlined the importance of lifting legislative prohibitions, in particular moratoriums, which block the enforcement of judgments, and reiterated that the proceedings before the Constitutional Court related to the constitutionality of the laws on moratoriums provide an important opportunity for a full examination of their compatibility with the Convention. Finally, the Committee strongly encouraged the authorities to establish a data collection system regarding the enforcement of pending and future judgments against the state and state-controlled entities which is essential to determine the extent of the problem and the scale of the measures required.

Access to a fair trial, independence and impartiality of the judicial system

The group of cases *Group of International Bank for Commerce and Development*

ger, comme annoncé, des consultations avec le Secrétariat sur les mesures précises encore nécessaires pour se conformer pleinement aux arrêts de la Cour européenne dans ces affaires.

Dans l'affaire *R. Kačapor et autres c. Serbie*, concernant la non-exécution ou l'exécution tardive de décisions judiciaires rendues contre des entreprises appartenant à la collectivité/à l'État, le Comité s'est félicité des consultations qui ont eu lieu en mai 2023 entre le Secrétariat et les autorités serbes et de la décision des autorités de poursuivre l'adoption d'une solution globale pour l'exécution de ce groupe d'arrêts, en particulier la mise en place d'un groupe de travail pour la préparation d'un plan de remboursement des décisions judiciaires rendues à l'encontre d'entreprises appartenant à la collectivité/à l'État en ce qui concerne les arriérés de salaires. Il a noté avec intérêt l'adoption par le Parlement, le 26 octobre 2023, des amendements à la loi de 2015 sur la protection du droit à un procès dans un délai raisonnable et a encouragé les autorités à envisager de prendre des mesures supplémentaires pour renforcer les capacités de la Cour constitutionnelle à traiter ces affaires, et à adopter les lois nécessaires.

Le Comité s'est félicité de la présence du vice-ministre de la Justice d'Ukraine lors de l'examen de l'affaire *Yuriy Nikolayevich Ivanov*, du groupe *Zhovner* et de l'affaire *Burmych et autres c. Ukraine*, au cours de sa réunion Droits de l'Homme de septembre 2023. Reconnaissant les difficultés extrêmes auxquelles sont confrontées les autorités ukrainiennes dans le contexte de l'agression continue de la Fédération de Russie et leur impact négatif sur l'exécution des arrêts de la Cour européenne et des décisions nationales, le Comité s'est félicité des efforts des autorités pour veiller au fonctionnement du système judiciaire, notamment en assurant la mise en œuvre des décisions judiciaires définitives et contraignantes sans retards injustifiés. Il a néanmoins exprimé sa profonde préoccupation quant au fait que le taux actuel d'exécution de tous les types de décisions judiciaires internes apparaît proche de zéro et a réitéré son appel aux autorités pour qu'elles adoptent un ensemble complet de mesures législatives et institutionnelles afin de remédier à toutes les causes profondes de ce problème. À cette fin, il a vivement encouragé la coopération avec le Conseil de l'Europe et d'autres partenaires internationaux, notamment l'Union européenne. Le Comité a encouragé le gouvernement et la Verkhovna Rada à achever la révision des législations sociales et à veiller à ce que toutes les propositions législatives visant à créer de nouvelles allocations budgétaires soient accompagnées d'un financement adéquat. Il a également souligné l'importance de lever les interdictions législatives, en particulier les moratoires qui bloquent l'exécution des décisions de justice et a rappelé que les procédures devant la Cour constitutionnelle relatives à la constitutionnalité des lois sur les moratoires offrent une occasion importante d'examiner en détail leur compatibilité avec la Convention. Enfin, le Comité a vivement encouragé les autorités à mettre en place un système de collecte de données concernant l'exécution des décisions pendantes et futures contre l'État et des entités contrôlées par l'État, qui est essentiel pour déterminer l'étendue du problème et l'ampleur des mesures nécessaires.

Accès à un procès équitable, indépendance et impartialité du système judiciaire

Le groupe d'affaires *Banque internationale pour le commerce et le développe-

AD and Others v. Bulgaria, mainly concerns the lack of possibility for the applicant banks to seek and obtain proper judicial review of a decision to withdraw their banking licences and lack of proper representation in the context of insolvency proceedings, as well as the prosecutor's decisions affecting the bank's management which lacked safeguards against arbitrariness in one of the cases. During its examination of the case, the Committee noted with satisfaction that, as a result of Bulgaria's accession to the Single Supervisory Mechanism, in the future the examination of any appeal against a withdrawal of a banking licence will take place before the Court of Justice of the European Union whose case law ensures Convention-compliant examination. The Committee encouraged the authorities to pursue their legislative work to allow a bank to be represented in insolvency proceedings by its management. Finally, the Committee invited the authorities to provide information on the outcome of the parliamentary process concerning proposed amendments of the Constitution related to the powers of the prosecutors' office outside the criminal law sphere (i.e. competence to take measures affecting the management of a bank).

In *Baka v. Hungary*, concerning the undue and premature termination of the applicant's mandate as President of the Supreme Court through *ad hominem* legislative acts beyond judicial control, prompted by the applicant's views and criticisms expressed on reforms affecting the judiciary and thus exerting a "chilling effect" on the freedom of expression of other judges and court presidents, the Committee strongly exhorted the authorities to introduce measures to ensure that a decision to remove the President of the *Kúria* is subject to effective oversight by an independent judicial body. The Committee further exhorted the authorities to provide an evaluation of the domestic legislation on the status of judges and the administration of courts, including an analysis of the impact of all legislative and other measures on judges' freedom of expression, and to present their conclusions to the Committee for a full assessment of whether the "chilling effect" has been abated. The Committee is still waiting for information about the developments in the proceedings before the Constitutional Court initiated by the President of the *Kúria* in respect of the new Code of Ethics for Judges.

Successive judicial reforms undermining the independence of the judiciary in Poland resulted in several infringements of the Convention under the examination of the Committee: of the right to a tribunal established by law, as the applicants' cases were examined by judges appointed after March 2018 in various chambers in the Supreme Court in a deficient procedure involving the National Council of the Judiciary ("NCJ") which lacked independence (*Reczkowicz* group); the premature termination of the applicants' term of office as vice-presidents of a regional court on the basis of temporary legislation (*Broda and Bojara*); or premature *ex lege* termination of the applicant's mandate as judicial member of the NCJ without any possibility of judicial review (*Grzęda*). In an interim resolution, concerning the *Reczkowicz* group and *Broda and Bojara* case, the Committee underlined once again the unconditional obligation that Poland has under Article 46 of the Convention to abide by the Court's final

ment *AD et autres c. Bulgarie* concerne principalement l'absence de possibilité pour les banques requérantes de demander et d'obtenir un contrôle judiciaire approprié d'une décision de révoquer leur licence bancaire et l'absence de représentation appropriée dans le cadre d'une procédure d'insolvabilité, ainsi que les décisions du procureur affectant la gestion de la banque, qui ne comportaient pas de garanties contre l'arbitraire dans l'une des affaires. Au cours de son examen de l'affaire, le Comité a noté avec satisfaction que, suite à l'adhésion de la Bulgarie au mécanisme de surveillance unique, l'examen de tout recours contre une révocation de licence bancaire se fera à l'avenir devant la Cour de justice de l'Union européenne, dont la jurisprudence garantit un examen conforme à la Convention. Le Comité a encouragé les autorités à poursuivre leur travail législatif pour permettre à une banque d'être représentée par sa direction dans une procédure d'insolvabilité. Enfin, le Comité a invité les autorités à fournir des informations sur les résultats du processus parlementaire concernant les amendements proposés à la Constitution, relatifs aux pouvoirs du ministère public en dehors de la sphère du droit pénal (c'est-à-dire la compétence de prendre des mesures affectant la gestion d'une banque).

Dans l'affaire *Baka c. Hongrie*, concernant la cessation indue et prématurée du mandat du requérant en tant que Président de la Cour suprême par des mesures législatives ad hominem échappant au contrôle judiciaire, en réponse aux opinions et aux critiques exprimées par le requérant sur les réformes concernant le système judiciaire et exerçant ainsi un « effet dissuasif » sur la liberté d'expression des autres juges et présidents de juridictions, le Comité a fermement exhorté les autorités à introduire les mesures requises afin qu'une décision de destitution du président de la Kúria fasse l'objet d'un contrôle effectif par un organe judiciaire indépendant. Le Comité a exhorté les autorités à procéder à une évaluation de la législation nationale sur le statut des juges et l'administration des tribunaux, y compris une analyse de l'impact de toutes les mesures législatives et autres sur la liberté d'expression des juges, et à présenter leurs conclusions au Comité pour évaluer si les préoccupations concernant « l'effet dissuasif » ont été dissipées. Le Comité attend toujours des informations sur les développements de la procédure devant la Cour constitutionnelle initiée par le Président de la Kúria en ce qui concerne le nouveau Code de déontologie des magistrats.

Les réformes judiciaires successives portant atteinte à l'indépendance du pouvoir judiciaire en Pologne ont entraîné plusieurs violations de la Convention examinées par le Comité : du droit à un tribunal établi par la loi, les affaires des requérants ayant été examinées par des juges nommés après mars 2018 dans différentes chambres de la Cour suprême dans le cadre d'une procédure déficiente impliquant le Conseil national de la magistrature (CNM) qui manquait d'indépendance (groupe *Reczkowicz*) ; la cessation prématurée du mandat des requérants en tant que vice-présidents d'un tribunal régional sur la base d'une législation temporaire (*Broda et Bojara*) ; ou la cessation prématurée *ex lege* du mandat du requérant en tant que membre judiciaire du CNM en l'absence de contrôle juridictionnel (*Grzęda*). Dans sa Résolution intérimaire CM/ResDH(2023)487, concernant le groupe *Reczkowicz* et l'affaire *Broda et Bojara*, le Comité a souligné une fois de plus l'obligation inconditionnelle qui incombe à la Pologne, en vertu de l'article 46 de la Convention, de se conformer aux arrêts définitifs de la Cour de manière complète, effective et rapide et de supprimer

judgments fully, effectively and promptly and remove any obstacles in its national legal system that might prevent adequate redress. It deeply regretted the authorities' continued reliance on the judgment of the Constitutional Court in the case K 7/21 as an obstacle to the adoption of relevant general measures. It exhorted again the authorities to rapidly elaborate measures to: (i) restore the independence of the NCJ through introducing legislation guaranteeing the right of the Polish judiciary to elect judicial members of the NCJ; (ii) address the status of all judges appointed in deficient procedures involving the NCJ as constituted after March 2018 and of decisions adopted with their participation; (iii) ensure effective judicial review of the NCJ's resolutions proposing judicial appointments to the President of Poland, including of Supreme Court judges, respecting also the suspensive effect of pending judicial review; (iv) ensure that questions as to whether the right to a tribunal established by law has been respected can be examined without any restrictions or sanctions for applying the requirements of the Convention; and (v) ensure the protection of presidents and vice-presidents of courts from arbitrary dismissals, including through introducing judicial review. The Committee invited the authorities to enter into high level consultations with the Secretariat to explore possible solutions for the execution of these judgments.

The *Xero Flor w Polsce sp. z o.o. v. Poland* case, concerns a violation of the right to a tribunal established by law on account of the participation in the Constitutional Court's panel that rejected the applicant company's constitutional complaint, of Judge M.M., whose election by the eight-term Sejm was vitiated by grave irregularities in the wider context of successive judicial reforms aimed at weakening judicial independence in Poland. During its examinations in 2023, the Committee expressed again deep regret at the authorities' continued and erroneous reliance on the judgment of the Constitutional Court in the case *K 6/21* as an obstacle to implementation, and on the argument that the European Court had acted beyond its legal authority in adopting the *Xero Flor* judgment. It recalled, in this context, Poland's unconditional obligation to abide by the Court's judgments fully, effectively, and promptly, regardless of any barriers which may exist within the national legal framework. It further noted with deep regret the absence of an adequate response to an earlier interim resolution and exhorted again the authorities to rapidly elaborate and adopt measures to avoid similar violations of the right to a tribunal established by law, which: (i) ensure the lawful composition of the Constitutional Court, by allowing the three judges elected in October 2015 to be admitted to the bench and to serve until the end of their nine-year mandate, while also excluding from the bench judges who were irregularly elected; (ii) address the status of decisions already adopted in cases concerning constitutional complaints with the participation of irregularly appointed judge(s); and (iii) are capable of preventing external undue influence on the appointment of judges in the future. The Committee also urged the authorities to enter into high level consultations with the Secretariat to explore possible solutions for the execution of this judgment.

tout obstacle au sein de son système juridique national susceptible d'empêcher un redressement adéquate. Il a exprimé son profond regret quant au fait que les autorités continuent de s'appuyer sur l'arrêt de la Cour constitutionnelle dans l'affaire *K 7/21* comme obstacle à l'adoption de mesures générales pertinentes. Il a exhorté à nouveau les autorités à élaborer rapidement des mesures visant à i) rétablir l'indépendance du CNM en introduisant une législation garantissant le droit du pouvoir judiciaire polonais d'élire les membres judiciaires du CNM ; ii) remédier au statut de tous les juges nommés dans le cadre de procédures déficientes impliquant le CNM, tel que constitué après mars 2018, et aux décisions adoptées avec leur participation ; iii) garantir un contrôle judiciaire effectif des résolutions du CNM proposant des nominations judiciaires au Président de la Pologne, y compris de juges de la Cour suprême, en respectant également l'effet suspensif d'un contrôle judiciaire en cours ; iv) garantir l'examen des questions relatives au respect du droit à un tribunal établi par la loi, sans restrictions ni sanctions pour l'application des exigences de la Convention ; et v) assurer la protection des présidents et vice-présidents des tribunaux contre les révocations arbitraires, y compris en introduisant un contrôle juridictionnel. Le Comité a invité les autorités à entamer des consultations à haut niveau avec le Secrétariat afin d'explorer les solutions possibles pour l'exécution de ces arrêts.

L'affaire *Xero Flor w Polsce sp. z o.o. c. Pologne* concerne une violation du droit à un tribunal établi par la loi en raison de la participation au collège de la Cour constitutionnelle, qui a rejeté la requête constitutionnelle de la société requérante, du juge M.M., dont l'élection par le huitième Sejm a été entachée de graves irrégularités, dans un contexte plus large de réformes judiciaires successives visant à affaiblir l'indépendance de la justice en Pologne. Lors de ses examens en 2023, le Comité a de nouveau exprimé son profond regret que les autorités continuent de s'appuyer à tort sur l'arrêt de la Cour constitutionnelle dans l'affaire *K 6/21* comme obstacle à la mise en œuvre, et sur l'argument selon lequel la Cour européenne avait outrepassé son autorité juridique en adoptant l'arrêt *Xero Flor*. Il a rappelé, dans ce contexte, l'obligation inconditionnelle de la Pologne de se conformer pleinement, effectivement et rapidement aux arrêts de la Cour, indépendamment des obstacles qui peuvent exister dans le cadre juridique national. Il a noté également avec un profond regret l'absence de réponse adéquate à la Résolution intérimaire CM/ResDH(2023)142 et exhorté à nouveau les autorités à élaborer et à adopter rapidement des mesures visant à éviter des violations similaires du droit à un tribunal établi par la loi, qui : i) garantissent la composition conforme à la loi de la Cour constitutionnelle, en permettant aux trois juges élus en octobre 2015 d'être admis à siéger jusqu'à la fin de leur mandat de neuf ans, tout en excluant également les juges qui ont été irrégulièrement élus ; ii) traitent du statut des décisions déjà adoptées dans des affaires concernant des recours constitutionnels avec la participation de juge(s) irrégulièrement nommé(s) ; et iii) soient capables d'empêcher toute influence extérieure indue sur la nomination des juges à l'avenir. Le Comité a également instamment invité les autorités à entamer des consultations à haut niveau avec le Secrétariat afin d'explorer les solutions possibles pour l'exécution de cet arrêt.

Disciplinary proceedings against judiciary / lawyers

In 2023, the Committee examined the case of *Miroslava Todorova v. Bulgaria*, related to disciplinary proceedings and sanctions by the Supreme Judicial Council (SJC) against a judge who had criticised the SJC and the executive in relation to various topics related to the judiciary. As regards individual measures, the Committee, noting that there are no further disciplinary proceedings pending against the applicant, that she continues to work as a judge and is actively exercising her freedom of expression in public life, considered that there are no indications of ongoing reprisals in respect of her for her critical opinions. Details of the examination of the general measures can be found in Part C above.

In the *Żurek* and *Juszczyszyn v. Poland* cases, both concerning procedures taken against judges defending the rule of law and judicial independence, the Committee invited the authorities to consider measures to ensure a high degree of protection of freedom of expression of judges and to inform the Committee of the results of such reflection without delay. It encouraged them in this context to draw inspiration from the Opinion of the Consultative Council of European Judges (CCJE) on freedom of expression of judges. The Committee invited the authorities to elaborate measures to ensure that: (i) the disciplinary liability in connection with the giving of a judicial decision is possible only in exceptional situations; grounds for disciplinary liability of judges are applied and interpreted in proceedings that offer adequate safeguards, and whose duration is not excessive; and (ii) pending the adoption of measures to ensure that all judicial bodies comply with the requirements under Article 6 of the Convention examined in the *Reczkowicz* group (see above under Access to a fair trial, independence and impartiality of the judicial system for full details), decisions concerning disciplinary liability of judges are adopted by a body that complies with these requirements. Finally, the Committee called on the authorities to reflect on the necessity for a broader reform of the system of disciplinary liability of judges in Poland, limiting the influence of the executive on disciplinary proceedings against judges to prevent misuse, while taking into account the more general concerns expressed by other Council of Europe bodies.

Lastly, in the *Oleksandr Volkov* group *v. Ukraine*, related to the independence and impartiality of the judiciary and the reform of the system of judicial discipline and careers, the Committee recalled that significant steps were taken in reply to the Court's judgments to rebuild the system of disciplinary liability and careers of judges in 2014-2018, including changes to the Constitution and implementing legislation. Stressing that a comprehensive and consistent approach to any changes to the legal framework governing the judiciary is essential, the Committee expressed regret that no action plan has been developed for the justice development strategy for 2021-2023. It welcomed the relaunch of the operation of the Higher Council of Justice and its re-composition in line with the Venice Commission recommendations as well as the appointment of members of the Higher Qualification Commission of Judges with the participation of international experts in the process. The Committee called

Procédures disciplinaires à l'encontre des magistrats/avocats

En 2023, le Comité a examiné l'affaire *Miroslava Todorova c. Bulgarie*, concernant des procédures disciplinaires et des sanctions imposées par le Conseil supérieur de la magistrature (CSM) à l'encontre d'une juge qui avait critiqué le CSM et l'exécutif sur divers sujets liés à la magistrature. En ce qui concerne les mesures individuelles, le Comité note qu'il n'y a pas d'autres procédures disciplinaires en cours contre la requérante, qu'elle continue à travailler comme juge et qu'elle exerce activement sa liberté d'expression dans la vie publique, et considère qu'il n'y a pas d'indications de représailles en cours à son égard pour ses opinions critiques. De plus amples détails sur l'examen des mesures générales figurent dans la partie C. Affaires « article 18 » concernant des restrictions abusives des droits et libertés.

Dans les affaires *Żurek et Juszczyszyn c. Pologne*, concernant toutes deux des procédures engagées contre des juges défendant l'État de droit et l'indépendance de la justice, le Comité a invité les autorités à envisager des mesures pour assurer un degré élevé de protection de la liberté d'expression des juges et à l'informer sans délai des résultats de cette réflexion. Il les a encouragées dans ce contexte à s'inspirer de l'avis du Conseil consultatif de juges européens (CCJE) sur la liberté d'expression des juges. Le Comité les a également invitées à élaborer des mesures pour s'assurer que : i) la responsabilité disciplinaire liée au prononcé d'une décision judiciaire ne soit possible que dans des situations exceptionnelles ; les motifs de responsabilité disciplinaire des juges soient appliqués et interprétés dans le cadre de procédures offrant des garanties adéquates et dont la durée n'est pas excessive ; et ii) dans l'attente de l'adoption de mesures visant à garantir que tous les organes judiciaires se conforment aux exigences de l'article 6 de la Convention examinées dans le cadre du groupe *Reczkowicz* (voir ci-dessus), les décisions concernant la responsabilité disciplinaire des juges sont adoptées par un organe qui se conforme à ces exigences. Enfin, le Comité a invité les autorités à réfléchir à la nécessité d'une réforme plus large du système de responsabilité disciplinaire des juges en Pologne, et à limiter l'influence de l'exécutif sur les procédures disciplinaires à l'encontre de juges afin de prévenir de tels détournements, tout en tenant compte des préoccupations plus générales exprimées par d'autres organes du Conseil de l'Europe.

Enfin, dans le groupe d'affaires *Oleksandr Volkov c. Ukraine*, concernant l'indépendance et l'impartialité du pouvoir judiciaire et la réforme du système disciplinaire et de carrière des juges, le Comité a rappelé que des mesures importantes ont été prises en réponse aux arrêts de la Cour pour reconstruire le système de responsabilité disciplinaire et de carrière des juges en 2014-2018, y compris les modifications apportées à la Constitution et à la législation d'application. Soulignant la nécessité d'une approche globale et cohérente des modifications apportées au cadre juridique régissant le pouvoir judiciaire, le Comité a regretté qu'aucun plan d'action n'ait été élaboré pour la stratégie de développement de la justice pour 2021-2023. Il s'est félicité de la relance du fonctionnement du Haut Conseil de la justice et de sa recomposition conformément aux recommandations de la Commission de Venise, ainsi que de la nomination des membres de la Haute Commission de qualification des juges, avec la participation d'experts internationaux au processus. Le Comité a appelé aux autorités

upon the authorities to ensure that, without undue delay, the Higher Qualification Commission of Judges is fully operational and to form the Service of Disciplinary Inspectors of the High Council of Justice, with a view to fully re-establishing its disciplinary powers. The Committee reiterated its previous calls on the authorities to ensure that only deliberate miscarriages of justice by judges are criminalised and that criminal sanctions are applied only in case of malice or if the fault was otherwise clearly intentional. It invited the authorities to provide updated information as to any legislative developments in this area, as well as the practices of courts and prosecutors regarding criminal proceedings against judges.

D.2 Excessive use of force/ill-treatment by security forces and ineffective investigations

Cases concerning excessive use of force and ill-treatment by security forces, as well as ineffective investigations, remained the most prevalent issue under enhanced supervision in 2023, accounting for 12% of all leading cases. This issue is a major concern for the Committee of Ministers, but there has been significant progress made particularly through the adoption of general measures, which has been welcomed by the Committee during 2023.

In 2023, the Committee continued its supervision of execution by Armenia of the *Muradyan* group of cases. It encouraged the authorities to rapidly make progress in the establishment of an anonymous referral mechanism for reporting torture, inhuman or degrading treatment in the armed forces and to update the Committee in this regard. It also invited them to report on the implementation of the relevant activities of the domestic Human Rights Action Plan. The Committee noted with interest the preparation of the draft Suicide and Self-Harm Prevention Strategy and invited the authorities to inform it about a number of issues including timing and steps envisaged for its adoption and implementation.

In the *Muradova* group v. *Azerbaijan* the Committee recalled with regret that ill-treatment in law enforcement remains a repetitive problem. It noted with interest the measures adopted to increase supervision over investigations of ill-treatment. However, in light of the CPT report and submissions from civil society, it noted that significant improvement in the situation is necessary, and therefore repeated its call for statistical data on the overall number of ill-treatment complaints covering all situations, including the number of full-fledged criminal investigations initiated, the number of convictions and the details of sentences imposed. The Committee also invited the authorities to remove the statutory time-limits for prosecution of torture and encouraged them to consider drawing inspiration from the best practices of other member States to enhance effectiveness of investigations, ensuring at the same time compliance with the requirements of the Convention.

In the *Velikova* group *v. Bulgaria* the Committee welcomed the important

à faire en sorte, sans retard indu, que la Haute Commission de qualification des juges soit pleinement opérationnelle et à former le service des inspecteurs disciplinaires du Haut Conseil de la justice, en vue de rétablir pleinement ses pouvoirs disciplinaires. Le Comité a réitéré ses appels précédents aux autorités pour qu'elles veillent à ce que seules les erreurs judiciaires délibérées commises par des juges soient érigées en infractions pénales et que les sanctions pénales ne soient appliquées qu'en cas d'intention malveillante ou si la faute est manifestement intentionnelle. Il a invité les autorités à fournir des informations actualisées sur toute évolution législative dans ce domaine, ainsi que sur la pratique des tribunaux et des procureurs en matière de poursuites pénales à l'encontre des juges.

D.2. Usage excessif de la force/mauvais traitements par les forces de sécurité et enquêtes ineffectives

Les affaires concernant l'usage excessif de la force et les mauvais traitements par les forces de sécurité, ainsi que les enquêtes ineffectives, sont restées le problème le plus répandu sous surveillance soutenue en 2023, représentant 12 % de toutes les affaires de référence. Cette question est une préoccupation majeure pour le Comité des Ministres, mais des progrès significatifs ont été réalisés, en particulier grâce à l'adoption de mesures générales, qui ont été accueillies favorablement par le Comité au cours de l'année.

En 2023, le Comité a poursuivi sa surveillance de l'exécution par l'Arménie du groupe d'affaires *Muradyan*. Il a encouragé les autorités à progresser rapidement dans la mise en place d'un mécanisme de renvoi anonyme permettant de signaler les cas de torture et de traitements inhumains ou dégradants dans les forces armées et à informer le Comité à ce sujet. Il les a également invitées à rendre compte de la mise en œuvre des activités pertinentes du plan d'action national en matière de droits humains. Le Comité a noté avec intérêt l'élaboration du projet de stratégie de prévention du suicide et de l'automutilation et a invité les autorités à l'informer sur un certain nombre de questions, notamment le calendrier et les mesures envisagées pour son adoption et sa mise en œuvre.

Dans le groupe d'affaires *Muradova c. Azerbaïdjan*, le Comité a rappelé avec regret que les mauvais traitements par les forces de l'ordre constituent un problème récurrent en Azerbaïdjan. Il a noté avec intérêt les mesures adoptées pour accroître la supervision des enquêtes sur les mauvais traitements. Toutefois, à la lumière du rapport du CPT et des observations de la société civile, il a noté qu'une amélioration significative de la situation était nécessaire et a donc réitéré sa demande de données statistiques sur le nombre total de plaintes pour mauvais traitements couvrant toutes les situations, y compris le nombre d'enquêtes pénales ouvertes, le nombre de condamnations et le détail des peines imposées. Le Comité a également invité les autorités à supprimer les délais de prescription pour engager des poursuites en cas de torture et les a encouragées à s'inspirer des meilleures pratiques d'autres États membres pour améliorer l'effectivité des enquêtes, tout en garantissant le respect des exigences de la Convention.

Dans le groupe d'affaires *Velikova c. Bulgarie*, le Comité s'est félicité des ré-

legislative reforms, adopted in 2023, introducing both the right to appeal before a court against a refusal to open a criminal investigation and a provision criminalising torture, while also noting that their application remains to be assessed. It recalled the previously adopted important legislative and other measures and decided, in view of the substantial progress achieved so far, to close the examination of the *Velikova* case and to continue the examination of all outstanding questions under the *Dimitrov and Others case*. It urged again the authorities to ensure that preliminary inquiries and investigations are supervised by prosecutors who do not have (regular) working relations with the suspected police officers, and that preliminary inquiries are carried out by persons who enjoy sufficient institutional and hierarchical independence and do not have (regular) working relations with the suspected police or penitentiary officers, as well as to introduce automatic notifications to the Prosecutor's Office of complaints of ill-treatment received by the police.

The Committee examined the *Tsintsabadze group v. Georgia* and noted with interest the legislative and institutional measures concerning the Special Investigation Service, including its new function to investigate crimes related to violations established by the Court's judgments. It called upon the authorities to continue updating the Committee on further measures to ensure stronger independence and effectiveness of investigations, including by improving the legislative framework, allocating the necessary resources and building the capacities of the institution. The Committee noted with concern persistent obstacles to the effective exercise of procedural rights by victims and repeatedly called upon the authorities to take concrete and effective steps without further delay to improve the legislation and/or practice on granting victim status and update the Committee on the progress made. It welcomed the amendments to the Administrative Offences and the Imprisonment Codes aimed at improving detection and response to ill-treatment. The Committee noted with interest the work on the preparation of guidelines on classification of crimes and encouraged the authorities to ensure that the methodology developed is aligned with the Convention standards and the Court's case law. It also encouraged the authorities to increase the scale and effectiveness of video/audio recording of interaction between law enforcement agents and individuals.

As regards the *Sidiropoulos and Papakostas group v. Greece*, the Committee noted with satisfaction the improvements achieved so far to strengthen the effectiveness of investigations, including the measures adopted to ensure the independence of investigations, promptness, victim participation, adequacy of penalties, and the investigation of special motives of crimes, and decided to close examination of these issues. It strongly invited the authorities to continue supporting and reinforcing the Mechanism for the Investigation of Arbitrary Incidents notably by taking measures to provide it with the necessary staff, as well as to give effect to the Mechanism's recommendations in order to enhance disciplinary investigations.

In the *Cestaro group v. Italy,* the Committee noted with concern the legislative initiatives aimed at repealing the provisions of the Criminal Code on the crime of torture introduced in 2017 in execution of the *Cestaro* judgment and noted with interest

formes législatives importantes, adoptées en 2023, introduisant à la fois le droit de faire appel devant un tribunal d'un refus d'ouvrir une enquête pénale et une disposition criminalisant la torture, tout en notant que leur application doit encore être évaluée. Il a rappelé les mesures législatives importantes et autres adoptées précédemment et a décidé, compte tenu des progrès substantiels réalisés à ce jour, de clore l'examen de l'affaire *Velikova* et de poursuivre l'examen de toutes les questions en suspens dans le cadre de l'affaire *Dimitrov et autres*. Il a de nouveau exhorté les autorités à veiller à ce que les enquêtes préliminaires et les enquêtes pénales soient supervisées par des procureurs qui n'ont pas de relations de travail (régulières) avec les policiers soupçonnés, et à ce que les enquêtes préliminaires soient menées par des personnes qui jouissent d'une indépendance institutionnelle et hiérarchique suffisante et qui n'ont pas de relations de travail (régulières) avec les policiers ou les agents pénitentiaires suspectés, ainsi qu'à introduire des notifications automatiques au ministère public des plaintes pour mauvais traitements reçues par la police.

Le Comité a examiné le groupe d'affaires *Tsintsabadze c. Géorgie* et a noté avec intérêt les mesures législatives et institutionnelles concernant le service spécial d'enquête, y compris sa nouvelle fonction d'enquête sur les infractions liées aux violations établies par les arrêts de la Cour. Il a appelé les autorités à continuer d'informer le Comité sur les nouvelles mesures visant à garantir une indépendance et une effectivité accrues des enquêtes, notamment en améliorant le cadre législatif, en allouant les ressources nécessaires et en renforçant les capacités de l'institution. Le Comité a noté avec préoccupation les obstacles persistants à l'exercice effectif des droits procéduraux par les victimes et a demandé à plusieurs reprises aux autorités de prendre sans plus tarder des mesures concrètes et effectives pour améliorer la législation et/ou la pratique en matière d'octroi du statut de victime et d'informer le Comité des progrès accomplis. Il s'est félicité des modifications apportées aux Codes des infractions administratives et d'emprisonnement, qui visent à améliorer la détection des mauvais traitements et la réponse à y apporter. Le Comité a noté avec intérêt les travaux en cours concernant l'élaboration des lignes directrices sur la qualification des infractions et a encouragé les autorités à s'assurer que la méthodologie développée soit alignée sur les exigences de la Convention et la jurisprudence de la Cour. Il a également encouragé les autorités à accroître l'ampleur et l'effectivité de l'enregistrement vidéo/audio des interactions entre les agents des forces de l'ordre et les individus.

En ce qui concerne le groupe *Sidiropoulos et Papakostas c. Grèce*, le Comité a noté avec satisfaction les améliorations réalisées jusqu'à présent pour renforcer l'effectivité des enquêtes, y compris les mesures adoptées pour garantir leur indépendance, leur rapidité, la participation des victimes, l'adéquation des sanctions et la recherche des motifs particuliers des infractions, et a décidé de clôre l'examen de ces questions. Il a également vivement invité les autorités à continuer de soutenir et de renforcer le Mécanisme d'enquête sur les incidents arbitraires, notamment en prenant des mesures pour le doter du personnel nécessaire, ainsi qu'à donner suite aux recommandations du Mécanisme afin d'améliorer les enquêtes disciplinaires.

Dans le groupe d'affaires *Cestaro c. Italie*, le Comité a noté avec préoccupation les initiatives législatives visant à abroger les dispositions du Code pénal sur le crime de torture introduites en 2017 en exécution de l'arrêt *Cestaro* et a noté avec intérêt à

in this connection the position expressed by the Italian Government clarifying that it has no intention to repeal the current free-standing offence of torture in the Criminal Code. It strongly invited the authorities to ensure that any possible amendment of the relevant provisions will be compliant with the relevant Convention requirements and case-law of the Court. It noted with interest the draft legislation under consideration in Parliament aimed at securing the identification of law enforcement agents through alphanumerical codes and strongly called on them to rapidly finalise this legislative process. It reiterated their previous call for a clear message at high political level to be sent to law enforcement agencies as to the policy of "zero tolerance" of ill-treatment underlining that the rights of persons in custody must be respected and that agents involved in ill-treatment will be prosecuted and sanctioned adequately.

As regards the *Kitanovski* group *v. North Macedonia,* the Committee welcomed the abolishment of the statute of limitation for the crime of torture as well as the authorities' continuing efforts to convey the message of "zero tolerance" of police ill-treatment at the highest political level. The Committee noted however with concern the lack of fundamental safeguards for the prevention of ill-treatment (such as notification of a third person of detention, access to a lawyer and to a doctor and information on rights) and invited the authorities to urgently address these issues and to continue to reinforce training and awareness raising of the police, prosecutors and judges, drawing also on the Council of Europe expertise and training courses such as the relevant HELP courses. The authorities were also encouraged to continue enhancing the capacities of the External Oversight Mechanism.

In the *Levinta* group *v. Republic of Moldova* the Committee noted with interest that the number of complaints about alleged ill-treatment has decreased considerably since 2019. Nevertheless, it expressed concern about the low number of criminal cases initiated and sent to court as well as a particularly high rate of acquittals, which may be indicative of problems related to the effectiveness of investigations. In view of the authorities' continuing practice of conducting a preliminary inquiry before opening a fully-fledged criminal investigation, it invited them to reflect on the measures necessary to bring the prosecutorial practice in line with Convention standards and the Court's case-law as well as to ensure that a proper investigation is conducted into each credible complaint. The Committee also urged the authorities to ensure that courts apply dissuasive sanctions in cases of ill-treatment by law-enforcement agents, underlining the need for a zero-tolerance policy towards any forms of ill-treatment, and that the granting of an amnesty is not permissible.

In the *Association "21 December 1989" and Others* group *v. Romania* concerning criminal investigations into violent crackdowns on the anti-governmental demonstrations which attended the fall of the Communist regime, the Committee recalled that the remaining questions under examination only concerned the individual measures required. As regards the investigation into the crackdown on demonstrations in June 1990, the Committee recalled the information received that this investigation

cet égard la position exprimée par le gouvernement italien, précisant qu'il n'avait pas l'intention d'abroger l'infraction autonome actuelle de torture dans le Code pénal. Il a donc invité vivement les autorités à veiller à ce que toute modification éventuelle des dispositions pertinentes soit conforme aux exigences de la Convention et à la jurisprudence de la Cour. Il a pris note avec intérêt du projet de loi en cours d'examen au Parlement, visant à garantir l'identification des agents des forces de l'ordre au moyen de codes alphanumériques, et a vivement invité les autorités à mener à bien ce processus législatif. Il a réitéré son précédent appel pour qu'un message clair soit envoyé aux forces de l'ordre, à un niveau politique élevé, concernant la politique de tolérance zéro à l'égard des mauvais traitements, en soulignant que les droits des personnes en garde à vue doivent être respectés et que les agents impliqués dans des mauvais traitements seront poursuivis et sanctionnés de manière adéquate.

En ce qui concerne le groupe d'affaires *Kitanovski c. Macédoine du Nord*, le Comité s'est félicité de l'abolition de la prescription pour le crime de torture ainsi que des efforts continus des autorités pour transmettre, au plus haut niveau politique, un message de tolérance zéro à l'égard des mauvais traitements infligés par la police. Le Comité a cependant noté avec préoccupation l'absence de garanties fondamentales pour la prévention des mauvais traitements (telles que la notification de la détention à un tiers, l'accès à un avocat et à un médecin et l'information sur les droits) et a invité les autorités à traiter d'urgence ces questions et à continuer de renforcer la formation et la sensibilisation de la police, des procureurs et des juges, en s'appuyant également sur l'expertise et les formations du Conseil de l'Europe, telles que les cours HELP pertinents. Les autorités ont également été encouragées à continuer de renforcer les capacités du mécanisme de contrôle externe.

Dans le groupe d'affaires *Levinta c. République de Moldova*, le Comité a noté avec intérêt que le nombre de plaintes relatives à des allégations de mauvais traitements a considérablement diminué depuis 2019. Néanmoins, il s'est dit préoccupé par le faible nombre d'affaires pénales engagées et renvoyées devant les tribunaux, ainsi que par le taux particulièrement élevé d'acquittements, qui peuvent être révélateurs de problèmes liés à l'effectivité des enquêtes. Compte tenu de la pratique constante des autorités consistant à mener un contrôle préalable avant d'ouvrir une véritable enquête pénale, il les a invitées à réfléchir aux mesures nécessaires pour mettre la pratique des poursuites en conformité avec les normes de la Convention et la jurisprudence de la Cour, ainsi que pour veiller à ce qu'une enquête appropriée soit menée sur chaque plainte crédible. Le Comité a instamment invité les autorités à veiller à ce que les tribunaux appliquent des sanctions dissuasives dans les affaires de mauvais traitements infligés par les forces de l'ordre, en soulignant la nécessité d'une politique de tolérance zéro à l'égard de toutes les formes de mauvais traitements, et que l'octroi d'une amnistie n'est pas admissible.

Dans le groupe d'affaires *Association « 21 décembre 1989 » et autres c. Roumanie* concernant les enquêtes pénales sur la répression violente des manifestations antigouvernementales qui ont entouré la chute du régime communiste, le Comité a rappelé que les questions en suspens sous examen ne concernent que les mesures individuelles requises. En ce qui concerne l'enquête sur la répression des manifestations de juin 1990, le Comité a rappelé les informations reçues selon lesquelles cette enquête

had been completed in 2017 and that 14 persons had been committed to the High Court of Cassation and Justice to stand trial on charges of crimes against humanity. This development was fundamental to the Committee's decision to close its supervision of the individual measures in the case of *Mocanu and Others*. In respect of the applicants Ms Mocanu and Mr Stoica, the Committee recalled that irregularities found in the investigation required the High Court of Cassation and Justice to exclude, in 2020, all the evidence gathered and to return the case to the prosecution service and that as a result, two new criminal investigations are being carried out into the events in question. In the light of this development, it decided to reopen their supervision of the execution of the European Court's judgment in *Mocanu and Others* to make sure that the ongoing investigative measures are capable of providing, as far as possible, *restitutio in integrum*.

The Committee examined for the first time the *Magnitskiy group of cases v. Russian Federation* and recalled that these cases concern the European Court's findings as to deaths of critics of the Russian authorities: in particular the death of Mr Magnitskiy in prison due to the absence of proper medical care, and the failure to investigate it; the failure to effectively investigate the murders of Ms Politkovskaya and Ms Estemirova; and the extrajudicial targeted killing of Mr Litvinenko attributable to the Russian Federation and the failure to investigate it. As regards individual measures, it stressed the unconditional obligation of the authorities to pay the just satisfaction in all cases and called on them to issue a public apology to the family members of all four victims and to expunge Mr Magnitskiy's criminal record. It further stressed the obligation to examine *ex officio* the possibility of remedying the specific investigative shortcomings identified by the European Court in all cases through full, independent, impartial, prompt, expeditious, transparent and thorough investigations, involving the family members, possibly conducted by a special independent national or international commission.

In the *R.R. and R.D. group v. Slovak Republic* concerning the excessive use of force by the police in an operation carried out in a Roma[17] neighbourhood, *as regards individual measures,* the Committee welcomed the government's apology to the victims of the incident and their recognition of the gravity of the human rights violations. It also noted its relevance for the general measures as it includes a statement about Slovakia's commitment to avoid similar violations in the future. The Committee asked for information concerning several outstanding questions regarding safeguards

---

[17] The term "Roma and Travellers" is used at the Council of Europe to encompass the wide diversity of the groups covered by the work of the Council of Europe in this field: on the one hand a) Roma, Sinti/Manush, Calé, Kaale, Romanichals, Boyash/Rudari; b) Balkan Egyptians (Egyptians and Ashkali); c) Eastern groups (Dom, Lom and Abdal); and, on the other hand, groups such as Travellers, Yenish, and the populations designated under the administrative term "Gens du voyage", as well as persons who identify themselves as Gypsies. The present is an explanatory footnote, not a definition of Roma and/or Travellers.

avait été achevée en 2017 et que quatorze personnes avaient été renvoyées devant la Haute Cour de cassation et de justice pour y répondre d'accusations de crimes contre l'humanité, et que ce développement était fondamental pour la décision du Comité de clore sa surveillance des mesures individuelles dans l'affaire Mocanu et autres, en ce qui concerne les requérants Mme Mocanu et M. Stoica. Il a rappelé que les irrégularités constatées dans l'enquête ont obligé la Haute Cour de cassation et de justice à exclure, en 2020, toutes les preuves recueillies et à renvoyer l'affaire au parquet et que, de ce fait, deux nouvelles enquêtes pénales sont en cours sur les événements en cause. À la lumière de ce développement, il a décidé de rouvrir sa surveillance de l'exécution de l'arrêt de la Cour européenne dans l'affaire *Mocanu* et autres afin de s'assurer que les mesures d'enquête en cours sont en mesure d'assurer, dans la mesure du possible, la *restitutio in integrum*.

Le Comité a examiné pour la première fois le groupe d'affaires *Magnitskiy c. Fédération de Russie* et a rappelé que ces affaires concernent les conclusions de la Cour européenne concernant les décès de détracteurs des autorités russes : en particulier le décès de M. Magnitskiy en prison en raison de l'absence de soins médicaux appropriés, et l'absence d'enquête à ce sujet ; l'absence d'enquête effective sur les meurtres de Mme Politkovskaya et de Mme Estemirova ; et l'assassinat extrajudiciaire ciblé de M. Litvinenko imputable à la Fédération de Russie et l'absence d'enquête à ce sujet. En ce qui concerne les mesures individuelles, il a souligné l'obligation inconditionnelle des autorités de verser la satisfaction équitable dans toutes les affaires et les a invitées à présenter des excuses publiques aux membres des familles des quatre victimes et à effacer le casier judiciaire de M. Magnitskiy. Il a en outre souligné l'obligation d'examiner d'office la possibilité de remédier aux lacunes spécifiques en matière d'enquête identifiées par la Cour européenne dans toutes les affaires par le biais d'enquêtes exhaustives, indépendantes, impartiales, rapides, expéditives, transparentes et approfondies, impliquant les membres de la famille, éventuellement menées par une commission nationale ou internationale spéciale et indépendante.

Dans l'affaire *R.R. et R.D. c. République slovaque* concernant l'usage excessif de la force par la police lors d'une opération menée dans un quartier rom[17], en ce qui concerne les mesures individuelles, le Comité s'est félicité des excuses présentées par le gouvernement aux victimes de l'incident et de sa reconnaissance de la gravité des violations des droits humains. Il a également noté la pertinence de ces excuses pour les mesures générales, puisqu'elles comprennent une déclaration sur l'engagement de la République Slovaque à éviter des violations similaires à l'avenir. Le Comité a demandé des informations sur plusieurs questions en suspens concernant les garanties

---

17   Les termes « Roms et Gens du voyage » utilisés au Conseil de l'Europe englobent la grande diversité des groupes concernés par les travaux du Conseil de l'Europe dans ce domaine : d'une part, a) les Roms, les Sintés/Manouches, les Calés/Gitans, les Kaalés, les Romanichels, les Béash/Rudars ; b) les Égyptiens des Balkans (Egyptiens et Ashkali) ; c) les branches orientales (Doms, Loms et Abdal) ; d'autre part, les groupes tels que les Travellers, les Yéniches et les personnes que l'on désigne par le terme administratif de « Gens du voyage » ainsi que celles qui s'auto-identifient comme Tsiganes. Ceci est une note de bas de page explicative, et non pas une définition des Roms et/ou des Gens du voyage.

against ill-treatment and effectiveness of the investigations of police ill-treatment and of possible racist motives.

As regards the *Batı and Others* group *v. Türkiye*, the Committee welcomed the recent decision of the Constitutional Court to annul paragraphs of Article 231 of the Criminal Procedure Code and abolished the practice of suspension of pronouncement of sentences, something which had been criticised by the Court. It invited the authorities to keep the Committee updated regarding the application of this provision by domestic courts in the course of next year, until the amendment officially enters into effect. It also invited the authorities to intensify their efforts to implement the specific measures taken to address the violations related to the ineffectiveness of investigations and judicial review. Statistical information is awaited on the judgments rendered by the Constitutional Court concerning ineffective investigations in recent years with a breakdown of violations established to identify the root causes of these breaches.

The Committee examined for the first time the *Yukhymovych case v. Ukraine*, noting with concern, as regards individual measures, that more than 23 years after the killing of the applicant's son the investigation into the actions of the police has not yet been concluded. It therefore called on the authorities to conclude the criminal investigations addressing all shortcomings identified by the European Court. It also invited the authorities to provide additional information to demonstrate how the amended legislative framework and regulations on planning and conduct of police operations are applied in practice. In the *Kaverzin* group, as regards general measures, the Committee welcomed the adoption of the Strategy on Combating Torture, its implementing Action Plan, and the amendments aimed at bringing the definition of torture, under Article 127 of the Criminal Code, in line with international standards. It urged the authorities to further strengthen the central role of the State Bureau of Investigations (SBI) as an independent investigative body dealing with allegations of ill-treatment and called on them to ensure that the SBI redoubles its efforts to investigate ill-treatment allegations, fully implementing a "zero tolerance" policy, with the aim of eradicating impunity for ill-treatment in light of the new possibility to prosecute torture committed by officials under Article 127 of the Criminal Code. The Committee also welcomed the range of institutional and capacity building measures taken by the authorities to prevent and eradicate torture.

Lastly, in the *McKerr* group *v. United Kingdom,* which was examined on several occasions in 2023, the Committee recalled its concerns about the Northern Ireland Troubles (Legacy & Reconciliation) Bill's compatibility with the European Convention and its repeated calls upon the authorities to sufficiently amend the Bill, if progressed and ultimately adopted, to allay those concerns. It reiterated serious concern about the proposed conditional immunity scheme which risks breaching obligations under Article 2 of the European Convention to prosecute and punish serious grave breaches of human rights, and seriously undermining the Independent Commission for Reconciliation and Information Recovery's capacity to carry out

contre les mauvais traitements et l'effectivité des enquêtes sur les mauvais traitements infligés par la police et sur d'éventuels motifs racistes.

En ce qui concerne le groupe *Batı et autres c. Turquie*, le Comité a salué la décision récente de la Cour constitutionnelle d'annuler des paragraphes de l'article 231 du Code de procédure pénale en abolissant ainsi la pratique de la suspension du prononcé des jugements, ce qui avait été critiqué par la Cour. Il a invité les autorités à le tenir informé de l'application de cette disposition par les juridictions nationales au cours de l'année prochaine, jusqu'à l'entrée en vigueur officielle de l'amendement. Il les a également invitées à intensifier leurs efforts pour mettre en œuvre les mesures spécifiques prises pour remédier aux violations liées à l'ineffectivité des enquêtes et au contrôle judiciaire. Des informations statistiques sont attendues sur les arrêts rendus par la Cour constitutionnelle concernant l'ineffectivité des enquêtes au cours des dernières années, avec une analyse des violations constatées pour identifier les causes profondes de ces violations.

Le Comité a examiné pour la première fois l'affaire *Yukhymovych c. Ukraine*, notant avec préoccupation, en ce qui concerne les mesures individuelles, que plus de 23 ans après le meurtre du fils du requérant, l'enquête sur les actions de la police n'a toujours pas été achevée. Il a donc appelé les autorités à conclure les enquêtes pénales en remédiant à toutes les lacunes identifiées par la Cour européenne. Il les a également invitées à fournir des informations supplémentaires pour démontrer comment le cadre législatif modifié et les règlements sur la planification et la conduite des opérations de police sont appliqués dans la pratique. Dans le groupe *Kaverzin*, en ce qui concerne les mesures générales, le Comité s'est félicité de l'adoption de la stratégie de lutte contre la torture, de son plan d'action de mise en œuvre et des modifications visant à aligner la définition de la torture, en vertu de l'article 127 du Code pénal, sur les normes internationales. Il a invité instamment les autorités à renforcer davantage le rôle central du Bureau National des Enquêtes (BNE) en tant qu'organe d'enquête indépendant chargé de traiter les allégations de mauvais traitements et les a invitées à veiller à ce que le BNE redouble d'efforts pour enquêter sur les allégations de mauvais traitements, en mettant pleinement en œuvre une politique de tolérance zéro, dans le but d'éradiquer l'impunité pour les mauvais traitements à la lumière de la nouvelle possibilité de poursuivre les actes de torture commis par des fonctionnaires en vertu de l'article 127 du Code pénal. Le Comité s'est également félicité de l'ensemble des mesures institutionnelles et de renforcement des capacités prises par les autorités pour prévenir et éradiquer la torture.

Enfin, dans le groupe d'affaires *McKerr c. Royaume-Uni*, qui a été examinée à plusieurs reprises en 2023, le Comité a rappelé ses préoccupations quant à la compatibilité du projet de loi *Northern Ireland Troubles (Legacy and Reconciliation) Bill* avec la Convention européenne et ses appels répétés aux autorités pour qu'elles modifient suffisamment ce projet, s'il est poursuivi et finalement adopté, afin de dissiper ces préoccupations. Il a réitéré sa vive préoccupation quant au régime d'immunité conditionnelle proposé, qui risque de violer les obligations découlant de l'article 2 de la Convention européenne de poursuivre et de sanctionner les violations graves des droits humains, et de compromettre gravement la capacité de la Commission indépendante pour la réconciliation et la récupération de l'information (ICRIR) à mener des

effective investigations within the meaning of Article 2 of the Convention. It therefore strongly urged the authorities to consider repealing the immunity provisions.

D.3. Poor conditions of detention and medical care

In 2023, cases concerning the poor conditions of detention and inadequate medical care (including the need for effective remedies) scored very highly (9,3%) among the numbers of leading cases under enhanced supervision by the Committee of Ministers. While some progress has been made and respondent states have continued to pursue their efforts to resolve these complex and often structural problems, the Committee remains deeply concerned about the persisting poor conditions of detention and inadequate medical care in many member States.

In *Strazimiri v. Albania*, the Committee noted with concern that the Lezha Special Institution, conceived to be a temporary solution until the construction of a permanent specialized forensic psychiatric facility, is currently significantly exceeding its planned capacity and urged the authorities to indicate urgently appropriate measures to prevent overcrowding. It strongly encouraged the authorities moreover to continue and intensify their efforts aimed at reducing, as much as possible, the negative effects of the carceral environment in the Lezha Special Institution on the therapeutic treatment of patients. The Committee also stressed the urgent need to provide for an appropriate and lasting solution for accommodation and treatment of forensic psychiatric patients. It noted the information on the steps taken to ensure financing, with the assistance of the European Union, of the construction of a permanent specialised forensic psychiatric facility and exhorted them to deploy all efforts to accelerate its creation.

In *Vasilescu v. Belgium*, the Committee encouraged the authorities to adopt rapidly all necessary measures to ensure that the numerical decrease in the average rate of overcrowding is reflected on the ground and sustained over time. It invited once again the authorities to set up as soon as possible the Prison Council, provided for in a 2019 law, to assess policies and contribute to a comprehensive plan to combat overcrowding based on an integrated and systematic approach to all its factors and measures to be able to monitor developments in the prison population in real time. The Committee also noted with satisfaction the round table organised between several member States on effective preventive remedies in relation to conditions of detention and overcrowding and the willingness of the Belgian authorities to study the feasibility of setting up such a remedy. It exhorted the authorities to establish, without further delay, a specific preventive remedy that could benefit detainees, both convicted and in pre-trial detention, and put a rapid end to violations of Article 3.

In *Cosovan v. the Republic of Moldova*, the Committee noted the efforts undertaken by the authorities to address the deficiencies in prison healthcare and stressed the need for continued resolute action and a holistic approach on the part of the authorities. It further invited the authorities to develop a comprehensive strategy

enquêtes effectives au sens de l'article 2 de la Convention. Il a donc invité instamment les autorités à envisager d'abroger les dispositions relatives à l'immunité.

D.3. Mauvaises conditions de détention et soins médicaux

En 2023, les affaires concernant les mauvaises conditions de détention et les soins médicaux inadéquats (y compris la nécessité de recours effectifs) ont obtenu un score très élevé (9,3 %) parmi les affaires de référence sous surveillance soutenue du Comité des Ministres. Bien que des progrès aient été réalisés et que les États défendeurs aient poursuivi leurs efforts pour résoudre ces problèmes complexes et souvent structurels, le Comité reste profondément préoccupé par la persistance des mauvaises conditions de détention et de soins médicaux inadéquats dans de nombreux États membres.

Dans l'affaire *Strazimiri c. Albanie*, le Comité a noté avec préoccupation que l'institution spécialisée de Lezha, conçue comme une solution temporaire en attendant la construction d'un établissement permanent spécialisé de psychiatrie légale, dépasse actuellement de manière significative sa capacité prévue et a instamment invité les autorités à indiquer d'urgence les mesures appropriées pour éviter la surpopulation. En outre, il a vivement encouragé les autorités à poursuivre et à intensifier leurs efforts visant à réduire, autant que possible, les effets négatifs de l'environnement carcéral de l'institution spécialisée de Lezha sur le traitement thérapeutique des patients. Le Comité a également souligné la nécessité urgente de trouver une solution appropriée et durable pour l'hébergement et le traitement des patients en psychiatrie légale. Il a pris note des informations sur les mesures prises pour veiller au financement, avec l'assistance de l'Union européenne, de la construction d'un établissement permanent de psychiatrie légale spécialisé et les a exhortés à déployer tous les efforts nécessaires pour accélérer sa création.

Dans l'affaire *Vasilescu c. Belgique*, le Comité a encouragé les autorités à adopter rapidement toutes les mesures nécessaires pour que la diminution chiffrée du taux moyen de surpopulation se reflète sur le terrain et se poursuive dans la durée. Il a appelé à nouveau les autorités à établir au plus vite le Conseil pénitentiaire, prévu par une loi de 2019, pour évaluer les politiques et contribuer à un plan global de lutte contre la surpopulation reposant sur une approche intégrée et systématique de tous ses facteurs et des mesures permettant de suivre en temps réel l'évolution de la population carcérale. Le Comité a également pris note avec satisfaction de la table ronde organisée entre plusieurs États membres sur les recours préventifs effectifs en matière de conditions de détention et de surpopulation et de la volonté des autorités belges d'étudier la faisabilité de la mise en place d'un tel recours. Il a exhorté les autorités à établir, sans plus tarder, un recours préventif spécifique, pouvant bénéficier aux détenus, condamnés ou en détention provisoire, et à mettre fin rapidement aux violations de l'article 3.

Dans l'affaire *Cosovan c. République de Moldova*, le Comité a pris note des efforts entrepris par les autorités pour remédier aux carences en matière de soins de santé dans les prisons et a souligné la nécessité d'une action résolue et d'une approche globale de la part des autorités. Le Comité a invité les autorités à élaborer une stratégie

to address these issues as part of national health policies. The Committee decided to close its supervision of the issue of inadequate medical care in temporary detention facilities under the Ministry of Interior, given the progress made in that area.

In *Corallo* v. *the Netherlands,* the Committee expressed serious concern about the persisting lack of material progress in the conditions of detention at the Philipsburg Police Station (in Sint Maarten, the Caribbean part of the Kingdom of the Netherlands). Welcoming the authorities' subsequent assessment of police cells and the renovation works planned as well as the imminent creation of a prison administration system, it urged the authorities to rapidly implement that system to be able to provide up-to-date statistical data in relation to the duration of detention in Philipsburg Police Station; and to ensure that no detainees are held in excess of ten days. The Committee noted with interest that phase one of the United Nations Office for Project Services project agreement related to the construction of the new prison began in February 2023. It also noted positive developments in the material conditions of detention in Point Blanche Prison and the wider use of alternatives to pre-trial detention/imprisonment and encouraged the authorities to continue those efforts.

In *Petrescu* group *v. Portugal*, the Committee, as regards prison overcrowding, noted with interest the information attesting to an increased use of alternatives to imprisonment, but expressed their concern that despite this, the prison population has been on the rise since its March 2021 examination, with overcrowding now affecting more than half of the prisons in the country. It urged the authorities to rapidly adopt a comprehensive strategy aimed at identifying and tackling the root causes of prison overcrowding. As regards domestic remedies, the Committee urged the authorities to develop and enact, without further delay, the legislative measures required to establish an effective judicial preventive remedy and requested them to make sure that an effective compensatory remedy already exists or ensure that it will be established.

In *Rezmiveș and Others and Bragadireanu* group *v. Romania*, the Committee reiterated its concern at the persisting overcrowding in the prison system and stressed the importance of measures designed to reduce the prison population and to keep it at manageable levels. The Committee positively noted the authorities' consideration of a major reform of the state's penal policy and called upon them to draw fully on the European Court's relevant indications and the Council of Europe's other expertise in this respect. It also welcomed the authorities' initiative to rely on co-operation from the Council of Europe's dedicated unit with support from the Human Rights Trust Fund to strengthen the provision of health care and mental health care to prisoners. As regards the domestic system of remedies, it greatly welcomed the jurisprudential setting up of an effective compensatory remedy for arguable complaints related to inadequate conditions of detention and of transportation and noted the Court's assessment that the effective functioning of the preventive remedy hinges on further improvements across

globale pour traiter ces questions dans le cadre des politiques nationales de santé. Le Comité a décidé de clore sa surveillance de la question des soins médicaux inadéquats dans les centres de détention temporaire relevant du ministère de l'Intérieur, compte tenu des progrès réalisés dans ce domaine.

Dans l'affaire *Corallo c. Pays-Bas*, le Comité a exprimé sa profonde préoccupation persistante concernant l'absence continue de progrès matériels dans les conditions de détention au poste de police de Philipsburg (à Sint Maarten, la partie caribéenne du Royaume des Pays-Bas). Se félicitant de l'évaluation ultérieure des cellules de police par les autorités et des travaux de rénovation prévus, ainsi que de la création imminente d'un système d'administration pénitentiaire, il a invité instamment les autorités à mettre rapidement en œuvre ce système afin d'être en mesure de fournir des données statistiques actualisées sur la durée de la détention au poste de police de Philipsburg et de veiller à ce qu'aucun détenu ne soit incarcéré pendant plus de dix jours. Le Comité a noté avec intérêt que la première phase de l'accord de projet du Bureau des Nations Unies pour les services d'appui aux projets relatif à la construction de la nouvelle prison a commencé en février 2023. Il a également noté l'évolution positive des conditions matérielles de détention à la prison de Point Blanche et le recours plus large à des mesures autres que la détention provisoire/l'emprisonnement, et a encouragé les autorités à poursuivre ces efforts.

Dans le groupe d'affaires *Petrescu c. Portugal*, le Comité a noté avec intérêt, en ce qui concerne la surpopulation carcérale, les informations attestant d'un recours accru aux mesures alternatives à la détention, mais a exprimé sa préoccupation quant au fait que, malgré cela, la population carcérale a augmenté depuis son examen de mars 2021, la surpopulation affectant désormais plus de la moitié des prisons du pays. Il a invité instamment les autorités à adopter rapidement une stratégie globale visant à identifier et à traiter les causes profondes de la surpopulation carcérale. En ce qui concerne les recours internes, le Comité a demandé instamment aux autorités d'élaborer et d'adopter, sans plus tarder, les mesures législatives nécessaires à la mise en place d'un recours judiciaire préventif effectif et les a invitées à s'assurer qu'un recours compensatoire effectif existe déjà ou de veiller à ce qu'il soit mis en place.

Dans le groupe d'affaires *Rezmiveș et autres* et l'affaire *Bragadireanu c. Roumanie*, le Comité a réitéré sa préoccupation face à la persistante de la surpopulation carcérale dans le système pénitentiaire et a souligné l'importance des mesures visant à réduire la population carcérale et à la maintenir à des niveaux gérables. Le Comité a noté avec satisfaction que les autorités envisageaient une réforme majeure de la politique pénale de l'État et les a invitées à s'appuyer pleinement sur les indications pertinentes de la Cour européenne et sur les autres expertises du Conseil de l'Europe à cet égard. Il a également salué l'initiative des autorités de s'appuyer sur la coopération de l'unité spécialisée du Conseil de l'Europe avec le soutien du Fonds fiduciaire pour les droits de l'homme afin de renforcer l'administration de soins de santé et de santé mentale aux détenus. En ce qui concerne le système de recours interne, il s'est vivement félicité de la mise en place jurisprudentielle d'un recours compensatoire effectif pour les griefs défendables liées à des mauvaises conditions de détention et de transport, et a relevé l'évaluation de la Cour selon laquelle le fonctionnement effectif du recours préventif dépend de la poursuite des améliorations dans les systèmes péni-

the prison and remand systems.

In the *Nevmerzhitsky* group *v. Ukraine*, the Committee noted with satisfaction that the Ukrainian authorities have underlined their commitment to resolve the long-standing problems reiterated in the *Sukachov* pilot judgment, despite the unprecedented challenges brought by the ongoing Russian aggression. It noted with deep regret nevertheless that an overall strategic approach to improve material conditions of detention is still lacking and strongly urged the authorities to take stock of the results of the measures taken so far and draw up a list of lessons learned and steps forward. The Committee also invited the authorities to reconsider the "paid cells" financing option and to find Convention-compliant alternative ways for the financing of improvements in detention conditions.

D.4. Democracy, pluralism and non-discrimination

Freedom of thought, conscience and religion

In 2023, the Committee of Ministers examined the *Mushfig Mammadov and Others v. Azerbaijan* case regarding the prosecution and criminal conviction of the applicants, as conscientious objectors, for their refusal to perform compulsory military service. It called on the authorities to remedy the negative consequences of the applicants' criminal convictions, including deletion of their criminal records. The Committee took note of the authorities' intention to initiate domestic consultations for the preparation of the draft legislation on alternative civilian service and called on them to adopt such legislation without delay. While stressing the need for the legislation to comply with Convention standards, the Committee encouraged the authorities to make use of the technical support and expertise available through the Council of Europe.

In the *Ülke v. Turkey* group, which concerns repetitive convictions and prosecutions of conscientious objectors and pacifists for refusing to carry out compulsory military service, the Committee strongly urged the Turkish authorities to ensure that all negative consequences of the violations found by the Court are rapidly eliminated in respect of the applicants who continue to face the threat of criminal and administrative proceedings. It noted, with respect to general measures, that "paid military service" and reduction of the length of compulsory military service do not constitute an alternative to mandatory military service and profoundly regretted that no progress has been achieved since the delivery of the *Ülke* judgment in 2006 in terms of targeted measures to prevent future similar violations. It therefore strongly urged the Turkish authorities to provide an action plan with concrete proposals for legislative amendments to address the Court's findings.

The Committee also examined the *İzzettin Doğan and Others v. Turkey* and *Hasan and Eylem Zengin v. Turkey* groups which concern the authorities' unjustified refusal to recognise the religious nature of the Alevi faith and *inter alia* the discriminatory treatment of their followers compared to citizens adhering to

tentiaires et de détention provisoire.

Dans le groupe d'affaires *Nevmerzhitsky c. Ukraine*, le Comité a noté avec satisfaction que les autorités ukrainiennes ont souligné leur engagement à résoudre les problèmes de longue date réitérés dans l'arrêt pilote *Sukachov*, malgré les défis sans précédent posés par l'agression russe en cours. Il a néanmoins noté avec un profond regret qu'une approche stratégique globale visant à améliorer les conditions matérielles de détention fait toujours défaut et a vivement encouragé les autorités à faire un bilan des résultats des mesures prises jusqu'à présent et à dresser une liste des enseignements tirés et des étapes à venir. Le Comité a également invité les autorités à reconsidérer l'option de financement des « cellules payantes » et à trouver d'autres moyens conformes à la Convention pour le financement des améliorations des conditions de détention.

D.4. Démocratie, pluralisme et non-discrimination

Liberté de pensée, de conscience et de religion

En 2023, le Comité des Ministres a examiné l'affaire *Mushfig Mammadov et autres c. Azerbaïdjan* concernant les poursuites et la condamnation pénale des requérants, en tant qu'objecteurs de conscience, pour leur refus d'effectuer le service militaire obligatoire. Il a appelé les autorités à remédier aux conséquences négatives des condamnations pénales des requérants, notamment en supprimant leur casier judiciaire. Le Comité a pris note de l'intention des autorités d'engager des consultations nationales pour la préparation d'un projet de loi sur le service civil de remplacement et les a invitées à adopter cette législation sans délai. Tout en soulignant la nécessité pour la législation de se conformer aux normes de la Convention, le Comité a encouragé les autorités à tirer parti du soutien technique et de l'expertise disponibles auprès du Conseil de l'Europe.

Dans le groupe *Ülke c. Turquie*, qui concerne les poursuites et condamnations répétées d'objecteurs de conscience et de pacifistes pour avoir refusé d'effectuer le service militaire obligatoire, le Comité a vivement recommandé aux autorités turques de garantir que toutes les conséquences négatives des violations constatées par la Cour soient rapidement éliminées à l'égard des requérants qui continuent de faire face à la menace de poursuites pénales et administratives. Il a noté, en ce qui concerne les mesures générales, que le « service militaire payé » et la réduction de la durée du service militaire obligatoire ne constituent pas une alternative au service militaire obligatoire et exprimé son profond regret qu'aucun progrès n'ait été réalisé depuis le prononcé de l'arrêt *Ülke* en 2006 dans l'adoption de mesures ciblées visant à prévenir de futures violations similaires. Il a donc instamment demandé aux autorités turques de fournir un plan d'action assorti de propositions concrètes d'amendements législatifs pour répondre aux conclusions de la Cour.

Le Comité a également examiné les affaires *İzzettin Doğan et autres c. Turquie* et *Hasan et Eylem Zengin c. Turquie* qui concernent le refus injustifié des autorités de reconnaître la nature religieuse de la foi alévie et, entre autres, le traitement discriminatoire de leurs adeptes par rapport aux citoyens adhérant à la branche majoritaire de

majority branch of Islam, who benefit from legal recognition and religious public services financed by the state. It welcomed certain developments capable of partially eliminating the imbalance in religious public services provided by the state and invited the authorities to assess whether and to what extent these measures have addressed the lack of recognition of their religious leaders and the impossibility to receive donations or state subsidies encountered by the Alevi community. While deeply regretting the failure to address the shortcomings as regards compulsory religious culture and ethics classes, the Committee strongly urged the authorities to ensure that the Turkish education system fulfils the state's duty of neutrality and impartiality towards various religions, denominations and beliefs, respecting the principles of pluralism and objectivity. It stressed that the Turkish education system should offer appropriate options for children of parents who have a religious or philosophical conviction other than that of Sunni Islam to opt out of compulsory religious education, without pupils' parents being obliged to disclose their religious or philosophical convictions.

Freedom of expression

The Committee examined the group of cases *Khadija Ismayilova v. Azerbaijan*, concerning the authorities' failure to protect the rights to respect for private life and freedom of expression of the applicant (an investigative journalist who had received anonymous threats and had an intimate video secretly filmed in her bedroom published on the Internet) by, *inter alia*, their failure to carry out an effective criminal investigation into these events. It noted that the applicant's personal information had been removed from the public domain and that the prosecution authorities reopened the investigation. It called for the Media Law to fully comply with Council of Europe standards to create a favourable environment enabling journalists to exercise their right to freedom of expression. The Committee further called on the authorities to take a proactive approach when dealing with threats and crimes against persons exercising their freedom of expression and to ensure effective investigations of any possible connection and links between crimes committed against journalists and their professional activities. Finally, it invited the authorities to improve the practice of domestic courts in conducting an adequate balancing exercise between the right to respect for private life and reputation and the right to freedom of expression.

In *Mahmudov and Agazade v. Azerbaijan* and *Tagiyev and Huseynov v. Azerbaijan*, mainly concerning violations of the journalists' right to freedom of expression and imposition of disproportionate criminal sanctions for defamation, the Committee noted that the applicants had been released, and their criminal records erased. It took note of the statistics on the use of criminal sanctions for defamation and encouraged the prosecution authorities to continue improving their practice so that recourse to criminal prosecutions for defamation is only carried out in exceptional circumstances such as in well-established instances of hate speech or incitement to violence. The Committee urged the authorities to accelerate the already long-awaited legislative process. It further called for the improvement of the domestic judicial

l'islam, qui bénéficient d'une reconnaissance légale et de services publics religieux financés par l'État. Il s'est félicité de certaines évolutions susceptibles d'éliminer partiellement le déséquilibre dans les services publics religieux fournis par l'État et a invité les autorités à déterminer si et dans quelle mesure ces mesures ont permis de remédier à l'absence de reconnaissance de des dirigeants religieux de la communauté alévie et à l'impossibilité de recevoir des donations ou des subsides de l'État. Tout en regrettant profondément que les lacunes concernant les cours obligatoires de culture et d'éthique religieuses n'aient pas été comblées, le Comité a demandé instamment aux autorités de veiller à ce que le système éducatif turc remplisse le devoir de neutralité et d'impartialité de l'État à l'égard des différentes religions, confessions et croyances, dans le respect des principes de pluralisme et d'objectivité, en offrant aux enfants dont les parents ont une conviction religieuse ou philosophique autre que celle de l'islam sunnite la possibilité de ne pas suivre l'enseignement religieux obligatoire, sans que les parents des élèves soient obligés de révéler leurs convictions religieuses ou philosophiques.

Liberté d'expression

Le Comité a examiné le groupe d'affaires *Khadija Ismayilova c. Azerbaïdjan*, concernant le manquement des autorités à l'obligation de protéger le droit au respect de la vie privée et la liberté d'expression de la requérante (une journaliste d'investigation qui avait reçu des menaces anonymes et dont une vidéo intime filmée secrètement dans sa chambre avait été publiée sur Internet), notamment parce qu'elles n'avaient pas mené d'enquête pénale effective sur ces événements. Il a noté que les données personnelles de la requérante ont été retirées du domaine public et que les autorités de poursuite ont rouvert l'enquête. Il a demandé que la loi sur les médias soit pleinement conforme aux normes du Conseil de l'Europe afin de créer un environnement favorable permettant aux journalistes d'exercer leur droit à la liberté d'expression. Le Comité a également demandé aux autorités d'adopter une approche proactive face aux menaces et aux infractions commises contre des personnes exerçant leur liberté d'expression et de veiller à ce que des enquêtes effectives soient menées sur tout lien possible entre les infractions commises contre des journalistes et leurs activités professionnelles. Enfin, il a invité les autorités à améliorer la pratique des tribunaux nationaux dans la recherche d'un équilibre adéquat entre le droit au respect de la vie privée et de la réputation et le droit à la liberté d'expression.

Dans les affaires *Mahmudov et Agazade c. Azerbaïdjan* et *Tagiyev et Huseynov c. Azerbaïdjan*, concernant principalement des violations du droit des journalistes à la liberté d'expression et l'imposition de sanctions pénales disproportionnées pour diffamation, le Comité a noté que les requérants ont été libérés et que leur casier judiciaire a été effacé. Il a pris note des statistiques sur l'utilisation des sanctions pénales pour diffamation et a encouragé les autorités de poursuite à continuer d'améliorer leur pratique afin que le recours aux poursuites pénales pour diffamation ne se fasse que dans des circonstances exceptionnelles, comme dans des cas bien établis de discours de haine ou d'incitation à la violence. Le Comité a invité instamment les autorités à accélérer le processus législatif tant attendu. Il a également appelé à l'amélioration de

practice aimed at protecting journalists against arbitrary criminal prosecution in line with Convention standards. Finally, it noted with satisfaction the legislative measures adopted, as well as other measures taken to improve the practice of prosecution authorities, to ensure the respect of the right to the presumption of innocence in statements made by the prosecution service and public officials and closed the supervision of this issue.

In *Manole and Others v. Moldova*, related to undue interferences with the right to freedom of expression of journalists, editors and producers working at the state television company *Teleradio-Moldova* on account of censorship and political control by the state authorities in the period 2001-2006, the Committee welcomed the authorities' readiness to improve the current legislative framework on mass-media. It encouraged them to rapidly draft amendments to the Code of Audiovisual Media Services, with the proper involvement of civil society and due consideration of the relevant Council of Europe and European Union standards, with a view to ensuring clear safeguards for the genuine independence of the Audiovisual Council and irremovability of its members, excluding possible political control.

When examining the freedom of expression groups[18] against Türkiye concerning mainly criminal proceedings against journalists for having expressed opinions that did not incite hatred or violence, and the consequent chilling effect on society as a whole, the Committee noted with interest the continuing good practice of the courts and the Constitutional Court, and the examples of speeches from high-level politicians regarding the right to freedom of expression. It urged the authorities to clarify in the Criminal Code and the Anti-Terrorism Law that the exercise of the right to freedom of expression does not constitute an offence and to limit the application of the criminal provisions strictly to cases of incitement to violence. It regretted that the Constitutional Court's pilot judgment in the case of *Hamit Yakut* has not been executed for more than one and a half years since its transmission to the Parliament and strongly urged the authorities to consider amending and abrogating certain Articles of the Criminal Code, to comply with the findings of the Constitutional Court and in accordance with the European Court's case-law.

The *Ahmet Yıldırım v. Turkey* case concerns domestic legislation allowing wholesale blocking of access to the internet without sufficient judicial-review procedures to avoid abuse. The Committee recalled that the amendments of 2019 and 2020 to Law No. 5651 appeared to have addressed the legislative lacuna highlighted by the Court and welcomed again the consistent approach of the Constitutional Court in adopting Convention-compliant criteria in its application which appear to leave little room for similar applications on wholesale blocking of access to be brought before the European Court. It further noted with interest that training is provided for judges and prosecutors concerning the application of the domestic legislation in compliance with the principle of respect for freedom of expression and requested statistical or other

---

18   Öner and Türk group (No. 51962/12), *Nedim Şener* group (No. 38270/11), *Altuğ Taner Akçam* group (No. 27520/07), *Artun* and *Güvener* group (No. 75510/01) and *Işıkırık* group (No. 41226/09).

la pratique judiciaire nationale visant à protéger les journalistes contre les poursuites pénales arbitraires, conformément aux normes de la Convention. Enfin, il a pris note avec satisfaction des mesures législatives adoptées, ainsi que d'autres mesures prises pour améliorer la pratique des autorités de poursuite, pour assurer le respect du droit à la présomption d'innocence dans les déclarations faites par le ministère public et les fonctionnaires, et a clôturé sa surveillance de cette question.

Dans l'affaire *Manole et autres c. Moldova*, relative à des ingérences indues dans le droit à la liberté d'expression de journalistes, de rédacteurs et de producteurs travaillant pour la société de télévision publique Teleradio-Moldova en raison de sa censure et du contrôle politique exercés par les autorités de l'État au cours de la période 2001-2006, le Comité s'est félicité de la volonté des autorités d'améliorer le cadre législatif actuel sur les médias. Il les a encouragées à rédiger rapidement des amendements au Code des services de médias audiovisuels, avec une participation effective de la société civile et en tenant compte des normes pertinentes du Conseil de l'Europe et de l'Union européenne, en vue d'assurer des garanties claires pour une indépendance réelle du Conseil de l'audiovisuel et l'inamovibilité de ses membres, et d'exclure un éventuel contrôle politique.

Lors de l'examen des groupes d'affaires contre la Türkiye relatif à la liberté d'expression[18] concernant principalement les poursuites pénales contre des journalistes pour avoir exprimé des opinions qui n'incitaient pas à la haine ou à la violence, et l'effet dissuasif qui en résulte sur la société dans son ensemble, le Comité a noté avec intérêt la bonne pratique constante des juridictions et de la Cour constitutionnelle, et les exemples de discours de personnalités politiques à haut niveau concernant le droit à la liberté d'expression. Il a invité les autorités à préciser dans le Code pénal et la loi antiterroriste que l'exercice du droit à la liberté d'expression ne constitue pas une infraction et à limiter l'application des dispositions pénales aux seuls cas d'incitation à la violence. Il a regretté que l'arrêt pilote de la Cour constitutionnelle dans l'affaire *Hamit Yakut* n'ait pas été exécuté plus d'un an et demi après sa transmission au Parlement et a demandé fermement aux autorités d'envisager de modifier et d'abroger certains articles du Code pénal, afin de se conformer aux conclusions de la Cour constitutionnelle et à la jurisprudence de la Cour européenne.

L'affaire *Ahmet Yıldırım c. Turquie* concerne la législation nationale autorisant le blocage généralisé de l'accès à Internet sans procédures de contrôle judiciaire suffisantes pour éviter les abus. Le Comité a rappelé que les modifications apportées en 2019 et 2020 à la loi n° 5651 semblent avoir comblé la lacune législative soulignée par la Cour et a salué à nouveau l'approche cohérente de la Cour constitutionnelle dans l'adoption de critères conformes à la Convention dans son application, ce qui semble laisser peu de place pour des requêtes similaires sur le blocage total de l'accès devant la Cour européenne. Il a également noté avec intérêt que les juges et les procureurs bénéficient d'une formation concernant l'application de la législation nationale conformément au principe du respect de la liberté d'expression et a demandé des statistiques ou d'autres informations disponibles montrant les tendances générales du

---

18   Groupe *Öner et Türk* (n° 51962/12), groupe *Nedim Şener* (n° 38270/11), groupe *Altuğ Taner Akçam* (n° 27520/07), *Artun* et groupe *Güvener* (n° 75510/01) et groupe *Işıkırık* (n° 41226/09).

available information showing the general trends on the overall number of decisions taken within the last three years blocking access to entire websites under Article 8 of the Law, together with further sample judgments. Given the progress, it decided to continue supervision of the outstanding issues under the standard supervision procedure.

Freedom of assembly

In the *Mushegh Saghatelyan* group *v. Armenia*, while noting that according to the authorities, judicial oversight of policing decisions appears to be developing in a positive direction, the Committee expressed concern regarding incidents of apparently disproportionate restrictions on protests. It therefore encouraged the authorities to further continue their efforts to exclude undue and disproportionate interferences with the right to freedom of assembly and provide updated statistics. It also welcomed the developments of the judicial practice in the application of the Code of Administrative Procedure and requested information on the role of the new Patrol Service, other police units and the Police Guard, in policing mass demonstrations, and on specific training for all relevant police units to ensure safe exercise of the right to freedom of assembly.

In the *Gafgaz Mammadov* group *v. Azerbaijan*, mainly concerning breaches of freedom of assembly through the dispersal of unauthorised peaceful demonstrations not posing any threat to public order and ensuing arrests, unfair administrative convictions and detention, the Committee stressed the need for legislative reform to ensure sufficient safeguards against the currently unfettered powers of local executive authorities and the police. The Committee called for improvement of the legislation and practice on lawfulness of administrative arrests, detentions and fairness of administrative proceedings. It urged the authorities to send clear high-level messages of tolerance towards peaceful assemblies and noted that to improve judicial practice, the Supreme Court could elaborate guidelines on the exercise of the right to freedom of assembly. Finally, it invited the authorities to provide statistics on the holding of demonstrations and strongly encouraged them to co-operate and benefit from the assistance of the Council of Europe co-operation programmes within the framework of the Council of Europe's Action Plan for Azerbaijan for 2022-2025.

In its examination of the execution of the *Oya Ataman v. Türkiye* group concerning the problem of disproportionate interventions in the right to freedom of peaceful assembly, including the prosecution of participants and/or the use of excessive force to disperse peaceful demonstrations, the Committee adopted an interim resolution. It strongly urged the authorities to amend Law No. 2911 on Meetings and Demonstrations in line with the principles set out in the case law of the European Court and the Constitutional Court and expressed the readiness of the Council of Europe to provide assistance to this end. It urged measures to ensure that the 2016 directive on

nombre de décisions prises au cours des trois dernières années pour bloquer l'accès à des sites Internet dans leur intégralité en vertu de l'article 8 de la loi, ainsi que d'autres exemples d'arrêts. Compte tenu des progrès accomplis, il a décidé de poursuivre la surveillance des questions en suspens dans le cadre de la procédure de surveillance standard.

Liberté de réunion

Dans l'affaire *Mushegh Saghatelyan c. Arménie*, tout en notant que, selon les autorités, le contrôle judiciaire des décisions de forces de l'ordre semble évoluer dans le bon sens, le Comité a exprimé sa préoccupation quant à des rapports faisant état de nombreux cas de restrictions apparemment disproportionnées des manifestations. Il a donc encouragé les autorités à poursuivre leurs efforts pour exclure les ingérences indues et disproportionnées dans le droit à la liberté de réunion et à fournir des statistiques actualisées. Il s'est également félicité de l'évolution de la pratique judiciaire dans l'application du Code de procédure administrative et a demandé des informations sur le rôle du nouveau Service de patrouille, d'autres unités de police et de surveillance policière dans le maintien de l'ordre lors de manifestations de masse, ainsi que sur la formation spécifique dispensée à toutes les unités de police concernées pour garantir l'exercice en toute sécurité du droit à la liberté de réunion.

Dans le groupe d'affaires *Gafgaz Mammadov c. Azerbaïdjan*, qui concerne principalement des atteintes à la liberté de réunion du fait de la dispersion de manifestations pacifiques non autorisées ne présentant aucune menace pour l'ordre public et les arrestations, condamnations administratives inéquitables et détentions qui s'en sont suivies, le Comité a souligné la nécessité d'une réforme législative pour apporter des garanties suffisantes contre les pouvoirs actuellement illimités des autorités exécutives locales et de la police. Le Comité a appelé à l'amélioration de la législation et de la pratique concernant la légalité des arrestations administratives, des détentions et l'équité des procédures administratives. Il a invité instamment les autorités à envoyer des messages clairs à haut niveau de tolérance à l'égard des rassemblements pacifiques et a noté que, pour améliorer la pratique judiciaire, la Cour suprême pourrait élaborer des lignes directrices sur l'exercice du droit à la liberté de réunion. Enfin, il a invité les autorités à fournir des statistiques sur l'organisation de manifestations et les a vivement encouragées à coopérer et à bénéficier de l'assistance des programmes de coopération du Conseil de l'Europe dans le cadre du Plan d'action du Conseil de l'Europe pour l'Azerbaïdjan pour 2022-2025.

Lors de l'examen de l'exécution du groupe *Oya Ataman c. Türkiye* concernant le problème des interventions disproportionnées dans le droit à la liberté de réunion pacifique, y compris les poursuites engagées contre des participants et/ou le recours à une force excessive pour disperser des manifestations pacifiques, le Comité a adopté une résolution intérimaire. Il a vivement encouragé les autorités à modifier la loi n° 2911 sur les réunions et les manifestations conformément aux principes énoncés dans la jurisprudence de la Cour européenne et de la Cour constitutionnelle, et a indiqué que le Conseil de l'Europe était prêt à fournir une assistance à cette fin. Il a demandé instamment que des mesures soient prises pour que la directive de 2016 sur l'usage de

the use of tear gas and other crowd control weapons and its implementation comply with international standards. While noting the examples of speeches from high-level politicians regarding the protection of human rights in general, the Committee encouraged the continuation of trainings of judges, prosecutors and law enforcements personnel on the implementation of the legislative framework.

Freedom of association

In the *Bulgarian Orthodox Old Calendar Church and Others v. Bulgaria* group concerning the systemic problem of unjustified refusals by Bulgarian courts to register Orthodox churches, the Committee regretted that the new request for registration of one of the applicant churches was rejected by domestic courts on grounds, contradicting the European Court's judgments in these cases and its indications under Article 46 of the Convention. It urged the competent domestic courts to examine any pending or new request for registration in line with the requirements of the present judgments and to authorise registration of separate denominations with similar Orthodox doctrine, as long as the names are not completely identical. Finally, it urged the Bulgarian authorities to rapidly elaborate relevant legislative changes or ensure Convention-compliant judicial practice to resolve the systemic problem identified by the European Court, in line with its indications under Article 46 of the Convention.

When examining implementation of the *UMO Ilinden and Others v. Bulgaria* group of cases, the Committee deplored again that more than 17 years after the first final judgment in this group, associations aiming to "achieve the recognition of the Macedonian minority" continue to be routinely refused registration mainly due to a wider problem of disapproval of their goals. It exhorted the authorities to take decisive action to ensure that any new registration request of the applicant associations or of associations with similar goals is examined in full compliance with Article 11 of the Convention and strongly urged them again to extend the obligation of the Registration Agency to give instructions for the rectification of registration documents. It stressed in addition the need for the Registration Agency and the courts to also identify exhaustively the defects of a registration file, to overcome the negative practice of raising new grounds for refusal, despite several examinations of identical documents. The Committee further noted with interest the authorities' engagement, including consultations with the Department for the Execution of Judgments and further awareness-raising measures, to clarify that the registration of an association is not tantamount to an approval of its goals or statements. In view of the prolonged absence of tangible progress, the Committee invited its Chair to send a letter to his Bulgarian counterpart, underlining the need to find swift solutions to abide fully and effectively by the obligations deriving from the Court's judgments in these cases.

In the *Bekir-Ousta and Others v. Greece* group of cases, the Committee reiterated deep concern that, more than 15 years since the leading judgment in this group and despite the legislative amendment adopted by Greece in 2017 which allowed the

grenades lacrymogènes et d'autres armes de contrôle des foules et sa mise en œuvre soient conformes aux normes internationales. Tout en notant les exemples de discours de responsables politiques de haut niveau concernant la protection des droits humains en général, le Comité a encouragé la poursuite de la formation des juges, des procureurs et du personnel des forces de l'ordre sur la mise en œuvre du cadre législatif.

Liberté d'association

Dans le groupe *Église orthodoxe vieille-calendariste de Bulgarie et autres c. Bulgarie* concernant le problème systémique de refus injustifiés des tribunaux bulgares d'enregistrer des églises orthodoxes, le Comité a regretté que la nouvelle demande d'enregistrement de l'une des églises requérantes ait été rejetée par les tribunaux nationaux pour des motifs contredisant les arrêts de la Cour européenne dans ces affaires et ses indications au titre de l'article 46 de la Convention. Il a demandé instamment aux tribunaux internes compétents d'examiner toute demande d'enregistrement en cours ou nouvelle conformément aux exigences des présents arrêts et d'autoriser l'enregistrement d'églises distinctes ayant une doctrine orthodoxe similaire, à condition que les noms ne soient pas complètement identiques. Enfin, il a invité instamment les autorités bulgares à élaborer rapidement des modifications législatives pertinentes ou à garantir une pratique judiciaire conforme à la Convention afin de résoudre le problème systémique identifié par la Cour européenne.

Lors de l'examen de l'exécution du groupe d'affaires *UMO Ilinden et autres c. Bulgarie*, le Comité a déploré à nouveau que, plus de 17 ans après le premier arrêt définitif dans ce groupe, les associations visant à « obtenir la reconnaissance de la minorité macédonienne » continuent de se voir systématiquement refuser l'enregistrement, principalement en raison d'un problème plus large de désapprobation de leurs objectifs. Il a exhorté les autorités à prendre des mesures décisives pour veiller à ce que toute nouvelle demande d'enregistrement des associations requérantes ou d'associations ayant des objectifs similaires soit examinée dans le plein respect de l'article 11 de la Convention, et les a de nouveau vivement encouragées à étendre l'obligation de l'Agence d'enregistrement de donner des instructions pour la rectification des documents d'enregistrement. Il a également souligné la nécessité pour cette agence et les tribunaux d'identifier de manière exhaustive les défauts d'un dossier d'enregistrement, afin d'éviter la pratique négative consistant à soulever de nouveaux motifs de refus, malgré plusieurs examens de documents identiques. Le Comité a également noté avec intérêt l'engagement des autorités, y compris les consultations avec le Service de l'exécution des arrêts et les mesures de sensibilisation supplémentaires, afin de préciser que l'enregistrement d'une association n'équivaut pas à une approbation de ses objectifs ou de ses déclarations. Compte tenu de l'absence prolongée de progrès tangibles, le Comité a invité son Président à envoyer une lettre à son homologue bulgare, soulignant la nécessité de trouver des solutions rapides pour respecter pleinement et effectivement les obligations découlant des arrêts de la Cour dans ces affaires.

Dans le groupe d'affaires *Bekir-Ousta et autres c. Grèce*, le Comité a réitéré sa profonde préoccupation quant au fait que, plus de 15 ans après l'arrêt de référence dans ce groupe et malgré l'amendement législatif adopté par la Grèce en 2017 qui a

reopening of the impugned proceedings, the applicants have still not been provided with *restitutio in integrum*, despite having exhausted the possibilities available to them within the domestic legal system. It welcomed the consultations of November 2023 between the Secretariat and the Deputy Minister for Foreign Affairs, and the intention expressed by the Greek authorities to establish a Committee of Experts to study the matter and advise them on the next steps to take. The authorities were called upon to establish this Committee at the earliest opportunity with a view to providing the applicants with the possibility to obtain *restitutio in integrum*.

Right to free elections

In the *Mugemangango v. Belgium* group, the Committee noted with interest the intention of the authorities to bring the entire Belgian electoral system (beyond the Walloon Parliament) into conformity with the *Mugemangango* judgment, by assigning to the Constitutional Court the review of the validation of the credentials of the elected representatives of all the parliamentary assemblies. While recalling the impossibility of amending the Constitution before the elections of 9 June 2024, it noted with satisfaction a draft "declaration of revision of the Constitution" and other drafts to enable the requisite amendments to numerous texts, so that the judgment can be fully executed as soon as possible after the elections. The Committee further welcomed the inclusion by several Belgian parliamentary assemblies of safeguards in their internal rules in case of disputes on the validation of their members' credentials. It invited the authorities to consider adopting safeguards in the Senate's internal rules and the possible establishment of a supervisory body for the Parliaments of the Communities and Regions which could be specific to the 2024 elections, pending the amendment of the Constitution.

In 2023, the Committee continued to regularly examine the *Sejdić and Finci v. Bosnia and Herzegovina* case. At the December 2023 Human Rights meeting, it adopted an interim resolution, insisting firmly on the utmost importance of instantly relaunching the electoral reform work, while pursuing all consultations necessary aimed at eliminating discrimination based on ethnic affiliation in elections for the Presidency and the House of Peoples of Bosnia and Herzegovina. It reiterated once again the willingness of the Council of Europe to assist the authorities in meeting their obligations under Article 46 of the Convention and urged them to take advantage of all expertise available within the Council of Europe, notably the Venice Commission, to rapidly reach a consensus on the required electoral system reform. It decided to invite the competent Minister of the Council of Ministers of Bosnia and Herzegovina for an exchange of views at its June 2024 Human Rights meeting.

As regards the *Kulinski and Sabev* group *v. Bulgaria* concerning the automatic and indiscriminate restriction of the right to vote, enshrined in the Constitution, applied to all convicted persons in detention and to all persons under partial guardianship, the Committee noted that, in light of the decision of the Constitutional Court of 18 October 2022, the constitutional restriction could not be interpreted in a Convention-compliant manner. The Committee thus urged the authorities to take the necessary

permis la réouverture de la procédure en cause, les requérants n'ont toujours pas bénéficié de la *restitutio in integrum*, bien qu'ils aient épuisé les possibilités qui leur étaient offertes dans le cadre du système juridique interne. Il s'est félicité des consultations de novembre 2023 entre le Secrétariat et le vice-ministre des Affaires étrangères, et de l'intention exprimée par les autorités grecques d'établir un comité d'experts pour étudier la question et de les conseiller sur les prochaines mesures à prendre. Les autorités ont été invitées à mettre en place ce comité dans les meilleurs délais afin de donner aux requérants la possibilité d'obtenir la *restitutio in integrum*.

Droit à des élections libres

Dans le groupe *Mugemangango c. Belgique*, le Comité a noté avec intérêt l'intention des autorités de mettre l'ensemble du système électoral belge (au-delà du Parlement wallon) en conformité avec l'arrêt *Mugemangango*, en attribuant à la Cour constitutionnelle le contrôle de la validation des pouvoirs des élus de toutes les assemblées parlementaires. Tout en rappelant l'impossibilité de modifier la Constitution avant les élections du 9 juin 2024, il a noté avec satisfaction un projet de « déclaration de révision de la Constitution » et d'autres projets en vue des modifications requises de nombreux textes, afin que l'arrêt puisse être pleinement exécuté dès que possible après les élections. Le Comité s'est également félicité de l'inclusion par plusieurs assemblées parlementaires belges de garanties dans leur règlement intérieur en cas de litiges sur la validation des pouvoirs de leurs membres. Il a invité les autorités à envisager l'adoption de garanties dans le règlement intérieur du Sénat et la création éventuelle d'un organe de contrôle pour les parlements des Communautés et des Régions qui pourrait être spécifique aux élections de 2024, dans l'attente de la modification de la Constitution.

En 2023, le Comité a continué d'examiner régulièrement l'affaire *Sejdić et Finci c. Bosnie-Herzégovine*. Lors de sa réunion Droits de l'Homme de décembre, il a adopté une résolution intérimaire, insistant fermement sur l'importance primordiale de relancer immédiatement les travaux de réforme électorale, tout en poursuivant toutes les consultations nécessaires visant à éliminer la discrimination fondée sur l'appartenance ethnique lors des élections à la présidence et à la Chambre des peuples de Bosnie-Herzégovine. Il a réitéré une fois de plus la volonté du Conseil de l'Europe d'aider les autorités à remplir leurs obligations au titre de l'article 46 de la Convention et les a invitées instamment à tirer parti de toute l'expertise disponible au sein du Conseil de l'Europe, notamment de la Commission de Venise, pour parvenir rapidement à un consensus sur la réforme requise du système électoral. Il a décidé d'inviter le ministre compétent du Conseil des ministres de Bosnie-Herzégovine pour un échange de vues lors de sa réunion Droits de l'Homme de juin 2024.

En ce qui concerne l'affaire *Kulinski et Sabev c. Bulgarie* relative à la restriction générale, automatique et indifférenciée du droit de vote, inscrite dans la Constitution, appliquée à toutes les personnes condamnées en détention et à toutes les personnes sous curatelle, le Comité a noté que, à la lumière de la décision de la Cour constitutionnelle du 18 octobre 2022, la restriction constitutionnelle ne peut pas être interprétée d'une manière conforme à la Convention. Le Comité a donc invité instamment les

steps to prepare the required constitutional reform and encouraged them to continue their co-operation with the Secretariat.

In *Cegolea v. Romania*, concerning a breach of the right to free elections and the prohibition of discrimination in respect of national minority organisations not yet represented in Parliament, the Committee noted with satisfaction the preparation of draft legislation to remedy the flaws relating to the procedure and the safeguards attending the eligibility requirement imposed solely on such organisations, including by removing the executive's discretion and giving the domestic courts full powers to review negative decisions and set them aside if they are unlawful. It was positive that inclusive and constructive consultations had been held with civil society and public stakeholders and that the authorities had engaged in a sustained and effective dialogue with the DEJ in the process. The Committee strongly called upon all the relevant authorities to ensure that the new provisions are enacted and come into effect in good time before the next parliamentary elections, foreseen to take place in late 2024.

Special surveillance measures

The Committee examined the *Association for European Integration and Human Rights and Ekimdzhiev* group *v. Bulgaria*, which concerns the lack of sufficient safeguards in Bulgarian law against the risk of abuse inherent in every secret surveillance system and the lack of an effective remedy or the deficiencies of the domestic remedy; as well as in the system of retention and accessing of communications data. It noted with interest the efforts by various domestic authorities to improve their practices on authorisation and implementation of secret surveillance and the decrease of secret surveillance in 2022. It nevertheless urged the development of legislative amendments to strengthen the guarantees of qualification and independence of the members of the National Bureau for Control of Special Means of Surveillance ("the Bureau") from the authorities that the Bureau supervises; and called on the authorities to adopt without delay other outstanding measures identified in its decisions of December 2022. The Committee decided to close supervision of the *Association for European Integration and Human Rights and Ekimdzhiev*, noting the significant progress achieved over the years and to continue the supervision of all outstanding general measures, notably the safeguards concerning retention and accessing of communications data, in the context of the *Ekimdzhiev and Others* case. In this respect, the Committee indicated that the law must provide that bodies requesting access to communications data must disclose to the judge all relevant information, including that which weakens their case, and attach supporting materials; and judges must give reasons for the need to access data. It further asked to be informed of the legislative or other measures envisaged to ensure the existence of clear, comprehensive and accessible rules on procedures for storing, accessing, examining, using, communicating and destroying communications data to

autorités à prendre les mesures nécessaires pour préparer la réforme constitutionnelle requise et les a encouragées à poursuivre leur coopération avec le Secrétariat.

Dans l'affaire *Cegolea c. Roumanie*, concernant une violation du droit à des élections libres et de l'interdiction de la discrimination à l'égard des organisations de minorités nationales qui ne sont pas encore représentées au Parlement, le Comité a relevé avec satisfaction l'élaboration de propositions législatives visant à remédier aux lacunes en ce qui concerne la procédure et les garanties relatives au critère d'éligibilité, notamment en supprimant le pouvoir discrétionnaire de l'exécutif en la matière et en donnant aux tribunaux nationaux les pleins pouvoirs pour examiner les décisions négatives et les annuler si elles sont illégales. Il a relevé avec satisfaction que des consultations inclusives et constructives ont été menées avec la société civile et les parties prenantes publiques et que les autorités ont engagé un dialogue soutenu et efficace avec le Service de l'exécution des arrêts dans le cadre de ce processus. Le Comité a appelé fermement toutes les autorités compétentes à veiller à ce que les nouvelles dispositions soient promulguées et entrent en vigueur en temps utile avant les prochaines élections législatives, qui devraient avoir lieu fin 2024.

Mesures de surveillance spéciales

Le Comité a examiné le groupe *Association pour l'intégration européenne et les droits de l'homme et Ekimdzhiev c. Bulgarie*, qui concerne l'absence de garanties suffisantes en droit bulgare contre le risque d'abus inhérent à tout système de surveillance secrète et l'absence de recours effectif ou les lacunes du recours interne, ainsi que dans le système de conservation et d'accès aux données de communication. Il a noté avec intérêt les efforts déployés par diverses autorités nationales pour améliorer leurs pratiques en matière d'autorisation et de mise en œuvre de la surveillance secrète, ainsi que la diminution de la surveillance secrète en 2022. Il a néanmoins insisté sur l'élaboration d'amendements législatifs visant à renforcer les garanties relatives à la qualification et à l'indépendance des membres du Bureau national de contrôle des moyens spéciaux de surveillance (« le Bureau ») par rapport aux autorités que le Bureau supervise. Il a en outre appelé les autorités à adopter sans délai d'autres mesures en suspens identifiées dans ses décisions de décembre 2022. Le Comité a décidé de clore la surveillance de l'affaire *Association pour l'intégration européenne et les droits de l'homme et Ekimdzhiev*, relevant les progrès significatifs réalisés au fil des années, et de poursuivre la surveillance de toutes les mesures générales en suspens, notamment les garanties concernant la conservation et l'accès aux données de communication, dans le contexte de l'affaire *Ekimdzhiev et autres*. À cet égard, le Comité a indiqué que la loi doit prévoir que les organismes demandant l'accès aux données de communication doivent divulguer au juge toutes les informations pertinentes, y compris celles qui affaiblissent leur dossier, et joindre les pièces justificatives ; et que les juges doivent motiver la nécessité d'accéder aux données. Il a également demandé à être informé des mesures législatives ou autres envisagées pour assurer l'existence de règles claires, complètes et accessibles sur les procédures de stockage, d'accès, d'examen, d'utilisation, de communication et de destruction des données de communication auxquelles les autorités ont accès, garantissant un niveau de protection

which the authorities have access, which guarantee an adequate level of protection. Lastly, it requested statistical data on access to communications data and information on any complaints, notifications and use of domestic remedies in this area.

In an interim resolution adopted regarding the *Szabó and Vissy* group *v. Hungary*, concerning the absence of sufficient guarantees against abuse in the legislation on secret surveillance within the framework of intelligence-gathering on national security grounds, the Committee reiterated that secret surveillance should be regarded as a highly intrusive act that potentially interferes with the rights to freedom of expression and privacy and threatens the foundations of a democratic society. The Committee noted with deepest concern the absence of any written information, almost seven years after the judgment became final, despite the authorities' confirmation in 2017 of the need for a legislative reform and notwithstanding the Committee's repeated calls in this respect. It exhorted the authorities to adopt, without further delay, the measures required to bring the domestic legislation fully and effectively in line with the Convention requirements, to establish a timeline for the legislative process, to present a draft legislative proposal and keep the Committee informed about all relevant developments. The Committee also encouraged the authorities to make full use of the expertise available by the Council of Europe in order to ensure that the legislative reform is fully Convention-compliant.

In *Bucur and Toma v. Romania*, relating to the disclosure by a military officer within the Romanian Intelligence Service of information on wide-scale illegal telephone tapping of citizens by the Intelligence Service, the Committee recalled that measures were still needed to guarantee non-repetition of the violations of Articles 8 and 13 because of the lack of sufficient safeguards in the national legislation governing secret surveillance based on national security considerations. It expressed great concern at the absence of renewed efforts from the authorities to bring that legislation fully into line with Convention requirements and deeply regretted, in these circumstances, that the authorities had decided to restore the possibility to use material obtained through such surveillance as evidence in criminal proceedings. The Committee exhorted therefore the authorities to implement, without any further delay, the measures still needed to ensure that the domestic law sets out all the required safeguards to protect individuals against abuses of power in pursuit of secret surveillance. It strongly encouraged again the authorities to make full use of the expertise available through the Council of Europe with a view to ensuring that Convention-compliant solutions are developed and implemented.

Roma and Travellers

Further details of the Committee of Ministers examination of the *R.R. and R.D. v. Slovakia* group of cases concerning notably the excessive use of force by the police in an operation carried out in a Roma neighbourhood and lack of investigation into the alleged racist motives in the planning of the operation, are set out in Part D.2 above.

adéquat. Enfin, il a demandé des données statistiques sur l'accès aux données de communication et des informations sur toutes plaintes, notifications et utilisations des voies de recours internes dans ce domaine.

Dans une résolution intérimaire adoptée dans l'affaire *Szabó et Vissy c. Hongrie*, relative à l'absence de garanties suffisantes contre les abus dans la législation sur la surveillance secrète dans le cadre de la collecte de renseignements pour des motifs de sécurité nationale, le Comité a réaffirmé que la surveillance secrète devrait être considérée comme un acte hautement intrusif qui interfère potentiellement avec les droits à la liberté d'expression et à la vie privée et menace les fondements d'une société démocratique. Le Comité a noté avec une profonde préoccupation l'absence de toute information écrite, près de sept ans après que l'arrêt est devenu définitif, malgré la confirmation par les autorités en 2017 de la nécessité d'une réforme législative et malgré les appels répétés du Comité à cet égard. Il a exhorté les autorités à adopter, sans plus tarder, les mesures nécessaires pour rendre la législation nationale pleinement et effectivement conforme aux exigences de la Convention, à établir un calendrier pour le processus législatif, à présenter un projet de proposition législative et à tenir le Comité informé de tous les développements pertinents. Le Comité a également encouragé les autorités à recourir pleinement à l'expertise disponible au sein du Conseil de l'Europe afin de s'assurer que la réforme législative soit pleinement conforme à la Convention.

Dans l'affaire *Bucur et Toma c. Roumanie*, relative à la divulgation par un officier militaire du Service roumain des renseignements d'informations sur des écoutes téléphoniques illégales menées à grande échelle par le Service des renseignements, le Comité a rappelé que des mesures étaient encore nécessaires pour garantir la non-répétition des violations des articles 8 et 13 en raison de l'absence de garanties suffisantes dans la législation nationale régissant la surveillance secrète fondée sur des considérations de sécurité nationale. Il a exprimé sa grande préoccupation devant l'absence d'efforts renouvelés de la part des autorités pour rendre cette législation pleinement conforme aux exigences de la Convention et a vivement regretté, dans ces circonstances, que les autorités aient décidé de rétablir la possibilité d'utiliser les données obtenues par le biais d'une telle surveillance comme élément de preuve dans le cadre de procédures pénales. Le Comité a donc exhorté les autorités à mettre en œuvre, sans plus tarder, les mesures encore nécessaires pour s'assurer que le droit interne prévoit toutes les garanties requises pour protéger les individus contre les abus de pouvoir dans le cadre d'une surveillance secrète. Il a de nouveau vivement encouragé les autorités à faire pleinement usage de l'expertise disponible au sein du Conseil de l'Europe en vue de s'assurer que des solutions conformes à la Convention soient élaborées et mises en œuvre.

Roms et Gens du voyage

De plus amples détails sur l'examen par le Comité des Ministres du groupe d'affaires *R.R. et R.D. c. Slovaquie* concernant notamment l'usage excessif de la force par la police lors d'une opération menée dans un quartier rom et l'absence d'enquête sur les motifs racistes allégués dans la planification de l'opération, sont exposés dans

In addition, regarding investigations of possible racist motives during the police operations, the Committee invited the authorities to clarify how the independence and impartiality of an internal inquiry carried out by senior police officers is ensured and to provide statistics and relevant examples. It also requested further information about investigations of possible racist motives in crimes committed by private persons.

In the *Fedorchenko and Lozenko v. Ukraine* group, concerning the authorities' failure to carry out effective investigations into violent acts against the applicants, including into possible motives of racial or religious hatred behind the attacks, the Committee noted with interest the relevant measures among law enforcement authorities and notably the trust building measures with civil society and Roma communities and invited the authorities to redouble their efforts, taking advantage of the relevant Council of Europe co-operation programmes. The Committee reiterated its call on the authorities to submit information on compensation schemes available to the victims of hate crimes. It strongly urged again the authorities to establish a disaggregated data collection mechanism for hate crimes and to monitor the responses of law enforcement authorities and the progress of cases through the justice system. Finally, the Committee noted with interest the adoption of the Strategy to promote the rights and opportunities of persons belonging to the Roma national minority in Ukrainian society until 2030 and invited the authorities to adopt the updated action plan on its implementation without further delay.

LGBTI rights

In its examination of the *Oganezova v. Armenia* case, mainly concerning lack of protection by the authorities from homophobic attacks and hate speech and the absence of effective investigations, the Committee of Ministers called for the prompt completion of the drafting process of the Law on Equality in line with the relevant international standards and the Court's findings in this case, and its adoption without further delay. It welcomed the new elements introduced in the criminal legislation which allow for a criminal law response to homophobic hate crimes and invited the authorities to provide information and statistical data on their practical application. The Committee welcomed the readiness of the authorities to implement the Council of Europe guidelines on policing hate crimes and their plan to elaborate guidelines on the investigation of discrimination and hate speech and encouraged them to take full advantage of co-operation possibilities with the Council of Europe in this field.

When examining the *Y.T. v. Bulgaria* group of cases, concerning unjustified refusals of domestic courts in 2016 and 2020 to grant the requests for recognition of gender reassignment, the Committee deeply regretted that the recent interpretative decision of the Supreme Court of Cassation of February 2023, based on a judgment of the Constitutional Court of October 2021, had made it impossible for transgender

la partie D.2 ci-dessus. En outre, en ce qui concerne les enquêtes sur d'éventuels motifs racistes lors d'opérations de police, le Comité a invité les autorités à clarifier comment l'indépendance et l'impartialité d'une enquête interne menée par des officiers supérieurs de la police est garantie et à fournir des statistiques et des exemples pertinents. Il a également demandé un complément d'information sur les enquêtes relatives à d'éventuels motifs racistes dans le cadre de crimes commis par des personnes privées.

Dans l'affaire *Fedorchenko et Lozenko c. Ukraine*, concernant le manquement des autorités à mener des enquêtes effectives sur les actes de violence commis à l'encontre des requérants, y compris sur les éventuels motifs de haine raciale ou religieuse à l'origine des attaques, le Comité a noté avec intérêt les mesures pertinentes prises par les forces de l'ordre et, notamment, les mesures visant à instaurer la confiance avec la société civile et les communautés roms, et a invité les autorités à redoubler d'efforts, en tirant parti des programmes de coopération pertinents du Conseil de l'Europe en la matière. Le Comité a réitéré son appel aux autorités pour qu'elles fournissent des informations sur les régimes d'indemnisation disponibles pour les victimes de crimes de haine. Il a de nouveau demandé instamment aux autorités à mettre en place un mécanisme permettant d'enregistrer les crimes de haine et de suivre les réponses des forces de l'ordre ainsi que l'évolution des affaires dans le système judiciaire. Enfin, le Comité a noté avec intérêt l'adoption de la Stratégie nationale pour promouvoir les droits et opportunités des personnes appartenant à la minorité nationale rom dans la société ukrainienne jusqu'en 2030, et a invité les autorités à adopter sans plus tarder le plan d'action actualisé relatif à sa mise en œuvre.

Personnes LGBTI

Dans son examen de l'affaire *Oganezova c. Arménie*, qui concerne principalement le manque de protection par les autorités contre les attaques homophobes et les discours de haine et l'absence d'enquêtes effectives, le Comité des Ministres a appelé à l'achèvement rapide du processus de rédaction de la loi sur l'égalité, conformément aux normes internationales pertinentes et aux conclusions de la Cour dans cette affaire, ainsi qu'à son adoption sans plus tarder. Il s'est félicité des nouveaux éléments introduits dans la législation pénale qui permettent une réponse pénale aux crimes de haine homophobe et a invité les autorités à fournir des informations et des données statistiques sur leur application pratique. Le Comité s'est félicité de la volonté des autorités de mettre en œuvre les lignes directrices du Conseil de l'Europe sur la lutte contre les crimes de haine et de leur projet d'élaborer des lignes directrices sur les enquêtes relatives à la discrimination et au discours de haine, et les a encouragées à tirer pleinement parti des possibilités de coopération avec le Conseil de l'Europe dans ce domaine.

Lors de son examen du groupe d'affaires *Y.T. c. Bulgarie*, concernant les refus injustifiés des juridictions nationales en 2016 et 2020 de faire droit aux demandes de reconnaissance de changement de sexe des requérants, le Comité a pris note avec profond regret de la récente décision interprétative de la Cour suprême de cassation de février 2023, fondée sur un arrêt de la Cour constitutionnelle d'octobre 2021, ren-

persons to obtain legal gender recognition in Bulgaria, thus considerably aggravating their uncertainty. It requested clarification on whether that interpretative decision affects the situation of transgender persons who obtained positive judicial decisions on gender reassignment before its adoption but have not yet obtained the necessary modifications in the civil status register. The Committee stressed the need for the rapid elaboration and adoption of legislative measures, providing for a Convention-compliant procedure for legal gender recognition and encouraged the authorities to draw inspiration from the resources and standards of the Council of Europe.

During its examination of the *Identoba and Others v. Georgia* group, the Committee noted with deep concern reports from the Council of Europe Commissioner for Human Rights, the Public Defender and civil society which underline the seriousness of the situation with regard to protection of the rights of LGBTI persons and religious minorities. It exhorted the authorities to convey an unambiguous zero-tolerance message at the highest level towards any form of discrimination and hate crime and to duly bring to justice organisers and instigators of hate violence without further delay. The Committee strongly called upon the authorities to demonstrate that enabling the LGBTI community to fully enjoy their right to peaceful assemblies is a clear priority through adopting effective measures to ensure safe conduct of the relevant gatherings. It further regretted that the adopted National Strategy for the Protection of Human Rights for 2022-2030 does not adequately address the needs of the LGBTI community. Finally, it called upon the authorities to speed up the work of the implementing Action Plan and to effectively involve all relevant stakeholders in the process to ensure that this document sets out comprehensive, inclusive and far-reaching measures to properly address the needs of LGBTI people and religious minorities.

As to the *L. v. Lithuania* case, concerning the lack of legislation regulating the conditions and procedures for gender reassignment surgery and legal gender recognition, the Committee of Ministers expressed grave concern that, more than 15 years after the judgment became final, the legislative process regulating the conditions and procedures for gender reassignment and legal recognition still has not been completed. It reiterated again that for the full execution of this judgment, the Lithuanian authorities must ensure the adoption of a clear legal framework regulating the conditions and procedures for gender reassignment and legal recognition in line with Convention principles as established in the Court's case law and exhorted the authorities to set a strict timeline for the completion of the legislative process.

In the case of *X. v. North Macedonia*,[19] concerning the absence of quick, transparent and accessible procedures in national legislation allowing the change of the sex/gender marker on birth certificates, the Committee of Ministers noted with

---

[19] The name of the case as contained in the judgment of the European Court is X. v. "the former Yugoslav Republic of Macedonia". Following the entry into force on 12 February 2019 of the Final Agreement as notified notably to international organisations, the official name of the respondent state is Republic of North Macedonia – short name: North Macedonia.

dant impossible pour les personnes transgenres d'obtenir la reconnaissance juridique de leur genre en Bulgarie, ce qui a considérablement aggravé leur incertitude. Il a demandé des éclaircissements sur la question de savoir si cette décision interprétative affecte la situation des personnes transgenres qui ont obtenu des décisions judiciaires positives sur le changement de genre avant son adoption, mais qui n'ont pas encore obtenu les modifications nécessaires dans le registre d'état civil. Le Comité a souligné la nécessité d'élaborer et d'adopter rapidement des mesures législatives prévoyant une procédure de reconnaissance légale du genre conforme à la Convention et a encouragé les autorités à s'inspirer des ressources et des normes du Conseil de l'Europe.

Lors de son examen du groupe *Identoba et autres c. Géorgie*, le Comité a pris note avec une profonde préoccupation des rapports de la Commissaire aux droits de l'homme du Conseil de l'Europe, du Défenseur public et de la société civile qui soulignent la gravité de la situation en ce qui concerne la protection des droits des personnes LGBTI et des minorités religieuses. Il a exhorté les autorités à transmettre au plus haut niveau un message sans ambiguïté de tolérance zéro à l'égard de toute forme de discrimination et de crime de haine et à traduire en justice sans plus tarder les organisateurs et les instigateurs de violences motivées par la haine. Le Comité a appelé fermement aux autorités à démontrer que permettre à la communauté LGBTI d'exercer son droit à des rassemblements pacifiques est une priorité claire, en adoptant des mesures efficaces pour garantir la sécurité des rassemblements concernés. Il a en outre regretté que la Stratégie nationale adoptée pour la protection des droits de l'homme pour 2022-2030 ne réponde pas de manière adéquate aux besoins de la communauté LGBTI. Enfin, il a appelé les autorités à accélérer les travaux relatifs au plan d'action de mise en œuvre et à associer effectivement toutes les parties prenantes au processus afin que ce document définisse des mesures globales, inclusives et de grande envergure pour répondre correctement aux besoins des personnes LGBTI et des minorités religieuses.

En ce qui concerne l'affaire *L. c. Lituanie*, relative à l'absence de législation réglementant les conditions et la procédure de chirurgie de réassignation sexuelle et de la reconnaissance juridique du genre, le Comité des Ministres e exprimé sa grave préoccupation quant au fait que, plus de quinze ans après que l'arrêt est devenu définitif, ce processus législatif n'a toujours pas été mené à terme. Il a réitéré que pour la pleine exécution de cet arrêt, les autorités lituaniennes doivent assurer l'adoption d'un cadre juridique clair réglementant les conditions et les procédures pour la réassignation sexuelle et la reconnaissance juridique conformément aux principes de la Convention tels qu'établis dans la jurisprudence de la Cour, et a exhorté les autorités à fixer un calendrier strict pour l'achèvement du processus législatif.

Dans l'affaire *X. c. Macédoine du Nord*[19], concernant l'absence de procédures rapides, transparentes et accessibles dans la législation nationale permettant le changement de la mention du sexe/genre sur les certificats de naissance, le Comité des

---

19   Le nom de l'affaire, tel qu'il figure dans l'arrêt de la Cour européenne, est *X. c. « l'ex-République yougoslave de Macédoine »*. Depuis l'entrée en vigueur, le 12 février 2019, de l'accord final tel que notifié notamment aux organisations internationales, le nom officiel de l'État défendeur est République de Macédoine du Nord – nom abrégé : Macédoine du Nord.

grave concern that, after the withdrawal from Parliament in March 2022 of the draft amendments to the Civil Status Registration Act, a new Civil Status Registration Act has still not been finalised. It called upon the authorities to step up efforts to ensure the adoption of a clear legal framework regulating conditions and procedures for legal gender recognition without further delay and in close co-operation with the Council of Europe. Nevertheless, it noted with satisfaction the continuing positive developments of domestic practice regarding changes of records in official documents, including the consolidation of the administrative practice of the State Commission and the case-law of the Administrative Court, allowing legal gender recognition, including on the basis of self-determination and without imposing any medical treatment as a condition to the legal gender recognition.

Persons with disabilities

Details about the Committee's examination of the *Strazimiri v. Albania* case, which concerns the inhuman and degrading treatment of the applicant due to the cumulative effect of the poor material conditions at the Tirana Prison Hospital and insufficient psychiatric and therapeutic treatment, are set out in Part D.3 above.

The Committee examined the *L.B.* group and *W.D. v. Belgium* case, concerning the prolonged detention of internees in prison psychiatric wings without appropriate therapeutic treatment and the lack of suitable places in the external circuit and of qualified staff in prisons. It expressed concern at the significant increase in the number of internees in prison and urged the authorities to immediately improve the health care available to them and to recruit sufficient custodial and care staff, so that the standard of supervision of this care, fixed in 2021, becomes effective. Furthermore, it urged the authorities to establish a national mechanism for the prevention of torture to monitor all places of detention, including those in centres and psychiatric hospitals. As to the compensatory remedy, the Committee noted with interest that, following the *Venken and Others* judgment, some Belgian courts and tribunals have eased the procedural burden on internees in relation to prescription. As regards the preventive remedy, it expressed its concern about the practical effectiveness of the interim remedy, given the increase in the number of internees in prison and delays in the creation of places elsewhere.

When examining the *Stanev v. Bulgaria* group, related to the unlawful placement in a social care home of persons suffering from mental health disorders and the lack of effective remedy, the Committee noted the numerous measures adopted by the authorities, which go in the right direction, but noted also that further measures appear necessary to avoid the risks of serious forms of neglect and unhygienic conditions. The Committee noted that the foreseen closure of 41 social care homes, according to the action plan for 2022-2027, could become a powerful tool for improving living conditions. It welcomed the rules allowing residents of institutions to complain to the

Ministres a noté avec grave préoccupation qu'après le retrait du Parlement, en mars 2022, du projet d'amendements à la loi sur l'enregistrement de l'état civil, une nouvelle loi sur l'enregistrement de l'état civil n'a toujours pas été finalisée. Il a appelé les autorités à redoubler d'efforts pour garantir l'adoption d'un cadre juridique clair réglementant les conditions et les procédures de reconnaissance juridique du genre sans plus attendre et en étroite coopération avec le Conseil de l'Europe. Néanmoins, il a noté avec satisfaction la poursuite des développements positifs de la pratique interne concernant les changements d'enregistrements dans les documents officiels, y compris la consolidation de la pratique administrative de la Commission d'État et de la jurisprudence du tribunal administratif, permettant la reconnaissance juridique du genre, y compris sur la base de l'autodétermination et sans imposer de traitement médical comme condition à la reconnaissance juridique du genre.

Personnes en situation de handicap

Les détails de l'examen par le Comité de l'affaire *Strazimiri c. Albanie*, qui concerne le traitement inhumain et dégradant du requérant dû à l'effet cumulé des mauvaises conditions matérielles à l'hôpital de la prison de Tirana et de l'insuffisance des traitements psychiatriques et thérapeutiques, sont exposés dans la partie D.3 ci-dessus.

Le Comité a examiné le groupe d'affaires *L.B.* et l'affaire *W.D. c. Belgique*, concernant le maintien prolongé d'internés dans les ailes psychiatriques de prisons sans encadrement thérapeutique adapté en raison d'un manque de places adaptées dans le circuit extérieur et de personnel qualifié dans les prisons. Il a exprimé sa préoccupation face à l'augmentation importante du nombre d'internés en prison et a prié les autorités d'améliorer immédiatement les soins de santé qui leur sont offerts et à recruter du personnel soignant et de garde en nombre suffisant, pour que la norme d'encadrement de ces soins, fixée en 2021, devienne effective. En outre, il a invité instamment les autorités à mettre en place un mécanisme national de prévention de la torture en vue de surveiller tous les lieux de détention, y compris ces centres de détention et les hôpitaux psychiatriques. En ce qui concerne le recours compensatoire, le Comité a noté avec intérêt que, suite à l'arrêt *Venken et autres*, des juridictions belges ont allégé la charge procédurale pesant sur les internés en matière de prescription. En ce qui concerne le recours préventif, il a exprimé sa préoccupation quant à l'effectivité en pratique du recours en référé, compte tenu de l'augmentation du nombre d'internés en prison et des retards dans la création de places ailleurs.

Lors de l'examen du groupe *Stanev c. Bulgarie*, concernant le placement illégal dans un foyer social de personnes souffrant de troubles mentaux sans leur consentement et l'absence de recours effectif, le Comité a pris note des nombreuses mesures adoptées par les autorités, qui vont dans la bonne direction, mais a également noté que des mesures supplémentaires semblent nécessaires pour éviter les risques de formes graves de négligence et de conditions insalubres. Le Comité a noté que la fermeture prévue de 41 foyers sociaux, conformément au plan d'action pour 2022-2027, pourrait devenir un outil puissant pour améliorer les conditions de vie. Il s'est félicité des règles permettant aux résidents d'institutions de déposer plainte auprès de l'Agence

Social Services Quality Agency but asked for clarification about their implementation and other procedural arrangements and safeguards related to placements in residential care. Finally, the Committee invited the authorities to adopt measures improving judicial review, which could be best fulfilled by a combination of periodic review and a right for the directly concerned person to submit an application for termination of the placement and the availability of judicial review.

The Committee examined *Citraro and Molino v. Italy* concerning the failure of the authorities to do all that could reasonably be expected to prevent the suicide in prison of a person, who suffered from a pre-existing psychiatric condition. While positively noting the adoption in 2017 of a comprehensive national action plan for the prevention of suicide and self-harm in prison, the Committee also noted the unprecedented level of number of suicides in prisons in 2022. It urged the authorities to ensure that the relevant guidelines, including the recent recommendations of the Department of Prison Administration, are rapidly implemented in every prison, that adequate funds are provided for this purpose, and to monitor closely their impact in practice.

In *Sy v. Italy*, concerning the prolonged detention of a person with psychiatric disorders in an ordinary prison despite orders from the domestic court to transfer him to a psychiatric facility for the enforcement of security measures (REMS), the Committee noted with interest the reduction of 45% in the number of persons awaiting transfers to REMS, as a result *inter alia* of the enhanced and streamlined co-operation among the different stakeholders. It encouraged the authorities to pursue their efforts in order to ensure sufficient capacity in the REMS, including by securing adequate human and financial resources, particularly in the regions where the situation appeared most critical. The Committee further requested the authorities to assess whether additional measures are required to ensure that when the European Court indicates under Rule 39 of its Rules that an applicant should be transferred to REMS, this happens without delay.

As to the case of *X. v. Finland*, concerning the extension of involuntary confinement in a psychiatric hospital and forcible administration of medication without adequate legal safeguards, the Committee recalled that the 2014 amendments to the Mental Health Act had addressed the main deficiencies criticised by the Court as regards involuntary confinement, enabling patients to request a second independent opinion prior to extension of their confinement and to initiate themselves an appeal against its extension, and that thus similar violations in the future would be prevented. Nevertheless, the Committee noted with deep concern that, more than a decade after the judgment in this case became final, decisions on forcible administration of medication still rest solely with the doctors and are not subject to judicial review. It therefore called on the authorities to urgently adopt the necessary legislative measures to introduce procedures for judicial review of such decisions and strongly encouraged close co-operation with the Secretariat to resolve any outstanding issues regarding the

pour la qualité des services sociaux, mais a demandé des éclaircissements sur leur mise en œuvre et sur d'autres dispositions procédurales et garanties liées au placement en institution. Enfin, le Comité a invité les autorités à adopter des mesures visant à améliorer le contrôle judiciaire, ce qui pourrait être réalisé au mieux en combinant un contrôle périodique et le droit pour la personne concernée de présenter une demande de fin de placement directement auprès d'un tribunal.

Le Comité a examiné l'affaire *Citraro et Molino c. Italie* concernant le manquement des autorités à faire tout ce que l'on pouvait raisonnablement attendre d'elles pour prévenir le suicide en prison d'une personne qui souffrait d'une maladie psychiatrique préexistante. Tout en relevant avec intérêt l'adoption en 2017 d'un plan d'action national global pour la prévention du suicide et de l'automutilation en prison, le Comité a cependant noté le niveau sans précédent du nombre de suicides dans les prisons en 2022. Il a donc demandé instamment aux autorités de veiller à ce que les directives pertinentes, y compris les récentes recommandations du Département de l'administration pénitentiaire, soient rapidement mises en œuvre dans chaque prison, à ce que des fonds suffisants soient alloués à cette fin, et à suivre de près leur impact dans la pratique.

Dans l'affaire *Sy c. Italie*, concernant la détention prolongée d'une personne souffrant de troubles psychiatriques dans une prison ordinaire, en dépit des décisions des tribunaux nationaux ordonnant son transfert dans un établissement psychiatrique pour l'exécution de mesures de sûreté (REMS), le Comité a noté avec intérêt la réduction de 45 % du nombre de personnes en attente de transfert vers un REMS, grâce notamment à la coopération renforcée et rationalisée entre les différentes parties prenantes. Il a encouragé les autorités à poursuivre leurs efforts afin de garantir une capacité suffisante au sein du REMS, notamment en garantissant des ressources humaines et financières adéquates, en particulier dans les régions où la situation semble la plus critique. Le Comité leur a également demandé d'évaluer si des mesures supplémentaires sont nécessaires pour garantir que lorsque la Cour européenne indique, en vertu de l'article 39 de son règlement, qu'un requérant doit être transféré dans un REMS, cela se fasse sans délai.

Quant à l'affaire *X. c. Finlande*, concernant la prolongation de l'internement d'office dans un hôpital psychiatrique et l'administration forcée de médicaments, sans garanties juridiques adéquates, le Comité a rappelé que les modifications apportées à la loi sur la santé mentale de 2014 ont remédié aux principales lacunes du cadre juridique critiqué par la Cour en ce qui concerne l'internement d'office, en permettant aux patients de demander un deuxième avis indépendant avant la prolongation de leur internement et d'engager eux-mêmes un recours contre cette prolongation, ce qui permettrait d'éviter que des violations similaires ne se reproduisent à l'avenir. Néanmoins, le Comité a noté avec une profonde préoccupation que, plus de dix ans après que l'arrêt dans cette affaire est devenu définitif, les décisions relatives à l'administration forcée de médicaments relèvent toujours exclusivement des médecins et ne font pas l'objet d'un contrôle judiciaire. Il a donc demandé aux autorités d'adopter d'urgence les mesures législatives nécessaires pour introduire des procédures de contrôle judiciaire de ces décisions et a vivement encouragé une coopération étroite avec le Secrétariat pour résoudre toutes les questions en suspens concernant les moda-

modalities of the review.

In 2023, the Committee also examined the *Centre for Legal Resources on behalf of Valentin Câmpeanu* and *N. (No. 2)* cases *v. Romania*, concerning, *inter alia*, deficiencies of the legal protection system for adults with intellectual disabilities or mental health conditions, in particular the drastic limitations on the capacity of protected persons to exercise their rights and the lack of adequate solutions to the situation of vulnerable adults who have no relative able or willing to act on their behalf. The Committee called on the authorities to closely monitor the implementation of the new support and legal protection system established in 2022 in response to its previous calls and to the Court's more recent findings in the second case, in particular the ongoing re-assessment of the situation of those previously placed under guardianship, and to ensure that the new legislation is effectively applied. The Committee strongly urged the authorities to redouble their efforts in order to enact, without any further delay, Convention-compliant solutions to the situation of vulnerable adults who have no relative able or willing to take over support or representation duties under the new system, stressing that such solutions are crucial to ensuring effective access to justice for this particularly vulnerable group of people. Recalling the existence in Romanian legal order of provisions granting relevant civil society organisations *locus standi* in proceedings involving rights and legitimate interests of people with disabilities, the Committee urged the authorities to continue to allow these organisations access to these people in all types of facilities.

The Committee also examined the *Parascineti* and the *Cristian Teodorescu* and *N. v. Romania* groups, concerning longstanding structural problems linked to overcrowding and inadequate living conditions, treatment and care for patients in psychiatric establishments; and deficiencies in the relevant procedures and the safeguards attending involuntary placements as well as the psychiatric treatment given to these patients. It underlined that these issues relate to the rule of law and also raise humanitarian concerns with regard to individuals belonging to a particularly vulnerable group, historically subject to prejudice with lasting consequences, resulting in their social exclusion. It recalled its heightened concerns at the persistence of the structural deficiencies revealed by the judgments and expressed its utmost concern at the high risk of further violations. While noting with interest the promising initiatives led by public stakeholders and civil society to define and advance solutions, the Committee deplored the lack of any indication of a strategic, comprehensive and co-ordinated response to the judgments and exhorted the Romanian authorities, at a high political level, to provide impetus, direction and coordination to the action required. It strongly urged the authorities to submit a clear and precise roadmap with a tight timetable for the completion and adoption of a comprehensive action plan fully addressing the structural deficiencies revealed by these judgments. The Committee urged the authorities to rely in particular on the Romanian Ombudsperson's relevant findings

lités du contrôle.

En 2023, le Comité a également examiné les affaires *Centre de ressources juridiques au nom de Valentin Câmpeanu et N. (n° 2) c. Roumanie*, concernant, entre autres, des défaillances dans le système de protection juridique des adultes présentant des déficiences intellectuelles ou des troubles mentaux, en particulier les limitations drastiques de la capacité des personnes protégées à exercer leurs droits, et l'absence de solutions adéquates à la situation des adultes vulnérables qui n'ont pas de proche en mesure d'agir en leur nom. Le Comité a appelé aux autorités à suivre de près la mise en œuvre du nouveau système de soutien et de protection juridique mis en place en 2022 en réponse à ses précédents appels et aux conclusions plus récentes de la Cour dans la deuxième affaire, en particulier la réévaluation en cours de la situation des personnes précédemment placées sous tutelle, et à veiller à ce que la nouvelle législation soit effectivement appliquée. Le Comité a demandé instamment aux autorités de redoubler d'efforts afin d'adopter, sans plus tarder, des solutions conformes à la Convention pour résoudre la situation des adultes vulnérables qui n'ont aucun proche en mesure ou désireux d'assumer des fonctions de soutien ou de représentation dans le cadre du nouveau système, soulignant que de telles solutions sont cruciales pour garantir un accès effectif à la justice à ce groupe de personnes particulièrement vulnérable. Rappelant l'existence dans l'ordre juridique roumain de dispositions accordant aux organisations de la société civile concernées la qualité pour agir dans les procédures concernant les droits et les intérêts légitimes des personnes handicapées, le Comité a invité instamment les autorités à continuer de permettre à ces organisations d'avoir accès à ces personnes dans tous les types d'établissements.

Le Comité a également examiné l'affaire *Parascineti* et les groupes d'affaires *Cristian Teodorescu et N. c. Roumanie*, concernant des problèmes structurels de longue date liés à la surpopulation et aux conditions de vie, de traitement et de soins inadéquates des patients dans les établissements psychiatriques, ainsi que des défaillances dans les procédures pertinentes et dans les garanties concernant les placements non-volontaires et le traitement psychiatrique administré à ces patients. Il a souligné que ces questions ont trait à l'État de droit et qu'elles soulèvent également des préoccupations humanitaires à l'égard de personnes appartenant à un groupe particulièrement vulnérable, victimes depuis toujours de traitements préjudiciables aux conséquences durables, qui se traduisent par leur exclusion sociale. Il a rappelé qu'il était très préoccupé par la persistance des défaillances structurelles révélées par les arrêts et a exprimé sa plus grande préoccupation devant le risque élevé de nouvelles violations. Tout en notant avec intérêt les initiatives prometteuses menées par les acteurs publics et la société civile pour définir et mettre en avant des solutions, le Comité a déploré l'absence de toute indication d'une réponse stratégique, globale et coordonnée aux arrêts et a exhorté les autorités roumaines, à un niveau politique élevé, à donner une impulsion, une orientation et une coordination à l'action requise pour mettre en œuvre les arrêts. Il a demandé instamment aux autorités à soumettre une feuille de route claire et précise, assortie d'un calendrier serré, pour l'achèvement et l'adoption d'un plan d'action complet visant à remédier pleinement aux défaillances structurelles révélées par ces arrêts. Le Comité a invité instamment les autorités à s'appuyer également sur les conclusions et recommandations pertinentes de l'Avocat du Peuple, exprimant

and recommendations, expressing once more its appreciation for this institution's sustained efforts to uphold respect for the fundamental rights of patients in psychiatric establishments, including in its capacity of National Preventive Mechanism. In view of the humanitarian aspect of the violations found and the urgent need to overcome the impasse in addressing them and advance the execution process, the Committee invited the authorities of the Council of Europe member States to raise the issue of the implementation of these judgments in their contacts with the Romanian authorities.

Asylum seekers and migrants, including children and unaccompanied children

The Committee examined *M. H. and Others v. Croatia*, concerning *inter alia* the collective expulsion of a family of asylum-seekers along the railway line at the Croatian border with Serbia and the lack of effective investigation into the death of one of the children who was hit by a train, as well as the detention of the family in prison-type conditions which violated the right of minor children under Article 3. It took note of the *ex officio* reopening of the criminal investigations on the circumstances leading to the death of the child and asked for the examination of all available evidence and proper involvement of the applicants and their legal representative in the investigation. The Committee welcomed the establishment of the independent border monitoring mechanism, the first of its kind in all member States, and noted also the efforts to make the asylum procedure more accessible, including the translation of the asylum information in various languages. The Committee invited the authorities to provide information on the steps taken to limit the detention of children in immigration centres with prison-type elements; and noted with interest the introduction of a regular *ex officio* judicial review of detention orders as well as a positive trend in the application of alternative measures to immigration detention and the efforts taken by the authorities to ensure the police, including the border police act with diligence in asylum proceedings.

As regards the *M.A.* group *v. France*, the Committee noted again the information following which the regulatory framework and the practice of the authorities dealing with asylum and removal would always allow an individualised examination of the risks in case of removal of individuals with a profile identical to that of the applicant in *M.A.*. The Committee requested information on the current conditions and modalities under which the notification of decisions by the Ministry of the Interior determining the country of destination of foreigners representing a serious threat to public order is carried out in practice. Regarding the compliance with the Court's interim measures, the Committee urged the authorities to adopt specific measures to remind the competent authorities (in particular, within the Ministry of the Interior) of their imperative obligation to comply with the Court's interim measures in all cases, unless there is an objective obstacle preventing them from doing so in accordance with the Court's case-law.

In the *Moustahi v. France* case, concerning the administrative detention and collective and expeditious expulsion from Mayotte of unaccompanied minors, arbi-

une fois de plus son appréciation des efforts soutenus de cette institution pour faire respecter les droits fondamentaux des patients dans les établissements psychiatriques, y compris en sa qualité de mécanisme national de prévention. Compte tenu de l'aspect humanitaire des violations constatées et de la nécessité urgente de sortir de l'impasse afin de faire progresser le processus d'exécution, le Comité a invité les autorités des États membres du Conseil de l'Europe à soulever la question de la mise en œuvre de ces arrêts lors de leurs contacts avec les autorités roumaines.

Demandeurs d'asile et migrants, y compris les enfants et mineurs non accompagnés

Le Comité a examiné l'affaire *M.H. et autres c. Croatie*, concernant notamment l'expulsion collective d'une famille de demandeurs d'asile le long de la voie ferrée à la frontière croate avec la Serbie et l'absence d'enquête effective sur le décès de l'un des enfants qui a été heurté par un train, ainsi que la détention de la famille dans des conditions de type carcéral, ce qui constitue une violation du droit des enfants mineurs en vertu de l'article 3. Il a pris note de la réouverture d'office de l'enquête pénale sur les circonstances ayant conduit au décès de l'enfant et a demandé que toutes les preuves disponibles soient examinées et que les requérants et leur représentant légal soient dûment associés à l'enquête. Le Comité s'est félicité de la mise en place du mécanisme indépendant de surveillance des frontières, le premier du genre dans tous les États membres, et a également pris note des efforts déployés pour rendre la procédure d'asile plus accessible, y compris la traduction des informations relatives à l'asile dans différentes langues. Le Comité a invité les autorités à fournir des informations sur les mesures prises pour limiter la détention d'enfants dans des centres d'immigration comportant des éléments de type carcéral ; il a noté avec intérêt l'introduction d'un contrôle judiciaire régulier d'office des décisions de mise en détention, ainsi qu'une tendance positive dans l'application de mesures alternatives à la détention d'immigrants et les efforts déployés par les autorités pour veiller à ce que la police, y compris la police des frontières, agisse avec diligence dans le cadre des procédures d'asile.

En ce qui concerne le groupe *M.A. c. France*, le Comité a noté à nouveau les informations selon lesquelles le cadre réglementaire et la pratique des instances d'asile et d'éloignement permettraient un examen toujours individualisé des risques en cas de renvoi d'individus ayant un profil identique à celui du requérant dans l'affaire *M.A.*. Le Comité a demandé des informations sur les conditions et modalités actuelles selon lesquelles la notification des décisions du ministère de l'Intérieur fixant le pays de destination des étrangers représentant une menace grave pour l'ordre public est effectuée en pratique. En ce qui concerne le respect des mesures provisoires de la Cour, le Comité a prié urgemment les autorités d'adopter des mesures spécifiques pour rappeler aux autorités compétentes (en particulier, au sein du ministère de l'Intérieur) leur obligation impérative de respecter les mesures provisoires de la Cour dans tous les cas, sauf obstacle objectif les en empêchant en vertu de la jurisprudence de la Cour.

Dans l'affaire *Moustahi c. France*, concernant la rétention administrative, l'expulsion collective et expéditive de Mayotte de mineurs isolés, arbitrairement ratta-

trarily attached to adults, the Committee noted positively the Mayotte departmental council's plan to create a service dedicated to assessing the age and potential isolation of unaccompanied minors. Whilst noting positively mechanisms to detect unaccompanied minors and the increased presence of associations in places of detention, the Committee was concerned that minors could continue to be wrongly attached to adults with whom they have no ties. It asked the authorities to ensure, in line with the case-law of the Court and the Council of State, that administrative authorities verify the identity of minors, the exact nature of their ties with the adults they are accompanying and the conditions of their care in the place of destination. Concerning the lack of an effective domestic remedy, the Committee asked the authorities about the measures adopted and/or envisaged to ensure that minors, about to be removed, be given sufficient time to effectively seize a judge and to reinforce measures intended to ensure that referral to the interim relief judge is respected in all cases, in accordance with the current regulations in force.

In the *M.S.S. v. Greece* group of cases, the Committee noted with interest the authorities' sustained efforts to enhance the national asylum system, including the increase of recognition rates at first instance and the steady increase of cases in which legal assistance was provided by the State. It underlined however that there are still concerns about the length of and access to the asylum procedures, as well as obstacles in obtaining legal assistance. The Committee welcomed the reported improvements in living conditions of asylum seekers and requested information on the functioning of the "ESTIA 21" programme, on the quality of the services provided in new reception facilities, including in the mainland camps, and on the reception and living conditions of pregnant women and other vulnerable individuals. The Committee welcomed the positive developments as regards the detention, reception and protection of unaccompanied minors, including the legislative measures to abolish "protective custody", the establishment of a Special Secretariat for their protection and the setting up of the National Emergency Response Mechanism for unaccompanied minors which enhanced their reception and protection at domestic level and decided therefore to close their supervision of the *Rahimi* case. Finally, the Committee welcomed the authorities' sustained efforts to improve migrant detention conditions and asked for additional information on asylum procedures, living conditions, and detention of asylum seekers to be able to make a complete assessment of the situation.

In the *Ilias and Ahmed v. Hungary* group, relating to the authorities' failure to assess the risks of ill-treatment before removing the asylum-seeking applicants to Serbia by relying on a general presumption of "safe third country" as well as the collective expulsion of asylum-seekers under the State Borders Act, the Committee adopted an interim resolution. Reiterating its grave concern as to the absence of any ongoing reform of the asylum system and the continuation and increasing rate of collective expulsions, the Committee exhorted the authorities to terminate the practice of removing asylum-seekers to Serbia, pursuant to section 5 of the State Borders Act without their identification or examination of their individual situation. It called again

chés à des adultes, le Comité a noté positivement le projet du Conseil départemental de Mayotte de créer un service dédié à l'évaluation de l'âge et de l'isolement des mineurs non-accompagnés. Tout en notant positivement les mécanismes de détection des mineurs isolés et la présence accrue des associations dans les lieux de rétention, il a noté avec préoccupation que des mineurs continueraient, à tort, d'être rattachés à des adultes sans lien avec eux. Il a demandé aux autorités de veiller, conformément à la jurisprudence de la Cour et du Conseil d'État, à ce que l'autorité administrative vérifie l'identité des mineurs, la nature exacte de leurs liens avec les adultes qu'ils accompagnent et les conditions de leur prise en charge dans le lieu de destination. Concernant l'absence de recours interne effectif, le Comité a demandé aux autorités d'indiquer les mesures adoptées et/ou envisagées pour garantir que les mineurs, sur le point d'être éloignés, disposent d'un délai suffisant pour saisir effectivement un juge et pour renforcer les mesures destinées à s'assurer que la saisine du juge des référés est respectée dans tous les cas, conformément à la réglementation en vigueur.

Dans le groupe d'affaires *M.S.S. c. Grèce*, le Comité a noté avec intérêt les efforts soutenus des autorités pour améliorer le système national d'asile, y compris l'augmentation des taux de reconnaissance en première instance et l'augmentation constante des affaires dans lesquels l'État a fourni une assistance juridique. Il a toutefois souligné que la longueur des procédures d'asile et l'accès à celles-ci, ainsi que les obstacles à l'obtention d'une assistance juridique, continuent de susciter des inquiétudes. Le Comité s'est félicité des améliorations signalées dans les conditions de vie des demandeurs d'asile et a demandé des informations sur le fonctionnement du programme « ESTIA 21 », sur la qualité des services fournis dans les nouvelles installations d'accueil, y compris dans les camps situés sur le continent, et sur l'accueil et les conditions de vie des femmes enceintes et d'autres personnes vulnérables. Le Comité a salué les développements positifs concernant la détention, l'accueil et la protection des mineurs non accompagnés, y compris les mesures législatives visant à abolir la « garde protectrice », la mise en place d'un Secrétariat spécial pour leur protection et la création du Mécanisme national d'intervention d'urgence pour la protection des mineurs non accompagnés, qui ont permis de renforcer leur accueil et leur protection au niveau national. Le Comité a donc décidé de clore sa surveillance de l'affaire Rahimi. Enfin, le Comité a salué les efforts soutenus des autorités visant à améliorer les conditions de détention des migrants et a demandé des informations supplémentaires sur les procédures d'asile, les conditions de vie, la détention des demandeurs d'asile, afin d'être en mesure de faire une évaluation complète de la situation.

Dans le groupe *Ilias et Ahmed c. Hongrie*, concernant le fait que les autorités n'ont pas évalué les risques de mauvais traitements avant de renvoyer les demandeurs d'asile en Serbie en s'appuyant sur une présomption générale de « pays tiers sûr », ainsi que l'expulsion collective de demandeurs d'asile en vertu de la loi sur les frontières de l'État, le Comité a adopté une résolution intérimaire. Réitérant sa grave préoccupation quant à l'absence de réforme en cours du système d'asile et à la poursuite et à l'augmentation du taux d'expulsions collectives, le Comité a exhorté les autorités à mettre fin à la pratique consistant à refouler des demandeurs d'asile en Serbie, en vertu de l'article 5 de la loi sur les frontières de l'État, sans procéder à leur identification ou à l'examen de leur situation individuelle. Il a réitéré son appel aux

on the authorities to introduce an effective remedy against collective expulsions before an independent and impartial domestic forum, in line with the Court's case-law. The Committee strongly urged the authorities to reform the asylum system to afford effective access to means of legal entry, in particular border procedures in line with Hungary's international obligations. The Committee envisaged taking new action to ensure that Hungary abides by its obligations deriving from the Court's judgments, should no tangible progress be achieved by its September 2024 Human Rights meeting.

In the case of *Feilazoo v. Malta*, concerning notably inadequate conditions of, and unlawful, detention pending deportation, the Committee noted continued efforts to improve Safi Detention Centre but asked for information about other measures including to reduce *de facto* isolation. It also invited the authorities to continue providing updated statistics to enable it to track the developments and attest the trends in detention, given the influx of migrants to Malta. It further asked for information about the additional practical measures envisaged to ensure that the authorities approach deportation proceedings in an active and diligent manner, to avoid prolonged detention pending deportation or detention beyond what is necessary when deportation is no longer feasible.

Lastly, the Committee examined *M.K. and Others v. Poland,* concerning the wider state policy of refusal by border guards to receive asylum applications and to allow entry to foreigners entering Poland from Belarus, without an effective remedy with suspensive effect to challenge the refusal of entry. It requested clarifications on the statistical data presented, notably on the annual number of requests for international protection for the last ten years, the number of orders to leave the territory, the number of applications left unexamined by the Head of the Aliens Office based on the amended in 2021 provisions of the Act on granting protection to Aliens and on how the discretionary powers of the Head of the Aliens Office are applied. The Committee also called on the authorities to provide information on measures to eliminate the practice of misrepresentation of foreigners' statements and to give automatic suspensive effect to appeals against decisions refusing entry to the country, at least for persons in situations similar to that of the applicants, alleging that their claims for international protection have been disregarded.

E. Institutional dialogue between the Court and the Committee of Ministers

To further strengthen institutional dialogue between the Court and the Committee of Ministers, several initiatives were undertaken. In March 2023, a seminar, "Binding Force: Institutional dialogue between the Court and the Committee of Ministers under Article 46 of the European Convention", was co-organized by the DEJ in the framework of the Icelandic Chairmanship of the Committee of Ministers. It

autorités à mettre en place un recours effectif permettant de contester une procédure d'expulsion de nature « collective » devant une instance nationale indépendante et impartiale, conformément à la jurisprudence de la Cour. Le Comité a vivement encouragé les autorités à réformer le système d'asile afin de permettre un accès effectif aux moyens d'entrer légalement sur le territoire, en particulier aux procédures frontalières, conformément aux obligations internationales de la Hongrie. Le Comité a envisagé de prendre de nouvelles mesures pour veiller à ce que la Hongrie respecte ses obligations découlant des arrêts de la Cour, si aucun progrès tangible n'est réalisé d'ici sa réunion Droits de l'Homme de septembre 2024.

Dans l'affaire *Feilazoo c. Malte*, concernant des conditions de détention particulièrement inadéquates et illégales dans l'attente de l'expulsion, le Comité a pris note des efforts continus pour améliorer le centre de détention de Safi, mais a demandé des informations sur d'autres mesures, notamment pour réduire le risque d'isolement de fait. Il a également invité les autorités à continuer de fournir des statistiques actualisées pour lui permettre de suivre l'évolution et d'attester des tendances en matière de détention, compte tenu de l'afflux de migrants à Malte. Il a également demandé des informations sur les mesures pratiques supplémentaires envisagées pour garantir que les autorités abordent les procédures d'expulsion de manière active et diligente, afin d'éviter une détention extraditionnelle prolongée ou une détention allant au-delà de ce qui est nécessaire lorsque l'expulsion n'est plus réalisable.

Enfin, le Comité a examiné l'affaire *M.K. et autres c. Pologne*, concernant la politique générale d'État consistant à ne pas accepter les demandes d'asile et à refuser l'entrée aux étrangers entrant en Pologne en provenance du Belarus, en l'absence d'un recours effectif avec effet suspensif permettant de contester le refus d'entrer sur le territoire. Il a demandé des éclaircissements sur les données statistiques présentées, notamment sur le nombre annuel de demandes de protection internationale au cours des dix dernières années, le nombre d'ordonnances de quitter le territoire, le nombre de demandes non examinées par le chef de l'Office des étrangers sur la base des dispositions modifiées en 2021 de la loi sur l'octroi de la protection aux étrangers et sur la manière dont les pouvoirs discrétionnaires du chef de l'Office des étrangers sont appliqués. Le Comité a également demandé aux autorités de fournir des informations sur les mesures visant à éliminer la pratique de déformation des déclarations et raisons des étrangers de demander une protection internationale, et à donner un effet suspensif automatique aux recours contre les décisions de refus d'entrée dans le pays, au moins pour les personnes dans des situations similaires à celle des requérants, alléguant que leurs demandes de protection internationale n'ont pas été prises en compte.

E. Dialogue institutionnel entre la Cour européenne et le Comité des Ministres

Plusieurs initiatives ont été prises pour renforcer le dialogue institutionnel entre la Cour et le Comité des Ministres. En mars 2023, un séminaire intitulé « Force contraignante : Dialogue institutionnel entre la Cour et le Comité des Ministres au titre de l'article 46 de la Convention européenne », a été co-organisé par le DEJ dans le cadre de la Présidence islandaise du Comité des Ministres. Ce fut l'occasion de

was an opportunity to share experiences and examine how the two Convention organs interact to enhance the effectiveness of the execution of the Court's judgments.

The Court submitted a memorandum to the Fourth Summit of the Council of Europe, emphasising the paramount importance of member States reaffirming their commitment to the execution of the Court's judgments and decisions, given their binding nature and the States' parties obligations under the Convention.

The President of the Court held an exchange of views with the Committee of Ministers on two occasions in April and October 2023. She also participated in an international conference on the role of the judiciary in executing the Court's judgments in the framework of Latvia's Presidency of the Committee of Ministers.

Furthermore, the DEJ and the Court's Registry continued to develop a working group to promote the exchange of information on issues linked to the execution of judgments. Thematic and specific country meetings were organised in late 2023 to discuss common issues. It is planned that this practice of regular meetings on transversal themes and co-operation will be reinforced in 2024.

The DEJ also relaunched joint country missions with the Registry to strengthen domestic capacity to respond rapidly and efficiently to the Court's judgments, including a mission to Belgrade in May 2023 to discuss the implementation of judgments concerning delayed enforcement of court decisions against socially-owned companies in Serbia (*R. Kačapor* group).

The DEJ further took part in a tripartite meeting in Strasbourg in October 2023 with the Romanian authorities and representatives of the Registry focused on identifying solutions to the deficiencies identified by the Court in the reparation mechanism put in place in 2013 for properties taken over by the State during the communist regime (*Văleanu and Others v. Romania* and *Străin* group).

F. Closure of individual repetitive cases

In 2023, the Committee of Ministers continued its practice of closing individual repetitive cases in which all the individual measures needed to provide redress to the applicant have either been taken or cannot be taken. In 2023, 24% of cases closed by the Committee of Ministers were repetitive individual cases, for which general measures to remedy the underlying problem are still awaited.

These individual measures are key for applicants who often receive compensation and reopening of domestic proceedings. Indeed, in its judgments, the Court often indicates reopening of proceedings as the most appropriate way of putting an end to the violations found and affording redress to the applicant (see Chapter VII).

Unfortunately, in some cases, where the required individual measure is a fresh investigation, for example into allegations of ill-treatment, that measure can no longer be taken, due to the operation of statute of limitations meaning that no new or reopened investigation is possible. For this reason, the Committee has continued to encourage

partager des expériences et d'examiner comment les deux organes de la Convention interagissent pour améliorer l'effectivité de l'exécution des arrêts de la Cour.

La Cour a soumis un mémorandum au Quatrième Sommet du Conseil de l'Europe, soulignant l'importance primordiale pour les États membres de réaffirmer leur engagement en faveur de l'exécution des arrêts et décisions de la Cour, compte tenu de leur caractère contraignant et des obligations des États parties en vertu de la Convention.

La Présidente de la Cour a tenu un échange de vues avec le Comité des Ministres à deux reprises, en avril et en octobre 2023. Elle a également participé à une conférence internationale sur le rôle du pouvoir judiciaire dans l'exécution des arrêts de la Cour dans le cadre de la Présidence lettone du Comité des Ministres.

En outre, le DEJ et le Greffe de la Cour ont continué de développer un groupe de travail pour promouvoir l'échange d'informations sur les questions liées à l'exécution des arrêts. Des réunions thématiques et spécifiques par pays ont été organisées fin 2023 pour discuter de questions communes. Il est prévu que cette pratique de réunions régulières sur des thèmes transversaux et de coopération soit renforcée en 2024.

Le DEJ a également relancé les missions conjointes dans les pays avec le Greffe pour renforcer la capacité nationale à répondre rapidement et efficacement aux arrêts de la Cour, notamment une mission à Belgrade en mai 2023 pour discuter de la mise en œuvre des arrêts concernant l'exécution tardive de décisions de justice à l'encontre d'entreprises appartenant à la collectivité en Serbie (groupe *R. Kačapor*).

Le DEJ a en outre participé à une réunion tripartite à Strasbourg en octobre 2023 avec les autorités roumaines et des représentants du Greffe axée sur l'identification de solutions aux lacunes identifiés par la Cour dans le mécanisme de réparation mis en place en 2013 les biens confisqués ou nationalisés par l'État sous le régime communiste (V*ăleanu et autres c. Roumanie* et groupe *Străin*).

F. Clôture d'affaires individuelles répétitives

En 2023, le Comité des Ministres a poursuivi sa pratique consistant à clore les affaires individuelles répétitives dans lesquelles toutes les mesures individuelles nécessaires pour apporter une réparation au requérant ont été prises ou ne peuvent l'être. En 2023, 24 % des affaires clôturées par le Comité des Ministres étaient des affaires individuelles répétitives, pour lesquelles des mesures générales visant à remédier au problème sous-jacent sont toujours attendues.

Ces mesures individuelles sont essentielles pour les requérants qui obtiennent souvent une indemnisation et la réouverture de la procédure interne. En effet, dans ses arrêts, la Cour indique souvent que la réouverture de la procédure est le moyen le plus approprié pour mettre fin aux violations constatées et offrir une réparation au requérant (voir chapitre VII).

Malheureusement, dans certaines affaires, lorsque la mesure individuelle requise est une nouvelle enquête, par exemple sur des allégations de mauvais traitements, cette mesure ne peut plus être prise, en raison de l'expiration du délai de prescription, ce qui signifie qu'aucune nouvelle enquête ou réouverture d'enquête n'est possible. C'est pourquoi le Comité a continué d'encourager les autorités nationales

national authorities to put in place a system where reopening of investigations is considered at an early stage of the Convention process, for example, at the moment when the Court communicates an application.

Overall, the closures of repetitive individual cases do not alone provide a good indication of the progress of the execution process for a member state. They reveal that whilst some steps have been taken to redress the situation for the applicant, the general measures required to address the underlying problem and prevent similar violations remain awaited and under the Committee's supervision in the framework of the corresponding leading cases. Only when the general measures appear to be adequate to prevent similar violations in the future can the leading case be closed.

Concluding Remarks

On a personal note, I have been working on the Convention system for nearly three decades. I have seen so much progress achieved in so many different areas across all Council of Europe member States during this period, much of it further to the full and effective implementation of judgments and decisions of the European Court of Human Rights.

I remain convinced that not only is this system the most effective human rights protection system that exists globally but also that it has been a key vehicle for maintenance and promotion of democratic security and peace throughout the continent. The Convention provides a unifying standard of values focused on human dignity, human rights and fundamental freedoms and the large majority of judgments are fully implemented despite delays.

Nevertheless, important challenges remain due both to the political and legal complexity and sensitivity of some of the issues examined as well as the difficulty states face resolving system and structural problems which require coordinated, coherent, long-term strategies as well as very often significant funds.

It is really encouraging therefore that in 2023 all Heads of State and Governments reaffirmed their unwavering commitment to the Convention system and to resolving the systemic and structural human rights problems identified by the Court. Now is the time to translate the statements about their fundamental importance of the full, effective and prompt execution of the Court's judgments into action leading to concrete results. That commitment applies to all cases, including the most complex, whether they are complicated due to the need for structural reform and significant expenditure or because they related to post conflict situations or topics of the highest political sensitivity.

à mettre en place un système dans lequel la réouverture des enquêtes est envisagée à un stade précoce du processus de la Convention, par exemple, au moment où la Cour communique une requête.

Dans l'ensemble, les clôtures d'affaires individuelles répétitives ne donnent pas à elles seules une bonne indication de l'avancement du processus d'exécution pour un État membre. Elles révèlent que si certaines mesures ont été prises pour remédier à la situation du requérant, les mesures générales requises pour traiter le problème sous-jacent et prévenir des violations similaires restent attendues et sous la surveillance du Comité dans le cadre des affaires de référence correspondantes. Ce n'est que lorsque les mesures générales semblent adéquates pour prévenir des violations similaires à l'avenir que l'affaire de référence peut être clôturée.

Remarques conclusives

À titre personnel, je travaille sur le système de la Convention depuis près de trente ans. J'ai vu tant de progrès réalisés dans tant de domaines différents dans tous les États membres du Conseil de l'Europe au cours de cette période, en grande partie grâce à la mise en œuvre des arrêts et décisions de la Cour européenne des droits de l'homme.

Je reste convaincu que ce système est non seulement le système de protection des droits humains le plus efficace qui existe au niveau mondial, mais aussi qu'il a été un vecteur essentiel du maintien et de la promotion de la paix et de la sécurité démocratique sur l'ensemble du continent. La Convention fournit un ensemble de normes vectrices d'unité axées sur la dignité humaine, les droits humains et les libertés fondamentales, et la grande majorité des arrêts sont pleinement mis en œuvre malgré les retards.

Néanmoins, d'importants défis subsistent en raison de la complexité politique et juridique et de la sensibilité de certaines des questions examinées, ainsi que de la difficulté pour les États de résoudre les problèmes systémiques et structurels qui nécessitent des stratégies coordonnées, cohérentes et à long terme, ainsi que, très souvent, des fonds importants.

Il est donc très encourageant qu'en 2023, tous les chefs d'État et de gouvernement aient réaffirmé leur engagement indéfectible envers le système de la Convention et la résolution des problèmes systémiques et structurels en matière de droits humains identifiés par la Cour. Le moment est venu de traduire les déclarations sur l'importance fondamentale de l'exécution pleine, effective et rapide des arrêts de la Cour en actions menant à des résultats concrets. Cela vaut pour toutes les affaires, y compris les plus complexes, qu'elles soient compliquées en raison de la nécessité d'une réforme structurelle et de dépenses importantes ou parce qu'elles traitent de situations d'après-conflit ou de sujets extrêmement sensibles sur le plan politique.

III. Cooperation, assistance and dialogue

Introduction

In accordance with its dual mandate, the Department for the Execution of Judgments of the European Court of Human Rights (DEJ) not only assists the Committee of Ministers, but has also for many years provided extensive advice and support to member States in their efforts to achieve full, effective and prompt execution of judgments (including through ongoing bilateral dialogue, thematic events and round tables, participation in training programmes and activities facilitating exchanges of experiences between interested states).

In 2023, the DEJ continued to enhance and increase outreach activities and dialogue with states, notably through around 140 missions and bilateral meetings with national authorities which took place in person or on-line in Strasbourg or in the capitals concerned. It also published four new thematic factsheets and many news items on its website keeping all stakeholders informed about important developments in the execution process at national level and developments following the quarterly CMDH meetings.

At the same time, the support and guidance offered by the Council of Europe through general co-operation activities, national action plans and targeted Convention-related activities continued to provide valuable assistance to member States for the full, prompt and effective execution of judgments. The work of other monitoring, advisory bodies and departments of the Council of Europe also greatly feeds into the process to ensure that member States have the necessary capacity and expertise. The DEJ pursued its efforts to maintain close communication and coordination with all these major stakeholders.

A. Enhanced dialogue

With States

In 2023, the DEJ continued to deepen the on-going bilateral dialogue with national authorities across the Council of Europe to foster the execution process and provide technical support and expert assistance where necessary.

Throughout the year, the DEJ held consultations with the authorities of Armenia concerning the implementation of the Chiragov and Others case and with Azerbaijan concerning the implementation of the Sargsyan case, both related to the property rights of persons forced to flee from their homes during the active military phase of the Nagorno-Karabakh conflict (1992-1994).

In 2023, the DEJ and the Director of Human Rights also visited Baku to discuss the general and individual measures required for the implementation of several groups of cases against Azerbaijan and underline the importance of continued co-

III. Coopération, assistance et dialogue

Introduction

Conformément à son double mandat, le Service de l'exécution des arrêts de la Cour européenne des droits de l'homme (DEJ) n'assiste pas seulement le Comité des Ministres, mais fournit également depuis de nombreuses années des conseils et un soutien étendus aux États membres dans leurs efforts pour parvenir à une exécution pleine, efficace et rapide des arrêts (y compris par le biais d'un dialogue bilatéral permanent, d'événements thématiques et de tables rondes, de la participation à des programmes de formation et d'activités facilitant l'échange d'expériences entre les États intéressés).

En 2023, le DEJ a continué d'améliorer et d'accroître les activités de sensibilisation et le dialogue avec les États, notamment par le biais d'environ 140 missions et réunions bilatérales avec les autorités nationales qui ont eu lieu en personne ou en ligne, à Strasbourg ou dans les capitales concernées. Il a également publié quatre nouvelles fiches thématiques et de nombreux articles sur son site internet, informant toutes les parties prenantes des développements importants dans le processus d'exécution au niveau national et des développements à la suite des réunions CMDH trimestrielles.

Dans le même temps, le soutien et les conseils offerts par le Conseil de l'Europe par le biais d'activités de coopération générale, de plans d'action nationaux et d'activités ciblées liées à la Convention ont continué d'apporter une aide précieuse aux États membres pour l'exécution complète, rapide et efficace des arrêts. Les travaux d'autres organes de suivi, organes consultatifs et services du Conseil de l'Europe contribuent aussi grandement au processus en veillant à ce que les États membres disposent des capacités et de l'expertise nécessaires. Le DEJ a poursuivi ses efforts pour maintenir une communication et une coordination étroites avec toutes ces parties prenantes majeures.

A. Dialogue renforcé

Avec les États

En 2023, le DEJ a continué d'approfondir le dialogue bilatéral constant avec les autorités nationales de l'ensemble du Conseil de l'Europe afin de favoriser le processus d'exécution et de fournir une assistance technique et une expertise si nécessaire.

Tout au long de l'année, le DEJ a tenu des consultations avec les autorités arméniennes concernant la mise en œuvre de l'affaire *Chiragov et autres* et avec l'Azerbaïdjan concernant la mise en œuvre de l'affaire *Sargsyan*, toutes deux liées aux droits de propriété des personnes forcées de fuir leur domicile pendant la phase militaire active du conflit du Haut-Karabakh (1992-1994).

En 2023, le DEJ et le Directeur des droits humains se sont également rendus à Bakou pour discuter des mesures générales et individuelles nécessaires à la mise en œuvre de plusieurs groupes d'affaires contre l'Azerbaïdjan et souligner l'importance

operation and open dialogue to secure such implementation. Fruitful exchanges were held with the authorities, including the Constitutional Court, the Supreme Court, the Ministries of Justice and Foreign Affairs, the Prosecutor General's Office, the Office of the Ombudsperson, and the Government Agent's Office at the Presidential Administration. The authorities presented the measures taken or envisaged to execute relevant judgments, as well as the legislative amendments to ensure independence of the judiciary (*Mammadli* group).

The DEJ held a meeting with the Presidents of the highest courts of Belgium (Court of Cassation, Council of State and Constitutional Court) to inform them about cases both closed and still pending before the Committee, in particular under the enhanced procedure, and to highlight the central role of national courts for the full and effective implementation of some judgments. A mission to Brussels was also organised in 2023, during which the Director of Human Rights and the DEJ discussed with the competent authorities, NHRIs, and bar associations cases under enhanced procedure on prison conditions and the lack of effective preventive remedy (*Vasilescu* group), situation of internees in prison psychiatric wings (*L.B.* group and *W.D.* pilot judgment) and excessive length of judicial proceedings (*Bell* group).

The DEJ also held meetings with Bulgarian judges to discuss the implementation of judgments against Bulgaria and exchange on the supervision mechanism. Consultations were also held with Bulgarian legal experts and officials to talk about the Bulgarian authorities' ongoing work to establish a formalised national procedure for the implementation of judgments and its possible characteristics, drawing on practices of other member States.

Representatives of the DEJ further carried out two missions to Sofia to discuss the progress and outstanding measures in several groups of cases against Bulgaria under enhanced supervision concerning the following issues: rights of persons with mental disabilities (*Stanev*), proportionality assessment of eviction or demolition orders (*Yordanova and Others* group), the right to family life in the context of placement of children in closed boarding schools (*I.G.D.*), freedom of association (*Umo Ilinden and Others* group), freedom of religion (*Bulgarian Orthodox Old Calendar Church* case), and police ill-treatment (*Dimitrov and Others*). Two meetings also took place in response to the letter of the Minister of Justice requesting technical assistance from the Council of Europe in order to execute the *S.Z.* group of cases (ineffectiveness of criminal investigations).

The DEJ also carried out a mission to Croatia to discuss progress in a number of pending cases under both standard and enhanced procedures. In Zagreb, the DEJ met the Minister of Justice, the acting directors of the Directorate for the Prison System and Probation and the Directorate for Human Rights and National Minorities and Ethics, as well as the State and Deputy Attorney General, to discuss the measures taken and foreseen for the implementation of cases concerning excessive length of civil proceedings (*Kirinčić and Others*) and poor conditions of detention (*Huber* group). A separate meeting was held with the Deputy Prime Minister and the Minister of

d'une coopération continue et d'un dialogue ouvert pour garantir cette mise en œuvre. Des échanges fructueux ont eu lieu avec les autorités, notamment la Cour constitutionnelle, la Cour suprême, les ministères de la Justice et des Affaires étrangères, le bureau du Procureur général, le bureau du Médiateur et le bureau de l'Agent du gouvernement auprès de l'Administration présidentielle. Les autorités ont présenté les mesures prises ou envisagées pour exécuter les arrêts pertinents, ainsi que les amendements législatifs visant à garantir l'indépendance du pouvoir judiciaire (groupe *Mammadli*).

Le DEJ a organisé une réunion avec les présidents des plus hautes juridictions de Belgique (Cour de cassation, Conseil d'État et Cour constitutionnelle) pour les informer des affaires closes et toujours pendantes devant le Comité, en particulier dans le cadre de la surveillance soutenue, et pour souligner le rôle central des juridictions nationales dans la mise en œuvre complète et effective de certains arrêts. Une mission à Bruxelles a également été organisée en 2023, au cours de laquelle le Directeur des droits humains et le DEJ ont discuté avec les autorités compétentes, les INDH et les barreaux d'affaires sous surveillance soutenue concernant les conditions de détention et l'absence de recours préventif effectif (groupe *Vasilescu*), la situation des personnes internées dans les ailes psychiatriques des prisons (groupe *L.B.* et arrêt pilote *W.D.*) et la durée excessive des procédures judiciaires (groupe *Bell*).

Le DEJ a également tenu des réunions avec des juges bulgares pour discuter de l'exécution des arrêts rendus à l'encontre de la Bulgarie et échanger sur le mécanisme de surveillance. Des consultations ont également eu lieu avec des experts juridiques et des fonctionnaires bulgares pour discuter des travaux en cours des autorités bulgares visant à établir une procédure nationale formalisée pour l'exécution des arrêts et ses possibles caractéristiques, en s'inspirant des pratiques des autres États membres.

Des représentants du DEJ ont en outre effectué deux missions à Sofia pour discuter de l'état d'avancement et des mesures en suspens dans plusieurs groupes d'affaires contre la Bulgarie sous surveillance soutenue concernant les questions suivantes : droits des personnes handicapées mentales (*Stanev*), évaluation de la proportionnalité des décisions d'expulsion ou de démolition (groupe *Yordanova et autres*), droit à la vie familiale dans le contexte du placement d'enfants dans des internats fermés (groupe *I.G.D.*), liberté d'association (groupe *Umo Ilinden et autres*), liberté de religion (affaire *Église orthodoxe Vieille-Calendariste de Bulgarie et autres*) et mauvais traitements par la police (*Dimitrov et autres*). Deux réunions ont également eu lieu en réponse à la lettre du ministre de la Justice demandant une assistance technique au Conseil de l'Europe pour l'exécution du groupe d'affaires *S.Z.* (inefficacité des enquêtes pénales).

Le DEJ a également effectué une mission en Croatie pour discuter de l'avancement d'un certain nombre d'affaires pendantes sous surveillance soutenue ou standard. À Zagreb, le DEJ a rencontré le ministre de la Justice, les directeurs ad interim de la Direction du système pénitentiaire et de probation et de la Direction des droits de l'hommes, des minorités nationales et de l'éthique, mais également le Procureur Général et le Procureur Général adjoint, pour discuter des mesures prises et prévues pour la mise en œuvre des affaires concernant la durée excessive des procédures civiles (*Kirinčić et autres*) et les mauvaises conditions de détention (groupe *Huber*). Une réunion séparée a été organisée avec le vice-Premier ministre et le ministre de

Physical Planning, Construction and State Assets to exchange on the steps taken to resolve the long-standing issue concerning the statutory limitations on the landlords' use of flats subject to protected leases (*Statileo* group). The DEJ also met with the Croatian Supreme Court to discuss mainly issues related to reopening of individual cases after the European Court has given a judgment. Finally, the DEJ participated in a meeting of the Croatian Council of Experts for the Execution of Judgments and Decisions of the European Court.

The DEJ carried out its first mission to Finland, organised in co-operation with the Ministry of Foreign Affairs, to discuss cases pending execution before the Committee of Ministers, strengthen co-operation and raise awareness of the work of the practice and procedures of the Committee as well as the mandate and work of the DEJ across all Ministries, including the Ministry of Justice. Meetings also took place with other key authorities, including the Presidents of the Supreme Court and the Supreme Administrative Court, to exchange about the direct application of the Convention in domestic case law. The DEJ also met with the Deputy Chancellor of Justice, two Deputy Parliamentary Ombudsmen and Members of Parliament. In advance of the examination of the *X v. Finland* case by the Committee in March 2023, the DEJ also met with the Ministry of Social Affairs and Health to discuss the required changes to the legislation and perspectives for its adoption. Throughout the rest of the year, the DEJ held regular online meetings with the Government Agent and her team.

At the request of the French authorities, in the context of the execution of the J.M.B. and Others judgment which concerns prison overcrowding and poor conditions of detention, the DEJ participated in a meeting in Paris with representatives of the CPT, its President, and the relevant authorities to discuss specifically the method of calculating prison capacity. It was also an opportunity to be updated on the functioning of the new preventive judicial remedy to complain about poor detention conditions. Later in 2023, the Director of Human Rights and the DEJ travelled to Paris and held meetings with the representatives of competent French ministries, NHRIs and civil society to discuss the status of execution and required measures in cases related to asylum and migration, under both enhanced and standard supervision (*Khan*, *M.A.* group, *Moustahi*, *M.D and A.D.* and *K.I.* groups).

A mission was carried out to Tbilisi to discuss with the Georgian authorities the progress and remaining challenges in the execution of cases concerning ill-treatment by law enforcement officers (*Tsintsabadze* group), hate crimes and discrimination (*Identoba and Others* group), domestic violence (*Tkhelidze* group) and legal gender recognition (*A.D. and Others*). Participants included the Vice-Minister of Justice, the Head of the Department of State Representation in International Courts, the Supreme Court, the Parliamentary Human Rights and Civil Integration Committee, the Prosecutor General's Office, the Ministry of Internal Affairs and civil society. The DEJ also took part in a workshop for the Public Defender's Office on the supervision of the execution of the European Court's judgments and the submission of Rule 9 communications, and a conference on the protection of victims' rights and effective

l'Aménagement du territoire, de la Construction et des Biens de l'État afin d'échanger sur les mesures prises pour résoudre le problème de longue date concernant les restrictions statutaires imposées aux propriétaires d'appartements loués sous un régime de baux protégés (groupe *Statileo*). Le DEJ a également rencontré la Cour suprême croate pour discuter principalement des questions liées à la réouverture d'affaires individuelles après que la Cour européenne a rendu un arrêt. Enfin, le DEJ a participé à une réunion du Conseil croate d'experts pour l'exécution des arrêts et décisions de la Cour européenne.

Le DEJ a effectué sa première mission en Finlande, organisée en coopération avec le ministère des Affaires étrangères, afin de discuter des affaires pendantes devant le Comité des ministres, de renforcer la coopération et de sensibiliser tous les ministères, y compris le ministère de la Justice, aux pratiques et procédures du Comité ainsi qu'au mandat et au travail du DEJ. Des réunions ont également eu lieu avec d'autres autorités importantes, notamment les présidents de la Cour suprême et de la Cour administrative suprême, afin d'échanger sur l'application directe de la Convention dans la jurisprudence nationale. Le DEJ a également rencontré le vice-Chancelier de la justice, deux médiateurs parlementaires adjoints et des députés. Avant l'examen de l'affaire *X c. Finlande* par le Comité en mars 2023, le DEJ a également rencontré le ministre de la Santé et des Affaires sociales pour discuter des changements à apporter à la législation et des perspectives d'adoption. Pendant le reste de l'année, le DEJ a tenu des réunions régulières en ligne avec l'Agent du gouvernement et son équipe.

À la demande des autorités françaises, dans le cadre de l'exécution de l'arrêt J.M.B. et autres qui concerne la surpopulation carcérale et les mauvaises conditions de détention, le DEJ a participé à une réunion à Paris avec des représentants du CPT, son Président, et les autorités compétentes pour discuter spécifiquement de la méthode de calcul de la capacité carcérale. Cette réunion a également été l'occasion d'être informé du fonctionnement du nouveau recours judiciaire préventif permettant de se plaindre de mauvaises conditions de détention. Plus tard en 2023, le Directeur des droits humains et le DEJ se sont rendus à Paris et ont tenu des réunions avec des représentants des ministères français compétents, d'INDH et de la société civile pour discuter de l'état d'exécution et des mesures requises dans les affaires liées à l'asile et à la migration sous surveillance soutenue ou standard (groupes *Khan*, *M.A.*, *Moustahi*, *M.D. et A.D.* et *K.I.*).

Une mission a été effectuée à Tbilissi pour discuter avec les autorités géorgiennes des progrès et des défis à relever dans l'exécution des affaires concernant les mauvais traitements par les forces de l'ordre (groupe *Tsintsabadze*), les crimes de haine et la discrimination (groupe *Identoba et autres*), la violence domestique (groupe *Tkhelidze*) et la reconnaissance légale du genre (*A.D. et autres*). Parmi les participants figuraient le vice-ministre de la Justice, la Cheffe du Département de la représentation de l'État devant les juridictions internationales, la Cour suprême, la Commission parlementaire des droits de l'homme et de l'intégration civile, le Bureau du Procureur général, le ministère de l'Intérieur et la société civile. Le DEJ a également participé à un atelier pour le Bureau du défenseur public sur la surveillance de l'exécution des arrêts de la Cour européenne et la soumission des communications au titre de la Règle 9, ainsi qu'à une conférence sur la protection des droits des victimes et l'enquête

investigation by the Georgian Special Investigation Service into ill-treatment.

The DEJ together with the Government Agent of Germany held a workshop in Berlin on the practice and procedures of the Committee and the Council of Europe HELP Programme. The workshop was the opportunity to discuss certain issues in relation to pending cases against Germany. It took place in the Federal Ministry of Justice and was attended by staff of the Government Agent's Office, representatives from other federal ministries and ministries of the different Länder involved in the execution of judgments, as well as representatives from the federal courts. In a separate meeting in Strasbourg, the DEJ also met with the State Secretary of the German Ministry of Justice to present its work and discuss the most important pending issues regarding the execution of judgments of the European Court. The DEJ also participated in the annual hybrid conference between the federal and regional authorities on the processing of cases pending against Germany before the European Court. The DEJ introduced the execution of judgments as a whole and presented judgments issued in respect of Germany.

The Director of Human Rights and the DEJ carried out a mission to Athens and had constructive discussions with competent authorities on a number of cases under the supervision of the Committee of Ministers for many years. Ways forward to implement the Bekir-Ousta group of cases, concerning freedom of association, were discussed with the Deputy Minister of Foreign Affairs. The Delegation also discussed progress and outstanding issues related to the Nisiotis group of cases concerning conditions of detention and effective remedies for the same with both the General Secretary of Justice at the Ministry of Justice and the General Secretary of Anti-Crime policy at the Ministry of Citizen Protection. Further measures required for full implementation of two groups of cases related to freedom of expression, *Katrami* and *Vasilakis* groups were also discussed. The Delegation also met the newly appointed President of the State Legal Council as well as her team to discuss all pending cases.

Online consultations were held between the Director of Human Rights, the DEJ, the newly appointed Deputy State Secretary of Hungary and her team as well as the Permanent Representation of Hungary to the Council of Europe. The discussions focused on a number of cases under supervision of the Committee, in particular cases under enhanced supervision foreseen for examination at upcoming CMDH meetings.

The DEJ carried out a mission to North Macedonia and held meetings with representatives of the Ministry of Justice, the Ministry of Labour and Social Policy and the Ministry of Interior and MPs. Discussions focused on key issues such as legal gender recognition (*X.* case), parental contact rights (*Mitovi* group), DNA data retention (*Trajkovski and Chipovski* case), ill-treatment in law enforcement and lack of effective investigations (*Kitanovski* group). Meetings were also held with the Ombudsman and civil society representatives involved in the execution process.

Online consultations regarding Romania's execution of the European Court's judgments were held between the DEJ and representatives from the Ministry of

effective par le Service d'enquête spécial géorgien sur les mauvais traitements.

Le DEJ et l'Agent du gouvernement allemand ont organisé un atelier à Berlin sur la pratique et les procédures du Comité et le programme HELP du Conseil de l'Europe. L'atelier a été l'occasion de discuter de certaines questions relatives aux affaires pendantes contre l'Allemagne. Il s'est déroulé au ministère fédéral de la Justice et a réuni le personnel du bureau de l'Agent du gouvernement, des représentants d'autres ministères fédéraux et des ministères des différents Länder impliqués dans l'exécution des arrêts, ainsi que des représentants de tribunaux fédéraux. Lors d'une réunion séparée à Strasbourg, le DEJ a également rencontré le secrétaire d'État du ministère allemand de la Justice pour lui présenter son travail et discuter des principales questions en suspens concernant l'exécution des arrêts de la Cour européenne. Le DEJ a également participé à la conférence hybride annuelle entre les autorités fédérales et régionales sur le traitement des affaires pendantes contre l'Allemagne devant la Cour européenne. Le DEJ a présenté l'exécution des arrêts dans son ensemble et a présenté les arrêts rendus contre l'Allemagne.

Le Directeur des droits humains et le DEJ ont effectué une mission à Athènes et ont eu des discussions constructives avec les autorités compétentes sur un certain nombre d'affaires sous la surveillance du Comité des Ministres depuis de nombreuses années. Les voies à suivre pour mettre en œuvre le groupe d'affaires *Bekir-Ousta*, concernant la liberté d'association, ont été discutées avec le vice-ministre des Affaires étrangères. La délégation a également discuté des progrès et des questions en suspens concernant le groupe d'affaires *Nisiotis*, relatif aux conditions de détention et aux recours effectifs, avec le secrétaire général de la justice du ministère de la Justice et le secrétaire général de la politique anti-crime au ministère de la Protection des citoyens. D'autres mesures nécessaires à la mise en œuvre complète de deux groupes d'affaires liées à la liberté d'expression, les groupes *Katrami* et *Vasilakis*, ont également été discutées. La délégation a également rencontré la nouvelle présidente du Conseil juridique de l'État ainsi que son équipe pour discuter de toutes les affaires en cours.

Des consultations en ligne ont eu lieu entre le Directeur des droits humains, le DEJ, la nouvelle Secrétaire d'État adjointe de la Hongrie et son équipe ainsi que la Représentation permanente de la Hongrie auprès du Conseil de l'Europe. Les discussions ont porté sur un certain nombre d'affaires sous la surveillance du Comité, en particulier les affaires sous surveillance soutenue qui devraient être examinés lors des prochaines réunions CMDH.

Le DEJ a effectué une mission en Macédoine du Nord et a tenu des réunions avec des représentants du ministère de la Justice, du ministère du Travail et de la Politique sociale, du ministère de l'Intérieur, et des députés. Les discussions ont porté sur des questions clés telles que la reconnaissance légale du genre (affaire *X.*), les droits de contact parental (groupe *Mitovi*), la conservation de données ADN (affaire *Trajkovski et Chipovski*), les mauvais traitements dans l'application de la loi et l'absence d'enquêtes effectives (groupe *Kitanovski*). Des réunions ont également été organisées avec le Médiateur et des représentants de la société civile impliqués dans le processus d'exécution.

Des consultations en ligne concernant l'exécution par la Roumanie des arrêts de la Cour européenne ont eu lieu entre le DEJ et des représentants du ministère de

Justice and the Government Agent's Office. Discussions focused on the legislative solutions envisaged to implement the Cegolea case concerning electoral rights of national minorities in Romania. In addition, the DEJ held a tripartite meeting with the Court's Registry and the Romanian authorities to exchange views about the deficiencies identified by the Court in judgments concerning properties nationalised during the communist period and potential solutions to address these (*Văleanu and Others* and *Străin* group). A study visit was also organised by the DEJ for members of the Government Agent Office of Romania, enabling in-depth exchanges on the supervision mechanism, rules and working methods of the Committee and best practices in preparing action plans/reports.

The Director of Human Rights and the DEJ carried out a mission to Belgrade to discuss with the Serbian authorities ways to move forward with the implementation of the European Court's judgments concerning non-enforcement or delayed enforcement of domestic judicial decisions given in the applicants' favour against socially/state-owned companies (*R. Kačapor* group). The Court's Registry and the Department for the Implementation of Human Rights, Justice and Legal co-operation standards also participated in this mission in the context of the co-operation programme on "*Strengthening human rights protection in Serbia*".

A delegation of the DEJ participated in a mission to Ljubljana to discuss cases pending against Slovenia, strengthen co-operation and raise awareness on the work, practice and procedures of the Committee of Ministers. The delegation met the members of the Project Unit for the coordination of the execution of the European Court's judgments at the Ministry of Justice. The delegation also had the opportunity to attend a meeting of the Inter-Ministerial working group for coordination of the execution of the Court's judgments. Separate meetings were held with representatives of the State Attorney's Office, the Ministry of Justice and the Ministry of Finance to discuss the implementation of the Pintar and Others case concerning the lack of an effective remedy to challenge or seek compensation for the national bank's extraordinary measures, cancelling the applicants' shares and bonds. Further, the Dolenc case, concerning a violation of a right to a fair trial due to the recognition of foreign judgments rendered in unfair proceedings, was discussed.

The DEJ held quarterly co-operation meetings with the Turkish authorities to exchange views on cases pending both under enhanced and standard supervision. Moreover, the DEJ held a meeting with the Head of the Legal Counsel Office of the Turkish Directorate of Migration Management, during which pending cases concerning migration issues were discussed in detail (*G.B and Others*, *Ghorbanov and Others*, *Batyrkhairov* and *Akkad*).

In 2023, the DEJ carried out several missions and participated in many events and activities to support and strengthen co-operation with the Ukrainian authorities for the full implementation of the European Court's judgments notwithstanding the extreme difficulties faced in the context of the war. These were not only to assist the

la Justice et du bureau de l'Agent du gouvernement. Les discussions ont porté sur les solutions législatives envisagées pour mettre en œuvre l'affaire *Cegolea* concernant les droits électoraux des minorités nationales en Roumanie. En outre, le DEJ a tenu une réunion tripartite avec le greffe de la Cour et les autorités roumaines afin d'échanger des points de vue sur les lacunes identifiées par la Cour dans les arrêts concernant les biens nationalisés pendant la période communiste et les solutions potentielles pour y remédier (*Văleanu et autres* et groupe *Străin*). Une visite d'étude a également été organisée par le DEJ pour les membres du bureau de l'Agent du gouvernement de Roumanie, ce qui a permis des échanges approfondis sur le mécanisme de surveillance, les règles et méthodes de travail du Comité et les meilleures pratiques dans la préparation des plans/bilans d'action.

Le Directeur des droits humains et le DEJ ont effectué une mission à Belgrade pour discuter avec les autorités serbes d'identifier les pistes de progression dans la mise en œuvre des arrêts de la Cour européenne concernant la non-exécution ou l'exécution tardive de décisions de justice rendues en faveur des requérants contre des entreprises collectives ou appartenant à l'État (groupe *R. Kačapor*). Le Greffe de la Cour et le Service des activités normatives en matière de droits de l'homme, justice et coopération juridique ont également participé à cette mission dans le cadre du programme de coopération « Renforcement de la protection des droits de l'homme en Serbie ».

Une délégation du DEJ a participé à une mission à Ljubljana pour discuter des affaires pendantes contre la Slovénie, renforcer la coopération et sensibiliser au travail, à la pratique et aux procédures du Comité des Ministres. La délégation a rencontré les membres de l'Unité de projet pour la coordination de l'exécution des arrêts de la Cour européenne au ministère de la Justice. La délégation a également eu l'occasion d'assister à une réunion du groupe de travail interministériel pour la coordination de l'exécution des arrêts de la Cour. Des réunions séparées ont eu lieu avec des représentants du bureau du Procureur général, du ministère de la Justice et du ministère des Finances pour discuter de la mise en œuvre de l'affaire *Pintar et autres* concernant l'absence de recours effectif pour contester ou demander une indemnisation pour les mesures extraordinaires prises par la banque nationale, qui a annulé les actions et les obligations des requérants. En outre, l'affaire *Dolenc*, concernant une violation du droit à un procès équitable en raison de la reconnaissance de jugements étrangers rendus dans le cadre de procédures inéquitables, a été discutée.

Par ailleurs, le DEJ a tenu des réunions trimestrielles de coopération avec les autorités turques afin d'échanger des points de vue sur les affaires pendantes, qu'elles soient sous surveillance soutenue ou surveillance normale. En outre, le DEJ a tenu une réunion avec le chef du bureau du conseiller juridique de la direction turque de la gestion des migrations, au cours de laquelle les affaires pendantes concernant les questions de migration ont été discutées en détail (*G.B et autres*, *Ghorbanov et autres*, *Batyrkhairov* et *Akkad*).

En 2023, le DEJ a effectué plusieurs missions et participé à de nombreux événements et activités pour soutenir et renforcer la coopération avec les autorités ukrainiennes en vue de la pleine mise en œuvre des arrêts de la Cour européenne, malgré les difficultés extrêmes rencontrées dans le contexte de la guerre. Il s'agissait non

authorities in identifying and adopting the relevant necessary measures but also in finalising submissions to the Committee.

The DEJ met a delegation of the Supreme Court of Ukraine to exchange views on cases scheduled for examination by the Committee of Ministers at its March CMDH meeting concerning the following issues: structural problems relating to domestic detention practices (*Ignatov* group); ban on strikes (*Veniamin Tymoshenko*); independence of the prosecution service (*Lutsenko/Tymoshenko* group); irreducibility of life sentences (*Petukhov No.2* group).

In April, the DEJ organised a meeting in Warsaw of the Network of Experts on the implementation of the European Court's judgments by Ukraine, with the support of the Council of Europe Co-operation Programmes Division. This gathering of the Network marked the first in-person meeting since the Russian Federation's full-scale aggression against Ukraine. Representatives from various Ukrainian government bodies, including the Ministry of Justice, the Supreme Court, the Prosecutor General's Office and the Ukrainian Parliament, exchanged ideas and shared information about the measures taken and underway to address long-standing, structural and complex problems identified by the European Court. Despite challenges posed by the ongoing conflict, participants reaffirmed their commitment to implementing the Court's judgments as part of Ukraine's European integration efforts. They agreed to continue meeting regularly to collaborate on solutions.

Later in the year, representatives from the DEJ also carried out a mission to Kyiv to discuss challenges and steps to be taken by the Ukrainian authorities in order to implement the Court's judgments. Discussions focused on issues such as the lack of efficiency of the administration of justice, the lack of judicial independence in matters relating to judicial discipline and careers, investigations into torture and ill-treatment, issues relating to migration and asylum, and domestic violence. Meetings were also held with the relevant authorities to talk specifically about measures taken to address the shortcomings identified in the pilot judgment *Yuriy Nikolayevich Ivanov* and more generally in the *Burmych and Others* group of cases related to longstanding structural issue of the non-enforcement of domestic decisions.

The DEJ, in anticipation of the December CMDH meeting of the Committee of Ministers and its examination of cases related to ineffective investigations into ill-treatment by law enforcement officers, organised a study visit for the Office of the Government Agent, the Office of the Prosecutor General, the Ministry of the Interior and the National Police of Ukraine. The aim of the visit was to strengthen the stakeholders' capacity to identify and implement measures to ensure effective investigations into torture and ill-treatment, as well as to foster better coordination and interaction between them.

Finally, the DEJ carried out a mission to London in March organised in co-operation with the Ministry of Justice to discuss pending cases against the United Kingdom. A hybrid training session on the Convention system, execution of judgments and best practices for drafting action plans/reports was held with the participation of

seulement d'aider les autorités à identifier et à adopter les mesures nécessaires pertinentes, mais aussi à finaliser des communications au Comité.

Le DEJ a rencontré une délégation de la Cour suprême d'Ukraine afin de procéder à un échange de vues sur les affaires prévues pour examen par le Comité des Ministres lors de sa réunion CMDH de mars concernant les questions suivantes : problèmes structurels liés aux pratiques en matière de détention au niveau national (groupe *Ignatov*) ; interdiction des grèves (*Veniamin Tymoshenko*) ; indépendance du parquet (groupe *Lutsenko/Tymoshenko*) ; peines de prison à perpétuité incompressibles (groupe *Petukhov n°2*).

En avril, le DEJ a organisé une réunion à Varsovie du Réseau d'experts sur la mise en œuvre des arrêts de la Cour européenne par l'Ukraine, avec le soutien de la Division des programmes de coopération du Conseil de l'Europe. Cette réunion du réseau a marqué la première rencontre en personne depuis l'agression massive de la Fédération de Russie contre l'Ukraine. Des représentants de divers organes gouvernementaux ukrainiens, dont le ministère de la Justice, la Cour suprême, le bureau du Procureur général et le Parlement ukrainien, ont échangé des idées et partagé des informations sur les mesures prises et en cours pour résoudre les problèmes structurels et complexes identifiés de longue date par la Cour européenne. Malgré les défis posés par le conflit actuel, les participants ont réaffirmé leur engagement à mettre en œuvre les arrêts de la Cour dans le cadre des efforts d'intégration européenne de l'Ukraine. Ils ont convenu de continuer à se réunir régulièrement pour collaborer à la recherche de solutions.

Plus tard dans l'année, des représentants du DEJ ont également effectué une mission à Kiev pour discuter des défis et des mesures à prendre par les autorités ukrainiennes afin de mettre en œuvre les arrêts de la Cour. Les discussions ont porté sur des questions telles que le manque d'efficacité de l'administration de la justice, le manque d'indépendance judiciaire en matière de discipline et de carrière des juges, les enquêtes sur la torture et les mauvais traitements, les questions relatives à la migration et à l'asile, et la violence domestique. Des réunions ont également été organisées avec les autorités compétentes pour discuter spécifiquement des mesures prises pour remédier aux lacunes identifiées dans l'arrêt pilote *Yuriy Nikolayevich Ivanov* et, plus généralement, dans le groupe d'affaires Burmych et autres, liés au problème structurel de longue date de la non-exécution des décisions de justice nationales.

En prévision de la réunion CMDH de décembre et de l'examen des affaires liées aux enquêtes ineffectives sur les mauvais traitements par les forces de l'ordre, le DEJ a organisé une visite d'étude pour le bureau de l'Agent du gouvernement, le bureau du Procureur général, le ministère de l'Intérieur et la police nationale d'Ukraine. L'objectif de cette visite était de renforcer la capacité des parties prenantes à identifier et à mettre en œuvre des mesures visant à garantir l'effectivité des enquêtes sur la torture et les mauvais traitements, ainsi que de favoriser une meilleure coordination et interaction entre elles.

Enfin, le DEJ a effectué une mission à Londres en mars, organisée en coopération avec le ministère de la Justice, afin de discuter des affaires pendantes contre le Royaume-Uni. Une session de formation hybride sur le système de la Convention, l'exécution des arrêts et les meilleures pratiques pour la rédaction de plans/bilans

the United Kingdom Ambassador to the Council of Europe. It was attended by 70 participants from across various ministries in England and Wales, Northern Ireland and Scotland as well as representatives from the Equality and Human Rights Commission. Separate meetings were held with policy leads (the Home Office, Northern Ireland Office, Scottish Government, Department of Justice in Northern Ireland, Crown Prosecution Service, Prosecution Service in Scotland, College of Policing) to discuss the status of execution of different cases. Those included *V.C.L. and A.N.* (human trafficking), *Catt* (police information retention), *Big Brother Watch and Others* (bulk interception legal regime), *McKerr* group (Northern Ireland Troubles issues), and *Gaughran* group (biometric material retention for arrested/convicted persons). Throughout the year, the DEJ held online quarterly meetings with the national coordinators in the Ministry of Justice to continue to discuss developments in all pending cases.

With other international organisations

In June, the DEJ held online meetings with staff of the Frontex Fundamental rights monitors team, who are deployed to the operational areas on behalf of the Fundamental Rights Officer (FRO), mandated with monitoring Frontex's implementation of its fundamental rights obligations in accordance with European Union and international law. In November, the DEJ met a delegation of the Frontex Fundamental rights monitors during their study visit to the Council of Europe. The exchanges focused on migration related issues in cases pending under the supervision of the Committee of Ministers.

In August, the DEJ participated in an online meeting between the Director of Human Rights and the EU Director-General of Justice and Consumers and other staff of the European Commission's Directorate-General for Justice and Consumers (DG JUST) on Rule of Law related issues pending in respect of Hungary and Poland.

The DEJ also participated in the Warsaw Human Dimension Conference organised by the Organisation for Security and Co-operation in Europe (OSCE) Office for Democratic Institutions and Human Rights (ODIHR). During the session on judicial independence, the DEJ stressed the importance of the standards set out in the European Court's case law, pointed out relevant cases, and highlighted civil society's crucial role not only at domestic level but also in proceedings before the European Court and through communications to the Committee. The DEJ also took part in the Annual Trial Monitoring Meeting organised by the OSCE ODIHR in Skopje, where representatives of OSCE field operations and of CSOs shared experiences, challenges and good practices in the field of trial monitoring.

Finally, the DEJ organised a number of meetings and activities with the United

d'action a été organisée avec la participation de l'Ambassadeur du Royaume-Uni auprès du Conseil de l'Europe. Elle a réuni 70 participants issus de différents ministères d'Angleterre et du Pays de Galles, d'Irlande du Nord et d'Écosse, ainsi que des représentants de la Commission pour l'égalité et les droits de l'homme. Des réunions séparées ont été organisées avec des responsables politiques (Home Office, Northern Ireland Office, Scottish Government, Department of Justice in Northern Ireland, Crown Prosecution Service, Prosecution Service in Scotland, College of Policing) pour discuter de l'état d'exécution de différentes affaires, notamment *V.C.L. et A.N.* (traite des êtres humains), *Catt* (conservation d'informations policières), *Big Brother Watch et autres* (régime juridique des interceptions de masse), le groupe *McKerr* (questions liées aux troubles en Irlande du Nord) et le groupe *Gaughran* (rétention de matériel biométrique et de photographies relatives à des personnes arrêtées et/ou condamnées). Tout au long de l'année, le DEJ a tenu des réunions trimestrielles en ligne avec les coordinateurs nationaux du ministère de la justice afin de continuer à discuter de l'évolution de toutes les affaires en cours.

Avec d'autres organisations internationales

En juin, le DEJ a tenu des réunions en ligne avec le personnel de l'équipe des contrôleurs des droits fondamentaux de Frontex, qui sont déployés dans les zones opérationnelles au nom de l'Officier aux droits fondamentaux, mandaté pour contrôler la mise en œuvre par Frontex de ses obligations en matière de droits fondamentaux conformément au droit de l'Union européenne et au droit international. En novembre, le DEJ a rencontré une délégation de contrôleurs des droits fondamentaux de Frontex lors de leur visite d'étude au Conseil de l'Europe. Les échanges se sont concentrés sur les questions liées à la migration dans les affaires pendantes sous surveillance du Comité des Ministres.

En août, le DEJ a participé à une réunion en ligne entre le Directeur des droits humains et le Directeur général de la justice et des consommateurs de l'UE ainsi que d'autres membres du personnel de la Direction générale de la justice et des consommateurs de la Commission européenne (DG JUST) sur les questions liées à l'État de droit en suspens en ce qui concerne la Hongrie et la Pologne.

Le DEJ a également participé à la Conférence de Varsovie sur la dimension humaine organisée par le Bureau des institutions démocratiques et des droits de l'homme (BIDDH) de l'Organisation pour la sécurité et la coopération en Europe (OSCE). Au cours de la session sur l'indépendance judiciaire, le DEJ a souligné l'importance des normes établies dans la jurisprudence de la Cour européenne, a rappelé les affaires pertinentes et a souligné le rôle crucial de la société civile non seulement au niveau national, mais aussi dans les procédures devant la Cour européenne et par le biais de communications au Comité. Le DEJ a également participé à la Réunion annuelle de suivi des procès (*Annual Trial Monitoring Meeting*) organisée par le BIDDH de l'OSCE à Skopje, où des représentants des opérations de terrain de l'OSCE et d'OSC ont partagé leurs expériences, leurs défis et leurs bonnes pratiques dans le domaine du suivi des procès.

Enfin, le DEJ a organisé un certain nombre de réunions et d'activités avec les

Nations, and in particular with the Special Rapporteur on the situation of human rights in the Russian Federation, following instructions from the Committee to make every effort to ensure the execution of the European Court's judgments by the Russian Federation. These are summarised in detail in Chapter V on the supervision of the execution of cases against the Russian Federation.

B. Thematic events and round tables

In 2023, the DEJ participated in a round table on national capacity in Armenia to execute the European Court's judgments, held in Strasbourg at the same time as the opening session of the Interagency Committee coordinating the execution of judgments against Armenia, which had been established in 2021. The DEJ stressed the importance of regular meetings of this Committee and discussed various topics in cases pending against Armenia including notably: ill-treatment in law enforcement, hate crimes, health care in detention facilities, and freedom of assembly.

At the request of Belgian authorities, in the context of the execution of the judgment *Vasilescu*, the DEJ organised a virtual round table on effective preventive remedies to complain about poor material conditions of detention, and in particular prison overcrowding. It provided a platform for a direct exchange of views and experiences between representatives and experts from a number of states, which had either already set up such a remedy (Poland, Italy, Croatia and more recently, Greece and France) or were considering whether and how to do so (Belgium and Portugal).

The DEJ also participated in a round table organised by the Supreme Judicial Council of Bulgaria, aimed at presenting the experience of Bulgarian magistrates seconded to the DEJ for a period of one year. Alongside the round table, the DEJ held a meeting with the Bulgarian Government Agent's Office and representatives of Sofia City and District courts, to discuss the implementation of cases concerning violation of the right to family life, on account of the deficient examination of a request to allow a child to travel abroad without the agreement of one of the parents (*Penchevi* case) and the failure to examine speedily a request for recognition and enforcement of the final custody judgment of a foreign court (*E.S.* case).

The DEJ was also present at an international conference in Prague, "Making Human Rights a Reality", to conclude a three-year project organised by the Czech authorities on the country's international human rights obligations. The DEJ took part in the conference of the European Police Network dedicated to police activities in the context of violence and the use of force.

The DEJ also participated in the International Conference on the Nicosia Convention: A Criminal Justice Response to Offences Relating to Cultural Property, where issues related to implementation of European Court judgments and evaluation methods used for awards of just satisfaction under the judgments were discussed.

The DEJ took part in a round table organised by the Greek Ministry of Justice

Nations Unies, et en particulier avec la Rapporteuse spéciale sur la situation des droits de l'homme dans la Fédération de Russie, suite aux instructions du Comité de fournir tous les efforts possibles pour assurer l'exécution des arrêts de la Cour européenne par la Fédération de Russie. Ces rencontres sont résumées en détail au chapitre V sur la surveillance de l'exécution des affaires contre la Fédération de Russie.

B. Événements thématiques et tables rondes

En 2023, le DEJ a participé à une table ronde sur la capacité nationale de l'Arménie à exécuter les arrêts de la Cour européenne, qui s'est tenue à Strasbourg en même temps que la session d'ouverture du Comité interinstitutionnel chargé de coordonner l'exécution des arrêts de la Cour contre l'Arménie, qui avait été créé en 2021. Le DEJ a souligné l'importance des réunions régulières de ce Comité et a discuté de divers sujets dans les affaires pendantes contre l'Arménie, notamment : les mauvais traitements par les forces de l'ordre, les crimes de haine, les soins de santé dans les centres de détention, et la liberté de réunion.

À la demande des autorités belges, dans le cadre de l'exécution de l'arrêt Vasilescu, le DEJ a organisé une table ronde virtuelle sur les recours préventifs effectifs pour se plaindre des mauvaises conditions matérielles de détention, en particulier de la surpopulation carcérale. Cette table ronde a permis un échange direct de vues et d'expériences entre les représentants et les experts d'un certain nombre d'États qui avaient déjà mis en place un tel recours (Pologne, Italie, Croatie et plus récemment, Grèce et France) ou qui envisageaient de le faire (Belgique et Portugal).

Le DEJ a également participé à une table ronde organisée par le Conseil supérieur de la magistrature de Bulgarie, visant à présenter l'expérience des magistrats bulgares détachés auprès du DEJ pour une période d'un an. Parallèlement à la table ronde, le DEJ a tenu une réunion avec le bureau de l'Agent du gouvernement bulgare et des représentants du tribunal municipal de Sofia et du tribunal de district de Sofia, afin de discuter de la mise en œuvre d'affaires concernant la violation du droit à la vie familiale, en raison de l'examen insuffisant d'une demande visant à permettre à un enfant de voyager à l'étranger sans l'accord de l'un des parents (affaire *Penchevi*) et de l'absence d'examen rapide d'une demande de reconnaissance et d'exécution d'une décision de garde définitive rendue par une juridiction étrangère (affaire *E.S.*).

Le DEJ était également présent à une conférence internationale à Prague, « Faire des droits de l'homme une réalité », pour conclure un projet de trois ans organisé par les autorités tchèques sur les obligations internationales du pays en matière de droits de l'homme. Le DEJ a participé à la Conférence du Réseau européen de police consacrée aux activités de la police dans le contexte de la violence et de l'usage de la force.

Le DEJ a également participé à la Conférence internationale « la Convention de Nicosie : une réponse de la justice pénale aux infractions relatives aux biens culturels », au cours de laquelle les questions liées à la mise en œuvre des arrêts de la Cour européenne et les méthodes d'évaluation utilisées pour l'octroi d'une satisfaction équitable en vertu des arrêts ont été discutées.

Le DEJ a participé à une table ronde organisée par le ministère grec de la Justice

and the Council of Europe Division for Co-operation in Police and Deprivation of Liberty, which provided a forum to exchange on the experiences on the functioning of the new judicial remedy enabling detainees to complain about their conditions of detention in prisons and police stations and request improvement and compensation. The DEJ also participated in a meeting in Athens, which gathered 140 representatives of key stakeholders (including probation, prosecution, judges, Ministry of Justice, Ministry of Citizen Protection, Bar associations, local municipalities) to exchange views on the community service recently reintroduced in the Greek penitentiary system as one of the alternatives to imprisonment and ways to effectively put it in practice. Both events are relevant for the *Nisiotis* group concerning conditions of detention and the lack of an effective remedy for the same.

In the context of the joint EU-Council of Europe programme "*Horizontal Facility for the Western Balkans and Türkiye*" whose third phase began in January 2023, the DEJ participated in several thematic events. The first was a round table on the execution of the European Court's judgments and the External Oversight Mechanism (EOM) in Skopje, which focused on the achievements and challenges in the functioning of the EOM. Since 2018, the Council of Europe has assisted the national authorities in the process of establishing an independent and effective EOM in North Macedonia to oversee the work of the police and to improve investigations into excessive use of force by police agents (*Kitanovski* case). Second, representatives of the DEJ also took part in a round table in Belgrade on the issue of unlawful taking of DNA data in the context of criminal proceedings in Serbia (*Dragan Petrović* case). This event mainly focused on the *restitutio in integrum* of the applicant, since the relevant legislation had already been aligned with the European Convention.

The Director of Human Rights and the DEJ participated in a round table in Belgrade on the execution of the Zorica Jovanović case concerning the authorities' failure to provide credible information as to the fate of "missing babies" following their alleged death in hospital wards. The event provided a platform for a constructive exchange between judges engaged in the implementation of the 2020 law setting-up the fact-finding mechanism. In the course of discussions, the Director of Human Rights invited the Serbian authorities to adopt promptly the foreseen amendments to the Law on National DNA Register which would set up a "missing babies" database.

Together with the highest levels of management of the judicial councils of all Western Balkans countries, the DEJ participated in the 5th Regional Conference on the Role of the judicial councils in ensuring a right to a fair and efficient court hearing, held in Split, Croatia. Discussions focused notably on the root causes of excessive length of judicial proceedings and effective ways to overcome them, including drawing on the experience of other states.

The DEJ took part in a seminar to present an assessment of the pre-trial detention situation in North Macedonia. This assessment was conducted to aid the full implementation of European Court judgments in the *Vasilkoski and Others*

et la Division du Conseil de l'Europe de coopération en matière de police et privation de liberté, qui a permis un échange d'expériences sur le fonctionnement du nouveau recours judiciaire permettant aux détenus de se plaindre de leurs conditions de détention dans les prisons et les commissariats de police et de demander des améliorations et des indemnisations. Le DEJ a également participé à une réunion à Athènes qui a rassemblé 140 représentants des principales parties prenantes (y compris les services de probation, le Ministère public, les juges, le ministère de la Justice, le ministère de la Protection des citoyens, les barreaux, les municipalités locales) pour échanger des points de vue sur le travail d'intérêt général récemment réintroduit dans le système pénitentiaire grec comme l'une des alternatives à la détention et sur les moyens de le mettre en pratique de manière efficace. Les deux sujets sont pertinents pour le groupe *Nisiotis* qui concerne les conditions de détention et l'absence de recours effectif à cet égard.

Dans le cadre du programme joint UE-Conseil de l'Europe « Facilité horizontale pour les Balkans occidentaux et la Türkiye », dont la troisième phase a débuté en janvier 2023, le DEJ a participé à plusieurs événements thématiques. Le premier fut une table ronde sur l'exécution des arrêts de la Cour européenne et le Mécanisme de contrôle externe (MCE) à Skopje, qui s'est focalisée sur les réalisations et les défis dans le fonctionnement du MCE. Depuis 2018, le Conseil de l'Europe assiste les autorités nationales dans le processus de mise en place d'un MCE indépendant et efficace en Macédoine du Nord afin de superviser le travail de la police et d'améliorer les enquêtes sur l'usage excessif de la force par les agents de police (affaire *Kitanovski*). Deuxièmement, des représentants du DEJ ont également participé à une table ronde à Belgrade sur la question du prélèvement illégal de données ADN dans le cadre d'une procédure pénale en Serbie (affaire *Dragan Petrović*). Cet événement s'est principalement concentré sur la *restitutio in integrum* du requérant, étant donné que la législation pertinente avait déjà été alignée sur la Convention européenne.

Le Directeur des droits humains et le DEJ ont participé à une table ronde à Belgrade sur l'exécution de l'affaire *Zorica Jovanović* concernant l'incapacité des autorités à fournir des informations crédibles sur le sort des « bébés disparus » suite à leur décès présumé dans les services de maternité. L'événement a fourni une plateforme pour un échange constructif entre les juges engagés dans la mise en œuvre de la Loi de 2020 établissant le mécanisme d'établissement des faits. Au cours des discussions, le Directeur des droits humains a invité les autorités serbes à adopter rapidement les amendements prévus à la Loi sur le registre national des empreintes génétiques, qui permettraient de créer une base de données sur les « bébés disparus ».

Avec les plus hauts responsables des conseils judiciaires de tous les pays des Balkans occidentaux, le DEJ a participé à la Conférence régionale sur le rôle des conseils judiciaires dans la garantie du droit à une audience équitable et efficace, qui s'est tenue à Split, en Croatie. Les discussions ont notamment porté sur les causes profondes de la durée excessive des procédures judiciaires et sur les moyens efficaces d'y remédier, notamment en s'inspirant de l'expérience d'autres États.

Le DEJ a participé à un séminaire pour présenter une évaluation de la situation de la détention provisoire en Macédoine du Nord. Cette évaluation a été réalisée pour contribuer à la mise en œuvre complète des arrêts de la Cour européenne dans le

group, which dealt with insufficient reasoning for extending pre-trial detention and a lack of equality of arms in proceedings reviewing applicants' detention. The assessment, conducted by the non-governmental organisation Coalition All for Fair Trial and supported by the Council of Europe was carried out in co-operation with the Academy for Judges and Public Prosecutors of North Macedonia. The seminar was an opportunity to make recommendations, particularly related to the need for changes in judicial practice.

The DEJ participated in the 14th Warsaw Human Rights Seminar, dedicated to the topic of Human Rights in Situations of Crisis: Turning Challenging Circumstances into Opportunities, with the participation of the Director General of Human Rights and Rule of Law, presenting information on the challenges concerning the execution of cases against the Russian Federation.

The DEJ also participated in the roundtable "Preventing, Combating and Responding to Trafficking in Human Beings in the Context of Asylum and Migration" held in Slovenia, organised in co-operation with the UNHCR, the Ministry of the Interior of Slovenia and Society Ključ. The purpose of this event was to discuss challenges and practices in the identification and referral of victims of trafficking among asylum-seekers with national stakeholders and raise awareness about the relevant case-law of the European Court.

The DEJ participated in a number of round tables and discussions focussed on the major structural problem of non-enforcement or delayed enforcement of domestic judicial decisions in Ukraine. Representatives of the Office of the Agent of Ukraine before the European Court, the Ministry of Justice, the Ministry of Social Policy, the Ministry of Finance, the State Treasury as well as the Verkhovna Rada and the judiciary took part. Participants underlined the importance of eradicating this long-standing problem, updating the necessary national action plans and taking into account the growing challenges related to the on-going war as well as Ukraine's European integration.

The DEJ took part in the conference "United for Justice", organised in Lviv, and in its margins it held a number of meetings with the Ukrainian authorities – the Office of the Prosecutor General, the Supreme Court, the Office of the Ombudsperson, the Ministry of Justice and the Ministry of the interior – on execution of judgments concerning Ukraine and the means to strengthen work on the general measures required by judgments of the European Court.

The DEJ participated in the conference "The Role of the Judiciary in Overcoming the Challenges of War", held in Lviv, organised by the Supreme Court of Ukraine in co-operation with the Council of Europe and the OSCE. The DEJ participated in two sessions: one on the execution of the European Court's judgments on the enforcement of domestic courts' decisions concerning social obligations; and one on the effective protection of rights of civilians in wartime, including compensation for damages caused by war. In the sidelines of that conference, the DEJ also held bilateral meetings with the President of the Supreme Court, the High Council of Justice, and the Deputy Minister of Social Policy. The parties discussed the developments and challenges related to the execution the *Burmych/Yuriy Nikolayevych Ivanov* group concerning

groupe *Vasilkoski et autres*, qui ont trait à l'insuffisance des motifs pour prolonger la détention provisoire et du manque d'égalité des armes dans les procédures de contrôle de la détention des requérants. L'évaluation, menée par l'organisation non gouvernementale *Coalition All for Fair Trial* et soutenue par le Conseil de l'Europe, a été réalisée en coopération avec l'Académie des juges et des procureurs de Macédoine du Nord. Le séminaire a été l'occasion de formuler des recommandations, notamment en ce qui concerne la nécessité de modifier la pratique judiciaire.

Le DEJ a participé au 14e Séminaire de Varsovie sur les droits de l'homme, consacré au thème des droits de l'homme dans les situations de crise : « Turning Challenging Circumstances into Opportunities », avec la participation du Directeur général Droits humains et État de droit, qui a présenté des informations sur les défis concernant l'exécution des arrêts contre la Fédération de Russie.

Le DEJ a également participé à la table ronde « Prévenir, combattre et répondre à la traite des êtres humains dans le contexte de l'asile et de la migration » qui s'est tenue en Slovénie, organisée en coopération avec le HCR, le ministère de l'Intérieur de Slovénie et Society Ključ. L'objectif de cet événement était de discuter des défis et des pratiques en matière d'identification et d'orientation des victimes de la traite parmi les demandeurs d'asile avec les parties prenantes nationales et de les sensibiliser à la jurisprudence pertinente de la Cour européenne.

Le DEJ a participé à un certain nombre de tables rondes et de discussions axées sur le problème structurel majeur de la non-exécution ou de l'exécution tardive des décisions de justice nationales en Ukraine. Des représentants du bureau de l'Agent de l'Ukraine auprès de la Cour européenne, du ministère de la Justice, du ministère de la Politique sociale, du ministère des Finances, du Trésor public ainsi que de la Verkhovna Rada et du pouvoir judiciaire y ont participé. Les participants ont souligné l'importance d'éradiquer ce problème de longue date, de mettre à jour les plans d'action nationaux nécessaires et de prendre en compte les défis croissants liés à la guerre en cours ainsi qu'à l'intégration européenne de l'Ukraine.

Le DEJ a participé à la conférence « Unis pour la justice », organisée à Lviv, et en marge de celle-ci, a tenu un certain nombre de réunions avec les autorités ukrainiennes – le bureau du Procureur général, la Cour suprême, le bureau du Médiateur, le ministère de la Justice et le ministère de l'Intérieur – sur l'exécution des arrêts concernant l'Ukraine et les moyens de renforcer les travaux sur les mesures générales requises par les arrêts de la Cour européenne.

Le DEJ a participé à la conférence « Le rôle du pouvoir judiciaire pour surmonter les Défis de la Guerre », qui s'est tenue à Lviv, organisée par la Cour suprême d'Ukraine en coopération avec le Conseil de l'Europe et l'OSCE. Le DEJ a participé à deux sessions : l'une sur l'exécution des arrêts de la Cour européenne concernant la mise en œuvre des décisions des juridictions internes en matière d'obligations sociales ; l'autre sur la protection effective des droits des civils en temps de guerre, y compris l'indemnisation des dommages causés par la guerre. En marge de cette conférence, le DEJ a également tenu des réunions bilatérales avec le Président de la Cour suprême, le Conseil supérieur de la justice et le vice-ministre de la Politique sociale. Les parties ont discuté des développements et des défis liés à l'exécution du groupe *Burmych/Yuriy Nikolayevych Ivanov* concernant la non-exécution des décisions de

the non-enforcement of domestic judicial decisions, and the *Oleksandr Volkov* group concerning the structural independence of the judiciary.

The DEJ also participated in a roundtable organised by Wilton Park, in the United Kingdom, on Strengthening Human Rights in the Crisis of Peace and Security. Moreover, the DEJ participated in a round table organised by the Bingham Centre with the participation of numerous CSOs based in London, with the aim of creating awareness of the execution system and the role of civil society in the execution process.

The DEJ was also involved in the organisation and participated in the Conference "Subsidiarity principle: national implementation of the European Convention on Human Rights" organised under the aegis of the Icelandic Presidency of the Committee of Ministers. It provided an up-to-date overview and a forum for exchanges among member States on the support offered by the Council of Europe for the execution of judgments. On this point, the Director of Human Rights recalled that the Council of Europe remains ardently committed to supporting its member States in fulfilling their primary responsibility to secure the rights and freedoms set out in the Convention.

C. Synergies with co-operation programmes

Introduction to co-operation activities and Action Plans for States

Co-operation programmes play a crucial role in facilitating ongoing discussions with decision-makers at domestic level, promoting experience-sharing, enhancing national capacity-building, and disseminating relevant knowledge from various expert bodies within the Council of Europe, such as the CPT, CEPEJ, GRECO, ECRI, and Venice Commission. These programmes are essential in ensuring the adoption of appropriate and sustainable measures to address the issues highlighted in the European Court's judgments.

The Directorate of Programme Coordination plays a significant role in guaranteeing that national Action Plans and other co-operation frameworks consistently incorporate suitable actions to address specific needs arising from the Court's judgments and the Committee of Ministers' supervision of their execution. National Action Plans serve as strategic programming instruments aimed at aligning a state's legislation, institutions, and practices with European standards in the areas of human rights, rule of law, and democracy. These Action Plans support a country's commitment to fulfilling its obligations as a member state of the Council of Europe. Currently, several Action Plans are being implemented.

The Council of Europe Action Plan for Armenia 2023-2026 was officially launched in Yerevan in February 2023 by the Deputy Secretary General of the Council of Europe and the Minister of Foreign Affairs of Armenia. In April 2023, the Action Plan for Ukraine "Resilience, Recovery, and Reconstruction" for the period 2023-2026 was presented in Kyiv. The primary objective of this plan is to contribute to Ukraine's stability, security, and prosperity by addressing immediate and medium-term needs during times of war and in the post-war period.

justice nationales, et du groupe *Oleksandr Volkov* concernant l'indépendance structurelle du pouvoir judiciaire.

Le DEJ a également participé à une table ronde organisée par Wilton Park, au Royaume-Uni, sur le renforcement des droits de l'homme dans la crise de la paix et de la sécurité. En outre, le DEJ a participé à une table ronde organisée par le Centre Bingham avec la participation de nombreuses OSC basées à Londres dans le but de sensibiliser au processus d'exécution et au rôle de la société civile dans ce processus.

Le DEJ a également été impliquée dans l'organisation de la Conférence « Principe de subsidiarité : mise en œuvre nationale de la Convention européenne des droits de l'homme » organisée sous l'égide de la Présidence islandaise du Comité des Ministres. Cette conférence a permis de faire le point et d'échanger entre États membres sur le soutien offert par le Conseil de l'Europe pour l'exécution des arrêts. Sur ce point, le Directeur des droits humains a rappelé que le Conseil de l'Europe reste ardemment engagé à soutenir ses États membres dans l'accomplissement de leur responsabilité première de garantir les droits et libertés énoncés dans la Convention.

C. Synergies avec les programmes de coopération

Introduction aux activités de coopération et aux Plans d'action pour les États

Les programmes de coopération jouent un rôle crucial en facilitant les discussions en cours avec les décideurs au niveau national, en promouvant le partage d'expériences, en renforçant les capacités nationales et en diffusant les connaissances pertinentes des divers organes d'experts au sein du Conseil de l'Europe, tels que le CPT, la CEPEJ, le GRECO, l'ECRI et la Commission de Venise. Ces programmes sont essentiels pour garantir l'adoption de mesures appropriées et durables pour traiter les questions mises en évidence dans les arrêts de la Cour européenne.

La Direction de la coordination des programmes joue un rôle important en garantissant que les plans d'action nationaux et les autres cadres de coopération intègrent systématiquement des actions appropriées pour répondre aux besoins spécifiques découlant des arrêts de la Cour et de la surveillance de leur exécution par le Comité des Ministres. Les plans d'action nationaux sont des instruments de programmation stratégique visant à aligner la législation, les institutions et les pratiques d'un État sur les normes européennes en matière de droits de l'homme, d'État de droit et de démocratie. Ces plans d'action soutiennent l'engagement d'un pays à remplir ses obligations en tant qu'État membre du Conseil de l'Europe. Actuellement, plusieurs plans d'action sont en cours de mise en œuvre.

Le Plan d'action du Conseil de l'Europe pour l'Arménie 2023-2026 a été officiellement lancé à Erevan en février 2023 par le Secrétaire Général adjoint du Conseil de l'Europe et le ministre des Affaires étrangères de l'Arménie. En avril 2023, le Plan d'action pour l'Ukraine « Résilience, relance et reconstruction » 2023-2026 a été présenté à Kiev. L'objectif principal de ce plan est de contribuer à la stabilité, à la sécurité et à la prospérité de l'Ukraine en répondant aux besoins immédiats et à moyen terme en temps de guerre et dans la période d'après-guerre.

Furthermore, in 2023, Council of Europe Action Plans continued to be implemented in Azerbaijan (2022-2025), Bosnia and Herzegovina (2022-2025), Georgia (2020-2023), and the Republic of Moldova (2021-2024).

Targeted co-operation activities related to the execution of judgments

Throughout the years, the DEJ has maintained close contact with Council of Europe co-operation programmes to ensure that problems revealed in the European Court's judgments or during the execution process are taken into account where possible in Council of Europe programmes and co-operation activities.

In 2023, in the Reykjavík Declaration, Heads of State and Government committed to scaling up co-operation programmes to assist member States in the implementation of judgments, which may involve, as appropriate, states facing the same or similar issues in implementation, and to increase the synergy between the DEJ and the Council of Europe co-operation programmes.

In 2023, Council of Europe projects continued to provide targeted support for implementing the European Convention at the national, regional, and multilateral levels. This support focused on member States with a high number of applications before the European Court and those having systemic and repetitive issues requiring concrete action and a multilateral/thematic approach. Funding is mainly secured through voluntary contributions (through Action Plans or separately), the Human Rights Trust Fund (HRTF), or European Union funding tools: country-specific joint programmes, Partnership for Good Governance, Horizontal Facility, Technical Support Instruments. Occasional ordinary budget funding is reserved for stand-alone activities outside co-operation programmes (often where a quick intervention is necessary) and subject to the availability of funds. The European Union remains the Council of Europe's primary institutional partner in political, legal, and financial terms. Joint programmes between the European Union and the Council of Europe are viewed as key expressions of this strategic partnership and mutual commitment to promoting shared values.

In the design and implementation of co-operation projects, particular attention is given to the findings of the Court and priority is given to co-operation programmes assisting member States in the implementation of of the Court's judgments. Co-operation programmes can therefore tackle substantial shortcomings identified in specific judgments of the Court and in the Committee of Ministers' decisions. The thematic scope of these programmes primarily covers issues within the mandate of the Directorate of Human Rights, including criminal justice, efficiency of the judiciary, prevention of torture, and access to justice. There are also programmes related to non-discrimination, education, Roma and Travellers and freedom of expression. Geographically, they cover all 46 member States; however, most of the projects related to the execution of the Court's judgments target non-EU member States, in particular

En outre, en 2023, les plans d'action du Conseil de l'Europe ont continué à être mis en œuvre en Azerbaïdjan (2022-2025), en Bosnie-Herzégovine (2022-2025), en Géorgie (2020-2023) et en République de Moldova (2021-2024).

Activités de coopération ciblées liées à l'exécution des arrêts

Au fil des années, le DEJ a maintenu un contact étroit avec les programmes de coopération du Conseil de l'Europe afin de s'assurer que les problèmes révélés dans les arrêts de la Cour européenne ou au cours du processus d'exécution soient pris en compte, dans la mesure du possible, dans les programmes et les activités de coopération du Conseil de l'Europe.

En 2023, dans la Déclaration de Reykjavik, les chefs d'État et de gouvernement se sont engagés à renforcer les programmes de coopération pour aider les États membres à mettre en œuvre les arrêts, ce qui peut impliquer, le cas échéant, des États confrontés à des problèmes de mise en œuvre identiques ou similaires, et à accroître la synergie entre le DEJ et les programmes de coopération du Conseil de l'Europe.

En 2023, les projets du Conseil de l'Europe ont continué d'apporter un soutien ciblé à la mise en œuvre de la Convention européenne aux niveaux national, régional et multilatéral. Ce soutien s'est concentré sur les États membres ayant un nombre élevé de requêtes devant la Cour européenne et ceux ayant des problèmes systémiques et répétitifs nécessitant une action concrète et une approche multilatérale/thématique. Le financement est principalement assuré par des contributions volontaires (dans le cadre de plans d'action ou séparément), le Fonds fiduciaire pour les droits de l'homme (HRTF) ou des outils de financement de l'Union européenne : programmes joints spécifiques aux pays, partenariat pour la bonne gouvernance, facilité horizontale, instruments de soutien technique. Un financement occasionnel du budget ordinaire est réservé aux activités autonomes en dehors des programmes de coopération (souvent lorsqu'une intervention rapide est nécessaire) et sous réserve de la disponibilité des fonds. L'Union européenne reste le principal partenaire institutionnel du Conseil de l'Europe en termes politiques, juridiques et financiers. Les programmes joints entre l'Union européenne et le Conseil de l'Europe sont considérés comme des indicateurs clés de ce partenariat stratégique et de l'engagement mutuel à promouvoir des valeurs partagées.

Lors de la conception et de la mise en œuvre des projets de coopération, une attention particulière est accordée aux conclusions de la Cour et la priorité est donnée aux programmes de coopération qui aident les États membres à mettre en œuvre ses arrêts. Les programmes de coopération peuvent donc s'attaquer aux lacunes substantielles identifiées dans des arrêts spécifiques de la Cour et dans les décisions du Comité des Ministres. Le champ d'application thématique de ces programmes couvre principalement les questions relevant du mandat de la Direction des droits humains, notamment la justice pénale, l'efficacité du système judiciaire, la prévention de la torture et l'accès à la justice. Il existe également des programmes relatifs à la non-discrimination, à l'éducation, aux roms et aux gens du voyage et à la liberté d'expression. Géographiquement, ils couvrent les 46 États membres ; cependant, la plupart des projets liés à l'exécution des arrêts de la Cour visent des États non-membres de

the Western Balkans countries, the Eastern Partnership countries, and Türkiye. Some projects and activities aimed at increasing the efficiency of the judiciary are also being implemented in Bulgaria, Romania, and Latvia. The programmes are implemented in close coordination with the DEJ.

In 2023, the Council of Europe launched a new 18-month multilateral transversal project titled "Support to Efficient Domestic Capacity for the Execution of ECtHR Judgments (Phase 1)". The objective of this project is to strengthen the capacity of all 46 member States to fully, effectively, and promptly execute judgments of the European Court. The project will include a comprehensive study that examines the relevance of existing domestic execution mechanisms in light of CM Recommendation CM/Rec(2008)2 on efficient domestic capacity for rapid execution of judgments. It will identify effective models and practices to enhance the execution process. Additionally, the project will facilitate the establishment of an "Execution Coordinators Network", which will serve as a platform for sharing experiences and knowledge among member States. The network aims to enable mutual support in the execution process. The Parliamentary Assembly Resolution 2494(2023) "Implementation of judgments of the European Court of Human Rights" called on state Parties to take full advantage of this project and to support the work aimed at establishing this Network.

Several events were organised in 2023 in the context of the "Improving the Protection of the Right to Property and Facilitating Execution of the European Court of Human Rights Judgments (D-REX III)" project, as well as the "Advancing the Protection from Discrimination in Albania" action within the "Horizontal Facility for the Western Balkans and Türkiye – Phase III" Joint Programme. These events were co-funded by the European Union and the Council of Europe and implemented by the Council of Europe. For instance, in February 2023, representatives from Albanian local and central institutions gathered in Korça, in attendance of a DEJ representative, to discuss practical measures to address segregation in schools and promote the integration of Roma and Egyptian children in education (*X. and Others*). In November 2023, a regional forum on harmonising judicial practice with the case-law of the European Court was held in Tirana. This event emphasised the promotion of aligning domestic judicial practice with the case law of the European Court in co-operation with the Albanian High Judicial Council and the Supreme Court.

A workshop on practical issues related to the new Criminal Procedure Code and relevant case-law of the European Court was organised under the "Support to the Effective Execution of the Judgments of the European Court of Human Rights in Armenia" project. Funded by the HRTF and implemented as part of the Council of Europe Action Plan for Armenia (2023-2026), this initiative promoted discussions on the application of house arrest and compulsory measures according to the Court's case law and national legislation, as well as property claim specifics.

The Steering Committee of the "Support for the Improvement of the Execution of the European Court Judgments by Azerbaijan" project convened for the first time in Baku in June 2023. This project aims to assist in the revision of national practices to

l'UE, en particulier les pays des Balkans occidentaux, les pays du Partenariat oriental et la Türkiye. Certains projets et activités visant à accroître l'efficacité du système judiciaire sont également mis en œuvre en Bulgarie, en Roumanie et en Lettonie. Les programmes sont mis en œuvre en étroite coordination avec le DEJ.

En 2023, le Conseil de l'Europe a lancé un nouveau projet multilatéral transversal de 18 mois intitulé « Soutien à une capacité nationale efficace pour l'exécution des arrêts de la Cour européenne des droits de l'homme (phase 1) ». L'objectif de ce projet est de renforcer la capacité des 46 États membres à exécuter pleinement, efficacement et rapidement les arrêts de la Cour européenne. Le projet comprendra une étude complète qui examinera la pertinence des mécanismes nationaux d'exécution existants à la lumière de la Recommandation CM/Rec(2008)2 sur des moyens efficaces à mettre en œuvre pour l'exécution rapide des arrêts. Il identifiera des modèles et des pratiques efficaces pour améliorer le processus d'exécution. En outre, le projet facilitera la mise en place d'un « réseau de coordinateurs de l'exécution », qui servira de plateforme pour le partage d'expériences et de connaissances entre les États membres. Le réseau vise à permettre un soutien mutuel dans le processus d'exécution. La Résolution 2494(2023) de l'Assemblée parlementaire « Mise en œuvre des arrêts de la Cour européenne des droits de l'homme » a appelé les États parties à tirer pleinement parti de ce projet et à soutenir les travaux visant à mettre en place ce réseau.

Plusieurs événements ont été organisés en 2023 dans le cadre du projet « Améliorer la protection du droit de propriété et faciliter l'exécution des arrêts de la Cour européenne des droits de l'homme en Albanie (D-REX III) », ainsi que de l'action « Faire progresser la protection contre la discrimination en Albanie » dans le cadre du Programme joint « Facilité horizontale pour les Balkans occidentaux et la Türkiye – Phase III ». Ces événements ont été cofinancés par l'Union européenne et le Conseil de l'Europe et mis en œuvre par le Conseil de l'Europe. Par exemple, en février 2023, des représentants des institutions locales et centrales albanaises se sont réunis à Korça, en présence d'un représentant du DEJ, pour discuter de mesures pratiques visant à lutter contre la ségrégation dans les écoles et à promouvoir l'intégration des enfants roms et égyptiens dans l'éducation (*X. et autres*). En novembre 2023, un forum régional sur l'harmonisation de la pratique judiciaire avec la jurisprudence de la Cour européenne s'est tenu à Tirana. Cet événement a mis l'accent sur la promotion de l'alignement de la pratique judiciaire nationale sur la jurisprudence de la Cour européenne en coopération avec le Conseil supérieur de la magistrature albanais et la Cour suprême.

Un atelier sur les questions pratiques liées au nouveau Code de procédure pénale et à la jurisprudence pertinente de la Cour européenne a été organisé dans le cadre du projet « Soutien à l'exécution effective des arrêts de la Cour européenne des droits de l'homme en Arménie ». Financée par le HRTF et mise en œuvre dans le cadre du Plan d'action du Conseil de l'Europe pour l'Arménie (2023-2026), cette initiative a favorisé les discussions sur l'application de l'assignation à résidence et des mesures obligatoires conformément à la jurisprudence de la Cour et à la législation nationale, ainsi que sur les spécificités des revendications de propriété.

Le Comité directeur du projet « Soutien à l'amélioration de l'exécution des arrêts de la Cour européenne par l'Azerbaïdjan » s'est réuni pour la première fois à Bakou en juin 2023. Ce projet vise à aider à la révision des pratiques nationales

prevent and remedy human rights violations most frequently identified in the Court's judgments. In the framework of that project, the DEJ also participated in November 2023 in an online meeting of the Working Group on the National Execution Strategy and Action Plan for the Execution of Judgments and Decisions of the European Court by the Republic of Azerbaijan. These events were conducted with the participation of representatives of the Administration of the President, the Parliament, the Constitutional Court, the Supreme Court, the Commissioner for Human Rights, the Prosecutor General's Office, the Ministry of Justice, the Centre for Legal Examination and Legislative Initiatives, the Institute of Law and Human Rights and the Azerbaijani Bar Association. Discussions focussed on improving coordination during the execution process, resolving the backlog of cases, enhancing domestic monitoring by Parliaments, NHRIs and CSOs and ensuring adequate training for all stakeholders involved in executing the Court's judgments.

In 2023, representatives from the Ministry of Justice and the judiciary of Bosnia and Herzegovina visited the Council of Europe, including the European Court. The purpose of this study visit was to foster dialogue between the Council of Europe and national stakeholders regarding the execution of the Court's judgments and the importance of harmonising domestic case law. The study visit was organised within the framework of the project "Initiative for Legal Certainty and Efficient Judiciary in Bosnia and Herzegovina – Phase III". The DEJ and the Director of Human Rights met with two Ministers of Justice from Bosnia and Herzegovina. Furthermore, in the context of that project, a discussion was held in Sarajevo with cantonal ministers of justice and their representatives to explore the introduction of a legal remedy against excessive delays in domestic courts proceedings.

Representatives of the Georgian Ministry of Justice, General Prosecutor's Office and the Secretariat of the Parliament visited the Council of Europe in the framework of the project "Enhancing implementation of Human Rights Practices and Education in Georgia" with a view to enhancing the dialogue on the execution of judgments of the European Court. The project aims to support the Georgian Parliament in effectively exercising its oversight function regarding the execution of the Court's judgments against Georgia. In November 2023, the final working group meeting was held on the National Strategy for the Execution of Judgments of the European Court and its corresponding Action Plan. The DEJ participated in both activities.

In collaboration with the Council of Europe, the inaugural meeting of the Advisory Council under the Government Agent of the Republic of Moldova took place in November 2023 in Strasbourg with the participation of the DEJ. This meeting was held within the framework of the Council of Europe Action Plan for the Republic of Moldova, specifically the project "Strengthening the Human Rights Compliant Criminal Justice System in the Republic of Moldova". The project aims to enhance national capacities to ensure the consistent application of the European Court's case-law by national courts. It also focuses on preventing ill-treatment and torture, aligning

pour prévenir et remédier aux violations des droits de l'homme les plus fréquemment identifiées dans les arrêts de la Cour. Dans le cadre de ce projet, le DEJ a également participé en novembre 2023 à une réunion en ligne du groupe de travail sur la Stratégie nationale d'exécution et le Plan d'action pour l'exécution des arrêts et décisions de la Cour européenne par la République d'Azerbaïdjan. Ces événements ont été organisés avec la participation de représentants de l'Administration du Président, du Parlement, de la Cour constitutionnelle, de la Cour suprême, du Commissaire aux droits de l'homme, du bureau du Procureur général, du ministère de la Justice, du Centre d'examen juridique et d'initiatives législatives, de l'Institut du droit et des droits de l'homme et de l'Association du barreau azerbaïdjanais. Les discussions ont porté sur l'amélioration de la coordination au cours du processus d'exécution, la résorption de l'arriéré judiciaire, le renforcement du suivi national par les parlements, les institutions nationales des droits de l'homme et les organisations de la société civile, et la garantie d'une formation adéquate pour toutes les parties prenantes impliquées dans l'exécution des arrêts de la Cour.

En 2023, des représentants du ministère de la Justice et du pouvoir judiciaire de Bosnie-Herzégovine ont visité le Conseil de l'Europe, et notamment la Cour européenne. L'objectif de cette visite d'étude était de favoriser le dialogue entre le Conseil de l'Europe et les parties prenantes nationales concernant l'exécution des arrêts de la Cour et l'importance de l'harmonisation de la jurisprudence nationale. La visite d'étude a été organisée dans le cadre du projet « Initiative pour la sécurité juridique et l'efficacité du système judiciaire en Bosnie-Herzégovine – Phase III ». Le DEJ et le Directeur des droits humains ont rencontré deux ministres de la Justice de Bosnie-Herzégovine. En outre, dans le cadre de ce projet, une discussion a eu lieu à Sarajevo avec les ministres cantonaux de la justice et leurs représentants afin d'aborder la mise en place d'un recours juridique contre les retards excessifs dans les procédures des tribunaux nationaux.

Des représentants du ministère de la Justice géorgien, du bureau du Procureur général et du Secrétariat du Parlement ont visité le Conseil de l'Europe dans le cadre du projet « Améliorer la mise en œuvre des pratiques et de l'éducation en matière de droits de l'homme en Géorgie » afin de renforcer le dialogue sur l'exécution des arrêts de la Cour européenne. Le projet vise à aider le Parlement géorgien à exercer efficacement sa fonction de contrôle de l'exécution des arrêts de la Cour contre la Géorgie. En novembre 2023, la dernière réunion du groupe de travail s'est tenue sur la Stratégie nationale pour l'exécution des arrêts de la Cour européenne et son plan d'action correspondant. Le DEJ a participé à ces deux activités.

En collaboration avec le Conseil de l'Europe, la réunion inaugurale du Conseil consultatif de l'Agent du gouvernement de la République de Moldova a eu lieu en novembre 2023 à Strasbourg avec la participation du DEJ. Cette réunion s'est tenue dans le cadre du Plan d'action du Conseil de l'Europe pour la République de Moldova, et plus particulièrement du projet « Renforcer le système de justice pénale conforme aux droits de l'homme en République de Moldova ». Ce projet vise à renforcer les capacités nationales afin de garantir l'application cohérente de la jurisprudence de la Cour européenne par les tribunaux nationaux. Il se concentre également sur la prévention des mauvais traitements et de la torture, sur l'alignement des pratiques en matière de

pre-trial detention practices with the European Convention, and ensuring relevant human rights safeguards in criminal law and criminal procedure. The project is based on the Court's judgments, including the *Șarban*, *Paladi*, *Modârca*, and *Boicenco* cases. The Advisory Council is expected to contribute to timely and effective implementation of the Court's judgments in the Republic of Moldova through coordinated action of all national stakeholders and ensure the necessary high-level political support.

In 2023, the HRTF continued to support the execution of the Court's judgments against Romania (*Bragadireanu and Țicu* groups) related to the provision of healthcare (including mental healthcare) in prisons within the project "Strengthening the provision of health care and mental health care in prisons in Romania".

In August 2023, further to the DEJ mission to Belgrade on the same subject (referred to under A. Enhanced Dialogue above), public discussions were held on amendments to the Serbian Law on the Right to Trial Within Reasonable Time as part of the state's efforts to execute the *Kacapor and Others* group of cases. These discussions were organised within the framework of the action "Strengthening Human Rights Protection in Serbia", implemented by the Council of Europe under the EU-Council of Europe Joint Programme "Horizontal Facility for the Western Balkans and Türkiye".

As part of the EU-Council of Europe Joint Project on "Supporting the effective implementation of Turkish Constitutional Court judgments in the field of fundamental rights", a delegation from the Turkish Constitutional Court carried out a study visit to Strasbourg. The project, co-funded by the European Union and the Council of Europe and implemented by the Council of Europe, aims to strengthen the implementation of Turkish Constitutional Court judgments in the field of fundamental rights. The DEJ presented the execution process, the main Turkish cases under supervision of the Committee of Ministers and statistical information. The DEJ also drew the participants' attention to examples of decisions where, in several groups of cases, the Committee welcomed the positive case-law of the Turkish Constitutional Court.

Under another EU-Council of Europe Joint Project "Strengthening the Criminal Justice System and the Capacity of Justice Professionals on Prevention of European Convention on Human Rights Violations in Türkiye", a final conference was held in November 2023. This conference marked the culmination of the project, which aimed to enhance the criminal justice system and the capacity of justice professionals in Türkiye to prevent violations of the European Convention.

There are numerous co-operation projects ongoing regarding Ukraine, some of which will directly assist the authorities in executing pending cases related to structural and/or complex problems. Amongst other activities, in the framework of the "Fostering Human Rights in the Criminal Justice Field in Ukraine" and "Strengthening Ukrainian Law Enforcement Agencies during War and Post-War Period" projects, the DEJ held meetings with the leadership and representatives of the Qualification and Disciplinary Commission of Prosecutors, the Council of Prosecutors and the Office

détention provisoire sur la Convention européenne et sur la mise en place de garanties pertinentes en matière de droits de l'homme dans le cadre du droit pénal et de la procédure pénale. Le projet est basé sur les arrêts de la Cour, y compris les affaires *Șarban*, *Paladi*, *Modârca*, et *Boicenco*. Le Conseil consultatif devrait contribuer à la mise en œuvre rapide et efficace des arrêts de la Cour en République de Moldova grâce à une action coordonnée de toutes les parties prenantes nationales et assurer le soutien politique nécessaire au plus haut niveau.

En 2023, la HRTF a continué à soutenir l'exécution des arrêts de la Cour contre la Roumanie (groupes *Bragadireanu* et *Țicu*) liés à la fourniture de soins de santé (y compris de soins de santé mentale) dans les prisons dans le cadre du projet « Renforcer la fourniture de soins de santé et de soins de santé mentale dans les prisons en Roumanie ».

En août 2023, suite à la mission du DEJ à Belgrade sur le même sujet (mentionnée ci-dessus dans A. Dialogue renforcé), des discussions publiques ont eu lieu sur les amendements à la loi serbe sur le droit d'être jugé dans un délai raisonnable dans le cadre des efforts de l'État pour exécuter le groupe d'affaires *Kacapor et autres*. Ces discussions ont été organisées dans le cadre de l'action « Renforcer la protection des droits de l'homme en Serbie », mise en œuvre par le Conseil de l'Europe dans le cadre du programme joint UE-Conseil de l'Europe « Facilité horizontale pour les Balkans occidentaux et la Türkiye ».

Dans le cadre du projet joint UE-Conseil de l'Europe « Soutenir la mise en œuvre effective des arrêts de la Cour constitutionnelle turque dans le domaine des droits fondamentaux », une délégation de la Cour constitutionnelle turque a effectué une visite d'étude à Strasbourg. Le projet, cofinancé par l'Union européenne et le Conseil de l'Europe et mis en œuvre par ce dernier, vise à renforcer la mise en œuvre des arrêts de la Cour constitutionnelle turque dans le domaine des droits fondamentaux. Le DEJ a présenté le processus d'exécution, les principales affaires turques sous la surveillance du Comité des Ministres et des informations statistiques. Le DEJ a également attiré l'attention des participants sur des exemples de décisions où, dans plusieurs groupes d'affaires, le Comité a salué la jurisprudence positive de la Cour constitutionnelle turque.

Dans le cadre d'un autre projet joint UE-Conseil de l'Europe intitulé « Renforcer le système de justice pénale et la capacité des professionnels de la justice à prévenir les violations de la Convention européenne des droits de l'homme en Türkiye », une conférence finale s'est tenue en novembre 2023. Cette conférence a marqué l'aboutissement de ce projet visant à renforcer le système de justice pénale et la capacité des professionnels de la justice en Türkiye à prévenir les violations de la Convention européenne.

De nombreux projets de coopération sont en cours concernant l'Ukraine, dont certains aideront directement les autorités à exécuter des affaires pendantes liées à des problèmes structurels et/ou complexes. Entre autres activités, dans le cadre des projets « Promouvoir les droits de l'homme dans le domaine de la justice pénale en Ukraine » et « Renforcer les forces de l'ordre ukrainiennes pendant et après la guerre », le DEJ a tenu des réunions avec les dirigeants et les représentants de la Commission de qualification et de discipline des procureurs, du Conseil des procureurs et du bureau du

of the Prosecutor General of Ukraine. The exchange focused notably on the progress made and outstanding issues for the implementation of the Lutsenko group of cases and in particular related to strengthening the independence of the prosecution service and individual autonomy of prosecutors, as well as the functioning of the prosecutorial self-governance and disciplinary bodies. The DEJ also met representatives of the investigative bodies of Ukraine including the National Police, the State Bureau of Investigations, the Office of the Prosecutor General and the State Security Service, to discuss outstanding issues related to the execution of the *Kaverzin/Afanasyev* group of cases. Issues of "zero tolerance" and prevention of torture or ill-treatment by the police and the conduct of effective investigations into such allegations were discussed. Special focus was put on the re-opening of investigations after a judgment of the European Court.

The DEJ also continued to collaborate with the Council of Europe projects accompanying Ukraine in its judicial and prison reforms: "Support to the functioning of justice in the war and post-war context in Ukraine" and "European Union and Council of Europe working together to support the Prison Reform in Ukraine Plus (SPERU+ Project)". During an Expert meeting on the Penitentiary reform in Ukraine, the DEJ focused on the progress made and outstanding issues for the implementation of the *Nevmerzhitsky/Sukachov* groups of cases pending since 2005. Among other things, participants discussed possible ways to reduce prison overcrowding, improve material conditions of detention as well as related remedies.

Continuous emphasis was also put on the development and accessibility of knowledge about Convention case-law at domestic level. The multilateral project "Enhancing Subsidiarity: Support to the ECHR Knowledge-sharing and Superior Courts Dialogue" was initiated, promoting the use of the European Court's knowledge-sharing Platform (ECHR-KS), which has been available to the public since October 2022. Work continued to translate the ECHR-KS into non-official languages, support the Superior Courts Network and strengthen the legal professionals' ability to identify and address Convention-related issues at national level.

D. Synergies with monitoring/advisory bodies and other relevant Council of Europe departments

The DEJ maintains contact with Council of Europe monitoring and advisory bodies to identify issues related to execution of the Court's judgments which might be of common interest. In 2023, various initiatives were undertaken to ensure greater synergies between the DEJ and the other Council of Europe monitoring and advisory bodies.

The Convention's effective implementation is at the core of the Commissioner for Human Rights' mandate. In 2023, the Commissioner alerted member States on practices, legislation or reforms weakening the human rights protection provided by, or raising questions regarding their compliance with, the Convention and the Court's case-law. The Commissioner also published thematic documents containing

Procureur général d'Ukraine. L'échange a notamment porté sur les progrès réalisés et les questions en suspens pour la mise en œuvre du groupe d'affaires *Lutsenko*, et en particulier sur le renforcement de l'indépendance du ministère public et de l'autonomie individuelle des procureurs, ainsi que du fonctionnement des organes disciplinaires et d'autorégulation du ministère public. Le DEJ a également rencontré des représentants des organes d'enquête de l'Ukraine, notamment la Police nationale, le Bureau national des enquêtes, le Bureau du procureur général et le Service de sécurité de l'État, afin de discuter des questions en suspens liées à l'exécution du groupe d'affaires *Kaverzin/Afanasyev*. Les questions de « tolérance zéro » et de prévention de la torture ou des mauvais traitements par la police, ainsi que la conduite d'enquêtes effectives sur de telles allégations ont été discutées. Une attention particulière a été accordée à la réouverture des enquêtes suite à un arrêt de la Cour européenne.

Le DEJ a également continué à collaborer avec les projets du Conseil de l'Europe qui accompagnent l'Ukraine dans ses réformes judiciaires et pénitentiaires : « Soutien au fonctionnement de la justice dans le contexte de guerre et d'après-guerre en Ukraine » et « Union européenne et Conseil de l'Europe travaillant ensemble pour soutenir la réforme pénitentiaire en Ukraine Plus (Projet SPERU+) ». Lors d'une réunion d'experts sur la réforme pénitentiaire en Ukraine, le DEJ s'est concentré sur les progrès réalisés et les questions en suspens pour la mise en œuvre des groupes d'affaires *Nevmerzhitsky/Sukachov* pendants depuis 2005. Les participants ont notamment discuté des moyens possibles pour réduire la surpopulation carcérale, améliorer les conditions matérielles de détention ainsi que les recours connexes.

L'accent a également été mis sur le développement et l'accessibilité de la connaissance de la jurisprudence de la Convention au niveau national. Le projet multilatéral « Renforcer la subsidiarité : Soutien au partage des connaissances sur la CEDH et au dialogue entre les cours supérieures » a été lancé pour promouvoir l'utilisation de la plateforme de partage des connaissances de la Cour européenne (ECHR-KS), qui est accessible au public depuis octobre 2022. Les travaux se sont poursuivis pour traduire la plate-forme dans des langues non officielles, soutenir le réseau des cours supérieures et renforcer la capacité des professionnels du droit à identifier et à traiter les questions liées à la Convention au niveau national.

D. Synergies avec les organes de suivi/conseil et les autres services compétents du Conseil de l'Europe

Le DEJ entretient des contacts avec les organes de suivi et de conseil du Conseil de l'Europe afin d'identifier les questions liées à l'exécution des arrêts de la Cour qui pourraient présenter un intérêt commun. En 2023, diverses initiatives ont été prises pour renforcer les synergies entre le DEJ et les autres organes de suivi et de conseil du Conseil de l'Europe.

La mise en œuvre effective de la Convention est au cœur du mandat de la Commissaire aux droits de l'homme. En 2023, la Commissaire a alerté les États membres sur les pratiques, législations ou réformes qui affaiblissent la protection des droits de l'homme garantie par la Convention et la jurisprudence de la Cour, ou qui soulèvent des questions quant à leur respect de ces textes. La Commissaire a également

recommendations calling on member States to abide by the Convention and Court's case-law. The Commissioner for Human Rights submitted Rule 9 communications to the Committee of Ministers in the context of the supervision of the execution of several groups of judgments, including *Identoba and Others v. Georgia*, *Sejdić and Finci v. Bosnia and Herzegovina*, *McKerr v. the United Kingdom*, and the *Ilias and Ahmed v. Hungary* case.

The Parliamentary Assembly of the Council of Europe (PACE) continued its work in monitoring the implementation of the Court's judgments. In April 2023, the PACE Rapporteur published the 11th report on this subject, focusing on states with the highest number of cases pending before the Committee of Ministers, as well as inter-state cases and Article 18 judgments. Accompanied by a resolution and recommendation adopted by the PACE, the report urged member States to take prompt and effective measures for the execution of the Court's judgments. Additionally, in April 2023, the Assembly adopted a Resolution on the 'European Convention on Human Rights and national constitutions,' emphasising mutual understanding, respect, and judicial dialogue between domestic courts and the European Court to enhance the effectiveness of the Convention system.[20]

In November 2023, the Sub-Committee (of the Committee on Legal Affairs and Human Rights) on the Implementation of Judgments of the European Court of Human Rights convened in Zagreb to discuss how PACE members can further promote the execution of the Court's judgments. The Sub-Committee discussed potential new activities that may enhance the role of national parliamentarians and PACE in actively contributing to the implementation process, aligning with the objectives set forth in the Reykjavík Declaration. The DEJ took part in several hearings on the role of PACE and national parliamentarians in holding Governments to account for implementing European Court's judgments as well as the role of parliamentarians in proposing and driving through the necessary legislative and other reforms.

The Congress of Local and Regional Authorities has underlined its will to strengthen its contribution to the execution of judgments concerning the activities of local and regional authorities. To this end, the DEJ and the Secretariat of the Congress are in close contact and are exploring the areas in which actions from local authorities are required for the execution process.

The Committee of Ministers also regularly relied on the recommendations/reports of other Council of Europe monitoring and advisory bodies in the Notes on the Order of Business and decisions adopted during CMDH meetings, where relevant to the execution process. These include for example the work of the European Commission against Racism and Intolerance (ECRI) in cases concerning minorities or discrimination, the European Commission for the Efficiency of Justice (CEPEJ) in cases concerning excessive length of proceedings, the European Committee for the Prevention of Torture and Inhuman or Degrading Treatment or Punishment (CPT) in cases related to poor conditions of detention or ill-treatment by police/

---

20 Resolution 2491(2023), adopted on 25 April 2023.

publié des documents thématiques contenant des recommandations appelant les États membres à respecter la Convention et la jurisprudence de la Cour. La Commissaire a soumis des communications au titre de la Règle 9 au Comité des Ministres dans le cadre de la surveillance de l'exécution de plusieurs groupes d'affaires, notamment *Identoba et autres c. Géorgie*, *Sejdić et Finci c. Bosnie-Herzégovine*, *McKerr c. Royaume-Uni*, et l'affaire *Ilias et Ahmed c. Hongrie*.

L'Assemblée parlementaire du Conseil de l'Europe (APCE) a poursuivi son travail de suivi de la mise en œuvre des arrêts de la Cour. En avril 2023, le Rapporteur de l'APCE a publié le 11e rapport sur ce sujet, en se concentrant sur les États ayant le plus grand nombre d'affaires pendantes devant le Comité des Ministres, ainsi que sur les affaires interétatiques et les arrêts au titre de l'article 18. Accompagné d'une résolution et d'une recommandation adoptées par l'APCE, le rapport invite instamment les États membres à prendre des mesures rapides et efficaces pour l'exécution des arrêts de la Cour. En outre, en avril 2023, l'Assemblée a adopté une résolution sur la « Convention européenne des droits de l'homme et Constitutions nationales », mettant l'accent sur la compréhension mutuelle, le respect et le dialogue judiciaire entre les tribunaux nationaux et la Cour européenne afin de renforcer l'efficacité du système de la Convention[20].

En novembre 2023, la Sous-commission (de la Commission des questions juridiques et des droits de l'homme) sur la mise en œuvre des arrêts de la Cour européenne des droits de l'homme s'est réunie à Zagreb pour examiner comment les membres de l'APCE peuvent promouvoir davantage l'exécution des arrêts de la Cour. La sous-commission a examiné de nouvelles activités susceptibles de renforcer le rôle des parlementaires nationaux et de l'APCE en contribuant activement au processus de mise en œuvre, conformément aux objectifs énoncés dans la Déclaration de Reykjavik. Le DEJ a participé à plusieurs auditions sur le rôle de l'APCE et des parlementaires nationaux dans la responsabilisation des gouvernements pour la mise en œuvre des arrêts de la Cour européenne, ainsi que sur le rôle des parlementaires dans la proposition et la mise en œuvre des réformes législatives et autres nécessaires.

Le Congrès des pouvoirs locaux et régionaux a souligné sa volonté de renforcer sa contribution à l'exécution des arrêts concernant les activités des collectivités locales et régionales. À cette fin, le DEJ et le Secrétariat du Congrès sont en contact étroit et explorent les domaines dans lesquels des actions de la part des autorités locales sont nécessaires pour le processus d'exécution.

Le Comité des Ministres s'est aussi régulièrement appuyé sur les recommandations/rapports d'autres organes de suivi et de conseil du Conseil de l'Europe dans les notes sur le calendrier et les décisions adoptées lors des réunions CMDH, lorsqu'elles sont pertinentes pour le processus d'exécution. Il s'agit par exemple des travaux de la Commission européenne contre le racisme et l'intolérance (ECRI) dans les affaires concernant les minorités ou la discrimination, de la Commission européenne pour l'efficacité de la justice (CEPEJ) dans les affaires concernant la durée excessive des procédures, du Comité européen pour la prévention de la torture et des peines ou traitements inhumains ou dégradants (CPT) dans les affaires liées aux mauvaises conditions

---

20 Résolution 2491(2023), adoptée le 25 avril 2023.

law enforcement officers, the Venice Commission and the Group of States against Corruption (GRECO). Indeed, in 2023, the Venice Commission adopted a large number of opinions and reports in which it commented on human rights provisions in national constitutions and legislation, drawing on the Court's case-law as its main benchmark. Opinions contributed to the implementation of the Court's judgments. For example, in October the Venice Commission issued an Opinion with recommendations on the draft amendments to the Constitution in Bulgaria which concerned, inter alia, the reform of the prosecution office in relation to the longstanding issues examined by the Committee of Ministers in the context of the execution of judgments against Bulgaria (*S.Z and Kolevi*). The reliance on the work of other bodies ensured a comprehensive approach to the execution of judgments and facilitated the exchange of expertise and best practices.

The DEJ contributed to the Pompidou Group of the Council of Europe Executive Course on drug-related policy and human rights focusing on cases relating to medical treatment in detention and implementation of judgments concerning substance use disorders.

The DEJ also took part in the meetings of the Committee of Experts on Strategic Lawsuits against Public Participation (MSI-SLP), having provided input and expertise related to the jurisprudence of the European Court and implementation of its judgments in the area of freedom of expression and defamation.

In addition to that, the DEJ continued to be involved in the Council of Europe Electoral Cycle Platform, sharing information on the implementation of the Court's judgments concerning elections.

Finally, the DEJ regularly participated in events organised in the context of the HELP Programme (see separate sub-chapter for further details).

E. Synergies with Civil society organisations (CSO) & National Human Rights Institutions (NHRI)

In the Reykjavík Declaration, Heads of States and Governments recognise the role of NHRIs and CSOs in monitoring compliance with the Convention and the European Court's judgments, and call for a review and further reinforcement of the Council of Europe outreach to, and meaningful engagement with them. To this end, the Committee of Ministers decided in December 2023 to make public its indicative annual planning for Human Rights meetings, in order to increase the efficiency and transparency of the supervision process and enable NHRIs and CSOs to plan ahead their interventions.

Throughout 2023, the DEJ organised several meetings and online consultations with NHRIs and CSOs involved in the execution process. During missions and visits to states, the DEJ tried to meet with civil society to raise awareness of the potential of their involvement in the implementation system. For example, the DEJ met with the Finnish Human Rights Centre in Helsinki, with the German Institute for Human Rights in Berlin, with UK NHRIs and CSOs in London, and with French NHRIs and

de détention ou aux mauvais traitements infligés par la police ou les forces de l'ordre, ou de la Commission de Venise et du Groupe d'États contre la corruption (GRECO). En effet, en 2023, la Commission de Venise a adopté un grand nombre d'avis et de rapports dans lesquels elle a commenté les dispositions relatives aux droits de l'homme dans les constitutions et législations nationales, en s'appuyant principalement sur la jurisprudence de la Cour. Les avis ont contribué à la mise en œuvre des arrêts de la Cour. Par exemple, en octobre, la Commission de Venise a publié un avis contenant des recommandations sur le projet d'amendements à la Constitution en Bulgarie, qui concernait notamment la réforme du ministère public en relation avec les questions examinées de longue date par le Comité des Ministres dans le contexte de l'exécution d'arrêts contre la Bulgarie (*S.Z et Kolevi*). Le fait de s'appuyer sur les travaux d'autres organes a permis d'adopter une approche globale de l'exécution des arrêts et a facilité l'échange d'expertise et de bonnes pratiques.

Le DEJ a contribué au cours avancé du Groupe Pompidou du Conseil de l'Europe sur les politiques en matière de drogues et les droits de l'homme, en se concentrant sur les affaires relatives au traitement médical en détention et à la mise en œuvre des arrêts concernant les troubles liés à l'utilisation de substances psychoactives.

Le DEJ a également participé aux réunions du Comité d'experts sur les poursuites stratégiques contre la mobilisation publique (MSI-SLP), en apportant sa contribution et son expertise concernant la jurisprudence de la Cour européenne et la mise en œuvre de ses arrêts dans le domaine de la liberté d'expression et de la diffamation.

En outre, le DEJ a continué à participer à la plate-forme du cycle électoral du Conseil de l'Europe, en partageant des informations sur la mise en œuvre des arrêts de la Cour concernant les élections.

Enfin, le DEJ a régulièrement participé à des événements organisés dans le cadre du programme HELP (voir le sous-chapitre séparé pour plus de détails).

E. Synergies avec les organisations de la société civile (OSC) et les institutions nationales des droits de l'homme (INDH)

Dans la Déclaration de Reykjavik, les chefs d'État et de gouvernement reconnaissent le rôle des INDH et des OSC dans le suivi du respect de la Convention et des arrêts de la Cour européenne, et appellent à un examen et à un renforcement de l'action du Conseil de l'Europe auprès d'elles, ainsi qu'à un engagement significatif avec elles. À cette fin, le Comité des Ministres a décidé en décembre 2023 de rendre publique son programme de travail indicatif pour les réunions Droits de l'homme, afin d'accroître l'efficacité et la transparence du processus de surveillance et de permettre aux INDH et aux OSC de planifier à l'avance leurs interventions.

Tout au long de l'année 2023, le DEJ a organisé plusieurs réunions et consultations en ligne avec les INDH et les OSC impliquées dans le processus d'exécution. Lors des missions et des visites dans les États, le DEJ a essayé de rencontrer la société civile pour la sensibiliser au potentiel de son implication dans le système d'exécution. Par exemple, le DEJ a rencontré le Centre finlandais des droits de l'homme à Helsinki, l'Institut allemand des droits de l'homme à Berlin, les INDH et les OSC britanniques à Londres, ainsi que les INDH et les OSC françaises à Paris qui avaient transmis des

CSOs in Paris who had submitted communications to the Committee of Ministers on the execution of French cases under enhanced supervision. The DEJ also met with the Ombudsman and civil society representatives in Skopje, the Ombudsman's Office in Baku, NHRIs and bar associations in Brussels, as well as with Slovenian CSOs in Ljubljana. Meetings were also held with the Georgian Public Defender's Office and CSOs; and the Ombudsman's office of Moldova. The DEJ also met with Romanian CSOs working for the protection and promotion of rights of people with disabilities or mental health conditions, Danish CSOs working on LGBTI rights as well as the Hungarian Helsinki Committee in relation to a number of judgments pending against Hungary.

In September 2023 the Department participated in the meeting of the RARE group (Recharging Advocacy Rights in Europe) at an event dedicated to networking in civil space and the rule of law. In addition, in September 2023, the DEJ took part in a World Forum for Ukraine, organised under the auspices of the Council of Europe in Rzeszow, Poland, where it interacted with civil society involved in work on addressing consequences of aggression of the Russian Federation against Ukraine. The DEJ presented its work to assist Ukraine in full implementation of judgments and established contacts with a range of civil society organisations concerned.

October 2023 was marked by the European Network of National Human Rights Institutions (ENNHRI) 10th anniversary conference Advancing human rights, democracy and rule of law at a critical time in Europe: the role of NHRIs and ENNHRI, which took place in Brussels with the attendance of the Director of Human Rights and the DEJ. It provided a forum where participants underlined the important role of NHRIs for the effective implementation of the European Court's judgments, not only by engaging with relevant domestic stakeholders and monitoring at national level, but also through communications submitted to the Committee.

The DEJ attended the sixth regional meeting in Copenhagen of National Preventive Mechanisms (NPMs) and Civil Society Organisations (CSOs) on mental health in detention and presented the relevant principles arising from the European Court's jurisprudence, the supervision process, and examples of success stories in the implementation of cases concerning mental health in detention. The event explored risk factors for ill-treatment of detainees with mental health conditions and encouraged co-operation between NPMs, CSOs, and experts to identify and share best practices.

In November 2023, the DEJ organised a capacity-building seminar in co-operation with the ENNHRI and the European Implementation Network (EIN) attended by NHRIs from 18 member States. The aim of this training event was to enhance NHRIs' capacity to contribute to the implementation of the European Court's judgments. In December, the DEJ participated in an event organised by the Steering Committee for Human Rights (CDDH) on the Council of Europe co-operation with ENNHRI and NHRIs.

The DEJ also participated in an event organised by the Council of Europe's Roma and Traveller Team which aimed at strengthening the co-operation with Roma

communications au Comité des Ministres sur l'exécution d'affaires françaises sous surveillance soutenue. Le DEJ a également rencontré le Médiateur et des représentants de la société civile à Skopje, le bureau du Médiateur à Bakou, des INDH et des barreaux à Bruxelles, ainsi que des OSC slovènes à Ljubljana. Des réunions ont également eu lieu avec le bureau du Défenseur public géorgien et des OSC, ainsi qu'avec le bureau du Médiateur de République de Moldova. Le DEJ a également rencontré des OSC roumaines travaillant à la protection et à la promotion des droits des personnes handicapées ou souffrant de troubles mentaux, des OSC danoises travaillant sur les droits des personnes LGBTI, ainsi que le Comité d'Helsinki hongrois au sujet d'un certain nombre d'affaires pendantes contre la Hongrie.

En septembre 2023, le DEJ a participé à la réunion du groupe RARE (Recharging Advocacy Rights in Europe) lors d'un événement consacré aux échanges au sein de la société civile et à l'État de droit. En outre, en septembre 2023, le DEJ a participé à un Forum mondial pour l'Ukraine, organisé sous les auspices du Conseil de l'Europe à Rzeszow, en Pologne, où il a échangé avec la société civile impliquée dans le travail sur les conséquences de l'agression de la Fédération de Russie contre l'Ukraine. Le DEJ a présenté son travail d'assistance à l'Ukraine dans la mise en œuvre complète des arrêts et a établi des contacts avec une série d'OSC concernés.

Le mois d'octobre 2023 a été marqué par la conférence du 10e anniversaire du Réseau européen des institutions nationales des droits de l'homme (ENNHRI), Faire progresser les droits de l'homme, la démocratie et l'État de droit à un moment critique en Europe : le rôle des INDH et l'ENNHRI, qui s'est déroulée à Bruxelles en présence du Directeur des droits humains et du DEJ. Cette conférence a été l'occasion pour les participants de souligner le rôle important des INDH dans la mise en œuvre effective des arrêts de la Cour européenne, non seulement en s'engageant auprès des parties prenantes nationales concernées et en assurant un suivi au niveau national, mais aussi par le biais des communications transmises au Comité.

Le DEJ a participé à la sixième réunion régionale à Copenhague des mécanismes nationaux de prévention (MNP) et des organisations de la société civile (OSC) sur la santé mentale en détention et a présenté les principes pertinents découlant de la jurisprudence de la Cour européenne, le processus de surveillance et des exemples de succès dans la mise en œuvre des affaires concernant la santé mentale en détention. L'événement a abordé les facteurs de risque de mauvais traitement des détenus souffrant de troubles mentaux et a encouragé la coopération entre les mécanismes nationaux de prévention, les organisations de la société civile et les experts afin d'identifier et de partager les meilleures pratiques.

En novembre 2023, le DEJ a organisé un séminaire de renforcement des capacités en coopération avec l'ENNHRI et l'EIN (European Implementation Network) auquel ont participé des INDH de 18 États membres. L'objectif de cette formation était de renforcer la capacité des INDH à contribuer à la mise en œuvre des arrêts de la Cour européenne. En décembre, le DEJ a participé à un événement organisé par le Comité directeur pour les droits de l'homme (CDDH) sur la coopération du Conseil de l'Europe avec l'ENNHRI et les INDH.

Le DEJ a également participé à un événement organisé par l'équipe du Conseil de l'Europe chargée des roms et des gens du voyage, qui visait à renforcer la coopé-

and Traveller CSOs. The 16th Dialogue Meeting focused on the execution of Roma and Traveller-related judgments of the European Court with an accent on ineffective investigations into attacks against Roma and on discrimination in the enjoyment of right to education.

In addition, the DEJ continued collaboration with Russian civil society and CSOs, after facilitating an exchange of views with the Committee of Ministers in March 2023, in relation to pending cases concerning the Russian Federation and in September 2023, in relation to the execution of judgments related to human rights violations in the Transnistrian region of the Republic of Moldova. These are summarised in more detail in Chapter IV on the supervision of the execution of cases against the Russian Federation.

The actions undertaken in 2023 helped lead to a record number of Rule 9 communications being submitted to the Committee. In total the Committee received 225 communications from CSOs, and 14 communications from NHRIs concerning a total of 33 states. However, efforts must be strengthened to ensure greater involvement of NHRIs in the execution of judgments and better transparency of the supervision process.

F. Human Rights Education for legal professionals

In 2023, the European Programme for Human Rights Education for Legal Professionals (HELP Programme) continued to provide invaluable support for the implementation of the European Court's judgments in the 46 member States. Its flexible methodology and reliance on a hybrid training format (face-to-face and online training) has proved crucial in supporting European Justice Training Institutions and legal professionals, and increasingly other professional groups. By the end of 2023, the number of users of the HELP online Platform reached 143 000 (32 000 new users joined the platform in 2023, compared to 20 000 in 2022). The top users of HELP courses in the reporting period came from France, Georgia, Greece, Italy, Romania, the Russian Federation, Spain, Türkiye, Ukraine and the United Kingdom.

The HELP Programme now has 51 online training courses in its catalogue, which deal with most Convention issues. In 2023, some 160 HELP courses were launched in 23 members States and beyond, with 8 300 legal professionals and students enrolled in the tutored courses.

HELP activities are usually tailored to the country's legal framework, including specific Convention issues raised in the national context. More than 600 national adaptations of HELP courses have already been carried out in member States and are available on the HELP platform. HELP courses related to the Rule of Law have been widely requested and contextualised at the national level such as Ethics for judges, prosecutors and lawyers; Procedural Safeguards in Criminal matters and Victims' Rights; Judicial Reasoning; Access to Justice for Women; and Freedom of expression.

In support of these efforts, the Committee of Ministers, in its decisions adopted during CMDH meetings, frequently invites respondent states to take advantage of

ration avec les OSC de roms et de gens du voyage. La 16ᵉ réunion de dialogue s'est concentrée sur l'exécution des arrêts de la Cour européenne relatifs aux roms et aux gens du voyage, en mettant l'accent sur l'ineffectivité des enquêtes sur les agressions contre les roms et sur la discrimination dans l'exercice du droit à l'éducation.

En outre, le DEJ a poursuivi sa collaboration avec la société civile et les OSC russes, après avoir facilité un échange de vues avec le Comité des Ministres en mars 2023 sur les affaires pendantes concernant la Fédération de Russie et en septembre 2023 sur l'exécution des arrêts relatifs aux violations des droits de l'homme dans la région transnistrienne de la République de Moldova. Ces questions sont résumées plus en détail au chapitre IV sur la surveillance de l'exécution des affaires contre la Fédération de Russie.

Les actions entreprises en 2023 ont contribué à ce qu'un nombre record de communications au titre de la Règle 9 soit transmis au Comité. Au total, le Comité a reçu 225 communications d'OSC et 14 communications d'INDH concernant un total de 33 États. Cependant, les efforts doivent être renforcés pour assurer une plus grande implication des INDH dans l'exécution des arrêts et une meilleure transparence du processus de surveillance.

F. Formation aux droits de l'homme pour les professionnels du droit

En 2023, le Programme européen de formation aux droits de l'homme pour les professionnels du droit (Programme HELP) a continué d'apporter un soutien inestimable à la mise en œuvre des arrêts de la Cour européenne dans les 46 États membres. Sa méthodologie flexible et son recours à un format de formation hybride (formation en présentiel et en ligne) se sont avérés cruciaux pour soutenir les instituts de formation à la justice européenne et les professionnels du droit, et de plus en plus d'autres groupes professionnels. Fin 2023, le nombre d'utilisateurs de la plateforme HELP s'élevait à 143 000 (32 000 nouveaux utilisateurs ont rejoint la plateforme en 2023, contre 20 000 en 2022). Les principaux utilisateurs des formations HELP au cours de la période considérée venaient de France, de Géorgie, de Grèce, d'Espagne, d'Italie, de Roumanie, de la Fédération de Russie, de Türkiye, du Royaume-Uni et d'Ukraine.

Le programme HELP compte désormais 51 programmes de formation en ligne dans son catalogue, qui traitent de la plupart des questions relatives à la Convention. En 2023, quelque 160 formations HELP ont été lancées dans 23 États membres et au-delà, et 8 300 professionnels du droit et étudiants se sont inscrits aux cours tutorés.

Les activités HELP sont généralement adaptées au cadre juridique du pays, y compris aux questions spécifiques de la Convention soulevées dans le contexte national. Plus de 600 adaptations nationales des formations HELP ont déjà été réalisées dans les États membres et sont disponibles sur la plateforme HELP. Les formations HELP relatifs à l'État de droit ont été largement demandés et contextualisés au niveau national, comme l'éthique pour les juges, les procureurs et les avocats ; les garanties procédurales en matière pénale et les droits des victimes ; la motivation judiciaire ; l'accès à la justice pour les femmes ; et la liberté d'expression.

Pour soutenir ces efforts, le Comité des Ministres, dans ses décisions adoptées lors des réunions CMDH, invite fréquemment les États défendeurs à tirer parti des

the various co-operation programmes and projects offered by the Council of Europe, including the HELP Programme.

In 2023, the HELP Programme, in close co-operation with the DEJ, launched and implemented national versions of the HELP online course on Introduction to the European Convention on Human Rights and the European Court of Human Rights (which includes a dedicated module on the execution of the European Court's judgments) in seven states for 14 groups of participants (gathering 674 legal professionals and 1 200 law students). This course is one of the most demanded by HELP users. The high number of participants is also due to the fact that some judicial training institutions (for example in Italy, Romania, Serbia, Spain, and Türkiye) have introduced the course for candidate judges and prosecutors, as part of their initial training.

This online course, developed with the Registry of the European Court and the DEJ, is now available in 29 language versions on the HELP online Platform and has 14 290 enrolled users (out of which 5 570 already completed it). In 2023, there were 3 290 new users enrolled in the various language versions of this course.

The DEJ exchanged with the HELP Consultative Board members on the need for a proactive attitude from member States, notably in order to develop parliamentary, executive and judicial capacity to respond to the European Court's case-law and ensure its dissemination. It was noted that HELP may be one of the major tools by which awareness raising and systematic training on the European Convention may be pursued, in order to resolve especially persistent, structural or complex problems at national level.

Furthermore, in 2023 the DEJ actively participated in the HELP Annual Network Conference and other HELP events. For instance, the DEJ took part in the launch of the Greek version of the HELP course on Freedom of expression, the Croatian version of the HELP/UNHCR Course on Asylum and human rights and the Romanian version of the HELP course on Hate crime for Romanian prosecutors (in the context of the implementation of *M.C. and A.C.*, *Association Accept and Others* and *Lingurar* cases). The DEJ also attended a meeting in Belgrade on the new "HELP in the Western Balkans" project, aimed at strengthening the execution of judgments in the region. Finally, the DEJ participated in the launch of the Labour Rights module for Polish and Lithuanian legal practitioners.

G. Media and Publications

In 2023, the DEJ continued to ensure transparent access to information about the supervision process, by publishing 75 news items on its website about its activities (67 in 2022), and 20 summaries of recent achievements in cases pending/closed by the CM (16 in 2022).

Thanks to an increasingly strong communication policy focused on transparency and visibility, the DGI Human Rights Twitter (X) account reached 6 720 followers at the end of 2023, 28% more than in 2022. Efforts to raise outside audience interest in the execution process were complemented by various improvements to the HUDOC-EXEC database, leading to the number of users of this tool reaching 128 050 in 2023,

différents programmes et projets de coopération proposés par le Conseil de l'Europe, y compris le programme HELP.

En 2023, le programme HELP, en étroite collaboration avec le DEJ, a lancé et mis en œuvre des versions nationales du cours en ligne HELP sur l'introduction à la Convention européenne des droits de l'homme et à la Cour européenne des droits de l'homme (qui comprend un module dédié à l'exécution des arrêts de la Cour européenne) dans sept États pour 14 groupes de participants (rassemblant 674 professionnels du droit et 1 200 étudiants en droit). Ce cours est l'un des plus demandés par les utilisateurs de HELP. Le nombre élevé de participants est également dû au fait que certains instituts de formation judiciaire (par exemple en Espagne, en Italie, en Roumanie, en Serbie, et en Türkiye) ont introduit le cours pour les candidats juges et procureurs, dans le cadre de leur formation initiale.

Ce cours en ligne, développé avec le Greffe de la Cour européenne et le DEJ, est maintenant disponible en 29 versions linguistiques sur la plateforme HELP et compte 14 290 utilisateurs inscrits (dont 5 570 l'ont déjà terminé). En 2023, 3 290 nouveaux utilisateurs se sont inscrits aux différentes versions linguistiques de ce cours.

Le DEJ a échangé avec les membres du comité consultatif HELP sur la nécessité d'une attitude proactive de la part des États membres, notamment pour développer la capacité parlementaire, exécutive et judiciaire à répondre à la jurisprudence de la Cour européenne et à assurer sa diffusion. Il a été noté que HELP peut être l'un des principaux outils de sensibilisation et de formation systématique à la Convention européenne des droits de l'homme, afin de résoudre des problèmes particulièrement persistants, structurels ou complexes au niveau national.

En outre, en 2023, le DEJ a participé activement à la conférence annuelle du réseau HELP et à d'autres événements HELP. Par exemple, le DEJ a pris part au lancement de la version grecque du cours HELP sur la liberté d'expression, de la version croate du cours HELP/HCR sur l'asile et les droits de l'homme et de la version roumaine du cours HELP sur les crimes de haine pour les procureurs roumains (dans le cadre de la mise en œuvre des affaires M.C. et A.C., Association Accept et autres et Lingurar). Le DEJ a également assisté à une réunion à Belgrade sur le nouveau projet « HELP dans les Balkans occidentaux », visant à renforcer l'exécution des arrêts dans la région. Enfin, le DEJ a participé au lancement du module sur le droit du travail pour les juristes polonais et lituaniens.

G. Médias et publications

En 2023, le DEJ a continué de garantir un accès transparent aux informations sur le processus de surveillance, en publiant sur son site internet 75 actualités concernant ses activités (67 en 2022), et 20 résumés des progrès récents dans les affaires pendantes/clôturées par le CM (16 en 2022).

Grâce à une politique de communication de plus en plus forte axée sur la transparence et la visibilité, le compte Twitter (X) de la DGI Droits humains a atteint 6 720 followers fin 2023, soit 28 % de plus qu'en 2022. Les efforts visant à susciter l'intérêt du public extérieur pour le processus d'exécution ont été complétés par diverses améliorations apportées à la base de données HUDOC-EXEC, ce qui a permis au nombre

30% more than in 2022 (98 846).

Moreover, the DEJ published four new thematic factsheets showcasing relevant examples of general and individual measures implemented by member States in the context of the execution of the European Court's judgments, on the following subjects: Right to free elections, Excessive formalism by courts, Life imprisonment and Reproductive rights. In addition, three previously published thematic factsheets were updated in 2023: *Effective investigations, Environment and Independence and Impartiality*. The thematic factsheets' webpage remains the most visited on the DEJ website, alongside the one dedicated to country factsheets.

In addition, the DEJ prepared and published 15 memoranda (H/Exec documents) providing assessment and analysis of issues concerning individual and/or general measures required in cases/groups of cases pending against six member States (Azerbaijan, Bulgaria, Georgia, Romania, Türkiye and Ukraine) and the Russian Federation. Lastly, in accordance with the *Strategy paper regarding the supervision of the execution of cases pending against the Russian Federation*, the DEJ created a public register of just satisfaction owing in all inter-state cases against the Russian Federation.

IV. Statistics about member States[21]

All of the statistics in this chapter relate only to member States and do not include the Russian Federation, which ceased to be a member of the Council of Europe as from 16 March 2022 and a Party to the Convention system as from 16 September 2022.

The distinction in the statistics, including from earlier years, is to give a clearer picture of the evolution of the new, pending and closed cases over the years.

As mentioned in more detail in Chapter II, the Court is increasingly issuing judgments, particularly as regards repetitive cases, concerning multiple joined applications. The supervision of the case must continue and the case cannot be closed until individual redress has been provided to every applicant concerned. This may considerably prolong the length of the execution process.

---

21   The data presented also include cases where the Committee of Ministers decided itself whether or not there had been a violation under former Article 32 of the Convention (while this competence in principle disappeared in connection with the entry into force of Protocol No. 11 in 1998, a number of such cases remain pending under former Article 32).

d'utilisateurs de cet outil d'atteindre 128 050 en 2023, soit 30 % de plus qu'en 2022 (98 846).

En outre, le DEJ a publié quatre nouvelles fiches thématiques présentant des exemples pertinents de mesures générales et individuelles mises en œuvre par les États membres dans le cadre de l'exécution des arrêts de la Cour européenne, sur les sujets suivants : Droit à des élections libres, Formalisme excessif des tribunaux, Emprisonnement à vie et Droits reproductifs. En outre, trois fiches thématiques publiées antérieurement ont été mises à jour en 2023 : Enquêtes effectives, Environnement et Indépendance et impartialité. La page internet des fiches thématiques reste la plus visitée sur le site du DEJ, avec celle consacrée aux fiches pays.

En outre, le DEJ a préparé et publié 15 mémorandums (documents H/Exec) fournissant une évaluation et une analyse des questions concernant les mesures individuelles et/ou générales requises dans les affaires/groupes d'affaires pendants contre six États membres (Azerbaïdjan, Bulgarie, Géorgie, Roumanie, Türkiye et Ukraine) et la Fédération de Russie. Enfin, conformément aux Propositions pour une éventuelle stratégie concernant la surveillance de l'exécution des affaires pendantes contre la Fédération de Russie, le DEJ a créé un registre public de la satisfaction équitable due dans toutes les affaires interétatiques contre la Fédération de Russie.

IV. Statistiques sur les États membres[21]

Toutes les statistiques de ce chapitre ne concernent que les États membres et n'incluent pas la Fédération de Russie, qui a cessé d'être membre du Conseil de l'Europe à partir du 16 mars 2022 et Partie au système de la Convention à partir du 16 septembre 2022.

La distinction opérée dans les statistiques, y compris pour les années précédentes, vise à donner une image plus claire de l'évolution des nouvelles affaires, des affaires pendantes et des affaires closes au fil des années.

Comme indiqué plus en détail au Chapitre II, la Cour rend de plus en plus d'arrêts qui concernent de multiples requêtes jointes. La surveillance doit se poursuivre et l'affaire ne peut être clôturée tant que chaque requérant concerné n'a pas obtenu une réparation individuelle. Cela peut considérablement prolonger la durée du processus d'exécution.

---

21   Les données présentées comprennent aussi des affaires où le Comité des Ministres a lui-même décidé si oui ou non il y a eu violation de l'ancien article 32 de la Convention (bien que cette compétence ait disparu lors de l'entrée en vigueur du Protocole n° 11 en 1998, un certain nombre d'affaires restent encore sous la surveillance du Comité en vertu de l'ancien article 32).

A. State by State overview

Albania

In 2023, the Committee of Ministers received from the European Court 22 cases against Albania for supervision of their execution (compared to eight in 2022 and five in 2021).

On 31 December 2023, Albania had 54 cases pending execution (compared to 36 in 2022 and 31 in 2021), of which four were leading cases classified under enhanced procedure (as was the case in 2022 and compared to two in 2021), and 20 were leading cases classified under standard procedure. Of the leading cases under enhanced procedure, two have been pending for five years or more; similarly, seven of the leading cases under standard procedure have been pending for five years or more (compared to three in 2022 and two in 2021). The pending caseload includes cases concerning length of judicial proceedings; violations of the rights of a mentally ill person deprived of his liberty; and discrimination due to delayed and non-implemented desegregating measures in an elementary school. Of the new violations found by the Court in 2023, one case concerned an unfair trial in relation to vetting (re-evaluation) of a Supreme Court judge, and one case concerned the unlawful continued suspension of a prosecutor after termination of criminal proceedings against him relating to asset declarations.

In the course of 2023, the Committee of Ministers examined and adopted decisions in respect of two leading cases or groups of cases under enhanced procedure; one of these cases was examined by the Committee twice during the year. The Committee closed four cases, all of them under standard supervision. One repetitive case was closed because no further individual measures were necessary or possible. Notable advances, recognised by the Committee, in cases that are still pending include the fact that the individual constitutional complaint, the scope of which had been expanded in 2016, was recently considered by the European Court to be effective in principle in respect of all complaints alleging any breach of rights protected by the Convention.

The authorities submitted two action plans, four action reports and six communications. Updated action plans/action reports or communications containing additional information were awaited in respect of nine groups/cases, in which either the deadline set by the Committee of Ministers in this respect has expired (one case) or feedback was sent by DEJ before 1 January 2023 (eight cases).

Finally, full payment of the just satisfaction awarded by the Court was registered in 11 cases in 2023, while confirmation of full payment and/or default interest was awaited in six cases for which the deadline indicated in the Court's judgment has passed since more than six months.

A. Aperçu État par État

Albanie

En 2023, le Comité des Ministres a reçu de la Cour européenne 22 affaires contre l'Albanie pour surveillance de leur exécution (contre huit en 2022 et cinq en 2021).

Au 31 décembre 2023, l'Albanie comptait 54 affaires en attente d'exécution (contre 36 en 2022 et 31 en 2021), dont quatre affaires de référence classées en surveillance soutenue (comme en 2022 et contre deux en 2021), et 20 affaires de référence classées en surveillance standard. Parmi les affaires de référence sous surveillance soutenue, deux sont pendantes depuis cinq ans ou plus ; de même, sept des affaires de référence sous surveillance standard sont pendantes depuis cinq ans ou plus (contre trois en 2022 et deux en 2021). Les affaires pendantes concernent notamment la durée des procédures judiciaires, des violations des droits d'un malade mental privé de liberté et une discrimination due à des mesures de déségrégation retardées et non mises en œuvre dans une école primaire. Parmi les nouvelles violations constatées par la Cour en 2023, une affaire concerne un procès inéquitable lié au contrôle (réévaluation) d'un juge de la Cour suprême, et une affaire concerne le maintien illégal de la suspension d'un procureur après la clôture des poursuites pénales engagées contre lui en rapport avec des déclarations de patrimoine.

Au cours de l'année 2023, le Comité des Ministres a examiné et adopté des décisions concernant deux affaires ou groupes d'affaires de référence sous surveillance soutenue ; l'une de ces affaires a été examinée par le Comité à deux reprises au cours de l'année. Le Comité a clôturé quatre affaires, toutes sous surveillance standard. Une affaire répétitive a été clôturée parce qu'aucune autre mesure individuelle n'était nécessaire ou possible. Parmi les avancées notables reconnues par le Comité dans les affaires toujours pendantes, on peut noter que le recours constitutionnel individuel, dont le champ d'application a été élargi en 2016, a été récemment considérée par la Cour européenne comme effectif en principe pour toutes les plaintes alléguant une violation des droits protégés par la Convention.

Les autorités ont soumis deux plans d'action, quatre bilans d'action et six communications. Des plans/bilans d'action mis à jour ou des communications contenant des informations complémentaires étaient attendus dans le cadre de neuf affaires/groupes, pour lesquels soit le délai fixé par le Comité des Ministres à cet égard a expiré (une affaire), soit un retour d'information avait été envoyé par le DEJ avant le 1er janvier 2023 (huit affaires).

Enfin, le paiement intégral de la satisfaction équitable accordée par la Cour a été enregistré dans 11 affaires en 2023, tandis que la confirmation du paiement intégral et/ou des intérêts moratoires était attendue dans six affaires pour lesquelles le délai indiqué dans l'arrêt de la Cour était dépassé depuis plus de six mois.

Andorra

On 31 December 2023, Andorra had no case pending execution (as was the case also in 2022 and 2021).

Armenia

In 2023, the Committee of Ministers received from the European Court 28 cases against Armenia for supervision of their execution (compared to 19 in 2022 and 22 in 2021).

On 31 December 2023, Armenia had 70 cases pending execution (compared to 57 in 2022 and 50 in 2021), of which six were leading cases classified under enhanced procedure (as was the case in 2022 and compared to five in 2021), and 20 were leading cases classified under standard procedure. Of the leading cases under enhanced procedure, five have been pending for five years or more; similarly, six of the leading cases under standard procedure have been pending for five years or more (compared to five in 2022 and four in 2021).[22] The pending caseload includes notably cases concerning freedom of assembly, police ill-treatment and inadequate healthcare in prisons. Of the new violations found by the Court in 2023, one of them concerned the lack of access to court for a dismissed judge.

In the course of 2023, the Committee of Ministers examined and adopted decisions in respect of four leading cases or groups of cases under enhanced procedure. The Committee closed 15 cases, including one leading case under standard supervision. In addition, 10 repetitive cases were closed because no further individual measures were necessary or possible.

The authorities submitted 11 action plans, five action reports and eight communications. An updated action plan/action report containing additional information was awaited in one case, in which the deadline set by the Committee of Ministers in this respect has expired, and in another case in which feedback was sent by DEJ before 1 January 2023.

Finally, full payment of the just satisfaction awarded by the Court was registered in 24 cases in 2023, while confirmation of full payment and/or default interest was awaited in one case for which the deadline indicated in the Court's judgment has passed since more than six months.

Austria

In 2023, the Committee of Ministers received from the European Court seven cases against Austria for supervision of their execution (compared to two in 2022 and seven in 2021).

On 31 December 2023, Austria had ten cases pending execution (compared to six in 2022 and 12 in 2021), of which six were leading cases classified under standard

---

22 Of these cases, three leading cases under standard procedure were pending for more than 10 years.

Andorre

Au 31 décembre 2023, l'Andorre n'avait pas d'affaire en attente d'exécution (comme en 2022 et 2021).

Arménie

En 2023, le Comité des Ministres a reçu de la Cour européenne 28 affaires contre l'Arménie pour surveillance de leur exécution (contre 19 en 2022 et 22 en 2021).

Au 31 décembre 2023, l'Arménie comptait 70 affaires en attente d'exécution (contre 57 en 2022 et 50 en 2021), dont six affaires de référence classées en surveillance soutenue (comme en 2022 et contre cinq en 2021), et 20 affaires de référence classées en surveillance standard. Parmi les affaires de référence sous surveillance soutenue, cinq sont pendantes depuis cinq ans ou plus ; de même, six des affaires de référence sous surveillance standard sont pendantes depuis cinq ans ou plus (contre cinq en 2022 et quatre en 2021)[22]. Les affaires pendantes comprennent notamment des affaires concernant la liberté de réunion, les mauvais traitements infligés par la police et les soins médicaux inadéquats dans les prisons. Parmi les nouvelles violations constatées par la Cour en 2023, l'une d'entre elles concerne l'absence d'accès à un tribunal pour un juge démis de ses fonctions.

Au cours de l'année 2023, le Comité des Ministres a examiné et adopté des décisions dans le cadre de quatre affaires/groupes d'affaires de référence sous surveillance soutenue. Le Comité a clôturé 15 affaires, dont une affaire de référence sous surveillance standard. En outre, 10 affaires répétitives ont été clôturées parce qu'aucune autre mesure individuelle n'était nécessaire ou possible.

Les autorités ont soumis 11 plans d'action, cinq bilans d'action et huit communications. Un plan/bilan d'action mis à jour contenant des informations supplémentaires était attendu dans une affaire, dans laquelle le délai fixé par le Comité des Ministres à cet égard a expiré, et dans une autre affaire dans laquelle un retour d'information avait été envoyé par le DEJ avant le 1er janvier 2023.

Enfin, le paiement intégral de la satisfaction équitable accordée par la Cour a été enregistré dans 24 affaires en 2023, tandis que la confirmation du paiement intégral et/ou des intérêts moratoires était attendue dans une affaire pour laquelle le délai indiqué dans l'arrêt de la Cour était dépassé depuis plus de six mois.

Autriche

En 2023, le Comité des Ministres a reçu de la Cour européenne sept affaires contre l'Autriche pour surveillance de leur exécution (contre deux en 2022 et sept en 2021).

Au 31 décembre 2023, l'Autriche comptait dix affaires en attente d'exécution (contre six en 2022 et 12 en 2021), dont six étaient des affaires de référence classées

---

22 Parmi les affaires de référence sous surveillance standard, trois sont pendantes depuis plus de dix ans.

procedure. Of the leading cases under standard procedure, none have been pending for five years or more (as was the case also in 2022 and compared to two cases in 2021). Of the new violations found by the Court in 2023, four concerned access to and the efficient functioning of justice.

In the course of 2023, the Committee of Ministers closed three cases, including one leading case under standard supervision. The authorities submitted six action reports.

Finally, full payment of the just satisfaction awarded by the Court was registered in three cases in 2023, while confirmation of full payment and/or default interest was awaited in one case for which the deadline indicated in the Court's judgment has passed since more than six months.

Azerbaijan

In 2023, the Committee of Ministers received from the European Court 84 cases against Azerbaijan for supervision of their execution (compared to 49 in 2022 and 46 in 2021).

On 31 December 2023, Azerbaijan had 337 cases pending execution (compared to 285 in 2022 and 271 in 2021), of which 21 were leading cases classified under enhanced procedure (as was also the case in both 2022 and 2021), and 29 were leading cases classified under standard procedure. Of the leading cases under enhanced procedure, 14 have been pending for five years or more; similarly, 15 of the leading cases under standard procedure have been pending for five years or more (compared to 17 in 2022 and 18 in 2021).[23] The pending caseload includes notably groups concerning inter alia arrest and detention found to constitute a misuse of criminal law with the intention to punish and silence the applicants; freedom of expression; lack of investigation into deaths of applicants' next of kin or their ill-treatment; and freedom of assembly and association. Of the new violations found by the Court in 2023, most of them concerned the right to freedom of association and some of them concerned the right to fair trial.

In the course of 2023, the Committee of Ministers examined and adopted decisions in respect of 10 leading cases or groups of cases under enhanced procedure; one of which was examined by the Committee in all four Human Rights meetings. The Committee closed 32 cases, including six leading cases under standard supervision. 16 repetitive cases were closed because no further individual measures were necessary or possible.

Notable advances, recognised by the Committee, in cases that are still pending include the June 2023 amendments to the Law on the Judicial-Legal Council (JLC), which appear to respond to its calls in the *Mammadli* group, as well as the GRECO recommendations regarding the JLC's composition. The law now provides that no less than half of its members shall be judges who are directly elected or appointed by

---

23 Of these cases, 12 leading cases under standard procedure were pending for more than 10 years.

en surveillance standard. Parmi les affaires de référence sous surveillance standard, aucune n'était pendante depuis cinq ans ou plus (comme en 2022 et contre deux affaires en 2021). Parmi les nouvelles violations constatées par la Cour en 2023, quatre concernaient l'accès à la justice et son fonctionnement effectif.

Au cours de l'année 2023, le Comité des Ministres a clôturé trois affaires, dont une affaire de référence sous surveillance standard. Les autorités ont soumis six bilans d'action.

Enfin, le paiement intégral de la satisfaction équitable accordée par la Cour a été enregistré dans trois affaires en 2023, tandis que la confirmation du paiement intégral et/ou des intérêts moratoires était attendue dans une affaire pour laquelle le délai indiqué dans l'arrêt de la Cour était dépassé depuis plus de six mois.

Azerbaïdjan

En 2023, le Comité des Ministres a reçu de la Cour européenne 84 affaires contre l'Azerbaïdjan pour surveillance de leur exécution (contre 49 en 2022 et 46 en 2021).

Au 31 décembre 2023, l'Azerbaïdjan comptait 337 affaires en attente d'exécution (contre 285 en 2022 et 271 en 2021), dont 21 étaient des affaires de référence classées en surveillance soutenue (comme en 2022 et 2021), et 29 étaient des affaires de référence classées en surveillance standard. Parmi les affaires de référence sous surveillance soutenue, 14 sont pendantes depuis cinq ans ou plus ; de même, 15 des affaires de référence sous surveillance standard sont pendantes depuis cinq ans ou plus (contre 17 en 2022 et 18 en 2021)[23]. Les affaires pendantes comprennent notamment des groupes concernant, entre autres, l'arrestation et la détention considérées comme un usage abusif du droit pénal dans l'intention de punir et de réduire au silence les requérants ; la liberté d'expression ; l'absence d'enquête sur les décès des proches des requérants ou sur les mauvais traitements qui leur ont été infligés ; et la liberté de réunion et d'association. Parmi les nouvelles violations constatées par la Cour en 2023, la plupart concernaient le droit à la liberté d'association et certaines concernaient le droit à un procès équitable.

Au cours de l'année 2023, le Comité des Ministres a examiné et adopté des décisions concernant 10 affaires ou groupes d'affaires de référence sous surveillance soutenue ; l'une d'entre elles a été examinée par le Comité lors des quatre réunions Droits de l'homme. Le Comité a clôturé 32 affaires, dont six affaires de référence sous surveillance standard. 16 affaires répétitives ont été clôturées parce qu'aucune autre mesure individuelle n'était nécessaire ou possible.

Parmi les avancées notables reconnues par le Comité dans les affaires toujours pendantes figurent les amendements de juin 2023 à la Loi sur le Conseil supérieur de la magistrature (CSM), qui semblent répondre à ses appels dans le groupe *Mammadli* ainsi qu'aux recommandations du GRECO concernant la composition du CMS. La loi prévoit désormais qu'au moins la moitié de ses membres seront des juges directe-

---

23　Parmi les affaires de référence sous surveillance standard, 12 sont pendantes depuis plus de dix ans.

their peers, that it will no longer include a representative appointed by the President of Azerbaijan, that the Minister of Justice is no longer an *ex officio* member, and that the chairman of the JLC can now only be elected from amongst its judge members.

The authorities submitted 12 action plans, 24 action reports and eight communications. Initial action plans/action reports were awaited in respect of four groups despite the expiry of the extended deadline in this respect. Updated action plans/action reports containing additional information were awaited in respect of six groups, in which the deadline set by the Committee of Ministers in this respect has expired (five groups of cases) or feedback was sent by DEJ before 1 January 2023 (one group).

Finally, full payment of the just satisfaction awarded by the Court was registered in 63 cases in 2023, while confirmation of full payment and/or default interest was awaited in 45 cases for which the deadline indicated in the Court's judgment has passed since more than six months.

Belgium

In 2023, the Committee of Ministers received from the European Court 15 cases against Belgium for supervision of their execution (compared to 19 in 2022 and 14 in 2021).

On 31 December 2023, Belgium had 36 cases pending execution (compared to 44 in 2022 and 37 in 2021), of which seven were leading cases classified under enhanced procedure (as was also the case in 2022 and five in 2021), and 13 were leading cases classified under standard procedure. Of the leading cases under enhanced procedure, four have been pending for five years or more; none of the leading cases under standard procedure have been pending for five years or more (compared to one in 2022 and two in 2021). The pending caseload includes notably cases case concerning poor conditions of detention in prisons and the lack of an effective preventive remedy; the inappropriate detention of persons with psychiatric problems; the right to free elections and the lack of an effective remedy; and the excessive length of civil and criminal proceedings, in particular in the judicial area of Brussels. Of the new violations found by the Court in 2023, one case concerns the systemic failure of the executive authorities to enforce judicial decisions ordering them to give material assistance and accommodate asylum-seekers. The Court drew attention to the large number of applications pending before it with similar complaints and underlined under Article 46 the need for Belgium to take adequate measures to put an end to this situation.

In the course of 2023, the Committee of Ministers examined and adopted decisions in respect of three leading cases or groups of cases under enhanced procedure. The Committee closed 23 cases, including seven leading cases under standard supervision. In particular, it was possible to close one leading case concerning the right of seriously ill foreigners not to be subject to ill-treatment and non-respect of their right to family life as a consequence of expulsion, following the adoption of internal instructions and the alignment of domestic case-law with the Convention. It was also possible to close

ment élus ou nommés par leurs pairs, qu'il n'y aura plus de représentant nommé par le Président de l'Azerbaïdjan, que le ministre de la Justice ne sera plus un membre de droit et que le Président du CMS ne pourra plus être élu que parmi les juges membres.

Les autorités ont transmis 12 plans d'action, 24 bilans d'action et huit communications. Des plans/bilans d'action initiaux étaient attendus pour quatre groupes malgré l'expiration du délai prolongé à cet égard. Des plans/bilans d'action mis à jour contenant des informations supplémentaires étaient attendus pour six groupes, pour lesquels le délai fixé par le Comité des Ministres à cet égard a expiré (cinq groupes de affaires) ou un retour d'information avait été envoyé par le DEJ avant le 1er janvier 2023 (un groupe).

Enfin, le paiement intégral de la satisfaction équitable accordée par la Cour a été enregistré dans 63 affaires en 2023, tandis que la confirmation du paiement intégral et/ou des intérêts moratoires était attendue dans 45 affaires pour lesquelles le délai indiqué dans l'arrêt de la Cour était dépassé depuis plus de six mois.

Belgique

En 2023, le Comité des Ministres a reçu de la Cour européenne 15 affaires contre la Belgique pour surveillance de leur exécution (contre 19 en 2022 et 14 en 2021).

Au 31 décembre 2023, la Belgique comptait 36 affaires en attente d'exécution (contre 44 en 2022 et 37 en 2021), dont 7 affaires de référence classées en surveillance soutenue (comme en 2022 et contre 5 en 2021) et 13 affaires de référence classées en surveillance standard. Parmi les affaires de référence sous surveillance soutenue, quatre sont pendantes depuis cinq ans ou plus ; aucune des affaires de référence sous surveillance standard n'est pendante depuis cinq ans ou plus (contre une en 2022 et deux en 2021). Les affaires pendantes comprennent notamment des affaires concernant les mauvaises conditions de détention dans les prisons et l'absence de recours préventif effectif, la détention inappropriée de personnes souffrant de problèmes psychiatriques, le droit à des élections libres et l'absence de recours effectif, ainsi que la durée excessive des procédures civiles et pénales, en particulier dans l'arrondissement judiciaire de Bruxelles. Parmi les nouvelles violations constatées par la Cour en 2023, une affaire concerne l'inexécution systémique par les autorités de décisions de justice enjoignant d'apporter aux demandeurs d'asile une assistance matérielle et un hébergement. La Cour a attiré l'attention sur le grand nombre de requêtes pendantes devant elle avec des plaintes similaires et a souligné, au titre de l'article 46, la nécessité pour la Belgique de prendre des mesures adéquates pour mettre fin à cette situation.

Au cours de l'année 2023, le Comité des Ministres a examiné et adopté des décisions concernant trois affaires ou groupes d'affaires de référence sous surveillance soutenue. Le Comité a clôturé 23 affaires, dont sept affaires de référence sous surveillance standard. En particulier, une affaire de référence a pu être clôturée concernant le droit des étrangers gravement malades de ne pas être soumis à des mauvais traitements et au non-respect de leur droit à la vie familiale en raison de leur expulsion, suite à l'adoption d'instructions internes et à l'alignement de la jurisprudence interne sur la Convention. Une autre affaire de référence a également pu être clôturée à la

another leading case following a detailed re-examination by the domestic courts of a European arrest warrant and its subsequent execution (an extradition to Spain).

The authorities submitted 12 action plans, 21 action reports and five communications. Updated action plans/action reports or communications containing additional information were awaited in respect of four groups/cases, in which feedback was sent by DEJ before 1 January 2023.

Finally, full payment of the just satisfaction awarded by the Court was registered in 14 cases in 2023, while confirmation of full payment and/or default interest was awaited in five cases for which the deadline indicated in the Court's judgment has passed since more than six months.

Bosnia and Herzegovina

In 2023, the Committee of Ministers received from the European Court three cases against Bosnia and Herzegovina for supervision of their execution (compared to 23 in 2022 and 18 in 2021).

On 31 December 2023, Bosnia and Herzegovina had 31 cases pending execution (compared to 42 in 2022 and 34 in 2021), of which one was a leading case classified under enhanced procedure (as was the case in both 2022 and 2021), and 10 were leading cases classified under standard procedure. Of the leading cases under enhanced procedure, one has been pending for five years or more; similarly, five of the leading cases under standard procedure have been pending for five years or more (compared to three in 2022 and 2021).[24] The pending caseload includes notably groups concerning ethnic discrimination in elections; delayed enforcement of domestic judgments; and the excessive length of judicial proceedings.

In the course of 2023, the Committee of Ministers examined and adopted decisions in respect of one group of cases under enhanced procedure which was examined three times during the year. The Committee closed 14 cases, including three leading cases under standard supervision. In particular, it was possible to close one leading case concerning a violation of the right to private life and degrading treatment by the police, following adoption of new legislation and by-laws. In addition, three repetitive cases were closed because no further individual measures were necessary or possible.

The authorities submitted 17 action plans, seven action reports and five communications.

Finally, full payment of the just satisfaction awarded by the Court was registered in eight cases in 2023, while confirmation of full payment and/or default interest was awaited in 13 cases for which the deadline indicated in the Court's judgment has passed since more than six months.

---

24   Of these cases, two leading cases under standard procedure were pending for more than 10 years.

suite d'un réexamen approfondi par les juridictions nationales d'un mandat d'arrêt européen et de son exécution ultérieure (extradition vers l'Espagne).

Les autorités ont transmis 12 plans d'action, 21 bilans d'action et 5 communications. Des plans/bilans d'action mis à jour ou des communications contenant des informations complémentaires étaient attendus pour quatre affaires/groupes d'affaires, pour lesquels un retour d'information avait été envoyé par le DEJ avant le 1er janvier 2023.

Enfin, le paiement intégral de la satisfaction équitable accordée par la Cour a été enregistré dans 14 affaires en 2023, tandis que la confirmation du paiement intégral et/ou des intérêts moratoires était attendue dans cinq affaires pour lesquelles le délai indiqué dans l'arrêt de la Cour était dépassé depuis plus de six mois.

Bosnie-Herzégovine

En 2023, le Comité des Ministres a reçu de la Cour européenne trois affaires contre la Bosnie-Herzégovine pour surveillance de leur exécution (contre 23 en 2022 et 18 en 2021).

Au 31 décembre 2023, la Bosnie-Herzégovine comptait 31 affaires en attente d'exécution (contre 42 en 2022 et 34 en 2021), dont une affaire de référence classée en surveillance soutenue (comme en 2022 et 2021) et 10 affaires de référence classées en surveillance standard. Parmi les affaires de référence sous surveillance soutenue, une est pendante depuis cinq ans ou plus ; de même, cinq des affaires de référence sous surveillance standard sont pendantes depuis cinq ans ou plus (contre trois en 2022 et 2021)[24]. Les affaires pendantes comprennent notamment des groupes concernant la discrimination ethnique lors des élections, l'exécution tardive des décisions de justice nationales et la durée excessive des procédures judiciaires.

Au cours de l'année 2023, le Comité des Ministres a examiné et adopté des décisions concernant un groupe d'affaires sous surveillance soutenue qui a été examiné trois fois au cours de l'année. Le Comité a clôturé 14 affaires, dont trois affaires de référence sous surveillance standard. En particulier, il a été possible de clore une affaire de référence concernant une violation du droit à la vie privée et un traitement dégradant infligé par la police, suite à l'adoption d'une nouvelle législation et de nouveaux règlements. En outre, trois affaires répétitives ont été clôturées parce qu'aucune autre mesure individuelle n'était nécessaire ou possible.

Les autorités ont transmis 17 plans d'action, sept bilans d'action et cinq communications.

Enfin, le paiement intégral de la satisfaction équitable accordée par la Cour a été enregistré dans huit affaires en 2023, tandis que la confirmation du paiement intégral et/ou des intérêts moratoires était attendue dans 13 affaires pour lesquelles le délai indiqué dans l'arrêt de la Cour était dépassé depuis plus de six mois.

---

24 Parmi les affaires de référence sous surveillance standard, deux sont pendantes depuis plus de dix ans.

Bulgaria

In 2023, the Committee of Ministers received from the European Court 31 cases against Bulgaria for supervision of their execution (compared to 37 in 2022 and 47 in 2021).

On 31 December 2023, Bulgaria had 166 cases pending execution (compared to 182 in 2022 and 164 in 2021), of which 32 were leading cases classified under enhanced procedure (compared to 30 in 2022 and 20 in 2021), and 56 were leading cases classified under standard procedure. Of the leading cases under enhanced procedure, 21 have been pending for five years or more; similarly, 30 of the leading cases under standard procedure have been pending for five years or more (compared to 32 in 2022 and 34 in 2021).[25] The pending caseload includes notably cases/groups of cases concerning prison conditions; placement or living conditions in social care homes; the lack of independent investigation against the Chief Prosecutor; the lack of effective investigations; freedom of association; and police ill treatment. Of the new violations found by the Court in 2023, some concerned ethnically motivated expulsion of Roma from their homes and village; the failure to provide adequate protection to a minor victim of domestic violence; and the absence of any form of legal recognition and protection for same-sex couples.

In the course of 2023, the Committee of Ministers examined and adopted decisions in respect of 11 leading cases or groups of cases under enhanced procedure; one of these groups was examined by the Committee at every Human Rights meeting. The Committee closed 47 cases, including two leading cases under enhanced and 12 leading cases under standard supervision. In particular, it was possible to close, following legislative amendments, one leading case concerning freedom of expression and two leading cases concerning judicial review of the lawfulness of detention after conviction. In addition, nine repetitive cases were closed because no further individual measures were necessary or possible. Notable advances, recognised by the Committee, in cases that are still pending include legislative reforms which introduced the right to appeal against a prosecutorial decision to refuse the opening of criminal proceedings; a mechanism for independent investigation against a Chief Prosecutor; and the specific criminalisation of the crime of torture.

The authorities submitted 36 action plans, 30 action reports and five communications. Updated action plans/action reports or communications containing additional information were awaited in respect of 41 groups/cases, in which either the deadline set by the Committee of Ministers in this respect has expired (three cases/groups) or feedback was sent by DEJ before 1 January 2023 (38 cases).

Finally, full payment of the just satisfaction awarded by the Court was registered in 63 cases in 2023, while confirmation of full payment and/or default interest was

---

25 Of these cases, 11 leading cases under standard procedure were pending for more than 10 years.

Bulgarie

En 2023, le Comité des Ministres a reçu de la Cour européenne 31 affaires contre la Bulgarie pour surveillance de leur exécution (contre 37 en 2022 et 47 en 2021).

Au 31 décembre 2023, la Bulgarie comptait 166 affaires en attente d'exécution (contre 182 en 2022 et 164 en 2021), dont 32 affaires de référence classées en surveillance soutenue (contre 30 en 2022 et 20 en 2021), et 56 affaires de référence classées en surveillance standard. Parmi les affaires de référence sous surveillance soutenue, 21 sont pendantes depuis cinq ans ou plus ; de même, 30 des affaires de référence sous surveillance standard sont pendantes depuis cinq ans ou plus (contre 32 en 2022 et 34 en 2021)[25]. Les affaires pendantes comprennent notamment des affaires/groupes d'affaires concernant les conditions de détention, le placement ou les conditions de vie dans les foyers sociaux, l'absence d'enquête indépendante contre le Procureur général, l'absence d'enquêtes effectives, la liberté d'association et les mauvais traitements infligés par la police. Parmi les nouvelles violations constatées par la Cour en 2023, certaines concernent l'expulsion de Roms de leur maison et de leur village pour des raisons ethniques, l'absence de protection adéquate d'un mineur victime de violence domestique et l'absence de toute forme de reconnaissance et de protection juridiques pour les couples de même sexe.

Au cours de l'année 2023, le Comité des Ministres a examiné et adopté des décisions concernant 11 affaires ou groupes d'affaires de référence sous surveillance soutenue ; l'un de ces groupes a été examiné par le Comité lors de chaque réunion Droits de l'homme. Le Comité a clôturé 47 affaires, dont deux affaires de référence sous surveillance soutenue et 12 affaires de référence sous surveillance standard. En particulier, il a été possible de clore, à la suite d'amendements législatifs, une affaire importante concernant la liberté d'expression et deux affaires importantes concernant le contrôle judiciaire de la légalité de la détention après condamnation. En outre, neuf affaires répétitives ont été clôturées parce qu'aucune autre mesure individuelle n'était nécessaire ou possible. Parmi les avancées notables reconnues par le Comité dans les affaires toujours pendantes figurent les réformes législatives qui ont introduit le droit de faire appel d'une décision du procureur de refuser d'engager des poursuites pénales, un mécanisme d'enquête indépendante à l'encontre d'un Procureur général, et la pénalisation spécifique du crime de torture.

Les autorités ont transmis 36 plans d'action, 30 bilans d'action et cinq communications. Des plans/bilans d'action mis à jour ou des communications contenant des informations supplémentaires étaient attendus pour 41 affaires/groupes d'affaires pour lesquelles soit le délai fixé par le Comité des Ministres à cet égard a expiré (trois affaires/groupes), soit un retour d'information avait été envoyé par le DEJ avant le 1er janvier 2023 (38 affaires).

Enfin, le paiement intégral de la satisfaction équitable accordée par la Cour a été enregistré dans 63 affaires en 2023, tandis que la confirmation du paiement intégral

---

25 Parmi les affaires de référence sous surveillance standard, 11 sont pendantes depuis plus de dix ans.

awaited in four cases for which the deadline indicated in the Court's judgment has passed since more than six months.

Croatia

In 2023, the Committee of Ministers received from the European Court 26 cases against Croatia for supervision of their execution (compared to 38 in 2022 and 46 in 2021).

On 31 December 2023, Croatia had 67 cases pending execution (compared to 77 in 2022 and 79 in 2021), of which two were leading cases classified under enhanced procedure (as was also the case in both 2022 and 2021), and 25 were leading cases classified under standard procedure. Of the leading cases under enhanced procedure, one case has been pending for five years or more; similarly, five of the leading cases under standard procedure have been pending for five years or more (compared to six in 2022 and seven in 2021).[26] The pending caseload includes notably one group of cases concerning statutory limitations on use of property by landlords; one case concerning *inter alia*, collective expulsion of migrants; and one group of cases concerning excessive length of judicial proceedings. Of the new violations found by the Court in 2023, some of them concerned inadequate conditions of detention.

In the course of 2023, the Committee of Ministers examined and adopted decisions in respect of both groups of cases under the enhanced procedure; one of these groups was examined by the Committee twice during the year. The Committee closed 36 cases, of which five were leading cases under standard supervision. In particular, it was possible to close one leading case concerning the lack of impartiality of courts due to a change of domestic case-law and one leading case concerning the right of access to the Constitutional Court due to the costs of constitutional complaints, following the change of practice of the Constitutional Court. In addition, 17 repetitive cases were closed because no further individual measures were necessary or possible. Notable advances, recognised by the Committee, in cases that are still pending, include the establishment of an independent border monitoring mechanism, being the first of its kind in all member States.

The authorities submitted 16 action plans, 18 action reports and six communications.

Finally, full payment of the just satisfaction awarded by the Court was registered in 30 cases in 2023, while confirmation of full payment and/or default interest was awaited in one case for which the deadline indicated in the Court's judgment has passed since more than six months.

---

26 Of these cases, one leading case under standard procedure was pending for more than 10 years.

et/ou des intérêts moratoires était attendue dans quatre affaires pour lesquelles le délai indiqué dans l'arrêt de la Cour était dépassé depuis plus de six mois.

Croatie

En 2023, le Comité des Ministres a reçu de la Cour européenne 26 affaires contre la Croatie pour surveillance de leur exécution (contre 38 en 2022 et 46 en 2021).

Au 31 décembre 2023, la Croatie comptait 67 affaires en attente d'exécution (contre 77 en 2022 et 79 en 2021), dont deux étaient des affaires de référence classées en surveillance soutenue (comme en 2022 et 2021), et 25 étaient des affaires de référence classées en surveillance standard. Parmi les affaires de référence sous surveillance soutenue, une affaire est pendante depuis cinq ans ou plus ; de même, cinq des affaires de référence sous surveillance standard sont pendantes depuis cinq ans ou plus (contre six en 2022 et sept en 2021)[26]. Les affaires pendantes comprennent notamment un groupe d'affaires concernant des limitations statutaires à l'usage de la propriété par les propriétaires ; une affaire concernant notamment l'expulsion collective de migrants ; et un groupe d'affaires concernant la durée excessive des procédures judiciaires. Parmi les nouvelles violations constatées par la Cour en 2023, certaines concernaient des conditions de détention inadéquates.

Au cours de l'année 2023, le Comité des Ministres a examiné et adopté des décisions concernant les deux groupes d'affaires sous surveillance soutenue ; l'un de ces groupes a été examiné par le Comité deux fois au cours de l'année. Le Comité a clôturé 36 affaires, dont cinq étaient des affaires de référence sous surveillance standard. En particulier, il a été possible de clore une affaire importante concernant le manque d'impartialité des tribunaux en raison d'un changement de la jurisprudence nationale, ainsi qu'une affaire importante concernant le droit d'accès à la Cour constitutionnelle en raison du coût des recours constitutionnels, à la suite du changement de pratique de la Cour constitutionnelle. En outre, 17 affaires répétitives ont été clôturées parce qu'aucune autre mesure individuelle n'était nécessaire ou possible. Parmi les avancées notables reconnues par le Comité dans les affaires toujours pendantes figure la mise en place d'un mécanisme indépendant de surveillance des frontières, le premier de ce type dans tous les Etats membres.

Les autorités ont transmis 16 plans d'action, 18 bilans d'action et 6 communications.

Enfin, le paiement intégral de la satisfaction équitable accordée par la Cour a été enregistré dans 30 affaires en 2023, tandis que la confirmation du paiement intégral et/ou des intérêts moratoires était attendue dans une affaire pour laquelle le délai indiqué dans l'arrêt de la Cour était dépassé depuis plus de six mois.

---

26 Parmi les affaires de référence sous surveillance standard, une est pendante depuis plus de dix ans.

Cyprus

In 2023, the Committee of Ministers received from the European Court four cases against Cyprus for supervision of their execution (compared to three in 2022 and four in 2021).

On 31 December 2023, Cyprus had 13 cases pending execution (compared to 10 in 2022 and 13 in 2021), of which one was a leading case classified under enhanced procedure (as was the case in 2022 and compared to two in 2021), and nine were leading cases classified under standard procedure. The leading case under enhanced procedure has been pending for over five years; similarly, two of the leading cases under standard procedure have been pending for five years or more (compared to no cases in both 2022 and 2021). The pending caseload includes cases concerning poor conditions of detention, including pending deportation. Of the new violations found by the Court in 2023, some of them concerned the length of criminal proceedings and lack of an effective remedy in this respect.

The Committee closed one leading case under standard supervision. In particular, it was possible to close this case concerning unfair disciplinary proceedings before the Supreme Council of Judicature, following the adoption of new Procedural Rules by the Supreme Court.

The authorities submitted one action plan and four action reports. Updated action plans/reports were awaited in respect of four cases in which the feedback was sent by DEJ before 1 January 2023.

Finally, full payment of the just satisfaction awarded by the Court was registered in four cases in 2023.

Czech Republic

In 2023, the Committee of Ministers received from the European Court five cases against the Czech Republic for supervision of their execution (compared to six in 2022 and four in 2021).

On 31 December 2023, the Czech Republic had eight cases pending execution (compared to seven in 2022 and six in 2021), of which one was a leading case classified under enhanced procedure (as was the case in both 2022 and in 2021), and four were leading cases classified under standard procedure. The only leading case under enhanced procedure has been pending for five years or more (as was the case in both 2022 and 2021); none of the leading cases under standard procedure have been pending for five years or more. The pending caseload includes cases concerning segregation of Roma children in education; the payment of compensation for expropriated property; and the excessive length of detention pending extradition. Of the new violations found by the Court in 2023, some of them concerned lack of effective investigations into alleged police ill-treatment or unfairness of civil proceedings.

In the course of 2023, the Committee closed four cases, including one leading case under standard supervision.

The authorities submitted three action plans and four action reports.

Chypre

En 2023, le Comité des Ministres a reçu de la Cour européenne quatre affaires contre Chypre pour surveillance de leur exécution (contre trois en 2022 et quatre en 2021).

Au 31 décembre 2023, Chypre comptait 13 affaires en attente d'exécution (contre 10 en 2022 et 13 en 2021), dont une affaire de référence classée en surveillance soutenue (comme en 2022 et contre deux en 2021), et neuf affaires de référence classées en surveillance standard. L'affaire de référence sous surveillance soutenue est pendante depuis plus de cinq ans ; de même, deux des affaires de référence sous surveillance standard sont pendantes depuis cinq ans ou plus (alors qu'il n'y avait aucune affaire en 2022 et en 2021). Les affaires pendantes concernent notamment les mauvaises conditions de détention, ainsi que des cas d'expulsions en attente. Parmi les nouvelles violations constatées par la Cour en 2023, certaines concernent la durée de la procédure pénale et l'absence de recours effectif à cet égard.

Le Comité a clôturé une affaire de référence sous surveillance standard. En particulier, il a été possible de clore cette affaire concernant des procédures disciplinaires inéquitables devant le Conseil supérieur de la magistrature, suite à l'adoption de nouvelles règles de procédure par la Cour suprême.

Les autorités ont transmis un plan d'action et quatre bilans d'action. Des plans/bilans d'action mis à jour étaient attendus pour quatre affaires dans lesquelles un retour d'information avait été envoyé par le DEJ avant le 1er janvier 2023.

Enfin, le paiement intégral de la satisfaction équitable accordée par la Cour a été enregistré dans quatre affaires en 2023.

République tchèque

En 2023, le Comité des Ministres a reçu de la Cour européenne cinq affaires contre la République tchèque pour surveillance de leur exécution (contre six en 2022 et quatre en 2021).

Au 31 décembre 2023, la République tchèque comptait huit affaires en attente d'exécution (contre sept en 2022 et six en 2021), dont une affaire de référence classée en surveillance soutenue (comme en 2022 et en 2021), et quatre affaires de référence classées en surveillance standard. La seule affaire de référence sous surveillance soutenue est pendante depuis cinq ans ou plus (comme en 2022 et en 2021) ; aucune des affaires de référence sous surveillance standard n'est pendante depuis cinq ans ou plus. Les affaires pendantes comprennent des affaires concernant la ségrégation des enfants roms dans l'enseignement, le paiement d'indemnités pour des biens expropriés et la durée excessive de la détention dans l'attente de l'extradition. Parmi les nouvelles violations constatées par la Cour en 2023, certaines concernent l'absence d'enquêtes effectives sur des allégations de mauvais traitements par la police ou l'iniquité des procédures civiles.

Au cours de l'année 2023, le Comité a clôturé quatre affaires, dont une affaire de référence sous surveillance standard.

Les autorités ont transmis trois plans d'action et quatre bilans d'action.

Finally, full payment of the just satisfaction awarded by the Court was registered in four cases in 2023.

Denmark

In 2023, the Committee of Ministers received from the European Court four cases against Denmark for supervision of their execution (compared to one in 2022 and three in 2021).

On 31 December 2023, Denmark had seven cases pending execution (compared to four in both 2022 and 2021), of which one was a leading case classified under the enhanced procedure (compared to none in both 2022 in 2021), and two were leading cases classified under the standard procedure. The pending caseload includes notably one case concerning the disproportionate interference in two children's' right to private life following refusal to allow their adoption by their intended mothers after being born abroad through surrogacy. Most of the new violations found by the Court in 2023 concern disproportionate expulsion orders with long-term or permanent entry bans of settled migrants with criminal convictions.

Following legislative amendments, the Committee closed one leading case under standard supervision, which concerned the unjustified statutory waiting-time of three years for family reunification for persons benefitting from temporary protection. The authorities submitted one action plan and three action reports.

Finally, full payment of the just satisfaction awarded by the Court was registered in two cases in 2023.

Estonia

In 2023, the Committee of Ministers received from the European Court two cases against Estonia for supervision of their execution (compared to four in 2022 and three in 2021).

On 31 December 2023, Estonia had three cases pending execution (as was the case in 2022 and compared to one in 2021), of which two were leading cases classified under standard procedure. The pending caseload includes cases concerning insufficient procedural safeguards to protect lawyer-client privileged data and the failure to conduct an effective investigation into sexual abuse. Of the new violations found by the Court in 2023, one of them concerned poor conditions of detention on remand and excessive restrictions on family visits.

In the course of 2023, the Committee of Ministers closed two cases, both leading under standard supervision. The authorities submitted three action reports.

Finally, full payment of the just satisfaction awarded by the Court was registered in two cases in 2023.

Enfin, le paiement intégral de la satisfaction équitable accordée par la Cour a été enregistré dans quatre affaires en 2023.

Danemark

En 2023, le Comité des Ministres a reçu de la Cour européenne quatre affaires contre le Danemark pour surveillance de leur exécution (contre une en 2022 et trois en 2021).

Au 31 décembre 2023, le Danemark comptait sept affaires en attente d'exécution (contre quatre en 2022 et 2021), dont une affaire de référence classée en surveillance soutenue (contre aucune en 2022 et 2021) et deux affaires de référence classées en surveillance standard. Les affaires pendantes comprennent notamment une affaire concernant l'ingérence disproportionnée dans le droit à la vie privée de deux enfants suite au refus d'autoriser leur adoption par leur mère d'intention après leur naissance à l'étranger par mère porteuse. La plupart des nouvelles violations constatées par la Cour en 2023 concernent des mesures d'expulsion disproportionnées assorties d'interdictions d'entrée à long terme ou permanentes à l'encontre de migrants installés ayant fait l'objet de condamnations pénales.

À la suite de modifications législatives, le Comité a clôturé une affaire de référence sous surveillance standard qui concernait le délai d'attente légal injustifié de trois ans pour le regroupement familial des personnes bénéficiant d'une protection temporaire. Les autorités ont transmis un plan d'action et trois bilans d'action.

Enfin, le paiement intégral de la satisfaction équitable accordée par la Cour a été enregistré dans deux affaires en 2023.

Estonie

En 2023, le Comité des Ministres a reçu de la Cour européenne deux affaires contre l'Estonie pour surveillance de leur exécution (contre quatre en 2022 et trois en 2021).

Au 31 décembre 2023, l'Estonie comptait trois affaires en attente d'exécution (comme en 2022 et contre une en 2021), dont deux étaient des affaires de référence classées en surveillance standard. Les affaires pendantes comprennent des affaires concernant l'insuffisance des garanties procédurales pour protéger les communications privées entre un avocat et son client, et l'absence d'enquête effective sur des abus sexuels. Parmi les nouvelles violations constatées par la Cour en 2023, l'une d'entre elles concernait les mauvaises conditions de détention provisoire et les restrictions excessives aux visites familiales.

Au cours de l'année 2023, le Comité des Ministres a clôturé deux affaires de référence sous surveillance standard. Les autorités ont transmis trois bilans d'action.

Enfin, le paiement intégral de la satisfaction équitable accordée par la Cour a été enregistré dans deux affaires en 2023.

Finland

In 2023, the Committee of Ministers did not receive from the European Court any cases against Finland for supervision of their execution (as was the case in 2022 and 2021).

On 31 December 2023, Finland had six cases pending execution (compared to 18 in both 2022 and 2021), of which one was a leading case classified under enhanced procedure (as was the case in both in 2022 and 2021), and one was a leading case classified under standard procedure. The leading case under enhanced procedure has been pending for five years or more; similarly, the leading case under standard procedure has been pending for five years or more (compared to eight in both 2022 and 2021). The pending caseload includes notably one case concerning the lack of adequate legal safeguards for extension of involuntary confinement in psychiatric hospitals and the forcible administration of medication.

In the course of 2023, the Committee of Ministers examined and adopted decisions in respect of one leading case under enhanced procedure. The Committee closed 12 cases, including seven leading cases under standard supervision. In particular, it was possible to close one group of cases concerning freedom of expression, following amendments to the Criminal Code and adjustment of the practice of domestic courts to align with Convention requirements. The authorities submitted two action plans and 12 action reports.

France

In 2023, the Committee of Ministers received from the European Court 17 cases against France for supervision of their execution (compared to 21 cases in 2022 and 14 in 2021).

On 31 December 2023, France had 42 cases pending execution (compared to 39 in 2022 and 32 in 2021), of which five were leading cases classified under enhanced procedure (as was the case in 2022 and compared to four in 2021), and 15 were leading cases classified under standard procedure. Of the leading cases under enhanced procedure, one has been pending for five years or more; similarly, three of the leading cases under standard procedure have been pending for five years or more (compared to four in both 2022 and 2021).[27] The pending caseload includes notably cases concerning the protection of unaccompanied migrant children (including their expulsion from Mayotte); poor conditions of detention in prisons and the lack of an effective preventive remedy; the expulsion of foreigners convicted for terrorist offences despite interim measures indicated by the European Court; and the lack of safeguards against arbitrariness in the examination of requests to repatriate women of French nationality and their children from camps in Syria. Of the new violations found by the Court in 2023, one concerned the procedure surrounding the potential extradition of an individual towards an African country without consideration of the

---

27 Of these cases, one leading case under standard procedure was pending for more than ten years.

Finlande

En 2023, le Comité des Ministres n'a pas reçu d'affaires contre la Finlande pour surveillance de leur exécution (comme en 2022 et 2021).

Au 31 décembre 2023, la Finlande comptait six affaires en attente d'exécution (contre 18 en 2022 et 2021), dont une affaire de référence classée en surveillance soutenue (comme en 2022 et 2021) et une affaire de référence classée en surveillance standard. L'affaire de référence sous surveillance soutenue est pendante depuis cinq ans ou plus ; de même, l'affaire de référence sous surveillance standard est pendante depuis cinq ans ou plus (contre huit en 2022 et 2021). Les affaires pendantes comprennent notamment une affaire concernant l'absence de garanties juridiques adéquates pour la prolongation de l'internement involontaire en hôpital psychiatrique et l'administration forcée de médicaments.

Au cours de l'année 2023, le Comité des Ministres a examiné et adopté des décisions concernant une affaire de référence sous surveillance soutenue. Le Comité a clôturé 12 affaires, dont sept affaires de référence sous surveillance standard. En particulier, il a été possible de clore un groupe d'affaires concernant la liberté d'expression suite à des modifications du Code pénal et l'ajustement de la pratique des tribunaux nationaux pour s'aligner sur les exigences de la Convention. Les autorités ont transmis deux plans d'action et 12 bilans d'action.

France

En 2023, le Comité des Ministres a reçu de la Cour européenne 17 affaires contre la France pour surveillance de leur exécution (contre 21 affaires en 2022 et 14 en 2021).

Au 31 décembre 2023, la France comptait 42 affaires en attente d'exécution (contre 39 en 2022 et 32 en 2021), dont cinq affaires de référence classées en surveillance soutenue (comme en 2022 et contre quatre en 2021), et 15 affaires de référence classées en surveillance standard. Parmi les affaires de référence sous surveillance soutenue, une est pendante depuis cinq ans ou plus ; de même, trois des affaires de référence sous surveillance standard sont pendantes depuis cinq ans ou plus (contre quatre en 2022 et en 2021)[27]. Les affaires pendantes comprennent notamment des affaires concernant la protection des mineurs migrants non accompagnés (y compris leur expulsion de Mayotte) ; les mauvaises conditions de détention dans les prisons et l'absence de recours préventif effectif ; l'expulsion d'étrangers condamnés pour des actes terroristes malgré les mesures provisoires indiquées par la Cour européenne ; et l'absence de garanties contre l'arbitraire dans l'examen des demandes de rapatriement de femmes de nationalité française et de leurs enfants des camps en Syrie. Parmi les nouvelles violations constatées par la Cour en 2023, l'une d'entre elles concerne la procédure entourant l'extradition potentielle d'un individu vers un pays africain sans

---

[27] Parmi les affaires de référence sous surveillance standard, une est pendante depuis plus de dix ans.

new political and constitutional context that had taken place.

In the course of 2023, the Committee of Ministers examined and adopted decisions in respect of four leading cases or groups of cases under enhanced procedure. The Committee closed 14 cases, including nine leading cases under standard supervision. In particular, it was possible to close one leading case concerning freedom of expression in the context of a call to boycott Israeli products, following a circular stating that prosecution should only take place in case of speech inciting hatred or violence. In addition, four cases concerning use of force by police officers were closed, following legislative amendments, new regulations and the organisation of training.

The authorities submitted eight action plans, 19 action reports and three communications. Updated action plans/action reports or communications containing additional information were awaited in respect of five groups/cases, in which either the deadline set by the Committee of Ministers in this respect has expired (one group and one case) or feedback was sent by DEJ before 1 January 2023 (three cases).

Finally, full payment of the just satisfaction awarded by the Court was registered in 24 cases in 2023, while confirmation of full payment and/or default interest was awaited in two cases for which the deadline indicated in the Court's judgment has passed since more than six months.

Georgia

In 2023, the Committee of Ministers received from the European Court 15 cases against Georgia for supervision of their execution (compared to 10 in 2022 and 12 in 2021).

On 31 December 2023, Georgia had 78 cases pending execution (compared to 68 in 2022 and 63 in 2021), of which seven were leading cases classified under enhanced procedure (compared to six in 2022 and five in 2021), and 20 were leading cases classified under standard procedure. Of the leading cases under enhanced procedure, five have been pending for five years or more; similarly, eight of the leading cases under standard procedure have been pending for five years or more (compared to five in 2022 and four in 2021).[28] The pending caseload includes notably cases and groups of cases concerning ill-treatment, hate crimes and domestic violence, as well as ineffective investigations into them; a restriction of the right to liberty and security for purposes not prescribed by the Convention; violations of the freedom of assembly of LGBTI persons; violations of freedom of religion and the right to a fair trial. Of the new violations found by the Court in 2023, most of them concern violations of the applicants' rights to freedom of assembly.

In the course of 2023, the Committee of Ministers examined and adopted decisions in respect of four groups of cases under enhanced procedure. The Committee

---

28 Of these cases, two leading cases under standard procedure were pending for more than 10 years.

prise en compte du nouveau contexte politique et constitutionnel survenu.

Au cours de l'année 2023, le Comité des Ministres a examiné et adopté des décisions concernant quatre affaires ou groupes d'affaires de référence sous surveillance soutenue. Le Comité a clôturé 14 affaires, dont neuf affaires de référence sous surveillance standard. En particulier, il a été possible de clore une affaire de référence concernant la liberté d'expression dans le contexte d'un appel au boycott des produits israéliens, suite à une circulaire stipulant que les poursuites ne devraient avoir lieu qu'en cas de discours incitant à la haine ou à la violence. En outre, quatre affaires concernant l'usage de la force par des officiers de police ont été clôturées à la suite d'amendements législatifs, de nouvelles réglementations et de la mise en place de formations.

Les autorités ont transmis huit plans d'action, 19 bilans d'action et trois communications. Des plans/bilans d'action mis à jour ou des communications contenant des informations supplémentaires étaient attendus pour cinq groupes/affaires, pour lesquels soit le délai fixé par le Comité des Ministres à cet égard a expiré (un groupe et une affaire), soit un retour d'information avait été envoyé par le DEJ avant le 1er janvier 2023 (trois affaires).

Enfin, le paiement intégral de la satisfaction équitable accordée par la Cour a été enregistré dans 24 affaires en 2023, tandis que la confirmation du paiement intégral et/ou des intérêts moratoires était attendue dans deux affaires pour lesquelles le délai indiqué dans l'arrêt de la Cour était dépassé depuis plus de six mois.

Géorgie

En 2023, le Comité des Ministres a reçu de la Cour européenne 15 affaires contre la Géorgie pour surveillance de leur exécution (contre 10 en 2022 et 12 en 2021).

Au 31 décembre 2023, la Géorgie comptait 78 affaires en attente d'exécution (contre 68 en 2022 et 63 en 2021), dont sept affaires de référence classées en surveillance soutenue (contre six en 2022 et cinq en 2021), et 20 affaires de référence classées en surveillance standard. Parmi les affaires de référence sous surveillance soutenue, cinq sont pendantes depuis cinq ans ou plus ; de même, huit des affaires de référence sous surveillance standard sont pendantes depuis cinq ans ou plus (contre cinq en 2022 et quatre en 2021)[28]. Les affaires pendantes comprennent notamment des affaires/groupes d'affaires concernant des mauvais traitements, des crimes de haine et de la violence domestique, ainsi que des enquêtes ineffectives à ces égards ; une restriction du droit à la liberté et à la sûreté à des fins non prévues par la Convention ; des violations de la liberté de réunion des personnes LGBTI ; des violations de la liberté de religion et du droit à un procès équitable. Parmi les nouvelles violations constatées par la Cour en 2023, la plupart concernent des violations des droits des requérants à la liberté de réunion.

Au cours de l'année 2023, le Comité des Ministres a examiné et adopté des décisions concernant quatre groupes d'affaires sous surveillance soutenue. Le Comité

---

28 Parmi les affaires de référence sous surveillance standard, deux sont pendantes depuis plus de dix ans.

closed five cases, including four leading cases under standard supervision. In particular, following the legislative changes and development of the practice of the domestic courts, it was possible to close leading cases concerning no punishment without law, judicial reviews of decisions refusing judicial appointment and the reasoning of the appeal court's decision in a jury trial case. In addition, one repetitive case was closed because no further individual measures were necessary or possible. Notable advances, recognised by the Committee, in cases that are still pending include measures taken to enhance both preventive and protection mechanisms for the victims of domestic violence.

The authorities submitted four action plans, eight action reports and two communications. Updated action plans/action reports or communications containing additional information were awaited in respect of three cases, in which feedback was sent by DEJ before 1 January 2023.

Finally, full payment of the just satisfaction awarded by the Court was registered in 12 cases in 2023, while confirmation of full payment and/or default interest was awaited in three cases for which the deadline indicated in the Court's judgment has passed since more than six months.

Germany

In 2023, the Committee of Ministers received from the European Court three cases against Germany for supervision of their execution (compared to two in 2022 and five in 2021).

On 31 December 2023, Germany had 12 cases pending execution (compared to 14 in 2022 and 16 in 2021), of which one was a leading case classified under enhanced procedure (compared to no cases in 2022 and 2021), and nine were leading cases classified under standard procedure. Of the leading cases under standard procedure, four have been pending for five years or more (compared to six in 2022 and three in 2021). The pending caseload includes notably one case concerning ineffective investigations into allegations of racial profiling.

In the course of 2023, the Committee of Ministers closed five cases, including four leading cases under standard supervision. In particular, it was possible to close a leading case concerning the adequate medical treatment of detainees with drug substitution therapy, following the adaptation of administrative practices in prisons.

The authorities submitted one action plan and two action reports.

Greece

In 2023, the Committee of Ministers received from the European Court 35 cases against Greece for supervision of their execution (compared to 25 in 2022 and 29 in 2021).

On 31 December 2023, Greece had 70 cases pending execution (as was the case in 2022 and compared to 93 in 2021), of which seven were leading cases

a clôturé cinq affaires, dont quatre affaires de référence sous surveillance standard. En particulier, suite aux changements législatifs et au développement de la pratique des juridictions internes, il a été possible de clore des affaires de référence portant sur le principe « pas de peine sans loi », les contrôles judiciaires des décisions de refus de nomination judiciaire et la motivation de la décision de la cour d'appel dans une affaire de procès avec jury. En outre, une affaire répétitive a été clôturée parce qu'aucune autre mesure individuelle n'était nécessaire ou possible. Parmi les avancées notables reconnues par le Comité dans les affaires toujours pendantes figurent les mesures prises pour améliorer les mécanismes de prévention et de protection des victimes de violence domestique.

Les autorités ont transmis quatre plans d'action, huit bilans d'action et deux communications. Des plans/bilans d'action mis à jour ou des communications contenant des informations supplémentaires étaient attendus pour trois affaires, pour lesquelles le DEJ avait envoyé un retour d'information avant le 1er janvier 2023.

Enfin, le paiement intégral de la satisfaction équitable accordée par la Cour a été enregistré dans 12 affaires en 2023, tandis que la confirmation du paiement intégral et/ou des intérêts moratoires était attendue dans trois affaires pour lesquelles le délai indiqué dans l'arrêt de la Cour était dépassé depuis plus de six mois.

Allemagne

En 2023, le Comité des Ministres a reçu de la Cour européenne trois affaires contre l'Allemagne pour surveillance de leur exécution (contre deux en 2022 et cinq en 2021).

Au 31 décembre 2023, l'Allemagne comptait 12 affaires en attente d'exécution (contre 14 en 2022 et 16 en 2021), dont une affaire de référence classée en surveillance soutenue (contre aucune affaire en 2022 et 2021), et neuf affaires de référence classées en surveillance standard. Parmi les affaires de référence sous surveillance standard, quatre sont pendantes depuis cinq ans ou plus (contre six en 2022 et trois en 2021). Les affaires pendantes comprennent notamment une affaire concernant des enquêtes ineffectives sur des allégations de profilage racial.

Au cours de l'année 2023, le Comité des Ministres a clôturé cinq affaires, dont quatre affaires de référence sous surveillance standard. En particulier, il a été possible de clore une affaire de référence concernant le traitement médical adéquat des détenus avec des traitements de substitution aux drogues, suite à l'adaptation des pratiques administratives dans les prisons.

Les autorités ont transmis un plan d'action et deux bilans d'action.

Grèce

En 2023, le Comité des Ministres a reçu de la Cour européenne 35 affaires contre la Grèce pour surveillance de leur exécution (contre 25 en 2022 et 29 en 2021).

Au 31 décembre 2023, la Grèce comptait 70 affaires en attente d'exécution (comme en 2022 et contre 93 en 2021), dont sept affaires de référence classées en

classified under enhanced procedure (as was the case in both 2022 and 2021), and 20 were leading cases classified under standard procedure. Of the leading cases under enhanced procedure, six have been pending for five years or more; similarly, seven of the leading cases under standard procedure have been pending for five years or more (as was also the case in 2022 and compared to twelve in 2021).[29] The pending caseload includes notably cases concerning poor conditions of detention in prisons, freedom of association and police ill-treatment and ineffective investigations. Of the new violations found by the Court in 2023, six concerned the reception conditions of asylum-seekers and/or the lack of an effective remedy for the same and two concerned the presumption of innocence.

In the course of 2023, the Committee of Ministers examined and adopted decisions in respect of five leading cases or groups of cases under enhanced procedure; one of these groups was examined by the Committee at least twice during the year. The Committee closed 35 cases, including two leading cases under enhanced and six leading cases under standard supervision. In particular, it was possible to close one leading case, concerning unaccompanied minors following the legislative measures abolishing protective custody and the adoption of organisational measures that led to the establishment of a Special Secretariat for the protection of unaccompanied minors. It was also possible to close one leading case concerning discriminatory deprivation of inheritance following legislative measures. In addition, seven repetitive cases were closed because no further individual measures were necessary or possible. Notable advances, recognised by the Committee, in cases that are still pending, include the adoption of legislative measures providing for the automatic lifting of expropriation orders from properties which had been under restrictions for a long period of time.

The authorities submitted three action plans, 11 action reports and five communications. Updated action plans/action reports or communications containing additional information were awaited in respect of 11 groups/cases in which feedback was sent by DEJ before 1 January 2023.

Finally, full payment of the just satisfaction awarded by the Court was registered in 35 cases in 2023.

Hungary

In 2023, the Committee of Ministers received from the European Court 69 cases against Hungary for supervision of their execution (compared to 63 in 2022 and 52 in 2021).

On 31 December 2023, Hungary had 165 cases pending execution (compared to 219 in 2022 and 265 in 2021), of which 18 were leading cases classified under enhanced procedure (compared to 14 in both 2022 and 2021), and 26 were leading cases classified under standard procedure. Of the leading cases under enhanced procedure,

---

29 Of these cases, three leading cases under standard procedure were pending for more than 10 years.

surveillance soutenue (comme en 2022 et 2021), et 20 affaires de référence classées en surveillance standard. Parmi les affaires de référence sous surveillance soutenue, six sont pendantes depuis cinq ans ou plus ; de même, sept des affaires de référence sous surveillance standard sont pendantes depuis cinq ans ou plus (comme en 2022 et contre douze en 2021)[29]. Les affaires pendantes comprennent notamment des affaires concernant les mauvaises conditions de détention dans les prisons, la liberté d'association, les mauvais traitements infligés par la police et les enquêtes ineffectives. Parmi les nouvelles violations constatées par la Cour en 2023, six concernent les conditions d'accueil des demandeurs d'asile et/ou l'absence de recours effectif pour ces derniers et deux concernent la présomption d'innocence.

Au cours de l'année 2023, le Comité des Ministres a examiné et adopté des décisions concernant cinq affaires/groupes d'affaires de référence sous surveillance soutenue ; l'un de ces groupes a été examiné par le Comité au moins deux fois au cours de l'année. Le Comité a clôturé 35 affaires, dont deux affaires de référence sous surveillance soutenue et six affaires de référence sous surveillance standard. En particulier, une affaire de référence a pu être clôturée concernant des mineurs non accompagnés, suite aux mesures législatives supprimant la détention préventive et l'adoption de mesures organisationnelles ayant conduit à la création d'un Secrétariat spécial pour la protection des mineurs non accompagnés. Il a également été possible de clore une affaire de référence concernant une privation discriminatoire d'héritage à la suite de mesures législatives. En outre, sept affaires répétitives ont été clôturées parce qu'aucune autre mesure individuelle n'était nécessaire ou possible. Parmi les avancées notables reconnues par le Comité dans les affaires toujours pendantes figure l'adoption de mesures législatives prévoyant la levée automatique des ordonnances d'expropriation de biens immobiliers qui avaient fait l'objet de restrictions pendant une longue période.

Les autorités ont transmis trois plans d'action, 11 bilans d'action et cinq communications. Des plans/bilans d'action mis à jour ou des communications contenant des informations supplémentaires étaient attendus pour 11 groupes/affaires pour lesquelles le DEJ avait envoyé un retour d'information avant le 1er janvier 2023.

Enfin, le paiement intégral de la satisfaction équitable accordée par la Cour a été enregistré dans 35 affaires en 2023.

Hongrie

En 2023, le Comité des Ministres a reçu de la Cour européenne 69 affaires contre la Hongrie pour surveillance de leur exécution (contre 63 en 2022 et 52 en 2021).

Au 31 décembre 2023, la Hongrie comptait 165 affaires en attente d'exécution (contre 219 en 2022 et 265 en 2021), dont 18 affaires de référence classées en surveillance soutenue (contre 14 en 2022 et 2021), et 26 affaires de référence classées en surveillance standard. Parmi les affaires de référence sous surveillance soutenue, neuf

---

29 Parmi les affaires de référence sous surveillance standard, trois sont pendantes depuis plus de dix ans.

nine have been pending for five years or more; similarly, 13 of the leading cases under standard procedure have been pending for five years or more (compared to 18 in 2022 and 22 in 2021).[30]

The pending caseload includes notably one case concerning the premature termination of the applicant's mandate as President of the former Supreme Court (lack of access to court and freedom of expression). It also includes cases concerning poor conditions of detention in prisons and the lack of effective remedies in this respect; excessive length of judicial proceedings and the lack of effective remedies; ill-treatment by law enforcement officers and ineffective investigations (one of which related to applicants of Roma origin, one to border control operations); migration and asylum issues, including the prohibition of collective expulsions; the lack of safeguards against abuse in legislation on secret surveillance; life sentences without parole in combination with the lack of an adequate review mechanism; discrimination against Roma children in public education; the discriminatory restriction of voting rights of applicants belonging to recognised national minorities; and the lack of a domestic regulatory framework for legal gender recognition. Of the new violations found by the Court in 2023, most concerned lengthy judicial proceedings and violations of the rights of asylum-seekers during detention.

In the course of 2023, the Committee of Ministers examined and adopted decisions in respect of five leading cases or groups of cases under enhanced procedure; one case was examined by the Committee at least twice during the year.

The Committee closed 123 cases, including one leading case under enhanced and five leading cases under standard supervision. In particular, it was possible to close one group of cases concerning violations of the right to protection of property in connection with disability benefits, following legislative amendments. In addition, 27 repetitive cases were closed because no further individual measures were necessary or possible. Notable advances, recognised by the Committee, in cases that are still pending include the entry into force on 1 January 2022 of a compensatory remedy for excessively lengthy contentious civil proceedings, considered to be effective by the European Court in March 2023.

The authorities submitted five action plans, 18 action reports and seven communications. Updated action plans/action reports or communications containing additional information were awaited in respect of three groups/cases, in which either the deadline set by the Committee of Ministers in this respect has expired (one case) or feedback was sent by DEJ before 1 January 2023 (two cases).

Finally, full payment of the just satisfaction awarded by the Court was registered in 103 cases in 2023, while confirmation of full payment and/or default interest was

---

30 Of these, seven leading cases under standard procedure were pending for more than 10 years.

sont pendantes depuis cinq ans ou plus ; de même, 13 des affaires de référence sous surveillance standard sont pendantes depuis cinq ans ou plus (contre 18 en 2022 et 22 en 2021)[30].

Les affaires pendantes comprennent notamment une affaire concernant la fin prématurée du mandat du requérant en tant que Président de l'ancienne Cour suprême (défaut d'accès à un tribunal et liberté d'expression). Il comprend également des affaires concernant les mauvaises conditions de détention dans les prisons et l'absence de recours effectifs à cet égard ; la durée excessive des procédures judiciaires et l'absence de recours effectifs ; les mauvais traitements infligés par les forces de l'ordre et les enquêtes ineffectives (dont l'une concerne des requérants d'origine rom, l'autre des opérations de contrôle aux frontières) ; les questions d'immigration et d'asile, y compris l'interdiction des expulsions collectives ; l'absence de garanties contre les abus dans la législation sur la surveillance secrète ; les condamnations à perpétuité sans possibilité de libération conditionnelle combinées à l'absence de mécanisme de révision adéquat ; la discrimination à l'égard des enfants roms dans l'enseignement public ; la restriction discriminatoire du droit de vote des requérants appartenant à des minorités nationales reconnues ; et l'absence de cadre réglementaire national pour la reconnaissance légale du genre. Parmi les nouvelles violations constatées par la Cour en 2023, la plupart concernaient la durée excessive des procédures judiciaires et les violations des droits des demandeurs d'asile pendant la détention.

Au cours de l'année 2023, le Comité des Ministres a examiné et adopté des décisions concernant cinq affaires ou groupes d'affaires de référence sous surveillance soutenue ; une affaire a été examinée par le Comité au moins deux fois au cours de l'année.

Le Comité a clôturé 123 affaires, dont une affaire de référence sous surveillance soutenue et cinq affaires de référence sous surveillance standard. En particulier, à la suite d'amendements législatifs, il a été possible de clore un groupe d'affaires concernant des violations du droit à la protection de la propriété dans le cadre des prestations d'invalidité. En outre, 27 affaires répétitives ont été clôturées parce qu'aucune autre mesure individuelle n'était nécessaire ou possible. Parmi les avancées notables reconnues par le Comité dans les affaires toujours pendantes, on peut citer l'entrée en vigueur le 1er janvier 2022 d'un recours compensatoire pour les procédures civiles contentieuses excessivement longues, considéré comme effectif par la Cour européenne en mars 2023.

Les autorités ont transmis cinq plans d'action, 18 bilans d'action et sept communications. Des plans/bilans d'action mis à jour ou des communications contenant des informations complémentaires étaient attendus pour trois groupes/affaires, pour lesquels soit le délai fixé par le Comité des Ministres à cet égard a expiré (une affaire), soit un retour d'information avait été envoyé par le DEJ avant le 1er janvier 2023 (deux affaires).

Enfin, le paiement intégral de la satisfaction équitable accordée par la Cour a été enregistré dans 103 affaires en 2023, tandis que la confirmation du paiement inté-

---

30 Parmi celles-ci, sept affaires de référence sous surveillance standard sont pendantes depuis plus de dix ans.

awaited in 14 cases for which the deadline indicated in the Court's judgment has passed since more than six months.

Iceland

In 2023, the Committee of Ministers received from the European Court no cases against Iceland for supervision of their execution (compared to three in 2022 and seven in 2021).

On 31 December 2023, Iceland had no cases pending execution (compared to five in 2022 and six in 2021). In the course of 2023, the Committee closed five cases, including one leading case under standard supervision which concerned the failure to inform the applicant of criminal charges against him and delay in providing access to legal assistance, further to the issuing of instructions and capacity building measures. In addition, one repetitive case was closed because no further individual measures were necessary or possible.

In the course of 2023, the authorities submitted three action reports.

Ireland

In 2023, the Committee of Ministers received from the European Court no case against Ireland for supervision of its execution (as was also the case in 2022 and compared to three cases in 2021).

On 31 December 2023, Ireland had two cases pending execution (as was also the case in 2022 and compared to five in 2021), of which one was a leading case classified under the enhanced procedure (as was the case both in 2022 and 2021), and one was a leading case classified under the standard procedure. Both the leading cases have been pending for five years or more (as was the case in 2022 and 2021). The pending caseload includes notably one case concerning the lack of an effective remedy for excessive length of judicial proceedings.

In the course of 2023, the Committee of Ministers examined and adopted decisions in respect of one leading case under the enhanced procedure.

The authorities submitted two action plans and one communication.

Italy

In 2023, the Committee of Ministers received from the European Court 87 cases against Italy for supervision of their execution (compared to 49 in 2022 and 59 in 2021).

On 31 December 2023, Italy had 249 cases pending execution (compared to 187 in 2022 and 170 in 2021), of which 27 were leading cases classified under enhanced procedure (compared to 23 in both 2022 and 2021), and 36 were leading cases classified under standard procedure. Of the leading cases under enhanced procedure, 14 have been pending for five years or more; similarly, 19 of the leading cases under standard procedure have been pending for five years or more (compared to 15 in 2022

gral et/ou des intérêts moratoires était attendue dans 14 affaires pour lesquelles le délai indiqué dans l'arrêt de la Cour était dépassé depuis plus de six mois.

Islande

En 2023, le Comité des Ministres n'a reçu aucune affaire contre l'Islande pour surveillance de l'exécution (contre trois en 2022 et sept en 2021).

Au 31 décembre 2023, l'Islande n'avait aucune affaire en attente d'exécution (contre cinq en 2022 et six en 2021). Au cours de l'année 2023, le Comité a clôturé cinq affaires, dont une affaire de référence sous surveillance standard qui concernait le fait que le requérant n'avait pas été informé des charges pénales pesant sur lui et qu'il avait tardé à avoir accès à une assistance juridique, suite à l'émission d'instructions et de mesures de renforcement des capacités. En outre, une affaire répétitive a été clôturée parce qu'aucune autre mesure individuelle n'était nécessaire ou possible.

Au cours de l'année 2023, les autorités ont transmis trois bilans d'action.

Irlande

En 2023, le Comité des Ministres n'a reçu aucune affaire contre l'Irlande pour surveillance de l'exécution (comme en 2022 et contre trois affaires en 2021).

Au 31 décembre 2023, l'Irlande avait deux affaires en attente d'exécution (comme en 2022 et contre cinq en 2021), dont une affaire de référence classée en surveillance soutenue (comme en 2022 et en 2021), et une affaire de référence classée en surveillance standard. Les deux affaires de référence sont pendantes depuis cinq ans ou plus (comme en 2022 et 2021). Les affaires pendantes comprennent notamment une affaire concernant l'absence de recours effectif contre la durée excessive des procédures judiciaires.

Au cours de l'année 2023, le Comité des Ministres a examiné et adopté des décisions concernant une affaire de référence sous surveillance soutenue.

Les autorités ont transmis deux plans d'action et une communication.

Italie

En 2023, le Comité des Ministres a reçu de la Cour européenne 87 affaires contre l'Italie pour surveillance de leur exécution (contre 49 en 2022 et 59 en 2021).

Au 31 décembre 2023, l'Italie comptait 249 affaires en attente d'exécution (contre 187 en 2022 et 170 en 2021), dont 27 affaires de référence classées en surveillance soutenue (contre 23 en 2022 et 2021) et 36 affaires de référence classées en surveillance standard. Parmi les affaires de référence sous surveillance soutenue, 14 sont pendantes depuis cinq ans ou plus ; de même, 19 des affaires de référence sous surveillance standard sont pendantes depuis cinq ans ou plus (contre 15 en 2022 et 16

and 16 in 2021).[31] The pending caseload includes notably cases concerning issues related to the impossibility for whole life prisoners to be eligible for release on parole in the absence of their co-operation with the judicial authorities; the authorities' lack of reaction to air pollution to the detriment of the surrounding population's health; the ineffective and delayed handling of complaints concerning domestic violence; and the detention of persons with mental health conditions in ordinary prisons due to the lack of sufficient capacity in specialised institutions to host them. Of the new violations found by the Court in 2023, some concerned the unlawful detention of migrants at an Early Reception Centre in poor conditions and their collective expulsion.

In the course of 2023, the Committee of Ministers examined and adopted decisions in respect of seven leading cases/groups of cases under enhanced procedure. The Committee closed 25 cases, including two leading cases under standard supervision. In particular, it was possible to close one leading case in standard procedure following the amendment of the Code of Criminal Procedure introducing the possibility of judicial review of the lawfulness and necessity of search warrants issued by the public prosecutor. In addition, 23 repetitive cases were closed because no further individual measures were necessary or possible. Notable advances, recognised by the Committee, in cases that are still pending include the legislative reform of the Prison Administration Act which introduced the possibility for prisoners who fail to cooperate with the justice system to be eligible for release on parole.

The authorities submitted six action plans, 18 action reports and 17 communications. Initial action plans/action reports were awaited in respect of eight groups/cases despite the expiry of the extended deadline in this respect. Updated action plans/action reports or communications containing additional information were awaited in respect of 18 groups/cases, in which either the deadline set by the Committee of Ministers in this respect has expired (four cases) or feedback was sent by DEJ before 1 January 2023 (14 cases/groups).

Finally, full payment of the just satisfaction awarded by the Court was registered in 15 cases in 2023, while confirmation of full payment and/or default interest was awaited in 73 cases for which the deadline indicated in the Court's judgment has passed since more than six months.

Latvia

In 2023, the Committee of Ministers received from the European Court two cases against Latvia for supervision of their execution (compared to four in 2022 and three in 2021).

On 31 December 2023, Latvia had eight cases pending execution (as was the case also in 2022 and compared to nine in 2021), all of which were leading cases classified under standard procedure. The pending caseload includes notably cases

---

31   Of these cases, five leading cases under standard procedure were pending for more than 10 years.

en 2021)[31]. Les affaires pendantes comprennent notamment des affaires concernant des questions liées à l'impossibilité pour les condamnés à perpétuité d'obtenir une libération conditionnelle en l'absence de coopération avec les autorités judiciaires ; l'absence de réaction des autorités face à la pollution de l'air au détriment de la santé de la population environnante ; le traitement inefficace et tardif des plaintes en matière de violence domestique ; et la détention de personnes souffrant de troubles mentaux dans des prisons ordinaires en raison de l'absence de capacités suffisantes dans les établissements spécialisés. Parmi les nouvelles violations constatées par la Cour en 2023, certaines concernaient la détention illégale de migrants dans un centre d'accueil précoce dans de mauvaises conditions et leur expulsion collective.

Au cours de l'année 2023, le Comité des Ministres a examiné et adopté des décisions concernant sept affaires/groupes d'affaires de référence sous surveillance soutenue. Le Comité a clôturé 25 affaires, dont deux affaires de référence sous surveillance standard. En particulier, il a été possible de clore une affaire de référence sous surveillance standard suite à la modification du Code de procédure pénale introduisant la possibilité d'un contrôle judiciaire de la légalité et de la nécessité des mandats de perquisition délivrés par le Procureur général. En outre, 23 affaires répétitives ont été clôturées parce qu'aucune autre mesure individuelle n'était nécessaire ou possible. Parmi les avancées notables reconnues par le Comité dans les affaires toujours pendantes figure la réforme législative de la loi sur l'administration pénitentiaire, qui a introduit la possibilité pour les prisonniers qui ne coopèrent pas avec la justice d'être éligibles à une libération conditionnelle.

Les autorités ont transmis six plans d'action, 18 bilans d'action et 17 communications. Des plans/bilans d'action initiaux étaient attendus pour huit groupes/affaires, malgré l'expiration du délai prolongé à cet égard. Des plans/bilans d'action mis à jour ou des communications contenant des informations supplémentaires étaient attendus pour 18 groupes/affaires, pour lesquels soit le délai fixé par le Comité des Ministres à cet égard a expiré (quatre affaires), soit un retour d'information avait été envoyé par le DEJ avant le 1er janvier 2023 (14 affaires/groupes).

Enfin, le paiement intégral de la satisfaction équitable accordée par la Cour a été enregistré dans 15 affaires en 2023, tandis que la confirmation du paiement intégral et/ou des intérêts moratoires était attendue dans 73 affaires pour lesquelles le délai indiqué dans l'arrêt de la Cour était dépassé depuis plus de six mois.

Lettonie

En 2023, le Comité des Ministres a reçu de la Cour européenne deux affaires contre la Lettonie pour surveillance de leur exécution (contre quatre en 2022 et trois en 2021).

Au 31 décembre 2023, la Lettonie comptait huit affaires en attente d'exécution (comme en 2022 et contre neuf en 2021), qui sont toutes des affaires de référence classées en surveillance standard. Les affaires pendantes comprennent notamment des

---

31   Parmi les affaires de référence sous surveillance standard, cinq sont pendantes depuis plus de dix ans.

concerning the right to a fair trial; freedom of association; and the lack of safeguards for search and seizure of a lawyer's computer containing privileged information. Of the new violations found by the Court in 2023, one of them concerned the failure of domestic authorities to take necessary and timely steps to enforce the applicants' contact rights with his daughter.

In the course of 2023, the Committee of Ministers closed two leading cases under standard supervision. The authorities submitted one action plan, five action reports and one communication.

Finally, full payment of the just satisfaction awarded by the Court was registered in four cases in 2023.

Liechtenstein

On 31 December 2023, Liechtenstein had no cases pending execution (as was also the case in 2022 and compared to two cases in 2021).

Lithuania

In 2023, the Committee of Ministers received from the European Court five cases against Lithuania for supervision of their execution (compared to 12 in 2022 and seven in 2021).

On 31 December 2023, Lithuania had 34 cases pending execution (compared to 38 in 2022 and 32 in 2021), of which three were leading cases classified under enhanced procedure (compared to two in 2022 and three in 2021), and 18 were leading cases classified under standard procedure. Of the leading cases under enhanced procedure, two have been pending for five years or more; similarly, five of the leading cases under standard procedure have been pending for five years or more (compared to one in both 2022 and 2021). The pending caseload includes notably cases concerning "extraordinary rendition" operations; failure of border guards to accept applicants' asylum applications; poor conditions of detention; and the unjustified refusal to exempt a conscientious objector, a Jehovah's witness, from compulsory military service. Of the new violations found by the Court in 2023, one of them concerned the lack of legitimate aim for temporary suspension of a children's fairy tale book depicting same-sex relationships and its subsequent labelling as harmful to minors.

In the course of 2023, the Committee of Ministers examined and adopted decisions in respect of two leading cases under enhanced procedure. The Committee closed nine cases, including two leading cases under standard supervision. In addition, three repetitive cases were closed because no further individual measures were necessary or possible.

The authorities submitted ten action plans, five action reports and five communications.

affaires concernant le droit à un procès équitable, la liberté d'association et l'absence de garanties en matière de perquisition et de saisie de l'ordinateur d'un avocat contenant des informations confidentielles. Parmi les nouvelles violations constatées par la Cour en 2023, l'une d'entre elles concerne le fait que les autorités nationales n'ont pas pris les mesures nécessaires et opportunes pour faire respecter les droits de contact du requérant avec sa fille.

Au cours de l'année 2023, le Comité des Ministres a clôturé deux affaires de référence sous surveillance standard. Les autorités ont transmis un plan d'action, cinq bilans d'action et une communication.

Enfin, le paiement intégral de la satisfaction équitable accordée par la Cour a été enregistré dans quatre affaires en 2023.

Liechtenstein

Au 31 décembre 2023, le Liechtenstein n'avait aucune affaire en attente d'exécution (comme en 2022 et contre deux affaires en 2021).

Lituanie

En 2023, le Comité des Ministres a reçu de la Cour européenne cinq affaires contre la Lituanie pour surveillance de leur exécution (contre 12 en 2022 et sept en 2021).

Au 31 décembre 2023, la Lituanie comptait 34 affaires en attente d'exécution (contre 38 en 2022 et 32 en 2021), dont trois affaires de référence classées en surveillance soutenue (contre deux en 2022 et trois en 2021), et 18 affaires de référence classées en surveillance standard. Parmi les affaires de référence sous surveillance soutenue, deux sont pendantes depuis cinq ans ou plus ; de même, cinq des affaires de référence sous surveillance standard sont pendantes depuis cinq ans ou plus (contre une en 2022 et une en 2021). Les affaires pendantes comprennent notamment des affaires concernant des opérations de « remises extraordinaires » ; le refus des gardes-frontières d'accepter les demandes d'asile des requérants ; les mauvaises conditions de détention et le refus injustifié d'exempter un objecteur de conscience, témoin de Jéhovah, du service militaire obligatoire. Parmi les nouvelles violations constatées par la Cour en 2023, l'une d'entre elles concerne l'absence de but légitime pour la suspension temporaire d'un livre de contes de fées pour enfants dépeignant des relations entre personnes de même sexe et son étiquetage ultérieur comme nuisible aux mineurs.

Au cours de l'année 2023, le Comité des Ministres a examiné et adopté des décisions concernant deux affaires de référence sous surveillance soutenue. Le Comité a clôturé neuf affaires, dont deux affaires de référence sous surveillance standard. En outre, trois affaires répétitives ont été clôturées parce qu'aucune autre mesure individuelle n'était nécessaire ou possible.

Les autorités ont transmis dix plans d'action, cinq bilans d'action et cinq communications.

Finally, full payment of the just satisfaction awarded by the Court was registered in six cases in 2023.

Luxembourg

In 2023, the Committee of Ministers received from the European Court one case against Luxembourg for supervision of its execution (compared to three cases in 2022 and none in 2021).

On 31 December 2023, Luxembourg had four cases pending execution (compared to three cases in 2022 and no case in 2021), of which two were leading cases classified under the standard procedure. The pending caseload includes a group of cases concerning excessive formalism of the Court of Cassation. The new violation found by the Court in 2023 concerned freedom of expression, more specifically the protection of whistleblowers.

In the course of 2023, the Committee did not close any cases concerning Luxembourg. The authorities submitted one action report.

Finally, full payment of the just satisfaction awarded by the Court was registered in three cases in 2023.

Malta

In 2023, the Committee of Ministers received from the European Court 15 cases against Malta for supervision of their execution (compared to 12 in 2022 and 11 in 2021).

On 31 December 2023, Malta had 57 cases pending execution (compared to 46 in 2022 and 39 in 2021), of which six were leading cases classified under enhanced procedure (compared to five in both 2022 and 2021), and nine were leading cases classified under standard procedure. Of the leading cases under enhanced procedure, three have been pending for five years or more; similarly, four of the leading cases under standard procedure have been pending for five years or more (compared to two in both 2022 and 2021).[32] The pending caseload includes notably cases concerning excessive length of criminal and constitutional redress proceedings; the operation of rent control legislation related to requisitioned properties and indefinite extension of private leases; and detention in view of deportation. Of the new violations found by the Court in 2023, one of them concerned the refusal of the applicant's asylum requests without an assessment of his claim as to the risk faced on his return to Bangladesh and lack of access to an effective remedy.

In the course of 2023, the Committee of Ministers examined and adopted decisions in respect of one leading case under enhanced procedure. The Committee closed four cases, including two leading cases under standard supervision. In particular, it was possible to close one leading case concerning unlawful interference with freedom of expression following legislative amendments. In addition, two repetitive

---

32 Of these cases, one leading case under standard procedure was pending for more than 10 years.

Enfin, le paiement intégral de la satisfaction équitable accordée par la Cour a été enregistré dans six affaires en 2023.

Luxembourg

En 2023, le Comité des Ministres a reçu de la Cour européenne une affaire contre le Luxembourg pour surveillance de son exécution (contre trois affaires en 2022 et aucune en 2021).

Au 31 décembre 2023, le Luxembourg comptait quatre affaires en attente d'exécution (contre trois affaires en 2022 et aucune en 2021), dont deux affaires de référence classées en surveillance standard. Les affaires pendantes comprennent un groupe d'affaires concernant le formalisme excessif de la Cour de cassation. La nouvelle violation constatée par la Cour en 2023 concerne la liberté d'expression, plus particulièrement la protection des lanceurs d'alerte.

Au cours de l'année 2023, le Comité n'a clôturé aucune affaire concernant le Luxembourg. Les autorités ont transmis un bilan d'action.

Enfin, le paiement intégral de la satisfaction équitable accordée par la Cour a été enregistré dans trois affaires en 2023.

Malte

En 2023, le Comité des Ministres a reçu de la Cour européenne 15 affaires contre Malte pour surveillance de leur exécution (contre 12 en 2022 et 11 en 2021).

Au 31 décembre 2023, Malte comptait 57 affaires en attente d'exécution (contre 46 en 2022 et 39 en 2021), dont six affaires de référence classées en surveillance soutenue (contre cinq en 2022 et 2021), et neuf affaires de référence classées en surveillance standard. Parmi les affaires de référence sous surveillance soutenue, trois sont pendantes depuis cinq ans ou plus ; de même, quatre des affaires de référence sous surveillance standard sont pendantes depuis cinq ans ou plus (contre deux en 2022 et 2021)[32]. Les affaires pendantes comprennent notamment des affaires concernant la durée excessive des procédures de recours pénal et constitutionnel, l'application de la législation sur le contrôle des loyers en ce qui concerne les propriétés réquisitionnées et la prolongation indéfinie des baux privés, et la détention en vue de l'expulsion. Parmi les nouvelles violations constatées par la Cour en 2023, l'une d'entre elles concernait le rejet des demandes d'asile du requérant sans évaluation de sa demande quant au risque encouru lors de son retour au Bangladesh et l'absence d'accès à un recours effectif.

Au cours de l'année 2023, le Comité des Ministres a examiné et adopté des décisions concernant une affaire de référence sous surveillance soutenue. Le Comité a clôturé quatre affaires, dont deux affaires de référence sous surveillance standard. En particulier, à la suite d'amendements législatifs, il a été possible de clore une affaire de référence concernant une ingérence illégale dans la liberté d'expression. En outre, deux affaires répétitives ont été clôturées parce qu'aucune autre mesure individuelle

---

32   Une affaire de référence sous surveillance standard est pendante depuis plus de dix ans.

cases were closed because no further individual measures were necessary or possible.

The authorities submitted seven action plans, six action reports and one communication.

Finally, full payment of the just satisfaction awarded by the Court was registered in ten cases in 2023, while confirmation of full payment was awaited in one case for which the deadline indicated in the Court's judgment has passed since more than six months.

Republic of Moldova

In 2023, the Committee of Ministers received from the European Court 29 cases against the Republic of Moldova for supervision of their execution (compared to 37 in 2022 and 54 in 2021).

On 31 December 2023, the Republic of Moldova had 162 cases pending execution (compared to 153 in 2022 and 170 in 2021), of which nine were leading cases classified under enhanced procedure (compared to seven in both 2022 and 2021), and 36 were leading cases classified under standard procedure. Of the leading cases under enhanced procedure, six have been pending for five years or more; similarly, 21 of the leading cases under standard procedure have been pending for five years or more (compared to 20 in 2022 and 25 in 2021).[33] The pending caseload includes notably cases concerning freedom of expression, poor conditions of detention, police ill-treatment, lack of medical care in detention and domestic violence. Of the new violations found by the Court in 2023, one concerned unfair disciplinary proceedings against a judge and one concerned forced abortions and birth control measures imposed upon persons with intellectual disabilities.

In the course of 2023, the Committee of Ministers examined and adopted decisions in respect of five leading cases or groups of cases under enhanced procedure. The Committee closed 20 cases, including six leading cases under enhanced and 14 leading cases under standard supervision. In particular, it was possible to close one leading case concerning ineffective investigations into an assault motivated by homophobia, following legislative amendments and changes of administrative practices. In addition, seven repetitive cases were closed because no further individual measures were necessary or possible.

The authorities submitted 15 action plans, 12 action reports and four communications. An updated action plan containing additional information was awaited in respect of one group, in which the deadline set by the Committee of Ministers in this respect has expired.

Finally, full payment of the just satisfaction awarded by the Court was registered in 31 cases in 2023.

---

33 Of these cases, 17 leading cases under standard procedure were pending for more than 10 years.

n'était nécessaire ou possible.

Les autorités ont transmis sept plans d'action, six bilans d'action et une communication.

Enfin, le paiement intégral de la satisfaction équitable accordée par la Cour a été enregistré dans dix affaires en 2023, tandis que la confirmation du paiement intégral était attendue dans une affaire pour laquelle le délai indiqué dans l'arrêt de la Cour était dépassé depuis plus de six mois.

République de Moldova

En 2023, le Comité des Ministres a reçu de la Cour européenne 29 affaires contre la République de Moldova pour surveillance de leur exécution (contre 37 en 2022 et 54 en 2021).

Au 31 décembre 2023, la République de Moldova comptait 162 affaires en attente d'exécution (contre 153 en 2022 et 170 en 2021), dont neuf affaires de référence classées en surveillance soutenue (contre sept en 2022 et 2021), et 36 affaires de référence classées en surveillance standard. Parmi les affaires de référence sous surveillance soutenue, six sont pendantes depuis cinq ans ou plus ; de même, 21 des affaires de référence sous surveillance standard sont pendantes depuis cinq ans ou plus (contre 20 en 2022 et 25 en 2021)[33]. Les affaires pendantes comprennent notamment des affaires concernant la liberté d'expression, les mauvaises conditions de détention, les mauvais traitements infligés par la police, l'absence de soins médicaux en détention et la violence domestique. Parmi les nouvelles violations constatées par la Cour en 2023, l'une concerne une procédure disciplinaire inéquitable à l'encontre d'un juge et une autre concerne des avortements forcés et des mesures de régulation des naissances imposées à des personnes souffrant de déficiences intellectuelles.

Au cours de l'année 2023, le Comité des Ministres a examiné et adopté des décisions concernant cinq affaires/groupes d'affaires de référence sous surveillance soutenue. Le Comité a clôturé 20 affaires, dont six affaires de référence sous surveillance soutenue et 14 affaires de référence sous surveillance standard. À la suite d'amendements législatifs et de changements dans les pratiques administratives, il a été notamment possible de clore une affaire de référence concernant des enquêtes ineffectives sur une agression à motif homophobe. En outre, sept affaires répétitives ont été clôturées parce qu'aucune autre mesure individuelle n'était nécessaire ou possible.

Les autorités ont transmis 15 plans d'action, 12 bilans d'action et 4 communications. Un plan d'action mis à jour contenant des informations supplémentaires était attendu pour un groupe d'affaires, pour lequel le délai fixé par le Comité des Ministres à cet égard a expiré.

Enfin, le paiement intégral de la satisfaction équitable accordée par la Cour a été enregistré dans 31 affaires en 2023.

---

33 Parmi les affaires de référence sous surveillance standard, 17 sont pendantes depuis plus de dix ans.

Monaco

In 2023, the Committee of Ministers did not receive from the European Court any case against Monaco for supervision of its execution (as was the case in 2022 and compared to one in 2021).

On 31 December 2023, Monaco had no case pending execution (compared to one in 2022 and none in 2021).

In the course of 2023, the Committee closed one case which was a friendly settlement to register an association.

Montenegro

In 2023, the Committee of Ministers received from the European Court four cases against Montenegro for supervision of their execution (compared to six in 2022 and four in 2021).

On 31 December 2023, Montenegro had six cases pending execution (compared to nine in 2022 and seven in 2021), of which three were leading cases classified under standard procedure. Of the leading cases under standard procedure, one has been pending for five years or more (compared to one in 2022 and 2021). The pending caseload includes notably one group concerning ineffective investigations into police ill-treatment and one case concerning excessive length of proceedings before the Constitutional Court.

In the course of 2023, the Committee closed seven cases, including two leading cases under standard supervision. In particular, it was possible to close one leading case concerning deprivation of property in the absence of compensation, following a change of the case-law of the Supreme Court.

The authorities submitted seven action plans and three action reports.

Finally, full payment of the just satisfaction awarded by the Court was registered in five cases in 2023.

Netherlands

In 2023, the Committee of Ministers received from the European Court seven cases against the Netherlands for supervision of their execution (compared to four in 2022 and seven in 2021).

On 31 December 2023, the Netherlands had seven cases pending execution (compared to four in 2022 and 10 in 2021), of which one was a leading case classified under enhanced procedure (as was the case also in 2022 and in 2021), and four were leading cases classified under standard procedure. The one leading case under enhanced procedure has been pending for five years or more; similarly, one of the leading cases under standard procedure has been pending for five years or more (as was the case also in 2022 and compared to two cases in 2021). The pending caseload includes notably one case concerning poor conditions of detention and one case concerning the *de facto* irreducibility of a life sentence. Of the new violations found by the Court in 2023, one concerned the revocation of the residence permit of a long-

Monaco

En 2023, le Comité des Ministres n'a reçu aucune affaire contre Monaco surveillance de l'exécution (comme en 2022 et contre une en 2021).

Au 31 décembre 2023, Monaco n'avait aucune affaire en attente d'exécution (contre une en 2022 et aucune en 2021).

Au cours de l'année 2023, le Comité a clôturé une affaire qui était un règlement amiable concernant l'enregistrement d'une association.

Monténégro

En 2023, le Comité des Ministres a reçu de la Cour européenne quatre affaires contre le Monténégro pour surveillance de leur exécution (contre six en 2022 et quatre en 2021).

Au 31 décembre 2023, le Monténégro comptait six affaires en attente d'exécution (contre neuf en 2022 et sept en 2021), dont trois affaires de référence classées en surveillance standard. Parmi les affaires de référence sous surveillance standard, l'une d'entre elles est pendante depuis cinq ans ou plus (contre une en 2022 et 2021). Les affaires pendantes comprennent notamment un groupe concernant des enquêtes ineffectives sur des mauvais traitements infligés par la police, et une affaire concernant la durée excessive de la procédure devant la Cour constitutionnelle.

Au cours de l'année 2023, le Comité a clôturé sept affaires, dont deux affaires de référence sous surveillance standard. En particulier, il a été possible de clore une affaire de référence concernant la privation de propriété en l'absence d'indemnisation, à la suite d'un changement de jurisprudence de la Cour suprême.

Les autorités ont transmis sept plans d'action et trois bilans d'action.

Enfin, le paiement intégral de la satisfaction équitable accordée par la Cour a été enregistré dans cinq affaires en 2023.

Pays-Bas

En 2023, le Comité des Ministres a reçu de la Cour européenne sept affaires contre les Pays-Bas pour surveillance de leur exécution (contre quatre en 2022 et sept en 2021).

Au 31 décembre 2023, les Pays-Bas avaient sept affaires en attente d'exécution (contre quatre en 2022 et dix en 2021), dont une affaire de référence classée en surveillance soutenue (comme en 2022 et en 2021), et quatre affaires de référence classées en surveillance standard. L'une des affaires de référence sous surveillance soutenue est pendante depuis cinq ans ou plus ; de même, l'une des affaires de référence sous surveillance standard est pendante depuis cinq ans ou plus (comme en 2022 et contre deux affaires en 2021). Les affaires pendantes comprennent notamment une affaire concernant les mauvaises conditions de détention, et une affaire concernant l'irréductibilité *de facto* d'une peine d'emprisonnement à perpétuité. Parmi les nouvelles violations constatées par la Cour en 2023, l'une concerne la révocation du permis de

term settled migrant with mental illness.

In the course of 2023, the Committee of Ministers examined and adopted decisions in respect of one leading case under enhanced procedure. The Committee closed four cases under standard supervision. Notable advances, recognised by the Committee, in cases that are still pending include the imminent creation of a prison administration system and the improvement of material conditions of detention in Sint Maarten. The authorities submitted two action plans, one action report, and one communication.

Finally, full payment of the just satisfaction awarded by the Court was registered in six cases in 2023.

North Macedonia

In 2023, the Committee of Ministers received from the European Court 20 cases against North Macedonia for supervision of their execution (compared to 10 in 2022 and 20 in 2021).

On 31 December 2023, North Macedonia had 33 cases pending execution (compared to 29 in 2022 and 47 in 2021), of which four were leading cases classified under enhanced procedure (compared to three in 2022 and 2021), and seven were leading cases classified under standard procedure. Of the leading cases under enhanced procedure, two have been pending for five years or more; similarly, two of the leading cases under standard procedure have been pending for five years or more (compared to two in 2022 and three in 2021).[34] The pending caseload includes notably one group concerning police ill-treatment and ineffective investigations, and one case concerning legal gender recognition. Of the new violations found by the Court in 2023, one concerned the failure of the authorities to provide the applicants with access to water, food or toilet facilities in police custody, as well as a violation of their private life due to publication of their photographs, in which their identities were not concealed, by the Ministry of Interior.

In the course of 2023, the Committee of Ministers examined and adopted decisions in respect of two leading cases or groups of cases under enhanced procedure; these cases/groups were examined by the Committee once during the year. The Committee closed 16 cases, including four leading cases under standard supervision. In particular, it was possible to close one leading case, concerning a violation of the right to property on account of confiscation of a vehicle in the misdemeanour proceedings which were discontinued, following legislative amendments. In addition, four repetitive cases were closed because no further individual measures were necessary or possible.

The authorities submitted 12 action plans, four action reports and one communication. Additional information was awaited in respect of one group, in which the deadline set by the Committee of Ministers in this respect has expired.

Finally, full payment of the just satisfaction awarded by the Court was registered

---

34 Of these cases, one leading case under standard procedure was pending for more than 10 years.

séjour d'un migrant installé de longue date et souffrant d'une maladie mentale.

Au cours de l'année 2023, le Comité des Ministres a examiné et adopté des décisions concernant une affaire de référence sous surveillance soutenue. Le Comité a clôturé quatre affaires sous surveillance standard. Parmi les avancées notables reconnues par le Comité dans les affaires toujours pendantes figurent la création imminente d'un système d'administration pénitentiaire et l'amélioration des conditions matérielles de détention à Saint-Martin. Les autorités ont transmis deux plans d'action, un bilan d'action et une communication.

Enfin, le paiement intégral de la satisfaction équitable accordée par la Cour a été enregistré dans six affaires en 2023.

Macédoine du Nord

En 2023, le Comité des Ministres a reçu de la Cour européenne 20 affaires contre la Macédoine du Nord pour surveillance de leur exécution (contre 10 en 2022 et 20 en 2021).

Au 31 décembre 2023, la Macédoine du Nord comptait 33 affaires en attente d'exécution (contre 29 en 2022 et 47 en 2021), dont quatre affaires de référence classées en surveillance soutenue (contre trois en 2022 et 2021), et sept affaires de référence classées en surveillance standard. Parmi les affaires de référence sous surveillance soutenue, deux sont pendantes depuis cinq ans ou plus ; de même, deux des affaires de référence sous surveillance standard sont pendantes depuis cinq ans ou plus (contre deux en 2022 et trois en 2021)[34]. Les affaires pendantes comprennent notamment un groupe d'affaires concernant des mauvais traitements infligés par la police et des enquêtes ineffectives, ainsi qu'une affaire concernant la reconnaissance légale du genre. Parmi les nouvelles violations constatées par la Cour en 2023, l'une d'entre elles concerne le fait que les autorités n'ont pas fourni aux requérants l'accès à l'eau, à la nourriture ou à des toilettes pendant leur garde à vue, ainsi qu'une violation de leur vie privée en raison de la publication de leurs photographies, sur lesquelles leur identité n'était pas dissimulée, par le ministère de l'Intérieur.

Au cours de l'année 2023, le Comité des Ministres a examiné et adopté des décisions concernant deux affaires/groupes d'affaires de référence sous surveillance soutenue ; ces affaires/groupes ont été examinés par le Comité une fois au cours de l'année. Le Comité a clôturé 16 affaires, dont quatre affaires de référence sous surveillance standard. En particulier, il a été possible de clore une affaire de référence concernant une violation du droit de propriété en raison de la confiscation d'un véhicule dans le cadre d'une procédure délictuelle qui a été abandonnée à la suite d'amendements législatifs. En outre, quatre affaires répétitives ont été clôturées parce qu'aucune autre mesure individuelle n'était nécessaire ou possible.

Les autorités ont transmis 12 plans d'action, quatre bilans d'action et une communication. Des informations complémentaires étaient attendues pour un groupe d'affaires pour lequel le délai fixé par le Comité des Ministres à cet égard a expiré.

Enfin, le paiement intégral de la satisfaction équitable accordée par la Cour a

---

34 Une affaire de référence sous surveillance standard est pendante depuis plus de dix ans.

in eleven cases in 2023.

Norway

In 2023, the Committee of Ministers received from the European Court three cases against Norway for supervision of their execution (compared to one in 2022 and eight in 2021).

On 31 December 2023, Norway had six cases pending execution (compared to four in 2022 and 12 in 2021), of which one was a leading case classified under the enhanced procedure (as was the case in both 2022 and 2021) and the rest were repetitive cases. The group of cases pending concerns breaches of biological parents' rights to family life due to decisions taken in the public child welfare system related to removal of their parental authority, adoption, foster care and/or contact rights in connection with their children.

In the course of 2023, the Committee of Ministers examined and adopted a decision in respect of the only group of cases under enhanced procedure. The Committee closed one repetitive case because no further individual measures were necessary or possible. Notable advances, recognised by the Committee, include the coming into force of the new Child Welfare Act and what appears to be adjustment of domestic court practice to respond to the Court's judgments in child welfare cases.

The authorities submitted one action plan and two communications.

Finally, full payment of the just satisfaction awarded by the Court was registered in one case.

Poland

In 2023, the Committee of Ministers received from the European Court 58 cases against Poland for supervision of their execution (compared to 54 in 2022 and 42 in 2021).

On 31 December 2023, Poland had 131 cases pending execution (compared to 125 in 2022 and 97 in 2021), of which 16 were leading cases classified under enhanced procedure (compared to 14 in 2022 and 11 in 2021), and 28 were leading cases classified under standard procedure. Of the leading cases under enhanced procedure, eight have been pending for five years or more; similarly, 11 of the leading cases under standard procedure have been pending for five years or more (as was the case in 2022 and compared to 10 in 2021).[35] The pending caseload includes cases concerning excessive length of proceedings; access to lawful abortion; the secret rendition program; collective expulsion of aliens; excessive use of force by the police; and reforms undermining judicial independence. Of the new violations found by the Court in 2023, some notably concerned disciplinary and other measures applied against judges examining the legality of judicial appointments or defending the rule

---

[35] Of these cases, three leading cases under standard procedure were pending for more than 10 years.

été enregistré dans 11 affaires en 2023.

Norvège

En 2023, le Comité des Ministres a reçu de la Cour européenne trois affaires contre la Norvège pour surveillance de leur exécution (contre une en 2022 et huit en 2021).

Au 31 décembre 2023, la Norvège comptait six affaires en attente d'exécution (contre quatre en 2022 et douze en 2021), dont une affaire de référence classée en surveillance soutenue (comme en 2022 et en 2021) et les autres étant des affaires répétitives. Les affaires pendantes concernent des violations des droits des parents biologiques à la vie familiale en raison de décisions prises dans le système public de protection de l'enfance concernant le retrait de leur autorité parentale, l'adoption, le placement en famille d'accueil et/ou les droits de contact avec leurs enfants.

Au cours de l'année 2023, le Comité des Ministres a examiné et adopté une décision concernant le seul groupe d'affaires sous surveillance soutenue. Le Comité a clôturé une affaire répétitive parce qu'aucune autre mesure individuelle n'était nécessaire ou possible. Parmi les avancées notables reconnues par le Comité figurent l'entrée en vigueur de la nouvelle Loi sur la protection de l'enfance et ce qui semble être un ajustement de la pratique des tribunaux nationaux pour répondre aux arrêts de la Cour dans les affaires de protection de l'enfance.

Les autorités ont transmis un plan d'action et deux communications.

Enfin, le paiement intégral de la satisfaction équitable accordée par la Cour a été enregistré dans une affaire.

Pologne

En 2023, le Comité des Ministres a reçu de la Cour européenne 58 affaires contre la Pologne pour surveillance de leur exécution (contre 54 en 2022 et 42 en 2021).

Au 31 décembre 2023, la Pologne comptait 131 affaires en attente d'exécution (contre 125 en 2022 et 97 en 2021), dont 16 affaires de référence classées en surveillance soutenue (contre 14 en 2022 et 11 en 2021), et 28 affaires de référence classées en surveillance standard. Parmi les affaires de référence sous surveillance soutenue, huit sont pendantes depuis cinq ans ou plus ; de même, 11 des affaires de référence sous surveillance standard sont pendantes depuis cinq ans ou plus (comme en 2022 et contre 10 en 2021)[35]. Les affaires pendantes comprennent des affaires concernant la durée excessive des procédures, l'accès à l'avortement légal, le programme de « remises secrètes », l'expulsion collective d'étrangers, l'usage excessif de la force par la police et les réformes portant atteinte à l'indépendance de la justice. Parmi les nouvelles violations constatées par la Cour en 2023, certaines concernent notamment des mesures disciplinaires et autres appliquées à l'encontre de juges examinant la légalité des

---

35   Parmi les affaires de référence sous surveillance standard, trois sont pendantes depuis plus de dix ans.

of law and judicial independence.

In the course of 2023, the Committee of Ministers examined and adopted decisions in respect of 12 leading cases or groups of cases under enhanced procedure; four of these cases/groups were examined by the Committee at least twice during the year. The Committee closed 50 cases, including 12 leading cases under standard supervision. One leading case in the standard procedure was closed following legislative amendments that changed the way the penalties for contempt of court are applied in court proceedings to ensure that impartiality is secured.

The authorities submitted one action plan, 48 action reports and 13 communications. Updated action plans/action reports or communications containing additional information were awaited in respect of five groups/cases, in which either the deadline set by the Committee of Ministers in this respect has expired (two cases) or feedback was sent by DEJ before 1 January 2023 (three cases).

Finally, full payment of the just satisfaction awarded by the Court was registered in 60 cases in 2023.

Portugal

In 2023, the Committee of Ministers received from the European Court 17 cases against Portugal for supervision of their execution (compared to 16 in 2022 and 11 in 2021).

On 31 December 2023, Portugal had 48 cases pending execution (compared to 39 in 2022 and 28 in 2021), of which four were leading cases classified under enhanced procedure (compared to three in both 2022 and 2021), and 12 were leading cases classified under standard procedure. Of the leading cases under enhanced procedure, one has been pending for five years or more; similarly, eight of the leading cases under standard procedure have been pending for five years or more (compared to five in 2022 and four in 2021).[36] The pending caseload includes notably one group of cases concerning the excessive length of civil and administrative proceedings; and another group concerning overcrowding and material conditions in prisons and the lack of effective remedies.

In the course of 2023, the Committee of Ministers examined and adopted decisions in respect of one group of cases under enhanced procedure. The Committee closed eight repetitive cases because no further individual measures were necessary or possible.

The authorities submitted seven action plans and six communications.

Finally, full payment of the just satisfaction awarded by the Court was registered in 11 cases in 2023, while confirmation of full payment and/or default interest was awaited in five cases for which the deadline indicated in the Court's judgment has passed since more than six months.

---

36 Of these cases, one leading case under standard procedure was pending for more than 10 years.

nominations judiciaires ou défendant l'État de droit et l'indépendance de la justice.

Au cours de l'année 2023, le Comité des Ministres a examiné et adopté des décisions concernant 12 affaires/groupes d'affaires de référence sous surveillance soutenue ; quatre de ces affaires/groupes ont été examinés par le Comité au moins deux fois au cours de l'année. Le Comité a clôturé 50 affaires, dont 12 affaires de référence sous surveillance standard. Une affaire de référence sous surveillance standard a été clôturée à la suite d'amendements législatifs qui ont modifié la manière dont les sanctions pour outrage au tribunal sont appliquées dans les procédures judiciaires afin de garantir l'impartialité.

Les autorités ont transmis un plan d'action, 48 bilans d'action et 13 communications. Des plans/bilans d'action mis à jour ou des communications contenant des informations supplémentaires étaient attendus pour cinq affaires/groupes d'affaires, pour lesquels soit le délai fixé par le Comité des Ministres à cet égard a expiré (deux affaires), soit un retour d'information avait été envoyé par le DEJ avant le 1er janvier 2023 (trois affaires).

Enfin, le paiement intégral de la satisfaction équitable accordée par la Cour a été enregistré dans 60 affaires en 2023.

Portugal

En 2023, le Comité des Ministres a reçu de la Cour européenne 17 affaires contre le Portugal pour surveillance de leur exécution (contre 16 en 2022 et 11 en 2021).

Au 31 décembre 2023, le Portugal comptait 48 affaires en attente d'exécution (contre 39 en 2022 et 28 en 2021), dont quatre affaires de référence classées en surveillance soutenue (contre trois en 2022 et 2021), et 12 affaires de référence classées en surveillance standard. Parmi les affaires de référence sous surveillance soutenue, une est pendante depuis cinq ans ou plus ; de même, huit des affaires de référence sous surveillance standard sont pendantes depuis cinq ans ou plus (contre cinq en 2022 et quatre en 2021)[36]. Les affaires pendantes comprennent notamment un groupe d'affaires concernant la durée excessive des procédures civiles et administratives, et un autre groupe d'affaires concernant la surpopulation et les conditions matérielles dans les prisons et l'absence de recours effectifs.

Au cours de l'année 2023, le Comité des Ministres a examiné et adopté des décisions concernant un groupe d'affaires sous surveillance soutenue. Le Comité a clôturé huit affaires répétitives parce qu'aucune autre mesure individuelle n'était nécessaire ou possible.

Les autorités ont transmis sept plans d'action et six communications.

Enfin, le paiement intégral de la satisfaction équitable accordée par la Cour a été enregistré dans 11 affaires en 2023, tandis que la confirmation du paiement intégral et/ou des intérêts moratoires était attendue dans cinq affaires pour lesquelles le délai indiqué dans l'arrêt de la Cour était dépassé depuis plus de six mois.

---

36 Une affaire de référence sous surveillance standard est pendante depuis plus de dix ans.

Romania

In 2023, the Committee of Ministers received from the European Court 87 cases against Romania for supervision of their execution (compared to 137 in 2022 and 104 in 2021).

On 31 December 2023, Romania had 476 cases pending execution (compared to 509 in 2022 and 409 in 2021), of which 37 were leading cases classified under enhanced procedure (compared to 35 in 2022 and 33 in 2021), and 77 were leading cases classified under standard procedure. Of the leading cases under enhanced procedure, 23 have been pending for five years or more; similarly, 30 of the leading cases under standard procedure have been pending for five years or more (compared to 25 in 2022 and 20 in 2021).[37]

The pending caseload includes notably cases or groups of cases concerning overcrowding, material conditions and healthcare in prisons and pre-trial detention facilities; dysfunctions in the mechanisms set up to afford reparation for properties nationalised during the communist regime; and the non-execution or delayed execution of domestic court decisions by state or by state-controlled entities. It also includes a case about insufficient safeguards in the legislation governing secret surveillance based on national security considerations; cases concerning issues related to involuntary placements of people with mental health conditions or disabilities in psychiatric hospitals or residential social care facilities, as well as overcrowding and inadequate material conditions and care in psychiatric hospitals. Moreover, among the pending cases are those relating to the criminal law response to sexual offences, including when victims are children, as well as to domestic violence or sexual harassment; unjustified use of firearms or ill-treatment by law enforcement agents and ineffective criminal investigations (including into discriminatory motives); and the absence of a clear and predictable legal framework on gender recognition.

Of the new violations found by the Court in 2023, one concerned the continuing ineffectiveness of the reparation mechanism in respect of property nationalised during the communist regime; one concerned the absence of any form of legal recognition and protection for same-sex couples; and another the lack of effective avenues to obtain redress for alleged medical negligence.

In the course of 2023, the Committee of Ministers examined and adopted decisions in respect of 15 leading cases or groups of cases under enhanced procedure; five of these cases/groups were examined by the Committee at least twice during the year. The Committee closed 121 cases, including two leading cases under enhanced and 10 leading cases under standard supervision.

---

37 Of these cases, four leading cases under standard procedure were pending for more than 10 years.

Roumanie

En 2023, le Comité des Ministres a reçu de la Cour européenne 87 affaires contre la Roumanie pour surveillance de leur exécution (contre 137 en 2022 et 104 en 2021).

Au 31 décembre 2023, la Roumanie comptait 476 affaires en attente d'exécution (contre 509 en 2022 et 409 en 2021), dont 37 affaires de référence classées en surveillance soutenue (contre 35 en 2022 et 33 en 2021), et 77 affaires de référence classées en surveillance standard. Parmi les affaires de référence sous surveillance soutenue, 23 sont pendantes depuis cinq ans ou plus ; de même, 30 des affaires de référence sous surveillance standard sont pendantes depuis cinq ans ou plus (contre 25 en 2022 et 20 en 2021)[37].

Les affaires pendantes comprennent notamment des affaires/groupes d'affaires concernant le surpeuplement, les conditions matérielles et les soins de santé dans les prisons et les centres de détention provisoire ; les dysfonctionnements des mécanismes mis en place pour accorder une réparation pour les biens nationalisés sous le régime communiste ; et la non-exécution ou l'exécution tardive de décisions de tribunaux nationaux par l'État ou par des entités contrôlées par l'État. Les affaires pendantes incluent également une affaire concernant les garanties insuffisantes de la législation régissant la surveillance secrète fondée sur des considérations de sécurité nationale ; des affaires concernant des questions liées au placement involontaire de personnes souffrant de troubles mentaux ou de handicaps dans des hôpitaux psychiatriques ou des foyers sociaux résidentiels, ainsi que la surpopulation et l'inadéquation des conditions matérielles et des soins dans les hôpitaux psychiatriques. En outre, parmi les affaires pendantes figurent celles relatives à la réponse pénale aux crimes sexuels, y compris lorsque les victimes sont des enfants, ainsi qu'à la violence domestique ou au harcèlement sexuel ; à l'utilisation injustifiée d'armes à feu ou aux mauvais traitements infligés par les forces de l'ordre et à l'ineffectivité des enquêtes pénales (y compris sur les motifs discriminatoires) ; et à l'absence d'un cadre juridique clair et prévisible sur la reconnaissance de l'identité de genre.

Parmi les nouvelles violations constatées par la Cour en 2023, l'une concerne l'inefficacité persistante du mécanisme de réparation pour les biens nationalisés sous le régime communiste ; une autre concerne l'absence de toute forme de reconnaissance et de protection juridiques pour les couples de même sexe ; et une autre encore l'absence de voies de recours effectives pour obtenir réparation en cas de négligence médicale présumée.

Au cours de l'année 2023, le Comité des Ministres a examiné et adopté des décisions concernant 15 affaires ou groupes d'affaires de référence sous surveillance soutenue ; cinq de ces affaires/groupes ont été examinés par le Comité au moins deux fois au cours de l'année. Le Comité a clôturé 121 affaires, dont deux affaires de référence sous surveillance soutenue et dix affaires de référence sous surveillance standard.

---

37 Parmi les affaires de référence sous surveillance standard, quatre sont pendantes depuis plus de dix ans.

In particular, it was possible to close one leading case in the enhanced procedure following legislative amendments adopted in the context of a broader reform which, on the one hand, introduced full judicial review of decisions to remove from office senior officeholders in the State Prosecution Service and, on the other hand, abolished provisions which had unduly restricted the freedom of expression of judges and prosecutors vis-à-vis the other branches of government. Another leading case in standard procedure was closed following the adoption, in the same context, of other amendments reinforcing safeguards in the area of judicial discipline. In addition, 47 repetitive cases were closed because no further individual measures were necessary or possible.

Notable advances, recognised by the Committee, in cases that are still pending include one case concerning electoral rights of national minorities, where the necessary draft legislation was prepared in consultation with national stakeholders, including civil society, and submitted to Parliament for adoption.

The authorities submitted nine action plans, 42 action reports and 42 communications. An initial action plan/action report was awaited in respect of 37 groups/cases despite the expiry of the extended deadline in this respect. An updated action plan/action report or a communication containing additional information was awaited in respect of 44 groups/cases, in which either the deadline set by the Committee of Ministers in this respect has expired (five groups/cases) or feedback was sent by DEJ before 1 January 2023 (39 groups/cases).

Finally, full payment of the just satisfaction awarded by the Court was registered in 132 cases in 2023, while confirmation of full payment and/or default interest was awaited in 152 cases for which the deadline indicated in the Court's judgment has passed since more than six months.

San Marino

In 2023, the Committee of Ministers received from the European Court two cases against San Marino for supervision of their execution (compared to none in 2022 and three in 2021).

On 31 December 2023, San Marino had three cases pending execution (compared to two in 2022 and three in 2021), all of which were leading cases classified under standard procedure.

In the course of 2023, the Committee of Ministers closed one case under standard supervision.

The authorities submitted one action plan.

Finally, full payment of the just satisfaction awarded by the Court was registered in two cases in 2023, while confirmation of full payment and/or default interest was awaited in one case for which the deadline indicated in the Court's judgment has passed since more than six months.

En particulier, il a été possible de clore une affaire de référence sous surveillance soutenue à la suite d'amendements législatifs adoptés dans le contexte d'une réforme plus large qui, d'une part, a introduit un contrôle judiciaire complet des décisions de révocation des hauts fonctionnaires du ministère public et, d'autre part, a aboli les dispositions qui avaient indûment restreint la liberté d'expression des juges et des procureurs par rapport aux autres branches du gouvernement. Une autre affaire de référence sous surveillance standard a été clôturée suite à l'adoption, dans le même contexte, d'autres amendements renforçant les garanties dans le domaine de la discipline judiciaire. En outre, 47 affaires répétitives ont été clôturées parce qu'aucune autre mesure individuelle n'était nécessaire ou possible.

Parmi les avancées notables reconnues par le Comité dans les affaires toujours pendantes figure une affaire concernant les droits électoraux des minorités nationales, dans laquelle le projet de législation nécessaire a été préparé en consultation avec les parties prenantes nationales, y compris la société civile, et soumis au Parlement pour adoption.

Les autorités ont transmis neuf plans d'action, 42 bilans d'action et 42 communications. Un premier plan/bilan d'action était attendu pour 37 groupes/affaires, malgré l'expiration du délai prolongé à cet égard. Un plan/bilan d'action mis à jour ou une communication contenant des informations complémentaires était attendu pour 44 groupes/affaires, pour lesquels soit le délai fixé par le Comité des Ministres à cet égard a expiré (cinq groupes/affaires), soit un retour d'information avait été envoyé par le DEJ avant le 1er janvier 2023 (39 groupes/affaires).

Enfin, le paiement intégral de la satisfaction équitable accordée par la Cour a été enregistré dans 132 affaires en 2023, tandis que la confirmation du paiement intégral et/ou des intérêts moratoires était attendue dans 152 affaires pour lesquelles le délai indiqué dans l'arrêt de la Cour était dépassé depuis plus de six mois.

Saint-Marin

En 2023, le Comité des Ministres a reçu de la Cour européenne deux affaires contre Saint-Marin pour surveillance de leur exécution (contre aucune en 2022 et trois en 2021).

Au 31 décembre 2023, Saint-Marin comptait trois affaires en attente d'exécution (contre deux en 2022 et trois en 2021), toutes des affaires de référence classées en surveillance standard.

Au cours de l'année 2023, le Comité des Ministres a clôturé une affaire sous surveillance standard.

Les autorités ont transmis un plan d'action.

Enfin, le paiement intégral de la satisfaction équitable accordée par la Cour a été enregistré dans deux affaires en 2023, tandis que la confirmation du paiement intégral et/ou des intérêts moratoires était attendue dans une affaire pour laquelle le délai indiqué dans l'arrêt de la Cour était dépassé depuis plus de six mois.

Serbia

In 2023, the Committee of Ministers received from the European Court 76 cases against Serbia for supervision of their execution (compared to 78 in 2022 and 69 in 2021).

On 31 December 2023, Serbia had 77 cases pending execution (compared to 97 in 2022 and 76 in 2021), of which five were leading cases classified under enhanced procedure (as was the case in both 2022 and 2021), and seven were leading cases classified under standard procedure. Of the leading cases under enhanced procedure, five have been pending for five years or more; similarly, one of the leading cases under standard procedure has been pending for five years or more (compared to one in 2022 and two in 2021).[38] The pending caseload includes notably cases concerning excessive length of judicial proceedings; delayed enforcement of domestic decisions; and ineffective investigations into police ill-treatment. Of the new violations found by the Court in 2023, most of them also concerned delayed enforcement of domestic decisions.

In the course of 2023, the Committee of Ministers examined and adopted decisions in respect of two groups of cases under enhanced procedure; both groups were examined by the Committee once during the year. The Committee closed 96 cases, including four leading cases under standard supervision. In particular, it was possible to close one leading case, concerning a violation of the applicant's right to private life on account of the retention of a DNA saliva sample in the context of a criminal investigation, following legislative amendments. In addition, seven repetitive cases were closed because no further individual measures were necessary or possible. Notable advances, recognised by the Committee, in cases that are still pending include measures aimed at ensuring swift enforcement of administrative demolition orders, in the context of cases concerning delayed enforcement of domestic decisions.

The authorities submitted 12 action plans, 77 action reports and three communications.

Finally, full payment of the just satisfaction awarded by the Court was registered in 81 cases in 2023, while confirmation of full payment and/or default interest was awaited in nine cases for which the deadline indicated in the Court's judgment has passed since more than six months.

Slovak Republic

In 2023, the Committee of Ministers received from the European Court 30 cases against the Slovak Republic for supervision of their execution (compared to 32 in 2022 and 39 in 2021).

On 31 December 2023, the Slovak Republic had 69 cases pending execution (compared to 59 in 2022 and 63 in 2021), of which four were leading cases classified under enhanced procedure (compared to three in 2022 and one in 2021), and 25 were leading cases classified under standard procedure. Four of the leading cases under

---

38 This case was pending under standard procedure for more than 10 years.

Serbie

En 2023, le Comité des Ministres a reçu de la Cour européenne 76 affaires contre la Serbie pour surveillance de leur exécution (contre 78 en 2022 et 69 en 2021).

Au 31 décembre 2023, la Serbie comptait 77 affaires en attente d'exécution (contre 97 en 2022 et 76 en 2021), dont cinq affaires de référence classées en surveillance soutenue (comme en 2022 et 2021), et sept affaires de référence classées en surveillance standard. Parmi les affaires de référence sous surveillance soutenue, cinq sont pendantes depuis cinq ans ou plus ; de même, une des affaires de référence sous surveillance standard est pendante depuis cinq ans ou plus (contre une en 2022 et deux en 2021)[38]. Les affaires pendantes comprennent notamment des affaires concernant la durée excessive des procédures judiciaires, l'exécution tardive des décisions internes et l'ineffectivité des enquêtes sur les mauvais traitements infligés par la police. Parmi les nouvelles violations constatées par la Cour en 2023, la plupart concernaient également l'exécution tardive de décisions internes.

Au cours de l'année 2023, le Comité des Ministres a examiné et adopté des décisions concernant deux groupes d'affaires sous surveillance soutenue ; les deux groupes ont été examinés par le Comité une fois au cours de l'année. Le Comité a clôturé 96 affaires, dont quatre affaires de référence sous surveillance standard. En particulier, suite à des modifications législatives, une affaire de référence a pu être clôturée, qui concernait une violation du droit à la vie privée du requérant en raison de la conservation d'un échantillon d'ADN de salive dans le cadre d'une enquête pénale. En outre, sept affaires répétitives ont été clôturées parce qu'aucune autre mesure individuelle n'était nécessaire ou possible. Parmi les avancées notables reconnues par le Comité dans les affaires toujours pendantes figurent des mesures visant à garantir une exécution rapide des ordres de démolition administrative, dans le cadre d'affaires concernant l'exécution tardive de décisions nationales.

Les autorités ont transmis 12 plans d'action, 77 bilans d'action et trois communications.

Enfin, le paiement intégral de la satisfaction équitable accordée par la Cour a été enregistré dans 81 affaires en 2023, tandis que la confirmation du paiement intégral et/ou des intérêts moratoires était attendue dans neuf affaires pour lesquelles le délai indiqué dans l'arrêt de la Cour était dépassé depuis plus de six mois.

République slovaque

En 2023, le Comité des Ministres a reçu de la Cour européenne 30 affaires contre la République slovaque pour surveillance de leur exécution (contre 32 en 2022 et 39 en 2021).

Au 31 décembre 2023, la République slovaque comptait 69 affaires en attente d'exécution (contre 59 en 2022 et 63 en 2021), dont quatre affaires de référence classées en surveillance soutenue (contre trois en 2022 et une en 2021), et 25 affaires de référence classées en surveillance standard. Quatre des affaires de référence sous

---

38 Cette affaire est pendante depuis plus de dix ans sous surveillance standard.

standard procedure have been pending for five years or more (as was also the case in 2022 and compared to five in 2021).[39] The pending caseload includes notably cases concerning police ill treatment and failure to investigate such ill-treatment and possible racist motives; the authorities' failure to protect the physical well-being of a minor in police custody; the lack of safeguards against abuse in secret surveillance carried out by the Slovak Intelligence Service; and placement in a high security unit in prison with only limited safeguards against abuse. Of the new violations found by the Court in 2023, one case concerned inhuman and degrading treatment of Roma minors by police officers and ineffective investigation as well as failure to investigate possible racist motives; and another concerned a conviction based to a decisive degree on accomplices' statements without safeguards.

In the course of 2023, the Committee of Ministers examined and adopted decisions in respect of one group of cases under enhanced procedure. The Committee closed 20 cases, including three leading cases under standard supervision. In particular, it was possible to close one leading case concerning a ban on possession in prison of pornographic material depicting "classic" adult heterosexual intercourse, following amendments of a prison order. In addition, four repetitive cases were closed because no further individual measures were necessary or possible.

The authorities submitted 12 action plans, 12 action reports and six communications. Updated action plans/action reports or communications containing additional information were awaited in respect of eight groups/cases, in which feedback was sent by DEJ before 1 January 2023.

Finally, full payment of the just satisfaction awarded by the Court was registered in 17 cases in 2023, while confirmation of full payment and/or default interest was awaited in three cases for which the deadline indicated in the Court's judgment has passed since more than six months.

Slovenia

In 2023, the Committee of Ministers received from the European Court six cases against Slovenia for supervision of their execution (compared to five in 2022 and one in 2021).

On 31 December 2023, Slovenia had six cases pending execution (as was the case in 2022 and compared to four in 2021), of which one was a leading case classified under enhanced procedure (as was the case in 2022 and compared to none in 2021), and four were leading cases classified under standard procedure. The pending caseload includes notably one case concerning the lack of an effective remedy to challenge or seek compensation for the national bank's extraordinary measures cancelling shares and bonds. Of the new violations found by the Court in 2023, one of them concerned an unfair trial due to the lack of a hearing in minor offence proceedings which led to

---

39 Of these cases, two leading cases were pending for more than 10 years.

surveillance standard sont pendantes depuis cinq ans ou plus (comme c'était également le affaires en 2022 et contre cinq en 2021)[39]. Les affaires pendantes comprennent notamment des affaires concernant des mauvais traitements infligés par la police et l'absence d'enquête sur ces mauvais traitements et sur d'éventuels motifs racistes ; l'absence de protection par les autorités du bien-être physique d'un mineur en garde à vue ; l'absence de garanties contre les abus dans le cadre de la surveillance secrète exercée par le service de renseignement slovaque ; et le placement dans une unité de haute sécurité de la prison avec seulement des garanties limitées contre les abus. Parmi les nouvelles violations constatées par la Cour en 2023, une affaire concernait le traitement inhumain et dégradant de mineurs roms par des policiers et l'ineffectivité de l'enquête ainsi que l'absence d'enquête sur d'éventuels motifs racists ; et une autre concernait une condamnation fondée dans une mesure décisive sur les déclarations de complices sans garanties.

Au cours de l'année 2023, le Comité des Ministres a examiné et adopté des décisions concernant un groupe d'affaires sous surveillance soutenue. Le Comité a clôturé 20 affaires, dont trois affaires de référence sous surveillance standard. En particulier, il a été possible de clore une affaire de référence concernant l'interdiction de détenir en prison du matériel pornographique représentant des rapports hétérosexuels adultes « classiques », suite à des modifications d'une ordonnance pénitentiaire. En outre, quatre affaires répétitives ont été clôturées parce qu'aucune autre mesure individuelle n'était nécessaire ou possible.

Les autorités ont transmis 12 plans d'action, 12 bilans d'action et six communications. Des plans/bilans d'action mis à jour ou des communications contenant des informations supplémentaires étaient attendus pour huit groupes/affaires, pour lesquels un retour d'information avait été envoyé par le DEJ avant le 1er janvier 2023.

Enfin, le paiement intégral de la satisfaction équitable accordée par la Cour a été enregistré dans 17 affaires en 2023, tandis que la confirmation du paiement intégral et/ou des intérêts moratoires était attendue dans trois affaires pour lesquelles le délai indiqué dans l'arrêt de la Cour était dépassé depuis plus de six mois.

Slovénie

En 2023, le Comité des Ministres a reçu de la Cour européenne six affaires contre la Slovénie pour surveillance de leur exécution (contre cinq en 2022 et une en 2021).

Au 31 décembre 2023, la Slovénie comptait six affaires en attente d'exécution (comme en 2022 et contre quatre en 2021), dont une affaire de référence classée en surveillance soutenue (comme en 2022 et contre aucune en 2021), et quatre affaires de référence classées en surveillance standard. Les affaires pendantes comprennent notamment une affaire concernant l'absence de recours effectif pour contester ou demander une indemnisation pour les mesures extraordinaires de la banque nationale annulant des actions et des obligations. Parmi les nouvelles violations constatées par la Cour en 2023, l'une d'entre elles concernait un procès inéquitable en raison de

---

39   Parmi ces affaires, deux affaires majeures étaient pendantes depuis plus de dix ans.

a conviction based solely on a police report.

In the course of 2023, the Committee of Ministers examined and adopted decisions in respect of one leading case under enhanced procedure which was examined by the Committee once during the year. The Committee closed six cases, including two leading cases under standard supervision. In particular, it was possible to close one leading case, concerning unfairness of the proceedings regarding the imposition of a fine for the obstruction of an inspection, following legislative amendments.

The authorities submitted three action plans and three action reports.

Finally, full payment of the just satisfaction awarded by the Court was registered in eight cases in 2023.

Spain

In 2023, the Committee of Ministers received from the European Court nine cases against Spain for supervision of their execution (compared to nine in 2022 and eight in 2021).

On 31 December 2023, Spain had 30 cases pending execution (as was the case in 2022 and compared to 37 in 2021), of which one was a leading case classified under enhanced procedure (as was the case in 2022 and compared to two in 2021), and 22 were leading cases classified under standard procedure. The leading case under enhanced procedure has been pending for five years or more; similarly, three of the leading cases under standard procedure have been pending for five years or more (compared to two in 2022 and three in 2021). The pending caseload includes notably cases concerning issues related to the lack of an effective remedy with suspensive effect against decisions to remove migrants to their country of origin taken in the framework of an accelerated asylum procedure; the application by domestic courts of criminal provisions on glorification of terrorism and insults to the Crown; and the Constitutional Court's dismissal of an *amparo* appeal against Parliament's failure to pursue the appointment process of a new General Council of the Judiciary.

The Committee closed nine cases, including five leading cases under standard supervision. In particular, it was possible to close one group of cases in standard procedure concerning violations of the right to freedom of expression (due to criminal convictions and fines imposed for slander and insults) following the positive impact of the awareness-raising measures adopted and the domestic courts' incorporation of the Convention requirements in their case-law. In addition, one repetitive case was closed because no further individual measures were necessary or possible.

During the course of 2023, the authorities submitted four action plans, seven action reports and four communications.

Finally, full payment of the just satisfaction awarded by the Court was registered in eight cases in 2023.

l'absence d'audience dans le cadre d'une procédure pour infraction mineure ayant abouti à une condamnation fondée uniquement sur un rapport de police.

Au cours de l'année 2023, le Comité des Ministres a examiné et adopté des décisions concernant une affaire de référence sous surveillance soutenue qui a été examinée par le Comité une fois au cours de l'année. Le Comité a clôturé six affaires, dont deux affaires de référence sous surveillance standard. En particulier, à la suite d'amendements législatifs, il a été possible de clore une affaire de référence concernant l'iniquité de la procédure relative à l'imposition d'une amende pour obstruction à une inspection.

Les autorités ont transmis trois plans d'action et trois bilans d'action.

Enfin, le paiement intégral de la satisfaction équitable accordée par la Cour a été enregistré dans huit affaires en 2023.

Espagne

En 2023, le Comité des Ministres a reçu de la Cour européenne neuf affaires contre l'Espagne pour surveillance de leur exécution (contre neuf en 2022 et huit en 2021).

Au 31 décembre 2023, l'Espagne comptait 30 affaires en attente d'exécution (comme en 2022 et contre 37 en 2021), dont une affaire de référence classée en surveillance soutenue (comme en 2022 et contre deux en 2021), et 22 affaires de référence classées en surveillance standard. L'affaire de référence sous surveillance soutenue est pendante depuis cinq ans ou plus ; de même, trois des affaires de référence sous surveillance standard sont pendantes depuis cinq ans ou plus (contre deux en 2022 et trois en 2021). Les affaires pendantes comprennent notamment des affaires concernant des questions liées à l'absence de recours effectif avec effet suspensif contre les décisions d'expulsion de migrants vers leur pays d'origine prises dans le cadre d'une procédure d'asile accélérée ; l'application par les tribunaux nationaux des dispositions pénales relatives à l'apologie du terrorisme et aux insultes à la Couronne ; et le rejet par la Cour constitutionnelle d'un recours amparo contre l'incapacité du Parlement à poursuivre le processus de nomination d'un nouveau Conseil général de la magistrature.

Le Comité a clôturé neuf affaires, dont cinq affaires de référence sous surveillance standard. En particulier, un groupe d'affaires sous surveillance standard concernant des violations du droit à la liberté d'expression (en raison de condamnations pénales et d'amendes imposées pour diffamation et insultes) a pu être clôturé, suite à l'impact positif des mesures de sensibilisation adoptées et à l'incorporation par les tribunaux nationaux des exigences de la Convention dans leur jurisprudence. En outre, une affaire répétitive a été clôturée parce qu'aucune autre mesure individuelle n'était nécessaire ou possible.

Au cours de l'année 2023, les autorités ont transmis quatre plans d'action, sept bilans d'action et quatre communications.

Enfin, le paiement intégral de la satisfaction équitable accordée par la Cour a été enregistré dans huit affaires en 2023.

Sweden

In 2023, the Committee of Ministers did not receive from the European Court any case against Sweden for supervision of execution (as was also the case in 2022 and compared to one in 2021).

On 31 December 2023, Sweden had one case pending execution (compared to two in both 2022 and 2021), which was a leading case classified under enhanced procedure (compared to two in both 2022 and in 2021). This case concerns shortcomings of the Swedish bulk data interception regime.

The Committee closed one leading case under enhanced supervision concerning access to court for alleged defamation through a foreign TV broadcast. This was possible following the entry into force, on 1 January 2023, of a constitutional reform which established the jurisdiction of the Swedish courts to hear defamation proceedings against those responsible for television programmes which, whilst broadcast from abroad, have a particularly strong connection to Sweden.

In the course of 2023, the authorities submitted two action plans.

Switzerland

In 2023, the Committee of Ministers received from the European Court eight cases against Switzerland for supervision of their execution (compared to 13 in 2022 and six in 2021).

On 31 December 2023, Switzerland had 11 cases pending execution (as was also the case in 2022 and compared to nine in 2021), of which eight were leading cases classified under standard procedure (as in 2022 and 2021). One of the leading cases under standard procedure has been pending for five years or more (compared to no cases in both 2022 and 2021). The pending caseload includes notably cases concerning the imposition of a fine for begging, followed by imprisonment for non-payment; and the psychiatric detention of a convicted prisoner beyond the initial sentence. Of the new violations found by the Court in 2023, one of them concerned the domestic authorities' failure to apply the requirement of non-reliance on social assistance with sufficient flexibility when examining family reunification requests of provisionally admitted refugees.

The Committee closed eight cases, including four leading cases under standard supervision. In particular, following legislative amendments, it was possible to close one leading case concerning the lack of any form of legal recognition of the parental relationship between a child born through surrogacy abroad and the intended parent, who is in a recognised same-sex relationship.

The authorities submitted one action plan, 13 action reports and three communications. An updated action plan/report was awaited in respect of one case, in which the feedback was sent by DEJ before 1 January 2023.

Finally, full payment of the just satisfaction awarded by the Court was registered in 10 cases in 2023.

Suède

En 2023, le Comité des Ministres n'a reçu aucune affaire contre la Suède pour surveillance de l'exécution (comme en 2022 et contre une en 2021).

Au 31 décembre 2023, la Suède avait une affaire en attente d'exécution (contre deux en 2022 et en 2021), qui était une affaire de référence classée en surveillance soutenue (contre deux en 2022 et en 2021). Cette affaire concerne les lacunes dans le régime suédois d'interception de données en masse.

Le Comité a clôturé une affaire de référence sous surveillance soutenue concernant l'accès aux tribunaux pour diffamation présumée par le biais d'une émission télévisée étrangère. Cela a été possible suite à l'entrée en vigueur, le 1er janvier 2023, d'une réforme constitutionnelle qui a établi la compétence des tribunaux suédois pour connaître des procédures en diffamation contre les responsables de programmes télévisés qui, bien que diffusés depuis l'étranger, ont un lien particulièrement fort avec la Suède.

Au cours de l'année 2023, les autorités ont transmis deux plans d'action.

Suisse

En 2023, le Comité des Ministres a reçu de la Cour européenne huit affaires contre la Suisse pour surveillance de leur exécution (contre 13 en 2022 et six en 2021).

Au 31 décembre 2023, la Suisse avait 11 affaires en attente d'exécution (comme en 2022 et contre 9 en 2021), dont huit affaires de référence classées en surveillance standard (comme en 2022 et 2021). L'une des affaires de référence sous surveillance standard est pendante depuis cinq ans ou plus (contre aucune en 2022 et 2021). Les affaires pendantes comprennent notamment des affaires concernant l'imposition d'une amende pour mendicité suivie d'un emprisonnement pour non-paiement, et la détention psychiatrique d'un prisonnier condamné au-delà de la peine initiale. Parmi les nouvelles violations constatées par la Cour en 2023, l'une d'entre elles concerne le fait que les autorités nationales n'ont pas appliqué avec suffisamment de souplesse l'obligation de ne pas dépendre de l'aide sociale lors de l'examen des demandes de regroupement familial présentées par des réfugiés admis à titre provisoire.

Le Comité a clôturé huit affaires, dont quatre affaires de référence sous surveillance standard. En particulier, à la suite de modifications législatives, il a été possible de clore une affaire de référence concernant l'absence de toute forme de reconnaissance juridique de la relation parentale entre un enfant né par mère porteuse à l'étranger et le parent d'intention qui vit une relation homosexuelle reconnue.

Les autorités ont transmis un plan d'action, 13 bilans d'action et trois communications. Un plan/bilan d'action mis à jour était attendu pour une affaire dans laquelle un retour d'information avait été envoyé par le DEJ avant le 1er janvier 2023.

Enfin, le paiement intégral de la satisfaction équitable accordée par la Cour a été enregistré dans 10 affaires en 2023.

Türkiye

In 2023, the Committee of Ministers received from the European Court 78 cases against Türkiye for supervision of their execution (compared to 77 in 2022 and 106 in 2021).

On 31 December 2023, Türkiye had 446 cases pending execution (compared to 480 in 2022 and 510 in 2021), of which 35 were leading cases classified under enhanced procedure (compared to 36 in 2022 and 37 in 2021), and 89 were leading cases classified under standard procedure. Of the leading cases under enhanced procedure, 24 have been pending for five years or more; similarly, 48 of the leading cases under standard procedure have been pending for five years or more (compared to 53 in 2022 and 61 in 2021).[40] The pending caseload includes notably groups of cases concerning freedom of expression and freedom of assembly, judicial independence, detention without sufficient reasons, ineffective investigations and impunity, and domestic violence. Of the new violations found by the Court in 2023, one of them concerned a violation, among others, of the principle of no punishment without law on account of conviction for membership in a terrorist organisation without the establishment of the elements of the offence in an individualised manner. In this case, the Court drew attention to the large number of applications pending before it with similar complaints and made an Article 46 indication in terms of general measures.

In the course of 2023, the Committee of Ministers examined and adopted decisions in respect of 13 leading cases or groups of cases under enhanced procedure; three of these cases/groups were examined by the Committee at least twice during the year, of which one was also examined at all the Committee's ordinary meetings. The Committee closed 111 cases, including three leading cases under enhanced and 18 leading cases under standard supervision. In particular, it was possible to close a leading case examined under the standard procedure concerning the right to education and non-discrimination of disabled persons further to amendments in secondary legislation. It was also possible to close a leading case examined under enhanced procedure concerning discrimination on the ground of religion due to the system in force for granting exemptions from payment of electricity bills for places of worship, following legislative amendments. In addition, 67 repetitive cases were closed because no further individual measures were necessary or possible.

Notable advances, recognised by the Committee, in cases that are still pending include the introduction of legislative amendments which addressed the legislative lacuna highlighted by the Court as well as the consistent approach of the Constitutional Court in adopting Convention-compliant criteria in wholesale blocking of access to internet where the removal of specific content is technically impossible.

The authorities submitted 26 action plans, 88 action reports and 44

---

40 Of these cases, 26 leading cases under standard procedure were pending for more than 10 years.

Türkiye

En 2023, le Comité des Ministres a reçu de la Cour européenne 78 affaires contre la Türkiye pour surveillance de leur exécution (contre 77 en 2022 et 106 en 2021).

Au 31 décembre 2023, la Türkiye comptait 446 affaires en attente d'exécution (contre 480 en 2022 et 510 en 2021), dont 35 affaires de référence classées en surveillance soutenue (contre 36 en 2022 et 37 en 2021) et 89 affaires de référence classées en surveillance standard. Parmi les affaires de référence sous surveillance soutenue, 24 sont pendantes depuis cinq ans ou plus ; de même, 48 des affaires de référence sous surveillance standard sont pendantes depuis cinq ans ou plus (contre 53 en 2022 et 61 en 2021)[40]. Les affaires pendantes comprennent notamment des groupes d'affaires concernant la liberté d'expression et la liberté de réunion, l'indépendance judiciaire, la détention sans motifs suffisants, les enquêtes ineffectives et l'impunité, ainsi que la violence domestique. Parmi les nouvelles violations constatées par la Cour en 2023, l'une d'entre elles concernait une violation, entre autres, du principe « pas de peine sans loi » en raison d'une condamnation pour appartenance à une organisation terroriste sans que les éléments constitutifs de l'infraction aient été établis de manière individualisée. Dans cette affaire, la Cour a attiré l'attention sur le grand nombre de requêtes pendantes devant elle avec des griefs similaires et a fait une indication au titre de l'article 46 en termes de mesures générales.

Au cours de l'année 2023, le Comité des Ministres a examiné et adopté des décisions concernant 13 affaires/groupes d'affaires de référence sous surveillance soutenue ; trois de ces affaires/groupes ont été examinés par le Comité au moins deux fois au cours de l'année, dont une a également été examiné lors de toutes les réunions ordinaires du Comité. Le Comité a clôturé 111 affaires, dont 3 affaires de référence sous surveillance soutenue et 18 affaires de référence sous surveillance standard. En particulier, il a été possible de clore une affaire de référence sous surveillance standard concernant le droit à l'éducation et à la non-discrimination des personnes handicapées suite à des modifications dans la législation dérivée. À la suite d'amendements législatifs, il a également été possible de clore une affaire de référence sous surveillance soutenue concernant la discrimination fondée sur la religion en raison du système en vigueur pour l'octroi d'exemptions de paiement des factures d'électricité pour les lieux de culte. En outre, 67 affaires répétitives ont été clôturées parce qu'aucune autre mesure individuelle n'était nécessaire ou possible.

Parmi les avancées notables reconnues par le Comité dans les affaires toujours pendantes, on peut citer l'introduction d'amendements législatifs qui ont comblé la lacune législative soulignée par la Cour, ainsi que l'approche cohérente de la Cour constitutionnelle dans l'adoption de critères conformes à la Convention pour le blocage total de l'accès à l'internet lorsque le retrait d'un contenu spécifique est techniquement impossible.

Les autorités ont transmis 26 plans d'action, 88 bilans d'action et 44 commu-

---

40 Parmi les affaires de référence sous surveillance standard, 26 sont pendantes depuis plus de dix ans.

communications. Updated action plans/action reports or communications containing additional information were awaited in respect of 38 groups/cases in which feedback was sent by DEJ before 1 January 2023.

Finally, full payment of the just satisfaction awarded by the Court was registered in 68 cases in 2023, while confirmation of full payment and/or default interest was awaited in 58 cases for which the deadline indicated in the Court's judgment has passed since more than six months.

Ukraine

In 2023, the Committee of Ministers received from the European Court 125 cases against Ukraine for supervision of their execution (compared to 145 in 2022 and 196 in 2021).

On 31 December 2023, Ukraine had 766 cases pending execution (compared to 716 in 2022 and 638 in 2021), of which 50 were leading cases classified under enhanced procedure (compared to 51 in 2022 and 53 in 2021), and 53 were leading cases classified under standard procedure. Of the leading cases under enhanced procedure, 42 have been pending for five years or more; similarly, 27 of the leading cases under standard procedure have been pending for five years or more (compared to 24 in 2022 and 28 in 2021).[41] The pending caseload includes notably cases related to judicial reform (appointment and dismissal of judges, non-enforcement of domestic court decisions, lengthy judicial proceedings without effective remedies); lack of effective investigations; poor conditions of detention; and issues related to the asylum procedure. Particularly important judgments delivered by the Court in 2023 concerned dismissal of Constitutional Court judges; and the absence of any form of legal recognition and protection for same-sex couples.

In the course of 2023, the Committee of Ministers examined and adopted decisions in respect of 13 leading cases or groups of cases under enhanced procedure. The Committee closed 75 cases, including two leading cases under enhanced and eight leading cases under standard supervision. In particular, it was possible to close one leading case, concerning freedom of assembly and association, following legislative amendments lifting the unconditional ban on the right to strike for the transport sector employees. In addition, 65 repetitive cases were closed because no further individual measures were necessary or possible. Notable advances, recognised by the Committee, in cases that are still pending include the adoption of a mechanism for review for life sentences and their commutation into fixed-term sentences; the adoption of amendments to the Criminal Code bringing the definition of torture in line with the international standards; and the development of the Supreme Court's case-law remedying the violations stemming from the flaws in the Government Cleansing Act.

The authorities submitted 36 action plans, 32 action reports and 24 communications. An initial action plan was awaited in respect of one case despite the expiry of the extended deadline in this respect.

---

41   Of these cases, 16 leading cases were pending for more than 10 years.

nications. Des plans/bilans d'action mis à jour ou des communications contenant des informations supplémentaires étaient attendus pour 38 groupes/affaires pour lesquels le DEJ avait envoyé un retour d'information avant le 1er janvier 2023.

Enfin, le paiement intégral de la satisfaction équitable accordée par la Cour a été enregistré dans 68 affaires en 2023, tandis que la confirmation du paiement intégral et/ou des intérêts moratoires était attendue dans 58 affaires pour lesquelles le délai indiqué dans l'arrêt de la Cour était dépassé depuis plus de six mois.

Ukraine

En 2023, le Comité des Ministres a reçu de la Cour européenne 125 affaires contre l'Ukraine pour surveillance de leur exécution (contre 145 en 2022 et 196 en 2021).

Au 31 décembre 2023, l'Ukraine comptait 766 affaires en attente d'exécution (contre 716 en 2022 et 638 en 2021), dont 50 affaires de référence classées en surveillance soutenue (contre 51 en 2022 et 53 en 2021), et 53 affaires de référence classées en surveillance standard. Parmi les affaires de référence sous surveillance soutenue, 42 sont pendantes depuis cinq ans ou plus ; de même, 27 des affaires de référence sous surveillance standard sont pendantes depuis cinq ans ou plus (contre 24 en 2022 et 28 en 2021)[41]. Les affaires pendantes comprennent notamment des affaires liées à la réforme judiciaire (nomination et révocation des juges, non-exécution des décisions de justice nationales, durée des procédures judiciaires sans recours effectif), à l'absence d'enquêtes effectives, aux mauvaises conditions de détention et à des questions liées à la procédure d'asile. Les arrêts particulièrement importants rendus par la Cour en 2023 concernent la révocation des juges de la Cour constitutionnelle et l'absence de toute forme de reconnaissance et de protection juridiques pour les couples de même sexe.

Au cours de l'année 2023, le Comité des Ministres a examiné et adopté des décisions concernant 13 affaires/groupes d'affaires de référence sous surveillance soutenue. Le Comité a clôturé 75 affaires, dont deux affaires de référence sous surveillance soutenue et huit affaires de référence sous surveillance standard. En particulier, il a été possible de clore une affaire de référence concernant la liberté de réunion et d'association à la suite d'amendements législatifs levant l'interdiction inconditionnelle du droit de grève pour les employés du secteur des transports. En outre, 65 affaires répétitives ont été clôturées parce qu'aucune autre mesure individuelle n'était nécessaire ou possible. Parmi les avancées notables reconnues par le Comité dans les affaires toujours pendantes figurent l'adoption d'un mécanisme de réexamen des condamnations à perpétuité et leur commutation en peines à durée déterminée, l'adoption d'amendements au Code pénal mettant la définition de la torture en conformité avec les normes internationales et le développement de la jurisprudence de la Cour suprême remédiant aux violations découlant des lacunes de la Loi de lustration (*Government Cleansing Act*).

Les autorités ont transmis 36 plans d'action, 32 bilans d'action et 24 communications. Un plan d'action initial était attendu pour une affaire malgré l'expiration du délai prolongé à cet égard.

---

41   Parmi les affaires de référence sous surveillance standard, 16 sont pendantes depuis plus de dix ans.

Finally, full payment of the just satisfaction awarded by the Court was registered in 103 cases in 2023, while confirmation of full payment and/or default interest was awaited in 293 cases for which the deadline indicated in the Court's judgment has passed since more than six months.

United Kingdom

In 2023, the Committee of Ministers received from the European Court four cases against the United Kingdom for supervision of their execution (compared to 11 in 2022 and ten in 2021).

On 31 December 2023, the United Kingdom had 12 cases pending execution (compared to 14 in 2022 and 16 in 2021), of which four were leading cases classified under enhanced procedure (compared to five in 2022 and four in 2021), and four were leading cases classified under standard procedure. Of the leading cases under enhanced procedure, two have been pending for five years or more, but that was not the cases for any of the leading cases in the standard procedure (as was also the case in 2022 and compared to one in 2021). The pending caseload includes notably cases concerning ineffective investigations into the deaths of the applicants' next-of-kin in Northern Ireland in the 1980s and 1990s; the unjustified retention of personal data (DNA profiles, fingerprints and photographs) following arrests and/or convictions; and the failure to take adequate operational measures to protect potential victims of child trafficking from prosecution.

In the course of 2023, the Committee of Ministers examined and adopted decisions in respect of four leading cases or groups of cases under enhanced procedure; one of these groups was examined by the Committee three times during the year. The Committee closed six cases, including three leading cases under standard supervision. In particular, it was possible to close one leading case, concerning the failure to provide applicants the opportunity to bring employment claims against a foreign state where customary international law did not provide immunity, following legislative amendments to the State Immunity Act 1978. In addition, two repetitive cases were closed because no further individual measures were necessary or possible.

The authorities submitted five action plans, three action reports and nine communications. An updated action plan/report was awaited in respect of one case, in which feedback was sent by DEJ before 1 January 2023.

Finally, full payment of the just satisfaction awarded by the Court was registered in two cases in 2023.

Enfin, le paiement intégral de la satisfaction équitable accordée par la Cour a été enregistré dans 103 affaires en 2023, tandis que la confirmation du paiement intégral et/ou des intérêts moratoires était attendue dans 293 affaires pour lesquelles le délai indiqué dans l'arrêt de la Cour était dépassé depuis plus de six mois.

Royaume-Uni

En 2023, le Comité des Ministres a reçu de la Cour européenne quatre affaires contre le Royaume-Uni pour surveillance de leur exécution (contre 11 en 2022 et 10 en 2021).

Au 31 décembre 2023, le Royaume-Uni comptait 12 affaires en attente d'exécution (contre 14 en 2022 et 16 en 2021), dont quatre affaires de référence classées en surveillance soutenue (contre cinq en 2022 et quatre en 2021), et quatre affaires de référence classées en surveillance standard. Parmi les affaires de référence sous surveillance soutenue, deux sont pendantes depuis cinq ans ou plus, ce qui n'est le cas d'aucune des affaires de référence sous surveillance standard (comme en 2022 et contre une seule en 2021). Les affaires pendantes comprennent notamment des affaires concernant des enquêtes ineffectives sur les décès des proches parents des requérants en Irlande du Nord dans les années 1980 et 1990, la conservation injustifiée de données à caractère personnel (profils ADN, empreintes digitales et photographies) à la suite d'arrestations et/ou de condamnations, et l'absence de mesures opérationnelles adéquates pour protéger les victimes potentielles de la traite d'enfants contre les poursuites judiciaires.

Au cours de l'année 2023, le Comité des Ministres a examiné et adopté des décisions concernant quatre affaires/groupes d'affaires de référence sous surveillance soutenue ; l'un de ces groupes a été examiné par le Comité à trois reprises au cours de l'année. Le Comité a clôturé six affaires, dont trois affaires de référence sous surveillance standard. En particulier, il a été possible de clore une affaire de référence concernant le fait de ne pas donner aux requérants la possibilité de déposer des plaintes en matière d'emploi contre un État étranger où le droit international coutumier ne prévoit pas d'immunité, à la suite des modifications législatives apportées à la Loi de 1978 sur l'immunité des États (*State Immunity Act 1978*). En outre, deux affaires répétitives ont été clôturées parce qu'aucune autre mesure individuelle n'était nécessaire ou possible.

Les autorités ont transmis cinq plans d'action, trois bilans d'action et neuf communications. Un plan/bilan d'action mis à jour était attendu pour une affaire pour laquelle le DEJ avait envoyé un retour d'information avant le 1er janvier 2023.

Enfin, le paiement intégral de la satisfaction équitable accordée par la Cour a été enregistré dans deux affaires en 2023.

B. New cases

B.1. Overview

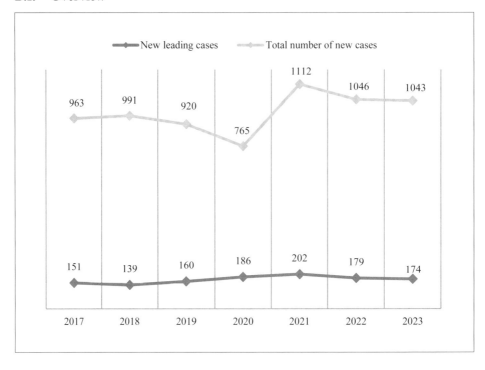

B. Nouvelles affaires

B.1. Aperçu

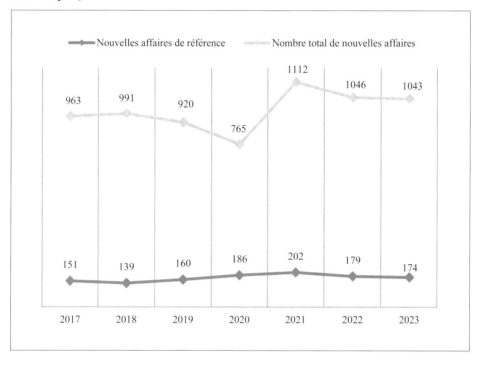

B.2. Leading or repetitive cases

For cases awaiting classification under enhanced or standard supervision (see B.3.), their qualification as leading or repetitive cases is not yet final.

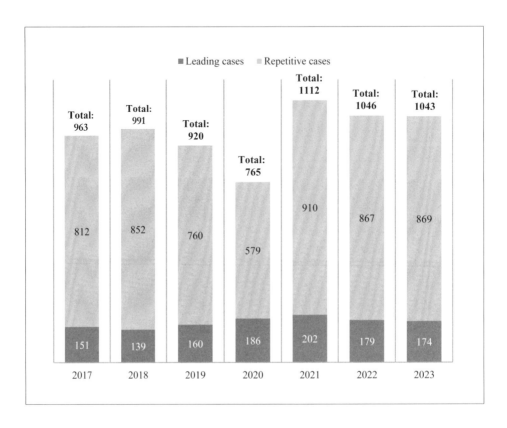

B.2. Affaires de référence ou répétitives

Pour les affaires en attente de classification sous surveillance soutenue ou standard (voir B.3.), leur qualification en tant qu'affaires de référence ou affaire répétitive n'est pas encore définitive.

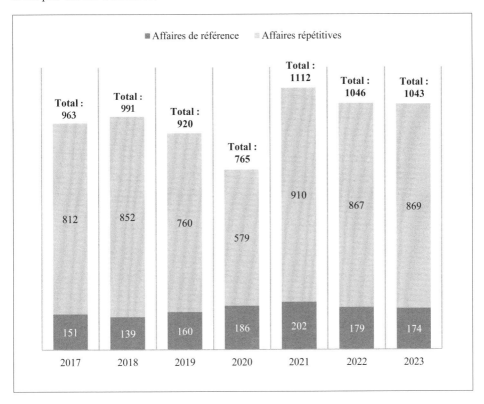

B.3. Enhanced or standard supervision

New leading cases

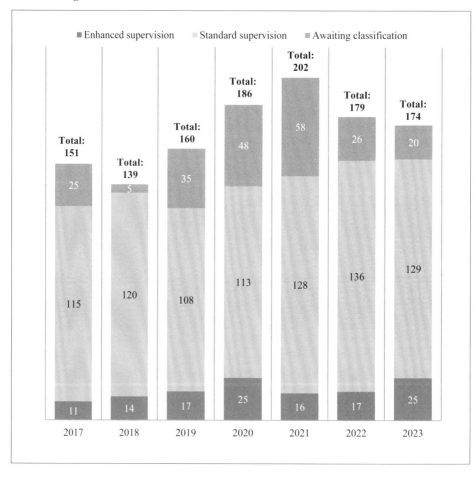

B.3. Surveillance soutenue ou standard

Nouvelles affaires de reference

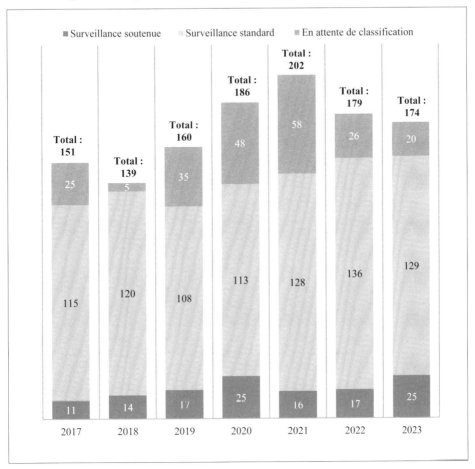

Committee of Ministers

Total number of new cases

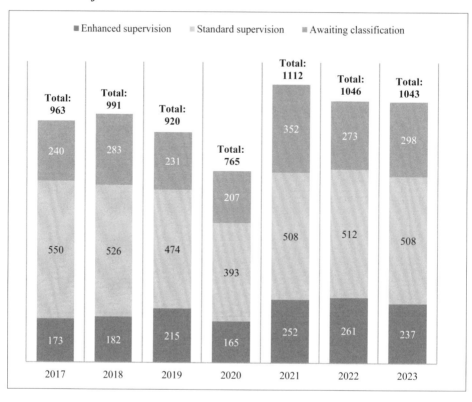

Nombre total de nouvelles affaires

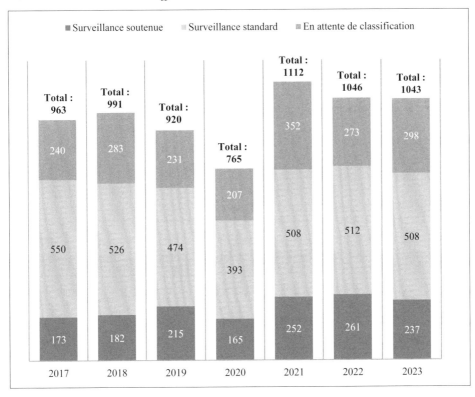

B.4. New cases – state by state

STATE	LEADING CASES								REPETITIVE CASES								TOTAL	
	Enhanced supervision		Standard supervision		Awaiting classification		Total of leading cases		Enhanced supervision		Standard supervision		Awaiting classification		Total of repetitive cases			
	2022	2023	2022	2023	2022	2023	2022	2023	2022	2023	2022	2023	2022	2023	2022	2023	2022	2023
Albania	1		1	7			2	7	2	3	4	6		6	6	15	8	22
Andorra							0	0							0	0	0	0
Armenia	1		5	4		2	6	6	7	8	5	12	1	2	13	22	19	28
Austria			1	4			1	4			1	2		1	1	3	2	7
Azerbaijan	1		6	2			7	2	9	9	22	52	11	21	42	82	49	84
Belgium			4	5	1	1	5	6			11	4	3	5	14	9	19	15
Bosnia and Herzegovina			1	1	2		3	1			16	2	4		20	2	23	3
Bulgaria	6	2	5	5		1	11	8	4	2	16	17	6	4	26	23	37	31
Croatia	1		10	5	2		13	5	2	2	20	19	3	2	25	21	38	26
Cyprus			1	2	1		2	2			1	2			1	2	3	4
Czech Republic			2	2			2	2			3	2	1	1	4	3	6	5
Denmark		1					0	1			1	1		2	1	3	1	4
Estonia			3	1		1	3	2			1				1		4	2
Finland							0	0							0	0	0	0
France	1		9		2		12	0			4	9	5	8	9	17	21	17
Georgia		1	2	2			2	3	6	4	1	4	1	4	8	12	10	15
Germany		1		1			0	2			2			1	2	1	2	3
Greece	1	1	4	6		1	5	8	2	3	7	14	11	10	20	27	25	35
Hungary		4	1	2		1	1	7	17	12	29	31	16	19	62	62	63	69
Iceland			1				1	0			2				2	0	3	0
Ireland							0	0							0	0	0	0
Italy	1	2	2	3	1	3	4	8	8	1	20	42	17	36	45	79	49	87
Latvia			2	2	2		4	2									4	2
Liechtenstein							0	0							0	0	0	0

B.4. Nouvelles affaires – État par État

ÉTAT	AFFAIRES DE RÉFÉRENCE								AFFAIRES RÉPÉTITIVES								TOTAL	
	Surveillance soutenue		Surveillance standard		En attente de classification		Total des affaires de référence		Surveillance soutenue		Surveillance standard		En attente de classification		Total des affaires répétitives			
	2022	2023	2022	2023	2022	2023	2022	2023	2022	2023	2022	2023	2022	2023	2022	2023	2022	2023
Albanie	1		1	7			2	7	2	3	4	6		6	6	15	8	22
Andorre							0	0							0	0	0	0
Arménie	1		5	4		2	6	6	7	8	5	12	1	2	13	22	19	28
Autriche			1	4			1	4			1	2		1	1	3	2	7
Azerbaïdjan	1		6	2			7	2	9	9	22	52	11	21	42	82	49	84
Belgique			4	5	1	1	5	6			11	4	3	5	14	9	19	15
Bosnie-Herzégovine			1	1	2		3	1			16	2	4		20	2	23	3
Bulgarie	6	2	5	5		1	11	8	4	2	16	17	6	4	26	23	37	31
Croatie	1		10	5	2		13	5	2		20	19	3	2	25	21	38	26
Chypre			1	2	1		2	2			1	2			1	2	3	4
République tchèque			2	2			2	2			3	2	1	1	4	3	6	5
Danemark		1				1	0	1			1	1		2	1	3	1	4
Estonie			3	1		1	3	2			1				1	0	4	2
Finlande							0	0							0	0	0	0
France	1		9		2		12	0			4	9	5	8	9	17	21	17
Géorgie		1	2	2		1	2	3	6	4	1	4	1	4	8	12	10	15
Allemagne		1		1		1	0	2			2			1	2	1	2	3
Grèce	1		4	6		1	5	8	2	3	7	14	11	10	20	27	25	35
Hongrie	4		1	2		1	1	7	17	12	29	31	16	19	62	62	63	69
Islande			1				1	0			2				2	0	3	0
Irlande							0	0							0	0	0	0
Italie	1	2	2	3	1	3	4	8	8	1	20	42	17	36	45	79	49	87
Lettonie			2	2	2		4	2							0	0	4	2
Liechtenstein							0	0							0	0	0	0

STATE (cont.)	LEADING CASES										REPETITIVE CASES									TOTAL	
	Enhanced supervision		Standard supervision		Awaiting classification		Total of leading cases		Enhanced supervision		Standard supervision		Awaiting classification		Total of repetitive cases					
	2022	2023	2022	2023	2022	2023	2022	2023	2022	2023	2022	2023	2022	2023	2022	2023	2022	2023		
																			2022	2023
Lithuania		1	6	3		1	6	5			4		2		6	0	12	5		
Luxembourg			1	1			1	1			2				2	0	3	1		
Malta		1	2	1			2	2	8	4	2			9	10	13	12	15		
Republic of Moldova	1	1	5	5	2	1	8	7	7	3	18	14	3	5	28	22	36	29		
Monaco							0	0							0	0	0	0		
Montenegro			1				1	0			3	3	2	1	5	4	6	4		
Netherlands			1	1			1	1			3	6			3	6	4	7		
North Macedonia		1	2	3		2	2	6			6	5	2	9	8	14	10	20		
Norway							0	0	1	3					1	3	1	3		
Poland	1	1	8	9	1	2	10	12	3	4	20	22	21	20	44	46	54	58		
Portugal		1					0	1	2	1	10	8	4	7	16	16	16	17		
Romania	2	3	10	9	3	1	15	13	31	30	55	31	36	13	122	74	137	87		
San Marino			1				0	1				1			0	1	0	2		
Serbia			3	3	1	2	4	5	30	30	2	7	42	34	74	71	78	76		
Slovak Republic	1		4	6	1		6	6		1	18	20	8	3	26	24	32	30		
Slovenia			2	3	1		3	3			1	3	1		2	3	5	6		
Spain			6	7	1		7	7			1	2			1	2	8	9		
Sweden							0	0							0	0	0	0		
Switzerland			2	4	2	1	4	5			8	2	1	1	9	3	13	8		
Türkiye	2	2	10	13	1		11	15	20	22	33	20	13	21	66	63	77	78		
Ukraine	2	2	10	5			10	7	85	72	17	15	33	31	135	118	145	125		
United Kingdom			3	1	1		4	1			7	1		2	7	3	11	4		
TOTAL	17	25	136	129	26	20	179	174	244	212	376	379	247	278	867	869	1046	1043		

ÉTAT (cont.)	AFFAIRES DE RÉFÉRENCE								AFFAIRES RÉPÉTITIVES								TOTAL	
	Surveillance soutenue		Surveillance standard		En attente de classification		Total des affaires de référence		Surveillance soutenue		Surveillance standard		En attente de classification		Total des affaires répétitives			
	2022	2023	2022	2023	2022	2023	2022	2023	2022	2023	2022	2023	2022	2023	2022	2023	2022	2023
Lituanie		1	6	3		1	6	5			4		2		6	0	12	5
Luxembourg			1	1			1	1			2				2	0	3	1
Malte		1	2	1			2	2	8	4	2			9	10	13	12	15
République de Moldova	1	1	5	5	2	1	8	7	7	3	18	14	3	5	28	22	36	29
Monaco							0	0							0	0	0	0
Monténégro			1				1	0			3	3	2	1	5	4	6	4
Pays-Bas			1	1			1	1			3	6			3	6	4	7
Macédoine du Nord		1	2	3		2	2	6			6	5	2	9	8	14	10	20
Norvège							0	0	1	3					1	3	1	3
Pologne	1	1	8	9	1	2	10	12	3	4	20	22	21	20	44	46	54	58
Portugal		1					0	1	2	1	10	8	4	7	16	16	16	17
Roumanie	2	3	10	9	3	1	15	13	31	30	55	31	36	13	122	74	137	87
Saint-Marin			1				0	1				1			0	1	0	2
Serbie			3	3	1	2	4	5	30	30	2	7	42	34	74	71	78	76
République slovaque	1		4	6	1		6	6		1	18	20	8	3	26	24	32	30
Slovénie			2	3	1		3	3			1	3	1		2	3	5	6
Espagne			6	7	1		7	7			1	2			1	2	8	9
Suède							0	0							0	0	0	0
Suisse			2	4	2	1	4	5			8	2	1	1	9	3	13	8
Türkiye		2	10	13	1	15	11	15	20	22	33	20	13	21	66	63	77	78
Ukraine		2	10	5		7	10	7	85	72	17	15	33	31	135	118	145	125
Royaume-Uni			3	1	1		4	1	7		7	1		2	7	3	11	4
TOTAL	17	25	136	129	26	20	179	174	244	212	376	379	247	278	867	869	1046	1043

C. Pending cases

Pending cases are those in which the execution process is ongoing. As a consequence, pending cases are at various stages of execution and must not be understood as unexecuted cases. In the overwhelming majority of these cases, individual redress has been provided, and cases remain pending mainly awaiting implementation of general measures, some of which are very complex, requiring considerable time. In many situations, cooperation programmes or country action plans provide, or have provided, support for the execution processes launched.

C.1. Overview

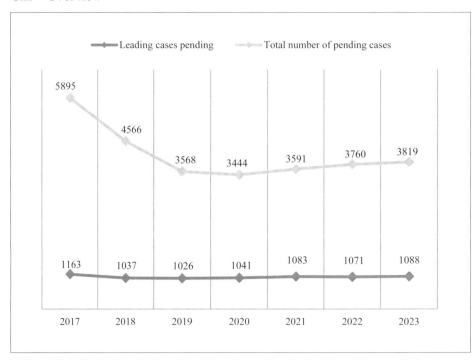

C. Affaires pendantes

Les affaires pendantes sont celles dont le processus d'exécution est en cours. Dès lors, toutes les affaires pendantes sont à différents stades d'exécution et ne doivent pas être entendues comme des affaires non exécutées. Dans la grande majorité de ces affaires, une réparation individuelle a déjà été fournie, et les affaires demeurent principalement pendantes du fait de l'attente des mesures générales, parfois très complexes et nécessitant un temps considérable. Dans beaucoup de situations, des programmes de coopération ou plans d'actions étatiques fournissent, ou ont fournis, un soutien au processus d'exécution initié.

C.1. Aperçu

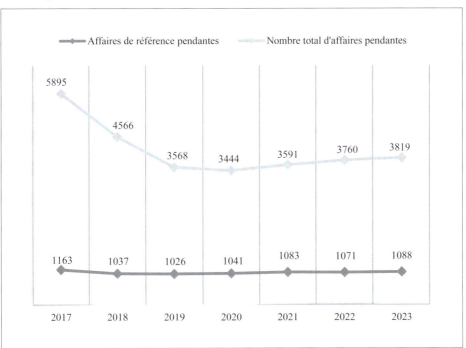

C.2. Leading or repetitive cases

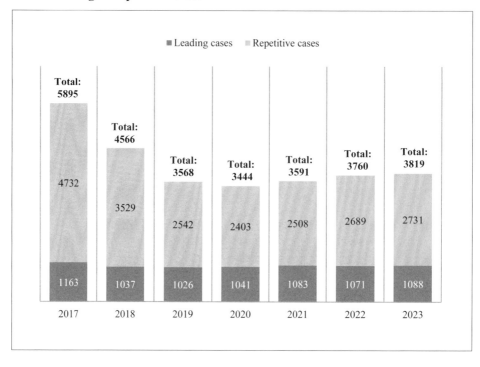

C.2. Affaires de référence ou répétitives

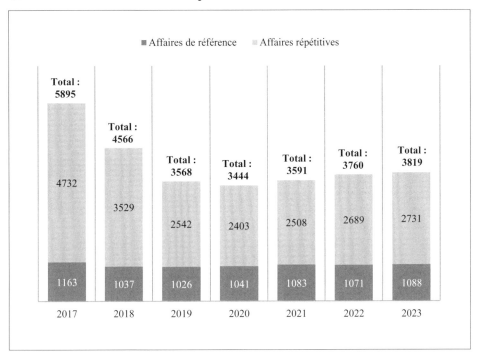

C.3. Enhanced or standard supervision

Leading cases pending

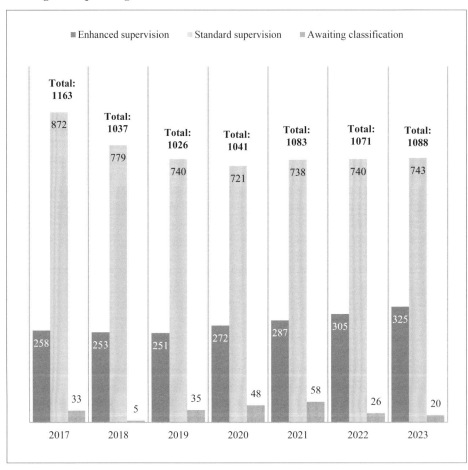

C.3. Surveillance soutenue ou standard

Affaires de référence pendantes

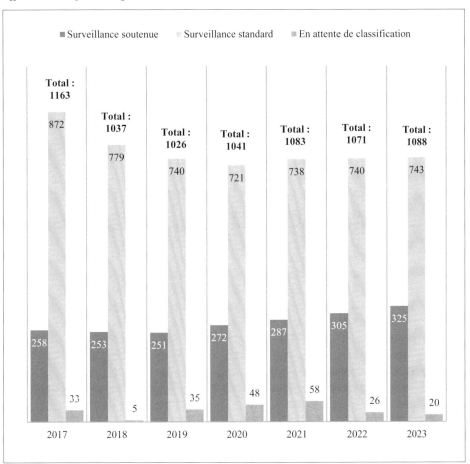

Committee of Ministers

Total number of pending cases

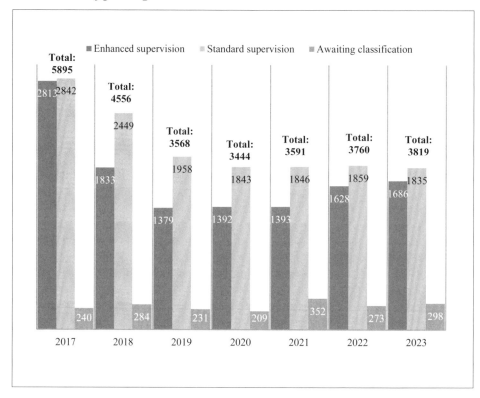

Nombre total d'affaires pendantes

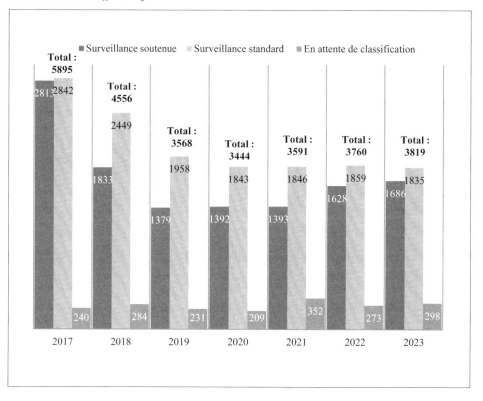

C.4. Pending cases – state by state

STATE	LEADING CASES										REPETITIVE CASES										TOTAL	
	Enhanced supervision		Standard supervision		Awaiting classification		Total of leading cases		Enhanced supervision		Standard supervision		Awaiting classification		Total of repetitive cases							
	2022	2023	2022	2023	2022	2023	2022	2023	2022	2023	2022	2023	2022	2023	2022	2023	2022	2023				
Albania	4	4	12	20			16	24	3	6	17	18		6	20	30	36	54				
Andorra							0	0							0	0	0	0				
Armenia	6	6	17	20		2	23	28	17	17	16	23	1	2	34	42	57	70				
Austria			3	6			3	6			3	3		1	3	4	6	10				
Azerbaijan	21	21	32	29			53	50	121	129	100	137	11	21	232	287	285	337				
Belgium	7	7	14	13	1	1	22	21	4	5	15	5	3	5	22	15	44	36				
Bosnia and Herzegovina	1	1	10	10	2		13	11	4	4	21	16	4		29	20	42	31				
Bulgaria	30	32	63	56		1	93	89	37	32	46	41	6	4	89	77	182	166				
Croatia	2	2	22	25	2		26	27	6	6	42	32	3	2	51	40	77	67				
Cyprus	1	1	7	9	1		9	10			1	3		1	1	3	10	13				
Czech Republic	1	1	3	4			4	5			2	2	1		3	3	7	8				
Denmark		1	3	2			3	3			1	2		2	1	4	4	7				
Estonia			3	2		1	3	3							0	0	3	3				
Finland	1	1	8	1			9	2		1	9	4			9	4	18	6				
France	5	5	22	15	2		29	20	1	1	4	13	5	8	10	22	39	42				
Georgia	6	7	21	20			27	27	27	30	13	17	1	4	41	51	68	78				
Germany		1	12	9		1	12	10			2	1		1	2	2	14	12				
Greece	7	7	19	20	1	1	27	28	18	16	14	16	11	10	43	42	70	70				
Hungary	14	18	29	26		1	43	45	58	50	102	51	16	19	176	120	219	165				
Iceland			1				1	0			4				4	0	5	0				
Ireland	1	1	1	1			2	2			3				0	0	2	2				
Italy	23	27	35	36	1	3	59	66	29	28	82	119	17	36	128	183	187	249				
Latvia			6	8	2		8	8							0	0	8	8				
Liechtenstein							0	0							0	0	0	0				

C.4. Affaires pendantes – État par État

ÉTAT	AFFAIRES DE RÉFÉRENCE									AFFAIRES RÉPÉTITIVES							TOTAL	
	Surveillance soutenue		Surveillance standard		En attente de classification		Total des affaires de référence		Surveillance soutenue		Surveillance standard		En attente de classification		Total des affaires répétitives			
	2022	2023	2022	2023	2022	2023	2022	2023	2022	2023	2022	2023	2022	2023	2022	2023	2022	2023
Albanie	4	4	12	20			16	24	3	6	17	18		6	20	30	36	54
Andorre							0	0							0	0	0	0
Arménie	6	6	17	20		2	23	28	17	17	16	23	1	2	34	42	57	70
Autriche			3	6			3	6			3	3		1	3	4	6	10
Azerbaïdjan	21	21	32	29			53	50	121	129	100	137	11	21	232	287	285	337
Belgique	7	7	14	13	1	1	22	21	4	5	15	5	3	5	22	15	44	36
Bosnie-Herzégovine	1	1	10	10	2		13	11	4	4	21	16	4		29	20	42	31
Bulgarie	30	32	63	56		1	93	89	37	32	46	41	6	4	89	77	182	166
Croatie	2	2	22	25	2		26	27	6	6	42	32	3	2	51	40	77	67
Chypre	1	1	7	9	1		9	10			1	3			1	3	10	13
République tchèque	1	1	3	4			4	5			2	2	1	1	3	3	7	8
Danemark		1	3	2			3	3			1	2		2	1	4	4	7
Estonie			3	2		1	3	3							0	0	3	3
Finlande	1	1	8	1			9	2		1	9	4			9	4	18	6
France	5	5	22	15	2		29	20	1	1	4	13	5	8	10	22	39	42
Géorgie	6	7	21	20			27	27	27	30	13	17	1	4	41	51	68	78
Allemagne		1	12	9			12	10			2	1		1	2	2	14	12
Grèce	7	7	19	20	1	1	27	28	18	16	14	16	11	10	43	42	70	70
Hongrie	14	18	29	26		1	43	45	58	50	102	51	16	19	176	120	219	165
Islande			1				1	0			4				4	0	5	0
Irlande	1	1	1	1			2	2			3				0	0	2	2
Italie	23	27	35	36	1	3	59	66	29	28	82	119	17	36	128	183	187	249
Lettonie			6	8	2		8	8							0	0	8	8
Liechtenstein							0	0							0	0	0	0

332 Committee of Ministers

STATE (cont.)	LEADING CASES									REPETITIVE CASES									TOTAL	
	Enhanced supervision		Standard supervision		Awaiting classification		Total of leading cases		Enhanced supervision		Standard supervision		Awaiting classification		Total of repetitive cases			
	2022	2023	2022	2023	2022	2023	2022	2023	2022	2023	2022	2023	2022	2023	2022	2023	2022	2023
Lithuania	2	3	17	18		1	19	22			17	12	2		19	12	38	34
Luxembourg			1	2			1	2			2	2			2	2	3	4
Malta	5	6	10	9			15	15	22	26	9	7		9	31	42	46	57
Republic of Moldova	7	9	36	36	2	1	45	46	18	16	87	95	3	5	108	116	153	162
Monaco			1				1	0							0	0	1	1
Montenegro			5	3			5	3			2	2	2	1	4	3	9	6
Netherlands	1	1	3	4			4	5			2	2			0	2	4	7
North Macedonia	3	4	8	7		2	11	13	8	4	8	7	2	9	18	20	29	33
Norway	1	1					1	1	3	5					3	5	4	6
Poland	14	16	31	28	1	2	46	46	27	27	31	38	21	20	79	85	125	131
Portugal	3	4	12	12			15	16	7	7	13	18	4	7	24	32	39	48
Romania	35	37	75	77	3	1	113	115	212	214	148	134	36	13	396	361	509	476
San Marino			2	3			2	3							0	0	2	3
Serbia	5	5	7	7	1	2	13	14	37	25	5	4	42	34	84	63	97	77
Slovak Republic	3	4	20	25	1		24	29	1	3	26	34	8	3	35	40	59	69
Slovenia	1	1	2	4	1		4	5			1	1	1	1	2	1	6	6
Spain	1	1	19	22	1		21	23			9	7			9	7	30	30
Sweden	2	1					2	1							0	0	2	1
Switzerland			6	8	2	1	8	9			2	1	1	1	3	2	11	11
Türkiye	36	35	89	89	1		126	124	152	150	189	151	13	21	354	322	480	446
Ukraine	51	50	48	53			99	103	508	558	76	74	33	31	617	663	716	766
United Kingdom	5	4	5	4	1		11	8	3	2	9	7	2	2	14	4	14	12
TOTAL	305	325	740	743	26	20	1071	1088	1323	1361	1119	1092	247	278	2689	2731	3760	3819

ÉTAT (cont.)	AFFAIRES DE RÉFÉRENCE								AFFAIRES RÉPÉTITIVES								TOTAL	
	Surveillance soutenue		Surveillance standard		En attente de classification		Total des affaires de référence		Surveillance soutenue		Surveillance standard		En attente de classification		Total des affaires répétitives			
	2022	2023	2022	2023	2022	2023	2022	2023	2022	2023	2022	2023	2022	2023	2022	2023	2022	2023
Lituanie	2	3	17	18		1	19	22			17	12	2		19	12	38	34
Luxembourg			1	2			1	2			2	2			2	2	3	4
Malte	5	6	10	9			15	15	22	26	9	7		9	31	42	46	57
République de Moldova	7	9	36	36	2	1	45	46	18	16	87	95	3	5	108	116	153	162
Monaco			1				1	0							0	0	1	1
Monténégro		1	5	3			5	3			2	2	2	1	4	3	9	6
Pays-Bas	1		3	4			4	5			2			2	0	2	4	7
Macédoine du Nord	3	4	8	7		2	11	13	8	4	8	7	2	9	18	20	29	33
Norvège	1	1					1	1	3	5					3	5	4	6
Pologne	14	16	31	28	1	2	46	46	27	27	31	38	21	20	79	85	125	131
Portugal	3	4	12	12			15	16	7	7	13	18	4	7	24	32	39	48
Roumanie	35	37	75	77	3	1	113	115	212	214	148	134	36	13	396	361	509	476
Saint-Marin			2	3			2	3							0	0	2	3
Serbie	5	5	7	7	1	2	13	14	37	25	5	4	42	34	84	63	97	77
République slovaque	3	4	20	25	1		24	29	1	3	26	34	8	3	35	40	59	69
Slovénie	1	1	2	4	1		4	5			1	1	1		2	1	6	6
Espagne	1	1	19	22	1		21	23			9	7		7	9	7	30	30
Suède	2	1					2	1							0	0	2	1
Suisse			6	8	2	1	8	9	2		2	1	1	1	3	2	11	11
Türkiye	36	35	89	89	1		126	124	152	150	189	151	13	21	354	322	480	446
Ukraine	51	50	48	53			99	103	508	558	76	74	33	31	617	663	716	766
Royaume-Uni	5	4	5	4	1		11	8	3	2				2	3	4	14	12
TOTAL	305	325	740	743	26	20	1071	1088	1323	1361	1119	1092	247	278	2689	2731	3760	3819

C.5. Length of the execution of leading cases pending

Overview

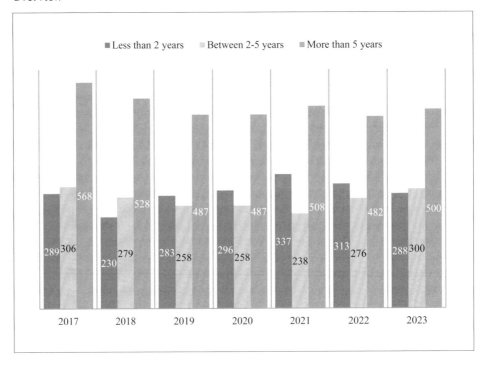

C.5. Durée d'exécution des affaires de référence pendantes

Aperçu

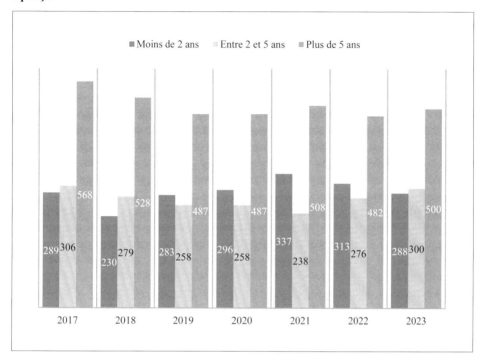

Committee of Ministers

Leading cases under enhanced supervision

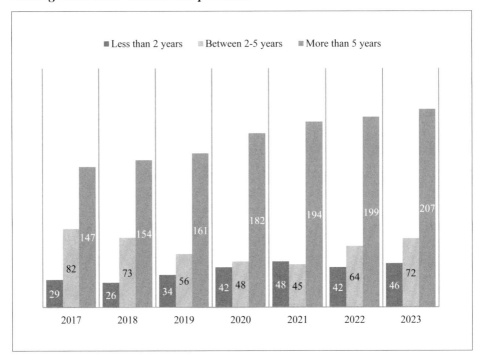

Leading cases under standard supervision

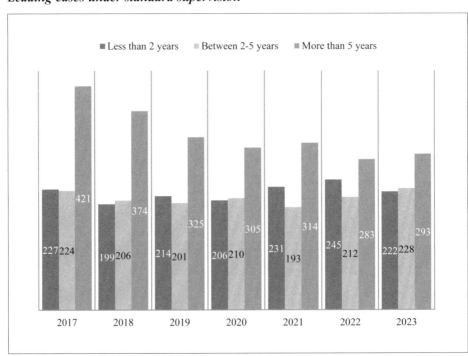

Affaires de référence sous surveillance soutenue

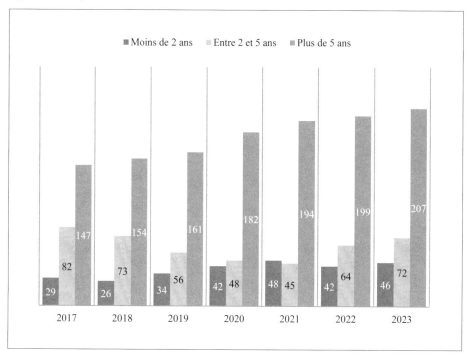

Affaires de référence sous surveillance standard

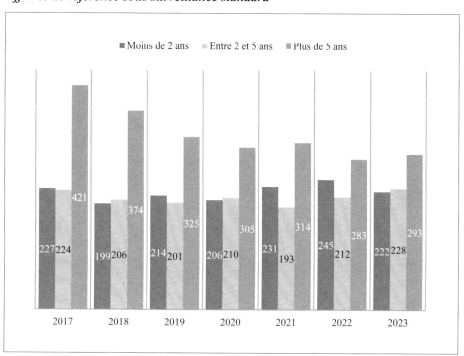

Leading cases pending – state by state

STATE	ENHANCED SUPERVISION						STANDARD SUPERVISION					
	< 2 years		2-5 years		>5 years		< 2 years		2-5 years		>5 years	
	2022	2023	2022	2023	2022	2023	2022	2023	2022	2023	2022	2023
Albania	1	1	2	1	1	2	2	8	7	5	3	7
Andorra												
Armenia	1	1	1		4	5	8	8	4	4	4	5
Austria							3	4		2		
Azerbaijan	1	1	7	6	13	14	9	8	6	6	17	15
Belgium			3	3	4	4	8	6	5	7	1	
Bosnia and Herzegovina					1	1	2	2	5	3	3	5
Bulgaria	7	8	1	3	22	21	18	9	13	17	32	30
Croatia	1	1			1	1	13	14	3	6	6	5
Cyprus					1	1	2	4	5	3		2
Czech Republic					1	1	2	4	1			
Denmark		1					2		1	2		
Estonia							3	1		1		
Finland					1	1						
France	1	1	4	3		1	11	6	7	6	8	1
Georgia	1	1		1	5	5	6	2	10	10	4	3
Germany		1					3	1	3	4	5	8
Greece		1	1		6	6	5	7	7	6	6	4
Hungary	1	4	3	5	10	9	3	3	8	10	7	7
Iceland							1				18	13
Ireland					1	1					1	1
Italy	4	5	6	8	13	14	8	5	12	12	15	19
Latvia							3	5	3	3		
Liechtenstein												
Lithuania		1	1		1	2	7	8	9	5	1	5
Luxembourg							1	2				

Affaires de référence pendantes – État par État

ÉTAT	SURVEILLANCE SOUTENUE						SURVEILLANCE STANDARD					
	< 2 ans		2-5 ans		>5 ans		< 2 ans		2-5 ans		>5 ans	
	2022	2023	2022	2023	2022	2023	2022	2023	2022	2023	2022	2023
Albanie	1	1	2	1	1	2	2	8	7	5	3	7
Andorre												
Arménie	1	1	1		4	5	8	8	4	4	4	5
Autriche							3	4		2		
Azerbaïdjan	1	1	7	6	13	14	9	8	6	6	17	15
Belgique			3	3	4	4	8	6	5	7	1	
Bosnie-Herzégovine					1	1	2	2	5	3	3	5
Bulgarie	7	8	1	3	22	21	18	9	13	17	32	30
Croatie	1	1			1	1	13	14	3	6	6	5
Chypre					1	1	2	4	5	3		2
République tchèque					1	1	2	4	1			
Danemark		1					2		1	2		
Estonie							3	1	1	1		
Finlande					1	1					8	1
France	1	1	4	3			11	6	7	6	4	3
Géorgie	1	1		1	5	5	6	2	10	10	5	8
Allemagne		1					3	1	3	4	6	4
Grèce		1	1		6	6	5	7	7	6	7	7
Hongrie	1	4	3	5	10	9	3	3	8	10	18	13
Islande					1	1	1					
Irlande											1	1
Italie	4	5	6	8	13	14	8	5	12	12	15	19
Lettonie							3	5	3	3		
Liechtenstein												
Lituanie		1	1		1	2	7	8	9	5	1	5
Luxembourg							1	2				

STATE (cont.)	ENHANCED SUPERVISION						STANDARD SUPERVISION					
	< 2 years		2-5 years		>5 years		< 2 years		2-5 years		>5 years	
	2022	2023	2022	2023	2022	2023	2022	2023	2022	2023	2022	2023
Malta	1	1	1	2	3	3	3	2	5	3	2	4
Republic of Moldova	1	2	1	1	5	6	10	7	6	8	20	21
Monaco							1					
Montenegro							2	1	2	2	1	1
Netherlands			1			1	2			2	1	1
North Macedonia		1	2	1	1	2	3	4	3	1	2	2
Norway			1	1								
Poland	5	3	1	5	8	8	11	12	9	5	11	11
Portugal		1	2	2	1	1	1		6	4	5	8
Romania	7	5	9	9	19	23	24	16	26	31	25	30
San Marino							1	1	1	2		
Serbia					5	5	3	4	3	2	1	1
Slovak Republic	2	2	1	2			10	10	6	11	4	4
Slovenia	1			1			1	4	1			
Spain					1	1	11	12	6	7	2	3
Sweden	1			1	1							
Switzerland							4	4	2	3		1
Türkiye	3	2	8	9	25	24	17	21	19	20	53	48
Ukraine	2	2	7	6	42	42	17	16	7	10	24	27
United Kingdom	1		1	2	3	2	4	1	1	3		
TOTAL	42	46	64	72	199	207	245	222	212	228	283	293

| ÉTAT (cont.) | SURVEILLANCE SOUTENUE ||||||| SURVEILLANCE STANDARD |||||||
| | < 2 ans || 2-5 ans || >5 ans || < 2 ans || 2-5 ans || >5 ans ||
	2022	2023	2022	2023	2022	2023	2022	2023	2022	2023	2022	2023
Malte	1	1	1	2	3	3	3	2	5	3	2	4
République de Moldova	1	2	1	1	5	6	10	7	6	8	20	21
Monaco							1					
Monténégro						1	2	1	2	2	1	1
Pays-Bas			1				2		2	2	1	1
Macédoine du Nord		1	2	1	1	2	3	4	3	1	2	2
Norvège			1	1								
Pologne	5	3	1	5	8	8	11	12	9	5	11	11
Portugal		1	2	2	1	1	1		6	4	5	8
Roumanie	7	5	9	9	19	23	24	16	26	31	25	30
Saint-Marin							1	1	1	2		
Serbie					5	5	3	4	3	2	1	1
République slovaque	2	2	1	2			10	10	6	11	4	4
Slovénie	1			1			1	4	1			
Espagne					1	1	11	12	6	7	2	3
Suède	1			1	1							
Suisse							4	4	2	3		1
Türkiye	3	2	8	9	25	24	17	21	19	20	53	48
Ukraine	2	2	7	6	42	42	17	16	7	10	24	27
Royaume-Uni	1		1	2	3	2	4	1	1	3		
TOTAL	42	46	64	72	199	207	245	222	212	228	283	293

C.6. Main themes of leading cases under enhanced supervision

2023

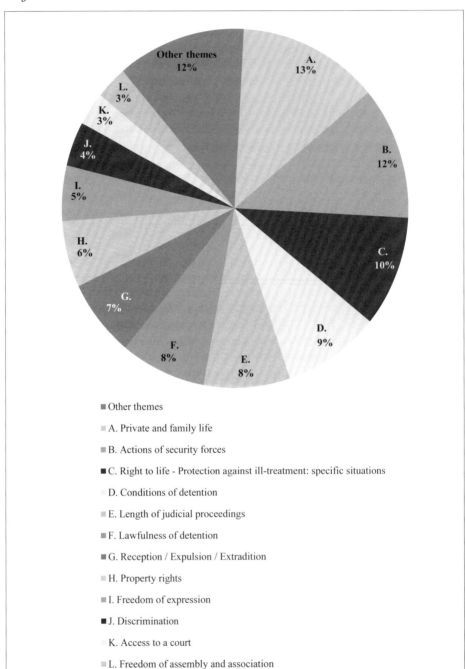

- Other themes
- A. Private and family life
- B. Actions of security forces
- C. Right to life - Protection against ill-treatment: specific situations
- D. Conditions of detention
- E. Length of judicial proceedings
- F. Lawfulness of detention
- G. Reception / Expulsion / Extradition
- H. Property rights
- I. Freedom of expression
- J. Discrimination
- K. Access to a court
- L. Freedom of assembly and association

C.6. Principaux thèmes des affaires de référence sous surveillance soutenue

2023

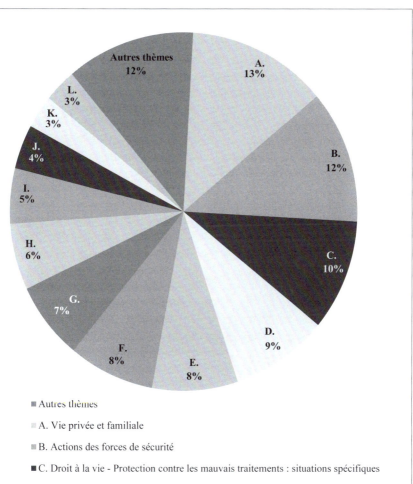

- Autres thèmes
- A. Vie privée et familiale
- B. Actions des forces de sécurité
- C. Droit à la vie - Protection contre les mauvais traitements : situations spécifiques
- D. Conditions de détention
- E. Durée des procédures judiciaires
- F. Légalité de la détention
- G. Accueil / Expulsion / Extradition
- H. Droits de propriété
- I. Liberté d'expression
- J. Discrimination
- K. Accès à un tribunal
- L. Liberté de réunion et d'association

2022

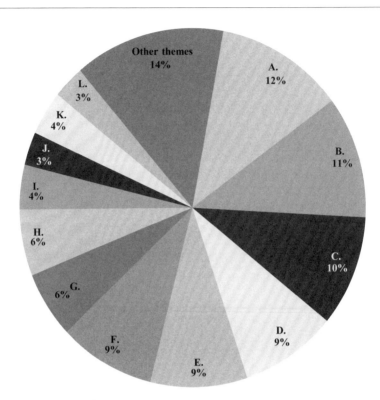

- Other themes
- A. Actions of security forces
- B. Private and family life
- C. Right to life - Protection against ill-treatment: specific situations
- D. Conditions of detention
- E. Length of judicial proceedings
- F. Lawfulness of detention
- G. Reception / Expulsion / Extradition
- H. Property rights
- I. Freedom of expression
- J. Discrimination
- K. Access to a court
- L. Freedom of assembly and association

2022

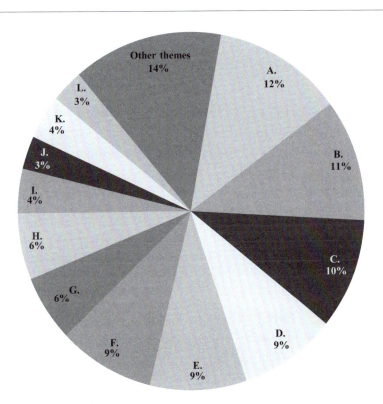

- Autres thèmes
- A. Actions des forces de sécurité
- B. Vie privée et familiale
- C. Droit à la vie - Protection contre les mauvais traitements : situations spécifiques
- D. Conditions de détention
- E. Durée des procédures judiciaires
- F. Légalité de la détention
- G. Accueil / Expulsion / Extradition
- H. Droits de propriété
- I. Liberté d'expression
- J. Discrimination
- K. Accès à un tribunal
- L. Liberté de réunion et d'association

C.7. Main states with leading cases under enhanced supervision

2023

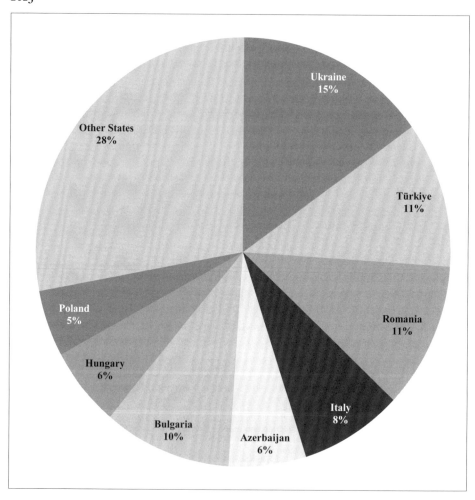

C.7. Principaux États ayant des affaires de référence sous surveillance soutenue

2023

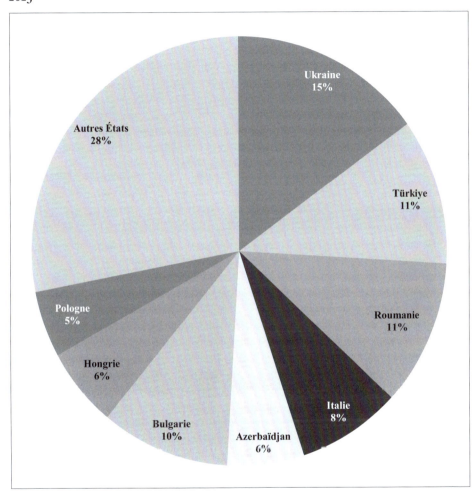

2022

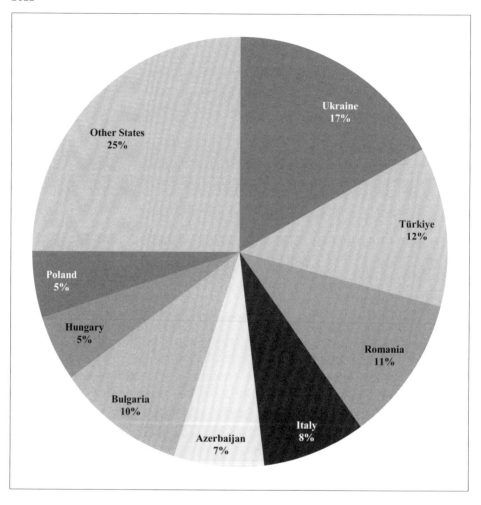

2022

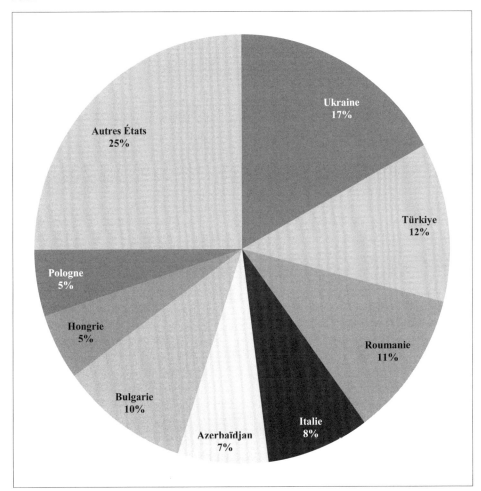

D. Closed cases

D.1. Overview

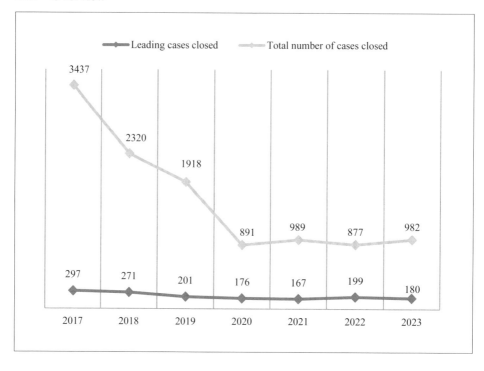

D. Affaires closes

D.1. Aperçu

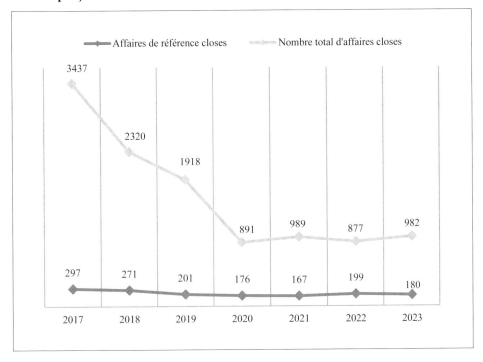

D.2. Leading or repetitive cases

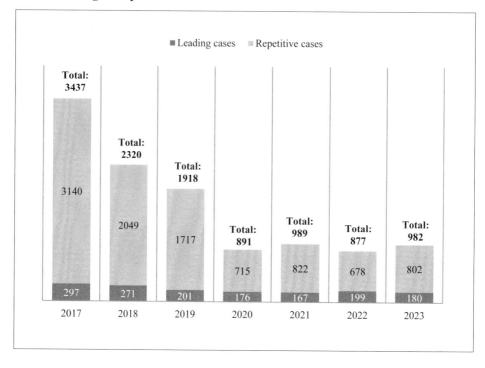

D.2. Affaires de référence ou répétitives

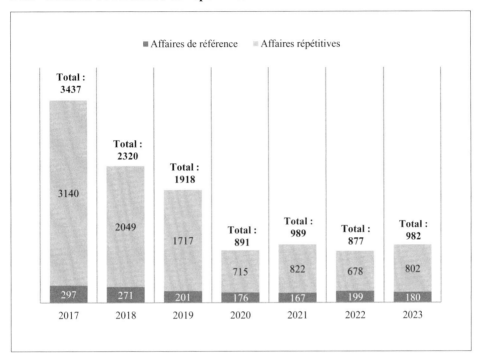

D.3. Enhanced or standard supervision

Leading cases closed

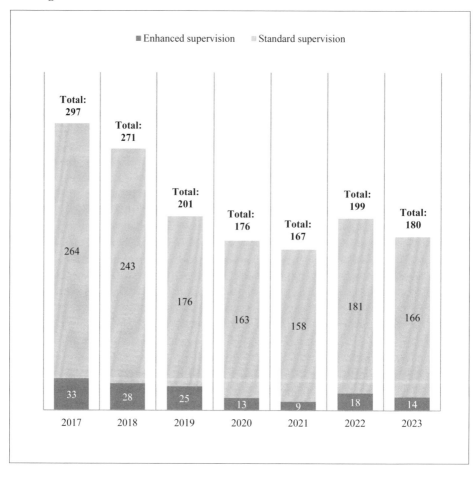

D.3. Surveillance soutenue ou standard

Affaires de référence closes

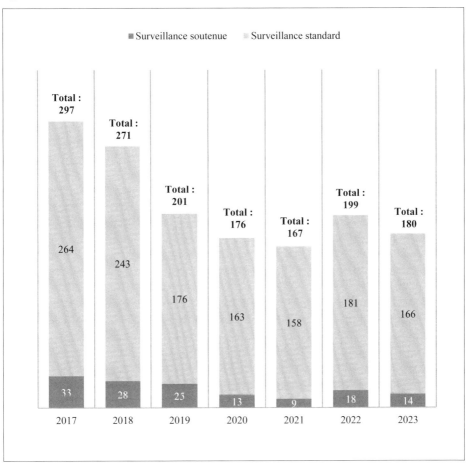

Total number of cases closed

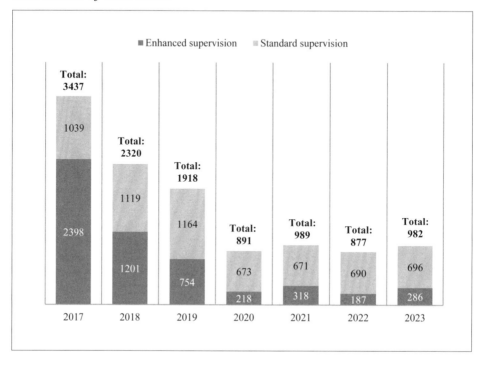

Nombre total d'affaires closes

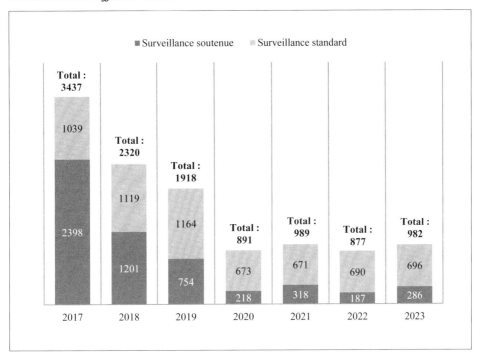

D.4. Closed cases – state by state

STATE	LEADING CASES						REPETITIVE CASES						TOTAL	
	Enhanced supervision		Standard supervision		Total of leading cases		Enhanced supervision		Standard supervision		Total of repetitive cases			
	2022	2023	2022	2023	2022	2023	2022	2023	2022	2023	2022	2023	2022	2023
Albania					0	0			3	4	3	4	3	4
Andorra					0	0					0	0	0	0
Armenia			7	1	7	1		8	5	6	5	14	12	15
Austria			5	1	5	1			3	2	3	2	8	3
Azerbaijan	1		2	6	3	6	1	4	31	22	32	26	35	32
Belgium			5	7	5	7	2		5	16	7	16	12	23
Bosnia-Herzegovina			2	3	2	3			13	11	13	11	15	14
Bulgaria		2	10	12	10	14		7	9	26	9	33	19	47
Croatia	1		12	5	13	5	4		23	31	27	31	40	36
Cyprus	1		2	1	3	1	1		2		3	0	6	1
Czech Republic				1	0	1			5	3	5	3	5	4
Denmark				1	0	1			1		1	0	1	1
Estonia			1	2	1	2			1		1	0	2	2
Finland				7	0	7				5	0	5	0	12
France			8	9	8	9			6	5	6	5	14	14
Georgia			2	4	2	4	2		1	1	3	1	5	5
Germany			1	4	1	4			3	1	3	1	4	5
Greece		2	14	6	14	8	1	6	33	21	34	27	48	35
Hungary		1	4	5	4	6	33	24	72	93	105	117	109	123
Iceland	1		1	1	2	1			2	4	2	4	4	5
Ireland					0	0			3		3	0	3	0
Italy	2		2	2	4	2	9	2	19	21	28	23	32	25
Latvia			3	2	3	2			2		2	0	5	2
Liechtenstein			1		1	0			1		1	0	2	0
Lithuania	1		2	2	3	2			3	7	3	7	6	9

D.4. Affaires closes – État par État

ÉTAT	AFFAIRES DE RÉFÉRENCES						AFFAIRES RÉPÉTITIVES						TOTAL	
	Surveillance soutenue		Surveillance standard		Total des affaires de référence		Surveillance soutenue		Surveillance standard		Total des affaires répétitives			
	2022	2023	2022	2023	2022	2023	2022	2023	2022	2023	2022	2023	2022	2023
Albanie					0	0			3	4	3	4	3	4
Andorre					0	0					0	0	0	0
Arménie			7	1	7	1		8	5	6	5	14	12	15
Autriche			5	1	5	1			3	2	3	2	8	3
Azerbaïdjan	1		2	6	3	6	1	4	31	22	32	26	35	32
Belgique			5	7	5	7	2		5	16	7	16	12	23
Bosnie-Herzégovine			2	3	2	3			13	11	13	11	15	14
Bulgarie		2	10	12	10	14		7	9	26	9	33	19	47
Croatie	1		12	5	13	5	4		23	31	27	31	40	36
Chypre	1		2	1	3	1	1		2		3	0	6	1
République tchèque				1	0	1			5	3	5	3	5	4
Danemark				1	0	1			1		1	0	1	1
Estonie			1	2	1	2			1		1	0	2	2
Finlande				7	0	7			6	5	6	5	6	12
France			8	9	8	9	2		6	5	8	5	14	14
Géorgie			2	4	2	4		1	1		3	1	5	5
Allemagne			1	4	1	4			3	1	3	1	4	5
Grèce		2	14	6	14	8	1	6	33	21	34	27	48	35
Hongrie		1	4	5	4	6	33	24	72	93	105	117	109	123
Islande	1		1	1	2	1			2	4	2	4	4	5
Irlande					0	0			3		3	0	3	0
Italie	2		2	2	4	2	9	2	19	21	28	23	32	25
Lettonie			3	2	3	2			2		2	0	5	2
Liechtenstein			1		1	0			1		1	0	2	0
Lituanie	1		2	2	3	2			3	7	3	7	6	9

STATE (cont.)	LEADING CASES							REPETITIVE CASES							TOTAL	
	Enhanced supervision		Standard supervision		Total of leading cases		Enhanced supervision		Standard supervision		Total of repetitive cases			
	2022	2023	2022	2023	2022	2023	2022	2023	2022	2023	2022	2023	2022	2023
Luxembourg					0	0					0	0	0	0
Malta				2	0	2	4			2	5	2	5	4
Republic of Moldova	1		13	6	14	6		6	39	8	39	14	53	20
Monaco				1	0	1					0	0	0	1
Montenegro			1	2	1	2			3	5	3	5	4	7
Netherlands			5		5	0			5	4	5	4	10	4
North Macedonia			6	4	6	4		4	22	8	22	12	28	16
Norway			1		1	0	8	1			8	1	9	1
Poland	1		2	12	3	12		13	23	25	23	38	26	50
Portugal			2		2	0			1	1	1	1	1	1
Romania	2	2	6	10	8	12	7	38	22	71	29	109	37	121
San Marino					0	0			1	1	1	1	1	1
Serbia	1		2	4	3	4	43	84	11	8	54	92	57	96
Slovak Republic			3	3	3	3			33	17	33	17	36	20
Slovenia			3	2	3	2				4	0	4	3	6
Spain	1		8	5	9	5			6	4	6	4	15	9
Sweden		1			0	1					0	0	0	1
Switzerland	1		3	4	4	4			7	4	7	4	11	8
Türkiye	3	3	23	18	26	21	28	28	53	62	81	90	107	111
Ukraine	1	2	15	8	16	10	26	44	25	21	51	65	67	75
United Kingdom		1	4	3	4	4		1	9	1	9	2	13	6
TOTAL	18	14	181	166	199	180	169	272	509	530	678	802	877	982

ÉTAT (cont.)	AFFAIRES DE RÉFÉRENCES					AFFAIRES RÉPÉTITIVES					TOTAL	
	Surveillance soutenue		Surveillance standard		Total des affaires de référence		Surveillance soutenue		Surveillance standard		Total des affaires répétitives			
	2022	2023	2022	2023	2022	2023	2022	2023	2022	2023	2022	2023	2022	2023
Luxembourg					0	0					0	0	0	0
Malte				2	0	2	4			2	5	2	5	4
République de Moldova	1		13	6	14	6		6	39	8	39	14	53	20
Monaco				1	0	1					0	0	0	1
Monténégro			1	2	1	2			3	5	3	5	4	7
Pays-Bas			5		5	0			5	4	5	4	10	4
Macédoine du Nord			6	4	6	4		4	22	8	22	12	28	16
Norvège			1		1	0	8	1			8	1	9	1
Pologne	1		2	12	3	12		13	23	25	23	38	26	50
Portugal			2		2	0			1	1	1	1	1	1
Roumanie	2	2	6	10	8	12	7	38	22	71	29	109	37	121
Saint-Marin					0	0			1	1	1	1	1	1
Serbie	1		2	4	3	4	43	84	11	8	54	92	57	96
République slovaque			3	3	3	3			33	17	33	17	36	20
Slovénie			3	2	3	2				4	0	4	3	6
Espagne	1		8	5	9	5			6	4	6	4	15	9
Suède		1			0	1					0	0	0	1
Suisse	1		3	4	4	4			7	4	7	4	11	8
Türkiye	3	3	23	18	26	21	28	28	53	62	81	90	107	111
Ukraine	1	2	15	8	16	10	26	44	25	21	51	65	67	75
Royaume-Uni		1	4	3	4	4		1	9	1	9	2	13	6
TOTAL	18	14	181	166	199	180	169	272	509	530	678	802	877	982

D.5. Length of the execution of leading cases closed

Overview

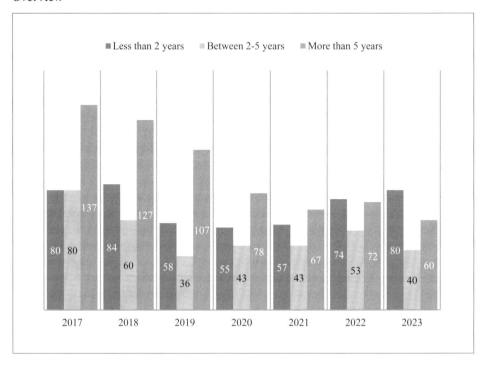

D.5. Durée d'exécution des affaires de référence closes

Aperçu

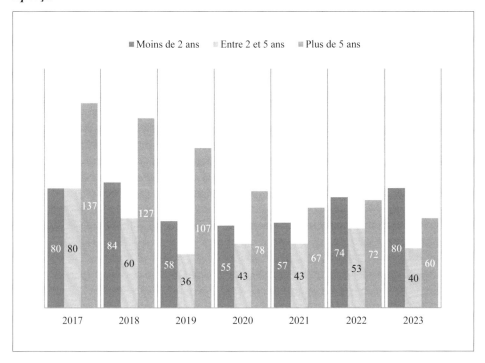

Leading cases closed – state by state

STATE	ENHANCED SUPERVISION						STANDARD SUPERVISION					
	< 2 years		2-5 years		>5 years		< 2 years		2-5 years		>5 years	
	2022	2023	2022	2023	2022	2023	2022	2023	2022	2023	2022	2023
Albania												
Andorra												
Armenia							5	1				
Austria							2	1	2		2	
Azerbaijan			1				1	1	1	2	1	3
Belgium							2	4	2	2	1	1
Bosnia and Herzegovina							1	2	1	1		
Bulgaria						2	4	2	5	3	1	7
Croatia					1		7	4	2		3	1
Cyprus			1				2					1
Czech Republic								1		1		
Denmark							1					
Estonia							1	2				
Finland												7
France							4	4	4	3		
Georgia								3	2	1		
Germany									1	1		
Greece						2	4	8	2	1	8	
Hungary						1					4	5
Iceland	1							1			1	
Ireland												
Italy					2					2	2	
Latvia							1	1	2	1		
Liechtenstein											1	
Lithuania					1		1	1	1	1		
Luxembourg												

Affaires de référence closes – État par État

| ÉTAT | SURVEILLANCE SOUTENUE |||||| SURVEILLANCE STANDARD ||||||
| | < 2 ans || 2-5 ans || >5 ans || < 2 ans || 2-5 ans || >5 ans ||
	2022	2023	2022	2023	2022	2023	2022	2023	2022	2023	2022	2023
Albanie												
Andorre												
Arménie							5	1				
Autriche							2	1	2		2	
Azerbaïdjan			1				1	1		2	1	3
Belgique							2	4	2	2	1	1
Bosnie-Herzégovine							1	2	1	1		
Bulgarie						2	4	2	5	3	1	7
Croatie					1		7	4	2		3	1
Chypre			1				2					1
République tchèque										1		
Danemark								1				
Estonie							1	2				
Finlande												7
France							4	4	4	3		
Géorgie								3	2	1		
Allemagne									1	1		
Grèce						2	4	8	2	1	8	
Hongrie	1					1					4	5
Islande								1			1	
Irlande												
Italie					2					2	2	
Lettonie							1	1	2	1		
Liechtenstein											1	
Lituanie					1		1	1	1	1		
Luxembourg												

Committee of Ministers

STATE (cont.)	ENHANCED SUPERVISION						STANDARD SUPERVISION					
	< 2 years		2-5 years		>5 years		< 2 years		2-5 years		>5 years	
	2022	2023	2022	2023	2022	2023	2022	2023	2022	2023	2022	2023
Malta								1		1		
Republic of Moldova					1		8	5		1	5	
Monaco								1			1	
Montenegro							1	1			2	
Netherlands							2		1		1	
North Macedonia							3		2	4	1	
Norway							1					
Poland					1		1	6		2	1	4
Portugal							1		1			
Romania			2	1			2	7	4	2		1
San Marino												
Serbia					1		1	2	1	2		
Slovak Republic							1	2	1	1	1	
Slovenia							2	1	1	1		
Spain	1					1	1	3	5	1	2	
Sweden												
Switzerland					1		3	4				
Türkiye					3	3		4	6	2	17	12
Ukraine					1	2	6	6	2	2	7	
United Kingdom						1	4	3				
TOTAL	2	1	4	1	12	12	72	79	49	39	60	48

ÉTAT	SURVEILLANCE SOUTENUE						SURVEILLANCE STANDARD					
(cont.)	< 2 ans		2-5 ans		>5 ans		< 2 ans		2-5 ans		>5 ans	
	2022	2023	2022	2023	2022	2023	2022	2023	2022	2023	2022	2023
Malte								1		1		
République de Moldova					1		8	5		1	5	
Monaco								1				
Monténégro							1	1			1	
Pays-Bas							2		1		2	
Macédoine du Nord							3		2	4	1	
Norvège							1					
Pologne					1		1	6		2	1	4
Portugal							1		1			
Roumanie		1	2	1			2	7	4	2		1
Saint-Marin												
Serbie					1		1	2	1	2		
République slovaque							1	2	1	1	1	
Slovénie							2	1	1	1		
Espagne	1					1	1	3	5	1	2	1
Suède					1			4				
Suisse					3	3	3	4	6	2	17	12
Türkiye					1	2	6	6	2	2	7	
Ukraine						1	4	3				
Royaume-Uni												
TOTAL	**2**	**1**	**4**	**1**	**12**	**12**	**72**	**79**	**49**	**39**	**60**	**48**

E. **Just satisfaction**

E.1. **Just satisfaction awarded**

Global amount

Year	Total awarded
2023	52 533 119 €
2022	30 646 632 €
2021	24 463 389 €
2020	64 994 093 €
2019	48 697 318 €
2018	55 624 318 €
2017	45 841 226 €
2016	74 908 733 €
2015	48 394 302 €
2014	159 653 629 €

State by state

State	Total awarded	
	2022	2023
Albania	60 000 €	114 990 €
Andorra	0 €	0 €
Armenia	208 716 €	481 494 €
Austria	25 400 €	29 160 €
Azerbaijan	986 152 €	883 635 €
Belgium	281 860 €	188 874 €
Bosnia and Herzegovina	240 519 €	54 000 €
Bulgaria	408 117 €	2 227 370 €
Croatia	389 205 €	209 577 €
Cyprus	22 763 €	44 600 €
Czech Republic	33 140 €	30 339 €
Denmark	0 €	45 400 €
Estonia	25 129 €	15 070 €
Finland	0 €	0 €
France	541 826 €	321 185 €
Georgia	272 100 €	144 700 €
Germany	22 500 €	12 000 €
Greece	933 702 €	2 811 110 €
Hungary	4 320 410 €	4 812 873 €
Iceland	8 000 €	0 €
Ireland	0 €	0 €
Italy	5 905 876 €	22 631 295 €
Latvia	63 762 €	24 376 €
Liechtenstein	0 €	0 €

E. Satisfaction équitable

E.1. Satisfaction équitable octroyée

Montant global

Année	Total alloué
2023	52 533 119 €
2022	30 646 632 €
2021	24 463 389 €
2020	64 994 093 €
2019	48 697 318 €
2018	55 624 318 €
2017	45 841 226 €
2016	74 908 733 €
2015	48 394 302 €
2014	159 653 629 €

État par État

État	Total alloué	
	2022	2023
Albanie	60 000 €	114 990 €
Andorre	0 €	0 €
Arménie	208 716 €	481 494 €
Autriche	25 400 €	29 160 €
Azerbaïdjan	986 152 €	883 635 €
Belgique	281 860 €	188 874 €
Bosnie-Herzégovine	240 519 €	54 000 €
Bulgarie	408 117 €	2 227 370 €
Croatie	389 205 €	209 577 €
Chypre	22 763 €	44 600 €
République tchèque	33 140 €	30 339 €
Danemark	0 €	45 400 €
Estonie	25 129 €	15 070 €
Finlande	0 €	0 €
France	541 826 €	321 185 €
Géorgie	272 100 €	144 700 €
Allemagne	22 500 €	12 000 €
Grèce	933 702 €	2 811 110 €
Hongrie	4 320 410 €	4 812 873 €
Islande	8 000 €	0 €
Irlande	0 €	0 €
Italie	5 905 876 €	22 631 295 €
Lettonie	63 762 €	24 376 €
Liechtenstein	0 €	0 €

State (cont.)	Total awarded	
	2022	2023
Lithuania	217 296 €	84 996 €
Luxembourg	24 000 €	55 000 €
Malta	1 141 759 €	632 937 €
Republic of Moldova	503 058 €	294 251 €
Monaco	0 €	0 €
Montenegro	71 200 €	13 000 €
Netherlands	18 812 €	15 774 €
North Macedonia	116 350 €	828 673 €
Norway	25 500 €	150 000 €
Poland	721 401 €	977 076 €
Portugal	323 135 €	281 475 €
Romania	2 860 079 €	1 930 743 €
San Marino	0 €	1 930 743 €
Serbia	1 171 688 €	690 455 €
Slovak Republic	386 473 €	5 342 468 €
Slovenia	69 000 €	26 365 €
Spain	221 029 €	125 916 €
Sweden	0 €	0 €
Switzerland	321 885 €	148 085 €
Turkïye	5 682 721 €	3 003 567 €
Ukraine	1 864 517 €	2 166 105 €
United Kingdom	157 552 €	674 186 €
TOTAL	**30 646 632 €**	**52 533 119 €**

État (cont.)	Total alloué	
	2022	**2023**
Lituanie	217 296 €	84 996 €
Luxembourg	24 000 €	55 000 €
Malte	1 141 759 €	632 937 €
République de Moldova	503 058 €	294 251 €
Monaco	0 €	0 €
Monténégro	71 200 €	13 000 €
Pays-Bas	18 812 €	15 774 €
Macédoine du Nord	116 350 €	828 673 €
Norvège	25 500 €	150 000 €
Pologne	721 401 €	977 076 €
Portugal	323 135 €	281 475 €
Roumanie	2 860 079 €	1 930 743 €
Saint-Marin	0 €	1 930 743 €
Serbie	1 171 688 €	690 455 €
République slovaque	386 473 €	5 342 468 €
Slovénie	69 000 €	26 365 €
Espagne	221 029 €	125 916 €
Suède	0 €	0 €
Suisse	321 885 €	148 085 €
Turkïye	5 682 721 €	3 003 567 €
Ukraine	1 864 517 €	2 166 105 €
Royaume-Uni	157 552 €	674 186 €
TOTAL	**30 646 632 €**	**52 533 119 €**

E.2. Respect of payment deadlines

Overview of payments made

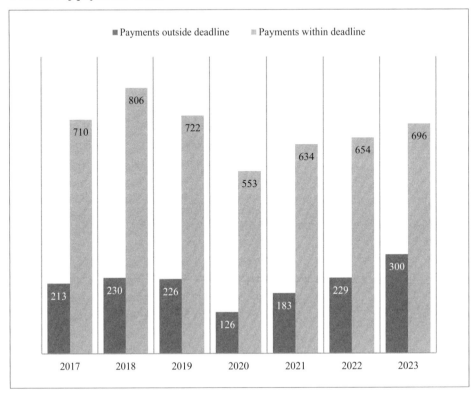

E.2. Respect des délais de paiement

Aperçu des paiements effectués

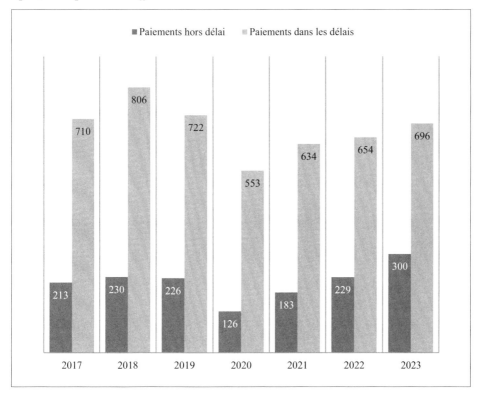

Awaiting Information on payment

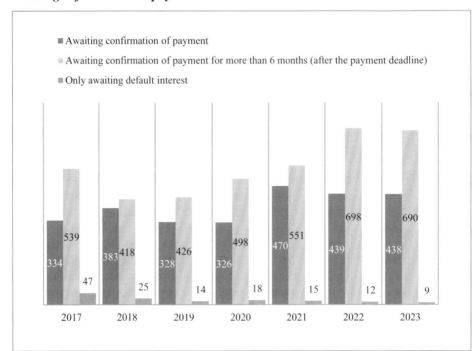

En attente d'informations sur les paiements effectués

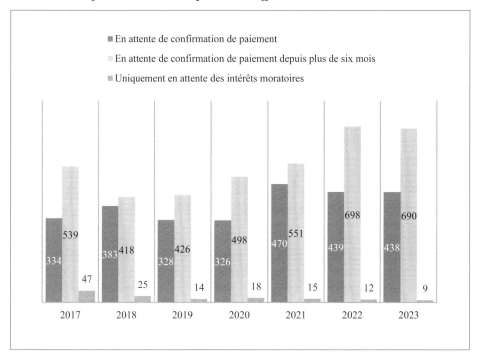

State by state

| STATE | RESPECT OF PAYMENT DEADLINES ||||||||||
| | Payments within deadline || Payments outside deadline || Cases only awaiting default interest || Cases awaiting confirmation of payments on 31 December || ... including cases awaiting this information for more than six months (outside payment deadline) ||
	2022	2023	2022	2023	2022	2023	2022	2023	2022	2023
Albania	4	3	1	8			16	22	11	6
Andorra										
Armenia	20	24	1				1	4	1	1
Austria	3	1		2			1	3	1	1
Azerbaijan	13	34	25	29	3	3	73	89	45	45
Belgium	3	6	13	8			9	5	3	5
Bosnia and Herzegovina	13	6	4	2			16	14	12	13
Bulgaria	10	54		9			46	13	17	4
Croatia	31	29	3	1			1			
Cyprus	4	3		1			1			
Czech Republic	9	4					1	2		
Denmark	2	1	1	1						
Estonia	3	2								
Finland										
France	9	16		8			15	8	4	2
Georgia	9	12					2	5	2	3
Germany	4							1		
Greece	24	35					13	7	1	
Hungary	115	81	20	22			82	47	56	14
Iceland	3		1							
Ireland										
Italy	10	12	1	3	6	5	72	136	31	73
Latvia	2	4								

État par État

ÉTAT	RESPECT DES DÉLAIS DE PAIEMENT							
	Paiements dans les délais		Paiements hors délai		Affaires uniquement en attente des intérêts moratoires		Affaires en attente d'une confirmation de paiement au 31 décembre		... parmi lesquelles affaires en attente de cette confirmation depuis plus de six mois (après le délai de paiement)	
	2022	2023	2022	2023	2022	2023	2022	2023	2022	2023
Albanie	4	3	1	8			16	22	11	6
Andorre										
Arménie	20	24					1	4	1	1
Autriche	3	1		2			1	3	1	1
Azerbaïdjan	13	34	25	29	3	3	73	89	45	45
Belgique	3	6	13	8			9	5	3	5
Bosnie-Herzégovine	13	6	4	2			16	14	12	13
Bulgarie	10	54		9			46	13	17	4
Croatie	31	29	3	1			1			
Chypre	4	3		1			1			
République tchèque	9	4					1	2		
Danemark	2	1	1							
Estonie	3	2		1						
Finlande										
France	9	16		8			15	8	4	2
Géorgie	9	12					2	5	2	3
Allemagne	4							1		
Grèce	24	35					13	7	1	
Hongrie	115	81	20	22			82	47	56	14
Islande	3		1							
Irlande										
Italie	10	12	1	3	6	5	72	136	31	73
Lettonie	2	4								

STATE (cont.)	RESPECT OF PAYMENT DEADLINES									
	Payments within deadline		Payments outside deadline		Cases only awaiting default interest		Cases awaiting confirmation of payments on 31 December		... including cases awaiting this information for more than six months (outside payment deadline)	
	2022	2023	2022	2023	2022	2023	2022	2023	2022	2023
Liechtenstein										
Lithuania	10	6	1			1				
Luxembourg		1		2			2		2	
Malta	17	10	1				1	6	1	1
Republic of Moldova	49	31					7	4		
Monaco	1									
Montenegro	5	5					1	1		
Netherlands	4	6					1			
Norway	6	1	1					3		
North Macedonia	38	80	28	52			215	176	154	152
Poland	41	53	4	7			24	18	6	
Portugal	6	8	3	3			15	16	6	5
Romania	38	80	28	52			215	176	154	152
San Marino	1	2					1	1	1	1
Serbia	26	42	44	39			51	52	7	9
Slovak Republic	39	17					12	24	1	3
Slovenia	3	8	1				1			
Spain	6	6	5	2			4	3	1	
Sweden										
Switzerland	8	10					4	2		
Türkiye	54	47	11	21			82	70	59	58
Ukraine	32	26	42	77	3	1	357	384	274	293
United Kingdom	8	1	5	1			1	1		
TOTAL	654	696	229	300	12	9	1137	1128	698	690

RESPECT DES DÉLAIS DE PAIEMENT

ÉTAT (cont.)	Paiements dans les délais		Paiements hors délai		Affaires uniquement en attente des intérêts moratoires		Affaires en attente d'une confirmation de paiement au 31 décembre		... parmi lesquelles affaires en attente de cette confirmation depuis plus de six mois (après le délai de paiement)	
	2022	2023	2022	2023	2022	2023	2022	2023	2022	2023
Liechtenstein										
Lituanie	10	6	1							
Luxembourg		1		2		1	2		2	
Malte	17	10	1				1	6	1	1
République de Moldova	49	31					7	4		
Monaco	1									
Monténégro	5	5					1	1		
Pays-Bas	4	6					1			
Norvège	6	1	1					3		
Macédoine du Nord	38	80	28	52			215	176	154	152
Pologne	41	53	4	7			24	18	6	
Portugal	6	8	3	3			15	16	6	5
Roumanie	38	80	28	52			215	176	154	152
Saint-Marin	1	2					1	1	1	1
Serbie	26	42	44	39			51	52	7	9
République slovaque	39	17					12	24	1	3
Slovénie	3	8	1				1			
Espagne	6	6	5	2			4	3	1	
Suède										
Suisse	8	10					4	2		
Türkiye	54	47	11	21			82	70	59	58
Ukraine	32	26	42	77	3	1	357	384	274	293
Royaume-Uni	8	1	5	1			1	1		
TOTAL	**654**	**696**	**229**	**300**	**12**	**9**	**1137**	**1128**	**698**	**690**

F. Additional statistics

F.1. Overview of friendly settlements and WECL cases

Year	"WECL" cases Article 28 § 1b	New friendly settlements without undertaking	New friendly settlements with undertaking	TOTAL of new friendly settlements
2023	477	289	62	351
2022	446	293	77	370
2021	501	309	43	352
2020	337	179	16	195
2019	390	296	12	308
2018	359	322	21	343
2017	301	322	23	345
2016	181	433	6	439
2015	143	517	59	576
2014	175	479	96	575

F. Statistiques additionnelles

F.1. Aperçu des règlements amiables et affaires « WECL »

Année	Affaires « WECL » Article 28§1b	Nouveaux règlements amiables sans engagement	Nouveaux règlements amiables avec engagement	TOTAL Nouveaux règlements amiables
2023	477	289	62	351
2022	446	293	77	370
2021	501	309	43	352
2020	337	179	16	195
2019	390	296	12	308
2018	359	322	21	343
2017	301	322	23	345
2016	181	433	6	439
2015	143	517	59	576
2014	175	479	96	575

F.2. WECL cases and friendly settlements – state by state

STATE	"WECL" cases Article 28§1b (number of corresponding applications)				Friendly settlements Art. 39 § 4 (number of corresponding applications)				TOTAL	
	2022		2023		2022		2023		2022	2023
Albania	3	(3)	14	(22)	2	(2)	1	(1)	5	15
Andorra									0	0
Armenia	11	(19)	17	(23)	1	(1)	3	(5)	12	20
Austria	1	(1)	4	(4)			1	(1)	1	5
Azerbaijan	10	(24)	25	(56)	21	(64)	44	(152)	31	69
Belgium	4	(4)	1	(1)	10	(22)	6	(8)	14	7
Bosnia and Herzegovina	9	(14)	1	(1)	14	(48)	1	(1)	23	2
Bulgaria	15	(15)	16	(23)	10	(33)	6	(7)	25	22
Croatia	17	(21)	19	(19)	7	(20)	4	(5)	24	23
Cyprus	1	(1)	1	(1)	1	(1)			2	1
Czech Republic					4	(4)	2	(2)	4	2
Denmark							1	(1)	0	1
Estonia	1	(1)	2	(2)	1	(1)			2	2
Finland									0	0
France			4	(5)	5	(6)	5	(5)	5	9
Georgia	3	(3)	4	(4)					3	4
Germany			1	(1)	2	(2)			2	1
Greece	13	(13)	12	(13)	6	(7)	16	(367)	19	28
Hungary	31	(197)	30	(64)	29	(170)	33	(234)	60	63
Iceland					2	(2)			2	0
Ireland									0	0
Italy	15	(22)	37	(98)	25	(85)	40	(164)	40	77
Latvia	3	(3)							3	0
Liechtenstein									0	0
Lithuania	5	(14)			2	(9)			6	0

F.2. Affaires « WECL » et règlements amiables – État par État

ÉTAT	Affaires « WECL » article 28 § 1b (nombre de requêtes correspondantes)				Règlements amiables article 39 § 4 (nombre de requêtes correspondantes)				TOTAL	
	2022		2023		2022		2023		2022	2023
Albanie	3	(3)	14	(22)	2	(2)	1	(1)	5	15
Andorre									0	0
Arménie	11	(19)	17	(23)	1	(1)	3	(5)	12	20
Autriche	1	(1)	4	(4)			1	(1)	1	5
Azerbaïdjan	10	(24)	25	(56)	21	(64)	44	(152)	31	69
Belgique	4	(4)	1	(1)	10	(22)	6	(8)	14	7
Bosnie-Herzégovine	9	(14)	1	(1)	14	(48)	1	(1)	23	2
Bulgarie	15	(15)	16	(23)	10	(33)	6	(7)	25	22
Croatie	17	(21)	19	(19)	7	(20)	4	(5)	24	23
Chypre	1	(1)	1	(1)	1	(1)			2	1
République tchèque					4	(4)	2	(2)	4	2
Danemark							1	(1)	0	1
Estonie	1	(1)	2	(2)	1	(1)			2	2
Finlande									0	0
France			4	(5)	5	(6)	5	(5)	5	9
Géorgie	3	(3)	4	(4)					3	4
Allemagne			1	(1)	2	(2)			2	1
Grèce	13	(3)	12	(13)	6	(7)	16	(367)	19	28
Hongrie	31	(197)	30	(64)	29	(170)	33	(234)	60	63
Islande					2	(2)			2	0
Irlande									0	0
Italie	15	(22)	37	(98)	25	(85)	40	(164)	40	77
Lettonie	3	(3)							3	0
Liechtenstein									0	0
Lituanie	5	(14)			2	(9)			6	0

STATE (cont.)	"WECL" cases Article 28§1b (number of corresponding applications)		Friendly settlements Art. 39 § 4 (number of corresponding applications)		TOTAL	
	2022	2023	2022	2023	2022	2023
Luxembourg	1 (1)				0	0
Malta	7 (9)	13 (13)			8	13
Republic of Moldova	25 (26)	13 (29)	3 (3)	7 (10)	44	20
Monaco					1	0
Montenegro	2 (2)		2 (4)	4 (6)	2	4
Netherlands		2 (2)	4 (4)	4 (4)	2	6
North Macedonia	3 (3)	5 (14)	7 (19)	12 (86)	16	17
Norway		3 (9)			5	3
Poland	16 (16)	18 (46)	22 (77)	28 (135)	32	46
Portugal	4 (6)	6 (6)	9 (14)	11 (18)	7	17
Romania	57 (497)	52 (343)	68 (406)	27 (57)	97	79
San Marino				1 (1)	2	1
Serbia	8 (24)	5 (11)	68 (625)	67 (489)	66	72
Slovak Republic	5 (7)	12 (12)	19 (23)	13 (19)	34	25
Slovenia		1 (1)	2 (13)	3 (3)	0	4
Spain	4 (4)	2 (2)			4	2
Sweden					0	0
Switzerland	1 (1)	2 (4)	7 (7)	2 (2)	1	4
Türkiye	43 (666)	40 (704)	8 (10)	7 (9)	59	47
Ukraine	130 (356)	116 (373)			177	116
United Kingdom			9 (9)	2 (2)	5	2
TOTAL	446 (4971)[42]	477 (1908)	370 (1691)	351 (1794)	1074	828

[42] For comparison, in 2011 there were 259 WECL cases corresponding to 371 applications.

ÉTAT (cont.)	Affaires « WECL » article 28 § 1b (nombre de requêtes correspondantes)				Règlements amiables article 39 § 4 (nombre de requêtes correspondantes)				TOTAL	
	2022		2023		2022		2023		2022	2023
Luxembourg	1								0	0
Malte	7	(1)	13	(13)					8	13
République de Moldova	25	(25)	13	(29)	3	(3)	7	(10)	44	20
Monaco									1	0
Monténégro	2	(2)			2	(4)	4	(6)	2	4
Pays-Bas			2	(2)	4	(4)	4	(4)	2	6
Macédoine du Nord	3	(3)	5	(14)	7	(19)	12	(86)	16	17
Norvège			3	(9)					5	3
Pologne	16	(15)	18	(46)	22	(77)	28	(135)	32	46
Portugal	4	(5)	6	(6)	9	(14)	11	(18)	7	17
Roumanie	57	(497)	52	(343)	68	(406)	27	(57)	97	79
Saint-Marin							1	(1)	2	1
Serbie	8	(24)	5	(11)	68	(625)	67	(489)	66	72
République slovaque	5	(7)	12	(12)	19	(23)	13	(19)	34	25
Slovénie			1	(1)	2	(13)	3	(3)	0	4
Espagne	4	(4)	2	(2)					4	2
Suède									0	0
Suisse	1	(1)	2	(4)	7	(7)	2	(2)	1	4
Türkiye	43	(666)	40	(704)	8	(10)	7	(9)	59	47
Ukraine	130	(356)	116	(373)					177	116
Royaume-Uni					9	(9)	2	(2)	5	2
TOTAL	446	(4971)[42]	477	(1908)	370	(1691)	351	(1794)	1074	828

[42] En comparaison en 2011, il y avait 259 affaires « WECL » correspondant à 371 requêtes.

V. Supervision of the execution of cases against the Russian Federation

The Russian Federation ceased to be a member of the Council of Europe as from 16 March 2022 and a Party to the European Convention on Human Rights as from 16 September 2022. However, as emphasised in the Committee of Ministers' resolutions and decisions, the Russian Federation remains bound by obligations under the Convention, including to implement all judgments of the European Court, and the Committee of Ministers continues to supervise the execution of these judgments.

A. Overview of the situation

As set out in the Committee of Ministers Resolution CM/Res(2022)3, the supervision of the execution of judgments and friendly settlements in cases against the Russian Federation continues, although it ceased to be a member of the Council of Europe on 16 March 2022 and a Party to the European Convention on 16 September 2022. On 16-17 May 2023, at their Summit in Reykjavík, the Heads of State and Government of the Council of Europe underlined that the Russian Federation remains under the binding and unconditional obligation under international law to implement all final judgments and decisions of the Court in relation to its acts or omissions capable of constituting a violation of the Convention that occurred before 16 September 2022.

A.1. Previous reforms and measures adopted following European Court's judgments

Between the ratification by the Russian Federation of the European Convention in May 1998 and its cessation of membership, the European Court adopted 3 642 judgments against it finding one or more violations. During this period, the Committee of Ministers closed its supervision of 1 368 such cases, following the payment of just satisfaction and the implementation of any other necessary individual measures as well as, in 84 of these cases classified as "leading", the necessary general measures to prevent similar violations.

It can be seen, therefore, that the Convention system had an undeniable impact on the Russian Federation and its legal system. Some of these general measures involved reforms to the justice system, including the adoption of domestic remedies for non-execution of judgments against state authorities (*Burdov No. 2*) and for excessive length of judicial proceedings (*Kormacheva*). Progress was also achieved concerning people with mental disabilities, who are no longer deprived of some key rights (*Rakevich*). Reforms were made to ensure that decisions related to detention on remand contained reasoning and set specific time-limits for detention. The situation as to the presence of defendants during hearings was also improved (*Bednov*). Moreover, the right of non-judicial officials to appeal against any court judgment without any time-limit was abolished (*Ryabykh*). Some progress was also made to address prison

V. Surveillance de l'exécution des affaires contre la Fédération de Russie

La Fédération de Russie a cessé d'être membre du Conseil de l'Europe le 16 mars 2022 et Partie à la Convention européenne des droits de l'homme le 16 septembre 2022. Cependant, comme le soulignent les résolutions et décisions du Comité des Ministres, la Fédération de Russie reste liée par les obligations découlant de la Convention, y compris la mise en œuvre de tous les arrêts de la Cour européenne, et le Comité des Ministres continue de surveiller l'exécution de ces arrêts.

A. Aperçu de la situation

Comme indiqué dans la Résolution CM/Res(2022)3 du Comité des Ministres, la surveillance de l'exécution des arrêts et des règlements amiables dans les affaires contre la Fédération de Russie se poursuit, bien que celle-ci ait cessé d'être membre du Conseil de l'Europe le 16 mars 2022 et Partie à la Convention européenne le 16 septembre 2022. Les 16 et 17 mai 2023, lors de leur Sommet à Reykjavik, les chefs d'État et de gouvernement du Conseil de l'Europe ont souligné que la Fédération de Russie reste soumise à l'obligation contraignante et inconditionnelle en vertu du droit international de mettre en œuvre tous les arrêts définitifs et décisions de la Cour concernant ses actes ou omissions susceptibles de constituer une violation de la Convention ayant eu lieu avant le 16 septembre 2022.

A.1. Réformes et mesures antérieures adoptées suite aux arrêts de la Cour européenne

Entre la ratification par la Fédération de Russie de la Convention européenne en mai 1998 et la cessation de son adhésion, la Cour européenne a adopté 3 642 arrêts contre elle constatant une ou plusieurs violations. Au cours de cette période, le Comité des Ministres a clôturé sa surveillance de 1 368 de ces affaires, suite au versement d'une satisfaction équitable et la mise en œuvre de toute autre mesure individuelle nécessaire ainsi que, dans 84 de ces affaires classées comme « affaires de référence », les mesures générales nécessaires pour prévenir des violations similaires.

On peut donc constater que le système de la Convention a eu un impact indéniable sur la Fédération de Russie et son système juridique. Certaines de ces mesures générales concernaient des réformes du système judiciaire, notamment l'adoption de voies de recours internes pour la non-exécution de jugements à l'encontre d'autorités nationales (*Burdov n°2*) et pour la durée excessive des procédures judiciaires (*Kormacheva*). Des progrès ont également été réalisés en ce qui concerne les personnes souffrant de handicaps mentaux qui ne sont plus privées de certains droits essentiels (*Rakevich*). Des réformes ont été entreprises pour garantir que les décisions relatives à la détention provisoire soient motivées et fixent des délais précis pour la détention. La situation concernant la présence des prévenus lors des audiences a également été améliorée (*Bednov*). En outre, le droit des fonctionnaires non-judiciaires de faire appel de tout jugement sans délai a été aboli (*Ryabykh*). Des progrès ont également été accom-

overcrowding (*Kalashnikov*). With regard to individual measures, many domestic proceedings were re-opened following Court's judgments and the applicants' rights restored. Just satisfaction awarded by the Court was fully paid in 2 276 cases.

However, in March 2022, there were 2 025 cases still pending execution (of which 225 were leading).[43] The cessation of the Russian Federation's membership to the Council of Europe has left dozens of millions of people, not only Russian nationals, but also those who suffer from human rights violations caused by the actions of the Russian Federation, deprived of the protection granted by the Convention system.

A.2. Continued supervision of cases following exclusion from the Council of Europe

Incoming cases and statistical information

In 2023, the Court continued delivering judgments against the Russian Federation: 214 judgments were transmitted to the Committee for supervision of their execution. Among these cases, nine were classified as leading and 205 as repetitive cases. The violations established by the Court relate to a wide range of subjects such as the application of the Foreign Agents Act to CSOs (*Ecodefence and Others*), the legal recognition and protection of same-sex couples (*Fedotova*), the use of facial recognition technology to punish for participation in a demonstration (Glukhin) and arrests following a Greenpeace protest (Bryan and Others). In two cases, the Court also found a breach of Article 18, considering that the respective restrictions aimed to punish the applicants for their human rights activities (*Kogan and Others* and *Kutayev*). By 31 December 2023, the Russian Federation had therefore 2 566 cases pending execution.

Continued case processing

Since 3 March 2022, the Russian authorities have stopped all communication with the DEJ and the Secretariat of the Committee of Ministers. The DEJ has continued to write to the Russian authorities to request information on specific cases, action plans/reports and to forward communications received under Rule 9. Moreover, the Secretariat of the Committee of Ministers continues to inform the Russian authorities of the cases against the Russian Federation proposed for examination at the CMDH meetings and to invite them to participate in the meetings in accordance with the terms of paragraph 7 of Resolution CM/Res(2022)3 on legal and financial consequences of the cessation of membership of the Russian Federation in the Council of Europe.

---

43 For an overview of the outstanding measures, see H/Exec(2023)12 – Memorandum – Judgments of the European Court of Human Rights against the Russian Federation: measures required in the pending cases.

plis dans la lutte contre la surpopulation carcérale (*Kalashnikov*). En ce qui concerne les mesures individuelles, de nombreuses procédures nationales ont été rouvertes à la suite d'arrêts de la Cour et les droits des requérants ont été rétablis. La satisfaction équitable accordée par la Cour a été entièrement payée dans 2 276 affaires.

Toutefois, en mars 2022, 2 025 affaires étaient encore en attente d'exécution (dont 225 étaient des affaires de référence)[43]. La cessation de l'adhésion de la Fédération de Russie au Conseil de l'Europe a privé des dizaines de millions de personnes, non seulement les ressortissants russes, mais aussi ceux qui souffrent de violations des droits de l'homme causées par les actions de la Fédération de Russie, de la protection accordée par le système de la Convention.

A.2. Surveillance continue des affaires suite à l'exclusion du Conseil de l'Europe

Affaires entrantes et informations statistiques

En 2023, la Cour a continué à rendre des arrêts contre la Fédération de Russie : 214 arrêts ont été transmis au Comité pour surveillance de leur exécution. Parmi ces affaires, neuf ont été classées comme affaires de référence et 205 comme affaires répétitives. Les violations établies par la Cour portent sur un large éventail de sujets tels que l'application de la loi sur les agents étrangers aux OSC (*Ecodefence et autres*), la reconnaissance juridique et la protection des couples de même sexe (*Fedotova*), l'utilisation de la technologie de reconnaissance faciale pour sanctionner la participation à une manifestation (*Glukhin*) et les arrestations suite à une manifestation de Greenpeace (*Bryan et autres*). Dans deux affaires, la Cour a également conclu à une violation de l'article 18, considérant que les restrictions respectives visaient à punir les requérants pour leurs activités en faveur des droits de l'homme (*Kogan et autres* et *Kutayev*). Au 31 décembre 2023, la Fédération de Russie comptait donc 2 566 affaires en attente d'exécution.

Traitement continu des affaires

Depuis le 3 mars 2022, les autorités russes ont cessé toute communication avec le DEJ et le Secrétariat du Comité des Ministres. Le DEJ a continué à écrire aux autorités russes pour demander des informations sur des affaires spécifiques, des plans/bilans d'action et pour transmettre les communications reçues au titre de la Règle 9. En outre, le Secrétariat du Comité des Ministres continue d'informer les autorités russes des affaires contre la Fédération de Russie proposées pour examen lors des réunions CMDH et de les inviter à participer aux réunions conformément aux termes du paragraphe 7 de la Résolution CM/Res(2022)3 sur des conséquences juridiques et financières de la cessation de la qualité de membre du Conseil de l'Europe de la

---

43 Pour un aperçu des mesures en suspens, voir H/Exec(2023)12 – Mémorandum – Arrêts de la Cour européenne des droits de l'homme contre la Fédération de Russie : mesures requises dans les affaires pendantes.

However, no representative in respect of the Russian Federation has participated in the CMDH meetings and no information has been provided. In 2023, based on information notes[44] prepared by the DEJ, the Committee continued to elaborate on its strategy for the examination of Russian cases and adopted two decisions in this respect. Following these instructions, the DEJ took several important steps, explained further below, to assist the Committee in its functions of supervision of the execution of European Court judgments.

In the course of 2023, through adopting decisions and interim resolutions, the Committee continued underlining the obligation on the Russian Federation to execute the Court's judgments. It examined and adopted decisions in respect of 18 leading cases or groups of cases under enhanced procedure. At three CMDH meetings, the Committee examined the two inter-state cases, namely *Georgia v. Russia (I)*, concerning the arrest, detention and expulsion from the Russian Federation of large numbers of Georgian nationals between the end of September 2006 and the end of January 2007; and *Georgia v. Russia (II)*, concerning various violations of the Convention in the context of the armed conflict between the Russian Federation and Georgia in August 2008.

Moreover, in the context of the *Navalnyy and Ofitserov* group, the Committee repeatedly deplored that Mr Aleksey Navalnyy remained in detention under deteriorating conditions and called for his release. It also adopted decisions in the *Catan and Others* and *Mozer* groups, concerning various violations of the Convention in the Transnistrian region of the Republic of Moldova. Among the other topics examined by the Committee in 2023 were cases concerning restrictions of freedoms of expression, assembly, religion, as well as various violations concerning abuses in application of the anti-extremism legislation against the opposition, LGBTI rights, and cases concerning high-profile murders, including organised by the Russian authorities.

The Committee has repeatedly deplored that the Russian Federation has chosen not to participate in the CMDH meetings and ceased all communication in respect of the implementation of the Court's judgments.

Further avenues have therefore been explored to enhance the visibility of the Committee's supervision of the Russian cases.

Upon the invitation of the Committee, the Secretary General has continued to send a letter after each CMDH meeting to the Minister of Foreign Affairs of the Russian Federation informing him of the decisions and resolutions adopted by the Committee in cases where the Russian Federation is the respondent state and urging the authorities to comply with their obligations under international law and the Convention to fully abide by the Court's judgments. These letters were made public via the Council of Europe website.

In addition, the DEJ prepared a detailed memorandum on "Judgments of the European Court of Human Rights against the Russian Federation: measures required in the pending cases". It tables all leading cases by Convention Article and also

---

44 CM/Inf/DH(2023)22 and CM/Notes/1483/H46-A3.

Fédération de Russie. Cependant, aucun représentant de la Fédération de Russie n'a participé aux réunions CMDH et aucune information n'a été fournie. En 2023, sur la base des notes d'information[44] préparées par le DEJ, le Comité a continué à élaborer sa stratégie pour l'examen des affaires russes et a adopté deux décisions à cet égard. Suite à ces instructions, le DEJ a pris plusieurs mesures importantes, expliquées ci-après, afin d'aider le Comité dans ses fonctions de surveillance de l'exécution des arrêts de la Cour européenne.

Au cours de l'année 2023, via l'adoption de décisions et de résolutions intérimaires, le Comité a continué de souligner l'obligation pour la Fédération de Russie d'exécuter les arrêts de la Cour. Il a examiné et adopté des décisions concernant 18 affaires ou groupes d'affaires de référence sous surveillance soutenue. Lors de trois réunions CMDH, le Comité a examiné deux affaires interétatiques, à savoir *Géorgie c. Russie (I)*, concernant l'arrestation, la détention et l'expulsion de la Fédération de Russie d'un grand nombre de ressortissants géorgiens entre fin septembre 2006 et fin janvier 2007 ; et *Géorgie c. Russie (II)*, concernant diverses violations de la Convention dans le cadre du conflit armé entre la Fédération de Russie et la Géorgie en août 2008.

En outre, dans le cadre du groupe d'affaires *Navalnyy et Ofitserov*, le Comité a déploré à plusieurs reprises que M. Aleksey Navalnyy demeure en détention dans des conditions qui se détériorent et a appelé à plusieurs reprises à sa libération. Il a également adopté des décisions dans le cadre des groupes *Catan et autres* et *Mozer*, concernant diverses violations de la Convention dans la région transnistrienne de la République de Moldova. Parmi les autres sujets examinés par le Comité en 2023 figurent des affaires concernant des restrictions des libertés d'expression, de réunion, de religion, ainsi que diverses violations concernant des abus dans l'application de la législation anti-extrémisme contre l'opposition, les droits des personnes LGBTI, et des affaires concernant des meurtres très médiatisés, y compris organisés par les autorités russes.

Le Comité a déploré à plusieurs reprises que la Fédération de Russie ait choisi de ne pas participer aux réunions CMDH et ait cessé toute communication concernant la mise en œuvre des arrêts de la Cour.

D'autres voies ont donc été explorées pour améliorer la visibilité de la surveillance des affaires russes par le Comité.

À l'invitation du Comité, la Secrétaire générale a continué d'envoyer, après chaque réunion CMDH, une lettre au ministre des Affaires étrangères de la Fédération de Russie pour l'informer des décisions et résolutions adoptées par le Comité dans les affaires où la Fédération de Russie est l'État défendeur et pour exhorter les autorités à se conformer à leurs obligations en vertu du droit international et de la Convention et à respecter pleinement les arrêts de la Cour. Ces lettres ont été rendues publiques sur le site internet du Conseil de l'Europe.

En outre, le DEJ a préparé un mémorandum détaillé sur les « arrêts de la Cour européenne des droits de l'homme contre la Fédération de Russie : mesures requises dans les affaires pendantes ». Il présente toutes les affaires de référence par article de

---

44 CM/Inf/DH(2023)22 and CM/Notes/1483/H46-A3.

by specific subject where necessary. This memorandum will be updated with the Committee's future decisions and submitted to the Committee for consideration at each CMDH December meeting. This stocktaking document is publicly available online on the Department's website and the HUDOC-Exec database.

As to just satisfaction, in accordance with the Interim Resolution CM/ResDH(2022)254, adopted by the Committee at its 1451st CMDH meeting (December 2022) and in line with the Strategy paper regarding the supervision of the execution of cases pending against the Russian Federation (CM/Inf/DH(2022)25), the Secretariat created and published a public register of just satisfaction owing in all inter-state cases against the Russian Federation.[45] This register is regularly updated as regards the default interest accrued so that both the issue and the sums due can remain under close public scrutiny and be available to the Committee in the light of any future developments.

In general, overall information on just satisfaction is missing in 1 336 cases against the Russian Federation. As of 31 December 2023, the total outstanding amount stood at over 2.2 billion euros. This includes the sums awarded by the Court in the two inter-state cases pending execution.

A.3. Co-operation with civil society and the United Nations

Contacts with the United Nations

In 2023, the United Nations General Assembly underlined the key role of the European Court in ensuring effective human rights protection in Europe and noted with interest the efforts to ensure the rapid and effective execution of Court judgments.[46]

The Russian Federation remains a member of the United Nations (UN) and a party to a number of UN human rights instruments with their own monitoring mechanisms. The general and individual measures required from the Russian Federation to implement the European Court's judgments in many instances coincide with issues followed by the UN monitoring bodies, notably by the UN Human Rights Council (HRC). It is therefore important that the Council of Europe and the relevant UN bodies complement one another to ensure effective compliance with human rights

---

45 In the case of *Georgia v. Russia (I)* the Court awarded EUR 10,000,000, which by 31 December 2023 had accrued default interest of 1,956,438.36 EUR, and in the case of *Georgia v. Russia (II)*, in its just satisfaction judgment of 28 April 2023, the Court awarded just satisfaction in the amount of EUR 129,827,500, to be paid within three months, which by 31 December 2023 had accrued default interest of 4,247,849.09 EUR.

46 United Nations General Assembly Resolution on Co-operation between the United Nations and the Council of Europe, adopted on 26/04/2023, A/RES/77/284.

la Convention et, le cas échéant, par sujet spécifique. Ce mémorandum sera mis à jour avec les décisions futures du Comité et soumis au Comité pour examen lors de chaque réunion CMDH de décembre. Ce document récapitulatif est disponible en ligne sur le site du DEJ et via la base de données HUDOC-EXEC.

En ce qui concerne la satisfaction équitable, conformément à la Résolution intérimaire CM/ResDH(2022)254 adoptée par le Comité lors de sa 1451e réunion CMDH (décembre 2022) et conformément aux Propositions pour une éventuelle stratégie concernant la surveillance de l'exécution des affaires pendantes contre la Fédération de Russie (CM/Inf/DH(2022)25), le Secrétariat a créé et publié un registre public de la satisfaction équitable due dans toutes les affaires interétatiques contre la Fédération de Russie[45]. Ce registre est régulièrement mis à jour en ce qui concerne les intérêts moratoires accumulés, de sorte que la question et les sommes dues puissent être suivies de près par le public et être mises à la disposition du Comité à la lumière de tout développement futur.

De manière générale, il manque des informations globales sur la satisfaction équitable dans 1 336 affaires contre la Fédération de Russie. Au 31 décembre 2023, le montant total en souffrance s'élevait à plus de 2,2 milliards d'euros. Ce montant comprend les sommes allouées par la Cour dans les deux affaires interétatiques en attente d'exécution.

A.3. Coopération avec la société civile et les Nations Unies

Contacts avec les Nations Unies

En 2023, l'Assemblée générale des Nations Unies a souligné le rôle clé de la Cour européenne pour assurer une protection effective des droits de l'homme en Europe et a noté avec intérêt les efforts déployés pour assurer l'exécution rapide et efficace des arrêts de la Cour[46].

La Fédération de Russie reste membre de l'Organisation des Nations Unies (ONU) et Partie à un certain nombre d'instruments des Nations Unies relatifs aux droits de l'homme dotés de leurs propres mécanismes de contrôle. Les mesures générales et individuelles exigées de la Fédération de Russie pour mettre en œuvre les arrêts de la Cour européenne coïncident dans de nombreux cas avec les questions suivies par les organes de suivi des Nations Unies, notamment par le Conseil des droits de l'homme des Nations Unies (CDH). Il est donc important que le Conseil de l'Europe et les organes compétents des Nations Unies se complètent pour garantir le

---

45 Dans l'affaire *Géorgie c. Russie (I)*, la Cour a octroyé la somme de EUR 10.000.000 qui, au 31 décembre 2023, avait accumulé EUR 1.956.438,36 d'intérêts moratoires. Dans l'affaire *Géorgie c. Russie (II)*, dans son arrêt sur la satisfaction équitable du 28 avril 2023, la Cour a octroyé la somme de EUR 129.827.500 à titre de satisfaction équitable devant être payée dans les trois mois qui, au 31 décembre 2023, avait accumulé EUR 4.247.849,09 d'intérêts moratoires.

46 Résolution de l'Assemblée générale des Nations Unies sur la Coopération entre les Nations Unies et le Conseil de l'Europe, adoptée le 26/04/2023, A/RES/77/284.

obligations. Thus, the Heads of State and Government, in the Reykjavík Declaration, recommitting to the Convention system as the cornerstone of the Council of Europe's protection of human rights, affirmed the need to make every effort to ensure the execution of the Court's judgments by the Russian Federation, including through the development of synergies with other international organisations such as the UN.

Working visit to Geneva

To enhance co-operation with the UN bodies, a delegation from the DEJ had a working visit to Geneva on 12 and 13 June 2023 and held meetings with Ms Mariana Katzarova, the UN Special Rapporteur on the situation of human rights in the Russian Federation, as well as with staff members from the HRC and Treaty Mechanisms Division, including the Petitions and Urgent Action Section and the Europe and Central Asia Section. The delegation also met with staff members of the UN Working Group on Enforced or Involuntary Disappearances (UNWGEID).

Contacts with the Special Rapporteur on the situation of human rights in the Russian Federation

Following the initial meeting in Geneva, the DEJ continued its dialogue with the UN Special Rapporteur on the situation of human rights in the Russian Federation. In her report to the 54th HRC meeting, the Special Rapporteur included a recommendation about the execution of judgments concerning the Russian Federation, highlighted the very poor human rights situation in the Russian Federation in various fields, and also addressed the necessity of implementation of the Court's judgments.[47]

As a further step in this continued dialogue, upon the invitation of the Committee, on 12 and 13 December 2023 the DEJ organised a visit of the Special Rapporteur to Strasbourg. The Special Rapporteur held an exchange of views with the Committee and also had bilateral meetings with the Secretary General and the Secretariat of the DEJ. The execution of judgments of the European Court against the Russian Federation and contacts with Russian civil society and human rights defenders were among the main topics of these meetings.

Universal Periodic Review (UPR) process

On 13 November 2023, at its 44th session, the Human Rights Council's Working Group on the Universal Periodic Review (UPR) reviewed the situation in the Russian Federation. During the interactive dialogue, several Council of Europe member States

---

47   See, the Report of the Special Rapporteur on the situation of human rights in the Russian Federation, A/HRC/54/54, § 112 h), examined by the Human Rights Council at its 54th session.

respect effectif des obligations en matière de droits de l'homme. Ainsi, les chefs d'État et de gouvernement, dans la déclaration de Reykjavik, réaffirmant que le système de la Convention est la pierre angulaire de la protection des droits de l'homme au Conseil de l'Europe, ont affirmé la nécessité de tout mettre en œuvre pour assurer l'exécution des arrêts de la Cour par la Fédération de Russie, y compris par le développement de synergies avec d'autres organisations internationales telles que les Nations Unies.

Visite de travail à Genève

Afin de renforcer la coopération avec les organes de l'ONU, une délégation du DEJ a effectué une visite de travail à Genève les 12 et 13 juin 2023 et a tenu des réunions avec Mme Mariana Katzarova, Rapporteuse spéciale de l'ONU sur la situation des droits de l'homme dans la Fédération de Russie, ainsi qu'avec des membres du personnel du CDH et de la Division des mécanismes de traité, y compris la Section des pétitions et des interventions d'urgence et la Section de l'Europe et de l'Asie centrale. La délégation a également rencontré des membres du Groupe de travail des Nations Unies sur les disparitions forcées ou involontaires (UNWGEID).

Contacts avec la Rapporteuse spéciale sur la situation des droits de l'homme dans la Fédération de Russie

Suite à la première réunion à Genève, le DEJ a poursuivi son dialogue avec la Rapporteuse spéciale des Nations Unies sur la situation des droits de l'homme dans la Fédération de Russie. Dans son rapport à la 54ᵉ session du CDH, la Rapporteuse spéciale a inclus une recommandation sur l'exécution des arrêts concernant la Fédération de Russie, a souligné la très mauvaise situation des droits de l'homme dans la Fédération de Russie dans divers domaines, et a également abordé la nécessité de mettre en œuvre les arrêts de la Cour[47].

Dans le cadre de la poursuite de ce dialogue, le DEJ a organisé, à l'invitation du Comité, une visite de la Rapporteuse spéciale à Strasbourg les 12 et 13 décembre 2023. La Rapporteuse spéciale a tenu un échange de vues avec le Comité et a également participé à des réunions bilatérales avec la Secrétaire générale et le Secrétariat du DEJ. L'exécution des arrêts de la Cour européenne contre la Fédération de Russie et les contacts avec la société civile russe et les défenseurs des droits de l'homme ont fait partie des principaux sujets abordés lors de ces réunions.

Processus d'Examen périodique universel (EPU)

Le 13 novembre 2023, lors de sa 44ᵉ session, le Groupe de travail du Conseil des droits de l'homme sur l'Examen périodique universel (EPU) a examiné la situation en Fédération de Russie. Au cours du dialogue interactif, plusieurs États membres

---

47 Voir le Rapport de la Rapporteuse spéciale sur la situation des droits de l'homme dans la Fédération de Russie, A/HRC/54/54, § 112 h), examiné par le Conseil des droits de l'homme lors de sa 54ᵉ session.

took the floor to remind the Russian Federation of its unconditional obligation to abide by the European Court's judgments and decisions.

Contacts with civil society

In the absence of communication from the authorities, the information provided by CSOs remains a vital resource to enable the Committee to keep up to date with the situation in the Russian Federation. In accordance with the general procedure, the DEJ has continued to forward all communications received from civil society under Rule 9 to the Russian authorities.

The DEJ also had regular contacts with representatives of civil society both inside and outside the Russian Federation. On 7 March 2023, the Committee held an exchange of views with three Russian human rights CSOs, namely with the Memorial Human Rights Defence Centre, the Mass Media Defence Centre, and the Stitching Justice Initiative, on issues relevant to the execution of pending cases concerning in particular freedom of assembly (*Lashmankin* group of cases), freedom of expression online (*Vladimir Kharitonov* group of cases), and the continuing human rights violations in the North Caucasus region (*Khashiyev* group of cases). The delegations expressed their support to continuing this dialogue.

In September 2023, a similar exchange was held with the People's Advocate (Ombudsman) of the Republic of Moldova and the CSO Promo-Lex Association on the issues raised by the pending cases against the Russian Federation concerning the Transnistrian region of the Republic of Moldova. Further exchanges on other cases against the Russian Federation will continue in 2024. These exchanges revealed the importance of keeping in touch with civil society, not only from the perspective of the Committee but also for the Russian population. The CSOs stressed that the press releases and the decisions of the Committee and the Council of Europe are very important for the public to receive an impartial and independent version of information as to implementation of Court's judgments and the human rights situation in the Russian Federation. The Council of Europe's continued dialogue with the Russian civil society is also very significant for their fear of undue pressure and the risk of further deterioration of the human rights situation.

du Conseil de l'Europe ont pris la parole pour rappeler à la Fédération de Russie son obligation inconditionnelle de respecter les arrêts et décisions de la Cour européenne.

Contacts avec la société civile

En l'absence de communication de la part des autorités, les informations fournies par les OSC restent une ressource vitale pour permettre au Comité de se tenir au courant de la situation en Fédération de Russie. Conformément à la procédure générale, le DEJ a continué à transmettre aux autorités russes toutes les communications reçues de la société civile au titre de la Règle 9.

Le DEJ a également eu des contacts réguliers avec des représentants de la société civile à la fois à l'intérieur et à l'extérieur de la Fédération de Russie. Le 7 mars 2023, le Comité a tenu un échange de vues avec trois OSC russes de défense des droits de l'homme, à savoir le *Memorial Human Rights Defence Centre*, le *Mass Media Defence Centre* et la *Stitching Justice Initiative*, sur des questions relatives à l'exécution d'affaires pendantes concernant notamment la liberté de réunion (groupe d'affaires *Lashmankin*), la liberté d'expression en ligne (groupe d'affaires *Vladimir Kharitonov*) et les violations persistantes des droits de l'homme dans la région du Caucase du Nord (groupe d'affaires *Khashiyev*). Les délégations ont exprimé leur soutien à la poursuite de ce dialogue.

En septembre 2023, un échange similaire a eu lieu avec l'Avocat du people (Médiateur) de la République de Moldova et l'OSC *Association Promo-Lex* sur les questions soulevées par les affaires pendantes contre la Fédération de Russie concernant la région transnistrienne de la République de Moldova. D'autres échanges sur d'autres affaires contre la Fédération de Russie se poursuivront en 2024. Ces échanges ont révélé l'importance de rester en contact avec la société civile, non seulement du point de vue du Comité, mais aussi pour la population russe. Les OSC ont souligné que les communiqués de presse et les décisions du Comité et du Conseil de l'Europe sont très importants pour que le public reçoive une version impartiale et indépendante des informations concernant la mise en œuvre des arrêts de la Cour et la situation des droits de l'homme dans la Fédération de Russie. Le dialogue continu du Conseil de l'Europe avec la société civile russe est également très important pour leur crainte de pressions indues et le risque d'une nouvelle détérioration de la situation des droits de l'homme.

B. **Stastistics**

B.1. **New cases**

Under the Resolution on the consequences of the cessation of membership of the Russian Federation to the Council of Europe in light of Article 58 of the Convention, adopted by the Court on 22 March 2022, "the Court remains competent to deal with applications directed against the Russian Federation in relation to acts or omissions capable of constituting a violation of the Convention provided that they occurred until 16 September 2022". As a consequence, the Committee of Ministers continues to receive judgments and decisions against the Russian Federation for supervision of their execution.

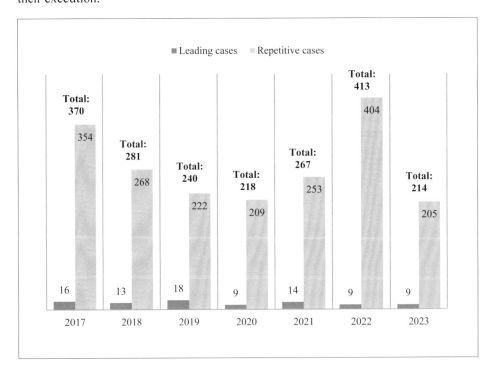

B. Stastistiques

B.1. Nouvelles affaires

Conformément à la Résolution sur les conséquences de la cessation de la qualité de membre du Conseil de l'Europe de la Fédération de Russie à la lumière de l'article 58 de la Convention européenne des droits de l'homme, adoptée par la Cour le 22 mars 2022, « la Cour demeure compétente pour traiter les requêtes dirigées contre la Fédération de Russie concernant les actions et omissions susceptibles de constituer une violation de la Convention qui surviendraient jusqu'au 16 septembre 2022 ». Dès lors, le Comité des Ministres continue de recevoir des arrêts et décisions contre la Fédération de Russie pour surveillance de leur exécution.

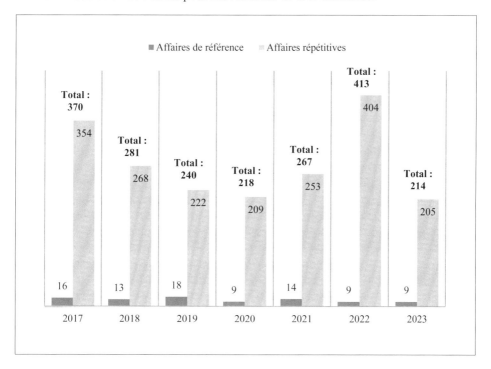

B.2. Pending cases

In accordance with a decision adopted in September 2023, all pending cases against the Russian Federation have been transferred to, and all new cases will be classified, in the enhanced procedure.[48]

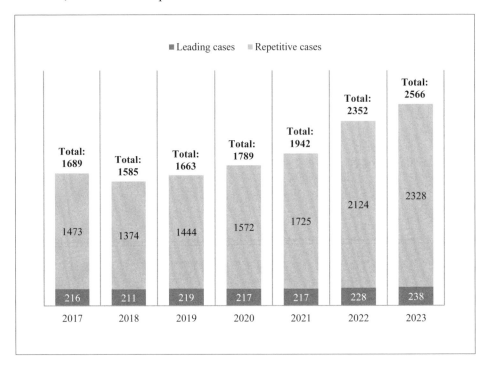

---

[48] CM/Del/Dec(2023)1475/A2a.

B.2. Affaires pendantes

Conformément à une décision adoptée en septembre 2023, toutes les affaires pendantes contre la Fédération de Russie ont été transférées, et toutes les nouvelles affaires seront classifiées, en surveillance soutenue[48].

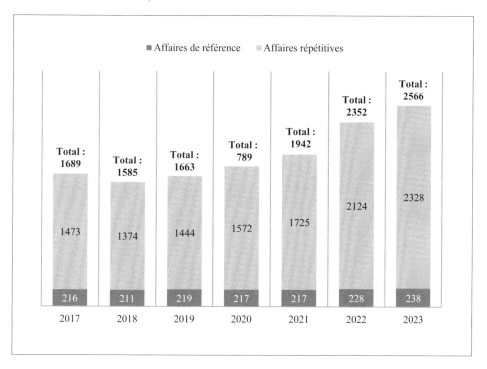

---

48   CM/Del/Dec(2023)1475/A2a.

B.3. Main themes of leading cases pending

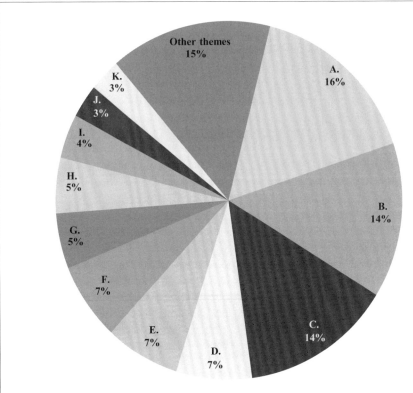

- Other themes
- A. Fairness of judicial proceedings
- B. Lawfulness of detention / Conditions of detention
- C. Private and family life
- D. Property rights
- E. Right to life - Protection against ill-treatment: specific situations
- F. Actions of security forces
- G. Freedom of expression
- H. Cooperation with the European Court and right to individual petition
- I. Access to a court
- J. Discrimination
- K. Freedom of movement

B.3. Principaux thèmes des affaires de référence pendantes

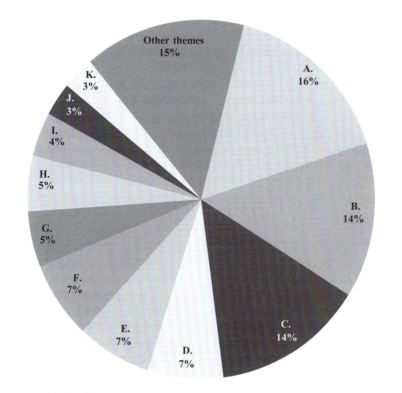

- Autres thèmes
- A. Équité des procédures judiciaires
- B. Légalité de la détention / Conditions de détention
- C. Vie privée et familiale
- D. Droits de propriété
- E. Droit à la vie - Protection contre les mauvais traitements : situations spécifiques
- F. Actions des forces de sécurité
- G. Liberté d'expression
- H. Coopération avec la Cour européenne et droit de requête individuelle
- I. Accès à un tribunal
- J. Discrimination
- K. Liberté de circulation

B.4. Closed cases

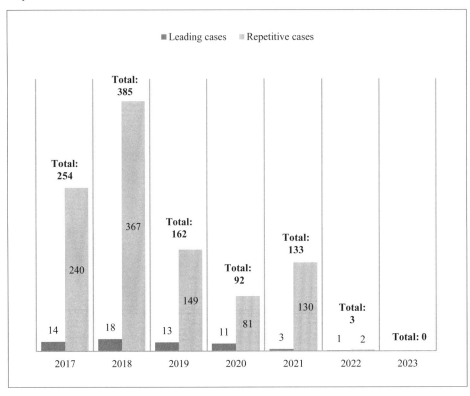

B.5. Just satisfaction awarded

Year	Amount awarded
2023	157 505 928 €
2022	80 155 549 €
2021	11 917 616 €
2020	11 458 094 €
2019	28 547 005 €
2018	13 115 481 €
2017	14 557 886 €
2016	7 380 062 €
2015	4 916 117 €
2014	1 879 542 229 €

VI. Statistics on the supervision process

As the Committee of Ministers continues to supervise the execution of judgments and decisions against the Russian Federation, unlike Chapter IV, the following statistics related to general case processing continue to include data concerning the Russian Federation.

B.4. Affaires closes

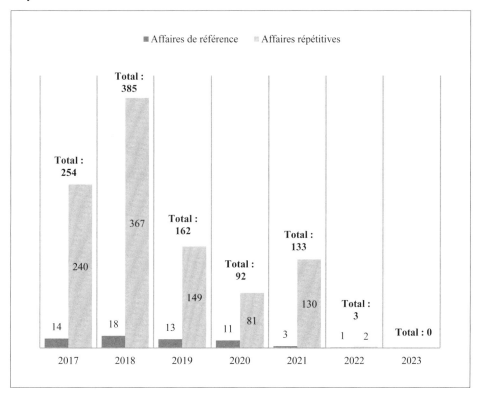

B.5. Satisfaction équitable

Année	Montant alloué
2023	157 505 928 €
2022	80 155 549 €
2021	11 917 616 €
2020	11 458 094 €
2019	28 547 005 €
2018	13 115 481 €
2017	14 557 886 €
2016	7 380 062 €
2015	4 916 117 €
2014	1 879 542 229 €

VI. Statistiques sur le processus de surveillance

Puisque le Comité des Ministres continue de surveiller l'exécution des arrêts et décisions contre la Fédération de Russie, à la différence de la Partie IV, les statistiques suivantes liées au traitement global des affaires continuent d'intégrer des données concernant la Fédération de Russie.

A. Action plans/reports

Since the introduction of new working methods in 2011, states must submit an action plan or action report to the Committee of Ministers, as soon as possible and in any case at the latest within six months of a judgment becoming final. Action plans set out the measures taken and/or envisaged by the respondent state to fully implement a judgment, together with an indicative timetable. Action reports set out the measures taken which in the respondent state's view fully implement the judgment and/or an explanation of why no measures, or no further measures, are necessary.

Year	Action plans received	Action reports received	Reminder letters[49] (states concerned)
2023	294	541	80 (17)
2022	254	509	92 (17)
2021	245	427	84 (16)
2020	212	398	48 (19)
2019	172	438	54 (18)
2018	187	462	53 (16)
2017	249	570	75 (36)
2016	252	504	69 (27)
2015	236	350	56 (20)
2014	266	481	60 (24)

B. Interventions of the Committee of Ministers[50]

Year	Number of interventions of the CM during the year	Total cases/groups of cases examined	States concerned	States with cases under enhanced supervision
2023	164	160	30	30
2022	154	145	32	32
2021	168	161	29	28
2020	136	131	28	32
2019	131	98	24	32
2018	**123**	**96**	**30**	**31**
2017	**157**	**116**	**26**	**31**

---

49 According to the CM working methods, when the six-month deadline for states to submit an action plan / report has expired and no such document has been transmitted to the Committee of Ministers, the Department for the Execution of Judgments sends a reminder letter to the delegation concerned. If a member state has not submitted an action plan/report within three months after the reminder, and no explanation of this situation is given to the Committee of Ministers, the Secretariat is responsible for proposing the case for detailed consideration by the Committee of Ministers under the enhanced procedure (see CM/Inf/DH(2010)45final, item IV).

50 Examinations during ordinary meetings of the CM without any decision adopted are not included in these tables.

A. Plans/bilans d'action

Depuis l'introduction de nouvelles méthodes de travail en 2011, les États doivent soumettre un plan d'action ou un bilan d'action au Comité des Ministres, dès que possible et en tout état de cause au plus tard dans les six mois suivant la date à laquelle un arrêt est devenu définitif. Les plans d'action exposent les mesures prises et/ou envisagées par l'État défendeur pour exécuter pleinement un arrêt, ainsi qu'un calendrier indicatif. Les bilans d'action exposent les mesures prises qui, de l'avis de l'État défendeur, exécutent pleinement l'arrêt et/ou expliquent pourquoi aucune mesure, ou aucune mesure supplémentaire, n'est nécessaire.

Année	Plans d'action reçus	Bilans d'action reçus	Lettres de relance[49] (États concernés)
2023	294	541	80 (17)
2022	254	509	92 (17)
2021	245	427	84 (16)
2020	212	398	48 (19)
2019	172	438	54 (18)
2018	187	462	53 (16)
2017	249	570	75 (36)
2016	252	504	69 (27)
2015	236	350	56 (20)
2014	266	481	60 (24)

B. Interventions du Comité des Ministres[50]

Année	Nombre d'interventions du CM au cours de l'année	Total des affaires/ groupes d'affaires examinés	États concernés	États ayant des affaires sous surveillance soutenue
2023	164	160	30	30
2022	154	145	32	32
2021	168	161	29	28
2020	136	131	28	32
2019	131	98	24	32
2018	123	96	30	31
2017	157	116	26	31

---

49 Conformément aux méthodes de travail, lorsque le délai de six mois imparti aux États pour soumettre un plan/bilan d'action a expiré sans qu'un tel document n'ait été transmis au Comité des Ministres, le Service de l'exécution des arrêts de la Cour européenne des droits de l'homme adresse une lettre de relance à la délégation concernée. Si un État membre n'a toujours pas présenté de plan/bilan d'action dans les trois mois suivant ce rappel, et ne fournit aucune explication sur cette situation au Comité des Ministres, le Secrétariat peut proposer que l'affaire soit examinée en détail par le Comité des Ministres dans le cadre de la procédure soutenue (voir CM/Inf/DH(2010)45final, point IV).

50 Les examens lors des réunions ordinaires du CM sans qu'une décision n'ait été adoptée ne sont pas inclus dans ces tableaux.

Year (cont.)	Number of interventions of the CM during the year	Total cases/groups of cases examined	States concerned	States with cases under enhanced supervision
2016	148	107	30	31
2015	108	64	25	31
2014	111	68	26	31

The Committee of Ministers' interventions are divided as follows:

Year	Examined four times or more	Examined three times or more	Examined twice	Examined once
2023	8	22	23	107
2022	20	9	24	92
2021	28	9	33	91
2020	1	3	16	86
2019	3	4	14	77
2018	3	1	11	81
2017	6	2	17	89
2016	5	6	11	85
2015	4	10	9	41
2014	6	5	11	46

C. Transfers of leading cases/groups of cases

Transfers to enhanced supervision

Year	Leading cases/ groups of cases transferred to enhanced supervision	States concerned
2023	2 (935)	Bulgaria – (Russian Federation[51])
2022	11	Albania – Belgium – Bulgaria – Italy – Serbia – Türkiye – United Kingdom
2021	2	North Macedonia – Russian Federation
2020	6	Cyprus – Sweden – Serbia – Türkiye – Hungary
2019	5	Poland – Romania – Türkiye
2018	4	Cyprus – Malta – Hungary
2017	2	Ireland – Russian Federation
2016	6	Bulgaria – Georgia – Romania – Türkiye
2015	2	Hungary – Türkiye
2014	7	Bulgaria – Lithuania – Poland – Türkiye

---

51 In September 2023, the Committee of Ministers decided to transfer all pending cases and classify all new cases against the Russian Federation to the enhanced supervision procedure (CM/Del/Dec(2023)1475/A2a).

Année (cont.)	Nombre d'interventions du CM au cours de l'année	Total des affaires/ groupes d'affaires examinés	États concernés	États ayant des affaires sous surveillance soutenue
2016	148	107	30	31
2015	108	64	25	31
2014	111	68	26	31

Les interventions du Comité des Ministres sont réparties comme suit :

Année	Quatre interventions ou plus	Trois interventions ou plus	Deux interventions	Une intervention
2023	8	22	23	107
2022	20	9	24	92
2021	28	9	33	91
2020	1	3	16	86
2019	3	4	14	77
2018	3	1	11	81
2017	6	2	17	89
2016	5	6	11	85
2015	4	10	9	41
2014	6	5	11	46

C. Transferts des affaires/groupes d'affaires de référence

Transferts en surveillance soutenue

Année	Affaires de référence/groupes d'affaires transférés en surveillance soutenue	États concernés
2023	2 (935)	Bulgarie – (Fédération de Russie[51])
2022	11	Albanie – Belgique – Bulgarie – Italie – Serbie – Türkiye – Royaume-Uni
2021	2	Macédoine du Nord – Fédération de Russie
2020	6	Chypre – Suède – Serbie – Türkiye – Hongrie
2019	5	Pologne – Roumanie – Türkiye
2018	4	Chypre – Malta – Hongrie
2017	2	Irlande – Fédération de Russie
2016	6	Bulgarie – Géorgie – Roumanie – Türkiye
2015	2	Hongrie – Türkiye
2014	7	Bulgarie – Lituanie – Pologne – Türkiye

---

51   En septembre 2023, le Comité des Ministres a décidé de transférer toutes les affaires pendantes et de classifier toutes les nouvelles affaires contre la Fédération de Russie en procédure de surveillance soutenue (CM/Del/Dec(2023)1475/A2a).

Transfers to standard supervision

Year	Leading cases/ groups of cases transferred to standard supervision	States concerned
2023	3	Türkiye – Ukraine
2022	0	–
2021	3	Bosnia and Herzegovina – Lithuania
2020	4	Croatia – Russian Federation – Serbia – Ukraine
2019	32	North Macedonia – Greece
2018	0	–
2017	5	Bulgaria – Bosnia and Herzegovina – Russian Federation
2016	4	Greece – Ireland – Türkiye
2015	2	Norway – United Kingdom
2014	19	Bosnia and Herzegovina – Germany – Greece – Hungary – Italy – Poland – Russian Federation

D. Contributions from Civil Society Organisations and National Human Rights Institutions

The distinction between communications from CSOs and communications from NHRIs was clearly made as from 2021. The statistics prior to that date combine all communications.

Year	CSO	NHRI	States concerned
2023	225	14	33
2022	200	17	29
2021	195	11	27
2020	176		28
2019	133		24
2018	64		19
2017	79		19
2016	90		22
2015	81		21
2014	80		21
2013	81		18
2012	47		16
2011	47		12

Transferts en surveillance standard

Année	Affaires de référence/groupes d'affaires transférés en surveillance standard	États concernés
2023	3	Türkiye – Ukraine
2022	0	–
2021	3	Bosnie-Herzégovine – Lituanie
2020	4	Croatia – Fédération de Russie – Serbie – Ukraine
2019	32	Macédoine du Nord – Grèce
2018	0	–
2017	5	Bulgarie – Bosnie-Herzégovine – Fédération de Russie
2016	4	Grèce – Irlande – Türkiye
2015	2	Norvège – Royaume-Uni
2014	19	Bosnie-Herzégovine – Allemagne – Grèce – Hongrie – Italie – Pologne – Fédération de Russie

D. Contributions d'Organisations de la société civile et d'Institutions nationales des droits de l'homme

La distinction entre communications transmises par des OSC et communications transmises par des INDH n'a été clairement établie qu'à partir de 2021. Les statistiques antérieures combinent toutes les communications.

Année	OSC	INDH	États concernés
2023	225	14	33
2022	200	17	29
2021	195	11	27
2020	176		28
2019	133		24
2018	64		19
2017	79		19
2016	90		22
2015	81		21
2014	80		21
2013	81		18
2012	47		16
2011	47		12

V. New judgments with indications of relevance for the execution

A. Pilot judgments which became final in 2023

In 2023, the European Court did not issue any pilot judgment.

B. Judgments with indications of relevance for execution (under Article 46) which became final in 2023

Note: If the judgment has already been classified, the corresponding supervision procedure is indicated.

State	Case	Application No.	Judgment final on	Nature of violations found by the Court and measures indicated
Albania	*Besnik Cani*	37474/20	04/01/2023	**Standard supervision** *A breach of the requirement of a "tribunal established by law" with regard to a former prosecutor's dismissal as part of an exceptional vetting process for the re-evaluation of all serving judges and prosecutors, in particular concerning the applicant's arguable and serious claim of a manifest breach of a fundamental domestic rule in the appointment of one judge to the Special Appeal Chamber (SAC) and the latter's participation in the bench having decided the applicant's dismissal.* The Court noted that the vetting proceedings had had serious consequences for the applicant as he had been immediately dismissed and given a lifetime ban on returning to a prosecutorial or judicial post. It considered that the most appropriate form of redress for the applicant would be, to the extent that that might be possible under domestic law, to reopen the proceedings, should the applicant make such request, and to re-examine his case in a manner that is keeping with all the requirements of a fair trial. However, the finding of a violation could not in itself be taken to require the reopening of all similar cases that have in the meantime become *res judicata* under domestic law.

V. Nouveaux arrêts comportant des indications pertinentes pour l'exécution

A. Arrêts pilotes devenus définitifs en 2023

En 2023, la Cour européenne n'a rendu aucun arrêt pilote.

B. Arrêts comportant des indications pertinentes pour l'exécution (en vertu de l'article 46) devenus définitifs en 2023

Remarque : Si l'arrêt a déjà été classifié, la procédure de surveillance correspondante est indiquée.

État	Affaire	Requête n°	Arrêt définitif le	Nature des violations constatées par la Cour
Albanie	*Besnik Cani*	37474/20	04/01/2023	**Surveillance standard** *Violation de l'exigence d'un « tribunal établi par la loi » en ce qui concerne la révocation d'un ancien procureur dans le cadre d'une procédure exceptionnelle de réévaluation de tous les juges et procureurs en exercice, en particulier en ce qui concerne le grief sérieux et défendable du requérant d'une violation manifeste d'une règle interne fondamentale dans la nomination d'un juge à la Chambre d'appel spéciale (CAS) et la participation de ce dernier à la formation ayant statué sur la révocation du requérant.* La Cour a noté que la procédure de réévaluation avait eu de graves conséquences pour le requérant puisqu'il avait été immédiatement licencié et qu'il lui a été interdit à vie de reprendre un poste de procureur ou de juge. Elle considère que la forme de réparation la plus appropriée pour le requérant serait, dans la mesure où cela serait possible en droit interne, de rouvrir la procédure, si le requérant en fait la demande, et de réexaminer son affaire d'une manière qui soit conforme à toutes les exigences de procès équitable. Toutefois, la constatation d'une violation ne saurait en soi être considérée comme exigeant la réouverture de toutes les affaires similaires qui sont entre-temps passées en autorité de chose jugée en vertu du droit interne.

State (cont.)	Case	Application No.	Judgment final on	Nature of violations found by the Court and measures indicated
Albania	*Sevdari*	40662/19	13/03/2023	**Standard supervision** *Disproportionate interference with a prosecutor's private life on account of her dismissal and lifetime ban from re-entering justice system due to an isolated professional error and her spouse's failure to pay tax on a small part of his income.* The Court considered that the appropriate redress for the violation of the applicant's rights would be to reopen the proceedings and for the case to be re-examined in accordance with the requirements of Article 8 of the Convention. The Court underlined, however, that the functioning of the current vetting process in general, based on the Constitution and the Vetting Act, did not disclose any systemic problem.
Azerbaijan	*Aykhan Akhundov*	43467/06	01/06/2023	**Standard supervision** *Unfair civil proceedings relating to a property dispute due to the arbitrary reasons given by the domestic courts for their decisions resulting in the annulment of the applicant's property rights.* The Court noted the applicant's right to ask for a reopening of his case under the domestic law. However, as the lapse of time since the domestic decisions complained of might have rendered their annulment and a reversal of their effects problematic, it underlined that it will be the competent domestic court's task to evaluate all circumstances of the case and to choose the appropriate means to ensure the maximum possible reparation.
Azerbaijan	*Atif Ahmadov and Others*	22619/14	04/08/2023	**Standard supervision** *Lack of a procedure in eviction proceedings enabling an adequate review of the proportionality of the interference with property rights in the light of personal circumstances.* The Court found that there would be a breach of Article 8 of the Convention if the eviction order were to be enforced without the carrying out of an adequate review. It underlined that it should be left to the Committee of Ministers to supervise with due regard to the applicants' evolving situation, the adoption of measures aimed at ensuring that the domestic authorities comply with the Convention requirements, as clarified in the present judgment.

Comité des Ministres

État (cont.)	Affaire	Requête n°	Arrêt définitif le	Nature des violations constatées par la Cour
Albanie	*Sevdari*	40662/19	13/03/2023	**Surveillance standard** *Ingérence disproportionnée dans la vie privée d'une procureure du fait de de sa révocation et de son interdiction à vie de réintégrer le système judiciaire en raison d'une erreur professionnelle isolée et du fait que son conjoint n'a pas payé d'impôts sur une petite partie de ses revenus.* La Cour a considéré que la réparation appropriée pour la violation des droits de la requérante serait la réouverture de la procédure et le réexamen de l'affaire conformément aux exigences de l'article 8 de la Convention. La Cour a toutefois souligné que le fonctionnement de la procédure d'évaluation actuelle de manière générale, fondée sur la Constitution et la Loi sur la réévaluation, ne révélait aucun problème systémique.
Azerbaïdjan	*Aykhan Akhundov*	43467/06	01/06/2023	**Surveillance standard** *Procédure civile inéquitable relative à un litige immobilier en raison des motifs arbitraires invoqués par les juridictions nationales pour justifier leurs décisions, ce qui a entraîné l'annulation des droits de propriété du requérant.* La Cour a pris note du droit du requérant de demander la réouverture de son affaire au niveau national. Cependant, étant donné que le temps écoulé depuis les décisions internes incriminées aurait pu rendre leur annulation et l'inversion de leurs effets problématiques, elle a souligné qu'il appartiendra à la juridiction interne compétente d'évaluer toutes les circonstances de l'affaire et de choisir les moyens appropriés pour assurer la meilleure réparation possible.
Azerbaïdjan	*Alif Ahmadov et autres*	22619/14	04/08/2023	**Surveillance standard** *Absence de procédure en matière d'expulsion permettant un contrôle adéquat de la proportionnalité de l'ingérence dans le droit de propriété à la lumière des circonstances personnelles.* La Cour a estimé qu'il y aurait violation de l'article 8 de la Convention si l'ordonnance d'expulsion était exécuté sans qu'un contrôle adéquat ait été effectué. Elle a souligné qu'il convenait de laisser au Comité des Ministres le soin de surveiller, en tenant dûment compte de l'évolution de la situation des requérants, l'adoption de mesures visant à garantir que les autorités nationales respectent les exigences de la Convention, telles qu'elles sont précisées dans le présent arrêt.

State (cont.)	Case	Application No.	Judgment final on	Nature of violations found by the Court and measures indicated
Belgium	*Camara*	49255/22	18/10/2023	**To be classified in March 2024** *Systemic problem of national authorities' capacity to comply with their domestic legislation on asylum-seekers' right to accommodation, including final judicial decisions ordering such compliance.* Although it was aware of the difficulties the Belgian authorities had been facing, the Court found that such a response was incompatible with the principle of the rule of law which is inherent in the system of protection established by the Convention. It was the respondent State's responsibility to take appropriate measures to put an end to this situation and comply with the domestic law on the right to accommodation of asylum seekers, including final court decisions.
Belgium	*Van den Kerkhof*	13630/19	05/12/2023	**To be classified in March 2024** *Structural problem of excessive length of civil proceedings before courts and tribunals of the Brussels judicial district.* The Court noted that the problems at issue were structural and relied on a June 2022 audit of the Brussels Court of Appeal and on the concerns expressed already several times by the Committee of Ministers regarding the execution of the *Bell* judgment. The Court indicated that tackling this problem could require the Belgian State to take a range of legislative, organisational, budgetary and other measures and that compliance with the reasonable-time requirement also necessarily called for the involvement of all protagonists in the justice system.

État (cont.)	Affaire	Requête n°	Arrêt définitif le	Nature des violations constatées par la Cour
Belgique	*Camara*	49255/22	18/10/2023	**Sera classifié en mars 2024** *Problème systémique quant à la capacité des autorités nationales à respecter leur législation interne sur le droit à l'hébergement des demandeurs d'asile, y compris les décisions de justice définitives ordonnant ce respect.* Tout en étant consciente des difficultés rencontrées par les autorités belges, la Cour estime qu'une telle réponse était incompatible avec le principe d'État de droit inhérent au système de protection établi par la Convention. Il incombait à l'État défendeur de prendre les mesures appropriées pour mettre fin à cette situation et de se conformer au droit interne relatif au droit à l'hébergement des demandeurs d'asile, y compris aux décisions de justice définitives.
Belgique	*Van den Kerkhof*	13630/19	05/12/2023	**Sera classifié en mars 2024** *Problème structurel de durée excessive des procédures civiles devant les cours et tribunaux de l'arrondissement judiciaire de Bruxelles.* La Cour a relevé que les problèmes en question étaient structurels et s'est appuyée sur un audit de la Cour d'appel de Bruxelles datant de juin 2022 et sur les préoccupations déjà exprimées à plusieurs reprises par le Comité des Ministres concernant l'exécution de l'arrêt *Bell*. La Cour a indiqué que la résolution de ce problème pourrait exiger de l'État belge une série de mesures législatives, organisationnelles, budgétaires et autres et que le respect de l'exigence de délai raisonnable nécessitait aussi nécessairement l'implication de tous les acteurs du système judiciaire.

State (cont.)	Case	Application No.	Judgment final on	Nature of violations found by the Court and measures indicated
Bulgaria	*Korporativna Targovska Banka AD*	46564/15 and 68140/16	30/01/2023	**Enhanced supervision** *Complex problem: Lack of practical possibility for the applicant bank, KTB, to obtain judicial review of the Bulgarian National Bank's decision to withdraw its licence, lack of proper representation in insolvency proceedings and the lack of safeguards against arbitrariness.* The Court indicated that although the only way to put right the breach of Article 6 § 1 relating to the impossibility for KTB to obtain proper judicial review of the withdrawal of its licence is to give it such a possibility, it does not necessarily follow that the form of redress following a possible finding that the Bulgarian National Bank's decision to withdraw KTB's licence was unlawful or unjustified should consist in the annulment of that decision and a reversal of its effects rather than in an award of compensation. As regards the general measures, it indicated that Bulgaria should ensure that a bank whose licence has been withdrawn be able to directly and independently seek and obtain effective judicial review of that measure and amend certain provisions of the Bank Insolvency Act 2002 to allow a bank to be properly represented in insolvency proceedings.
Greece	*Georgiou*	57378/18	14/06/2023	**Standard supervision** *Unfair proceedings in the applicant's appeal on points of law due to the Court of Cassation's failure to examine the applicant's request to seek a preliminary ruling on a legal question from the Court of Justice of the European Union, without any justification.* The Court considered that reopening of the proceedings before the Court of Cassation would constitute appropriate redress for the violation of the applicant's rights.

État (cont.)	Affaire	Requête n°	Arrêt définitif le	Nature des violations constatées par la Cour
Bulgarie	*Korporativna Targovska Banka AD*	46564/15 et 68140/16	30/01/2023	**Surveillance soutenue** *Problème complexe : absence de possibilité pratique pour la banque requérante, KTB, d'obtenir un contrôle judiciaire de la décision de la Banque nationale bulgare de lui retirer sa licence ; absence de représentation adéquate dans la procédure d'insolvabilité et absence de garanties contre l'arbitraire.* La Cour a indiqué que si la seule manière de remédier à la violation de l'article 6 § 1 relative à l'impossibilité pour KTB d'obtenir un contrôle judiciaire adéquat du retrait de sa licence est de lui donner une telle possibilité, il ne s'ensuit pas nécessairement que la forme de réparation à la suite d'une éventuelle constatation que la décision de la Banque nationale bulgare de retirer la licence de KTB était illégale ou injustifiée devrait consister en l'annulation de cette décision et en un renversement de ses effets plutôt qu'en l'octroi d'une indemnité. En ce qui concerne les mesures générales, la Cour a indiqué que la Bulgarie devrait veiller à ce qu'une banque dont la licence a été retirée puisse demander et obtenir directement et indépendamment un contrôle judiciaire effectif de cette mesure. La Bulgarie devrait également modifier certaines dispositions de la loi de 2002 sur l'insolvabilité des banques afin de permettre à une banque d'être correctement représentée dans une procédure d'insolvabilité.
Grèce	*Georgiou*	57378/18	14/06/2023	**Surveillance standard** *Procédure inéquitable dans le cadre du pourvoi en cassation du requérant en raison du fait que la Cour de cassation n'a pas examiné sa demande de question préjudicielle à la Cour de justice de l'Union européenne, sans aucune justification.* La Cour considère que la réouverture de la procédure devant la Cour de cassation constituerait une réparation appropriée de la violation des droits du requérant.

State (cont.)	Case	Application No.	Judgment final on	Nature of violations found by the Court and measures indicated
Hungary	Szolcsán	24408/16	30/06/2023	**Enhanced supervision** *Complex problem: Discrimination of a Roma pupil on account of the unjustified segregation in a State-run primary school attended almost exclusively by Roma children and failure of authorities to take adequate desegregation measures to correct the factual inequality and to avoid its perpetuation and resultant discrimination.* The Court considered that measures to be taken must ensure the end of the segregation of Roma pupils at the Jókai Mór school and, more generally, the development of a policy against segregation in education, including steps to eliminate it as recommended by the European Commission against Racism and Intolerance. It reiterated that the coexistence of members of society free from racial segregation is a fundamental value of democratic societies and that inclusive education is the most appropriate means of guaranteeing the fundamental principles of universality and non-discrimination in the exercise of the right to education.
North Macedonia	Elmazova and Others	11811/20 and 13550/20	13/03/2023	**Enhanced supervision** *Complex problem: Discrimination of Roma pupils on account of the unjustified segregation in two State-run primary schools attended predominantly by Roma children and with Roma-only classes as well as State failure to take adequate desegregation measures to correct factual inequality and to avoid the perpetuation of discrimination resulting from the Roma pupils' over-representation in one of the district's school.s* The Court considered that measures to be taken must ensure the end of the segregation of Roma pupils in the primary schools G.S. and G.D. in Bitola and Shtip, as recommended by the European Commission against Racism and Intolerance, the national Commission for Prevention and Protection against Discrimination, and the Ombudsman. It reiterated that the coexistence of members of society free from racial segregation is a fundamental value of democratic and that inclusive education is the most appropriate means of guaranteeing the fundamental principles of universality and non-discrimination in the exercise of the right to education.

État (cont.)	Affaire	Requête n°	Arrêt définitif le	Nature des violations constatées par la Cour
Hongrie	*Szolcsán*	24408/16	30/06/2023	**Surveillance soutenue** *Problème complexe : discrimination d'un élève rom en raison de sa ségrégation injustifiée dans une école primaire publique fréquentée presque exclusivement par des enfants roms, et manquement des autorités à l'obligation de prendre des mesures de déségrégation adéquates pour corriger l'inégalité de fait et éviter sa perpétuation et la discrimination qui en résulte.* La Cour a estimé que les mesures à prendre devaient garantir la fin de la ségrégation des élèves roms à l'école Jókai Mór et, plus généralement, l'élaboration d'une politique de lutte contre la ségrégation dans l'éducation, y compris des mesures visant à l'éliminer, comme le recommande la Commission européenne contre le racisme et l'intolérance. Elle a rappelé que le fait de vivre ensemble sans ségrégation raciale est une valeur fondamentale des sociétés démocratiques et que l'éducation inclusive est le moyen le plus approprié de garantir les principes fondamentaux d'universalité et de non-discrimination dans l'exercice du droit à l'éducation.
Macédoine du Nord	*Elmazova et autres*	11811/20 et 13550/20	13/03/2023	**Surveillance soutenue** *Problème complexe : discrimination des élèves roms en raison de la ségrégation injustifiée dans deux écoles primaires publiques fréquentées majoritairement par des enfants roms et comportant des classes réservées aux roms, ainsi que de l'incapacité de l'État à prendre des mesures de déségrégation adéquates pour corriger l'inégalité de fait et éviter la perpétuation de la discrimination résultant de la surreprésentation des élèves roms dans l'une des écoles du district.* La Cour a considéré que les mesures à prendre doivent garantir la fin de la ségrégation des élèves roms dans les écoles primaires G.S. et G.D. à Bitola et Shtip, comme l'ont recommandé la Commission européenne contre le racisme et l'intolérance, la Commission nationale pour la prévention et la protection contre la discrimination, et le Médiateur. Elle a rappelé que la coexistence de membres de la société sans ségrégation raciale est une valeur fondamentale de la démocratie et que l'éducation inclusive est le moyen le plus approprié de garantir les principes fondamentaux d'universalité et de non-discrimination dans l'exercice du droit à l'éducation.

State (cont.)	Case	Application No.	Judgment final on	Nature of violations found by the Court and measures indicated
Romania	Văleanu and Others	59012/17+	03/04/2023	**Enhanced supervision** *Structural problem: Continuing ineffectiveness of the restitution mechanism for property confiscated or nationalised by the communist regime, despite new remedies under domestic law.* The Court found that despite its validation – in its judgment *Preda and Others* – of the general functioning of the 2013 restitution mechanism, the implementation of the mechanism continues to fall short of being comprehensively effective and convincingly consistent. The Court underlined the importance of appropriate arrangements to ensure that the restitution process was conducted without further unnecessary delays and provided genuine effective relief for claimants. Moreover, the Court emphasised the need for short but realistic and binding time-limits for the completion of ongoing administrative proceedings. The Court underlined that it is crucial that Romania continue its consistent efforts to adopt further appropriate measures, with a view to bringing its legislation and practice into line with the Court's findings in the present case and with its relevant case-law, so as to achieve complete compliance with Article 1 of Protocol No. 1 to the Convention and Article 46 of the Convention.
Russian Federation	*Navalnyy (No. 3)*	36418/20	06/06/2023	**Enhanced supervision** *Domestic authorities' refusal to investigate the applicant's plausible claims of poisoning with a chemical nerve agent prohibited by the Chemical Weapons Convention.* The Court underlined the authorities' persistent failure to carry out an effective investigation into credible allegations of attempted murder, despite multiple calls by international bodies on the Russian government to elucidate the circumstances of the incident as a matter of serious public concern. The Court found that the specific individual measures required must include effective and prompt criminal investigations, in consideration of its findings in the present judgment. In its examination of any future applications lodged by the applicant, the Court would draw inferences for related complaints as long as a Convention-compliant investigation had not taken place.

État (cont.)	Affaire	Requête n°	Arrêt définitif le	Nature des violations constatées par la Cour
Roumanie	*Văleanu et autres*	59012/17+	03/04/2023	**Surveillance soutenue** *Problème structurel : ineffectivité persistante du mécanisme de restitution des biens confisqués ou nationalisés par le régime communiste, malgré les nouveaux recours prévus par le droit interne.* La Cour a constaté que, bien qu'elle ait validé – dans son arrêt *Preda et autres* – le fonctionnement général du mécanisme de restitution de 2013, la mise en œuvre de ce mécanisme n'est toujours pas totalement effective ni cohérente de manière convaincante. La Cour a souligné l'importance de prendre des dispositions appropriées pour garantir que le processus de restitution soit mené sans nouveaux retards inutiles et qu'il apporte aux personnes concernées une réparation véritable et effective pour la violation de leur droit de propriété. En outre, la Cour a insisté sur la nécessité de fixer des délais courts mais réalistes et contraignants pour l'achèvement des procédures administratives en cours. La Cour a souligné qu'il est crucial que la Roumanie poursuive ses efforts constants pour adopter de nouvelles mesures appropriées, en vue de mettre sa législation et sa pratique en conformité avec les conclusions de la Cour dans la présente affaire et avec sa jurisprudence pertinente, de manière à se conformer pleinement à l'article 1 du Protocole n° 1 à la Convention et à l'article 46 de la Convention.
Fédération de Russie	*Navalnyy (n° 3)*	36418/20	06/06/2023	**Surveillance soutenue** *Refus des autorités nationales d'enquêter sur les allégations plausibles du requérant concernant un empoisonnement par un agent chimique neurotoxique interdit par la Convention sur l'interdiction des armes chimiques.* La Cour a souligné l'incapacité persistante des autorités à mener une enquête effective sur des allégations crédibles de tentative de meurtre, en dépit des multiples appels lancés par des organismes internationaux au gouvernement russe pour qu'il élucide les circonstances de l'incident en tant que question d'intérêt public grave. La Cour a estimé que les mesures individuelles spécifiques requises devaient inclure des enquêtes pénales effectives et rapides, compte tenu des conclusions qu'elle a formulées dans le présent arrêt. Lors de l'examen de toute future requête introduite par le requérant, la Cour tirera des conclusions pour des plaintes connexes tant qu'une enquête conforme à la Convention n'aura pas eu lieu.

State (cont.)	Case	Application No.	Judgment final on	Nature of violations found by the Court and measures indicated
Serbia	S.E.	61365/16	11/10/2023	**To be classified in March 2024** *Lack of appropriate regulations for the implementation of the Asylum Act, resulting in the authorities' refusal to issue the applicant with a travel document for refugees, which impaired the very essence of his freedom of movement.* The Court underlined the need for appropriate statutory and operational measures to complete the pertinent legislative framework as well as implementing regulations to ensure the effective right to leave the territory, and the possibility for any individual in a similar situation to that in which the applicant found himself to access the procedure to apply for and obtain a travel document.
Türkiye	Yüksel Yalçınkaya	15669/20	26/09/2023	**Enhanced supervision** *Structural problem: Unforeseeable judicial interpretation resulting in the applicant's conviction for membership in an armed terrorist organisation, based decisively on the use of an encrypted messaging application named "ByLock"; unfairness of criminal proceedings due to the non-disclosure of raw data obtained from the server without adequate procedural safeguards as well as the unforeseeable extension of the scope of offence, when relying on the applicant's membership in a trade union and an association considered to be affiliated with a terror organisation.* The Court stated that the reopening of the criminal proceedings, if requested, would be the most appropriate way of putting an end to the violations found in the present case and of affording redress to the applicant. As concerns general measures, the Court urged a rapid and effective correction of the defect identified in the national system of human-rights protection. It underlined that Türkiye had to take general measures as appropriate to address the systemic problem, notably the domestic courts' approach to the use of Bylock. The domestic courts were required to take due account of the relevant Convention standards as interpreted and applied in the present judgment.

État (cont.)	Affaire	Requête n°	Arrêt définitif le	Nature des violations constatées par la Cour
Serbie	S.E.	61365/16	11/10/2023	**Sera classifié en mars 2024** *Absence de réglementation appropriée pour la mise en œuvre de la Loi sur l'asile, qui s'est traduite par le refus des autorités de délivrer au requérant un document de voyage pour les réfugiés, ce qui a porté atteinte à l'essence même de sa liberté de circulation.* La Cour a souligné la nécessité de prendre des mesures législatives et opérationnelles appropriées pour compléter le cadre législatif pertinent ainsi que les règlements d'application afin de garantir le droit effectif de quitter le territoire et la possibilité pour toute personne se trouvant dans une situation similaire à celle du requérant d'accéder à la procédure de demande et d'obtention d'un document de voyage.
Türkiye	Yüksel Yalçınkaya	15669/20	26/09/2023	**Surveillance soutenue** *Problème structurel : interprétation judiciaire imprévisible aboutissant à la condamnation du requérant pour appartenance à une organisation terroriste armée, fondée de manière décisive sur l'utilisation d'une application de messagerie cryptée appelée « ByLock » ; iniquité de la procédure pénale due à la non-divulgation des données brutes obtenues du serveur sans garanties procédurales adéquates ainsi qu'à l'extension imprévisible du champ de l'infraction, en se fondant sur l'appartenance du requérant à un syndicat et à une association considérés comme affiliés à une organisation terroriste.* La Cour a déclaré que la réouverture de la procédure pénale, si elle était demandée, serait le moyen le plus approprié de mettre fin aux violations constatées en l'espèce et d'accorder une réparation au requérant. En ce qui concerne les mesures générales, la Cour a demandé instamment une correction rapide et efficace du défaut identifié dans le système national de protection des droits de l'homme. Elle a souligné que la Türkiye devait prendre des mesures générales appropriées pour résoudre le problème systémique, notamment l'approche des tribunaux nationaux concernant l'utilisation de « Bylock ». Les tribunaux nationaux ont été invités à tenir dûment en compte des normes pertinentes de la Convention telles qu'elles ont été interprétées et appliquées dans le présent arrêt.

C. INTERIM RESOLUTIONS ADOPTED IN 2023

Interim Resolution CM/ResDH(2023)489
Georgia v. Russia (II)

(Adopted by the Committee of Ministers on 7 December 2023 at the 1483rd meeting of the Ministers' Deputies)

Application	Case	Judgment of	Final on
38263/08	GEORGIA v. RUSSIA (II)	21/01/2021 28/04/2023	Grand Chamber

The Committee of Ministers, under the terms of Article 46, paragraph 2, of the Convention for the Protection of Human Rights and Fundamental Freedoms, which provides that the Committee supervises the execution of final judgments of the European Court of Human Rights (hereinafter "the Convention" and "the Court");

Recalling that although the Russian Federation ceased to be a High Contracting Party to the Convention on 16 September 2022, it remains bound by obligations under the Convention, including to implement judgments of the Court, in accordance with Article 58 of the Convention, recalling further that the Committee of Ministers continues to supervise the execution of the judgments and friendly settlements concerned (Resolution of 22 March 2022 of the Court and Resolution CM/Res(2022)3);

Recalling that in its judgment the European Court established the jurisdiction of Russia over Abkhazia and South Ossetia during the occupation phase in the context of the armed conflict between the Russian Federation and Georgia in August 2008;

Recalling further that the Court found the existence of administrative practices contrary to:

– Articles 2, 3 and 8 of the Convention and Article 1 of Protocol No. 1 as regards the killing of civilians, who had been targeted as an ethnic group, and the torching and looting of houses in Georgian villages in South Ossetia and in the "buffer zone";
– Article 3 of the Convention as regards the conditions of detention of Georgian civilians by South Ossetian forces in the basement of the "Ministry of Internal Affairs of South Ossetia" and the humiliating acts which had caused them suffering and had to be regarded as inhuman and degrading treatment;
– Article 5 of the Convention as regards the arbitrary detention of the above Georgian civilians;
– Article 3 of the Convention as regards the acts of torture in South Ossetia against Georgian prisoners of war;
– Article 2 of Protocol No. 4 as regards the inability of Georgian nationals to return to their respective homes in South Ossetia and Abkhazia;

Recalling that the Court found also a violation of Article 2 of the Convention in its procedural aspect on account of the failure of the Russian Federation to carry out an adequate and effective investigation not only into the events which had occurred after the cessation of hostilities (following the ceasefire agreement of 12 August 2008)

C. RÉSOLUTIONS INTERIMAIRES ADOPTÉES EN 2023

Résolution intérimaire CM/ResDH(2023)489
Géorgie contre Russie (II)

(Adoptée par le Comité des Ministres le 7 décembre 2024, lors de la 1483ᵉ réunion des Délégués des Ministres)

Requête	Affaire	Arrêt du	Définitif le
38263/08	GÉORGIE c. RUSSIE (II)	21/01/2021 28/04/2023	Grande Chambre

Le Comité des Ministres, en vertu de l'article 46, paragraphe 2, de la Convention de sauvegarde des droits de l'homme et des libertés fondamentales, qui prévoit que le Comité surveille l'exécution des arrêts définitifs de la Cour européenne des droits de l'homme (ci-après nommées « la Convention » et « la Cour »),

Rappelant que bien que la Fédération de Russie ait cessé d'être une Haute Partie contractante à la Convention à compter du 16 septembre 2022 elle reste liée par les obligations en vertu de la Convention, y compris d'exécuter les arrêts de la Cour, conformément à l'article 58 de la Convention, rappelant également que le Comité des Ministres continuera de surveiller l'exécution des arrêts et des règlements amiables concernés (Résolution de la Cour du 22 mars 2022 et Résolution CM/Res(2022)3),

Rappelant que dans son arrêt, la Cour européenne a jugé établie la juridiction de la Russie concernant l'Abkhazie et l'Ossétie du Sud pendant la phase d'occupation dans le contexte du conflit armé entre la Fédération de Russie et la Géorgie en août 2008 ;

Rappelant en outre que la Cour a constaté l'existence de pratiques administratives contraires :
– aux articles 2, 3 et 8 de la Convention et de l'article 1 du Protocole n° 1, s'agissant des meurtres de civils qui avaient été ciblés en tant que groupe ethnique, et des incendies et des pillages d'habitations dans les villages géorgiens d'Ossétie du Sud et dans la « zone tampon » ;
– à l'article 3 de la Convention, quant aux conditions de détention de civils géorgiens et les humiliations qu'ils ont subies, constitutives de traitement inhumain et dégradant ;
– à l'article 5 de la Convention, quant à la détention arbitraire de civils géorgiens ;
– à l'article 3 de la Convention, quant aux actes de torture en Ossétie du Sud sur les prisonniers de guerre géorgiens ;
– à l'article 2 du Protocole n° 4, quant à l'impossibilité pour les ressortissants géorgiens de retourner dans leur foyer en Ossétie du Sud et en Abkhazie ;

Rappelant que la Cour a également constaté une violation de l'article 2 de la Convention dans son aspect procédural, quant à l'absence d'enquête adéquate et effective non seulement sur les événements qui se sont produits après la cessation des hostilités (à la suite de l'accord de cessez-le-feu du 12 août 2008) mais également sur

but also into the events which had occurred during the active phase of hostilities (8 to 12 August 2008); and a violation of Article 38 of the Convention as regard the failure to furnish all necessary facilities to the European Court in its task of establishing the facts of the case;

Recalling further that in its judgment on just satisfaction of 28 April 2023, the European Court held that the respondent State is to pay the applicant Government, within three months, over EUR 129 million for non-pecuniary damages to different groups of victims in relation to several breaches of the Convention and that these amounts should be distributed by the applicant Government to the individual victims under the supervision of the Committee of Ministers within 18 months of the date of the payment or within any other time-limit considered appropriate by the Committee of Ministers;

Noting that the deadline for the above payment expired on 28 July 2023 and, regretting that no payment has yet been made; underlining further that the default interest continues to accrue on the amount awarded by the European Court and that on 5 December 2023, the total amount owed by the Russian Federation was EUR 133 358 630,15;

Firmly deploring furthermore despite the Committee's previous indications and the letters of 9 December 2022, 9 March 2023 and 7 June 2023 of the Secretary General of the Council of Europe to the Minister of Foreign Affairs of the Russian Federation informing him of the decisions and resolutions adopted by the Committee and urging the Russian authorities to comply with their obligations under international law and the Convention to fully abide by the judgments of the European Court, the persistent lack of information on the concrete measures taken or envisaged by the respondent State to execute this judgment, with the exception of its dissemination to competent state bodies;

Firmly reiterating once again, having regard to the scale and nature of the grave violations found, the necessity for the respondent State to take urgent and tangible measures to ensure cessation as well as elimination of the root cause of these violations and to avoid their repetition;

UNDERLINED that there is an unconditional obligation under Article 46, paragraph 1, of the Convention to pay the just satisfaction awarded by the Court;

URGED the Russian authorities to pay the just satisfaction, together with the default interest accrued, without any further delay;

EXHORTED AGAIN the authorities to thoroughly, independently, effectively and promptly investigate the serious crimes committed during the active phase of hostilities as well as during the period of occupation, so as to identify all those responsible for the purposes of bringing the perpetrators to justice;

FIRMLY REITERATED AGAIN its profound concern about the inability of Georgian nationals to return to their homes in South Ossetia and Abkhazia and its insistence that the Russian Federation, which has effective control over these regions, ensures without delay measures to prevent kidnapping, killing, torture or any other incident which impedes the free and safe movement of Georgian nationals and ensures the safe return of persons wishing to return to their homes;

les événements qui se sont produits au cours de la phase active des hostilités (8 au 12 août 2008), ainsi qu'une violation de l'article 38 de la Convention en raison du manquement à l'obligation de fournir toutes les facilités nécessaires à la Cour afin qu'elle puisse établir les faits de la cause ;

Rappelant en outre que dans son arrêt sur la satisfaction équitable du 28 avril 2023, la Cour européenne a jugé que l'État défendeur doit verser au gouvernement requérant, dans un délai de trois mois, plus de 129 millions d'euros au titre du dommage moral à différents groupes de victimes, en relation avec plusieurs violations de la Convention, et que ces montants doivent être distribués par le gouvernement requérant aux différentes victimes sous la supervision du Comité des Ministres dans un délai de dix-huit mois à compter de la date du paiement ou dans tout autre délai jugé approprié par le Comité des Ministres ;

Notant que le délai pour le paiement précité a expiré le 28 juillet 2023 et regrettant qu'aucun paiement n'ait encore été effectué ; soulignant en outre que les intérêts moratoires continuent de courir sur le montant accordé par la Cour européenne et qu'au 5 décembre 2023, le montant total dû par la Fédération de Russie s'élevait à 133 358 630,15 euros ;

En outre, déplorant fermement le défaut persistant d'information sur les mesures concrètes prises ou envisagées par l'État défendeur pour exécuter cet arrêt, à l'exception de sa diffusion aux organes étatiques compétents, et ceci malgré les indications antérieures du Comité et les lettres du 9 décembre 2022, du 9 mars 2023 et du 7 juin 2023 de la Secrétaire Générale du Conseil de l'Europe au ministre des Affaires étrangères de la Fédération de Russie, l'informant des décisions et résolutions adoptées par le Comité et invitant instamment les autorités russes à se conformer à leurs obligations en vertu du droit international et de la Convention de respecter pleinement les arrêts de la Cour européenne ;

Eu égard à l'ampleur et à la nature des graves violations constatées, une fois de plus réitérèrent fermement la nécessité pour l'État défendeur de prendre des mesures urgentes et tangibles pour assurer la cessation ainsi que l'élimination de la cause profonde de ces violations et pour éviter leur répétition ;

SOULIGNE l'obligation inconditionnelle, en vertu de l'article 46, paragraphe 1, de la Convention, de verser la satisfaction équitable accordée par la Cour ;

INVITE INSTAMMENT les autorités russes à payer la satisfaction équitable ainsi que les intérêts de retard échus, sans plus de retard ;

EXHORTE À NOUVEAU les autorités russes à mener des enquêtes approfondies, indépendantes, effectives et rapides sur les graves crimes commis pendant la phase active des hostilités ainsi que pendant la période d'occupation, afin d'identifier tous les responsables et de les traduire en justice ;

UNE FOIS DE PLUS, REITÈRE FERMEMENT sa profonde préoccupation quant à l'impossibilité pour les ressortissants géorgiens de rentrer chez eux en Ossétie du Sud et en Abkhazie et son insistance pour que la Fédération de Russie qui exerce un contrôle effectif sur ces régions, prenne sans retard des mesures pour prévenir les enlèvements, les homicides, les actes de torture out tout autre incident qui entrave la circulation des ressortissants géorgiens en toute liberté et sécurité, et permette un retour en toute sécurité de toutes les personnes souhaitant retourner dans leur foyer ;

CALLED UPON ONCE AGAIN the authorities to provide information on the measures put in place to ensure that similar violations of Article 38 do not occur in the future;

DECIDED to resume consideration of this case at its 1507th meeting (September 2024) (DH).

Interim Resolution CM/ResDH(2023)487
Reczkowicz group (Application No. 43447/19) and Broda and Bojara (Application No. 26691/18) v. Poland

(Adopted by the Committee of Ministers on 7 December 2023 at the 1483rd meeting of the Ministers' Deputies)

Application No.	Case	Judgment of	Final on	Indicator for the classification
43447/19	RECZKOWICZ	22/07/2021	22/11/2021	Complex problem
49868/19	DOLIŃSKA-FICEK AND OZIMEK	08/11/2021	08/02/2022	
1469/20	ADVANCE PHARMA SP. Z O.O.	03/02/2022	03/05/2022	
26691/18	BRODA AND BOJARA	29/06/2021	29/09/2021	Complex problem

The Committee of Ministers, under the terms of Article 46, paragraph 2, of the Convention for the Protection of Human Rights and Fundamental Freedoms, which provides that the Committee supervises the execution of final judgments of the European Court of Human Rights (hereinafter "the Convention" and "the Court"),

Having regard to the final judgments transmitted by the Court to the Committee in these cases concerning notably reforms undermining the independence of the judiciary in Poland, which in particular resulted in: infringements of the right to a tribunal established by law, as the applicants' cases were examined by judges appointed after March 2018 in various chambers in the Supreme Court in a deficient procedure involving the National Council of the Judiciary ("NCJ"), which lacked independence (*Reczkowicz* group); and the premature termination of the applicants' term of office as vice-presidents of a regional court on the basis of temporary legislation (*Broda and Bojara*), without any possibility of judicial review;

Recalling with grave concern the Constitutional Court's judgment of 10 March 2022 in the case *K 7/21* in which it found that Article 6, paragraph 1, of the Convention, as interpreted by the European Court in the present judgments, was inconsistent with the Polish Constitution; and that it considered these judgments to be deprived of enforceability as it had allegedly been adopted by the European Court acting *ultra vires;*

Recalling that the report of the Secretary General of the Council of Europe

EN APPELLE À NOUVEAU aux autorités pour qu'elles fournissent des informations sur les mesures en place pour prévenir des violations similaires de l'article 38 ;

DÉCIDE de reprendre l'examen de cette affaire lors de sa 1507ᵉ réunion (septembre 2024) (DH).

Résolution intérimaire CM/ResDH(2023)487
Groupe Reczkowicz (Requête no 43447/19) et Broda et Bojara (Requête no 26691/18) c. Pologne

(Adoptée par le Comité des Ministres le 7 décembre 2023, lors de la 1483ᵉ réunion des Délégués des Ministres)

Requête	Affaire	Arrêt du	Définitif le	Critère de classification
43447/19	RECZKOWICZ	22/07/2021	22/11/2021	Problème complexe
49868/19	DOLIŃSKA-FICEK ET OZIMEK	08/11/2021	08/02/2022	
1469/20	ADVANCE PHARMA SP. Z O.O.	03/02/2022	03/05/2022	
26691/18	BRODA ET BOJARA	29/06/2021	29/09/2021	Problème complexe

Le Comité des Ministres, en vertu de l'article 46, paragraphe 2, de la Convention de sauvegarde des droits de l'homme et des libertés fondamentales, qui prévoit que le Comité surveille l'exécution des arrêts définitifs de la Cour européenne des droits de l'homme (ci-après « la Convention » et « la Cour »),

Vu les arrêts définitifs transmis par la Cour au Comité dans ces affaires concernant notamment des réformes portant atteinte à l'indépendance du pouvoir judiciaire en Pologne, qui ont notamment entraîné : des violations du droit à un tribunal établi par la loi, les affaires des requérants ayant été examinées par des juges nommés après mars 2018 au sein de différentes chambres de la Cour suprême, dans le cadre d'une procédure déficiente impliquant le Conseil national de la magistrature (« CNM »), qui n'offrait pas de garantie d'indépendance (groupe *Reczkowicz*) ; et la cessation prématurée du mandat des requérants en tant que vice-présidents d'un tribunal régional sur la base d'une législation temporaire (*Broda et Bojara*), sans aucune possibilité de contrôle juridictionnel ;

Rappelant avec profonde préoccupation l'arrêt de la Cour constitutionnelle du 10 mars 2022 dans l'affaire *K 7/21*, dans lequel elle a estimé que l'article 6, paragraphe 1, de la Convention, tel qu'interprété par la Cour européenne dans les présents arrêts, était incompatible avec la Constitution polonaise ; et qu'elle considérait que ces arrêts étaient dépourvus de force exécutoire car ils auraient été adoptés par la Cour européenne agissant *ultra vires* ;

Rappelant que le rapport de la Secrétaire Générale du Conseil de l'Europe,

in accordance with Article 52 of the Convention (SG/Inf(2022)39) concluded that as a result of the findings of unconstitutionality in the judgment in the case *K 7/21*, the ensuing obligation of Poland under the Convention to ensure the enjoyment of the right to a fair trial by an independent and impartial tribunal established by law to everyone under its jurisdiction was not fulfilled; and that to ensure the implementation of its international obligations under Article 1, Article 6, paragraph 1, and Article 32 of the Convention, Poland had an obligation to ensure that its internal law is interpreted and, where necessary, amended in such a way as to avoid any repetition of the same violations, as required by Article 46 of the Convention;

Noting with interest that just satisfaction was paid in all these cases, but noting with regret that no other relevant information on the individual measures has been provided by the authorities regarding in particular the possibility for Convention compliant examination of requests for reopening in the *Reczkowicz* group or the individual measures in the case of *Broda and Bojara*, which appear to be linked to general measures;

Recalling that the main underlying problem leading to the violation of Article 6 in the *Reczkowicz* group of cases was the appointment of judges upon a motion of the NCJ as constituted after March 2018, under the framework of 2017, which deprived the Polish judiciary of the right to elect judicial members of the NCJ and enabled interference by the executive and the legislature in judicial appointments; and that this problem has systematically affected appointments of judges of all types of courts, which may result in potentially multiple violations of the right to an independent and impartial tribunal established by law;

Recalling, as concerns the *Broda and Bojara* case, that the procedure for the dismissal of (vice)presidents of domestic courts still lacks sufficient safeguards against arbitrary dismissals, including judicial review;

Noting with deep concern the lack of information on any progress as regards the elaboration or adoption of general measures in the *Reczkowicz* group and in the *Broda and Bojara* case, as well as noting the information that irregular judicial appointments, involving the deficiently composed NCJ, continue;

UNDERLINED once again its position that Poland has an unconditional obligation under Article 46 of the Convention to abide by the Court's final judgments fully, effectively and promptly and that it is for the Respondent state to remove any obstacles in its national legal system that might prevent adequate redress;

DEEPLY REGRETTED in this context the authorities' continued reliance on the judgment of the Constitutional Court in the case *K 7/21* as an obstacle to the adoption of relevant general measures;

EXHORTED AGAIN the authorities to rapidly elaborate measures to: (i) restore the independence of the NCJ through introducing legislation guaranteeing the right of the Polish judiciary to elect judicial members of the NCJ; (ii) address the status of all judges appointed in deficient procedures involving the NCJ as constituted after March 2018 and of decisions adopted with their participation; (iii) ensure

conformément à l'article 52 de la Convention (SG/Inf(2022)39), a conclu que suite aux constats d'inconstitutionnalité dans l'affaire *K 7/21*, l'obligation qui en découle pour la Pologne, en vertu de la Convention, d'assurer à toute personne relevant de sa juridiction la jouissance du droit à un procès équitable devant un tribunal indépendant et impartial établi par le droit, n'a pas été remplie ; et que, pour assurer la mise en œuvre de ses obligations internationales en vertu des articles 1, 6, paragraphe 1, et 32 de la Convention, la Pologne a l'obligation de veiller à ce que son droit interne soit interprété et, le cas échéant, modifié de manière à éviter toute répétition des mêmes violations, comme l'exige l'article 46 de la Convention ;

Notant avec intérêt que la satisfaction équitable a été payée dans toutes ces affaires, mais notant avec regret qu'aucune autre information pertinente sur les mesures individuelles n'a été fournie par les autorités concernant notamment la possibilité d'un examen conforme à la Convention de demandes de réouverture dans le groupe *Reczkowicz* ou les mesures individuelles dans l'affaire *Broda et Bojara*, qui paraissent être liées aux mesures générales ;

Rappelant que le principal problème à l'origine de la violation de l'article 6 dans le groupe d'affaires *Reczkowicz* était la nomination de juges sur proposition du CNM, tel que constitué après mars 2018, en vertu du cadre juridique de 2017, ce qui a privé le pouvoir judiciaire polonais du droit d'élire les membres judiciaires du CNM et a permis l'ingérence de l'exécutif et du législatif dans les nominations judiciaires ; et que ce problème a systématiquement affecté les nominations de juges de tous les types de tribunaux, ce qui pourrait entraîner des violations potentiellement multiples du droit à un tribunal indépendant et impartial établi par la loi ;

Rappelant, en ce qui concerne l'affaire *Broda et Bojara*, que la procédure de révocation des (vice)présidents des tribunaux nationaux ne comporte toujours pas de garanties suffisantes contre les révocations arbitraires, y compris un contrôle juridictionnel ;

Notant avec profonde préoccupation l'absence d'information sur tout progrès concernant l'élaboration ou l'adoption de mesures générales dans le groupe *Reczkowicz* et dans l'affaire *Broda et Bojara*, ainsi que l'information selon laquelle les nominations judiciaires irrégulières, impliquant le CNM composé de manière déficiente, se poursuivent ;

SOULIGNE une fois de plus sa position selon laquelle la Pologne a l'obligation inconditionnelle, en vertu de l'article 46 de la Convention, de se conformer aux arrêts définitifs de la Cour de manière complète, effective et rapide et qu'il appartient à l'État défendeur de supprimer tout obstacle au sein de son système juridique national qui pourrait empêcher un redressement adéquat ;

REGRETTE PROFONDÉMENT, dans ce contexte, que les autorités continuent de s'appuyer sur l'arrêt de la Cour constitutionnelle dans l'affaire *K 7/21* comme obstacle à l'adoption de mesures générales pertinentes ;

EXHORTE À NOUVEAU les autorités à élaborer rapidement des mesures visant à : i) rétablir l'indépendance du CNM en introduisant une législation garantissant le droit du pouvoir judiciaire polonais d'élire les membres judiciaires du CNM ; ii) remédier au statut de tous les juges nommés dans le cadre de procédures déficientes impliquant le CNM, tel que constitué après mars 2018, et aux décisions adoptées avec

effective judicial review of the NCJ's resolutions proposing judicial appointments to the President of Poland, including of Supreme Court judges, respecting also the suspensive effect of pending judicial review; (iv) ensure that questions as to whether the right to a tribunal established by law has been respected can be examined without any restrictions or sanctions for applying the requirements of the Convention; (v) ensure the protection of presidents and vice-presidents of courts from arbitrary dismissals, including through introducing judicial review;

INVITED AGAIN the authorities to provide the information requested by the Committee in respect of the reopening of the domestic proceedings at issue in the *Reczkowicz* group of cases;

INVITED the authorities to enter into high level consultations with the Secretariat to explore possible solutions for the execution of the judgments in these cases.

Interim Resolution CM/ResDH(2023)481
Sejdić and Finci group against Bosnia and Herzegovina

(Adopted by the Committee of Ministers on 7 December 2023 at the 1483rd meeting of the Ministers' Deputies)

Application	Case	Judgment of	Final on
27996/06	SEJDIĆ AND FINCI	22/12/2009	Grand Chamber
3681/06	ZORNIĆ	15/07/2014	15/12/2014
56666/12	ŠLAKU	26/05/2016	26/05/2016
41939/07	PILAV	09/06/2016	09/09/2016
55799/18	PUDARIĆ	08/12/2020	08/12/2020

The Committee of Ministers, under the terms of Article 46 paragraph 2 of the Convention for the Protection of Human Rights and Fundamental Freedoms, which provides that the Committee supervises the execution of final judgments of the European Court of Human Rights (hereinafter "the Convention" and "the Court");

Recalling that these cases concern discrimination against persons not affiliated with the constituent peoples in Bosnia and Herzegovina or those failing to meet a combination of the requirements of ethnic origin and place of residence as regards their right to stand for election to the House of Peoples and the Presidency of Bosnia and Herzegovina;

Reiterating once more the crucial importance of the respondent State's obligation, assumed under Article 46 of the Convention, to abide by the Court's judgments promptly, fully and effectively to ensure the maximum possible reparation for the violations found;

Recalling again with utmost concern that, as a direct result of the absence of measures taken by the respondent State, to date four general elections have been held under the same regulatory framework which the European Court found to be discriminatory, despite the repeated calls of the Committee over the past 14 years, including in its Interim Resolutions CM/ResDH(2011)291, CM/ResDH(2012)233, CM/

leur participation ; iii) garantir un contrôle judiciaire effectif des résolutions du CNM proposant des nominations judiciaires au Président de la Pologne, y compris de juges de la Cour suprême, en respectant également l'effet suspensif d'un contrôle judiciaire en cours ; iv) garantir l'examen des questions relatives au respect du droit à un tribunal établi par la loi, sans restrictions ni sanctions pour l'application des exigences de la Convention ; v) assurer la protection des présidents et vice-présidents des tribunaux contre les révocations arbitraires, y compris en introduisant un contrôle juridictionnel ;

INVITE À NOUVEAU les autorités à fournir les informations demandées par le Comité en ce qui concerne la réouverture des procédures internes en cause dans le groupe d'affaires *Reczkowicz* ;

INVITE les autorités à entamer des consultations à haut niveau avec le Secrétariat afin d'explorer les solutions possibles pour l'exécution des arrêts dans ces affaires.

Résolution intérimaire CM/ResDH(2023)481
Groupe Sejdić et Finci contre Bosnie-Herzégovine

(Adoptée par le Comité des Ministres le 7 décembre 2023, lors de la 1483ᵉ réunion des Délégués des Ministres)

Requête	Affaire	Arrêt du	Définitif le
27996/06	SEJDIĆ ET FINCI	22/12/2009	Grande Chambre
3681/06	ZORNIĆ	15/07/2014	15/12/2014
56666/12	ŠLAKU	26/05/2016	26/05/2016
41939/07	PILAV	09/06/2016	09/09/2016
55799/18	PUDARIĆ	08/12/2020	08/12/2020

Le Comité des Ministres, en vertu de l'article 46, paragraphe 2, de la Convention de sauvegarde des droits de l'homme et des libertés fondamentales, qui prévoit que le Comité surveille l'exécution des arrêts définitifs de la Cour européenne des droits de l'homme (ci-après nommées « la Convention » et « la Cour ») ;

Rappelant que ces affaires concernent la discrimination à l'encontre de personnes n'appartenant pas aux peuples constituants de la Bosnie-Herzégovine ou ne remplissant pas un ensemble de conditions d'origine ethnique et de lieu de résidence en ce qui concerne leur droit de se présenter aux élections à la Chambre des peuples et à la Présidence de la Bosnie-Herzégovine ;

Réitérant une fois de plus l'importance capitale de l'obligation de l'État défendeur, assumée en vertu de l'article 46 de la Convention, de se conformer rapidement, pleinement et effectivement aux arrêts de la Cour afin d'assurer la réparation la plus entière possible pour les violations constatées ;

Rappelant à nouveau avec la plus grande préoccupation qu'en conséquence directe de l'absence de mesure prise par l'Etat défendeur, quatre élections générales ont été organisées à ce jour dans le même cadre réglementaire que la Cour européenne a jugé discriminatoire, malgré les appels répétés du Comité au cours des 14 dernières années, y compris dans ses Résolutions intérimaires CM/ResDH(2011)291, CM/

ResDH(2013)259 and CM/ResDH(2021)427;

Deeply regretting the lack of information in writing from the authorities on the measures envisaged or taken to implement the present judgments; recalling the coalition agreement of 29 November 2022 signed by leaders of several political parties by which they, *inter alia*, agreed to adopt, within six months following the formation of governments at all levels at the latest, limited amendments to the Constitution and to electoral legislation in order to implement the present judgments; noting in that respect that the process of formation of governments has now been finalised at all levels, with the exception of one canton in the Federation of Bosnia and Herzegovina;

Insisting firmly on the utmost importance of instantly relaunching the electoral reform work, while pursuing all consultations necessary aimed at eliminating discrimination based on ethnic affiliation in elections for the Presidency and the House of Peoples of Bosnia and Herzegovina;

Reiterating once again the willingness of the Council of Europe to assist by all available means the authorities of Bosnia and Herzegovina in meeting their obligations under Article 46 of the Convention and urging the authorities to take advantage of all expertise available within the Council of Europe, notably the Venice Commission, to rapidly reach a consensus on the required electoral system reform;

EXHORTED the authorities and the political leaders of Bosnia and Herzegovina to deploy all their efforts to reach a consensus on the necessary amendments to the Constitution and the electoral legislation;

STRONGLY URGED the authorities to submit by 15 April 2024 information in writing on the measures taken to implement the present group of judgments;

DECIDED to invite the competent Minister of the Council of Ministers of Bosnia and Herzegovina for an exchange of views at its 1501st meeting (June 2024) (DH).

Interim Resolution CM/ResDH(2023)424
Sharxhi and Others against Albania

(Adopted by the Committee of Ministers on 7 December 2023 at the 1483rd meeting of the Ministers' Deputies)

Application No.	Case	Judgment of	Final on
10613/16	SHARXHI AND OTHERS	11/01/2018	28/05/2018

The Committee of Ministers, under the terms of Article 46, paragraph 2, of the Convention for the Protection of Human Rights and Fundamental Freedoms, which provides that the Committee supervises the execution of final judgments of the European Court of Human Rights (hereinafter "the Convention" and "the Court"),

Having regard to the judgment of the Court finding violations of Articles 6, paragraph 1, 8, 13 and Article 1 of Protocol No. 1 of the Convention, due to the unlawful expropriation and demolition of the applicants' flats and business premises in disregard of an interim court order restraining the authorities from taking any action

ResDH(2012)233, CM/ResDH(2013)259 et CM/ResDH(2021)427 ;

Regrettant profondément l'absence d'information écrite des autorités sur les mesures envisagées ou prises pour mettre en œuvre ces arrêts ; rappelant l'accord de coalition du 29 novembre 2022 signé par les dirigeants de plusieurs partis politiques, par lequel ils ont notamment convenu d'adopter, au plus tard dans les six mois suivant la formation des gouvernements à tous les niveaux, des amendements limités à la Constitution et à la législation électorale afin de mettre en œuvre ces arrêts ; notant à cet égard que le processus de formation des gouvernements est désormais achevé à tous les niveaux, à l'exception d'un canton de la Fédération de Bosnie-Herzégovine ;

Insistant fermement sur l'importance primordiale de relancer immédiatement le travail de réforme électorale tout en poursuivant toutes les consultations nécessaires visant à éliminer la discrimination fondée sur l'appartenance ethnique dans les élections à la présidence et à la Chambre des peuples de Bosnie-Herzégovine ;

Réitérant une fois de place la volonté du Conseil de l'Europe, notamment de la Commission de Venise, d'aider par tous les moyens disponibles les autorités de Bosnie-Herzégovine à s'acquitter de leurs obligations au titre de l'article 46 de la Convention et invitant instamment les autorités à tirer parti de toute l'expertise disponible au sein du Conseil de l'Europe, notamment de la Commission de Venise, pour parvenir rapidement à un consensus sur la réforme requise du système électoral ;

EXHORTE les autorités et les dirigeants politiques de Bosnie-Herzégovine à déployer tous leurs efforts pour parvenir à un consensus sur les amendements nécessaires à la Constitution et à la législation électorale ;

DEMANDE INSTAMMENT aux autorités de soumettre d'ici le 15 avril 2014 des informations par écrit sur les mesures prises pour mettre en œuvre ce groupe d'arrêts ;

DÉCIDE d'inviter le ministre compétent du Conseil des ministres de Bosnie-Herzégovine pour un échange de vues lors de sa 1501e réunion (juin 2024) (DH).

Résolution intérimaire CM/ResDH(2023)424
Sharxhi et autres contre Albanie

(Adoptée par le Comité des Ministres le 7 décembre 2023, lors de la
1483e réunion des Délégués des Ministres)

Requête	Affaire	Arrêt du	Définitif le
10613/16	SHARXHI ET AUTRES	11/01/2018	28/05/2018

Le Comité des Ministres, en vertu de l'article 46, paragraphe 2, de la Convention de sauvegarde des droits de l'homme et des libertés fondamentales, qui prévoit que le Comité surveille l'exécution des arrêts définitifs de la Cour européenne des droits de l'homme (ci-après nommées « la Convention » et « la Cour »),

Vu l'arrêt de la Cour constatant des violations des articles 6, paragraphe 1, 8, 13 et de l'article 1 du Protocole n° 1 de la Convention, en raison de l'expropriation et de la démolition illégales des appartements et des locaux commerciaux des requérants au mépris d'une ordonnance provisoire du tribunal interdisant aux autorités de prendre

that could breach the applicants' property rights;

Underlining that Albania has the unconditional obligation, under Article 46, paragraph 1, of the Convention, to abide by the final judgments of the Court in any case to which it is a party fully, effectively and promptly and that this obligation is binding on all State authorities;

Recalling that this obligation requires the adoption by the authorities of the respondent State, where required, of individual measures to put an end to violations established and erase their consequences so as to achieve as far as possible *restitutio in integrum*, including payment of any sums awarded by the Court;

Expressing deep concern at the prolonged failure of the authorities for over five years to secure payment of the just satisfaction awarded by the Court, the absence of communication with the applicants and their representatives in that regard and the persistent lack of clarity as to when the payment could be ensured, despite the Committee's previous requests to secure the payment, with default interest, without any further delay;

EXHORTED the authorities to take, as a matter of urgency, all necessary action with a view to ensuring that full payment of the just satisfaction is made, together with default interest up to the date of the payment;

URGED them to seek to involve the applicants or their representatives, to the appropriate extent, in discussions concerning the payment;

REQUESTED them to inform the Committee of the measures taken for ensuring payment of the just satisfaction, without any further delay and in any event by 31 March 2024.

Interim Resolution CM/ResDH(2023)268
Xenides-Arestis and 32 other cases against Turkey

(Adopted by the Committee of Ministers on 21 September 2023 at the 1475th meeting of the Ministers' Deputies)

Application	Case	Judgment of	Final on
46347/99	XENIDES-ARESTIS	22/12/2005 07/12/2006	22/03/2006 23/05/2007
16094/90	ANDREOU PAPI	22/09/2009 26/10/2010	01/03/2010 11/04/2011
18360/91	ANDREOU SOPHIA	27/01/2009 22/06/2010	06/07/2009 22/11/2010
16085/90	CHRISTODOULIDOU	22/09/2009 26/10/2010	01/03/2010 11/04/2011
16219/90	DEMADES	31/07/2003 22/04/2008	31/10/2003 01/12/2008
16259/90	DIOGENOUS AND TSERIOTIS	22/09/2009 26/10/2010	01/03/2010 11/04/2011
18405/91	ECONOMOU	27/01/2009 22/06/2010	06/07/2009 22/11/2010

toute mesure susceptible de porter atteinte aux droits de propriété des requérants ;

Soulignant que l'Albanie a l'obligation inconditionnelle, en vertu de l'article 46, paragraphe 1, de la Convention, de se conformer à tous les arrêts définitifs de la Cour auxquels elle est partie, pleinement, effectivement et diligemment et que cette obligation lie toutes les autorités de l'État ;

Rappelant que cette obligation requiert l'adoption par les autorités de l'État défendeur, si nécessaire, de mesures individuelles pour mettre fin aux violations constatées et en effacer les conséquences, afin de parvenir autant que possible à la *restitutio in integrum*, y compris le paiement de toute somme octroyée par la Cour ;

Se déclarant profondément préoccupé par l'incapacité prolongée des autorités, depuis plus de cinq ans, à assurer le paiement de la satisfaction équitable accordée par la Cour, par l'absence de communication avec les requérants et leurs représentants à cet égard et par le manque persistant de clarté quant à la date à laquelle le paiement pourrait être assuré, malgré les appels antérieurs du Comité d'assurer le paiement, avec les intérêts de retard, sans plus attendre ;

EXHORTE les autorités à prendre d'urgence toutes les mesures nécessaires en vue d'assurer le paiement intégral de la satisfaction équitable, ainsi que des intérêts de retard jusqu'à la date du paiement ;

les INVITE INSTAMMENT à chercher à impliquer les requérants ou leurs représentants, dans la mesure appropriée, aux discussions concernant le paiement ;

LEUR DEMANDE d'informer le Comité des mesures prises pour assurer le paiement de la satisfaction équitable, sans plus tarder et en tout état de cause avant le 31 mars 2024.

Résolution intérimaire CM/ResDH(2023)268
Xenides-Arestis et 32 autres affaires contre Turquie

(Adoptée par le Comité des Ministres le 21 septembre 2023, lors de la 1475ᵉ réunion des Délégués des Ministres)

Requête	Affaire	Arrêt du	Définitif le
46347/99	XENIDES-ARESTIS	22/12/2005 07/12/2006	22/03/2006 23/05/2007
16094/90	ANDREOU PAPI	22/09/2009 26/10/2010	01/03/2010 11/04/2011
18360/91	ANDREOU SOPHIA	27/01/2009 22/06/2010	06/07/2009 22/11/2010
16085/90	CHRISTODOULIDOU	22/09/2009 26/10/2010	01/03/2010 11/04/2011
16219/90	DEMADES	31/07/2003 22/04/2008	31/10/2003 01/12/2008
16259/90	DIOGENOUS ET TSERIOTIS	22/09/2009 26/10/2010	01/03/2010 11/04/2011
18405/91	ECONOMOU	27/01/2009 22/06/2010	06/07/2009 22/11/2010

Committee of Ministers

Application (cont.)	Case	Judgment of	Final on
19900/92	EPIPHANIOU AND OTHERS	22/09/2009 26/10/2010	01/03/2010 11/04/2011
18403/91	EVAGOROU CHRISTOU	27/01/2009 22/06/2010	06/07/2009 22/11/2010
41355/98	GAVRIEL	20/01/2009 22/06/2010	06/07/2009 22/11/2010
37395/97	HADJIPROCOPIOU AND OTHERS	22/09/2009 26/10/2010	01/03/2010 11/04/2011
39970/98	HADJITHOMAS AND OTHERS	22/09/2009 26/10/2010	01/03/2010 11/04/2011
35214/97	HAPESHIS AND HAPESHI-MICHAELIDOU	22/09/2009 26/10/2010	01/03/2010 11/04/2011
38179/97	HAPESHIS AND OTHERS	22/09/2009 26/10/2010	01/03/2010 11/04/2011
18364/91	IOANNOU	27/01/2009 22/06/2010	06/07/2009 22/11/2010
43685/98	IORDANIS IORDANOU	22/09/2009 26/10/2010	01/03/2010 11/04/2011
46755/99	IORDANOU ANTHOUSA	24/11/2009 11/01/2011	10/05/2010 20/06/2011
21887/93	JOSEPHIDES	22/09/2009 26/10/2010	01/03/2010 11/04/2011
18407/91	KYRIAKOU	27/01/2009 22/06/2010	06/07/2009 22/11/2010
16682/90	LOIZOU AND OTHERS	22/09/2009 26/10/2010 24/05/2011	01/03/2010 11/04/2011 28/11/2011
15973/90	LORDOS AND OTHERS	02/11/2010 10/01/2012	11/04/2011 09/07/2012
18361/91	MICHAEL	27/01/2009 22/06/2010	06/07/2009 22/11/2010
18406/91	NICOLAIDES	27/01/2009 22/06/2010	06/07/2009 22/11/2010
16091/90	OLYMBIOU	27/10/2009 26/10/2010	01/03/2010 11/04/2011
36705/97	ORPHANIDES	20/01/2009 22/06/2010	06/07/2009 22/11/2010
29092/95	RAMON	22/09/2009 26/10/2010	01/03/2010 11/04/2011
46159/99	ROCK RUBY HOTELS LTD	22/09/2009 26/10/2010	01/03/2010 11/04/2011
16160/90	SAVERIADES	22/09/2009 26/10/2010	01/03/2010 11/04/2011
47884/99	SKYROPIIA YIALIS LTD	22/09/2009 26/10/2010	01/03/2010 11/04/2011
16161/90	SOLOMONIDES	20/01/2009 27/07/2010	06/07/2009 22/11/2010
16082/90	STRATI	22/09/2009 26/10/2010	01/03/2010 11/04/2011

Requête (cont.)	Affaire	Arrêt du	Définitif le
19900/92	EPIPHANIOU ET AUTRES	22/09/2009 26/10/2010	01/03/2010 11/04/2011
18403/91	EVAGOROU CHRISTOU	27/01/2009 22/06/2010	06/07/2009 22/11/2010
41355/98	GAVRIEL	20/01/2009 22/06/2010	06/07/2009 22/11/2010
37395/97	HADJIPROCOPIOU ET AUTRES	22/09/2009 26/10/2010	01/03/2010 11/04/2011
39970/98	HADJITHOMAS ET AUTRES	22/09/2009 26/10/2010	01/03/2010 11/04/2011
35214/97	HAPESHIS ET HAPESHI-MICHAELIDOU	22/09/2009 26/10/2010	01/03/2010 11/04/2011
38179/97	HAPESHIS ET AUTRES	22/09/2009 26/10/2010	01/03/2010 11/04/2011
18364/91	IOANNOU	27/01/2009 22/06/2010	06/07/2009 22/11/2010
43685/98	IORDANIS IORDANOU	22/09/2009 26/10/2010	01/03/2010 11/04/2011
46755/99	IORDANOU ANTHOUSA	24/11/2009 11/01/2011	10/05/2010 20/06/2011
21887/93	JOSEPHIDES	22/09/2009 26/10/2010	01/03/2010 11/04/2011
18407/91	KYRIAKOU	27/01/2009 22/06/2010	06/07/2009 22/11/2010
16682/90	LOIZOU ET AUTRES	22/09/2009 26/10/2010 24/05/2011	01/03/2010 11/04/2011 28/11/2011
15973/90	LORDOS ET AUTRES	02/11/2010 10/01/2012	11/04/2011 09/07/2012
18361/91	MICHAEL	27/01/2009 22/06/2010	06/07/2009 22/11/2010
18406/91	NICOLAIDES	27/01/2009 22/06/2010	06/07/2009 22/11/2010
16091/90	OLYMBIOU	27/10/2009 26/10/2010	01/03/2010 11/04/2011
36705/97	ORPHANIDES	20/01/2009 22/06/2010	06/07/2009 22/11/2010
29092/95	RAMON	22/09/2009 26/10/2010	01/03/2010 11/04/2011
46159/99	ROCK RUBY HOTELS LTD	22/09/2009 26/10/2010	01/03/2010 11/04/2011
16160/90	SAVERIADES	22/09/2009 26/10/2010	01/03/2010 11/04/2011
47884/99	SKYROPIIA YIALIS LTD	22/09/2009 26/10/2010	01/03/2010 11/04/2011
16161/90	SOLOMONIDES	20/01/2009 27/07/2010	06/07/2009 22/11/2010
16082/90	STRATI	22/09/2009 26/10/2010	01/03/2010 11/04/2011

Application (cont.)	Case	Judgment of	Final on
16078/90	VRAHIMI	22/09/2009 26/10/2010	01/03/2010 11/04/2011
16654/90	ZAVOU AND OTHERS	22/09/2009 26/10/2010	01/03/2010 11/04/2011

The Committee of Ministers, under the terms of Article 46, paragraph 2, of the Convention for the Protection of Human Rights and Fundamental Freedoms (hereinafter "the Convention");

Deeply deploring that to date, despite the interim resolutions adopted in these cases,[52] and the letters sent by the Committee's Chairperson and the Secretary General of the Council of Europe to the Minister of Foreign Affairs of Türkiye, in 2009, 2014 and 2016, the Turkish authorities have not complied with their unconditional obligation to pay the amounts awarded by the Court to the applicants, on the grounds that this payment cannot be dissociated from the measures of substance in these cases;

Recalling that in its last interim resolution, the Committee declared that this continued refusal by Türkiye is in flagrant conflict with its international obligations, both as a High Contracting Party to the Convention and as a member State of the Council of Europe;

FIRMLY REITERATED its insistence on Türkiye's unconditional obligation under Article 46, paragraph 1, of the Convention to pay the just satisfaction awarded by the Court;

EXPRESSED PROFOUND CONCERN that prolonged delays in fulfilling this obligation not only deprive the individual victims of compensation for the damages suffered by them, but is also in flagrant disrespect of Türkiye's international obligations, both as a High Contracting Party to the Convention and as a member State of the Council of Europe;

EXHORTED the Turkish authorities to abide by their obligations and pay the just satisfaction, together with the default interest accrued, without further delay;

DECIDED TO RESUME CONSIDERATION of these cases at its DH meeting in September 2024.

---

52 Interim Resolutions CM/ResDH(2008)99 and CM/ResDH(2010)33, adopted respectively in 2008 and 2010 in the case of *Xenides-Arestis* and Interim Resolution CM/ResDH(2014)185 adopted in respect of 33 cases of the *Xenides-Arestis group* (jointly with the *Varnava and Others* case).

Requête (cont.)	Affaire	Arrêt du	Définitif le
16078/90	VRAHIMI	22/09/2009 26/10/2010	01/03/2010 11/04/2011
16654/90	ZAVOU ET AUTRES	22/09/2009 26/10/2010	01/03/2010 11/04/2011

Le Comité des Ministres, aux termes de l'article 46, paragraphe 2, de la Convention européenne de sauvegarde des droits de l'homme et des libertés fondamentales (ci-après « la Convention ») ;

Déplorant profondément qu'à ce jour, en dépit des résolutions intérimaires adoptées dans ces affaires[52], et des lettres envoyées par la Présidence du Comité et par le Secrétaire Général du Conseil de l'Europe au ministre des Affaires étrangères de la Türkiye, en 2009, 2014 et 2016, les autorités turques ne se soient pas acquittées de leur obligation inconditionnelle de payer les montants alloués par la Cour aux requérants, au motif que ce paiement ne peut être dissocié des mesures de fond dans ces affaires ;

Rappelant que dans sa dernière résolution intérimaire, le Comité a déclaré que ce refus continu de la Türkiye est en contradiction flagrante avec ses obligations internationales, à la fois en tant que Haute Partie Contractante à la Convention et en tant qu'État membre du Conseil de l'Europe ;

RÉITÈRE FERMEMENT son insistance sur l'obligation inconditionnelle de la Türkiye, en vertu de l'article 46, paragraphe 1, de la Convention, de s'acquitter de la satisfaction équitable octroyée par la Cour ;

EXPRIME SA PROFONDE PRÉOCCUPATION du fait que le retard prolongé dans la mise en œuvre de cette obligation non seulement prive les victimes individuelles d'une indemnisation pour les dommages qu'elles ont subis, mais est également en violation flagrante des obligations internationales de la Türkiye, à la fois en tant que Haute Partie Contractante à la Convention et en tant qu'État membre du Conseil de l'Europe ;

EXHORTE les autorités turques à se conformer à leurs obligations et à payer sans retard supplémentaire la satisfaction équitable, ainsi que les intérêts moratoires dus ;

DÉCIDE de reprendre l'examen de ces affaires lors de sa réunion DH de septembre 2024.

---

52 Résolutions intérimaires CM/ResDH(2008)99 et CM/ResDH(2010)33, adoptées respectivement en 2008 et 2010 dans l'affaire *Xenides-Arestis* et Résolution intérimaire CM/ResDH(2014)185 adoptée à l'égard de 33 affaires du groupe *Xenides-Arestis* (conjointement avec l'affaire *Varnava et autres*).

Interim Resolution CM/ResDH(2023)264
Catan and Others group against Russian Federation

(Adopted by the Committee of Ministers on 22 September 2022 at the 1475th meeting of the Ministers' Deputies)

Application No.	Case	Judgment of	Final on
43370/04+	CATAN AND OTHERS[53]	19/10/2012	Grand Chamber
30003/04	BOBEICO AND OTHERS	23/10/2018	23/10/2018
40942/14	IOVCEV AND OTHERS	17/09/2019	17/09/2019

The Committee of Ministers, under the terms of Article 46, paragraph 2, of the Convention for the Protection of Human Rights and Fundamental Freedoms, which provides that the Committee supervises the execution of final judgments of the European Court of Human Rights (hereinafter "the Convention" and "the Court"),

Recalling that although the Russian Federation ceased to be a High Contracting Party to the Convention on 16 September 2022, it remains bound by obligations under the Convention, including to implement judgments of the Court, in accordance with Article 58 of the Convention, recalling further that the Committee of Ministers continues to supervise the execution of the judgments and friendly settlements concerned (Resolution of 22 March 2022 of the Court and Resolution CM/Res(2022)3), deeply deplored that no information has been provided by the authorities for the present meeting;

Insisting on the fundamental importance of primary and secondary education for each child's personal development and future success and on the pupils' right to continue to receive education in the language of their country, which is also their mother tongue, without hindrance, in accordance with Article 2 of Protocol No. 1;

Recalling that in addition to the payment of the just satisfaction, the measures for the execution of these judgments include the revocation of the "regulatory framework" at the origin of the violations, the return of the Latin-script schools to their former premises or to alternative premises adequate for the educational process, and measures to eliminate the harassment and intimidation of the pupils, parents and staff members;

FIRMLY REITERATED its insistence on the unconditional obligation of every respondent State, under Article 46, paragraph 1, of the Convention, to abide by final judgments in cases to which it is a party;

DEEPLY DEPLORED ONCE AGAIN that notwithstanding the repeated calls for execution of these judgments by the Committee and its Interim Resolutions CM/ResDH(2014)184, CM/ResDH(2015)46, CM/ResDH(2015)157 and CM/ResDH(2020)183, the Russian authorities have not paid the just satisfaction and default interest accrued, nor have they submitted an action plan;

---

[53] Case against the Russian Federation and the Republic of Moldova but the European Court found no violation in respect of the Republic of Moldova.

Résolution intérimaire CM/ResDH(2023)264
Groupe Catan et autres contre Fédération de Russie

(Adoptée par le Comité des Ministres le 21 septembre 2023, lors de la 1475ᵉ réunion des Délégués des Ministres)

Requête	Affaire	Arrêt du	Définitif le
43370/04+	CATAN ET AUTRES[53]	19/10/2012	Grande Chambre
30003/04	BOBEICO ET AUTRES	23/10/2018	23/10/2018
40942/14	IOVCEV ET AUTRES	17/09/2019	17/09/2019

Le Comité des Ministres, en vertu de l'article 46, paragraphe 2, de la Convention de sauvegarde des droits de l'homme et des libertés fondamentales, qui prévoit que le Comité surveille l'exécution des arrêts définitifs de la Cour européenne des droits de l'homme (ci-après nommée « la Cour »),

Rappelant que bien que la Fédération de Russie ait cessé d'être une Haute Partie contractante à la Convention à compter du 16 septembre 2022 elle reste liée par les obligations en vertu de la Convention, y compris d'exécuter les arrêts de la Cour, conformément à l'article 58 de la Convention, rappelant également que le Comité des Ministres continuera de surveiller l'exécution des arrêts et des règlements amiables concernés (Résolution de la Cour du 22 mars 2022 et Résolution CM/Res(2022)3), déplorentvivement qu'aucune information n'ait été fournie par les autorités pour la présente réunion ;

Insistant sur l'importance fondamentale de l'enseignement primaire et secondaire pour le développement personnel et la réussite future de chaque enfant et sur le droit des élèves de continuer à bénéficier d'une éducation dans la langue de leur pays, qui est également leur langue maternelle, sans entrave, conformément à l'article 2 du Protocole nᵒ 1 ;

Rappelant qu'outre le paiement de la satisfaction équitable les mesures pour mettre en œuvre ces arrêts comprennent la révocation du « cadre réglementaire » à l'origine des violations, la restitution aux écoles utilisant l'alphabet latin de leurs anciens locaux ou d'autres locaux adéquats aux fins du processus éducatif, et des mesures pour éliminer le harcèlement et l'intimidation à l'encontre des élèves, des parents et du personnel ;

RÉITÈRE FERMEMENT son insistance sur l'obligation inconditionnelle de chaque État défendeur, en vertu de l'article 46, paragraphe 1, de la Convention, de se conformer aux arrêts définitifs dans les affaires auxquelles il est partie ;

DÉPLORE PROFONDÉMENT UNE FOIS DE PLUS que, nonobstant les appels répétés du Comité en vue de l'exécution de ces arrêts et ses Résolutions intérimaires CM/ResDH(2014)184, CM/ResDH(2015)46, CM/ResDH(2015)157 et CM/ResDH(2020)183, les autorités russes n'aient pas payé la satisfaction équitable, ainsi que les intérêts de retard échus, et n'aient fourni de plan d'action ;

---

[53] Affaire contre la République de Moldova et la Fédération de Russie mais la Cour européenne n'a constaté aucune violation au titre de la République de Moldova.

STRONGLY EXHORTED AGAIN the Russian authorities to pay the just satisfaction and the default interest accrued and to provide an action plan setting out their concrete proposals as regards the execution of these judgments without any further delay;

DECIDED to resume consideration of this group of cases at its DH meeting in March 2024.

Interim Resolution CM/ResDH(2023)260
Ilias and Ahmed group against Hungary

(Adopted by the Committee of Ministers on 21 September 2023 at the 1475th meeting of the Ministers' Deputies)

Application No.	Case	Judgment of	Final on
47287/15	ILIAS AND AHMED	21/11/2019	Grand Chamber
12625/17	SHAHZAD	08/07/2021	08/10/2021
18531/17	H.K.	22/09/2022	22/09/2022
64050/16	W.A. AND OTHERS	15/12/2022	15/12/2022

The Committee of Ministers, under the terms of Article 46, paragraph 2, of the Convention for the Protection of Human Rights and Fundamental Freedoms, which provides that the Committee supervises the execution of final judgments of the European Court of Human Rights (hereinafter "the Convention" and "the Court");

Recalling that this group of cases concerns a violation of the procedural obligation under Article 3 to assess the risks of ill-treatment before removing the asylum-seeking applicants to Serbia by relying on a general presumption of "safe third country" (*Ilias and Ahmed*; *W.A. and others*); it further concerns violations of the prohibition of collective expulsion of aliens under Article 4 of Protocol No. 4 to the Convention following the application of the "apprehension and escort" measure introduced by the State Borders Act, authorising the police to remove the asylum-seeking applicants staying illegally in Hungarian territory to the external side of the border fence (on the border with Serbia) without a decision, as well as the lack of an effective remedy under Article 13 in respect of the applicants' removal (*Shahzad* and *H.K.*);

Taking note of the authorities' information that the legislative presumption of "safe third country" in respect of Serbia has not been applied by the asylum authority or the domestic courts since 26 May 2020;

Considering nevertheless that sufficient guarantees against the reoccurrence of a violation similar to the one identified by the European Court in *Ilias and Ahmed* and *W.A. and Others* are necessary;

Reiterating its grave concern that despite the authorities' repeated indications that the reform of the asylum system is underway, no information on concrete measures has been communicated in this respect;

Reiterating further its grave concern that, despite the concerns expressed in its

EXHORTE VIVEMENT À NOUVEAU les autorités russes à payer la satisfaction équitable, ainsi que les intérêts de retard échus, et à fournir un plan d'action énonçant leurs propositions concrètes en ce qui concerne l'exécution de ces arrêts, sans plus tarder ;

DÉCIDE de reprendre l'examen de ce groupe d'affaires lors de sa réunion DH de mars 2024.

Résolution intérimaire CM/ResDH(2023)260
Groupe Ilias et Ahmed contre Hongrie

(Adoptée par le Comité des Ministres le 21 septembre 2023, lors de la 1475ᵉ réunion des Délégués des Ministres)

Requête	Affaire	Arrêt du	Définitif le
47287/15	ILIAS ET AHMED	21/11/2019	Grande Chambre
12625/17	SHAHZAD	08/07/2021	08/10/2021
18531/17	H.K.	22/09/2022	22/09/2022
64050/16	W.A. ET AUTRES	15/12/2022	15/12/2022

Le Comité des Ministres, en vertu de l'article 46, paragraphe 2, de la Convention de sauvegarde des Droits de l'Homme et des Libertés fondamentales, qui prévoit que le Comité surveille l'exécution des arrêts définitifs de la Cour européenne des Droits de l'Homme (ci-après « la Convention » et « la Cour »),

Rappelant que ce groupe d'affaires concerne une violation de l'obligation procédurale prévue à l'article 3 d'évaluer les risques de mauvais traitements avant d'expulser les demandeurs d'asile vers la Serbie en se fondant sur une présomption générale de « pays tiers sûr » (*Ilias et Ahmed*; *W.A. et autres*) ; il concerne par ailleurs des violations de l'interdiction des expulsions collectives d'étrangers en vertu de l'article 4 du Protocole nᵒ 4 à la Convention, suite à l'application de la mesure « d'appréhension et d'escorte » introduite par la loi sur les frontières de l'État, autorisant la police à éloigner les requérants demandeurs d'asile, séjournant illégalement sur le territoire hongrois, vers le côté extérieur de la clôture frontalière (à la frontière avec la Serbie) sans décision, ainsi que l'absence de recours effectif en vertu de l'article 13 de la Convention au titre de l'éloignement des requérants (*Shahzad* et *H.K.*) ;

Prenant note de l'information des autorités selon laquelle la présomption législative de « pays tiers sûr » en ce qui concerne la Serbie n'a pas été appliquée par l'autorité compétente en matière d'asile ou les tribunaux nationaux depuis le 26 mai 2020 ;

Considérant néanmoins que des garanties suffisantes sont nécessaires pour prévenir des violations similaires à celles identifiées par la Cour européenne dans les affaires *Ilias et Ahmed* et *W.A. et autres* ;

Réitérant sa grave préoccupation du fait que, malgré les indications répétées des autorités selon lesquelles la réforme du système d'asile est en cours, aucune information sur des mesures concrètes n'a été communiquée à cet égard ;

Réitérant en outre sa grave préoccupation quant au fait que, malgré les pré-

previous decisions and notwithstanding the adoption of the *Shahzad* and *H.K.* judgments by the European Court, collective expulsions reportedly not only continue but that their numbers are increasing at a concerning rate;

Emphasising the legal obligation of every State, under the terms of Article 46, paragraph 1, of the Convention to abide by the final judgments of the European Court in any case to which they are a party, fully, effectively and promptly;

INVITED the authorities to submit an undertaking that, in the absence of a thorough and up-to-date reassessment of the asylum situation in Serbia, they will refrain from again applying the legislative presumption of "safe third country" to that country;

STRONGLY URGED the authorities to intensify their efforts in reforming the asylum system in order to afford effective access to means of legal entry, in particular border procedures in line with Hungary's international obligations, and invited them to establish a timeline for the legislative process, to present a draft legislative proposal and to keep the Committee informed of all relevant developments in the legislative process;

EXHORTED the authorities to terminate, without further delay, the practice of removing asylum-seekers to Serbia pursuant to section 5 of the State Borders Act without their identification or examination of their individual situation;

REITERATED its call on the authorities to introduce an effective remedy providing a person alleging that their expulsion procedure is "collective" in nature with an effective possibility of challenging the expulsion decision by having a sufficiently thorough examination of their complaints carried out by an independent and impartial domestic forum, in line with the Court's case-law;

INVITED the authorities to submit an updated action plan, including information on all the above issues, by 30 June 2024, and decided to resume consideration of this group, in the light of the information received, at their DH meeting in September 2024;

ENVISAGED taking new action to ensure that Hungary abides by its obligations deriving from the Court's judgments in this group of cases, should no tangible progress be achieved by that meeting as regards the issues mentioned above.

Interim Resolution CM/ResDH(2023)148
McKerr and four cases against the United Kingdom

(Adopted by the Committee of Ministers on 7 June 2023 at the 1468th meeting of the Ministers' Deputies)

Application No.	Case	Judgment of	Final on
28883/95	MCKERR	04/05/2001	04/08/2001
37715/97	SHANAGHAN	04/05/2001	04/08/2001
30054/96	KELLY AND OTHERS	04/05/2001	04/08/2001
29178/95	FINUCANE	01/07/2003	01/10/2003
43098/09	McCAUGHEY AND OTHERS	16/07/2013	16/10/2013

occupations exprimées dans ses précédentes décisions, et malgré les arrêts *Shahzad* et *H.K.* de la Cour européenne, non seulement les expulsions collectives se poursuivraient, mais leur nombre augmenterait à un rythme préoccupant ;

Soulignant l'obligation juridique de tout Etat, en vertu de l'article 46, paragraphe 1, de la Convention, de se conformer pleinement, effectivement et rapidement aux arrêts définitifs de la Cour européenne dans toute affaire à laquelle il est partie ;

INVITE les autorités à s'engager, en l'absence de réévaluation approfondie et actualisée de la situation en matière d'asile en Serbie, à s'abstenir d'appliquer à nouveau la présomption législative de « pays tiers sûr » à l'égard de ce pays ;

DEMANDE INSTAMMENT aux autorités d'intensifier leurs efforts pour réformer le régime de l'asile afin de permettre un accès effectif aux moyens d'entrée légale, en particulier aux procédures frontalières, conformément aux obligations internationales de la Hongrie, et les invite à établir un calendrier pour le processus législatif, à présenter un projet de loi et à tenir le Comité informé de tous les développements pertinents dans le processus législatif ;

EXHORTE les autorités à mettre fin, sans plus attendre, à la pratique consistant à refouler des demandeurs d'asile en Serbie, en vertu de l'article 5 de la loi sur les frontières de l'État, sans procéder à leur identification ou à l'examen de leur situation individuelle ;

RÉITÈRE son appel aux autorités pour qu'elles introduisent un recours effectif permettant à une personne alléguant que sa procédure d'expulsion est de nature « collective » de contester effectivement la décision d'expulsion en faisant procéder à un examen suffisamment approfondi de ses griefs par une instance nationale indépendante et impartiale, conformément à la jurisprudence de la Cour ;

INVITE les autorités à présenter un plan d'action actualisé, comprenant des informations sur toutes les questions susmentionnées, d'ici le 30 juin 2024, et décide de reprendre l'examen de ce groupe, à la lumière des informations reçues, lors de sa réunion DH de septembre 2024 ;

ENVISAGE de prendre de nouvelles mesures pour s'assurer que la Hongrie respecte ses obligations découlant des arrêts de la Cour dans ce groupe d'affaires, si aucun progrès tangible n'était réalisé d'ici cette réunion en ce qui concerne les questions susmentionnées.

Résolution intérimaire CM/ResDH(2023)148
McKerr et quatre affaires contre le Royaume-Uni

(Adoptée par le Comité des Ministres le 7 juin 2023, lors de la 1468ᵉ réunion des Délégués des Ministres)

Requête	Affaire	Arrêt du	Définitif le
28883/95	MCKERR	04/05/2001	04/08/2001
37715/97	SHANAGHAN	04/05/2001	04/08/2001
30054/96	KELLY ET AUTRES	04/05/2001	04/08/2001
29178/95	FINUCANE	01/07/2003	01/10/2003
43098/09	McCAUGHEY ET AUTRES	16/07/2013	16/10/2013

The Committee of Ministers, under the terms of Article 46, paragraph 2, of the Convention for the Protection of Human Rights and Fundamental Freedoms, which provides that the Committee supervises the execution of final judgments of the European Court of Human Rights (hereinafter "the Convention" and "the Court");

Recalling that in these judgments the Court found procedural violations of Article 2 of the Convention due to various shortcomings in the investigations into the death of the applicants' next-of-kin in Northern Ireland in the 1980s and 1990s, either during security force operations or in circumstances giving rise to suspicion of collusion in their deaths by security force personnel;

Recalling further that, in the *McCaughey and Others* judgment, the Court found that there had been a procedural violation of Article 2 of the Convention due to excessive delay in the inquest proceedings; recalling further that under Article 46 of the Convention, the Court indicated that the authorities had to take, as a matter of priority, all necessary and appropriate measures to ensure, in similar cases of killings by the security forces in Northern Ireland where inquests were pending, that the procedural requirements of Article 2 would be complied with expeditiously;

Recalling the decisions adopted at its last examinations of the cases at the 1443rd meeting (September 2022) (DH), the 1451st meeting (December 2022) (DH) and the 1459th meeting (March 2023) (DH);

Underlining that, as for all Contracting Parties, the United Kingdom has an obligation under Article 46 of the Convention to abide by judgments of the Court;

Recalling the concern previously expressed as to what is a fundamental change of approach from the Stormont House Agreement, December 2014;

Recalling its serious concern that the amendments so far proposed by the government to the Northern Ireland Troubles (Legacy & Reconciliation) Bill do not sufficiently allay the concerns about the Bill set out in its most recent decisions mentioned above;

Emphasising again that it is crucial that the legislation, if progressed and ultimately adopted, is in full compliance with the European Convention and will enable effective investigations into all outstanding cases;

Recalling furthermore the concerns of the United Kingdom Parliament's Joint Committee on Human Rights set out in its legislative scrutiny report on the Bill;

NOTED WITH SERIOUS CONCERN the absence of tangible progress to sufficiently allay the concerns about the Bill's compatibility with the European Convention, the conditional immunity scheme or the proposal to terminate pending inquests that have not reached substantive hearings by 1 May 2023; while noting also the authorities' position that delayed legislative passage has prevented such progress from being made in time for the present meeting;

STRONGLY REITERATED its calls upon the authorities to sufficiently amend

Le Comité des Ministres, aux termes de l'article 46, paragraphe 2, de la Convention européenne de sauvegarde des droits de l'homme et des libertés fondamentales, qui prévoit que le Comité surveille l'exécution des arrêts définitifs de la Cour européenne des droits de l'homme (ci-après « la Convention » et « la Cour ») ;

Rappelant que, dans ces arrêts, la Cour a constaté des violations procédurales de l'article 2 de la Convention en raison de diverses lacunes dans les enquêtes sur le décès des proches parents des requérants en Irlande du Nord dans les années 1980 et 1990, soit lors d'opérations des forces de sécurité, soit dans des circonstances laissant soupçonner une collusion dans le décès des requérants avec des membres des forces de sécurité ;

Rappelant en outre que, dans l'arrêt *McCaughey et autres* la Cour a conclu à une violation procédurale de l'article 2 de la Convention en raison d'un retard excessif dans la procédure d'enquête ; rappelant également qu'en vertu de l'article 46 de la Convention, la Cour a indiqué que les autorités devaient prendre, en priorité, toutes les mesures nécessaires et appropriées pour garantir que les exigences procédurales de l'article 2 soient respectées avec diligence, dans des affaires similaires d'homicides commis par des forces de sécurité en Irlande du Nord dans lesquelles des enquêtes étaient en cours ;

Rappelant les décisions adoptées lors de ses derniers examens des affaires lors de la 1443e réunion (septembre 2022) (DH), de la 1451e réunion (décembre 2022) (DH) et de la 1459e réunion (mars 2023) (DH) ;

Soulignant que, comme toutes les Parties contractantes, le Royaume-Uni a l'obligation, en vertu de l'article 46 de la Convention, de se conformer aux arrêts de la Cour ;

Rappelant la préoccupation déjà exprimée selon laquelle cela constitue un changement d'approche fondamental depuis l'Accord de Stormont House de décembre 2014 ;

Rappelant sa grave préoccupation quant au fait que les amendements proposés jusqu'à présent par le gouvernement au projet de loi *Northern Ireland Troubles (Legacy and Reconciliation) Bill* ne dissipent pas suffisamment les préoccupations relatives au projet de loi, énoncées dans ses décisions les plus récentes mentionnées ci-dessus ;

Soulignent a nouveau qu'il est crucial que la législation, si elle progresse et est finalement adoptée, soit pleinement conforme à la Convention européenne et permette des enquêtes effectives sur toutes les affaires en suspens ;

Rappelant en outre les préoccupations de la commission mixte des droits de l'homme du Parlement du Royaume-Uni, exposées dans son rapport d'examen législatif sur le projet de loi ;

NOTE AVEC VIVE PRÉOCCUPATION l'absence de progrès tangibles pour dissiper suffisamment les préoccupations concernant la compatibilité du projet de loi avec la Convention européenne, le régime d'immunité conditionnelle et la proposition de classer les enquêtes en cours qui n'ont pas atteint les audiences de fond avant le 1er mai 2023, tout en notant également la position des autorités selon laquelle le retard pris dans le processus d'adoption de la législation a empêché que de tels progrès soient réalisés à temps pour la présente réunion ;

RÉITÈRE AVEC FORCE ses appels aux autorités à modifier le projet de

the Bill to allay the concerns about compatibility with the European Convention, including by addressing the following key issues:

- ensuring that the Secretary of State for Northern Ireland's role in the establishment and oversight of the Independent Commission for Reconciliation and Information Recovery (ICRIR) is more clearly circumscribed in law in a manner that ensures that the ICRIR is independent and seen to be independent;
- ensuring that the disclosure provisions unambiguously require full disclosure to be given to the ICRIR; and
- ensuring that the Bill adequately provides for the participation of victims and families, transparency and public scrutiny;

UNDERLINED AGAIN the importance for the success of any new investigative body, particularly if aimed at achieving truth and reconciliation, of gaining the confidence of victims, families of victims and potential witnesses;

STRONGLY REITERATED its calls upon the authorities to reconsider the conditional immunity scheme in light of concerns expressed around its compatibility with the European Convention;

FURTHER STRONGLY REITERATED its serious concern about the proposal to terminate pending inquests that have not reached substantive hearings and call on the authorities to reconsider this proposal and allow the limited number of pending legacy inquests to conclude, to avoid further delay for families.

Interim Resolution CM/ResDH(2023)142
Xero Flor w Polsce sp. z o.o. against Poland

(Adopted by the Committee of Ministers on 7 June 2023 at the 1468th meeting of the Ministers' Deputies)

Application No.	Case	Judgment of	Final on
4907/18	XERO FLOR w POLSCE sp. z o.o.	07/05/2021	07/08/2021

The Committee of Ministers, under the terms of Article 46, paragraph 2, of the Convention for the Protection of Human Rights and Fundamental Freedoms, which provides that the Committee supervises the execution of final judgments of the European Court of Human Rights (hereinafter "the Convention" and "the Court"),

Having regard to the final judgment transmitted by the Court to the Committee in this case concerning notably a violation of the right to a tribunal established by law on account of the participation in the Constitutional Court's panel that rejected the applicant company's constitutional complaint of Judge M.M., whose election by the eight-term Sejm was vitiated by grave irregularities, which occurred in a wider context of successive judicial reforms aimed at weakening judicial independence in Poland;

Recalling that the respondent's State's obligation under Article 46, paragraph 1, of the Convention entails, in addition to the payment of the just satisfaction awarded by the Court, the adoption, where required, of individual measures to put the applicant, to the

loi afin de dissiper suffisamment les préoccupations concernant la compatibilité avec la Convention européenne, notamment en traitant les questions clés suivantes :
- veiller à ce que le rôle du Secrétaire d'État pour l'Irlande du Nord dans la création et le contrôle de la Commission indépendante pour la réconciliation et la récupération des informations (ICRIR) soit plus clairement défini par la loi de manière à ce que l'ICRIR soit indépendante et apparaisse comme indépendante ;
- veiller à ce que les dispositions relatives à la divulgation exigent sans ambiguïté que l'ICRIR bénéficie d'une pleine divulgation ;
- veiller à ce que le projet de loi prévoie de manière adéquate la participation des victimes et des familles, la transparence et le contrôle du public ;

SOULIGNE à nouveau l'importance, pour le succès de tout nouvel organe d'enquête, en particulier s'il vise à établir la vérité et la réconciliation, de gagner la confiance des victimes, des familles des victimes et des témoins potentiels ;

RÉITÈRE AVEC FORCE ses appels aux autorités pour qu'elles reconsidèrent le régime d'immunité conditionnelle à la lumière des préoccupations exprimées quant à sa compatibilité avec la Convention européenne ;

RÉITÈRE EN OUTRE SA GRAVE PRÉOCCUPATION quant à la proposition de mettre fin aux enquêtes en cours qui n'ont pas encore fait l'objet d'une audience sur le fond, et son appel aux autorités à reconsidérer cette proposition et permettre au nombre limité d'enquêtes judiciaires historiques en cours de se terminer afin d'éviter tout retard supplémentaire pour les familles.

Résolution intérimaire CM/ResDH(2023)142
Xero Flor w Polsce sp. z o.o. contre Pologne

(Adoptée par le Comité des Ministres le 7 juin 2023, lors de la 1468ᵉ réunion des Délégués des Ministres)

Requête	Affaire	Arrêt du	Définitif le
4907/18	XERO FLOR w POLSCE sp. z o.o.	07/05/2021	07/08/2021

Le Comité des Ministres, en vertu de l'article 46, paragraphe 2, de la Convention de sauvegarde des droits de l'Homme et des libertés fondamentales, qui prévoit que le Comité surveille l'exécution des arrêts définitifs de la Cour européenne des droits de l'Homme (ci-après « la Convention » et « la Cour »),

Vu l'arrêt définitif transmis par la Cour au Comité dans cette affaire concernant notamment une violation du droit à un tribunal établi par la loi en raison de la participation du juge M.M au collège de la Cour constitutionnelle ayant rejeté la requête constitutionnelle de la société requérante, juge dont l'élection par le huitième Sejm a été entachée de graves irrégularités qui se sont produites dans un contexte plus large de réformes judiciaires successives visant à affaiblir l'indépendance de la justice en Pologne ;

Rappelant que l'obligation incombant à l'État défendeur en vertu de l'article 46, paragraphe 1, de la Convention implique, outre le paiement de la satisfaction équi-

extent possible, in the position in which he or she would have been had the requirements of the Convention not been disregarded, so as to achieve as far as possible *restitutio in integrum*;

Noting with grave concern that the Constitutional Court in its judgment of 24 November 2021 in the case *K 6/21* found that Article 6, paragraph 1, of the Convention, as interpreted by the European Court in the *Xero Flor* judgment, was inconsistent with the Polish Constitution; and that it considered the *Xero Flor* judgment to be deprived of enforceability as it had allegedly been adopted by the European Court acting *ultra vires*;

Recalling that the report of the Secretary General of the Council of Europe in accordance with Article 52 of the Convention (SG/Inf(2022)39) concluded that as a result of the findings of unconstitutionality in the judgment in the case *K 6/21*, the ensuing obligation of Poland under the Convention to ensure the enjoyment of the right to a fair trial by an independent and impartial tribunal established by law to everyone under its jurisdiction was not fulfilled; and that to ensure the implementation of its international obligations under Article 1, Article 6, paragraph 1 and Article 32 of the Convention, Poland had an obligation to ensure that its internal law is interpreted and, where necessary, amended in such a way as to avoid any repetition of the same violations, as required by Article 46 of the Convention;

Stressing that rapid remedial action is required to ensure the lawful composition of the Constitutional Court, by allowing lawfully elected judges to adjudicate and by excluding those judges whose election cannot be regarded as lawful, to address the status of decisions already adopted in cases concerning constitutional complaints with the participation of irregularly appointed judge(s), as well as to adopt measures to prevent external undue influence on the appointment of Constitutional Court's judges in the future;

UNDERLINED that compliance with the obligation voluntarily entered into by Poland under Article 46 of the European Convention to abide by the judgments of the European Court is binding and unconditional and remains so, regardless of any barriers which may exist within the national legal framework;

DEEPLY REGRETTED in this context the current position of the authorities, which essentially indicates that the Constitutional Court's decision of 24 November 2021 in the case *K 6/21* constitutes an obstacle to the adoption of relevant general measures;

CALLED AGAIN on the authorities therefore to review their position and to come forward rapidly with proposals regarding the measures necessary to execute this judgment, in particular as regards the need to ensure that the Constitutional Court is composed of lawfully elected judges, to address the status of decisions already adopted with the participation of irregularly appointed judge(s) and to propose measures to prevent external undue influence on the appointment of judges in the future;

CALLED ON THEM FURTHER to examine thoroughly the possible options for ensuring *restitutio in integrum* to the maximum extent possible for the applicant company;

table octroyée par la Cour, l'adoption, le cas échéant, de mesures individuelles visant à replacer le requérant, dans la mesure du possible, dans la situation où il se serait trouvé si les exigences de la Convention n'avaient pas été méconnues, de manière à réaliser autant que possible la *restitutio in integrum* ;

Notant avec profonde préoccupation que dans son arrêt du 24 novembre 2021 dans l'affaire *K 6/21*, la Cour Constitutionnelle a estimé que l'article 6, paragraphe 1, de la Convention, tel qu'interprété par la Cour européenne dans l'arrêt *Xero Flor*, était incompatible avec la Constitution polonaise ; et qu'elle a considéré que l'arrêt *Xero Flor* était privé de force exécutoire car il aurait été adopté par la Cour européenne agissant ultra vires ;

Rappelant que le rapport de la Secrétaire Générale du Conseil de l'Europe en vertu de l'article 52 de la Convention (SG/Inf(2022)39) a conclu qu'en raison des conclusions d'inconstitutionnalité de l'arrêt dans l'affaire *K 6/21*, l'obligation qui en découle pour la Pologne, en vertu de la Convention, d'assurer à toute personne relevant de sa juridiction la jouissance du droit à un procès équitable devant un tribunal indépendant et impartial établi par le droit, n'a pas été remplie ; et que, pour assurer la mise en œuvre de ses obligations internationales en vertu de l'article 1, de l'article 6, paragraphe 1, et de l'article 32 de la Convention, la Pologne a l'obligation de veiller à ce que sa loi interne soit interprétée et, le cas échéant, modifiée de manière à éviter toute répétition des mêmes violations, comme l'exige l'article 46 de la Convention ;

Soulignant qu'une action corrective rapide est nécessaire pour assurer la composition légale de la Cour constitutionnelle, en permettant aux juges légalement élus de statuer et en excluant les juges dont l'élection ne peut être considérée comme légale, pour traiter le statut des décisions déjà adoptées dans des affaires concernant des plaintes constitutionnelles avec la participation de juge(s) irrégulièrement élu(s), ainsi que pour adopter des mesures visant à prévenir toute influence extérieure indue sur la nomination des juges de la Cour constitutionnelle à l'avenir ;

SOULIGNE que le respect des obligations contractées volontairement par la Pologne en vertu de l'article 46 de la Convention européenne de se conformer aux arrêts de la Cour européenne est contraignant et inconditionnel et le reste, quels que soient les obstacles qui peuvent exister dans le cadre juridique national ;

EXPRIME SON PROFOND REGRET dans ce contexte quant à la position actuelle des autorités selon laquelle en substance la décision de la Cour constitutionnelle du 24 novembre 2021 dans l'affaire *K 6/21* constitue un obstacle à l'adoption de mesures générales pertinentes ;

EN APPELLE à nouveau par conséquent aux autorités pour qu'elles revoient leur position et pour qu'elles présentent rapidement des propositions concernant les mesures nécessaires pour l'exécution de cet arrêt, en particulier en ce qui concerne la nécessité de veiller à ce que la Cour constitutionnelle soit composée de juges légalement élus, de traiter le statut des décisions déjà adoptées avec la participation de juge(s) irrégulièrement nommé(s) et de proposer des mesures visant à empêcher toute influence extérieure indue sur la nomination des juges à l'avenir ;

LES APPELLE EN OUTRE à examiner de manière approfondie les options possibles pour assurer dans toute la mesure du possible la *restitutio in integrum* à la société requérante ;

DECIDED to resume consideration of this case at its 1483rd meeting (December 2023) (DH) in the light of the information to be provided by the authorities by 15 September 2023.

Interim Resolution CM/ResDH(2023)39
Oya Ataman group v. Turkey

(Adopted by the Committee of Ministers on 9 March 2023 at the 1459th meeting of the Ministers' Deputies)

Application No.	Case	Judgment of	Final on
74552/01	OYA ATAMAN	05/12/2006	05/03/2007
42606/05	İZCİ	23/07/2013	23/10/2013
50275/08	ATAYKAYA	22/07/2014	22/10/2014
70396/11	AKARSUBAŞI	21/07/2015	14/12/2015
37273/10+	SÜLEYMAN ÇELEBİ AND OTHERS	24/05/2016	24/08/2016
3704/13	SİLGİR	03/05/2022	03/08/2022
10613/10	EKREM CAN AND OTHERS	08/03/2022	05/09/2022

The Committee of Ministers, under the terms of Article 46, paragraph 2, of the Convention for the Protection of Human Rights and Fundamental Freedoms, which provides that the Committee supervises the execution of final judgments of the European Court of Human Rights (hereinafter "the Convention" and "the Court");

Recalling that the problem of disproportionate interventions in the right to freedom of peaceful assembly in Türkiye, including the prosecution of participants and/or the use of excessive force to disperse peaceful demonstrations, has been pending before the Committee in relation to more than 70 judgments for over 15 years;

Noting with deep regret that, despite the Committee's indication that legislative reform is indispensable to ensure the enjoyment of freedom of peaceful assembly in Türkiye and its repeated calls for the amendment of Law No. 2911 on Meetings and Demonstrations, the Turkish authorities have not amended its provisions and have not indicated any plans in this respect, including within the context of the implementation of the Human Rights Action Plan of March 2021;

Recalling that the continuing positive developments as regards the Constitutional Court's case-law and the improvement in the domestic courts' interpretation and application of the domestic law cannot alleviate the need for the legislative amendments required in this group of cases, as recent domestic judgments show that the legislation allows the authorities to continue their practice of declaring blanket bans on peaceful meetings and demonstrations, resorting to disproportionate force when dispersing them and imposing administrative and criminal sanctions;

Noting also that the statistical data provided by the authorities suggest that although there has been an overall descending trend through the years in the numbers of prosecutions and of convictions linked to breaches of Law No. 2911, the high number of

DÉCIDE de reprendre l'examen de cette affaire lors de sa 1483ᵉ réunion (décembre 2023) (DH) à la lumière des informations qui doivent être fournies par les autorités d'ici le 15 septembre 2023.

Résolution intérimaire CM/ResDH(2023)39
Groupe Oya Ataman c. Turquie

(Adoptée par le Comité des Ministres le 9 mars 2023 lors de la 1459ᵉ
réunion des Délégués des Ministres)

Requête	Affaire	Arrêt du	Définitif le
74552/01	OYA ATAMAN	05/12/2006	05/03/2007
42606/05	İZCİ	23/07/2013	23/10/2013
50275/08	ATAYKAYA	22/07/2014	22/10/2014
70396/11	AKARSUBAŞI	21/07/2015	14/12/2015
37273/10+	SÜLEYMAN ÇELEBİ ET AUTRES	24/05/2016	24/08/2016
3704/13	SİLGİR	03/05/2022	03/08/2022
10613/10	EKREM CAN ET AUTRES	08/03/2022	05/09/2022

Le Comité des Ministres, en vertu de l'article 46, paragraphe 2, de la Convention de sauvegarde des droits de l'homme et des libertés fondamentales, qui prévoit que le Comité surveille l'exécution des arrêts définitifs de la Cour européenne des droits de l'homme (ci-après « la Convention » et « la Cour »),

Rappelant que le problème des interventions disproportionnées dans le droit à la liberté de réunion pacifique en Türkiye, y compris les poursuites à l'encontre des participants et/ou le recours à une force excessive pour disperser les manifestations pacifiques, est pendant devant le Comité depuis plus de 15 ans, en relation avec plus de 70 arrêts ;

Notant avec profond regret que, nonobstant l'indication du Comité selon laquelle une réforme législative est indispensable pour garantir l'exercice de la liberté de réunion pacifique en Türkiye et ses appels répétés en vue d'une modification de la loi n° 2911 sur les réunions et les manifestations, les autorités turques n'ont pas modifié ses dispositions et n'ont fait état d'aucun plan à cet égard, y compris dans le contexte de la mise en œuvre du plan d'action pour les droits de l'homme de mars 2021 ;

Rappelant que la poursuite de l'évolution positive de la jurisprudence de la Cour constitutionnelle et l'amélioration de l'interprétation et de l'application du droit interne par les juridictions nationales ne sauraient atténuer la nécessité des modifications législatives requises dans ce groupe d'affaires, étant donné que les décisions internes récentes montrent que la législation permet aux autorités de poursuivre leur pratique consistant à imposer des interdictions générales de réunions et manifestations pacifiques, à recourir à une force disproportionnée pour les disperser et à imposer des sanctions administratives et pénales ;

Notant également que les données statistiques fournies par les autorités suggèrent que, bien qu'il y ait eu une tendance générale à la baisse au fil des ans du nombre de poursuites et de condamnations liées à des infractions à la loi n° 2911, le

prosecutions initiated by the prosecution offices, even if many of them ended with a non-prosecution decision, creates in itself a significant chilling effect on freedom of assembly;

Noting moreover that examples of courts decisions reveal that the application of the 2016 Directive on the use of tear gas and other crowd control weapons raises issues concerning its compliance with international standards and in particular with the principle that the use of the gas should be limited only to situations of serious risk for the physical integrity of the law enforcement officers;

STRONGLY URGED the authorities to amend Law No. 2911 in line with the principles set out in the case law of the European Court and the Constitutional Court; EXPRESSED in this respect the readiness of the Council of Europe to provide assistance to this end;

URGED the authorities to take sufficient measures to ensure that the 2016 directive and its implementation in practice comply in all respects with international standards relating to the use of crowd control weapons and to make use of the international expertise which could be made available through the Council of Europe;

INVITED the authorities to continue to provide detailed information on the context of demonstrations and meetings to which law enforcement officers intervened in the past five years, with tear gas and other crowd control weapons and the context of demonstrations and meetings which were allowed to take place without police intervention although they failed to comply with the requirements of the Law No. 2911, as well as on the number of criminal and administrative prosecutions and convictions per year of participants in demonstrations linked to breaches of Law No. 2911;

NOTED the examples of speeches from high-level politicians regarding the protection of human rights in general and ENCOURAGED the authorities to continue with training of judges and prosecutors as well as law enforcement personnel on the implementation of the legislative framework in compliance with the case-law of the higher courts and on human rights; INVITED the authorities to continue to provide sample judgments and decisions concerning the group;

INVITED the authorities to provide information on the specific general measures envisaged under the case of *Akarsubaşı* as regards the issue of disproportionate application of administrative fines under the Misdemeanour Act which appears to have remained unresolved; INVITED also the authorities to provide information on the general measures taken or envisaged in respect of the violation of the right to a fair trial found in the recent case of *Ekrem Can and Others*;

INVITED the authorities to provide information on whether the applicants have requested the reopening of the proceedings against them in the cases of *Sılgır* and *Ekrem Can and Others*, as well as on all the above issues at the latest by the end of March 2024.

nombre élevé de poursuites engagées par les parquets, même si beaucoup d'entre elles se sont soldées par une décision de non-lieu, crée en soi un effet dissuasif important sur la liberté de réunion ;

Notant par ailleurs que des exemples de décisions de tribunaux révèlent que l'application de la directive de 2016 sur l'usage de grenades lacrymogènes et d'autres armes de contrôle des foules soulève des questions quant à sa conformité avec les normes internationales et en particulier avec le principe selon lequel l'utilisation des gaz devrait être limitée aux seules situations de risque grave pour l'intégrité physique des agents des forces de l'ordre ;

DEMANDE INSTAMMENT aux autorités de modifier la loi n° 2911 conformément aux principes énoncés dans la jurisprudence de la Cour européenne et de la Cour constitutionnelle ; EXPRIME à cet égard la volonté du Conseil de l'Europe de fournir une assistance à cette fin ;

INVITE INSTAMMENT les autorités à prendre des mesures suffisantes pour veiller à ce que la directive de 2016 et sa mise en œuvre dans la pratique soient conformes à tous égards aux normes internationales relatives au recours à des armes de contrôle des foules, et à faire usage de l'expertise internationale qui pourrait être mise à disposition par le biais du Conseil de l'Europe ;

INVITE les autorités à continuer de fournir des informations détaillées sur le contexte des manifestations et des réunions dans lesquelles les forces de l'ordre sont intervenues au cours des cinq dernières années, avec des gaz lacrymogènes et d'autres armes de contrôle des foules, et sur le contexte des manifestations et des réunions qui ont été autorisées sans intervention de la police alors qu'elles ne respectaient pas les exigences de la loi n° 2911, ainsi que sur le nombre de poursuites pénales et administratives et de condamnations, ventilé par année, liées à des infractions à la loi n° 2911 à l'égard de participants à des manifestations ;

PREND NOTE des exemples de discours prononcés par des responsables politiques de haut rang concernant la protection des droits de l'homme en général et ENCOURAGE les autorités à poursuivre la formation des juges et des procureurs ainsi que du personnel des forces de l'ordre sur la mise en œuvre du cadre législatif, d'une manière conforme à la jurisprudence des tribunaux supérieurs, et sur les droits de l'homme ; INVITE les autorités à continuer de fournir des exemples d'arrêts et de décisions concernant le groupe ;

INVITE les autorités à fournir des informations sur les mesures générales spécifiques envisagées dans l'affaire *Akarsubaşı* en ce qui concerne la question de l'application disproportionnée d'amendes administratives en vertu de la loi sur les délits, qui ne paraît pas avoir été réglée ; INVITE également les autorités à fournir des informations sur les mesures générales prises ou envisagées en ce qui concerne la violation du droit à un procès équitable constatée dans l'affaire récente *Ekrem Can* et autres ;

INVITE les autorités à fournir des informations sur la question de savoir si les requérants dans les affaires *Sılgır* et *Ekrem Can et autres* ont demandé la réouverture des procédures à leur encontre, ainsi que sur toutes les questions précisées auparavant, d'ici la fin du mois de mars 2024 au plus tard.

Interim Resolution CM/ResDH(2023)36
Selahattin Demirtaş (No. 2) against Turkey

(Adopted by the Committee of Ministers on 9 March 2023 at the 1459th meeting of the Ministers' Deputies)

Application No.	Case	Judgment of	Final on
14305/17	SELAHATTİN DEMİRTAŞ (No 2)	22/12/2020	22/12/2020

The Committee of Ministers, under the terms of Article 46, paragraph 2, of the Convention for the Protection of Human Rights and Fundamental Freedoms, which provides that the Committee supervises the execution of final judgments of the European Court of Human Rights (hereinafter "the Convention" and "the Court");

Recalling the Court's findings, in connection with the applicant's arrest and pre-trial detention between 4 November 2016 and 7 December 2018, that the domestic courts failed to give specific facts or information that could give rise to a reasonable suspicion that he had committed the offences in question and justify his detention (violations of Article 5, paragraphs 1 and 3, of the Convention); that the way in which his parliamentary inviolability was removed by the amendment of Article 83 paragraph 2 of the Turkish Constitution on 20 May 2016, and also deficiencies in the reasoning of the courts in ordering the pre-trial detention, violated his rights to freedom of expression and to sit as a member of parliament (violations of Article 10 and Article 3 of Protocol No. 1); and that the pre-trial detention moreover pursued an ulterior purpose, namely to stifle pluralism and limit freedom of political debate (violation of Article 18 taken in conjunction with Article 5 paragraph 1);

Recalling further the Court's indication under Article 46 of the Convention that the nature of the violation under Article 18 left no real choice as to the measures required to remedy it, and that any continuation of the applicant's pre-trial detention on grounds pertaining to the same factual context would entail a prolongation of the violation of his rights as well as a breach of the obligation on the respondent State to abide by the Court's judgment in accordance with Article 46 paragraph 1 of the Convention;

Reiterating that the argument of the Turkish authorities that the applicant's current pre-trial detention falls outside the scope of the Court's judgment was examined and rejected by the Court in its indication under Article 46, as well as by the Committee at its 1398th and 1419th meetings (9-11 March 2021 (DH) and 30 November – 2 December 2021 (DH) respectively);

Underlining that the obligation of *restitutio in integrum* calls for measures to restore the applicant as far as possible to the position he would have enjoyed had these violations not occurred and that such measures should be compatible with the conclusions and spirit of the Court's judgment, involving good faith on the part of the respondent State, which is of paramount importance where the Court has found a violation of Article 18;

Recalling the authorities' submissions (DH-DD(2022)40; DH-DD(2022)434;

Résolution intérimaire CM/ResDH(2023)36
Selahattin Demirtaş (n°2) contre Turquie

(Adoptée par le Comité des Ministres le 9 mars 2023, lors de la 1459ᵉ réunion des Délégués des Ministres)

Requête	Affaire	Arrêt du	Définitif le
14305/17	SELAHATTİN DEMİRTAŞ (n° 2)	22/12/2020	Grande Chambre

Le Comité des Ministres, en vertu de l'article 46, paragraphe 2, de la Convention de sauvegarde des droits de l'homme et des libertés fondamentales, qui prévoit que le Comité surveille l'exécution des arrêts définitifs de la Cour européenne des droits de l'homme (ci-après nommées « la Convention » et « la Cour »),

Rappelant les conclusions de la Cour, relatives à l'arrestation et à la détention provisoire du requérant entre le 4 novembre 2016 et le 7 décembre 2018, selon lesquelles les juridictions internes n'ont présenté aucun fait ni aucune information spécifiques de nature à faire naître une suspicion raisonnable qu'il avait commis les infractions en question et à justifier sa détention (violations de l'article 5, paragraphes 1 et 3, de la Convention) ; que la manière dont son inviolabilité parlementaire a été supprimée par l'amendement de l'article 83 paragraphe 2 de la Constitution turque le 20 mai 2016, ainsi que les déficiences dans le raisonnement des juridictions pour ordonner la détention provisoire, ont violé ses droits à la liberté d'expression et à siéger en tant que membre du Parlement (violations des articles 10 et 3 du Protocole n° 1) ; et que la détention provisoire poursuivait en outre un but inavoué, à savoir étouffer le pluralisme et limiter le libre jeu du débat politique (violation de l'article 18 combiné avec l'article 5 paragraphe 1) ;

Rappelant en outre l'indication de la Cour au titre de l'article 46 de la Convention selon laquelle la nature de la violation de l'article 18 n'offre pas de choix réel quant aux mesures requises pour y remédier, et que tout maintien de la détention provisoire du requérant pour des motifs relevant du même contexte factuel impliquerait une prolongation de la violation de ses droits ainsi qu'un manquement à l'obligation pour l'Etat défendeur de se conformer à l'arrêt de la Cour, conformément à l'article 46 paragraphe 1 de la Convention ;

Réitérant que l'argument des autorités turques selon lequel la détention provisoire actuelle du requérant ne relève pas du champ d'application de l'arrêt de la Cour, a été examiné et rejeté par la Cour dans son indication sous l'article 46, ainsi que par le Comité lors de ses 1398ᵉ et 1419ᵉ réunions (DH) (respectivement 9-11 mars 2021 et 30 novembre – 2 décembre 2021) ;

Soulignant que l'obligation de *restitutio in integrum* appelle des mesures visant à rétablir le requérant dans la mesure du possible dans la situation dont il aurait bénéficié si ces violations n'avaient pas eu lieu et que ces mesures doivent être compatibles avec les conclusions et l'esprit de l'arrêt de la Cour, impliquant la bonne foi de l'État défendeur, ce qui revêt une importance primordiale lorsque la Cour a constaté une violation de l'article 18 ;

Rappelant les communications des autorités (DH-DD(2022)40, DH-

DH-DD(2022)727) that the Ankara Assize Court, since 27 October 2021, has been refusing the applicant's requests for release on account of new evidence in the case-file which, according to this court, was in substance different from that examined by the European Court in its judgment and allegedly demonstrated a deliberate intention on the part of the applicant to provoke violence, raising strong suspicions that he had committed the alleged offences;

Recalling further that at its 1428th meeting (March 2022) (DH), the Committee considered that the new evidence raised a question whether the applicant's current detention remained a negative consequence of the violations found by the Court and in these circumstances further guidance on this issue was needed before it could make its decisive assessment as to the individual measures and encouraged the authorities to take all possible steps to ensure that the Constitutional Court made its determination concerning the applicant's ongoing detention in the shortest possible timeframe;

Recalling finally that at its 1451st meeting (December 2022) (DH), the Committee expressed deep regret that, despite its repeated calls, the Constitutional Court had not delivered its decision and the applicant remained in detention; and accordingly urged the authorities, once again, to take all possible steps to ensure that the Constitutional Court makes its determination concerning the applicant's ongoing detention in the shortest possible timeframe and with full regard to the Court's findings, particularly its reasoning under Article 18 of the Convention, and to ensure the applicant's immediate release, for example by exploring alternative measures to detention pending the completion of the proceedings before the Constitutional Court;

EXPRESSED its profound concern that the applicant has been continuously deprived of his liberty since November 2016;

DEPLORED the absence of a decision by the Constitutional Court on the applicant's current detention since 7 November 2019, particularly in view of the Court's finding under Article 18 that the applicant's detention pursued the ulterior purpose of stifling pluralism and limiting freedom of political debate;

EXHORTED the authorities to take all possible steps to ensure that the Constitutional Court makes its determination concerning the applicant's ongoing detention in the shortest possible timeframe and with full regard to the Court's findings, and to ensure the applicant's immediate release, for example by exploring alternative measures to detention pending the completion of the proceedings before the Constitutional Court.

Interim Resolution CM/ResDH(2023)35
Navalnyy and Ofitserov group against Russian Federation

(Adopted by the Committee of Ministers on 9 March 2023 at the 1459th meeting of the Ministers' Deputies)

Application No.	Case	Judgment of	Final on
46632/13	NAVALNYY AND OFITSEROV	23/02/2016	04/07/2016
101/15	NAVALNYYE	17/10/2017	05/03/2018

DD(2022)434, DH-DD(2022)727) selon lesquelles la Cour d'assises d'Ankara refuse, depuis le 27 octobre 2021, les demandes de mise en liberté du requérant en raison de nouveaux éléments de preuve du dossier qui, selon cette juridiction, seraient en substance différents de ceux examinés par la Cour européenne dans son arrêt et auraient démontré une intention délibérée du requérant de provoquer des violences, faisant naître de forts soupçons quant à l'existence des infractions reprochées ;

Rappelant en outre que lors de sa 1428ᵉ réunion (mars 2022) (DH), le Comité a considéré que les nouveaux éléments de preuve soulevaient la question de savoir si la détention actuelle du requérant restait une conséquence négative des violations constatées par la Cour et que, dans ces circonstances, des informations supplémentaires sur cette question étaient nécessaires avant qu'il puisse procéder à son évaluation décisive des mesures individuelles, et a encouragé les autorités à prendre toutes les mesures possibles pour que la Cour constitutionnelle se prononce sur le maintien en détention du requérant dans les plus brefs délais ;

Rappelant enfin que lors de sa 1451ᵉ réunion (décembre 2022) (DH), le Comité a profondément regretté que, malgré ses appels répétés, la Cour constitutionnelle n'ait pas rendu sa décision et que le requérant soit toujours en détention ; et a donc invité instamment les autorités, une fois de plus, à prendre toutes les mesures possibles pour que la Cour constitutionnelle se prononce sur le maintien en détention du requérant dans les plus brefs délais et en tenant pleinement compte des conclusions de la Cour, en particulier de son raisonnement au titre de l'article 18 de la Convention, et pour assurer la mise en liberté immédiate du requérant, par exemple en explorant d'autres mesures que la détention en attendant la fin de la procédure devant la Cour constitutionnelle ;

EXPRIME sa profonde préoccupation quant au fait que le requérant est privé de liberté de manière continue depuis novembre 2016 ;

DÉPLORE l'absence de décision de la Cour constitutionnelle sur la détention actuelle du requérant depuis le 7 novembre 2019, en particulier au vu de la conclusion de la Cour au titre de l'article 18 selon laquelle la détention du requérant poursuivait l'objectif inavoué d'étouffer le pluralisme et de limiter le libre jeu du débat politique ;

EXHORTE les autorités à prendre toutes les mesures possibles pour que la Cour constitutionnelle se prononce sur le maintien en détention du requérant dans les plus brefs délais et en tenant pleinement compte des conclusions de la Cour, et pour assurer la mise en liberté immédiate du requérant, par exemple en explorant d'autres mesures que la détention en attendant la fin de la procédure devant la Cour constitutionnelle.

Résolution intérimaire CM/ResDH(2023)35
Groupe Navalnyy et Ofitserov contre Fédération de Russie

(Adoptée par le Comité des Ministres le 9 mars 2023, lors de la 1459ᵉ réunion des Délégués des Ministres)

Requête	Affaire	Arrêt du	Définitif le
46632/13	NAVALNYY ET OFITSEROV	23/02/2016	04/07/2016
101/15	NAVALNYYE	17/10/2017	05/03/2018

The Committee of Ministers, under the terms of Article 46, paragraph 2, of the Convention for the Protection of Human Rights and Fundamental Freedoms, which provides that the Committee supervises the execution of final judgments of the European Court of Human Rights (hereinafter "the Convention" and "the Court"),

Recalling that the Russian Federation has ceased to be a member of the Council of Europe as from 16 March 2022 (Resolution CM/Res(2022)2), recalling also that the Committee of Ministers will continue to supervise the execution of the judgments and friendly settlements concerned (Resolution CM/Res(2022)3), underlining further that the Russian Federation is required to implement them;

Recalling the findings of the European Court in these cases, according to which the outcome of the criminal proceedings against the applicants was "manifestly unreasonable" as it resulted from the arbitrary construction of the criminal law by the Russian courts, in unfair proceedings with no effort made by the Russian courts to address the allegations of a link between the first applicant's public activities and the decision to bring charges against him, despite the fact that the European Court found the existence of such a link obvious;

Recalling the Committee's repeated calls on the Russian authorities urgently to take measures to erase the consequences for the applicants of their arbitrary and unfair convictions, in particular the prohibition on Mr Alexey Navalnyy to stand as a candidate during the 2017/2018 presidential election;

Deeply regretting the Russian authorities' continuing failure to provide such redress;

Underlining that the March 2022 conviction of Mr Aleksey Navalnyy on a charge relating to the collection of donations for the 2017/2018 presidential electoral campaign was imposed in total disregard of the findings of the European Court and the calls of the Committee of Ministers;

Recalling the Committee's previous decisions, and the interim resolution adopted at its 1428th meeting (March 2022) (DH) exhorting the authorities to assure Mr Navalnyy's immediate release;

DEEPLY DEPLORED that the authorities have not responded to the Committee's repeated calls for information;

STRONGLY URGED the authorities to quash the convictions in both cases and erase all their consequences, including the current conviction and sentence of Mr Alexey Navalnyy;

DEPLORED that, despite its repeated calls, Mr Aleksey Navalnyy is still not released and is detained mainly in solitary confinement without direct and unsupervised access to his lawyers;

EXHORTED once again the authorities to release him immediately.

Le Comité des Ministres, en vertu de l'article 46, paragraphe 2, de la Convention de sauvegarde des droits de l'homme et des libertés fondamentales, qui prévoit que le Comité surveille l'exécution des arrêts définitifs de la Cour européenne des droits de l'homme (ci-après nommées « la Convention » et « la Cour »),

Rappelant que la Fédération de Russie a cessé d'être membre du Conseil de l'Europe à compter du 16 mars 2022 (Résolution CM/Res(2022)2), rappelant également que le Comité des Ministres continuera à surveiller l'exécution des arrêts et règlements amiables concernés (Résolution CM/Res(2022)3), soulignant en outre que la Fédération de Russie est tenue de les mettre en œuvre ;

Rappelant les conclusions de la Cour européenne dans ces affaires, selon lesquelles l'issue de la procédure pénale contre les requérants a été manifestement déraisonnable dans la mesure où elle résultait de l'interprétation arbitraire du droit pénal par les tribunaux russes, dans le cadre de procédures inéquitable, en l'absence de tout effort par les tribunaux russes pour répondre aux allégations de lien entre les activités publiques du premier requérant et la décision d'engager des poursuites contre lui, alors que la Cour européenne a estimé que l'existence d'un tel lien était évidente ;

Rappelant les appels répétés du Comité aux autorités russes pour qu'elles prennent d'urgence des mesures visant à effacer les conséquences pour les requérants de leurs condamnations arbitraires et inéquitables, en particulier l'interdiction faite à M. Alexey Navalnyy de se porter candidat lors de l'élection présidentielle de 2017/2018 ;

Déplorant profondément le manquement persistant des autorités russes à leur obligation de prendre ces mesures ;

Soulignant que la condamnation de M. Aleksey Navalnyy en date du 22 mars 2022 pour fraude lié à la collecte de dons pour la campagne électorale présidentielle 2017/2018 a été imposée en méconnaissance totale des conclusions de la Cour européenne et des appels du Comité des Ministres ;

Rappelant les décisions antérieures du Comité, et la résolution intérimaire adoptée lors de sa 1428e réunion (mars 2022) (DH) exhortant les autorités à assurer la libération immédiate de M. Navalnyy ;

DÉPLORE PROFONDÉMENT que les autorités n'aient pas répondu aux appels répétés du Comité pour obtenir des informations ;

DEMANDE INSTAMMENT aux autorités d'annuler les condamnations dans les deux affaires et d'en effacer toutes les conséquences, y compris la dernière condamnation de M. Alexei Navalnyy ;

DÉPLORE que, malgré ses appels répétés, M. Aleksey Navalnyy ne soit toujours pas libéré et soit maintenu la plupart du temps en isolement, sans accès direct et surveillance à ses avocats ;

EXHORTE une fois de plus les autorités à le libérer immédiatement.

Interim Resolution CM/ResDH(2023)33
Szabó and Vissy group against Hungary

(Adopted by the Committee of Ministers on 9 March 2023 at the 1459th meeting of the Ministers' Deputies)

Application No.	Case	Judgment of	Final on
37138/14	SZABÓ AND VISSY	12/01/2016	06/06/2016
58032/16	HÜTTL	29/09/2022	29/09/2022

The Committee of Ministers, under the terms of Article 46, paragraph 2, of the Convention for the Protection of Human Rights and Fundamental Freedoms, which provides that the Committee supervises the execution of final judgments of the European Court of Human Rights (hereinafter "the Convention" and "the Court");

Recalling that the Court found violations of the applicants' right to respect for their private and family life and for their correspondence on account of the Hungarian legislation on secret surveillance measures, namely within the framework of intelligence gathering for national security, which did not provide for "safeguards sufficiently precise, effective and comprehensive on the ordering, execution and potential redressing of such measures" (violation of Article 8);

Reiterating that secret surveillance should be regarded as a highly intrusive act that potentially interferes with the rights to freedom of expression and privacy and threatens the foundations of a democratic society;

Noting with interest the information received from the authorities in October 2022 during the Secretariat's mission to Budapest that the required legislative process was under preparation;

Noting with deepest concern that, almost seven years after the Court's judgment in *Szabó and Vissy* became final, despite the authorities having confirmed the need for a legislative reform already in 2017 and notwithstanding the Committee's repeated calls in this respect, no written information was provided by the authorities;

Emphasising the legal obligation of every State, under the terms of Article 46, paragraph 1, of the Convention to abide by the final judgments of the European Court in any case to which they are a party, fully, effectively and promptly;

EXHORTED the authorities to adopt, without further delay, the measures required to bring the domestic legislation on secret surveillance for national security purposes fully and effectively in line with the Convention requirements, addressing the entirety of the shortcomings identified by the Court in this group, to establish a timeline for the legislative process, to present a draft legislative proposal and keep the Committee informed about all relevant developments in the legislative process;

ENCOURAGED the authorities to make full use of the expertise available by the Council of Europe and to co-operate closely with the Secretariat in order to ensure that the legislative reform is fully Convention-compliant;

INVITED the authorities to submit an updated action plan, including information on all the above issues, by 30 September 2023 at the latest, and decided to resume consideration of these cases, in the light of the information received, at their DH meeting in June 2024 at the latest.

Résolution intérimaire CM/ResDH(2023)33
Groupe Szabó et Vissy contre Hongrie

(Adoptée par le Comité des Ministres le 9 mars 2023 lors de la 1459ᵉ réunion des Délégués des Ministres)

Requête	Affaire	Arrêt du	Définitif le
37138/14	SZABÓ ET VISSY	12/01/2016	06/06/2016
58032/16	HÜTTL	29/09/2022	29/09/2022

Le Comité des Ministres, en vertu de l'article 46, paragraphe 2, de la Convention de sauvegarde des droits de l'homme et des libertés fondamentales, qui prévoit que le Comité surveille l'exécution des arrêts définitifs de la Cour européenne des droits de l'homme (ci-après nommées « la Convention » et « la Cour ») ;

Rappelant que la Cour a constaté des violation du droit des requérants au respect de leur vie privée et familiale et de leur correspondance en raison de la législation hongroise sur les mesures secrètes de surveillance, à savoir dans le cadre de la collecte de renseignement en matière de sécurité nationale, qui ne prévoyait pas de garanties suffisamment précises, effectives et complètes en ce qui concerne la prise, l'exécution et la réparation éventuelle de telles mesures (violations de l'article 8) ;

Réitérant que la surveillance secrète doit être considérée comme un acte hautement intrusif qui interfère potentiellement avec les droits à la liberté d'expression et à la vie privée et menace les fondements d'une société démocratique ;

Notant avec intérêt que lors de la mission du Secrétariat à Budapest les autorités ont transmis des informations en octobre 2022 selon lesquelles le processus législatif requis était en cours de préparation ;

Notant avec profonde préoccupation que, près de sept ans après que l'arrêt de la Cour dans l'affaire *Szabó et Vissy* est devenu définitif, aucune information écrite n'a été fournie par les autorités, bien que les autorités aient confirmé la nécessité d'une réforme législative dès 2017 et malgré les appels répétés du Comité à cet égard ;

Soulignant l'obligation juridique pour tout État, en vertu de l'article 46, paragraphe 1, de la Convention, de se conformer pleinement, effectivement et rapidement aux arrêts définitifs de la Cour européenne dans toute affaire à laquelle il est partie ;

EXHORTE les autorités à adopter, sans plus tarder, les mesures nécessaires pour rendre pleinement et effectivement conforme aux exigences de la Convention la législation nationale sur la surveillance secrète à des fins de sécurité nationale, en remédiant à l'ensemble des lacunes identifiées par la Cour dans ce groupe, à établir un calendrier pour le processus législatif, à présenter un projet de proposition législative et à tenir le Comité informé des développements du processus législatif ;

ENCOURAGE les autorités à recourir pleinement à l'expertise disponible au sein du Conseil de l'Europe et à coopérer étroitement avec le Secrétariat afin de garantir que la réforme législative soit pleinement conforme à la Convention ;

INVITE les autorités à soumettre un plan d'action actualisé, comprenant des informations sur toutes les questions précitées, au plus tard le 30 septembre 2023, et décide de reprendre l'examen de ces affaires, à la lumière des informations reçues, lors de sa réunion DH de juin 2024 au plus tard.